KB175781

World Book 244
Plutarchos

BIOI PARALLELOI
플루타르코스 영웅전 II
플루타르코스/박현태 옮김

동서문화사

디자인 : 동서랑 미술팀

플루타르크영웅전 I II III

차례

플루타르코스 영웅전 II

플루타르코스 영웅전 I

플루타르코스 영웅전 Ⅲ

플라미니누스(FLAMININUS)

필로포이멘과 비교하기 위해 다루려는 인물은 티투스 퀸티우스 플라미니누스이다. 그의 외모가 궁금하다면 로마에 세워진 그의 조각상을 보면 되리라. 그 조각상은 카르타고에서 옮겨온 아폴로상 곁에 있으며 대형 원형극장과 마주 보고 있고, 헬라스어로 된 비문이 새겨져 있다.

티투스의 성격은 사랑할 때나 미워할 때나 늘 열렬했다. 사람을 처벌할 때는 너그러운 태도를 보였으며, 그 일이 끝나면 더는 마음에 담아두지 않았다. 그러나 은혜를 베풀 때는 아주 철저했으며, 한 번 마음을 준 사람들에게는 오래도록 변함없이 친절하게 도와주었다. 도움을 줄 때에도 자신이 은혜를 베푸는 사람이 아니라 마치 은혜를 받는 사람인 것처럼 행동했다. 또 자신이 도움을 주었던 사람들을 가장 귀중한 보물처럼 여기며 보살피고 보호하는 데 온 힘을 기울였다.

그는 늘 목마른 사람처럼 명예와 영광을 추구했다. 그래서 위대한 업적을 세울 기회만 생기면 망설이지 않고 그 일에 뛰어들었다. 또 그는 자기에게 은혜를 베풀 위치에 있는 사람보다는, 자신의 은혜가 필요한 사람들과 지내는 것을 더 좋아했다. 전자는 자신과 영광을 다투는 경쟁자로 생각했지만, 후자는 자신의 덕행 목표로 여겼기 때문이다.

그는 로마가 많은 전쟁에 시달리던 때에 태어났다. 그래서 다른 로마 젊은이들처럼 일찍부터 전쟁에 나갔으며, 짧은 시간에 명령을 내리는 자리에까지 오를 수 있는 훈련을 익혔다. 전쟁 때마다 출정한 그는 군사 업무의 기초 과정을 직접 경험한 다음, 한니발과 싸우고 있던 집정관 마르켈루스 아래로 들어가 군사 호민관이 되었다.

그런데 마르켈루스는 이 전쟁에서 한니발이 보낸 복병에게 목숨을 잃었다. 그 뒤 티투스는 적의 손에서 타렌툼을 되찾고 그 지방 총독으로 임명되었다. 이때 그는 군사적으로 뛰어난 성과를 거두었을 뿐만 아니라 정치에서도 공정하고 의로운 행동을 했기 때문에, 시민들로부터 많은 존경을 받았으며 로마에도 이름을 떨치게 되었다. 그리고 이러한 공적으로 그는 나르니아와 코사에 이주민을 보낼 때 그곳으로 파견되어, 식민지 건설자 겸 지도자가 되었다.

티투스는 커다란 야망을 품고 집정관 후보로 나섰다. 로마에서 집정관이 되려면 그전에 호민관, 법무관에 이어 조영관의 세 단계를 거치는 것이 관례였다. 그러나 그는 이런 관례를 무시한 채 단번에 집정관 자리에 오르려 했다. 선거일이 되자 그는 나르니아와 코사에서 지지자들을 데리고 나타났다. 하지만 호민관인 풀비우스와 마니우스는 티투스의 입후보를 강력히 반대하고 나섰다. 티투스는 아직 정치 경험도 없을 뿐만 아니라 정부를 이끌어 갈 만한 기본적인 능력조차 갖추지 못한 젊은이인데, 이런 자가 감히 나라 관례를 무시하고 최고 권력자의 지위를 탐낸다는 것은 말도 안 된다고 주장한 것이다.

원로원은 아무런 결정도 내리지 못하고 이 문제를 시민들 투표에 맡기기로 했다. 투표 결과, 그는 섹스투스 아일리우스와 함께 집정관으로 뽑혔다. 그때 티투스 나이는 서른도 채 안 되었다.

임무를 나누기 위해 제비를 뽑은 결과, 그는 마케도니아 왕 필리포스와의 전투를 맡게 되었다. 이는 로마를 위해 매우 잘된 일이었다. 그 무렵 민심이나 상황을 살펴볼 때, 이 전투에는 군사적인 면뿐만 아니라 그들을 회유할 만한 수단도 가진 온화한 사령관이 필요했기 때문이다.

마케도니아 왕 필리포스는 로마와의 전쟁에 다 쓰고도 남을 만큼 충분한 무기와 병력을 갖고 있었다. 하지만 전쟁이 길어지면 헬라스에 원조를 요청할 수밖에 없었다. 헬라스는 그의 병참기지가 되며, 만일의 경우에는 퇴로도 될 수 있으므로 장기전을 대비해 꼭 필요한 근거지였다. 그러므로 마케도니아와 헬라스의 동맹을 깨뜨리기만 하면 로마는 전쟁에서 쉽게 이길 수 있을 터였다.

이때까지 헬라스는 로마와 그다지 교류가 없었으므로, 그곳 정치에 로마가 관여한 것은 처음 있는 일이었다. 그래서 무엇보다 먼저 해야 할 일은, 그동안 섬겨왔던 마케도니아와의 관계를 끊게 하고 로마의 권위를 받아들이게 하는 것이었다. 그러나 이는 결코 간단한 일이 아니었다. 헬라스 사람들이 로마를 섬기게 하려면 로마의 우수한 점들을 먼저 보여주어야 했기 때문이다.

그러므로 필리포스 왕과 싸울 로마군 사령관은 정치적 지략이 뛰어나고 온정이 풍부하며 정의로워야 했다. 그만큼 훌륭한 인물이 아니면 헬라스인들이 예전부터 섬겨온 나라를 버리고, 풍속도 익숙지 않은 로마를 새로운 지배자로 받아들일 이유가 없기 때문이다. 티투스가 이러한 성격을 지녔다는 것은 다음 그의 행동에서 알 수 있다.

필리포스와의 전쟁을 맡게 된 티투스는 곧장 헬라스로 떠났다. 그는 전임자였던 술피키우스와 푸블리우스의 잘못을 되풀이하지 않기 위해 전쟁을 서둘렀다. 이 두 집정관은 전쟁에 나가지 않고 시간만 보내다가, 임기가 끝날 때가 되어서야 비로소 마케도니아와 싸우기 위해 나갔다. 임기 내내 나라 안에 머물면서 집정관 권세나 부리고 내정에만 몰두하다가, 집정관 자리에서 물러난 뒤에도 군 사령관을 계속할 속셈으로 임기가 다 되어서야 전쟁터로 나아간 것이다. 이렇게 하면 한 해는 집정관으로, 그다음 한 해는 전직 집정관으로 2년 동안 최고 권좌에 있을 수 있었다. 하지만 그들은 싸움터에 나가서도 전쟁에 집중하지 않았으며, 수색전이나 소규모 전투로 기껏 몇몇 길목을 점령하고는 적의 군량미나 빼앗는 정도로 시간을 보냈다. 그들은 그런 식으로 필리포스와의 전투를 피했다.

티투스는 집정관 자리에 오르자, 로마에 앉아 위세나 부리는 일을 경멸하면서 전쟁터에 나가 싸움에 집중하리라 마음먹었다. 그는 나라 안에서 편하게 명예와 권리를 누리고 뽐낼 틈이 없었다. 그래서 가장 먼저 자기 형제인 루키우스를 함대 사령관으로 임명해 달라고 요청했다. 그리고 스키피오 군대에서 정예병 3000명을 뽑아 주력부대로 만든 뒤 맨 앞에 서게 했다. 이들은 이베리아에서는 하스드루발을, 아프리카에서는 한니발을 무찌른 용감한 병사들이었다.

티투스는 군대를 이끌고 에피루스에 무사히 도착했다. 에피루스에는 이미 푸블리우스군이 들어와 진을 치고 있었는데, 아프수스 강을 끼고 험한 비탈에 진을 친 필리포스군과 마주하고 있었다. 적이 유리한 지형을 미리 점령하고 있었기 때문에, 티투스는 푸블리우스로부터 군대 지휘권을 넘겨받은 뒤 직접 지형을 살펴보았다. 아름다운 나무와 울창한 숲은 없었지만, 이름난 템페 계곡 못지않은 중요한 전략적 장소였다. 웅장한 봉우리들이 겹겹이 솟아 있었고, 계곡을 흐르는 아프수스 강의 빠른 물결은 테살리아에서 가장 큰 페네우스 강과 다름없었다. 강 옆에는 산기슭을 따라 좁은 길이 하나 있었는데, 워낙 험한 데다가 적군이 막고 있어서 그 길을 지나가는 일은 도저히 불가능해 보였다.

티투스는 초조해졌다. 군대를 이끌고 나갈 수 있는 길이 아무 곳에도 없는 듯했기 때문이다. 그런데 어떤 주민이 그를 찾아와 좋은 길을 알려주었다. 다사레티스를 거쳐 린쿠스 강을 따라 진군하면 필리포스군 뒤로 돌아가게 된다고 하면서 가는 길도 그다지 험하지 않다고 말했다.

티투스는 그의 말을 곰곰이 생각해 보았다. 분명 좋은 방법이기는 했다. 그러나 바다에서 너무 멀리 떨어져 메마른 지대로 깊숙이 들어갔다가 군량을 구하기 어렵게 되거나, 필리포스가 싸움에 응하지 않아 바닷가로 물러나야 된다면 로마군은 쓸데없이 시간만 낭비하게 된다. 게다가 그의 전임자인 술피키우스와 푸블리우스도 바다에서 너무 멀리 떨어졌다가 실패한 경험이 있었다. 그는 이 방법 대신 산을 넘는 강행군을 선택했다. 여기저기 진을 치고 있는 적군들을 무찌르며 나아가는 방법을 택한 것이다.

그러나 필리포스군이 먼저 산을 점령했다. 그들은 밀집대형을 이루면서 여기저기서 로마군에게 창과 화살을 날렸다. 이런 상황에서 싸움이 계속 이어진다면 길을 뚫기는커녕 사상자만 더욱 늘어갈 뿐이었다. 만약 그렇게 된다면 전황은 로마군에 불리해질 게 분명했다.

이때 지역 주민 몇 사람이 티투스를 찾아와, 적이 감시하지 않는 샛길이 하나 있다고 알려주었다. 그 길을 따라가면 늦어도 사흘 안에는 산꼭대기에 닿을 수 있다면서 그들이 직접 그곳까지 로마군을 안내하겠다고 말했다. 주민들은 자신들의 선의를 믿어도 된다고 안심시키면서, 그들이 로마를 돕는 것은 모두 에피루스의 지도자인 카로프스의 지시를 받고 하는 일이라고 밝혔다. 카로프스는 로마에 호의를 가지고 있던 사람으로, 비밀리에 로마군에 협력하고 있었다.

티투스는 주민들의 말을 믿기로 결정했다. 그리고 곧바로 부대장 한 사람에게 보병 4000명과 기병 300기를 주고, 주민들을 길잡이 삼아 샛길로 올라가라고 명령했다. 이 부대는 적군의 눈을 피하기 위해, 밤에 행군을 하고 낮에는 깊은 골짜기나 숲 속에 숨었다. 마침 보름달이 뜰 무렵이라 밤에 행군하는 데 큰 어려움은 없었다.

부대를 보낸 뒤에 티투스는 이 작전을 적이 눈치채지 못하게 하려고 날마다 작은 싸움을 벌였다. 그리고 뒤로 돌아간 부대가 산등성이에 나타날 날만을 손꼽아 기다렸다. 마침내 산등성이에 아군들 모습이 보이자, 그는 날이 밝아올 즈음 모든 부대에 전투 준비를 명령했다. 그는 군대를 셋으로 나누고 자신이 한쪽을 맡은 다음, 강가에 있는 좁은 길을 따라 나아가기 시작했다.

마케도니아군은 좁은 길을 따라 한 줄로 올라오는 로마군을 보자 창을 던지며 공격해 왔다. 산 위에 진을 친 마케도니아군이 훨씬 유리했으므로 로마군 앞으로 비가 쏟아지듯 창이 날아왔다. 그러나 로마군도 그들에게 지지 않고 치열하게 맞서 싸웠다. 비록 불리한 지형이었지만 왼쪽과 오른쪽 두 부대가 바위를 오르며 재빠르게 적을 공격했다.

이윽고 해가 뜨자, 멀리 우회 부대가 점령한 산꼭대기에서 희미한 연기가 안개처럼 피어오르는 것이 보였다. 적은 산을 등졌기 때문에 산꼭대기에 로마군이 있다는 것을 알 수 없었지만, 아래에서 싸우던 로마군은 이 모습을 보고 사기가 높아졌다. 연기는 점점 짙어지면서 마치 구름처럼 뭉게뭉게 피어올랐다. 이는 적을 공격하라는 로마군 신호였다. 돌격 명령과 함께 로마군이 일제히 함성을 지르며 적군을 향해 내달렸다. 그들은 힘껏 돌진해 가장 험준한 지대까지 적을 몰아붙였으며, 산꼭대기에 있던 우회 부대 병사들도 함성을 지르며 내려왔다.

마케도니아군은 위아래 양쪽에서 공격당하자 정신없이 달아나기 시작했다. 티투스는 적을 뒤쫓아 전멸시키고 싶었으나, 워낙 험한 산길이라 그들을 모두 잡을 수는 없었다. 적의 시체는 2000구에 지나지 않았지만, 로마군은 적 진지를 점령했으며 많은 군수품과 천막, 노예들을 손에 넣었다.

이렇게 해서 비로소 헬라스로 나아갈 길이 열리게 되었다. 티투스는 모든 병사들에게 에피루스 지방을 지나는 동안 절대 약탈하지 말라는 명령을 내렸다. 그때 로마군은 바다에서 너무 멀리 떨어져 있었으므로 식량 보급조차 제대로 이루어지지 않았지만, 주민들 재산을 강제로 빼앗는 일은 전혀 없었다. 이러한 로마군의 깨끗한 행동은 헬라스 사람들 모두를 놀라게 했다.

티투스가 이런 행동을 한 것은 필리포스 왕이 도망쳐 쫓겨가는 동안, 동맹을 맺고 있던 헬라스 도시들을 모두 불사르며 재산을 약탈해 갔다는 이야기를 들었기 때문이다. 결국 필리포스는 이 지방을 로마군에 넘겨주고 간 셈이었다.

티투스는 부하 장병들에게 앞으로 그들이 지나쳐 갈 헬라스 여러 나라들을 내 나라처럼 여기고 보살펴야 한다고 말했다.

로마군의 질서 있는 행동은 곧 효과를 나타냈다. 로마군이 테살리아로 들어 가자 도시들은 저마다 모든 성문을 활짝 열어 그들을 맞았으며, 테르모필라이 에 있는 헬라스 나라들은 그들과 동맹을 맺고 싶어했다. 그리고 아카이아 사람 들은 필리포스 왕과의 약속을 깨고 로마군과 함께 싸우기로 결정했다. 뿐만 아 니라 오푸스 시민들은 동맹국인 아이톨리아의 보호를 거절하고, 직접 티투스 에게 사절을 보내 모든 나랏일을 그에게 맡겼다.

에피루스 왕인 피루스에 대해 이런 이야기가 전해진다. 어느 날 피루스 왕 이 산에 있는 망루에서 로마군의 질서 있는 대열을 내려다보고는 감탄하며 말 했다.

"로마인은 야만스럽다고 들었는데 저들의 규율을 보니 야만인 같지 않군."

티투스를 만난 사람들은 누구나 피루스 왕처럼 말했다. 그들은 마케도니아 사람들에게서, 야만족 장군인 티투스가 모든 도시를 파괴하고 헬라스 사람들 을 모조리 노예로 팔기 위해 오고 있다는 이야기를 들어왔다. 그러나 막상 티 투스를 만나본 사람들은 헬라스인들과 조금도 다름없는 말씨와 고상한 성품, 너그러운 마음씨를 보면서 그에게 마음이 끌리기 시작했다. 그를 만난 헬라스 사람들은 군대가 떠나간 뒤에도 서로 모여서 티투스의 좋은 인상을 칭찬하며 그가 바로 헬라스의 자유를 지켜줄 사람이라고 이야기했다.

얼마 뒤 필리포스 왕이 평화조약을 맺고 싶다는 뜻을 전해왔다. 그러자 티투 스는 서로 군대를 철수하고 헬라스의 자유를 인정하는 조건으로 휴전을 제안 했다. 왕이 이 제안을 거절하자, 그를 따르던 헬라스 사람들은 모두 필리포스에 게 등을 돌리고 로마를 지지하게 되었다. 그래서 그들은 로마군이 헬라스에 온 것은 헬라스와 협력해 마케도니아로부터 헬라스를 해방시키고, 자유를 주기 위해서라고 믿게 되었다.

마침내 보이오티아 지방을 뺀 헬라스 모든 나라들은 티투스와 화해했다. 그 는 평화적인 대열을 유지하며 보이오티아로 나아갔다. 테바이 시 귀족들은 성 밖까지 나와 플라미니누스를 정중히 맞았다. 그들은 브라킬레스 세력 때문에 마케도니아의 필리포스를 지지했는데, 티투스에게도 친근한 태도를 보이면서 두 나라와 예전처럼 평화적인 관계를 유지하고 싶어했다.

티투스는 그들에게 정중하고 친절하게 대했으나 행군은 멈추지 않았다. 다만 긴 행군에 지친 병사들 피로를 덜어주기 위해 걸음을 늦추었을 뿐이었다. 테베 시민들은 그들이 성안에 들어오는 것이 달갑지 않았지만, 워낙 대군을 이끌고 들어오기에 막을 수가 없었다.

성안까지 들어온 티투스는 그 도시 모두를 자기 마음대로 처리할 수 있다는 사실을 잊은 듯, 시민들 앞에 나서서 로마군을 지지해 달라며 겸손한 태도로 호소했다. 시민들은 티투스와 로마군을 새로운 눈으로 바라보게 되었다.

티투스의 연설이 끝나자 아탈루스 왕이 연단에 올라섰다. 그리고 티투스가 했던 말을 지지하며 시민들을 설득했다. 그런데 이 늙은 왕은 지나치게 열띤 연설을 하다가 그만 도중에 기절하고 말았다. 왕은 응급처치를 받은 뒤에 배를 타고 소아시아로 요양을 떠났으나, 다시 일어나지 못하고 그곳에서 죽고 말았다. 마침내 보이오티아는 로마와 동맹을 맺었다.

이즈음 필리포스 왕은 로마에 사절단을 보냈다. 티투스를 로마로 되돌아가게 하려는 속셈이었다. 그의 생각을 눈치챈 플라미니누스는 곧바로 로마에 사람을 보내, 원로원이 전쟁을 계속할 생각이라면 자신을 집정관 자리에 유임시켜 주거나, 사령관으로라도 있게 해달라고 요청했다. 그리고 만약 전쟁을 끝내고 싶다면 자신에게 휴전 조약을 체결할 수 있는 권한을 달라고 했다. 공명심에 불타고 있던 그는 다른 사령관 명령에 따르는 것은 참을 수 없었던 것이다. 다행히 로마에 있던 친구들이 적극적으로 도와준 덕분에 필리포스 왕의 제안은 받아들여지지 않았으며, 티투스는 계속 집정관 자리에 머무를 수 있었다.

원로원의 결정을 전해 들은 티투스는 새로운 희망을 안고, 테살리아에 있는 필리포스 왕을 공격하러 나섰다. 그의 군대는 아이톨리아 보병 6000명과 기병 400기를 포함해 모두 2만 6000명이었다. 하지만 필리포스 왕도 그에 못지않은 병력을 가지고 있었다.

양쪽 군대는 스코투사 근처에서 만났다. 그런데 가까운 거리에서 마주 선 양쪽 군대는 두려움을 느끼기는커녕, 저마다 자신들이 승리하리라 굳게 믿고 결전의 시간만을 기다리고 있었다.

로마군은 알렉산드로스 대왕 지휘 아래 그토록 위대한 영광을 누렸던 마케도니아군을 무찌르고 싶었다. 그들을 이긴다면 로마군의 명성은 최고가 될 것이 분명했기 때문이다. 한편 마케도니아군은 페르시아군과 전혀 다른 로마군을 무찌름으로써 필리포스군의 위대함을 드높이고 싶었다. 필리포스 왕 또한 알렉산드로스 대왕보다 자신이 더 위대하다는 사실을 알리고 싶었다.

티투스는 병사들 앞에 나서서 남자답게 싸우자고 용기를 북돋웠다. 그리고 그들이 싸우고 있는 헬라스 땅은 큰 공을 세우기에 적당하며, 적군 또한 상대할 만한 군대이므로 용기와 힘을 다해 힘껏 싸워주기 바란다고 로마 병사들을 격려했다.

한편 필리포스 왕은 큰 싸움을 앞두고 여느 때처럼 부하들 사기를 북돋워주기 위해 높은 곳에 올랐다. 그런데 그가 올라선 곳은 알고 보니 커다란 무덤 위였다. 이 불길한 징조 때문에 병사들은 모두 사기가 떨어졌으며, 왕 또한 너무 놀라 침착함을 잃었다. 왕은 군대를 모두 해산시켰고, 그날은 막사에 틀어박혀 싸울 생각도 하지 않았다.

이튿날 아침, 밤새 무더웠던 탓에 들에는 안개가 자욱이 깔렸으며, 산에도 안개가 내려와 한 치 앞도 보이지 않았다. 티투스는 그 안개 속으로 수색대와 복병을 내보냈다. 그런데 그들은 안개 속을 헤매다가 키노스케팔라이에서 필리포스 왕이 내보낸 수색대와 서로 마주치게 되었다. 키노스케팔라이란 '개의 머리'라는 뜻이다. 이 부근에는 뾰족한 작은 봉우리들이 솟아 있었는데, 그것이 마치 개의 머리 모양 같아서 붙여진 이름이었다.

이처럼 지형이 고르지 못한 곳에서 싸움이 벌어지면, 양쪽 부대는 서로 밀고 밀리면서 승패가 계속 뒤바뀌기 마련이다. 양쪽 사령관들은 자기편이 위험에 처할 때마다 계속해서 구원군을 내보냈다. 마침내 안개가 걷히자 양쪽 군대가 모두 나와 치열한 결전을 벌이게 되었다. 필리포스 왕은 자기가 점령한 높은 지대의 유리함을 이용해 군대의 오른쪽 날개를 밀집대형으로 배치했다. 로마군은 산에서 밀고 내려오는 그 부대의 빽빽한 창과 방패에 속수무책으로 무너지기 시작했다.

티투스는 적의 공격으로 자기 왼쪽 부대가 무너지는 것을 보고는 주력부대를 오른쪽으로 집중시켰다. 적의 왼쪽 날개는 고르지 못한 지형 탓에 밀집대형을 제대로 가누지 못하고 조금 허물어져 있었다. 마케도니아군 밀집대형은 질서 있게 방패와 방패로 연결되어 있을 때에는 마치 철벽과 같았지만, 일단 대열이 무너지기 시작하면 힘을 쓸 수가 없었다. 로마군이 틈을 비집고 들어와 대열을 무너뜨리자 그들은 곧 힘을 잃었으며, 긴 창과 방패가 무겁고 거추장스러운 나머지 행동이 느려져 제대로 싸울 수가 없었다.

마침내 티투스의 공격을 받은 마케도니아의 왼쪽 날개가 무너지자 병사들은 모두 달아나 버렸다. 로마군은 두 부대로 나뉘어 한쪽은 도망치는 적을 뒤쫓았으며, 나머지는 다른 편에서 싸우고 있는 마케도니아 부대 옆을 치고 들어갔다. 이렇게 되자 우세하던 적의 오른쪽 날개도 순식간에 무너졌고, 적군들은 도망치거나 무기를 버리고 항복해 왔다.

이때 티투스가 필리포스 왕을 놓친 것은 순전히 아이톨리아군 탓이었다. 로마군은 필리포스 부대를 뒤쫓았지만, 그 가운데 섞여 있던 아이톨리아군은 마케도니아군이 버리고 달아난 진영을 약탈하느라 정신이 없었다. 그들이 탐낸 것은 필리포스 왕의 머리가 아니라 전리품이었던 것이다.

필리포스 왕을 놓친 채 진영으로 돌아온 로마군은 필립포스 왕의 진영을 빼앗은 일로 만족할 수밖에 없었다. 하지만 왕의 진영은 이미 아이톨리아군 차지가 되어 아무런 전리품도 남아 있지 않았으므로, 로마군의 손에 들어온 것은 적의 시체 8000구와 포로 5000명뿐이었다. 이 일로 로마군과 아이톨리아군 사이에 갈등이 생겼다. 아이톨리아군은 한술 더 떠서 필리포스 왕을 물리친 것은 자기들 용맹 때문이라 주장하며, 그 소문을 헬라스에 널리 퍼뜨렸다. 그래서 이 전투에 대한 시나 노래들도 모두 아이톨리아군 공적을 더 높이 찬양하게 되었다. 그 무렵 가장 유행했던 짧은 시는 다음과 같다.

나그네여, 보아라.
슬퍼할 사람도 무덤도 없는 이 산비탈은
3만 테살리아군이 쓰러진 곳.
아이톨리아 아들들이 저들을 무찌를 때
멀리서 티투스의 로마군이 와서 도왔다네.
마케도니아 왕의 애타는 슬픔.
그날은 용감하다던 필리포스도
사슴처럼 허둥지둥 달아났다네.

이 시는 알카이우스가 필리포스를 조롱하기 위해 지은 것으로, 전사자 수도 크게 부풀려져 있다. 그러나 이 노래가 곳곳에서 불렸을 때 필리포스보다 더 분노한 사람은 티투스였다. 그래서 티투스는 이런 시를 지어 알카이우스를 공격했다.

형태도 갖추어 지지 않은,
제대로 다듬어지지도 않은
이 튼튼한 교수대는
알카이우스 목을 졸라맬 날만 기다리는구나.

헬라스 여러 나라들에 명성을 떨칠 방법을 궁리하던 티투스는 이 일을 몹시 못마땅하게 여겼다. 그래서 그 뒤로는 아이톨리아 사람들 이익에 관계되는 일에 관심을 두지 않았으며, 그들을 철저히 무시했다. 이러한 티투스 행동에 아이톨리아 사람들도 불쾌해했다.

이 무렵 필리포스 왕이 휴전을 요청하는 사절을 보내왔다. 키노스케팔라이 전투에서 참패를 당하고 나자, 더 이상 버틸 힘이 없었던 것이다. 그런데 티투스가 사절단을 맞아들이고 그들 제안에 귀를 기울이자, 아이톨리아 사람들은 이 기회를 놓치지 않고 그를 불리하게 만들기 위한 소문을 지어내 퍼뜨렸다. 티투스는 헬라스의 자유를 짓밟은 필리포스 군대로부터 뇌물을 받았으며, 그들을 충분히 뿌리뽑을 수 있음에도 뇌물 때문에 휴전을 맺으려 한다는 것이었다.

아이톨리아 사람들은 이런 헛소문을 퍼뜨려, 로마와 동맹을 맺은 헬라스 여러 나라들을 혼란스럽게 만들었다. 그러나 이때 필리포스 왕이 자기의 모든 것을 티투스와 로마에 맡긴다고 제안해 왔으므로, 터무니없는 소문은 곧 사라졌다. 이로써 티투스는 전쟁을 끝낸 것은 물론 헬라스 사람들 의심에도 마침표를 찍었다.

티투스는 왕의 제안을 받아들이고 전쟁을 매듭지었다. 그리고 마케도니아는 필리포스에게 돌려주었으나, 대신 헬라스 모든 일에 간섭하지 못한다는 조건을 내세웠다. 또 왕의 군대를 헬라스에서 철수시키고 배상금 1000탈란톤을 물게 했으며, 배 10척만 남기고 나머지는 모두 빼앗았다. 그리고 필리포스 왕의 아들인 데메트리우스 왕자를 볼모로 잡아 로마로 데려왔다.

티투스가 필리포스와 휴전한 것은 현명하고도 다행스러운 결정이었다. 로마의 오랜 적인 한니발이 로마군 때문에 조국 카르타고에서 추방된 뒤, 안티오코스 왕에게 가서 그를 부추기고 있었기 때문이다. 안티오코스 왕은 대왕 칭호를 받을 정도로 위력을 떨쳤으므로 세계 제국을 건설하려는 꿈을 꾸고 있었으며, 특히 로마와 힘을 겨루고 싶어했다.

만일 티투스가 너그러운 조건으로 휴전하지 않았다면 로마에는 큰 위험이 닥쳤으리라. 로마가 여전히 필리포스와 싸우고 있는 것을 알게 되면, 안티오코스는 필리포스와 손잡고 공동 이익을 위해 로마에 맞서올 것이 분명했다. 그렇게 되면 로마는 한니발에 못지않은 강력한 두 왕과 한꺼번에 싸우게 되어 괴로움을 면치 못했으리라. 티투스는 좋은 기회를 놓치지 않고 휴전을 결정함으로써, 닥쳐올 위기를 미리 막을 수 있었다. 안티오코스에게서는 로마를 정복하겠다는 첫 번째 희망을, 그리고 필리포스로부터도 로마를 정복하겠다는 마지막 희망을 빼앗아 버린 것이다.

티투스는 헬라스를 어떻게 다스릴까 고민했다. 그러던 중에 원로원에서 의원 10명을 파견해 티투스에게 좋은 생각을 일깨워주었다. 그들은 헬라스에 완전한 자유를 주고, 코린토스와 칼키스, 데메트리아스 세 곳에 군대를 주둔시켜 안티오코스의 침략에 대비하게 했다. 그런데 바로 이때 아이톨리아 사람들이 들고일어나 민중을 선동하기 시작했다. 그들은 도시마다 반란을 일으키라고 부추기는 한편, 필리포스가 헬라스의 족쇄라 했던 세 도시에 군대를 주둔시키지 못하도록 티투스에게 압력을 가했다. 그들은 또한 헬라스 모든 시민들을 모아놓고서, 지금 시민들을 옭아맨 쇠사슬은 가벼워 보이지만 사실은 옛날보다도 더 무거운 것이고, 단지 잘 다듬어져 있어서 몸에 닿았을 때 아프지 않은 것뿐인데도, 말하자면 헬라스의 발에 감았던 사슬을 풀어 목에 걸어놓은 것뿐인데도 티투스를 은인이라 생각하며 고마워하고 있느냐고 물었다.

티투스는 아이톨리아 사람들의 선동을 듣고 몹시 불쾌하면서도 당황스러웠다. 그러나 동맹국인 그들에게 무력을 쓸 수도 없었으므로, 화가 난 티투스는 원로원에 사람을 보내 다음 같이 요청했다. 헬라스에 주려는 자유에 쓸데없는 조건을 붙이지 말고, 세 도시에 군대를 주둔시키는 것도 없던 일로 하자는 것이었다. 로마 원로원은 그 제안을 받아들였다.

이 무렵 이스트미아 경기대회가 열리고 있었는데, 경기장 주변에는 수많은 헬라스 사람들이 몰려들어 이 축제를 구경하고 있었다. 전쟁이 끝난 뒤라 헬라스에는 평화로운 분위기가 감돌았으므로, 사람들은 마음 놓고 이 큰 행사에 참석해 자유를 즐기고 있었다.

티투스는 로마가 결정한 일들을 알리기 위해 경기장에 전령을 보냈다. 전령
은 경기장으로 달려가 우렁차게 나팔을 불었다. 갑작스러운 나팔 소리에 사람
들은 모두 조용해졌다. 전령은 입을 열어 우렁찬 목소리로 선언했다.

"로마 원로원 의원이며 집정관이자 군사령관인 티투스 퀸티우스 플라미니누
스는 필리포스 왕과 마케도니아 군대를 정복했습니다. 그리고 코린토스, 로크
리스, 포키스, 에우보이아, 아카이아, 마그네시아, 테살리아, 페르하이비아 등의
도시와 주민들에게 영토와 법률과 자유를 되찾아 주기로 결정했습니다. 또 모
든 세금을 면제하고, 모든 도시에서 주둔군을 철수하며, 법령에 의한 자치권을
허용하기로 결정했음을 알립니다."

시민들이 처음에는 전령이 하는 말을 얼른 알아듣지 못했으므로, 한바탕 소
란이 일어났다. 사람들 가운데 어떤 이들은 전령의 말뜻을 의심했고, 더러는 서
로 무슨 일이냐고 묻다가 전령에게 선언문을 다시 읽어달라며 소리치기도 했
다. 그러자 전령은 다시 한 번 소리 높여 선언문을 읽었다.

쥐 죽은 듯 조용한 가운데 낭독이 끝나자 경기장에 있던 모든 사람들은 환
호성을 지르며 기쁨의 함성을 터뜨렸다. 그 소리가 어찌나 컸던지 먼바다까지
들릴 정도였다. 사람들은 이제 경기 구경하는 일 따위에는 관심이 없었다. 그들
은 기쁨에 넘쳐 서로를 얼싸안고, 헬라스를 해방시키고 자유를 지켜준 티투스
에게 한없는 감사와 존경을 보냈다.

때때로 사람 목소리는 믿을 수 없을 만큼 커질 때가 있다고 하는데, 이때 일
어난 일이 바로 그랬다. 경기장 위를 날던 까마귀가 갑자기 떨어져 죽은 것이
다. 사람들이 외치는 소리가 너무나 우렁차고 강해서 공기를 갈라지게 만들어
진공상태가 되자, 까마귀들이 숨을 쉴 수가 없어 하늘에서 떨어지고 만 것이
다. 그렇지 않다면 그 우렁찬 외침이 마치 날아가는 돌처럼 까마귀를 맞혀 떨
어뜨렸으리라. 혹은 바닷물이 무섭게 몰아치는 것처럼 공기가 큰 소용돌이를
일으켜 까마귀를 떨어뜨렸을 수도 있다.

한편 관중이 모두 자기에게 몰려오는 것을 보고 티투스는 얼른 몸을 피했다.
그 많은 사람들에게 묻혔다가는 밟혀 죽을지도 몰랐기 때문이다. 사람들은 티
투스 막사를 둘러싼 채 쉴 새 없이 기쁨의 함성을 질러댔다. 그들은 계속 그곳
을 에워싸고 있다가 날이 저물자 하나둘씩 흩어져 집으로 돌아갔다. 그러나 길

에서 친척이나 친구나 아는 사람을 만나면 서로 얼싸안은 채 기쁨을 나누었으며, 함께 모여 축하 잔치를 열었다. 헬라스인들의 기쁨은 그 어느 때보다 크고 대단했다. 그들은 환희에 젖어 예전의 헬라스를 떠올렸다.

헬라스는 자유를 되찾기 위해 크고 무서운 전쟁을 수없이 해왔다. 하지만 다른 나라 사람들이 대신 전쟁을 치러준 것일 뿐, 헬라스 스스로 얻은 자유가 아니었으므로 그들은 피 한 방울 흘리지 않았으며, 단 한 명의 시민을 잃은 적도 없었다. 헬라스는 이제껏 남의 힘으로, 영광과 보람 있는 가장 큰 가치를 손안에 넣어왔던 것이다.

헬라스에는 용기와 지혜를 갖춘 사람들은 얼마든지 있었지만 진정한 정의를 지닌 사람을 찾기는 힘들었다. 아게실라우스, 리산드로스, 니키아스, 알키비아데스 같은 사람들은 전술에 있어서 모르는 것이 없었으며, 바다든 육지든 어디서 싸워도 승리를 거두는 장군들이었다. 그러나 그들은 자신의 승리를 어떤 사람들을 위해 써야 하는지, 참된 영광을 이루기 위해서는 어떻게 해야 하는지를 몰랐다.

사실 이제까지 헬라스가 거두었던 거듭된 승리는 부끄럽게 생각할 수도 있으리라. 마라톤 싸움, 살라미스 해전, 플라타이아와 테르모필라이에서 벌어졌던 전투나 키몬 장군이 에우리메돈과 키프로스 섬에서 거둔 승리 말고는, 그들은 모두 자기 민족과 싸워 스스로 자유를 잃어버렸다. 동족을 찔러 죽이고, 노예로 팔아 승리의 기념비를 세운 것이다. 그래서 그들의 전승 기념비는 큰 도시들 사이의 다툼이 빚어낸 불행의 상징이었으며, 명예가 아니라 치욕의 기념물일 뿐이었다. 게다가 그마저도 영웅들 야심과 횡포 때문에 모두 폐허가 되었으므로, 헬라스는 더 이상 다른 나라가 자신들을 도와주리라고는 생각지 못했다.

그런데 외국인인 로마 사람들은 커다란 위험과 고통을 무릅쓰면서까지 헬라스를 구해주었다. 헬라스의 가장 큰 위기였던 전제자의 손아귀에서 그들을 다시 자유롭게 만들어 준 것이다. 헬라스 사람들이 이런 이야기를 주고받으며 가슴에 품은 티투스에 대한 감사의 말을 나누는 동안, 티투스는 자기가 약속한 대로 모든 일이 시행되도록 온 힘을 기울였다.

티투스는 렌툴루스를 소아시아로 보내 바르길리아 사람들을 해방시켰으며, 스테르티니우스를 트라키아로 보내 그곳 도시들과 섬에 있던 필리포스 군대가 철수했는지 확인하게 했다. 그리고 푸블리우스 빌리우스를 안티오코스에게 파견해, 왕의 통치를 받는 헬라스인들의 자유에 대한 문제를 상의토록 했다. 이런 일들을 모두 처리한 뒤 티투스는 칼키스를 거쳐 마그네시아로 갔다. 그는 그곳에서 수비대를 철수시키고 민주 정부를 다시 세웠다.

그런 뒤에 티투스는 아르고스의 네메아 경기대회 회장으로 뽑혔다. 그는 모든 행사를 성대히 마련함으로써 자신의 능력을 다시 한 번 드러냈다. 그 자리에 지난번 자유 선언을 했던 전령을 다시 내세웠는데, 그를 본 헬라스 사람들의 기쁨은 말로 다 표현할 수 없는 것이었다.

그는 헬라스 여러 도시들을 돌아다녔다. 그리고 가는 곳마다 안정과 질서를 확립하고, 당쟁을 막았으며, 시민들끼리 친목을 권유하고, 정치적 망명자들을 본국으로 돌려보냈다. 티투스는 마케도니아와 싸워서 거둔 승리보다도 헬라스의 평화를 위해 노력하는 일이 더 기뻤다. 그래서 헬라스 사람들은 티투스가 자기들에게 자유를 되찾아 준 일은, 그의 업적 가운데서 가장 작은 부분에 지나지 않는다고 여겼다.

이런 이야기도 있다. 철학자 크세노크라테스가 아테나이에 와서 살 때였다. 그가 돈이 없어 외국인세를 내지 못하자 관리가 그를 감옥으로 끌고 갔는데, 그때 리쿠르고스는 그 철학자를 구해주고 관리인의 지나친 행동에 대해 벌을 내렸다. 이 일이 있고 얼마 뒤, 리쿠르고스의 아들을 만난 크세노크라테스는 이렇게 말했다.

"그대의 아버지께서 내게 은혜를 베풀어 주셨는데 과연 그 보람이 있소이다. 그 일로 온 세상이 모두 아버님을 칭송하고 있으니 말이오."

플라미니누스와 로마가 헬라스 사람들에게 베풀었던 은혜는 헬라스뿐만 아니라 온 세상의 칭송을 받았다. 이 일로 로마는 세계의 많은 국민들로부터 깊은 믿음을 얻게 되었으며 로마인은 어느 곳을 가도 환영을 받았다. 뿐만 아니라 강대국들도 로마를 섬기게 되었으며, 사신을 보내 자기들을 보호해 주기를 간청하기도 했다. 이렇게 강대한 나라나 도시들뿐만 아니라, 다른 나라에게 압박받는 힘없는 왕들도 잇따라 보호를 요청해 왔다. 헬라스 또한 도시와 왕들이 핍박받을 때면 언제나 로마를 찾았다. 로마는 이처럼 짧은 시간 동안에 전 세계로부터 존경받게 되었는데 이는 진실로 하늘의 도움과 축복이 아닐 수 없었다.

플라미니누스도 헬라스의 해방을 무엇보다 명예롭게 여겼다. 그는 자기가 쓰던 방패 말고도 따로 방패 하나를 만들어 델포이에 있는 아폴로 신전에 바쳤다. 그것은 은으로 만든 둥글고 작은 방패였는데, 다음 같은 시가 새겨져 있다.

> 사냥을 즐겨 하시는
> 유피테르의 쌍둥이 아들인 두 분께
> 위대한 아이네아스 후손 티투스가
> 헬라스 자유를 위해 이것을 바칩니다.

또 아폴로 신에게 바친 금관에는 이런 시를 새겨넣었다.

> 거룩하신 라토나 여신의 아들이신 그대에게
> 로마 장군 티투스가 이 금관을 올립니다.
> 그대의 눈부신 머리 위에 이것을 얹으시고
> 위대한 티투스 이름을 지켜주십시오!

헬라스에는 이 같은 사건이 두 번 있었는데, 둘 다 코린토스에서 생긴 일이었다. 첫 번째는 티투스가, 두 번째는 로마 황제 네로가 똑같이 이스트미아 경기대회를 열 때, 헬라스의 자유와 독립을 선언했다. 한 가지 다른 점은 티투스는 이 선언을 전령을 시켜서 했지만, 네로 황제는 직접 광장 연단에 올라가서 했다. 그러나 이것은 훨씬 뒤에 일어난 일이다.

티투스는 라케다이몬의 가장 난폭하고 무법한 폭군 나비스를 벌하기 위해 전쟁 준비를 시작했다. 그런데 이 일을 마무리할 때, 티투스는 헬라스 사람들 기대에 어긋나는 행동을 해서 큰 실망을 안겨주었다. 나비스를 사로잡을 기회가 충분히 있었는데도 휴전을 해서 그와 평화조약을 맺은 것이다. 그래서 스파르타 사람들은 더욱 심한 억압을 받게 되었다. 티투스가 그와 화해를 서두른 것이 전쟁이 계속되면 새 사령관이 파견되어 자신의 영광을 빼앗길까봐 걱정해서였는지, 아니면 필리포이멘에 대한 시기심과 경쟁심 때문이었는지는 알 수 없다.

필로포이멘은 여러 전쟁에서 승리를 거두어 크게 이름을 떨친 인물이었다. 특히 그는 나비스와의 전쟁에서 놀라운 용기와 전략을 뚜렷이 발휘했다. 게다가 아카이아 사람들이 그에 대한 연극을 만들어 행사가 있을 때마다 선보였기 때문에, 티투스는 자기 영광을 넘보는 그에게 신경이 곤두섰던 것이다.

한낱 아르카디아 평민이었던 필로포이멘이 이름없는 국경 지역에서 몇 번 이겼다고 해서, 로마 집정관이며 헬라스 모두의 수호자인 자기와 대등한 인물로 일컬어지는 것이 그로서는 너무나 못마땅했다.

티투스는 자기 자신이 물론 폭군 나비스를 완전히 파멸시킬 수도 있었지만, 그렇게 되면 다른 스파르타인들까지 피해를 입을 위험이 있었기 때문에 그와 휴전을 맺기로 결정한 것이라고 변명했다.

아카이아 사람들은 여러 법령들을 만들어 티투스에게 영광을 바쳤으나 그는 도무지 반갑지가 않았다. 하지만 아카이아 사람들 선물 가운데 오직 한 가지만은 기쁜 마음으로 받아들일 수 있었다.

한니발 전쟁에서 포로로 잡힌 많은 로마인들은 노예가 되어 여기저기로 팔려갔다. 헬라스에도 그렇게 팔려온 사람들이 1200명 정도 있었는데, 그들의 처지는 참으로 비참했다. 그런데 노예로 살던 그들이 이제는 로마 군인들 가운데서 아들이나 형제, 지인들을 만나게 된 것이다. 노예와 자유민으로서, 포로와 승리자로서 서로 마주하게 되었으므로, 이 만남은 그들의 마음을 더욱 처량하게 만들었다.

티투스는 그들의 불행을 진심으로 동정했다. 그러나 노예에게는 주인이 있으므로, 그들을 강제로 빼낼 수도 없는 노릇이었다. 그런데 아카이아 사람들이 이 노예들을 한 사람당 5므나씩 주고 사서 한곳에 모은 다음, 티투스가 로마로 떠나려 할 때 그에게 넘겨주었던 것이다.

티투스는 흡족한 마음으로 출항했다. 그는 자신의 영광스러운 공적에 어울리는 선물을 받았으며, 열렬한 애국심에 걸맞은 보람을 얻었다. 로마로 돌아간 티투스는 개선식을 올렸는데, 이 개선 행진에서 가장 빛나는 장면은 단연 노예에서 해방된 로마 병사들의 긴 행렬이었다. 그들은 다른 노예들처럼 머리를 밀었지만 관례에 따라 펠트 모자를 쓰고 있었다.

그러나 개선 행렬에서 그들 못지않게 사람들 눈길을 끈 것은 헬라스군 투구와 마케도니아군 방패나 긴 창 등의 전리품들이었다. 투디타누스에 따르면 티투스가 얻은 전리품에는 금돈 3713파운드, 은돈 4만 3270파운드, 필리포스 금화 1만 4514개가 있었다고 한다. 그리고 이것들 말고도 필리포스가 전쟁 배상금으로 지불하기로 한 1000탈란톤이 따로 있었다.

플라미니누스는 영예로운 전쟁을 한 장군이었지만 온정도 많았다. 그는 원로원을 움직여 필리포스 왕이 물어야 할 배상금 1000탈란톤을 면제해 주었으며, 볼모로 잡혀 있던 필리포스의 아들도 마케도니아로 돌려보냈다.

그 뒤 안티오코스 왕이 많은 함대와 강력한 군대를 거느리고 헬라스로 쳐들어왔다. 그리고 헬라스 여러 나라들이 로마와의 동맹을 끊고 반란을 일으키도록 선동했다. 특히 아이톨리아는 로마와의 오랜 불화 때문에 안티오코스를 더 적극적으로 지지했다. 그들은 헬라스의 자유를 되찾아 준다는 명목으로 전쟁을 시작했지만 이미 헬라스는 완벽한 자유를 누리고 있었으므로, 이는 핑계일 뿐이었다. 그러나 그 밖에 전쟁을 일으킬 만한 명분이 없었기에 터무니없는 이유를 달고 나온 것이었다.

이처럼 헬라스에서 반란과 혁명의 움직임이 일어나자 로마는 몹시 불안해졌다. 그래서 집정관 마니우스 아킬리우스를 총사령관으로 임명해 군대 지휘권을 맡겼으며, 티투스 플라미니누스에게는 부사령관 임무를 주어 헬라스와의 외교를 담당하도록 했다.

티투스가 헬라스 땅에 들어서자 동요하던 여러 도시들이 곧 로마 편으로 되돌아왔다. 또 신의를 저버린 행동을 취했던 도시들도 모두 그의 설득으로 마음을 바꾸었다.

그러나 아이톨리아 꼬임에 넘어간 몇몇 도시들은 어떻게 해볼 도리가 없었다. 티투스는 화가 나고 약이 올랐지만, 나중에 승리를 거둔 뒤에는 그 도시들이 피해를 당하지 않도록 보호해 주었다.

안티오코스는 테르모필라이에서 로마군과 맞부딪쳐 크게 패하자, 싸움터를 떠나 곧장 아시아로 돌아가 버렸다. 적을 무찌른 로마군은 집정관 마니우스 지휘 아래 아이톨리아 여러 도시들을 공격하는 한편, 마케도니아 필리포스 왕으로 하여금 반란을 꾀했던 도시들을 진압하게 했다. 그리하여 돌로피아, 마그네시아, 아페란티아 등 도시들이 순식간에 무너져 갔다.

그러나 마니우스의 성과는 보잘것없었다. 그는 겨우 헤라클레아를 점령하고, 아이톨리아 손에 들어간 나우팍투스를 포위했을 뿐이었다.

성난 마니우스에게 짓밟히는 헬라스인들을 가엾게 여긴 티투스는 펠로폰네소스에서 뱃길로 나우팍투스에 도착했다. 그리고 마니우스를 만나자 기껏 안티오코스를 무찌르고는 필리포스에게 승리의 영광을 넘겨준 일을 비난했다. 마니우스가 작은 도시 하나를 포위한 채 허송세월하는 동안 필리포스 왕이 수많은 도시와 국가들을 합병하고 있는 게 보이지 않느냐는 것이었다.

마니우스는 아무런 대답도 하지 않았다. 티투스가 그를 내버려 두고 포위된 성 가까이로 가자 성 위에 나와 있는 아이톨리아 사람들이 그를 알아보고 눈물을 흘리며 애원했다. 티투스는 마음이 괴로워 아무 말도 할 수 없었다. 그는 죽음을 앞둔 그들에게서 등을 돌리고는 눈물을 흘리며 길을 재촉했다.

하지만 티투스는 며칠 뒤 마니우스를 찾아가 진지하게 의논한 끝에, 아이톨리아인들에게 휴전을 허락했다. 그리고 그들을 로마에 대표단으로 보내 협정 조건을 원로원에 탄원하도록 했다.

티투스가 가장 애를 먹었던 것은 칼키스 시민에 대한 마니우스의 노여움을 푸는 일이었다. 로마인들은 이곳 사람들을 특별히 미워했는데, 그것은 전쟁 초기에 안티오코스가 이곳 사람의 딸과 결혼한 일 때문이었다. 이 결혼은 시기적으로 좋지 않은 데다가, 두 사람 나이를 보아도 전혀 어울리지 않았다. 안티오코스 왕은 이미 중년을 넘긴 나이였으며, 아내는 아직 어린 소녀였기 때문이다. 그 소녀는 클레오프톨레무스의 딸인데, 세상에서 보기 드물게 아름다웠다.

이 결혼으로 칼키스 사람들은 안티오코스를 열렬히 지지하게 되었으며, 그 도시는 안티오코스 군대의 본거지가 되었다. 그래서 안티오코스가 테르모필라이에서 패배하고 달아날 때에도, 칼키스로 급히 가서 젊은 아내와 금은보화, 친구들을 데리고 아시아로 떠난 것이다. 이런 여러 일들로 분노한 마니우스는 곧바로 군대를 이끌고 칼키스로 달려갔으며, 이 소식을 들은 티투스는 급히 그를 뒤쫓아가 간신히 그의 화를 가라앉혔다.

그 덕분에 칼키스 사람들은 목숨을 건질 수 있었다. 그들은 감사의 표시로 도시에서 가장 크고 좋은 건물을 티투스에게 바쳤다. 그리고 그 건물에 다음 같은 글을 새겨 오늘날까지 남겼다.

칼키스 시민들은 이 체육관을
헤라클레스와 티투스에게 바칩니다.

그리고 그 건너편에 있는 건물에도 다음 같은 글을 새겼다.

칼키스 시민들은 이 델피니움을
아폴로와 티투스에게 바칩니다.

시민들은 그것으로도 모자라 '티투스 제관'이라는 이름의 제관을 뽑아 오늘날까지 해마다 티투스에게 제사를 드린다. 제사가 끝나면 그들은 티투스의 덕을 기리는 긴 노래를 부르는데, 맨 마지막 구절은 이렇게 끝난다.

노래하라 아가씨들이여, 노래 불러라.
맹세를 지킨 로마의 선의를 위해
그리고 진실되고 너그러운 티투스를 위해.
이 노래는 우리 도시의 구원자
티투스와 아폴로를 위한 것이라네.

티투스는 헬라스 다른 도시들로부터도 굉장한 영예를 받았다. 이 영예를 더욱 빛나게 한 것은 그의 친절한 성품이었다. 그는 때때로 정치가들과 의견 충돌을 일으켰고 경쟁심 때문에 대립한 적도 많았지만, 끝까지 원한을 품지는 않았으며 곧 노여움을 풀었다. 필로포이멘이나, 아카이아군 사령관으로 있을 때 디오파네스와도 가끔 대립했지만, 분노 때문에 섣부른 행동을 한 일은 없었다. 많은 사람들이 그가 성급하고 경솔한 성격을 가졌다고 말했지만, 그를 사악하거나 가혹하다고 여기는 이는 단 한 명도 없었다. 티투스처럼 사귀어 갈수록 정이 가는 친구도 없었으며, 특히 그의 말투는 우아하면서도 힘이 있었다. 언젠가 아카이아 사람들이 자킨투스 섬을 정벌하려고 하자 티투스는 그 계획을 반대했다. 그들이 펠로폰네소스에서 벗어나 그렇게 멀리까지 손을 뻗는다는 것은, 거북이가 등딱지 밖으로 너무 길게 목을 내뻗는 것처럼 위험한 일이라고 지적한 것이다.

또 티투스가 필리포스 왕과 휴전하기 위해 처음 만났을 때, 필리포스는 그에게 자신은 호위병도 없이 혼자 왔는데 장군은 어째서 이렇게 많은 병사들을 데리고 왔느냐고 물었다. 그러자 티투스가 대답했다.

"왕께서는 스스로 자신을 쓸쓸하게 만드신 것입니다. 친구와 친척들을 모두 죽이셨으니 외톨이가 되실 수밖에요."

한번은 메세니아의 데이노크라테스가 중요한 임무를 띠고 찾아온 적이 있었다. 그런데 그는 지나치게 술을 마셔서 몹시 취한 나머지, 여자 옷을 입고 춤을 추며 술주정을 했다. 다음 날 그는 티투스를 찾아가, 메세니아를 아카이아 지배에서 벗어날 수 있게 도와달라고 부탁했다. 그러자 티투스는 그 문제에 대해서는 좀 더 생각해 보겠다고 대답하고는, 그런데 그렇게 큰일을 맡고 온 사람이 어떻게 술자리에서 노래를 부르고 춤을 출 수 있었는지 너무나 놀랍다고 나무랐다.

언젠가 안티오코스 사절단이 아카이아 사절단에게 자기네 왕의 군대가 막강하다는 것을 뽐냈다. 그들은 여러 부대들에 대해 자세히 설명하며, 그 부대가 어떻게 이루어져 있는지 자랑삼아 늘어놓았다. 이 말을 듣고 있던 티투스는 한 가지 이야기를 들려주었다. 어느 날 그는 친구에게 저녁 식사 초대를 받아서 친구 집에 갔는데, 식탁을 보니 음식 종류가 엄청나고 맛도 몹시 훌륭했다. 그래서 그는 놀라며 이렇게 많은 종류의 음식들을 어떻게 만들었는지 친구에게 물었다. 그랬더니 친구가 대답하기를, 종류가 많아 보이지만 모두 다 돼지고기로 만든 것이며, 조리 방법만 조금씩 다를 뿐이라고 했다. 끝으로 티투스는 이렇게 덧붙였다.

"아카이아인 여러분, 이와 마찬가지요. 안티오코스의 부대가 기병이니 보병이니 궁병이니 해서 종류가 많은 모양이지만, 다 그게 그거요. 가진 무기가 조금씩 다를 뿐이지 모두 다 시킬리아 사람 아닙니까?"

헬라스가 안정을 되찾은 것도 티투스의 이런 현명함 때문이었다. 헬라스가 평온해지고 안티오코스와의 전쟁도 끝나자 티투스는 로마로 돌아갔다. 로마에서는 감찰관 자리가 그를 기다리고 있었다. 이 자리는 뛰어난 직책이었으며 가장 높은 자리로, 정치 생활 최종 목표나 다름없었다.

티투스는 동료 집정관과 함께 감찰관 자리에 올랐는데, 상대는 다섯 번이나 집정관을 지낸 마르켈루스의 아들이었다. 두 사람은 원로원 의원 가운데서 시민들 평판이 나쁜 4명의 자격을 박탈했으며, 로마 자유민이 되기를 희망하는 사람들에게 시민 자격을 주었다. 그러나 실제로 이 일은 그들의 뜻이라기보다는 강제로 이루어진 것이 더 많았다. 귀족계급과 사이가 나빴던 호민관 테렌티우스 쿨레오가 법을 만들어 통과시켰기 때문이다.

이때 로마에서 가장 크게 이름을 날리던 두 사람은 스키피오 아프리카누스와 마르쿠스 카토였다. 티투스는 스키피오를 원로원 의장에 임명했으나 카토와는 다음 사건 때문에 서로 반감을 갖게 되었다.

티투스에게는 루키우스라는 동생이 있었는데, 그는 형과는 달리 행실이 단정치 못하고 명예를 하찮게 여기는 사람이었다. 루키우스는 늘 어떤 미소년을 데리고 다녔으며, 군대를 거느리고 출정을 할 때나 총독으로 부임을 할 때에도 언제나 이 소년을 옆에 두었다.

그러던 어느 날 술자리에서 이 소년이 루키우스에게 애교를 부리면서, 자신은 아직 사람이 죽는 모습을 구경한 적이 없지만 그를 기쁘게 해주려고 검투사 시합을 보지 않고 바로 달려왔다고 말했다. 소년의 이런 애정 표현에 한껏 들뜬 루키우스가 이렇게 말했다.

"그런 일쯤이야 어렵지 않다. 내가 너의 소원을 들어주겠노라."

그는 사형수 하나를 데려오도록 명령한 뒤에, 잔치가 벌어지고 있던 방에서 사형집행인을 시켜 그의 목을 베게 했다.

그런데 안티움 사람 발레리우스에 따르면, 루키우스는 이 미소년이 아니라 어떤 여인 때문에 이런 일을 저질렀다고 한다. 하지만 역사가 리비우스는 카토 자신이 연설을 하면서, '갈리아족 탈영병이 아내와 아이들을 데리고 문 앞에 온 것을 붙잡아서 그의 애인 소원을 들어주기 위해 직접 탈영병을 죽였다'는 사실을 밝힌 바 있다고 말했다. 그러나 이 이야기는 카토가 루키우스 죄를 크게 부풀리기 위해 지어낸 것으로 보인다. 키케로가 쓴 《노인론》을 비롯한 다른 책들을 보면, 죽은 사람은 탈영병이 아니라 사형이 확정된 죄인이었다고 쓰여 있다.

한편 카토는 감찰관으로 있는 동안, 원로원을 숙청하고 재건하기 위해 원로원 의원들의 사생활을 조사했다. 마침내 그는 집정관까지 지낸 루키우스를 원로원에서 제명시켰다. 이 일은 루키우스는 물론 티투스에게도 수치스러운 일이었지만, 카토는 그런 점을 전혀 생각하지 않았다.

그리하여 티투스 형제는 초라한 옷차림으로 시민들 앞에 나타나, 명문인 자신들 집안에 그런 모욕을 준 까닭을 이야기해 달라고 카토에게 요청했다. 시민들은 처음에는 그 말을 일리 있는 요청이라고 생각했다. 하지만 카토는 눈썹 하나 까딱하지 않고 술자리에서 무슨 일이 있었는지 아느냐며 티투스에게 물었다. 티투스가 모른다고 대답하자 카토는 술자리에서 있었던 일을 자세히 설명하고는, 루키우스에게 사실과 다른 내용이 있으면 말해보라고 했다. 루키우스는 아무 말도 하지 못했다. 그제야 시민들은 티투스 형제가 받은 벌이 마땅하다 여기고 카토를 집까지 배웅했다.

티투스의 분노는 대단했다. 감찰관까지 지낸 사람을 매장하려는 카토를 그냥 두고 볼 수가 없었던 것이다. 그는 원로원 절반이 넘는 카토 반대파에 가담했다. 그리고 국가 세입에 관계하는 카토가 구매와 임대와 처분에 대한 계약들을 만들려 할 때마다 반대하고 나서서 이를 모두 무효로 만들어 버렸다. 그리고 카토를 상대로 수시로 소송을 걸어 그를 자리에서 내쫓으려 했다. 물론 티투스의 이런 행동은 정의롭지 못했다. 그는 행실이 나빠 벌을 받은 동생 때문에 합법적 권리를 행한 카토에게 반항한 것이다.

그 뒤 극장에서 어떤 공연이 있었을 때, 원로원 의원들은 관습에 따라 가장 좋은 좌석에 앉아 있었다. 그때 루키우스는 초라한 옷차림으로 이들 자리를 지나 맨 뒷좌석에 가서 앉았다. 이를 본 시민들은 민망한 나머지 그에게 본디 앉던 자리로 가서 앉으라고 소리쳤다. 그래서 그는 집정관들이 앉는 자리에 다시 앉았으며, 집정관들도 기꺼이 그를 맞아들였다.

티투스는 타고난 공명심으로 많은 공을 세웠다. 젊었을 때 여러 전쟁에서 거둔 전공들은 앞서 이야기한 바와 같다. 집정관 자리에 있을 때에는 온 세상 사람들이 그를 우러러보았으며, 집정관직에서 물러난 뒤에도 스스로 군사 호민관 자리를 맡아 시민들의 존경을 받았다.

그러나 그는 나이가 들어 공직에서 물러난 다음에도 젊은이들처럼 열광적으로 공명심을 좇았기 때문에, 때때로 사람들 빈축을 사기도 했다. 한니발에 대한 그의 행동도 그가 쌓은 명성에 먹칠하는 결과를 낳았다.

한니발은 카르타고에서 패배해 쫓겨간 뒤 안티오코스 왕을 찾아가 보호를 요청했다. 하지만 프리기아에서 진 안티오코스가 로마의 휴전 제안을 받아들이자, 그는 그곳을 떠나 여기저기를 떠돌아다녔다. 그러다가 찾아간 사람이 비티니아 왕 프루시아스였다. 로마 사람들은 한니발이 프루시아스 궁전에 머물고 있다는 사실을 알았지만, 이미 늙은 데다 따르는 사람도 없었기 때문에 그냥 내버려 두었다. 그러나 티투스는 그렇게 생각하지 않았다.

티투스는 원로원 일로 비티니아에 갔다가 한니발이 살아 있는 것을 보고 몹시 화가 났다. 그래서 왕의 간곡한 애원도 뿌리치고 한니발을 죽이려 했다.

한니발은 언젠가 자신에게 내려진 신탁 때문에 이미 죽음을 예상하고 있었다. 그 신탁 내용은 다음과 같았다.

리비사 땅이 한니발을 덮으리라.

한니발은 이 신탁에서 말하는 리비사가 리비아를 가리킨다고 생각했다. 그래서 자신이 조국인 카르타고에 묻히리라 믿고 있었다.

그런데 비티니아 바닷가에는 모래땅이 있었고, 그 가까이에 리비사라는 마을이 있었다. 한니발은 모르고 있었지만, 하필 그가 살던 마을이 바로 리비사였다. 한니발은 처음부터 프루시아스 왕이 마음 약하고 힘도 없는 사람이라는 사실을 잘 알고 있었다. 그래서 왕이 로마 협박에 넘어가 자기를 죽일까봐 두려운 나머지 자기 방에서부터 7개의 지하도를 파서 도망갈 길을 마련해 놓았다. 이 지하도는 상당히 긴 데다 바깥으로 통하는 출구는 쉽사리 눈에 띄지 않았다. 한니발은 티투스가 자기를 죽이려 한다는 소식을 듣고는 곧 지하도로 도망가기로 결심했다. 그러나 지하도 출구는 이미 프루시아스 왕의 호위병들이 지키고 있었다. 마침내 한니발은 달아날 길을 잃고 스스로 목숨을 끊고 말았다.

그의 자살 방법에 대한 이야기는 여러 가지이다. 어떤 사람은, 그가 옷으로 목을 감고 자기 하인에게 숨이 끊어질 때까지 당기게 했다고 한다. 테미스토클레스나 미다스처럼, 황소 피를 마시고 죽었다고 이야기하는 사람들도 있다. 리비우스 책을 보면, 한니발은 이런 일을 예상해 늘 독약을 지니고 다녔는데 그때 독약 탄 술을 마시기 전에 이렇게 말했다고 한다.

"좋아, 로마의 끊임없는 근심 하나를 덜어주지. 이 늙은이를 미워해 죽을 날만 기다리고 있다니 말이야. 그러나 나의 죽음으로 티투스가 명예로운 승리를 거두게 할 수는 없다. 그의 조상은 자기 적이며 정복자였던 피루스에게 사람을 보내, 피루스를 독살하려는 배반자 음모까지 밀고했으니 말이야."

이렇게 해서 한니발은 죽었다. 그는 참으로 뛰어나고 오만한 장군이었지만 이처럼 허무하게 죽고 말았다. 한니발이 죽었다는 소식을 들은 로마 원로원은 티투스가 지나친 행동을 했다며 비난을 퍼부었다. 티투스가 날개 잃어버린 새나 다름없는 한니발이 평안히 여생을 보내도록 내버려 두지 않고 괴롭혔기 때문에 견디지 못한 한니발이 서둘러 무덤으로 갔다고 여긴 것이다. 그들은 티투스가 정치적인 이유도 없이 오직 자신의 명예를 위해 그를 잔인하게 죽음으로 몰고 갔다고 생각했다. 이런 티투스의 행동은 너그러운 모습을 보여준 스키피오 아프리카누스 행동과 비교되었으므로, 사람들은 더욱 그를 못마땅하게 여겼다.

사람들은 스키피오가 온유하고 너그러운 태도로 한니발을 대접해 주었다고 생각해 그를 존경했다. 한 번도 져본 일이 없던 한니발을 아프리카에서 무찔렀지만, 그를 본국에서 추방하지 않았을 뿐 아니라 자기에게 넘겨달라고 요구한 일도 없었다. 그만큼 스키피오는 한니발을 존경했다. 스키피오는 전투를 시작하기 전에 한니발을 만나 인사를 나누었으며, 승리한 다음 휴전협정을 맺을 때에도 교만한 태도를 보이지 않고 매우 공손하게 그를 대했다.

그 뒤 스키피오는 에페수스에서 다시 한니발을 만났다. 그들은 나란히 걸으며 이야기를 나누었는데, 그때 한니발은 스키피오가 눈치채지 않게 한 걸음 뒤떨어져 걸었다. 마침 훌륭한 장군들에 대한 이야기가 오고 가자 한니발은, 역사상 으뜸가는 장군은 알렉산드로스 대왕이고 그다음은 피루스, 그리고 세 번째는 바로 자기 자신이라고 말했다. 그러자 스키피오는 미소를 지으며 한니발에게 물었다.

"내가 장군을 이기지 못했다면 어떻게 말씀하겠소?"

"그야 물론 나는 세 번째가 아니라 첫 번째였겠지요."

로마 사람들은 스키피오의 이런 행동을 옳다고 생각해 그를 칭송했다. 이와 달리 티투스의 행동은 시체를 다시 욕보인 것과 다름없다며 비난했다. 그러나 티투스의 행동을 칭찬하는 사람도 있었다. 한니발은 불덩어리 같은 사람이라 언젠가 바람을 만나면 반드시 큰불을 일으키리라는 생각 때문이었다. 그들은 한니발이 젊었을 때 로마에 무서운 시련을 준 것도 그가 힘이 세거나 무기를 잘 써서가 아니라, 뛰어난 지혜와 로마에 대한 불타는 적개심 때문이었다고 여겼다. 그런 적개심은 나이를 먹는다고 사라지지 않는다. 사람의 운명이 변한다 해서 그 사람 생각이나 기백까지 빛이 바래는 것은 아니기 때문에, 지워지지 않는 원한을 가진 사람은 언제까지라도 그것을 풀기 위해 늘 새로운 힘을 얻는다는 것이었다.

그 뒤에 생긴 몇 가지 사건들도 티투스의 행동이 어느 정도 옳았다는 사실을 증명했다.

평범한 음악가 집안에서 태어난 아리스토니쿠스가, 에우메네스의 아들이라는 소문 때문에 아시아에서 소요와 반란을 일으킨 사건이 있었다. 또 미트리다테스는 술라와 핌브리아에게 엄청난 패배를 당하고도 다시 군대를 일으켜, 루쿨루스에게 대항해 무서운 적수가 되었다.

만약 한니발이 자살하지 않았다면 로마도 다시 위험한 지경에 처했을지도 모르는 일이다. 한니발은 적어도 카이우스 마리우스처럼 초라한 신세로까지 떨어지지는 않았다. 그는 한 나라 왕을 친구로 삼았으며 배나 말을 타고 다니며 군사 문제를 연구하기도 했으므로, 적어도 거지가 되었던 마리우스 처지보다는 훨씬 나았다. 그러나 구걸하면서 아프리카를 떠돌아다니던 마리우스를 비웃던 로마 시민들은 머지않아 그에게 채찍질당하고, 목이 잘리며, 그 앞에 엎드려 살려달라고 애걸복걸하는 신세가 되었다. 사람이란 앞으로 어떤 일을 당할지 모르기 때문에, 당장 눈앞에 보이는 것만으로 위대하거나 비참하다며 섣불리 말할 수 없는 것이다. 운명의 변화는 목숨이 다한 뒤에야 멈추는 법이다.

그래서 어떤 역사가는 티투스가 한니발을 죽인 것은 혼자만의 생각이 아니라, 루키우스 스키피오와 함께 한니발을 죽이라는 원로원 명령 때문이었다고 이야기한다.

그 뒤 티투스에 대한 자세한 기록은 보이지 않는다. 그가 조용히 지내다가 삶을 마쳤다는 간단한 이야기들만 전해질 뿐이다.

필로포이멘과 플라미니누스의 비교

SALVS

티투스가 헬라스에 베푼 혜택들에 대해서는, 필로포이멘이나 그 밖의 누구라 할지라도 견줄 만한 사람이 없다. 헬라스인들은 자기 나라 사람들끼리 전쟁을 벌였지만, 티투스는 헬라스 사람이 아니면서도 헬라스인들을 위해 싸웠다.

필로포이멘은 동포들이 곤경에 처했을 때, 그들을 구해낼 길이 없자 크레테 섬으로 도망갔다. 그러나 티투스는 헬라스 한가운데서 필리포스 왕과 싸워 승리를 거둠으로써, 헬라스 모든 나라와 도시들에 자유를 안겨주었다. 전투 결과만 살펴보아도, 필로포이멘이 아카이아군 사령관으로 있으면서 죽인 헬라스인 수가 티투스가 헬라스를 위해 싸우면서 죽인 마케도니아인보다 훨씬 많았다.

두 사람은 모두 결점을 가지고 있었는데 티투스는 지나친 공명심, 그리고 필로포이멘은 완고함이었다. 티투스는 분노에 쉽게 동요되었으며, 필로포이멘은 한 번 맺힌 분노를 쉽게 풀지 못했다. 티투스는 필리포스에게 왕으로서의 존엄을 그대로 지니게 했고, 또 아이톨리아 사람들까지 부드럽게 다루었다. 하지만 필로포이멘은 고국에 대한 분노로 여러 마을들과의 동맹을 깨뜨려 버렸다. 또한 티투스는 한 번 친해진 사람들은 언제까지나 친구로 대했으나 필로포이멘은 그렇지 않았다. 그는 조금이라도 감정이 상하면 여태까지 가지고 있던 호감을 모조리 없애버렸다.

필로포이멘은 라케다이몬에 은혜를 베풀었지만 얼마 뒤에는 그 성벽들을 허물어버리고 온 국토를 짓밟았으며, 마지막에는 정부까지 파괴하려고 했다. 그는 분노와 사사로운 원한 때문에 목숨을 헛되이 잃은 사람이었다. 그는 아무런 준비도 없이 메세니아를 공격해 큰 패배를 당했다. 티투스는 전투를 할 때 신중히 생각하고 행동한 반면, 필로포이멘에게는 이런 모습이 드러나지 않았다.

그러나 장군으로서 필로포이멘의 명성은 좀 더 확고한 기반 위에 서 있던 것으로 보인다. 두 사람이 참가했던 전투와 전승 기념비 숫자로 보아도 필로포이멘의 군사적인 능력이 훨씬 뛰어났다고 말할 수 있다. 이런 결과들은 모두 그가 지닌 뛰어난 군사 지식 덕분이었으므로, 행운의 힘이었다고는 말할 수 없다.

더구나 티투스의 영예는 부강한 로마의 뒷받침이 있었지만, 필로포이멘의 영예는 헬라스가 힘을 잃어가고 있을 때 스스로 세운 것이다. 그러므로 티투스의 영광은 로마와 나눠 가져야 하지만, 필로포이멘은 헬라스가 쇠퇴했을 때 명성을 떨쳤으므로 그 영광은 혼자만의 몫이었다. 티투스는 이미 잘 훈련되어 있던 용감한 군대를 지휘만 했으나, 필로포이멘은 열악한 상황에 있던 병사들을 훈련시켜 뛰어난 군대로 만들어 냈다.

필로포이멘은 언제나 동포인 헬라스 사람과 싸워야 했다는 점에서 장군으로서 불행했다고 여길 수도 있다. 그러나 이는 그의 역량을 드러내는 데는 오히려 좋은 조건이 되었다. 서로의 사정과 환경을 잘 알고 있는 상태에서 적을 이겼다는 것은, 그가 더 뛰어난 능력과 용기를 가지고 있었다는 사실을 증명하기 때문이다. 사실 그는 헬라스인 가운데서도 가장 전쟁을 잘하는 크레테와 라케다이몬을 상대로 싸웠다. 가장 교활한 적에게는 더 간악한 교활함으로, 가장 용맹한 적에게는 더 큰 용맹함으로 맞서 그들을 이겨냈던 것이다.

또 하나 기억할 것은, 필로포이멘이 무기를 만들고 부하들을 훈련시키며 군대를 재편성했다는 점이다. 그는 전쟁에서 이길 수 있는 방법을 스스로 찾아냈다. 이에 비해 티투스는 훈련이 잘된 군대를 넘겨받았으므로, 어떤 의미로는 그때까지의 방법을 그대로 사용해 승리를 거두었다고 할 수 있다. 또 필로포이멘은 스스로 용감함을 보이며 여러 차례 승리를 거두었지만 티투스는 그런 일이 단 한 번도 없었다. 이런 까닭에 아이톨리아 사람 아르케데무스는 티투스를 비웃으며, 그 자신이 칼을 높이 치켜들고 마케도니아 장군을 공격하려 달려가고 있는 동안 티투스는 꼼짝도 않은 채 신께 기도만 드리고 있었노라 말했다.

그러나 티투스는 장군으로서나 외교 사절로서는 늘 완벽한 성공을 거두었으며, 필로포이멘도 장군으로 있을 때나 평민으로 있을 때나 늘 아카이아를

위해 애썼다. 메세네에서 나비스를 쫓아내고 시민들 자유를 되찾아 준 일도,
또 아카이아 장군 디오파네스와 티투스가 공격해 왔을 때 라케다이몬으로 먼
저 들어가 성문을 닫고 재빨리 사태를 수습한 일도 모두 그가 평범한 시민으
로 있을 때 거둔 성과였다.

이처럼 필로포이멘은 진정한 장군의 정신을 갖추고 있었다. 뿐만 아니라 그
는 법을 무시해야 할 때와 법을 지켜야 할 때를 잘 알고 통제했다. 물론 법의
정신을 지키지만, 그것에 얽매이지는 않아야 진정한 장군으로서 자격이 있다
고 여겼기 때문이다.

티투스가 헬라스 사람들에게 보여준 너그러움은 그의 훌륭한 성품을 짐작
하게 해준다. 그러나 필로포이멘이 로마인들에게 보여준 확고한 정신에는 더욱
고귀한 무언가가 있다. 구걸하는 사람의 소원을 들어주는 일은 쉽지만, 강한
자에게 두려움 없이 대항함으로써 그의 노여움을 산다는 것은 무척 어려운 일
이기 때문이다.

하지만 이 두 사람을 비교해 누가 더 뛰어나다고 판단하는 일은 쉽지 않다.
결론을 내리자면 군사적인 노련함에 있어서는 헬라스인 필로포이멘에게, 정의
와 너그러움에 있어서는 로마인 티투스에게 월계관을 주는 편이 좋을 것 같다.

피루스(PYRRHUS)

역사가들이 남긴 글에 따르면, 대홍수가 있은 뒤 처음으로 테스프로티아족과 몰로시아족 왕에 오른 이는 파에톤이었다. 파에톤은 펠라스구스와 함께 에피루스로 건너온 사람들 가운데 하나였다. 어떤 사람들은 데우칼리온과 그의 아내 피라가 도도나에 제우스 신전을 세우고 그를 숭배하는 풍습을 만들어 냈으며, 그곳으로 옮겨가 몰로시아 사람들과 함께 살았다고 한다. 그 뒤 아킬레우스의 아들 네오프톨레모스가 사람들을 이끌고 이 땅을 차지했으며, 왕가를 세워 스스로 그 시조가 되었다. 이 왕가는 피루스 집안이라 불렸는데, 이는 네오프톨레모스가 어렸을 때 피루스라 불렸기 때문이다. 또 네오프톨레모스는 클레오다이우스의 딸 라나사와의 사이에서 난 첫째 아들 이름을 피루스라 지었다. 이때부터 에피루스에서는 아킬레우스를 신처럼 떠받들었고, 말로 표현할 수 없는 자라는 뜻인 '아스페투스'라 불렸다.

이 최초의 왕을 지나 그 뒤 왕들은, 야만적인 풍습에 물들어 그 힘도, 저마다 생애나 업적도 이렇다 할 만한 것이 없었다. 전하는 바에 따르면 타리파스라는 왕이 처음으로 헬라스 풍습이나 문자, 법률 등을 들여와서 비로소 왕가 이름을 떨치기 시작했다고 한다.

타리파스의 아들이 알케타스이고, 알케타스 아들은 아리바스, 아리바스와 그의 아내 트로아스의 아들은 아이아키데스였다. 아이아키데스는 테살리아 사람 메논의 딸 프티아와 결혼했는데, 메논은 라미아와의 싸움에서 용맹을 떨쳐,

동맹군에서도 레오스테네스 다음으로 영예를 얻은 장군이었다. 아이아키데스는 프티아와의 사이에서 두 딸 데이다메이아와 트로아스를 얻었고, 아들인 피루스가 태어났다.

그 뒤 몰로시아족이 반란을 일으켰다. 그들은 아이아키데스를 내쫓고, 네오프톨레모스의 아들들을 데려왔다. 아이아키데스 친구와 친척들은 거의 붙잡혀 목숨을 잃었다. 반란군은 왕의 적자인 피루스를 찾기 위해 혈안이 되어 있었으므로, 안드로클레이데스와 안겔루스는 그를 데리고 도망치려 했다. 하지만 그마저도 쉽지는 않았다. 피루스가 너무 어렸던 탓에 부하들 말고도 유모와 시종들이 함께 가야 했기에 자꾸만 늦어져 좀처럼 멀리 달아날 수 없었다. 마침내 적들이 가까이 뒤쫓아 오자, 두 사람은 피루스를 젊고 믿을만한 젊은이들 안드로클레이온, 히피아스, 네안드로스에게 건네주어, 마케도니아 메가라 시로 달아나게 했다. 그리고 자기들은 따라오는 적들에게 하소연하기도 하고, 들어주지 않으면 맞서기도 하면서, 그들의 추격을 해 질 녘까지 방해했다. 그러나 적들은 가로막는 사람들을 물리치고 사나운 기세로 피루스 일행 뒤를 바짝 쫓았다.

해가 질 무렵 메가라 시가 보이자, 젊은이들은 곧 안전해질 수 있다는 희망에 마음을 놓았다. 하지만 그들은 이내 절망감에 휩싸였다. 메가라로 가기 위해서는 강을 건너야만 하는데, 며칠 전 많은 비가 내린 탓에 불어난 강물이 달빛 아래 세차게 흐르고 있었다. 더구나 날이 저물어 주위가 어둠에 잠기자 사람들은 두려움을 느꼈다. 아무리 궁리해 봐도 어린아이와 유모까지 데리고 강을 건널 방법이 없었다.

그때 건너편에 몇 사람이 서 있는 것이 보였다. 그제야 힘을 얻은 젊은이들은 어린 피루스를 높이 안아 올리고 부디 강을 건널 수 있게 도와달라며 큰소리로 애원했다. 하지만 그 목소리는 요란한 물소리 때문에 건너편까지 들리지 않았다. 더는 시간을 끌 수가 없었다. 빨리 이쪽의 사정을 알려야 했다. 그들 가운데 하나가 떡갈나무 껍질을 벗긴 다음, 피루스의 신분과 도움을 요청하는 내용을 써서 돌을 매달아 강 건너로 던졌다. 돌멩이 무게로 나무껍질이 강 건너편까지 날아가리라 여긴 것이다. 어떤 사람들 이야기로는 떡갈나무 껍질을 돌이 아닌, 창에 감아 던졌다고도 한다. 강 건너편에 있던 사람들은 떡갈나무 껍질에 적힌 글을 읽고 사태가 매우 긴박함을 깨달았다. 그들은 나무 몇 그루를 잘라 뗏목을 만들어 타고 강을 건너왔다. 가장 먼저 건너온 사람은 우연히도 아킬레우스라는 이름을 가졌는데, 그가 피루스를 받아 안았고, 다른 사람들도 나머지 일행이 강을 무사히 건너도록 도와주었다.

이렇게 해서 추격자들을 따돌린 피루스 왕자 일행은 일리리아 왕 글라우키아스를 찾아갔다. 그들은 왕과 왕비가 있는 접견실로 가서, 어린 피루스를 한가운데 내려놓은 뒤 땅바닥에 엎드렸다. 하지만 왕은 아이아키데스의 적인 카산드로스를 몹시 두려워했으므로, 오랫동안 망설이며 아무 말도 하지 않은 채 생각에 잠겼다. 그런데 그때, 어린 피루스가 엉금엉금 기어가 왕의 옷자락을 잡고 그의 무릎 앞에 섰다. 이를 본 사람들은 처음에는 웃었으나 이윽고 아기가 옷자락을 붙잡은 모습이 마치 애원하는 듯 보여, 가엾은 생각에 눈물을 흘렸다. 어떤 사람들은 피루스가 글라우키아스에게 매달린 것이 아니라 신들의 제단을 두 손으로 잡고 일어섰으며, 글라우키아스가 이를 신의 계시로 받아들였다고 한다. 그래서 왕은 곧 어린 피루스를 왕비에게 맡겨, 다른 아이들과 함께 기르도록 했다. 얼마 뒤 카산드로스가 부하들을 이끌고 나타나 피루스를 넘기라고 요구했지만 클라우키아스는 고개를 가로저었다. 그러자 카산드로스는 피루스를 넘긴다면 200탈란톤을 주겠다고 제안했다. 하지만 글라우키아스는 끝까지 이에 응하지 않았다. 이렇게 해서 어린 피루스는 글라우키아스 왕의 궁전에서 자라날 수 있었다. 피루스가 열두 살이 되자, 왕은 군대를 이끌고 에피루스로 가서 그를 왕위에 앉혔다.

피루스 모습을 말하자면, 왕으로서의 위엄은커녕 오히려 무섭게만 보였다. 그는 여러 개의 이가 가지런히 나 있는 게 아니라, 하나의 뼈에 이 모양 줄이 새겨져 있었다.

또 사람들은 피루스가 비장(脾臟)에 병을 앓는 사람을 고칠 수 있다고 믿었다. 환자를 바로 눕히고, 흰 수탉을 제물로 바친 뒤, 피루스가 오른발로 가볍게 환자의 가슴께를 밟으면 치료가 되었다. 이 치료를 받을 수 없을 만큼 가난하거나 신분이 낮은 사람은 하나도 없었다. 그가 수고비로 제물에 쓰이는 닭 말고 아무것도 받지 않았기 때문이다. 그는 이 보수를 무척 마음에 들어했다. 또 그의 엄지발가락에는 신비한 힘이 깃들어 있어서, 그가 죽은 뒤 화장했을 때에도 이 엄지발가락만은 불에 타지 않았다고 한다. 하지만 이 일에 대해서는 나중에 다루기로 하자.

피루스가 열일곱 살이 되었을 때는 에피루스도 피루스의 지배를 완전하게 받아들였다. 그런데 그때 글라우키아스의 아들이자 피루스와 함께 자라난 왕자 하나가 아내를 맞게 되었다. 피루스는 함께 큰 정을 생각해 그의 결혼식에 참석하려고 많은 선물을 준비해 일리리아로 떠났다. 그런데 그가 떠난 틈을 타 몰로시아 사람들이 반란을 일으켰다. 그들은 피루스 신하들을 모조리 쫓아내고 그의 재산을 빼앗은 뒤, 네오프톨레모스를 데려와 다시 왕위에 앉혀버렸다.

왕국을 잃고 또다시 쫓기는 신세가 된 피루스는 자기 누이의 남편인 데메트리우스를 찾아갔다. 누이 데이다메이아는 어린 나이에 록사나의 아들 알렉산드로스에게 시집을 갔는데, 집안에 불행이 닥쳐 헤어지게 되었다. 그 뒤 데이다메이아가 나이 들자 데메트리우스가 아내로 삼은 것이다.

그런데 피루스가 매형 집으로 간 지 얼마 지나지 않아, 이프소스 싸움이 일어났다. 이 전쟁에는 알렉산드로스의 모든 후계자들이 참전했으며, 아직 소년이었던 피루스도 데메트리우스를 따라 싸움터로 나갔다. 그는 자기에게 돌진해 오는 적들을 무찔러 뿔뿔이 흩어져 도망가게 만듦으로써 크게 이름을 떨쳤다. 데메트리우스가 패한 뒤에도 피루스는 그를 저버리지 않았으며, 헬라스 여러 도시들을 끝까지 지켰다. 이윽고 데메트리우스는 프톨레마이오스와 휴전협정을 맺었는데, 피루스는 휴전 조건으로 볼모가 되어 아이귑토스로 건너가야 했다. 그곳에서 생활하면서, 그는 사냥이나 운동경기에서 뛰어난 소질과 역량을 보여 프톨레마이오스 마음에 들었다. 또 왕의 여러 왕비들 가운데서 베레니케가 가장 세력이 크며, 덕이 높고, 사려가 깊다는 것을 알고는 그녀의 비위를 맞추려 애썼다. 피루스는 권세 있는 사람에게는 몸을 숙이고, 아랫사람들에게는 너그러운 태도를 보였다. 늘 고상한 행동과 겸손한 태도로 사람들 마음을 사로잡았으므로, 피루스는 많은 고위층 젊은이들을 제치고 베레니케의 딸인 안티고네를 아내로 맞이할 수 있었다. 그녀는 베레니케가 프톨레마이오스에게로 시집을 가기 전 필리포스와의 사이에서 얻은 딸이었다.

이 결혼 뒤, 피루스는 더 큰 명성을 얻었다. 안티고네는 좋은 아내였는데, 남편이 왕위를 되찾을 수 있도록 그를 도와 재산을 늘리고 군대를 모아 세력을 키웠다. 이때 에피루스 사람들은 힘을 앞세운 잔혹한 네오프톨레모스 지배에 억눌려 있었으므로, 자진해서 피루스를 맞아들였다. 하지만 피루스는 네오프톨레모스가 또 다른 왕에게 구원을 요청해 전쟁을 일으킬까봐 두려웠다. 그래서 그는 싸움을 그만두고 두 사람 모두 왕이 되어 함께 나라를 다스리기로 네오프톨레모스와 약속했다.

하지만 시간이 지나자, 이 둘을 이간질해 서로에게 의혹을 품게 만들려는 자들이 생겨났다. 그러는 동안 피루스의 마음을 어지럽게 만든 사건이 일어났다. 에피루스에는 왕과 시민들이 함께하는 큰 행사가 열렸다. 몰로시아의 파사론에 모여 군신 아레스에게 제사를 드리며 왕은 국민들에게 법에 따라 올바르게 나라를 다스릴 것을 맹세했다. 따라서 시민들도 법을 지키며 왕에게 복종할 것을 다짐하는 의식이었다.

두 왕은 저마다 측근들을 데리고 파사론에서 만나 이 행사를 치렀다. 행사가 끝난 뒤 그들은 많은 선물을 갖고 와서 서로 주고받았는데, 네오프톨레모스의 친구인 겔론이 오른손을 내밀며 피루스에 인사를 한 뒤, 농사짓는 소 두 쌍을 선물로 바쳤다. 그런데 피루스 옆에서 시중들던 미르틸루스가 이 소를 자기에게 달라고 졸랐다. 하지만 피루스는 소를 다른 사람에게 주었고, 그 때문에 미르틸루스가 불만스러운 표정을 짓고 있는 모습을 겔론은 놓치지 않았다.

겔론은 곧 미르틸루스를 식사에 초대해, 술을 마시면서 그의 젊음을 치켜세웠다. 그리고 네오프톨레모스 편이 되어 피루스를 독살한다면, 높은 벼슬과 재물을 주겠다며 그를 꼬드겼다. 미르틸루스는 그 계획을 받아들이는 체하면서, 뒤로는 이 사실을 피루스에게 낱낱이 고해바쳤다. 피루스는 미르틸루스에게, 술 따르는 시종 우두머리인 알렉시크라테스를 겔론에게 소개해 그 음모에 가담하도록 했다. 그는 가능한 많은 사람을 이 나쁜 음모의 증인으로 삼아 빼도 박도 못할 증거를 잡으려 했던 것이다. 감쪽같이 속은 겔론은 피루스가 곧 독살당하리라 믿었으며, 이 소식을 전해 들은 네오프톨레모스 또한 몹시 기뻐했다. 그러나 너무 기뻤던 나머지 그것을 가슴속에 담아둘 수가 없어 친구들에게 그만 말해버리고 말았다. 그는 누이인 카드메이아 집에서 열린 연회에서, 아무도 듣는 사람이 없으리라 믿고 이 이야기를 떠벌렸다. 곁에는 오직 네오프톨레모스의 목동인 사몬의 아내 파이나레테가 긴 의자에 누워 있었지만, 그녀는 얼굴을 벽 쪽으로 돌리고 있었기에 마치 자는 듯 보였다. 하지만 그녀는 모든 이야기를 듣고난 뒤 이튿날 피루스의 아내 안티고네를 몰래 찾아가 자기가 들은 내용을 모두 일러바쳤다.

이 이야기를 들은 피루스는, 그 자리에서는 아무런 말도 하지 않았다. 하지만 희생제 때 제사를 지낸 뒤, 네오프톨레모스를 저녁 식사에 초대해 죽였다. 사실 에피루스 세력가들은 모두 피루스를 지지했으므로, 피루스가 네오프톨레모스와 손을 끊기를 바랐다. 피루스도 왕국 일부에 만족하지 않고 타고난 재질을 발휘해 더 큰일을 벌이고자 하던 참이었다. 그런데 거기에 느닷없이 이번 의혹이 일어났으므로, 증거가 확실해지자 재빨리 선수를 쳐서 네오프톨레모스를 없애버린 것이다.

마침내 피루스는 홀로 에피루스 왕이 되었다. 그는 베레니케와 프톨레마이오스를 기념하는 뜻에서 안티고네와의 사이에 태어난 사내아이를 프톨레마이오스라 불렀다. 또한 에피루스 반도에 새로운 도시를 건설해 베레니키스라 이름지었다. 이 무렵부터 그는 커다란 사업들을 진행하기 시작했는데, 특히 이웃 나라를 눈여겨보고 있었다. 그리고 곧 마케도니아 국정에 끼어들 수 있는 기회를 얻게 되었다.

카산드로스의 맏아들 안티파트로스는, 어머니인 테살로니카를 죽이고 동생 알렉산드로스를 쫓아냈다. 그러자 알렉산드로스는 데메트리우스에게 사람을 보내 원조를 요청하고 피루스에게도 도움을 부탁했다. 데메트리우스는 여러 사정이 있어서 곧바로 달려갈 수가 없었다. 먼저 도착한 피루스는 원조에 대한 보답으로 마케도니아의 스팀파이아와 파라나이아, 또 마케도니아가 정복한 암브라키아와 아카르나니아, 암필로키아를 달라고 요구했다. 알렉산드로스는 이 조건을 받아들였고, 피루스는 이들 지방에 군대를 이끌고 들어가 아무런 방해도 받지 않고 점령했다. 그는 이곳을 지킬 수비대를 남겨둔 다음, 나머지 도시들을 안티파트로스로부터 빼앗아 알렉산드로스에게 돌려주었다.

안티파트로스는 피루스의 공격을 받자 리시마쿠스 왕에게 도움을 요청했다. 리시마쿠스 왕은 안티파트로스를 돕고 싶었으나, 몸을 움직일 수 없는 상황이었다. 하지만 그는 피루스가 프톨레마이오스에게 모든 일에 은혜를 입었다고 여기며, 그의 부탁이라면 어떤 일이든 거절하지 못한다는 사실을 잘 알고 있었다. 리시마쿠스는 프톨레마이오스가 쓴 것처럼 꾸민 가짜 편지를 피루스에게 보냈다. 편지에는 곧바로 군사를 거두어들이고, 그 대신에 안티파트로스로부터 300탈란톤을 받으라고 쓰여 있었다.

그러나 피루스는 봉투를 뜯자마자 금세 리시마쿠스가 꾸민 짓임을 알아차렸다. 프톨레마이오스의 편지는 언제나 '아버지가 아들의 건강을 기원하며'라는 구절로 시작했는데, 리시마쿠스 편지에는 '프톨레마이오스 왕이 피루스 왕의 건강을 기원하며'라 쓰여 있었기 때문이다. 피루스는 리시마쿠스의 행동을 비난했으나, 휴전은 하기로 결정했다. 왕들은 한자리에 모여 신에게 제물을 바쳐 평화를 맹세하기로 했다. 제물로 쓰기 위해 황소와 수퇘지, 그리고 숫양을 저마다 한 마리씩 끌고 나왔다. 그런 가운데 갑자기 숫양이 넘어져 죽어버렸다. 사람들은 이를 대수롭지 않게 생각하고 웃었다. 하지만 제사를 맡았던 예언자 테오도투스는 피루스에게 다가와 이는 여기에 있는 세 왕 가운데 한 사람의 죽음을 예고하는 징조이므로, 평화서약을 해서는 안 된다고 넌지시 일러주었다. 이 말을 들은 피루스는 휴전협정을 그만두었다.

이처럼 알렉산드로스 문제가 안정됐을 무렵, 데메트리우스가 도착했다. 하지만 데메트리우스의 등장은 알렉산드로스에게 불안의 씨를 뿌렸을 뿐이었다. 그들은 며칠 동안 어렵사리 함께 생활했지만, 둘 모두 상대를 믿지 못했으며, 서로 다른 꿍꿍이가 있었다. 마침내 데메트리우스는 꼭 들어맞는 때를 이용해 젊은 알렉산드로스를 죽이고 말았다. 그리고 스스로를 마케도니아 왕이라 선포했다.

사실 데메트리우스는 예전부터 테살리아를 자주 침략한 피루스와 사이가 나빴다. 뿐만 아니라 두 사람은 모두 타고난 병, 곧 다른 나라를 정복하려는 탐욕에 불타 서로를 시기하고 믿지 못해 늘 경계했다. 피루스의 누이이자 데메트리우스의 아내인 데이다메이아가 죽은 뒤로 둘의 갈등은 더욱 심해졌다. 더군다나 저마다 마케도니아를 손에 넣을 목적으로 서로 맞닥뜨렸기 때문에, 둘의 충돌은 이미 예정된 것이나 다름없었다. 데메트리우스는 군대를 진격시켜 아이톨리아를 점령하고, 판타우쿠스에게 대군을 주어 그곳을 지키게 했다. 그리고 자신은 피루스를 치기 위해 나아갔다. 이를 알게 된 피루스 또한 군대를 이끌고 아이톨리아로 향했다. 하지만 길을 잘못 드는 바람에 그들은 서로 길이 어긋나 버렸다. 그래서 데메트리우스는 곧바로 에피루스로 들어가 그곳을 차지했고, 피루스는 아이톨리아를 지키던 판타우쿠스와 만나 싸움을 벌였다. 두 군대의 싸움은 굉장한 격전이었으며, 특히 장군들이 맞선 싸움은 처참하리만치 격렬했다. 판타우쿠스는 데메트리우스 장군들 가운데서도 가장 강하고 용감한 인물로 평가받고 있었는데 도전 정신에 대한 긍지도 높았던 그는 피루스에게 일대일로 싸우자고 했다. 피루스 또한 힘과 용기에 있어서는 어느 왕에게도 지지 않았고, 자신이 아킬레우스 혈통을 잇는 사람이라는 자부심도 있었다. 그는 곧 전열을 빠져나가 판타우쿠스의 도전을 받아들였다.

그들은 처음에는 창을 던져 공격했으나, 이윽고 칼을 뽑아 들고 서로에게 달려들었다. 싸우는 기술과 용맹함은 막상막하였다. 피루스는 몸 한 군데를 다쳤지만 판타우쿠스에게는 넓적다리와 목 옆, 두 군데 상처를 입히면서 그를 압도했다. 그러나 그의 목숨을 빼앗지는 못했다. 판타우쿠스가 위험에 빠지자 그의 동료들이 쏜살같이 뛰어나와 그를 데리고 갔기 때문이다.

피루스가 승리하자 에피루스군은 왕의 용맹에 경탄했으며 그들의 사기는 하늘을 찌를 듯했다. 그들은 마케도니아군 전열을 교란해 무찌르고, 달아나는 적들을 쫓아 많은 병사들을 죽이고 5000명을 사로잡았다.

마케도니아군은 크게 패했다. 하지만 그들은 피루스에게 노여워하거나 그를 증오하지 않았다. 오히려 그의 용맹함을 직접 보고는 피루스의 무용에 대한 놀라움과 찬탄을 아끼지 않았다. 피루스의 용모와 날랜 몸짓은 알렉산드로스 대왕과 흡사했으며, 용감하게 싸우는 모습에서 마치 알렉산드로스가 그 몸에 깃들어 있는 듯 느꼈기 때문이다. 다른 왕들이 알렉산드로스 대왕의 옷차림이나 호위병들의 동작, 또는 거창한 말투 등을 흉내낸 것과는 달리 피루스는 오직 무기를 휘두름으로써 대왕의 모습을 그대로 재현한 것이다.

전열의 짜임새나 작전에 대한 피루스의 뛰어난 지식은, 이런 문제에 대해 그가 남긴 기록에서 확인할 수가 있다. 전하는 말에 따르면 안티고노스는, 가장 훌륭한 장군은 누구인가라는 물음에 이렇게 답했다고 한다.

"피루스요. 만일 나이를 먹도록 그가 살아 있었다면 말이오."

이는 분명 자기와 같은 시대 장군들을 염두에 두고 한 말이리라. 하지만 한니발 또한 모든 장군 가운데 경험과 수완이 모두 뛰어났던 이로 가장 먼저 피루스를 꼽았고, 스키피오를 두 번째, 그리고 자기 자신을 세 번째라고 말했다. 이는 스키피오 전기에 나와 있는 그대로이다. 피루스는 군사적 지식이야말로 왕에게 어울리는 학문이라고 여겨 그 지식을 쌓는 데 온 힘을 기울였다. 하지만 다른 학문들은 단순히 우아함을 유지하기 위한 수양이라고 생각해 전혀 관심을 갖지 않았던 듯하다.

피루스는 어떤 술자리에서 피톤과 카피시아스 가운데 누가 더 뛰어난 피리 연주자라 생각하느냐 묻는 이에게, 폴리스페르콘이 가장 뛰어난 장군이라고 대답했다. 왕은 군사적인 일만 알고 있으면 된다고 여긴 그의 생각을 보여주는 일화이다.

피루스는 사람들을 너그럽게 다스렸고, 화를 낼 때도 부드러운 표정을 잃지 않았다. 그러나 남을 도울 때만큼은 조급하고 열성적이었다. 친구 아이로푸스가 죽었을 때, 그는 차오르는 슬픔을 참을 수가 없었다. 아이로푸스의 죽음은 인간에게 마땅히 찾아오는 운명이지만, 자기가 어물거리는 동안 그의 은혜에 보답할 기회를 놓친 일이 크게 후회된다고 말했다. 단순히 돈을 꾼 것이라면 그 상속인에게 대신 갚으면 되지만, 은혜를 입은 사람은 그것을 베푼 사람이 살아 있는 동안 갚지 못하면 착하고 정의로운 마음에는 두고두고 후회와 짐이 된다 했다. 암브라키아에서 어떤 사람이 피루스를 욕하고 있었다. 사람들은 피루스가 그를 추방하리라 생각했다. 하지만 피루스는 이렇게 말했다.

"그 사람을 나라 밖으로 쫓아내 온 세상을 돌아다니면서 욕하게 하는 것보다는 여기 있게 해서 이곳 사람들에게만 욕하게 하는 게 낫지 않습니까?"

또 언젠가 술자리에서 그를 헐뜯은 자들이 고발당해 끌려온 일이 있었다. 피루스는 그들에게 정말로 그런 말을 했느냐 물었다. 그러자 그 가운데 한 사람이 이렇게 말했다.

"네, 그렇습니다. 하지만 술이 좀 더 있었다면 그보다 더한 말도 했을 것입니다."

이 말을 들은 피루스는 상대의 말이 이해된다는 듯 웃으면서 그들을 모두 풀어주었다.

왕비 안티고네가 죽자 피루스는 정치와 세력 확장을 위해 많은 여성들을 아내로 삼았다. 그는 파이오니아 왕 아우톨레온의 딸과, 바르딜리스의 딸 비르켄나, 시라쿠사 독재자 아가토클레스의 딸 라나사를 아내로 맞아들였다. 라나사는 결혼 선물로 아가토클레스가 정복한 코르키라 섬을 그에게 넘겨주었다.

피루스는 안티고네와의 사이에서는 아들 프톨레마이오스를 얻었고, 라나사로부터는 알렉산드로스를, 비르켄나로부터는 막내 헬레누스를 얻었다. 이 아이들은 모두 어릴 때부터 피루스가 직접 무기 잡는 법을 가르쳐, 불같은 격렬한 기질을 가진 군인으로 키워졌다. 이 아이들이 아직 어릴 때, 누구에게 왕위를 물려줄 것인가라는 물음에 피루스는 이렇게 답했다.

"가장 날카로운 칼을 가진 사람에게 물려줄 것이다."

하지만 이 말은 오이디푸스가 했던 그 유명한 저주와 다를 바 없다.

주어진 몫을 정하지 말고
오직 칼로써 이 유산을 나누어라

이처럼 야심의 본성은 야만적이고 반사회적이다.

이 싸움이 끝난 뒤, 피루스는 명성과 긍지를 한 몸에 안고 화려하게 에피루스로 돌아왔다. 사람들은 그에게 '독수리'라는 명예로운 칭호를 바쳤다. 그러자 그는 몹시 기뻐하며 이렇게 말했다.

"여러분 덕택으로 독수리가 된 이상, 앞으로도 여러분의 뛰어난 무기를 날쌘 날개로 삼아 우리 영광을 더욱 드높이겠소."

그로부터 얼마 뒤, 데메트리우스가 병에 걸려 위독하다는 소식을 들은 피루스는 곧바로 마케도니아를 침입해 빼앗으려는 계획을 세웠다. 하지만 피루스가 군대를 이끌고 마케도니아에 들어갔을 때 그에게 저항하는 이는 아무도 없었다. 그는 마케도니아 땅 대부분을 점령한 뒤, 한 번도 싸우지 않고 에데사까지 이르렀다. 많은 사람들이 피루스군에 넘어오거나 그들을 도와 함께 진군했다.

이러한 위기에 맞닥뜨리자, 데메트리우스는 병에 걸린 사실도 잊은 채 싸우기 위해 일어났다. 그는 서둘러 많은 병사를 모아, 용감하게 피루스군에 맞섰다. 피루스는 처음부터 몇몇 도시들만 약탈할 생각으로 왔기 때문에, 마케도니아군이 공격해 오자 부대 일부를 포기하고 달아나 버렸다. 데메트리우스는 쉽게 피루스를 물리치기는 했지만, 그렇다고 마음을 놓지는 않았다. 그는 아버지 대의 지배권을 회복하기 위해 육군 10만 명과 군함 500척을 준비하고 있었으므로, 피루스와는 되도록 충돌하고 싶지 않았다. 하지만 마케도니아 근처에서 호시탐탐 기회를 노리며 귀찮게 구는 그를 그냥 내버려 둘 수도 없었다. 마침내 그는 피루스와 휴전을 맺고 다른 왕들을 공격하고자 마음먹었다.

이런 사정으로 휴전은 이루어졌으나, 데메트리우스가 순식간에 군대를 늘리는 바람에 다른 왕들을 공격하려는 그의 계획이 드러나 버렸다. 이에 두려움을 느낀 여러 왕들은 저마다 피루스에게 편지와 사절단을 보냈다.

이 편지에는, 피루스가 싸움 걸기 좋아하는 데메트리우스를 충분히 막을 수 있는 능력을 지녔으면서도 가만히 지켜보면서 그에게 세력을 키울 시간을 주는 것은 참으로 이해가지 않는 일이라고 했다. 만약 데메트리우스 세력이 커져 에피루스까지 이르게 된다면, 피루스도 신전이나 조상들 무덤이 있는 자기 땅 몰로시아에서 전쟁을 치를 수밖에 없다고 말했다. 또 얼마 전 코르키라 섬과 아내 라나사를 빼앗긴 일이 분하지도 않느냐며 그를 부추겼다.

이는 피루스 아내들 가운데 라나사가, 피루스의 마음이 다른 여자들에게 기우는 것을 질투한 나머지 코르키라 섬으로 떠난 일을 두고 한 말이다. 라나사는 데메트리우스가 자기와 결혼하고 싶어함을 알고는 그를 섬으로 초청했다. 그러자 데메트리우스는 코르키라 섬으로 건너와 곧바로 라나사와 결혼하고는, 그곳에 수비대를 남겨 지키도록 했다.

여러 왕들은 피루스에게 이런 편지들을 보내는 한편, 전쟁 준비를 갖추고 있는 데메트리우스를 막기 위해 여러모로 애썼다. 프톨레마이오스는 대함대를 거느리고 헬라스로 건너와 여러 도시들을 부추겨 데메트리우스에게 반기를 들게 했다. 트라키아의 리시마쿠스는 마케도니아 위쪽 지방을 침입해 마구잡이로 약탈했으며, 피루스도 그들과 동시에 군대를 이끌고 베로이아로 나아갔다. 그의 예상대로 데메트리우스는 리시마쿠스와 맞서 싸우느라 바빴으므로, 마케도니아 아래쪽은 무방비 상태나 다름없었다.

베로이아 근처에 진을 친 피루스는 그날 밤 꿈을 꾸었다. 꿈에서 알렉산드로스 대왕에게 부름을 받은 그는 침대에 누워 있는 대왕 곁으로 갔다. 그러자 알렉산드로스는 친절하게 그를 맞으며, 자신이 기꺼이 그를 도와주겠노라 약속했다. 그러자 피루스가 용기내어 물었다.

"대왕께서는 이렇게 편찮으신데 어떻게 저를 도울 수 있습니까?"

이에 알렉산드로스가 말했다.

"내 이름을 가지고 도울 것이다."

이렇게 말한 대왕은 니사이아산(産) 명마를 타고 마치 따라오라는 듯 앞서 가다가 곧 사라졌다. 꿈에서 깨어난 피루스는 큰 용기를 얻었다. 그는 전속력으로 나아가면서 길목에 있는 여러 지방들을 파괴하고 곧바로 베로이아를 점령했다. 싸울 필요도 없이 베로이아는 순순히 성문을 열고 그들을 맞아들였다. 피루스는 이곳에 군사령부를 주둔시키고, 여러 장군들에게 나머지 병력들을 데리고 다른 지방들을 공격해 점령하라는 명령을 내렸다.

이 소식을 들은 데메트리우스는, 병사들 사기가 떨어졌음을 알아차리고는 앞으로 더 나아가지 않았다. 불리한 전쟁 상황에서 명성 있는 왕이자 마케도니아 사람인 리시마쿠스에게 가까이 갔다가, 혹시라도 병사들이 반란을 일으켜 그쪽으로 넘어가 버리면 어쩌나 몹시 겁을 먹었기 때문이다.

데메트리우스는 군대를 돌려 피루스를 치러 나아갔다. 데메트리우스는 피루스가 외국인이어서 마케도니아인들이 싫어하리라 여겼다. 그러나 막상 베로이아 부근에 진을 치자 베로이아 시로부터 여러 사람들이 와서는, 피루스는 무기를 잡으면 당할 자가 없는 훌륭한 인물이지만, 포로들에게는 더없이 온화하고 배려심이 깊다며 저마다 칭찬을 늘어놓았다. 그 가운데는 피루스가 직접 보낸 사람들도 있었다. 그들은 마케도니아 사람인 체하면서 바로 지금이야말로 데메트리우스의 압제에서 벗어나 서민적이며 병사를 소중히 여기는 피루스에게 협력할 때라고 여기저기 말하고 다녔다. 병사들은 이 말을 듣자 심하게 동요되었다.

때마침 피루스가 군대를 이끌고 나왔다. 흥분한 마케도니아 병사들은 그를 찾아 이리저리 두리번거렸지만, 그는 투구를 벗고 있어서 쉽게 눈에 띄지 않았다. 마침내 상황을 알아차린 그가 높다란 깃과 염소 뿔이 양쪽에 달린 투구를 썼다. 그제야 마케도니아군은 그가 피루스임을 알 수 있었다. 그러자 마케도니아 병사들은 들고 있던 무기를 내던지더니 피루스에게 달려가 암호를 가르쳐 달라 떼를 썼다. 게다가 그의 호위병들이 떡갈나무 가지로 관을 만들어 쓰고 있는 것을 보고는, 자기들도 따라서 그 관을 머리에 썼다.

마케도니아군은 소리 높여 피루스 이름을 환호했고, 몇몇 병사들은 단단히 결심을 하고 데메트리우스 앞으로 나아가, 이렇게 된 이상 싸움을 포기하고 정권을 양보하는 것이 가장 좋은 방책이라고 말하기에 이르렀다. 데메트리우스는 이런 부하들 모습을 지켜보며, 이미 군 내부에 반란의 움직임이 있음을 알아챘지만 그로서도 어찌할 수 없음을 알았다. 갑자기 두려움을 느낀 그는 테가 넓은 마케도니아 모자를 쓰고, 허름한 외투로 갈아입고서 몰래 달아나 버렸다. 이렇게 피루스는 칼 한 번 휘두르지도 않고 적의 진영을 차지해, 마케도니아 왕이 되었다.

그러나 곧 리시마쿠스가 나타나, 데메트리우스를 물리친 일은 둘이 함께 이룬 업적이므로, 마케도니아 왕국도 두 사람이 나누어 가져야 한다고 말했다.

이때 피루스는 새로 얻게 된 시민들이 자기를 얼마나 믿고 따를지 알 수 없었는 데다, 그 자신도 마케도니아인들을 완전히 믿지 않았으므로, 리시마쿠스 제안을 받아들였다. 그들은 마침내 지역과 도시를 둘로 나누었다. 당장은 이것이 전쟁을 막는 데 도움되는 결정이었다.

하지만 얼마 지나지 않아 그들은 이 일이 갈등을 가라앉히기는커녕 오히려 서로를 비난하는 원인이 되었다는 사실을 깨닫게 되었다. 본디 이 둘은 바다, 산, 황야 할 것 없이 영토를 넓히려는 욕망을 내려놓은 적이 없었다. 이들은 심지어 유럽과 아시아를 가르는 경계선까지 뛰어넘어 욕망을 불태우기도 했다. 이런 두 사람이 서로 경계를 맞대고 있으니, 현재 영토에 만족해 서로 침략하지 않고 사이좋게 지내리라 감히 어느 누구도 장담하지 못했다. 이처럼 모략과 시기를 갖추고 태어나는 사람들은 전쟁을 예사로 생각하기 마련이다. 그들에게 전쟁과 평화란, 화폐처럼 필요에 따라 바꿔 쓰는 것에 지나지 않는다. 이는 정의를 위해서가 아닌, 오로지 자기에게 유리하도록 손을 쓰는 것이다. 나쁜 짓을 할 기회가 없어서 가만히 있는 자들조차 자신들 행위를 정의와 우호로 포장하곤 한다. 하지만 그보다는 드러내 놓고 전쟁을 벌이는 쪽이 차라리 훌륭한 인간이리라.

이런 사실에 있어 피루스는 하나의 본보기였다. 그는 쫓겨난 데메트리우스가 큰 병을 이겨내고 다시 힘을 키우지 못하도록 방해하기 위해, 헬라스인들을 도우려 아테나이로 진군했다. 아테나이에 도착한 그는 아크로폴리스에 올라가 여신께 제물을 바치고 그날로 다시 내려왔다. 피루스는 아테나이 시민들에게 말했다. 자기에게 호의와 신뢰를 보여준 데 대해 고맙게 여기지만, 한 가지만은 신중하게 생각해 달라 했다. 그것은 바로 어떤 왕도 시내에 들어오지 못하도록 성문을 걸어 잠그는 일이었다. 그는 자기 말고 다른 왕들에게 문을 열어준다면, 아테나이 시민들이 지금처럼 평화를 누리며 살 수 없으리라 충고했다.

그 뒤 피루스는 데메트리우스와 평화조약을 맺었다. 이윽고 데메트리우스가 아시아로 원정을 떠나자, 리시마쿠스는 테살리아를 데메트리우스로부터 해방시키고, 그가 헬라스에 남겨둔 도시들을 점령하라며 피루스를 부추겼다.

피루스는 이 제의를 받아들였다. 마케도니아 사람들은 평화로울 때보다는, 전쟁할 때 더 다루기 쉬웠다. 그리고 무엇보다도 그 자신이 평화로운 생활을 못 견뎌했기 때문이었다.

하지만 데메트리우스가 시리아에서 돌이킬 수 없을 정도로 크게 패하자 더는 그를 두려워할 이유가 없어진 리시마쿠스는 곧바로 피루스에게 칼끝을 돌렸다. 그는 피루스가 에데사에 머물고 있을 때, 그의 호송부대를 습격해 군량과 보급물자를 모두 빼앗았다. 그런 다음 마케도니아 세력가들을 매수해 피루스가 지휘하는 장군들에게 편지를 보내 비난토록 했다. 그들은 마케도니아인으로서 긍지를 버리고, 외국 사람이자 마케도니아 신하의 후손인 피루스를 군주로 받드는 걸로도 모자라, 알렉산드로스 대왕의 친구이자 친족들을 마케도니아로부터 내쫓았는데, 이는 도저히 있을 수 없는 일이라 말한 것이다.

피루스 진영에 있던 많은 마케도니아 병사들이 이 말을 충격으로 받아들이자, 피루스는 에피루스군과 동맹군들을 이끌고 물러갈 수밖에 없었다. 그는 마케도니아를 빼앗았을 때와 마찬가지로 싸움 한 번 해보지 못하고 다시 이 땅을 잃게 되었다.

이렇게 민중은 서슴없이 마음을 바꾸며 자신들에게 이로운 쪽으로 발길을 돌렸다. 하지만 아무리 왕이라 해도 이들을 나무랄 수는 없다. 민중은 바로 왕의 행동을 보고 배우기에 왕 자신이 배신과 배반을 가르친 스승이나 다름없기 때문이다. 이제 민중은 정직과 명예를 가장 하찮게 여기는 사람이 가장 큰 이익을 얻는다고 생각하게 되었다.

피루스는 마케도니아에서 손을 떼고 에피루스로 돌아왔다. 이는 구태여 일을 꾸밀 필요 없이 자기 국민들을 다스리며 평화롭게 살 수 있는 기회였다. 그러나 그는 다른 나라를 공격하거나 해를 입히지 않으면 살아가는 재미를 느끼지 못했다. 〈일리아드〉에 나오는 아킬레우스처럼, 그도 좀처럼 가만히 쉬고 있지를 못하는 사람이었다.

> 그는 집에서 하릴없이 쉬지 못한 채
> 전쟁의 기쁨과 싸움을 그리워하네.

피루스는 새로운 일을 벌이기 위해 다음 같은 계기를 만들었다. 그즈음 타렌툼은 로마와 전쟁 중이었다. 그들은 계속 싸울 힘이 없었지만, 그렇다고 전쟁을 그만둘 수도 없었다. 어리석고 완고한 정치가들이 휴전을 반대했기 때문이다. 그래서 타렌툼 사람들은 여러 왕들 가운데 가장 한가하고, 장군으로서는 누구보다 유능한 피루스가 자신들을 지휘해 주러 오기를 바랐다. 시민들 가운데 나이 들고 지혜로운 사람들은 그 의견에 반대했지만, 전쟁 지지자들의 노여움과 폭력으로 그 자리에서 쫓겨나 버렸다. 이 광경을 보고 회의장을 떠나는 이들도 있었다.

여기에 한 사람, 메톤이라는 존경할 만한 인물이 있었다. 피루스를 지휘관으로 두자는 결의가 정식으로 발표되는 날 시민들이 자리에 앉았을 때였다. 메톤은 마치 술 취한 사람처럼 시든 화환을 머리에 얹고, 피리 부는 소녀를 앞세우며 회의장으로 들어왔다. 질서라고는 도무지 찾아볼 수 없는 집회였으므로, 이 모습을 본 사람들은 더러는 박수를 치고 더러는 웃음을 터뜨렸다. 하지만 누구 하나 메톤을 말리거나 방해하는 사람은 없었다. 오히려 사람들은 피리 부는 소녀에게 더 크게 피리를 불라고 부추기며, 메톤에게는 회의장 한가운데로 나와 노래를 부르라고 했다. 이윽고 사람들이 조용해지자 그가 말했다.

"타렌툼 시민 여러분, 이런 즐거움도 누릴 수 있는 동안 충분히 즐기는 게 좋을 것이오. 생각이 있다면, 지금 바로 자유를 즐기시오. 피루스가 이곳에 오게되면 우리 생활은 물론이며, 세상 모든 것이 완전히 바뀌게 될 테니 말이오."

이 말은 타렌툼 시민들 마음을 파고들었다. 곧 메톤 말이 옳다고 웅성거리는 소리가 회의장 안을 가득 메웠다. 그러나 평화가 오면 모두 로마에 끌려가 노예로 팔리거나 죽음을 당할까 두려워한 몇몇 시민들이 입을 모아 떠들어댔다. 그들은, 술 취한 자에게 이런 대접을 받으면서도 얌전하게 참고 있다니 부끄럽지도 않냐며 사람들을 꾸짖은 뒤 메톤에게 달려들어 그를 회의장 밖으로 내쫓았다.

마침내 결의안이 통과되자, 타렌툼인들은 에피루스로 사절단을 보냈다. 그 사절단에는 타렌툼뿐만 아니라, 다른 헬라스 식민지의 사자들도 포함되어 있었다. 그들은 함께 피루스에게 가서 많은 선물을 바쳤다. 그리고 자신들에게는 이름 높고 경험 많은 지휘관이 필요하며 루카니아, 메사피아, 삼니움, 타렌툼 사람들로 이루어진 기병 2만 기와 보병 35만 명이 그의 지휘를 따를 것이라고 말했다. 이 이야기는 피루스 가슴속에 전쟁에 대한 욕망을 솟아오르게 했을 뿐 아니라, 에피루스 사람들에게도 원정을 해야 한다는 열기를 일으켰다.

테살리아인 키네아스라는 사람이 있었다. 키네아스는 변론가 데모스테네스 제자로, 그 무렵 많은 변론가들 가운데서 유일하게 데모스테네스에 견줄 만한 실력을 지녔다고 인정받는 사람이었다. 그는 사려 깊은 사람으로 피루스에게 신임받았으며, 그의 명령으로 여러 도시들로 파견되어 시민들 마음을 얻음으로써, 에우리피데스의 이런 시 구절을 몸소 증명해 보였다.

　　말의 힘만으로도
　　덤벼드는 적의 칼을 물리칠 수 있네.

　피루스가 자신이 칼을 휘둘러 손에 넣은 것보다 더 많은 도시들을, 키네아스는 말로써 얻었다며 감탄할 정도였다.

　키네아스는 피루스가 이탈리아를 정복하는 일에 열중하는 것을 보고는, 한가한 때를 골라 이렇게 물었다.

　"전하, 로마 사람들은 전쟁을 잘하고, 많은 용맹한 민족들을 지배하고 있습니다. 그런데 만일 신이 우리의 승리를 허락하신다면, 전하께서는 그 승리를 어떻게 이용하시겠습니까?"

　그러자 피루스가 대답했다.

　"뻔한 일을 묻는군. 우리가 로마에게 이긴다면, 헬라스인이든, 어떤 민족이든 우리를 상대로 싸울 도시가 없을 걸세. 그렇게 되면 이탈리아 전부를 손에 넣는 셈이지. 로마가 얼마나 넓고 부유하며 강한지는 누구보다 자네가 더 잘 알지 않는가?"

　잠시 사이를 두었다가 키네아스가 말했다.

　"이탈리아를 정복하신 다음에는 어떻게 하시겠습니까?"

　키네아스가 이런 질문을 하는 속내를 아직 깨닫지 못한 피루스는 이렇게 답했다.

　"바로 옆에서 시킬리아가 우리를 부르고 있지. 그 섬은 풍요롭고 사람도 많이 사는데, 그곳을 손에 넣기란 그리 어렵지 않네. 아가토클레스가 세상을 떠난 뒤로 그 도시들은 하나로 뭉칠 힘이 없어서, 선동가들이 자기들 마음대로 주무르고 있다네."

　키네아스는 다시 물었다.

　"그렇겠군요. 하지만 시킬리아를 손에 넣은 뒤에는 전쟁이 끝날까요?"

　피루스가 말했다.

"신은 우리에게 승리와 성공을 주실 것이네. 나는 이를 발판으로 더 큰일을 시작하려 하네. 아가토클레스가 시라쿠사에서 달아났을 때도, 그는 몇 척 안 되는 배로도 카르타고와 리비아를 정복하지 않았나. 우리가 그곳을 점령한다면, 어느 나라도 감히 우리를 적으로 돌리지는 못할 걸세."

이 말에 키네아스가 대답했다.

"그러합니다. 그토록 큰 세력을 갖게 된다면, 마케도니아쯤은 간단히 되찾고 헬라스 전체도 다스리게 될 테니까요. 그러면 그다음에는 어떻게 하실 겁니까?"

그러자 피루스는 웃으면서 말했다.

"그때는 편히 쉬어야지. 날마다 술을 마시며 즐거운 이야기를 나누면서 말일세."

마침내 여기까지 이야기를 끌어온 키네아스가 말했다.

"전하, 우리는 지금도 먹고 마시며 편하게 쉴 수 있을 만큼 모든 것을 다 갖고 있는데, 어째서 그런 평화로운 삶을 살려고 하지 않으십니까? 피를 흘리며 큰 고생과 위험을 겪고, 남에게 많은 해를 입히면서 우리마저 불행하게 된 끝에 오는 여유가 아니면 안 되는 이유라도 있습니까?"

그러나 이런 말로도 키네아스는 피루스의 뜻을 바꿀 수 없었다. 피루스는 자신이 행복을 버릴지언정, 욕망과 야심을 버릴 수 없다는 것을 깨달았다.

그는 먼저 키네아스에게 병사 3000명을 주어 타렌툼으로 보냈다. 그 뒤 타렌툼에서 보내온 군함과 수송선들에 코끼리 20마리, 기병 3000기, 보병 2만 2000명, 투석병 500명을 태웠다. 모든 준비를 갖추고 출항한 군대는 바다 한가운데에서 때 아닌 폭풍을 만났다. 계절에 맞지 않는 북풍이었다. 피루스는 노련한 키잡이의 용기와 열의 덕분에 간신히 육지에 닿을 수 있었다. 하지만 다른 배들은 혼란을 일으키며 뿔뿔이 흩어졌는데, 어떤 배들은 이탈리아를 벗어나, 리비아 먼바다나 시킬리아까지 떠내려갔다. 다른 배들도 밤이 될 때까지 이아피기아 곶을 빙빙 돌다가 닻을 내릴 수도 없는 얕은 바다로 밀려 암초에 부딪쳐 모두 가라앉아 버렸다.

오직 왕이 탄 배만이 아주 크고 튼튼해서 먼바다에 있는 동안 풍랑을 견뎌낼 수 있었다. 하지만 방향을 바꾼 바람이 육지로부터 곧장 불어오자, 뱃머리에 큰 파도가 부딪치기 시작했다. 배는 곧 산산조각 날 듯 위태로웠다. 매우 위험한 상황이었지만, 그렇다고 다시 먼바다로 나가 폭풍과 맞서는 것은 더 큰 위험을 불러올 뿐이었다. 그 순간, 피루스는 죽음을 각오하고 바다에 뛰어들었다. 이를 본 그의 친구들과 호위병들이 그를 구하기 위해 앞다투어 뛰어들어 그에게로 헤엄쳐 갔다. 하지만 어두운 밤인 데다가 성난 파도 때문에 좀처럼 왕을 도울 길이 없었다. 날이 밝아올 무렵에야 거센 바람이 가라앉았다. 피루스는 너무 지쳐서 잘 움직여지지 않는 몸으로 이를 악물고 헤엄친 끝에 겨우 바닷가에 닿을 수 있었다. 그는 마침내 정신을 잃고 말았지만, 강한 정신력으로 운명과의 싸움을 끝까지 포기하지 않았다.

해가 하늘 높이 떠올랐을 때서야 피루스는 그곳 주민인 메사피아 사람들에게 가까스로 구조되었다. 그사이에 그의 전함들도 몇 척 도착했으나, 남은 것이라고는 말 몇 마리, 기병 2000여 기, 코끼리 2마리밖에 없었다.

피루스는 이들을 거느리고 타렌툼으로 나아갔다. 이 소식을 들은 키네아스는 군대를 이끌고 나와 그를 맞았다. 타렌툼에 도착한 피루스는 시민들을 억압하거나 그들에게 피해를 주지 않으면서, 바다에서 살아남은 군함과 병사들이 도착할 때까지 상황을 지켜보고 있었다. 그런데 타렌툼 시민들은, 강하게 억압하지 않으면 남을 돕기는커녕 자신조차도 지키지 못했다. 심지어 피루스가 그들을 위해 싸우고 있는데도, 정작 자기들은 집에 들어앉아 한가하게 목욕을 하거나 연회를 벌이는 데 정신이 팔려 있었다. 이를 본 피루스는 경기장과 산책길을 모조리 폐쇄해 버렸다. 시민들이 그런 곳에 모여 마치 자기들이 장군이라도 되는 양, 전쟁과 군대에 대해 떠들어댔기 때문이다. 또한 때를 가리지 않고 잔치를 열거나 축제를 벌이는 일도 모두 금지했다. 그는 사람들에게 무기를 들라고 호소하며, 스스로 나서서 예외 없이 병력 대상자들을 징집했다.

그러자 이런 지배에 익숙지 않았던 사람들은 노예 생활이나 다름없다며 불만을 쏟아냈다. 마지막에는 많은 시민들이 예전처럼 살기 위해 이 도시를 떠나 버렸다. 이를 본 피루스는 어이가 없었지만, 그들이 떠나도록 내버려 두었다.

이때 로마 집정관 라이비누스가 대군을 이끌고 타렌툼으로 진군하고 있었다. 로마군이 루카니아를 약탈하고 있다는 소식이 들려왔지만, 피루스가 기다리던 연합군은 올 기미가 보이지 않았다. 하지만 적이 이렇게 가까이 오는데도 꼼짝 않고 그저 지켜만 보는 것은 부끄러운 일이라 생각한 그는, 군대를 이끌고 나아갔다. 그는 먼저 로마군 사령관에게 사람을 보내, 싸움을 벌이기 전에 로마가 헬라스 사람들과 이 사태를 평화롭게 해결할 마음이 있다면 자신이 그들의 중재자가 되겠다고 했다.

그러나 라이비누스는, 로마는 피루스를 중재자로 인정하지 않으며 그와 적이 되더라도 무서울 게 없다는 답을 보내왔다. 몹시 화가 난 피루스는 판도시아와 헤라클레아 사이에 진을 쳤다. 로마군이 가까운 시리스 강 건너편에 진을 쳤다는 보고를 받은 피루스는, 그들을 보기 위해 말을 달려 강가로 갔다. 그는 로마 군대 대열, 보초들의 배치, 질서 정연한 동작, 잘 정돈된 진영을 보고는 놀라움을 감출 수가 없었다. 그는 가장 가까이 있던 친구에게 말했다.

"메가클레스, 이 야만인들 군기만큼은 야만족 같지 않군. 싸워보면 저들 힘을 알 수 있겠지."

불안한 마음이 든 피루스는 동맹군이 올 때까지 기다리기로 했다. 그리고 로마군이 먼저 강을 건너올 때를 대비해 강기슭에 수비병을 두었다. 이런 사정을 눈치 챈 로마군은 공격을 서둘렀다. 보병들은 진영에 남고, 기병들은 얕은 여울을 건너기 시작했다.

로마 기병들이 강을 건너 공격해 오자, 헬라스군은 포위될까 두려워 후퇴하기 시작했다. 피루스는 이를 보고 마음이 흔들렸으나, 곧 장군들에게 대형을 갖추어 무기를 들고 대기하라고 명령했다. 그다음 자신은 기병 3000기를 이끌고 달려나가, 강을 건너느라 로마군 대열이 무너질 때를 노려 공격하려 했다. 하지만 강 위로 무수한 방패들이 나타나더니, 그 뒤를 따라 기병들이 질서 정연하게 대형을 갖추며 건너오는 게 아닌가. 이를 본 피루스는 작전을 바꿔, 병사들에게 밀집대형을 만들라고 명령했다. 그는 입고 있는 화려한 갑옷과 무기 때문에 확실히 눈에 띄었고, 자기 이름에 걸맞은 용맹함을 여실히 보여주었다. 피루스는 온 힘을 다해 적과 싸우면서도 빈틈없이 병사들을 지휘했다. 그는 빠르고 냉정하게 상황을 파악했으며, 치열하게 싸우다가도 어디선가 아군이 밀린다 싶으면 바람처럼 날쌔게 그곳으로 달려가 적들을 무찔렀다.

그때 마케도니아인 레온나투스는 로마군 하나가 피루스를 노리면서 따라다니는 것을 보고는, 왕에게로 달려가서 말했다.

"저자를 보십시오. 저 다리가 하얀 검은 말에 올라탄 남자 말입니다. 전하만을 노리며 다른 것에는 눈도 돌리지 않습니다. 무언가 위험한 일을 꾸미는 것 같으니 저자를 조심하십시오."

그러자 피루스가 말했다.

"레온나투스, 운명은 피할 수 없다네. 저자나 다른 로마 병사들이나, 나하고 싸워봐야 별 재미는 못 볼 걸세."

이렇게 두 사람이 이야기를 주고받는 동안, 그 로마 병사가 투창을 겨눈 채 피루스에게 달려들었다. 그의 창이 피루스의 말을 찌름과 동시에, 레온나투스의 창이 그의 말을 꿰뚫었다. 양쪽 말이 모두 쓰러지자 병사들이 달려와 피루스를 에워싸고, 끝까지 싸우려 드는 로마 병사를 죽였다. 이 로마 병사는 프렌타니인 기병대장으로 이름은 오플라쿠스였다.

이 일은 피루스에게 더욱 조심해야겠다는 가르침을 주었다. 적 기병대가 공격해 오자 그는 망토와 갑옷을 곁에 있던 메가클레스와 바꿔입은 뒤, 병사들을 이끌고 로마군에게 돌격했다. 로마군이 이에 맞서 싸우자 좀처럼 승부가 나지 않았다. 양쪽 군대는 일곱 번이나 밀고 밀리면서 치열하게 싸웠다. 메가클레스와 갑옷을 바꿔입은 피루스의 꾀는 안전에는 확실히 효과가 있었지만, 이 때문에 그는 전우를 잃었으며 하마터면 승리를 망가뜨릴 뻔했다. 메가클레스를 피루스로 오인한 많은 적들이 그에게 달려들었으며, 마침내 데키우스라는 자가 그를 칼로 찔러 죽이고 만 것이다. 데키우스는 메가클레스의 투구와 망토를 벗겨들고 라이비누스에게로 달려가, 우리가 피루스를 죽였다며 큰 소리로 외쳤다. 그러면서 이 전리품을 높이 쳐들고 진영을 누비자 이를 본 로마 병사들은 기쁨의 함성을 질렀고, 기가 꺾인 헬라스군들은 탄식했다. 이런 상황을 알게 된 피루스는 투구도 쓰지 않은 채 오른손을 치켜들고는, 전장을 누비면서 자신이 살아 있다는 사실을 외치고 다녔다. 마침내 그는 승리를 거두었는데, 그가 테살리아인 기병대에 돌격 명령을 내리고 코끼리 부대를 내보내자 로마군은 혼란에 빠졌다. 코끼리를 보고 놀란 로마군 말들이 마구 날뛰며 태우고 있던 기병들을 떨어뜨리고는 뿔뿔이 흩어져 달아나 버렸다. 엄청난 학살이 일어났다. 디오니시우스는 이 전투로 1만 5000명에 달하는 로마 병사들이 쓰러졌고 피루스군 1만 3000명이 죽었다고 말했지만, 히에로니무스는 죽은 로마 병사는 7000명뿐이며 피루스 군대에서는 전사자가 4000명 나왔다고 말한다.

피루스는 이 싸움에서 빛나는 승리를 거두었지만, 가장 뛰어난 병사들을 잃었으며, 그 가운데는 그가 누구보다 믿었던, 유능한 친구와 장군들도 있었다.

그는 로마군이 떠난 뒤 적 진영을 점령하고, 로마와 동맹 관계에 있던 여러 도시들을 자기편으로 만들었다. 그리고 광대한 지역을 약탈하며 로마에서 300 스타디온도 채 떨어지지 않은 곳까지 나아갔다. 이 싸움이 끝난 뒤에야 루카니아와 삼니움에서 온 대군이 도착해, 피루스 군대에 합류했다. 피루스는 그들이 늦게 온 것을 몹시 나무라기는 했지만, 실은 자기 부하들과 타렌툼 군대만으로 로마군을 쳐부순 일에 대해 큰 자부심을 느꼈다.

로마는 크게 패배하고 돌아온 라이비누스를 파면하지 않았다. 하지만 카이우스 파브리키우스는 에피루스 군대가 로마를 이긴 게 아니라 피루스가 라이비누스를 이긴 것이라 말하면서 라이비누스를 비난했다. 이 패배는 힘에서 밀린 게 아니라 그의 지휘 방법이 잘못됐기 때문이라 주장한 것이다. 로마인들은 남아 있는 군대를 재정비하고, 병사들을 모집해 새 부대들을 만들어 다시 싸울 준비를 했다. 그들은 끝까지 맞서 싸워야 한다며 두려움을 모르는 격렬한 연설을 하면서 서로 용기를 북돋았다.

이를 본 피루스는 무척 놀랐다. 그는 자신이 가진 병력으로 로마를 빼앗아 완전히 제압하는 일은 어렵다 판단하고는, 로마로 사람을 보내 휴전을 받아들일 생각이 있는지를 떠보기로 했다. 이미 큰 승리를 거두었으므로, 휴전을 한다 해도 더없이 큰 명성을 얻게 되리라 여긴 것이다. 그는 키네아스를 시켜 로마 세력가들을 만나게 하고, 그들의 아내나 아이들에게 선물을 주도록 했다. 하지만 누구 하나 그것을 받으려 하지 않았으며, 먼저 피루스가 공정하게 정식으로 휴전을 성립한다면 그에게 호의를 보이겠다고 말했다. 키네아스는 원로원 의원들도 살가운 태도로 설득했다. 피루스는 지난번 싸움에서 포로가 된 로마 병사들을 배상금 없이 돌려보내고, 로마가 이탈리아 땅을 정복하는 것을 돕는 대신 자기들과 우호 관계를 맺고 타렌툼의 안전을 보장해 주길 바란다고 말했다. 그러나 사람들 마음은 움직이지 않았다.

하지만 시민들이 평화를 바라고 있는 것만은 분명했다. 지난번 전투에서 크게 진 데다가, 이탈리아의 여러 나라들이 피루스 편을 들고 있는 마당에 다시 싸움이 일어난다면 패배는 불을 보듯 뻔한 일이었기 때문이다. 로마 사람들 의견은 두 갈래로 나누어져 결정을 내리지 못했다.

이때 로마에는 아피우스 클라우디우스라는 유명한 인물이 있었다. 그는 나이가 많고 눈도 보이지 않아 이미 정계에서 은퇴했지만, 피루스의 제안에 로마 시민들이 둘로 나뉘어 싸운다는 소식을 듣자 가만히 있을 수가 없었다. 원로원에서 전쟁이냐 평화냐를 놓고 투표가 있는 날, 그는 하인들 도움으로 탈것에 실려 광장을 지나 어수선한 분위기가 감도는 원로원으로 달려 갔다. 그리고 아들과 사위들의 부축을 받으며 안으로 들어갔다. 아피우스의 모습이 보이자, 이 노인에 대한 존경심으로 장내는 조용해졌다. 마침내 연단에 올라선 그가 말했다.

"여러분, 한때 나는 눈이 보이지 않는 것을 슬퍼했으나, 이제는 귀가 들리는 불행을 한탄하게 되었습니다. 여러분이 수치스러운 휴전을 이야기하며 영광으로 빛나는 로마 이름에 먹칠하고 있다는 소리가 들리니 말입니다. 어릴 때부터 귀에 못이 박이도록 들어왔던 이야기들은 모두 어디로 갔습니까? 우리 아버지들이 한창 나이일 때 알렉산드로스 대왕이 이탈리아에 쳐들어왔다면, 그는 천하무적으로 이름이 나기는커녕 패해서 도망치거나 전사해 로마의 영광을 더욱 빛나게 만들었으리라는 이야기 말입니다. 그런데 지금 우리는 어떻습니까? 카오니아와 몰로시아를 겁내지만, 그들은 마케도니아인의 먹잇감에 불과하지 않습니까? 그리고 여러분이 두려워하는 피루스는 알렉산드로스의 호위병이었던 자에 지나지 않습니다. 그가 로마에 온 것은 이탈리아에 있는 헬라스인들을 구하기 위함이 아닌, 자기 나라에서 쫓겨났기 때문입니다. 그런 자가 우리 로마인이 이탈리아를 통일하는 데 협력하겠다는 말을 어찌 감히 할 수 있습니까? 그자가 가진 병력으로는 마케도니아 한 귀퉁이도 지키지 못할 것입니다. 여러분! 그가 우리와 우호 관계를 맺으려는 것은 무사히 자기 나라로 돌아가려는 수작임을 잊어선 안 됩니다. 만에 하나라도 피루스가 이런 불손을 저지르고도 아무런 저지 없이 이탈리아를 떠난다면, 다른 나라들은 모두 로마를 우습게 여길 테고, 이는 그보다 더한 침입자들을 불러들이는 결과를 낳게 될 겁니다. 따라서 어떤 일이 있더라도 타렌툼과 삼니움 사람들로 하여금 감히 로마를 비웃은 대가를 제대로 치르게 해야 합니다."

아피우스가 이렇게 말하자, 로마 사람들은 싸우겠다는 의지와 기개가 솟아났다. 원로원은 키네아스를 되돌려 보냈다. 그리고 피루스가 먼저 이탈리아에서 물러간 뒤, 여전히 우호 동맹을 맺길 원한다면 그것에는 응하겠지만, 군대를 이끌고 이탈리아에 머무는 한, 설령 수많은 라이비누스를 잃는다 해도 로마는 온 힘을 다해 끝까지 싸우리라는 말을 전하게 했다.

이처럼 교섭하는 동안, 키네아스는 로마 사람들 생활 방식을 자세히 관찰했다. 그는 로마 정계의 유력 인사들을 만나 이야기를 나누고 정치제도를 살폈으며, 자신이 알아낸 모든 것을 피루스에게 보고했다. 특히 원로원은 마치 왕들의 모임 같으며, 민중 또한 두려운 상대이므로 그들을 적으로 삼는다는 것은 마치 레르나의 히드라를 상대로 싸우는 것과 같다고 말했다. 또 집정관은 예전의 갑절이나 병사들을 모으고 있는데, 무기를 잡을 수 있는 로마인들 수는 그보다도 몇 배나 많다는 것이었다. 피루스는 계획을 포기할 수밖에 없었지만, 아무런 명분도 없이 군대를 철수할 수는 없었다.

얼마 뒤, 포로 문제를 협상하기 위해 로마에서 사절단이 도착했다. 사절단 대표는 카이우스 파브리키우스였는데, 키네아스는 그가 매우 가난하지만 선량하고 용맹한 사람으로 로마에서 존경을 받고 있다고 말했다. 이 말을 들은 피루스는 파브리키우스를 개인적으로 불러 우호와 환대의 증표라며 재물을 주려고 했다. 하지만 파브리키우스는 이를 거절하고 피루스에게 모두 돌려주었다.

다음 날 피루스는 한 번도 코끼리를 본 적 없는 파브리키우스를 놀라게 해줄 생각으로 가장 큰 코끼리를 회담 막사로 데려가 자기들 뒤에 세우고, 신호를 보내거든 장막을 거두라고 명령했다. 회담이 진행되는 동안 피루스가 신호를 보내자 장막이 걷혔다. 코끼리는 기다란 코를 파브리키우스 머리 위로 흔들며 땅이 꺼질 것 같은 괴상한 소리를 질렀다. 그러나 파브리키우스는 조용히 코끼리를 한 번 돌아보더니 빙긋 웃으며 말했다.

"어제는 황금으로 제 마음을 사려고 하시더니, 오늘은 코끼리로 저를 놀라게 하시는군요. 하지만 제 마음은 움직이지 않을 겁니다."

그날 저녁, 피루스는 파브리키우스를 식사에 초대했다. 식사하면서 여러 일들이 화제로 떠올랐으나, 헬라스 철학에 대한 이야기가 대부분이었다. 키네아스는 에피쿠로스 학파가 정치나 최고선에 대해 주장하는 바를 이야기했다. 에피쿠로스 철학가들은 최고선은 쾌락에 있고, 정치는 행복을 망가뜨리고 무너뜨리는 악이라 피해야 한다고 말했다. 또 신들은 인간에게 무관심하며, 모든 걱정으로부터 해방되어 영원한 평화와 안식을 누리며 지낸다고 했다. 그러자 파브리키우스는 키네아스의 이야기가 끝나기도 전에 이렇게 외쳤다.

"맹세코 바라건대, 우리와 전쟁을 하고 있는 피루스 폐하와 삼니움 사람들도 그 학설에 따랐으면 좋겠습니다."

피루스는 이 말을 듣고 파브리키우스의 정신과 고귀한 성품에 감탄했다. 그는 이토록 훌륭한 사람이 있는 로마와의 우호 관계를 더욱 갈망하게 되었다. 그는 파브리키우스에게 휴전이 성립될 수 있게 도와달라 청하고, 평화협정을 맺은 뒤에는 그의 첫 번째 친구이자 장관이 되어 함께 지내자고 말했다. 그러자 파브리키우스는 조용한 말투로 이렇게 대답했다고 한다.

"죄송하옵니다만 그렇게 되면 전하께서 불리해지십니다. 지금 왕을 우러러보는 사람들이 모두 전하보다는 저를 섬기고 싶어할 테니까요."

피루스는 이 말을 듣고도 조금도 노여워하지 않았다. 오히려 그는 친구들 앞에서 파브리키우스의 인격을 크게 칭찬하고 포로문제를 모두 그에게 맡겼다. 피루스는 원로원이 휴전을 맺지 않을 때는 다시 돌려보낸다는 조건을 붙여, 파브리키우스가 포로들을 모두 데리고 로마로 가는 것을 허락했다. 또 만약 원로원이 협정을 거절해 돌려보내게 된다면, 그 전에 친족들을 만나거나 사투르누스 축제에 참가하게 해주라고 덧붙였다.

포로들은 사투르누스 축제가 끝난 뒤 다시 피루스에게로 돌려보내졌다. 원로원이 피루스에게 되돌아가지 않는 포로는 모두 사형시킨다는 결정을 내렸기 때문이다.

그 뒤 파브리키우스가 로마 집정관이 되었을 때, 한 남자가 그를 찾아왔다. 그 남자는 피루스의 주치의가 보낸 편지를 갖고 있었는데, 그 편지에는 넉넉한 보수를 준다면, 피루스 왕을 독살해 위험부담 없이 전쟁을 끝내주겠다고 쓰여 있었다. 파브리키우스는 이 파렴치한 행동에 혐오를 느끼고는 동료 집정관 동의를 구한 뒤, 피루스에게 서둘러 편지를 보냈다.

"로마 집정관 카이우스 파브리키우스와 퀸투스 아이밀리우스는 피루스 왕께 이 글을 보냅니다. 폐하께서는 자신에게 호의를 품는 자와 적의를 품는 자를 적절하게 판단하시리라 생각합니다. 여기 동봉하는 것은 우리가 받은 편지로, 이를 읽으시면 폐하께서는 이제까지 선량하고 올바른 사람들을 적으로 여기고, 부정하고 나쁜 자들을 믿어왔음을 깨닫게 되실 것입니다. 우리가 이 일을 알려드리는 것은 폐하를 위해서가 아니라, 만일 폐하께서 이 편지에 쓰인 대로 불행을 당하실 경우, 전쟁에서 이기려고 비열한 계략으로 왕을 암살했다는 비난을 듣고 싶지 않기 때문입니다."

이 편지를 본 피루스는 음모를 꾸민 주치의를 처형하고, 파브리키우스에 대한 답례로 로마 포로들을 모두 풀어주었다. 그리고 키네아스를 다시 로마로 보내 휴전 교섭을 하게 했다. 하지만 로마인은 적으로부터 은혜를 받았다고 생각해 탐탁지 않게 여겼다. 또 나쁜 짓에 가담하지 않은 대가로는 너무 크다고 여겨 같은 수의 타렌툼과 삼니움 포로들을 풀어주었다.

한편 우호와 휴전에 대해서는 뜻을 굽히지 않았다. 그들은 피루스가 타고 온 배에 그의 군대를 모두 태우고 에피루스로 돌아가기 전까지는 일체 휴전에 응하지 않겠다고 했다.

그 뒤 정세가 바뀌자 피루스는 로마군과 싸우기 위해 군대를 이끌고 아스쿨룸 근처까지 진군해 진을 쳤다. 그곳은 늪이 많고 숲이 우거졌으며 강의 물살이 빨라서 말이나 코끼리가 움직이기 힘들었다. 양쪽 군대는 치열하게 싸웠지만 좀처럼 승부가 나지 않고 사상자만 늘어갔다. 싸움은 밤이 되어서야 중단되었다.

다음 날 피루스는 코끼리 부대가 적 보병 부대 안으로 밀고 들어갈 수 있도록 로마군을 평지로 끌어낼 작전을 세웠다. 이를 위해 다른 지점은 별동대를 보내 미리 점령해 놓았다. 코끼리들 사이에는 창병과 궁병들을 섞어 적의 밀집 대형을 쳐부수도록 했다. 이렇게 되자 로마군은 지난번처럼 옆으로 돌아가 공격할 수가 없었으므로, 정면으로 피루스 군대와 맞서게 되었다. 그들은 코끼리 부대가 다다르기 전에 적 보병들을 물리치려고 온 힘을 다해 싸웠다. 적이 휘두르는 긴 창을 칼로 막아내며, 부상이나 죽음 따위 무섭지 않다는 듯 몸을 사리지 않고 사납게 달려들었다.

전하는 바에 따르면, 이들은 오랜 시간 동안 치열한 격전을 벌였다. 그리고 피루스가 싸움터에 모습을 나타냈을 때, 로마군은 패해서 뿔뿔이 흩어져 도망쳤다고 한다. 이 전투의 승리는 오직 코끼리들의 몸무게와 어마어마한 파괴력 덕분에 얻은 것이었다. 아무리 로마군이라 해도 해일이나 지진처럼 몰려오는 코끼리들 앞에서는 도저히 용기를 낼 수가 없었다. 그들이 할 수 있는 건 오로지 도망치는 일 뿐이었다. 멍하니 넋 놓고 있다가 죽을 수는 없는 일 아닌가. 로마군은 멀지 않은 자기들 진영으로 허겁지겁 달아났다. 히에로니무스는 이 전투에서 로마 병사 6000명이 죽었다고 전하지만, 피루스 회고록에는 3500명이라고 나와 있다. 하지만 디오니시우스 기록에는 이들이 아스쿨룸에서 두 번 싸웠다거나 로마군이 패배를 인정했다는 이야기는 나오지 않는다. 이 기록에 따르면 전투는 단 한 번이었으며, 해가 질 때까지 싸움이 계속되었으나 승부는 나지 않았다. 또 피루스는 투창에 맞아 팔을 다쳤고, 삼니움에 있는 저장고를 약탈당했으며, 전사자는 저마다 1만 5000명이 넘었다고 전한다.

격렬했던 전투가 끝나고 양쪽 군대는 서로 물러났다. 몇몇 친구들이 피루스에게 승리를 축하한다고 말했으나 그는 이렇게 대꾸했다.

"로마군과 또다시 이렇게 싸운다면 우리는 완전히 망할 걸세."

이 전투로 피루스는 친구와 장군들을 비롯해 병력 대부분을 잃었다. 이제 본국에서도 더는 보낼 만한 병사가 없었다. 남아 있는 동맹군 병사들에게서는, 이제 패기라고는 조금도 찾아볼 수가 없었다. 이와 달리 로마군은 곳곳에서 쉽게 사람이 몰려들어 금세 군대를 보충했고, 엄청난 손해를 입었음에도 조금도 풀 죽은 모습이 아니었다. 오히려 그들은 새로운 힘과 결심을 굳히며 전쟁을 계속하겠다는 움직임을 보였다.

이처럼 어려운 상황이었지만 피루스는 희망을 버리지 않았다. 그때 그에게 한꺼번에 두 가지 제안이 들어왔다. 시킬리아에서 온 사절단은, 그가 시킬리아 섬에서 카르타고 사람들을 내쫓고, 독재자들을 몰아내기를 바란다는 뜻을 전해왔다. 이 일을 해준다면 아그리겐툼, 시라쿠사, 레온티니, 세 도시를 주겠다 했다. 다른 하나는 헬라스에서 보낸 것으로 케라우누스(벼락)라 불리던, 마케도니아 왕 프톨레마이오스가 갈리아인과 싸우다가 죽었으므로, 지금이야말로 피루스가 마케도니아로 가서 새로운 왕이 될 더없이 좋은 기회라는 내용이었다.

피루스는 이런 큰일들이 한꺼번에 찾아오게 만든 운명을 탓했다. 이 일들은 어느 한쪽을 선택하는 순간 다른 한쪽을 버리게 되므로 그는 신중하게 생각을 거듭했다. 마침내 그는 아프리카와 가까운 시킬리아가 더 중요하다고 판단해 그곳으로 가기로 했다. 그리고 도시와 교섭을 할 때 늘 그랬듯이 키네아스를 보내 협상하도록 했다. 피루스는 떠나기 전, 타렌툼에 많은 수비군을 남겼는데, 시민들은 이를 못마땅하게 여겼다. 타렌툼 시민들은 피루스에게 본디 목적대로 함께 로마인과 싸우든가, 그렇지 않으면 군대를 모두 이끌고 깨끗이 떠나달라고 말했다. 그러나 피루스는 조용하고 냉정하게, 그들이 해야 할 일을 하면서 느긋하게 기다리라고 말했다. 그러고는 곧장 시킬리아로 배를 띄웠다.

시킬리아 섬에 도착하자 모든 일은 그의 계획대로 순조롭게 진행되었다. 도시들은 기꺼이 그에게 복종했고, 군대와 무력을 사용해야 하리라 여겼던 곳에서도 아무런 저항을 받지 않았다. 그는 보병 3만 명, 기병 2500기, 군함 200척을 거느리고 진군해 카르타고 사람들을 모두 때려눕히고 그 일대 적군들을 깨끗이 쓸어버렸다. 그 가운데서 에릭스는 가장 견고한 도시로 많은 수비군이 지키고 있었다. 이곳을 공격하기로 마음먹은 피루스는 모든 군대에 전투 준비를 갖추라 명령했다. 준비가 모두 끝나자 피루스는 무장한 채 앞으로 나아가 헤라클레스에게 제를 올렸다. 만약 시킬리아에 있는 헬라스인들 앞에서 조상인 아킬레우스의 이름과 힘에 걸맞는 승리를 거두고 공명을 세운다면, 감사의 표시로 제전경기를 열고 제물을 바치겠다고 신께 맹세했다.

피루스의 맹세를 들은 병사들은 일제히 환호성을 질렀다. 공격 시작을 알리는 나팔 소리가 울려퍼지자, 병사들은 활을 쏘며 적들을 몰아내고, 성벽에 사다리를 걸었다. 피루스는 가장 먼저 사다리를 타고 올라갔다. 적들이 끊임없이 덤벼들었으나 그는 달려드는 적들을 내던지거나 칼로 찔러 성벽 안팎으로 떨어뜨렸다. 곧 그 주위에는 시체가 산처럼 쌓였으나, 피루스는 상처 하나 입지 않았다. 이는 지켜보는 적들의 간담을 서늘하게 했으며, 모든 미덕 가운데 오직 강한 용기만이 신의 영광을 받고 신을 기쁘게 하며 스스로 드높이 피어난다는 호메로스의 말을 떠올리게 했다.

마침내 에릭스를 점령하자, 피루스는 맹세대로 헤라클레스에게 제를 올리고, 성대한 경기를 열었다.

그 무렵 메사나(메시나)에는 야만족 마메르티네인들이 살았다. 그들은 이런저런 수단을 써서 헬라스인을 괴롭혔는데, 심지어는 헬라스 사람들로부터 공물을 거둬들이기도 했다. 이들은 싸움을 좋아하는 민족이었으므로, 라틴어로 군신 마르스의 백성이라 불렀다. 피루스는 공물을 거두던 자들을 잡아 죽이고, 마메르티네인들과 싸워 큰 승리를 거두었으며, 산에 있던 그들의 요새들을 쳐부수었다.

이렇게 되자 카르타고 사람들은 그와 휴전을 맺는 편이 좋겠다고 생각하게 되었다. 그들은 피루스에게 사람을 보내, 만약 우호 관계가 수립된다면 돈과 배를 내주겠다고 제안했다. 하지만 더 큰 야망을 품은 피루스는 말하기를, 전쟁을 끝내고 우호를 맺고 싶다면 카르타고인들이 시킬리아에서 모두 떠난 뒤 아프리카 바다를 유일한 경계로 삼는 방법밖에는 없다고 했다.

계속되는 행운과 승리에 취한 피루스는, 처음 바다를 건너 이곳에 왔을 때

품었던 계획대로 리비아로 쳐들어가기로 마음먹었다. 그는 많은 배를 갖고 있었지만, 노 저을 사람이 부족했다. 그는 사람들을 강제로 끌어모았으며, 따르지 않는 이들에게는 엄한 벌을 내렸다. 이는 마치 전제군주나 할 법한 행동이었다. 그가 처음부터 이랬던 것은 아니었다. 오히려 그는 남을 잘 믿고 배려심이 많으며, 너그러운 사람이었다. 그러나 이제 그는 선동정치가에서 전제군주로 변해버렸고, 그의 냉혹하고 잔인한 처사를 본 사람들은 배은망덕하고 불성실한 폭군이라며 수군거렸다. 사람들은 이런 폭정을 힘들어하면서도, 할 수 없는 일이라 포기하고 있었다.

시라쿠사 장군인 토이논과 소시스트라투스는, 처음 피루스를 시킬리아로 오도록 설득한 사람들이었다. 그들은 피루스가 군대를 이끌고 오자 곧바로 도시를 그에게 넘겨주고, 피루스가 시킬리아에서 하는 모든 일에 협력했다. 하지만 피루스는 그들을 함께 데려가려 하지 않았으며, 뒤에 남겨 일을 맡기려 하지도 않았다. 피루스는 오히려 이 둘을 의심해, 혐의를 씌우려 했다.

이를 안 소시스트라투스는 겁을 잔뜩 집어먹어 도망쳐 버렸다. 그러자 피루스는 토이논에게 소시스트라투스와 함께 자기를 죽이려는 음모를 꾸몄다는 혐의를 씌워 그를 처형했다. 이렇게 되자 사태는 갑자기 험악해졌다. 피루스에 대한 미움으로 여러 도시들이 들끓고 일어났다. 어떤 도시는 카르타고와 손을 잡았으며, 마메르티네 편을 드는 도시도 있었다. 여기저기서 강렬한 반란이 일어났고 마침내 사람들은 피루스로부터 벗어나기를 원했다.

이때 타렌툼과 삼니움에서 사람이 와서 피루스에게 편지를 전했다. 로마군이 공격해 와 자기들만으로는 전쟁을 견딜 수 없으니, 구하러 와달라는 내용이었다. 이 편지 덕분에 피루스는 시킬리아를 떠나는 것은 도망가거나 포기한 것이 아니라는 명분을 얻을 수 있었다. 사실 그즈음 시킬리아는 폭풍에 갇힌 배와 같아 도저히 제어할 수 없었으므로, 그는 어떻게든 이 섬을 탈출하려고 방법을 찾고 있던 참이었다. 떠나면서 피루스는 부하들에게 이렇게 말했다.

"우리는 지금 로마와 카르타고 사람들을 위해 더할 수 없이 좋은 경기장을 떠나게 되었군. 자네들은 그걸 아는가?"

그리고 얼마 지나지 않아, 이 말은 사실이 되었다.

피루스가 배를 타고 떠나자, 야만족들은 떼를 지어 덤벼들었다. 이탈리아로 가는 해협에서는 카르타고군과 맞서 싸우게 되었다. 카르타고군은 바다에서의 싸움에 아주 능숙했으므로, 그는 크게 패해 많은 배를 잃었다. 피루스는 남은 배들을 이끌고 이탈리아로 도망쳤지만, 그곳에는 1만 명에 이르는 마메르티네 군이 먼저 바다를 건너와 진을 치고 기다리고 있었다. 그들은 평지에서는 싸우려 들지 않았으나, 지형이 험한 곳에 이르자 갑자기 덮쳐와서 피루스군을 혼란에 빠뜨렸다. 이 전투로 코끼리 두 마리가 죽고, 후방에 있던 많은 병사들이 쓰러졌다. 피루스는 부대 뒤로 달려와 막으려 했지만, 적들도 만만치 않았다. 그는 잘 훈련되어 있고 사기 높은 적들을 상대로 위험을 무릅쓰고 싸우다가 칼에 머리를 맞아 상처를 입고 물러났다. 이 모습을 본 적들의 사기는 하늘을 찌를 듯 높아졌다. 그때, 마메르티네군 가운데서 몸집이 크고 화려하게 무장한 사내가 앞으로 나왔다. 그는 만일 피루스가 아직도 살아 있다면 나와서 자기와 겨루자며 거만하게 소리쳤다.

이에 불끈한 피루스가 호위병들을 뿌리치고 달려나왔다. 피투성이인 그의 얼굴과 노여움에 이글거리는 눈빛은 보기에도 무시무시했다. 그가 순식간에 사내의 머리 위를 칼로 힘껏 내리쳐 갈라버렸으므로, 상대는 길게 둘로 쪼개져 좌우로 쓰러졌다. 야만족들은 이를 보고 더는 나아갈 엄두를 내지 못했다. 그들은 피루스가 터무니없이 강하다고 생각해 겁을 집어먹었다.

피루스는 아무런 저항도 받지 않고 무사히 타렌툼에 도착했다. 그를 따라온 군대는 보병 2만 명과 기병 3000기였으며, 타렌툼 정예부대도 여기에 합류했다. 그들은 로마군이 진을 친 삼니움으로 나아갔다.

삼니움 사태는 더할 수 없이 악화되어 있었다. 계속된 싸움에서 잇따라 로마군에게 격파되었기 때문에 사람들 사기는 땅에 떨어져 있었다. 예전에 피루스가 시킬리아로 가버린 일에 대해 아직도 많은 시민들이 노여워했으므로 그의 깃발 아래 모인 사람들은 그리 많지 않았다.

피루스는 군대를 둘로 나누었다. 한쪽은 루카니아로 보내서 그곳에 있는 집정관과 맞서게 해 그가 도우러 오지 못하도록 막는 한편, 다른 한쪽은 자신이 직접 이끌고 베네벤툼 부근 유리한 곳에 진을 쳤다. 그리고 루카니아로부터 원군을 기다리던 마니우스 쿠리우스를 공격했다. 사실 마니우스는 행동을 삼가라는 점술가와 예언가들 말을 믿고 그 자리에 가만히 있었다. 피루스는 구원군이 도착하기 전에 마니우스를 공격하려고 준비를 서둘렀다. 그는 어둠을 틈타 코끼리 부대와 정예부대를 앞세워 적진으로 나아갔으나, 넓고 울창한 숲을 나아갈 때 횃불이 꺼지는 바람에 길을 잃고 말았다. 피루스 군대는 날이 밝은 뒤에야 숲에서 나왔다. 높은 곳에 있던 로마군들은 적들의 번쩍거리는 무장과 거대한 코끼리 대열을 보고는, 겁에 질려 큰 혼란에 빠졌다. 하지만 점을 친 결과 좋은 징조가 나타났고, 이렇게 된 바에야 맞서 싸울 수밖에 다른 도리가 없었으므로 마니우스 쿠리우스는 병사들을 이끌고 나와 침착하게 작전을 짰다. 마니우스는 적들이 대열을 갖추기 전에 선봉대를 쳐서 우왕좌왕하게 만들었다. 그다음 혼란에 빠진 적 병사들을 죽이고 뒤에 남겨진 코끼리까지 몇 마리 사로잡았다.

이 승리로 자신감을 얻은 마니우스는 로마군을 평지로 내려오게 해 싸움을 벌였다. 로마군은 용감히 맞서 싸워 피루스 군대 일부를 무찔렀으나, 코끼리 부대가 달려오자 곧 밀리게 되었다. 마니우스는 미리 무장시켜 진영에 대기시켜 둔 병사들에게 공격 명령을 내렸다. 진지에서 나온 병사들은 그동안 쉬고 있었으므로 지치기는커녕 생기가 넘쳤다. 이들이 코끼리들에게 소나기처럼 활을 퍼부어대자 활에 맞은 코끼리들이 뒤돌아 도망치기 시작했는데, 그러면서 자기 편 군사들을 마구 짓밟고 지나갔다. 이렇게 로마군은 큰 승리를 거두고 명성을 떨치게 되었다. 이 싸움으로 인해 사기가 올라가고 세력이 커진 로마군은 이탈리아 전체를 굴복시켰으며, 얼마 뒤에는 시킬리아까지 손에 넣었다.

이리하여 6년이나 이어진 싸움 끝에, 이탈리아와 시킬리아를 손에 넣으려던 피루스의 야망은 모두 물거품이 되어버렸다. 그럼에도 그는 꿋꿋한 태도를 보였고, 불굴의 용기, 호전적인 기량, 개인적인 힘과 대담함에 있어서는 그 무렵 왕들 가운데 최고라 인정받았다. 하지만 그는 야심 때문에 모든 것을 잃고 말았다. 갖지 못한 것을 손에 넣기 위해 이미 가진 것들을 지키는 데 소홀했기 때문이다. 안티고노스는 피루스를 두고, 주사위는 잘 던지지만 그 주사위를 이용할 줄 모르는 노름꾼 같다고 말했다.

피루스는 남아 있는 보병 8000명과 기병 500기를 이끌고 에피루스로 돌아갔다. 하지만 그는 새로 군대를 양성할 돈을 모으기 위해 다시 전쟁을 하고 싶었다. 마침 갈리아 사람들이 그에게 넘어왔으므로, 그는 곧바로 마케도니아로 눈을 돌렸다. 그때 마케도니아는 데메트리우스의 아들 안티고노스가 다스리고 있었다. 마케도니아로 쳐들어간 피루스는 많은 도시들을 약탈하기 시작했다. 이윽고 마케도니아 병사 2000명이 그의 군에 합류하자 자신감이 생긴 그는 안티고노스를 공격하기로 마음먹기에 이르렀다. 피루스는 좁은 협곡에서 안티고노스를 습격해 그 군대를 혼란에 빠뜨렸다. 안티고노스 군대 가장 뒤에 있던 갈리아인 대부대는 끝까지 저항하면서 치열하게 맞서 싸웠으나, 대부분 목숨을 잃고 말았다. 코끼리를 다루던 병사들도 피루스 군대에게 포위되자 모두 항복했다.

승리를 거둔 피루스는 여세를 몰아 밀집대형을 이루고 있는 마케도니아군 주력부대를 공격했다. 마케도니아 병사들은 방금 전에 당한 패배 때문에 몹시 혼란스러워하며 겁을 먹었기 때문에 싸울 엄두를 내지 못했다. 그러자 피루스는 오른손을 뻗으면서 그들의 지휘관과 장군들에게 자기편으로 넘어오라고 호소했다. 마침내 안티고노스 보병부대는 모두 피루스군에 합류했고, 안티고노스는 바닷가로 달아났는데, 그곳에는 아직 그가 다스리던 도시들이 있었다.

피루스는 갈리아 대부대를 물리친 일로 자기 명성이 틀림없이 드높아지리라 여겼다. 그는 전리품 가운데 가장 좋고 아름다운 것들을 골라 이토니아에 있는 아테나이 신전에 바쳤다. 전리품에는 다음 같은 경구가 새겨져 있다.

> 몰로시아 왕들의 후손 피루스는 빛나는 여신께,
> 용맹한 갈리아인들로부터 얻은 전리품을 바칩니다.
> 안티고노스 군대를 모두 쳐부순
> 아킬레우스 후손들은 예나 지금이나 전사(戰士)입니다.

싸움이 끝나자 피루스는 도시들을 점령하기 시작했다. 아이가이가 함락되자 그는 주민들을 가혹하게 다뤘으며, 갈리아인 부대를 그곳에 주둔시켰다. 그런데 욕심 많은 갈리아인들은 그곳 왕들 무덤을 마구 파헤쳐서 재물을 챙기고 유골들은 흩어진 채로 내버려 두었다. 피루스는 이런 야만적인 행동들을 모르는 척했다. 그가 다른 일로 몹시 바빠서였는지, 아니면 갈리아인들 비위를 건드리고 싶지 않았던 것인지는 알 길이 없으나, 이 때문에 마케도니아인들은 몹시 비통해했다.

아직 사태가 안정되지 않았고 사람들 혼란도 가라앉기 전이었지만, 피루스는 또다시 새로운 계획을 가슴에 품었다. 그는 평민이 된 안티고노스가 아직도 왕을 나타내는 자주색 옷을 입고 다니는 것을 보고 파렴치한 자라 비난하는 한편, 스파르타를 정복해 달라는 클레오니무스의 제안을 흔쾌히 받아들였다. 클레오니무스는 본디 스파르타 왕위 계승자였지만, 폭력을 휘두르는 독재자였던 탓에 시민들의 호의와 신뢰를 받지 못했다. 마침내 그 대신 아레우스가 왕위에 올랐고, 이 일로 클레오니무스는 스파르타와 시민들에게 앙심을 품게 되었다. 또 클레오니무스는 이미 나이가 많음에도 레오티키데스의 딸인 킬로니스라는 젊은 아내를 맞아들였다. 클레오니무스는 그녀를 몹시 아꼈지만, 킬로니스는 아레우스의 아들인 아크로타투스와 사랑에 빠져 이 결혼을 불명예스럽게 만들었다. 그녀가 다른 남자와 정을 통하며 클레오니무스를 무시한다는 사실을 스파르타에서는 모르는 이가 없을 정도였다. 정치적으로도, 개인적으로도 모욕을 당했다고 여긴 그는 복수할 생각으로 피루스를 스파르타로 끌어들였다.

클레오니무스의 부탁을 받아들인 피루스는 곧 보병 2만 5000명, 기병 2000기, 코끼리 24마리의 대군을 이끌고 스파르타로 떠났다. 하지만 군대 규모로 보아 클레오니무스에게 스파르타를 찾아주기 위함보다는, 펠로폰네소스를 자기 손안에 넣으려는 속셈임이 분명해 보였다. 하지만 피루스는 메갈로폴리스까지 마중나온 스파르타 사람들에게 자신의 속내를 감쪽같이 숨기며 전혀 다른 이야기를 했다. 자기가 스파르타에 온 것은 안티고노스에게 억눌려 있던 도시들을 해방시키기 위함이며, 스파르타인들이 허락만 한다면 자신의 어린 아들들을 스파르타에서 교육받게 해 훌륭한 왕으로 키우고 싶다고 말했다. 그는 이런 핑계로 만나는 사람들을 꾀어 자기편으로 만들면서 앞으로 나아갔다. 하지만 막상 스파르타 영토로 들어서자마자, 전쟁을 선포하지도 않고 닥치는 대로 마구 짓밟고 약탈하기 시작했다. 스파르타 사절단이 그의 행동에 항의하자, 피루스는 이렇게 말했다.

"스파르타인들도 다른 나라와 전쟁을 벌일 때는 아무런 예고 없이 쳐들어가는 걸로 알고 있소."

사절단 가운데 한 사람인 만드로클레이데스가 스파르타 사투리로 그에게 대꾸했다.

"만약 전하가 신이라면, 아무 잘못이 없으니 두려워할 것도 없습니다. 그러나 전하가 사람이라면 반드시 전하보다 더 강한 사람이 나타날 것입니다."

마침내 피루스는 스파르타에 들어갔다. 클레오니무스는 그들이 도착하자마자 빨리 쳐들어가자고 재촉했으나, 피루스는 밤에 도시를 점령하면 병사들이 약탈을 할까봐 걱정했다. 그는 낮에 공격해도 충분히 이길 수 있다며 클레오니무스를 달랬다. 그 무렵 스파르타 군대는 병사들도 많지 않은 데다가 갑작스럽게 당한 일이라 전투 준비가 조금도 갖추어지지 못했다. 게다가 아레우스 왕이 마침 고르티나족을 돕기 위해 크레테 섬에 가 있었으므로, 스파르타는 비어 있는 상태나 다름없었다. 하지만 이런 무방비한 상황 덕분에 오히려 스파르타는 무사할 수 있었다. 그 까닭은 이렇다.

피루스는 공격해 오는 자가 없으리라 생각해 병사들을 천막에서 쉬게 했다. 그때 클레오니무스 집에서는 그를 위한 연회 준비가 한창이었다. 그의 친구와 노예들은 피루스를 대접하기 위해 집 안을 장식하고 음식을 준비하느라 여념이 없었다.

밤이 되자 스파르타 사람들은 여자들을 크레테 섬으로 피난 보내기로 결정했으나 여자들은 이에 반대했다. 아르키다미아는 원로원을 찾아가 칼을 겨누고 스파르타가 망해도 여자들은 살아남아야 한다고 생각하느냐며 남자들을 비난하는 연설까지 했을 정도였다. 그녀의 연설은 사람들 마음을 돌려놓았고, 그들은 모두 함께 싸우기로 했다. 사람들은 적 진영에 길게 구덩이를 파고, 구덩이 여기저기에 수레를 반쯤 파묻어 단단히 고정시켰다. 이는 코끼리가 오는 것을 막기 위함이었다. 남자들이 작업하는 동안, 여자들은 긴 옷을 걷어 올리고 작업복을 걸친 채 노인들을 도왔다. 또 앞으로 싸움에 나갈 젊은이들을 쉬게 한 뒤, 여자들은 자기들 힘만으로 참호의 3분의 1을 만들었다. 필라르쿠스 기록에 따르면 이 참호는 너비 6큐빗, 깊이 4큐빗, 길이 800큐빗에 달했다고 하지만, 히에로니무스에 따르면 그보다는 조금 적었다고 한다.

날이 밝자 적들이 움직이기 시작했다. 부녀자들은 젊은이들에게 무기를 건네주고 참호를 잘 지키라고 말했다. 그리고 조국을 위해 승리하는 것만큼 즐거운 일은 없으며, 스파르타인답게 맹렬히 싸워서 영광스러운 최후를 맞아 어머니나 아내 품에 안기는 것만큼 명예로운 일은 없다고 그들을 격려했다. 클레오니무스의 아내인 킬로니스는 사람들과 떨어진 곳에서 홀로 목에 올가미를 매고 있었다. 스파르타가 적의 손에 넘어가면 잡히기 전에 스스로 목숨을 끊을 생각이었던 것이다.

한편 피루스는 길게 늘어서 있는 많은 스파르타 사람들을 보고는 중무장한 병사들을 앞세워 정면으로 공격해 들어갔다. 하지만 땅이 부드러워 걸음을 내딛기 힘들었고, 긴 참호가 그들을 가로막고 있었다. 피루스의 아들 프톨레마이오스는 갈리아 병사 2000명과 카오니아 정예병들을 이끌고 참호 가장자리를 돌아 앞으로 나아가려 했다. 그러나 땅속에 파묻힌 수레들 때문에 피루스군은 물론, 스파르타군들도 맞붙어 싸우기가 힘들었다. 그러자 갈리아 병사들은 수레바퀴를 파내 강으로 끌어내기 시작했다. 이를 보고 위험하다고 판단한 아레우스 왕의 아들 아크로타투스는 병사 300명과 함께 도시를 빠져나갔다. 그는 적에게 들키지 않도록 뒤로 돌아들어가 프톨레마이오스군 뒤쪽을 공격했다. 갑자기 뒤에서 밀어붙이자 적들은 창끝을 돌리지도 못한 채 떠밀려 구덩이에 빠지거나 수레에 걸려 넘어져 많은 사상자를 냈다. 스파르타 노인들과 여자들은 아크로타투스의 눈부신 활약을 지켜보고 있었다. 그가 승리에 취해 의기양양하게 도시를 지나 자기 자리로 돌아가자, 여자들은 그의 아름답고 늠름한 모습에 반해 이런 애인을 가진 킬로니스를 부러워했다. 노인들 가운데는 아크로타투스를 따라가면서 이렇게 말하는 사람도 있었다.

"아크로타투스, 가서 킬로니스를 아내로 삼으시오. 그리고 스파르타를 위해, 당신처럼 용맹한 아들들을 많이 낳아주시오."

피루스가 싸우는 곳에서도 치열한 격전이 벌어졌다. 병사들은 서로 맞붙어 격렬하게 싸웠다. 그 가운데 스파르타인 필리우스는 달려드는 많은 적들을 모두 죽였으나, 크게 다쳐 죽음의 문턱이 가까워졌음을 느꼈다. 그는 뒤에 있던 사람에게 자리를 양보하고 온 힘을 다해 걸어가 아군 대오 안에서 쓰러졌다. 자기 시체가 적들 손에 들어가지 않게 하기 위함이었다.

싸움은 밤이 되어서야 멈추었다. 그날 밤, 피루스는 자기가 던진 벼락을 맞은 스파르타가 불길에 휩싸이는 꿈을 꾸었다. 잠에서 깬 그는 너무 기쁜 나머지 장군들을 모두 불러모았다. 그는 이 꿈이 자기가 스파르타를 점령하리라는 것을 알리는 계시라 설명한 다음 모든 군대에 전투 명령을 내렸다. 놀란 장군들은 그 명령에 따랐으나, 오직 리시마쿠스만은 이 꿈 내용을 탐탁지 않아 했다. 그는 벼락을 맞은 곳에는 사람이 들어갈 수 없으므로, 이는 피루스군이 도시로 들어가지 못할 것임을 뜻한다고 말했다. 하지만 피루스는 그 말을 헛소리에 지나지 않는다며 무시했다. 그리고 손에 무기를 쥔 자들은 다음과 같은 사실을 저마다 명심해야 한다고 말했다.

"가장 좋은 징조는 피루스 왕을 위한 것이다."

날이 밝자 피루스는 군대를 이끌고 나아갔다. 스파르타군은 용기를 내어 실력 이상으로 싸웠다. 여자들도 싸움터에 나와서 병사들에게 활을 건네주고, 음식을 나르며 부상병들을 돌보았다. 마케도니아군이 참호를 메우려고 나무를 베어 던져넣었으므로, 무기와 전사자들도 모두 그 아래에 덮이고 말았다. 스파르타군이 이를 막기 위해 달려오자 곧 격렬한 싸움이 시작되었다.

그때 피루스가 말을 달려 참호와 수레를 뛰어넘어 시내로 뚫고 들어가려 했다. 이를 본 스파르타 병사들은 미친 듯이 저항하며 아우성쳤고, 여자들은 이리저리 뛰어다니며 울부짖었다. 하나하나 적들을 칼로 베며 말을 달리던 피루스가 마침내 적진에 이르렀을 때였다. 한 크레테인이 던진 투창이 그의 말 옆구리를 꿰뚫어 버렸다. 말이 고통스러움에 몸을 비틀고 날뛰는 바람에 피루스는 말에서 떨어져 비스듬히 기운 길 아래로 미끄러지듯 굴러떨어졌다. 왕이 말에서 떨어지자 병사들은 몹시 놀라 우왕좌왕했고, 스파르타 병사들은 이 틈을 놓치지 않고 활을 쏘며 공격해 그들을 쓰러뜨렸다.

피루스는 모든 공격을 멈추라는 명령을 내렸다. 스파르타군 거의가 다치거나 죽었으므로, 그들도 공격을 늦추고 휴전을 제의해 오리라 여긴 것이다.

하지만 그때 스파르타군에게 큰 행운이 찾아왔다. 행운의 여신도 스파르타 병사들 용기에 감동한 것이리라. 모든 희망이 무너지려는 순간, 코린토스로부터 포키스인이자 안티고노스의 장군인 아메이니아스가 용병들을 이끌고 그들을 돕기 위해 온 것이다. 그와 동시에 아레우스 왕도 2000명이 넘는 군대를 거느리고 크레테에서 돌아왔다. 그러자 싸울 필요가 없어진 여자들과 어쩔 수 없이 무기를 잡아야 했던 노인들은 모두 흩어져 저마다 집으로 돌아갔고, 그 대신 병사들이 싸움터로 나갔다.

적 부대가 증강된 것을 본 피루스는 이 도시를 점령해야겠다는 야욕에 더욱 불타올랐다. 하지만 몇 번 공격한 끝에 아무런 성과를 내지 못한 채 타격만 입고 물러났다. 그는 이곳에서 겨울을 지내기로 하고 부근 지방을 약탈했다.

그러나 운명은 피할 수 없었다. 그 무렵 아르고스에서는 아리스테아스와 아리스티포스가 대립하고 있었다. 둘은 모두 독재정치를 지향하는 인물로, 아리스티포스는 안티고노스 세력을 등에 업고 있었다. 그러자 아리스테아스는 안티고노스와 적대 관계에 있는 피루스를 아르고스로 초청해 아리스티포스를 밀어내려 했다. 피루스의 가슴은 언제나 새로운 야망으로 가득 차 있었다. 그는 승리를 거둘 때면 이를 다른 싸움을 위한 하나의 발판으로 생각했으며, 패배하는 일이 있어도 더 큰 전쟁에서 승리를 거둠으로써 그 실패를 보상받고야 말았다.

피루스는 아리스테아스의 제안을 받아들이고 곧바로 군대를 이끌고 아르고스로 떠났다. 이를 안 스파르타 왕 아레우스는 그가 가는 길목마다 복병들을 배치해 피루스군 뒤를 맡고 있는 갈리아인과 몰로시아인을 공격함으로써 피루스군을 분리시킬 계획을 세웠다. 아레우스는 피루스군이 달려오는 것을 보고는 가장 험한 골짜기에 군대를 숨겨두었다.

피루스는 전쟁을 시작하기 전에 신에게 제사를 드렸는데, 제물로 쓴 짐승의 배를 갈라보니 간이 없었다. 이를 본 제관은 그에게 가까운 사람을 잃게 될 징조라고 말했다. 이윽고 피루스군이 골짜기에 들어서자, 숨어 있던 스파르타군들이 한꺼번에 뛰어나와 공격하기 시작했다. 적의 습격에 당황한 피루스는 몹시 혼란스러운 나머지 그 무엇 하나 제대로 생각할 틈이 없었다. 그는 아들 프톨레마이오스에게, 정예 기병대를 지휘해 뒤에 있는 부대들을 구하러 가라고 명령한 뒤, 자신은 주력부대를 이끌고 서둘러 골짜기에서 벗어나려고 했다. 부대 뒤로 달려간 프톨레마이오스는 에우알쿠스가 지휘하는 스파르타 선발대와 맞닥뜨려 치열한 전투를 벌였다. 이들이 서로 얽혀 싸우고 있을 때, 크레테의 압테라 출신으로 성질 급하고 날쌘 오리수스라는 병사가 불쑥 옆에서 달려들어 프톨레마이오스를 창으로 찔러 죽였다.

프톨레마이오스가 쓰러지자 함께 싸우던 다른 병사들은 달아나기 시작했다. 스파르타군은 그들을 뒤쫓아 평원까지 들어갔다가 피루스군 보병들에게 퇴로를 차단당해 본대로부터 분리되고 말았다. 아들의 전사 소식을 듣고 크게 슬퍼하던 피루스는 몰로시아인 기병대를 보내 퇴로가 끊긴 스파르타 병사들을 모두 죽이라는 명령을 내렸다. 피루스는 실전에서 언제나 훌륭한 인물임을 보여주었으나 이때만큼 용맹함과 분노로 휩싸여 싸운 적은 없었다. 그 누구도 감히 그에게 맞서지 못할 정도였다. 그는 말을 타고 곧바로 에우알쿠스에게 달려들었다. 에우알쿠스는 피루스의 공격을 옆으로 피하면서 말고삐를 잡고 있는 그의 손을 자르려 했지만 말고삐만 두 동강이 났다. 끊어진 말고삐가 땅에 떨어지기가 무섭게 피루스는 크게 창을 휘둘러 에우알쿠스를 꿰뚫고는 자신도 말에서 떨어졌다. 그는 그대로 일어나 에우알쿠스와 함께 싸우던 스파르타 정예 병사들을 모두 죽였다. 싸움의 승패가 결정되고 나서 스파르타군이 치른 이 쓸데없는 희생은, 순전히 지휘관들 명예욕이 불러온 참사였다.

이토록 빛나는 승리를 거두어 사랑하는 아들을 잃은 울분을 달랜 피루스는 곧바로 아르고스로 나아갔다. 그리고 안티고노스가 평지에 솟은 언덕에 자리 잡고 있다는 소식을 듣고는, 나우플리아 가까운 곳에 진을 쳤다. 다음 날 피루스는 안티고노스에게 사자를 보내 그를 도둑이라 비난하면서, 진영에서 나와 자기와 승부를 겨루자고 했다. 그러나 안티고노스는, 자신의 전략은 쓸데없이 싸우는 게 아닌 기회를 엿보는 것이며, 만약 피루스가 사는 게 재미없어서 이런 제안을 한 거라면 죽는 방법에는 여러 가지가 있다고 대꾸했다.

이처럼 양쪽 군대가 팽팽히 맞서자, 졸지에 싸움터가 되어버린 아르고스 사람들 걱정은 점점 커져만 갔다. 마침내 아르고스 시민들은 두 사람에게 사자를 보내 군대를 철수할 것을 요청했다. 자신들은 둘 모두에게 호의를 갖고 있으므로, 어느 한쪽에게 점령당하지 않도록 해달라는 것이었다. 그러자 안티고노스는 그 요청에 따르겠다 말하고 자기 아들을 아르고스에 볼모로 맡겼다. 하지만 피루스는 요청을 받아들이겠다고 말하긴 했지만, 아무런 움직임을 보이지 않았으므로 사람들 의심을 샀다.

이때 피루스에게 중요한 징조들이 나타났다. 제물로 바치기 위해 목을 자른 소들이 마치 살아 있는 것처럼 혀를 내밀어 자기가 흘린 피를 핥는 것이었다. 또 아르고스 시에서는 아폴론 리키우스 신전 여사제가 갑자기 시내를 뛰어다니며 소리쳤다. 여사제는 도시가 시체와 그 피로 가득한데, 독수리 한 마리가 그 위에 나타났다가 곧바로 사라졌다고 떠들어댔다. 피루스는 이 징조들이 무엇을 뜻하는지는 알 수 없었지만, 왠지 마음이 불안해졌다.

어둠을 틈타 피루스는 갈리아 병사들을 이끌고 아르고스 성벽으로 나아갔다. 통과라는 뜻의 디암페레스라는 이름을 가진 성문은 활짝 열려 있었다. 아리스테아스가 미리 그들을 위해 열어둔 것이었다. 조용히 들어간 갈리아 병사들은 아무도 알아채지 못하게 도시 광장을 점령할 수 있었다. 하지만 성문이 너무 낮아 코끼리를 끌고 들어갈 수 없어서 성문 위에 있는 탑을 허물었다. 그리고 코끼리 부대가 모두 들어간 다음 어둠 속에서 다시 탑을 쌓았으나, 시간이 오래 걸리고 시끄러워지는 바람에 잠자던 시민들이 모두 깨고 말았다. 놀란 시민들은 아스피스 언덕을 비롯한 요새들로 뛰어 올라갔고, 안티고노스에게 사람을 보내 자기들을 구해달라고 요청했다. 안티고노스는 곧바로 군대를 이끌고 달려와 성 앞에 멈추었다. 그리고 여러 장군들과 자기 아들에게 병사들을 지휘하게 해 시내로 들여보냈다. 스파르타 왕 아레우스도 크레테군 1000명과 스파르타 정예부대를 이끌고 도착했다. 이 부대들이 한꺼번에 갈리아군에게 덤벼들어, 갈리아군은 혼란에 빠져 제대로 저항하지 못했다.

그즈음 피루스는 나머지 군대를 이끌고 킬라라비스 시내로 들어와 광장에 있는 갈리아군에게 들리도록 큰 함성을 질렀지만 이에 응하는 갈리아 부대 함성이 시원치 않았다. 갈리아군이 적들의 공격을 받아 위급한 상황이라고 판단한 그는 기병 부대를 앞세워 조금이라도 빨리 광장으로 달려가려 했지만 시내 곳곳에는 하수구가 있어서 말이 자꾸만 그곳으로 빠졌다. 그들은 밤새도록 소란과 작은 충돌을 일으키면서 시간을 보냈는데, 양쪽 군대 모두 보고와 명령조차 제대로 전달되지 않는 상황임을 깨닫고 날이 밝아오기만을 기다렸다.

마침내 하늘이 푸르게 밝아오자 피루스는 아스피스 언덕 위에 무기를 든 적들 모습만 보이는 것을 보고 마음이 심란했다. 하지만 광장에 세워진 조각상을 보고는 더 크게 놀랐다. 그 조각상은 청동으로 만든 것으로 늑대와 소가 싸우는 모습이었는데, 이를 본 피루스가 예전에 받은 예언을 떠올렸기 때문이다. 그 예언은 피루스가 늑대와 소가 싸우는 것을 보면 곧 죽게 되리라는 내용이었다.

아르고스인들 말에 따르면, 이 조각상은 오래전 이곳에서 늑대와 소가 싸웠던 일을 기념하기 위해 세웠다고 한다. 그때 다나우스는 티레아 근처에 있는 피라미아에 배를 대고 처음으로 아르고스로 오는 길이었는데, 우연히 늑대와 소가 싸우는 모습을 보게 되었다. 그는 늑대가 소를 공격하는 모습이 이곳 사람들을 치려는 자기와 같다고 여겨 이 싸움을 관심 있게 지켜보았다. 마침내 늑대가 이기자, 다나우스는 아폴론 리키우스 신께 기도를 드리며, 도시를 점령하면 조각상을 바치겠다고 맹세했다. 그는 그 무렵 아르고스를 다스리던 겔라노르가 내란으로 왕위에서 쫓겨났을 때 도시를 공격해 승리를 거두었다. 그리고 자신의 맹세대로 늑대와 소의 조각상을 광장에 세웠다.

이를 본 피루스는 자기 뜻대로 되는 일이 없다는 생각에 기가 꺾여 후퇴 명령을 내렸다. 그러나 많은 병사들이 퇴각하기에는 성문이 너무 좁았기 때문에,

나머지 군대를 이끌고 도시 밖에 있던 아들 헬레누스에게 사람을 보내 성벽을 부수도록 했다. 그리고 시내를 빠져나가는 아군들이 퇴각할 수 있도록 적의 추격대를 막으라고 지시했다. 그런데 전령이 지나치게 서두른 데다가, 주위가 매우 시끄러워서 명령을 제대로 전하지 못했다. 잘못된 명령을 받은 헬레누스는 코끼리 부대와 정예부대를 이끌고 성문 안으로 들어가 아버지를 도우려 했다.

이때 피루스는 이미 뒤로 물러나는 길이었다. 그들은 덤벼드는 적들과 싸우며 광장에서 물러나 성문에 이르는 좁은 거리까지 이르렀다. 하지만 헬레누스 부대와 부딪치는 바람에 가운데 끼어서 꼼짝할 수 없는 처지가 되고 말았다. 피루스는 헬레누스 병사들에게 되돌아가라고 목이 터져라 외쳤지만, 뒤에서 계속 병사들이 몰려들어 오는 바람에 혼란만 더욱 커질 뿐이었다. 게다가 몸집이 가장 커다란 코끼리까지 성문 앞에 쓰러져 병사들 길을 가로막고는 울부짖고 있었다. 또 니콘(정복자)이라는 코끼리는 자기가 태우고 있던 병사가 부상을 입고 떨어진 것을 보고는, 그를 구하기 위해 병사들 사이를 온통 짓밟으며 헤집고 다녔다. 그러다가 마침내 주인의 시체를 발견하자, 코로 들어올려 두 엄니로 받쳐들고 마구 날뛰며 왔던 길을 되돌아가기 시작했다. 많은 사람들이 코끼리에게 받혀 죽었고, 병사들은 적과 아군할 것 없이 한데 뒤섞여 밀고 밀치며 아수라장이었다. 때때로 아군 속으로 파고들거나, 뒤에서 공격해 오는 적과 싸움이 벌어지기도 했으나, 아군 때문에 입는 피해에 비하면 아무것도 아니었다. 빼든 칼을 다시 칼집에 넣거나, 내민 창을 당길 수 없어서 병사들은 서로 부딪히며 아군들 무기에 상처입고 쓰러져 갔다.

피루스는 폭풍 같은 혼란에 휩싸였다는 사실을 알고는, 투구 위에 쓰고 있던 왕관을 벗어서 곁에 있던 부하에게 맡겼다. 그러고는 말을 달려 무리지어 쫓아오는 적 한가운데로 뛰어들었다.

그 순간, 어디선가 날아온 창이 그의 가슴에 꽂혔다. 그러나 창은 급소를 벗어났고, 찌른 힘도 그리 강하지 않았기 때문에 그는 곧바로 자신을 찌른 상대를 돌아보았다. 그런데 상대는 이름난 아르고스 병사가 아니라 한 가난한 노파의 아이였다. 이때 그 노파는 다른 여자들과 함께 지붕 위에 올라가 싸움을 지켜보고 있었는데, 자기 아들이 피루스에게 덤비는 것을 보고는, 지붕 기와를 뽑아 피루스에게 던졌다. 그는 기왓장에 투구 아래를 맞아 목뼈가 부러졌고, 곧 정신을 잃고 말고삐를 놓치고 말았다. 그는 말에서 떨어져 리킴니우스 무덤 곁에 쓰러졌으나, 병사들은 그가 누구인지 알아보지 못하고 그냥 지나쳐 갔다. 그런데 안티고노스의 장군인 조피루스와 몇몇 병사들이 쓰러져 있는 피루스를 발견하고는 어떤 집 안으로 끌고 들어갔다. 이윽고 피루스가 정신을 차리자 조피루스는 일리리아식(式) 칼을 빼 그의 목을 치려고 했다. 하지만 피루스가 무시무시한 표정으로 노려보는 바람에 조피루스는 두려움에 손이 떨려 제대로 칼을 내려칠 수가 없었다. 그는 실수를 거듭하다가 한참 만에야 피루스의 몸에서 머리를 베어낼 수 있었다.

그 뒤에 일어난 일들은 많은 사람들이 아는 바와 같다. 안티고노스의 아들 알키오네우스는 그곳으로 달려가 피루스 머리를 확인한 뒤, 바삐 말을 달려 아버지 안티고노스에게로 갔다. 그리고 친구들과 함께 있는 아버지 앞에 들고 온 피루스 머리를 내던졌다. 이를 본 안티고노스는 들고 있던 지팡이로 자기 아들을 때리면서 더러운 야만인이라 꾸짖고는, 그 자리에서 물러나게 했다. 그리고 외투 소매로 얼굴을 가린 채, 피루스와 비슷한 운명의 변덕으로 희생된 할아버지 안티고노스와 아버지 데메트리우스를 떠올리며 흐느껴 울었다. 그는 피루스 머리와 시신을 거두어 예를 갖춰 정중하게 화장했다.

얼마 뒤 알키오네우스는 남루한 옷차림으로 길을 가는 피루스의 아들 헬레누스를 보고는 가여운 마음이 들어 아버지에게로 데리고 갔다. 이를 본 안티고노스는 이렇게 말했다.

"이번 행동은 그래도 좀 낫구나. 그런데 이 초라한 옷이 보이지 않느냐? 우리는 영광스러운 승리자인데, 손님을 이렇게 대우한다면 수치스러운 일이다."

그리고 안티고노스는 헬레누스에게 훌륭한 옷을 입혀 에피루스로 돌려보냈다. 그리고 에피루스 군대와 진영을 손에 넣은 뒤에도, 예전에 피루스 동료였던 사람들에게 따뜻하게 대해주었다.

카이우스 마리우스(CAIUS MARIUS)

카이우스 마리우스의 세 번째 이름이 무엇인지는 알려지지 않고 있다. 이는 이베리아를 정복한 퀸투스 세르토리우스나 코린토스를 정복한 루키우스 뭄미우스와 마찬가지이다. 다만 뭄미우스는 그가 전쟁에서 거둔 공적 덕분에 아카이쿠스라는 성을 얻었다. 이것은 스키피오를 아프리카누스라 부르고, 메텔루스를 마케도니쿠스라고 부른 것과 비슷하다.

역사가 포세이도니우스는 이런 사실을 내세우며 카밀루스나 마르켈루스, 카토 같은 세 번째 이름이 로마인 고유의 이름이었다는 의견에 반박하면서, 그렇다면 이름이 둘인 사람은 이름이 없는 것이나 한가지냐 했다. 그러나 그의 이론대로라면 로마 여자들은 이름이 없었다고 할 수 있다. 그가 개인 고유 이름이라고 한 첫 번째 이름이 여자들에게는 없었기 때문이다.

그는 나머지 두 이름 가운데 하나는 가족의 성이라 했는데, 폼페이우스나만리우스나 코르넬리우스 등이 그 예로 헬라스의 헤라클레스 집안, 펠롭스 집안이 이에 들어맞는다고 했다. 마지막 하나는 그 사람 성격이나 행동, 생김새의특징을 말하는 것이며, 마크리누스나 토르쿠아투스, 술라 등이 그 예라 했다.헬라스 사람에게 있어서는 므네몬, 그리푸스, 칼리니쿠스 등과 비교된다. 하지만 이름에 대한 이야기는 그 시대의 유행과 개인적인 습관에 따라 달라지는 것이므로 쉽게 결론 내릴 수 없다.

갈리아 지방 라벤나에 세워진 마리우스 석상은 나도 실제로 본 적이 있는데,

그것을 보면 그의 성격이 난폭했음을 짐작할 수 있다. 마리우스는 천성 자체가 용맹스러웠고, 전쟁을 좋아했으며, 정치보다는 군사에 더 큰 관심을 두었다. 따라서 그는 권력을 잡고 있을 때는 자기 기질을 억누르지 못했다. 그는 헬라스 문학을 전혀 공부한 적이 없었고, 어떤 중요한 목적을 위해서 헬라스어를 사용하는 일도 없었다. 또한 다른 사람들의 노예인 선생들에게 헬라스 문학을 배운다는 것을 하찮게 여겼다. 그가 두 번째 개선식을 끝내고 제사를 드릴 때였다. 식을 이어가는 동안에 행사로 헬라스 연극을 상연했는데, 그는 잠시 앉아 있다가 참지 못하고는 밖으로 나가버렸다.

성격이 몹시 엄했던 철학자 크세노크라테스에게, 그의 스승인 플라톤은 이런 충고를 자주 했다.

"착한 크세노크라테스, 그라케스 여신들을 한번 섬겨보게."

이처럼 마리우스에게도 만약 누군가가 헬라스의 무사이 여신이나 그라케스 여신을 섬길 수 있도록 충고했더라면, 그렇게까지 가치 없고 무모한 행동을 하여 비참한 최후를 맞지는 않았을 것이다. 그는 군인으로서, 그리고 시민으로서의 삶에서 가장 빛나는 경력을 쌓았다. 그러나 그는 지나친 욕망과 권력에 대한 비이상적인 집착, 채워지지 않는 야심에 사로잡혀 스스로 이룬 공적들을 가장 꼴사납게 만들어 버렸다. 또한 그는 잔인함과 흉악함 때문에 스스로 말년을 허무하게 마무리했다. 이런 사실들은 그의 일생을 하나하나 되짚어 봄으로써 증명된다.

마리우스는 날품을 팔아 하루하루 명줄을 이어가는 가난한 집에서 태어났다. 아버지의 이름은 그와 같은 마리우스였고, 어머니는 풀키니아였다. 마리우스는 일생의 많은 부분을 아르피눔 지방의 작은 마을 키르하이아톤에서 보냈다. 그래서 그가 로마로 나와서 도시의 풍속과 환락을 맛본 것은 제법 나이가 들어서였다. 그러나 그는 도시의 우아하고 세련된 생활 방식과는 반대로 소박하게, 고대 로마의 생활처럼 평온하게 살았다.

마리우스가 병사로 처음 전쟁터에 나간 것은, 스키피오 아프리카누스가 누만티아를 포위한 뒤 켈티베리아인과 싸울 때였다. 스키피오는 켈티베리아군과 자기 부대의 부패라는 두 가지 적과 싸움을 하고 있었다. 켈티베리아군의 저항은 완강했고, 로마군은 사치와 오락으로 군기가 형편없이 풀려 있었기 때문이다.

스키피오는 군율을 바로잡기 위해 군인답지 못한 모든 행동을 철저하게 금지하는 군기 개혁을 단행했다. 이때 마리우스는 엄격한 지침들을 누구보다 철저하게 지켜서 장군의 눈길을 끌었다. 또 마리우스는 스키피오가 보는 앞에서 적과 일대일로 싸워 이김으로써 타고난 용맹을 발휘했다. 마리우스는 이런 일로 여러 번 상을 받았다.

하루는 장군들이 모여 식사를 한 뒤에 이런저런 이야기들을 나누고 있었는데, 그 가운데 한 사람이 정말로 곤란함을 느껴서였는지 아니면 스키피오에게 아부하기 위해서였는지는 모르지만, 로마가 만일 스키피오를 잃는다면 다시는 그와 같은 지도자이자 보호자를 얻을 수 없을 거라고 말했다.

스키피오는 옆자리에 있던 마리우스 어깨에 손을 얹으며 말했다.

"아마도 여기 있는 듯하오."

마리우스가 얼마나 사람들의 기대를 한 몸에 받는 젊은이였는지, 스키피오가 얼마나 뛰어난 안목을 가지고 있었는지 알 수 있는 이야기이다.

마리우스에게는 스키피오의 말이 마치 신의 계시처럼 들렸다. 그래서 그는 가슴속에 큰 뜻을 품고는 대담하게 정치계에 몸을 던졌다.

마리우스는 친아버지처럼 섬기던 카이킬리우스 메텔루스의 도움으로 호민관 자리에 오를 수 있었다. 그는 호민관이 되자 선거의 부정을 없애기 위해 투표 방법을 바꾸자는 법안을 내놓았다. 그런데 집정관 코타는 이 법안을 귀족들의 세력을 억누르기 위한 것으로 오해하여, 원로원을 움직여 마리우스를 소환하도록 했다. 코타는 마리우스에게 이런 법안을 내놓은 이유를 설명하라고 요구했으며, 마리우스는 원로원에 출두했다. 그는 아무 문벌도 없이 공직 생활에 발을 내디딘 젊은이였지만 침착함을 잃기는커녕 당당하게 자신의 생각을 밝혔다. 자신이 제출한 법안은 선거를 좀 더 정의롭게 만드는 데 목적이 있는데 집정관 코타는 터무니없이 자신을 소환하여 이 자리에 서도록 했으므로, 만일 그가 이 소환을 취소하지 않으면 그를 감옥에 집어넣어 버리겠다고 말한 것이다.

코타는 메텔루스에게 의견을 물었다. 메텔루스는 자리에서 일어나 자신은 코타의 의견을 지지한다는 뜻을 밝혔다. 그러자 마리우스는 밖에서 대기하고 있던 관리를 불러 메텔루스를 감옥으로 끌고 가라고 크게 소리쳤다. 메텔루스가 몹시 놀라 다른 호민관들에게 도움을 청했지만 그를 도와주는 사람은 아무도 없었다. 원로원은 모두 마리우스에게 굴복하고 말았다. 그리고 곧 마리우스의 소환 문제를 거두어들였다.

마리우스는 이 일로 한층 더 자신만만해져 민회에 이 법안을 들고 나갔다. 시민들은 그의 법안을 인정해 주었다. 이 승리로 그는 생각지 않았던 칭찬까지 받았다. 위협을 겁내지 않는 사람이며, 평민의 이익을 위해 참된 용기를 낼 줄 아는 사람이라는 평판을 듣게 된 것이다. 그러나 그는 곧 이 평판에 어긋나는 행동으로 민중의 신망을 잃었다. 민중에게 식량을 나누어 주자는 법안이 나오자 마리우스는 이 안을 단호히 반대했기 때문이다. 하지만 마침내 시민들은 마리우스의 뜻에 손을 들어주었으며, 공동의 이익을 거스르는 일이라면 귀족이든 평민이든 가리지 않는 정의로운 사람으로 그를 인정하게 되었다. 그래서 마리우스는 평민이나 귀족들 모두에게서 존경받는 인물이 되었다.

마리우스는 호민관 임기가 끝나자 그보다 더 높은 자리인 조영관에 입후보했다. 아이딜리스라 불리는 조영관은 두 계급으로 나뉘어 있었다. 하나는 그들이 일을 볼 때에 앉는, 다리가 굽은 의자 쿠룰레에서 이름을 따온 쿠룰레 조영관이고, 다른 하나는 평민 조영관이었다. 선거는 먼저 쿠룰레 조영관을 뽑은 다음에 평민 조영관을 뽑는 순서로 진행되었다. 마리우스는 쿠룰레 조영관 자리를 지망했다가 당선될 자신이 없어서 평민 조영관에도 입후보했다. 사람들은 그의 염치없는 행동을 보고 경솔한 사람이라며 평민 조영관으로도 뽑아주지 않았다.

마리우스는 이렇게 해서 하루에 두 번이나 선거에서 떨어졌다. 그러나 그는 조금도 부끄럽게 생각하지 않았다. 그 일이 있은 얼마 뒤 법무관 선거 때가 되었다. 마리우스는 여기에도 입후보했다. 그는 하마터면 떨어질 뻔했다. 당선자 가운데 점수가 가장 낮아서 마리우스의 이름이 맨 뒤에 불렸다. 게다가 선거가 끝나자마자 부정을 저질렀다는 혐의를 받았는데, 알고 보니 카시우스 사바코의 노예 때문이었다. 본디 노예는 투표를 할 수 없었는데, 유권자들 틈에 섞여 투표소에 있는 모습이 발견되었다. 게다가 사바코는 마리우스의 절친한 친구였다. 증인으로 불려나온 사바코가 그때 상황을 설명했다. 날씨가 너무 더워서 목이 몹시 말라 노예에게 물을 한 잔 떠오라고 시켰고, 그가 투표소 안에 있던 자신에게 물을 가져다주었을 뿐이며, 물을 마신 다음에는 곧 그는 돌아갔다고 증언했다. 그러나 사바코는 다른 감찰관의 명령에 따라 원로원에서 쫓겨났다. 그가 거짓 증언을 했거나, 무례한 행동을 했기 때문일 터이다.

마리우스의 재판은 계속 이어져, 카이우스 헤렌니우스가 증인으로 채택되어 법정에 섰다. 하지만 법정까지 나온 헤렌니우스는, 자신은 마리우스 집안의 보호자이므로 로마의 오랜 예법을 좇아 증언을 거절하겠다고 밝혔다. 마리우스는 그의 부모와 함께 자신의 보호를 받는 사람이기 때문이며 법률은 이렇듯 잔인한 의무를 그 주인에게 면제하고 있다고 말했다. 재판관은 그의 변명을 받아들이려고 했다. 그런데 마리우스가 갑자기 나서며 말했다. 전에는 헤렌니우스 집안의 보호를 받는 주종 관계에 있었으나 자신이 관리로 뽑힌 이상 그런 관계는 이미 끝난 것이라 주장했다.

마리우스의 주장은 옳지 않았다. 관리로 뽑혔다고 해서 모두 전통적인 주종 관계에서 벗어나는 것이 아니라, 쿠룰레 이상의 관리로 선출되어야만 이런 관계를 벗어날 수 있다고 법으로 정해져 있었다. 마리우스는 아직 그런 관리는 아니었다. 첫날 재판은 마리우스에게 매우 불리하게 진행되었다. 마리우스 자신도 재판관들이 자기를 돕지 않는다는 사실을 알았다. 그러나 재판 마지막 날 놀랍게도 뜻밖의 결과가 나왔다. 재판관들이 던진 무죄와 유죄의 표 숫자가 똑같았다. 이렇게 해서 마리우스는 무죄로 풀려나게 되었다.

마리우스는 법무관직을 지냈다. 그는 임기 동안에 별다른 업적도 없이 보내다가 그 뒤 이베리아 총독으로 임명되었다. 그즈음 이베리아는 아주 미개한 상태였다. 농사를 짓지 않고 다른 생업에도 종사하지 않으면서, 강도 행위를 부끄러운 일이라 생각하지 않았으므로 남의 것을 빼앗아 생활하는 사람이 대부분이었다. 마리우스는 이베리아에 도착하자 가장 먼저 살인과 강도질을 일삼는 도적들을 소탕했다.

마리우스는 비록 공직 경력을 쌓아가고는 있었지만 아직은 다른 정치가들처럼 돈도 많지 않았고, 시민들을 조종하는 지도 계급의 상투적 수단인 웅변술도 익히지 못했다. 그가 내세울 만한 건 오로지 단호한 성격과 인내심, 간소한 생활 방식뿐이었다. 그러나 마리우스는 이러한 밑천만으로도 세상 사람들 인정을 받을 수 있었으므로 여기저기에서 세력을 키우기 시작했다. 그 뒤 마리우스는 로마 명문가인 카이사르 가문의 처녀 율리아와 결혼하게 되었다. 그 유명한 율리우스 카이사르가 바로 율리아의 조카였는데, 카이사르는 마리우스에게서 많은 것을 배웠다. 이에 대해서는 카이사르 전기에서 말한 바 있다.

마리우스는 특히 강한 절제력과 인내심으로 칭찬을 받았으며, 이는 그가 수술 받았던 일로도 충분히 짐작할 수 있다. 마리우스는 두 다리에 정맥류를 앓고 있었는데 염증이 생겨서 수술을 받기 위해 의사를 찾아갔다. 이 수술은 고통이 너무 심해서 환자들의 몸부림을 막기 위해 몸을 꽁꽁 묶어놓고 해야만 했다. 마리우스는 의사에게 자신의 몸에 밧줄을 감지 말고 수술을 하라고 말했다. 그는 수술을 하는 동안 한쪽 다리를 뻗은 채 입을 꼭 다물고 신음 소리한 번 내지 않았다. 의사가 나머지 한쪽 다리를 마저 수술하려고 하자 마리우스는 수술을 거절하며, 이 치료는 모진 고통을 이겨내도 좋을 만큼 가치가 없다는 걸 알게 되었다고 말했다.

그 뒤 카이킬리우스 메텔루스가 집정관이 되어 아프리카의 유구르타 왕과 싸우게 되자, 마리우스는 그의 부관으로 출정했다. 이 전쟁에서 마리우스는 빛나는 공을 세워 크게 이름을 떨쳤다. 그러나 그는 다른 사람들처럼 자기 공을 대장에게 돌림으로써 메텔루스 명예를 드높일 생각은 없었다. 그는 부관이라는 직책을 얻을 수 있게 자기에게 기회를 준 운명에 감사드리며, 오로지 자신의 이름을 떨치기 위해 이 기회를 이용했다.

이 전쟁에는 어려운 고비가 많았다. 하지만 마리우스는 치밀한 작전과 침착한 행동으로 다른 어떤 장군들보다 뛰어난 능력을 드러내며 일반 병사들과 고생을 함께 나누었다. 그는 이런 행동으로 병사들 신임을 얻을 수 있었다. 사람이란 아무리 어려운 일이라도 자기 상관들이 함께하면, 복종이나 명령이라는 생각을 하지 않게 되어 훨씬 쉽게 일을 해낼 수 있다. 이것은 로마 병사들도 마찬가지였다. 그들이 고마워하고 감동한 이유는 장군이 자기들과 같은 잠자리에서 잠을 자고, 자기들이 먹는 것과 똑같은 음식을 먹으며 함께 참호를 파고 성벽을 쌓았기 때문이다. 병사들은 영광과 전리품을 주는 장군보다 고생과 위험을 함께하는 장군을 존경한 것이다. 마리우스는 이러한 행동으로 병사들을 격려하고 그들을 감동시켰다. 그러자 리비아와 로마에 그의 명성과 영광이 가득 차 넘치게 되었다. 어떤 병사들은 고향에 보낸 편지에, 마리우스를 집정관으로 뽑아야만 이 전쟁이 끝날 것이라고 적기도 했다.

그러나 마리우스의 명성은 메텔루스를 몹시 언짢게 만들었다. 더욱이 투르필리우스 사건으로 메텔루스는 더욱 괴로움에 빠지게 되었다. 투르필리우스는 메텔루스와 오랫동안 가깝게 지내는 친구인데, 그 친구는 유구르타가 공격해 올 때 바가라는 중요한 도시를 지키는 수비대장을 맡고 있었다. 그런데 그는 시민들을 지나치게 믿고 경계를 소홀히 하다가, 유구르타군의 습격을 받아 포로 신세가 되었다. 유구르타가 바가에 들어오자 시민들은 투르필리우스만은 풀어주라고 애원했다. 그 덕에 투르필리우스는 무사히 풀려날 수 있었다.

바로 이 일 때문에 투르필리우스는 바가 시를 적에게 팔아넘긴 반역자라는 혐의를 뒤집어썼다. 군법회의가 열리자 마리우스는 재판관 신분으로 나가, 투르필리우스를 혹독하게 비난하며 동료들을 부추겼다. 메텔루스는 마지못해 투르필리우스를 사형시키고 말았다. 그 일이 있고 얼마 지나지 않아 투르필리우스에게 아무 죄도 없다는 사실이 밝혀졌다. 메텔루스는 죄 없는 친구를 죽인 자신이 미워 큰 슬픔에 빠졌다. 많은 사람들은 메텔루스를 찾아가 위로했지만, 마리우스만은 친구를 제 손으로 죽인 일은 비난받아 마땅하다고 말했다.

이 일로 마리우스와 메텔루스는 드러내 놓고 서로 적대하게 되었다. 마리우스는 메텔루스와 같은 지위에 오르고 싶었다. 어느 날 마리우스는 메텔루스를 찾아가 로마로 돌아가게 해달라고 부탁했다. 그러나 메텔루스는 핑계를 대며 귀국을 허락하지 않았다. 그러고는 모욕적인 태도로 이렇게 말했다.

"마리우스, 당신 로마에서 집정관이 되고 싶소? 아예 조금만 더 기다리다가 내 아들과 함께 집정관이 되는 게 어떻겠소?"

메텔루스의 아들은 아직 어린 소년이었다. 그러나 마리우스는 아랑곳하지 않고 계속 로마로 보내달라고 애원했다. 결국 메텔루스는 자기 집정관 임기를 12일 남겨두고 마지못해 그에게 귀국을 허락했다.

마리우스는 이틀에 걸쳐 진영에서 우티카 항구까지 갔다. 그는 항구에 도착하자 앞날의 운수를 알아보기 위해 신에게 제사를 드렸다. 그런데 제물을 바치던 제관이 화들짝 놀라며 놀라운 행운이 마리우스에게 찾아올 것이라고 예언했다. 좋은 조짐을 전해들은 마리우스는 설레는 가슴으로 순풍이 부는 지중해에 배를 띄웠다. 나흘 만에 지중해를 건넌 마리우스는 그곳에서 다시 말을 타고 로마로 갔다. 로마 시민들은 마리우스가 돌아온다는 소식을 듣고, 전쟁에서 큰 공을 세운 그를 맞아들이기 위해 성문 가까이로 모여들었다. 마리우스는 시민들의 뜨거운 환영을 받으며 성문 안으로 들어갔다. 그리고 호민관의 안내를 받아 민회에 나가서 연단에 올라섰다. 그는 메텔루스를 노골적으로 비난한 뒤 자신을 집정관으로 뽑아달라 시민들에게 호소하며, 자기가 집정관이 되면 유구르타를 죽이거나 사로잡겠다고 약속했다.

시민들은 우레와 같은 박수로 그 약속을 받아들였다. 이미 대세가 결정이 난 상태에서 집정관 선거가 시작되었다. 시민들은 너도나도 마리우스가 집정관이 되어야 한다고 웅성거리며 투표에 참가했다. 개표 결과는 뻔했다. 모든 시민들이 바란 대로 마리우스가 집정관으로 당선되었다.

집정관이 된 마리우스는 많은 군대를 편성하기 위해 모든 젊은이들을 모집했다. 그는 법과 관습을 무시하고, 가난한 천민이나 노예들도 군인으로 뽑았다. 그때까지 장군들은 자유민으로서 집안도 좋고 어느 정도 재산이 있는 사람이 아니면 무기를 내주지 않았다. 군인에게 무기는 곧 명예나 표창을 뜻하는 것이기 때문이었다. 그런데 노예나 천민들에게는 그런 것을 받을 자격이 없었다. 마리우스는 그런 오래된 법과 전통을 무시했으므로 귀족들 감정을 상하게 만들었다. 그러나 이것만이 마리우스를 혐오하게 만든 이유가 아니었다. 그의 무례하고 오만한 태도는 귀족들 감정을 상하게 하기에 부족함이 없었다. 마리우스는 공공연하게 자신이 집정관 자리에 앉을 수 있었던 것은 멍청한 귀족과 부자들을 이긴 대가이며, 귀족들이 자신의 조상이 남긴 기념물이나 남의 조각상을 자랑으로 삼는다면 자신은 실제로 전쟁에서 입은 상처를 자랑으로 삼겠다고 말했다.

또한 그는 리비아에서 패한 장군들에 대한 비난도 아무렇지도 않게 내뱉곤 했다. 장군들 가운데 알비누스와 베스티아라는 사람이 있었는데, 그들은 경험이 부족해 전쟁에서 지고 말았다. 마리우스는 그 둘을 자기와 비교하면서, 베스티아나 알비누스 가문의 조상들은 집안이 좋아서가 아니라 그들의 용기와 위대한 공적으로 이름을 떨쳤으니 베스티아나 알비누스 가문의 후손이라면 적어도 자기 정도는 되어야 하지 않겠느냐고 물었다.

마리우스가 이러한 태도를 보인 까닭은 단순히 시기심이나 허영심 때문은 아니었다. 그는 아무런 이익도 없이 미움받을 행동을 할 사람이 아니었다. 실은 원로원에 대한 악담을 거리낌 없이 하는 사람을 위대하게 생각하는 민중 심리가 그의 행동을 부채질한 것이다. 또한 민중을 만족시키기 위해 귀족들을 공격하지 않고는 못 견디는 그의 성격도 한몫했음이 틀림없다.

마리우스는 군대를 이끌고 리비아로 갔다. 이제 전쟁 지휘권은 집정관인 마리우스 손에 쥐어져 있었다. 그는 장군으로서 얻을 수 있는 가장 큰 명예를 거머쿼 것이다. 마리우스가 리비아에 도착했을 때 전쟁은 거의 막바지에 이르렀으며, 이제 그가 할 일은 유구르타를 죽이거나 사로잡는 일이었다. 이제까지 전쟁을 이끌어 왔던 사람은 메텔루스였지만, 전쟁의 승리와 영광은 벌써부터 마리우스 손에 넘어가 있었다. 메텔루스는 마리우스를 보고 질투와 분노를 참지 못해 몸을 숨겼다. 그리고 부대장인 루틸리우스에게, 군의 지휘권을 마리우스에게 넘겨주라고 했다.

그러나 메텔루스에게서 승리의 영광을 빼앗은 마리우스 행동은 곧바로 보복당하게 되어, 술라에게 모든 것을 빼앗기고 만다. 이 내용은 술라의 전기에서 자세히 다루고 있으므로 여기에서는 짧게 이야기하기로 하겠다.

바다에서 멀리 떨어진 곳에 유구르타의 장인이며, 야만국의 왕인 보쿠스가 살았다. 보쿠스는 사위의 미덥지 못한 태도에 겁을 내어 그의 세력이 점점 커지는 것을 시기했다. 그래서 그는 사위 유구르타가 전쟁을 할 때 조금도 도와주지 않았다. 그런데 마침 적에게 쫓기던 유구르타는 마지막 희망을 걸고 보쿠스를 찾아왔다. 보쿠스는 어떤 호의에서가 아니라 주위 시선 때문에 그를 받아들였고 그의 목숨은 이제 보쿠스의 손에 달려 있었다. 보쿠스는 유구르타를 대신해 공식적으로 마리우스에게 탄원하기도 하고, 강경한 태도로 항복하지 않겠다 선언하기도 했다.

그러는 한편 보쿠스는 유구르타를 팔아넘기려고 마리우스의 재무관인 리키우스 술라를 몰래 끌어들였다. 리키우스 술라와는 전쟁을 치르며 서로 도운 일이 있었다. 그런데 술라가 보쿠스를 만나러 가자 그는 마음이 바뀌어 유구르타를 술라에게 넘겨줄지, 아니면 술라를 잡아 가둘지 망설이게 되었다. 보쿠스는 고민 끝에, 처음 계획했던 대로 유구르타를 술라에게 넘겨주었다. 이리하여 유구르타를 사로잡은 술라는 큰 영광을 차지하게 되었다.

이 일로 마리우스와 술라 사이에는 화해할 수 없는 지독한 적대감의 씨앗이 뿌려졌다. 그리고 둘의 불화가 자칫하면 로마를 멸망시킬 뻔했다. 마리우스의 건방진 행동을 미워하는 많은 사람들이 이 영광을 술라에게 돌렸기 때문이다. 또 술라까지도 자기 공훈을 내세우며, 보쿠스가 유구르타를 자신에게 넘겨주는 장면을 반지에 새겨 늘 끼고 다니면서 그것을 도장으로 사용했다.

야심만만하고 싸우기 좋아하는 마리우스에게 이런 술라의 행동은 매우 못마땅했고, 참을 수 없는 분노까지 느끼도록 만들었다. 게다가 마리우스를 미워하던 귀족들도, 전쟁을 시작할 때에는 마리우스가 공을 세웠지만 전쟁을 끝낸 것은 순전히 술라의 공이라고 떠들어댔다. 이는 민중이 가지고 있던 마리우스에 대한 믿음이나 존경을 깎아내리려는 목적이었다.

그러나 마리우스에 대한 시기와 증오는 서쪽에서 불어와 이탈리아를 위협하는 위험한 폭풍으로 이해 사라지고 지워졌다. 그들에게는 당장 급류처럼 밀려드는 적들로부터 나라를 구해줄 실력을 갖춘 훌륭한 장군이 필요했기 때문이다. 집정관에 입후보했던 귀족과 부자들을 아무리 살펴보아도 마리우스만큼 훌륭한 지휘관은 없었다. 그리하여 로마 사람들은 자신들의 운명을 맡길 사람은 마리우스뿐임을 절실히 깨달아, 전쟁터에 나가고 없는 그를 집정관으로 뽑았다.

한편 유구르타가 잡혔다는 소식과 때를 같이하여 킴브리족과 테우토네스족이 로마에 침입한다는 소식이 들려왔다. 처음 로마인들은 적군의 엄청난 병력과 전투력에 대한 보고를 받고 너무 놀라 믿을 수가 없었는데, 나중에 알고 보니 사실과 큰 차이가 있었다. 전쟁에 참여한 적의 젊은이들은 30만 명이고, 그들이 거느린 부녀자와 아이들 때문에 엄청난 병력으로 보였던 것이다. 그들은 예전에 켈토이족이 티르헤니아 사람들을 내쫓고 이탈리아에서 가장 살기 좋은 땅을 차지했던 일을 떠올리며, 그 방법을 그대로 따라서 이 많은 사람들과 함께 정착해서 살 도시들을 찾고 있었다. 그들은 본디 다른 민족들과는 사귀지 않고 광활한 땅을 이리저리 헤매고 다니기 때문에, 그들이 어떤 인종이며 어디서 왔는지 누구도 제대로 알지 못했다. 다만 키가 크고 푸른 눈동자를 가졌으며, 약탈자를 '킴브리'라고 부르는 것으로 보아 북쪽 바다에 살던 게르마니아족이 아닐까 짐작했다. 게르마니아족은 약탈자를 킴브리라고 불렀던 것이다.

뭇사람들의 이야기를 빌리자면, 켈토이족 영토는 북극에서 시작하여 동쪽으로는 마이오티스 호수와 폰투스 근처의 스키타이에까지 이를 정도로 꽤나 넓다고 한다. 그 땅에 여러 종족이 섞여 살다가 남쪽으로 이동했는데, 그들은 한꺼번에 대이동을 하지 않고 해마다 여름에 군대와 함께 조금씩 옮겨 다니며 여기저기 전 대륙을 휩쓸었다. 이 때문에 켈토이족이 머무는 지역마다 제각기 다른 이름을 가지고 있었고, 전체를 부를 때에는 켈토스키타이족이라는 공통된 이름으로 불렀다고 한다.

달리 전해지는 이야기로는, 오래전 헬라스 사람들과 접촉했던 킴메리이아인들은 스키타이족과의 다툼으로 본국에서 쫓겨난 조그마한 분파였는데, 리그다미스라는 사람의 지휘로 마이오티스 호수를 건너 아시아로 이동했다 한다. 그들 가운데 가장 숫자가 많고 사나운 종족은 아직까지 북극에서 가장 멀리 떨어진 지역에서 살고 있다. 그들은 태양까지 가릴 만큼 울창한 밀림 속에서 사는데, 그 밀림은 헤르키니아 지방까지 뻗어 있다. 그들이 사는 곳은 지구의 꼭대기여서 하늘이 사람의 머리에 닿을 만큼 가깝고, 밤과 낮의 길이가 1년 내내 똑같다. 그러므로 호메로스도 율리시스가 죽은 사람의 영혼을 불러내는 장소로 이곳을 썼다. 오래전에 킴메리아라고 불리던 이 종족이 오늘날의 킴브리족인데, 바로 이들이 이탈리아로 몰려온다는 것이었다. 그러나 이제까지 말한 것은 정확한 역사적 사실이 아니라 추측에 가까운 이야기들이다.

이들 야만족의 수는 소문보다 훨씬 더 많았다고 대부분의 역사가들이 이야기한다. 이 야만인들은 아무도 함부로 덤비지 못할 만큼 용맹스럽고 대담했다고 한다. 그들이 싸움을 할 때면 멀리서 타 들어오는 불길처럼 거세어서 아무도 섣불리 막아서지 못했으며, 그들이 습격을 하는 곳마다 모두 그들의 먹이가 되었다. 알프스 산맥 너머 갈리아 지방을 지키던 로마에서 가장 훌륭한 사령관과 많은 군사들이 이들 종족에게 맞섰지만 무참히 짓밟히고 말았다.

갈리아에서 로마군을 완전히 쳐부순 이 야만족은 이어서 습격할 목표물을 로마로 잡았다. 그들은 로마가 많은 나라들을 정복했고 약탈한 물건들이 풍부함을 알았다. 그들은 이제 로마를 빼앗고 이탈리아 전체를 약탈할 때까지는 그 어디에도 정착하지 않기로 결심했다.

여기저기에서 야만족이 공격하고 있다는 소식을 들은 로마인들은 매우 놀라서 서둘러 마리우스를 다시 집정관으로 뽑아 이 전쟁을 맡겼다. 로마법에는 부재자나, 집정관을 지낸 뒤 일정한 기간이 지나지 않은 사람은 집정관으로 다시 선출할 수 없었다. 그래서 어떤 사람들은 마리우스를 집정관으로 뽑는 일은 부당하다면서 반대했지만, 시민들은 그들의 의견을 단호히 물리쳤다. 로마 시민들은 스키피오가 연속해서 집정관을 지낸 일이 있으므로 그 법을 어긴 것이 처음이 아니며, 공동의 이익을 위해서는 마땅히 그래도 된다고 생각했다. 더구나 스키피오를 다시 뽑았을 때에는 로마가 짓밟힐 위험이 있어서가 아니라 카르타고의 수도를 차지하고 싶어서 법률을 어겼던 것이지만, 지금은 로마의 존망이 달린 위급한 때이므로 결코 잘못이 아니라고 여겼다.

카이우스 마리우스(CAIUS MARIUS) 753

마침내 마리우스는 또다시 로마의 집정관이 되었다. 그는 군대를 이끌고 지중해를 건너 로마로 돌아와 야누아리우스 달(1월) 초하루에 집정관으로 취임했다. 그리고 곧바로 개선식을 올렸다. 그런데 이 개선식에 죽은 줄 알았던 유구르타가 끌려나오는 것을 보고 시민들은 모두 깜짝 놀랐다. 그들은 사슬에 묶인 유구르타를 직접 볼 수 있으리라고는 꿈에도 생각지 못했으며, 또한 그 누구도 유구르타가 살아 있는 한 로마가 적들에게 승리할 수 있으리라고는 감히 희망하지 못했기 때문이었다. 그 정도로 유구르타는 모든 일을 자신한테 가장 유리하게 돌려놓는 데 뛰어난 재주가 있었고, 엄청난 용기와 기막힌 교활함이 한데 섞여 있던 사람이었다. 그러나 개선식에 끌려나오게 되자 그의 정신이 이상해졌다고 한다. 개선식이 끝나고 나서 그는 감옥에 던져졌고, 누군가 그의 옷을 찢어 벗기는 동안 다른 누군가는 그의 금귀고리를 뺏으려다 그의 귓불까지 뜯어내기도 했다. 이런 곤경을 겪으며 벌거숭이가 되어 마침내 깊은 구덩이에 떠밀려 떨어지게 되자, 그는 미쳐서 크게 웃으며 왜 이렇게 목욕탕이 추우냐! 소리 질렀다. 엿새 동안 굶주림에 시달리면서도 마지막 순간까지 삶에 대한 미련을 부여잡은 채, 그는 끝내 자신이 저지른 흉악한 범죄들에 대한 죗값을 치렀다.

개선식 행렬에서 보여준 마리우스의 전리품은 금이 3007파운드, 은이 5775파운드, 금돈과 은돈을 합쳐 28만 7000드라크메였다고 전한다.

개선식이 끝나자 마리우스는 카피톨리움으로 원로원 의원들을 불러모았다. 그런데 마리우스는 행운에 도취되어서인지 아니면 실수였는지 개선식 때 입었던 옷을 그대로 입고 나타났다. 의원들은 마리우스의 옷차림을 보고 눈살을 찌푸렸다. 군복 차림으로는 원로원을 드나들 수 없게 되어 있었다. 마리우스는 의원들의 표정을 눈치채고 재빨리 밖으로 나가 군복을 벗고 자줏빛 단을 두른 평상복으로 갈아입고 다시 들어왔다.

마리우스는 다시 군대를 이끌고 적을 찾아 원정길에 나섰다. 그는 킴브리족과 싸우러 가는 길에서도 빈틈없이 군사들을 훈련시켰다. 뜀박질을 시키고, 자기 짐은 자기가 지게 했으며, 저마다 자기가 먹을 음식은 손수 만들게 했다. 그래서 이때부터 '마리우스의 노새'라는 말이 생겨났는데, 어떤 일을 시켜도 불평 없이 묵묵히 일하는 사람들을 가리키는 말이다.

그러나 어떤 사람들은 이 말이 다른 곳에서 나왔다 말하기도 한다. 스키피오가 누만티아를 포위하고 있을 때였다. 그는 공격을 앞두고 장비를 점검했다. 그때 스키피오는 말과 무기뿐만 아니라 노새와 짐마차까지 자세히 살폈다. 이때 마리우스는 말과 노새를 자신이 직접 먹이고 길들였는데, 다른 사람들의 말이나 노새보다 몸집도 좋고 성질도 온순했다. 그 뒤 스키피오는 가끔씩 마리우스의 노새를 칭찬했다. 그래서 병사들은 참을성이 강하고 고생을 잘 견디는 사람을 칭찬할 때면, 농담삼아 '마리우스의 노새'라고 불렀다.

마리우스에게 큰 행운이 따랐는지, 야만인들이 방향을 바꾸어 이베리아를 공격했다. 이 일로 마리우스는 자기 병사들의 몸을 단련시키고 용기를 북돋워 줄 시간을 가질 수 있었다. 게다가 무엇보다 중요한 일이기도 한, 자신의 인품을 병사들에게는 알릴 수 있는 기회를 얻었다. 왜냐하면 군대를 지휘할 때 보이는, 그의 엄격한 말투와 가혹한 처벌은 병사들이 군대의 규율을 익히게 되자 도리어 이롭고 공정한 방법이라 여기게 되었으며, 또한 그의 사나운 성격이나 차가운 얼굴도, 친숙해지고 나니 자신들을 향한 것이 아니라 오직 적군에게 두려움을 주기 위한 것이라 생각하게 되었기 때문이다. 특히 병사들이 마리우스를 존경한 점은 부하들에게 상벌을 줄 때도 매우 공정하게 사리를 판단해서 내린다는 것이었다. 한번은 이런 일이 있었다.

마리우스의 조카 카이우스 루시우스는 한 부대의 부관으로 있었다. 그는 원만한 성격이었지만 남색을 즐기는 것이 문제였다. 루시우스는 자기 부하인 미소년 트레보니우스에게 엉뚱한 생각을 품고 몇 번이나 자기 마음을 전했지만, 상대는 좀처럼 그 뜻을 받아들이지 않았다. 어느 날 밤, 몹시 마음이 달뜬 루시우스는 하인을 시켜 트레보니우스를 데려오게 했다. 트레보니우스는 상관의 명령을 어길 수 없었기에 할 수 없이 하인을 따라 루시우스 막사로 갔다. 루시우스는 트레보니우스의 마음을 사로잡으려고 온갖 달콤한 말로 설득했지만 소용이 없음을 알았다. 참지 못한 루시우스는 끝내 힘을 이용하기에 이르렀다. 그러자 트레보니우스는 불쑥 칼을 뽑아 폭행을 행사하려는 루시우스를 찔러 죽였다.

이때 마리우스는 진영에 없었지만 곧 돌아와서 트레보니우스를 재판에 넘겼다. 재판에는 많은 사람들이 나왔다. 그러나 모두들 트레보니우스에게 불리한 증언만을 할 뿐, 누구 하나 그를 변호해 주려는 사람은 없었다. 그러자 트레보니우스는 법정에서 대담하게 자기가 당한 일을 자세히 말하고, 증인을 불러내어 자기가 루시우스의 선물을 여러 번 거절했던 사실을 밝혀냈다. 트레보니우스의 말과 여러 사람들의 증언으로, 루시우스가 트레보니우스를 성적으로 학대했음이 드러났다. 마리우스는 트레보니우스의 행동에 감탄하여 그를 크게 칭찬했다. 그리고 전공을 세운 사람에게 주는 화환을 가져오게 해서 그에게 씌워주며, 훌륭한 본보기가 필요한 이때에 참으로 고귀한 행동을 한 데 대한 상이라고 말했다.

이 소식은 로마에까지 널리 퍼져 마리우스는 세 번째로 집정관에 뽑혔다. 이 선거에는 야만족들이 여름에 쳐들어올 것이라는 예측도 큰 영향을 끼쳤는데, 달리 말하면 시민들은 마리우스가 아닌 어떤 장군에게도 그들의 운명을 맡기고 싶지 않았던 것이다. 그러나 해가 바뀌어도 야만족들은 침입해 오지 않았고, 마리우스의 임기도 지나갔다. 또다시 선거일이 코앞에 다가오고 공교롭게도 동료 집정관이 죽자 마리우스는 군대 지휘권을 마니우스 아퀼리우스에게 맡기고 서둘러 로마로 돌아왔다.

마리우스는 다시 집정관이 되고 싶은 욕망에 다른 명사들과 함께 집정관 후보로 나섰다. 그런데 다른 어느 호민관들보다 세력이 컸던 루키우스 사투르니누스라는 사람이 마리우스를 지지하고 나섰다. 그는 시민들에게 마리우스를 집정관으로 뽑아야 한다고 충고하면서 열변을 토했다. 그러자 마리우스는 자기 명예를 떨어뜨릴까봐 속마음을 숨긴 채 집정관이 되고 싶은 마음이 없다고 말하며 사양했다. 이에 사투르니누스가 마리우스에게 주장하기를, 나라가 어려움에 처했을 때 명령을 저버리는 것은 국가에 대한 배신이나 마찬가지이므로 마리우스 장군은 로마의 부름을 받아 어서 나라를 구해달라고 했다.

시민들은 사투르니누스의 이런 행동이 마리우스를 밀어주기 위한 연극임을 알았지만, 나라를 구하기 위해서는 마리우스의 능력이 필요했기 때문에 그를 다시 집정관으로 뽑아주었다. 그리고 동료 집정관으로는 카툴루스 루타티우스를 선출했다. 그는 귀족들로부터 존경받았으며 평민들도 싫어하지 않은 인물이었다.

마리우스는 적이 가까이 왔다는 소식을 듣고 알프스 산맥을 넘어갔다. 그의 군대는 로다누스 강 근처에 군사를 배치한 뒤 군량을 충분히 마련해 두었다. 싸움이 벌어졌을 때 군수품이 부족해서 어려움을 겪는 일이 없도록 하기 위해서였다. 군량을 실어 가려면 길도 멀고 돈도 많이 들었는데, 마리우스는 이것을 아주 쉽고 빠르게 하는 방법을 알아냈다. 로다누스 강 하구는 물결의 작용으로 모래와 진흙이 많이 쌓여서 수심이 매우 낮아 배가 드나들기에 매우 힘들었다. 그래서 마리우스는 병사들에게 휴식 시간에 큰 운하를 파도록 했다. 강물이 흐르는 방향을 바꾸어 다른 쪽으로 물이 흘러가게 하려는 것이었다. 이 운하가 만들어지자 배가 뭍으로 쉽게 올라올 수 있어서 군량을 옮기는 데 힘이 많이 들지 않았다. 이 운하는 오늘날에도 마리우스 이름이 붙어 있으며 마리아나 운하라고 불린다.

적 군대는 둘로 나뉘어 킴브리족은 알프스 북부를 넘어 카툴루스 군대를 향하고, 테우토네스족과 암브로네스족은 리구리아 지방을 거쳐서 마리우스군을 향해 다가오고 있었다. 킴브리족과 맞붙어 싸우기까지는 많은 시간이 걸렸지만, 테우토네스족과 암브로네스족은 빠른 속도로 이동하여 어느새 마리우스 군대 앞에 모습을 드러냈다. 마리우스 앞에 나타난 적의 수효는 엄청나게 많았다. 그들은 몹시 험상궂은 얼굴을 하고 있었고, 성난 짐승의 울음소리 같은 함성을 내질렀다. 그들이 친 막사는 매우 넓게 퍼져 있어서 마치 짐승 무리가 땅을 온통 뒤덮고 있는 것만 같았다.

마침내 그들이 싸움을 걸어왔다. 그러나 마리우스는 그들을 본 척도 하지 않고, 군대를 진지에서 한 발자국도 내보내지 않았다. 만일 섣불리 용기를 과시하려고 나서는 자나, 적군의 야유를 못 참고 달려드는 자는 반역자로 처단하겠다고 으름장을 놓았다. 그리고 병사들을 모아놓고서 지금은 야망을 이루고자 승리나 전리품에 욕심낼 때가 아니라, 전쟁을 몰고 오는 엄청난 먹구름과 거센 폭풍우를 막아냄으로써 이탈리아의 안전을 지켜야 한다고 말했다. 이것은 그가, 특히 지휘관들과 장교들을 다루는 방식이었다. 마리우스는 병사들을 교대로 성벽에 세워두고 적의 동정을 살피게 했다. 이렇게 함으로써 사납고 거친 적의 생김새와 목소리를 병사들의 눈과 귀로 익히게 하려는 속셈이었다. 익숙하지 않은 것에 대해서는 두려움을 느끼지만, 아무리 무서운 것이라도 자꾸 보면 두려움이 없어지리라 마리우스는 믿었다.

병사들은 날마다 적을 내려다보며 지냈다. 그러자 처음에 느꼈던 두려움이 사라지면서, 이제는 야만족들의 위협과 그들의 참기 힘든 오만함이 로마 병사들의 용기를 불러일으키고 그들의 열정을 불타오르게 만들었다. 야만족들은 그 근처 지방을 완전히 파괴하고 약탈했으며, 온갖 욕설과 경멸의 말들과 함께 성벽 위에 있는 그들을 자극했기 때문이었다. 마침내 병사들이 투덜거리는 소리는 마리우스 귀에까지 들려왔다.

"마리우스는 우리를 어떤 겁쟁이로 보기에 싸움도 시키지 않고 여자들처럼 가두어 두기만 하는 거지? 우리는 자유로운 남자니까 그에게 물어봐야 해. 다른 녀석들이 이탈리아를 지켜줄 때까지 기다리자는 건가? 우리는 참호나 파고 진흙이나 치우고 강물과 씨름이나 하라는 건가? 우리한테 이런 일이나 시키려고 그 고된 훈련을 시켰나? 로마로 돌아가면 겨우 이 일을 가지고 집정관인 자기 공이라고 시민들에게 말할 셈인가 보지. 아니면 카르보나 카이피오처럼 질까봐 겁이 나서 이러고 있는지도 몰라. 그렇지만 그 둘은 마리우스처럼 이름 높고 뛰어난 장군도 아니었고, 군대도 우리한테 비하면 훨씬 약했잖아? 그리고 만약 우리가 그들처럼 진다고 하더라도 최소한 싸움은 해보는 게, 동맹국들이 저렇게 약탈당하고 있는 꼴을 앉아서 보고만 있는 것보다는 훨씬 낫잖아."

마리우스는 병사들의 이런 불평을 들으며 속으로 무척 기뻐했다. 병사들의 불만은 곧 사기가 높아졌다는 증거였다. 그러나 마리우스는 병사들을 달랬다. 자신은 그들의 용기를 믿지 못해서가 아니라 오직 신께서 내려주신 승리의 때를 기다리는 것뿐이고, 이제 그때가 가까워졌으니 조금만 더 기다려달라고 말한 것이다.

실제로 마리우스는 마르타라는 시리아 여자를 가마에 태워 데리고 다녔는데, 그녀는 점을 잘 치기로 소문난 점쟁이였다. 마리우스는 마침 이 여자 지시에 따라 신께 제사를 지내고 있었다. 마르타가 언젠가 로마의 원로원에 나타나서 나라의 미래를 점쳐주겠다고 하자, 원로원 의원들은 무조건 그녀를 쫓아냈다. 그러자 마르타는 로마의 귀부인들과 가까이하면서 그들의 앞날을 보여주었다. 그런데 그 점괘가 너무도 신통하게 잘 맞자 부인들은 앞다투어 마르타를 찾기 시작했다. 부인들이 모이는 곳에는 마리우스의 아내도 끼여 있었다. 어느 날 그녀는 검투사 시합을 구경갔다가 그곳에서 마르타가 누가 이길 것인지 예언해서 모두 맞추는 것을 보고 몹시 감탄했다. 그래서 마리우스의 아내는 마르타를 마리우스에게 보냈고, 이때부터 마르타는 마리우스의 가마를 타고 돌아다니면서 제관처럼 모든 제사를 맡게 되었다.

마리우스는 제사를 드릴 때면 고리가 달리고 안팎이 모두 짙은 분홍색으로 된 제복을 입고, 리본과 꽃으로 장식한 창을 가지고 나타났다. 이런 제사를 지켜본 사람들은 마리우스가 정말 마르타를 믿어서 그러는 것인지, 아니면 사람들과 병사들 앞에서 위신을 세우려고 꾸미는 것인지 궁금해했다.

그러나 민두스의 역사가 알렉산드로스가 전하는, 독수리에 대한 이야기는 확실히 이상한 일이다. 그의 기록에 따르면, 마리우스가 싸움터에 나갈 때면 독수리 두 마리가 날아와 군대 행렬을 따라다녔는데, 그때마다 마리우스가 싸움에서 이겼다는 것이다. 그 뒤 병사들은 그 독수리들을 붙잡아서 놋쇠로 만든 목걸이를 걸어주었다. 하늘에 두 독수리가 나타나면 목에 걸린 쇠목걸이가 반짝여서 곧바로 알아볼 수 있었다. 병사들은 군대가 이동할 때면 그 독수리들이 보이는지 하늘을 올려다보았고, 그들이 있으면 환성을 지르며 승리를 확신했다.

이때에는 이런 일 말고도 주목할 만한 징조들이 여럿 있었다. 보통은 흔히 있는 일들이었지만, 이탈리아 도시들인 아메리아와 투데르에서 생긴 일은 좀 독특했다. 어느 날 밤이었다. 두 도시 하늘에 갑자기 창과 방패 모양 불꽃들이 나타났다. 이 불꽃들은 처음에는 이리저리 옮겨다니더니 얼마 뒤 한곳에 모여 번쩍거렸다. 그러고는 마치 병사들이 싸움을 하는 듯한 자세와 동작으로 서로 부딪혔다. 그러다가 불꽃 한부분이 서쪽으로 밀려나자, 남은 불꽃들이 앞서 사라진 불꽃들을 쫓아가며 모두 사라졌다고 한다.

이 일이 있은 뒤 페시누스에서 대모신(大母神), 곧 키벨레 여신을 섬기는 바타케스라는 제관이 찾아왔다. 그 제관은 이번 전쟁에서 로마가 승리한다는 신탁을 받았다고 말했다. 원로원은 그 신탁을 듣고 감사하는 뜻으로, 승리를 알려준 키벨레 여신에게 신전을 지어주기로 뜻을 모았다. 바타케스는 시민들이 모인 광장에 나가 이 신탁을 되풀이해서 전했다. 그런데 아울루스 폼페이우스라는 호민관이 난데없이 나서더니 바타케스를 연단에서 끌어내렸다. 그 호민관은 바타케스가 거짓 예언으로 돈을 벌려는 사기꾼이라고 욕했다. 그런데 아울루스 폼페이우스는 집으로 돌아오자마자 심한 열병에 걸리더니 일주일 만에 죽고 말았다. 이 일로 오히려 바타케스의 말이 옳았음이 증명되었다. 이 이야기는 한동안 모든 로마 시민 입에 오르내리는 화젯거리가 되었다.

마리우스는 여전히 침묵을 지키고 있었다. 테우토네스족은 싸움을 걸기 위해 온갖 방법을 써가며 로마군 진지까지 쳐들어오려고 했다. 그러나 로마군이 담 위에서 던지는 소나기 같은 창과 화살에 피해를 입고 물러날 수밖에 없었다. 테우토네스족은 마리우스군을 내버려 두고, 알프스를 넘어 로마로 쳐들어 가기로 결정했다. 짐을 꾸린 테우토네스족은 마리우스군 진영을 지나 알프스를 향해 나아갔다. 마리우스는 지나가는 테우토네스족의 행렬을 보고 비로소 그 수가 얼마나 엄청난지 파악할 수 있었다. 그들의 길고 긴 행렬은 꼬박 엿새 동안 이어졌다. 그들은 로마군의 진영을 지나가면서, 지금 로마군들의 아내를 만나러 가는 길이니까 전할 말이 있으면 어서 이야기하라고 웃으며 물었다.

테우토네스족 무리가 모두 지나가자 마리우스도 군대를 이끌고 그들의 뒤를 따라갔다. 적이 멈추면 로마군도 따라 멈추고, 적이 뛰면 로마군도 그들을 따라 뛰었다. 밤이 되면 싸우기에 좋은 장소를 찾아 방벽을 튼튼하게 쌓아 기습에 대비했다.

이렇게 양군은 전진을 거듭하여 아쿠아이 섹스티아이에 이르렀다. 거기서 조금만 더 가면 바로 알프스 산맥이었다. 마리우스는 알프스 산맥에서 로마의 운명을 건 결전을 벌이기로 작정하고 모든 병사에게 전투태세를 갖추라고 명령했다. 마리우스가 정한 진지는 마실 물이 없다는 것 말고는 싸우기에 더없이 유리한 곳이었다. 마리우스는 물이 없기 때문에 병사들이 더욱 목숨을 걸고 열심히 싸울 거라고 생각했다. 병사들이 물이 없어서 어떻게 하느냐고 묻자, 마리우스는 적의 진지 앞쪽에 흐르는 강물을 손으로 가리키면서 저기 가서 마시면 되지만 물값은 피로 치를 각오를 해야 한다고 대답했다. 병사들은 강물을 돌아보고 다시 한 번 묻기를, 그렇다면 자신들의 피가 다 마르기 전에 싸워야 하지 않느냐고 했다.

"먼저 진지를 튼튼히 해야 한다."

마리우스가 냉정한 목소리로 말했다.

병사들은 마리우스의 명령이 마음에 안 들어 투덜거렸으나 곧 그의 말에 복종했다. 그런데 그만 일이 벌어지고 말았다. 군대를 따라다니며 잡일을 하던 시종들이, 자기들이 마실 물과 말에게 먹일 물을 떠오려고 여럿이 함께 강가로 내려갔던 것이다. 그들은 물을 얻기 위해서는 싸움도 각오해야 한다고 생각했는지 도끼, 칼, 창 등을 챙겨서 물통과 함께 들고 갔다.

이들이 예상했던 대로 적들이 덤벼들었지만 당해내지 못할 만큼 많은 숫자는 아니었다. 적들은 대부분 목욕을 마치고 밥을 먹고 있거나 몇몇은 여전히 목욕을 하고 있었다. 본디 이곳은 온천이 많았는데 야만적인 그들은 이 땅의 신비로운 풍경에 도취되어 마음껏 즐기고 있었던 것이다.

그들은 로마인들이 물을 긷기 위해 내려오는 것을 보고 깜짝 놀라며, 로마군이 먼저 공격을 시작한 것으로 생각했다. 이 소식을 들은 테우토네스족들이 강 쪽으로 달려나왔다. 그 광경을 보고 반대쪽에 있던 로마 진영에서도 시종들을 잃지 않으려고 병사들이 달려나왔다. 마리우스는 여기저기서 달려나가는 병사들을 미처 붙잡을 수가 없었다. 마침내 마리우스는 병사들에게 싸울 기회를 주기로 마음먹었다. 일이 이렇게 되자 테우토네스족 쪽에서도 로마군에 못지않은 수의 무리들이 달려나왔다. 로마군 상대는 암브로네스족으로 그 숫자가 3만이 넘었고, 야만족 가운데서도 가장 강한 부대로 이름나 있었다. 그들은 전에 만리우스와 카이피오군을 격파한 부대였다.

적들은 배를 잔뜩 채우고 술까지 마신 뒤라 흥분한 상태였고 무질서했지만, 비틀거리거나 이성을 잃을 정도는 아니었다. 적들은 화를 내지도 않았으며 분별없이 진격해 오지도 않았다. 적들은 말소리가 똑똑히 들릴 정도로 크고 정확하게 소리쳤다. 일제히 박수를 치며 뛰어오면서, 자기네들끼리 사기를 돋우려는 것인지 아니면 로마군을 겁주려는 것인지 계속해서 자기네 종족 이름인 암브로네스를 외쳐댔다.

마리우스 진영에서 가장 먼저 싸우러 나간 것은 리구리아 부대였다. 그들은 암브로네스라고 외치는 적의 함성이 들리자, 자기네들도 암브로네스라 외치며 응수했다. 암브로네스라는 말은 리구리아에서 조상들이 쓰던 이름이었는데, 후손을 부를 때에도 같은 이름으로 불렀다.

양쪽 부대는 서로 질세라 죽을힘을 다해 함성을 지르며 앞으로 나아갔다. 이윽고 암브로네스 부대가 강을 건너오기 시작했다. 그런데 강바닥이 고르지 못한 탓에 그들은 서로 엎어지고 미끄러지며 혼란에 빠졌다. 이때를 놓치지 않고 리구리아 부대가 달려들었다. 맨 앞에 섰던 리구리아 병사들과 암브로네스의 싸움이 시작되자, 마리우스는 그들을 돕기 위해 로마군을 내보냈다.

산에서 달려 내려간 로마군은 리구리아군을 도우며 용감히 싸웠다. 암브로네스 병사들이 강물 속으로 넘어지기 시작했다. 적군들은 서로 밀리다가 강에 빠지기도 했고, 칼에 찔려 죽기도 했다. 강물이 적군의 피로 붉게 물들고, 그들의 시체가 강물의 흐름을 막았다.

로마군은 그 기세를 몰아 적진으로 세차게 쳐들어갔다. 로마군에 밀려 가까스로 강을 건너간 적군들은 자기네 진지로 달려가다가, 뒤쫓아 온 로마 병사들의 칼에 맞아 쓰러졌다. 로마군은 적진까지 침범해 들어갔다. 그때 암브로네스족 여자들이 도끼와 칼을 들고 나와 로마군에게 덤벼들었다. 여자들은 도망쳐 오는 자기 종족을 배신자로, 뒤쫓아 오는 로마군을 적으로 여겨 닥치는 대로 달려들었다. 여자들은 병사들 틈에 끼어 맨손으로 로마군 방패를 빼앗거나 칼날을 움켜잡다가 다쳤음에도 참고 견뎠으며, 상처가 깊어져 쓰러질 때까지 굴복하지 않았다. 전투는 이처럼 장군의 작전이 아닌 우연한 계기로 시작되었다.

로마군이 암브로네스족을 이기고 진지로 돌아온 때는 깊은 밤이었다. 그러나 로마군은 승리의 노래를 부를 수도, 술잔치를 벌일 수도, 깊이 잠들 수도 없었다. 그 밤은 어느 때보다도 더 철저하게 경계를 하면서 공포에 휩싸인 채 새워야만 했다. 로마군은 그때까지 성벽이나 울타리도 만들어 놓지 못한 상태였다. 게다가 강 건너편에는 아직까지 많은 적군이 남아 있었고, 달아난 암브로네스족이 밤을 틈타 그들을 습격할지도 모른다는 불안감도 함께 있었다.

멀리 적 진영에서 들려오는 통곡 소리는 밤새도록 그치지 않았다. 그들의 울음소리는 마치 맹수 울음소리처럼 주위의 산과 양쪽 강가에 소름끼치도록 메아리쳤다. 벌판 곳곳에서 들려오는 처참하고 끔찍한 소리들 때문에 로마군은 밤새 잠들지 못하고 몸서리를 쳤다. 마리우스도 마음이 놓이지 않아 뜬눈으로 밤을 새웠다. 하지만 적의 공격 없이 다음 날이 밝아왔다. 적은 그날 밤도 그 다음날도 공격해 오지 않는데, 대열을 정돈하면서 바쁘게 전투 준비를 하고 있었다.

마리우스는 이때를 이용하여 적의 배후에 있는 산비탈에 군대를 매복시켰다. 그 산비탈은 숲이 우거지고 골짜기가 깊었는데, 마리우스는 클라우디우스 마르켈루스에게 중무장한 병사 3000명을 주면서 그곳에 숨어 있으라고 지시했다. 그리고 전투가 시작되면 야만족 배후를 공격하라고 명령해 두었다.

그날 밤 마리우스는 나머지 병사들에게 일찍 저녁을 먹고 잠자리에 들라고 했다. 다음 날 새벽이 되자 마리우스는 진지 앞으로 병사들을 불러모아 대열을 정돈시킨 뒤, 먼저 기병대에 출격 명령을 내려 들판으로 가게 했다. 로마 기병대가 산비탈을 내려가기 시작하자 이 광경을 본 테우토네스족은 로마군이 산비탈을 채 내려가기도 전에, 흥분한 상태에서 무기를 들고 전속력을 다해 산으로 달려 올라왔다.

마리우스는 적이 산으로 올라오는 것을 보고, 장교들을 각 부대로 보내어 장병들에게 명령을 내렸다. 적은 비탈진 땅 때문에 싸우기 힘들 것이며, 땅이 고르지 않아 똑바로 서서 대열을 유지하기도 어려울 터이니, 각 부대는 모두 제자리를 지키고 서서 적이 가까이 오면 먼저 창을 던진 다음, 방패로 적을 막으면서 칼을 휘둘러 기필코 적을 무찌르라 했다.

마리우스는 전군에 작전 계획을 알리고 솔선수범하여 앞장서 싸웠다. 그는 무예에 있어서나 용기에 있어서 누구보다 강했다.

로마군은 적이 가까이 오기를 기다리며 서 있었다. 그리고 적군이 산비탈을 기어올라 와 선봉대가 로마군 앞에까지 왔을 때 투창을 움켜잡았다. 공격 명령이 떨어지기가 무섭게 로마군은 적에게 창을 날렸다. 적들이 산비탈 여기저기에 쓰러져 나뒹굴기 시작했다. 적의 선봉대가 모두 섬멸되자 곧이어 후속 부대가 나타났다. 로마군도 후속 부대를 내보냈다. 로마군은 산비탈을 뛰어 내려가면서 적을 산기슭 쪽으로 몰아붙였다.

한편 암브로네스족은 평지에서 공격 준비를 하다가 그들 뒤에 위험이 도사리고 있음을 깨달았다. 적의 뒷산에 숨어 있던 마르켈루스 부대가, 로마 진영에서 터져나온 함성을 듣고 적의 뒤를 공격하기 시작한 것이었다. 암브로네스족은 앞뒤 양쪽에서 공격을 받아 혼란에 빠지고 말았다. 마침내 적들은 저항할 힘을 잃고 모두 산산이 흩어져 달아나기 시작했다.

마리우스는 이때를 놓치지 않고 도망가는 적을 뒤쫓았다. 적의 전사자와 포로의 숫자는 10만이 훨씬 넘었다. 로마군은 수많은 천막과 전차와 재물 등 온갖 전리품을 손에 넣었다. 로마군은 이 가운데 정당한 전리품을 모두 마리우스에게 바치기로 했다. 목숨이 걸린 중요한 위기에서 마리우스가 세운 공에 비하면, 그 정도의 선물쯤은 아무것도 아니라고 생각했다.

이 전쟁에서 얻은 전리품의 분배와 전사자의 숫자에 대해서는 여러 역사가들의 견해가 다르다. 이 지방의 마살리아인들은 포도원 울타리를 뼈로 쌓았다고 하는데, 시체가 썩으면서 땅이 기름지게 되어 다음 해 수확이 놀랄 만큼 늘었다고 한다. 땅은 사람의 시체로 살찐다고 말했던 아르킬로코스의 말을 충분히 입증한 셈이다. 흔히 큰 전쟁이 끝난 뒤에는 어마어마하게 큰비가 내린다는 이야기도 있다. 이것은 어떤 신적인 힘에 의해 하늘에서 비를 내려 더러워진 땅을 흠뻑 적시고 깨끗이 씻어내기 위해서일 수도 있고, 아니면 사람의 피와 살이 썩으면서 생긴 습기와 무거운 증기가 대기 중에서 응결되어 큰비가 되어 내리는 것일 수도 있다. 가장 작은 원인들이 가장 심각한 상태로 쉽게 바뀌거나 대수롭지 않게 옮겨가듯이 말이다.

전투가 끝난 뒤 마리우스는 적에게서 빼앗은 갑옷과 무기를 거두어들였다. 그 가운데서 가장 훌륭하고 아름다운 것을 골라 개선 행진 때 쓰기로 하고, 나머지는 장작더미 위에 쌓아놓고 성대하게 제사를 드리기로 했다. 병사들은 무기를 갖추고 머리에는 꽃으로 만든 관을 쓴 뒤 제대 주위에 가지런히 늘어섰다. 마리우스는 로마 풍속에 따라 자주색 단을 댄 긴 옷을 몸에 두르고 나왔다. 그는 횃불을 높이 쳐들었다가 장작더미에 불을 붙이려고 했다. 그런데 바로 그때 멀리서 말을 타고 빠르게 달려오는 몇 사람의 모습이 보였다. 로마인들이었다. 병사들은 모두 입을 꾹 다물고 그들을 기다렸다. 말을 탄 사람들이 마리우스 앞에 멈추더니 말에서 뛰어내렸다. 그리고 마리우스에게 정중히 인사를 하고, 다섯 번째로 로마 집정관이 되었다는 소식을 알리며 축하해 주었다. 그리고 원로원에서 보낸 편지를 그에게 건넸다.

이 소식 덕분에 기념식은 한층 기쁨으로 넘쳐흘렀다. 병사들은 한꺼번에 환호성을 지르며 방패와 칼을 두들겨댔다. 하늘을 찌르는 듯한 요란한 소리가 산과 들을 울리며 멀리멀리 퍼져나갔다. 부하 장군들은 새로운 월계관을 마리우스 머리에 얹어주었다. 월계관을 쓴 마리우스는 그제야 전리품을 쌓아둔 장작더미에 불을 지르고 신께 제사를 올렸다.

그러나 운명은 인간이 완전하고 순수한 기쁨을 간직하도록 허락하지 않으며, 인간의 삶에 선과 악을 뒤섞어 다양하게 만든다. 이것은 곧 포르투나, 또는 네메시스, 아니면 사물의 필연성이라는 이름으로 불린다.

마리우스는 승전한 지 며칠도 못 되어 동료 집정관인 카툴루스에 대한 소식을 들었다. 그 소식은 맑고 고요한 하늘에 몰려오는 먹구름처럼 로마를 다시 공포의 도가니로 몰아넣었다. 킴브리족을 막기로 한 카툴루스는 알프스 산길을 막아야만 했는데, 그러려면 군대를 여럿으로 나누어 배치해야 했다. 그러나 적의 수가 매우 많아서 이 작전은 도리어 위험한 결과를 불러올 수 있었다. 이 때문에 카툴루스는 이 작전을 포기하고, 알프스에서 내려와 이탈리아의 아테시스 강으로 물러날 수밖에 없었다.

카툴루스는 강을 앞에 두고 양쪽 기슭에 튼튼한 진지를 쌓아, 거기서 적을 막기로 했다. 그리고 적이 알프스를 넘어 여기까지 올 것에 대비하여, 다리를 하나 놓아 강 건너에 있는 로마군이 건너올 수 있게 만들었다. 그런데 적은 로마군을 아주 우습게 생각하고 있었다. 싸우기만 하면 틀림없이 이길 것이라고 자신만만했다. 그들은 괜히 자기들의 힘과 용기를 자랑하려고, 눈 덮인 알프스의 산꼭대기로 올라가서 방패를 썰매삼아 깔고 앉아 단숨에 미끄러져 내려왔다.

강에서 조금 떨어진 곳에 진을 친 그들은 먼저 주변을 살폈다. 그리고 마치 이야기 속에 나오는 거인처럼 근처 산을 허물어 강물을 막고, 커다란 통나무를 뿌리째 뽑아 강물에 띄워 보내어 다리 기둥을 흔들었다. 적의 이 같은 행동은 로마군을 공포에 떨게 했다. 마침내 다리를 떠받쳤던 기둥이 그 힘을 이기지 못해 부러지자, 대부분의 로마군은 겁이 나서 진지를 버리고 달아나 버렸다. 만약 카룰루스가 그 광경을 그대로 보고만 있었다면 로마군의 명예는 돌이킬 수 없을 만큼 더럽혀졌을 것이다.

카툴루스는 싸움에서 지는 것이야 어쩔 수 없다 해도 로마의 명예까지 더럽힐 수는 없다고 판단했다. 그는 자기 명예보다는 부하들 명예를 생각하는 훌륭한 지휘관의 모습을 보여주었다. 카툴루스는 도망가는 부하들을 붙들 수 없음을 깨닫고, 자신의 장군기를 들고 달아나는 부하들을 앞질러 말을 달렸다. 이것은 나라의 치욕을 자신에게 돌리고, 병사들이 도주하는 게 아니라 장군의 명령에 따라 후퇴하는 듯이 보이려는 것이었다.

킴브리족은 강 건너편 로마군의 진지를 함락했다. 그러나 그곳에 남아 있던 로마군은 나라의 이름을 걸고 용감하게 싸웠다. 킴브리족은 진지를 빼앗았지만 로마군의 용기에는 무릎을 꿇고 말았다. 적군들은 청동으로 만든 황소에 휴전 조건을 새기고 포로들을 모두 풀어주었다. 이 청동 황소는 전쟁이 끝난 다음 가장 귀중한 전리품이 되어, 카툴루스의 집으로 옮겨졌다. 이때 야만인들은 무방비 상태인 이 지방을 마음껏 돌아다니며 영토를 짓밟고 마을을 약탈했다.

그 뒤 로마는 마리우스를 불러들였다. 시민들은 그가 돌아오면 개선식을 올릴 생각으로 들떠 있었다. 로마 원로원은 마리우스의 개선식을 만장일치로 결정하고, 전쟁에 대한 일을 의논하기 위해 그를 기다렸다. 그러나 마리우스는 개선식을 거절했다. 그 까닭이 부하들과 함께 나누어야 할 영광을 혼자 받고 싶지 않아서였는지, 아니면 승리의 영광을 로마에 돌리고 자기는 다시 한 번 더 큰 공을 세워 보다 화려한 영광을 받으려던 것이었는지, 확실하지 않다.

마리우스는 자신의 뜻을 분명히 밝히고 로마를 떠나 카툴루스에게 달려갔다. 그는 갈리아에 두고 온 자기 군대를 불러들였다. 군대가 도착하자 마리우스는 카툴루스와 전선을 나누어 맡았다. 마리우스의 군대는 에리다누스 강쪽을 맡아 적이 강을 건너지 못하게 했다. 하지만 킴브리족은 전투를 벌이지 않고 테우토네스족이 다가오기만을 기다리고 있었다. 그들이 정말 테우토네스족의 멸망을 모르고 있었는지, 아니면 알면서도 모른 체했는지는 알 수 없다. 어쨌든 그들은 테우토네스족의 패배를 알리러 온 전령을 무자비하게 벌했으며, 한편으로는 마리우스에게 사절단을 보내 자기네와 동족들이 살 땅과 도시를 달라고 요구했다.

킴브리족이 보내온 사절단을 맞이한 마리우스는 그들에게, 동족은 누구를 말하는 것이냐고 물었다. 그들이 테우토네스족이라 대답하자 마리우스 곁에 있던 로마인들이 웃음을 터뜨렸다. 테우토네스족은 이미 멸망해서 남아 있다고 해봐야 떠돌아다니는 몇몇 사람들뿐이었다. 마리우스는 비웃으며 다시 이야기를 꺼냈다.

"동족 걱정은 할 필요 없소. 그들은 영원토록 살 땅을 가지고 있으니 말이오. 우리가 이미 그 땅을 주었소."

킴브리족 사절단은 마리우스가 비꼬고 있다는 것을 알고 몹시 화를 내며 자리를 박차고 일어섰다. 테우토네스족이 도착하면 곧장 지금 그들이 자신들에게 했던 것처럼 똑같이 복수하겠노라고 협박했다.

그러자 마리우스가 말했다.

"그럴 것 없소. 테우토네스족은 벌써 와 있소. 자, 인사나 하고 가시지요. 동족에게 인사도 하지 않고 가버린다는 것은 예의 없는 행동이오."

그는 포로로 잡아두었던 테우토네스족의 왕들을 쇠사슬에 묶은 채 끌고 나오게 했다. 이 왕들은 알프스 산속에서 도망치다가 세쿠아니 사람들에게 붙잡혀 마리우스에게 넘겨졌던 것이다.

킴브리족 사절단은 진지로 돌아가 이 사실을 상관에게 보고했다. 마침내 그들은 마리우스를 공격하기 위해 군대를 이끌고 나왔다. 그러나 마리우스는 그들이 걸어오는 싸움에 응하지 않고 진지 속에 틀어박혀 있었다. 적이 제풀에 지쳐 쓰러지게 만들려는 속셈이었다. 전하는 기록들을 보면, 마리우스는 이때 로마의 투창을 새롭게 고쳤다고 한다. 그때까지의 투창은 나무 자루 끝에 쇠를 박아놓고, 두 개의 쇠못으로 지탱할 수 있게 만든 것이었다. 마리우스는 쇠못 하나를 뽑아내고, 대신 부러지기 쉬운 나무를 끼워넣었다. 투창이 적의 방패에 꽂혔을 때 나무못이 부러지면서 쇠못이 구부러지기 때문에, 그 투창은 방패에서 빠지지 않아 땅에 질질 끌리게 된다. 이렇게 하면 적은 그 방패를 자유로이 사용할 수 없게 되고 만다.

드디어 킴브리족의 왕 보이오릭스가 기병대를 이끌고 로마군 진지로 들어서자 마리우스가 진영 밖으로 나왔다. 그러자 킴브리족의 왕이 날짜와 장소를 정해서 전투를 벌여, 나라에 대한 소유권을 확실하게 정하자고 소리쳤다. 이 도전을 받고 마리우스가 대답하기를, 로마군은 적군의 명령대로 움직이는 군대가 아니지만 이번만은 기꺼이 킴브리족이 바라는 대로 따라주겠노라 하면서 오늘부터 사흘 뒤 베르켈라이 평야에서 만나자고 했다.

베르켈라이 평야는 로마 기병들에게 유리한 장소였고, 킴브리족으로서도 대군을 움직이기에 부족함이 없을 만큼 땅이 넓어 싸우기에는 적당한 곳이었다. 카툴루스는 2만 2300명, 마리우스는 3만 2000명의 군대를 이끌고 그곳에서 맞붙었다.

이 전투에 참가한 술라의 기록에 따르면, 마리우스는 자신의 군대를 좌우로 나누어 배치하고 중앙은 카툴루스에게 맡겼다고 한다. 마리우스가 군대를 이렇게 배치한 것은 전선이 길게 이어져 있는 경우에, 중앙에서는 전투가 그다지 없고 좌우 양쪽 싸움이 치열하리라 예상했기 때문이라고 한다. 그렇게 되면 승리의 영광은 마땅히 마리우스에게 돌아오게 되었다. 마리우스는 카툴루스에게는 싸워볼 기회조차 주지 않으려는 속셈이었다고 술라는 덧붙였다. 몇몇 작가들의 이야기에는, 카툴루스가 자기 명예를 지키기 위해 전투에 대한 변명을 하면서 마리우스에게는 선의가 부족했다고 비난했다는 기록이 있다.

킴브리족 보병들은 로마군 쪽으로 각 측면 길이가 30스타디온이나 되는 사각형 전투대형을 만들어 진격해 왔고, 1만 5000기를 헤아리는 기병대도 그들과 함께 전진했다. 킴브리족은 모두 맹수가 입을 벌린 모양의 투구를 썼는데, 꼭대기에는 새털로 된 깃을 높게 꽂고 있어서 키가 엄청나게 커 보였다. 그리고 가슴에는 철갑을 두르고 손에는 눈부시게 빛나는 방패를 들었다. 적의 전법은 두 개의 창을 던진 뒤 크고 무거운 칼을 빼들고 달려드는 것이었다.

그런데 적의 기병대는 로마군을 정면으로 곧장 공격하지 않고, 오른쪽으로 서서히 방향을 바꾸었다. 그들은 로마군을 왼쪽에 있는 자기편 보병 부대 사이에 끌어들여 포위하려는 속셈이었다. 로마군 장군들은 그들의 속셈을 알아차렸지만, 이미 달려나가는 병사들을 멈추게 할 수는 없었다. 로마군의 한 병사가 적이 도망친다고 외치는 바람에 대열 전체가 그 뒤를 쫓아갔던 것이다. 이를 본 적의 보병 부대가 밀물처럼 밀어닥치기 시작했다.

이때 마리우스는 제사를 올리기 위해 손을 씻은 뒤 두 손을 치켜들고, 이 전쟁에서 이기면 헤카톰베(황소 100마리 희생제)를 올리겠노라 기도하고 있었다. 카툴루스 또한 마리우스처럼 손을 씻고 '이날의 운명'을 바치겠다고 맹세했다. 마리우스는 제물로 바쳐진 희생물에서 좋은 조짐을 보더니 이렇게 외쳤다.

"승리는 내 것이다!"

술라의 기록에 따르면, 전투가 시작되어 양쪽 군대가 밀어닥쳤을 때 마리우스에게 하늘의 노여움이 내렸다고 한다. 수많은 군사들이 싸우고 있었으니 당연한 일이겠지만, 갑자기 엄청난 흙먼지가 구름처럼 일어나 양쪽 군대를 모두 덮어버렸다. 적을 뒤쫓던 마리우스 군대는 구름처럼 일어난 흙먼지로 앞을 볼 수 없게 되자 그만 적을 놓치고 말았다. 마리우스는 앞이 안 보였지만 계속 앞으로 나가다가 적의 진지를 지나쳐 버렸다. 그러는 동안 적은 자기편끼리 싸우는 꼴이 되었고, 카툴루스는 이리저리 헤매다가 적군을 만나 격전을 벌일 수 있었다. 이렇게 해서 싸움은 주로 카툴루스군이 맡게 되었고, 그 속에 술라 자신도 끼여 있었다고 한다.

싸움은 다시 로마군에게 유리해졌다. 태양이 킴브리족 얼굴에 똑바로 내리비쳤기 때문에, 강한 햇빛에 잘 견디지 못하는 그들이 어려움을 겪었던 것이다. 추운 나라의 깊은 숲 속에서 생활하던 그들에게 무더위와 햇빛은 또 다른 무서운 적이었다. 그들은 방패로 햇빛을 가렸지만, 온몸에서 흘러내린 땀 때문에 창검이나 방패를 제대로 쥐고 있을 수도 없었다. 때는 하지가 지난 6월이었지만, 오늘날의 아우구스투스 달을 사흘 앞둔 때여서 더위는 한창이었다.

적군을 가린 모래와 흙먼지로 로마군은 더욱 용기를 얻었다. 먼지 회오리바람으로 적의 무리가 잘 보이지 않았기 때문에, 로마 병사들은 겁을 내지 않고 앞으로 달려나가 눈앞에 보이는 적들을 무찔렀다. 구름처럼 겹겹이 밀려오는 엄청난 수의 적을 보았다면 기가 죽어서 싸울 용기를 잃었겠지만, 다행히 적군의 엄청난 무리를 볼 수 없어 용감하게 달려나가 싸울 수 있었다.

로마군은 어떤 어려움에도 잘 단련되어 있었다. 그들은 참을 수 없는 더위 속에서도 이리저리 뛰면서 힘껏 싸우며 쉽게 지치거나 포기하지 않았다. 카툴루스가 자기 병사들의 영예에 대해 쓴 회고록을 보아도, 이 전투에서 땀을 흘리거나 숨을 헐떡거린 로마 병사는 한 사람도 없었다고 적혀 있다.

수많은 적들이 도망도 치지 못한 채 대열 속에서 그대로 모두 죽음을 맞았다. 킴브리족 병사들은 서로 허리띠에 사슬을 매고 있었기 때문에 그 슬픈 운명을 비껴갈 수가 없었다. 전투대형을 흐트러뜨리지 않으려는 목적으로 한 것이었지만 도리어 사슬 때문에 싸우기가 힘들어졌고, 옆의 병사가 쓰러지면 함께 쓰러질 수밖에 없었다. 로마군은 제대로 움직이지 못하는 적군을 거침없이 공격했다. 그러나 그 틈에도 도망치는 적들이 더러 있었다.

달아나는 적들을 쫓아간 로마군은 적의 진영에서 참으로 비참한 장면을 목격했다. 검은 옷을 입고 수레 위에 서 있던 킴브리족 여자들이 도망쳐 들어오는 자기네 군사들을 배신자로 오해하고 닥치는 대로 죽이고 있었다. 어떤 여자는 자기 남편을 죽이고, 어떤 여자는 자기 형제나 아버지를 죽이기도 했다. 그러고는 어린 자식들을 제 손으로 목 졸라 죽인 뒤에 스스로 수레바퀴 밑에 몸을 던져 목숨을 끊었다. 또 양쪽 다리에 자기가 죽인 자식들을 동여매고 수레의 굴대에 목을 매어 자살하는 여자들도 있었다. 남자들은 목을 매달 나무가 없어서 소의 뿔이나 다리에 자기 목을 맨 다음, 소를 때려서 이리저리 뛰게 하여 끌려다니며 찢겨 죽거나 밟혀 죽었다. 기록에 따르면 포로가 된 킴브리족은 6만 명이 넘었고, 전사자 수는 그 갑절이 되었다고 한다.

로마군은 전리품을 거두어들였는데, 마리우스 부대가 가장 값나가는 물건들을 얻었다. 그러나 적의 무기와 깃발, 나팔 등은 카툴루스 군대 손에 들어갔다. 이렇게 전리품을 나눠 가진 두 군대는 서로 자기들의 공이 크다고 다투었다. 카툴루스군은 적에게서 빼앗은 무기를 내보였고, 마리우스군은 값나가는 물건들을 증거로 내세우며 서로 자신들의 공이 컸다고 주장했다. 이 싸움을 보다 못해 파르마 시에서는 두 사람을 화해시키기 위해 사절단을 보냈다.

카툴루스 병사들은 사절단과 함께 적의 시체 사이를 돌아다니며, 적의 가슴에 꽂혀 있는 창들을 확인했다. 카툴루스 부대는 자기 군대의 창에 모두 장군의 이름을 새겨놓았기 때문에 누가 적을 죽였는지 쉽게 알아볼 수 있었다. 시체에 꽂혀 있던 창에는 대부분 카툴루스의 이름이 새겨져 있었다. 하지만 그 이전에 거둔 승리와 명성 때문에 이번 승리의 영광도 결국 마리우스에게로 돌아갔다.

로마 시민들은, 지난날 갈리아로부터 로마 시민들을 구해준 것에 못지않은 승리를 거둔 마리우스를 로마 제3의 창건자로 받들며 존경했다. 집안에 경사가 있을 때에도 그들은 먼저 '모든 신과 마리우스를 위하여'라고 말한 다음 술을 따르고 제사를 지냈다. 그리고 시민들은 개선의 영광을 마리우스가 독차지해야 한다고 생각했다.

로마로 돌아온 마리우스는 개선식을 올리기로 했다. 그러나 마리우스는 승리의 영광을 카툴루스와 같이 나누겠다며 두 사람이 함께 개선식을 올렸다. 승리를 거두었어도 겸손할 줄 아는 사람이라는 것을 보여주고 싶어서였는지, 아니면 자기 홀로 영광을 차지하면 카툴루스 병사들이 소란을 일으킬까봐 두려워서였는지는 알 수 없다.

마리우스는 다섯 번을 이어서 집정관 자리에 올랐다. 그런데 그는 또다시 욕심이 생겨 여섯 번째로 집정관 자리를 탐냈다. 그 마음은 마리우스 자신이 처음 집정관이 될 때 가졌던 야심보다 더 강했다. 그는 민중의 환심을 사기 위해 수단과 방법을 가리지 않았고, 그 욕심은 집정관의 체면을 떨어뜨리는 데까지 이르렀다. 그는 명예욕 때문에 정치적인 사건을 처리하는 데도 소심해졌다. 민회에 나갔을 때에도 전쟁터에서 그가 지녔던 용기는 찾아볼 수 없었으며, 자신의 뜻을 제대로 표현하지 못하고 쩔쩔매는 모습을 보였다. 또한 그는 조그마한 칭찬이나 비난에도 지나치게 신경을 썼다. 한번은 이런 일이 있었다.

마리우스는 카메리눔 시민 1000명에게 전쟁에서 세운 공훈을 표창하여, 로마의 시민권을 준 일이 있었다. 그런데 민중이 회의를 열어 이것은 법에 어긋나는 일이라며 마리우스를 규탄했다. 마리우스는 기어들어 가는 소리로 민중에게, 전쟁의 소음 때문에 법의 소리를 듣지 못했다고 말했다. 그러나 그의 말소리는 사람들이 떠드는 소리에 곧바로 묻혀버렸다. 이렇듯 마리우스는 집회에서 유난히 기가 꺾였다.

시민들은 전쟁 때 마리우스를 필요로 했고, 그가 보여준 용기와 빛나는 승리에 걸맞게 높은 지위와 절대적인 권력을 주었다. 하지만 전쟁이 끝나자 시민들은 그를 외면했다. 그러나 마리우스는 로마 최고 통치자가 되기 위해서는 민중의 환심을 사야 했다. 이렇게 해서 그는 민중의 눈치를 살피는 사람이 되었던 것이다. 이 때문에 마리우스는 모든 귀족에게 미움을 받았고, 그들과 대립했다. 그들 가운데서도 가장 두려운 적은 메텔루스였다. 메텔루스는 마리우스에게 배신당한 일이 있었기 때문에 서로 원수나 다름없었다. 게다가 메텔루스는 훌륭한 가치관을 지니고 있어서, 비굴한 수단으로 국민에게 아첨하는 사람을 몹시 미워하고 있었다.

마리우스는 메텔루스 때문에 고민하다가 그를 로마에서 내쫓아야겠다고 다짐했다. 그리하여 법무관 글라우키아와, 민중의 지지를 받고 있던 사투르니누스와 결탁하여 메텔루스를 추방할 계획을 세웠다. 이 둘은, 돈에 굶주려 싸움을 일삼는 무지한 민중을 마음대로 움직일 수 있는 사람들이었다. 마리우스는 이 둘과 손을 잡고 온갖 나쁜 방법을 동원해서 여러 법률을 통과시켰다. 또한 집회에 군대를 끌어들여 메텔루스를 교묘히 위압했다.

루틸리우스의 기록을 보면, 마리우스는 민중을 돈으로 사서 여섯 번째로 집정관에 오르고 메텔루스를 쫓아냈다고 말한다. 또 동료 집정관으로 뽑은 발레리우스 플라쿠스는, 동료가 아니라 마리우스의 꼭두각시에 지나지 않았다고 한다.

로마에서 한 사람을 이렇게 여러 번 집정관으로 뽑은 일은 코르비누스 발레리우스 말고는 없었다. 그는 첫 임기와 마지막 임기 사이에 45년이나 되는 긴 세월이 걸렸다. 그러나 마리우스는 첫 번째 당선 이래 연속해서 다섯 번이나 거듭 집정관 자리를 차지하는 행운을 누렸다.

마리우스는 글라우키아와 사투르니누스 등 여러 사람 도움을 얻어 집정관이 되기는 했지만, 사투르니누스와 동조하여 몇 가지 비행을 저지르다가 귀족들 미움을 사게 되었다. 마리우스가 가장 높은 권력의 자리에 앉은 뒤에 마리우스 주위 사람들은 온갖 비열한 행동을 서슴지 않았는데, 그 가운데서도 사투르니누스의 행패는 몹시 심했다. 사투르니누스는 호민관에 입후보할 때 노니우스와 경쟁하게 되자 그를 암살했다. 그 뒤 호민관에 당선된 그는 귀족들 권리를 크게 줄인 토지 분배 법안을 내놓았는데, 이는 원로원은 국민이 결정한 모든 사항을 반대하지 않겠다는 선서를 하라는 것이었다. 그러자 마리우스는 이 조항에 반대하는 시늉을 하며 원로원 의원들에게 자신의 뜻을 밝혔다. 그는 절대로 그런 선서를 할 수 없고, 원로원 의원들이 지혜롭다면 그와 같은 생각일 것이며, 이 법률에 나쁜 목적이 없다 해도, 이 선서는 자발적인 게 아니라 강제적인 것이기 때문에 그는 받아들일 수 없다고 말했다. 만일 이런 강제적인 조치에 허리를 굽힌다면 이는 두고두고 원로원의 수치가 될 것이라고도 했다.

그러나 마리우스 속마음은 이와 정반대였다. 그는 메텔루스를 함정에 빠뜨리려고 이런 말을 했을 뿐이었다. 거짓이나 속임수도 목적을 이루기 위해서라면 바람직한 수단이 될 수 있다고 여겼던 마리우스는 처음부터 이 말을 지킬 생각조차 없었다.

그와 달리 메텔루스는 자기가 한 말을 철저하게 지키며, 핀다로스 말처럼 '진실은 위대한 미덕의 근본'임을 믿는 사람이었다. 그래서 마리우스는 메텔루스가 그 법에 선서하지 않겠다는 말을 하도록 만들어, 시민들 미움을 받게 하려는 속셈이었다. 마리우스 생각은 그대로 들어맞았다. 메텔루스는 그 법에 선서하지 않겠다 말했고, 원로원은 메텔루스 의견에 따르기로 하고 회의를 끝냈다.

며칠이 지나고 다시 민회가 열렸다. 사투르니누스는 원로원 의원들을 민회에 불러내 선서를 하라고 강요했다. 원로원 의원들은 선서하지 않겠다고 결정했지만, 막상 민중을 대하자 두려워서 망설였다.

그때 마리우스가 연단으로 나왔다. 장내는 깊은 침묵에 잠겼고, 청중들 눈은 모두 그를 바라보았다. 마리우스는 전날 원로원에서 했던 대담한 연설은 까맣게 잊은 것처럼, 자신은 이처럼 중대한 문제를 놓고서 처음에 내놓은 의견만을 끝까지 고집할 만큼 속이 좁은 사람이 아니며, 만약 이것이 법률이라면 자신은 이 법에 복종하고 선서를 하겠노라 말했다. 민중은 마리우스가 선서를 하는 동안 기쁨에 겨워 손뼉을 치며 환호를 보냈다. 귀족들은 마리우스에게 속았다는 사실을 깨닫고 실의에 빠져 분노했다. 하지만 민중이 두려웠기에 원로원 의원들은 모두 한 사람씩 선서를 할 수밖에 없었다.

마지막으로 메텔루스 차례가 되었다. 메텔루스의 친구들이 그에게 다가가, 만약 선서를 거부하면 사투르니누스가 만든 함정에 빠지는 것이라 말하면서 선서를 하라고 간청했다. 하지만 메텔루스는 소신을 굽히지 않은 채 당당한 얼굴로 입을 열었다. 그는 그릇된 법률에는 선서할 수 없으며, 그렇게 비굴한 행동을 하느니 차라리 벌을 받겠다고 했으며, 처벌이 무서워 비굴한 행동을 하는 건 그에게 있을 수 없는 일이라 밝혔다. 그러고는 자리를 박차고 일어나 공회당을 나가면서 곁에 있던 사람들에게 말하기를, 옳지 못한 행동을 하는 건 비열한 짓이고, 별다른 위험이 없을 때 명예롭게 행동하는 건 누구나 할 수 있지만 정의롭고 용기 있는 사람이라면 위험이 따르더라도 반드시 정의를 지켜야 한다고 했다.

메텔루스가 집으로 돌아가자마자 사투르니누스는 기다렸다는 듯이, 메텔루스에게 물과 불과 집을 사용하지 못하게 하는 벌을 내리자고 제안했다.

사투르니누스 제안은 집정관들 허락 아래 투표에 부쳐진 결과 만장일치로 통과되었다. 어리석은 군중 가운데는 메텔루스를 사형에 처할 기세를 보이는 자들도 있었다. 그러나 정의를 아는 많은 사람들은 메텔루스를 걱정하며 그의 주위에 모여들었다. 메텔루스는 자기 때문에 시민들 사이에 소란이 생기는 것은 바라지 않는다면서 로마를 떠날 결심을 드러냈다. 현명하고 신중한 메텔루스는 자신을 배웅 나온 사람들에게 작별 인사를 하며 이런 말을 남겼다.

"일이 잘 마무리되어 시민들이 자신들 행동을 뉘우친다면, 부름을 받아 다시 돌아올 수도 있겠지요. 그러나 계속 이대로 나간다면 나는 차라리 여기 없는 편이 나을 것입니다."

이렇게 로마를 떠난 메텔루스는 이 나라 저 나라를 떠돌면서 많은 사람들의 존경을 받았고, 로도스 섬에서 철학을 공부하며 지냈다. 그에 대한 이야기는 그의 전기에서 상세하게 다루도록 하겠다.

메텔루스가 로마를 떠난 뒤 사투르니누스의 횡포는 나날이 늘어만 갔다. 하지만 마리우스는 사투르니누스 힘을 빌렸던 탓으로, 그가 아무리 극악무도한 짓을 해도 모른 척할 수밖에 없었다. 그는 사투르니누스가 무력으로 정권을 잡으려 해도 가만히 있어야 했고, 그런 행동은 사투르니누스의 불법적인 만행을 거든 셈이 되었다. 또 마리우스 자신도 귀족과 평민들 비위를 동시에 맞추려다 보니 비열하기 짝이 없는 행동까지 하기에 이르렀다.

어느 날, 사투르니누스가 무력으로 정권을 뒤엎으려는 것을 눈치챈 몇몇 유력자들이 마리우스를 찾아왔다. 그들은 사투르니누스에 대해 무엇이든 조치를 취해달라고 부탁했다. 마리우스는 그들의 말을 들어줄 것처럼 하고는, 몰래 사투르니누스를 다른 방으로 불러들였다. 그러고는 몸이 아프다는 핑계를 대면서, 이 방 저 방을 들락거리며 양편 감정을 자극해 싸움을 붙였다. 그 결과 마리우스는 양쪽으로부터 미움과 원한을 사게 되었다.

마침내 원로원이 움직였다. 그들은 로마 기사들과 힘을 합쳐 보란 듯이 마리우스에 대한 불만을 드러냈다. 일이 이렇게 되자 마리우스도 그냥 앉아 있을 수만은 없었다. 마리우스는 군대를 풀어 의사당을 포위하고 사투르니누스 무리들을 카피톨리움으로 몰아넣은 뒤에 수도관을 끊었다. 마실 물도 없이 갇혀 있던 그들은 더는 견디지 못하여, 생명의 안전만 보장해 주면 무조건 항복하겠다는 뜻을 전해왔다. 마리우스는 그들의 목숨을 살려주겠다는 약속을 했으나 소용없는 일이었다. 그들이 의사당에서 밖으로 나오자마자 군대가 닥치는 대로 그들에게 칼을 휘둘렀다. 의사당은 순식간에 피로 물들고 여기저기에 시체가 아무렇게나 나뒹굴었다. 이 사태 때문에 마리우스는 배신자로 몰려, 귀족과 시민들 모두에게서 심한 미움을 받게 되었다.

이런 일들 때문에 마리우스는 감찰관 선거에도 나서지 않았다. 사람들은 그가 후보로 나오리라 예상했는데, 마리우스는 사람들 사생활이나 윤리 문제에 간섭해 원한을 사고 싶지 않아서 감찰관 자리를 양보한 것이라 둘러댔다. 그래서 그보다 세력이 약한 사람이 감찰관으로 당선되었다.

그즈음 원로원에서는 추방된 메텔루스를 다시 불러들이자는 법안이 상정되었다. 마리우스는 그 법안이 통과되지 못하도록 수단과 방법을 가리지 않고 애썼지만, 민중이 모두 찬성표를 던지는 바람에 그의 노력은 물거품이 되었다.

메텔루스의 귀환이 결정되자 마리우스는 로마를 떠날 준비를 서둘렀다. 메텔루스가 돌아와 다시 권력을 잡으면 자기에게 어떤 보복을 할지도 모른다는 두려움 때문이었다. 그러나 표면상으로는 예전에 키벨레 여신에게 제사를 드리겠다고 약속했던 맹세를 지키기 위해 로마를 떠난다고 말했다. 그는 카파도키아와 갈라티아를 향해 배를 띄웠다. 그러나 마리우스 가슴속에는 또 다른 계획이 들어 있었다. 그는 본디 정치에 어울리지 않는 인물이었다. 그가 높은 지위에 앉을 수 있었던 것도 모두 전쟁터에서 세운 공훈 덕분이었다. 그래서 그는 전쟁 없는 평화로운 생활이 계속된다면 자신의 세력과 명성도 점점 줄어들 것이라는 사실을 깨달았다. 생각이 여기까지 미치자, 그는 어떤 방법을 써서라도 전쟁을 일으켜 잃어버린 자신의 명예를 되찾아야겠다고 결심하게 되었다.

마리우스는 아시아 여러 나라들을 돌아다니며 전쟁을 일으킬 핑계를 찾았다. 마침 폰투스 왕인 미트리다테스가 군대를 정비하고 있다는 소문을 듣고는 그를 찾아가 노여움을 자극하고자 했다. 만약 폰투스와 로마 사이에 전쟁이 일어난다면 자신이 미트리다테스를 정벌하는 군대 사령관이 될 게 분명했다. 그렇게 되면 로마를 전쟁에서 거둔 전리품으로 채우고, 자기 집은 폰투스에서 빼앗은 물건과 미트리다테스의 값진 재물로 채울 수 있으리라 생각했던 것이다. 그래서 마리우스는 미트리다테스의 정성스런 대접에도 아랑곳하지 않고 일부러 그가 노여움을 일으킬 말들만 골라서 했다.

"왕이시여, 로마를 정복할 만한 힘이 없다면 로마 명령에 복종하십시오."

미트리다테스 왕은 로마 사람들이 무례한 말을 잘한다는 사실을 알고 있었지만, 막상 마리우스의 거만한 말을 들으니 어이가 없었다. 그러나 왕은 마리우스의 바람과 달리 전쟁을 일으키지는 않았다.

다시 로마로 돌아온 마리우스는 공회당 근처에 새로 자기 집을 지었다. 그는 손님들이 먼 길을 오는 수고를 덜어주기 위함이라고 말했지만, 자기 집에 찾아오는 손님이 다른 사람들보다 적었기 때문일 수도 있다. 그러나 손님이 적은 이유는 정작 다른 데 있었다. 마리우스는 일상 대화를 나누거나 사람을 사귀는 일에 남보다 서툴렀다. 그는 상냥하지도 않고 정치에도 무능했기 때문에, 마치 전쟁 때에나 쓰이는 무기처럼 평화로울 때에는 로마 시민들의 관심을 받지 못했다.

마리우스는 다른 사람들이 자신의 인기와 영광을 좀먹는다고 여겼는데, 그 가운데서도 술라를 가장 미워했다. 술라는 귀족들이 마리우스에게 반감을 가졌을 때 이를 이용해 세력을 잡았으며, 마리우스와 늘 정치적으로 맞섰다.

누미디아 왕 보쿠스는 '로마와의 동맹'을 기념해 승리의 신 조각상을 카피톨리움에 세웠다. 그리고 유구르타 왕을 술라에게 넘겨주는 장면을 새겨넣은 금메달도 선물했다. 이 일은 그 공적을 술라의 것으로 인정한다는 뜻으로 받아들여져 마리우스의 분노와 시샘을 샀다. 그는 격분한 나머지 폭력을 써서라도 이 선물들을 없애버릴 계획을 세웠다. 그러나 술라도 가만히 있지 않았고, 잘못하면 내란이라도 일어날 듯한 기세였다.

그런데 바로 그때, 로마를 위협하는 동맹시 전쟁이 일어났으므로, 폭발 직전까지 갔던 로마의 내란은 피할 수 있었다. 동맹시 전쟁은 이탈리아에서도 가장 싸움을 잘한다고 알려진 여러 나라들이 힘을 합쳐 로마를 공격한 전쟁이었다. 그들 동맹국들의 무기와 군대의 사기는 강력했고, 장군들의 지혜로운 전략과 뛰어난 전술도 로마와 우열을 가리기 힘들 정도였다.

동맹시 전쟁은 전세가 여러 번 뒤바뀌면서 승리를 예측할 수 없는 치열한 싸움이 되어갔다. 그런데 이 전쟁으로 술라는 세력을 키워갔지만, 마리우스의 명성과 영광은 날이 갈수록 사라져 갔다. 마리우스는 행동이 느리고 계획성도 없을 뿐 아니라, 겁쟁이처럼 지나치게 조심스러워하는 태도를 보였기 때문이다. 그는 이미 66세가 넘은 노인이었다. 그래서 예전 같은 정열과 활동력이 많이 사라져 버렸다. 아니면 그 자신의 고백처럼, 병이 들고 몸이 약해 근력이 떨어진 탓인지도 모른다. 그러나 마리우스는 전투에서 한 번도 진 일이 없었다. 명예에 대한 욕망 때문인지 그는 정신력으로 체력의 한계를 극복했으며 능력보다 큰 힘을 발휘해 군무에 정진했다. 그래서 그는 전투에서 승리를 거두며 적 6000명을 죽인 일도 있었다.

그는 적들이 아무리 욕설을 하면서 싸움을 걸어와도 꼼짝하지 않고 굳게 진지를 지킬 뿐이었다. 그러자 동맹군 가운데서도 가장 뛰어난 세력과 명성을 자랑하는 푸블리우스 실로가 그를 도발하며 싸움을 걸어왔다.

"마리우스, 당신이 위대한 장군이라면 진지에서 나와 싸워보시오."

그러자 마리우스는 이렇게 대답했다.

"당신이 위대한 장군이라면 나를 싸우게 만들어 보시오."

언젠가 적이 공격할 좋은 기회를 주었는데도 로마군이 겁에 질려 공격하지 못한 적이 있었다. 양쪽 군대가 철수했을 때 마리우스는 부하 장군들을 모아 놓고 말했다.

"적이 비겁한 것인지 여러분이 비겁한 것인지 모르겠소. 적은 여러분의 등을 볼 용기가 없었고, 여러분은 적의 등을 보고 싶어하지 않으니 말이오."

마리우스는 마침내 몸이 쇠약해 고된 일을 감당하지 못하겠다는 이유로 사령관직에서 물러났다.

얼마 뒤 이탈리아 동맹국들이 로마에 항복해 왔다. 그런데 그때 미트리다테스가 군대를 이끌고 로마 영토에 침입해 들어왔다. 후보자들이 서로 자기가 그들을 정벌할 사령관이 되겠다고 여기저기서 나섰다. 그런데 뜻밖에도 마리우스를 전직 집정관으로서 로마군 총사령관에 임명하자고 제안한 사람이 있었다. 그는 가장 대범한 사람이라 알려진 호민관 술피키우스였다.

술키피우스의 제안 때문에 시민들 의견은 둘로 나뉘었다. 더러는 마리우스를 편들고, 더러는 술라에게 총사령관직을 맡겨야 한다고 주장했다. 술라를 지지하는 사람들은, 마리우스는 그 스스로 고백했듯이 늙고 쇠약한 몸에 카타르병까지 앓고 있으니 바이아이에 가서 온천물에 몸이나 담그고 있는 게 나을 거라 말하며 비웃었다.

마리우스는 바이아이 미세눔 부근에 화려한 별장을 가지고 있었는데, 그렇게 많은 전쟁을 치른 장군에게는 어울리지 않게 호화로운 집이었다. 이 별장은 뒷날 7만 5000드라크메에 코르넬리아에게 팔렸다가, 얼마 뒤에는 루키우스 루쿨루스가 250만 드라크메를 치르고 샀다. 그만큼 이 별장은 굉장히 호화스러웠는데, 이를 보면 그 무렵 로마 사람들이 얼마나 터무니없이 돈을 써댔는지 짐작할 수 있으리라.

한편 마리우스는 자기를 비웃는 이런 말들을 모른 체했다. 그는 소년 같은 정열을 품은 채 전쟁에 나설 생각을 했다. 그래서 날마다 마르스 광장으로 나가 젊은이들과 함께 몸을 단련하고, 많은 나이에다 몸무게까지 불어나 있었음에도 적극적으로 무기를 다루고 달리는 말 위에 꼿꼿이 앉아 온갖 재주를 부리는 등 자기 실력을 과시했다.

시민들은 겨루기를 하고 훈련에 임하는 마리우스의 모습을 보며 장하다 칭찬하고, 일부러 광장까지 찾아와 경탄의 눈길로 바라보기도 했다. 그러나 생각이 깊은 사람들은 가난하게 태어나 부자가 되고 이름 없는 몸으로 로마의 높은 영광까지 누렸던 그가, 가진 것에 만족하며 조용히 살아야 할 텐데 아직까지도 욕망과 야심을 버리지 못한다며 안타까워했다. 그리고 도대체 무엇 때문에 지난날의 영광과 승리를 내던지고, 카파도키아와 에욱시네까지 들어가 미트리다테스 왕의 장군인 아르켈라우스와 네오프톨레모스를 상대로 싸우려는지 의아해했다. 이런 물음에 마리우스는 아들에게 장군이 되는 길을 가르치기 위해 출정하는 것이라는 핑계를 댔는데, 그 또한 우스꽝스러운 변명일 뿐이었다.

오랫동안 계속된 로마의 병폐는 마리우스가 술키피우스라는 흉악한 인물을 끌어들임으로써 마침내 폭발하고 말았다. 술키피우스는 사투르니누스가 하는 일이라면 무엇이든지 지지하고 따르겠다면서 오직 한 가지, 그가 수줍음이 많고 계획성이 부족한 점은 예외라고 공언했다. 술키피우스는 사투르니누스가 저지른 실패를 되풀이하지 않기 위해 기병 600기를 끌어들여 자기를 호위하게 하고, 그들에게 '원로원 반대당'이라 이름 붙였다. 술키피우스는 무장한 이들을 이끌고 의사당으로 쳐들어가 회의를 하던 두 집정관을 습격했다. 두 집정관은 의사당에서 가까스로 빠져나와 도망쳤지만, 술키피우스 무리는 한 집정관의 아들을 붙잡아 죽이고 말았다.

다른 집정관이었던 술라는 쫓겨서 달아나다가 마리우스 집으로 몸을 피했다. 술키피우스 일행은 설마 술라가 그곳에 숨었으리라고는 생각지 못하고 그냥 지나쳤는데, 그 덕분에 술라는 목숨을 구할 수 있었다. 마리우스는 술라를 뒷문으로 안내해 밖으로 내보내 주었으며, 달아난 술라는 무사히 자기 군대 진영으로 돌아갈 수 있었다. 그러나 술라가 쓴 회고록에 보면, 술라는 마리우스 집으로 피신했던 일을 부인한다. 그는 술키피우스에게 납치되었는데, 술키피우스가 칼을 휘두르며 자신이 제안한 법률에 동의하라고 협박하는 바람에 마리우스 집까지 끌려갔다 말했다. 술라는 협박에 못 이겨 문제의 법안에 동의했다고 기록했다.

이렇게 해서 실권을 손에 넣은 술키피우스는 마리우스를 군사령관으로 임명했다. 마리우스는 군사 호민관 둘을 술라에게 보내 군대를 넘겨받으려 했다. 하지만 군사 3만 5000명을 이끌고 로마로 진군해 가던 술라는 길에서 마리우스가 보낸 두 군사 호민관을 만나자마자 곧바로 죽여버렸다.

이 소식을 들은 마리우스는 몹시 흥분해서 로마에 있던 술라의 친구와 지지자들 몇 명을 죽였다. 이렇게 술라에 대한 분풀이를 한 마리우스는, 노예를 전쟁에 이용할 방법을 생각했다. 노예들을 잘 훈련시키면 싸움도 잘하고 용맹스럽다는 것을 그는 알고 있었다. 마리우스는 전쟁에 나가는 노예에게는 자유를 주겠다고 제안했으나, 이 제안에 응한 노예는 고작 셋이었다.

그러는 동안에도 술라군은 로마로 조금씩 가까워졌다. 마리우스는 군대가 없었으므로 싸울 생각조차 못했다. 마침내 술라가 성안으로 들어서자 마리우스는 별다른 저항도 해보지 못하고 도망쳐 버렸다. 그러자 마리우스를 따르던 사람들도 모두 로마를 떠나 여기저기로 흩어졌다.

마리우스는 솔로니움의 자기 농장으로 서둘러 피신했다. 그곳에 도착한 마리우스는 아들을 시켜 가까운 곳에 있던 장인 무키우스에게 식량을 얻어 오게 하는 한편, 외국으로 망명할 준비를 서둘렀다. 그는 곧바로 그곳을 떠나 오스티아로 갔다. 오스티아에서는 친구 누메리우스가 배를 준비하고 있었다. 그는 배에 올라 아들을 기다렸다. 그러나 아무리 기다려도 아들이 나타나지 않자 사위 그라니우스만을 태우고 배를 띄웠다.

한편 마리우스의 아들은 무키우스 농장에 심부름 갔다가 새벽에 습격을 받게 되었다. 물건들을 모두 모아 짐을 꾸리고 있는데 술라 군대가 들이닥친 것이다. 그들은 마리우스가 무키우스에게 갔으리라 이미 짐작하고 있었다. 술라 군대를 발견한 농장 관리인은 콩을 잔뜩 실은 수레 안에 마리우스의 아들을 숨겼다. 그러고는 그 수레를 이끌고 밖으로 나갔다. 가는 길에 적 군대를 만났지만 무사히 지나갈 수 있었다. 마리우스의 아들은 아내가 기다리는 집으로 돌아가 필요한 물건들을 챙기고는, 밤이 되기를 기다려 오스티아로 갔다. 그리고 거기서 배를 얻어 탄 뒤 바다를 건너 리비아로 갔다.

한편 마리우스는 이탈리아 해안을 항해하고 있었다. 그러나 그가 탄 배는 이탈리아 해안을 휩쓸고 지나가는 강풍을 만나게 되었다. 이윽고 배가 테라키나에 가까워졌다. 마리우스는 그곳 권력자인 게미니우스를 몹시 두려워했으므로, 뱃사공들에게 멀리 돌아가라고 말했다. 뱃사공들은 부지런히 배의 방향을 돌렸다. 그런데 갑자기 바람의 방향이 바뀌면서 배가 자꾸만 육지 쪽으로 밀려가기 시작했다. 더구나 세찬 파도에 배가 금세라도 부서질 듯이 심하게 요동치자 뱃사공들은 도저히 항해를 할 수 없다고 했다.

마리우스는 어쩔 수 없이 키르케이 해안에 닻을 내리게 했다. 그러나 풍랑이 더 사나워져 배가 심하게 흔들렸고, 또 식량도 구해야 했으므로 사람들은 배에서 내리기로 했다. 그들은 모든 것을 운명에 맡긴 채 무작정 그 근처를 헤맸다. 그들이 딛고 있는 땅은 적의 땅이고 사람들도 모두 적이었지만 그런 사실은 문제가 되지 않았다. 빨리 식량을 구하는 것만이 그들이 살길이었다.

마리우스 일행은 이리저리 떠돌다가 밤늦게 몇 채 안 되는 양치기들 오두막을 발견했다. 그러나 그 양치기들도 몹시 가난해 마리우스에게 줄 게 아무것도 없었다. 그들은 마리우스 얼굴을 알아보고는 그에게 어서 몸을 피하라고 알려주었다. 기병대들이 마리우스를 잡으려고 조금 전까지도 이 근처를 돌아다녔다는 것이었다.

마리우스는 눈앞까지 위험이 닥쳤음을 깨달았다. 그를 따라온 사람들은 오랫동안 굶주린 데다가 이런 이야기까지 듣자 절망에 빠졌다. 더는 버티지 못하고 쓰러지는 이들도 있었다. 할 수 없이 마리우스는 그들을 이끌고 근처 숲 속으로 들어가 숨었다. 그러고는 그곳에서 비참한 밤을 보냈다.

다음 날이 되자 굶주림이 더욱 심해져 마리우스는 참을 수 없는 지경이 되었다. 하지만 그는 이곳을 빨리 벗어나야 한다는 생각으로 가까스로 일어나 바닷가를 걸었다. 그리고 부하들에게 용기를 잃지 말라고 격려하며 마지막 희망을 절대 버려서는 안 된다고 했다. 마지막 희망이라는 것은 그가 오래전에 받은 계시를 말하는 것이었다.

마리우스가 아주 어린 시절 시골에서 살았을 때의 일이다. 어느 날 그는 독수리 둥지가 떨어지는 것을 보고 얼른 옷으로 받았는데, 거기에는 어린 독수리 7마리가 들어 있었다. 이 일을 이상하게 여긴 마리우스 부모들은 점쟁이를 찾아갔다. 점쟁이는 신이 내린 계시라면서, 마리우스는 아주 큰 인물이 될 것이고 가장 높은 권력과 지위를 일곱 차례나 차지할 운명을 갖고 태어났다고 말했다.

어떤 역사가들은 이 이야기가 실제로 있었던 사실이라고 주장한다. 그러나 다른 사람들 말에 따르면, 이는 마리우스가 불행한 처지에서 지어낸 이야기였는데, 뒷날 마리우스가 전쟁에 참가하면서 사람들이 이 이야기를 그대로 믿게 되어 기록했다고 한다. 왜냐하면 독수리는 한 번에 2마리가 넘는 새끼를 품지 않기 때문이다. 옛 시인 무사이우스도 이런 사실을 잘못 알고 이렇게 읊은 일이 있었다.

독수리는 세 개의 알을 낳아
두 개를 부화하고, 한 개는 버린다네.

하지만 마리우스가 망명 생활을 하는 동안 크나큰 어려움에 처해 있을 때, 자신이 일곱 번 집정관 자리에 오를 것이라 입버릇처럼 했던 이 말은 현실이 되었다.

마리우스 일행이 이탈리아 민투르나이 시에서 20스타디온쯤 떨어진 곳까지 왔을 때였다. 멀리서 그들을 쫓는 한 무리의 기병대가 있었다. 그런데 그때 바다에는 우연하게도 배 두 척이 떠 있었다. 이를 본 일행은 있는 힘을 다해 바다로 뛰어갔다. 그리고 물에 뛰어들어 배를 향해 헤엄쳤다. 마리우스의 사위 그라니우스를 따라간 사람들은 그 가운데 한 척의 배를 붙잡고 기어올랐다. 그 배는 가까이에 있는 아이나리아 섬으로 가는 배였다. 그러나 몸이 무겁고 늙은 마리우스는 얼마쯤 헤엄치다가 그만 지쳐서, 하인의 도움을 받으며 겨우 물

위에 떠 있었다. 그러자 다른 한 척의 배가 다가와 마리우스를 건져 올렸다.

그때 일행을 쫓아오던 기병대가 바닷가에 달려와 뱃사람들을 향해서, 배를 이리로 갖다 대든지 아니면 마리우스를 물에 던지고 빨리 떠나라고 소리쳤다. 마리우스는 뱃사람들을 붙잡고 눈물까지 글썽이면서 살려달라고 애걸했다. 뱃사람들은 아주 짧은 시간 동안에 몇 번이나 마음을 바꾸며 망설이다가 결국 마리우스를 넘겨주지 않겠다고 말했다.

기병대는 해안에서 발을 동동 구르면서 분노를 터뜨리다가 돌아갔다. 그러자 뱃사람들 마음이 다시 바뀌었다. 그들은 마리우스를 실은 배를 육지 쪽으로 돌렸다. 그리고 홍수로 물이 넘쳐 늪을 이룬 리리스 강 어귀까지 배를 몬 다음 닻을 내렸다. 그러고는 마리우스에게 배에서 내려 식사라도 하고 피곤이 풀리도록 좀 쉬라고 말했다. 그들은 지금은 바람이 잠잠한 시간이라서 다시 바람이 불 때까지 기다려야 한다고 덧붙였다.

마리우스는 뱃사람들의 말을 곧이듣고는 그들이 시키는 대로 했다. 배에서 내린 마리우스는 근처 해변에 누워 앞으로의 운명을 고민하고 있었다. 그런데 뱃사람들이 서둘러 닻을 올리더니 뒤도 돌아보지 않고 급히 떠나는 게 아닌가. 그들은 마리우스를 넘겨주자니 비겁하다는 소리를 들을 것 같고, 그렇다고 위험을 무릅쓰고까지 그를 도와줄 마음도 없었던 것이다.

모든 이들로부터 철저하게 버림받은 마리우스는 얼마 동안 바닷가에 죽은 듯이 누워 있었다. 마침내 그는 자리에서 일어나 절망과 고통을 삼키며 흙탕물이 고인 연못과 수렁 같은 늪과 구덩이를 건넜다. 마리우스는 한참을 걸어 한 노인이 사는 오두막집에 닿았다. 그는 노인의 발아래 엎드려 자기를 살려달라고 간청했다. 이 위험에서 벗어날 수 있도록 도와준다면 그 은혜는 결코 잊지 않겠다고 맹세했다.

눈물을 흘리며 애걸하는 마리우스를 보고 노인은 고개를 끄덕였다. 이 노인은 전에 마리우스를 본 일이 있어서인지, 아니면 그의 풍채와 용모가 평범한 사람 같지 않아서인지 모르지만 그를 숨겨주기로 결심했다. 노인이 이 오두막이라도 좋다면 상관없지만, 쫓기는 몸이라면 여기보다는 더 깊숙하고 한적한 곳으로 가는 게 좋을 것 같다고 말하자 마리우스가 그렇게 하겠다고 대답했다.

노인은 마리우스를 늪지대 가장 깊은 곳으로 데리고 가서 강기슭에 움푹 파인 동굴로 안내해 들어갔다. 그는 마리우스에게 누우라고 한 다음 갈대로 그의 몸을 덮어주고는 집으로 돌아갔다.

　잠시 뒤 오두막 쪽에서 사람들의 떠들썩한 고함이 들려왔다. 게미니우스가 마리우스를 잡기 위해 테라키나에서 보낸 사람들이 들이닥친 것이다. 그들은 로마 사람을 숨기고 있으면 빨리 내놓으라며 노인을 위협했다. 이 상황을 눈치 챈 마리우스는 위험을 느끼고, 곧 동굴에서 뛰어나와 옷을 벗고 진흙탕이 괸 웅덩이 속으로 뛰어들었다. 하지만 오두막 주위를 탐색하던 사람들이 그 소리를 듣고 달려와 진흙투성이가 된 마리우스를 끌어냈다.

　기병대는 마리우스를 벌거숭이인 채로 민투르나이까지 끌고 가 재판관들에게 넘겼다. 로마는 마리우스를 찾아내는 대로 무조건 죽이라는 명령을 도시마다 내린 뒤였다. 그러나 마리우스를 인계받은 테라키나 관리들은 일을 신중하게 처리해야겠다는 생각으로, 그를 판니아라는 여자 집에 가두었다. 그 여자는 마리우스에게 원한이 있었으므로 그에게 잘 대해줄 리 없다고 여겼기 때문이었다. 전에 판니아는 틴니우스라는 사람과 결혼해 살고 있었다. 그런데 남편과 이혼하게 되자, 그녀는 자기가 시집을 때 가져왔던 지참금을 다시 내놓으라고 요구했다. 그것은 상당한 액수의 돈이었다. 하지만 남편은 이에 맞서서 아내를 간통죄로 고소했다. 이 사건은 마리우스가 여섯 번째로 집정관 자리에 있을 때 벌어진 일이었다. 마리우스는 이 사건을 맡아 자세하게 조사했다. 그 결과 판니아는 오래전부터 행실이 바르지 못한 여자였고, 남편은 그 사실을 알면서도 돈이 탐나서 그녀와 결혼해 살아왔다는 사실이 밝혀졌다. 마리우스는 두 사람 모두 잘못했다고 생각해 남편에게는 여자 재산을 돌려주고, 여자는 부정한 행실을 한 벌금으로 동전 네 닢을 내라는 판결을 내렸다. 이 일로 판니아는 수치를 당했고, 마리우스에게 원한을 품게 되었다.

　그러나 이때 마리우스를 만난 판니아는 지난 원한은 모두 잊은 듯 마리우스를 정성껏 대접했다. 그녀는 마리우스를 위로하며 힘껏 도와주었다. 마리우스는 판니아에게 감사하면서, 이 집에서 희망을 되찾을 수 있는 좋은 징조를 보았다고 말했다.

　그가 처음 판니아 집으로 끌려왔을 때, 문이 열리자마자 노새 한 마리가 뛰어나와 곁에 흐르는 개울물을 마셨다. 그러고는 생기 있고 명랑한 모습으로 마리우스 앞으로 오더니, 그를 똑바로 쳐다보면서 높은 소리로 한 번 울고 다시 저쪽으로 껑충거리며 뛰어갔다. 마리우스는 노새가 마른풀을 먹지 않고 물을 마신 것을, 자신이 바다로 가면 살 수 있다는 신의 계시라 해석했다. 새로운 희망을 갖게 된 마리우스는 판니아에게 이 이야기를 하면서 거듭 감사의 말을 했다. 그러고 나서 방으로 들어가 잠이 들었다.

한편 민투르나이 재판관들과 시의원들은 회의를 열어 더 미루지 않고 마리우스를 죽이기로 결정했다. 하지만 시민들 가운데는 그런 일을 맡아 할 사람이 한 명도 없었으므로, 갈리아족인지 킴브리족인지 확실치 않은 한 병사에게 마리우스를 죽이라는 지시를 내렸다.

그 병사는 마리우스 방으로 숨어들어 갔다. 마리우스가 누운 곳은 등불도 없어서 무척 어두웠다. 그러나 그는 그 어둠을 뚫고 마리우스의 눈빛이 불을 뿜듯이 자기를 노려보는 것을 발견했다. 그 눈빛은 마치 이렇게 큰 소리로 외치는 듯했다.

"이놈, 감히 카이우스 마리우스를 죽이려고 하느냐?"

그 순간 병사는 방 안에 칼을 떨어뜨린 채 달아나 버렸다. 그리고 서둘러 밖으로 나와 소리쳤다.

"저는 카이우스 마리우스를 죽일 수 없습니다."

밖에 서 있던 사람들은 이 말을 듣고 모두 놀랐다. 그 놀라움은 금세 동정으로 변하고, 동정은 곧 자신에 대한 부끄러움으로 바뀌었다. 이탈리아를 구해낸 마리우스는 그들 모두에게 은혜를 베푼 것이나 마찬가지였다. 그런 마리우스를 도와주지는 못할망정 죽이려고까지 했던 자신들이 부정하고 배은망덕하게 느껴졌다. 그들은 이렇게 결정했다.

"그를 놓아줍시다. 어디든 그가 가고 싶어 하는 곳으로 가게 내버려 둡시다. 그리고 우리가 그를 괴롭히고 여기서 내쫓은 일에 대해 신께 용서를 빕시다."

사람들은 마리우스를 바닷가로 안내하려고 모두 그의 방으로 들어갔다. 민투르나이 시민들은 마리우스에게 무엇이든 주고 싶어서 이것저것 물건을 가져오며, 그가 빨리 출항할 수 있도록 준비를 서둘렀다. 마리우스는 시민들 안내를 받으며 바다로 떠났다.

얼마쯤 가자 마리카의 작은 숲이 나타났다. 이곳 사람들은 이 숲을 신성한 장소로 받들었으며, 그곳에 들어간 자는 절대로 다시 나올 수 없다고 믿었다. 그래서 사람들은 이 숲을 피해 먼 길로 돌아다녔는데, 마리우스는 그렇게 할 만큼 시간이 넉넉하지 않았다. 사람들은 모두 어떻게 해야 할지 몰라 우물쭈물

했다. 그때 무리들 속에서 한 노인이 앞으로 나서며, 마리우스 장군을 구하기 위해서인데 어떤 곳인들 못 가겠느냐고 소리쳤다. 그러고는 앞장서서 숲 속으로 들어갔다. 그러자 나머지 사람들도 다투어 그를 뒤따랐다.

바닷가에는 마리우스를 떠나보낼 준비가 모두 되어 있었다. 벨라이우스라는 사람이 배를 한 척 내놓았던 것이다. 마리우스는 민투르나이 시민들에게 고마움을 전하고 배에 올랐다. 마리우스를 태운 배는 지중해를 달리다가 풍랑을 만나 아이나리아 섬에 닿게 되었다. 뜻밖에도 마리우스는 그곳에서 사위인 그라니우스를 비롯해 여러 친구들을 만났다.

마리우스와 그라니우스는 부하들과 함께 배를 타고 리비아로 나아갔다. 그들은 가던 길에 마실 물이 떨어지자 시킬리아 섬 에리키나에 잠시 들르게 되었다. 그런데 마리우스는 하마터면 그곳에서 로마 검찰관에게 잡힐 뻔했다. 물을 구하러 내려갔던 수행원 16명은 잡혀서 죽었고, 나머지 마리우스 일행은 서둘러 그곳을 탈출했다. 마리우스는 전속력으로 배를 달려 메닌스 섬에 도착했다. 그는 이곳에서 아들이 케테구스와 함께 탈출해 누미디아 왕 히엠프살에게 구원을 요청하러 갔다는 소식을 들었다. 이 소식을 듣고 큰 힘을 얻은 마리우스는 더욱 서둘러서 카르타고로 나아갔다.

이때 리비아 총독은 섹스틸리우스라는 로마인이었다. 마리우스는 그에게 은혜를 베푼 적은 없지만 해를 입힌 적도 없었으므로, 어쩌면 그가 동정을 베풀어 자기를 도와줄지도 모른다고 기대했다. 그러나 마리우스가 부하 몇 명을 데리고 배에서 내리자마자 장교 한 명이 앞을 가로막으며 말했다.

"마리우스, 리비아 땅에 발을 들여놓아서는 안 된다는 것이 섹스틸리우스 총독의 명령입니다. 만일 당신이 이곳에 들어온다면 그는 원로원 결정에 따라 당신을 로마의 적으로 대할 수밖에 없다고 하셨습니다."

이 이야기를 듣고 마리우스는 슬프고 분한 생각에 한참 동안 아무 말도 못하고 장교를 뚫어져라 바라보기만 했다. 그러자 장교가 자신이 어떻게 보고해야 하는지, 총독에게 뭐라고 대답을 전해야 하는지 다그쳐 물었다.

마리우스는 깊은 한숨을 쉬며 입을 열었다.

"가서 그에게 이렇게 말하시오. 도망자 카이우스 마리우스가 카르타고 폐허에 앉아 있는 것을 보았다고 말이오."

이 대답에서 마리우스가 자기 운명을 이 도시 운명에 빗대서 말한 것은 부적절한 비유가 아니었다. 그동안 누미디아 왕 히엠프살은 어떻게 행동해야 할지 결정을 내리지 못하고 있었다. 마리우스의 아들과 그의 동료들을 정중하게 대접해 주고는 있었지만, 그들이 떠나겠다고 할 때마다 새로운 핑계를 대면서 사실상 억지로 붙잡아 둔 채 감시하고 있었던 것이다. 그리고 그들의 출발을 미루게 하는 것은 분명히 공정한 처사가 아니었다. 그러다가 정말 거의 일어나기 힘든, 아주 우연한 일이 생긴 덕분에 마리우스 아들 일행은 탈출할 수 있었다.

마리우스의 아들은 미남이었는데, 왕의 후궁 하나가 처음에는 신분에 어울리지 않는 처지에 놓인 그를 보고 동정을 느끼다가 사랑에 빠져버린 것이다. 마리우스의 아들은 처음에는 후궁 말을 믿지 않았지만, 그녀의 사랑이 진심임을 알고는 그녀의 소원을 들어주는 한편, 도움을 얻어 탈출하기로 했다. 후궁은 그에 대한 사랑 때문에 탈출을 도와주었고, 이렇게 해서 마리우스의 아들 일행은 히엠프살의 손에서 빠져나오게 되었다.

그는 곧바로 마리우스를 찾아갔다. 몇 번이나 죽음의 고비를 넘어 드디어 만난 아버지와 아들은 서로 기쁨을 나누며 바닷가를 거닐었다. 그런데 마리우스는 전갈 몇 마리가 서로 싸우는 것을 발견했다. 이를 몹시 불길한 조짐이라고 판단한 마리우스는 곧 고깃배를 얻어 타고, 가까운 곳에 있는 케르키나 섬으로 건너갔다. 배가 막 떠나자마자 히엠프살 왕이 보낸 기병대가 달려왔다. 이렇게 해서 그들은 또 한 번 목숨을 구할 수 있었다.

케르키나 섬에 내린 마리우스는 그곳에서 로마의 소식을 정확히 듣게 되었다. 술라는 보이오티아에서 미트리다테스와 싸우고 있으며, 두 집정관이 서로 파벌 싸움을 벌였다는 것이다. 이 싸움은 옥타비우스 승리로 끝났고, 킨나는 로마에서 쫓겨났다. 그리고 코르넬리우스 메룰라가 킨나에 이어 집정관 자리에 올랐다. 그러자 킨나는 이탈리아 다른 곳에서 군대를 모아, 로마로 쳐들어가서 옥타비우스와 전투를 벌이고 있다는 소식이었다.

마리우스는 이 소식을 듣고 로마로 돌아가기로 마음먹었다. 그는 리비아로 도망쳐 온 이탈리아인들과 마우레타니아인 기병들을 모아 군대를 조직했다. 그러나 그 숫자는 겨우 1000명 남짓이었다. 마리우스는 이들 군대를 이끌고 바다를 건너 티레니아에 있는 텔라몬으로 갔다. 그는 이곳에서 노예들을 모아놓고 군대에 들어오는 자에게는 자유를 주겠다고 선언했다. 한편으로 농부나 유목민들도 그의 명성을 듣고 몰려왔다. 마리우스는 그 가운데 건강하고 용감한 자들을 골라 꽤 많은 병력을 얻을 수 있었다. 그는 이들을 배 40척에 가득 태우고 바다로 나아갔다.

마리우스는 옥타비우스가 아닌 킨나와 손을 잡기로 미리 생각해 두었다. 옥타비우스는 정의롭고 빈틈없는 인물이었지만, 킨나는 술라를 미워해 로마 현 정권에 반대한다는 것을 알고 있었기 때문이다. 마리우스는 킨나에게 사람을 보내, 그를 집정관으로 받들고 모든 명령에 복종하겠다는 뜻을 전했다.

킨나는 마리우스의 제안을 받아들이고 그를 전직 집정관이라 부르면서, 그 지위를 상징하는 파스케스를 보내왔다. 그러나 마리우스는 지금의 자신에게는 그런 물건이 어울리지 않는다면서 사양했다. 그는 평범한 옷을 입고, 로마에서 쫓겨났을 때부터 한 번도 자르지 않은 긴 머리를 한 채 킨나를 만나러 갔다. 시민들 동정을 얻으려는 생각에서였다. 그는 이미 칠순이 넘은 노인인지라 느릿느릿 걸음을 옮겼다. 하지만 이렇게 초라한 모습이었음에도 그 얼굴은 위엄을 잃지 않았으며, 침울한 표정 속에도 운명에 대한 분노가 가득했다.

마리우스와 킨나는 손을 맞잡고 잃어버린 권력과 명예를 되찾자고 다짐했다. 마리우스는 곧 행동을 개시해 먼저 바다를 휘어잡았다. 그는 곡물을 실어 나르던 배들을 공격해 식량을 확보하고, 여러 항구도시들을 손에 넣었다. 오스티아 시를 점령했을 때에는 시민들 재산을 모조리 빼앗고 많은 사람들을 죽였다. 마침내 그의 가슴에 복수의 피가 끓어오른 것이다. 또 그는 모든 강을 막아 바다에서 로마로 식량이 들어가는 길을 완전히 끊어버렸다.

그다음 마리우스는 로마로 진군해 야니쿨룸 언덕에 진을 쳤다. 옥타비우스는 정치를 잘못해서가 아니라, 법률을 너무 고집스럽게 지키려다가 조처를 취해야 할 때를 놓쳐 큰 피해를 입었다.

예를 들면 로마 시민들이 옥타비우스를 찾아가, 노예에게 자유를 주는 조건으로 그들을 병사로 모집하라고 한 적이 있었다. 그러나 옥타비우스는, 자신은 법을 지키기 위해 마리우스와 싸워왔는데 이제 와서 로마 노예들에게 특권을 줄 수는 없다며 거절했다.

물론 옥타비우스의 말은 옳았다. 그러나 그의 부하들은 눈앞에 닥치는 위험도 생각지 않고 정의만을 좇는 그를 탐탁지 않게 여겼다. 그래서 그의 부하들은 예전에 리비아 원정군 총사령관이었으며 마리우스의 공작으로 추방된 메텔루스의 아들이 로마에 오자, 옥타비우스를 버리고 그에게 몰려가 군대의 지휘를 맡아 로마를 구해달라고 간청했다. 그들은 많은 경험과 훌륭한 능력을 가진 그가 그들을 지휘해 주면 목숨을 걸고 싸워 반드시 로마를 지키겠다고 말했다.

하지만 메텔루스는 고개를 저었다. 옥타비우스 장군은 로마 집정관이니 어서 그에게 돌아가 명령을 받으라고 했다. 메텔루스의 아들 또한 자신은 한 사람의 병졸로 싸울 뿐 지휘를 맡을 수 없으며, 모든 시민은 로마법을 지켜야 한다고 말했다. 그러나 그의 앞에서 물러나온 부하들은 그길로 킨나에게 달려갔다. 이를 본 메텔루스의 아들은 로마가 절망에 빠졌다고 생각해 그곳을 떠나버렸다.

그렇지만 옥타비우스는 칼다이아 사람들과 시빌라 예언집 내용을 믿고 로마에 머물러 있었다. 그들은 옥타비우스에게 모든 일이 다 잘되리라고 예언했다. 옥타비우스는 참으로 정직한 사람이었다. 그는 오랜 전통과 법을 하나도 어김없이 받들었으며, 민중에게 아첨하거나 굴복하지 않고 집정관으로서의 명예를 지켜왔다. 그런데 그는 정치나 군사에 뛰어난 사람답지 않게 미신이나 예언을 지나치게 믿는 게 탈이었다.

옥타비우스는 마리우스가 로마에 들어오기 전에 미리 보낸 자객들에게 잡혀 죽임을 당했다. 그때 그의 품속에는 점쟁이가 준 예언을 적은 글이 들어 있었다. 마리우스는 예언을 믿고 성공을 거두었는데, 옥타비우스는 그 때문에 파멸을 했다. 이는 참으로 이해할 수 없는 문제이다.

사태가 이렇게 되자 원로원은 킨나와 마리우스에게 대표를 보내, 시민들을 함부로 죽이지 말고 평화롭게 들어와 달라고 간청했다. 킨나는 집정관으로서 대표들을 정중히 맞아들이고 친절하게 대했다. 하지만 곁에 서 있던 마리우스는 한 마디 말도 하지 않았다. 얼굴을 잔뜩 찌푸린 채 험악한 표정을 짓고 있는 것으로 보아, 그가 로마를 피로 물들일 결심을 하고 있다는 것을 쉽게 짐작할 수 있었다. 회담이 끝나자 그들은 곧 시내로 군대를 움직였다.

킨나는 군대를 성 밖에 두고 호위병만을 거느린 채 로마 시내로 들어갔다. 그러나 마리우스는 성문 앞에 서서 화를 내며 들어가려 하지 않았다. 자신은 추방당한 사람이므로 법률에 따라 이 땅에는 발을 들여놓지 못하게 되어 있다고 말하면서, 자신이 들어가기를 원한다면 다시 투표를 해서 추방령을 취소해 달라고 요구했다. 그는 자신이 법을 존중하는 사람인 것처럼, 법의 결정에 의해 당당하게 나라에 돌아오는 모습을 보이고 싶었던 것이다.

마리우스 비위를 거스르지 않기 위해 시민들은 민회를 소집했다. 그러나 막 투표가 시작되었을 때쯤 그의 뒤로 '바르디아이이'라 부르는 군대가 따랐는데, 이는 선발된 노예들로 구성된 호위대로 몹시 살기등등한 표정을 짓고 있었다. 마침내 시내에 들어온 마리우스는 이성을 잃어버린 복수의 화신 같았다. 그는 바르디아이이에게 명령을 내려 무자비한 학살을 저질렀다. 바르디아이이는 비명과 울음으로 메아리치는 로마 하늘을 향해 마구 칼을 휘둘러댔으며, 도시는 삽시간에 피로 물들었다. 바르디아이이는 마리우스가 고개만 조금 움직여도 무조건 죽이라는 명령으로 알아들었다.

안카리우스는 법무관을 지낸 뒤 원로원 의원으로 있던 사람이었다. 어느 날 그가 마리우스를 찾아가 인사했을 때 마리우스가 인사를 받지 않자, 바르디아이이들이 우르르 달려들어 그 자리에서 안카리우스를 칼로 찔러 죽였다. 이때부터 마리우스가 인사를 받지 않으면 그것은 곧 상대를 죽이라는 신호가 되었다. 이 살인은 큰길에서건 집 안에서건 장소를 가리지 않았다. 이렇게 되자 마리우스의 친구들까지도 너무나 무서운 나머지 그에게 가까이 가지 못했다.

이처럼 엄청난 학살이 이루어지자 킨나는 마리우스의 지나친 행동에 염증이 났다. 그러나 마리우스의 원한은 식을 줄 모르고 나날이 불타올랐다. 그는 조금이라도 의심이 가는 사람은 친척이든 친구든 상관하지 않고 모두 죽였다. 살인 부대가 온 거리를 휩쓸고 다녔다. 하인이 주인을 배신하고, 친구가 친구를 고발했으며, 친척이 친척을 밀고했다. 거리에는 목 없는 시체들이 나뒹굴고 시체 썩는 냄새가 하늘을 찔렀다.

이런 상황에서 코르누투스 노예들이 했던 행동은 정말 칭찬받을 만하고 존경스러웠다. 로마 명사였던 코르누투스는 미처 피신을 하지 못해 집 안에 숨어 있었다. 그의 하인들은 주인을 구하기 위해 시체 하나를 가져와 목을 매어 자살한 것처럼 달아매고, 손가락에 주인의 금반지를 끼웠다. 그리고 마리우스 앞잡이들이 오자 이 시체로 그들을 속이고 성대하게 장례를 치렀다. 다행히 아무도 이 속임수를 눈치채지 못해서, 코르누투스는 무사히 갈리아로 달아날 수 있었다.

그러나 웅변가 마르쿠스 안토니우스는 더없이 가까운 친구 집에 숨어 있다가 목숨을 잃었다. 이 친구는 몹시 가난하고 신분이 낮은 사람이었다. 그는 로마에서도 가장 귀한 사람이 자기 집에 찾아왔으므로 정성을 다해 대접하려는 마음에 하인에게 이웃에 가서 포도주를 사오라고 시켰다. 술집 주인은 이 하인이 평소와 달리 고급 술을 찾는 게 이상해서 웬일로 그렇게 비싼 술을 찾는 것이냐고 물었다. 하인은 단순한 성격인 데다, 술집 주인과 오랫동안 가까이 지냈기 때문에 그만 사실을 이야기해 버렸다. 마르쿠스 안토니우스가 집에 숨어 있어서 자기 주인이 그를 대접하려 한다고 말한 것이다.

음흉한 술집 주인은 이 하인이 돌아가자마자 마리우스에게 달려가 마르쿠스 안토니우스가 숨은 곳을 안다고 말했다. 저녁을 먹고 있던 마리우스는 술집 주인 말을 듣고 너무 기뻐 함성을 지르며 손뼉을 쳤다. 그는 곧 일어서서 직접 나서려 했으나 곁에 있던 사람들이 그를 말렸다. 그래서 마리우스는 안니우스에게 병사를 내주며 가능한 한 빨리 안토니우스 목을 베어오라고 명령했다.

안토니우스가 숨어 있는 집에 도착한 안니우스는 병사들을 집 안으로 들여보냈다. 방 안에 들어간 병사들은 안토니우스를 발견했지만, 차마 그를 죽일 용기가 나지 않아 서로 미루며 눈치만 보고 있었다. 안토니우스는 조심스럽게 입을 열어 그들에게 구원을 청했다. 그의 조리 있고 품위 있는 말에 감동한 병사들은 감히 손을 대지 못하고, 고개를 숙인 채 눈물을 흘리기 시작했다.

문 밖에 있던 안니우스는 아무리 기다려도 병사들이 나오지 않자 집 안으로 뛰어들어 갔다. 그는 자기가 들여보낸 병사들이 안토니우스 말을 들으며 눈물짓는 것을 보고는 어이가 없었다. 그는 병사들을 욕하며 안토니우스에게 달려들어 자기 손으로 목을 베었다.

마리우스와 함께 킴브리족을 정복했던 카툴루스 루타티우스도 살아남지 못했다. 그의 친구들이 마리우스를 찾아가 카툴루스를 살려달라고 애원했지만, 마리우스의 대답은 오직 한 가지뿐이었다.

"그는 죽어야 한다!"

이 소식을 들은 카툴루스는 살아날 희망이 없음을 알고 방 안에 숯불을 피워 연기를 맡고 스스로 목숨을 끊었다.

거리에는 손발이나 머리가 없는 시체가 아무렇게나 나뒹굴었으나, 이제 시민들은 그것을 보면서도 불쌍히 여기지 않았다. 섣불리 동정했다가 자기도 죽게 될까봐 누구 하나 얼씬도 하지 않았다. 그러나 그보다 더욱 지긋지긋한 것은 바르디아이이들의 행패였다. 그들은 시민들 재산을 빼앗고, 가족들 앞에서 아버지를 죽이거나 부녀자를 겁탈하는 것으로도 모자라 아이들까지 학대했다. 그들의 행패는 날이 갈수록 극심해졌다. 이를 보다 못한 킨나와 동료 장군 세르토리우스는 서로 의논한 끝에, 한밤중에 그들 진영을 습격해 바르디아이이 군들을 남김없이 죽였다.

그러는 동안 마치 바람의 방향이 바뀌듯 불안한 소식들이 로마로 전해져 왔다. 술라가 미트리다테스 군대를 쳐부순 뒤 대군을 이끌고 로마로 돌아오고 있다는 것이었다. 이 소식이 전해지자 학살의 바람이 잠시 멎었다. 적이 온다는 말을 들은 마리우스가 잠시 주춤했던 것이다. 마리우스 일당은 전쟁이 눈앞에 다가왔음을 핑계로 마리우스를 일곱 번째로 집정관 자리에 앉혔다. 그가 집정관에 취임한 날은 새해가 시작되는 1월 1일이었는데, 이날 그는 타르페이아 절벽에서 섹스투스 루키누스를 떨어뜨려 죽였다. 이 사건은 마리우스 일파와 나라의 운명을 예고하는 무서운 전조처럼 보였다.

술라 군대가 로마에 점점 가까워졌다. 마리우스는 이제 몸도 지치고, 또다시 술라와 싸울 생각에 수심이 가득했다. 술라군은 옥타비우스나 메룰라 군대와는 사뭇 달랐다. 예전에 그를 로마에서 내쫓고, 미트리다테스를 멀리 폰투스 영토까지 몰아넣은 술라가 다시금 자신에게 다가오고 있는 것이다. 마리우스는 몸을 일으켜 세울 힘도 없었다. 바다로 땅으로 도망다니던 지난날과 죽을 고비를 겪었던 일들이 하나하나 눈앞에 떠올라, 가슴이 답답해지고 견딜 수 없는 두려움이 밀려들었다. 그는 악몽에 시달려 잠도 제대로 잘 수 없었다. 그리고 누군가 자신에게 이런 말을 하는 환청에 시달리며 몹시 괴로워했다.

사자 굴은 사자가 나가고 없어도 무서운 법이다.

그는 잠 못 이루는 밤이 너무도 두려워서 술을 마셨고, 가슴을 짓누르는 근심을 잊기 위해 그의 나이에 해로운 이런 취기에 의지해 억지로 잠을 청했다. 그러던 어느 날, 드디어 술라가 가까이 왔다는 소식이 바다로부터 들려오자 그는 새로운 공포에 휩싸였다. 미래에 대한 두려움과 현재의 무거운 짐 때문에 그는 견딜 수 없이 괴로웠다. 철학자 포세이도니우스가 전하는 이야기로는, 그는 이때 어떤 작은 원인으로 가슴막염에 걸렸다고 한다.

또 역사가 카이우스 피소 기록을 보면, 어느 날 마리우스가 저녁 식사를 마친 뒤 친구들과 산책하다가 우연히 자기 인생에 대한 이야기를 하게 되었다고 한다. 그때 그는 어릴 때 이야기를 시작으로 자기가 겪었던 운명의 고비들을 손꼽으며 이야기한 다음, 바른 정신을 가진 사람이라면 더는 행운에 의지하지 않으리라고 말했다. 그런 뒤 친구들과 헤어져 집으로 돌아온 그는 자리에 누워 7일 동안 앓다가 죽었다. 어떤 사람은 마리우스의 야심은 그가 병석에 누웠을 때 더 크게 드러났다고 한다. 정신이 이상해진 그는 미트리다테스와 전쟁하는 환상에 사로잡혀서, 호령하고 함성을 지르는 등 실제로 싸우는 것처럼 행동했다. 그는 자기 야심 때문에 병에 걸려 누워서까지 미트리다테스와 싸우고 싶어한 것이다.

70년이라는 세월을 살았고, 처음으로 일곱 번이나 계속해서 집정관을 지냈으며, 여러 왕들을 합쳐도 부족할 만큼 크나큰 부귀영화를 누렸지만, 그는 자기 소망을 다 이루지 못하고 죽어야 하는 운명을 탓하면서 한숨지었다.

플라톤은 죽음이 가까웠을 때 자신의 운명에 대해 첫째로 사람으로 태어난 것, 둘째로 야만인이 아닌 헬라스인으로 태어난 것, 셋째로 소크라테스와 같은 시대에 태어난 것을 감사드렸다고 한다.

타르수스의 안티파트로스도 죽기 전에 자기가 살아 있는 동안 누렸던 행복을 떠올리며 고백했는데, 그는 로마에서 아테나이까지 바닷길을 무사히 건너간 일까지 행운으로 헤아렸다고 한다. 그는 이처럼 사소한 일까지도 모두 행운이었다 믿고 감사히 여기면서, 인간이 가진 가장 귀한 보물 창고인 기억 속에 평생토록 간직했던 것이다.

그러나 기억이 짧고 생각도 깊지 못한 사람들은 지난 일들을 그저 시간의 흐름 속에 묻어버리고 만다. 단 한 가지도 기억에 담아두지 못한 그들은, 오로지 앞날의 한 줄기 행운만 꿈꾼 나머지, 자기 손에 쥐어진 현재를 외면해 버린다. 미래라는 것은 운명에 따라 빼앗길 염려가 있음에도, 그들은 현재의 운명이 주는 것도 바람에 내던지고는 불확실한 미래만을 쫓으려 한다. 이는 이상한 일이 아니다. 큰 집을 지으려면 기초를 튼튼히 다져야 하듯이 사람의 행복도 미리 이성을 개발하고 교양을 쌓아두어야만 하기 때문이다. 기초가 세워지지 않고서는, 자기가 꿈꾸는 끝없는 욕망에 아무리 매달려 봐야 끝내 채울 수 없으니 말이다.

이리하여 마리우스는 일곱 번째로 집정관이 되어 고작 17일 동안 그 자리에 있다가 세상을 떠났다. 그가 죽자 로마 시는 온통 기쁨으로 들끓었다. 이제는 마리우스의 혹독한 압제에서 벗어나리라는 희망 때문이었다. 그러나 시민들은 며칠도 못 되어, 늙고 병든 폭군 대신 젊고 혈기 왕성한 또 다른 폭군을 맞이해야 했다.

그는 바로 마리우스의 아들이었다. 작은(小) 마리우스는 아버지보다 더욱 잔혹하고 야만적이었다. 그는 로마에서 존경받는 훌륭한 시민들을 모두 잡아다 처형했다. 처음에 그는 전쟁터에 나서면 위험이 무엇인지 모르는 사람처럼 대담했기 때문에 '군신 마르스 아들'이라고 불렸다. 그러나 그가 본색을 드러낸 뒤부터는 '베누스 아들'이라 불리게 되었다. 그는 뒷날 술라에게 쫓겨 프라이네스테로 도망가 목숨을 지키려고 애쓰다가, 시가 함락되고 술라 군대가 쳐들어오자 스스로 목숨을 끊었다.

리산드로스 (LYSANDROS)

델포이 신전 아칸투스 사람들 봉납품 창고에는 이런 글귀가 새겨져 있다.

"이것은 브라시다스와 아칸투스 사람들이 아테나이군으로부터 얻은 전리품들이다."

따라서 이 창고 문 가까이에 놓인 석상을 본 사람들은 거의 이것이 브라시다스의 상이라고 여긴다. 그러나 사실 이는 리산드로스 석상이다. 이 석상은 옛 풍속대로 머리카락을 길게 기르고, 덥수룩한 수염을 지녔다. 몇몇 사람들이 말하듯이 아르고스인들은 싸움에 크게 지고 나면 슬픔을 이기지 못해 자신의 머리칼을 잘랐고, 이와 달리 스파르타인들은 승리를 기뻐하며 머리를 길렀다는 것은 사실이 아니다. 또 바키아다이 집안사람들이 코린토스에서 스파르타로 망명했을 때 그들의 박박 깎은 머리 모습이 너무나 볼품없어서, 그때부터 스파르타 사람들은 너도나도 머리를 길게 기르게 되었다는 이야기도 거짓이다. 머리를 기른 것은 리쿠르고스 때부터 시작된 풍속으로, 리쿠르고스는 늘 머리를 기르면 잘생긴 사람은 더욱 잘생겨 보이고, 못생긴 사람은 더 험상궂어 보인다고 말했다 한다.

리산드로스의 아버지 아리스토클레이투스는 비록 왕족은 아니었지만, 헤라클레스 후손이었다고 한다. 리산드로스는 가난 속에서 자라났음에도, 어느 누구 못지않게 스파르타 풍습을 열심히 익혀나갔다. 리산드로스는 남자다운 씩씩함을 지녔을 뿐 아니라, 모든 쾌락을 거들떠보지 않고 이겨냈다. 그러나 오직 한 가지, 훌륭한 일을 함으로써 명망 있고 지체 높은 이들에게 인정받는 일을 그의 유일한 즐거움으로 삼았다. 스파르타에서는 젊은이들이 이런 쾌락에 빠지는 것을 온당한 일로 자랑스럽게 여겼다. 본디 스파르타인들은 아이들이 아주 어릴 때부터 비난받는 것을 두려워하고 칭찬받는 것을 열망하기 바랐다. 이런 일에 무감각한 사람은 야망이 없는 게으른 자라며 멸시당하곤 했다.

이러한 스파르타식 교육을 철저하게 받은 리산드로스는 명예욕과 경쟁심이 강할 수밖에 없었다. 때문에 그가 죽는 순간까지 공명심과 명예에 집착했던 것을 단순히 그의 천성이었다며 비난할 수는 없다. 하지만 그는 스파르타식 이상(理想)으로 높은 지위에 있는 사람들에게 맹목적으로 복종했는데, 이는 그의 본성에서 비롯됨으로 생각된다. 그는 자신에게 이롭다고 여겨질 때에는 권력자의 거만한 태도조차 아무렇지 않게 대할 수 있었다. 이런 리산드로스 됨됨이를 그의 정치적 재능으로 보는 이들도 많다.

아리스토텔레스는 위대한 인물은 우울증에 걸려 있는 사람들이라고 소크라테스, 플라톤, 헤라클레스 등을 그 예로 들었는데, 리산드로스 또한 젊은 시절에는 그렇지 않았지만 나이 들어감에 따라 우울증에 걸렸다고 기록했다.

리산드로스의 성격 가운데 가장 독특한 것은 가난을 훌륭하게 견디며 청빈하게 살기를 좋아했다는 점이다. 그는 부를 얻고자 부정을 저지르지도 않았으며, 어떤 경우에도 돈에 지배되거나 매수되는 일이 없었다. 그러나 나라를 풍요롭게 하기 위해서는 온갖 노력을 아끼지 않았는데, 그 때문에 황금을 멀리하는 것을 명예로 여긴 스파르타 전통을 깨뜨리고 시민들에게 돈이 최고라 여기는 사상을 고취시키기도 했다. 그 한 예로 아테나이와의 전쟁 뒤에 어마어마한 재물을 스파르타에 실어왔으나 리산드로스 자신은 단 1드라크메도 갖지 않았다.

언젠가 시킬리아 독재자 디오니시우스가 리산드로스의 딸들에게 값비싼 드레스를 보낸 일이 있다. 리산드로스는 이런 좋은 옷을 입으면 딸들이 더 못생겨 보일 것이라면서 받지 않았다. 하지만 그로부터 얼마 뒤, 리산드로스는 스파르타 사절로서 디오니시우스 왕을 찾아가 만나게 되었다. 이때 디오니시우스가 비단 옷 두 벌을 다시 내놓으면서, 딸을 위해 하나 골라서 가져가라고 말했다. 그러자 리산드로스는 딸아이가 자신에게 어울리는 옷을 더 잘 고를 것이라 말하고는 두 벌 모두 가져갔다. 딸에게 주려는 게 아니라, 국고를 보충하려는 생각에서였다.

리산드로스가 처음 해군 사령관이 된 것은 펠로폰네소스 전쟁 끝무렵이었다. 그즈음 시킬리아 섬 앞바다에서 아테나이 함대는 참패를 당했다. 큰 타격을 입은 아테나이 해군은 제해권을 잃고 당장이라도 전쟁을 포기할 듯 보였다. 하지만 아테나이에서 추방되었던 명장 알키비아데스가 아테나이로 돌아와 지휘권을 잡으면서 상황은 크게 변했다. 알키비아데스는 짧은 기간 동안 아테나이 해군을 정비하고 스파르타에 대항할 만한 힘을 갖추었다.

이에 다시 위협을 느낀 스파르타 사람들은, 새롭게 용기를 내서 전쟁에 대비하기로 결정했다. 보다 강력한 군대와 유능한 장군을 필요로 하게 된 스파르타는 리산드로스를 해군 총사령관으로 임명했다. 해군 사령관 임무를 맡은 리산드로스는 에페수스에 부임했는데, 이곳은 스파르타 해군의 요새와 마찬가지였다. 리산드로스가 도착하자 에페수스인들은 뜨겁게 그를 환영했다. 이를 본 리산드로스는 몇몇 나쁜 조건들만 없앤다면 이 도시는 스파르타에 매우 이롭겠다는 생각을 하게 되었다. 나쁜 조건이란, 에페수스가 리디아와 가까운 것을 뜻한다. 그곳에는 페르시아 사람들이 많이 뒤섞여 살았으며, 페르시아 장군들이 줄곧 이곳에서 지냈기 때문에 그 방탕한 풍속에 젖어 에페수스는 야만적인 생활을 하는 도시가 될 위기에 처해 있었다.

리산드로스는 에페수스 시민들의 타락한 생활을 단숨에 없애기 위해 이곳에 총사령부를 설치했다. 그러고는 부근을 항해하는 상선들은 반드시 에페수스 항에 모이도록 명령하는 한편, 조선소를 세워 군함을 만들도록 했다. 이로써 항구는 나날이 번창해 배들로 가득 찼으며 시장도 번성해 갔다. 그리하여 시민들도 공장도 모두 부유하게 되었다. 리산드로스 덕분에 에페수스는 오늘날 같은 번영을 이루게 된 셈이다.

그즈음 페르시아 왕자 키루스가 사르디스에 왔다는 소식이 들려왔다. 리산드로스는 왕자와 만나 페르시아 군사령관인 티사페르네스를 탄핵하려고 마음먹었다. 티사페르네스는 스파르타군을 도와 바다에서 아테나이 세력을 물리치라는 지시를 받았으면서도 알키비아데스 세력이 두려워 감히 싸울 생각을 하지 못하고, 스파르타군에 너무 인색하게 굴어서 스파르타 함대 힘마저 떨어뜨리고 있었다.

리산드로스는 사르디스로 가서 키루스를 만났다. 왕자는 리산드로스를 정중히 맞이하고는 그의 말에 귀를 기울였다. 사실 키루스는 오래전부터 티사페르네스를 미워하며 원수처럼 여기고 있던 터라 리산드로스의 탄핵을 더욱 귀담아들었다. 리산드로스 또한 기쁜 마음으로 날마다 왕자의 환심을 사기 위해 애썼다. 이번 일뿐 아니라 그 뒤로도 리산드로스는 사르디스에 머무는 동안 키루스의 마음을 사로잡았다. 무엇보다 키루스의 마음에 든 것은 리산드로스의 겸손함이었다. 마침내 왕자는 아테나이와의 전쟁에서 적극적으로 스파르타를 돕겠다고 그에게 약속했다.

리산드로스가 일을 마치고 떠나려 하자 키루스는 그를 위해 성대한 잔치를 열었다. 그러고는 그 자리에서, 자신의 우정 표시를 거부하지 말라며, 무엇이든 원하는 게 있으면 말하라고 했다. 무엇을 말하든지 다 들어주겠다는 이야기였다. 리산드로스는 이렇게 말했다.

"왕자님의 너그러운 호의에 깊이 감사드립니다. 저희 수병의 임금을 지금 3오볼로스에서 1오볼로스 늘린, 4오볼로스로 올려주십시오."

키루스는 리산드로스가 병사들 생활부터 걱정하는 모습에 감동하여, 그런 정신을 기특하게 여겨 그 자리에서 리산드로스에게 1만 다레이코스(페르시아의 금화)를 주었다. 리산드로스는 에페수스로 돌아오자마자 키루스가 준 돈으로 수병들 봉급을 올려주어 군대의 사기를 북돋웠다.

리산드로스가 수병들 봉급을 올려주었다는 소식이 적군 귀에까지 들어갔다. 이 소식을 들은 아테나이 수병들은 밤을 틈타 떼를 지어 스파르타군으로 몰래 숨어들었다. 그들은 모두 리산드로스의 부하가 되고자 했고, 리산드로스는 그들을 따뜻하게 받아들였다.

이렇게 되자 아테나이 함대는 수병들이 부족하게 되었다. 스파르타군으로 넘어가지 않고 남아 있던 군사들은 사기가 바닥에 떨어져 무슨 일이든 소극적이며 반항적인 태도로 대했다. 일이 이렇게 되자 지휘관들은 날마다 곤란에 빠졌다. 그에 비해 리산드로스 해군은 나날이 힘이 세어졌다. 그러나 그는 쉽게 전투를 벌일 수는 없었다. 리산드로스는 알키비아데스 해군의 숫자가 여전히 자기 병사들보다 훨씬 많으며, 알키비아데스가 땅이나 바다를 가리지 않고 언제나 승리만을 거두어 온 명장이이라는 사실을 알고 있었기에 그를 두려워했다.

한편 알키비아데스는 자금을 모으기 위해 사모스에서 포카이아로 떠나야만 했다. 그는 떠나기 전, 아테나이 해군 지휘권을 군함 함장인 안티오코스에게 맡겼는데, 이 안티오코스는 터무니없게도 리산드로스를 놀리려고 마음먹었다. 그는 군함 두 척을 거느리고 에페수스 항구로 갔다. 그러고는 마침 정박해 있는 스파르타 함선 옆으로 바짝 다가가서, 소리 높여 비웃기도 하고 무기를 두들기며 시끄럽게 했다. 처음에 리산드로스는 그저 귀찮은 녀석들이라 여기며 몇몇 군함을 보내 그들을 쫓아버렸다. 그러나 이윽고 아테나이 함대가 안티오코스를 구하기 위해 한꺼번에 몰려오자 리산드로스도 몇 척의 배를 더 보냈다. 그러다가 리산드로스는 모든 함대에 명령을 내려 전면전을 벌일 결심을 하고는 스파르타 해군에 총출동 명령을 내렸다. 마침내 거대한 해전이 일어났으나, 알키비아데스가 없는 아테나이 함대는 무력하기 짝이 없었다. 스파르타 군은 수십 척이 넘는 아테나이 함대를 무찌르고 적 군함 15척을 빼앗았다. 이 소식을 들은 아테나이 시민들은 사령관인 알키비아데스가 일을 잘못 처리한 탓이라며 그를 사령관직에서 파면했다. 알키비아데스는 한낱 장군으로 사모스 섬으로 돌아왔으나 그곳에 주둔한 병사들로부터도 멸시를 당할 수밖에 없었다. 이런 모욕을 견딜 수 없었던 그는 끝내 사모스 진영을 떠나 케르소네소스로 가버리고 말았다. 그 뒤로 알키비아데스는 곧 몰락하고 만다. 사실 이 해전은 그다지 대단한 싸움은 아니었지만 공교롭게도 아테나이 명장 알키비아데스의 몰락을 불러왔기에 매우 유명한 전투로 알려지게 되었다.

리산드로스는 헬라스 여러 도시들에서, 용기가 뛰어나고 위엄 있다 여겨지는 사람들을 에페수스로 초대했다. 혁명적인 10인 과두 정치체제를 확립할 기초 작업을 시작한 것이다. 그렇게 모인 사람들 앞에서 리산드로스는 자신의 포부를 밝혔다. 눈앞으로 다가온 혁명을 완성하기 위해 모두 함께 더욱 힘을 내자고 격려하면서, 머지않아 아테나이뿐만 아니라 민중의 정치체제도 함께 무너지게 될 것이므로 그때 저마다 본국에 돌아가서 새로운 정권을 장악하게 될 거라고 말했다.

리산드로스는 자기 뜻을 거스르면 결코 높은 지위에 오를 수 없음을 그들이 보는 앞에서 행동으로 보여주었다. 그는 자신과 가까운 이들에게는 중요한 임무를 주어 명예와 권세를 누리도록 했다. 또 그들의 야심을 만족시켜 주기 위해서는 부정이나 불법적인 행동도 마다하지 않을 기세를 보였다. 보다 많은 이들을 자기 세력으로 끌어들이려는 목적에서였다. 결과는 그의 생각처럼 흘러갔다. 많은 이들이 온갖 수단을 다해 리산드로스와 가까이 지내려 들었으며, 그의 뜻을 따르려고 애썼다. 리산드로스가 집권하게 되면 자신들의 높은 야망도 이루어질 수 있으리라 믿었기 때문이었다.

그러나 리산드로스는 그 계획이 이루어지기도 전에 해군 총사령관직을 내놓지 않으면 안 되었다. 리산드로스 후임으로 칼리크라티다스가 함대 사령관이 되었지만, 사람들은 그를 흔쾌히 맞아들이지 않았다. 그 뒤 그는 사령관으로서 뛰어난 장군이며 정의를 중요하게 여기는 사람으로 보이려 노력했다. 하지만 스파르타식의 단순하고 정직하기 만한 그의 지휘 솜씨는 그다지 환영받지 못했다. 사람들은 칼리크라티다스의 뛰어난 인품을, 마치 아름다운 영웅의 동상을 대하듯 감탄하기는 했지만, 거기까지였다. 사람들은 리산드로스의 열의와 동지애, 그리고 그에게 기대했던 온갖 이익들을 떠올리며 그를 그리워했다. 그래서 리산드로스가 그들과 작별 인사를 나누고 배를 타고 떠났을 때 사람들은 크게 낙심해 눈물을 흘릴 정도였다.

리산드로스는 사람들이 칼리크라티다스를 미워하도록 부채질하기도 했다. 키루스에게서 받은 해군 군자금의 나머지를 페르시아군 사령부에 돌려 줘 버린 것이다. 그러고는 만일 돈이 필요하다면 신임 사령관에게 달라고 요구하고, 그가 어떻게 군대를 유지하는지 지켜보라 말했다. 곧 떠나는 날이 오자 리산드로스는 칼리크라티다스를 불러서, 그가 받은 함대가 해상권을 완전히 장악하고 있다며 뽐내듯이 말했다.

이 말을 들은 칼리크라티다스는 리산드로스의 말이 헛된 주장임을 폭로하려는 듯 이렇게 말했다.

"그렇다면 사모스 섬을 왼쪽으로 바라보면서, 크게 돌아 밀레투스를 항해한 뒤에 함대를 내게 넘겨주시지요. 우리 함대가 제해권을 잡고 있다면 사모스에 주둔하고 있는 적의 옆을 지나가더라도 그들을 두려워할 필요가 없을 테니까 말이오."

그러자 리산드로스는 이제부터 이 함대를 지휘하는 것은 자신이 아니라 칼리크라티다스 장군이라 대답하고는 곧장 펠로폰네소스로 가버리고 말았다.

그렇게 남겨진 칼리크라티다스는 몹시 곤란한 처지에 놓였다. 취임할 때, 본국에서 따로 군대에 쓸 돈을 가져오지 않았기 때문이다. 그렇다고 재정난에 허덕이는 도시들로부터 돈을 거둬들이기는 더욱 어려운 일이었다. 이제 남은 방법은 리산드로스가 했듯이 페르시아 장군들을 찾아가 도움을 청하는 길뿐이었다. 하지만 다른 건 몰라도 칼리크라티다스는 그런 일을 할 수 있는 사람이 아니었다. 그는 자유와 명예를 무엇보다 존중했기 때문에, 페르시아 사람 앞에서 무릎 꿇고 황금을 구걸하기보다는 차라리 같은 헬라스인에게 지는 편이 더 낫다고 여겼다. 그는 평소 페르시아 사람들은 부자라는 사실 말고는 칭찬할 만한 어떤 점도 없다고 여겨 그들을 경멸했다.

그러나 지금은 그런 여유를 부릴 때가 아니었다. 사정이 다급했으므로, 그는 어쩔 수 없이 키루스 왕자를 만나기 위해 리디아로 갔다. 그는 궁전 수비병에게 스파르타 해군 총사령관 칼리크라티다스가 면담하러 왔음을 왕자에게 전해 달라고 부탁했다. 그러자 문지기가 말했다.

"지금 전하께서는 몹시 바쁘십니다. 연회가 한창 열리고 있으니까요."

칼리크라티다스는 천진하게 말했다.

"그렇다면 연회가 끝날 때까지 기다리겠소."

그러자 수비병들이 그를 시골뜨기 취급하면서 웃음거리로 삼았다. 만나주지 않겠다는 왕자의 명을 문지기가 돌려 말한 것을 곧이곧대로 믿은 까닭이었다. 그는 물러날 수밖에 없었다. 그대로 돌아올 수는 없어 다음 날 다시 찾아갔지만, 마찬가지로 돌아오는 건 거절뿐이었다. 그는 분한 마음을 안고 에페수스로 돌아와야만 했다. 그의 마음은 분노와 복수심으로 들끓었다. 그는 비단 페르시아뿐만 아니라 이런 야만족을 이용하면서 그들에게 이런 무례한 행동을 가르친 비굴한 자들을 모조리 저주했다. 그러고는 곁에 있던 친구들에게 스파르타로 돌아가면 온 힘을 기울여 헬라스 여러 나라들이 화해하도록 만들어서, 헬라스가 단결하면 얼마나 무서운 존재인지를 페르시아인들에게 똑똑히 보여줌으로써, 더 이상 헬라스가 야만족 힘을 빌려 싸우는 일이 없도록 만들 것이라고 맹세했다.

스파르타 해군 총사령관 칼리크라티다스의 포부는 이처럼 스파르타 사람다웠다. 정의를 사랑한 점이나 위대한 용기와 정신으로 볼 때, 그는 헬라스 영웅들과 어깨를 나란히 할 만한 인물이었다. 그러나 그는 고귀한 뜻을 펼칠 기회를 끝내 얻지 못했다. 칼리크라티다스는 얼마 뒤 아르기누사이 해전에서 행방불명이 되었다.

이렇게 형세가 불리해지자 동맹군은 스파르타에 사절을 보내, 리산드로스를 함대 사령관으로 임명하라고 요구했다. 그가 지휘하면 한층 더 열의를 갖고 열심히 싸우겠다는 뜻이었다. 게다가 페르시아 왕자 키루스까지 사자를 보내 똑같은 요구를 해왔다. 그런데 스파르타 법률은 한 사람이 두 번 사령관이 되는 일을 금지하고 있었다. 스파르타는 여러 궁리 끝에 동맹국 가운데 아라쿠스라는 사람을 함대 사령관으로 삼고 리산드로스를 부사령관으로 임명했다. 그리고 실질적인 사령관의 권한을 리산드로스에게 주었다. 예전부터 권력을 탐내던 각 도시의 정치 유력자들은 스파르타의 이런 조치를 환영했다. 리산드로스가 재기함으로써 민중의 정치체제가 무너지고 자신들 세력이 더욱 커지리라 기대했기 때문이다.

그러나 사령관은 정의로우면서도 고귀해야 한다고 믿는 이들에게 리산드로스는 칼리크라티다스에 비해 매우 교활하고 음흉한 인물로 보였다. 그는 싸움을 비롯한 여러 면에서 이런저런 속임수를 썼으며, 전쟁에서 승리를 거두기 위해 온갖 모략과 불법도 서슴지 않았다. 그는 자신에게 이로울 때에만 정의를 부르짖었고 그러지 않을 때에는 진실마저 내팽개치기 일쑤였다. 리산드로스는 비열한 수단을 쓰는 것을 조금도 부끄러워하지 않았다. 이런 방법을 쓰는 게 헤라클레스 후손인 스파르타인에게는 어울리지 않는다 말하는 사람에게, 그는 웃으며 이렇게 말하기도 했다.

"사자 가죽이 모자라면 여우 가죽이라도 이어 붙여 늘여야 하지 않겠소."

수단 방법을 가리지 않는 그의 성격은 밀레투스에서도 그대로 나타났다. 그곳에 있는 동안 그는 자기를 따르며 과두정치를 꿈꾸는 이들에게 그것을 반대하는 사람들을 추방하는 일을 돕겠다고 약속했다. 하지만 이들이 마음을 고쳐먹고 민중 정치가들과 타협하자, 겉으로는 기뻐하며 그 화해를 돕는 척하면서, 뒤로는 그들을 나무라고 계속해서 민중을 압박하도록 했다. 이 때문에 화해했던 정적끼리 다시 다툼이 일어났다. 민중 봉기가 시작되자, 그는 재빨리 군대를 시내로 보내 자기 추종자들은 잡아들여 거칠게 다루었으며, 모조리 끌고 가서 재판에 넘겼다. 그러는 한편 민중 정치가들은 칭찬하고 격려했다. 마치 민중 편인 척하면서 그들을 안심시킨 것이다. 그러나 이는 속임수였다. 그들이 마음 놓게 한 뒤 모조리 잡아서 처치하려는 계획이었다. 민중파 주동자들은 리산드로스의 말과 행동을 곧이곧대로 믿고 아무도 달아나지 않았다. 이 기회를 놓치지 않고 리산드로스는 민중파 지도자들을 모두 잡아들여 처형했고, 잡아 가두었던 자기 추종자들을 풀어주었다.

안드로클레이데스 기록에 따르면 리산드로스는 선서를 아무렇지도 않게 여겼다 한다. 리산드로스는 사모스 참주 폴리크라테스를 흉내내며 이렇게 말하기도 했다.

"어린이를 속일 때는 주사위를 주고, 어른을 속이기 위해서는 선서를 하라!"

그는 신에게 한 맹세조차 중요하게 여기지 않았는데, 이는 스파르타 사람답지 않은 일이었다. 적을 무찌르겠다 맹세하고도 곧바로 저버리는 사람은 적이 두려워서 그랬겠지만, 그런 행동은 신을 가볍게 여기는 일이나 마찬가지일 터이다.

얼마 뒤 키루스는 리산드로스를 사르디스로 초청했다. 그는 약속했던 군자금을 주고는 앞으로 더 많은 자금을 대주겠다고 말했다. 또 리산드로스의 호감을 사고 싶은 마음에 젊은이다운 솔직함으로 자신은 있는 힘껏 리산드로스 장군을 도울 것이며, 만일 부왕이 아무것도 주지 않는다면 자신이 가진 모든 것을 주겠다고 말했다. 그래도 부족하다면 자신이 앉아 있는 의자의 금과 은을 떼어서라도 자금을 마련해 줄 테니 리산드로스는 아무 걱정하지 말고 전쟁에만 온 힘을 다하라고 덧붙였다.

마지막으로 키루스는 아버지를 만나러 메디아로 떠났다. 떠나기 전 그는 리산드로스에게 그의 통치 아래 모든 도시들로부터 세금을 받아서 마음대로 쓰라고 말하며 자기 영지의 관리도 그에게 맡겼다. 그리고 자신이 돌아올 때에는, 포이니키아와 킬리키아의 많은 군선을 이끌고 올 테니, 그때까지는 절대로 아테나이군과 싸우지 말아달라는 말을 남겼다. 그러나 리산드로스는 확실한 승산이 없는 해전을 할 수도 없고, 그렇다고 이만한 군함을 갖고 있으면서 마냥 세월만 보낼 수도 없었다. 그래서 몇 번 망설임 끝에 마침내 마음을 다잡고 함대를 출동시켰다.

리산드로스는 바다에 흩어져 있는 섬 가운데 몇몇을 자기편으로 끌어들여, 아이기나 섬과 살라미스 섬을 휩쓸었다. 그런 다음 아티카에 상륙한 그는 아기스 왕을 만나 경의를 표했다. 왕은 데켈레이아에 머물고 있었으나 리산드로스를 만나기 위해 자진해서 온 터였다. 리산드로스는 그곳에 주둔한 스파르타 육군에게 함대를 과시하려는 듯, 자신의 군대는 제해권을 잡고 있으므로 원하는 곳이라면 어디든 갈 수 있다고 의기양양하게 말했다. 하지만 곧 아테나이 함대가 뒤쫓아 온다는 정보가 들려오자 그는 항로를 바꾸어 섬들 사이를 지나 아시아로 달아나 버렸다. 아시아로 도망쳐 온 리산드로스는 방어가 소홀한 적의 땅을 돌아보기 시작했다. 헬레스폰투스에 적함의 그림자가 없음을 확인한 그는, 곧바로 함대를 지휘해 해협에 있는 람프사쿠스 시를 공격했다. 그동안 토락쿠스는 리산드로스를 돕기 위해 보병 부대를 이끌고 와 육지에서 동시에 성벽을 공격했다. 이렇게 해서 무력으로 이 도시를 점령한 리산드로스는 병사들이 약탈하는 대로 내버려 두었다.

한편 180척으로 이루어진 아테나이 함대는, 때마침 케르소네소스에 정박하고 있었는데, 람프사쿠스가 적에게 함락되었다는 소식을 듣고는 곧바로 전진해 세스토스에 입항했다. 그곳에서 군량을 실은 뒤 아이고스포타모이로 나아가, 아직 정박 중인 적 함대와 대치했다. 아테나이 함대 지휘관은 여럿이었다. 그 가운데 필로클레스라는 사람은 예전에 포로들 오른쪽 엄지손가락을 잘라버려 다시는 무기를 쥘 수 없게 만들어, 노 젓는 노예로 만드는 법안을 제정해 통과시키자고 민회에 제안하기도 했다.

양쪽 군대는 다음 날 아침에 전투가 벌어지리라 예상하고 쉬는 참이었다. 그러나 리산드로스에게는 다른 작전이 있었다. 그는 새벽에 전투라도 벌일 것처럼 조용히 해군과 선원들을 배에 태워 말없이 신호를 기다리도록 명령했다. 보병도 마찬가지로 바닷가에 질서정연하게 대열을 짜도록 했다. 하지만 명령을 내리기 전에는 절대로 움직이지도, 싸우지도 말라고 지시했다. 마침내 해가 떠오르자, 아테나이군은 전 함대를 동원해 정면에서 공격을 가하여 싸울 기세를 보였다. 그러나 새벽부터 전투태세를 갖추었으면서도 리산드로스는 도무지 싸우려 들지 않았다. 오직 맨 앞에 선 작은 배 두세 척으로 하여금 전령을 보내, 움직이거나 대형을 무너뜨리지 말라, 소리 내거나 싸움에 응하지 말라 명령할 뿐이었다.

어느덧 날이 저물자 아테나이 함대는 지쳐서 돌아가기 시작했다. 리산드로스는 배 몇 척을 보내 적이 모두 전함에서 내려 상륙했다는 보고를 받은 뒤에야 병사들을 배에서 내려오게 했다. 다음 날도, 그다음 날도 똑같은 일이 되풀이되었다. 그렇게 해서 나흘째가 되자 아테나이군 병사들은 어느덧 모두 대담해져서, 적들이 겁을 잔뜩 집어먹어 배 안에만 들어앉아 있다고 얕잡아 보았다.

그러던 참에 평민 신분으로 케르소네소스 성에 살고 있던 알키비아데스가 말을 타고 아테나이군 진영에 찾아왔다. 그는 전투 상황을 둘러본 뒤 지휘관들을 크게 꾸짖으며 충고했다. 첫째, 제대로 된 부두도 없는 바닷가에 진지를 구축한 것은 그리 좋은 판단이 아니며, 안전하지도 않다. 둘째, 군량이나 군수품을 멀리 세스토스로부터 조달한다는 것은 큰 잘못이며, 그보다 가까운 곳에 배를 대고, 적으로부터 더 떨어져 있어야 한다. 적들은 한 지휘관 아래 질서 있게 움직이며 그를 두려워하기 때문에, 지휘관이 손가락 하나만 까딱해도 곧바로 행동할 것임에 틀림없다. 알키비아데스는 이렇게 말했으나 그 의견은 받아들여지지 않았다. 티데우스 장군은 알키비아데스에게, 이곳 지휘관은 당신이 아니라 우리들이라며 건방지게 말했다.

알키비아데스는 곧 자리를 떠났으나 그들이 혹 배반하기 위한 음모를 꾸미는 것은 아닌가 의아스럽게 여겼다.

닷새째 되는 날, 아테나이군은 전날과 마찬가지로 스파르타 함대를 찾아 배를 보냈다가 다시 돌아왔다. 하지만 그 태도는 매우 경솔했으며, 상대를 얕잡아 보고는 경계도 소홀히 했다. 한편 리산드로스는 정찰선을 내보냈다. 그리고 그 함장들에게, 만일 아테나이인들이 배에서 상륙하거든 전속력으로 적과 아군 한가운데로 들어가서 뱃머리에 방패를 내걸어 공격 신호로 삼으라고 지시했다. 그러고 나서 자신은 전 함대를 하나하나 돌아보면서 함장과 항해사들에게 격려의 말을 전했다. 또한 그는 병사들에게 자리를 잡고 공격 준비를 하라이르면서, 신호가 있으면 온 힘을 다해 적에게 덤비라고 명령했다

이윽고 돌아오는 정찰선 뱃머리에 방패가 드높게 걸려 번쩍였다. 기함에서 전투 시작을 알리는 나팔이 울려퍼지자 함대는 일제히 앞으로 나아갔고, 보병부대도 이에 뒤지지 않으려고 빠르게 해안을 돌았다. 스파르타 병사들은 힘차게 노를 저어 삽시간에 적 함대 쪽으로 다가갔다. 케르소네소스와 대륙 사이 바다 폭은 15펄롱이지만, 배 젓는 이들이 온 힘을 다했기 때문에 거리는 문제되지 않았다.

아테나이 해군에서는 사령관 코논이 가장 먼저 적 함대가 밀어닥쳐 오는 것을 보았다. 그는 큰 소리로 상륙하는 병사들에게 군함으로 돌아가라고 호령했으나 아무런 소용이 없었다. 갑작스러운 적의 출현에 모두 우왕좌왕했기 때문에, 어떤 사람은 부르고, 어떤 사람은 부탁하고, 또 어떤 사람들은 억지로 끌고 와 군함에 태워야만 했다. 그러나 병사들은 이미 곳곳으로 흩어져 있었으므로 코논의 이런 노력도 그다지 소용이 없었다. 병사들이 전투에 대해 특별히 기억

해야 할 지시 사항이 없었기 때문이다. 아테나이군들은 배에서 내리자마자 삼삼오오 시장통이나 산책로로 사라졌으며, 더러는 천막 안에서 낮잠을 자거나 식사 준비를 하는 등 저마다 개인 활동을 했다. 게다가 지휘관들은 거의 전투 경험이 없던 탓에 앞일을 전혀 예상치 못한 것이다.

스파르타 함대는 가까운 거리에서 함성과 함께 파도를 가르며 다가왔다. 어쩔 수 없이 코논은 군함 8척을 이끌고 남몰래 빠져나와 키프로스의 에바고라스 왕에게로 도망쳤다. 스파르타군은 나머지 배를 습격해 아무도 없는 배는 사로잡고, 병사들이 탄 배는 침몰시켰다. 무기도 없이 허겁지겁 배로 뛰어온 사람들은 그 자리에서 살해되고, 육지로 달아난 사람들도 토락스가 거느린 스파르타 보병들에게 마구 죽임을 당했다. 리산드로스는 아테나이 장군을 포함한 3000명을 포로로 잡고, 파랄루스호(號)와 코논과 함께 도망친 군함을 제외한 나머지 함대를 모두 손에 넣었다. 그리고 빼앗은 아테나이 군함들을 밧줄에 달아 끌고서 승리의 군악을 울리며 람프사쿠스로 입항했다. 가장 작은 노력과 노고로 최대의 성과를 거두었음은 물론, 가장 오랜 시간 동안 이어진 전쟁을 매우 짧은 시간에 끝내고 승리를 거둔 것이다. 그는 쉴 새 없이 변하는 전황을 뚫고 그 사태 변화에 현명하게 대응했다. 이 전쟁으로 헬라스는 그 어느 때보다 많은 장군들을 잃어버렸지만, 한 사람의 지혜로운 생각과 수완으로 마침내 기나긴 싸움을 결말지었다. 때문에 그의 공은 신의 가호를 받은 것이라 말하는 이들도 있었다.

리산드로스가 처음으로 적을 치기 위해 항구에서 출발했을 때, 쌍둥이신 카스토르와 폴리데우케스가 그가 탄 배 키 양쪽에 별이 되어 내려와 빛나는 것을 보았다는 사람들이 있다. 또 어떤 사람은 하늘에서 커다란 돌이 떨어진 일이 이 전투의 결말을 나타내는 전조였다고 말한다. 그러나 많은 사람들은, 아이고스포타모이에서 아주 큰 돌이 하늘에서 떨어졌다고 하는데, 오늘까지도 케르소네소스 사람들은 이 돌을 간직하며 성스러운 것으로 떠받들고 있다.

아낙사고라스에 따르면, 하늘에 고정된 물체가 어떤 원인으로 미끄러지거나 진동하면, 그 가운데 한 개가 분리되어 떨어지게 된다고 한다. 모든 별은 저마다 생겨난 장소에 계속해서 있는 게 아니며, 돌처럼 무겁고 차가운 물질이라 말한다. 이것은 분리되더라도 어떤 힘 때문에 지상으로 떨어지지 않도록 되어 있지만, 공기의 저항을 받아 마찰을 일으키면 빛을 내면서 아래로 떨어진다는 것이다.

하지만 이보다 더 그럴듯한 이야기에 따르면, 유성은 하늘에 불이 생기거나 스스로 발화해 소멸하는 게 아니며, 공기의 긴장이 느슨해지거나 궤도를 벗어나면서 천체에서 내던져지며 떨어진다고 한다. 하지만 사람이 사는 곳이 아니라 드넓은 바다에 떨어지기 때문에, 사람들이 그 사실을 알아차리는 일은 거의 없다.

다이마쿠스는 〈경건함에 대하여〉에서 아낙사고라스 주장을 지지하면서, 운석이 아이고스포타모이에 떨어졌을 때, 75일 동안 계속해서 매우 큰 불꽃이 구름 모양으로 하늘에서 타오르는 게 보였다고 전한다. 그것은 멈추어 있지 않고, 복잡하고 굴절된 운동으로 공중을 이리저리 왔다 갔다 하면서, 흩어진 불이 되어 곳곳에 유성처럼 떠돌며 빛을 냈다. 그러다가 그 근처에 떨어졌기 때문에 그곳 사람들은 공포와 놀라움에 휩싸여 불이 떨어진 자리로 모여들었다. 그런데 불의 흔적은 그 어디에도 없었다. 오직 큰 돌 하나가 있는 것을 발견했을 뿐이었다. 그 돌은 무척 크긴 했지만, 하늘에서 나타났던 불덩어리와는 비교도 되지 않았다.

이러한 다이마쿠스의 말은 흠을 잡지 않고서는 들을 수 없다. 하지만 만일 그의 말이 사실이라면 아이고스포타모이에 돌이 떨어진 게, 어딘가 산꼭대기에서 강력한 바람과 비 때문에 바위가 떨어져 나와 공처럼 회전하며 운반된 것으로, 그 회전력이 약해진 곳에서 멈추었다는 설은 참으로 잘못된 것이다. 그러나 이렇게 여러 날 계속된 현상은 정말로 불이었고 그 불이 꺼졌기 때문에 공기에 변화가 생겨 강한 바람과 운동이 일어나, 돌이 내던져지게 되었는지도 모르는 일이다. 하지만 이런 문제는 과학책에서 보다 정확하게 다루어야 할 것이다.

리산드로스가 포로로 잡은 아테나이인 3000명은, 동맹 회의를 통해 사형이 선고되었다. 그는 그 가운데 지휘관 필로클레스를 불러내 근엄하게 꾸짖으며 물었다. 같은 헬라스 포로들에게 차마 하지 못할 야만적인 처벌법을 제안했던 그에게는 어떤 벌이 적당하다고 생각하느냐는 질문이었다. 그러자 그는 자신의 불운도 아랑곳하지 않고 지금 이 자리에서 법정 흉내를 낼 필요는 없으며, 무슨 일이든 승자가 패자를 혼쭐낼 만한 일을 시행하라고 말했다. 이렇게 대답을 한 그는 목욕을 한 뒤 멋진 옷으로 갈아입고 다른 포로들보다 앞에 서서 형장으로 걸어갔다고 한다. 이는 테오프라스투스의 말이다.

리산드로스 (LYSANDROS) 805

그 뒤 리산드로스는 함대를 이끌고 헬라스 도시들을 돌아다니면서 아테나이인들을 찾아내 아테나이로 돌아가라고 명령했다. 그리고 아테나이 밖에서 아테나이인을 발견한다면 한 사람도 용서치 않고 모두 죽이겠노라 선언했다. 그는 이 선언을 그대로 실행해 아테나이 사람들을 모두 시내로 밀어넣었다. 이는 갑작스럽게 사람이 늘어난 아테나이에 곧 심각하게 식량이 부족해져서 사람들이 굶주림을 겪게 하기 위함이었다. 그는 이렇게 함으로써 아테나이를 포위 공격할 때, 그들을 쉽게 항복시킬 수 있으리라 생각했다.

리산드로스는 민주제나 그와 비슷한 정치체제를 없애고 도시들마다 스파르타 대관(代官) 한 명을 두는 한편, 자기가 각 나라에 조직했던 정당에서 집정관 10명을 뽑았다. 그는 비우호적인 나라들과 동맹국들에 모두 이 같은 조치를 실행했다. 그다음 함대를 이끌고 여러 도시들을 천천히 돌아보며 헬라스 전역의 지배자가 되기 위한 기반을 다져나갔다.

그는 집정관을 뽑을 때에도 집안이나 재산 따위는 문제삼지 않고 모두 자기 친구나 추종자들 가운데서 골랐다. 그리고 그들의 환심을 사려고 상벌을 주관하는 절대적인 권한을 주었으며, 수많은 학살 현장에 직접 나타나 동료의 적을 추방하는 일을 돕기까지 했다. 이런 행동으로 리산드로스는 헬라스인들에게 스파르타 지배에 대한 반감을 심어주게 되었다. 뿐만 아니라 희극 작가 테오폼푸스가 스파르타 사람들을 술집 여인에 비유해 헬라스인에게 자유라는 아주 달콤한 술을 맛보게 하고 나서는 식초를 섞어 마시게 했다고 한 말을 농담쯤으로 여겨지게 만들었다. 왜냐하면 리산드로스는 처음부터 헬라스인에게 입에도 댈 수 없는 독한 술을 맛보게 했고, 민중이 정치 중심에 있는 것을 결코 허용하지 않았으며, 과두정치파 가운데서도 누구보다 대담하고 경쟁심 강한 사람들에게 나라를 맡겼기 때문이다.

리산드로스는 전쟁 뒤처리를 하는 데에 그다지 시간을 들이지 않았다. 그는 미리 스파르타에 사자를 보내, 자신이 군함 200척을 이끌고 도착할 것이라 예고하고는 곧바로 아티카로 갔다. 그곳에서 스파르타 두 왕인 아기스와 파우사니아스를 만난 리산드로스는, 왕들과 합세해 아테나이 시를 쉽사리 손안에 넣을 수 있으리라 생각했다. 그러나 예상과 달리 아테나이인들은 그리 쉽게 항복하지 않았다. 생각보다 시간이 지체되자 그는 다시 함대를 이끌고 아시아로 건너갔다. 그리고 가는 도시마다 정치체제를 뒤엎고 10인 과두정치를 실시했다.

도시에서는 날마다 많은 사람들이 죽었고, 많은 사람들이 쫓겨났다. 아테나이 군 사령부가 있던 사모스 섬에서는 주민들을 모두 쫓아내고, 예전에 추방되었던 사람들에게 이 도시를 주어 살도록 했다. 또 아테나이군이 장악했던 세스토스 섬을 빼앗은 뒤, 세스토스인에게는 거주를 허락하지 않고, 예전에 스파르타 함장이나 키잡이였던 자기 부하들에게 그 땅을 나눠 주었다. 하지만 이에 대해 스파르타 사람들이 처음으로 반대했기 때문에, 그는 세스토스 섬을 세스토스인들에게 되돌려 주어야만 했다.

그러나 리산드로스가 한 일 가운데는 헬라스인이 흐뭇하게 바라본 일도 있었다. 아이기나인이 오랫동안 잃어버렸던 자신들의 도시를 되찾은 일과 그가 아테나이인을 추방한 덕분에 멜로스 섬 사람들과 스키오네 사람들이 자기들 도시를 되찾은 일이 바로 그것이다.

그즈음 아테나이 시민들이 굶주림으로 고생한다는 소식이 들려왔다. 리산드로스는 곧바로 페이라이우스 항구로 가서 위협을 가하며 무턱대고 자신의 제안에 따라 일을 해결하려 들었다. 리산드로스는 스파르타 에포르스에게 다음처럼 보고한 것으로 알려졌다.

'아테나이는 내 손안에 들어왔다.'

이 보고를 받은 에포르스는 다음 같은 답장을 보냈다.

'정복했다면 그것으로 충분함.'

그러나 이는 간결한 말을 좋아했던 스파르타인들을 풍자하려고 지어낸 이야기이다. 에포르스의 요구사항은 다음과 같다.

"이것은 스파르타 정부의 결정이다. 아테나이는 페이라이우스 항구와 이를 연결하는 긴 성벽을 파괴한다. 점령하고 있던 모든 도시들에서 철수해 본국에만 머무른다. 이렇게 하고 망명자들을 모두 불러들인다면 평화조약을 맺을 수 있다. 보유할 수 있는 군함 숫자는 적당하다고 인정되는 선에서 따로 정한다.

아테나이인들은 이 결의를 스파르타의 독특한 급송 방식인 스키탈레로 받았다. 그리고 하그논의 아들 테라메네스 권고로 이를 받아들였다. 하지만 젊은 선동 정치가인 클레오메네스가 그를 비난하고 나섰다. 그는 옛날 테미스토클레스는 스파르타인의 반대를 무릅쓰고 아테나이 번영을 위해 성벽을 쌓았는데, 이제는 그 성벽을 스파르타 명령대로 허물 것이냐며, 이는 테미스토클레스 정신에 어긋나는 일이라고 말했다. 그러자 테라메네스가 대꾸했다.

"젊은이여, 나는 테미스토클레스 정신을 거역하자는 게 아니오. 그분은 시민들 안전을 지키기 위해 이 성을 쌓으셨지만, 나 또한 시민들 안전을 위해 이 성벽을 허물기 때문이오. 더구나 만일 성벽이 있어야만 나라가 번영한다면, 성벽이 하나도 없는 스파르타는 여러 나라들 가운데 가장 비참한 처지에 놓여 있어야 옳지 않소?"

리산드로스는 12척만 남기고는 아테나이 함대를 모두 빼앗았고 도시를 둘러싼 긴 성벽을 점거했다. 이날은 모우니키온 달 제16일로 일찍이 아테나이가 살라미스 해전에서 페르시아 해군을 무찌른 날이기도 했다. 아테나이인들은 옛 영광을 기억하며 오늘의 패전을 더없이 슬퍼했다. 그리고 정치체제를 바꾸려는 리산드로스 명령에 쉽사리 따르려 들지 않았고 오히려 반항적인 태도를 보였다. 그러자 리산드로스는 그들에게 선전포고를 했다. 이미 철거되었어야 할 날짜가 지났음에도 성벽이 아직도 굳건히 버티고 있음을 본 그는 민회로 사람을 보냈다. 그리고 아테나이인이 서약을 어겼다면서, 어차피 협정이 깨졌으니 새로운 조치를 취하겠다고 말했다. 동맹국 사이에서는 실제로 아테나이인들을 노예로 팔아버리자는 의견까지 나왔다. 그때 테바이의 에리안투스는 아테나이 시를 완전히 파괴해 양치는 목장으로 만들자는 제안을 하기도 했다. 그 뒤 장군들이 한자리에 모여 술을 마실 때, 한 포키스 사람이 에우리피데스의 〈엘렉트라〉에 나오는 첫 구절을 노래했다. 이렇게 시작하는 부분이다.

아가멤논의 어린 딸 엘렉트라여,
내가 찾아왔노라. 이 허물어진 그대 집에

이 노래를 들은 사람들은 하나같이 눈물지으며 이런 인물을 낳은 도시를 없앤다는 것은 너무나도 잔인한 일이라 여기게 되었다. 리산드로스는 아테나이인이 자신의 요구를 모두 따르기로 정하자, 시내에 수많은 피리 부는 여자들을 모이게 한 뒤, 진영에 있는 모든 악사들을 합세시켰다. 그러고는 그 음악 소리에 맞춰 성벽을 허물고 군함들을 불태웠다. 동맹군 장군들은 아테나이 멸망을 축하하는 뜻으로 머리에 화관을 쓰고 춤을 추며, 이날을 자유가 시작되는 날로서 축하했다. 곧 리산드로스는 정치제도를 바꾸는 일에 들어갔다. 아테나이 시에 30명, 페이라이우스에 저마다 집정관 10명을 두고, 아크로폴리스에는 수비대를 배치해, 칼리비우스라는 스파르타인을 총독으로 임명했다.

그런데 이 칼리비우스는 성질이 못된 사람으로서 아우톨리쿠스라는 사람을 지팡이로 때리려고 한 일이 있었다. 아우톨리쿠스는 크세네폰이 《향연》에서 이야기했듯이 유명한 운동선수로 미소년이었다. 칼리비우스가 지팡이로 때리려 하자, 아우톨리쿠스는 상대의 두 다리를 잡고 내던졌다. 이를 본 많은 사람들이 분개했지만, 리산드로스는 아랑곳하지 않고 칼리비우스는 자유인을 다스리는 방법을 모른다고만 말했다. 그러나 집정관 30명은 칼리비우스 비위를 맞추려고 얼마 뒤에 아우톨리쿠스를 죽이고 말았다.

아테나이에 대한 처리가 끝나자 리산드로스는 트라키아로 떠났다. 떠나기 전에 그는 남은 돈과 자신이 받은 선물, 금관을 스파르타에 보내기로 했다. 그즈음 그는 헬라스에서 가장 유력한 인물이었기 때문에 많은 선물이나 금관을 받았는데 이 모든 것을 시킬리아에서 장군으로 있던 길리푸스에게 맡겨 스파르타로 보내기로 했다.

그런데 길리푸스는 재물 욕심을 버릴 수가 없었다. 그는 주머니마다 바닥을 조금씩 풀어 은화를 꺼내고는 다시 꿰매두었다. 하지만 주머니마다 은화 개수가 적힌 목록이 함께 들어 있음을 그는 미처 몰랐다. 길리푸스는 스파르타로 돌아가 훔친 돈을 자기 집 지붕 밑에 감춰두고 나서 돈 자루들을 에포로스에게 전했다. 에포로스는 자루를 열고 돈을 세어보았지만, 이상하게도 자루 안의 액수와 목록에 적힌 금액이 달라 당혹스러웠다. 그때 평소 주인을 미워하던 길리푸스의 하인이 달려와 수수께끼 같은 말을 전했다. 그의 집 기와 아래에 많은 부엉이가 살고 있다고 말한 것이다. 그 무렵은 아테나이의 힘이 널리 미치고 있으므로 화폐 대부분에 아테나이 부엉이 그림이 그려져 있었던 듯하다.

길리푸스는 빛나는 공적을 올렸으면서도 이토록 수치스러운 일을 저질러 스파르타를 떠나야만 했다. 이 사건으로 스파르타의 지혜로운 이들은, 길리푸스처럼 큰 인물까지도 한순간에 꺾어버리는 황금의 위력을 새삼 두려워하며, 이런 일을 당하는 것은 시민뿐만이 아니라고 여겼다. 그들은 리산드로스가 스파르타에 금은을 보낸 일은 곧 파멸을 보낸 것과 마찬가지라며 그를 비난했다. 그러는 한편 모든 금과 은은 '다른 나라로부터 들어온 재앙'과 다름없으므로 반드시 몰아내야 한다고 에포로스에게 건의했다.

테오폼푸스에 따르면 스키라피다스가, 역사가 에포로스에 따르면 플로키다스가 금과 은을 국내로 들여오는 것을 금하고 스파르타 본디 화폐를 사용해야 한다고 주장했다. 스파르타 본디 화폐란 철화(鐵貨)를 말한다. 먼저 쇠에 담금 질을 한 뒤에, 바로 식초를 탄 물에 넣으면 더는 녹여서 세공할 수 없게 된다. 이렇게 만든 돈은 매우 무거워서 가지고 다니기 불편했고, 무게와 부피에 비해 그 가치는 너무도 작았다. 굳이 말한다면, 고대 화폐는 모두 이와 같았으리라. 나라에 따라서 쇠꼬챙이를 화폐로 사용하기도 했고 때로는 청동이 사용되었 다. 그래서 오늘날에도 적은 돈 단위를 오볼로스라 하는데, 6오볼로스를 1드라 크메라 부른다. 6오볼로스는 한 줌에 쥘 수 있는 분량이다.

그러나 리산드로스를 지지하는 사람들은 금과 은을 몰아내자는 의견에 반 대했다. 대신 금과 은을 나라 국고에 쌓아두고 그것을 국가 재산으로 삼자고 결의했다. 그리고 누구를 막론하고 그것을 개인적으로 소유한 사실이 밝혀진 경우에는 사형에 처하기로 결정했다. 이렇게 보면 리쿠르고스는 화폐 그 자체 를 두려워했지 화폐가 낳는 금전욕을 걱정하지는 않았던 듯하다. 금전욕을 없 애려고 개인이 화폐를 갖지 못하게 한 게 아니라, 오히려 그것을 국가가 소유함 으로써 한층 더 그 가치를 높였던 것으로 여겨지기 때문이다.

공적으로 가치를 인정받는 것을 보면서 개인적으로 그것은 쓸모없다고 무시 할 수는 없는 법이다. 공적으로 매우 높이 평가되며 애용되는 것을 개인이 활 용한다고 해서 한 푼 가치도 없다 여기는 것 또한 어려운 일이다. 게다가 도덕 적 기준으로 보아도, 개인이 저지른 악덕과 비행이 나라에 끼치는 힘보다 국가 정책이 사생활에 미치는 힘이 훨씬 강하며 빠르다. 예를 들어 전체가 악화되면 부분도 부패하기 쉽지만 작은 부분에 나타난 악습은 전체에 그 영향을 미치기 전에 다른 건전한 부분에 힘입어 사라지거나 고쳐지기 때문이다.

스파르타 정부는 가정마다 금과 은이 흘러들어 가는 일이 없도록 온갖 법률 과 위협 수단으로 엄중하게 감시토록 했다. 하지만 그 방법만으로는 시민들 마 음을 재물에 동요하지 않고, 무감각하게 만들 수 없었다. 오히려 모든 사람들 마음에 부(富)란 이토록 고귀한 것으로 그것을 얻기 위해서는 온갖 노력을 다 해야 한다는 생각을 더욱 불러일으켰다. 이런 문제에 대해서는 스파르타인을 다룬 다른 책에서 이미 비판한 바 있다.

리산드로스는 전리품들로 델포이 신전에 자신과 장군들 동상을 만들어 세 웠고, 카스트로와 폴리데우케스 쌍둥이별도 금상(金像)으로 장식했다. 그러나

이 별은 레우크트라 전투가 일어나기 바로 전에 이미 사라지고 없었다. 브라시다스 장군의 봉납품과 아칸쿠스 사람들 봉납품을 진열한 보물 창고에 있는, 금과 상아로 만든 길이 2큐빗에 이르는 대형 군함 모형은, 페르시아 왕자 키루스가 그의 승리를 축하하며 리산드로스에게 보낸 것이다. 델포이의 아낙산드리데스가 전하는 바에 따르면 이곳에는 리산드로스가 맡겨놓은 은도 있어, 그 액수는 무려 502므나와, 11스타테르에 이르렀다고 한다. 이러한 사실은 리산드로스가 청빈했다는 일반적인 평가와 맞지 않는다.

그때 리산드로스는 헬라스 역사상 그 누구보다도 높은 자리를 차지하고 막강한 세력을 휘둘렀다. 두리스가 말했듯이 헬라스인으로는 처음으로, 사람들은 마치 그가 신이라도 되는 듯 그를 위해 제단을 만들어 제물을 바치고 찬가(讚歌)를 불렀다고 한다. 그 찬가 가운데 하나는 이렇게 시작한다.

> 드넓은 스파르타에서 태어나시고
> 헬라스를 통치하시는 위대한 장군님을
> 우리는 승리의 노래를 바치며 찬양하리라.

사모스 사람들은 헤라 여신께 드리던 제사를 '리산드레이아'라 부르기로 결의했다. 그즈음 리산드로스는 시인들 가운데 코이릴로스를 늘 가까이 두고 자신의 업적을 찬양하는 노래를 짓도록 했다. 또 안틸로쿠스가 자기를 찬양하는 시를 지었을 때는 너무도 기쁜 나머지 그의 펠트 모자에 은화를 가득 채워주었다. 언젠가 콜로폰에 살던 안티마코스나 헤라클레이아에 살던 니케라투스가 리산드레이아 축제에서 그를 칭송하는 노래로 겨룬 일이 있었다. 리산드로스는 니케라투스의 노래를 더 높이 평가하며 그에게 상을 내렸다. 그러자 안티마코스는 몹시 슬퍼하며 자기가 지은 시를 찢어버렸다. 그때 아직 젊었던 플라톤은 안티마코스 시에 감탄하고 있었다. 플라톤은 안티마코스가 이 패배로 큰 타격을 받은 것을 보고, 눈이 보이지 않는 사람들에게는 보이지 않는다는 사실이 재앙인 것처럼 무지한 사람에게는 모른다는 것이 재앙이라고 말했다.

피티아 경기대회에서 여섯 번이나 우승했던 하프 연주가 아리스토노우스는 리산드로스에게 잘 보이려는 욕심으로, 이번에도 우승한다면 리산드로스의 이름을 빌려 우승을 했다고 선언하겠노라 말했다. 그러자 리산드로스가 대답했다.

"그래, 내 노예라고 사람들에게 알리고 싶다는 말인가?"

이처럼 리산드로스의 불타오르는 공명심은 처음에는 자기보다 높은 지위에 있는 사람이나 같은 위치의 사람들에게는 그저 부담스러운 일에 지나지 않았다. 그러나 그를 따르는 사람들이 많아지고 아첨하는 자들이 늘어나면서 그의 성향 속에 묻혀 있던 공명심과 함께 지나친 자존심과 교만함이 한껏 머리를 들었다. 사람들에게 상을 내리거나 벌을 줄 때에도 알맞은 정도를 넘어섰고, 한 개인으로서도 그 태도가 지나치다 여겨질 때가 많았다. 친구들이나 그를 찾아오는 손님들에게는 사람 됨됨이를 가리지 않고 아무에게나 도시를 다스릴 절대적 권력을 함부로 주었으며, 그에 비해 개인적으로나 정치적으로 자신과 대립하는 자들에게는 한없이 가혹하게 굴었다. 리산드로스는 자신에게 적이 되는 사람들을 단지 내쫓는 것으로 만족하지 않고 반드시 죽이고야 말았다.

한 예로 뒷날 밀레투스에서는 과두정치파 횡포가 심하여 민중정치파 우두머리들이 망명을 꾀하거나 숨어 있었다. 그때 리산드로스는 절대로 그들을 해치지 않겠다며 맹세했다. 이 말을 믿고 숨어 있던 사람들이 모습을 드러내자 그는 곧바로 과두정치파 일원에게 그들을 넘겨 죽이고 말았다. 그때 죽은 사람 수는 무려 800명에 이른다. 이처럼 다른 도시들에서 비슷한 방법으로 죽은 사람들 수는 일일이 세어보기도 힘들 정도였다. 리산드로스는 자신의 분노 때문만이 아니라, 자기를 지지하는 이들의 노여움까지 풀어주고 그들의 탐욕을 채워주려고 무분별한 학살을 자행한 셈이다. 이 때문에 스파르타 사람 아이테오클레스가 한 말이 널리 알려지기도 했다.

"리산드로스가 하나가 아니라 둘이었다면 헬라스는 견딜 수 없었을 것이다."

테오프라스투스가 전하는 바에 따르면, 아르케스트라투스 또한 알키비아데스를 두고 같은 말을 했다고 한다. 그러나 알키비아데스는 단순히 교만과 사치와 방탕함 때문에 이런 비난을 받았다면, 리산드로스의 권세는 잔혹하고 무자비한 그의 성격 때문에 더욱 혐오스럽고 공포스러웠다.

스파르타 정부는 리산드로스에 대해 이러쿵저러쿵 많은 비난이 들려와도 그다지 신경 쓰지 않았다. 하지만 얼마 뒤 페르시아 총독 파르나바주스가 리산드로스를 탄핵하자 큰 문제가 되었다. 그는 리산드로스가 분명히 자기 영토를 빼앗았으며 자신의 명예를 훼손했다는 이유로 스파르타에 사절단을 보내 그의 방종함을 고쳐달라며 강력히 항의했다. 그러자 스파르타 에포르스는 크게 분노했다.

그들은 먼저 리산드로스 동료 지휘관 토락스가 개인적으로 부당하게 많은 돈을 지닌 것을 알아내고는 그를 사형에 처했다. 그리고 리산드로스에게는 비밀문서인 스키탈레를 보내 스파르타로 돌아올 것을 명령했다.

이 비밀문서는 다음처럼 만들어졌다. 에포르스가 육군이나 해군 지휘관을 파견할 때는 둥근 나무를 골라 길이와 굵기가 똑같게 반으로 나눠서 하나는 자신들이 보관하고 다른 하나는 파견되는 지휘관에게 주었다. 이 나뭇조각을 스키탈레라 부른다. 무언가 중요한 비밀 사항을 전하고 싶을 때는 양피지를 길고 가느다랗게 잘라 이 스키탈레에 빈틈없이 똘똘 만다. 그런 다음 전하고자 하는 내용을 스키탈레에 감은 양피지 위에 쓴다. 그 뒤 양피지만을 벗겨내 지휘관에게 보낸다. 지휘관이 그것을 받았을 때, 양피지 표면에 보이는 것은 저마다 흩어진 글자로 도무지 읽을 수가 없다. 그러나 자신이 갖고 있는 스키탈레에 이 양피지를 감으면 앞뒤 문맥이 서로 통해 그 내용 모두를 읽을 수 있게 된다. 이렇게 문자가 기록된 양피지 또한 나무 막대와 마찬가지로 스키탈레라 부른다.

헬레스폰투스에서 온 비밀문서를 받은 리산드로스는 크게 당황하며 불안해했다. 무엇보다 파르나바주스에게 비난받을 일이 두려웠기 때문이다. 리산드로스는 그와 상의해 이 분란을 처리하리라 결심하고 서둘러 파르나바주스를 찾아가 회담을 청했다. 그와 만나자 리산드로스는 스파르타 정부에 그가 페르시아를 모독한 일은 없다는 편지를 써달라고 부탁했다.

그러나 리산드로스는 파르나바주스가 속임수를 잘 쓰는 '크레테 사람에게는 크레테 사람처럼 대하라'는 속담처럼 행동하는 인물임을 미처 알지 못했다. 파르나바주스는 리산드로스의 간사한 꾀를 알아채고는 마찬가지로 간교하게 행동했다. 파르나바주스는 그의 부탁을 들어주는 척하면서 그 자리에서 리산드로스가 바라는 내용의 편지를 써 보였다. 그러나 파르나바주스는 이런 일을 예상하고 미리 준비해 놓은 다른 편지를 슬쩍 꺼내 바꿔치기해서 리산드로스에게 주었다. 겉보기에는 똑같지만 편지 내용은 완전히 달랐다.

내용물이 바뀐 줄도 모르고 리산드로스는 편지를 가지고 스파르타로 떠났다. 그리고 관례에 따라 원로원으로 가서 에포르스에게 이 편지를 제출했다. 그는 이로써 자신에 대한 가장 큰 비난은 사라졌다고 확신했다. 파르나바주스는 지난 전쟁 때 페르시아군의 그 어떤 장군보다 더 열성적으로 스파르타를 위해 싸웠기 때문에 스파르타 시민들에게 사랑과 존경을 받고 있었다. 그러므로 그의 말 한마디는 매우 중요했다. 그런데 페르시아 총독 편지를 읽은 에포르스는 그 편지를 리산드로스에게 보여주었다.

"오디세우스 말고도 꾀 있는 사람이 많구나."

그제야 편지가 바뀌었음을 깨달은 리산드로스는 크게 당황했다. 그 자리에서 황급히 물러난 그는 어떻게 해서라도 스파르타를 떠나리라 마음먹었다. 그는 며칠 뒤, 에포르스를 만나 전쟁 동안에 암몬 신에게 맹세한 일이 있기에 이번에 반드시 암몬 신전에 가서 제물을 바쳐야 한다고 말했다.

어떤 사람은 이 말이 사실이었다고 인정했다. 리산드로스가 트라키아에서 아피타이 시를 포위했을 때 그의 꿈에 실제로 암몬이 나타났다는 것이다. 리산드로스는 이를 신의 뜻이라 여겨 곧바로 스파르타군 포위망을 푼 뒤 아피타이 시민들에게 암몬 신께 제사를 드리라는 명령을 내렸다. 그러고는 자신도 암몬 신을 받들기 위해 리비아로 가서 암몬 신전을 참배할 결심을 했다고 한다.

그러나 끝내 많은 이들은 그렇게 생각하지 않았다. 리산드로스가 스파르타를 떠난 까닭은 암몬 신을 섬기기 위해서가 아니라 오직 에포르스가 두려웠기 때문이라 했다. 그는 도저히 스파르타에서 속박당하며 살 수 없었으며, 다른 사람 권위 아래 있는 것을 참을 수 없었다. 그래서 차라리 나라 밖으로 나가서 떠돌아다닐 결심을 한 것이다. 그에게 스파르타에서의 삶은 마치 드넓은 초원에서 뛰어놀던 말이 마구간으로 옮겨져 힘든 생활을 하는 것과 마찬가지로 무척이나 숨 막혔다. 리산드로스가 해외로 나가게 된 참된 이유에 대한 역사가 에포르스의 기록은 뒤에 말하고자 한다.

에포르스의 출국 허가는 쉽지 않았다. 가까스로 허락을 받은 리산드로스는 곧 출항했다. 이 일이 있은 뒤 스파르타의 두 왕은, 리산드로스가 권좌에 있으면서 헬라스의 많은 도시들을 자기 친구들이나 지지자들이 장악하도록 함으로써 권력을 한 손에 쥐고는 마치 왕처럼 거들먹거렸다고 여기게 되었다. 그리하여 두 왕은 여러 도시들에서 리산드로스 추종자들을 몰아내고 시민들에게 정권을 돌려주기로 마음먹었다.

그러자 곳곳에서 동요가 일어났다. 먼저 아테나이에서 시민들 반란이 일어났다. 필레 지구의 아테나이인이 통치자 30인을 공격한 것이다. 두 왕은 시민들을 지지할 생각이었다. 그러나 리산드로스가 서둘러 스파르타로 돌아와서는 시민들 마음을 휘어잡았다. 과두정치제를 지지하고 반란을 진압하지 않으면 애써 정복한 아테나이를 잃어버리게 되리라고 주장한 것이다.

스파르타 시민들은 그의 말이 옳다 여기고 곧바로 아테나이의 30인 통치자들에게 군사 원조금 100탈란톤과 지휘관으로서 리산드로스를 보내라고 에포르스에게 요구했다. 에포르스는 시민들 요구를 무시할 수가 없었다. 하지만 군사 원조는 하더라도 리산드로스를 지휘관으로 보낼 수는 없다고 결정했다. 스파르타 두 왕이 리산드로스 세력이 더 이상 커지는 것을 바라지 않았기 때문이다. 왕들은 리산드로스에게 기회를 주면 그가 다시 아테나이를 정복할 것만 같았다. 그래서 둘 가운데 한 사람이 지휘권을 잡기로 결정해 파우사니아스가 아테나이로 떠났다. 겉으로는 반란을 일으킨 민중을 징계하고 통치자 30인을 돕는다는 이유였으나 사실은 아테나이인끼리 싸움을 그만두도록 하고, 리산드로스가 그의 지지자들을 등에 업고 아테나이 지배자가 되지 않도록 막기 위함이었다.

아테나이에 도착한 파우사니아스 왕은 곧 반란을 손쉽게 진압하여, 본디 목적대로 리산드로스의 야망을 좌절시켰다. 그러나 그 뒤 아테나이인들은 또다시 반란을 일으켰다. 파우사니아스는 과두정치라는 굴레에서 아테나이 시민을 해방시켰기 때문에, 그들이 예전처럼 반항적인 태도로 무례하게 굴게 만들었다는 비난을 받게 되었다. 그에 비해 리산드로스는 다른 사람들 비위를 맞추거나 자기 명성을 떨치기 위해 장군으로서 권한을 행사하지 않고, 오로지 진실로 스파르타 이익만을 위해 힘쓰는 인물이라 칭송받았다.

리산드로스 말투는 강압적이며 자신에게 반대하는 사람에게는 더욱 대담하게 한 마디 말로써 기선을 제압하는 힘이 있었다. 한번은 아르고스인이 영토 문제로 대표단을 보내와 따진 적이 있었다. 리산드로스는 그들의 주장이 옳음을 알면서도 칼을 뽑아들면서 이렇게 말했다.

"이것을 잘 다루는 사람이야말로 국경에 대해서 옳은 주장을 할 수 있다."

또 동맹국 회의에서 메가라 사람이 그에게 불손한 말을 하자 그는 이렇게 호통쳤다.

"이보게, 그렇게 말을 할 때는 나라가 힘이 있어야만 한다네!"

한편 보이오티아인이 애매한 태도를 보일 때 리산드로스는 그들에게, 보이오티아 영토를 지나갈 때 창을 비껴들고 가는 것이 좋은지 똑바로 겨누고 가는 게 좋은지 묻기도 했다.

코린토스 시민들이 반란을 일으켰을 때였다. 한껏 밀어붙이며 적들을 성안에 몰아넣은 스파르타군은, 막상 성벽에 이르자 망설이고만 있었다. 그때 토끼 한 마리가 적 참호를 뛰어넘는 게 보였다. 그러자 리산드로스는 병사들에게 이렇게 꾸짖었다.

"부끄럽지도 않느냐. 성벽 아래에서 토끼가 낮잠을 자도록 내버려 두는 게으른 적을 두려워하다니 말이다."

그 무렵 아기스 왕은 동생 아게실라우스와 그의 아들이라 여겨지던 레오티키데스를 남겨두고 세상을 떠났다. 평소 아게실라우스를 사랑하던 리산드로스는 그에게 헤라클레스 정통을 잇는 사람으로서 왕위에 오르도록 설득했다. 레오티키데스는 아테나이 장군 알키비아데스가 아기스의 왕비 티마이아와 남몰래 정을 통해서 낳은 아들이라는 의심을 받고 있었기 때문이다.

한 이야기에 따르면, 알키비아데스는 망명자로 스파르타에 머물고 있을 때 왕비 티마이아와 매우 가깝게 지냈다. 이를 안 아기스 왕은 왕비가 잉태했을 때부터 아기를 낳을 달을 계산해 보고는 자기 자식이 아님을 확신했다. 그때부터 왕은 레오티키데스를 멀리하면서 왕자로 인정하지 않았다. 그러다가 병을 앓게 된 왕은 요양차 헤라이아로 떠났다. 죽음에 이르렀을 즈음, 젊은 레오티키데스와 그 친구들은 왕 앞에서 간청했고, 마침내 아기스 왕은 많은 이들이 지켜보는 가운데 레오티키데스가 자기 아들이라고 선언했다. 그러고는 이 사실을 스파르타 시민들에게도 알리라는 유언을 남기고 숨을 거두었다. 왕의 유언을 들은 사람들은 레온디키데스가 왕위를 계승하도록 시민들에게 왕의 선언을 증언했다. 경쟁자인 아게실라우스는 리산드로스의 강력한 지지를 받고 있을 뿐만 아니라 명성도 높았지만, 디오페이테스 신탁으로 큰 상처를 받았다. 다음 신탁에 나오는 절름발이가 아게실라우스를 뜻한다고 주장했기 때문이다.

자랑스러운 스파르타여 조심하라.
그대 두 다리로 힘차게 서서,

절름발이 왕이 나지 않도록 하라.
예상치 못한 기나긴 재앙과
비참한 전쟁 폭풍이 그칠 날이 없으리라.

이 신탁 때문에 많은 이들이 레오티키데스 쪽으로 기울었으나, 리산드로스
는 디오페이테스가 계시의 참뜻을 이해하지 못한다고 이야기했다. 이 예언은
다리가 자유롭지 못한 사람이 스파르타 지배자가 되면 신의 불만을 산다는 뜻
이 아니라, 헤라클레스와는 아무런 인연도 없는 천한 태생인 자가 나라를 다스
리게 된다면 마치 절름발이처럼 나라가 불안정해지리라는 뜻이라 말했다. 이
말과 강력한 영향력으로, 그는 마침내 아게실라우스를 왕위에 앉혔다.

아게실라우스가 왕위에 오르자, 곧 리산드로스는 아시아를 정벌하자고 제
안했다. 리산드로스는 왕에게 페르시아를 정복하면 천하를 다스릴 왕이 될 것
이라며 그를 부추기는 한편, 아시아에 있는 자기 추종자들에게 편지를 써서 야
만인과의 싸움에서 아게실라우스 왕을 스파르타군 총사령관으로 추대하라는
명을 내렸다. 이에 리산드로스 추종자들은 그의 명령대로 스파르타에 사절단
을 보내 그 뜻을 전했다. 그리하여 아게실라우스 왕은 페르시아 원정군 사령관
으로 추대되었다.

아게실라우스는 자신이 리산드로스 힘으로 왕위에 오른 것 못지않게 이 일
을 큰 은혜로 여겼다. 그러나 이 왕은 누구에게도 뒤지지 않는 야심가였다. 왕
과 리산드로스는 둘 다 야심만만하고 지배자로서 능력은 있었지만 끊임없이
서로를 질투했기에 큰일을 수행하는 데는 방해가 되었다. 그들은 자기에게 도
움을 줄 사람까지도 곧잘 경쟁자로 여겼기 때문이다.

마침내 아시아 원정에 나섰다. 아게실라우스는 자신을 따르는 고문관 30명
을 두었는데, 그 가운데 리산드로스를 특별한 옹호자로서 원정길에 데리고 갔
다. 둘은 처음 한동안은 서로 뜻이 맞아 일을 잘해 나갔다.

하지만 아시아 여러 지방은 이미 리산드로스가 정복했던 곳으로 그곳 사
람들은 거의 아게실라우스 왕을 잘 알지 못해 왕에게 경의를 드러내는 이들
이 매우 적었다. 이와 달리 리산드로스는 전부터 그들과 깊이 접촉하고 있었기
에 어떤 사람은 형식적으로, 또 어떤 사람은 두려움 때문에 그에게 경의를 표
했다. 이렇다 보니 수많은 사람들이 날마다 리산드로스에게 찾아와 문을 두드

렸다.

연극에서도 이런 일이 자주 있지 않은가. 하인이나 노예처럼 신분 낮은 배역을 맡은 배우가 주인공이 되어 관객의 눈길을 한 몸에 받는 반면, 왕 역할을 맡은 배우는 왕관을 쓴 채 대사 한 마디 없이 앉아 있는 경우 말이다. 연극의 이런 장면과 비슷한 일이 바로 리산드로스와 아게실라우스 왕에게 일어난 것이다. 실질적인 모든 영예는 리산드로스에게 바쳐졌고, 아게실라우스는 아무런 실권도 없이 그저 이름뿐인 왕에 지나지 않았다.

리산드로스 명성에 크게 놀란 아게실라우스는, 리산드로스의 분에 넘치는 명성을 억누르고, 본디 그의 위치인 이인자 자리를 깨닫게 할 필요가 있다고 생각했다. 그러나 자기 명예를 위해 은인이자 친구이기도 한 그를 진흙탕 속으로 집어넣는 일은 아게실라우스답지 않았다. 그리하여 그는 리산드로스에게는 활동의 계기나 자리를 주지 않고, 군대 지휘관 자리도 나눠 갖지 않았다. 또한 리산드로스가 후원하거나, 또는 그를 열심히 지지하는 것으로 알려진 사람에게는 철저하게 아무 일도 시키지 않으면서 천천히 리산드로스의 힘을 빼앗고 고갈시켜 나갔다.

그러자 리산드로스가 하려던 일들은 모두 차질을 빚게 되었다. 이윽고 그는 자기가 지지자들을 위해 힘쓰는 일 자체가 도움이 되기는커녕 도리어 그들에게 방해가 된다는 사실을 깨달았다. 그래서 그들을 후원하는 일을 멈추고 대신, 이제부터는 자신에게 찾아오지 말고 직접 왕에게 가거나 자신보다 더 나은 이들에게 부탁하라고 권유했다.

이 말을 들은 리산드로스 지지자들은 더는 그런 일로 그를 괴롭히지 않았다. 하지만 그들은 여전히 리산드로스를 존경할 뿐만 아니라 산책길이나 경기장 같은 곳에서 만나면 이전보다 더 애타게 그의 호감을 사려고 애썼다.

그가 여전히 그토록 존경받고 있다는 사실을 안 아게실라우스는 질투심에 사로잡혀 불쾌한 기분마저 들었다. 그래서 왕은 자기 부하들을 도시마다 총독이나 사령관으로 임명하는 동시에 리산드로스에게는 일부러 군사는 물론 정치에서도 아무 일도 시키지 않았다. 그러다가 마침내는 왕의 식탁에서 '고기 썰어주는 사람' 역할을 맡겼다. 그러고는 이오니아 사람들을 모욕하기 위해, 청이 있으면 내 식탁에서 고기나 썰고 있는 사람한테 가서 말하라고 했다.

리산드로스는 이런 모욕을 더는 참을 수가 없었다. 그는 왕과 담판 짓기로 결심하고 왕을 찾아가 그 까닭을 물었다. 둘 사이에는 다음처럼 스파르타식 간결한 대화가 오갔다.

"전하께서는 친구를 깎아내리는 방법을 너무나 잘 아시는군요."

"내 위에 올라서려는 친구에게는 물론 그렇게 대하지. 하지만 나의 권세를 더욱 높여주려는 친구와는 마땅히 그 권세를 나눠 갖는다네."

"제 행동보다도 전하의 말씀이 더 옳을지 모릅니다. 그러나 세상눈도 있으니, 전하를 거슬리지 않으면서도 더 잘 섬길 수 있는 다른 하찮은 일이라도 제게 맡겨주십시오."

그 결과, 리산드로스는 헬레스폰투스로 파견되었다. 하지만 왕과 화해를 한 것은 아니었다. 그는 아게실라우스에게 계속 화가 나 있었으나 맡은 일은 소홀히 하지 않았다. 헬레스폰투스에서 리산드로스는 페르시아 귀족 출신으로 한 부대를 이끌고 있는 스피트리다테스라는 사람을 만났다. 그는 파르나바주스와 매우 사이가 나빴다. 리산드로스는 스피트리다테스를 꾀어서 반란을 일으키고는 아게실라우스 왕에게 가도록 했다. 리산드로스가 그렇게 행동한 까닭은 왕에게 충성을 보여 좋은 직책을 얻으려는 생각에서였다. 그러나 아게실라우스는 리산드로스에게 새로운 임무를 주지 않았다. 임기가 끝나자 리산드로스는 아무런 명예도 얻지 못하고, 스파르타로 돌아오고 말았다.

이렇게 되자 리산드로스는 더는 참을 수가 없었다. 아게실라우스 왕에 대한 분노는 날이 갈수록 커져서 마침내 스파르타 정부 전체를 증오하기에 이르렀다. 리산드로스는 때를 기다릴 것 없이 자신이 예전에 세워두었던 혁명적인 개혁을 이번에야말로 실행하기로 했다. 그 내용은 다음과 같았다.

헤라클레스 자손들이 도리스인들과 섞여 펠로폰네소스로 왔을 때이다. 그 가운데 많은 사람들은 스파르타에서 화려하게 번성했던 이들이다. 그러나 이 민족에 속하는 모든 집안이 왕위에 오를 권한이 있는 것은 아니었다. 오직 국왕은 에우리폰티다이와 아기아다이라 불리던 두 집안 가운데서만 뽑게 되어 있었다. 똑같은 헤라클레스 자손이라 해도 그 두 집안이 아니면 문벌에 따라 정권을 잡을 수 없었고 여느 집안들과 마찬가지로 스스로 업적에 따라 명예를 떨칠 뿐이었다.

리산드로스는 헤라클레스 후손이었지만 왕은 될 수 없었기에 순전히 자기 업적만으로 크게 이름을 떨쳐 많은 친구를 얻었고, 세력도 얻었다. 하지만 이렇게 자기 덕택으로 강대해진 나라를 자신이 직접 다스릴 수는 없었다. 그는 자기보다 조금도 뛰어나지 않은 사람이 왕으로서 이 나라를 지배하고 있다는 사실을 새삼 유감스럽게 생각하게 되었다. 그 때문에 스파르타 정권을 이 두 집안에서 빼앗아 모든 헤라클레스 자손들에게 나누어 주려는 계획을 세운 것이다. 어떤 사람 말에 따르면, 이는 헤라클레스 자손에만 한하지 않고 모든 스파르타인에게 기회를 주려고 한 것이라고 한다. 다시 말해 헤라클레스 자손뿐만 아니라 그 사람의 개인적 공훈이 헤라클레스와 같다면 누구나 왕위에 오를 수 있는 것이다. 리산드로스는 왕권을 이처럼 정해두면 자기를 빼놓고 다른 스파르타인이 뽑히는 일은 없으리라 믿었다.

리산드로스는 먼저 시민들을 설득할 연설을 준비했다. 그는 할리카르나소스 사람인 클레온이 쓴 연설을 처음부터 끝까지 모두 외웠다. 그러나 이 개혁은 이제껏 전례가 없는 아주 새로운 것이기 때문에 극적인 전개가 필요했다. 마치 연극에서 무대장치를 움직이는 데 기계 힘을 빌리듯이 리산드로스가 민중을 움직이기 위해서는 신의 힘을 이용해야 함을 깨달았다. 아폴론을 비롯한 여러 신들 계시를 조작해 보여줌으로써, 신을 존경하는 마음과 미신을 불러일으켜야만 자기 연설이 더욱 극적인 효과를 불러오리라 생각했다. 그렇지 않다면 클레온의 도도한 웅변술도 아무런 소용이 없으리라 여겼다.

역사가 에포로스 기록에 따르면 리산드로스는 델포이의 아폴론 신탁 무녀를 비롯해, 도도나에서도 페레클레스 도움을 빌려 제우스 신전 무녀를 매수하고자 했으나 모두 실패했다. 하는 수 없이 그는 암몬 신전을 찾아가 신탁을 보호하는 신관에게 많은 돈을 주고 거짓으로 신탁을 하나 지어달라고 부탁했다. 이에 암몬 신관들은 몹시 화를 내며 스파르타에 사자를 보내 리산드로스를 고소했다. 그러나 리산드로스가 무죄판결을 받자 암몬 신전 사절들이 리비아로 돌아가면서 이렇게 말했다고 한다.

"스파르타 사람들이여! 그대들이 리비아에 와서 살게 된다면 우리가 그대들보다 더 공정한 재판관이라는 사실을 깨닫게 될 것이오!"

이는 스파르타 재판관이 올바르지 않음을 지적함과 동시에 '스파르타 사람들이 언젠가는 리비아에 가서 살게 될 것'이라는 옛 신탁을 가리켜서 한 말이라고 한다.

그즈음 폰투스에 사는 한 여자가 아폴론 신의 아이를 임신했다는 소문을 여기저기 퍼뜨리고 다녔다. 물론 거의 모든 사람들은 그 여자 말을 믿지 않았지만, 더러는 믿는 이들도 있었다. 그래서 이 여자가 사내아이를 낳자, 많은 명사들이 아이를 돌보고 키워주겠다는 제안을 해왔다.

어쨌든 아이는 실레누스라 불렸다. 리산드로스는 이 소문에 말을 덧붙여 흥미로운 이야기를 지어냈다. 이 아이의 기이한 탄생을 곧이곧대로 믿는 사람들을 너나 없이 모두 끌어들여 소문을 내는 데 이용했다. 리산드로스는 델포이에서 이상한 이야기를 들었다며 그것을 스파르타에 퍼뜨렸다. 그 이야기는 이러했다. 델포이 신관들은 반드시 비밀로 지켜야 할 신탁을 지니고 있는데, 이는 아주 오래전부터 내려왔다. 그 신탁이 적힌 비밀문서에 손을 대거나 읽는 것은 신의 법도에 위배되었다. 오직 오랜 세월이 흘러 아폴론 신의 아들이 나타난 뒤, 그가 아폴론 아들이라는 사실을 확인받으면 그 사람에게 신관들이 비밀문서를 내어주게 돼 있다는 것이다.

이렇게 이야기를 준비해 둔 뒤 실레누스가 아폴론의 아들로 나타나면, 델포이에 가서 그 문서를 받는다는 계획이었다. 리산드로스에게 매수되어 이 계획에 참여한 신관들은 실레누스에게 출생에 대한 질문을 한다. 그러고 나서 그가 아폴론 아들이라는 사실이 인정되면 그에게 비밀문서를 건네준다. 그다음 실레누스는 많은 사람들 앞에서 그 문서에 미리 써놓은 온갖 신탁과 왕에 대한 계시를 낭독한다. 거기에는 스파르타인은 가장 뛰어난 시민 가운데 왕을 고른다고 기록할 예정이었다.

그즈음 실레누스는 거의 어른이 다 되었으므로 이 계획은 행동으로 옮기기만 하면 되었다. 그런데 막상 계획을 실행할 단계에 이르자 리산드로스에게 매수되어 이 연극을 하기로 한 사람이 겁을 집어먹고 뒤로 주저앉고 말았다. 그리하여 이 계획은 펼쳐보지도 못한 채 완전히 실패로 돌아갔다. 그러나 리산드로스가 살아 있는 동안에는 이 일이 발각되지 않아 그가 죽은 뒤에야 세상에 알려졌다.

리산드로스는 아게실라우스 왕이 아시아 원정에서 돌아오기 바로 전, 보이오티아 전쟁에 휘말려 죽음을 맞이했다. 아니, 리산드로스 자신이 헬라스 전체를 보이오티아 전쟁으로 휘몰아쳤다는 말이 사실에 더 가까우리라. 어찌되었든 어떤 이는 이 전쟁의 원인이 리산드로스에게 있다 말하는데, 또 어떤 사람은 테바이 시민들 때문이라고 말한다. 하지만 이도 저도 아닌 나머지 사람들은 리산드로스와 테바이 시민 모두에게 그 책임이 있다고도 한다.

전쟁의 원인을 테바이에 돌리는 까닭은 다음과 같다. 아게실라우스 왕이 아울리스에서 신께 제사를 지낼 때였다. 테바이 시민이 와서 제단을 뒤엎고 제물을 던져버린 일이 있었다. 거기에 테바이 사람 안드로클레이데스와 암피테우스가 페르시아 왕에게 매수되어, 스파르타를 헬라스 전쟁에 휘말려 들게 할 목적으로 포키스 영토를 침범해 마구 짓밟았다.

리산드로스에게 원인이 있다는 사람들은 이렇게 말한다. 스파르타 동맹국 가운데 전리품의 10분의 1을 요구한 도시는 오직 테바이뿐이었다. 리산드로스는 그 요구를 들은 척도 하지 않고 모든 금과 은을 스파르타로 실어왔다. 이일에 대해 테바이가 불만을 터뜨리자 리산드로스가 몹시 화를 냈다는 이야기이다.

그러나 무엇보다도 리산드로스가 테바이인들에게 가장 분노한 것은, 테바이 시민들이 리산드로스가 만든 30인 과두정치 제도를 벗어나 자유를 얻을 최초의 기회를 아테나이에게 마련해 준 사건이었다. 스파르타는 이 제도를 시행하기 위해 아테나이에서 온 정치적 망명자를 어떤 도시에서 발견하더라도 즉시 체포하라는 명령을 내려두었고, 또한 스파르타는 정치적 망명자를 체포하지 않거나 체포를 방해하는 나라와는 동맹을 파기한다고 공포했다.

이에 맞서 테바이 시는 헤라클레스와 디오니소스 공적에 어울리는 법령을 만들었다. 보이오티아 영토 안의 모든 집과 모든 도시를 아테나이 망명자를 위해 개방하고, 붙잡혀 가는 망명자를 돕지 않는 사람에게는 벌금 1탈란톤을 부과한 것이다. 또 보이오티아를 지나서 아테나이에 독재자 타도를 위해 무기를 운반하는 사람이 있으면 테바이 사람은 그들을 쳐다보지도, 듣지도 못한 것으로 해야 했다.

테바이 시민들은 이처럼 헬라스인다운 인도적 법령을 공포하는 한편, 모두 이에 따라 행동을 함께했다. 트라시불루스와 그의 무리가 아테나이 필레를 점령할 때, 그들은 테바이를 기지 삼아 무기와 군자금을 공급받았고, 비밀도 보장받아 큰일을 치를 수 있었다. 이 때문에 리산드로스는 테바이를 미워하게 되었으며 끝내 전쟁을 일으켰다.

노년에 접어든 리산드로스는 심한 우울증에 걸려 화를 잘 내게 되었다. 그런 리산드로스가 테바이의 이 같은 행동을 그저 가만히 지켜보고만 있을 수는 없는 일이었다. 그는 에포르스를 움직여 테바이 시에 수비대를 주둔하도록 설득하고, 스스로 지휘관이 되어 출정했다. 에포르스는 그 뒤 파우사니아스 왕에게 군대를 주어 리산드로스를 도와 싸우도록 했다. 리산드로스는 많은 병사를 이끌고 포키스를 거쳐 진군하고 파우사니아스는 키타이론 산을 지나 보이오티아를 공격해 나아가기로 했다.

리산드로스가 진군한 지 얼마 지나지 않아 오르코메누스 시가 항복해 왔다. 리산드로스는 계속 나아가 레바데이아를 공격해 약탈했다. 그리고 파우사니아스에 편지를 보내, 자신은 새벽에는 할리아르투스 성벽에 다다를 것이므로, 왕은 플라타이아에서 할리아르투스로 이동해 그곳에서 만나자고 말했다.

그런데 이 편지를 가지고 가던 병사가 테바이군 정찰대에 붙잡혀 편지가 적의 손안에 들어가고 말았다. 이 편지를 본 테바이인들은 리산드로스 작전을 짐작하고도 남았다. 그들은 때마침 도착한 아테나이 증원군에게 테바이 수비를 맡기고, 자신들은 사람들이 모두 잠들기 시작할 무렵 조용히 도시를 떠났다. 리산드로스보다 먼저 할리아르투스에 도착한 테바이군은 부대 일부를 시내로 들여보냈다.

테바이군의 이런 움직임을 알게 된 리산드로스는 언덕 위에 진을 치고 왕의 군대가 오기를 기다리기로 했다. 하지만 아무리 기다려도 왕의 군대가 오지 않자, 리산드로스 부대는 가만히 있을 수가 없었다. 그들은 무기를 들고 서로를 격려하면서 일렬종대로 할리아르투스 성벽 아래에 이르렀다. 그때 성 밖에 있던 테바이군 일부가 성벽을 오른쪽으로 돌아, 키수사라 부르는 샘 근처에서 리산드로스군 뒤를 덮쳤다.

전설에 따르면 오래전 디오니소스가 태어났을 때 유모가 이곳에서 그를 목욕시켰다고 한다. 그래서인지 이 샘물은 맑은 포도주 빛깔을 띠었고, 물맛이 아주 달았다. 이 근처에는 크레테의 때죽나무 숲이 있는데, 할리아르투스 사람들은 이것을 크레테 미노스 왕의 동생 라다만토스가 이곳에 살았다는 증거라 믿었다. 그들은 또한 '알레아'라 부르는 라다만토스의 무덤도 그 증거로 보여준다. 그리고 그 근처에는 헤라클레스의 어머니 알크메네 무덤도 있다. 이곳 사람들 이야기로는 그녀가 남편 암피트리온이 죽은 뒤 라다만토스와 결혼해 살다가 이곳에 묻혔다고 한다.

성안에 들어가 있던 테바이군은, 할리아르투스군과 힘을 합해 진을 치고 잠시 쉬고 있었다. 하지만 리산드로스군이 성벽에 접근해 오는 것을 보자 갑자기 성문을 열고 공격해 리산드로스를 비롯해 그와 동행하던 점술사, 그 밖에 몇 명을 쓰러뜨렸다. 갑작스런 공격에 놀란 스파르타 병사들 대부분은 뿔뿔이 흩어져 재빨리 진지 쪽으로 달아났다. 그러나 테바이군이 계속 뒤쫓으며 공격했기 때문에 그 가운데 1000명이 죽고, 나머지는 모두 산으로 도망갔다. 테바이군 병사들도 험한 곳에서 적들과 싸우다가 300명이 목숨을 잃었다. 그런데 이들은 스파르타군과 내통하고 있다는 의심을 받던 터라, 어떻게 해서든 테바이 시민들로부터 누명을 벗으려 목숨 걸고 싸우다가 이런 아픔을 당했다.

이 불행한 소식은 플라타이아에서 테스피아이로 진격하는 길에 파우사니아스에게 알려졌다. 왕은 대열을 정비하고 곧바로 할리아르투스로 달려갔다. 트라시불루스도 테바이에서 아테나이군을 이끌고 그곳으로 왔다. 왕이 휴전협정을 맺고 아군 시체를 찾아오려고 하자, 스파르타군 늙은 장군들은 몹시 못마땅해하며 왕 앞으로 나아가 그들은 리산드로스 장군의 시신을 되찾기 위해서는 휴전협정을 맺을 게 아니라 오히려 싸워야 한다고 주장했다. 그래서 승리한다면 리산드로스를 묻어줄 수 있을 테고, 만일 진다면 스파르타인답게 리산드로스 장군과 운명을 함께하겠노라 말했다.

이 말에 감동을 받기는 했지만, 파우사니아스 왕은 지금 막 승리를 거두어 사기가 드높아진 테바이군과 싸워 이긴다는 것은 매우 힘들다고 판단했다. 게다가 리산드로스 시체는 성벽 바로 아래에 있었기 때문에 휴전협정을 맺지 않고, 싸워서 되찾기란 더욱 어렵다고 생각했다. 그리하여 왕은 전령을 보내 휴전협정을 맺고 리산드로스 시체를 넘겨받은 다음 모든 부대를 철수했다. 리산드로스 시체는 보이오티아 국경을 넘어 가장 처음 도착한 동맹국인 포키스 땅 파노페우스에 묻었다. 델포이로부터 카이로네이아에 이르는 길가에 오늘날에도 리산드로스 기념비가 서 있다.

그곳에서 스파르타군이 야영하고 있을 때, 어떤 포키스 사람이 그 전투에 참가하지 않은 이들에게 상황을 들려주면서 리산드로스 장군이 호플리테스를 건너자마자 그들이 공격해 왔다고 말했다. 이 말을 들은 리산드로스의 친구인 스파르타 장군이 호플리테스가 무어냐고 물었다. 그런 이름을 잘 몰라서 물었던 것이다. 그러자 포키스 사람이 말했다.

"리산드로스가 전사한 성벽 가까이에 흐르고 있는 작은 강 이름입니다."

이 말을 들은 리산드로스의 친구는 눈물을 흘리면서 이렇게 탄식했다.
"인간에게는 정해진 운명을 벗어날 길은 없나 보구나!"
일찍이 리산드로스는 아래 같은 경고 신탁을 받았기 때문이었다.

나 그대에게 알리노니 조심하여라.
세차게 소리치는 호플리테스와
뒤에서 다가오는 대지의 아들인 뱀을.

그러나 다른 이야기에 따르면, 호플리테스는 할리아르투스 성벽 가까이 있는 게 아니라, 그보다 서쪽인 코로네아로 흐르는 강으로, 도시를 지나 필라루스 강으로 들어간다고 한다. 이 강은 지난날에는 호플리아스라 불렸고 오늘날은 이소만투스 강이라 부른다. 리산드로스를 죽인 자는 네오코루스라는 할리아르투스 사람이었는데, 그의 방패에는 커다란 뱀이 그려져 있었다. '뱀을 조심하라'는 신의 경고는 바로 이를 가리킨 것이다.

또 다른 전설에 따르면, 펠로폰네소스 전쟁 동안에 테바이인들은 아폴론의 이스메니누스 신전으로부터 신탁을 받았다. 그것은 델리움 전투와 그로부터 30년 뒤에 일어난 할리아르투스 전투에 대한 예언으로, 그 내용은 이렇다.

창을 들고 늑대 쫓으면서 두고두고 조심하라.
국경과 여우가 떠나지 않는 오르칼리데스 언덕을.

여기서 말하는 국경이란 델리움 일대를 말한다. 그곳에서 보이오티아와 아티카가 경계를 이루기 때문이다. 오르칼리데스 언덕은 오늘날 여우산이라 부르는 곳으로, 헬리콘 산을 바라보는 할리아르투스 땅 일부를 가리킨다.

리산드로스는 이렇게 최후를 맞았다. 스파르타 사람들은 그의 죽음을 몹시 슬퍼하며 파우사니아스 왕을 사형시켜야 한다고 주장해 재판에 부치려 했다. 왕은 이를 피해 테게아로 망명해 죽을 때까지 아테나 신전에 숨어 살았다.

리산드로스가 죽은 뒤 그의 청빈했던 생활이 드러나자 시민들은 그를 더욱 존경하게 되었다. 테오폼푸스가 기록했듯이, 리산드로스는 많은 부를 지녔고 막강한 세력을 유지해 여러 도시나 페르시아 왕으로부터 기부를 받으면서도 자기 집을 화려하게 꾸미는 일에는 단 한 푼도 쓰지 않았다. 테오폼푸스는 칭찬보다는 비난을 많이 하는 사람이므로, 그가 누군가를 칭찬하는 말은 비난하는 말보다 더 믿을 만했다.

역사가 에포로스에 따르면 그 무렵 아시아로 출정을 갔던 아게실라우스 왕이 돌아왔다고 한다. 왕이 돌아오자 동맹국들 사이에서 다툼이 일어났다. 왕은 리산드로스가 보관하던 문서를 검토할 필요가 있어 직접 리산드로스 집으로 갔다. 그곳에서 아게실라우스는 리산드로스가 계획했던 일을 알게 되었다. 리산드로스가 스파르타 변혁을 꾀하려고 쓴 연설문 초고가 발견된 것이다. 거기에는 스파르타 시민들은 마땅히 에우리폰티다이와 아기아다이 집안으로부터 왕위 계승권을 빼앗아야 하며, 왕은 스파르타에서 가장 뛰어난 시민들 가운데 선거를 통해서 뽑아야 한다고 적혀 있었다.

아게실라우스는 그 연설문을 시민들 앞에서 발표해 리산드로스가 실은 어떤 인물이었는지를 밝히려 했다. 그러나 그때 수석 행정관인 라크라티다스라는 현명한 사람이 아게실라우스를 말렸다. 그는 새삼 리산드로스 이름을 들먹이는 것은 명예롭지 못한 일이며, 그 연설문 또한 글귀가 교묘할 뿐만 아니라 선동적이어서 오히려 시민들이 옳다고 느낄지도 모르니 리산드로스와 함께 묻어두는 편이 좋겠다고 말했다.

리산드로스는 죽은 뒤로도 몇 가지 명예를 받았는데, 그 가운데는 이런 것도 있다. 그의 딸들과 약혼했던 남자들은 리산드로스가 죽자 그의 집안이 매우 가난한 것을 알고 파혼을 했다. 이제까지는 큰 부자로 여기고 약혼 관계를 지켜왔는데, 이제 그의 정의로움과 선량함을 증명하는 빈곤이 드러났기 때문에 일방적으로 약혼을 깨뜨린 것이다. 스파르타 정부는 그 사람들에게 벌금을 부과했다. 본디 스파르타에서는 결혼하지 않는 것, 늦게 결혼하는 것, 부정한 결혼을 하는 것도 모두 똑같이 벌을 받았다. 그리고 이 세 번째 '부정한 결혼' 안에는 훌륭하고 동등한 상대를 제쳐두고 부자와 결혼하려는 일도 포함되었다. 우리가 알 수 있는 리산드로스 삶에 대한 이야기는 이쯤이다.

술라(SULLA)

루키우스 코르넬리우스 술라는 파트리키, 곧 귀족 집안에서 태어났다. 그의 조상 가운데 루피누스라는 집정관이 있었는데, 그는 집정관이라는 명예보다는 수치스러운 일로 더 널리 알려졌다. 법으로 금지했던 10파운드가 넘는 은그릇을 가지고 있다가 들켰기 때문인데, 그 일로 루피누스는 원로원에서 제명되었다. 그 사건이 일어난 뒤부터 집안이 기울기 시작해, 술라는 넉넉지 않은 살림속에서 자라났다. 술라는 젊은 시절에 값싼 셋방살이를 했는데, 뒷날 분에 넘치게 출세하게 되자 사람들은 그를 비난했다. 한번은 리비아 원정에서 돌아온 그가 몹시 우쭐대면서 끝도 없이 자랑을 늘어놓자, 어느 지체 높은 사람은 이렇게 말했다고 한다.

"아버지한테 아무것도 물려받지 못한 당신이 오늘날 이렇게 많은 것을 가지고 있는 걸 보면, 당신도 그리 정직하고 청렴한 사람은 아닌 것 같군."

그즈음 로마는 사치와 방탕으로 물들어 예전처럼 청렴결백을 자랑하는 시대는 아니었지만, 그럼에도 물려받은 재산을 탕진하는 사람과, 조상보다 더 부자가 되는 사람이 다 함께 비난을 받았다.

뒷날 술라가 정권을 잡아 많은 사람을 죽이게 되었을 때이다. 어떤 해방 노예가 추방명령이 내려진 죄인을 숨겨준 혐의로 타르페이아 절벽에서 떨어뜨려져 죽는 형벌을 받게 되었다. 그러자 그는 술라를 비난하면서, 그와 술라는 오랫동안 한집에 살았는데, 자기는 2층 방을 2000세스테르티우스(은화였다가 청 동화로 바뀜)에 세

들었고, 술라는 아래층 방을 3000세스테르티우스에 세 들었으니 그들의 운세 차이는 1000세스테르티우스에 지나지 않는다고 말했다. 그것은 아티카돈으로 250드라크메에 해당한다. 술라의 젊은 시절 운세에 대해서는 이런 이야기가 전해온다.

여러 조각상들에 나타난 술라의 모습은 잿빛 눈이 유난히 뚜렷하며 얼굴빛 때문에 무서울 정도로 날카롭게 보였다. 그 얼굴은 눈에 거슬리는 붉은색을 띠고, 군데군데 하얀 얼룩이 섞여 있었다. 술라라는 이름을 얻게 된 것도 이런 얼굴빛 때문이었다고 한다. 그래서 아테나이 민중 가운데는 이런 시를 지어 놀리는 사람도 있었다.

  술라는 보릿가루를 뿌린 오디라네.

이런 시를 인용해도 술라는 그다지 싫어하지 않을 것이다. 그는 농담을 무척 즐기는 성격으로 아직 어려서 이름이 세상에 알려지지 않았을 때는 배우나 광대들과 어울려 다녔고, 뒷날 모든 사람들 위에 군림하게 되고도 무대 또는 극장에서 건달들을 모아놓고 날마다 술 마시고 농담을 주고받으면서 나잇값도 못하는 행동을 일삼아 스스로 지위를 손상시켰다. 뿐만 아니라 그는 지도자로서 마땅히 해야 할 많은 일들을 소홀히 했다. 그는 식사 때는 아무리 중요한 일이 생겨도 그냥 모른 척했다. 다른 때는 근면하고 오히려 무뚝뚝했지만, 모임이나 술자리에 앉았다 하면 갑자기 사람이 변해서, 가수든 무용수든 닥치는 대로 치근덕거리면서 그들이 어떤 말을 해도 고분고분 모두 들어주었다. 이 방탕한 생활이 몸에 남아 굳어버렸는지, 그의 호색과 쾌락에 대한 광적 집념은 늙어서도 고쳐지지 않았다. 술라는 젊었을 때부터 메트로비우스라는 광대와 가깝게 지냈다. 또 방탕하고 천하지만 돈이 많은 니코폴리스라는 여자에게 애착을 가졌는데, 그녀는 그의 젊은이다운 호의와 친절함에 끌려 그를 사랑하게 되었으며 죽은 뒤에는 모든 재산을 술라에게 물려주었다. 술라는 자신을 친자식처럼 사랑했던 의붓어머니로부터도 꽤나 많은 유산을 상속받았다. 그러한 유산 덕분에 그는 나름 부유하게 살 수 있었다.

재무관에 임명된 술라는, 처음 집정관이 된 마리우스와 함께 유구르타와 전쟁을 치르기 위해 리비아로 건너갔다. 그는 이 전쟁에서 많은 공을 세워 명성을 올린 데다, 우연한 기회를 잘 이용해 누미디아 왕 보쿠스와 친분을 맺었다. 술라는 보쿠스 왕 사절단이 누미디아 산적들을 피해 도망쳐 오자 그들을 맞아들였다. 그러고는 값진 선물과 믿음직한 호위를 붙여서 그들을 안전하게 보호해 주었다. 이때 보쿠스는 사위인 유구르타를 오래전부터 미워하며 두려워했는데, 유구르타가 싸움에 져서 자기에게로 도망쳐 오자 그를 지켜주지 않기로 마음먹었다. 그러나 직접 손을 대어 유구르타를 치기보다는 술라가 유구르타를 잡아가는 편이 더 낫겠다고 여겨 술라에게 사람을 보내 자신의 뜻을 밝혔다.

이 제안을 들은 술라는 마리우스와 의논하여 적은 병력을 이끌고 가장 큰 위험에 뛰어들었다. 사위에게조차 신의를 지키지 않는 야만인을 믿고, 유구르타를 잡기 위해 기꺼이 자신의 목숨을 그 손아귀에 맡긴 것이다. 둘 모두를 손에 넣게 된 보쿠스는 어느 한쪽을 배신해야만 했다. 좀처럼 결심이 서지 않아 망설이던 그는, 마침내 첫 번째 계획을 그대로 실행하기로 마음먹고, 술라에게 유구르타를 넘겨주었다. 이 일에서 가장 큰 공을 세운 사람은 마리우스였다. 하지만 마리우스에 대한 로마 시민들 질투 때문에 성공의 명성은 술라에게 돌아갔고, 이 때문에 마리우스는 남몰래 술라를 원망하게 된다.

본디 오만한 성격이었던 술라는 이때 비로소 이름 없는 천한 신분에서 벗어나 시민들에게 좋은 평가와 칭송을 받게 되자 공명심에 불타오르기 시작했다. 그는 자신의 공적을 반지에 새겨 늘 끼고 다니면서 그것을 도장으로 사용했다. 보쿠스가 술라에게 유구르타를 넘겨주는 그림이었다.

마리우스는 이런 술라의 행동이 못마땅했지만 아직 자신이 시기할 정도의 인물은 못 된다고 여겼다. 마리우스는 술라를 두 번째 집정관 시절에는 그의 부관으로, 세 번째 집정관 때는 군사 호민관으로 임명했다. 그리고 술라의 힘으로 많은 공적을 이루어 냈다. 술라가 부관 자리에 있었을 때는 텍토사게스 왕 코필리우스를 사로잡았다. 또 군사 호민관일 때는 강대하고 사람 수가 많았던 마르시족을 설득해 로마의 우호적인 동맹자로 만들었다.

그러나 술라는 이때, 마리우스가 자신을 거추장스러워하며 더 이상 공을 세울 기회를 주지 않고 그의 출세를 가로막고 있음을 깨달았다. 그래서 그는 마리우스의 동료 집정관인 카툴루스 아래로 들어갔다. 카툴루스는 인격은 훌륭했지만 장군으로서는 활약이 부족한 사람이었다. 술라는 그로부터 모든 중요한 일을 위임받아 자기 재능을 드러내면서 큰 권력과 명예를 얻게 되었다.

술라는 뛰어난 전술로 알프스 야만족을 거의 정복하고, 식량이 떨어졌을 때는 그것을 구하는 임무를 맡아 충분히 공급했기 때문에, 카툴루스 군대를 배불리 먹이고도 남아 마리우스 군대에도 나누어 줄 정도였다. 마리우스가 이 일에 자존심을 크게 다친 것에 대해서는 술라 자신도 말한 적이 있다. 갈등은 이렇게 작은 일로 시작되었지만, 곧 국민의 유혈 사태와 뿌리 깊은 당쟁을 거쳐, 전제와 국정 전체의 혼란으로 빠르게 진행되어 갔다. 여기서 우리는 에우리피데스가 얼마나 현명한 사람이었는지, 또 그가 나라의 여러 문제들에 대해 얼마나 잘 파악하고 있었는지를 알 수 있다. 그는 공명심이야말로, 그것을 품는 사람에게 자멸을 가져오는 가장 무서운 독이라면서 늘 그것을 조심해야 한다고 경고했기 때문이다.

술라는 장군으로서 얻은 명성이 정치에서도 통하리라 생각하고, 군대를 떠나 곧바로 법무관 선거에 입후보했으나 떨어지고 말았다. 그는 법무관이 되지 못한 원인을 민중 탓으로 돌렸다. 그의 말로는, 시민들이 술라와 보쿠스의 우호 관계를 잘 알고 있어서, 만약 술라가 법무관에 앞서 조영관이 되면 리비아에서 동물들을 들여와 대규모 사냥대회와 격투를 실컷 구경할 수 있으리라 생각했다는 것이다. 그래서 사람들이 그를 조영관으로 만들려고 일부러 법무관에서 떨어뜨리고 그 자리에 다른 사람을 앉혔다고 주장했다.

술라는 이렇게 둘러댔지만, 그가 선거에서 떨어진 이유가 곧 드러나고 말았다. 다음 해 술라는 민중에게 아첨하거나 뇌물까지 써서 지지를 얻어내야 했다. 그 방법으로 그는 마침내 법무관에 당선되었다. 실제로 그가 법무관으로 일할 때 카이사르에게 맞선 적이 있었는데, 술라가 분노하여 자신의 권한을 행사하겠다고 엄포를 놓자 카이사르는 그를 비웃으면서 말했다. 술라가 가진 권한은 그가 돈을 주고 샀으니까 그의 것이라 생각하는 건 마땅하다고 한 것이다.

법무관 임기가 끝난 뒤, 그는 카파도키아로 파견되었다. 이 원정이 겉으로는 카파도키아 왕인 아리오바르자네스를 복권시키는 것이었지만, 실은 페르시아 왕 미트리다테스 세력을 꺾는 데 그 목적이 있었다. 미트리다테스 왕은 전쟁을 자주 일으켰는데, 욕심이 지나쳐서 지금 지닌 것만큼이나 영토와 권력을 더 늘리려 했다. 술라는 자신의 병력을 조금만 데려가고, 대신 열성적인 동맹국들을 활용해 원조를 받았다. 그리고 많은 카파도키아인과 그보다 더 많은 아르메니아인 원군을 죽이고는 마침내 고르디우스를 왕위에서 몰아내고 아리오바르자네스를 그 자리에 앉혔다.

술라군이 에우프라테스 강에서 가까운 곳에 머물렀을 때이다. 파르티아 장군 오로바주스가 아르사케스 왕(9세)의 사절로 찾아왔다. 그때까지 이 두 나라 사이에는 외교교섭이 전혀 없었다. 술라는 이때 로마인들 가운데 최초로 파르티아와 동맹을 맺고 우호 관계를 갖게 되는 커다란 행운을 얻었다.

이 회담에서 술라는 의자 세 개를 준비해 가운데는 자기가 앉고, 왼편에는 아리오바르자네스 왕을, 오른편에는 파르티아 장군 오로바주스를 앉혔다. 이 일 때문에 오로바주스는 뒷날 파르티아 왕에게 살해되었다. 어떤 사람들은 술라의 이런 행동에 대해 야만족을 상대로 로마의 위엄을 보였다고 칭찬했지만, 다른 한편으로는 몹시 교만하고 무례했으며 공명심으로 가득 찬 행동이었다는 비난을 받기도 했다. 오로바주스와 함께 온 한 칼다이아 사람은, 술라의 얼굴을 뚫어지게 보며 그의 마음과 몸짓을 진지하게 관찰한 뒤, 자신의 원리에 따라 그 성질을 판단하고는, 술라는 반드시 최고의 인물이 되리라 예언했다. 또 그는 어째서 술라가 아직까지도 일인자가 되지 못했는지 이상할 정도라고 덧붙였다.

파르티아와 동맹을 맺은 뒤 술라가 로마로 돌아왔을 때이다. 켄소리누스는 술라가 우호적인 동맹국에서 법을 어기고 많은 재물을 모아왔다고 주장하며 그를 뇌물을 받은 혐의로 고발했다. 그러나 켄소리누스는 법정에 나오지 않았고, 얼마 뒤 고소를 취하했다.

한편 마리우스와 술라는 새롭게 불타오른 보쿠스 왕의 공명심 때문에 다시금 심한 갈등을 겪었다. 보쿠스는 로마 사람들 환심을 사고 술라에게 호의를 표하기 위해, 카피톨리움에 전리품을 들고 있는 승리의 여신상을 바치고, 그 옆에 자신이 유구르타를 술라에게 넘겨주는 장면을 새긴 금상을 세웠다. 마리우스는 그것을 보고 분통을 터뜨리며 그 조각상을 부수려 했지만, 술라를 지지하는 사람들이 그의 행동을 막았다. 두 사람의 다툼 때문에 로마는 둘로 갈라져서 혼란의 회오리바람이 몰아치기 직전이었다. 하지만 때마침 오랫동안 불씨를 안고 있었던 다른 도시들과의 전쟁 불길이 갑자기 활활 타오르기 시작해 그들의 갈등은 잠시 중단되었다.

수없이 반전을 거듭하며 로마에 엄청난 불행과 심각한 위험을 물고 온 이 전쟁에서 마리우스는 어떤 공도 세우지 못했다. 그는 단지 무공에는 뛰어난 활력과 강한 체력이 필요하다는 사실만을 증명했다. 이와 달리 술라는 눈부신 여러 공적을 세워, 시민들에게는 위대한 장군, 친구들에게는 뛰어난 장군, 또 그의 적대자들에게는 가장 운이 좋은 장군이라는 명성을 얻었다. 술라는 코논의 아들 티모테우스처럼 행동하지는 않았다. 티모테우스는 정적들이 그의 성공을 모두 행운 덕으로 돌리면서, 그가 잠든 사이에 행운의 여신이 도시마다 그물을 치고 있는 모습을 그림으로 그려놓은 일에 대해 노골적으로 화를 냈다. 티모테우스는 그들이 자기 공적을 빼앗으려 한다고 생각한 것이었다. 그 뒤 다시 전쟁에 나가 싸워 이기고 돌아오자, 그는 시민들에게 이렇게 말했다.

"아테나이 시민들이여, 이번 전쟁에서는 정말 아무런 행운도 없었소이다."

그런데 티모테우스가 그렇게 함부로 공명심을 드러내며 교만하게 굴어 신이 벌을 내렸는지, 그때부터 그는 아무런 공도 세우지 못하고 하는 일마다 모조리 실패만 거듭하다가, 민중과도 뜻이 맞지 않아 부딪치더니 마침내는 도시에서 쫓겨났다.

하지만 술라는 그러한 축복과 선망을 흔쾌히 받아들였을 뿐만 아니라, 자신도 함께 찬양하면서 신께 기도를 올렸다. 술라가 과장된 행동을 한 것인지 아니면 신에 대해 정말 그런 마음을 지녔는지는 알 수 없으나, 모든 공적을 행운의 여신 덕으로 돌렸다. 술라는 회고록에서, 자신이 교묘하게 계획하고 실행한 일보다, 깊이 생각하지 않고 그때그때 대담하게 해치운 일이 훨씬 더 성공적이었다고 썼다. 또 그가 스스로 자신은 전쟁보다도 행운에 강한 사람이었다고 말한 것으로 보아, 그는 덕성보다 행운에 많은 것을 돌리고 자신을 완전히 신의 은총을 입은 사람으로 생각했던 듯하다. 그는 동료이자 사돈인 메텔루스와 잘 지낼 수 있었던 일도, 신이 어떤 은혜를 내려주었기 때문이라고 여겼다. 사람들은 메텔루스가 술라와 사사건건 부딪치며 많은 문제를 일으키리라 추측했지만, 둘은 동료 집정관으로서 가장 사이가 좋았다. 또 술라는 루쿨루스에게 바친 회고록에서, 신이 꿈에 나타나 무언가 명령을 내리면 그보다 더 확실한 것은 없으니 반드시 시키는 대로 하라고 권고했다.

술라 이야기에 따르면, 그가 군대와 함께 동맹시 전쟁에 나갔을 때이다. 라베르나에서 땅이 크게 갈라지더니 그곳에서 불길이 활활 치솟아 올라서 널름거리는 불꽃이 하늘로 올라갔다고 한다. 그것을 본 점술사가 유능하고 외모도 뛰어난 인물이 나타나 정권을 잡고 로마를 혼란에서 구하리라는 예언을 했는데, 술라는 그 사람이 바로 자신이라고 말했다. 자신은 흔치 않은 금발을 가졌으며, 뛰어난 전공도 많이 세웠으니 예언이 말하는 위인이 바로 자기라고 주장한 것이다. 술라는 이처럼 신의 뜻에 대해 자신에게 유리하게 생각했다.

술라는 다른 면에서는 매우 변덕스럽고 자기모순이 많았다. 그는 많은 것을 빼앗은 다음에는 더 많은 것을 베풀었고, 어떤 사람이나 일에 대해 생각지도 않은 엉뚱한 평가를 내리거나 경멸했으며, 또 자기에게 필요한 사람은 소중히 대했지만, 그에게 부탁할 일이 있는 사람에게는 몹시 거만하게 굴었다. 사람들은 그의 타고난 인품이 비굴한 쪽인지 아니면 거만한 쪽인지를 분간할 수가 없었다. 그는 죄를 다스리는 일에 있어서도 도무지 일관성이 없었다. 아주 보잘것없는 이유로 모두가 깜짝 놀랄 사형을 내리는가 하면, 죽어 마땅할 극악한 범죄는 가볍게 처벌하고, 또 깊은 원한을 지닌 원수와는 쉽게 화해하면서도, 하찮은 싸움을 한 사람들을 죽이거나 재산을 빼앗기도 했다. 이런 점들로 보아 그는 천성적으로 화를 잘 내고 복수심 강한 성격이지만, 이익 앞에서는 감정을 억누른 것으로 생각된다. 그런데 동맹시 전쟁이 한창일 때, 술라의 병사 하나가 법무관 대우이자 부관인 알비누스를 몽둥이와 돌로 때려 죽인 사건이 있었다. 하지만 술라는 이런 극악무도한 범죄를 못 본 척 덮어주고 조사조차 하지 않았다. 그는 거만한 자세로 병사들은 전쟁에서 공을 세움으로써 죄를 용서받을 수 있으며, 오히려 이 사건으로 병사들이 더욱 열심히 싸울 것이라고 말했다. 그는 사람들의 비난에는 관심을 두지도 않았다. 이미 마리우스의 권력을 빼앗으려는 계획을 갖고 있었으며, 동맹시 전쟁이 곧 끝나리라 여겨 자신이 사령관이 되어 미트리다테스에 맞서려 하고 있었기 때문이다. 그래서 술라는 사람들의 비난에도 아랑곳하지 않고 오로지 병사들에게 호감을 사는 데만 마음을 쏟았다.

로마로 돌아간 술라는 전쟁 공로를 인정받아 마침내 집정관 자리에 올랐다. 동료 집정관으로는 퀸투스 폼페이우스가 뽑혔다. 이때 술라의 나이 50세였다. 그리고 그는 대제사장 메텔루스의 딸 메텔라와 매우 화려하고 영예로운 결혼식을 올렸다. 시민들은 이 결혼을 축하하며 그를 칭송했지만, 귀족들 대부분은 술라가 집정관 자격은 있지만, 그녀에게는 어울리지 않는다며 몹시 화를 냈다.

티투스 리비우스 기록에 따르면, 술라는 이 결혼은 처음이 아니었다. 그는 젊은 시절 일리아와 결혼해 딸을 하나 낳았다. 그 뒤 아일리아를 거쳐 클로일리아와 세 번째로 결혼했는데, 그녀가 아들을 낳지 못한다는 이유로 이혼을 요구했다. 그는 예를 다해 온갖 좋은 말을 늘어놓으면서 세 번째 아내에게 많은 선물을 안겨주었지만, 며칠 뒤 메텔라(카이킬리아)와 다시 결혼하여 속을 드러내 보였다. 클로일리아와 이혼한 이유는 그저 핑계일 뿐이었다고 할 수 있으리라. 술라는 메텔라를 너무나 사랑해 늘 곁에 두고 소중히 아꼈다. 그래서 로마 시민들은 마리우스 편에 섰다가 추방당한 사람들의 복귀를 술라가 거절했을 때 메텔라에게 도움을 청했을 정도였다. 또 다른 이야기가 있는데, 술라가 아테나이를 점령했을 때, 그는 시민들에게 가혹하게 굴었다. 사람들이 전하는 말로는 시민들이 성벽 위에서 메텔라에게 마구 욕설을 퍼부었기 때문이라고 한다. 그 이야기는 뒤에 덧붙이기로 한다.

그 무렵 술라는 로마군을 이끄는 지휘관이 되어 미트리다테스와의 전쟁에 나갈 생각을 하면서 의기충천해 있었다. 그는 집정관 지위도 앞으로의 계획에 비해서는 대수롭지 않다고 여겼다. 하지만 지칠 줄 모르는 명예욕과 공명심에 가득 찬 마리우스가 아직도 그의 앞을 가로막고 있었다. 마리우스는 몸이 무거워지고 노쇠해 그즈음에는 전쟁에 나가지 못했다. 그럼에도 그는 여전히 로마군 지휘관 자리를 노렸다. 그래서 술라가 남은 일 때문에 급히 군영으로 달려갔을 때, 마리우스는 자기 집에 틀어박혀 지휘관이 되기 위한 계략을 꾸미고 있었다. 뒷날 이 계획은 로마가 싸운 모든 전쟁을 합한 것보다도 더 큰 피해를 로마에 불러왔으며, 마치 신이 여러 가지 방법으로 이 재앙에 대해 알리기라도 하듯이 로마 곳곳에서는 이상한 일들이 일어났다.

한번은 군기를 내건 장대에서 저절로 불이 나서 불길을 잡느라 한참 애먹은 일이 있었다. 또 까마귀 세 마리가 어린 새끼를 물어뜯고는, 뼈만 남은 앙상한 몸통을 다시 둥지로 가져갔다. 그리고 신전에 바친 금을 쥐가 자꾸만 갉아먹자 신전지기가 덫을 놓아 암놈을 한 마리 잡았는데, 암쥐가 덫 안에서 새끼 다섯 마리를 낳고는 그 가운데 세 마리를 먹어치운 일도 있었다. 그러나 여러 징조 가운데 가장 이상했던 일은 구름 한 점 없이 맑은 하늘에서 갑자기 커다란 나팔 소리가 들려왔는데, 마치 날카롭게 탄식하는 듯한 소리에 사람들은 겁에 질려 몸을 벌벌 떨었다. 에트루리아의 한 현자는, 이런 이상한 현상이 새로운 시대가 시작되는 전환과 변혁의 징조라고 해석했다. 인간의 세대는 모두 여덟 번이 있는데, 세대마다 서로 생활과 풍속이 다르고, 신의 뜻에 따라 저마다 시간의 길이가 정해지며, 또 그 길이는 큰 주기에 따라 계산된다는 것이다. 그리고 그 주기가 끝나 다른 주기가 시작될 때는 하늘과 땅에서 이상한 징후들이 일어난다. 지금과는 다른 양식과 생활을 따르는 사람들이 많이 생겨나면 신들이 그들에게 처음보다 더 적거나 더 많은 관심을 기울이게 되므로, 이런 분야에 지식이 밝은 사람들은 이러한 징조들을 보면 그 사실을 금세 알 수 있다고 했다.

또 그들은, 세대가 바뀔 때는 여러 면에서 커다란 변화가 일어나게 되며, 예언과 점술이 성행하고 그 예언도 더 잘 들어맞는데, 그것은 신들이 뚜렷한 징조를 보여주기 때문이라고 했다. 하지만 다른 세대에서는 그 징후가 거의 비밀에 싸여 분명하지 않기 때문에, 점술가들은 모호한 상태로 점을 치게 된다. 이는 보통 사람들보다 더 많은 지식을 가지고 있는 것으로 알려진 에트루리아 최고 현자들의 말이다.

원로원이 벨로나 신전에 점술가들을 불러모아 여러 징조들에 대해 이야기하고 있을 때, 참새 한 마리가 부리에 매미를 물고 날아왔다. 그리고 모두가 보는 앞에서 매미의 일부를 떼어버리고 나머지는 물고 다시 날아갔다. 이를 본 점술사들은 도시에 모여 있는 민중과 대지주들 사이에 싸움과 불화가 일어날 징조라며 우려를 나타냈다. 도시 민중은 매미처럼 시끄럽고, 대지주들은 참새처럼 시골에 내려가 있기 때문이라는 것이다.

마침내 마리우스는 호민관 술피키우스를 자기편으로 끌어들였다. 술피키우스는 악랄한 일에서는 둘째가라면 서러운 사람으로, 그가 다른 누구보다 얼마나 악한가가 아닌, 그 자신이 무엇에 대해 가장 악한가 하는 것이 늘 관심거리였다. 그는 잔혹함과 대담함 그리고 탐욕 앞에서는 부끄러움도 몰랐으며, 그 어떤 부정이든 아랑곳하지 않고 저질렀다. 그는 광장에 보란듯이 자리잡고 앉아서 로마 시민권을 해방 노예와 외국인에게 팔아넘기며 돈을 받았다. 그는 검사(劍士) 3000명을 사병으로 모아 훈련시켰으며, 무슨 짓이든 할 준비가 되어 있는 기사계급 젊은이들을 거느리고, 그들을 반(反)원로원당이라 불렀다. 또 그는 원로원 의원에 대해 2000드라크메 이상의 부채를 금하는 법을 제정했지만, 뒷날 밝혀진 바로는 정작 자신은 300만 드라크메의 빚을 남기고 죽었다. 술피키우스는 마리우스가 시키는 대로 민회를 돌아다니면서, 칼과 폭력을 휘둘러 국정 전체를 혼란에 빠뜨리고, 여러 악법들을 만들어 제출했는데, 마리우스에게 미트리다테스 전쟁 지휘권을 주자는 법안도 그 가운데 하나였다. 하지만 집정관들은 이에 반대해 모든 공무를 정지하라 명령하고, 장소를 쌍둥이신 신전 근처로 옮겨 회의를 계속했다.

그러자 술피키우스는 민중을 선동하여 회의가 열리고 있는 광장으로 이끌고 달려가 많은 사람들을 죽였다. 그 가운데는 집정관 폼페이우스의 어린 아들도 있었다. 폼페이우스는 군중 속에 숨어 있다가 가까스로 달아나 목숨을 건졌다. 술라는 마리우스의 집 안으로 달아났지만, 술피키우스 부하들에게 강제로 끌려나와서 그들 강요대로 공무 정지 명령을 취소해야만 했다. 그로 인해 술피키우스는 폼페이우스를 직위에서 몰아냈지만, 술라의 집정관직은 빼앗지 않았다. 다만 미트리다테스 원정 사령관직을 마리우스에게 맡기는 것으로 바꾸었을 뿐이다. 그리고 그는 군대를 거두어 마리우스에게 넘겨주기 위해, 군사 호민관을 놀라에 보냈다.

술라는 이들보다 먼저 놀라의 군영으로 갔다. 그는 도착하자마자 그곳에 있는 장교와 병사들에게 로마에서 벌어진 마리우스와 술피키우스의 만행을 낱낱이 알렸다. 이 이야기를 들은 병사들은 분노를 참지 못하고 뒤에 도착한 군사 호민관들을 돌로 쳐서 죽여버렸다.

군사 호민관들이 살해되었다는 소식을 들은 마리우스는 몹시 화가 났다. 그는 술라에게 복수하려고 로마의 술라 지지자들을 모조리 잡아들여 처형하고 그들 재산을 모두 빼앗았다. 이를 본 사람들이 두려움에 갈팡질팡하자 로마는 순식간에 혼란에 빠졌다. 어떤 사람은 군영에서 로마 시로, 또 누군가는 로마 시에서 군영으로 서둘러 피난을 오고 가느라 시내는 온통 아수라장이었다.

원로원 의원들은 몹시 당황했지만, 아무런 행동도 할 수 없었다. 술피키우스와 마리우스가 서슬이 시퍼런 채 그들의 움직임을 감시하고 있었기 때문이다. 그때 술라가 군대를 이끌고 로마 가까이 진군해 왔다는 소식이 들려오자, 마리우스는 원로원을 시켜 브루투스와 세르빌리우스를 술라에게 보내 말을 전하도록 했다. 둘은 술라에게 가서 로마에서 내란을 일으켜 시민들의 안전을 위협하지 말고 당장 진군을 멈추라 말했다. 하지만 그들의 거만하고 준엄한 말투에 화가 난 병사들은 두 사람의 파스케스를 부러뜨리고 자줏빛 깃을 단 긴 옷을 갈기갈기 찢어버린 뒤 욕설을 퍼부으며 내쫓았다. 돌아온 두 사람의 몰골을 보고 절망한 로마 사람들은, 그들의 보고를 듣고는 더 큰 두려움에 빠졌다.

마침내 마리우스와 술피키우스도 전쟁 준비에 들어갔다. 술라는 동료들과 함께 완전무장한 6개 군단을 이끌고 놀라로부터 진군해 왔다. 군대는 곧 로마로 쳐들어갈 준비가 되어 있었으나, 술라 자신은 확실한 판단이 서지 않아 위험을 두려워하며 주저했다. 그러나 술라가 제물을 바치자, 점괘를 읽은 점술사 포스투미우스는 술라에게 두 손을 내밀면서 싸우기만 하면 승리할 것이라 자신했다. 그리고 만약 믿기 힘들다면 전투가 끝날 때까지 자기를 묶어놓고 감시해도 좋다고 말했다. 술라가 바라는 대로 모든 일이 순조롭게 풀리지 않는다면, 자신은 어떠한 극형이라도 달게 받겠다는 뜻이었다. 또 술라의 꿈에도 여신이 나타났다고 한다. 이 여신은 로마인이 카파도키아인에게 배워 숭배했다고 하나, 달의 여신 루나인지 미네르바인지, 아니면 벨로나인지는 알 수 없다. 여신은 술라 옆에 서서 그에게 천둥과 번개를 건네주더니, 적의 이름들을 하나하나 부르면서 그것을 힘껏 던지라고 명했다. 그리고 번개에 맞은 사람은 그 자리에서 쓰러져 사라졌다고 한다. 이 꿈으로 용기를 얻은 그는 동료에게 꿈 이야기를 하고 날이 밝자마자 로마로 나아갔다.

술라군이 피키나이에 이르자 로마 사절단이 나와 그들을 맞이하면서, 원로원이 모든 일을 정의에 따라 의결할 터이니 로마 시민들을 생각해서라도 진군을 잠시 멈춰달라고 부탁했다. 술라는 그들의 뜻을 받아들여 진군을 멈추고 그곳에 진을 치기로 했다. 그리고 장군들에게 진영을 만들 자리를 알아보고, 규정대로 토지를 측량하라는 명령을 내렸다. 이를 본 사절단은 안심하고 돌아갔다. 하지만 그들이 돌아가자마자 술라는 곧바로 루키우스 바실루스와 카이우스 뭄미우스를 보내 로마 성문과 에스퀼리누스 언덕 근처 성벽을 점령하게 하고, 이어서 자신도 군대를 이끌고 그곳으로 달려갔다. 바실루스 부대는 시내에 들어가 점령하는 데 성공했지만, 무기가 없는 수많은 시민들이 지붕 위에서 돌과 기왓장을 던져 그들의 전진을 막고 성벽 밖으로 몰아냈다. 때마침 도착해 그 광경을 본 술라는 병사들에게 집들을 불태워 버리라 소리치고는 앞장 서서 불이 붙은 횃불을 집어던졌다. 그리고 궁수들에게 지붕 위에 있는 사람을 노려 불화살을 쏘라고 명령했다. 그것은 미리 세워둔 계획에 따른 것이 아니라, 분노를 이기지 못해 감정이 시키는 대로 한 명령이었다. 그는 로마 시민들이 그의 친구와 친척들이라 여기지 않고 상대를 오로지 적으로만 생각해 어떤 동정이나 자비도 베풀지 않았다. 그는 죄가 있건 없건 가리지 않고 닥치는 대로 사람들을 죽이고 불을 지르며 앞으로 나아갔다. 그 사이에 대지의 여신 텔루스 신전으로 달아난 마리우스는 포고를 내려, 해방을 조건으로 노예들에게 호소했다. 그러나 곧 적이 덮쳐오자, 그는 마침내 패하여 로마를 버리고 달아나버렸다.

로마를 점령한 술라는 원로원을 소집해, 마리우스와 호민관 술피키우스를 비롯한 몇몇 사람들에게 사형을 선고했다. 술피키우스는 가까스로 몸을 피했으나 노예의 배신으로 살해당했다. 술라는 그 노예를 먼저 자유민으로 해방시켜 준 다음, 그 죄를 물어 타르페이아 절벽에서 떨어뜨렸다. 술라는 마리우스 목에 현상금을 걸었는데, 그것은 정치가답지 않은 배은망덕한 처사였다. 기껏해야 얼마 전만 해도 술라는 마리우스 집에 숨어들어가 그가 베푼 도움을 받고 무사히 풀려나지 않았던가. 그때 마리우스는 충분히 술피키우스를 부추겨 술라를 살해하고 권력을 독점할 수 있었는데도 그를 살려주었다.

그리고 겨우 며칠 뒤 이번에는 자신이 그와 같은 상황에 맞닥뜨렸으나 술라는 마리우스에게 자비를 베풀지 않았다. 이 일로 원로원 의원들은 술라 앞에서는 입을 꾹 다물었지만 뒤에서는 수군거리며 욕했다. 하지만 민중의 적의와 분노는 곧바로 행동으로 나타났다. 시민들은 관직에 입후보한 술라의 조카 노니우스와 세르비우스를 낙선시켜 큰 창피를 주었다. 그리고 다른 사람을 그 자리에 앉혔는데, 이렇게 함으로써 사람들은 술라를 수치스럽게 만들었다고 여겼다. 그러나 술라는 이런 일들을 기꺼이 받아들이며 오히려 자신의 선전 도구로 이용했다. 민중이 이처럼 원하는 대로 할 수 있게 된 까닭도, 따지고 보면 자기 덕분에 자유를 누리고 있기 때문이라 강조했다. 또 그는 많은 사람들이 증오하는 것을 염려해, 일부러 자기 반대파인 루키우스 킨나를 집정관에 임명했다. 물론 킨나에게는 술라의 정책을 지지하겠다고 맹세하게 했다. 킨나는 손에 돌을 들고 카피톨리움에 올라가, 자기가 술라에 대해 성실성을 지키지 않을 때는 이 돌이 손에서 떨어지듯이 로마에서 쫓겨나도 좋다고 말하며, 많은 사람들이 보는 가운데 돌을 땅바닥으로 던졌다. 하지만 막상 집정관이 되자 그는 술라 손바닥에서 놀아나는 로마 정치의 개혁을 시도하고, 호민관 비르기니우스를 고발자로 내세워 술라에게 소송을 걸었다. 그러나 술라는 이러한 움직임에도 눈 하나 깜짝하지 않은 채, 미트리다테스를 정벌하기 위한 원정길에 올랐다.

알려진 이야기에 따르면, 술라가 이탈리아에서 원정군을 이끌고 진군할 무렵, 페르가뭄에 머물고 있던 미트리다테스에게 많은 징조들이 나타났다. 특히 페르가뭄 사람들이 승리의 여신상 머리에 왕관을 씌워, 기계장치를 이용해 높은 곳에서부터 미트리다테스 머리 위로 내리고 있었는데, 그의 머리에 거의 닿을 때쯤 갑자기 조각상이 산산조각 나버렸고, 왕관도 극장 바닥에 떨어져 부서지고 말았다. 이 사건 때문에 사람들은 두려움에 떨었으며, 미트리다테스도 자신이 계획한 일들이 모두 커다란 성공을 거두고 있었음에도 몹시 불안해했다. 미트리다테스는 로마로부터 아시아를 빼앗았고, 비티니아와 카파도키아에서 저마다 왕을 몰아내고 영토를 차지했다. 그는 페르가뭄에 머물면서 친구들에게 부와 영지와 왕국들을 나누어 주고 있었다. 그의 아들 가운데 하나는 폰투스와 보스포루스에서 고대로부터 내려온 영토를 평화롭게 다스리고 있었는데, 그 영토는 마이오티스 건너편 사람이 살지 않는 땅까지 이르렀다. 다른 아들 아리아라테스는 대군을 이끌고 트라키아와 마케도니아를 침략했는데, 그의 장군들은 군사를 이끌고 여러 지방을 점령했다. 그 가운데 최고 장군 아르켈라우스는 함대를 이끌고 바다 대부분을 지배하며, 키클라데스 제도와 말레아 곶 동쪽에 있는 섬들을 정복하고 에우보이아까지 차지했다. 그는 아테나이를 근거지 삼아 테살리아까지 헬라스 여러 종족들을 자기편으로 끌어들였는데, 카이로네이아 부근에서는 작은 충돌이 있었다. 마케도니아 총독 센티우스의 부관인 브루티우스 수라가 그에 맞서 싸운 것이다. 그는 용기와 전술에 있어서 누구보다 뛰어났다. 브루티우스는 밀물처럼 보이오티아로 밀고 들어온 아르켈라우스에게 맹렬하게 저항하여, 카이로네이아 부근에서 세 번이나 싸운 끝에 그들을 다시 바다 쪽으로 몰아냈다. 하지만 브루티우스는 루키우스 루쿨루스의 명령으로, 이 전쟁을 수행하는 임무를 맡아 전진해 오는 술라에게 지휘권을 넘기고 물러나게 되어, 곧바로 보이오티아를 떠나 센티우스에게로 돌아갔다. 이것이 브루티우스가 거둔 가장 빛나는 업적이었다.

술라가 온다는 소식을 들은 많은 도시들이 사자를 보내 환영의 뜻을 밝히자 그는 곧 그 도시들에 입성했다. 그런데 오직 아테나이만은 독재자 아리스티온이 시민들 의견을 무시하고 미트리다테스와 손을 잡고 있었다. 그래서 술라는 전군을 이끌고 아테나이에 쳐들어가 페이라이우스 항을 포위하고 모든 공성병기와 전법을 동원해 공격했다. 아테나이는 식량이 모자라 굶주림이 거의 한계에 다다른 상황이었기 때문에 오래 버티지 못하고 별다른 저항 없이 술라의 손에 들어올 듯했다. 그런데 술라는 로마에서 반란이 일어날 것을 두려워해 귀국을 서둘렀다. 마음이 조급해진 그는 엄청난 자금과 위험을 무릅쓰면서 전쟁을 강행했다. 공성기 조작에만 날마다 노새 1만 마리가 징집되었다. 게다가 기계 대부분은 그 자체 무게 때문에 쉽게 휘거나 무너지고, 때로는 적이 쏜 불화살에 맞아 불타기도 했기 때문에 곧 이를 보강할 재목이 부족해졌다. 그러자 술라는 신성한 숲에 손을 대고, 마침내는 도시 근교에서 가장 울창한 아카데메이아와 리케이온 숲의 나무도 마구 베어다 썼다.

전쟁을 치르는 데 큰돈이 필요해지자 술라는 헬라스 곳곳에 있는 신성한 봉헌물들까지 손을 댔다. 때로는 에피다우루스에서, 때로는 올림피아에서 더할 나위 없이 아름답고 호화로운 물건들을 닥치는 대로 거둬들인 것이다. 게다가 헬라스 여러 나라들이 델포이 아폴론 신전 유지를 위해 맺은 동맹인 암픽티오니아에 편지를 보내, 신의 재물은 자기에게 맡기는 편이 더 좋을 거라 말했다. 그편이 훨씬 더 안전하게 보관할 수 있고, 또 혹시 자신이 그 재물들을 사용하게 되더라도 쓴 만큼 되돌려 줄 것이라고 큰소리쳤다. 술라는 동료인 포키스 사람 카피스를 보내, 신전 재물들을 한 점 한 점 저울에 달아서 받아오라고 명령했다. 델포이에 온 카피스는 신의 보물에 손대는 것이 두려워 망설이다가, 암픽티오니아 사람들이 굳세게 버티고 서서 물러서지 않자 어찌할 바를 모르고 눈물지었다. 그때 몇몇 사람이 신전 속에서 류트 소리가 들린다고 말했다. 카피스는 그 말을 믿었기 때문인지 아니면 술라에게 공포심을 심어주려고 했던 것인지, 그 일을 곧바로 술라에게 편지로 알렸다. 이 편지를 본 술라는 두려워하기는커녕, 그 류트 소리는 노여워하는 게 아닌 반기는 사람이 내는 소리인데 그것도 모르냐며 비웃었다. 그리고 신은 기꺼이 보물들을 내어주실 것이니 두려워하지 말고 가져오라고 명령했다. 그리하여 헬라스 사람들이 모르는 사이에 많은 보물들을 실어갔다. 그 가운데 리디아 왕 크로이소스가 바친 물건인 은 항아리는, 너무 무겁고 커서 도저히 짐마차로는 옮길 수가 없었다. 암픽티오니아 사람들은 그것을 여러 조각으로 나눌 수밖에 없었다. 그들은 지난날의 티투스 플라미니누스와 마니우스 아킬리우스, 그리고 아이밀리우스 파울루스를 떠올렸다. 아킬리우스는 안티오코스를 헬라스에서 몰아냈고, 나머지 둘은 마케도니아 왕을 무찔렀는데, 그때도 그들은 헬라스 신전에 손을 대기는커녕, 그곳에 보물을 바치고 영예와 높은 품위까지 부여했었다. 그런 위인들은 절제할 줄 알았고 충직한 부하들을 법에 따라 빈틈없이 다스렸다. 또한 그들 자신은 고귀한 정신을 갖추고, 생활은 소박했으며, 군비도 검소하게 규정대로 사용했다. 그들은 적을 두려워하는 것보다도 병사들의 비위를 맞추려는 것을 더 부끄럽게 여겼다. 그때에 비하면 지금 장군들은 덕성이 아니라 폭력으로 높은 지위를 장악하고, 적이 아니라 서로를 견제하려고 무기를 사용하며, 군대를 지휘할 때도 앞서서 병사들을 부추기고 비위를 맞추려 애썼다. 따라서 병사들을 만족시키기 위해 돈을 물 쓰듯 쓰며 그들의 환심을 샀다. 그러한 악습 속에서 병사들은 저도 모르는 사이에 나라를 팔아먹었으며, 뛰어난 사람들을 정복해 지배하려다가 그들 스스로 가장 야비한 사람들의 노예가 되고 말았다.

바로 이러한 상황들이 마리우스를 내쫓았다가 다시 불러들였으며, 마리우스와 술라가 맞서도록 만들었다. 또한 킨나의 동료가 옥타비우스를 쳐부수고, 핌브리아의 동료가 플라쿠스를 쓰러뜨린 것도 이런 작용과 관계있다고 할 수 있다. 그런데 이러한 사태의 계기가 된 인물이 바로 술라였다. 그는 다른 사람 아래 있는 병사들을 돈으로 사서 자기 쪽에 끌어들이려는 욕심으로, 자신이 거느린 부하들에게 돈을 마구 뿌렸다. 술라는 사람들을 배신하도록 유혹하고, 자기 부하들을 낭비벽에 빠뜨려 타락시키기 위해 많은 돈이 필요했는데, 그 가운데서도 아테나이를 포위하는 데 특히 많은 돈을 썼다.

그가 무슨 일이 있어도 아테나이를 함락하려고 애를 쓴 것은, 예전 영광의 그림자가 도시에 아직도 깃들어 있음을 의식하고 그것을 손에 넣고 싶었거나, 그와 아내 메텔라가 성문을 지나다닐 때마다, 참주 아리스티온이 성벽 위에서 춤추면서 야비한 말을 퍼부었던 일을 원한으로 여기고 있던 것이리라. 아리스티온은 방자하고 잔인한 마음의 소유자로, 미트리다테스의 병적이고 극악한 점들을 모두 지니고 있었다. 아테나이는 그때까지 되풀이된 전쟁과 수많은 참주들의 지배, 그리고 내란까지도 어떻게든 무사히 극복해 왔지만, 이 시기에 이르러 아리스티온이라는 죽음에 이르는 병에 걸리고 만 것이다. 그 무렵 아테나이 시내에서는 밀 1메딤노스가 1000드라크메나 했고, 사람들은 돈이 없어 아크로폴리스 부근에서 나는 파르테니움(캠몰마일,쑥류인 듯)을 뜯어 먹고, 신발과 가죽 기름 주머니까지 삶아먹는 형편인데도, 아리스티온은 대낮부터 술을 마시며 떠들고 놀다가 전쟁춤을 추었다. 그러다 심심하면 성벽에 올라가 큰 소리로 적을 놀려댔지만, 기름이 부족해서 여신의 신전을 밝히는 불이 꺼져버린 일에는 관심도 두지 않았다. 여사제가 찾아와 밀을 12분의 1메딤노스만 달라고 청하자, 그는 그만한 양의 후추를 주어 내쫓았다.

마침내 보다 못한 원로원 의원들과 제사장들이 그를 찾아와 도시와 시민들을 생각해 술라와 화해하라고 탄원했지만, 아리스티온은 그들에게 활을 쏴 쫓아버렸다. 하지만 그도 더는 버틸 수 없게 되자, 자신의 술친구 두셋을 술라에게 보내 평화협정을 맺도록 했다. 그러나 술라에게 간 이 파견단은 아테나이 구제를 위한 어떤 제안도 하지 않았을 뿐 아니라 테세우스니 에우몰푸스니, 페르시아 전쟁에 대한 지루한 이야기들만 위엄스레 늘어놓았다. 듣다 못한 술라가 말했다.

"그런 연설이나 하려거든 돌아가시오. 로마가 나를 아테나이로 보낸 것은 그따위 강의나 들으라는 게 아니라 반역자들을 진압하라는 뜻이외다."

그러는 동안 케라미쿠스에 있던 한 병사가 우연히 노인들의 말을 엿듣게 되었다. 노인들은 독재자 험담을 주고받으면서 헵타칼쿰 근처 성벽은 방비가 허술해, 적도 어렵지 않게 넘어올 수 있을 거라 말했다. 이 이야기를 들은 병사는 곧바로 그 내용을 술라에게 알렸다. 술라는 이 보고를 흘려듣지 않고, 밤에 현장에 가서 직접 확인한 다음 마침내 공격을 시작했다. 술라의 회고록에 따르면, 가장 먼저 성벽을 타고 올라간 사람은 마르쿠스 테이우스였다. 그는 자기를 덮치려는 적의 머리를 칼로 내리치다가 투구에 맞아 칼이 부러졌는데, 그럼에도 물러서지 않고 맨손으로 끝까지 싸웠다고 한다. 노인들 말처럼, 아테나이는 그렇게 몰락해 버리고 말았다.

술라는 페이라이우스 문과 엘레우시스로 나가는 신성한 성문 사이 지역을 초토화한 뒤, 한밤에 쳐들어가 나팔과 피리를 시끄럽게 불어대며 주민들을 공포에 빠뜨렸다. 마음대로 약탈하고 살육해도 좋다는 허락을 받은 병사들은 떠들썩한 환성을 지르며 성안으로 몰려갔다. 칼을 빼어든 자들이 좁은 길로 밀물처럼 쏟아져 들어갔고, 살해된 사람들의 수를 정확히 헤아릴 수가 없어서 피로 물든 토지 면적에 따라 겨우 추측하는 수밖에 없었다. 시내 다른 장소에서 죽은 사람들을 제외하고, 광장에서 흘린 피만으로도 디필룸 문 안쪽 케라미쿠스 지역 전체가 시뻘겋게 물들었다. 많은 사람들 이야기로는 이 피는 강을 이루어 성문을 지나 교외에까지 흘러갔다고 한다. 병사들에게 죽은 사람들도 그토록 많았지만, 그에 못지않게 많은 사람들이 아테나이 멸망에 절망하며 스스로 목숨을 끊었다. 지각 있는 시민들은 술라에게서는 인도적인 자비를 기대할 수 없다는 사실을 잘 알고 있었다. 공포에 빠진 그들에게는 더 이상 구원에 대한 희망이 남아 있지 않았기 때문이다.

하지만 망명자인 메이디아스와 칼리폰이 술라의 발아래 엎드려 애원하고, 이 원정에 가담한 원로원 의원들이 아테나이를 위해 중재하고 나서자, 술라는 아테나이 파멸을 눈앞에 두고 공격을 멈추었다.

이미 충분히 복수를 이룬 그는 지난날 아테나이 위인들을 떠올리며 칭송한 뒤, 얼마 남지 않은 적을 불쌍히 여기어, 죽은 사람들을 생각해서 살아 있는 자를 용서하겠다고 말했다. 술라 자신이 회상록에서 말한 바에 따르면, 그가 아테나이를 점령한 것은 마르티우스 달 초하루로, 아티카력으로는 안테스테리온 달 초하루에 해당한다. 그달은 마침 큰비에 따른 재앙, 즉 데우칼리온과 그 일족만이 살아남았다는 대홍수가 일어난 달이라 하여 여러 기념행사들이 열린다.

아테나이 시가 점령당하자, 참주 아리스티온은 아크로폴리스 성안으로 달아나버렸다. 술라의 명을 받은 쿠리오가 군대를 이끌고 성을 포위했다. 아리스티온은 오랫동안 버텼지만 마실 물이 떨어져 생명에 위험을 받자 하는 수 없이 항복했다. 그러자 신은 이것이 자신의 뜻이라는 징조를 곧바로 보여주었다. 쿠리오가 폭군을 붙잡아 끌고 온 바로 그날 그 시간에, 맑은 하늘이 갑자기 먹구름으로 뒤덮이더니 세찬 비가 쏟아져 아크로폴리스 전체를 물바다로 만들었다.

얼마 뒤 술라는 페이라이우스를 점령해 시가지 대부분을 불태워 버렸다. 필론이 지은 아름다운 무기고도 그때 불타 없어졌다.

그동안 미트리다테스의 장군 탁실레스는 보병 10만 명에 기병 1만 기, 그리고 말 4마리가 이끄는 낫을 맨 전차 90대를 이끌고 진격해 와서 아르켈라우스에게 협조를 요청했다. 아르켈라우스는 그 무렵 아직 무니키아에 머물렀는데, 군함에서 땅으로 올라오지도 않고 로마군과 싸우려 하지도 않고서, 적군의 식량이 다 떨어지기만을 기다리고 있었다. 그러나 술라는 그런 속셈을 모두 꿰뚫어 보고는, 보통 때에도 충분한 식량을 확보할 수 없는 메마른 땅을 버리고 보이오티아로 옮겨가 버렸다.

사람들은 술라의 이런 판단이 잘못된 것이라고 생각했다. 지형이 험해서 기병이 움직이기 힘든 아티카를 버리고 보이오티아의 고르고 드넓은 들판으로 가서, 전차와 기병을 주력으로 하는 적에게 이쪽을 송두리째 내보이는 상황을 위험하다고 여긴 것이다. 그러나 앞서 말했듯이 술라는 굶주림과 결핍에서 벗어나기 위해 위험한 전투를 무릅쓰는 수밖에 없었다. 게다가 술라를 돕기 위해서 테살리아에서 군대를 이끌고 오고 있던, 경쟁심 많고 능력 있는 장군 호르텐시우스도 염려되었다. 그는 도중에 야만족들이 지키는 테르모필라이의 산길을 지나야 하기 때문이었다.

호르텐시우스 군대 안내자는 나와 같은 고향(카이로네이아) 사람인 카피스였는데, 그는 적을 따돌리고 야만인들이 모르는 길로 파르나소스 산을 넘게 하려고 북쪽 기슭 티토라로 안내했다. 그 무렵 티토라는 오늘날처럼 큰 도시는 아니었고, 절벽으로 에워싸인 요새였다. 제2차 페르시아 전쟁 때 포키스 사람들이 크세르크세스의 공격을 피해 재산을 옮겨놓고 목숨을 구한 곳도 바로 티토라였다. 호르텐시우스는 그곳에 진을 친 뒤, 낮에는 험준한 지형을 이용해 적을 쫓아내고, 밤이 되자 부대를 이끌고 파트로니스로 내려가 마중 나온 술라와 합류했다.

그렇게 합류한 그들은 엘라테이아 들판 한가운데 있는 언덕을 차지했다. 그 언덕은 필로보이오투스라 불렸는데, 땅이 기름져서 나무가 울창하게 자라고 기슭에는 샘도 있었다. 술라는 그 언덕의 지형과 위치를 보고는 감탄을 금치 못했다. 그곳에 진을 친 술라 군대는 적의 눈에 아주 작은 규모로 보였다. 그도 그럴 것이 기병 1500기에 보병도 1만 5000명이 채 되지 않았기 때문이다.

이를 본 미트리다테스 장군들은 술라 군대를 얕잡아 보고는 앞다투어 공격에 나섰다. 그들은 아르켈라우스의 반대에도 부대를 정렬해 들판을 수많은 말과 전차들, 둥근 방패와 네모난 방패들로 가득 메웠다. 일시에 대열을 맞추는 병사들이 내지르는 함성이 주변의 잠든 모든 것을 깨울 듯이 시끄럽게 메아리쳤다. 게다가 한껏 호화롭게 꾸민 갑옷과 무기들은 단숨에 적을 무찌를 듯 번쩍거렸다. 금과 은으로 치장을 한 무기는 눈이 부실 정도였고, 메디아와 스키티아 양식으로 물들인 군복도 번쩍이는 청동과 철제 무기와 어우러져 불타는 것처럼 무시무시한 광경을 자아냈다. 그 모습에 로마군 병사들은 참호 뒤에 몸을 숨긴 채 나오지 않았으며, 그 어떤 말로도 그들의 공포심을 없앨 수는 없었다. 술라는 달아나는 자들을 붙잡아 억지로 싸우게 할 엄두도 내지 못하고, 적이 기세등등하게 호언장담하고 조롱을 퍼붓는 것을 보면서도 참을 수밖에 없었다. 하지만 이런 상황은 오히려 술라에게 도움이 되었다. 적군은 지휘관들이 너무 많은 데다 상대를 얕잡아 본 나머지 질서 없이 제멋대로 행동하며, 점점 상관에게 복종하지 않았다. 그리하여 그들 가운데 참호 속에 남아 있는 병사는 매우 적었고, 대부분 약탈의 유혹에 이끌려 진지에서 멀리 떨어진 곳까지 흩어지고 말았다.

그들은 어느 장군도 지시하지 않았는데 파노페우스 시를 파괴하고 레바데이아 시를 빼앗았으며, 그곳의 신탁을 내리는 신전까지 짓밟았다. 한편 눈앞에서 도시들이 파괴되는 것을 차마 보고만 있을 수가 없던 술라는, 병사들에게 수로를 파서 케피소스 강에서 물을 끌어오게 함으로써 누구에게도 한가로이 쉴 틈을 주지 않았다. 그리고 게으름을 부리는 자는 엄한 벌로 다스렸다. 병사들이 수로를 파는 고된 일에 지쳐서 차라리 위험을 무릅쓰고 적과 싸우는 편이 낫겠다고 생각하기를 바랐기 때문이다.

술라의 생각은 그대로 맞아떨어졌다. 수로 공사를 시작한 지 사흘째 되던 날, 술라가 그곳을 지나가자 병사들이 큰 소리로 전선에 나가 적과 싸우게 해 달라며 호소했다. 그러자 술라는 그것은 진정 싸우고 싶어서 하는 말이 아니라 힘든 일이 하기 싫어서 나오는 말이라며, 정말 싸울 마음이 있다면 무기를 들고 저곳으로 올라가라면서 지난날 파라포타미오이의 아크로폴리스였던 언덕을 가리켰다. 하지만 그 도시는 이미 파괴되어서, 곳곳이 절벽인 바위산만 남아 있었다. 그 산은 아수스 강을 사이에 두고 강폭만큼 헤딜리움 산에서 떨어져 있었는데, 그 강이 산기슭에서 케피소스 강과 합류해 물도 불어나고 물살도 세져서, 바위산은 견고한 천연의 요새와 같았다. 그래서 청동 방패를 든 적군이 그 바위산으로 몰려가는 것을 본 술라는, 적보다 앞서 그것을 차지해야겠다 마음먹고, 의욕 넘치는 병사들을 지휘해 그들이 먼저 언덕을 손에 넣었다.

한편 그곳을 빼앗는 데 실패한 아르켈라우스는 군대를 돌려 카이로네이아로 나아갔다. 그러자 술라군 속에 있던 카이로네이아 출신 병사들이 부디 자기들 고향을 지켜달라고 간청했다. 술라는 호민관 가비니우스에게 1개 군단을 주어 그곳으로 파견하고, 카이로네이아 출신 병사들도 함께 보냈다. 카이로네이아 출신 병사들은 가비니우스보다 먼저 카이로네이아에 도착하려고 했지만 쉽지 않았다. 가비니우스는 그토록 열렬하게 구원을 바라는 사람들보다 훨씬 더 구원에 적극적이었다. 마우레타니아 왕이자 역사가인 유바는, 카이로네이아에 파견된 것은 가비니우스가 아니라 에리키우스였다고 한다. 어쨌든 이렇게 우리 도시 카이로네이아는 위기를 벗어났다.

한편 레바데이아의 트로포니오스 신전에서 나온 승리를 예고하는 신탁이 로마에 전해졌다. 이 신탁은 그 지방 사람들이 자세히 전하는데, 술라 회고록 제10권에 따르면 이러하다. 헬라스에서 장사를 하며 조금 이름을 알린 퀸투스 티티우스라는 사람이, 카이로네이아에서 승리를 거둔 술라를 찾아왔다. 그는 술라에게 머지않아 같은 장소에서 다시 전투가 벌어져 그가 승리하게 될 거라는 트로포니오스의 계시를 알렸다. 뒤이어 술라군에 있던 살베니우스라는 병사도 술라가 이탈리아에서 하고 있는 일들이 어떠한 결말에 이를지에 대해 트로포니오스의 신탁을 가져왔다. 이 두 사람은 계시를 내려준 신의 모습에 대해 같은 이야기를 했다. 올림피아 유피테르 신과 비슷한 키에 아름다운 모습을 하고 있었다는 것이다.

술라는 아수스 강을 건너 헤딜리움 언덕 기슭으로 나아가 아르켈라우스와 대치하는 곳에 진을 쳤다. 아르켈라우스는 아콘티움과 헤딜리움, 두 개의 산 사이에 튼튼한 울타리를 둘러 진을 치고, 아시아라 부르던 들판을 마주하고 있었다. 그 진영이 있던 장소는 그의 이름을 따서 지금도 아르켈라우스라 불린다. 다음 날 술라는 적의 불안을 부추기기 위해 무레나에게 2개 대대를 주어 적들을 방해하도록 하고, 자신은 케피소스 강 옆에서 제물을 바치고 카이로네이아로 출발했다. 그는 가는 길에 그 지방에 있던 로마 부대를 합류시켜 적에게 점령당한 투리움 봉우리를 정찰했다. 투리움은 원뿔형 언덕으로 꼭대기에 바위가 많아 울퉁불퉁했는데, 오르토파구스라 불렸다. 언덕 아래에는 모리우스 강이 흐르며, 가까운 곳에 아폴로 투리우스 신전이 있었다. 이 투리우스라는 이름은, 카이로네이아 건설자인 카이론의 어머니 투로에서 비롯되었다. 그러나 어떤 사람들은, 카드모스가 테바이를 건설할 때, 아폴로가 길잡이로 보낸 암소가 이곳에서 나타났기 때문에 투로라 부른다고 한다. 카드모스의 고향 포이니키아에서는 암소를 투로라 부르기 때문이다.

술라가 군대를 이끌고 카이로네이아로 이르렀을 때이다. 그곳에 주둔하던 호민관이 무장한 병사들을 이끌고 마중 나와 그에게 월계관을 바쳤다. 술라는 그것을 받아 머리에 쓰고 병사들에게 인사를 한 뒤, 곧 위험을 마주하게 될 그들을 격려했다. 그러자 카이로네이아 사람 호몰로이쿠스와 아낙시다모스가 나와서 병력을 조금 빌려준다면 투리움을 점령한 적들을 몰아내고 반드시 함락하겠다고 제안했다. 그들은 적들이 모르는 샛길을 많이 안다고 했다. 또 페트라쿠스라는 곳에서 무세움(무사이 신전) 옆을 지나면 적의 머리를 넘어 곧바로 투리움으로 갈 수 있으며, 그것을 잘 이용하면 적을 기습하든, 위에서 돌을 던져 공격하든 놈들을 봉우리 아래로 몰아내는 것은 일도 아니라고 말했다. 가비니우스가 그 두 사람이 용감하고 믿을 수 있다고 보장하자 술라는 그들의 제안을 허락한 뒤, 자신은 전열을 다시 가다듬어 기병을 좌우 양쪽에 배치하고, 오른쪽 날개는 자신이 맡고 왼쪽 날개는 무레나에게 맡겼다. 부관 갈바와 호르텐시우스는 예비부대를 이끌고, 산꼭대기 근처에서 부대 끝자락을 맡아 적에게 포위될 위험에 대비했다. 적들은 많은 기병들과 발 빠르고 날쌘 장병들로 날개를 구성하고, 그 날개를 길게 늘려 로마군을 포위할 속셈이었다.

하지만 술라가 대장으로 임명한 에리키우스의 지휘를 받은 카이로네이아인들이 투리움을 돌아 갑자기 나타나자 적들은 큰 혼란에 빠져 뿔뿔이 달아나기 시작했다. 그런데 달아나다가 그만 자기들끼리 뒤엉켜 많은 사상자를 냈다. 그들은 가파른 비탈을 거꾸로 굴러떨어지면서 자기편 창에 찔리거나, 서로 밀치락질하면서 속도를 줄이지 못하고 우르르 몰려들었기 때문이었다. 게다가 위에서는 로마군이, 방어는커녕 제 몸도 가누지 못하는 병사들을 무자비하게 덮쳐왔다. 그리하여 투리움에서만 3000명이 목숨을 잃었다. 도망쳐서 살아남은 자들 가운데 일부는, 이미 도주로를 차단하고 기다리던 무레나에게 모두 죽임을 당했다. 나머지는 자기들 진영으로 쫓겨 들어갔으나, 완전히 혼란에 빠진 상태로 쏟아져 들어갔기 때문에, 아군 진지를 쑥대밭으로 만들어 진영 전체를 공포에 빠뜨렸고, 장군들도 우왕좌왕할 뿐 지휘와 명령을 내리지 못해 피해는 더욱 커졌다. 술라는 그렇게 혼란에 빠진 적을 날쌔게 공격하여, 적과 아군의 거리를 재빨리 좁힘으로써 적군 전차 부대가 활약할 기회를 빼앗아 버렸다. 이 전차는 달리는 거리가 길어야 무서운 위력을 발휘하는데, 그 거리가 짧으면 마치 활시위를 당기지 않고 활을 쏘는 것과 같아서 아무런 소용이 없었다. 그때 적의 상황이 바로 그랬다. 전차가 겨우 조금 달리다가 곧 멈춰 서버리자, 로마 병사들은 극장과 경마장에서 서툰 배우나 짐말에게 야유를 보내 퇴장시켜 버리듯이 손뼉을 치고 조롱하면서 더 가까이 와보라고 외쳤다.

곧 양군의 주력부대가 맞닥뜨렸다. 적은 긴 창을 앞으로 쑥 내밀고, 방패들을 서로 연결해 밀집대형을 유지하려고 했다. 그러자 로마군은 투창을 던져버리고 재빨리 칼을 뽑아들었다. 적 대열 가장 앞에는 미트리다테스 왕이 자유를 주겠다고 한 약속을 믿고 모여든 노예들 1만 5000명이 막아서고 있었는데, 이를 본 로마군들은 분노를 불태우며 조금이라도 빨리 적과 싸우려고 들었다.

한 로마 백인대장은, 노예가 어엿한 자유인으로서 이야기할 수 있는 날은 사투르누스 축제날뿐이라고 말했다. 그러나 적군 대열이 너무 두텁고 촘촘하게 밀집해 있어서, 로마 중장병들도 그것을 무너뜨리는 데 꽤 많은 시간이 걸렸다. 그 덕분에 노예들은 자신들 본성과는 달리 저마다 맡은 자리에서 용감하게 버티고 있었으나, 로마군이 뒤쪽에서 불화살과 투창을 아낌없이 던지자 마침내 더는 견디지 못하고 등을 돌려 달아나고 말았다.

이때 아르켈라우스가 부대 오른쪽 날개를 원을 그리듯이 늘리자, 호르텐시우스는 서둘러 자기 부대를 적의 옆쪽으로 보냈다. 그러자 아르켈라우스도 허겁지겁 기병 2000기를 같은 쪽으로 돌렸는데, 호르텐시우스군은 그 숫자에 압도되어 산 쪽으로 밀려나더니, 점차 전열이 무너져 독 안에 든 쥐 꼴이 되고 말았다. 그것을 본 술라는 그를 구하기 위해 아직 전투에 투입하지 않은 오른쪽 날개 병사들을 둘로 나눠 반을 그쪽으로 보냈다. 병사들이 진격할 때 피어오른 모래 먼지를 보고 상황을 짐작한 아르켈라우스는, 호르텐시우스를 그냥 보낸 뒤 방향을 바꿔 술라가 오고 있는 오른쪽으로 서둘러 가서 지휘관이 없어진 틈을 노려 공격하려고 했다.

동시에 미트리다테스의 장군 탁실레스가 청동 방패를 갖춘 병사들을 이끌고 술라 부관인 무레나를 공격하자 양쪽에서 지른 함성이 봉우리마다 크게 메아리쳤다. 술라는 호르텐시우스와 무레나, 어느 쪽을 먼저 도와야 할지 망설이다가 마침내 원위치를 지키기로 결정하고 무레나에게는 호르텐시우스가 이끄는 4개 대대를 원군으로 보냈다. 그리고 자신은 제5대대에 따라오라고 명령한 뒤 오른쪽 날개로 서둘러 갔으나, 이 부대는 자력으로 아르켈라우스와 동등하게 맞서 싸웠고, 술라가 나타났을 때는 이미 적을 완전히 제압하고 도망치는 적들을 쫓아 강과 아콘티움 산으로 맹렬하게 추격하고 있었다.

이 광경을 본 술라는 곧바로 군사를 돌려 무레나 부대를 구하러 갔다. 하지만 무레나도 탁실레스군을 물리치고 적들을 쫓고 있었다. 그들이 이기고 있는 것을 본 술라군은 승리를 확신하고 무레나군에게 가세해 적들을 뒤쫓았다. 그리하여 들판에는 적의 시체들이 즐비하게 널려 있었는데, 적들은 대부분 울타리를 둘러친 자기네 진지에 거의 다 가서 살해되었다. 수만 대군이었던 적 가운데 에우보이아 섬 칼키스로 달아난 것은 1만 명뿐이었다. 이에 비해 술라가 잃은 병사는 14명뿐이었으며, 그 가운데 두 사람은 날이 저문 뒤 무사히 돌아왔다고 한다. 그래서 그는, 승리의 기념비에 군신 마르스와 승리의 여신 빅토리아와 베누스 이름들을 새겼다. 이때의 승리는 용맹함과 전술 못지않게 행운 덕도 있다고 여겼기 때문이다. 이 전승 기념비는 아르켈라우스군이 처음 퇴각한 들판의 몰루스(모리우스) 강가에 있다. 투리움 산 아래에도 적의 군대를 포위한 기념비가 세워졌는데, 거기에는 호몰로이쿠스와 아낙시다모스의 무공이 헬라스어로 새겨져 있다.

이 승리를 위해 술라는 테바이 오이디푸스 샘 옆에 제단을 마련해 성대한 축제를 열었다. 경기 심판에는, 테바이인이 아닌 헬라스인을 초청했다. 술라는 테바이인들을 용서할 마음이 없어서 테바이 영토 반을 빼앗아 델포이의 아폴로와 올림피아의 유피테르에게 바쳤다. 그는 거기서 나오는 수익으로 지난날 자신이 신전들에서 빌려 쓴 돈을 갚으라고 명령했다.

한편 로마에서는 술라 반대파인 플라쿠스가 집정관 자리에 올라, 군대를 이끌고 이오니아 해를 건너오고 있었다. 겉으로는 미트리다테스를 공격하기 위해서라고 했지만, 그의 진정한 목표는 바로 술라였다. 이 소식을 들은 술라는 플라쿠스군과 맞서기 위해 군대를 이끌고 테살리아로 떠났다. 그러나 그가 멜리테아이아에 이르렀을 때 곳곳에서 전령이 와서, 미트리다테스 왕의 군사가 다시 쳐들어와 술라가 구해냈던 도시들이 지난번 못지않게 짓밟히고 있다는 사실을 알렸다. 장군 도릴라우스는 미트리다테스군에서 가장 잘 훈련되고 규율을 엄격히 지키는 병사들 8만 명을 태운 군함을 이끌고 칼키스 항으로 들어와, 곧바로 보이오티아를 침입해 일대를 점령함으로써, 술라를 자극해 싸움을 걸어왔다. 신중한 아르켈라우스는 어떻게든 그를 말리려고 지난번 싸움에서 진 원인을 자세히 이야기했지만, 도릴라우스는 배신만 당하지 않는다면 군사가 몇만 명이나 적은 로마군에게 그리 쉽게 전멸할 리 있겠느냐며 큰소리를 쳤다.

술라는 아르켈라우스가 매우 사려 깊은 사람이고, 또한 로마인의 용기를 경험했기 때문에 현명한 판단을 내릴 수 있는 사람이라는 것을 도릴라우스에게 일깨워 주었다. 도릴라오스는 보이오티아 틸포시움 산에서 술라군과 몇 번 작은 충돌을 일으킨 뒤로는, 정면으로 승부를 걸기보다는 시간을 끌면서 적의 자금과 물자를 부족하게 만들어 자멸하게 하는 전략이 더 유리하다고 생각하게 되었다.

하지만 오르코메누스에 진을 친 아르켈라우스는 다시 기세등등해졌다. 그 들판은 기병이 싸우는 데는 가장 알맞은 곳이었기 때문이다. 보이오티아에서는 이 오르코메누스 들판이 가장 아름답고 넓으며, 멜라스 강이 흘러드는 늪지에 이르기까지 나무가 자라지 않는다. 또 오르코메누스에서 시작되는 멜라스 강은 헬라스에서는 유일하게 수원지까지 배를 타고 갈 수 있는 강이다. 게다가 하지 때쯤이면, 닐루스 강과 마찬가지로 물이 불어나서 닐루스 강 연안과 비슷한 식물들이 자란다. 오직 이곳에서는 열매가 맺지 않고 크게 자라지도 않는다. 이 강은 먼 곳으로 흘러가지 않으며 강물 대부분은 곧 물길이 없는 늪지로 흡수된다. 하지만 일부는 케피소스 강으로 흘러드는데, 그 합류점인 늪지는 피리를 만드는 재료인 갈대 생산지로 유명하다

서로 가까운 곳에 진을 치고 있었지만 아르켈라우스는 움직이지 않고 가만히 있었고, 술라는 자기들 진지 양쪽으로 많은 도랑을 팠다. 그것은 적들을 되도록 말을 탈 수 있는 단단한 지면에서 늪지 쪽으로 밀어내기 위함이었다. 그러자 적 또한 가만히 보고만 있을 수는 없게 되어, 지휘관 명령이 떨어지자마자 무서운 기세로 한꺼번에 공격해 왔다. 술라의 명령으로 도랑을 파던 병사들은 곳곳으로 흩어졌고, 그들을 엄호하기 위해 배치되어 있던 병사들까지 쫓겨나서 거의 달아나 버리고 말았다. 그때 술라가 말에서 뛰어내려 군기를 거머쥐더니, 달아나는 병사들 사이를 뚫고 적진으로 달려가면서 크게 소리쳤다.

"로마인들이여, 나는 여기서 명예로운 죽음을 맞이하겠다. 너희들은 뒷날 사람들이 어디서 너희 장군을 죽게 내버려 두었느냐고 묻거든, 잊지 말고 오르코메누스라고 말해라!"

그 말에 달아나던 병사들이 일제히 돌아섰다. 오른쪽 날개 2개 대대도 아군을 돕기 위해 달려왔다. 술라는 그들을 이끌고 용감하게 적들을 공격해 모두 무찔렀다. 그러고는 조금 물러나서 병사들에게 아침밥을 먹이고 잠시 쉬게 한 뒤, 다시 적진 주위에 도랑을 파기 시작했다.

적들 또한 전보다 더욱 견고하게 전열을 짰다. 아르켈라우스의 의붓아들인 디오게네스는 부대 오른쪽 날개에서 눈부시게 활약하다가 전사했다. 적 궁수

들은 로마군의 압박으로 활을 쏠 수 없게 되자, 화살을 잔뜩 움켜쥐고 칼처럼 휘둘렀다. 그러다 마침내 도랑 속으로 쫓겨 들어가, 부상과 두려움 속에서 비참한 하룻밤을 지새웠다.

다음 날 술라는 다시 병사들을 적진 가까이 이끌고 가서 도랑을 파기 시작했다. 그것을 본 적의 대군도 진지 밖으로 싸우러 나왔다. 하지만 로마군이 두려워서였는지 그들은 섣불리 싸울 용기를 못 내고 우왕좌왕하고만 있었다. 진지 안에 남아 있는 적 병사는 하나도 없었다. 술라는 곧바로 강하게 공격해 적진을 빼앗았다. 이 전투로 늪지대는 곧 전사자의 피와 시체로 가득 뒤덮였다. 그 뒤 200년이 지난 오늘날에도, 진흙 속에서는 야만족 화살과 투구, 갑옷 조각들이 많이 발견된다. 카이로네이아 부근, 오르코메누스에서의 싸움은 이렇게 막을 내렸다.

한편 로마에서는 킨나와 카르보가 나라의 유명한 고위 인사들에게까지 무례하게 굴고 함부로 폭력을 휘두르고 있었다. 그들의 폭정을 싫어한 많은 사람들이 피난이라도 하듯, 술라의 진영으로 와서 보호를 요청했다. 술라는 이들을 모두 따뜻하게 맞아들였다. 그러자 술라 주위에는 이윽고 또 하나의 원로원이 생겼다고 여길 정도로 많은 사람들이 모였다. 그의 아내 메텔라도 아이들을 데리고 그곳으로 도망쳐 왔다. 그녀는 술라의 집과 별장이 적의 손에 모두 불타버렸다고 전하면서, 아직 로마에 남아 있는 동료들을 구해야 한다고 말했다. 술라는 깊은 고민에 빠졌다. 로마가 고통을 겪고 있는데도 모르는 척하고 그대로 이곳에 머무를 수도, 그렇다고 미트리다테스와의 전쟁처럼 중요한 일을 도중에 그만두고 로마로 돌아갈 수도 없었다.

그런데 마침 델로스 섬 상인 아르켈라우스가 미트리다테스 장군 아르켈라우스로부터 희망적인 제안을 갖고 그를 찾아왔다. 술라는 그 제안을 더없이 반기며 아르켈라우스 장군과 만나기 위해 서둘러 출발했다. 회담 장소는 아폴로 신전이 있는 델리움 바닷가였다.

먼저 입을 연 것은 아르켈라우스였다. 그는 술라에게 아시아와 미트리다테스 왕국 폰투스를 내놓고 로마로 돌아가 내전에 참여하라 권유하며, 그에 따른 모든 비용과 군함, 및 군사는 미트리다테스에게 원하는 대로 청구하면 된다고 말했다.

이에 술라는 아르켈라우스에게 미트리다테스 따위는 내버리고 대신 스스로 왕이 되어 로마와 동맹을 맺고 조약 내용을 이행하라고 설득했다. 하지만 아르 켈라우스가 그런 배신 행위는 절대로 할 수 없다고 굳세게 거부하자, 술라가 큰 소리로 말했다.

"아르켈라우스 장군, 그대는 카파도키아 사람이니 사실 야만인 왕의 노예나 다름없지 않습니까? 그런데도 그대는 고작 이만한 이익 앞에서 배신을 주저하 면서, 로마군 지휘관인 이 술라에게는 감히 반란을 하라고 제안하는 겁니까? 카이로네이아에서 12만 명이나 되는 군대를 모두 잃고 얼마 안 남은 병사들만 을 데리고 달아난 아르켈라우스, 또 오르코메누스 늪지에 이틀 동안 숨어서 산더미 같은 시체들로 보이오티아 길을 죄다 막아버린 아르켈라우스가 바로 당신이 아니던가요?"

이 말을 들은 아르켈라우스는 목소리를 낮추어, 전쟁은 그만두고 미트리다 테스와 화해하라고 간청했다. 마침내 술라가 그 호소를 받아들여 휴전이 이루 어졌고, 미트리다테스는 아시아와 파플라고니아를 포기하고, 니코메데스에게 비티니아를, 아리오바르자네스에게는 카파도키아를 돌려주겠노라 약속했다. 또 로마에는 변상금 2000탈란톤을 지불하고, 청동 군함 70척을 모든 장비를 완벽하게 갖추어 넘기기로 결정했다. 술라는 미트리다테스에게 그의 영토를 인 정하는 대신, 미트리다테스 나라는 로마의 동맹국이 되어야 한다고 말했다.

이런 조건들에 서로 동의하자 휴전이 이루어졌다. 술라는 곧 테살리아와 마 케도니아를 거쳐 헬레스폰투스로 떠났다. 그는 함께 떠난 아르켈라우스를 정 중하게 대우했다. 그가 라리사에서 중병에 걸려 쓰러졌을 때 술라는 행군을 중 단하고, 마치 자기 아래 지휘관이나 장군이 쓰러진 것처럼 극진히 간병했다. 이 일은 카이로네이아 전투가 정정당당하게 싸워서 거둔 명예로운 승리가 아닌, 돈을 주고 산 비겁한 승리가 아니냐는 혐의와 비난을 불러일으켰다. 게다가 술 라는 미트리다테스의 많은 친구들은 포로로 잡은 뒤 모두 풀어주었지만, 아르 켈라우스와 사이가 나빴던 참주 아리스티온은 독약을 먹여 죽였다. 또 그는 아르켈라우스에게 에우보이아 땅 1만 플레트론(^{100푸소로} _{약 30미터})과 로마의 우호적인 동맹 자라는 명예로운 칭호까지 주었다. 술라는 이런 일들을 회고록에서 밝힌 바 있다.

얼마 뒤, 미트리다테스가 보낸 사절단이 찾아왔다. 그들은 술라에게 다른 조 건들은 수락하지만 파플라고니아만은 포기할 수 없으며, 또 군함을 넘기는 것도 도저히 동의하기 어렵다고 말했다. 술라는 몹시 화를 냈다.

"이제 와서 그게 무슨 소린가? 로마인들 목숨을 그토록 많이 빼앗아 간 그 오른손을 잘라버려야 마땅한 것을 그대로 놔둔다 했으면, 감지덕지 절이라도 할 줄 알았는데, 감히 파플라고니아를 자기 영토라 하는 것도 모자라 군함도 줄 수 없다고? 내가 직접 아시아로 건너간다면 당장 생각이 달라지겠지. 그동안 페르가뭄에 죽치고 앉아서, 보이지도 않는 전쟁을 지휘하고 있으라고 해."

술라가 이처럼 화를 내자 사자들은 겁을 집어먹고 아무 말도 하지 못했다. 그러자 아르켈라우스가 술라에게 제발 화를 거두라고 말하며 그의 오른손을 잡고 눈물을 흘렸다. 마침내 그는 술라를 설득해 자신이 직접 미트리다테스에게 가게 되었다. 그는 술라가 원하는 조건으로 동맹을 맺고 오겠으며, 만일 미트리다테스가 끝까지 이를 받아들이지 않을 때는 스스로 목숨을 끊겠다고까지 말했다. 술라는 그를 사자로 보내고, 자신은 마이도이족 땅을 침략해 곳곳을 약탈한 뒤에 마케도니아로 돌아왔다. 그리고 필리피(필리포이)에서 아르켈라우스를 맞이하여 모든 일이 잘되었다는 보고를 받았다. 아르켈라우스는 미트리다테스가 무엇보다도 술라와 직접 만나 이야기하고 싶어한다고 전했다.

미트리다테스가 이렇듯 갑자기 호의적으로 나온 데는 까닭이 있었는데, 바로 핌브리아 때문이었다. 핌브리아는 술라 반대파인 집정관 플라쿠스를 죽이고, 미트리다테스 장군들을 모두 무찌른 다음, 이제는 미트리다테스를 죽이러 다가오고 있었다. 이를 두려워한 미트리다테스는 차라리 술라와 손을 잡는 편이 목숨을 지키는 데 더 유리하다고 생각한 것이다.

미트리다테스와 술라, 둘은 트로아스 다르다누스에서 만났다. 미트리다테스는 군선 200척과 중장보병 2만 명, 기병 6000기와 많은 전차들을 거느리고 나타났다. 술라는 보병 4개 대대와 기병 200기만을 데리고 왔다. 미트리다테스가 술라를 맞이하며 오른손을 내밀자, 술라는 아르켈라우스가 동의한 조건으로 휴전을 하겠느냐고 물었다. 미트리다테스가 못 들은 척하며 대답을 피하자 술라가 말했다.

"부탁하는 쪽이 먼저 입을 여는 것이 도리라고 알고 있소. 이긴 자는 그저 잠자코 듣고만 있으면 되는 것이고."

미트리다테스는 그제야 이런저런 변명들을 늘어놓으면서, 이번 전쟁 책임을 일부는 신에게, 다른 일부는 로마인에게 돌렸다. 그러자 술라가 그의 말을 자르고는, 어떤 극악무도한 행동을 저지르고도 그럴듯한 핑계를 대며 잘도 빠져나간다는 점에서 미트리다테스의 말솜씨가 뛰어나다는 것을 오래전부터 들어왔지만 이제야 그 말들이 모두 사실임을 알겠노라 말했다.

그런 다음 그는 미트리다테스가 저지른 수많은 악행들을 엄격하게 꾸짖은 뒤, 아르켈라우스가 약속한 것을 그대로 이행하겠느냐고 다시 물었다. 마침내 미트리다테스가 약속을 지키겠다고 맹세하자, 술라는 그를 껴안고 입을 맞추었다. 그리고 아리오바르자네스 왕과 니코메데스 왕을 불러 미트리다테스와 화해시켰다. 미트리다테스는 군함 70척과 궁수 500명을 술라에게 넘긴 뒤, 배를 타고 폰투스로 떠났다. 술라는 병사들이 이 협정 조약을 불쾌하게 여기고 있음을 알았다. 사실 미트리다테스는 폭군들 가운데서도 가장 질이 나빴다. 그는 하루 동안 아시아에 사는 로마인 15만 명을 모두 죽이려 들었으며, 4년에 걸쳐 다른 나라들을 마음대로 괴롭히고 약탈했다. 그런 자가 그동안 거둬들인 보물과 전리품을 가득 싣고 유유히 사라져 버렸으니 그와 맞서 싸웠던 로마군들이 몹시 화가 난 것도 마땅한 일이리라. 술라는 만약 핌브리아가 미트리다테스와 손을 잡고 로마를 공격해 오기라도 한다면, 그 둘을 한꺼번에 적으로 맞아 싸우는 일은 매우 위험하기 때문에 미트리다테스와 휴전할 수밖에 없었다고 병사들을 달랬다.

술라는 군대를 이끌고 핌브리아가 진을 치고 있는 티아티라로 떠났다. 핌브리아 진지가 있는 곳에 이르자 술라는 군대를 세우고 병사들에게 진영 주위에 참호를 파게 했다. 그런데 갑자기 핌브리아 병사들이 갑옷도 입지 않고 셔츠만 걸친 채 자기들 진영에서 나와 술라의 병사들을 반갑게 맞이한 뒤, 그들과 함께 열심히 참호를 파는 것이었다. 핌브리아는 병사들이 너무나 쉽게 자신을 배신하는 광경을 지켜보았다. 그는 술라에게서는 화해를 기대할 수 없다는 것을 깨닫고 좌절한 나머지 진영 안에서 스스로 목숨을 끊고 말았다.

이제 술라에게는 아무것도 거리낄 것이 없었다. 그는 아시아에 명목상으로는 벌금 2만 탈란톤을 바치도록 했으나 병사들에게 마음대로 약탈하도록 허락했기 때문에, 그들은 단 며칠 만에 민가를 송두리째 파괴하고 말았다. 아시아 사람들은 집집마다 그곳에 머무는 로마 병사에게 날마다 4테트라드라크메 ^(4드라크메가)_(치가 있던 은화)를 주고 그 병사와 친구들에게 식사를 제공할 것과, 장군에게는 하루에 50드라크메를 주고 평상복과 광장에 나갈 때 입을 외출복을 갖다 바치라는 규칙들을 강요받았다.

그 뒤, 술라는 모든 함대를 이끌고 에페수스에서 출항해 사흘 만에 페이라이우스에 닻을 내렸다. 그곳에서 그는 엘레우시스 종교의식에 참석한 뒤, 테오스 사람 아펠리콘이 수집한 책들을 손에 넣었다. 그 가운데 가장 많은 것은 아리스토텔레스와 그의 제자 테오프라스투스의 책으로, 그때는 아직 많은 사람들에게 알려지기 전이었다. 술라는 이 책들을 모두 로마로 옮겼다. 문법학자 티란니온이 대부분을 정리했고, 로도스의 안드로니쿠스가 그에게서 받은 사본을 공개적으로 간행해, 그것이 오늘날 널리 퍼져 있는 아리스토텔레스와 테오프라스투스 저작 목록이 되었다고 한다. 대표적인 소요학파, 즉 아리스토텔레스와 테오프라스투스의 책들이 아주 조금밖에, 그것도 온전한 형태로 전해지지 않은 까닭은 테오프라스투스가 자신의 저서를 물려줬던 회의파 넬레우스의 유산들이 이런 지식들과는 무관한 사람들 손에 맡겨졌기 때문이다.

술라는 아테나이에 머무는 동안 두 발이 마비되어 무거워지는 병에 걸렸는데, 스트라본 말로는 통풍 초기 증상이었다고 한다. 그래서 술라는 에우보이아섬 북단 아이데프수스로 가서 온천에 몸을 담그고 한가롭게 쉬면서, 연극배우들과 시간을 보냈다.

어느 날 술라가 바닷가를 산책하는데 어부들이 매우 큰 물고기를 들고 와 그에게 바쳤다. 그는 물고기를 받고 기뻐하면서 어디서 온 사람들인가 물었다. 어부들이 할라이 사람들이라는 이야기를 들은 그는, 할라이 사람이 아직도 살아 있었느냐고 되물었다. 예전 오르코메누스 전투 때 도망치는 적들을 뒤쫓던 그는 안테돈, 라림나, 할라이, 이 세 도시를 쳐부수며 시민들을 마구 죽였었다. 놀란 어부들은 겁을 집어먹고 아무 말도 하지 못하고 서 있었다. 술라는 웃으면서 이렇게 좋은 선물을 가지고 왔으니 기쁘게들 돌아가라고 말했다. 그 말을 들은 할라이 사람들은 용기를 얻어 뒷날 자신들 고향 마을에 모여 살았다고 한다.

그는 건강을 되찾자 테살리아에서 마케도니아를 거쳐 바닷가로 나가, 군함 1200척을 이끌고, 디라키움에서 브룬디시움으로 건너갈 준비를 시작했다. 디라키움 가까운 곳에는 아폴로니아가 있고, 그 옆에는 님파이움이라는 성역이 있었다. 그 성역에는 푸른 골짜기와 초원이 있는데, 초원 여기저기에는 주기적으로 계속 불을 뿜어내는 샘이 있었다고 한다. 전하는 이야기에 따르면, 군대가 쉬고 있을 때 병사들 몇 명이 이곳에 잠들어 있던 사티로스를 사로잡아 술라에게 끌고 갔다. 조각가와 화가들이 때때로 그리는 바로 그 사티로스였다. 이윽고 통역가들이 여러 나라 말들로 누구냐고 물었으나 사티로스는 말을 알아듣지도, 하지도 못했다. 그저 말이 우는 소리나 염소가 우는 듯한 소리만 낼 뿐이었다. 술라는 문득 사티로스가 성역에서 온 짐승이란 생각이 들었다. 그래서 그 짐승에게 해를 입혔다가는 신의 분노를 살 것 같아 얼른 사티로스를 풀어주었다.

마침내 술라가 병사들을 이끌고 이탈리아로 건너갈 때였다. 그는 이탈리아에 도착하면 병사들이 저마다 고향으로 뿔뿔이 흩어져 버릴까봐 걱정했다. 하지만 이를 눈치챈 병사들은 자진해서 절대로 부대를 벗어나지 않고 술라 곁에 있을 것이며, 이탈리아에 해로운 짓은 하지 않겠다고 맹세했다. 병사들은 술라가 많은 돈을 필요로 하고 있음을 알고 저마다 낼 수 있는 만큼의 돈을 모아 술라에게 가져갔다.

그러나 술라는 그것을 받지 않고, 대신 고마운 마음을 담아 격려 연설을 했다. 술라 말에 따르면, 그가 상대해야 할 적은 대대 450개를 거느린 장군 15명이었다고 한다. 이런 대군 앞에서도 그가 용기를 잃지 않은 까닭은, 신이 그에게 행운을 알리는 징조를 분명하게 보여주었기 때문이다. 타렌툼에 도착한 술라가 곧바로 제물을 바쳤더니, 그 짐승 간에 리본이 2개 매어진 승리의 월계관 형상이 나타난 것이다. 또 술라가 바다를 건너오기 얼마 전에, 캄파니아 헤파이우스 산에서, 며칠 동안 숫염소 두 마리가 싸우고 있었는데, 그 행동이 마치 전쟁터에서 싸우는 병사들 같았다. 하지만 그것은 환상이었고, 시간이 흐르자 숫염소들은 점점 하늘로 올라가 희미한 그림자가 되더니, 이윽고 사라져 버렸다.

그로부터 며칠 뒤, 그곳에 마리우스의 아들과 집정관 노르바누스가 대군을 이끌고 쳐들어왔다. 하지만 술라는 전략이나 계략을 생각하기는커녕 진을 치지도 않았다. 오직 의욕에 찬 기세와 용맹만으로 치열하게 싸워 적들을 쳐부쉈다. 그러고는 노르바누스를 카푸아 시에 몰아넣고 적병 7000명을 죽였다. 술라가 한 말에 따르면 이 승리로 병사들은 여러 도시로 흩어지지 않고 한 덩어리로 뭉쳐 몇 배나 되는 적 대군도 두려워하지 않았다고 한다.

실비움에서는 폰티우스의 노예가 신들린 채로 술라를 찾아왔다. 그는 벨로

나의 계시라고 하면서, 곧 전쟁이 일어나 술라가 승리를 거두지만, 서두르지 않으면 카피톨리움이 불타버릴 것이라고 말했다. 그 사나이의 예언은 그대로 이루어졌다. 퀸틸리스 달, 오늘날 율리우스 달이라 불리는 달 6일이었다.

술라군 장군 마르쿠스 루쿨루스는 피덴티아에서 16개 대대로 적 50개 대대와 대치했다. 그는 병사들의 의기는 믿었지만 무장을 충분히 갖추지 못한 이들이 많아 싸우기를 망설였다. 그래서 그가 회의를 거듭하고 있을 때 초원에서 한 줄기 바람이 불어와 수많은 꽃잎이 떨어져 병사들 방패와 투구 위에 쌓였는데, 이것이 마치 적들 눈에는 병사들이 화관을 쓰고 있는 것처럼 보였다. 이 일로 용기를 얻은 로마 병사들은 용감하게 적과 맞서 싸워 큰 승리를 거두었다. 그들은 적군 1만 8000명을 죽이고 적진을 점령했다. 이 루쿨루스는 뒷날 미트리다테스와 티그라네스와 싸워 그들을 무찔렀던 루키우스 루쿨루스의 동생이다.

그러나 술라는 아직도 많은 적 진영들과 대군이 곳곳을 포위하고 있는 것을 보았다. 그래서 병사들과 함께 계략을 준비하고, 두 집정관 가운데 한 사람인 스키피오에게 휴전조약을 맺자고 호소했다. 스키피오가 그것을 받아들여 곧 협상이 열리게 되었다. 하지만 몇 번 토의가 거듭될 때마다 술라는 이야기를 엉뚱한 쪽으로 끌고 가거나 이런저런 핑계들을 대면서, 자신과 마찬가지로 간계와 속임수에 뛰어난 병사들을 시켜 스키피오군 병사들을 매수하게 했다. 그들은 적 참호로 들어가 적병과 사귀면서 그 자리에서 매수하거나, 곧 돈을 주겠다고 약속했으며, 때로는 잔뜩 치켜세워 자기편으로 끌어들었다.

마침내 술라는 20개 대대를 이끌고 적진 가까이 다가갔다. 술라 병사들이 미리 매수해 놓은 스키피오군 병사들에게 인사를 하자, 스키피오군 병사들도 답례를 하면서 이쪽 부대로 넘어왔다. 스키피오는 홀로 막사에 남아 있다가 포로로 잡혔으나 곧 풀려났다. 술라는 20개 대대를 미끼로 적의 40개 대대를 매수해 모든 병사들을 자기 진영으로 데리고 돌아갔다. 이 일을 두고 카르보는, 술라 마음속에는 여우와 사자가 있는데 여우를 상대하는 것이 더 곤란하다고 말했다.

그 뒤 마리우스 아들이 시그니아에서 85개 대대를 이끌고 술라에게 싸움을 걸어왔다. 술라는 그날 당장 겨루고 싶었는데, 꿈에서 본 어느 광경이 떠올랐기 때문이었다. 얼마 전 죽은 마리우스가 아들 마리우스에게, 내일은 큰 재난이 너를 덮칠 것이니 조심하라고 이르는 꿈이었다. 술라는 이를 좋은 징조로 여겨 승리를 확신했다. 그는 조금 떨어진 곳에 진을 치고 있는 돌라벨라를 급히 불렀다. 그런데 이미 적들이 모든 도로를 점령했기 때문에, 술라 병사들은 그 길을 뚫으며 힘들게 나아가야만 했다. 게다가 큰비까지 내려 그들의 고생은 이만저만이 아니었다. 지친 병사들이 방패를 땅에 내려놓고 길게 뻗어 있는 광경을 본 백인대장들은 술라에게 전투를 좀 늦춰달라고 말했다. 마지못해 휴식을 허락한 술라는 그 자리에 울타리를 치고 참호를 파 진영을 만들라는 명령을 내렸다.

술라군이 진지를 만드느라 뿔뿔이 흩어져 있을 때를 노려, 마리우스는 부대에 총공격 명령을 내렸다. 그는 지금 공격하면 술라 병사들이 혼란을 일으켜 우왕좌왕하리라 여기고, 가장 앞에 나서서 맹렬하게 공격해 갔다.

이때 신은, 꿈속에서 술라에게 한 말을 현실로 이루었다. 마리우스의 공격에 화가 난 술라가 급히 병사들에게 소리치자, 그들은 참호 파는 일을 곧바로 멈췄다. 병사들은 투창은 참호에 그대로 세워둔 채 칼을 빼들고 일제히 함성을 지르면서 적진 속으로 뛰어들었다. 적들은 얼마 버티지 못하고 많은 병사를 잃고는 뿔뿔이 흩어져 도망치고 말았다. 마리우스는 프라이네스테로 달아났으나 성문은 이미 굳게 닫혀 있었다. 다급해진 마리우스는 안에 있던 사람들에게 위에서 밧줄을 내리라 소리쳐, 그것으로 자신의 몸을 묶은 뒤 성벽 위로 끌어올리게 했다.

페네스텔라와 몇몇 사람들 말을 덧붙이자면, 마리우스는 전날 밤 잠을 제대로 못 자서 너무 피곤한 나머지 나무 그늘에서 깜빡 잠이 들어, 전투 시작 신호도 제대로 듣지 못했다 했는데, 그는 군대가 궤멸해 도망칠 때쯤에야 겨우 깨어났다고 한다. 술라에 따르면, 그 전투에서 그는 23명을 잃은 데 비해, 적군 2만 명을 죽이고 8000명을 사로잡았다고 한다.

이와 더불어 술라가 거느렸던 폼페이우스, 크라수스, 메텔루스, 세르빌리우스 등의 장군들이 이끄는 부대들도 모두 이 같은 승리를 거두었다. 그들은 전혀, 또는 거의 저항을 받지 않고 적의 대군을 무찌른 것이다. 마리우스 지지자였던 카르보는 어둠을 틈타 자기 군대를 버리고 리비아로 도망쳤다.

그러나 마지막 전투 때는, 지친 검투사와 교대해 새로운 검투사가 투입되듯이 삼니움 사람 텔레시누스가 등장해 로마 성문 옆에서 술라를 덮쳐 거의 쓰러뜨릴 뻔했다. 그는 마리우스를 포위망으로부터 구출하려고 루카니아 사람 람포니우스와 함께 대군을 모아 프라이네스테로 가던 길이었다. 하지만 앞에서는 술라, 뒤에서는 폼페이우스가 좁혀 들어와 진퇴양난에 빠지게 되었음을 깨닫고는, 전쟁터에서 잔뼈가 굵은 노련한 병사답게 밤이 깊어지자 모든 군사를 이끌고 오히려 로마로 나아갔다. 그는 조금만 더 가면 무방비 상태인 로마에 돌진할 수 있는 상황이었다.

텔레시누스는 곧바로 돌격하지 않고, 콜리나 문에서 10스타디온쯤 떨어진 곳에 진영을 쳤다. 그는 그토록 뛰어난 술라의 장군들보다 먼저 로마에 닿았다는 사실에 의기양양했다. 날이 밝자 로마 명문 젊은이들이 말을 몰고 나와 텔레시누스를 공격했지만, 싸움에 져서 거의 다 죽음을 맞았다. 그 가운데에는 신분 높은 용사 아피아누스 클라우디우스도 있었다. 이 소식을 들은 로마는 발칵 뒤집혔고, 시내에서는 마치 이미 무력으로 점령당한 듯 여자들이 비명을 지르며 달아나는 소동이 벌어졌다.

그때 술라의 명령을 받은 발부스가 기병 700기를 이끌고 전속력으로 달려오고 있었다. 그는 말의 땀을 식힐 만큼만 쉰 뒤, 다시 재갈을 물리고 서둘러 적진 한가운데로 뛰어들었다. 뒤이어 술라도 모습을 드러냈다. 그는 선봉으로 달려온 자들에게 즉시 아침 식사를 하라고 명령한 뒤 대열을 정비했다. 돌라벨라와 토르쿠아투스는 술라에게 여러 이유들을 대면서 공격을 중지하고, 지쳐 있는 병사들을 싸움터로 내모는 무모한 모험을 하지 말라며 호소했다. 또 상대는 카르보나 마리우스가 아니며, 로마에 격렬한 적개심을 품고 있는 삼니움인과 루카니아인들이므로, 지친 병사들이 더없이 용감한 그들과 맞서 싸우는 것은 몹시 위험한 일이라고 말했다.

하지만 술라는 그들 충고를 무시하고, 오후 4시 무렵 공격 시작을 알리는 나팔을 불게 했다. 곧 이제까지 볼 수 없었던 치열한 전투가 벌어졌다. 오른쪽 날개를 맡은 크라수스는 적들을 압도하고 빛나는 승리를 거두었지만, 왼쪽 날개는 그렇지 못했다. 술라는 고전을 면치 못하는 왼쪽 날개를 돕기 위해, 사납고 발 빠른 백마를 채찍질하며 달려갔다. 그러나 그 말을 보고 술라를 알아본 적 병사 둘이 창을 던져 그를 공격하려 했다. 술라는 이를 눈치채지 못했으나, 그의 병사가 갑자기 술라가 탄 말 엉덩이를 채찍질해 냅다 달리게 한 덕분에, 술라는 가까스로 위험에서 비껴갔고, 창은 말 꼬리를 스치고 땅에 꽂혔다. 술라는 델포이에서 손에 넣은 황금 아폴로 상을 전투가 있을 때면 언제나 가슴에 품고 다녔는데, 이때 그는 그 아폴로 상에 입을 맞추며 이렇게 말했다고 한다.

"피티아의 아폴로여, 지금까지 이 코르넬리우스 술라에게 행운을 내려주시어 그 많은 전쟁에서 눈부신 공을 세우게 하시고 이렇게 조국 문 앞까지 이끌어주시고는, 이제 여기서 저를 내치시어 시민들과 함께 치욕스러운 죽음을 맞게 하려 하십니까?"

술라가 이렇게 신에게 호소하고 있을 때도 그의 병사들은 달아나고 있었다. 그는 병사들을 달래고, 위협하고, 매달리기까지 했지만, 마침내 왼쪽 날개는 완전히 무너져 버렸다. 도망치는 병사들과 함께 그도 진영으로 달아났다. 이때 술라는 대부분의 동료와 친구들을 잃었다. 게다가 이 싸움을 구경하려고 성밖에 나와 있던 시민들도 수없이 살해되고 짓밟혀, 로마는 곧 멸망할 것처럼 보였다. 마리우스를 포위하고 있는 프라이네스테군 대열도 거의 무너지고 말았다. 많은 사람들이 그곳으로 달려와서 포위를 맡고 있던 루크레티우스 오펠라에게, 술라는 쓰러지고 로마가 적의 손에 떨어졌으니 어서 포위를 풀고 달아나라고 말했기 때문이었다.

밤이 깊어지자 술라 진영에 크라수스가 보낸 사자가 와서, 크라수스와 그 병사들을 위한 식량을 요구했다. 크라수스는 적을 격파하고 안템나이까지 쫓아가서 그곳에 진을 치고 있었다. 그 이야기를 듣고 적군이 거의 죽었다는 사실을 알게 된 술라는, 날이 밝자마자 안템나이로 갔다. 그러자 크라수스가 포위하고 있던 상대 병사 3000명은 그에게 사자를 보내 휴전을 제의했다. 술라는 그들에게, 만약 다른 적들을 처치한 뒤에 자기에게 온다면 기꺼이 그들을 받아들여 신변을 보장하겠다고 약속했다. 그들은 술라의 말을 믿고, 아군들을 덮쳐 닥치는 대로 살해했다.

그런데 술라는 반란병들과 적 병사들 가운데 살아남은 자들 6000명을 경기장에 모이게 한 뒤, 벨로나 신전으로 원로원 의원들을 불러모았다. 그가 신전에서 연설을 시작하는 동시에, 미리 명령을 받은 사람들이 그 6000명을 모두 죽여버렸다. 좁은 장소에서 그 많은 사람들이 살해되자 곳곳에서 비명 소리와 함께 아우성이 일어났고, 이 소리는 원로원들이 모여 있던 벨로나 신전까지 닿았다. 원로원 의원들은 깜짝 놀라 두려움에 몸을 떨었다. 하지만 술라는 아무 일도 아니라는 듯 태연하게 연설을 계속하면서 의원들에게 자신의 이야기를 귀담아들으라 명령했다. 밖에서 일어난 소란은, 그의 명령으로 몇몇 죄인을 처벌하고 있을 뿐이므로 신경쓰지 말라는 것이었다.

그리하여 로마에서 가장 어리석은 자들조차도 폭군이 그저 다른 폭군으로 바뀌었을 뿐, 로마가 결코 해방된 것이 아님을 깨닫게 되었다. 본디 마리우스는 타고난 성격이 난폭해, 권력을 장악한 뒤에도 본성 그대로 잔혹하게 폭정을 일삼았다. 그러나 술라는 처음에는 권세를 부리지 않고 정치가에 걸맞은 태도로 인기를 얻어, 귀족파이면서도 민중을 위해 애쓰는 지도자라는 평판을 얻었다. 그는 젊었을 때부터 유쾌한 성격으로 웃기를 좋아했고, 인정도 많아서 금세 동정을 보이며 눈물을 흘리기도 했다.

하지만 큰 권력을 얻고 난 뒤 술라의 태도는 완전히 달라졌다. 사람들은 그가 올챙이 적 생각은 하지 못하고 난폭하고 비인간적으로 변해버렸다며 비난을 쏟아냈다. 이것이 운명에 따른 변화인지, 아니면 그 안에 숨어 있던 악덕이 권력을 얻음으로써 드러나게 된 것인지는 다른 곳에서 다뤄야 할 문제이다.

술라는 학살을 시작해, 끝없는 유혈로 도시를 가득 채웠다. 수많은 사람들이 사사로운 원한 때문에 살해되었고, 그는 주변 사람들의 환심을 사기 위해 그런 일들을 모른 체했다. 상황이 이 지경에 이르자 카이우스 메텔루스라는 젊은이는 원로원에서 용감하게 술라를 향해, 이 재난이 어떤 결말에 이를 것인지, 또 그가 어디까지 해야 끝이 날 것인지를 물었다. 그러고는 이렇게 덧붙였다.

"우리는 당신이 죽이기로 결정한 사람들에 대해 처벌을 멈춰 달라고 하는 것이 아닙니다. 당신이 살려주기로 결정한 사람들을 하루라도 빨리 불안에서 벗어나도록 해달라는 것입니다."

술라가 누구를 살려둘 것인지는 아직 결정되지 않았다고 대답하자, 메텔루스는 이렇게 말했다.

"그렇다면 당신이 죽이려는 사람들을 알려주십시오."

술라는 그렇게 하겠다고 말했다. 다른 이야기에 따르면, 이 마지막 말은 메텔루스가 한 게 아니라, 술라 추종자 가운데 한 사람인 푸피디우스라가 했다고 한다.

술라는 로마 고관들과는 의논도 하지 않고, 곧바로 80명을 사형하겠다고 알렸다. 사람들이 이 일로 분개하는 가운데, 그는 다음 날 다시 220명을 더했고, 사흘째에도 거의 같은 수의 사형수 명단을 공표했다. 그는 이 일에 대해 민중에게 연설하면서, 지금은 생각나는 사람만 적었지만 잊어버린 자들 이름도 곧 명단에 올라갈 거라 말했다. 그리고 그는 공표한 자를 감싸주는 사람은 그 친절에 대한 벌로 마찬가지로 사형에 처할 것이며, 아무리 형제나 아들이나 부모라 하더라도 그 죄를 면할 수 없다고 했다. 또 공표된 자를 죽인 사람에게는, 그 살인에 대한 포상으로 2탈란톤을 주기로 하고, 만일 노예가 주인을, 아들이 아버지를 죽인다 해도 상관없다고 말했다. 술라의 이런 악덕들 가운데서도 가장 부당한 것은, 그가 공표된 사람들 아들과 손자한테까지도 모두 시민권을 빼앗고 재산을 몰수한 일이었다.

그 공표는 로마뿐 아니라 이탈리아 전체에서 이루어졌는데, 성스러운 신전도, 손님을 대접하는 숙소도, 조상 대대로 내려온 집도 이 피비린내 나는 살육을 피할 수는 없었다. 아내 옆에서는 남편이, 어머니가 보는 앞에서는 자식이 살해되었다. 이 기회를 이용해 분노와 증오 때문에 사람을 죽이는 일도 헤아릴 수 없었고, 재산이 많아 살해당한 사람들은 그보다 더 많았다. 어떤 살인자는 그 사람을 죽인 것은 커다란 저택이라느니, 저 사람은 과수원에 살해당했으며, 온천이 또 다른 사람을 죽였다고 말할 정도였다.

퀸투스 아우렐리우스는 정치를 떠나 있는 자신에게까지 화가 미치리라고는 생각지 않았다. 자신은 불행한 사람들을 동정한 것 말고는 그럴만한 이유가 없다고 여겼다. 그런데 우연히 광장에 나와 처형될 사람들 명단을 보니 자기 이름이 들어 있었다. 그는 이렇게 탄식했다.

"이런 불쌍한 내 신세! 알바누스에 있는 내 영지가 나를 벌하는구나."

그는 채 몇 걸음 걸어가지도 못하고 어떤 사람 손에 붙잡혀 죽고 말았다.

한편 마리우스는 붙잡히기 직전에 스스로 목숨을 끊었다. 술라는 마리우스를 도왔던 사람들을 처벌하려고 프라이네스테에 갔다. 그는 처음에는 한 사람 한 사람씩 조사해 처벌했지만, 그 뒤로는 시간이 없어서 1만 2000명을 한군데 몰아넣고 모두 죽이라는 명령을 내렸다. 다만 그는 예전에 자기를 접대해 준 적이 있는 한 사람은 면제해 주었는데, 그 사람은 오히려 술라에게 자기는 결코 조국을 멸망시키려는 악당에게는 목숨을 구걸하지 않겠다고 고고하게 말한 뒤 스스로 다른 시민들과 함께 처형되었다.

여러 사건들 가운데서도 루키우스 카틸리나 행동은 단연 기괴했다. 그는 이번 사건이 채 끝나기도 전에 자기 형을 죽였으면서도, 술라에게 아직 형이 살아 있는 것처럼 명단에 넣어 공표해 달라고 부탁했다. 형을 죽인 자신의 죄를 숨기기 위해서였다. 카틸리나는 이 일에 대한 보답으로 술라 반대파의 한 사람인 마르쿠스 마리우스를 죽였다. 그리고 그 목을 광장에 앉아 있던 술라에게 갖다준 뒤 근처에 있는 아폴로 신전으로 가서 성수에 손을 씻었다.

술라는 이러한 학살말고도 여러 일들로 시민들을 괴롭혔다. 그는 스스로를 독재관으로 선언해, 이 관직을 없어진 지 120년 만에 되살렸다. 또 그는 자신의 과거 모든 행위를 불문에 부치는 특별법을 발표하고, 사람을 살리고 죽일 권리, 재산을 몰수할 권리, 토지 분배 권리, 식민지 건설과 파괴에 대한 권리, 그리고 왕권을 빼앗아 그가 원하는 사람에게 줄 수 있도록 하는 권리를 그 법에 포함시켰다. 그는 몰수한 재산을 매각할 때는 연단에 자리를 차지하고 앉아 거만한 군주 같은 태도를 취했다. 게다가 재판관들을 마음대로 조종해 횡포를 부렸으므로, 그가 재산을 처분하는 방식은 그것을 빼앗을 때보다 더 큰 원성을 샀다.

그는 자기 마음에만 들면, 예쁜 여자나 여자 역할을 하는 배우, 광대 또는 하찮은 해방 노예에게도 여러 식민지들 땅이나 도시에서 나오는 돈을 주었고, 신분 높은 여인들까지 그들과 억지로 결혼시켰다.

술라는 폼페이우스 마그누스를 어떻게든 인척으로 만들려고 그의 아내를 이혼시켰다. 그리고 스카우루스와 자기 아내 메텔라 사이에서 태어난 딸 아이밀리아를 남편 마니우스 글라브리오와 이혼시켰다. 그때 아이밀리아는 임신 중이었다. 술라는 그녀를 폼페이우스와 결혼시켰으나 이 젊은 아내는 폼페이우스 집에서 아이를 낳다가 그만 숨을 거두고 말았다.

프라이네스테에서 마리우스를 포위한 적이 있는 루크레티우스 오펠라가 집정관에 입후보하자 술라는 처음에는 그를 잘 설득해 단념시키려고 했다. 하지만 그가 많은 사람들에게 에워싸여 광장으로 들어오는 것을 보고는 백인대장 한 사람을 보내 그를 죽였다. 그리고 술라 자신은 카스토르와 폴룩스 신전에 마련된 재판석에 앉아 그 광경을 내려다보았다. 광장에 있던 시민들이 그 백인대장을 붙잡아 술라 앞으로 끌고 왔다. 그러자 술라는 흥분해 떠드는 사람들에게 조용히 하라고 명령한 뒤, 자기가 시킨 일이라면서 백인대장을 풀어주라고 지시했다.

마침내 열린 술라의 개선식은 여러 왕들로부터 빼앗은 호화롭고 진기한 전리품으로 사람들 눈길을 끌었다. 그러나 그보다 더 이 성대한 행사에서 사람들을 놀라게 한 것은 망명자들이었다. 그들은 마리우스에게 추방당했던 로마 사람들로, 시민들 가운데 가장 명성 높은 세력가들이었다. 망명자들은 머리에 꽃으로 만든 관을 쓰고 행렬 뒤를 따라가면서, 술라 덕분에 자신들이 아내와 자식을 데리고 무사히 로마에 돌아올 수 있었다며, 그를 구원자요 아버지라 불렀다.

개선식이 끝난 뒤, 술라는 민회에서 자신이 이룬 업적과 무용, 그리고 행운에 대해 열렬하게 사례까지 들어가며 이야기했다. 그리고 마지막에는, 그러므로 자신을 펠릭스라 부르라고 사람들에게 명령했다. 펠릭스는 행운아를 뜻하는 말이었다. 또 그는 헬라스인에게 편지를 쓰거나 공문서를 다룰 때는 아프로디테의 은혜를 입은 자라는 뜻인 에파프로디투스라고 서명했다. 지금도 헬라스에 남아 있는 전승 기념비에는 '루키우스 코르넬리우스 술라 에파프로디투스'라고 새겨져 있다. 그는 메텔라가 쌍둥이를 낳았을 때 아들은 파우스투스, 딸은 파우스타라고 이름 지었다. 이는 로마인들이 행복하고 경사스러운 것을 파우스투스라 부른 것에서 나왔다.

술라는 이처럼 행동보다 행운을 더 믿었다. 그리하여 그는 스스로 독재관에서 물러났다. 수많은 사람을 죽이고, 도시에 엄청난 개혁과 변화를 가져온 그로서는 여간 용기 있는 행동이 아닐 수 없었다. 그는 집정관 선거를 민회에 모두 맡긴 뒤, 자신은 선거에 나서지 않고 광장을 오가며 시민의 한 사람으로 행동했다. 그런데 그의 뜻과 달리 반대파에 속한 마르쿠스 레피두스라는 대범한 사람이 집정관에 당선되었다. 레피두스를 지지한 폼페이우스가 열심히 선거운동을 해서 민중의 호감을 샀기 때문이었다. 그래서 술라는 폼페이우스가 승리를 기뻐하는 것을 보고는 그를 불러서 말했다.

"젊은이여, 그대 정책은 참으로 훌륭하군그래. 카툴루스를 제쳐두고 레피두스를 당선시키는 것은, 곧 가장 뛰어난 사람을 제쳐두고 가장 폭력적인 사람을 선택한 것이네. 그대도 이제 편히 잠자기는 틀렸네. 그대는 자신의 경쟁자를 더욱 강력하게 만들었으니까."

술라가 예언처럼 한 말은 그대로 들어맞았다. 집정관이 된 레피두스는 곧 세력을 키워 폼페이우스에게 맞서기 시작했다.

술라는 자기 재산 10분의 1을 헤라클레스 신전에 바치고, 시민들에게 큰 잔치를 베풀었다. 필요한 양보다 훨씬 많은 음식을 준비했기에 날마다 어마어마한 양의 요리들이 강물에 버려졌고, 포도주는 40년이 넘게 묵은 것들을 마셨다. 그런데 며칠 동안 열린 이 잔치가 절정에 이를 무렵, 갑자기 술라의 아내 메텔라가 병으로 쓰러졌다. 신관들은 술라가 그녀에게 가는 것도, 그의 집을 장례로 더럽히는 것도 허락하지 않았다. 그래서 술라는 메텔라에게 이혼장을 보내고, 그녀가 죽기 전에 다른 집으로 옮기게 했다. 이처럼 그는 종교적인 관습을 굳게 지켰다. 하지만 그 자신이 장례비를 제한하는 법을 정해놓고도 그것을 어기고 아내 장례식에 엄청난 돈을 쏟아부었다. 또 스스로 정한 연회 절약에 대한 법도 위반하면서, 사치스러운 술과 음식을 마련해 연회를 베풀고 광대들과 어울리면서 아내 잃은 슬픔을 달랬다.

메텔라가 죽고 나서 몇 달이 지난 뒤, 로마에서 검투사 시합이 열렸다. 그즈음 경기장에는 아직 좌석 구별이 없어서 흔히 남녀가 섞여 앉았는데, 우연히 술라 옆자리에 명문가 출신의 아름다운 여자가 앉게 되었다. 바로 메살라의 딸이자 웅변가 호르텐시우스의 누이로, 이름은 발레리아였다. 그녀는 남편과 이혼한 지 얼마 되지 않았는데, 이 여자가 술라 뒤를 지나가면서 손을 내밀어 그의 옷에서 실오라기 하나를 뽑아갔다. 술라가 놀란 눈으로 그녀를 쳐다보자 그녀가 말했다.

"각하, 아무 일도 아니에요. 저도 각하의 행운을 조금이라도 얻고 싶어서요."

이 말을 들은 술라는 기분이 나쁘기는커녕 가슴이 설렜던 모양이다. 그는 남몰래 사람을 보내 그녀 이름을 묻고, 집안과 경력도 알아냈다. 그때부터 서로 눈짓을 주고받고 고개를 돌려 바라보면서 미소를 나누더니, 마침내 결혼까지 하게 되었다.

아마도 발레리아에게는 책임이 없겠지만, 그녀가 아무리 정숙하고 평판이 좋았다고 해도, 술라로서는 순수하고 훌륭한 동기에서 결혼한 것이 아니라, 철없는 젊은이처럼 오직 그 겉모습과 교태에 끌리고 수치스러운 욕정에 사로잡혀 한 결혼이었다.

술라는 발레리아와 결혼한 뒤에도, 버젓이 여자배우나 류트 연주자, 무희들과 사귀면서 대낮부터 연회석에 드러누워 술을 마셔댔다.

이 무렵 술라 옆에서 가장 큰 세력을 가졌던 사람들은 희극배우 로스키우스와 광대 우두머리 소릭스 그리고 여자 역할을 하는 배우 메트로비우스였다. 특히 메트로비우스는 이미 나이가 들어 모습이 예전 같지 않았지만 술라는 그에 대한 집착을 버리지 않았고 그를 몹시 아꼈다. 이렇게 방종한 생활 태도는 사소한 원인에서 시작된 술라의 병을 크게 악화시켰다. 게다가 몸속에서 시작된 병이었기 때문에 내장이 썩도록 몰랐다. 이윽고 병이 온몸으로 퍼져 살갗이 모두 썩어가고 기생충이 들끓었다. 많은 사람들이 밤낮없이 기생충을 잡았으나, 언제나 잡은 것보다 더 많은 기생충이 다시 생겼다. 그의 옷과 목욕탕, 물이나 음식들이 그가 흘린 진물로 오염되었다. 병이 이토록 심해지자 그는 하루에 몇 번이고 물속에 들어가 몸을 씻었지만 아무런 효과도 없었다. 병세는 매우 빠르게 진행되어 아무리 깨끗이 씻어도 우글거리는 기생충을 당할 수가 없었다.

전하는 바에 따르면 술라와 같은 병으로 죽은 사람들이 많이 있었다고 한다. 먼 옛날 사람으로는 펠리아스의 아들 아카스투스가 있고, 그보다 나중 사람으로는 서정시인 알크만과 신학자 페레키데스, 감옥에 있었던 올린투스 사람 칼리스테네스, 그리고 법률학자 무키우스 등이 있다. 또 명예롭지 않은 일로 널리 알려진 사람들 가운데서는 시킬리아에서 노예전쟁을 일으킨 도망 노예 에우누스도 붙잡힌 뒤 로마에 끌려와서 이 병으로 죽었다고 한다.

술라는 자신이 죽을 것임을 알고 있었다. 뿐만 아니라 어떤 의미에서는 그 마지막에 대한 기록까지 남겼다고 할 수 있다. 그가 회고록 쓰는 일을 제22권에서 중단한 것은 죽기 이틀 전이었다. 회고록에 그는 자신이 훌륭한 생애를 보내고 행운의 절정에서 죽으리라고 한 칼다이아인의 예언에 대해 썼다. 그리고 아내 메텔라보다 조금 먼저 죽은 아들이 꿈에 나타나, 초라한 행색으로 아버지 옆에 서서 말하기를, 이제 모든 걱정거리를 내려두고 자기와 함께 어머니가 있는 곳으로 가서 편안하게 살자고 권했다는 이야기도 남겼다. 하지만 술라는 여전히 정치에서 손을 떼지 않았다. 그는 죽기 열흘 전에, 디카이아르키아에서 분쟁을 일으킨 사람들을 중재하고, 그들의 행정 기준이 될 새로운 법을 만들었다. 또 죽기 하루 전에는, 장관 그라니우스가 나랏돈을 빌려가고도 갚지 않은 채 술라가 죽기만을 기다리고 있다는 말을 듣고, 그를 집으로 불러들였다. 그리고 그 주위에 서 있던 하인들에게 그라니우스를 목 졸라 죽이라고 명령했다. 그러나 이때 고함을 지르고 온몸에 힘을 주는 바람에 종기가 터져 많은 피를 흘렸다. 탈진해 버린 술라는 처참한 하룻밤을 보낸 뒤 마침내 숨을 거두었다.

그는 메텔라와 사이에서 두 아이를 남겼다. 발레리아는 술라가 죽은 뒤에 딸을 낳아 포스투마라고 이름 지었다. 포스투마는 유복자라는 뜻으로, 로마 사람들은 아버지가 죽은 뒤에 태어난 자식에게 그 이름을 지어주었다.

술라가 죽자 많은 사람들이 레피두스에게 몰려와서 그의 유해를 관례대로 장사지내는 것을 가로막으려 들었다. 그러나 폼페이우스는 사람들을 달래고, 때로는 위협하면서 술라의 장례식을 방해하려는 그들의 행동을 막았다. 사실 폼페이우스는 술라에게 작은 원한이 있었다. 술라는 죽기 전 유언으로 모든 친척과 친구들에게 유산을 나눠주었는데, 폼페이우스 이름만 빠져 있었던 것이다. 하지만 폼페이우스는 그의 유해를 로마로 옮겨서 명예롭고 성대하게 장례를 치렀다.

전하는 말에 따르면, 여자들이 술라에게 바친 향료가 너무 많아서 그것들을 운반하는 데만 가마 210대가 필요했으며, 값비싼 유향과 계수나무로 술라와 그 수행원들의 조각상을 만들었다고 한다. 장례식날은 아침부터 날이 흐려 비가 올 것 같았으므로, 사람들은 오후 3시가 되어서야 유해를 운반할 수 있었다. 화장장에는 거센 바람이 불어와 불길이 잘 타올랐고, 화장이 끝나고 불길이 잦아들 때까지 비는 오지 않았다. 하지만 장례식이 끝나자마자 장대비가 쏟아지기 시작해 밤이 될 때까지 계속되었다. 사람들은 행운의 여신이 그의 장례식장에서도 그를 떠나지 않고 지켜주었다고 여겼다. 술라의 무덤은 캄푸스 마르티우스, 곧 마르스 광장에 있다. 묘비명은 술라가 직접 써서 남겼는데, 자신은 친절을 베푸는 데는 누구보다도 뛰어났고, 악을 끼치는 데에는 그 어떤 적에게도 뒤지지 않았다고 새겨져 있다.

리산드로스와 술라의 비교

　이제까지 술라의 삶을 더듬어 보았으므로, 이제부터는 리산드로스와 술라 두 사람을 비교해 보기로 한다. 둘은 모두 스스로 노력해 위대한 인물이 되었다. 리산드로스는 시민들이 자신의 의지를 자유롭게 드러내며 건전한 정치가 이루어지고 있었을 때 그들 의견을 존중했다. 그는 지배자로서 다른 사람이 원치 않는 일은 한 번도 한 적이 없었으며, 법에 어긋나는 일을 억지로 행한 적도 없었다.

　　나라가 어지러울 때는 악한 자까지도 이름을 떨친다.

　이런 말처럼 술라가 활동할 때 로마는 매우 혼란스러웠다. 민중은 부패하고 정치도 병들어 곳곳에서 영웅의 탈을 쓴 독재자들이 나타나 민심을 어지럽혔다. 글라우키아나 사투르니누스 같은 무리들이 메텔루스를 로마에서 내쫓았으며, 집정관 아들들은 민회에서 살해되었다. 또 돈으로 병사들에게서 무기를 사들임으로써 그들을 매수한 자가 군대를 장악하고, 오히려 정의로운 반대자를 뜨거운 불과 칼로 위협해 제멋대로 법을 정하는 그런 상황에서 술라가 지배자가 된 것은 전혀 놀라운 일이 아니다.

　이처럼 나라 정세가 혼란스러웠을 때 가장 큰 세력을 얻었다고 해서 그를 비난할 생각은 없지만, 국가가 이렇게 악정에 허덕이고 있을 때 지배자가 되었다면 그가 누구보다 훌륭한 인격을 갖추었다고 판단할 수는 없다. 반면 리산드로스는 스파르타가 가장 엄격하고 훌륭하게 질서를 유지할 때 최고지휘관이 되어 전투에 파견되었으며, 스파르타가 국가로서 가장 강력하고 올바른 상태였을 때, 그 가운데서도 가장 뛰어난 인물이자 훌륭한 지도자로 추앙받았다. 실제로 그는 여러 번 시민들에게 자신의 지위와 권력을 내주었으나, 그때마다 그를 필요로 하는 시민들에게 또다시 부름을 받곤 했다. 뛰어난 덕을 갖추었다는 명성이 그가 일인자 지위를 지키도록 만들었던 것이다.

그러나 술라는 한번 최고지휘관이 되자, 10년 동안이나 권력을 놓지 않았다. 그는 때로는 집정관, 때로는 독재관이 되었으며, 무력을 사용해서까지 자신의 지위와 권세를 손안에 움켜쥐고 놓으려 들지 않았다.

이와 달리 리산드로스는 술라보다 훨씬 온건하고 합법적으로 국정을 개혁하기 위해 애썼다. 그는 힘이 아닌 설득으로 일을 추진했으며, 모든 것을 한꺼번에 뒤엎지 않고 단지 왕위계승권을 고치는 데 머물렀다. 그 무렵 스파르타는 오로지 덕으로 헬라스 위에 군림하며 그들을 다스렸으므로, 리산드로스는 명문 출신이 아니라 덕망으로 명성을 얻은 사람이 왕이 되는 게 마땅하다고 여겼다. 그런 사람이야말로 가장 훌륭한 지도자가 되어 사람들을 올바른 길로 이끌 수 있다고 생각했던 것이다.

사냥꾼은 크고 강한 개를 원하지 작고 약한 강아지는 원치 않으며, 기병은 좋은 말을 원하고 노새는 원치 않는 법이다. 이처럼 정치인들도 쓸모없는 혈통에만 집착해 정작 덕망 높고 유능한 인물을 알아보지 못한다면, 이보다 더 큰 잘못은 없으리라.

실제로 스파르타 몇몇 왕들이 왕권을 박탈당한 까닭은, 왕에 어울리지 않았거나 혈통이 나빠서가 아니라 그들이 인간으로서 열등하고 모자랐기 때문이다. 아무리 명문 출신이라 하더라도 악을 저지르는 일은 불명예이듯이, 덕도 집안이나 명성에 관계없이 덕 그 자체로 평가받아야 마땅하다.

리산드로스가 저지른 잘못은 거의 자신의 동료들을 위한 일이었고, 그가 명령한 살인도 모두 동료들 권력과 지배를 굳히기 위함이었다. 이는 민중 의견을 따른 것이기도 했다. 하지만 술라는 자신의 질투심 때문에 폼페이우스 부대 병력을 줄였고, 돌라벨라에게 부여한 해군 지휘권을 다시 빼앗으려 했으며, 루크레티우스 오펠라가 전쟁에서 많은 공로를 세운 다음 집정관에 입후보하자, 사람을 시켜 그를 죽이고 자신은 편히 앉아서 그 광경을 구경했다. 그는 아무리 가까운 사람이라도 자신의 권력을 지키기 위해서는 가차없이 죽임으로써, 사람들 가슴에 전율과 공포를 불러일으켰다.

한 사람은 너무나 장군답게, 다른 한 사람은 너무나 독재자답게 행동한 것은, 두 사람이 쾌락과 부를 추구했던 방법을 보면 더욱 뚜렷하게 차이가 난다. 리산드로스는 그만한 권력과 세력을 얻었으면서도 무슨 일에서든 방자하게 행동하거나 젊은 혈기를 내세운 적이 없었다.

집에서는 사자, 들판에서는 여우.

이런 옛 속담도 리산드로스와는 거리가 멀었다. 그는 모든 점에서 절제 있고 준엄한 스파르타식 삶을 보여주었다.

이와 달리 술라는 가난했던 젊은 시절부터 나이를 먹어서까지 평생 욕망을 억누르지 못했다. 로마 역사가 살루스티우스 말처럼, 그는 결혼과 절제에 대한 법률을 만들어 시민들 생활은 철저히 통제하면서, 정작 자신은 여자에게 홀려 정신을 차리지 못하고 방탕한 생활에 빠져 있었다. 그 때문에 나라 재정은 바닥나고 국고가 텅 비게 되었다. 그는 동맹국과 우호국에 조국의 자유와 독립을 돈을 받고 팔았으며, 날마다 사람들을 처형하고 그들의 커다란 저택들을 몰수해 경매에 부쳤다. 그러면서도 자신에게 아부하는 사람들에 대한 선심과 돈 씀씀이는 한없이 너그러웠다.

한번은 시민들이 모인 곳에서, 술라가 처형된 사람에게서 빼앗은 대저택을 경매에 부친 일이 있었다. 그는 자기 동료가 처음으로 제시한 가격에 그 집을 넘기려고 했는데, 다른 사람이 그보다 높은 금액을 부르는 바람에 경매인이 그 가격을 말하며 낙찰시키려 하자 몹시 화를 내며 이렇게 소리쳤다.

"내가 빼앗아 온 전리품을 내 마음대로 처분할 수 없다니, 정말 기가 막힌 세상이로군."

이런 사람에게 잔치나 환락에 대해 배려하고 절제하는 행동을 기대하는 것은 말도 안 되는 일이리라.

이와 달리 리산드로스는 전리품 가운데 자신에게 주어진 것들까지도 모두 시민들에게 나눠주었다. 하지만 이 점에 대해서 나는 그를 칭찬할 생각이 조금도 없다. 이렇게 리산드로스가 스파르타 시민들에게 돈을 쥐어준 행동은, 술라가 로마에서 돈을 빼앗은 것과 마찬가지로 나라에 큰 해를 끼쳤기 때문이다. 나는 오로지 리산드로스가 부에 집착하지 않았다는 사실을 보여주고자 이 일을 예로 들었을 뿐이다.

둘은 저마다 자기 나라와의 관계에서 특별한 경험을 했다. 술라는 자기는 멋대로 사치를 부리면서도 시민들에게는 절제를 요구했다. 그에 비해 리산드로스는 자신의 소유욕을 억누르는 대신, 나라를 풍요롭게 만들었다. 술라는 자신이 만든 법보다 못한 행동을 하고, 리산드로스는 시민들을 자기보다 못한 사람으로 타락시키는 잘못을 저질렀다. 그는 자기 욕심을 억눌렀지만, 정작 시민들에게는 재물 욕심을 불어넣었기 때문이다. 두 사람의 정치 활동에 대해서는 이쯤하기로 하자.

전쟁에서의 전략과 지휘, 그리고 전승 기념비 수와 위험 정도에 있어서는 술라에 견줄 사람이 없다. 물론 리산드로스도 두 번의 해전에서 모두 승리를 거두었다. 또 그리 큰 업적은 아니지만, 거기에 아테나이 함락까지 보탤 수 있을 것이다. 그는 업적으로 빛나는 명성을 얻었다. 보이오티아 할리아르투스에서 있었던 사건은 어쩌면 불운했다고도 볼 수 있지만, 그보다는 생각이 모자랐기 때문이라고 여겨진다. 플라타이아 전투에서 리산드로스는 왕이 구원군을 이끌고 오는 것을 기다리지 않고, 공명심에 사로잡혀 혈기만 믿고 있었다. 그는 적절치 않은 때에 무모하게 성벽을 공격하는 바람에 그때 튀어나온 보잘것없는 병사들 기습을 받고 쓰러졌다. 이는 스파르타 왕 클레옴브로투스가 레우크트라에서 적의 공격에 완강하게 저항하고, 페르시아 건설자 키루스와 테바이 장군 에파메이논다스가 전멸한 부대를 다시 일으켜 승리를 굳힌 뒤에 장렬한 최후를 맞은 것과는 다르다. 그들은 모두 왕다운 또는 장군다운 죽음을 이루었지만, 리산드로스는 이름도 없는 한낱 경장병이나 척후병처럼 불명예스럽게 목숨을 내팽개쳤을 뿐이다. 스파르타에는 '성벽으로 둘러싸인 도시는 절대로 공격하지 말라'는 이야기가 있다. 성을 공략하는 전투에서는 아무리 용감하고 훌륭한 군인이라도, 이름 없는 사내나 여인들 손에 죽는 일이 많았기 때문에 생긴 말이었다. 그 무렵 스파르타 사람들은 '트로이 성문 앞에서 파리스에게 죽임당한 아킬레우스 같다' 말하곤 했는데, 리산드로스가 바로 이런 경우였다.

술라는 수없이 치른 격전에서 승리를 거두고 적 수만 명을 죽였는데, 그 숫자를 세는 것조차 쉬운 일이 아니었다. 그는 로마를 두 번이나 점령했고, 아테나이 페이라이우스 항을 함락시켰다. 그는 리산드로스처럼 보급을 끊는 방법이 아니라 몇 번이나 커다란 싸움을 거듭한 끝에 아르켈라우스를 바다로 밀어내고 페이라이우스를 점령했다.

둘이 저마다 적으로 싸운 상대도 크게 달랐다. 리산드로스가 알키비아데스의 부하였던 안티오코스를 상대로 해전을 치르고, 아테나이 선동가 필로클레스를 속인 일은 술라에 비하면 어린아이 장난에 지나지 않는다.

자기 칼보다 혀가 더 날카로운 악당.

이런 말에 들어맞는 자가 필로클레스였다. 미트리다테스는 그런 사람들을 마부로도 쓰지 않았을 것이고, 마리우스였더라도 그들을 호위병만큼도 여기지 않았으리라. 이와 달리 술라와 맞선 왕과 집정관, 장군들과 선동가들은 실로 엄청난 적들이었다 할 수 있다. 로마 사람들 가운데 마리우스보다 무서운 자가 있었을까? 미트리다테스보다 강력한 왕이 있었던가? 이탈리아 사람들 가운데 람포니우스와 텔레시누스보다 용감한 자가 있었을까? 술라는 바로 그러한 인물들과 맞서 싸워 때로는 추방했으며, 끝내는 죽여버렸다.

이제까지 한 이야기들 가운데 가장 중요한 것은 다음 한 가지이다. 리산드로스는 모든 업적을 언제나 국민 모두와 협력해 이루어 냈지만, 술라는 망명자로서 정적들에게 박해받았다. 술라의 아내는 집에서 쫓겨나고 집은 무너졌으며 친구들은 살해되었다. 하지만 그러한 때에도 그는 보이오티아에서 수만 명의 적과 맞서 싸웠고, 조국을 위해 전승 기념비를 세웠다. 그리고 미트리다테스가 술라의 정적을 칠 수 있도록 군대를 제공하겠다며 동맹을 제의했을 때도, 나약한 태도를 보이지 않고 단칼에 거절했다. 미트리다테스 스스로 소아시아를 포기하고 군함을 넘겨주며, 비티니아와 카파도키아를 저마다 왕들에게 돌려주겠다고 약속한 다음에야 비로소 손을 내밀어 화해했다. 술라에게 이보다 더 뛰어난 공적이 없었고, 이보다 더 고결한 업적도 없었다. 그는 언제나 자기 욕심보다 나라 이익을 먼저 생각했고, 뛰어난 사냥개처럼 한번 물거나 붙잡으면 상대가 항복할 때까지 절대로 놓지 않았다. 술라는 이런 모든 일이 끝난 뒤에야 비로소 자신의 사사로운 원한을 갚으려 했다.

아테나이를 둘러싼 그들의 정책은 두 사람 성격을 분명하게 비교하는 데 중요한 열쇠가 된다. 술라는 아테나이가 미트리다테스 지배를 받아들이고 있었음에도, 그의 세력을 억누르기 위해 아테나이를 차지하고 시민들에게 자유와 독립을 돌려주었다. 그러나 리산드로스는 아테나이가 헬라스 최고 지위에서 떨어져 찬란했던 권세와 패권이 무너져 내리는 모습을 보고도 조금도 동정하지 않았다. 그는 민주제를 없애고 더없이 가혹하고 막돼먹은 독재관을 임명했다.

이제 우리는 이렇게 결론 내릴 수 있으리라. 술라는 거의 모든 일에 성공했고, 리산드로스는 실패한 일이 드물었다. 또 리산드로스는 자신의 욕망이나 충동을 스스로 누르는 자제심과 인내심이 뛰어났고, 술라는 통솔력과 용기가 뛰어났다.

키몬(KIMON)

예언자 페리폴타스는 오펠타스 왕과 그 백성들을 이끌고 테살리아에서 보이오티아로 옮겨와 한 가문을 이루었다. 이 집안은 그때부터 대대로 번영을 이루며 살았다. 그들 대부분은 카이로네이아에서 살았는데, 그곳은 그들이 야만족을 몰아내고 가장 먼저 머물게 된 도시였기 때문이다. 그런데 야심이 크고 호전적이었던 이 집안 후손들은, 페르시아 사람들의 침략과 갈리아족과의 싸움에서 많은 위험을 겪고 난 뒤에는 거의 찾아보기 어렵게 되었다.

이 집안에서 살아남은 사람은 오로지 다몬이라는 고아뿐이었다. '페리폴타스'라는 다른 이름으로 불린 그는 제대로 된 교육을 받지 못해 거칠고 고집스러운 데가 있었음에도 또래 가운데 용모와 기상이 가장 뛰어났다.

어느 겨울, 카이로네이아에 머물던 로마군 장교가 이 젊은 다몬에게 반해 깊은 애착을 느끼게 되었다. 그는 다몬의 비위를 맞추기 위해 선물을 주면서 꾀었으나 소년은 그때마다 뿌리쳤다. 마침내 그 장교는 다몬을 강제로 추행하려 했다.

그 무렵 카이로네이아는 옛 자취는 찾아볼 수 없을 만큼 못쓰게 되어 주변 나라로부터 멸시를 받았다. 그만큼 힘없고 가난한 나라였다. 다몬은 그러한 나라 형편을 깨닫고, 스스로 이미 모욕을 당했다고 느껴 로마군에 복수하기로 마음먹었다. 다몬은 또래 친구 16명을 모아 그 로마 장교를 없애기 위한 계획을 짰다.

어느 날 밤, 그들은 발각될 염려가 없도록 모두 얼굴을 검게 칠하고 변장을 했다. 그리고 용기를 내려고 술을 마신 뒤, 새벽녘에 광장에서 제사를 드리고 있는 로마 장교를 습격했다. 그 장교는 물론, 거기 있던 호위병들까지 모두 죽였다. 이 무시무시한 사건 때문에 도시가 온통 소란스러워진 틈을 타 다몬과 무리는 재빨리 그곳을 빠져나갔다.

카이로네이아 시의회는 곧바로 회의를 열어 다몬과 그 무리에게 사형을 선고했다. 로마군이 두려워서 어쩔 수 없이 내린 결정이었다. 이 소식을 들은 다몬은 그날 밤 동지들과 함께 의사당을 덮쳤다. 그들은 자신들에게 사형을 선고한 관리들이 모여서 저녁을 먹고 있는 자리에 불쑥 뛰어들어 그들을 모조리 죽이고 또다시 달아났다. 그때 마침 로마 장군이자 집정관인 루키우스 루쿨루스가 군대를 이끌고 우연히 그곳을 지나가고 있었다. 카이로네이아에서 일어난 사건을 전해 들은 그는 진군을 멈추고 어떻게 된 상황인지 조사했다. 그 결과 시민들에게는 아무런 잘못이 없고, 오히려 로마군이 시민들에게 피해를 준 사실이 드러나자 루쿨루스는 군대를 이끌고 시를 떠나 다시 원정길에 올랐다.

다몬은 그 뒤에도 가까운 지방들을 약탈하면서 저항을 계속했다. 카이로네이아 시민들은 겉으로는 호의적인 척하면서 그에게 편지를 보내 시로 돌아오면 안전을 보장하겠다고 꾀었다. 다몬이 그 말을 믿고 카이로네이아로 돌아오자 시민들은 그를 경기감독관으로 임명했다. 그러나 얼마 뒤, 그들은 목욕을 마치고 나와 몸에 향유를 바르고 있던 다몬을 습격해 죽이고 말았다.

전해 내려오는 이야기로는, 그 뒤 그 목욕탕에서 때때로 유령이 나타나 울부짖는 바람에 목욕탕은 오랫동안 문을 닫아버렸다고 한다. 오늘도 그 근처에 사는 사람들은 그곳에서 가끔 도깨비가 나타나고 이상한 소리가 들린다 한다. 다몬은 몇몇 후손들을 남겼는데, 그들은 거의 포키스 부근에 산다. 그들은 아스볼로메니라 불리는데, 그 말은 아이올리아 사투리로 '검댕을 칠한 사람들'이라는 뜻이다. 다몬이 로마 장교를 죽일 때 얼굴에 검댕을 칠해 자신의 모습을 숨겼기 때문이다.

다몬이 죽은 뒤, 카이로네이아 시와 이웃나라인 오르코메누스 시 사이에 다툼이 일어났다. 오르코메누스 시민들은 로마 사람 몇을 매수해, 로마 장교 암살 사건은 단순히 다몬 무리만의 죄가 아니며, 카이로네이아 시민들이 모두 합심해 저지른 일처럼 고발하도록 시켰다. 그리하여 마침내 마케도니아 사람인 지방총독 앞에서 재판이 열렸다. 그때 헬라스에는 아직 로마 총독이 파견되지 않았기 때문이다.

카이로네이아 시민 쪽 변호인은 루쿨루스를 증인으로 신청했다. 재판관은 루쿨루스에게 조회장(照會狀)을 보냈고, 루쿨루스는 재판정에 사건의 진실에 대해 쓴 긴 답장을 보내왔다. 이 증언으로 카이로네이아 시는 무죄판결을 받았으며, 가장 큰 위험에서 벗어날 수 있었다. 이렇게 구제된 시민들은 광장에 있는 디오니소스 신상 옆에 루쿨루스 조각상을 세워 그에게 감사의 뜻을 표시했다.

그 사건이 일어난 지 몇 세대가 지난 오늘날에도, 우리는 그 무렵 시민들과 마찬가지로 루쿨루스에게 감사하는 마음을 지니고 있다. 그래서 지금도 그 은혜를 갚아야 할 의무가 있다고 생각한다. 그런데 단순히 동상으로 그 사람 얼굴이나 모습만 표현하기보다는, 그 성격이나 됨됨이를 글로 기록해 남기는 편이 그를 훨씬 더 명예롭게 하며 칭송하는 일이라 믿기 때문에, 나는 이 《대비열전(對比列傳)》에 루쿨루스 전기를 넣고자 한다. 그렇게 함으로써 그 업적들을 사실 그대로 기록하고 싶다. 이러한 기록들이 우리가 지닌 감사의 뜻을 충분히 보여주리라. 하지만 그가 실제로 하지도 않은 공적까지 조작해 잘못된 전기를 쓴다면 누구보다도 본인이 결코 좋아하지 않을 것이다.

이 일은 초상화를 그리는 작업과 같다. 아름답기는 하지만 뭔가 결점이 있는 얼굴을 화가가 그려야 할 때, 우리는 그가 그 결점을 완전히 빠뜨리거나 강조해서 그리지 않기를 기대한다. 결점을 강조한다면 주인공의 아름다움을 손상하게 되고, 결점을 완전히 빠뜨리게 되면 본인을 도무지 닮지 않은 그림이 되어버리기 때문이다.

이처럼 허물이 전혀 없는 사람의 전기를 쓰는 일은 매우 어렵다기보다 불가능에 가깝다. 그러므로 우리는 그 사람의 장점이나 고상한 행동들을 사실대로 정확하게 그려야 한다. 그러나 인간이기에 어쩔 수 없었던 감정, 또는 정치적 상황 때문에 저지른 잘못이나 옳지 못한 행동들은 일시적인 잘못이며 결코 본성이 나빠서는 아닐 것이다. 아직까지 자연은 흠과 결점이 하나도 없는 완전한 인간을 창조해 내지 못한다는 점도 생각해야 한다. 따라서 이러한 과실들을 이 전기에서는 지나치게 강조하지 않는 편이 좋으리라. 이렇게 두루 고민하면서 루쿨루스에 견줄 만한 인물로 누가 있을까를 곰곰이 생각한 끝에 마침내

나는 키몬을 떠올렸다.

두 사람은 모두 전쟁에서 용감무쌍했고, 야만인들을 무찌른 전공을 크게 세웠다. 둘 다 정치 생활에서는 온건했고, 당파로 인해 벌어진 내란을 끝내는 데 큰 공을 이룩했으며, 나라 밖에서는 훌륭한 승리를 거두어 수많은 전승 기념비를 세웠다. 또한 키몬 이전의 헬라스 사람들 가운데, 또 루쿨루스 이전의 로마 사람들 가운데 이들만큼 자기 나라에서 멀리 나가 전쟁을 한 사람도 없었다. 이에 대해서는 디오니소스와 헤라클레스의 업적들, 페르세우스가 에티오피아와 메디아, 그리고 아르메니아에서 세운 위업들, 그리고 이아손의 황금 양털 같은 이야기들이 전해오고는 있으나, 그것들은 모두 믿을 수 없는 전설에 지나지 않는다.

두 사람은 또 자신들이 계획한 대업을 끝내 완성하지 못했다는 점에서도 비슷하다. 그들은 적들에게 큰 손실을 끼쳤으나, 그들을 섬멸하기 위해 끝까지 추격하지는 않아서 완전히 정복하지는 못했다. 또 그 둘 모두 성품이 너그러워서 누구에게나 후하게 대접했고, 젊은이들 못지않게 호탕한 생활을 즐겼다. 여기서 이야기하지 못한 그들의 비슷한 점에 대해서는 뒤에 나오는 저마다의 전기에서 자세히 알 수 있으리라.

키몬의 아버지는 아테나이 명장 밀티아데스였고, 어머니는 트라키아 올로루스 왕의 딸 헤게시필레였다. 이 사실은 멜란티우스와 아르켈라우스가 키몬에게 바친 송시(頌詩)에도 나타난다. 그러므로 역사가 투키디데스는 키몬의 외가쪽 친척이다. 투키디데스의 아버지 성도 올로루스였으며 투키디데스는 트라키아에 있는 몇몇 금광들을 상속받았다. 그는 트라키아의 한 지역인 스카프테 힐레라는 곳에서 살해되었는데, 그 유골은 나중에 아티카 지방에 있는 키몬 집안 가족묘지로 옮겨졌고 그 무덤은 오늘까지도 그의 누이 엘피니케 무덤 옆에 있다. 그러나 투키디데스는 아테나이 할리무스 시민이었고, 밀티아데스와 그 가족들은 라키아 시민이었다.

키몬의 아버지 밀티아데스는 아테나이 법정이 부과한 벌금 50탈란톤을 물지 못해 감옥에 갇혀 거기서 죽었다. 그래서 어린 키몬은 아직 미혼이었던 누이 엘피니케와 함께 고아가 되었다. 키몬은 처음에는 이름이 알려지지도 않았고 품행도 좋지 않아서, 사람들은 술을 좋아했던 그의 할아버지와 키몬의 성격이 닮았다고 여겼다. 그의 할아버지는 성격이 매우 단순해서 어리석다는 뜻인 코알레무스라 불렸을 정도였다.

키몬과 거의 같은 시대 사람이었던 타소스인 스테심브로투스에 따르면, 키몬은 그 무렵 헬라스 사람이라면 누구나 배우고 좋아했던 음악이나, 그 밖의 고상한 학문과 예능에는 도무지 소질이 없었다. 그리고 아티카 사람 특유의 기민한 육체와 유창한 웅변술도 지니지 못했다. 그는 고상하고 솔직한 성품을 가졌으며, 그 성격은 아테나이보다는 펠로폰네소스의 도리아인에 가까웠다고 한다. 그는 헬라스 비극시인 에우리피데스가 헤라클레스를 묘사한 다음 구절 같은 사람이었다.

　　거칠고 소박해서 큰일하기에 알맞은.

이는 스테심브로투스가 전하는 키몬의 성격에 대해 적절히 덧붙일 수 있는 말이다.

키몬이 젊었을 때 누이 엘피니케와 근친상간을 저질렀다는, 아주 좋지 않은 소문이 있었다. 엘피니케는 정숙한 여자는 아니었고, 특히 화가 폴리그노투스와 지나치게 친밀한 사이였다고 한다. 폴리그노투스는 페이시아나크테움, 오늘날 포이킬레라 불리는 회랑에 트로이 여자들을 그렸는데, 라오디케(트로이 왕의 딸) 얼굴을 엘피니케를 모델로 그렸다고 한다. 평범한 화가가 아니었던 폴리그노투스는 대가를 바라고 그 그림을 그린 것이 아니라, 자기 고향인 아테나이를 위해 무상으로 봉사했다. 이 사실에 대해서는 몇몇 역사가들도 이야기한 바 있고, 멜란티우스라는 시인도 이런 시를 썼다.

　　그의 붓은 대가를 바라지 않고
　　오로지 영웅의 행적을 그려
　　우리 신전과 성역을
　　온통 광채로 빛냈도다.

어떤 사람들은, 엘피니케는 집안이 너무 가난해 좋은 신랑감을 구하지 못하고 키몬의 정식 아내로서 살았다고 한다. 그런데 뒷날 아테나이에서도 큰 부자인 칼리아스 눈에 들게 되었다. 그는 엘피니케와 결혼하게 해준다면 아버지의 벌금을 내주겠다고 키몬에게 제안했다. 이 제안을 받아들인 그는 누이의 동의를 얻어 두 사람을 결혼시켰다.

키몬이 여자를 밝혔다는 점은 의심할 여지가 없는 것 같다. 멜란티우스는 자신의 노래에서 키몬이 살라미스 섬의 아스테리아를 사랑하면서 므네스트라라는 다른 여자를 함께 사랑한 사실을 조롱했다. 그리고 동시에 자신의 정식 아내인, 메가클레스의 아들 에우리프톨레무스의 딸 이소디케를 열렬히 사랑했다. 그녀가 오래 살지 못하고 죽자 키몬은 매우 슬퍼했는데, 그 사실은 그때 그를 위로하기 위해 바쳐진 시를 보면 알 수 있다. 철학자 파나이티우스는 그 시를 지은 사람이 물리학자 아르켈라우스라고 주장했다. 아마 연대로 보아 그 추측은 정확한 듯하다.

키몬의 성격은, 이제까지 말한 것 말고 다른 모든 점에서는 고상하고 선량했다. 그는 아버지 밀티아데스 못지않게 용감하고, 테미스토클레스에 뒤떨어지지 않게 지혜로웠으며, 청렴 강직한 점에서는 이 둘을 뛰어넘었다. 군사전략에서는 이 두 사람과 엇비슷했으며, 정치적인 현명함에 있어서도 그들보다 뛰어났다. 그가 아직 어려서 아무런 전쟁 경험이 없을 때부터도 그러했다.

페르시아군이 침입해 왔을 때 테미스토클레스는, 아테나이 사람들에게 아테나이 시와 그 영토를 포기하고 군대와 무기를 모두 배에 실어 살라미스 해협으로 나아가 적을 맞아 싸워야 한다고 주장했다. 아테나이 시민들은 그 계획이 너무 대담한지라 깜짝 놀랐다.

그때 테미스토클레스의 작전을 누구보다도 먼저 이해한 키몬은 말고삐를 들고는 유쾌한 얼굴로 몇몇 동료들과 함께 케라메이쿠스를 지나 아크로폴리스로 나아갔다. 그리고 수호신인 아테나 여신에게 그 말고삐를 바쳤다. 그가 그렇게 한 까닭은 아테나이 시를 위험에서 구하는 데 더는 기병이 필요 없으며, 오직 해군만 있으면 된다는 사실을 시민들에게 알리기 위해서였다. 키몬은 신전에 엎드려 엄숙히 참배한 뒤 그 고삐를 헌납하고는, 신전 벽에 걸린 방패 가운데 하나를 내려 들고 바다로 나갔다. 키몬의 이런 행동은 많은 시민들을 감동시키고 그들에게 자신감을 불어넣었다. 아테나이 시민들은 바다에서 적을 물리쳐야 한다는 확고한 신념을 가지게 되었다.

시인 이온이 전하는 말에 따르면 키몬은 인상이 나쁘지 않았으며, 키가 컸고, 곱슬머리가 풍성했다. 키몬은 살라미스 해전에서 용감하게 활약해 큰 공을 세웠다. 그 일로 아테나이 시민들 사이에서 명성을 얻었고, 시민들은 누구나 그를 칭송하며 사랑을 아끼지 않았다. 전투에서 돌아온 그는 많은 시민들에 의해 한 당파 우두머리가 되어, 마라톤에서 공을 세운 아버지 못지않은 명예로운 전공을 세우라는 격려를 받았다.

시민들은 모두 테미스토클레스 정치에 염증을 느끼고 있었다. 때마침 키몬이 정치에 뛰어들자, 많은 시민들이 열렬히 환영하며 지지해 주었다. 그 이유 가운데 하나는 테미스토클레스에게 맞서기 위해서였고, 다른 하나는 모든 사람에게 호감을 주는 키몬의 단순하고 온화한 성품 때문이었다. 그래서 시민들은 정부에서 가장 중요한 자리에 키몬을 추천해 앉혔다. 키몬의 출세에 누구보다 크게 기여한 사람은 아테나이 정치가이자 장군인 아리스티데스였다. 그는 일찍부터 키몬의 타고난 재능을 알아보고, 이 젊은이가 테미스토클레스의 교활한 지혜와 엉뚱한 행동에 맞설 수 있도록 적극적으로 지원해 주었다.

페르시아군이 헬라스에서 격퇴당한 뒤, 키몬은 해군 제독이 되어 아시아에 파견되었다. 그러나 그때는 아직 아테나이 해군이 강력한 해상권을 얻기 전이어서, 군대는 여전히 스파르타 장군 파우사니아스와 그가 이끄는 라케다이몬군 아래 있었다. 키몬이 지휘하는 아테나이 시민들은 우수한 규율과 탁월하게 왕성한 전의로 연합군 가운데 가장 큰 두각을 드러냈다. 그때 파우사니아스는 야만인과 내통해 페르시아 왕에게 헬라스를 팔아넘기겠다는 밀지를 보내고 있었다. 그러면서도 자기 권위와 전승에 기고만장해 헬라스 연합군을 가혹하게 억압하며 방자한 부정을 저질렀다.

이 사실을 안 키몬은, 기회를 노려 파우사니아스에게서 헬라스 연합군 지휘권을 조금씩 빼앗기 시작했다. 그는 파우사니아스 횡포에 시달리는 사람들을 인간적으로 대했다. 평소에 지니고 있던 동정심 때문에 군법을 어긴 자나 잘못을 저지른 부하 장병들을 인정으로 대했다. 그러자 자기도 모르는 사이에 파우사니아스 지휘권을 빼앗는 상황이 때때로 일어나게 되었다. 이런 키몬의 덕망은 곧 연합군의 입에 오르내리게 되었고, 파우사니아스의 가혹하고 교만한 태도에 불만을 품고 있던 대부분의 연합군들은 어느새 키몬과 아리스티데스에게로 돌아서고 말았다. 연합군 지휘권을 받아들인 두 사람은 스파르타 에포르스에게 편지를 보내, 스파르타에는 불명예를 끼치고 헬라스에게는 골칫덩어리인 파우사니아스를 불러들이라고 요구했다.

이 파우사니아스 왕에 대해서는 다음 같은 이야기가 전해 내려온다. 그가 비잔티움에 있었을 때, 그곳 명문가에 클레오니케라는 예쁜 딸이 있었다. 그 처녀를 한 번 본 파우사니아스는 그녀에게 반했다. 그래서 그녀의 부모에게 자기 방으로 그 딸을 보내라고 강요했다. 왕의 강요를 받은 그녀 부모는 왕의 복수가 무서워 감히 거역하지 못하고 하는 수 없이 자기 딸을 왕에게 바치기로 했다. 클레오니케는 무척 망설였으나 왕의 침실로 갈 수밖에 없었다. 마침내 침실에 이른 그녀는 문 밖에서 지키고 있는 시종들에게 불을 모두 꺼달라고 부탁했다. 시종들이 불을 끄자 클레오니케는 어둠 속을 더듬어 왕의 침대로 다가가다가 실수로 등잔을 쓰러뜨리고 말았다. 깊이 잠들어 있다가 갑작스러운 소리에 놀라 벌떡 일어난 왕은, 자객이 숨어든 것이라 여겨 재빨리 옆에 있던 단도를 집어들고 클레오니케를 찔러버렸다. 그녀는 그 자리에서 죽고 말았다.

그 일이 있은 뒤부터 그의 침실에는 밤마다 클레오니케의 망령이 나타났고, 그는 하루도 편히 잠을 이룰 수가 없게 되었다. 그러다가 어느 날 밤 망령이 꿈속에 나타나 왕에게 분한 듯이 소리쳤다.

죄를 일삼는 자여, 그것이 너를 파멸로 인도하리라.

파우사니아스가 저지른 이러한 행동은, 동맹국들 사이에 분노를 일게 한 주된 원인이었다. 이 소문을 들은 헬라스 연합군 장병들은 몹시 화가 났다. 그들은 키몬과 힘을 합쳐 파우사니아스를 비잔티움에서 포위했다. 파우사니아스 왕은 재빨리 달아나 연합군의 손에서 벗어났다. 그러나 전해오는 바로는 끊임없이 원귀에 시달리던 왕은 마침내 헤라클레아에 가서 죽은 자의 신탁을 전하는 무당을 찾아갔다. 거기서 클레오니케의 영혼을 불러낸 파우사니아스가 제발 노여움을 풀라고 애원하자, 정말 클레오니케가 나타나 만약 지금 곧 스파르타로 돌아간다면 모든 재앙에서 벗어나게 되리라 말했다고 한다.

파우사니아스 왕은 마침내 유령에게서 해방된 것으로 여기고 매우 기뻐했다. 하지만 그 말은 그의 죽음을 예고한 것이었다.

트라키아 스트리몬 강 상류의 에이온 시는 페르시아 왕 친척인 장군들에게 점령되었고, 그 주변에 사는 헬라스 사람들이 공격을 받고 있었다. 이 소식을 들은 키몬은 동맹국 협조를 얻어 후임 사령관으로서 군대를 이끌고 트라키아로 쳐들어갔다.

페르시아군들은 몇 번 전투가 벌어진 뒤, 더 대항할 생각을 하지 않고 곧 에이온 성안으로 달아났다. 키몬은 그 시를 포위한 채로 스트리몬 강 건너편 트라키아족을 소탕한 뒤 그 땅을 차지했다. 그들이 성안 페르시아군에게 식량을 대주고 있었기 때문이었다. 식량 보급을 완전히 끊어버림으로써, 키몬은 성안에서 버티고 있는 페르시아 군대를 궁지로 몰아넣었다.

페르시아군을 지휘하던 부테스는 절망에 빠졌다. 그는 자멸하기로 마음먹고 모든 시가지에 불을 질러 금은보화와 가족, 친척들과 함께 불에 타 죽고 말았다. 그리하여 키몬은 이 도시를 점령했으나, 야만인들은 스스로 타죽었을 뿐아니라, 그들이 가지고 있던 수많은 재산 가운데 가장 귀중한 재물들도 모두재가 되어버린 뒤여서 키몬이 챙길 수 있었던 전리품은 매우 적었다. 그렇지만그는 식민지로 가장 적당한 에이온 도시와 비옥하고 아름다운 이 땅을 아테나이 사람들에게 귀속시켰다.

이런 키몬의 공로를 기념해, 아테나이 시는 그에게 헤르메스 신 석상 셋을세우는 일을 허락했다. 첫 번째 석상에는 이런 내용이 새겨졌다.

용감하고 꺾일 줄 모르는 정신은
스트리몬 강이 흐르는 에이온 시에서
처음으로 오만함을 일깨움으로써
페르시아인들을 절망 속에 빠뜨렸네.

두 번째 석상은

아테나이 시민들은 여기 이 석상들을 높이 세워
그들의 위대하고도 유익한 봉사에 보답하노니,
오랜 세월 이들의 뜻을 본받는 자
어느 누가 나라 위해 용감하게 싸우지 않으랴.

세 번째 석상은

그 옛날 아테나이는 아가멤논과 함께
므네스테우스 신을 트로이 해안으로 보냈노라.
호메로스가 노래했듯이—헬라스 사람 대부분은
싸움터에서 그가 가장 용맹을 떨쳤노라고.
그때나 지금이나 아테나이인들은 그 이름을
싸움터의 지배자 또는 용사라고 부르네.

이 3개의 비문에는 키몬 이름이 전혀 나오지 않았으나, 누구나 키몬에게 바쳐진 최고의 칭송이며 명예임을 알고 있었다. 테미스토클레스나 밀티아데스도 그러한 명예는 받지 못했다. 밀티아데스는 승리한 뒤 월계관을 달라고 요구한 적이 있었는데, 그때 데켈레이아 출신 소파네스가 군중 속에서 일어나 이렇게 반박했다. 말하는 태도는 몹시 무례했지만 그의 말은 많은 시민들의 박수갈채를 받았다.

"밀티아데스여! 그대가 홀로 적과 싸워 이겼다면 개선식을 거행해 달라고 할 수도 있겠지만, 그렇지도 않으면서 이런 요구는 온당치 않소."

그런데도 사람들이 키몬에게만은 특별한 명예를 바친 까닭은 대체 무엇일까? 그 이유는 아마 다른 아테나이 장군들은 적의 공격을 막기만 했는 데 비해, 그는 지휘권이 자기에게 돌아오자 적극적으로 적을 공격했을 뿐 아니라 그 영토를 정복한 뒤에도 에이온 시와 암피폴리스를 아테나이 식민지로 만들었기 때문이리라.

한편 아테나이는 스키로스 섬에도 사람들을 이주시켰는데, 키몬이 그 섬을 점령하게 된 동기는 다음과 같다. 스키로스 섬 주민은 본디 테살리아의 돌로페스 사람들로, 그들은 이 섬에 온 뒤 몇 대를 내려오는 동안 농사는 게을리한 채 해적질을 본업처럼 삼았다. 해적질에 재미를 붙인 그들은 여러 항구에서 상품을 들여오는 상인들에게도 마구 강도질을 해댔다. 그러다 나중에는 크테시움 항 부근 해안에 닻을 내린 테살리아 상인들의 재물을 빼앗은 뒤, 그들을 감옥에 가두고 가혹한 행위까지 저질렀다.

우여곡절 끝에 감옥에서 탈출한 테살리아 상인들은 암픽티오니아 법정을 찾아가 억울하고 분한 사정을 호소했다. 암픽티오니아 법정은 곧 재판을 열어 스키로스 정부에 배상금을 내라고 선고했다. 그러나 스키로스 정부는 자신들은 배상금을 낼 이유가 없다며 이 판결을 거부하고, 대신 노획물을 약탈해 간 개인에게 돈을 물어내라고 명령했다.

일이 이렇게 되자 겁이 난 해적들은 키몬에게 비밀리에 편지를 보내, 재빨리 함대를 이끌고 와서 도와달라 요청하고, 그렇게만 해주면 자기들 섬을 키몬에게 넘겨주겠다고 말했다. 그리하여 크테시움을 점령한 키몬은 해적질을 일삼던 돌로페스인들을 몰아내 사람들이 자유로이 항해하도록 했다.

섬을 완전히 점령한 키몬은 오랜 옛날 사람인 테세우스 무덤을 찾기 시작했다. 아이게우스 아들인 테세우스는 아테나이에서 난리를 피해 이 섬에 왔다가, 그를 두려워한 리코메데스 왕의 모략에 넘어가 이곳에서 살해되었다. 키몬이 테세우스 무덤을 찾기로 한 데는 그럴 만한 이유가 있었다. 아테나이 사람들은 오래전에 '테세우스 유해를 아테나이로 가져와 영웅으로 숭배하고 제사를 지내라'는 신탁을 받은 적이 있었다. 그 신탁을 이행하기 위해 많은 사람들이 애를 썼지만, 스키로스 주민들이 무덤이 있는 곳을 숨기면서 조사하는 일조차도 허락지 않았기 때문에, 그때까지도 아테나이인들은 테세우스 무덤이 어디에 있는지조차도 모르고 있었다.

그런데 이제는 마음 놓고 섬을 조사할 수 있게 되자, 키몬은 오랜 시일 동안 갖은 노력을 한 끝에 마침내 테세우스 무덤을 찾아냈다. 키몬은 영웅 테세우스의 유골을 자기 군함에 싣고, 성대한 의식을 갖추어 아테나이로 돌아왔다. 테세우스가 추방된 지 무려 400여 년 만의 일이었다. 아테나이 시민들은 테세우스 유골을 찾아온 키몬에게 전보다 더 큰 존경을 바쳤다. 그 한 예로서, 비극 시인들의 작품 경연에서 그가 심사위원으로 추대됨으로써 후세에 매우 유명해진 일을 들 수 있다. 아직 매우 어렸던 소포클레스가 처음으로 작품 몇 편을 발표하고 세상의 평가를 기다릴 때였다. 그런데 여러 시인들의 연극을 본 관객들 의견이 저마다 달라서 '이 시인이 좋다', '저 시인이 좋다'며 열광하고 있었다. 그래서 경연대회를 주관하던 집정관 압세피온은 평소처럼 심사위원을 뽑는 일에 대해 의심을 품었다. 그 무렵 심사위원은 제비로 뽑았는데, 출품된 연극들이 모두 쟁쟁하고 사람들 의견도 워낙 다양하다 보니, 이를 정확히 판별할 만한 심사위원을 제비로 뽑을 수 있을지 의문이 들었던 것이다. 이런 생각에 그가 망설이고 있을 때, 마침 키몬이 동료 장군 9명과 함께 관례대로 신에게 제사를 올린 뒤, 잠시 구경하러 극장에 들렀다.

그 모습을 본 압세피온은 그들 일행을 붙잡아 심사위원이 되어달라고 요청한 뒤 선서를 시키고는 그 열 사람을 심사위원 자리에 앉혔다. 키몬과 아홉 장군들은 저마다 아테나이 10종족을 대표하는 사람이었기 때문이다. 그리하여 승리에 대한 참가자들의 정열은 이처럼 명예로운 심판자들 표를 더 얻으려는 경쟁심으로 더욱 달아올랐다. 마침내 승리는 소포클레스에게 돌아갔다. 그와 막상막하였던 경쟁자는 아이스킬로스였다. 그는 소포클레스에게 지자, 곧 꼿꼿이 아테나이를 떠나 시킬리아 섬으로 가버렸다. 그는 그곳에서 일생을 마치고 겔라 시 부근에 묻혔다고 한다.

그 무렵 시인이었던 이온이 남긴 기록에 따르면, 젊은 시절 키오스에서 처음으로 아테나이에 와서 살게 된 그는 가끔 라오메돈이란 사람 집에 만찬 초대를 받곤 했다. 어느 날 저녁 식사가 끝난 뒤 관습에 따라 신들에게 경의를 표하기 위해 모두가 술을 따랐을 때, 그 자리에 있던 사람들이 모두 키몬에게 노래를 청했다. 키몬이 멋지게 노래를 부르자 손님들 모두가 그를 칭찬하면서, 테미스토클레스보다 더 뛰어난 인물이라고 했다. 같은 부탁을 받을 때마다 자신은 노래를 부를 줄도 모르고 악기를 다룰 줄도 모르며, 그저 아는 거라고는 어떻게 하면 나라를 부강하게 할 수 있는가 하는 것뿐이라 대답했기 때문이다.

연회는 사람들의 끊임없는 이야기로 떠들썩했다. 그러다가 키몬을 유명하게 만든 그의 여러 전공들로 화제가 옮겨갔다. 그 가운데 무엇이 가장 뛰어난가에 대해 사람들은 저마다 의견이 달랐다. 그때 키몬 자신이 스스로 가장 현명했다고 생각하는 일에 대해 말했다.

세스토스와 비잔티움을 점령한 아테나이군과 동맹군이 수많은 페르시아인을 포로로 잡고 전리품을 얻었을 때이다. 동맹군은 그 분배를 키몬에게 맡겼다. 그는 수많은 포로들을 한쪽에, 또 수많은 옷과 보물들을 다른 한쪽에 놓았다. 이를 본 동맹군이 공평하지 않은 방법이라며 불평하자 키몬은, 아테나이군은 남는 것만으로도 만족할 테니 사양하지 말고 둘 가운데 마음에 드는 쪽을 가지라고 말했다.

그러자 사모스 섬 헤로피투스가, 포로들은 아테나이군에게 남겨주고 자기들은 보물을 갖자고 그들에게 제의했다. 키몬은 그렇게 하기로 하고 포로들만 데려갔다. 이렇게 우스꽝스러운 분배 방법 때문에 키몬은 사람들의 조롱을 샀다. 동맹군은 황금 팔찌와 목걸이, 그리고 값진 자주색 긴 옷들을 가지고 간 반면,

아테나이군은 노동이라고는 별로 해본 적 없는, 말하자면 아무 짝에도 쓸모없는 포로들의 벌거벗은 몸뚱이 말고는 아무것도 얻은 게 없었기 때문이다.

그러나 얼마 지나지 않아서 사정은 크게 달라졌다. 포로들의 친척과 친구들이, 멀리 프리기아와 리디아 등 여러 곳에서 찾아와, 비싼 몸값을 치르고 포로들을 찾아간 것이다. 그리하여 키몬은 자기 전 함대를 넉 달 동안 유지할 수 있는 충분한 경비를 얻었을 뿐 아니라, 남은 돈으로 아테나이 국고까지 채울 수 있었다.

이 일로 큰 부자가 된 키몬은 야만인들로부터 명예롭게 얻은 재물을 모두 아테나이 시민들을 위해 더 명예롭게 썼다. 키몬은 자신의 정원과 농장에 있는 울타리를 모두 헐어버리고 지나가는 외국인이나 시민들 가운데 가난한 이들이 자유롭게 곡식을 거둬가고 열매도 따먹을 수 있도록 했다. 그리고 자기 집에도 비록 진수성찬은 아니었지만 많은 사람이 충분히 먹을 수 있는 간소한 음식을 차려놓고 가난한 시민은 누구나 와서 먹게 했다. 그렇게 해서 굶주리는 시민이 없어지자, 키몬은 아무 걱정 없이 오로지 나랏일에만 몰두할 수 있었다.

하지만 아리스토텔레스 이야기에 따르면, 키몬은 아테나이 시민 모두에게 그렇게 한 것이 아니라, 자기가 사는 라키아 지역 주민들에게만 그렇게 했다고 한다. 또 그는 언제나 아름답게 꾸민 젊은이 두셋을 데리고 다녔는데, 그것은 낡은 옷을 입은 노인을 만나면 옷을 바꿔 입히기 위함이었다. 그뿐만 아니라 그 젊은이들에게 잔돈을 가득 넣고 다니게 한 뒤, 광장 같은 데서 가난해 보이는 시민을 만나면 슬며시 건네주라 말했다. 이런 키몬의 행동을, 시인 크라티누스는 그의 희극 〈아르킬로쿠스 후손들〉에서 다음처럼 노래했다.

나, 가난한 공증인 메트로비우스도
늘그막에는 나의 가장 고귀한 벗,
헬라스 땅 누구보다 뛰어난 사람 키몬과
땅에 묻힐 때까지 풍요로운 만찬을 즐기고자 했는데
아! 그가 나를 남겨두고 먼저 떠났구나.

레온티니 사람이자 수사학자인 고르기아스는, 키몬은 재물을 꼭 필요한 데 쓰려고 모았으며 정말로 꼭 필요한 데 써서 이름을 남겼다고 말했다.

또 참주 30인 가운데 한 사람인 크리티아스는 직접 지은 노래에서 자신의 소원을 이렇게 노래했다.

스코파드 재물, 키몬의 덕
그리고 아게실라우스의 행운

리카스는 벌거벗은 소년들이 뛰는 운동경기 때마다 스파르타로 모여든 다른 나라 사람들에게 잔치를 열어주어 헬라스 전체에 이름을 떨쳤다. 하지만 키몬은 다른 나라 사람이든 자기 나라 사람이든 가리지 않고 늘 모두를 따뜻하게 대했다. 그가 베푼 너그러운 환대는 고대 아테나이 어떤 호걸들보다도 뛰어났다. 아테나이는 예부터 자기들이 헬라스 여러 나라들에 곡식을 심는 법과 샘물을 이용하는 법, 또 불을 사용하는 법을 가르쳐 준 나라임을 자랑스러워했다. 키몬은 자기 집을 모든 아테나이 사람들을 위해 열어놓고, 자기 땅에서 나오는 곡식과 과일을 누구든 마음대로 먹게 함으로써 신화에 나오는 크로노스 시대, 곧 황금시대를 되살려 놓은 듯했다.

그러나 키몬의 이런 행동을 헐뜯는 사람도 없지 않았다. 그들은 키몬이 그렇게 한 까닭은 시민들 인기를 얻고 갈채를 받기 위함이라며 그를 공격했다. 하지만 이렇게 비방을 일삼는 사람들도, 키몬의 다른 행동들 또한 마찬가지로 훌륭했다는 사실을 알게 되면 금세 자기 생각이 잘못되었음을 깨닫게 되리라. 키몬의 그런 생활은 바로 그의 성격에서 비롯된 것이었다. 그는 국민의 인기를 얻는 일에 아주 관심이 없지는 않았지만, 언제나 귀족의 이익과 스파르타적 정책을 지지하는 것을 최우선으로 여겼다.

테미스토클레스가 정당한 한계를 넘어 민중의 권위를 높이려는 정책을 썼을 때, 키몬은 아리스테이데스와 힘을 합쳐 적극적으로 이를 반대했다. 또 에피알테스가 민중의 환심을 사려고 아레오파고스 회의를 없애려고 했을 때도 그는 반기를 들었다. 이런 행동으로도 키몬의 훌륭함은 충분히 드러난다. 또 아리스테이데스와 에피알테스를 제외한 모든 정치가들이 너나 할 것 없이 공금을 마음대로 쓰며 자기 주머니를 채울 때도, 키몬만은 홀로 순수한 마음을 지켰으며, 뇌물에 흔들리지 않는 공정한 정치인으로서의 명성을 끝까지 잃지 않았다.

이런 이야기도 전해온다. 로이사케스라는 페르시아 사람이 자기 나라 왕을 배반하고 아테나이로 망명해 왔다. 이 로이사케스는 아테나이에서도 자기를 헐뜯고 시민들에게 고발하려는 자들 때문에 여러 번 시달림을 받아야 했다. 그런 시달림을 견디다 못한 로이사케스는 키몬을 찾아가 도움을 요청했다. 그때 그는 키몬의 호의를 사려고 저마다 다레이코스 금화와 은화를 가득 담은 그릇 두 개를 가져와 문 옆에 놓았다. 그 모습을 본 키몬은 미소를 지으며 자신을 고용인으로 삼고 싶은지, 친구로서 사귀고 싶은지 물었다. 이에 로이사케스가 친구로서 사귀고 싶다 말하자 키몬이 대답했다.

"그렇다면, 로이사케스여! 저 돈은 가져가시오. 당신이 내 친구라면, 필요할 때는 언제든지 사람을 보내 그 돈을 달라고 할 수 있을 테니까요."

그즈음 아테나이 동맹국들은 페르시아와의 전쟁에 지쳐 싫증을 느끼기 시작했다. 그래서 지친 몸을 편히 쉬면서 고향에서 농사나 짓고 평화롭게 살고 싶은 마음이 간절했다. 그들은 이미 적군이 나라 밖으로 쫓겨난 사실을 알고 있었고, 페르시아로부터는 이제 어떠한 새로운 걱정거리도 생기지 않으리라 여겼기 때문이다. 그래서 동맹국들은 이전처럼 정해진 대로 군자금은 계속 냈지만, 병력이나 군함은 좀처럼 보내려고 들지 않았다.

하지만 아테나이의 다른 장군들은 기어이 동맹국 군대를 동원하려고 애를 썼다. 그래서 말을 듣지 않으면 의무 불이행으로 다루며 벌금을 매기는 바람에 아테나이 정부는 동맹국들에게 미움을 사게 되었다. 그러나 키몬만은 이와 정반대 방법을 썼다. 원하지 않는 자에게는 억지로 강요하지 않고, 병역을 면제받고 싶어하는 자로부터는 돈을 받았으며, 선원 없는 군함을 넘겨받기도 했다. 그리고 그들이 집 안에 들어앉아 사사로운 일에 안주하도록 내버려 두었다. 그리하여 군사훈련을 받지 않게 된 헬라스 사람들은 사치와 어리석음 때문에 순식간에 전쟁을 모르는 농부나 장사꾼이 되고 말았다.

한편 키몬은 그렇게 모은 돈과 군함으로 돌아가며 아테나이 시민들을 자신과 함께 원정길에 오르게 했으며 철저하게 훈련을 시켰다. 얼마 지나지 않아 아테나이는 동맹국에서 보낸 군비와 군선으로 큰 힘을 길러 동맹국 우두머리가 되었다. 동맹국들이 안일함에 빠져 있는 사이에, 아테나이는 곳곳으로 끊임없이 항해하며 무기를 잡고 전술을 갈고닦았기 때문에, 동맹국들은 점차 군사력이 강대해진 아테나이를 두려워하지 않을 수 없게 되었다. 그 두려움은 곧 아테나이에 아첨하게 만들었고, 마침내 그들은 자기도 모르는 사이에 대등한 동맹국이 아닌, 아테나이 종속국이 되어버렸다.

또한 키몬만큼 훌륭하게, 거만한 페르시아 왕의 코를 납작하게 만든 이도 없었다. 그는 단순히 헬라스를 위험에서 벗어나게 하는 데 만족하지 않고, 페르시아군이 헬라스에서 후퇴할 때 끝까지 추격해 페르시아가 다시 군사를 정비할 틈을 주지 않았다. 어떤 지역은 키몬의 공격에 따라, 다른 지역들은 민중 반란이나 투항 때문에 차례차례 굴복했다. 그리하여 마침내 그는 이오니아 지방에서 팜필리아에 이르는 소아시아 전역에서 페르시아군을 완전히 내쫓았다.

그때 키몬은, 많은 육군과 해군을 거느린 페르시아 장군들이 팜필리아 해안에서 싸우려고 기다린다는 정보를 얻은 뒤, 켈리도니아이 군도까지 모든 해상에서 삼엄한 경비태세를 갖추어 페르시아군 간담을 서늘케 함으로써 감히 모습도 드러내지 못하게 할 작전을 세웠다. 그래서 키몬은 크니두스와 트리오피움 곶에 정박하고 있던 아테나이 군함 200척을 거느리고 출항했다. 그 군함들은 속력이 빠르고 방향을 빨리 바꿀 수 있도록 테미스토클레스가 특수한 방법으로 연구해 만든 배들이었다. 키몬은 그 군함들의 폭을 넓히고 갑판을 옆으로 늘려서 더 많은 무장 병사들이 거기서 적을 맞아 싸울 수 있도록 했다.

함대는 먼저 파셀리스 시를 목표로 삼고 항구로 들어가려 했다. 그곳 주민들은 본디 헬라스에서 이민 온 사람들이었는데도, 페르시아와의 이해관계를 포기하지 않는 한 키몬 함대는 입항하지 못한다며 거부했다. 그러자 키몬은 곧 상륙하여 그 땅을 짓밟으면서 도시 성벽까지 쳐들어갔다.

그런데 키몬 군대에 있던 키오스 섬 사람들은 파셀리스 시민들과 옛 친구 사이였다. 그들은 파셀리스 시민들 안전을 위해 키몬의 노여움을 풀려고 애쓰는 한편, 화살 끝에 여러 중요한 정보들을 적은 편지를 묶어 성안으로 날려보냈다. 그 결과 키몬은 파셀리스 시민들에게 배상금 10탈란톤을 물리고, 아테나이군에 합세해 함께 야만인을 토벌한다는 조건으로 그들과 평화협정을 맺었다.

역사가 에포로스 기록을 보면, 그때 페르시아 함대 제독은 티트라우스테스, 육군 사령관은 페렌다테스였다. 그러나 역사가 칼리스테네스는, 페르시아군 총사령관은 고브리아스의 아들 아리오만데스였다고 단언했다. 아리오만데스는 지원군이 도착해 군대가 좀 더 증강되면 싸울 생각으로, 일단은 싸움을 피해 에우리메돈 강 하구에 함대를 대기시켰다. 그는 키프로스 섬에서 포이니키아 함대 80척이 오기를 기다리고 있었던 것이다.

그 사실을 안 키몬은 적들이 적극적으로 싸우려 들지 않는다면, 이쪽에서 손을 써서 적군이 싸우지 않을 수 없게 만들 작정으로 함대를 출동시켰다. 아테나이 함대의 움직임을 본 야만인들은 아테나이의 날카로운 공격을 피해 강하구 안으로 깊숙이 후퇴하고 말았다. 그렇게 퇴각하는데도 아테나이군이 끝까지 밀고 오자, 그들은 곧 자기들 함대로 대항해 왔다. 페르시아 함대는 파노데무스가 전하는 바에 따르면 600척이었다고 하지만, 에포로스는 고작 350척이었다고 한다.

그런데 페르시아군은 엄청난 대군이면서도 대군답게 제대로 싸우지도 못하고 곧 뱃머리를 돌려 육지 쪽으로 달아나기 시작했다. 앞장서서 달아난 군함들은 재빨리 육지에 닿아 그 부근에 진을 치고 있던 육군 진지로 달아났다. 그러나 다른 자들은 배와 함께 침몰하거나 포로로 붙잡혔다. 그때 싸움터에서 도망친 배들도 많았고, 수많은 배들이 격침되었는데도 아테나이 함대가 사로잡은 적 군함은 200척이었다. 이것만 보아도 그들 수가 얼마나 엄청났었는지 짐작할 수 있으리라.

해군의 이러한 참패를 목격한 페르시아 지상군이 바닷가로 진격해 왔을 때, 키몬은 부하 장병들을 상륙시켜 적 육군을 돌파하는 모험을 감행해야 할 것인지 아닌지 무척 망설였다. 해전에서 이미 지쳐버린 헬라스 병사들을, 힘이 넘칠 뿐만 아니라 아군의 몇 배나 되는 새로운 적들과 싸우게 해야 하기 때문이었다. 그러나 장병들이 싸우겠다는 결의가 대단하고, 그들 얼굴에서 반드시 승리하리라는 의기가 하늘을 찌르는 것을 본 키몬은 상륙을 명령했다.

아테나이군은 아직 첫 싸움에서의 땀이 채 마르기도 전이었지만, 땅에 발이 닿기가 무섭게 함성을 지르며 적에게 돌격했다. 페르시아군도 그들 못지않은 패기로 꿋꿋하게 버티면서 용기를 다해 아테나이군 공격을 막았으므로 순식간에 불꽃 튀는 격렬한 전투가 벌어졌다. 아테나이군에서도 지위와 무용에 있어 쟁쟁한 명장들이 많이 전사했다. 그러한 악전고투 끝에 아테나이군은 마침내 페르시아군을 무찔렀다. 아테나이군은 적들 일부는 죽이고 일부는 사로잡아 적진을 점령한 뒤, 적들이 버리고 간 막사들을 마음대로 약탈했다. 거기에는 야만인들이 다른 싸움터에서 얻은 온갖 재물과 보물들이 넘쳐났다.

키몬은 노련한 운동선수처럼 하루에 두 번 승리를 거두었다. 바다에서의 승리는 살라미스 해전 승리를 뛰어넘는 기쁨이었으며, 육지에서는 플라타이아 승리보다 더 큰 자랑이었다. 이 싸움으로 용기를 얻은 그는 또 한 번의 승리를 다짐했다. 그는 그길로 군대를 돌려 포이니키아 함대를 치기 위해 나아갔다. 페니키아 원군 80척이 히드룸에 나타났다는 소식을 들은 키몬은 즉시 함대를 이끌고 전속력으로 출동했다. 그때 포이니키아 함대는 페르시아 주력함대가 전멸한 사실을 모르고, 아무런 설명도 듣지 못해서 어떻게 행동해야 좋을지 몰라 망설이고 있었다. 그런 때에 느닷없이 아테나이 함대가 나타났으므로, 포이니키아 함대는 제대로 된 저항 한번 해보지 못한 채 대부분 병력과 함께 전멸하고 말았다.

키몬의 이 승리에 깜짝 놀란 페르시아 왕은 몸서리를 치면서 그 즉시 저 유명한 평화조약을 맺었다. 그리고 앞으로 페르시아 육군은 말이 하루 동안 갈 수 있는 거리까지는 헬라스 영토에 접근하지 않을 것이며, 페르시아 함대는 키아네아 제도와 켈리도니아 제도 사이 바다에는 절대로 나타나지 않겠다고 약속했다.

역사가 칼리스테네스에 따르면, 페르시아 왕은 그때까지 이토록 굴욕적인 강화 조건에 동의한 적이 전혀 없었다. 그러나 뜻밖의 패전에 기가 꺾이는 바람에 하는 수 없이 그렇게 하기로 했다. 얼마 뒤 페리클레스가 50척, 에피알테스가 30척의 군함을 이끌고 켈리도니아 제도 너머까지 순항했을 때도 페르시아 함대는 그림자도 찾아볼 수 없었다고 한다.

그런데 크라테루스가 수집한 아테나이 조례집에 수록된 이 협정문 사본에 따르면, 이 협정은 실제로 성립되었다고 한다. 아테나이는 이를 계기로 평화 제단을 세우고, 이 협정을 맺기 위해 사절로 파견되었던 칼리아스에게 특별한 명예를 주었다고 전해진다.

아테나이 시민들은 이 전투에서 얻은 전리품을 공매에 붙여 엄청난 국고금을 마련했으며, 그 돈으로 여러 사업들을 일으켰다. 아크로폴리스 남쪽에 성벽을 쌓고, 준공이 된 것은 훨씬 뒤의 일이지만 이른바 '두 다리'라고 부르는 긴 성벽도 이때 기초를 닦았다. 이 성벽을 쌓은 장소는 무른 진흙땅이어서 기초를 튼튼하게 세우기 위해서는 수많은 돌과 자갈을 묻어야만 했다. 거기에 드는 비용은 키몬이 모두 부담했다.

또 아테나이 시를 가장 처음으로 아름답게 꾸민 사람 또한 키몬이었다. 그 덕분에 아테나이 시민들은 아름답게 가꾸어진 운동장과 유원지를 줄곧 찾아

가서 즐기게 되었다. 그는 광장에 버즘나무를 심고, 이제껏 거칠고 삭막한 벌거숭이였던 아카데메이아에 물이 잘 흐르게 해서 나무가 우거지도록 했으며, 또 이리저리 아름다운 산책길을 내어 넓은 육상경기 경주로가 있는 숲으로 만들었다.

이보다 앞서, 케르소네소스 반도를 점령하고 있던 페르시아 사람들이 아직도 그곳에서 물러나지 않고 행패를 부리고 있었다. 이 소식을 들은 키몬이 함대를 이끌고 출동하자, 키몬의 병력이 보잘것없음을 얕잡아 본 페르시아 사람들은, 트라키아 본국에 있는 사람들을 공공연히 부추겨 그들의 원조를 받고 대항해 왔다. 그러나 키몬은 겨우 군함 4척을 이끌고 적을 공격해 적 군함 13척을 사로잡고, 페르시아 사람들을 케르소네소스에서 내쫓아 버렸다. 키몬은 트라키아 사람들 항복을 받은 뒤, 케르소네소스를 아테나이 영토로 귀속시켰다.

그러자 이번에는 타소스 섬 사람들이 아테나이에 반기를 들고 일어났다. 이에 함대를 동원해 해전을 벌인 끝에 키몬은 그들 함대를 격파하고 적 군함 33척을 빼앗았다. 그런 다음 그들의 수도를 포위해 함락시켰다. 그리고 타소스 섬 건너편 해안에 있는 금광과 타소스에 속한 모든 영토를 아테나이에 바쳤다.

이렇게 되자, 키몬 앞에는 곧바로 마케도니아를 침공할 수 있는 훌륭한 길이 열렸다. 그가 원하기만 하면 마케도니아 대부분을 쉽게 점령할 수 있을 듯했다. 하지만 키몬은 그 좋은 기회를 이용하지 않았다. 그래서 그는 부정한 이익을 탐해 마케도니아 왕 알렉산드로스에게 뇌물을 받았다는 의심을 샀으며, 마침내 그의 정적들이 한데 뭉쳐 매국 행위를 했다고 그를 고발하기에 이르렀다. 그때 키몬은 법정에서 자기를 변호하면서, 다른 사람들이 부유한 이오니아나 테살리아 사람들과 친구가 되어 그들의 아첨과 선물을 받으며 좋아할 때 자신은 스파르타와 친구가 되어 그들의 소박한 생활 습관과 절제와 간소한 삶을 어떠한 부보다도 값진 것으로 여기고 존중하며 그것을 따르고자 했다고 말했다. 뿐만 아니라 자신은 적으로부터 빼앗은 전리품으로 나라를 부강하게 하는 일을 최우선으로 놓고 늘 긍지로 여겼으며, 지금 이 자리에서도 여전히 그것을 자랑스럽게 생각한다고 주장했다.

그런데 스테심브로투스가 이 재판에 대해 언급한 바에 따르면, 이때 키몬의 누이 엘피니케가 키몬을 돕기 위해 고발자들 가운데 가장 준엄하게 비판했던 페리클레스를 찾아가 간청하자, 페리클레스는 웃으면서 이렇게 말했다고 한다.

"엘피니케여, 부인은 이런 사건에 끼어들기에는 너무 나이가 많소이다."

그러나 이런 말과는 달리, 페리클레스는 법정에 나가자 어느 고발자보다도 온건한 태도를 보여, 형식상 마지못해 한 번 일어나 키몬에 대한 반박을 시도했을 뿐이었다. 마침내 키몬은 무죄로 풀려났다.

그 일이 있은 뒤, 키몬은 평민계급 세력을 억제하는 데 온 힘을 기울였다. 그들이 끝내 귀족을 짓밟아 쓰러뜨리고 모든 권력과 정치 세력을 장악하려고 했기 때문이다. 하지만 그 뒤에, 키몬이 전쟁을 위해 나라 밖으로 파견되어 아테나이에서 사라지자, 민중은 고삐 풀린 망아지처럼 날뛰면서 그때까지 지켜왔던 모든 법과 관습들을 뒤엎어 버렸다. 에피알테스에게 선동된 시민들은 아레오파고스 회의로부터 관할권을 모두 빼앗아 완전한 민주주의로 정치체제를 바꾸고 말았다. 그렇게까지 할 수 있었던 까닭은, 그 무렵 이미 세력을 넓히고 있었으며, 평민 이익을 수호하겠다고 선언한 페리클레스의 지지 덕분이었다.

전쟁을 끝내고 돌아온 키몬은 아레오파고스 회의의 권위가 땅에 떨어진 것을 보고 크게 개탄했다. 그는 법정의 재판권을 되돌려 놓고, 클레이스테네스 시대의 옛 귀족주의를 다시 세워 나라를 혼란에서 구하려고 힘썼다. 키몬이 이렇게 나서자, 성난 민중은 맹렬하게 일어나 그를 공격했다. 그들은 키몬을 욕하다 못해 그와 누이 사이에 대한 과거의 추문까지 들춰냈고, 스파르타와 내통하는 자라며 비난했다. 시인 에우폴리스가 쓴 그 유명한 시들도 이 분쟁 원인을 키몬에게 돌렸다.

그는 대단한 호인이었으나
술과 여흥을 무척 좋아해
그가 스파르타로 가서 잠든 밤이면
누이는 홀로 빈 방을 지켰다네.

그렇게 게으른 술주정꾼이었으면서도 그토록 많은 도시들을 정복하고 승리를 거둔 그가, 만일 술을 마시지 않고 직무에만 충실했더라면 아마도 전공에 있어서는 헬라스에서 전무후무한 장군이 되었으리라.

키몬은 소년시절부터 라케다이몬 사람들을 매우 존경하고 좋아해서, 쌍둥이 아들을 얻었을 때 하나는 라케다이모니우스, 또 하나는 엘레이우스라 이름

지었을 정도였다. 스테심브로투스에 따르면, 이 쌍둥이를 낳은 것은 클레이토리아 출신 여성이었다. 그래서 페리클레스가 가끔 그 어머니 혈통을 들면서 쌍둥이 형제를 비웃었다고 한다. 그러나 지리학자인 디오도루스는, 이 쌍둥이를 비롯해 다른 아들인 테살루스까지 모두 메가클레스 아들 에우리프톨레무스의 딸인 이소디케가 낳았다고 한다.

어쨌든 키몬이 스파르타의 지지를 받아, 스파르타가 미워한 테미스토클레스에게 반기를 든 것만은 사실이다. 키몬이 아직 어렸을 때, 스파르타는 그가 아테나이에서 신망을 얻을 수 있도록 온갖 지원을 아끼지 않았다. 아테나이 사람들은 키몬이 스파르타와 친했던 덕분에 많은 이득을 보았다. 그래서 처음에는 키몬을 나쁘게 여기기는커녕 오히려 좋아했다. 그 무렵 아테나이 시민들은 점점 야심을 드러내며 세력을 키우기 시작할 때여서, 동맹국들을 자기편으로 끌어들이려고 혈안이 되어 있었기 때문이다. 아테나이 시민들은, 헬라스 국정을 다스리면서 스파르타 사람들에게는 호의적으로, 또 동맹국들에게는 너그럽게 대했던 키몬에게 스파르타가 호감과 존경을 표한 것에 대해 그다지 불쾌감을 느끼지 않았다.

그러나 그 뒤 아테나이 국력이 강해지자, 아테나이 시민들은 키몬이 스파르타에 아주 심취해 버린 것을 보고는 화를 내기 시작했다. 키몬은 연설할 때마다 늘 스파르타를 들먹였고, 아테나이 시민들 잘못을 나무랄 때나 사기를 북돋울 때도 어김없이 다음처럼 외치곤 했다.

"라케다이몬 사람들은 결코 그렇게 하지 않을 것입니다!"

이러한 태도는 시민들 불만을 불러일으켰고, 시간이 흐를수록 점점 미움을 사게 되었다. 하지만 그가 결정적으로 시민들의 저주 대상이 된 것은 다음 사건 때문이었다.

제욱시다무스의 아들인, 스파르타 왕 아르키다모스가 4년째 다스리던 해, 스파르타에 역사상 가장 큰 규모의 지진이 일어났다. 땅이 갈라져 무수한 낭떠러지가 생기고, 타이게투스 산이 뒤흔들리며 산사태가 일어나 바위들이 굴러떨어졌다. 순식간에 스파르타 시는 폐허가 되고 남은 집은 겨우 다섯 채뿐이었다.

전해오는 이야기로는, 지진이 있기 직전에 한 체육관에서 많은 젊은이들과 소년들이 몸을 단련하고 있었다. 그런데 거기에 난데없이 산토끼 한 마리가 뛰어들었다. 날쌘 젊은이 몇 명이 산토끼를 잡으려고 뒤쫓아 갔다. 그들은 목욕탕에서 벌거벗은 몸에 향유를 바르던 중이었는데, 토끼를 잡으려 뛰어다니는 일이 너무 재미있어 그 뒤를 정신없이 뒤쫓았다. 젊은이 몇이 달아나는 토끼를 따라 체육관 밖으로 뛰쳐나가는 순간, 체육관이 폭삭 내려앉아 안에 있던 젊은이들이 모두 죽었다. 그들의 무덤을 세이스모스, 곧 스마티아라고 하는데 오늘까지 남아 있다. 세이스모스는 지진으로 죽은 이들 무덤이라는 뜻이다.

아르키다모스 왕은 이 뜻밖의 천재지변에 거의 넋을 잃을 지경이었다. 그러나 그는 곧 정신을 차렸다. 시민들이 무너진 집터에서 엉망이 된 가재도구들과 잔해들을 헤치고 귀중한 물건들을 꺼내느라 정신이 없는 것을 본 아르키다모스 왕은 마치 적이 습격해 온 것처럼 나팔수에게 비상 나팔을 불게 해, 사람들이 무기를 들고 자기 주위에 모이도록 했다. 그 덕분에 스파르타는 더 큰 재앙을 면할 수 있었다. 스파르타 노예로 핍박받았던 헬롯 사람들이 곳곳에서 속속 몰려와서는 지진에서 살아남은 시민들을 모두 죽여 없애려 들었기 때문이다.

하지만 헬롯 사람들은 스파르타 시민들이 굳게 무장하고 모인 광경을 보고는 스스로 인근 도시로 물러났다. 그 뒤로 그들은 스파르타에 거리낌 없이 도전해 전쟁을 일으켰다. 페리오이코이, 곧 주변에 사는 사람들이 이 헬롯인들과 손을 잡았고, 스파르타 적인 메세니아 사람들도 이 기회를 틈타 스파르타를 공격해 왔다. 일이 여기에 이르자, 스파르타는 페리클레이다스를 아테나이로 보내 원군을 요청했다. 시인 아리스토파네스는 그 모습을 두고 붉은 망토를 입고 제단에 엎드려 하얗게 질린 얼굴로 구원병을 애걸한다며 조롱했다.

스파르타의 구원 요청에 아테나이 여론은 두 패로 갈라졌다. 에피알테스는, 아테나이의 경쟁자인 그들을 돕지 말고 거만한 스파르타 사람들이 짓밟히도록 그냥 내버려 두어야 한다고 주장했다. 하지만 키몬은 스파르타의 요청에 적극 찬성했다. 크리티아스가 전한 바에 따르면, 그는 스파르타의 안전을 조국 이익보다 더 중시했으므로 아테나이 시민들을 설득해, 자기는 곧 대군을 이끌고 스파르타를 구하러 가리라고 말했다. 역사가 이온도, 키몬이 아테나이 시민들을 움직이고자 할 때 자주 사용했던 재치 있는 말을 되풀이했다고 한다. 아테나이 시민들은 헬라스를 절름발이로 만들어서는 안 되며, 아테나이로부터 헬라스 운명을 짊어질 동반자를 빼앗아 버려서도 안 된다고 말이다.

키몬은 스파르타를 구하고 아테나이로 돌아오는 길에 군대를 이끌고 코린토스 영토를 지나게 되었다. 아테나이군이 코린토스 영토에 들어서자 코린토스 장군 라카르투스가 그 앞을 가로막으면서 주인 허락도 없이 남의 나라에 함부로 군대를 들여놓는 법이 어디 있느냐며 강력하게 항의했다. 그러자 키몬이 대답했다.

"오, 라카르투스 장군, 하지만 당신의 코린토스군도 메가라와 클레오나이에 들어갈 때, 마치 강자에게는 모든 도시가 문을 열어주어야 하는 것처럼 허락도 구하지 않은 채 문을 때려 부수고 강제로 쳐들어가지 않았소? 우리도 지금 그렇게 하는 거요."

라카르투스는 더는 아무 말도 하지 못했다. 아테나이군은 그대로 코린토스 영토를 지나갔다.

얼마 되지 않아, 스파르타는 다시 아테나이에 사신을 보내 구원을 요청했다. 스파르타는 이토메 성을 포위하고 있는 메세니아 사람들과 헬롯인들을 토벌할 계획이었다. 키몬은 스파르타를 돕기 위해 군대를 이끌고 나아갔다. 그런데 스파르타 사람들은, 용맹하면서도 규율을 지키는 아테나이군 위용을 보고 그만 겁을 집어먹었던 것 같다. 그들은 모든 지원군들 가운데에서도 오직 아테나이군에게만 정변을 일으키려 한다는 누명을 씌워 스파르타로 들어오지 못하도록 막았다.

스파르타의 이런 처사에 격분한 아테나이군은 본국으로 돌아왔고, 그때부터 스파르타를 몹시 미워하기 시작했다. 아테나이 시민들은 누구든 스파르타를 두둔하면 마치 원수처럼 여기고서 비난을 퍼부어댔다. 마침내 아테나이 시민들은 작은 트집을 잡아 키몬에게 10년의 추방을 선고했다. 10년은 도편추방을 받은 자에게 선고되는 기간이었다.

그러는 동안 스파르타군은 델포이를 점령하고 있던 포키스군을 물리쳐 그곳을 해방시킨 뒤, 보이오티아 타나그라에 머물고 있었다. 아테나이군은 이 스파르타군을 공격하기 위해 곧 타나그라로 출진했다

아테나이에서 쫓겨났던 키몬도 무장하고 그곳으로 가서 그의 동료 부족들 부대에 끼어들었다. 그리고 다른 장군들과 함께 스파르타군과 싸울 계획을 세웠다. 그 소식을 들은 500인회(민선평의회)는 회의를 열었다. 키몬 반대파는, 키몬이 전투 가운데 아테나이 군대가 반란을 일으키도록 공작해 스파르타군을

도우려는 것이라며 맹렬하게 비난했다. 그리하여 현지에 있는 장군들에게 키몬을 받아들이지 말라고 지시했다.

키몬은 하는 수 없이 부대를 떠나야만 했다. 그러나 떠나기에 앞서 아나플리스토스족 에우티푸스와 스파르타 지지자라고 의심받던 사람들에게 자신들 결벽을 증명하기 위해서라도 열심히 싸우라고 당부했다. 그들은 키몬이 입었던 갑옷을 들고 그 충고를 가슴 깊이 새겼다. 그렇게 한마음 한뜻으로 뭉친 그들은 죽을 각오로 온 힘을 다해 싸우다가 끝내 모두 전사하고 말았다. 이들의 숫자는 100명에 달했다. 아테나이 시민들은 자신들의 오해로 그러한 용사들을 잃었음을 가슴 아프게 여기며, 부당하게 의심한 일을 후회했다. 그리하여 시민들은 키몬에 대한 가혹한 조치를 더는 고집하지 않게 되었다. 이는 키몬이 지난날 세운 공훈들 덕분이기도 했지만, 그 무렵 상황들이 그렇게 할 수 밖에 없었기 때문이기도 했다. 아테나이군은 타나그라에서 참패를 당했을 뿐 아니라, 곧 봄이 되면 펠로폰네소스 사람들이 침입해 올 걱정도 있었기 때문이었다. 그래서 시민들은 키몬을 다시 아테나이로 불러들이기로 결정을 내렸다.

이러한 시민들 마음을 눈치채고 누구보다 먼저 키몬을 불러들이자고 제의한 사람이 바로 페리클레스였다. 이처럼 그즈음 사람들은 자기가 지닌 원한을 이성적으로 해결했고, 분노를 표현하는 데도 온화했다. 그들은 나라를 위해서는 개인 이익 따위는 돌아보지 않았으며, 욕망 가운데 가장 통제하기 어려운 공명심마저도 국가 이익을 위해서는 선뜻 내려놓을 줄 알았다.

아테나이로 돌아온 키몬은, 곧바로 전쟁을 멈추고 두 나라를 화해시켰다. 이렇게 평화는 이루어졌지만, 아테나이 시민들은 곧 하루하루 일 없이 세월을 보내는 것에 싫증을 느끼기 시작했다. 그들은 전쟁에서의 영광을 그리워하며 나라 힘을 키우기를 갈망했다. 이를 지켜본 키몬은, 아테나이가 헬라스 다른 도시들과 싸우거나, 대함대를 이끌고 헬라스 여러 섬들과 펠로폰네소스 반도 사이를 거침없이 오가면서 헬라스의 내란을 일으켜 아테나이 동맹국들에게 근심을 끼치는 일이 있어서는 안 된다고 생각했다. 그래서 그는 아테나이 시민들의 이런 야심을 헬라스 밖으로 돌리려고 했다.

마침내 키몬은 군함 200척에 군사들을 싣고 출항하기로 결심했다. 그는 키프로스 섬과 아이귑토스에 쳐들어가 야만인들과 싸움으로써 아테나이군을 단련시키는 한편, 전쟁에서 얻은 전리품으로 나라를 부강하게 만들 계획을 세웠다. 모든 준비가 끝나 마침내 함대가 떠나려 할 때 키몬은 이상한 꿈을 꾸었다. 꿈에서 잔뜩 성이 난 암캐 한 마리가 키몬을 보며 목청이 찢어져라 짖어댔는데, 그 소리에 섞여 사람 목소리가 들려온 것이다.

그래, 오너라. 그대는 곧
나와 내 새끼들에게 사랑받을 터이니.

이 꿈이 무엇을 뜻하는지는 해석하기가 쉽지 않았다. 그런데 키몬의 가까운 친구이자 용한 점술가인 포세이도니아의 아스티필루스가 그 꿈이 키몬의 죽음을 예언한다고 풀이했다. 개는 적이라고 생각하는 사람을 보면 짖는데, 사람은 죽지 않는 한 적에게서 사랑받을 수는 없는 법이다. 그 적은 바로 페르시아를 뜻하며, 개 짖는 소리에 사람 목소리가 섞여 들린 까닭은 페르시아군에 야만인과 헬라스 사람이 섞여 있기 때문이라는 것이다.

키몬은 곧바로 디오니소스 신에게 제물을 바쳤다. 제사장이 제물로 쓴 짐승 배를 갈랐더니, 수많은 개미들이 엉겨 있는 선지피를 물고 와 키몬의 엄지발가락 앞에 갖다놓았다. 그 사실을 모르고 있다가 이윽고 키몬이 그것을 발견했을 때, 제사장이 다가와서 제물로 쓴 짐승 간은 윗부분이 없는 불완전한 것이었다고 말했다.

하지만 이런 일로 계획을 포기할 수는 없다고 여긴 키몬은 곧바로 함대를 이끌고 떠났다. 키몬은 장군에게 군함 60척을 주어 먼저 아이귑토스로 보냈다. 그리고 자신은 나머지 함대를 이끌고 포이니키아와 킬리키아 군함으로 이루어진 페르시아 함대를 쳐부쉈다. 그리고 그 근처에 있는 도시들을 되찾고는 다시 아이귑토스를 위협했다.

키몬의 이런 계획에는 단순히 페르시아 제국을 완전히 멸망시키려는 것보다 더 큰 이유가 있었다. 그 무렵 페르시아에서 큰 명성을 떨치던 테미스토클레스는, 만일 헬라스와 전쟁을 하게 된다면 언제든지 자기가 페르시아군을 지휘해 헬라스군을 쳐부수겠노라고 페르시아 왕에게 약속했다. 이 이야기를 들은 키몬은 페르시아 정벌을 더욱 결심하게 되었다. 그런데 테미스토클레스는 키몬의 뛰어난 전략과 용기, 그리고 무운을 이길 자신이 도무지 없었다. 그래서 키몬이 쳐들어온다는 소식을 듣자 불안과 절망을 이기지 못해 자신의 모든 전략을 포기하고 스스로 목숨을 끊고 말았다고 한다.

키몬의 함대는 키프로스 섬 부근에 머물렀다. 이는 새로 세워진 큰 계획을 실행하기 위해서였다. 그는 어떤 비밀 사항에 대해 신탁을 물으려고, 제우스 암몬 신전에 사절단을 보냈다. 무엇 때문에 그리했는지는 알 수 없으나 사절단은 먼 길을 돌아 암몬 신전에 도착했다. 신은 사절단이 도착하자, 다른 말은 하지 않고 이해하기 어려운 말만 한마디 던졌다. 키몬은 이미 자신과 함께 있으니 사절단에게 그냥 돌아가라고 한 것이다.

이 신탁을 받은 사절단은 어리둥절한 채 다시 배를 타고 돌아가던 길에 아이귑토스 해안에 주둔하고 있던 헬라스군을 만나 거기서 키몬이 이미 죽었다는 사실을 알게 되었다. 신탁을 받은 날짜와 시간을 따져보니, 키몬은 바로 그 시간에 이미 신에게 가 있었던 것이다. 그들은 비로소 암몬 신탁이 키몬의 죽음을 뜻하는 것이었음을 깨달았다.

어떤 이야기에 따르면, 키몬은 키프로스 섬 키티움 시를 포위하는 동안 병을 얻어 죽었다 하고, 또 다른 역사가는 페르시아인과 전투를 벌이다가 가벼운 상처를 입었는데 그것이 잘못되어 죽었다고도 한다. 키몬은 자신이 살아남지 못할 것을 깨닫고, 장군들에게 군대를 이끌고 아테나이로 돌아가라고 명령했다. 그리고 돌아가는 길에, 자기가 죽었다는 사실을 절대로 알려서는 안 된다고 당부했다. 키몬의 장군들이 그 명령을 충실하게 따른 덕분에 적군들도, 동맹국들도 키몬의 죽음을 전혀 몰랐고, 그사이에 아테나이군은 안전하게 귀국할 수 있었다. 파노데무스 말처럼, 헬라스군은 키몬이 죽은 뒤 30일 동안, 이미 죽은 키몬의 지휘를 받고 있었던 셈이다.

그런데 키몬이 죽은 뒤로는 헬라스 사령관 가운데 야만인과 싸워서 큰 공을 세운 이는 단 한 사람도 없었다. 그리고 아테나이 지도자들과 전쟁을 주장했던 무리들은, 공동의 적인 페르시아에 맞서기 위해 서로 힘을 합쳐 국민들을 단결시켜야 했음에도 자기들끼리 정쟁에 시민들을 끌어들여 불필요한 선동만을 거듭했다. 때로는 누군가가 나서서 그들의 정쟁을 막아보려 애썼지만, 그럴수록 그들은 더 맹렬히 다투곤 했다. 그렇게 지도층이 서로 불화를 일으키며 싸우는 동안 헬라스 세력은 땅에 떨어졌고, 적인 페르시아에게는 숨 돌릴 여유를 주어 그들이 국력을 회복할 수 있게 한 셈이 되었다. 아게실라우스 왕이 헬라스군을 이끌고 아시아 땅에 발을 내디딘 것은 사실이나, 그것은 훨씬 뒷날의 일이다. 그때 얼마 동안은 해안 여러 도시들에서 페르시아 장군들에게 싸움다운 싸움을 걸었다. 하지만 그는 별다른 성과도 거두지 못한 채 곧 스파르타로 불려갔다. 그 무렵 스파르타에서 큰 소요가 일어나 나라 형편이 어지러웠기 때문이었다. 아게실라우스 왕이 군대를 이끌고 돌아가 버리자 페르시아 장군들은 아시아의 헬라스 이민 도시들과 스파르타 동맹국들에게 제멋대로 조세를 부과해 금품을 빼앗았다.

그러나 키몬이 헬라스 연합군을 지휘하고 있었을 때는, 바닷가에서 400스타디온 이내에 페르시아 전령이나 기병은 한 사람도 얼씬하지 못했다.

키몬의 유골은 본국으로 옮겨져 그곳에 묻혔다. 이는 오늘날에도 아테나이에 남아 있는 '키몬의 무덤'이라 불리는 몇몇 기념비들을 보면 알 수 있다. 그런데 키프로스 섬 키티움 시민들도 키몬의 것이라 알려진 어떤 무덤에 대해 특별히 경의를 표하며 참배한다. 수사학자 나우시크라테스에 따르면, 키프로스 섬에 흉년이 들어 식량이 떨어졌을 때, 섬사람들은 신에게 제사를 드리고 신탁을 청했다. 그때 내려진 신탁이 키몬을 잊지 말고 그를 신으로 모시라는 내용이었다고 한다. 그는 바로 헬라스 명장 키몬을 이르는 말이었다.

루쿨루스(LUCULLUS)

    루쿨루스에 대해 말하자면, 할아버지는 집정관을 지낸 사람이었고, 외삼촌은 누미디아를 정벌한 공을 인정받아 누미디쿠스라 불렸던 메텔루스였다. 그러나 아버지는 공금횡령 혐의로 유죄판결을 받았으며, 어머니 카이킬리아도 정숙하지 못하다는 평가를 받았다.

    아직 출세하기 전, 정치에도 관여하지 않던 젊은 루쿨루스가 맨 처음으로 한 일은 아버지 원수를 갚는 일이었다. 그의 아버지를 고발한 사람은 복점관이었던 세르빌리우스였는데, 루쿨루스는 그의 행동 하나하나를 낱낱이 지켜보다가 그가 법을 어기자 곧바로 고발해 버렸다.

    이 일로 시민들 관심을 받게 된 루쿨루스는 훌륭한 일을 했다는 칭찬을 들었다. 그런 고발에 대해 로마 시민들은 동기야 어떻든 매우 장하고 기특한 일로 여겼기 때문이다. 로마 시민은 마치 맹수에게 대드는 충견을 보듯이 이 젊은이가 불의에 과감하게 맞서는 모습을 보며 흐뭇해했다. 그러나 이 고발 때문에 루쿨루스는 큰 원한을 사게 됐으며, 마침내 싸움까지 벌어지면서 큰 소동이 일어나고 말았다. 심지어 이 일로 몇몇이 다치고 죽기도 했다. 이런 혼란을 틈타 겨우 도망친 세르빌리우스는 화를 피할 수 있었다.

    루쿨루스는 열심히 공부해서 헬라스어와 라틴어를 자유롭게 말할 수 있었으며, 그 누구와 견주어도 손색없는 훌륭한 웅변가가 되었다. 그래서 술라도 자신의 생애와 사업을 엮은 회고록을 루쿨루스에게 맡겼을 정도였다. 루쿨루스가 자기보다 더 잘 써낼 수 있는 사람이라 여겼기 때문이다. 또 루쿨루스의 연설은 보통 사람들과는 달랐다. 다른 웅변가들은 광장에서는 마치 '상처 입은 참다랑어가 바다에서 날뛰듯이' 열변을 토하지만, 다른 곳에서는 '기지라고는 눈 씻고도 찾아볼 수 없는 무미건조하고 생기 없는 말만을 내뱉기' 일쑤였다. 그러나 루쿨루스는 정치적 목적만을 위해 유창하고 경쾌하게 연설하는 그들과는 달랐다. 그의 연설은 언제 어디서나 듣는 사람을 크게 감동시켜 탄식하게 만들었다.

루쿨루스는 어릴 적부터 스스로를 갈고닦기 위해 교양을 익히는 데 마음을 쏟았다. 그리고 파란만장한 인생을 겪은 뒤 늘그막에는 조용하고 여유로운 생활 속에서 철학에 깊이 빠져들어 안식과 평화를 찾았다. 특히 폼페이우스와 의견이 달라 사이가 벌어졌을 때는 명상의 힘으로 뜨겁게 타오르는 경쟁심과 욕망을 억눌러 절제를 해나갔다. 그가 학문을 얼마나 좋아했는지는 다음 이야기를 보면 잘 알 수 있다.

젊은 시절, 그는 마르시 전쟁에 대해 헬라스어와 라틴어로 따로따로 쓰되, 시와 산문으로 엮어보았으면 하는 이야기를 농담삼아 꺼낸 적이 있었다. 그런데 이 말이 뒷날 진담이 되어, 웅변가 호르텐시우스, 역사가 시센나와 함께 제비를 뽑아 세 사람이 저마다 어떤 말로 책을 쓸 것인지를 정하기로 했다. 루쿨루스가 마르시 전쟁에 대해 헬라스어로 쓴 역사책이 오늘날까지 남아 있는 것을 보면, 그때 헬라스어 제비를 뽑은 것 같다.

또 루쿨루스는 동생 마르쿠스를 몹시 사랑하고 아꼈는데, 그는 이 때문에도 로마 시민들로부터 특별한 칭송을 들었다. 이에 대한 수많은 증거들 가운데 다음과 같은 이야기가 있다. 그는 나이가 더 많았지만 마르쿠스를 두고 홀로 관직에 오르려 하지 않고, 동생이 자기와 더불어 관직에 오를 수 있는 자격을 갖출 때까지 자신의 출세를 미루었다. 민중은 이에 크게 감동해 그가 로마에 없었는데도 마르쿠스와 함께 조영관으로 임명했다.

루쿨루스는 젊은 시절 벌어진 마르시 전쟁 때부터 뛰어난 무용과 지략을 뚜렷이 나타냈다. 그의 침착한 태도와 온화한 성품을 높이 산 술라는 루쿨루스에게 여러 중요한 일들에서 특별히 동전 만드는 일을 맡겼다. 미트리다테스 전쟁 때 사용된 화폐도 거의 루쿨루스가 펠로폰네소스에서 만들었다. 그 돈은 로마 병사들 사랑을 받아 빠르게 퍼짐으로써 오랫동안 '루쿨루스 동전'으로 불렸다.

그 뒤 술라가 아테나이를 쳐서 승리하자 로마군은 육지에서 우위를 차지했다. 하지만 바닷길은 아직 적 손아귀에 있어서 곧 군수품 보급이 끊기고 말았다. 그래서 술라는 루쿨루스를 리비아와 아이귑토스로 보내기로 했다. 그곳 배들을 가져오면서 식량도 싣고 오게 하려는 생각에서였다. 때는 한겨울로, 그는 겨우 헬라스 선박 3척과 같은 수의 로도스 섬 군함만을 이끌고, 절대적인 군주처럼 바다 위를 지키고 있는 적들이 도사리는 망망대해로 뛰어들었다. 그러고는 무사히 크레테 섬에 도착해 그곳 주민들을 로마 편으로 끌어들였다.

그곳에서 루쿨루스는 곧바로 키레네 시로 갔다. 그곳 주민들이 기나긴 독재와 전쟁에 시달려 황폐해져 있는 것을 본 그는 다툼을 진압해 정치를 안정시켰다. 그리하여 키레네 시민들은 지난날 플라톤이 예언처럼 했던 말들이 모두 옳았음을 떠올리게 되었다. 키레네 시민들이 플라톤에게 좋은 법률을 만들어 튼튼하고 흔들림 없는 정치체제를 세워달라고 부탁했을 때, 플라톤은 키레네 시민들처럼 부강한 국민에게 법률을 만들어 주는 일은 아주 어렵다면서 거절했다. 모든 일이 순조롭게 풀려 자신감 넘치는 사람만큼 다루기 어려운 게 없는 반면, 운명에 짓눌려 좌절한 이만큼 다루기 쉬운 것 또한 없다. 키레네 사람들이 루쿨루스가 그들에게 정해준 법률을 기꺼이 따르게 됨도 바로 이러한 이치 때문이리라.

그런 뒤 그는 다시 아이귑토스로 가다가 해적선의 습격을 받아 배를 거의 다 잃게 되었다. 루쿨루스는 간신히 목숨만 건져 해적들 습격을 피해 달아날 수 있었다. 그는 처음 목적대로 아이귑토스로 향해 우여곡절 끝에 마침내 알렉산드리아 항에 이르렀다. 그런데 루쿨루스의 배가 들어오자 뜻밖에도 아이귑토스의 모든 함대가 열을 맞춰 정중히 그를 맞이하는 것이었다. 그것은 자기 왕을 영접할 때나 하는 예우였다. 그리고 젊은 프톨레마이오스 왕은 루쿨루스에게 절대적인 호의를 보이며, 그때까지 다른 나라 장군을 한 번도 맞아들인 적이 없는 궁전 안에 그의 숙소를 마련해 주고 진수성찬으로 정성을 다해 대접했다.

게다가 왕이 루쿨루스에게 쓰도록 허락한 경비는 다른 사람들보다 네 배나 많았다. 그러나 루쿨루스는 실제로 필요한 것들 말고는 아무것도 요구하지 않았다. 80탈란톤에 이르는 선물마저도 정중히 거절했다. 또한 루쿨루스는 멤피스의 유명한 피라미드와 오래된 궁전도 구경하지 않았으며, 다른 아이귑토스 명승지도 찾아가지 않았다고 한다. 그러한 구경은 할 일 없는 이들에게나 어울리는 일이지, 적의 진지 가까이에서 야영하고 있는 상관을 남겨두고 온 자신이 즐길 만한 일은 아니라고 했다.

이 전쟁이 누구 승리로 끝날지 걱정한 프톨레마이오스 왕은 로마와의 동맹을 끊었지만, 함대를 보내 돌아가는 루쿨루스를 키프로스 섬까지 호위하도록 했다. 루쿨루스가 아이귑토스를 떠날 때, 왕은 성대한 송별식을 열어 무사 항해를 기원하며 매우 값진 선물을 하나 주었다. 황금에 에메랄드를 박은 아주 고귀한 물건이었다. 루쿨루스는 처음에는 온갖 말로 사양했으나 왕이 거기에 새겨진 자신의 초상을 가리키자 더는 고집을 부릴 수가 없었다. 초상까지 담긴 선물을 거절했다가는 왕을 불쾌하게 만들 테고, 그러면 그가 바다에서 무슨 음모를 꾸밀지 알 수 없기 때문이었다.

루쿨루스는 아이귑토스 함대 호위를 받으며 해적들이 있는 도시들을 뺀 모든 연안 도시에서 함대를 모집했다. 그는 곧 수많은 함대를 이끌고 키프로스 섬으로 떠났다. 그런데 적군이 곶 그늘에 숨어서 자신들의 함대가 오기를 기다리고 있다는 정보가 들어왔다. 루쿨루스는 모든 함대를 한곳에 모았으나 아직 병력이 부족해 정면으로 맞서 싸울 수는 없었으므로, 한 가지 꾀를 내었다. 그는 섬 도시들마다 사절을 보내, 로마 장군 루쿨루스가 키프로스 섬에서 겨울을 보내려고 하니 군량을 공급해 달라고 요청했다. 그 소문이 퍼지자 적 함대는 경계를 늦추었고, 루쿨루스는 그 틈을 타 재빨리 출항해 버렸다. 그래서 적들 눈에 띄지 않게 낮에는 돛을 접고 밤에만 돛을 올려 무사히 로도스 섬에 도착했다.

그는 로도스 섬에서 다시 많은 배를 모아들인 뒤, 코스와 크니두스 주민들을 부추겨 미트리다테스 왕에게 반기를 들게 했다. 그리고 그들과 연합해 사모스 섬을 정복하고, 키오스 섬으로 건너가 미트리다테스 지지자들을 내쫓았다. 그러고는 참주 에피고누스를 사로잡아 그의 횡포에 시달리던 콜로폰 주민들을 해방시켰다.

그 무렵 미트리다테스 왕은 페르가뭄을 떠나 피타네로 물러났다. 그러나 숨 돌릴 새도 없이 로마 장군 핌브리아가 한 발 한 발 포위망을 좁히며 다가왔다. 패배를 모르는 이 장군과 감히 싸울 자신이 없었던 미트리다테스는 위급한 처지에 놓이게 되었다. 달아날 길이라고는 오로지 바다뿐이라고 생각한 왕은 여러 대책들을 궁리한 끝에 곳곳에 흩어졌던 함대들을 불러모았다. 핌브리아는 미트리다테스의 이런 계획을 눈치챘지만 그를 막을 만한 군함이 없었다. 그래서 루쿨루스에게 사람을 보내 지원을 요청했다.

미트리다테스는 지금 바다로 달아나려 하고 있는데, 그 어떤 왕보다 흉악하고 호전적인 왕이니 루쿨루스가 그를 무찔러 주었으면 한다는 것이었다. 핌브리아가 덧붙이기를, 로마 시민들은 여태껏 미트리다테스를 정복하기 위해 수많은 피를 흘리며 온갖 수고를 아끼지 않았으므로, 이제 루쿨루스와 자신이 힘을 합쳐 이 좋은 기회를 놓치지 말고 반드시 그를 굴복시키자 했다. 미트리다테스는 쫓기고 쫓겨 그물에 갇힌 짐승이나 마찬가지이니 쉽게 사로잡을 수 있을 테지만, 만일 이 기회를 놓치는 날에는 로마는 그를 굴복시킬 기회를 영영 잃고 말 거라 강조했다.

핌브리아 말처럼 참으로 이때 미트리다테스를 사로잡았더라면 루쿨루스의 공로는 더는 비할 데가 없었으리라. 루쿨루스는 이미 바다에서 미트리다테스의 퇴로를 막고 있었기 때문에, 땅에서 핌브리아가 바다 쪽으로 내몰기만 해도 미트리다테스는 꼼짝 못하고 사로잡혔을 테니 말이다. 그러면 모든 명성과 영광은 로마의 두 장군에게 돌아갔을 것이다. 그것은 술라가 오르코메누스와 카이로네이아에서 세운 공적조차 단번에 로마 시민들 기억에서 지워버릴 만큼 큰 업적이 될 수 있었다.

핌브리아의 제의는 정말 그럴듯했다. 만일 루쿨루스가 핌브리아 제안을 받아들여 자기 함대를 이끌고 항구를 막아버렸더라면, 이 전쟁은 그로써 끝났을 것이다. 그리고 그 뒤에 있을 수많은 재난을 미리 막았을 것은 누가 봐도 분명한 사실이었다.

하지만 루쿨루스는 그 제안을 받아들이지 않았다. 술라에 대한 충성을 어떠한 국가 이익이나 이해관계보다 더 신성하고 소중하게 여겼기 때문인지, 아니면 핌브리아가 최근에 친구이자 총사령관이었던 사람을 죽이고 그 자리를 빼앗은 사건에 분개해 그 극악한 처사를 비난하는 뜻에서 그렇게 했는지, 그도 아니면 미트리다테스를 달아나게 해 잠시나마 루쿨루스의 적수로 남겨두려는 신의 뜻이었는지는 알 수 없다. 루쿨루스는 끝까지 핌브리아의 부탁을 받아들이지 않고 미트리다테스가 핌브리아의 계략을 비웃으며 보란 듯이 바다로 달아나게 내버려두었다.

그런데 뒤에, 루쿨루스는 트로아스 지방 렉툼 곶 부근에서 벌어진 해전에서 혼자 힘으로 미트리다테스 함대를 무찔렀다. 그러고는 함대를 이끌고 테네도스로 갔다. 그곳에서는 네오프톨레모스가 훨씬 많은 함대를 거느리고 로마 함대를 기다리고 있었다. 루쿨루스는 배를 바꿔 해전에 노련한 다마고라스 장군이 지휘하는 노를 젓는 5층 대형 군선에 탔다. 다마고라스는 로도스 사람으로 로마에 우호적인 장군이었다.

루쿨루스가 선두에 서서 테네도스로 다가가자 네오프톨레모스도 함대를 이끌고 맹렬하게 공격해 왔다. 네오프톨레모스는 다른 배들보다 훨씬 앞장서서 다가오는 루쿨루스 배를 보자 선장에게 명령해 전속력으로 돌격했다. 다마고라스는 적 군함이 엄청나게 크며 뱃머리가 둔중하고 날카로운 것을 보고, 정면충돌하면 이쪽이 매우 위험하리라 판단했다. 그래서 배를 재빨리 돌린 뒤 부하들에게 노를 거꾸로 젓도록 명령해 거슬러 가도록 함으로써 뱃고물로 적선의 충돌을 받아냈다. 수면 아래 잠긴 부분에 충돌해 그 힘이 약해졌기 때문에 몹시 세게 부딪히기는 했지만 루쿨루스의 배는 어떤 피해도 입지 않았다. 그러는 동안 뒤따르던 나머지 함대가 달려오자 그는 다시 뱃머리를 돌리며 총공격을 명령했다. 로마 함대의 매서운 공격을 받은 적은 뿔뿔이 흩어져 달아났다. 루쿨루스는 도망치는 네오프톨레모스를 멀리까지 뒤쫓다가 돌아왔다.

그런 뒤 루쿨루스는 케르소네소스에 있던 술라를 찾아가 그와 합류했다. 마침 술라는 해협을 건너려고 준비 중이었기에 때맞춰 온 루쿨루스 함대는 그에게 큰 도움이 되었다. 얼마 뒤 휴전이 이루어지고 미트리다테스는 에욱시네 해로 떠났다. 술라는 아시아 나라들에게 전쟁 배상금 2만 탈란톤을 매기고 루쿨루스에게 그것을 거둬들이게 했으며 화폐도 만들게 했다. 이 달갑지 않은 임무를 맡은 루쿨루스는 술라의 냉혹한 군정 아래에 있던 여러 도시 주민들에게 어느 정도 법을 늦추어 사정을 봐주는 한편, 도시들로 하여금 청렴하고 공정하게 법을 시행하도록 힘썼다. 그의 이런 노력으로 주민들은 안심하고 편히 살 수 있었다.

그런데 그때 미틸레네 시민들이 로마에 반감을 품고 반란을 일으켰다. 루쿨루스는 되도록 그들을 잘 설득해 다시 로마에 순종하게 만들기로 결심했다. 그 무렵 로마에서 파견된 마리우스 아퀼리우스를 미틸레네 시민들이 붙잡아 미트리다테스 왕에게 넘긴 일이 있었다. 미트리다테스는 그를 노새에 싣고 페르가뭄 시를 돌게 한 뒤, 펄펄 끓는 쇳물을 입속에 부어 죽여버리는 끔찍한 짓을 저질렀다. 그런데 미트리다테스가 로마와 평화협정을 맺고 떠나버리자, 이 일로 보복을 당할까 두려웠던 미틸레네 시민들이 로마에 반감을 갖고 마침내 반란을 일으킨 것이다. 반란 원인을 알게 된 루쿨루스는 그 사건과 관련된 사람들에 대한 처벌을 줄여주려고 애썼다.

그런데 미틸레네 시 반란은 자신들의 파멸도 깨닫지 못하고 날이 갈수록 더 심해져서, 그대로 두었다가는 다른 도시들까지도 반란에 가담할 지경이었다. 마침내 루쿨루스는 어쩔 수 없이 군대를 동원했다. 오랜 전쟁으로 단련된 로마군은 바다에서 미틸레네 해군을 손쉽게 쳐부수었다. 그리하여 미틸레네군을 모두 시내로 몰아넣은 뒤 도시를 둘러싸 막아버렸다.

그다음, 루쿨루스는 도시를 함락하려고 한 가지 꾀를 썼다. 그는 한낮에 마치 엘라이아로 돌아가는 것처럼 보란 듯이 포위를 풀어 군대를 이동했다. 그리고 밤에 몰래 돌아와 부근에 군대를 숨겨놓고 조용히 기다렸다.

밤이 깊어지자 로마군이 진지를 버리고 갔다고 생각한 반란군이 약탈을 하려고 앞다투어 성 밖으로 쏟아져 나왔다. 이를 본 루쿨루스는 기회를 놓치지 않고 곧바로 공격 명령을 내렸다. 커다란 함성과 함께 곳곳에 숨어 있던 로마군이 돌진해 오자, 반란군은 비로소 속은 줄 알았으나 이미 때는 늦었다. 루쿨루스는 저항하는 적들을 500여 명 넘게 죽이고 6000명을 사로잡았으며, 수많은 전리품을 거뒀다.

그 무렵 루쿨루스는 다행히도 신의 뜻에 따라 아시아에서의 일에만 매달려 있었기에 술라와 마리우스가 일으킨, 이탈리아 전역에 걸쳐 벌어진 대규모 내란에는 관여하지 않았다. 그러면서도 그는 어느 누구보다도 술라의 총애를 받았다. 앞서 말했듯이 술라는 호의 표시로 자기 회고록을 루쿨루스에게 맡겼고, 죽음에 이르러서는 폼페이우스를 제쳐놓고 그를 자기 아들의 후견인으로 지명했다. 하지만 이런 일들이 루쿨루스와 폼페이우스 사이에 갈등과 질시를 빚어냈던 것 같다. 둘은 모두 젊은 나이였고 명예욕에 불타고 있었기 때문이리라.

술라가 죽고 얼마 지나지 않아 백일흔여섯 번째 올림피아 제전경기가 열리고 있을 때, 루쿨루스는 마르쿠스 코타와 함께 집정관이 되었다. 많은 시민들이 미트리다테스 전쟁을 다시 시작하고 싶어했으며, 마르쿠스는 그 전쟁은 아직 끝난 게 아니라 잠시 중단되었을 뿐이라고 선언했다. 그래서 저마다 맡을 지역을 정하기 위해 제비를 뽑았는데, 루쿨루스는 알프스산 남쪽 기슭 갈리아 지방으로 가게 되었다. 그곳은 큰 무공을 세울 만한 장소가 아니어서 그는 매우 불만스러웠다. 무엇보다 폼페이우스가 이베리아에서 전공을 거두고 있었기 때문에 더 초조했다. 폼페이우스가 이베리아에서 거둔 명성이 컸으므로 만일 이베리아 전쟁이 때맞춰 끝난다면, 미트리다테스 정벌 임무가 그에게 돌아갈 게 불 보듯 뻔했기 때문이다.

그래서 루쿨루스는 집정관 자리에 있는 동안, 폼페이우스가 편지로 군자금을 요구할 때마다 온갖 방법을 써서 돈을 보내주었다. 폼페이우스가 군자금을 보내주지 않으면 이베리아와 세르토리우스와의 전쟁을 그만두고 로마로 돌아오겠다고 했기 때문이었다. 대군을 거느린 폼페이우스가 로마로 돌아오게 되면 로마는 그의 뜻대로 움직일 게 뻔한 데다, 미트리다테스 정벌군 사령관 자리도 그가 차지해 버릴 게 분명했다. 루쿨루스는 이런 일을 막기 위해 계속 돈을 마련해 보내야만 했다.

그즈음 로마에서 가장 큰 세력을 가진 케테구스도 루쿨루스를 미워하고 있었다. 그는 뛰어난 말솜씨와 결단력 있는 행동으로 민중의 환심을 사면서 세력을 넓힌, 민중의 우두머리라 할 수 있는 사람이었다. 루쿨루스도 그의 교만하고 방약무인한 생활 태도에 대한 혐오감을 굳이 숨기지 않았기 때문에 두 사람은 드러내 놓고 서로를 적대시했다.

루키우스 퀸티우스도 루쿨루스의 정적이었다. 퀸티우스는 정치적 선동가로 사사건건 술라의 정책에 반대만 했다. 그는 정치 질서를 뒤흔들어 혼란에 빠뜨리고자 했다. 그래서 루쿨루스는 퀸티우스와도 적대하며, 개인적으로는 따끔하게 충고하고 공적으로는 엄하게 책임을 물어 그의 계획을 막았다. 그는 더 큰 화근이 되기 전에 현명하게 그 싹을 잘라 퀸티우스의 야심을 눌러버린 것이다.

그런데 갑자기 킬리키아 총독 옥타비우스가 죽었다는 소식이 들려왔다. 그러자 그 자리를 탐내는 사람들이 케테구스에게 벌떼처럼 모여들었다. 루쿨루스 또한 그곳 총독이 되고 싶었다. 킬리키아 자체는 보잘것없는 곳이지만 미트리다테스 영지인 카파도키아와 이웃하고 있어서, 그곳 총독이 되기만 하면 미트리다테스와의 전쟁 지휘권을 확실히 손에 넣을 수 있으리라 생각한 것이다. 여기까지 생각이 미치자 루쿨루스는 그곳을 다른 사람에게 넘겨주지 않으려

온갖 애를 썼다. 그러다 보니 그의 성격에는 도저히 맞지 않는 행동까지도 서슴없이 하게 되었다. 오로지 눈앞 필요성에 굴복해, 명예롭지도 않고 칭찬할 가치도 없는 행위이지만 자기 목적을 이루어 내는 데 매우 쓸모 있는, 이른바 마지막 수단까지 동원하기에 이르렀다.

그즈음 로마에는 프라이키아라는 아름답고 용감하기로 이름난 여인이 있었다. 비록 그 밖의 점에서는 흔히 볼 수 있는 창녀와 다를 바가 없었으나 그녀는 자신을 찾아오는 손님들을 이용해, 친구들이 정치적 이익과 목적을 이루도록 도와주었다. 그리하여 그녀는 여인으로서 타고난 매력에다, 친구들에 대한 의리와 무슨 일이든 이루어 내는 행동력까지 갖추었다는 명성을 보탰다. 그렇게 그녀는 최고의 영향력을 갖게 된 것이다. 게다가 명성과 권위에 있어서 로마 으뜸이었던 케테구스까지 유혹해 사로잡았으므로, 그녀의 세력은 더욱 커졌다. 로마의 중요한 사건치고 케테구스가 관여하지 않는 게 없었고, 그가 하는 일은 무엇이든 프라이키아의 입김이 스치지 않은 것이 없었다.

루쿨루스는 달콤한 찬사와 수많은 선물들로 프라이키아를 교묘하게 자기편으로 만들었다. 그녀처럼 세도가 당당하고 멋진 귀부인에게도, 루쿨루스 같은 인물과 함께 일을 한다는 것은 그 자체만으로 커다란 자랑이 아닐 수 없었다. 그 결과 케테구스마저도 프라이키아 꼬임에 넘어가 킬리키아 총독 자리를 루쿨루스에게 주기 위해 온갖 애를 쓰게 되었다.

마침내 총독에 임명되자 루쿨루스는 더는 케테구스나 프라이키아의 힘을 빌릴 필요가 없었다. 그는 곧바로 미트리다테스 정벌군 사령관이 되기 위한 선거 운동을 시작했다. 루쿨루스 말고는 적임자가 없다고 여긴 시민들은 만장일치로 그를 사령관으로 뽑았다. 맞설 만한 경쟁자로는 폼페이우스와 메텔루스가 있었지만, 폼페이우스는 그때까지도 이베리아에서 세르토리우스와 싸우고 있었고, 메텔루스는 너무 늙어서 군사 업무를 감당할 수가 없었다. 그러고 나니 남은 장군이라 봐야 루쿨루스와 코타뿐이었다. 동료인 코타는 원로원에서 끈질기게 호소한 결과, 프로폰티스 해를 지키고 비티니아를 방어한다는 명분을 얻어 배 몇 척을 이끌고 파견되었다.

루쿨루스는 자기 직속 1개 군단을 이끌고 아시아로 건너가 거기에 머물러 있던 많은 군대들의 지휘권을 넘겨받았다. 그러나 이 군대들은 사치스러운 생활에 젖어 약탈이나 일삼는 도무지 쓸모없는 자들과, 오랫동안 훈련을 받지 않아 엉망인 이른바 '핌브리아 부대'가 섞여 있었다. '핌브리아'라는 부대 이름은, 그들이 지난날 핌브리아 장군 아래 있었을 때 장군과 결탁해 사령관이자 집정관인 플라쿠스를 죽였고, 뒤에는 핌브리아까지 배신해 술라에게 넘겨준 데에서 비롯되었다. 그들은 대장도 군법도 모르는 무식하고 거친 집단이었으나, 싸움터에서는 남달리 용감하고 인내심이 강하며 노련했다.

루쿨루스는 빠른 시일 안에 군대를 재정비하려고 애썼다. 핌브리아 부대의 포악한 용기를 억누르고 통제하는 한편, 다른 무리들에게는 충분한 훈련을 실시했다. 이들 군대는 아마 처음으로 진정한 지휘관이나 총독이란 어떤 것이지를 깨달았으리라. 그들은 얼마 전까지만 해도 장군들이 떠받드는 가운데 누구의 지휘도 받지 않고 자기 마음대로 무기를 들었었다.

그러나 이에 맞서는 미트리다테스 또한 만만치 않았다. 그는 처음 로마군과 싸울 때의 미트리다테스가 아니었다. 그때 미트리다테스는 궤변가처럼 아무런 실속도 없이 호언장담만을 늘어놓았다. 엄청난 그의 대군은 겉보기에는 눈부시고 당당했으나, 전술이나 무술은 전혀 아는 것 없이 로마군에 맞서 쓰디쓴 패배를 맛보았다. 하지만 처음의 참패를 되새겨 교훈으로 삼으며 실패를 딛고 힘을 회복한 그는 가장 먼저 병력을 적당한 규모로 줄였다. 저마다 다른 언어를 쓰는 잡다한 오합지졸들이 내지르는 장난스러운 함성이나 허세를 모두 버렸으며, 무기를 금은으로 치장하는 일도 금지했다. 그런 무장은 착용한 사람을 보호해 주는 게 아니라 오히려 상대의 물욕을 부추겨 적군들 사기만 높여주었기 때문이다.

대신 그는 로마군처럼 병사들에게 날 폭이 넓은 큰 칼과 커다란 방패를 갖춰 싸우기 좋게 했다. 군마도 화려하게 장식한 것보다는 훈련이 잘된 말들을 뽑았다. 그 병력은 로마식 밀집대형을 익힌 보병 102만 명과 기병 1만 6000기, 그리고 큰 낫을 휘두르며 네 필 말이 끄는 전차 100대였다. 그리고 군함도 금박을 입힌 선실이나 호화로운 욕실 따위는 모두 없었으며, 여자들을 싣고 다니는 관습도 금하고, 대신 다양한 무기들과 더 많은 군수품을 싣고 다닐 수 있는 배를 새롭게 만들었다.

미트리다테스가 그렇게 어마어마한 군대를 이끌고 비티니아를 공격하자, 비티니아는 말할 것도 없고 모든 지방 주민들까지 그를 뜨겁게 환영했다. 그들은 로마 고리대금업자와 세금청부업자들에게 시달릴 대로 시달리던 참이라, 마치 미트리다테스를 구세주라고 여겼다. 얼마 뒤 루쿨루스가 흡혈귀처럼 백성들 피를 빨아먹고 배를 채우던 자들을 모조리 내쫓았지만, 그 무렵에는 먼저 아시아 주민들 소요를 무마하는 데에만 전력을 기울였다. 그래서 고리대금업자나 세금청부업자들 횡포를 엄하게 다스리는 한편, 곳곳에서 벌떼처럼 일어나려는 반란을 진압하려고 온 힘을 기울였다.

루쿨루스가 이런 일들로 시간을 끄는 동안, 코타는 자기가 먼저 미트리다테스를 정벌해 공을 세우려고 전투 준비를 서둘렀다. 그러는 동안 루쿨루스가 이미 프리기아까지 들어갔다는 소식이 들려왔다. 승리는 이미 자신의 손안에 들어온 것이라 믿고 있던 코타는, 승리의 영광을 독차지하려는 생각에 성급하게 출전을 감행했다.

그러나 그의 군대는 땅과 바다에서 한꺼번에 비참한 패배를 당하고 말았다. 군함 60척과 보병 4000명을 잃은 것은 물론, 자신은 칼케돈 시로 쫓겨가 포위당했다. 루쿨루스가 구해주지 않으면 적의 손에 사로잡혀 죽게 될 처지였다.

루쿨루스는 코타를 구해주기로 마음먹었다. 여러 장군들 가운데에 먼저 무방비 상태에 있는 미트리다테스 본국을 공격하자는 의견이 나왔다. 그들은 코타를 구하지 말고 적의 본거지를 바로 쳐서 전쟁을 끝내야 한다고 주장했다. 이것은 군대 전체 의견이기도 했는데, 그들은 코타가 얕은 꾀를 써서 혼자 영광을 차지하려다가 수많은 병사들을 잃었다며 분통을 터뜨렸다.

하지만 루쿨루스는 적의 모든 것을 빼앗는 일보다 한 사람의 로마인을 구하는 게 더 중요하다고 열변을 토했다.

이때 아르켈라우스가 자리에서 일어났다. 그는 본디 미트리다테스의 장군으로 보이오티아 전투에서 로마군에 맞서 싸웠지만, 나중에 술라의 청을 받아들여 왕을 버리고 로마로 넘어온 사람이었다. 그는 루쿨루스 이야기를 듣고, 폰투스는 분명 무방비 상태일 터이니 루쿨루스가 그곳에 닿기만 하면 쉽게 왕국 전체를 손에 넣을 수 있다고 주장했다.

그러자 루쿨루스는, 짐승이 자리를 비운 사이에 동굴을 습격하는 것은 비겁한 사냥꾼이나 하는 짓이며 자신은 그보다 더 비겁한 사람은 되고 싶지 않다고 대답했다. 마침내 루쿨루스는 보병 3만 명과 기병 2500기를 이끌고 미트리다테스 군대를 찾아 나아갔다.

이윽고 미트리다테스 군대와 마주치게 된 로마군은 처음에는 적의 엄청난 숫자를 보고 주춤했다. 이렇게 많은 군대와 정면으로 싸운다는 것은 어리석은 일이었다. 그래서 루쿨루스는 생각 끝에, 되도록 시간을 끌어 적을 지치게 만든 다음 전투를 벌이기로 결정했다. 하지만 이베리아에 있는 세르토리우스가 미트리다테스를 돕기 위해 보낸, 마리우스 군대가 자꾸만 싸움을 걸어왔다. 그들과의 싸움을 도저히 피할 수 없음을 깨달은 루쿨루스는 곧바로 모든 군대에 전투 준비를 갖추라고 명령했다.

마리우스 군대도 이미 전투 대열로 나서고 있어서 서로 지휘관 명령만 떨어지면 전투가 시작될 참이었다. 그런데 바로 그 순간, 갑자기 하늘이 갈라지면서 커다란 불덩어리가 나타나더니 양쪽 군대가 대치하고 있는 사이 한복판에 쏟아지기 시작했다. 그 모양은 마치 커다란 술통 같았는데, 은을 녹인 듯한 빛을 내고 있었다. 이 광경을 지켜본 양쪽 군대는 겁을 집어먹고 싸울 생각을 버린 채 서둘러 저마다의 진영으로 물러났다. 이 이상한 일은 프리기아에 있는 오트리아이에서 일어났다.

루쿨루스는 미트리다테스 대군을 앞에 두고 무작정 오랫동안 버티는 건 도저히 불가능하다는 사실을 깨달았다. 그래서 그는 적 상황을 알아보기 위해 포로를 끌어내 야영을 하던 군대 숫자와 남아 있는 식량이 얼마나 되는지를 물었다. 루쿨루스는 대답을 들은 다음, 다른 포로 둘을 불러내 같은 것을 물어보았다. 포로 셋의 이야기를 종합해 본 결과 3, 4일이 지나면 적의 식량이 모두 떨어질 거라 예측할 수 있었다. 그는 시간을 끌어 적을 지치게 만드는 자신의 작전이 옳았음을 확신하고 더욱 결심을 굳혔다. 그래서 되도록 많은 식량을 끌어모으고 적이 굶주림에 지쳐 힘이 빠지기를 느긋하게 기다렸다.

한편 미트리다테스는 군량이 부족해 더는 버틸 수 없는 지경이 되었다. 그는 서둘러 군대를 돌려 키지쿠스로 떠났다. 키지쿠스 시는 칼케돈 전투에서 군대 3000명과 군함 10척을 잃는 등 엄청난 피해를 입어서 몹시 쇠약해져 있었다. 그래서 미트리다테스는 이 도시를 쉽게 차지할 수 있으리라 여겼다. 그는 루쿨루스군 눈을 피해 비 오는 어두운 밤을 틈타 군대를 이동했다. 빗속에서 밤새 행군한 끝에 날이 밝아올 무렵, 미트리다테스는 키지쿠스 시가 내려다보이는 아드라스테이아 산 중턱에 다다랐다.

이런 적의 움직임을 알아차린 루쿨루스는 곧 그들을 뒤쫓기 시작했다. 그러다가 트라키아라는 마을에서 군대를 멈추었는데, 이곳은 전략적으로 매우 중요한 곳이어서 적군이 식량을 옮길 때에 반드시 지나야 할 길목이었다. 그는 승리를 확신했다. 그리고 이 승리의 확신을 병사들에게 알려주고 싶었다. 그는 병사들이 참호 파는 일을 끝내자 그들을 모두 불러모은 뒤, 며칠 안으로 피 한 방울 흘리지 않고 완벽한 승리를 거두게 될 것이라 말했다.

미트리다테스는 진영 10개를 연결해 키지쿠스 시를 완전히 에워싸고, 나머지 한쪽은 바다로 막아 도시를 완전히 포위하고 있었다. 그러나 키지쿠스 시민들은 이미 미트리다테스와 싸울 준비를 갖추었으며, 로마를 도와 해방되기 위해서라면 그 어떤 어려움이라도 참아낼 각오가 되어 있었다. 하지만 그들은 루쿨루스 군대가 어디에 있는지 몰랐고, 소식도 통 들을 수 없어서 한편으로는 몹시 불안해했다.

실제로 루쿨루스 군대는 키지쿠스 시에서도 보이는 아주 가까운 곳까지 다가와 있었다. 그러나 미트리다테스군은 언덕 위에 진을 친 로마군을 가리키면서 시민들을 감쪽같이 속였다.

"저기 언덕에 있는 게 보이지? 저것은 아르메니아와 메디아에서 달려온 군대다. 티그라네스 왕이 우리를 돕기 위해 보냈지."

키지쿠스 시민들은 구름처럼 몰려온 엄청난 적군들에게 포위되었다고 생각해, 살아날 희망을 날마다 조금씩 잃어갔다. 마침내 루쿨루스 군대가 달려온다고 해도 자신들이 구원될 길이 없다고 생각한 나머지 그들은 하나둘 절망하기 시작했다. 그때 아르켈라우스가 몰래 보낸 데모낙스가 성안으로 들어와, 루쿨루스가 도착했다는 사실을 알렸다. 하지만 시민들은 절망에 빠진 자신들을 위로하려고 지어낸 이야기라며 이를 믿지 않았다.

그런데 그때 적군에게 잡혔다가 도망쳐 나온 소년이 있어서, 시민들은 그에게 루쿨루스군이 어디 있는지 아느냐고 물었다. 처음에 소년은 시민들이 바로 눈앞에 다가온 로마군을 두고 그런 것을 묻자 농담으로 생각하고 웃었다. 그러나 곧 그들의 질문이 진지한 것임을 깨닫고는 손가락을 뻗어 로마군이 있는 언덕을 가리켰다. 그제야 시민들은 그 말이 사실임을 비로소 알아차리고 다시 용기를 얻었다.

루쿨루스 진영에서 얼마 떨어지지 않은 곳에 다스킬리티스 호수가 있었다. 이 호수에는 작은 배들이 떠 있었는데, 루쿨루스는 그 가운데 가장 큰 배 한 척을 수레에 싣고 바다로 나가 물 위에 띄웠다. 이윽고 밤이 깊어지자 이 배에 병사들을 가득 태워, 적의 눈을 피해 키지쿠스 시 안으로 들여보냈다.

이 무렵 신들도 키지쿠스 시민들의 용기를 칭찬하고 격려한 듯 보인다. 다음 같은 여러 징조들이 나타나면서 시민들 사기가 높아졌던 것이다.

때마침 시내에는 페르세포네 제전이 열리고 있었다. 그런데 적 포위 때문에 제물로 쓸 암송아지를 구할 수가 없어, 제관은 밀가루 반죽으로 암송아지 모양을 만들어 바치려고 생각했다. 그런데 그때 기적이 나타났다. 바다 건너 목장에서 풀을 뜯고 있던 암송아지 한 마리가 무리를 떠나 홀로 바다를 헤엄쳐 건너온 것이었다. 이렇게 해서 시민들은 제대로 된 제물을 구해 격식에 맞게 제사를 드릴 수 있었다.

또 그날 밤 시 서기 아리스타고라스 꿈에 페르세포네 여신이 나타나 이렇게 말했다.

"내가 왔다. 폰투스 나팔에 대항할 리비아 피리를 가지고 말이다. 그러니 시민들에게 아무 염려도 하지 말라고 전하라."

그러나 시민들은 여신의 말이 무슨 뜻인지 알지 못했다. 그런데 갑자기 바다 쪽에서 큰 회오리바람이 불어오기 시작했다. 그리고 성벽 아래에 있던 미트리다테스군 공성기가 삐걱거리는 소리를 냈다. 이 기계는 테살리아의 니코니데스가 만든 무기였는데, 삐걱거리는 소리는 폰투스군이 이 기계를 조작하느라고 내는 것이었다. 이 소리는 잠시 뒤에 어떤 일이 일어날지를 짐작하게 해주었다. 시민들은 성이 공격을 받으리라는 두려움 때문에 모두 벌벌 떨었다.

바로 그때 갑작스레 남쪽에서 태풍이 불어닥쳤다. 태풍은 성벽 밑에서 삐걱거리던 공성기들을 향해 돌진하더니 그 기계들을 모두 박살내기 시작했다. 성벽 아래 즐비하게 늘어섰던 기계들은 순식간에 모두 파괴되었다. 이 태풍은 마지막으로 높이가 100큐빗이나 되는 나무 구름다리를 땅에 내동댕이쳤다.

전하는 이야기에 따르면, 그날 밤 일리움 시에는 온몸이 땀으로 젖은 아테나 여신이 시민들 꿈에 나타났다고 한다. 여신은 한 군데가 찢어진 옷자락을 보이면서, 지금 키지쿠스 사람들을 구하고 돌아왔노라 말했다.

일리움 시민들은 이 일을 기리기 위해 비를 세웠는데, 그것은 오늘날까지 남아 있다. 이 기념비에는 그때 있었던 신비한 이야기와 시민들이 결정한 여러 내용들이 새겨져 있다.

미트리다테스는 장군들의 거짓 보고에 속아 진영 안에 식량이 부족하다는 사실을 알지 못한 채, 키지쿠스 시민들 저항에만 온 신경을 곤두세우고 있었다. 그러다가 뒤늦게 부하 병사들이 굶주리다 못해 서로 잡아먹어야 할 형편에까지 이른 것을 알고는 모든 야망과 자만심이 싹 사라져 버렸다. '사람 배를 싸움터로 만든다'는 속담처럼, 로물루스는 온갖 수단과 방법을 가리지 않고 그들의 식량 보급을 끊어버린 것이다. 미트리다테스는 루쿨루스가 다른 성을 공격하러 나간다는 정보를 얻었다. 그는 이 기회를 이용하기로 하고, 짐 싣는 짐승들과 기병대를 비티니아로 보내 식량을 구해오게 했다.

적의 움직임을 전해 들은 루쿨루스는 그날 밤 진지로 되돌아왔다. 그리고 다음 날 새벽에 10개 대대 보병들과 기병대를 이끌고는 비티니아로 미트리다테스군을 찾아 나섰다.

눈발이 휘날리는 몹시 추운 날이었다. 이런 강추위 속에서 적을 추격하는 일은 여간 힘든 것이 아니어서 자꾸만 낙오자가 생겨났다. 루쿨루스는 남은 부하들을 격려하면서 적을 뒤쫓아, 린다쿠스 강에서 그들을 무찔렀다. 여기서 쓰러진 적의 수가 매우 많아서, 아폴로니아 시 부인들까지 전리품을 거두어 갔을 정도였다. 전사자 수도 많았을 뿐더러 말 6000마리와 1만 5000명이 넘는 적병들을 사로잡았다. 로마군은 이처럼 수많은 포로와 짐승들을 이끌고 진영으로 되돌아갔다.

살루스티우스 기록에 따르면, 이때 로마군은 처음으로 낙타를 구경했다고 한다. 그러나 이것은 잘못된 기록인 듯하다. 훨씬 전에 안티오코스군을 정복한 스키피오군과, 오르코메누스와 카이로네이아에서 아르켈라우스군과 싸운 로마군이 낙타를 보았다는 사실을 모르고 한 말인 것이다.

미트리다테스는 살기 위해 도망치기로 마음먹었다. 그는 루쿨루스를 속여서 다른 곳으로 이동시키기 위해, 자기 함대 사령관 아리스토니쿠스에게 함대를 이끌고 헬라스 앞바다로 나가라는 명령을 내렸다. 하지만 아리스토니쿠스는 출항하려는 순간 부하들에게 배반당해, 로마군 장군을 매수하려고 준비했던 금화 1만 개와 함께 루쿨루스 손에 넘겨졌다. 더 이상 주춤거리고 있을 여유가 없던 미트리다테스는 장군들에게 지휘권을 넘겨주고는 서둘러 바다로 달아났다.

루쿨루스는 그라니쿠스 강에서 적을 공격해 수많은 포로를 잡았고, 2만 명에 이르는 병사들을 죽였다. 미트리다테스군 피해는 병사와 노무자들을 모두 합쳐 30만 명에 이르렀다.

　마침내 루쿨루스가 키지쿠스 성안으로 들어가자 시민들은 열렬한 환영과 감사의 뜻을 전하며 그를 기쁘게 맞아들였다. 루쿨루스는 다시 군대를 정비해 헬레스폰투스 해협을 향해 닻을 올렸다. 트로아스에 도착한 그는 아프로디테 여신 신전 안에 천막을 치고 잠을 잤는데, 그날 밤 아프로디테 여신이 꿈에 나타나 이런 말을 했다.

　"위대한 사자여! 사슴 무리들이 가까이 있는데 어찌하여 잠을 자고 있는가?"

　놀라서 잠이 깬 루쿨루스는 장군들을 불러 꿈 이야기를 했다. 그런데 그 한밤에 일리움 사람 몇 명이 달려오더니 깜짝 놀랄 소식을 전했다. 미트리다테스 왕의 커다란 군함 13척이 아카이아 항구 앞에 나타나, 렘노스 섬으로 가고 있다는 것이었다.

　루쿨루스는 곧바로 출동 명령을 내려 적 함대 13척을 포위한 다음, 사령관 이시도루스를 죽이고 다른 적들을 찾아 나섰다. 그때 적 함대는 항구에 들어서서 기슭에 막 배를 대려던 참이었다. 루쿨루스는 모든 함대에 공격 명령을 내렸다. 그러나 닻을 내리고 갑판 위에서 대항해 오는 적을 공격하기란 쉬운 일이 아니었다. 로마 배는 물 위에 떠 있는데 적들 배는 모래 위에 굳게 자리를 잡고 있었기에, 뒤로 돌아갈 공간이 없어서 타격을 줄 수 없었던 것이다.

　루쿨루스는 단념하지 않고 가장 뛰어난 정예부대를 보내 육지에 상륙시키는 데 성공했다. 섬의 유일한 상륙 지점에 내린 루쿨루스 정예부대는 적의 등 뒤로 돌아가 공격하기 시작했다. 뜻하지 않은 공격에 다급해진 병사들은 닻줄을 끊고 배를 바다 위로 띄우느라 서로 부딪치며 큰 혼란을 일으켰다.

　루쿨루스 함대는 이 기회를 놓치지 않고 과감하게 총공격을 했다. 눈 깜짝할 사이 적 대부분은 쓰러졌고, 나머지는 모두 포로가 되었다. 그 포로들 가운데 세르토리우스가 보낸 장군 마리우스도 있었는데, 그는 애꾸눈이었다. 루쿨루스는 싸움을 시작하기 직전에 그를 죽이지 말고 사로잡으라고 명령했는데, 그것은 마리우스에게 치욕스러운 죽음을 주기 위해서였다.

　싸움이 끝나자 루쿨루스는 함대를 이끌고 미트리다테스 왕을 뒤쫓았다. 그는 미리 장군 보코니우스에게 함대를 주고 니코메디아로 보내 왕이 도망갈 길을 막아두게 했었다. 때문에 그는 미트리다테스가 아직 비티니아를 벗어나지 못했으리라 짐작했다. 그런데 보코니우스는 사모트라키아 섬에 닻을 내리고 제사를 올리느라 그만 목적지에 늦게 도착하고 말았다. 이 기회를 틈타 무사히 비티니아를 벗어난 미트리다테스는 루쿨루스보다 먼저 폰투스에 도착하기 위해 전속력으로 바다를 헤치며 나아갔다. 그런데 갑자기 큰 폭풍을 만나 함대가 곳곳으로 흩어지고, 몇 척은 침몰해 배 파편들이 며칠씩 근처 바다 위를 떠다녔다. 미트리다테스 왕은 어느 상인의 배를 빌려 탔는데, 풍랑 때문에 바닷물이 스며들어 도저히 바닷가까지 갈 수가 없는 형편이었다. 이때 해적선이 하나 다가왔으므로 미트리다테스는 모든 것을 운명에 맡기고 그 배에 옮겨 탔다. 해적들이 배반한다면 왕은 그 자리에서 죽을 수밖에 없었다. 하지만 해적들은 왕을 해치지 않고 폰투스 헤라클레아 시까지 그를 태워다 주었다.

이처럼 루쿨루스는 얼마 전 원로원에서 장담한 일을 마침내 해내 어떤 벌도 받지 않았다. 그 장담이란, 원로원이 1개 함대를 만들 수 있는 돈 3000탈란톤을 루쿨루스에게 주기로 결정한 일에 대해 루쿨루스 스스로가 그 결정에 반대한 일이었다. 그는 굳이 그런 큰돈을 받지 않아도, 동맹국들 군함만으로도 충분히 미트리다테스군을 바다에서 전멸시킬 수 있다면서 자신을 믿어달라는 뜻을 원로원에 보냈다.

신의 도움이었는지 루쿨루스는 정말로 그 일을 훌륭히 해냈다. 여기에는 프리아푸스 아르테미스 여신이, 폰투스군이 예전에 자기 신전을 짓밟고 신상을 다른 곳으로 옮겨간 일을 노여워해, 미트리다테스 함대에 폭풍우를 내렸다는 이야기도 있다.

이쯤 되자 많은 사람들이 루쿨루스에게 전쟁을 멈추라고 계속 권유했지만, 그는 이런 충고들을 무시하고 비티니아와 갈라티아를 지나 마침내 미트리다테스 본국으로 쳐들어갔다. 전쟁에서 무엇보다 군량이 가장 중요했으므로, 그는 갈라티아 사람 3만 명을 동원해 저마다 밀 1메딤노스를 지고 부대 뒤를 따라다니게 했다. 그러나 막상 진격하고 보니 식량 걱정은 하지 않아도 될 상황이었다. 미트리다테스 군대는 어느 곳에서도 보이지 않았으며, 발을 들여놓기만 하면 그대로 정복지가 되었다. 정복하는 땅이 넓어지면서 물자도 풍족해졌고, 나중에는 오히려 식량이 남아돌았다. 황소 한 마리가 1드라크메, 노예 한 명이 4드라크메란 헐값에 사고팔렸고, 그 밖의 전리품들은 아무도 거들떠보지 않을 정도였다. 병사들은 이제 부럽거나 아쉬운 것이 없었으므로, 전리품은 오히려 귀찮은 물건이 되어 일부러 내다버리거나 망가뜨리는 일까지 있었다.

루쿨루스는 기병대를 이끌고 계속 나아가 테미스키라와 테르모돈 평야에까지 이르렀다. 그러나 전투다운 전투는 한 번도 벌어지지 않았으며, 기껏해야 힘 없는 나라 영토를 일방적으로 짓밟을 뿐이었다. 그러자 병사들은 곧 불평을 늘어놓기 시작했다.

"계속 항복만 받아내고 싸우지를 않으니 우리 주머니는 언제 황금으로 채워지는 거지? 포위만 하면 간단히 빼앗을 수 있는 황금을 버리고 그냥 지나가는 이유가 뭐냔 말이야? 어디 있는지도 모르는 미트리다테스를 찾아 티바레니(티바레노이)나 칼다이아 황야까지라도 가겠다는 거야?"

하지만 루쿨루스는 이런 병사들 불평이 얼마나 위험한 것인지 생각하지 못하고 대수롭지 않게 넘겨버렸다. 사람들은 그가 아무 가치도 없는 시골 마을이나 돌아다니면서 미트리다스에게 시간 여유를 주고 있다며 비난했다. 그는 사람들에게 이렇게 변명했다.

"그것이 바로 내 작전이오. 이렇게 시간을 끄는 이유는 미트리다테스에게 군사를 모으고 재정비할 시간을 주어 다시 내게 맞서게 하기 위함이오. 우리가 무작정 뒤를 쫓는다면 그는 지금이라도 저 멀리 끝없는 황야로 도망가 버릴 것이오. 카우카수스 산맥 저 수많은 계곡들이 안 보이시오? 깊은 산으로 도망가 아무도 찾을 수 없는 곳으로 숨어버리기라도 하면 어찌 찾는단 말이오? 그곳은 전쟁을 싫어하는 왕 몇천 명쯤은 능히 숨을 수 있을 만큼 드넓은 곳이오. 뿐만 아니라 이 앞에는 아르메니아 왕 티그라네스가 버티고 있소. 그의 군대는 파르트아군을 아시아에서 몰아내고 헬라스 이민 도시를 메디아로 옮겼으며, 시리아와 팔레스티나를 정복했소. 또 셀레우쿠스 후손인 왕들을 죽이고 공주와 왕비까지 납치했소. 그만한 세력을 손에 쥔 티그라네스가 누군지 아시오? 바로 미트리다테스의 사위요. 그러니 그가 미트리다테스를 돕기 위해 우리를 공격해 올지도 모른단 말이오. 우리가 미트리다테스를 자기 나라에서 내쫓으면 티그라네스를 끌어들이는 결과를 가져오게 되오. 자기 장인을 궁지에서 구한다는 명분을 주기 때문이오. 티그라네스는 지금 로마와 싸울 기회만 노리고 있소. 그렇기 때문에 나는 미트리다테스를 욕보여 티그라네스에게 보내는 것보다는, 그가 스스로 힘을 길러 싸우러 오기를 기다리는 것이오. 우리는 이제껏 여러 번 전멸시킨 적 있는 콜키스와 티바레니와 카파도키아군을 상대로 싸우게 될 것이오. 그러나 메디아군이나 아르메니아군과는 절대로 싸우지 않을 것이오."

루쿨루스는 이런 이유를 대며 아미수스 시를 포위한 채 공격은 하지 않고 시간만 끌었다. 그러는 동안 겨울이 지나가자 그는 아미수스 시 포위를 무레나에게 맡기고 미트리다테스를 정복하기 위해 출정했다. 미트리다테스 왕은 로마군과 다시 결전을 벌일 생각으로 카베이라에 머물렀다. 그가 이끄는 병력은 보병 4만 명에 기병 4000기였다. 왕은 군대를 거느리고 리쿠스 강을 건너 평야로 나오더니 로마군에 싸움을 걸어왔다. 로마군 기병도 이에 맞서며 출전해 기병전이 벌어졌는데, 로마가 패배했다. 그때 로마군에서 어느 정도 이름이 알려져 있던 폼포니우스라는 기병이 부상을 당한 채 포로로 잡혀갔다. 왕이 폼포니우스에게 그를 살려주면 자신을 섬기겠느냐 물었다. 그러자 폼포니우스가 당당한 태도로 대답했다.

"왕께서 로마군과 평화협정을 맺는다면 그럴 것입니다. 그러나 전쟁을 계속한다면 나는 죽을 때까지 싸울 수밖에 없습니다."

왕은 그의 말에 감탄해 아무런 해도 입히지 않았다.

루쿨루스는 미트리다테스 기병들이 평야를 완전히 차지하자 평야에서의 싸움을 피하기로 결심했다. 하지만 언덕땅은 너무 험해서 진을 칠 만한 장소가 없었다. 그때 부하들이 동굴에 숨어 있던 헬라스 사람 몇을 잡아왔는데, 그 가운데 가장 나이가 많은 아르테미도루스가 루쿨루스에게 자신을 길 안내자로 삼는다면 좋은 장소로 안내하겠노라 약속했다. 그곳은 군대 안전을 위해 좋을 뿐 아니라 카비라를 한눈에 내려다볼 수 있는, 전략적으로 유리한 곳이라고 말했다.

루쿨루스는 그 말을 믿고 아르테미도루스를 안내자로 삼았다. 밤이 깊어지자 루쿨루스 군대는 횃불을 치켜들고 안내자를 뒤따르기 시작했다. 그들은 좁은 산골짜기를 몇 개나 빠져나가 무사히 목적지에 이르렀다. 날이 밝은 뒤에 보니 정말 적군이 바로 눈앞에 내려다보였다. 그곳은 싸우고 싶으면 싸울 수 있지만 조용히 있고 싶으면 적의 공격을 받을 걱정이 없었다. 루쿨루스는 그 자리에 진을 쳤다. 그는 얼마 동안 싸움을 걸지 않기로 했고, 미트리다테스도 같은 생각이었다.

그러던 어느 날, 미트리다테스군 병사들이 노루를 사냥하다가 로마군과 맞닥뜨렸다. 이윽고 양쪽 군대에서 증원군이 나오기 시작하면서 곧 작은 싸움이 벌어졌다. 마침내 적병들이 우세해지자 로마 병사들은 진지에서 달아나기 시작했다. 이 모습을 본 로마군은 루쿨루스에게 달려가 이 사실을 알리며, 지금 바로 나가서 싸우게 해달라고 간청했다. 보고를 들은 루쿨루스는 직접 평지로 내려갔다. 하지만 그는 이처럼 위험한 상황에 맞닥뜨렸을 때, 장군의 침착한 결정이 얼마나 중요한 것인지를 보여주기 위해 병사들 흥분을 가라앉히고 대기명령을 내렸다. 평야에 내려간 루쿨루스는 가장 앞에서 도망쳐 오는 로마 병사들을 막아세우고, 자신과 함께 적과 다시 싸우자 외쳤다.

쫓겨 오던 로마 병사들은 루쿨루스 명령에 따라 모여들었다. 그러자 그 모습을 본 다른 병사들도 하나둘씩 이 무리에 끼어들어 함께 적을 공격하기 시작했다. 이렇게 되면서 로마군은 어렵지 않게 적을 무찌를 수 있었다. 마침내 적이 패배해 도망치자, 루쿨루스는 부하들을 이끌고 진지로 돌아왔다. 그러고는 도망쳤던 병사들에게 관례에 따라 벌을 주었다. 그들은 다른 전우들이 보는 앞에서 12푸스 길이의 큰 참호를 파야만 했다.

미트리다테스 진영 안에는 올타쿠스라는 사람이 있었다. 마이오티스 호숫가에 사는 단다리다이 야만족 추장이었던 그는, 전투에서 용맹스럽고 남달리 힘이 세기로 널리 알려졌다. 또 그는 지략이 뛰어나고 사람들과 쉽게 친해졌으며, 남을 설득하는 특별한 말재주도 갖고 있었다. 올타쿠스는 늘 같은 부족의 어떤 추장을 시기해 서로 공을 다투었으므로, 왕의 환심을 사고자 루쿨루스를 암살하겠다며 자원해 왔다. 미트리다테스 왕은 그의 계획을 허락했다.

올타쿠스는 미리 짠 각본대로 왕에게 예의 없는 행동을 한 뒤, 말을 타고 로마군 진지로 도망을 왔다. 진작부터 올타쿠스 이름을 들어왔던 루쿨루스는 그를 따뜻하게 맞아들였다. 루쿨루스는 올타쿠스의 지략과 지조를 잠시 시험해 보고는 그를 믿게 되었다. 그는 곧 올타쿠스를 식사에도 초대하고 군사회의에도 참석하게 했다.

루쿨루스의 신임을 얻은 올타쿠스는 마침내 기회를 잡았다. 어느 날, 점심 식사를 마친 병사들이 모두 밖으로 나와 쉬고 있을 때였다. 올타쿠스는 하인을 시켜 말을 끌어내게 한 뒤 그것을 타고 루쿨루스 막사로 달려갔다. 그는 장군과 가까이 지내는 터였으므로 의심할 사람이 없으리라 여기고, 급한 일로 장군을 뵈러 왔다고 말했다. 예전부터 많은 장군들이 잠으로 인해 목숨을 잃었지만, 루쿨루스는 오히려 잠 때문에 살 수 있었다. 만일 그가 잠들지 않았었다면 올타쿠스는 아무런 의심도 받지 않고 쉽게 막사 안으로 들어갈 수 있었을 것이다.

하지만 이때 루쿨루스는 낮잠을 자고 있었으므로 막사를 지키던 호위병 메네데무스가 그 앞을 막아섰다. 그리고 시간을 잘못 택했다면서 루쿨루스가 며칠째 제대로 잠도 못 자고 일을 하다가 조금 전에야 겨우 잠들었으니 지금은 안 된다고 말했다.

올타쿠스는 거절을 당하고도 쉽게 물러나지 않았다. 장군의 잠보다 훨씬 더 중요한 일이라 말하며 지금 꼭 장군을 만나야 하니 말리지 말라고 버텼다.

그러자 메네데무스가 화를 벌컥 냈다. 그에게 루쿨루스 장군 신변을 보호하는 것보다 더 중요한 일은 없으니 잔소리 말고 썩 물러가라고 말하면서 올타쿠스를 강하게 밀쳐냈다. 그는 메네데무스의 완강한 태도에 겁을 먹고 물러설 수밖에 없었다. 그래서 루쿨루스를 암살하려던 계획을 포기하고, 말에 올라타자마자 미트리다테스에게 달아나 버렸다.

이처럼 사람의 행동은 약과 같아서, 때와 사정에 따라 삶과 죽음의 고비가 결정된다.

이런 일이 있고 나서 루쿨루스는 소르나티우스에게 10개 대대를 주어 식량을 구해오도록 했다. 이 소식을 들은 미트리다테스는 장군 메난드로스를 시켜 그들을 뒤쫓게 했다. 소르나티우스를 뒤쫓아 간 메난드로스 군대는 로마군의 완강한 저항에 부딪혀 격렬한 전투를 벌였다. 마침내 메난드로스는 이 싸움에서 수많은 병력을 잃고 돌아갔다.

그 뒤 로마 장군 아드리아누스가 군대를 이끌고 다시 식량을 구하기 위해 파견되었다. 미트리다테스는 이 기회를 놓치지 않으려고, 메네마쿠스와 미론에게 많은 기병들과 보병들을 주어 그들을 무찌르게 했다. 그러나 이들 또한 로마군에 크게 패하고 말았다. 그 대군 가운데 살아 돌아온 병사는 고작 2명뿐이었다.

미트리다테스는 이렇게 처참히 패배한 사실을 숨기려고 애썼다. 병사들에게는 지휘관들이 서툴고 성급해서 조금 피해를 입은 것뿐이라고 둘러댔다. 하지만 그런 비밀이 오래갈 리 없었다. 로마 장군 아드리아누스가 군량과 전리품을 수레에 가득 싣고 그들 진영 옆을 지나가는 것을 보고, 병사들은 모든 사실을 알게 되었다.

이를 본 미트리다테스 왕은 속이 뒤집혔고, 병사들은 놀라움과 두려움으로 들끓었다. 왕은 하는 수 없이 진지를 옮기기로 했다. 그런데 이런 결정이 내려진 뒤, 왕의 시종들이 자기네 짐을 먼저 실어 보내느라 다른 사람들이 짐 싣는 것을 방해했다. 그러자 격분한 병사들은 그동안 억눌렸던 불평과 분노를 한꺼번에 터뜨리며 시종들 짐을 빼앗고 그들을 죽여버렸다. 왕의 진영은 순식간에 혼란에 휩싸였으며, 그러는 가운데 도릴라우스 장군이 죽고 말았다. 그가 가진 것은 자줏빛 옷 하나였는데, 바로 그것 때문에 죽임을 당하고만 것이었다. 제관인 헤르마이우스도 진영 문앞에서 짓밟혀 죽었다.

미트리다테스 왕은 시종 하나 없이, 아우성치는 무리에 섞여 진지를 빠져나왔다. 그 많던 말이 한 마리도 보이지 않아 그는 허둥거리며 걸어가고 있었다. 그때 프톨레마이오스라는 시종이 말을 타고 가다가 군중 속에 섞여 도망가는 왕을 발견하고는 자신의 말을 그에게 넘겨주었다. 왕은 말에 올라타자마자 허겁지겁 달아났다.

로마군이 곧바로 뒤를 쫓았지만 왕은 끝내 잡히지 않았다. 왕이 탄 말이 빨랐기 때문만은 아니었다. 사실 로마군은 왕에게 바짝 다가갔다. 하지만 그토록 오랫동안 수많은 어려움과 위험을 무릅쓰고 추적했던 사냥감을 놓치게 만든 것, 루쿨루스로부터 승리의 더없는 공적을 빼앗아 간 것은 다름 아닌 탐욕과 돈에 대한 욕심이었다. 왕을 태우고 달리던 말이 거의 손에 잡힐 듯 가까워졌을 때, 갑자기 왕의 황금을 싣고 가던 노새 한 마리가 그들 눈앞에 뛰어들었다. 이 노새가 우연히 이곳으로 달려왔는지, 아니면 왕이 로마군 추격을 늦추려고 미리 명령을 내렸던 것인지는 모르지만, 그 노새를 가득 뒤덮은 황금을 본 순간 로마군은 눈이 뒤집히고 말았다. 그들은 앞다투어 황금을 빼앗아 자기 품에 집어넣고, 흩어진 돈을 줍기에 바빴다. 그동안 미트리다테스 왕은 위험한 순간을 벗어날 수 있었다.

루쿨루스가 부하들 욕심 때문에 받은 피해는 이것뿐이 아니었다. 로마군은 미트리다테스의 모든 비밀을 아는 내시 칼리스트라투스를 사로잡았다. 그런데 루쿨루스 명령으로 그를 데려오던 병사들이, 칼리스트라투스가 허리띠에 가진 금돈을 보고 탐이나 그를 죽여버렸다. 그러나 이런 일을 당하고도 루쿨루스는 병사들에게 적 진지를 노략질하도록 허락했다.

얼마 뒤 루쿨루스는 카베이라를 비롯한 요새들을 손에 넣고, 거기 있던 엄청난 보물과 비밀 감옥들을 발견했다. 감옥 안에는 수많은 헬라스 사람들과 미트리다테스의 친척들이 갇혀 있었다. 이미 오래전에 죽은 목숨이라 생각했던 그들은 루쿨루스 호의 덕분에 구출이라기보다는 부활, 새로운 생명을 얻은 것이나 마찬가지였다. 목숨을 건진 사람들 가운데는 미트리다테스 누이인 니사도 있었다.

한편 달아난 미트리다테스는 자신의 최후가 가까워져 옴을 느꼈던 듯하다. 그는 시종인 바키데스를 보내, 피난 가 있던 자기 가족들을 모두 죽이게 했다. 그들 거의가 멀리 떨어진 페르나키아로 몸을 피해 있어서 전쟁으로부터는 안전했지만, 왕이 보낸 자객에 의해 누구보다도 비참한 죽음을 맞았다. 이 가운데는 마흔 살쯤 된 미혼의 두 누이 록사나와 스타티라, 그리고 이오니아 태생인 두 왕비도 있었다. 두 왕비는 키오스의 베레니케와 밀레투스의 모니메였는데, 모니메는 지난날 왕이 그녀에게 구혼하면서 금화 1만 5000개를 보내 환심을 얻으려 했을 때에도 거절한 사람이었다. 그러다가 정식으로 결혼을 약속하고 왕관과 왕비 칭호를 받은 다음에야 왕의 뜻을 받아들여, 헬라스 사람들 사이에서 평판이 높은 여자였다.

그러나 왕비로서 모니메의 생활은 결코 행복하지 않았다. 그녀는 남편이 아니라 주인, 결혼과 가정 대신에 이방인들을 가져다준 자신의 아름다움을 탄식했다. 고향에서 멀리 떨어진 곳에 홀로 남아 그녀는 마음에 그려보던 행복을 이루지도 못하고, 또 익숙했던 즐거움마저 모두 빼앗긴 채 슬픔에 사무쳐 살아왔다.

그런 그녀 앞에 나타난 바키데스는 왕의 뜻을 전하며, 가장 고통스럽지 않은 방법을 정해 목숨을 끊으라고 말했다. 모니메는 하염없이 눈물을 흘리며 머리에 쓴 왕관을 벗어, 거기에 자신의 목을 넣고 매달려고 했다. 그러나 중간에 고리가 끊어지자 모니메는 이렇게 외쳤다.

"이런 몹쓸 것! 이렇게 작은 일에도 도움이 되지 못하는 왕관이었단 말인가."

모니메는 왕관에 침을 뱉고는 바키데스에게 목을 내밀었다.

또 다른 왕비였던 베레니케는 독약을 마시려고 했는데, 곁에 있던 어머니가 함께 마시자고 간청했기에 갖고 있던 독약을 어머니에게 나누어 주었다. 몸이 쇠약해진 어머니는 반만 마시고도 곧바로 숨을 거두었으나 베레니케는 좀처럼 죽지 못하고 괴로워했다. 끝내 그녀는 바키데스의 힘을 빌려 목 졸려 죽었다.

왕의 누이인 록사나는 왕에게 온갖 비난과 저주를 퍼부으면서 독약을 마시고 죽었다. 이와 달리 스타티라는 죽기 전, 불평 한 마디 하지 않고 자기 신분에 어울리지 않는 어떤 이야기도 없이, 오히려 신변이 위태로우면서도 누이들에게 치욕을 당하지 않고 깨끗하게 죽을 길을 열어주어 고맙다고 말했다.

천성이 너그럽고 따뜻한 루쿨루스는 이 소식을 전해 듣고 몹시 슬퍼했다. 그러나 이런 슬픔 때문에 전쟁을 그만둘 수는 없었다.

루쿨루스는 추격을 늦추지 않고 미트리다테스를 뒤쫓아 탈라우라까지 갔다. 그러나 그곳에서 미트리다테스가 나흘 전에 아르메니아 왕 티그라네스를 찾아갔다는 소식을 들었다. 루쿨루스는 티그라네스와는 싸울 생각이 없었으므로 곧바로 군대를 돌렸다. 그는 칼다이아를 공격하고 이어서 티바레니를 손에 넣었다. 그 뒤 소(小)아르메니아로 쳐들어가 도시와 요새들을 차지했다. 그리고 티그라네스에게 아피우스를 사절로 보내 미트리다테스 왕을 넘겨달라고 요구했다.

한편 루쿨루스는 포위하고 있던 아미수스 시로 되돌아왔다. 아미수스는 그때까지도 함락되지 않았고, 날이 갈수록 로마군이 받는 피해만 늘어가고 있었는데, 이는 바로 아미수스 수비를 지휘하는 칼리마쿠스 때문이었다. 칼리마쿠스는 기계장치를 잘 다루었고 포위 공격에 필요한 모든 자원을 확보하는 능력이 뛰어났기 때문에 로마군에 큰 타격을 주고 있었다. 이 때문에 그는 나중에 그 대가를 치르게 된다.

루쿨루스는 교묘한 작전으로 그가 시를 버리지 않을 수 없게끔 만들었다. 그는 적군들이 낮에 잠시 쉬는 틈을 이용해 습격하여 성벽 일부를 차지했던 것이다. 그러자 칼리마쿠스는 로마군에 노략질당하는 게 싫어서였는지, 아니면 혼란을 틈타 탈출하기 위해서였는지 성안에 불을 지르고 달아나 버렸다.

배를 타고 도망가는 적들을 추격하는 로마군은 아무도 없었다. 그들은 성벽에 불길이 치솟는 것을 보고 성안으로 달려가더니, 불을 끌 생각도 하지 않고 노략질하기에만 바빴다. 루쿨루스는 불길에 휩싸인 도시를 구하기 위해 병사들에게 시민들을 도와 불을 끄라고 명령했다. 그러나 병사들은 그의 말을 도무지 듣지 않고, 노략질을 허락해 달라며 소리를 지르고 방패를 두들겨댔다. 루쿨루스는 마지못해 그들의 요구를 받아들였다. 노략질을 허가하면 불을 끄는 데 도움을 줄지도 모른다고 여겼던 것이다. 하지만 병사들은 노략질을 위해 오히려 횃불을 마구 흔들어대어 도시 전체를 잿더미로 만들어 놓았다.

다음 날 아침 시내에 발을 들여놓은 루쿨루스는 눈앞에 펼쳐진 비참한 광경을 보고 눈물을 흘렸다. 그는 곁에 선 동료들에게, 자신은 술라가 늘 운이 좋았던 장군이라고 생각했는데 오늘은 그 생각이 더욱 절실하다고 했다. 술라는 아테나이를 정복했을 때에도 그 도시를 고스란히 구할 수 있었기 때문이었다. 그러고는 계속 말을 이었다.

"나는 그런 술라를 본받으려 했소. 그러나 이제 난 뭄미우스 같은 사람이 되고 말았구려. 그 또한 도시를 정복하면서 그 도시를 파괴했으니 말이오."

루쿨루스는 폐허가 된 도시를 재건하기 위해 온 힘을 쏟았다. 그리고 그 노력의 결과였는지 갑자기 하늘에서 비가 내려 불도 쉽게 꺼졌다. 그는 아미수스에 머무는 동안 하루도 쉬지 않고 오로지 도시를 일으켜 세우는 일에 매달렸다. 건물을 새로이 짓고, 피란 갔던 시민들을 다시 불러모았으며, 헬라스 이주민들을 받아들였다. 그리고 땅 120스타디온을 편입해 도시 영토를 더 넓혔다.

아미수스는 아테나이가 바다에서 군림할 때 건설된 식민 도시였다. 그즈음 아테나이 시민들은 아리스티온 폭정을 피해 이곳으로 왔는데, 불행을 피해 온 게 결국 더 큰 남의 불행으로 뛰어든 셈이 되어버렸다. 루쿨루스는 아미수스에서 이들이 당한 불행을 가엾게 여겨, 살아남은 시민들에게 저마다 옷과 돈 200드라크메를 주고 고향으로 돌려보냈다. 이때 문법학자 티란니온이 포로로 잡혔는데, 무레나가 그를 노예로 달라고 했다. 루쿨루스가 이를 허락해 넘겨주자 무레나는 티란니온을 풀어주어 자유인이 되게 했다.

하지만 이는 루쿨루스의 은혜를 잘못 이용한 일이 되고 말았다. 그는 학식 높은 사람을 노예로 만들었다가 해방하는 일을 좋게 생각하지 않았다. 허울뿐인 자유를 주는 것은 진정한 자유를 빼앗는 것과 마찬가지라 여겼기 때문이다. 무레나가 루쿨루스보다 너그럽지 못한 사람이었음을 보여준 것은 이번이 처음은 아니었다.

루쿨루스는 다음으로 아시아 여러 도시들에 대한 뒤처리에 몰두했다. 시간을 쪼개가며 치러야 할 전쟁도 없었으므로 그는 오직 정치와 법률을 살피는 데 모든 노력을 기울였다. 이곳은 오랫동안 질서가 잡혀 있지 않아서 사람들이 이루 말할 수 없을 만큼 비참한 삶을 살았다. 세금청부업자와 고리대금업자들 때문에 피와 땀을 빨리다 못해 노예나 다름없는 지경이었다. 시민들은 잘생긴 아들과 순결한 딸들을 팔아야 했고, 도시들은 신전에 있던 제물과 그림과 신상을 팔아야 했다.

그러다가 마침내 그들은 노예가 되었는데, 그렇게 되기까지 받아야 하는 고통은 더욱 비참했다. 때로 그들은 밧줄이나 형틀에 묶여 말에 끌려다니기도 했고, 땡볕 아래 하염없이 서 있기도 했으며, 살을 에는 추운 겨울에 진흙탕이나 얼음 속으로 뛰어들어야 할 때도 있었다. 그래서 그들은 오히려 노예가 된 생활이 덜 고생스럽고 마음 편하다고 여길 정도였다.

이런 참혹함을 본 루쿨루스는 짧은 시간 안에 시민들을 그런 학정에서 구해냈다. 가장 먼저 그는 이자율을 1퍼센트 이하로 내리고, 둘째로 원금을 넘는 이자는 모두 없앴으며, 마지막으로 채권자는 채무자 수입의 4분의 1 이상을 가져갈 수 없도록 했다. 그리고 만약 채권자가 이자를 원금에 보탤 때에는 그에게서 채권에 대한 모든 권리를 빼앗게 했다. 이 법이 시행된 지 4년이 되기도 전에 사람들은 자신의 빚을 모두 갚았으며, 땅도 본디 주인들에게 모두 돌아갔다.

하지만 세금청부업자들이 가만히 보고 있을 리가 없었다. 처음부터 이 지방 상납금은 술라가 매긴 2만 탈란톤의 세금으로부터 시작된 것인데, 이 세금에 이자가 늘고 또 늘어 마침내 시민들은 12만 탈란톤을 물어야 했다. 이 돈은 세금 낼 돈을 빌려주었던 고리대금업자나 세금청부업자들이 고스란히 받게 될 터였다. 그런데 그들은 루쿨루스가 만든 법 때문에 시민들로부터 본디 받아야 할 돈의 절반도 안 되는 4만 탈란톤밖에 못 받게 되었다.

이에 앙심을 품은 세금청부업자들은 로마로 가서 루쿨루스 탓에 자신들이 큰 피해를 입은 것마냥 그에 대한 악담을 퍼부었으며, 정치인들을 매수해 그를 공격하게 했다. 그러나 루쿨루스는 이미 올바른 정치로 시민들의 절대적인 존경을 받고 있었다. 뿐만 아니라 다른 도시들도 그처럼 어진 총독을 맞기를 바라며 그가 다스리는 도시를 부러워했으므로, 루쿨루스의 태도는 태연했다.

티그라네스 왕에게 파견된 아피우스 클로디우스는 루쿨루스의 처남이었는데, 그는 왕의 안내자들에게 이끌려 괜히 먼 길을 돌면서 지루한 여행을 하고 있었다. 그때 시리아 출신 해방 노예가 그에게 지름길을 알려주었다. 그래서 그는 왕의 안내자들과 헤어져, 며칠 만에 에우프라테스 강을 건너 다프네 부근 안티오케이아에 닿았다. 하지만 티그라네스 왕이 포이니키아로 출정해 자리에 없었으므로, 아피우스는 그곳에서 기다리라는 왕명을 받았다.

이곳에서 한가하게 머무는 동안 그는 자르비에누스를 비롯한 여러 군주들과 가까이 지냈다. 그들은 티그라네스 왕이 두려워서 겉으로는 아르메니아에 복종했지만, 속으로는 모두 불평이 많았다. 마침내 아피우스는 그 군주들 마음을 돌리는 데 성공했다. 그리고 티그라네스에게 정복된 땅의 밀사들과도 몰래 만나 루쿨루스의 원조를 약속했다. 이런 일들은 모두 비밀리에 이루어졌으며, 그들은 비밀을 지킬 것을 굳게 맹세했다.

본디 아르메니아는 헬라스인들을 가혹하게 대했고, 세력이 커짐에 따라 왕의 성미도 점점 더 사납고 건방지게 변해갔다. 그는 사람들이 탐낼 만한 물건은 모두 갖고 있었으며, 세상 모든 것이 오직 자기만을 위해 있는 듯이 여겼다. 처음에는 별 볼 일 없었던 그는 여러 나라들을 정복한 뒤 파르티아 권세까지 꺾고 나자, 킬리키아와 카파도키아로부터 헬라스 사람들을 이주시켜 메소포타미아에 살게 했다. 그는 또 천막을 치고 이동 생활을 하던 아라비아인들을 가까운 곳에 정착시켜, 그들을 이용해 무역을 하면서 이익을 얻었다.

티그라네스를 섬기는 사람들 가운데에는 왕도 많았다. 티그라네스는 그들 가운데 넷을 뽑아 자기 시종이나 호위병처럼 늘 데리고 다녔다. 그 왕들은 티그라네스가 말을 탈 때면 달려가 시중을 들고, 그가 앉아 있으면 손을 맞잡은 채 언제나 대기했다. 본디 손을 맞잡고 서 있는 자세는 노예로서 절대 복종하겠다는 표시였다. 그들은 마치 자유를 잃은 노예처럼, 봉사한다기보다는 주인의 벌을 기다리는 듯한 자세로 서 있었다.

그러나 아피우스는 이런 광경을 보고도 전혀 놀라거나 두려워하지 않았다. 그는 왕을 만나자 자신은 루쿨루스 장군 개선식을 위해 미트리다테스 왕을 찾으러 왔으며, 그를 넘겨주지 않으면 왕을 상대로 전쟁을 선포하겠다고 분명히 말했다.

티그라네스는 억지 미소를 지으면서 침착한 표정을 잃지 않으려 애썼지만, 곁에 서 있던 사람들은 왕이 젊은 장군의 거침없는 말에 당황했다는 걸 느낄 수 있었다. 왕은 25년 동안 노예가 아닌 자유인의 말이라고는 듣지 못했고, 절대적인 대왕 노릇만 해왔던 그로서는 이런 말 한마디도 놀라웠던 것이다.

하지만 티그라네스는 미트리다테스 왕을 넘겨줄 수 없으며, 로마군이 공격해 온다면 보기 좋게 무찔러 주겠다고 대답했다. 또 그는 루쿨루스가 편지 속에서 자신을 '왕 중의 왕'이라 부르지 않고 단순히 '왕'이라고만 부른 데 화가나서, 답장을 쓸 때 루쿨루스에게 '총사령관'이라는 경칭을 사용하지 않았다. 그러나 아피우스에게는 많은 선물을 보냈다. 그리고 아피우스가 그것들을 모두 사양하자 전보다 더 많은 선물을 다시 보냈다. 아피우스는 자기가 무슨 노여움이 있어서 선물을 거절하는 것처럼 보일까봐 그 가운데서 큰 술잔 하나를 가진 다음, 나머지는 모두 돌려보내고 루쿨루스에게 돌아갔다.

이즈음 티그라네스는 장인인 미트리다테스 왕을 만나 이야기를 나눈 적도 없었다. 그러기는커녕, 자기 왕국에서조차 쫓겨난 그를 몹시 경멸해 기후가 좋지 않은 먼 곳으로 보내버렸다. 그런데 아피우스가 다녀간 뒤부터 티그라네스는 갑자기 미트리다테스에게 존경과 예의를 갖추기 시작했다. 그들은 궁전 깊숙한 곳에서 만나 비밀 이야기를 나눈 다음, 자신들이 지금까지 사이가 나빴던 까닭을 신하들 탓으로 돌렸다. 이때 불화를 일으킨 신하라는 누명을 쓰고 죽임을 당한 사람들 가운데에는 철학자 메트로도루스도 있었다. 그는 웅변술이 뛰어나고 학식이 풍부해 미트리다테스에게서 깊은 존경을 받아 '왕의 아버지'라고까지 불렸던 사람이다.

언젠가 미트리다테스는 그를 티그라네스에게 사절로 보낸 일이 있었다. 로마군과 싸우는 데 도움을 부탁하기 위해서였다. 그때 티그라네스는 그에게 이런 질문을 했다.

"메트로도루스여, 당신 생각으로는 내가 어찌 하는 게 좋겠소?"

그러자 메트로도루스는 티그라네스 이익을 위해서였는지 아니면 미트리다테스에 대한 충성심이 부족해서였는지, 사신 자격으로는 원조를 요청하지만 개인적인 의견으로는 지원을 하지 않는 편이 좋겠다고 대답했다.

티그라네스는 메트로도루스에게 벌이 내려지리라 생각하지 않고, 이 일을 미트리다테스에게 그대로 전했다. 하지만 미트리다테스는 몹시 격분해 곧바로 메트로도루스를 불러들여 감옥에 가두어 버렸다. 티그라네스는 자신이 저지른 일을 무척 후회했지만, 메트로도루스가 죽임을 당한 것은 오로지 이 일 때문만은 아니었다. 미트리다테스는 예전부터 메트로도루스를 미워하고 있다가 이 일을 계기로 없애버린 것이었다. 이는 뒷날 로마군이 손에 넣은 미트리다테스 비밀문서 가운데서 메트로도루스를 사형시키라는 명령서가 발견된 것으로 보아도 알 수 있다. 그러나 아무튼 티그라네스가 미트리다테스의 노여움을 부추겨 메트로도루스를 죽음으로까지 몰아갔다는 사실은 의심의 여지가 없다. 티그라네스는 돈을 아끼지 않고 성대히 장례를 치러, 자신의 배신으로 목숨을 잃은 메트로도루스의 넋을 위로했다.

티그라네스 궁전에서 죽은 이들 가운데는 웅변가 암피크라테스도 있었다. 전하는 이야기에 따르면, 그는 아테나이를 떠나 티헬라스 강가 셀레우케이아 시로 도망갔다고 한다. 그러자 그곳 시민들이 모두 모여 논리학을 강의해 달라고 부탁했지만, 그는 그 청을 거절하며 접시에 돌고래를 담을 수는 없다고 오만하게 말했다.

그 뒤 암피크라테스는 셀레우케이아를 떠나 미트리다테스의 딸이며 티그라네스의 왕비인 클레오파트라를 찾아갔다. 하지만 의심을 받게 되어 티그라네스 명령으로 모든 아테나이 사람들과의 거래나 만남이 금지되자 그는 스스로 굶어 죽었다. 그의 장례는 클레오파트라의 도움으로 정중하게 치러졌으며, 오늘까지도 사파라고 부르는 곳에 무덤이 남아 있다.

루쿨루스는 아시아에 법질서와 평화를 뿌리내리게 하고 너그러운 정치와 은혜를 베푸는 한편, 시민들을 기쁘게 해주어 인기를 얻는 일도 소홀히 하지 않았다. 그가 에페수스에 머무는 동안 여러 도시 시민들은 개선식 축제와 행진, 운동경기와 검투사 시합 등으로 즐겁게 보냈다. 도시들도 이에 대한 보답으로 루쿨루스라 이름 붙인 제전을 열어 그의 명예를 기렸다. 이는 다른 어떤 영광보다 귀중했으며, 참으로 따뜻한 사랑의 표시이기도 했다.

그러나 아피우스가 돌아와 보고하자, 루쿨루스는 티그라네스와의 전쟁을 준비해야만 했다. 루쿨루스는 군대를 모은 뒤 곧바로 시노페 시를 공격했다. 시노페는 미트리다테스 왕을 섬기는 킬리키아 군대가 지키고 있었다. 루쿨루스는 이 도시를 포위하고 공격할 때를 노렸다. 그런데 포위 사실을 깨달은 킬리키아 군은 많은 시민들을 죽이고 시가지에 불을 지른 다음, 밤을 틈타 도망가려고 했다. 그때 잠을 자던 루쿨루스는 꿈속에 나타난 낯선 사람에게서 이런 말을 들었다.

"조금 더 앞으로 나아가시오. 아우톨리쿠스가 장군을 기다리고 있소."

잠에서 깬 루쿨루스는 그 꿈이 무엇을 뜻하는지 도무지 알 수가 없었다. 하지만 굳게 마음먹고 그날 곧바로 시를 차지한 다음, 바다로 도망치는 킬리키아 군을 쫓았다. 시를 완전히 점령하고 보니 죽은 적은 8000명이었다. 그는 재산을 시민들에게 모두 돌려주고 질서를 되찾기 위해 노력했다.

한편 킬리키아 군대는 배를 타고 바다로 도망갔다. 루쿨루스는 함대를 몰아 그들을 뒤쫓기로 했다. 바로 그때 부하들이 바닷가에 버려져 있는 조각상 하나를 발견해 그에게 가져왔다. 그것은 킬리키아 군대가 가지고 왔다가 미처 배에 싣지 못하고 내버린 것이었는데, 스테니스가 만든 뛰어난 작품들 가운데 하나였다. 루쿨루스 곁에 서 있던 누군가가, 이 조각상은 시노페 시를 창건한 아우톨리쿠스를 새긴 것이라고 말해주었다.

아우톨리쿠스는 데이마쿠스의 아들이며, 헤라클레스가 아마조네스 여인국을 정벌할 때 테살리아에서 참가한 사람들 가운데 하나였다고 한다. 그는 데몰레온과 플로기우스라는 두 용사와 함께 자기 나라로 돌아가다가 케르소네소스 반도 페달리움 앞바다에서 난파되었다. 하지만 그는 무기와 함께 무사히 구조되어 시노페로 가서, 그곳에 살던 시리아 사람들을 몰아내고 그 땅을 차지했다. 시리아 사람들 역사를 살펴보면, 그때 시노페를 차지했던 시리아인들은 아폴론 신의 아들 시루스와 아소푸스의 딸 시노페의 후손이라는 전설이 있다.

이 이야기를 들은 루쿨루스는 고개를 끄덕이면서, 술라 《회고록》에서 읽은 '꿈속에서 받은 계시처럼 믿을 만한 것은 없다'는 말뜻을 새삼스럽게 깨달았다.

얼마 뒤 루쿨루스는 미트리다테스와 티그라네스가 리카오니아와 킬리키아를 거쳐 앞으로 나아가고 있다는 소식을 들었다. 루쿨루스는 자기보다 앞서서 아시아로 쳐들어가려는 게 그들 목적임을 알아챘으나, 한 가지 이상한 점이 있었다. 아르메니아 왕이 로마군을 공격할 생각이 있었다면 왜 미트리다테스가 한창 세력을 올리고 있을 때 돕지 않았는지, 또 힘이 기울기는 했으나 아직 세력이 남아 있을 때에도 왜 돕지 않고 가만히 있었는지 도무지 알 수가 없었다. 더구나 무엇 때문에 전쟁에서 이길 희망도 아주 식어버린 지금에야 다시 전쟁을 하려는지, 또 왜 하필이면 모두 쓰러져서 다시는 일어서지 못할 자와 손을 잡고 함께 죽을 자리를 찾고 있는지도 의문스러웠다.

그즈음 미트리다테스 아들이며 보스포루스 해협을 지키는 임무를 맡고 있던 마카레스가 루쿨루스에게 휴전을 요청하면서, 금화 1000닢 가치를 지닌 왕관을 보내왔다. 그는 로마와 동맹국이 되기를 바랐다.

루쿨루스는 이 전쟁은 이제 막을 내린 것으로 판단하고, 소르나티우스에게 군사 6000명을 주어 폰투스 지방을 지키도록 했다. 그리고 자신은 보병 1만

2000명과 기병 3000기를 거느리고 다른 전쟁터로 진군을 시작했다.

이 정도 병력으로 강력한 티그라네스군을 상대한다는 것은 누가 보아도 경솔하고 어리석은 일이었다. 그들이 상대할 적은 전쟁을 좋아하는 많은 나라 병사들과 기병 수만 기를 거느렸으며, 거듭해서 승리를 이룬 용맹스러운 왕의 지휘를 받고 있었다. 더구나 이제부터 로마군은 깊은 강과 눈에 묻힌 산들로 둘러싸인 광막한 곳으로 들어가야만 했다. 이미 군기가 흐트러진 로마 병사들은 이런 상황들에 끊임없이 불평을 늘어놓으며 심하게 반항했다.

로마에서도 민중 선동가들이 똑같은 이유로 루쿨루스를 비난하고 있었다. 루쿨루스는 장군으로 있는 동안 절대 무기를 내려놓지 않고 나라를 곤경에 빠뜨리는 자기 이익만 챙기려고 하는 자이며, 그래서 로마에 필요도 없는 전쟁을 잇따라 일으키고 있다는 주장이었다.

이런 비난과 불평에도 루쿨루스는 힘들고 고된 진군을 이어갔다. 마침내 그들이 에우프라테스 강에 닿았을 때는 몹시 추운 겨울이었다. 강물이 넘칠 듯이 불어나 있어서 배를 가지고 부교를 만들려면 많은 시간과 노동이 필요했다. 루쿨루스는 어떻게 하면 빨리 강을 건너갈 수 있을까 생각하며 초조해했다. 그런데 그날 저녁부터 강물이 조금씩 줄어들기 시작하더니, 밤새도록 줄어들어 새벽녘에는 강바닥이 드러났다. 여기저기 작은 섬들이 있고, 그 사이에 얕은 강물이 남아 있을 뿐이었다. 강 건너편 주민들은 이런 이상한 광경을 보고, 틀림없이 신이 도왔다고 생각해 루쿨루스에게 존경을 나타냈다. 그들은 몹시 신기한 일을 당했던 터라, 강물도 루쿨루스 장군을 도와 조용히 앞길을 열어주었다고 여겼다.

루쿨루스는 이 기회를 이용해 군대를 이끌고 강을 건넜다. 강기슭에 올라갈 즈음에 다시 한 번 좋은 조짐이 나타났다. 에우프라테스 강 건너편 주민들은 여러 신들을 섬기고 있었는데, 그 가운데에서도 가장 존경하며 받드는 신은 페르시아의 디아나 여신이었다. 이곳 주민들은 이 여신에게 암송아지만을 제물로 바쳤는데, 제물로 쓸 암송아지 등에는 여신의 문장인 횃불 모양의 낙인을 찍어 넓은 초원에 풀어놓고 길렀다. 그래서 제사를 드리기 위해 이 암송아지들을 잡을 때면 여간 힘든 게 아니었다.

그런데 루쿨루스군이 강을 모두 건너갔을 때, 암송아지 한 마리가 여신의 바위 위에 서 있는 것이었다. 그러더니 스스로 머리를 숙였다. 마치 자기 몸을 제물로 써달라는 몸짓 같았다. 그래서 루쿨루스는 이 암송아지를 잡아 여신에게 제사를 드렸다. 그리고 자신들이 무사히 강을 건널 수 있도록 도와준 에우프라테스 강 신에게 감사드리기 위해, 황소 한 마리를 잡아서 제물로 바쳤다.

강을 건넌 루쿨루스 군대는 밤이 되자 그 자리에서 야영했다. 그리고 다음 날부터 며칠 동안 계속 행군을 했다. 그들이 소페네를 지나갈 때, 루쿨루스는 병사들에게 엄명을 내려 주민들에게 손끝 하나도 대지 못하게 했다. 또 병사들이 많은 물자를 저장해 둔 것으로 보이는 성을 약탈하자고 요구할 때에도, 루쿨루스는 멀리 보이는 타우루스 산맥을 가리키며 말했다.

"저것이 우리가 먼저 정복해야 할 성이다. 나머지 성들은 그 성을 정복하는 자를 위해 남겨두어야 한다."

루쿨루스군은 강행군을 계속해 티헬라스 강을 건너 아르메니아 땅으로 들어갔다.

전쟁의 불길이 바로 눈앞까지 다가왔지만 티그라네스 왕은 이런 사실을 전혀 알아차리지 못했다. 어떤 사람이 로마군 침입을 알렸으나 왕은 터무니없는 유언비어를 퍼뜨린다며 오히려 그 사람을 죽여버렸다. 이 때문에 그 뒤로는 아무도 진실한 정보를 보고하려 들지 않았다. 대신 왕 주위에는 아첨꾼들이 들끓었으며, 왕은 그들의 온갖 달콤한 말에만 귀를 기울였다. 그들은 만약 루쿨루스가 에페수스에서 티그라네스 왕과 부딪혔을 때 왕의 수십만 대군을 보고도 줄행랑을 치지 않는다면, 그를 진정 위대한 장군으로 인정하겠다고 말했다. 사실 모든 사람이 포도주를 이겨낼 수는 없으며, 또한 평범한 머리로는 엄청난 번영 속에서 올바른 판단을 내리기가 힘든 법이다.

티그라네스 왕의 친구 가운데에서 처음으로 왕에게 진실을 말하려고 했던 사람은 미트로바르자네스였는데, 그 또한 이런 대담한 말에 걸맞은 보상을 받지는 못했다. 티그라네스는 미트로바르자네스에게 기병 3000기와 많은 보병들을 주고는, 로마 군대를 완전히 무찌르고 루쿨루스를 사로잡아 오라는 명령을 내렸기 때문이다.

루쿨루스는 병력을 나누어 일부는 그들이 차지한 진지를 지키게 하고, 자신은 나머지 병력을 이끌고 계속 나아갔다. 그때 정찰병들이 돌아와 적군들이 다가오고 있다고 보고했다. 그는 혹시라도 완전한 전투태세를 갖추기 전에 적의 습격을 받게 될까봐 먼저 행군을 멈추게 했다. 그리고 섹스틸리우스 장군에게 기병 1600기와 그보다 좀 더 많은 중장비병과 경장비병 등을 주고, 적군 가까이 다가가되 진지가 완전히 구축되었다는 신호를 보내기 전까지는 절대로 싸움을 시작하지 말라고 명령했다. 그런 뒤 자신은 나머지 병력을 거느리고 진지를 만들기 시작했다. 진지가 다 완성되면 모두 합세해 적을 공격할 작정이었던 것이다.

섹스틸리우스 장군은 왕의 명령을 따르고 싶었으나 미트로바르자네스 군대가 느닷없이 들이닥치는 바람에 그저 당하고 있을 수만도 없었다. 전투가 이어졌고, 미트로바르자네스는 전사했으며, 나머지 병사들은 몇 명을 제외하고는 모두 흩어져 달아나거나 난도질당했다. 이 싸움이 끝난 뒤에 티그라네스는 자기 손으로 세운 대도시 티그라노케르타를 버리고 타우루스 산맥으로 달아났다. 그리고 곳곳에 흩어져 있던 자기 군대들을 불러들이기 시작했다.

그러나 루쿨루스는 티그라네스가 군대를 모을 시간을 주지 않고 무레나를 왕이 숨어 있는 곳으로 보내, 그곳으로 모여드는 적군들 앞을 가로막았다. 그리고 섹스틸리우스에게는 티그라네스를 돕기 위해 타우루스로 달려가던 아라비아 대군을 공격하게 했다. 섹스틸리우스는 아라비아군 진지를 습격해 대부분을 죽이고, 나머지는 모두 뿔뿔이 흩어지게 만들었다. 티그라네스를 쫓던 무레나도, 적군이 좁은 골짜기를 지나가기를 기다렸다가 습격했다. 티그라네스는 군수품을 내버린 채 서둘러 달아났다. 그곳에서도 많은 아르메니아 병사들이 죽고 더 많은 병사들이 포로로 잡혔다.

크게 승리한 루쿨루스는 진영을 철수하여 티그라노케르타로 나아갔다. 그리고 도시를 포위한 뒤에 공격하기 시작했다. 그곳에는 킬리키아에서 끌려온 헬라스인들을 비롯해 아디아베네인, 아시리아인, 고르디에네인, 카파도키아인들이 살고 있었다. 이들 모두가 티그라네스에게 태어난 도시를 빼앗기고 강제로 이곳으로 옮겨와 살게 된 사람들이었다.

티그라노케르타는 부유하고 신전에 바쳐진 제물들도 많았다. 시민들과 귀족들이 왕에게 잘 보이기 위해 도시를 아름답게 장식하고 풍요롭게 만드는 데 앞장섰기 때문이었다. 이를 잘 알고 있던 루쿨루스는 도시를 에워싸고 곳곳을 마구 부수기 시작했다. 그렇게 하면 티그라네스가 분노를 참지 못하고 싸움을 걸어오리라 생각했던 것이다. 루쿨루스의 예상대로 분을 못 이긴 티그라네스는 군대를 이끌고 뛰쳐나왔다. 그러자 미트리다테스는 티그라네스에게 편지를 써서 진지하게 충고했다. 로마군과 정면으로 맞서는 전투를 피하고, 기병대를 시켜 보급로를 끊는 작전을 쓰라는 말이었다. 미트리다테스 명령으로 돕기 위해 와 있던 장군 탁실레스 또한 방어 태세를 유지하고 패배를 모르는 로마인들의 무기를 피하라고 진심으로 간청했다.

티그라네스는 처음에는 미트리다테스와 탁실레스의 권유와 간청에 귀를 기울였다. 그러나 아르메니아군과 고르디에네군이 모여들고, 메디아 왕과 아디아베네 왕이 군대를 이끌고 도우러 오자 그는 다시 기고만장해졌다. 또 바빌로니아 건너 바다에서 아라비아군이 오고, 카스피 해로부터 알바니아군과 그 이웃인 이베리아군이 도착했다. 뿐만 아니라 아락세스 강 유역에 사는 종족들까지도 티그라네스의 간청과 선물 때문에 속속 모여들었다.

티그라네스 왕이 여는 잔치나 회의에서는 언제나 승리에 대한 자만과 기대, 그리고 야만인다운 위협적인 말이 끊이지 않았다. 탁실레스는 전투에 반대했다는 혐의로 자칫 목숨까지 잃을 뻔했으며, 티그라네스가 승리의 영광을 얻는 것을 시기한다는 의심까지 받게 되었다. 미트리다테스와 승리의 영광을 나눠 갖기 싫었던 티그라네스는, 그가 도착하기 전에 싸움을 끝내야 한다는 생각에 마음이 조급해졌다. 그는 서둘러 군대에 진군을 명령하면서, 로마 모든 장군들과 한꺼번에 싸우지 못하고 보잘것없는 루쿨루스 한 사람과 싸우게 된 일이 유감일 뿐이라며 허풍을 떨었다.

티그라네스의 자신감은 광기 때문도 아니었고, 충분한 근거가 없는 것도 아니었다. 그토록 많은 국가와 왕들이 수많은 보병들과 기병들을 데리고 자기 뒤를 따르는 것을 보았으니 그럴 만도 했다. 루쿨루스가 원로원에 낸 보고서에 따르면, 티그라네스는 궁수와 투석수 2만 명을 갖추었고, 중장비 보병 15만 명을 거느렸다고 한다. 또 기병은 5만 5000기가 있었는데, 그 가운데 1만 7000기는 철기병이었다. 게다가 길을 닦고 다리를 놓고 강물을 돌리고 벌목을 하는 일 등에 필요한 잡역부 3만 5000명이 군대 뒤를 따랐다. 이들이 전투병 뒤에 대열을 이루어 서면 티그라네스 군대 세력과 위용은 실제보다 더욱 강력해 보였다.

타우루스 산맥을 넘은 티그라네스군은 티그라노케르타를 포위한 로마군을 내려다보았다. 시내에 갇혀 있던 야만인들은 티그라네스군이 보이자 환호성을 지르며 기뻐했다. 그리고 성벽 위에 올라서서 아르메니아군 모습을 가리키면서 로마군을 위협했다.

루쿨루스군 작전 회의는 두 갈래로 나누어졌다. 한쪽은 포위를 풀고 티그라네스군과 싸움을 벌이자는 것이었고, 다른 한쪽은 등 뒤에 적의 대군이 있으니 포위를 풀면 위험하다는 것이었다. 루쿨루스는 두 의견은 저마다 결점이 있으나 그것을 합쳐서 보완한다면 완전한 작전을 세울 수 있다고 대답했다. 그리고 군대를 두 무리로 나누었다. 그런 다음 무레나에게 보병 6000명을 주어 도시를 계속 포위하게 하고, 자신은 나머지 24개 대대를 이끌고 적진으로 나아갔다. 이 부대는 1만 남짓한 보병과 기병들, 그리고 궁수와 투석수 1000명으로 이루어졌다.

티그라네스는 넓은 평야를 가로질러 흐르는 강 주변에 진을 치는 로마군을 보고 가소롭다는 듯 웃었다. 티그라네스 주변 아첨꾼들도 그의 비위를 맞추느라 정신이 없었다. 어떤 사람은 루쿨루스를 비웃었고, 또 어떤 사람은 전리품을 나눌 제비를 미리 뽑자고 졸랐다. 그리고 여러 왕들과 장군들은 앞다투어 티그라네스 앞에 나아가, 자기 혼자서 적을 무찌르고 돌아올 테니 대왕은 가만히 앉아 보고만 있으라고 말했다.

티그라네스도 로마군을 두고 이처럼 유명한 말을 했다.

"사신으로 왔다면 너무 많고, 싸우러 왔다면 너무 적군!"

그들은 이렇게 로마군을 얕잡아보고 비웃으며 농담을 해댔다.

날이 밝아오자, 루쿨루스는 군대를 이끌고 나아갔다. 티그라네스군은 강 동쪽에 진을 쳤다. 루쿨루스는 강이 서쪽으로 굽이쳐 흐르는 지점을 발견하고, 그쪽으로 군대를 이끌고 갔다. 그런데 적 진영에서 볼 때 그 모습은 마치 후퇴하는 행렬처럼 보였다. 티그라네스가 이 광경을 보고 탁실레스에게 말했다.

"로마에서 왔다는 저 천하무적 군대가 달아나는 꼴이 보이시오?"

그러자 탁실레스는 이렇게 대답했다.

"대왕께 이익이 되는 일이라면 저도 기쁠 따름입니다. 그러나 로마군은 행군을 할 때에는 결코 저런 옷을 입지 않습니다. 잘 보십시오. 무장을 단단히 하고 방패도 광채를 내며, 투구를 드러내고 갑옷에서 가죽 덮개를 모두 벗지 않았습니까? 로마군이 저렇게 단단히 차리고 나선 것은 분명 공격해 오려는 채비입니다. 저들은 곧 이곳으로 쳐들어올 것입니다."

탁실레스 말이 채 끝나기도 전에 독수리가 그려진 로마군 깃발이 눈에 들어왔다. 로마군이 그들을 향해 돌아선 것이다. 그들은 강을 건너기 위해 대형을 가다듬었다. 티그라네스는 그것을 보고 몹시 당황해 두세 번 거듭해서 소리쳤다.

"아니, 저것들이 정말 우리에게 덤비겠다는 건가?"

한참을 허둥대고 나서야 그는 비로소 제정신을 찾고 군대를 정렬했다. 자신은 주력부대를 맡아 가운데에 서고 아디아베네군에게는 왼쪽을, 메디아군에게는 오른쪽을 맡겼다. 그리고 메디아군 앞에는 완전무장한 기병들을 모두 내세웠다.

그런데 루쿨루스가 강을 건너려는 순간 몇몇 장군들이 오늘은 로마에 운이 몹시 나쁜 날이니 조심하라고 소리쳤다. 옛날 카이피오 군대가 킴브리족과 싸우다 전멸한 날도 바로 오늘이었던 것이다. 그러나 루쿨루스는 다음처럼 잊지 못할 말을 남겼다.

"그러면 우리가 이날을 로마군에게 행운이 깃드는 날로 바꾸면 되지 않소?"

이날은 10월 6일이었다.

루쿨루스는 장군들을 격려하며 강을 건넜다. 그는 가장자리에 술이 달린 망토를 걸치고, 비늘이 돋친 것 같은 갑옷으로 몸을 감싸고 있어서 특별히 두드러져 보였다. 그는 맨 앞에 서서 적군을 향해 나아갔다. 손에 칼을 단단히 쥐고 있었는데, 그것은 백병전을 하라는 신호였다. 적들이 궁수들을 준비시키는 것을 보고, 그들이 활을 쏠 시간을 주지 않으려 한 것이었다. 루쿨루스는 적의 철기병대가 언덕 아래에 버티고 서 있는 것을 보았는데, 그 언덕까지의 거리는 4스타디온밖에 되지 않았으며 험하지도 가파르지도 않은 지형이었다. 그는 트라키아와 갈리아 기병들에게, 적의 측면을 공격하고 적의 긴 창을 칼로 모두 베어버리라고 명령했다. 적 철기병들이 의지할 수 있는 무기는 긴 창 하나뿐이었고 그 밖에 자신을 방어하거나 적을 공격할 아무런 무기도 없었다. 게다가 무겁고 단단한 갑옷 때문에 그들은 마치 갑옷 안에 갇혀 있는 것처럼 보였다.

그런 다음 루쿨루스는 2개 대대를 거느리고 언덕을 향해 열심히 나아갔다. 병사들은 갑옷 차림의 루쿨루스가 아픈 발을 이끌고서 평범한 보병들과 진군하는 모습을 보고 용기를 얻어 그를 따랐다. 언덕 위에 다다른 루쿨루스는 눈에 띄는 곳에 서서 큰 소리로 외쳤다.

"승리는 우리의 것이다! 나를 따르라 병사들이여, 승리는 우리의 것이다!"

이 말과 함께 그는 부하들을 이끌고 적 철기병들에게 달려들었다. 그는 창을 던지지 말고 두 손으로 겨누어 잡은 뒤 적의 다리와 허벅지를 향해 내리꽂으라고 명령했다. 철기병들은 다리만 내놓고 다른 부분들은 모두 갑옷으로 둘러쌌기에 이 작전은 승리를 보장하는 것이나 마찬가지였다. 그러나 병사들은 이 전법을 써볼 기회조차 없었다. 로마군 공격이 시작되자마자 철기병들이 아우성치며 모두 달아나 버렸기 때문이다. 그들은 싸움을 시작해 보지도 못한 채, 상처를 입거나 피를 흘리기도 전에 자기편 보병들 사이로 허겁지겁 숨어들어 갔다.

엄청난 학살은 후퇴와 함께 비로소 시작되었다. 아니, 후퇴를 하고자 했을 때 시작되었다. 병사들이 너무 가까이, 또 너무 많이 몰려 있었기 때문에 서로가 서로를 막았던 것이다. 더 이상 버틸 수 없게 된 티그라네스는 얼마 안 남은 병사들을 이끌고 말에 올랐다. 그는 말을 타고 달리다가 자신과 같은 운명에 처한 아들을 보고 눈물을 흘렸다. 그리고 왕관을 벗어 아들에게 씌워주며 자신과 다른 길로 가서 부디 그만이라도 어떻게든지 살아남아야 한다고 당부했다.

그러나 티그라네스의 아들은 왕관을 머리에 쓰고 있기가 두려워 가장 믿음직한 시종에게 맡겼다. 그런데 이 시종은 추격해 온 로마군에게 잡혀 포로가 되어버렸고, 왕관은 수많은 전리품들과 마침내 루쿨루스 손에 넘어가게 되었다. 이 전쟁에서 적 보병 전사자는 10만 명을 넘었으며, 기병들은 도망친 자가 거의 없이 대부분 죽었다. 이와 달리 로마군 피해는 부상자가 100명이었고, 전사자는 고작 5명이었다.

철학자 안티오코스는 그의 책 《신들에 대하여》에서, 세상이 생겨난 이래 이런 전투는 처음이었다고 기록했다. 그리고 철학자 스트라본은 그의 《역사 기록》에서, 로마 사람들은 그런 노예들과 싸우느라 무기를 들어야 했던 것을 부끄러워했으며 비웃었다고 썼다. 또한 리비우스는, 그렇게 적은 병력으로 대군을 맞아 싸운 것은 로마로서는 처음 있는 일이었다고 말했다. 그들이 20분의 1도 안 되는 병력으로 큰 승리를 거두었기 때문이다.

이름난 로마 장군들과 군사 경험을 가진 사람들은 모두 입을 모아 루쿨루스를 칭찬했다. 그들은 루쿨루스가 가장 강대한 두 왕을 정반대의 두 가지 방법, 즉 속전속결과 지연작전을 써서 물리쳤다며 찬사를 아끼지 않았다. 권세의 절정에 있던 미트리다테스 힘은 시간을 끄는 작전으로 소모시켰고, 티그라네스는 가장 빠른 속전으로 무찔렀던 것이다. 이처럼 공격에서 지연작전을 쓰고, 방어전에서는 급습작전을 쓴 장군은 루쿨루스 말고는 찾아보기 어렵다.

한편 미트리다테스는 루쿨루스가 이번에도 전처럼 조심스럽게 시간을 끌 것이라고 예상했다. 그래서 그는 전투를 서두르지 않고 천천히 나아가면서 티그라네스군을 기다리고 있었다. 그런데 얼마쯤 진군했을 때 공포에 질린 얼굴로 후퇴하고 있는 아르메니아 병사들을 만나게 되었다. 미트리다테스는 옷이 찢긴 채 부상당한 병사들을 만나 패전 소식을 듣자, 티그라네스를 찾기 위해 행군을 서둘렀다.

티그라네스는 모든 것을 잃고 가련한 신세가 되어 있었다. 그럼에도 미트리다테스는 예전에 그가 자신에게 했던 거만한 행동들에 대해 앙갚음하지 않고 오히려 말에서 내려 자신과 똑같은 처지에 있는 티그라네스의 불행을 슬퍼했다. 그런 다음 자기 마차를 내어주고 앞일을 이야기하면서 그를 격려했다. 두 왕은 다시 주위에 있는 군대들을 불러모으기 시작했다.

그러는 동안 티그라노케르타에서는 헬라스 사람들과 야만인들 사이에 싸움이 일어났다. 헬라스 사람들이 도시를 루쿨루스에게 넘겨주려 했기 때문이다. 이 덕분에 루쿨루스는 쉽게 도시를 차지할 수 있었다. 그러고는 시 소유로 되어 있던 재물들을 손에 넣고, 시가지를 병사들이 약탈하도록 내버려 두었다. 여기서 많은 보물들이 발견되었는데, 금은화만 해도 8000탈란톤에 이르렀다. 이 밖에도 그는 전리품을 처분한 돈을 병사들에게 저마다 800드라크메씩 나누어 주었다.

이 도시에는 티그라네스가 지은 커다란 극장이 있었는데, 이곳에는 그가 여러 곳에서 데려온 배우들도 많이 있었다. 이 사실을 알게 된 루쿨루스는 그들을 초청해 승리를 축하하는 여러 잔치들을 열었다. 그리고 헬라스 사람들에게 노잣돈을 주어 고향으로 돌려보내고, 강제로 끌려왔던 야만인들에게도 자신들 나라로 돌아갈 길을 열어주었다. 이렇게 해서 고향으로 돌아간 티그라노케르타 시민들은 옛 도시를 되살리고, 루쿨루스를 은인이자 그 도시 건설자로서 존경하고 받들었다.

루쿨루스는 모든 일에서 큰 성공을 거두었다. 본디 그는 전쟁에 의한 업적보다는, 정의롭고 인자한 정치로 이름을 떨치고 싶어했다. 전쟁에서의 성공은 병사들 힘과 운명에 달려 있지만, 어진 정치는 오직 그 사람만의 너그럽고 올바른 성격으로 만들어지는 것이라 여겼기 때문이다.

그는 더 이상 무력을 쓰지 않고, 어진 정치로써 야만족을 다스렸다. 그러자 아라비아 여러 왕들과 소페네 사람들이 그에게 스스로 항복해 왔다. 또한 루쿨루스의 어진 정치를 본 고르디에네 사람들도 고향을 버리고 가족들과 함께 그를 따르겠다고 했다. 그런데 고르디에네 사람들에게는 이런 결정을 내릴 만한 이유가 있었다.

고르디에네 왕 자르비에누스는 티그라네스가 저지르는 압박에 못 이겨 그를 섬기고 있었다. 그러다가 루쿨루스가 사절로 보낸 아피우스를 만나자, 루쿨루스와 동맹을 맺겠다는 뜻을 전해왔다. 그런데 이 계획이 탄로 나는 바람에, 로마군이 아르메니아로 진격하기도 전에 자르비에누스는 가족들과 함께 처형되었다. 루쿨루스는 이 일을 잊지 않고, 고르디에네에 들어갔을 때 왕의 장례를 성대히 치러주었다. 영구차를 왕의 의복과 금은보화와 티그라네스로부터 빼앗은 전리품으로 아름답게 꾸민 뒤 루쿨루스가 직접 불을 붙이고, 죽은 왕 친구들과 함께 향유를 부었다. 그리고 많은 돈을 내놓아 그의 비석을 세웠고, 로마의 동맹자라는 칭호를 주었다. 자르비에누스 왕궁에는 금과 은이 가득 찬 보물 창고와 함께 300만 메딤노스나 되는 곡식이 있었기 때문이다. 덕분에 병사들은 넉넉하게 자기 몫을 챙길 수 있었으며, 루쿨루스는 로마에서 한 푼의 군자금도 받지 않고 전쟁을 계속할 수 있게 되어 칭찬과 존경을 받았다.

이 일이 있은 얼마 뒤, 파르티아 왕이 보낸 사절단이 와서 우호 동맹을 맺자고 제안했다. 루쿨루스는 제안을 흔쾌히 받아들이고 자기 사절단을 따로 파르티아에 보냈다. 그런데 그가 보낸 사절단이 돌아와, 파르티아 왕이 두 가지 마음을 품고 있다는 사실을 알려주었다. 파르티아 왕은 로마와 동맹을 맺는 한편, 티그라네스에게도 몰래 편지를 보내 메소포타미아를 돌려준다면 그를 돕겠다고 제안했던 것이다.

사절단의 보고를 들은 루쿨루스는 이미 꺾은 티그라네스와 미트리다테스를 잠시 제쳐두고 파르티아의 힘을 시험해 보기로 결심했다. 그는 운동선수처럼 연달아 세상에서 가장 강한, 패배를 모르는 세 왕을 물리친다면 진정 영광스러우리라 생각했던 것이었다.

그리하여 루쿨루스는 폰투스에 머물던 소르나티우스를 비롯한 여러 장군들에게 사람을 보냈다. 고르디에네에서 다시 진격해 아시아로 갈 것이니 모두 군대를 이끌고 오라는 내용이었다. 그러나 이 명령을 들은 병사들은 모두 불평을 늘어놓으며 반항하기 시작했다. 장군들이 아무리 달래도 소용없었다. 이미 군기가 문란해져 있던 병사들은 진군은커녕 폰투스마저 버리고 집으로 돌아가겠다며 떠들어댔다.

이 소식이 전해지자 루쿨루스 군대도 동요하기 시작했다. 그들은 이미 많은 전리품을 얻어 큰 부자가 되었으므로, 이제는 전쟁터를 떠나 사치스러운 생활을 누리고 싶어졌다. 그래서 그들은 폰투스 병사들 이야기를 듣고는 마땅한 일이라며, 오랫동안 공을 세우느라고 고생했으니 이제는 저마다 고향으로 돌아가 편히 쉬어야 되겠다고 거리낌 없이 떠들었다.

이러한 이야기들이, 그리고 이보다 더한 반란의 기색이 루쿨루스에게 들려오자 그는 파르티아를 정복할 뜻을 버리고 다시 티그라네스를 치기 위해 출정했다. 그때는 한여름이어서 타우루스 산맥 들판은 아직도 푸른빛을 지니고 있었다. 이 지방은 기후가 서늘해 그만큼 가을걷이철이 늦었다. 루쿨루스는 식량이 걱정되었지만 발걸음을 늦추지 않고 군대를 앞으로 나아가게 했다.

그들은 산맥을 따라 내려가다가 아르메니아 군대와 두세 차례 싸움을 벌이고, 그들을 쫓아낸 뒤에 마을을 습격했다. 그리고 티그라네스에게 보내기 위해 모아두었던 식량을 빼앗았다. 그렇게 루쿨루스는 식량 문제를 해결했으며, 그때부터는 적들이 식량 걱정을 할 형편이 되었다.

루쿨루스는 적 진영을 포위한 다음, 그 주위에 참호를 파거나 주변을 노략질하며 적이 싸우러 나오도록 유인했다. 그러나 티그라네스군은 이미 몇 번 큰 패배를 겪었기 때문에 도저히 나와서 싸울 용기를 내지 못했다. 루쿨루스는 티그라네스 군대를 끌어내지 못하리라 판단하고, 군대를 돌려 아르타크사타로 나아갔다. 아르타크사타는 티그라네스 성이 있는 곳으로, 이곳에는 그의 왕비와 어린 왕자들이 있었다. 그러므로 이곳을 포위하고 있으면 티그라네스가 위험을 무릅쓰고라도 싸우러 나오리라 여긴 것이다.

전하는 바에 따르면, 카르타고 장군 한니발은 안티오코스가 로마 군대에 패한 뒤 아르메니아 왕 아르타크사스를 찾아갔다고 한다. 그때 한니발은 왕에게 여러 충고들을 했는데, 그 가운데에는 다음 같은 이야기가 있다.

그 무렵 아르타크사타는 아무도 살지 않는 불모지였는데, 이 땅을 눈여겨본 한니발이 장래에 세워질 도시 모형을 만들어 두었다. 그 뒤 한니발은 왕을 이곳으로 데려와 모형을 보여주면서 도시를 세우라고 권유했다. 왕은 한니발 이야기를 기꺼이 받아들였으며, 그에게 마음대로 도시를 만들어 보라고 했다. 그리하여 이곳에 크고 아름다운 도시가 세워지자, 왕은 자기 이름을 따서 아르타크사타라 이름짓고 아르메니아 수도로 삼았다.

한편 가족이 있는 도시가 위협을 당하자 티그라네스는 가만히 있을 수가 없었다. 그는 루쿨루스가 아르타크사타로 달려가고 있다는 소식을 듣자마자 모든 군대를 이끌고 서둘러 뒤를 쫓았다. 그는 로마군보다 한발 앞서 아르사니아스 강으로 가서 루쿨루스를 막아낼 속셈이었다. 아르타크사타로 들어가려면 반드시 이 강을 건너야 한다는 것을 알고 미리 도착하려 했던 것이다. 사흘 만에 그의 군대는 로마군보다 앞서 아르사니아스 강에 이르러 건너편에 진지를 세웠다.

루쿨루스가 아르사니아스에 다다랐을 때, 그도 강 건너편에 먼저 와있던 티그라네스 군대를 발견했다. 루쿨루스는 병사들에게 진영을 만들라고 명령한 뒤, 승리를 확신하며 제사를 올렸다. 그런 다음 보병 12개 대대를 맨 앞에 세우고 병사들에게 강을 건너라고 명령했다. 그리고 적의 포위에 대비해 몇몇 군대를 강 이쪽에 남겨두었다.

티그라네스는 수많은 정예 기병대들을 이끌고 싸우러 나왔다. 마르디아 출신 궁수들과 긴 창을 든 이베리아 병사들이 가장 앞에서 말을 타고 달려나왔다. 이들은 용감하기로 이름난 부대로서 왕의 두터운 신임을 받았다. 그러나 이 전투에서는 눈에 띌 만한 용맹을 보여주지 못했다. 그들은 먼 거리를 두고 싸워야 제대로 위력을 발휘할 수 있는데, 로마 보병들이 가까운 거리로 마구 밀어닥치자 버틸 수가 없었던 것이다. 그들은 로마 기병대와 살짝 충돌하는 듯하다가 곧 길을 내주고 좌우로 갈라져 도망쳐 버렸다.

로마군 기병대가 달아나는 그들을 뒤쫓았는데, 티그라네스가 주위에 숨겨두었던 적의 병사들이 느닷없이 쏟아져 나왔다. 그들은 엄청난 숫자였으며, 달려드는 모습도 몹시 용맹스러웠다. 루쿨루스는 자기에게 달려드는 복병들을 보고 당황했다. 그는 급히 나팔을 불어 기병대를 불러들이는 한편, 스스로 맨 앞에 나서서 정면에 버티고 있는 아트로파테네 군대를 공격했다. 하지만 채 싸움이 벌어지기도 전에 적들은 그대로 뒤돌아서 달아나기 시작했다. 그리고 이 부대가 달아나는 것을 본 나머지 적 병사들도 모두 허둥거리며 도망쳤다.

루쿨루스와 싸운 세 왕들 가운데에서도 폰투스 왕 미트리다테스는 가장 수치스럽게 도망쳤다. 그는 로마군이 내지르는 함성 소리만 듣고도 겁에 질려 달아났기 때문이다. 로마군은 밤이 깊도록 그들을 뒤쫓으며 적들을 죽이거나 사로잡고, 챙기기도 지겨울 만큼 많은 전리품과 보물들을 얻었다. 역사가 리비우스에 따르면, 포로와 전사자들 수는 1차 전쟁 때보다 적었지만 2차 전쟁에서는 신분이 높은 자들이 많이 죽거나 포로가 되었다고 한다.

이 커다란 승리로 한껏 용기를 얻어 마냥 들뜬 루쿨루스는, 내륙 깊은 곳까지 쳐들어가 야만족을 모두 정벌하려고 생각했다. 그러나 이미 겨울이 닥쳐와 눈보라가 몰아쳤고, 맑은 날에도 서리가 하얗게 내렸다. 강이 꽁꽁 얼어붙어 말들이 물을 마실 수 없었으며, 얼음이 깨지면서 말이 다리에 상처를 입은 탓에 강을 건널 수도 없었다. 또 길이 험한 데다 나무가 울창한 숲길은, 군대가 지나갈 때면 나뭇가지에 쌓였던 눈이 쏟아져 옷이 마를 새가 없었으며, 밤이면 차가운 땅 위에서 오들오들 떨며 잠을 자야 했다.

그런 까닭에 병사들은 며칠 지나지 않아 저항하기 시작했다. 처음에는 군사 호민관을 루쿨루스에게 보내 하소연했고, 이어서 떠들썩한 집회를 열었으며, 밤에는 막사에서 구호를 외쳤다. 금세라도 반란을 일으킬 것처럼 보였다. 루쿨루스는 병사들에게 힘을 주어 간청했다. 로마의 가장 큰 적인 저 한니발이 이루어 놓은 아르메니아의 카르타고, 곧 아르타크사타를 함락할 때까지 인내심을 가지고 견뎌달라 달랬던 것이다. 하지만 이러한 간청도 병사들을 설득하지는 못했다.

마침내 루쿨루스는 군대를 돌려 타우루스 산맥을 다시 넘어갔다. 그들이 도착한 곳은 미그도니아로, 날씨가 따뜻하고 땅도 기름졌다. 거기에는 니시비스라는 도시가 있었는데, 헬라스 사람들은 이 도시를 '미그도니아의 안티오케이아'라고 불렀다. 이 도시를 지키는 군대 사령관은 티그라네스 동생이며 총독인 구라스였다. 이곳에는 또 칼리마쿠스라는 사람이 있었는데, 그는 예전에 아미수스에서 로마군을 괴롭혔던 기계로 이 도시를 방어하고 있었다. 그럼에도 루쿨루스는 이 도시 앞에 진을 치고 온갖 꾀를 써서 순식간에 도시를 빼앗았다.

루쿨루스는 항복할 뜻을 전한 구라스를 따뜻하게 맞아들였으나 보물이 숨겨진 곳을 알려줄 테니 살려달라고 애걸한 칼리마쿠스는 사슬로 묶어 끌고 온 뒤 죽였다. 이것은 헬라스 사람들에게 은혜와 온정을 베풀려던 루쿨루스의 뜻을, 그가 아미수스 시에 불을 질러 망친 데 대한 엄한 대가였다.

이제껏 루쿨루스는 전투가 있을 때마다 행운이 따라다녀 운 좋게 승리할 수 있었다. 그러나 이때부터는 마치 바람 방향이 바뀐 것처럼 아무리 애를 써도 반드시 큰 장애에 부딪혔다. 그는 장군으로서 뛰어난 용기와 인내력을 보여주었지만 늘 결과가 좋지 못해 어떤 명성도 얻을 수 없었다. 더구나 실패와 괜한 다툼들이 자꾸 발생하는 바람에 이제까지 누렸던 명성까지 잃게 되었다.

하지만 가장 큰 원인은 바로 루쿨루스 자신에게 있었다. 그는 병사들 환심을 사려고 애쓰지 않았으며, 병사들 마음에 드는 모든 행동들은 장군 체면을 깎는 일이라 여겼다. 뿐만 아니라 그는 행동을 함께해야 할 동료 장군들에게도 거칠게 대했으며, 자기에 비견할 인물은 아무도 없다는 듯 그들을 얕잡아 보았다. 루쿨루스에게는 훌륭한 점이 많았지만 이런 단점들도 적지 않았다.

루쿨루스는 키가 크고 잘생겼으며 말재주가 있고, 광장에서나 전장에서나 똑같이 신중했다. 그런데 역사가 살루스티우스 기록을 보면, 병사들은 전쟁 시작부터 그에게 불만을 품었다고 한다. 그의 병사들은 키지쿠스와 아미수스 전투 때에도 한겨울에 야영을 해야 했으며, 그 뒤에도 계속 적의 영토에서 겨울을 지내야만 했기 때문에 처음부터 불평이 컸던 것이다. 그런 로마군에 협조하려는 도시들도 있었지만, 루쿨루스는 주민들에게 피해를 주어서는 안 된다면서 굳이 병사들을 벌판에서 재웠다. 병사들 불만과 불평은 로마 민중 지도자들 때문에 더욱 심해졌다. 루쿨루스를 시기하고 있던 그들은 루쿨루스가 오로지 권력과 재물 욕심 때문에 전쟁을 질질 끌고 있다고 비난했다. 루쿨루스는 킬리키아·아시아·비티니아·파플라고니아·갈라티아·폰투스·아르메니아·파시스 강까지 차지하고, 또 얼마 전에는 티그라네스 성까지 빼앗았는데, 이는 나라를 위해서가 아니라 재산을 빼앗기 위해 전쟁을 일삼는 사람들이나 하는 행동이라고 헐뜯었다.

이런 비난으로 루쿨루스를 몰아세웠던 사람은 법무관 루키우스 퀸투스였는데, 그의 주장은 시민들 지지를 크게 얻었다. 그래서 로마 시민들은 루쿨루스 대신 다른 사람을 보내기로 했다. 그리고 투표로 루쿨루스가 거느렸던 병사들을 모두 제대시키기로 결정을 내려버렸다.

루쿨루스는 이 일로 큰 장벽에 부딪혔다. 게다가 푸블리우스 클로디우스라는 사람이 나타나 그의 일을 직접적으로 방해하기 시작했다. 클로디우스는 루쿨루스의 처남으로 매우 오만한 데다가 부끄러움을 몰랐다. 루쿨루스의 아내 또한 행실이 좋지 못한 여자로, 동생인 클로디우스와 부적절한 관계를 맺고 있다는 소문까지 떠돌았다.

그 무렵 클로디우스는 루쿨루스가 거느린 군대에서 복무했는데, 그는 자기가 기대하는 만큼 높은 지위에 오르지 못한 불만을 가졌다. 이런 그의 불만은 곧 악독한 흉계로 발전했다. 몰래 핌브리아 군대와 손을 잡고 반란을 일으킬 음모를 꾸민 것이다. 그는 핌브리아 병사들을 달콤한 말로 꾀어내 루쿨루스에게 맞서도록 부추겼다. 이 부대는 예전에 핌브리아의 음모에 매수되어, 집정관 플라쿠스를 죽이고 핌브리아를 자기네 지도자로 뽑은 적이 있었다. 그래서 그들은 클로디우스 말에 귀 기울이며 그를 병사들 친구라고 여겼다. 클로디우스는 병사들의 불우한 처지를 동정하는 척하면서 그들을 자기편으로 끌어들였다.

"전쟁과 고생은 끝날 줄 모르는데, 이렇게 끌려다니면서 싸움만 하다가는 여러분 삶은 헛되이 끝나고 말 것이오. 더구나 여러분은 그런 고생의 대가로, 황금과 술잔을 가득 실은 루쿨루스의 마차와 낙타만 끌고 있소이다. 지금 폼페이우스군 병사들은 모두 제대해, 기름진 고향 땅에서 가족들과 함께 오붓하게 살고 있소. 그들은 우리처럼 미트리다테스와 티그라네스를 무찔러 아무도 없는 사막으로 내쫓은 적도 없고, 아시아 수많은 성들을 허물어뜨린 적도 없는 사람들이오. 그들은 기껏해야 이베리아로 귀양 간 자들이나 이탈리아에서 도망친 노예들을 상대로 싸웠는데도 오늘날 아주 편안한 생활을 누리고 있는 것이오. 그러니 이렇게 끝도 없는 고생을 할 바에야, 차라리 병사들이 부자가 됨을 가장 큰 영광으로 생각하는 다른 장군을 위해 남은 힘을 바쳐야 하지 않겠소?"

클로디우스 말에 넘어간 로마 병사들은 티그라네스를 공격하라는 루쿨루스 명령을 들은 척도 하지 않았다. 미트리다테스가 폰투스로 돌아가 다시 왕국을 세우려는 것을 알면서도 겨울이라는 핑계로 진군 명령조차 거부했다. 그들은 모두 고르디에네에 주저앉아 루쿨루스 대신 새 사령관이 오기만을 기다렸다.

그즈음 미트리다테스가 파비우스 군대를 무찌르고, 소르나티우스와 트리아리우스를 공격하기 위해 군대를 이끌고 온다는 소식이 들려왔다. 이 말을 듣자 병사들은 가만히 있기가 부끄러워 루쿨루스를 따라 싸움터로 나아갔다. 그런데 트리아리우스는 야심이 많은 사람이라 루쿨루스가 온다는 소식을 듣고는, 미트리다테스를 정벌한 공을 빼앗길까봐 성급히 싸움을 걸었다. 이 전투는 로마군 참패로 돌아가 전사자가 7000명에 이르렀다. 그 가운데에는 백인대장 150명과 군사 호민관도 24명이나 있었다. 이도 모자라 트리아리우스는 미트리다테스에게 진지까지 빼앗기고 말았다. 며칠 뒤에 도착한 루쿨루스 병사들은 몹시 격분해 트리아리우스를 찾아 나섰다. 루쿨루스는 트리아리우스가 병사들 눈에 띄면 위험해질 것을 걱정해 그를 숨겨주었다.

한편 전쟁에서 큰 승리를 거둔 미트리다테스는 루쿨루스가 왔다는 소식을 듣고는 전투를 피하며, 티그라네스가 대군을 이끌고 달려오기를 기다렸다. 루쿨루스는 티그라네스 군대가 도착하기 전에 미트리다테스를 무찌르기로 결심하고, 서둘러 군대를 출발시켰다. 그런데 진격할 때 핌브리아 부대가 반란을 일으키고 대열에서 벗어났다. 그들은 원로원 법령에 따라 이미 제대했으며, 또 사령관 자격이 다른 사람에게 넘어갔으니 루쿨루스의 명령을 들어야 할 이유가 없다고 주장했다.

사태가 이렇게 되자 루쿨루스는 위신도 내던져 버리고 병사들 하나하나를 붙잡고 달랬다. 그는 이 막사에서 저 막사로 병사들을 찾아다녔고, 눈물까지 흘리며 그들 손을 잡고 애원했다. 그러나 병사들은 그의 손을 냉정히 뿌리치고 빈 주머니를 내동댕이치면서, 전쟁으로 혼자 돈을 벌고 있으니 전쟁도 혼자서 하라고 말했다.

결국 다른 부대 병사들이 그들을 달래고 진정시킨 뒤에야, 여름이 끝날 때까지만 군대에 머물겠으며, 그동안 적이 공격하지 않으면 그다음부터는 마음대로 하겠다는 약속을 받아낼 수 있었다. 루쿨루스는 애써 정복한 영토를 야만인에게 빼앗길 수는 없었으므로, 그런 조건이나마 받아들이고 군대를 붙잡아 둘 수밖에 없었다.

이제 루쿨루스는 병사들이 싫어하는 일을 시킬 수도, 적을 공격하기 위해 그들을 이끌고 나갈 수도 없었다. 그는 오직 군대가 흩어지지 않고 머물러 있다는 사실에 만족하며, 티그라네스가 카파도키아를 침범하는 것도 그저 가만히 보고만 있어야 했다.

그때 로마에서 호민관들이 파견되어 왔다. 로마 원로원이 폰투스가 정복되었다는 루쿨루스의 보고를 받고, 그곳 뒤처리를 위해 보낸 것이었다. 그러나 그들은 루쿨루스가 병사들의 무례한 행동과 비웃음을 받으면서도 아무런 대꾸도 못하는 것을 보게 되었다. 병사들은 갑옷을 입고 칼을 뽑아들고 나와 고래고래 소리지르며 적과 싸울 듯한 시늉을 했다. 하지만 그때는 이미 적군이 멀리 이동해 간 뒤였다. 병사들은 허공에 칼을 휘두르더니 약속한 기일이 되었다며 고향으로 돌아가 버렸다.

얼마 남지 않았던 병사들도 폼페이우스가 자기 부대에 합류하라는 내용의 편지를 보내자, 모두 그쪽으로 넘어갔다. 폼페이우스는 선동가들 힘을 빌려 민중의 환심을 얻어서 미트리다테스와 티그라네스 군대와 전쟁을 치를 새 장군으로 임명되었던 것이다.

그러나 원로원과 귀족들은 루쿨루스가 억울한 일을 당했다고 여겼다. 그는 다 이루어 놓은 전쟁의 승리를 빼앗겼고, 군대 지휘권을 쥐고 있는 동안에 거둔 영광을 다른 사람에게 강제로 넘겨주게 된 것이었다.

이렇게 되자 남아 있는 병사들 처지가 더욱 억울하게 되었다. 루쿨루스가 전쟁 중에 세운 그들의 공에 대해서 보수를 줄 권한을 잃어버렸기 때문이다. 뿐만 아니라 폼페이우스는 루쿨루스를 그 누구와도 만날 수 없게 했다. 또 로마에서 보낸 호민관들 10명과 루쿨루스가 함께 만들었던 규칙과 명령을 모두 무시하라면서, 일부러 그와 반대되는 법령을 내려 따르도록 했다. 사람들은 루쿨루스보다 더 큰 권력을 가진 폼페이우스의 이런 조치들을 따르지 않을 수 없었다.

하지만 친구들 중재에 힘입어 두 장군은 갈라티아 어느 마을에서 만나게 되었다. 둘은 다정하게 인사를 나누고 서로의 승리를 축하했다. 나이는 루쿨루스가 더 많았지만 명성은 폼페이우스가 더 높았다. 폼페이우스는 여러 번 승리를 거두었고, 이미 두 번이나 개선식을 치렀던 것이다. 두 장군은 저마다 거둔 승리의 표지인, 월계수로 만든 파스케스를 앞세웠다. 그런데 폼페이우스는 덥고 메마른 나라들을 거쳐 멀리 행군해 왔기 때문에 월계수가 많이 시들어 있었다. 그것을 보고 루쿨루스는 자기의 싱싱한 월계수 가지를 나누어 주었다. 폼페이우스의 참모들은 이것을 좋은 징조로 여겼다. 실제로 루쿨루스의 이런 행동은 폼페이우스 명예를 더욱 빛나게 하는 결과를 가져왔다.

기대와 달리 회담은 원만하게 진행되지 못해서, 회의가 끝난 뒤 두 사람 사이는 더욱 나빠졌다. 폼페이우스는 루쿨루스가 내렸던 포고들을 모두 무효로 만들고, 군대도 겨우 개선식을 올릴 만한 병력인 1600명만 남겨주었다. 그러나 그 병사들마저도 루쿨루스를 따라가고 싶어하지 않았다.

루쿨루스가 이렇게 된 것이 타고난 성격 때문이었는지 아니면 운이 나빠서였는지는 모르지만, 그는 장군으로서 가장 중요한 조건인 친화력이 부족했다. 만약 그가 지닌 많고 훌륭한 장점들인 용기와 행동력 그리고 판단력과 정의감에 병사들 마음을 살 능력까지 갖추었다면, 로마의 경계는 에우프라테스 강이 아니라 더 멀리 아시아 끝과 히르카니아 해에까지 이르렀으리라. 다른 나라들은 티그라네스에게 몇 차례나 정복당해 다시 일어날 수 없는 상태였고, 파르티아 세력 또한 크라수스 때만큼 크지 않았기 때문이다.

루쿨루스는 자기 손으로 로마에 세운 공보다는, 남의 손을 거쳐서 로마에 끼친 손해가 더 많았다. 파르티아 국경 근처 아르메니아와 티그라노케르타와 니시비스 등에 세운 전승 기념비들, 그리고 거기서 가져온 많은 보물과 개선식 때 전리품으로 나온 티그라네스 왕관 등을 본 뒤로 크라수스가 아시아 정벌에 대한 꿈을 꾸기 시작했으며, 그곳 야만인 왕국을 오로지 전리품으로만 생각하고 만만하게 여겼기 때문이다. 하지만 크라수스는 곧 파르티아군 화살을 맛보았으며, 루쿨루스가 이루었던 승리는 적군이 약했기 때문이 아니라 오로지 그의 용기와 전략에 의한 것이었음을 깨닫게 되었다. 그러나 이것은 나중의 일이다.

루쿨루스가 로마에 돌아왔을 때, 가장 먼저 동생 마르쿠스가 고발당했다는 사실을 알게 되었다. 마르쿠스가 재무관을 지낼 때 술라의 명령을 따른 일 때문에 카이우스 멤미우스가 그를 고발한 것이다. 그런데 마르쿠스가 무죄로 풀려나자 멤미우스는 공격의 화살을 루쿨루스에게 돌렸다. 그는 루쿨루스에 대해 비난과 모략을 퍼부으며 민중들을 선동했다. 그는 루쿨루스가 많은 전리품을 챙겼으며, 필요 없이 전쟁을 질질 끌었다고 주장했다. 그러면서 멤미우스는 루쿨루스가 개선식을 올리지 못하도록 시민들을 부추겼다.

루쿨루스는 큰 시련에 부딪히게 되었다. 그러나 지위가 높고 영향력 있는 시민들이 나서서 부족마다 찾아다니며 호소한 끝에, 간신히 개선식만은 치를 수 있게 되었다. 이 개선식은 다른 장군들처럼 성대하지 않았고, 행렬이 길거나 전리품 수가 그리 많지도 않았다. 하지만 야만인 왕들에게서 빼앗은 무기들과 전쟁 기계들로 커다란 플라미니우스 원형극장을 꾸민 것은 사람들 눈을 휘둥그렇게 만들기에 충분했다.

개선식 행렬에 나온 것은 중무장한 몇몇 기병들, 큰 낫이 달린 대형 전차 10대, 루쿨루스의 보좌관과 장군들 60명, 구리로 뱃머리를 감싼 군함 110척, 높이가 6척인 미트리다테스 황금 동상, 보석들이 박힌 방패 하나, 은그릇을 담은 들 것 20개, 금술잔과 갑옷, 화폐를 담은 들것 32개 등이었다. 이 밖에도 노새 8마리가 황금으로 만든 긴 의자를 끌었고, 56마리의 노새는 은괴를 끌었으며, 107마리의 노새는 270만 개의 은화를 지고 있었다. 또 폼페이우스가 해적을 쳐부술 때 제공해 준 군자금과, 국고에 낸 금액, 그리고 병사들에게 950드라크메씩 나누어 줬다는 사실을 기록한 목판도 따라 나왔다.

개선식이 끝난 뒤 루쿨루스는 로마와 로마 부근의 마을, 곧 비키라 불리는 곳에서 큰 잔치를 베풀었다.

얼마 뒤 루쿨루스는 제멋대로이고 행실이 나쁜 클로디아와 이혼하고 카토의 누이 세르빌리아와 결혼했다. 그러나 이 또한 행복한 결혼은 아니었다. 남동생들과의 나쁜 소문만 피했을 뿐, 세르빌리아도 모든 면에서 클로디아에게 뒤지지 않는 끔찍하고 막돼먹은 여자였다. 루쿨루스는 카토를 존경하는 마음으로 얼마 동안은 참고 지냈지만, 마침내는 그녀도 내보내고 말았다.

원로원은 루쿨루스에게 큰 기대를 품고 있었다. 그가 폼페이우스의 교만한 행동을 꺾고 귀족들 이익을 지켜주기 바랐던 것이다. 그러나 그는 정치적인 일에서 손을 떼어 많은 이들에게 실망을 안겨주었다. 루쿨루스가 정치에서 은퇴한 것이 귀족들이 부패해서였는지, 아니면 이제까지 영예에 만족해 남은 삶을 평화롭게 보낼 생각 때문이었는지는 알 수 없다.

어떤 사람들은 루쿨루스의 이런 변화를 두고서, 그가 마리우스처럼 되지 않기 위해 내린 올바른 결정이라며 칭찬했다. 얼마 전에 마리우스는 킴브리족을 정복해 찬란한 공을 세운 뒤에도 평범한 삶에 만족하지 못하고 끝없는 공명심과 권세욕 때문에 나이가 들어서도 젊은 사람들과 섞여 정치를 했는데, 그로인해 무서운 죄를 저질렀고, 엄청난 고생을 했던 것이다.

사람들 말처럼 키케로가 카틸리나 사건 뒤에 정치에서 물러나 조용히 남은 생애를 보냈더라면, 또 스키피오가 누만티아와 카르타고군을 정복한 뒤에 은퇴 생활을 했더라면 훨씬 더 복 받은 인생이 되었으리라. 정치도 다른 모든 일들처럼, 해야 할 시기가 정해져 있기 때문이다. 그래서 정치가들도 운동선수처럼,

체력과 젊음이 다하면 새로운 상대에게 꺾이고 마는 것이다.

그러나 크라수스와 폼페이우스는 쾌락과 사치에 젖어 있는 루쿨루스를 비웃었다. 그런 생활을 즐기는 것은, 정치를 하거나 전쟁을 치르는 일 못지않게 그의 나이에 어울리지 않는 일이라 여긴 것이다.

루쿨루스 일생은 마치 옛 희극과도 같다. 처음에는 우리에게 정치와 전쟁에서 웅장하고 큰 활약들을 보여주고, 나중에는 먹고 마시고 잔치를 열며 흥청거리는 장면으로 끝맺는다. 가장 뒤에 나오는 장면에는 호화로운 저택, 사치스러운 목욕탕, 그림이나 조각들이 나온다. 그는 싸움터에서 벌어들인 어마어마한 재산을 저택에 꾸밀 골동품들을 사 모으는 데 써버렸다. 그래서 오늘날까지도 루쿨루스 정원보다 더 화려하고 아름다운 로마 황제의 정원은 찾아볼 수가 없는 것이다.

그는 네아폴리스 해안에 큰 저택을 지었다. 이 저택은 산에 굴을 파서 마치 공중에 걸린 것처럼 보이게 했으며, 집 주위에는 바다에서 둥근 바위들을 가져다 놓았고, 연못에는 바닷물을 끌어들여 물고기를 길렀다. 그리고 바다 위에도 집 여러 채를 지었다. 스토아 철학자 투베로는 이 집들을 구경하고 놀란 나머지, 루쿨루스는 토가를 입은 크세르크세스 왕이라고 말했다.

루쿨루스는 또 투스쿨룸 근처에도 별장 여러 채를 지녔는데, 이 집들은 모두 경치 좋은 전망대와 많은 사람이 잘 수 있는 시원하고 넓은 방, 그리고 아름다운 산책길을 갖추고 있었다. 폼페이우스는 이곳에 놀러왔다가 루쿨루스에게, 여름에는 시원하겠지만 겨울에는 살기 힘들겠다고 지적했다. 그러자 루쿨루스가 미소를 띠며 대답했다.

"아니, 나를 황새나 학보다도 둔한 사람으로 여기시오? 철따라 옮겨 사는 법도 모르는 줄 아느냔 말이오?"

어떤 법무관이 엄청난 비용과 노력을 들여서 시민들을 위한 연극을 만들어 무대에 올리려 했다. 그런데 합창단원들에게 입힐 자주색 망토를 도무지 구할 수가 없었다. 그는 루쿨루스를 찾아가 옷을 빌려달라고 부탁했다. 그러자 루쿨루스가 그 옷이 있는지 없는지는 찾아보고 만약 있으면 빌려주겠다고 말했다. 다음 날 법무관을 만난 루쿨루스는 옷이 몇 벌이나 필요하냐고 물었고, 그가 100벌쯤이면 넉넉하겠다고 답하자, 그 두 배를 가져가라고 했다. 시인 호라티우스 플라쿠스는 이 일을 두고, 자기가 가진 재산이 얼마인지를 몰라야 참된 부

자라고 말했다

루쿨루스가 날마다 먹는 식사도 잔치에 못지않게 푸짐했다. 식사때면 언제나 염색된 천을 씌운 긴 의자와 보석이 박힌 술잔들, 그리고 합창과 연극이 따랐다. 음식들 또한 온갖 진기한 요리들과 향기로운 음료들을 모두 갖춘 산해진미였다. 그에게 식사 초대를 받은 사람들은 누구나 감탄하고 부러워하며 음식을 먹었다.

폼페이우스가 병이 들었을 때, 의사가 그에게 지빠귀를 잡아먹으라고 권했다. 그러나 여름철이라 이 새를 구할 수가 없었다. 그때 한 하인이 나서서, 루쿨루스 저택에서 그 새를 기르고 있으니 거기서 얻어오면 어떻겠느냐고 물었다. 하지만 폼페이우스는 이를 허락하지 않고 대신 쉽게 구할 수 있는 다른 것을 알아보라고 의사에게 말했다.

"그토록 사치스럽게 사는 루쿨루스 도움이 없으면, 이 폼페이우스가 죽기라도 한단 말이냐?"

카토는 루쿨루스 친구이며 처남이었지만, 루쿨루스의 생활 방식을 못마땅하게 여겼다. 그러던 어느 날 원로원 회의가 열렸는데, 젊은 의원 하나가 일어나 절약과 검소함을 실천하는 생활을 하자고 길게 연설했다. 카토는 끝까지 듣지 못하고 벌떡 일어나 말했다.

"크라수스처럼 돈을 벌고, 루쿨루스처럼 사는 당신이 어떻게 카토처럼 말을 할 수 있소?"

그런데 이 말은 카토가 아니라 다른 사람이 한 말이라는 이야기도 있다.

루쿨루스는 호화로운 생활로 여러 이야기들을 남겼다. 그 일화들을 살펴보면, 그는 그런 생활을 즐겼을 뿐 아니라 자랑스럽게 여겼던 것 같다. 그는 언젠가 로마에 찾아온 몇몇 헬라스 사람들을 여러 날 동안 푸짐하게 대접한 적이 있었다. 손님들은 헬라스 사람들답게 자기들 때문에 많은 돈을 쓰는 것이 미안해서 다음부터는 초대를 사양하겠다고 했다. 그러자 루쿨루스가 그들에게 웃으며 말했다.

"이것은 여러분을 위한 대접이기도 합니다만, 대부분은 나 자신을 위해 하는 일이니 그런 걱정은 하지 마십시오."

또 어느 날에는 그가 혼자 식사를 하게 되었는데, 음식이 꼭 한 사람 먹을 양만 나왔다. 그러자 그는 요리하는 하인을 불러 몹시 화를 냈다. 하인은 손님이 없어서 큰 잔칫상을 차릴 필요가 없으리라 생각했다고 대답했다. 이에 루쿨루스가 말했다.

"아니, 너는 오늘 루쿨루스가 루쿨루스를 손님으로 초대한 사실을 몰랐단 말이냐?"

이 말은 온 로마에 퍼져 사람들 입에 오르내리게 되었다.

어느 날 루쿨루스는 홀로 공회당을 걷다가 키케로와 폼페이우스를 만났다. 키케로와는 본디 가까운 사이였고, 폼페이우스와는 미트리다테스 전쟁 때 지휘권 문제로 다투기는 했지만 자주 만나서 이야기를 나누는 사이였다. 루쿨루스에게 인사를 건넨 키케로가 자신들을 식사에 초대해 줄 수 있느냐고 물었다. 루쿨루스는 더없는 영광이라고 답했다. 그러자 키케로가 덧붙였다.

"우리는 오늘 당신과 식사를 하고 싶은데, 당신이 혼자 있을 때 먹는 그대로만 대접해 주시오."

루쿨루스는 거북스런 표정을 짓더니 그러면 하루만 미루어 달라고 했다. 그러나 두 사람은 꼭 오늘이라야 하고, 하인에게 미리 연락하지 말라고 했다. 키케로와 폼페이우스는 그가 하인을 시켜, 그가 홀로 식사할 때와는 달리 푸짐한 음식을 준비할까봐 걱정했던 것이다. 다만 루쿨루스의 요청에 못 이겨 셋이 함께 있는 자리에 하인 하나를 불러서, 루쿨루스가 오늘은 아폴로에서 저녁을 먹을 테니 준비해 두라는 지시를 내리도록 해주었다.

이렇게 해서 손님들은 루쿨루스 꾀에 넘어가고 말았다. 루쿨루스는 집에 있는 여러 방마다 이름을 붙이고, 그곳을 사용할 때의 음식 비용과 여흥 종류들을 정해놓았기 때문이다. 그래서 어느 방에서 식사를 하겠다고 하면, 곧 얼마의 비용으로 어떤 형식의 식사를 준비해야 하는지 정해졌던 것이다.

아폴로라는 방에서 식사할 때의 비용은 5만 드라크메였다. 때문에 그날도 그만한 돈을 들인 식사가 나왔다. 폼페이우스와 키케로는 식사 규모의 엄청남에 놀랐다. 이런 이야기를 보면, 루쿨루스가 돈을 포로나 야만인처럼 쓸모없는 것으로 생각해 함부로 썼다는 것을 짐작할 수 있다.

그러나 그가 도서관을 갖추어 놓은 것은 눈여겨볼 만한 일이다. 그는 좋은 책들을 많이 모았다. 그런데 이처럼 책을 모아놓은 것보다 더 훌륭한 일은 그 책을 널리 이용하도록 한 것이었다. 그의 도서관은 늘 열려 있었고, 도서관에 딸려 있는 산책길과 열람실은 로마 시민들뿐 아니라 모든 헬라스 사람들까지 드나들 수 있었다. 그래서 사람들은 그곳을 마치 무사이 신전처럼 즐겁게 드나들며, 자유롭게 서로 이야기를 나누고 때로는 명상에 잠기기도 했다.

루쿨루스도 자주 이곳에 나와서 학자들과 이야기를 나누거나 정치를 논하면서 시간을 보냈다. 이렇게 그의 저택은 로마를 찾아오는 손님들의 집이었으며, 때로는 시민들의 공회당이 되기도 했다.

그가 이렇게 도서관을 갖춘 것은 철학을 사랑하고 여러 학파에 관심이 많았기 때문이다. 그는 특히 플라톤의 아카데메이아 철학에 관심이 깊었다. 그리고 아카데메이아 학파 가운데서도 카르네아데스 학설과 필론의 지도로 발달한 신아카데메이아 학파가 아닌, 그 무렵 석학이며 웅변가였던 아스칼론의 안티오코스를 대표로 한 구아카데메이아 학파를 지지했다. 그래서 그는 안티오코스와 가까이 지내면서, 그가 키케로를 비롯한 필론파 철학자들에게 맞설 수 있도록 도와주었다.

필론파 일원인 키케로가 자신들이 주장하는 학설을 변호하기 위해 논문을 썼는데, 그는 여기에서 루쿨루스의 입을 빌려 구파 이론을 전개한 뒤 스스로 이에 대해 반대론을 펼쳤다. 그래서 그는 이 책 제목을 《루쿨루스》라고 지었다. 키케로는 루쿨루스와 아주 가까운 친구였으며, 정치에서도 같은 견해를 가지고 있었기 때문이다.

루쿨루스는 로마에 돌아온 뒤, 정치적 이해 때문에 곧잘 일어나는 많은 위험들을 크라수스와 카토에게 떠넘겼다. 하지만 정치에서 완전히 물러난 것은 아니었다. 그는 폼페이우스의 지나친 권력을 염려한 원로원 의원들이 자기에게 도움을 청했을 때에도 이를 거절하고, 크라수스와 카토를 대표자로 나서게 했다. 그러나 루쿨루스는 폼페이우스의 야심찬 어떤 계획이나 시도를 견제해야 할 때에는 언제든지 공회당에 나와서 동료들을 도와주었다. 그에게도 폼페이우스에 대한 미움과 원한이 남아 있었던 것이다. 그래서 루쿨루스는 폼페이우스가 일찍이 아시아 여러 왕들을 정벌한 뒤에 내렸던 포고들을 모두 무효로 만들어 버렸다. 그리고 폼페이우스가 병사들에 대한 토지 분배 법안을 내놓자, 카토와 협력해 법안이 통과되지 못하도록 막아버렸다.

그러자 폼페이우스는 크라수스와 카이사르 힘을 빌려 무기와 군대를 시내로 끌어들였다. 그리고 카토와 루쿨루스 지지자들을 공회당에서 몰아내고 자기 법안을 강제로 통과시켰다. 사태가 이렇게 번지자 귀족들은 폼페이우스에게 욕설을 퍼부으며 크게 분노했다. 폼페이우스는 베티우스라는 자를 내세워, 그들이 자기를 암살하려는 음모를 꾸몄다고 했다. 원로원은 베티우스를 데려다가 조사를 시작했다. 베티우스는 조사 받을 때는 다른 사람들 이름을 대더니, 막상 시민들 앞에 나가자 루쿨루스가 시킨 일이라고 말했다.

물론 그의 말을 믿는 사람은 아무도 없었다. 그리고 이것이 폼페이우스가 꾸민 일이라는 것도 며칠 뒤에 밝혀졌다. 게다가 베티우스 시체가 감옥에 내던져져 있는 것으로 사건의 음모가 더욱 확실해졌다. 병으로 죽었다는 베티우스 시체에 목이 졸리고 매 맞은 흔적이 뚜렷하게 나타나 있었으므로, 그가 자신을 이용하려던 자들에 의해 살해된 것임이 분명해졌다.

이런 일이 있은 뒤 루쿨루스는 정치에서 더욱 멀어져 갔다. 그래서 키케로가 로마에서 추방되고 카토가 키프로스 섬으로 떠났을 무렵에는 정치와 완전히 손을 끊었다.

그는 죽기 얼마 전부터 지능이 점점 떨어졌다고 한다. 코르넬리우스 네포스에 따르면, 루쿨루스의 죽음은 나이와 병 때문이 아니라 그의 시종 칼리스테네스가 준 약 때문이라고 한다. 그 시종은 주인의 총애를 받으려고 정신을 북돋우는 약을 권했는데, 이 약이 오히려 좋지 않은 효과를 나타내 정신이 이상해지고 마침내 죽음으로까지 몰아갔다는 이야기이다. 루쿨루스의 정신이 이상해진 다음부터는 동생 마리우스가 모든 일을 대신 맡아 관리했다.

그럼에도 루쿨루스가 죽었을 때 로마 시민들은 마치 그가 정치와 군사적으로 전성기에 머물러 있다 죽은 것처럼 몹시 슬퍼했다. 그 유해는 가장 고귀한 신분을 가진 젊은이들이 운반했다. 그들이 공회당을 지나갈 때, 시민들은 그를 술라의 무덤이 있는 군신 마르스 광장에 묻어야 한다고 주장했다. 그러나 이것은 생각지도 못한 일이었고 준비하기도 쉽지 않았기 때문에 루쿨루스의 동생 마르쿠스가 간곡히 청하고 설득해 마침내 미리 정해두었던 묘지에 장사 지낼 수 있었다. 그곳은 바로 루쿨루스 별장이 있던 투스쿨룸이다.

루쿨루스의 동생도 그리 오래 살지 못했다. 나이와 명성이 모두 형보다 모자랐던, 하지만 누구보다 형을 사랑했던 그도 얼마 뒤 형을 따라 땅에 묻힌 것이다.

키몬과 루쿨루스의 비교

　내란으로 매우 어지럽기는 했지만, 조국이 자유를 누릴 때 최후를 맞은 루쿨루스는 축복받은 사람이었다. 그리고 다른 무엇보다 이 사실만큼은 키몬과 비슷하다. 키몬 또한 헬라스 나라들이 서로 싸우지 않고 번영의 절정을 누릴 때 죽었기 때문이다.

　물론 키몬은 군대 사령관으로서 싸움터에서 숨을 거두었다. 그는 루쿨루스처럼 본국으로 불려 가는 일도 없었고, 정신이 이상해지지도 않았다. 그리고 수많은 싸움의 영광을 사치와 향락으로 더럽히지도 않았다. 그러니까 플라톤이 비웃은 바 있는, 오르페우스교에서 보람 있게 이 세상을 산 대가로 죽은 뒤에 받게되리라 약속했던 영원한 술잔치 같은 삶을 살지는 않은 것이다.

　정치와 군사에서 물러나 학문을 즐기며 남은 인생을 보내는 일은 그 사람에게 좋은 위로가 될 것이다. 그러나 쾌락을 쫓기 위해 공을 세우거나, 장군으로서 대군을 지휘하다가 쾌락과 사치에 빠져드는 것은 잘못이다. 아카데메이아 학파임은 물론, 크세노크라테스 가르침을 따르리라 자부하던 루쿨루스에게는 더더군다나 어울리지 않는 일이었다. 이는 오히려 에피쿠로스 흐름을 따르는 사람들이나 할 법한 행동이었다.

　키몬과 루쿨루스 사이에는 뚜렷한 차이점이 있다. 키몬은 젊은 시절을 방탕하고 무절제하게 보냈지만 루쿨루스는 엄격하고 강직한 생활을 했다. 우리는 마땅히 선한 방향으로 달라지는 사람을 높이 평가하는데, 그것은 악이 점차 사그라지고 그 자리가 선으로 채워진 사람이 한결 더 선량한 바탕을 가졌다고 믿기 때문이다.

둘은 모두 부자였지만, 그 부를 이용하는 방법은 크게 달랐다. 그들은 모두 야만인들로부터 빼앗은 재물로 부를 얻었는데, 키몬은 그 돈으로 아테나이 아크로폴리스 남쪽 성벽을 쌓았고, 루쿨루스는 네아폴리스 해안에 호화로운 별장을 지었다. 이 둘은 비교가 되지 않는다.

키몬이 어려운 사람들을 위해 음식을 베풀었던 일과, 루쿨루스가 몇몇 손님들을 위해 호화찬란한 식탁을 마련했던 일 또한 비교조차 할 수 없다. 한 사람은 적은 돈으로 많은 사람들을 대접했지만, 다른 한 사람은 엄청난 돈으로 몇 안 되는 친구들을 위해 사치와 향락을 제공했기 때문이다. 만일 키몬이 전쟁을 하지 않고 본국에 돌아와 한가롭게 지냈다면, 그도 난잡하고 호화로운 생활을 즐겼을지도 모르리라. 그는 술과 친구를 가까이하며 여자를 좋아했기 때문이다.

그러나 야심 많은 사람은 전쟁이나 정치에서 성공함으로써 얻게 되는 커다란 즐거움을 맛보면 작은 쾌락에는 시간을 허비하지 않는 법이다. 만일 루쿨루스가 군대에서 장군으로 있다가 그대로 싸움터에서 죽었다면, 아무도 그에게서 흠을 잡아내지 못했으리라. 둘의 생활 방식에 대해서는 여기까지만 하겠다.

전쟁에 대해서는, 땅이나 바다에서 그 둘 모두 훌륭한 장군이었다. 하지만 하루 동안에 역기와 레슬링 두 종목에서 우승한 사람에게 특별한 상을 주듯이, 육지와 바다에서 하루 만에 두 번이나 빛나는 승리를 거둔 키몬을 더 높이 평가할 수밖에 없다.

또 루쿨루스는 자기 나라에서만 사령관직을 임명받았으나, 키몬은 다른 나라 군대 사령관까지 겸해 조국의 이름을 드높였다. 루쿨루스는 이미 동맹국들 사이에 군림하던 자기 나라에 적들의 영토를 보탰지만, 키몬은 동맹국들 가운데 하나에 지나지 않았던 조국을 가장 높은 자리로 끌어올리고 적들을 정복했다. 키몬은 페르시아 군대가 바다를 버리고 도망가게 만들었으며, 스파르타 군을 설득해 지휘권을 아테나이에 넘기게 만들었던 것이다.

부하들 존경과 복종을 받는 것도 장군의 능력으로 본다면, 자기 군대로부터 비웃음을 당한 루쿨루스와 다른 나라 병사들한테서까지 존경을 받았던 키몬 사이에는 꽤나 큰 차이가 있다. 한 사람은 장군으로 임명되어 조국을 떠났다가 군대에게 버림받고 돌아왔으며, 또 한 사람은 다른 사람을 섬기기 위해 떠났다가 모든 동맹국들의 복종과 존경을 받으며 돌아왔다.

더욱이 키몬은 조국 아테나이를 위해 적과의 평화조약 체결과 동맹국에 대한 지배권 획득, 그리고 스파르타와의 우호 관계 확립이라는 몹시 어려운 세 가지 과제를 모두 성공하고 귀국했다.

두 사람 모두 아시아 정복이라는 거대한 목표를 세웠지만 실패하고 말았다. 그러나 키몬은 군대 사령관으로 있다가 승리의 절정에 죽임을 당하는 바람에 어쩔 수 없었지만, 루쿨루스는 병사들 불평을 제대로 다스리지 못해 일을 그르쳤다. 키몬은 불운 때문에 계획을 이루지 못한 반면에 루쿨루스는 자기 자신의 잘못도 많았던 것이다.

이런 면에서는 키몬도 루쿨루스와 마찬가지로 고통을 당했다. 아테나이 시민들은 키몬을 법정으로 불러들여 규탄을 일삼았고, 마침내 도편투표로 그를 추방했다. 플라톤 말을 빌리자면, 아테나이 시민들이 그를 내쫓은 이유는 '10년 동안 그의 목소리를 듣고 싶지 않아서였다' 한다.

본디 높은 정신을 갖고 태어난 사람은 세상 사람들로부터 사랑이나 인정을 받지 못하는 일이 많다. 그런 사람들은 바르지 못한 행동을 고치기 위해, 의사가 붕대를 감아 어긋난 뼈를 제자리에 맞출 때처럼 고통을 주기 때문이다. 이렇게 생각할 때 키몬이나 루쿨루스는 모두 그런 기질을 타고난 사람들일지도 모른다.

전쟁 공적은 루쿨루스가 키몬보다 뛰어났다. 그는 로마 사람으로서는 처음으로 타우루스 산맥을 넘고, 티헬라스 강을 건너, 티그라노케르타와 카베이라, 시노페, 니시비스 왕궁을 그 왕들이 보는 앞에서 불태워 버렸다. 그는 북쪽으로는 파시스 강까지, 동쪽으로는 메디아까지, 남쪽으로는 아라비아 왕국을 거쳐 홍해에 이르는 모든 지역을 정복했다. 그는 또 여러 왕들 세력을 꺾어 쫓기는 짐승처럼 사막이나 밀림으로 숨어들게 만들었다.

루쿨루스가 얼마나 철저하게 적을 무찔렀는지는 다음 같은 사실로 알 수 있다. 키몬이 죽은 뒤에 페르시아 군대는 언제 그에게 당했느냐는 듯이 무기를 쥐고 다시 나타나, 아이귑토스에서 헬라스 대군을 쳐부수었다. 그러나 미트리다테스와 티그라네스 왕은 루쿨루스가 본국으로 돌아가 버린 다음에도 꼼짝하지 못했다. 미트리다테스는 루쿨루스에게 몇 차례 패한 뒤에는 맥이 풀려서,

폼페이우스와는 감히 싸워보지도 못하고 보스포루스로 가서 죽음을 맞이했다. 그리고 티그라네스는 망토도 걸치지 않은 채로 무기를 버리고 폼페이우스 앞에 엎드려 자기 왕관을 바쳤다. 하지만 그 왕관은 폼페이우스의 승리를 돋보이게 한 것이 아니라 루쿨루스 승리를 빛나게 할 개선식에 전리품이 되었다. 티그라네스는 왕의 표장을 다시 받게 되었을 때 무척 기뻐했는데, 그것은 그가 왕위를 잃어버렸었다는 증거였다.

그리고 장군이든 레슬링 선수이든, 다른 사람이 쉽게 물리칠 수 있도록 적을 거의 무찔러서 넘겨주는 이의 공이 가장 크다고 할 수 있다. 키몬이 장군으로 뽑혔을 때, 페르시아 군대는 이미 테미스토클레스, 파우사니아스, 레오티키데스 등과 싸우느라 그 세력이 한풀 꺾여 있었다. 그러나 루쿨루스가 티그라네스를 만났을 때 적은 거듭되는 승리로 사기가 절정에 이르렀다. 또 루쿨루스가 상대했던 적들은 키몬이 상대한 적들과 견줄 수도 없을 만큼 어마어마하게 많았다.

이런 여러 점들을 살펴볼 때, 누가 더 뛰어나고 누가 더 못났다고 섣불리 말하기는 매우 어렵다. 생각해 보면 하늘은 둘에게 똑같이 은혜를 베풀어 한 사람에게는 할 일을, 또 한 사람에게는 해서는 안 될 일을 가르쳐 준 것이다. 이렇듯, 그 둘 모두 고상하고 거룩한 사람으로서 신의 축복을 받았던 게 아닌가 생각된다.

니키아스(NIKIAS)

　니키아스와 크라수스 생애를 나란히 놓고 보는 일은 마땅하다고 생각된다. 크라수스가 파르티아에서 겪은 불행과 니키아스가 시킬리아 섬에서 치른 불행이 좋은 비교가 되기 때문이다. 그런데 투키디데스는 그 사건을 기록하면서 매우 처절하고도 생생한, 아름답고 세련된 묘사를 알맞게 사용해 읽는 이 마음을 움직였지만, 나는 그런 글재주와 다툴 생각은 없다. 또 나는 티마이오스가 저지른 실수를 되풀이하고 싶지도 않다. 그는 《역사》를 기술해 투키디데스보다 뛰어난 문장력을 선보였고, 필리스투스를 군말이나 늘어놓는 초보자로 만들었다. 그는 두 역사가들이 이미 성공적으로 썼던 육지와 바다에서의 싸움에 대한 기록과 그들의 공개 연설들 안에 자기 묘사를 집어넣었다. 그러나 그는 마침내 시인 핀다로스 시구에 나오는 사람처럼 되었을 뿐이다.

　맨발로 뛰며 리디아 전차와 경쟁하는 사람

　그리고 나중에는 자신이 얼마나 치졸하고 어설픈 작가인가를 보여주었다. 그것은 마치 시인 디필루스 시구와 같다.

　시킬리아산 비곗덩어리로 가득찬 둔한 머리.

그래서 티마이오스는 크세나르쿠스 의견을 빌려, 아테나이 시민들은 승리를 뜻하는 이름을 가진 그들 장군이 시킬리아 원정을 맡지 않은 것을 불길한 징조로 여겼다 말하곤 했다. 또는 헤르메스 신상들이 부서진 일은 아테나이군이 헤르몬의 아들 헤르모크라테스 때문에 참패 당할 하늘의 계시였다고 말했다.

어떤 때는 보다 더 심한 말도 했다. 헤라클레스는 데메테르 딸 페르세포네 도움을 받아 저승의 개 케르베로스를 물리쳤으므로 페르세포네 여신을 모시는 시라쿠사 시민들을 도와야만 하며, 또 그는 트로이 왕 라오메돈에게 받은 피해 때문에 트로이 시를 정벌했으므로 트로이 후손인 에게스타 사람들을 보호해 준 아테나이에 노여움을 품게 되리라 했던 것이다.

하지만 티마이오스가 그런 말을 《역사》에 쓴 까닭은 필리스투스 글에서 잘못된 점을 찾아내 고치게 하고, 아리스토텔레스와 플라톤에게서조차 흠을 찾아내는 그 사람의 글쟁이 기질 때문이리라.

나는 이처럼 문장 한 구절까지 따져가며 다른 사람 책과 경쟁을 일삼는 일은 어떤 경우에든 학식이나 자랑하려는 천박한 짓이라 여긴다. 더구나 그 대상이 우리로서는 결코 따라잡을 수 없는 뛰어난 작품일 때에는 더 의미 없는 일이 되리라. 그런데 니키아스 행동에 대해 서술한 투키디데스와 필리스투스 기록들을 보면, 그들은 니키아스가 곤경에 빠졌을 때 행동만으로 그의 성격을 판단한다.

나는 게으르고 소신 없는 역사가라는 비평을 피하기 위해서라도 이 부분을 간단히 정리해 보려 한다. 또 널리 알려지지 않은 다른 이들 기록이나, 오랜 기념품들에 흩어져 있는 자료들을 모으는 데도 힘쓸 것이다. 물론 단순하고 쓸모 없는 지식 조각들을 무조건 긁어모으려는 게 아니라, 니키아스의 진정한 성격과 태도를 이해하는 데 도움이 되는 것만을 추리려 한다.

니키아스 기록에서 먼저 살펴볼 것은 아리스토텔레스가 그에 대해 했던 말이다. 그는 아테나이에 뛰어난 능력과 애국심으로 민중에게 많은 사랑을 받는 사람이 셋 있는데, 니케라투스 아들 니키아스, 멜레시아스 아들 투키디데스, 하그논 아들 테라메네스라고 했다. 그러나 테라메네스는 케오스 섬에서 태어난 외국인이라는 소문이 있어서 참된 아테나이 시민인지 아닌지도 모르고, 무엇보다 정치인으로 지조 없는 행동을 해서 배우들이 무대에서 키가 커 보이도록 신었던 코토르노스라는 별칭까지 얻었기 때문에 다른 두 사람에 비해 조금 뒤떨어진다고 평가했다.

이들 셋 가운데 투키디데스가 가장 나이가 많았는데, 그는 페리클레스에 반대한 보수파 대표자였다. 니키아스는 그들에 비하면 한창 젊었다. 그럼에도 그는 이미 어느 정도 명성을 얻고 있었기에 페리클레스가 살아 있는 동안 함께 장군으로 출정했었고, 홀로 군대를 지휘하기도 했다. 그러므로 페리클레스가 죽고 난 뒤 니키아스는 아테나이에서 최고 권력을 누리게 되었다. 평민들을 선동하는 클레온 횡포에서 벗어나기 위해 귀족과 부자들이 앞다투어 그를 뒷받침해 준 덕택이었다. 뿐만 아니라 그는 평민들 사이에서도 호감을 잃지 않아 그들 스스로 니키아스 승진을 돕기도 했다. 클레온은 평민들을 구슬리고 그들에게 돈 벌 수 있는 기회들을 줌으로써 큰 세력을 누리고 있었지만, 그의 탐욕과 오만 때문에 도리어 평민들은 니키아스를 지지했다.

니키아스는 자부심이 매우 강했다. 그러나 그는 평민들에게서 비난을 들을까봐 걱정해 너무 엄격하거나 무례한 태도를 보이지는 않았다. 오히려 신중하고 섬세한 몸가짐으로 그들을 어려워하는 것처럼 행동해 더욱 신망이 두터워졌다. 또한 내성적인 성격이라 수줍음을 타는 편이었지만, 전쟁에서는 늘 행운이 따라 승리를 거듭했으므로 이런 단점은 거의 가려졌다. 정치적으로는, 그의 소극적 태도 때문에 오히려 시민들 비위를 거스르는 일이 없어서 큰 호응을 얻었다. 본디 시민들은 자기들을 경멸하는 사람은 두려워하지만, 자신들을 높여주거나 두려워하는 사람에게는 힘닿는 데까지 도움을 주고 싶어하는 법이다. 시민들은 니키아스의 그런 태도가 자신들에 대한 최대 존경이라 여겼다.

페리클레스는 빈틈없는 미덕과 웅변술로 아테나이를 휘어잡고 지배했다. 그는 민중의 인기를 얻기 위해 비겁한 행동이나 아첨을 하지 않았다. 이런 점에서 니키아스는 페리클레스보다 역량이 모자랐기에, 엄청난 재력으로 민중의 인기를 끌어모을 수밖에 없었다.

또한 니키아스는 그런 점에서 클레온처럼 능란한 웅변술이나 민첩한 기지도 갖지 못했다. 클레온은 대담한 익살로 아테나이 시민들을 즐겁게 하며 그들을 마음대로 조종한 사람이었다. 그러나 이런 재능이 없었던 니키아스는 연극이나 체육 대회 등을 열어 민중의 환심을 사려고 했다. 이렇게 열렸던 대회들은 그의 재력이 뒷받침되었기 때문에 놀라울 정도로 성대하고 화려했다.

니키아스가 신전에 바친 종교적 봉납물 가운데 오늘날까지 남아 있는 것은

두 가지이다. 하나는 아테나이 아크로폴리스에 서 있는 조각상인데, 안타깝게
도 금칠이 벗겨졌다. 다른 하나는 디오니소스 신전에 있는 제단으로, 앞서 말
한 여러 대회에서 승리한 사람들이 바친 것이다.

연극제가 열렸을 때의 일이다. 그 대회 비용도 니키아스가 치렀는데, 그는 연
극 속에서 자기 노예 하나가 디오니소스 신으로 나오는 장면을 보았다. 그 노
예는 잘생기고 체격도 좋았으며, 아직 수염도 나지 않은 어린 소년이었다. 아테
나이 시민들은 그 아름다운 모습에 감탄해 오랫동안 박수를 보냈다. 니키아스
는 연극이 끝나자 자리에서 일어나, 이처럼 신으로 분장했던 사람을 노예로 계
속 둔다는 것은 있을 수 없는 일이라 말하고는 곧바로 그 소년을 자유인으로
풀어주었다.

또 그가 델로스 섬 행사에 얼마나 정성을 다했는가에 대한 이야기도 전해
온다. 그즈음 헬라스에는 도시에서 저마다 델로스 섬으로 합창단을 보내, 신의
영광을 노래하는 행사가 있었다. 그런데 이 행사 때 합창단이 도착하면 주민들
이 무질서하게 몰려나와 노래를 불러달라고 소동을 일으키곤 했다. 그렇게 되
면 합창단은 서둘러 옷을 대충 갈아입고 화관을 쓰며 허둥지둥 배에서 내려
노래를 부르고는 했는데, 누가 보기에도 그리 아름다운 모습은 아니었다.

그래서 니키아스는 합창단을 데리고 먼저 제물로 쓸 짐승과 그 밖에 제사에
쓸 물건들과 함께 델로스로 곧바로 오지 않고, 옆에 있는 레네아 섬에 내렸다.
그리고 미리 금박과 융단으로 장식한 다리를 준비해 두었다가, 밤사이에 델로
스 섬에 닿도록 다리를 걸쳐놓았다.

날이 밝자 니키아스는 합창단을 아름답게 단장시킨 뒤, 다리를 건너며 신께
바치는 노래를 부르게 했다. 델로스 섬 주민들은 이 아름다운 광경에 넋을 잃
었다. 니키아스는 다리를 모두 건너자 제사를 드리고 다시 공연을 했다. 그리
고 공연이 끝난 뒤에는 큰 잔치를 열었다.

행사가 끝나자 니키아스는 청동으로 만든 종려나무를 신께 바치고, 1만 드
라크메를 주고 산 땅을 헌납했다. 그리고 델로스 주민들에게, 이 땅에서 나오
는 수입으로 신께 제사를 드리고 잔치를 열라고 했다. 주민들은 그에게 여러
신들 축복이 내리기를 기도했다.

니키아스는 이런 일들을 모두 새긴 돌기둥을 세웠다. 그런데 뒷날 거센 바람
에 그가 헌납한 종려나무가 쓰러지면서 그만 낙소스인들이 세운 커다란 조각

상을 깨뜨리고 말았다. 니키아스의 이런 행동은 곧잘 남에게 자랑하고 싶어하는 허영심이나 민중으로부터 인기를 얻으려는 욕망에서 비롯되었을 수도 있다. 하지만 미신을 잘 믿었던 그의 성격에 비추어 보면, 신을 공경하는 순수한 신앙심에서 우러나온 행동이라 생각할 수 있다.

역사가 투키디데스가 전하는 말에 따르면, 니키아스는 신을 몹시 두려워했으며 점이나 신탁에 곧잘 귀를 기울였다고 한다. 파시폰의 《대화편》을 보면 그는 날마다 신들께 제사를 드리고 집에는 점술가를 두었는데, 겉으로는 나랏일을 묻기 위함이라 했지만 사실은 개인적인 일, 특히 자기가 소유한 은광에 대해 물었다고 한다.

니키아스는 라우리움에 엄청난 값어치를 지닌 은광을 갖고 있었는데, 커다란 위험이 따르기는 했지만 많은 수입을 얻었다. 그는 노예 수백 명을 사들여 밤낮으로 은을 캐냈다. 그가 소유한 재산 거의가 이 은에서 나왔다. 그래서 니키아스 주위에는 그에게 달라붙어 재산을 뜯어내려는 자들이 많았으며, 대부분 돈을 받아 갔다. 그 가운데에는 온갖 사람들이 있었지만, 니키아스는 거절하는 일 없이 모든 이들 요구를 다 들어주었다. 해를 끼칠 염려가 있는 사람에게는 두려움 때문에, 단순히 도움을 바라는 사람들에게는 어진 마음 때문에 거절하지 못했다.

우리는 그의 이런 마음을 여러 희극 시인들 작품에서도 찾아볼 수 있다. 텔레클레이데스라는 희극 시인은 고발을 일삼는 한 인물을 등장시켜 이렇게 말한다.

그는 카리클레스에게 1므나를 주었네.
그가 사생아라는 사실을 말할까봐 두려워서였지.
그런데 니키아스는 그에게 4므나를 주었다네.
나는 그 이유를 알지만 말할 수는 없다네.

에우폴리스도 희극 〈마리카스〉에서, 어떤 나쁜 사람이 착한 가난뱅이를 괴롭히는 장면을 이렇게 썼다.

그대는 니키아스를 어디서 만났나?

나는 얼마 전 거리에서 한 번 보았을 뿐이네.

니키아스를 만났다는 사실을 부정하지 않는 걸 보니 분명히 고소할 생각을 하는군.

그렇다면 당신들은 모든 걸 알고 있지 않나? 니키아스는 이제 꼬리를 잡힌 거야.

잡히다니, 이런 멍텅구리들! 도대체 누가 그런 훌륭한 분을 잡으려 한단 말인가?

아리스토파네스 연극에서도 클레온이 다음처럼 협박하는 장면이 나온다.

모든 연설자들에게 고함을 질러서, 니키아스를 혼내주고 말 거야.

또 프리니코스는 비겁하고 유혹에 빠지기 쉬운 그의 마음을 조롱해 이런 시를 썼다.

그는 정직한 사람이었네.
적어도 니키아스처럼 비겁하지는 않았지.

이처럼 니키아스는 민중을 부추기는 고발자들을 몹시 경계하고 두려워했다. 그는 정치가들에게 어떤 흠이라도 잡힐까 두려워 시민들과 잘 어울리지도 않고 식사도 함께하지 않았으며, 친구들과 자유롭게 이야기하는 일도 없었다. 그는 장군으로 있을 때도 밤늦게까지 일했으며, 누구보다 먼저 의회에 나갔다가 가장 나중에 집으로 돌아왔다. 니키아스에게 공적인 일이 없을 때에도 그를 만나기가 어려웠다. 온종일 집에 있으면서 외출을 삼갔기 때문이다. 그는 집으로 찾아가도 잘 만나주지 않았는데, 대신 하인을 내보내 자신에게 지금 매우 중대한 일이 있어서 맞이할 수 없다는 사정을 알리고 사과의 말을 전하게 했다.

니키아스를 위해 이러한 일을 잘 도와준 사람은 히에론이었다. 그는 어릴 때 이 집에 와서 니키아스에게 문학과 음악을 배우며 자랐다. 그는 니키아스를 정성껏 섬기는 데다 꾀도 많아서 그의 생활을 신비롭게 잘 감싸주었다. 히에론은 칼쿠스라는 이름으로 불리기도 했는데, 스스로를 디오니시우스 아들이라고 말했다. 디오니시우스는 예전에 이탈리아로 사람들을 싣고 가서 투리이 시를 세운 사람으로 그가 쓴 시는 오늘날까지도 몇 편 전해진다. 히에론은 점술가들과 접촉하며 니키아스에게 점괘를 얻어주기도 했다. 그리고 시민들을 만날 때마다 이런 말을 하곤 했다.

"니키아스 장군님은 밤낮없이 바쁘십니다. 식사도 제때 못하시고 목욕도 제대로 못하십니다. 늘 나랏일이 걱정되셔서 잠도 못 주무시고 애를 쓰니 집안일이 어떻게 돌아가는지도 모르십니다. 그러니 건강도 말이 아니지요. 게다가 재산도 모조리 잃었고, 친구들과 어울려 이야기 나눌 틈도 없으니 많은 친구들이 떠나버렸습니다. 다른 분들은 공개 장소에서 웅변을 하여 자기편을 만들고 정치를 하면서도 나랏돈을 써서 친구와 재산을 만든다는데 말입니다."

히에론의 이런 이야기는 많은 시민들 마음 깊숙이 파고들었다. 실제로 니키아스 생활은 히에론이 말한 그대로였다. 그러므로 아가멤논이 읊은, 다음 같은 탄성은 니키아스에게도 들어맞는다.

> 헛된 영광에 일생을 지배당한 나는
> 뭇사람들에게 부림 당하는 한낱 노예였다네.

아테나이인들은 역량 있는 인물들의 재능을 이용하다가도 기회만 되면 그들을 시기하고 명성을 빼앗았다. 그들은 페리클레스를 비난했고, 다몬을 쫓아냈으며, 람누스 사람인 안티폰을 시기했다. 특히 레스보스 섬을 정복한 파케스 장군은 탄핵을 당하고 법정에서 자신의 지휘권에 대한 설명을 강요당하자, 수치심 때문에 그대로 칼을 뽑아 자살하고 말았다.

니키아스는 이런 일들을 잘 알았기 때문에 중요한 원정은 되도록 피하려고 했다. 군대 지휘를 맡더라도 늘 조심스럽게 행동했으며, 때로는 이 조심성이 그의 성공을 뒷받침해 주기도 했다. 그럼에도 그는 어떤 승리나 성공도 자신의 용기나 전술 때문이 아니라 그저 운이 좋았기 때문이라 말함으로써 세상 사람들 시샘을 피하려 애썼다.

니키아스는 확실히 행운을 타고난 사람이었다. 그때 아테나이는 여러 전투에서 많은 승리를 거두었지만, 그만큼 많은 패배를 맛보기도 했다. 하지만 마치 행운의 여신이 돕기라도 하듯이, 니키아스는 패배한 전투에는 한 번도 참가하지 않았다.

장군 칼리아데스와 크세노폰이 지휘한 아테나이군은 트라키아에서 칼키디케군에게 패했다. 또 데모스테네스 장군은 아이톨리아에서 무릎을 꿇었으며, 델리움에서 전사자 1000명을 냈을 때에는 히포크라테스가 군대를 지휘했다. 이때는 전염병 때문에 많은 사람들이 죽었는데, 그 책임은 모두 페리클레스가 짊어져야만 했다. 페리클레스는 전쟁을 오래 끌 생각으로 시골에서 살던 사람들까지 모두 도시로 옮겨 살도록 했다. 그런데 좁은 곳에 사람들이 많이 들어차게 되자 도시 위생은 엉망이 되었고, 갑자기 달라진 환경 탓에 심각한 전염병이 돌았다.

하지만 이처럼 많은 재난들이 몰아닥쳤을 때도 오직 한 사람, 니키아스만은 어떤 비난도 받지 않았다. 그는 라코니아 해안에 있는 전략적 요충지인 키테라 섬을 점령해 이주민들을 보냈고, 반란을 일으킨 트라키아 도시들을 진압했다. 또한 메가라 시민들을 시내로 몰아넣은 뒤 미노아 섬을 차지하고 니사이아 항구까지 공략해 큰 피해를 입혔다. 그는 코린토스 해안에 군대를 상륙시켜, 이를 보고 달려온 코린토스군을 단번에 무찌르고 적장 리코프론을 죽이기도 했다.

이 전쟁 때 있었던 일이다. 니키아스는 군대를 이끌고 돌아오다가 문득 전사한 병사 2명을 묻어주지 못한 일이 떠올랐다. 그는 곧바로 함대를 멈추게 한 뒤, 적에게 시신을 넘겨달라고 요구했다. 헬라스 관습에 따르면, 전사자들을 수습하기 위해 먼저 휴전을 요구하는 일은 곧 패배를 인정하는 것으로, 승리에 대한 모든 권리를 포기함은 물론, 전승 기념비도 세울 수 없었다. 싸움터를 점령한 편이 승자이므로, 시신을 요구하는 쪽은 싸움터를 차지하지 못한 패자라는 것이었다. 그럼에도 니키아스는 병사들 시신을 승리의 영광과 맞바꾸려 했다.

또 그는 라코니아 해안으로 쳐들어가 스파르타 군대를 무찔렀으며, 아이기나 사람들이 점거하던 티레아 섬을 빼앗고 많은 적군들을 사로잡아 아테나이로 끌고왔다.

데모스테네스는 필로스에 요새를 쌓고, 바다와 육지 양쪽에서 몰려오는 펠로폰네소스군과 맞서 싸웠다. 그러나 스팍테리아 섬에는 전투에서 진 스파르타군 400명이 여전히 버티고 있었다. 아테나이는 스파르타군을 사로잡아 큰 수

확을 올리려 애썼다. 하지만 스팍테리아 섬에는 물이 없어서, 애써 차지한다 해도 군량과 마실 물을 일일이 배에 싣고 바다를 건너 날라와야만 했다. 더군다나 여름도 아닌 겨울에 그렇게 한다는 것은 아무리 생각해도 불가능한 일이었다. 그제야 아테나이군은 스파르타가 휴전을 제안했을 때 거절한 일을 후회했다.

스파르타가 제시한 휴전을 거절한 까닭은 클레온의 끈질긴 선동 때문이었다. 클레온은 정적인 니키아스가 휴전을 지지하자, 무턱대고 그의 의견에 반대하면서 시민들을 부추겼다. 그런데 전쟁이 자꾸 길어져 병사들이 심한 고생을 겪고 있다는 소식을 들은 아테나이 시민들은 클레온에게 분노를 터뜨렸다. 하지만 클레온은 모든 책임을 니키아스에게 떠넘기면서, 포위된 스파르타군을 섬멸하지 않는 까닭은 니키아스가 겁이 많고 결단성이 없기 때문이라고 했으며, 자신이 장군이었다면 그들 모두를 곧장 사로잡았으리라 장담했다.

그러자 시민들은 이렇게 응수했다.

"그러면 바로 군대를 이끌고 적을 치러 가보시오."

일이 이렇게 되자 니키아스는 지체 없이 장군직을 클레온에게 넘겨주었다. 그리고 원하는 만큼 병력을 내어주겠으니 아무런 위험도 없는 곳에서 큰소리만 치지 말고, 지금 곧바로 달려나가 나라를 위해 큰 공을 세워달라고 말했다.

클레온은 뜻밖의 사태에 당황해 처음에는 장군직을 맡으려 들지도 않았다. 그러나 아테나이 시민들이 어서 맡으라 강요했고, 니키아스도 그를 다그치자, 클레온은 하는 수 없이 장군직을 넘겨받았다. 그는 시민들에게 섬에 오른 뒤 20일 안에 그곳 스파르타군을 모두 죽이거나, 아니면 모조리 포로로 끌고 오겠노라 선언했다.

이 말을 들은 시민들은 웃음을 터뜨렸다. 클레온은 예전부터 허풍이 심해 놀림감이 된 적이 한두 번이 아니었기 때문이다.

또 이런 일도 있었다. 어느 날 시민들은 이른 아침부터 민회에 나가 클레온이 오기만 기다렸다. 그러나 그는 시간이 꽤 흐른 뒤 머리에 월계관을 쓰고 나타나 이렇게 말했다.

"오늘은 너무 바빠서 도저히 안 되겠소. 나는 지금도 신에게 제사를 드리고 막 달려오는 길이오. 그리고 이제부터는 다른 나라 손님들과 식사를 하기로 되어 있소."

이 말을 들은 시민들은 그를 비웃으며 흩어졌다. 그런데 이때에는 클레온에게도 행운이 따랐다. 그는 데모스테네스 도움을 받아 전쟁을 지휘했는데, 자신이 약속한 날짜 안에 스파르타군 대부분을 사로잡아 아테나이로 돌아온 것이다.

이 일은 니키아스에게는 커다란 수치가 되었다. 실패가 두려워 장군직을 내놓고 자기 원수에게 공을 세울 기회를 넘겨주었으니, 마치 싸움터에서 적에게 방패를 빼앗긴 것과 다름없었다. 아리스토파네스는 그의 작품 〈새〉에서 이 사건에 대해 니키아스를 조롱했다.

지금은 참으로 중요한 때요.
그러므로 우리는 니키아스처럼 잠자리로 물러나서는 안 됩니다.

그는 〈농부들〉이라는 작품에서도 니키아스를 비웃었다.

나는 고향에 남아 농사나 지으며 살고 싶네.
무엇 때문에 그렇게 못 하나?
바로 당신네 아테나이인들이 말리지 않나?
나랏일을 내던지고 고향으로 내려가라고 하는 사람이 있다면,
그에게 1000드라크메라도 내놓겠네.
좋아. 그러면 2000드라크메가 되겠군.
니키아스가 나랏일을 맡지 않은 대가로 낸 돈까지 합쳐서 말일세.

이뿐만이 아니었다. 니키아스는 비록 뜻했던 바는 아니었지만, 클레온에게 명성과 권력을 갖게 함으로써 아테나이에까지 큰 재앙을 불러일으키게 된다. 의기양양해진 클레온은 점점 횡포가 심해져, 마침내 누구도 말릴 수 없는 지경이 되고 말았다. 그리고 그 피해는 니키아스에게까지 미쳤다. 클레온은 연설장에서도 제멋대로 난폭하게 굴었는데, 시민들 앞에서 고래고래 소리 지르고, 옷자락을 뒤로 젖힌 채 허벅다리를 툭툭 치는가 하면, 연단 앞에서 이리저리 날뛰기도 했다. 이처럼 무례한 행동은 점차 나랏일을 하는 높은 사람들에게까지 영향을 미쳐, 아테나이 정치를 혼란 속으로 몰아넣었다.

그즈음 알키비아데스도 아테나이에서 이름을 알리며 세력을 넓히고 있었다. 그는 특히 연설로 사람들 시선을 사로잡았는데, 클레온처럼 문란하고 난폭하게 굴지는 않았다. 그러나 호메로스가 '온갖 독초와 약초가 함께 자라는 곳'이라 묘사했던 아이큅토스 땅처럼, 선과 악을 동시에 지녔던 알키비아데스는 아테나이 정치에 큰 변화를 불러왔다.

니키아스는 클레온 손아귀에서 벗어난 뒤에도 좀처럼 아테나이의 혼란을 가라앉힐 수가 없었다. 그가 애써 모든 일을 평화롭게 처리해 놓으면, 알키비아데스가 야심을 드러내며 전보다 더 치열한 혼란과 전쟁으로 모든 것을 휩쓸어 버렸기 때문이다. 그 전까지 평화를 뒤흔들었던 이는 둘이었는데, 바로 클레온과 브라시다스였다. 전쟁은 클레온에게는 비열함을 가리는 수단이었고, 브라시다스에게는 나쁜 행동을 할 절호의 기회였다. 그런데 이 두 사람은 스파르타군과 싸우다가 암피폴리스에서 모두 죽고 말았다.

니키아스는 스파르타 시민들이 오래전부터 평화를 원했으며, 아테나이 시민들도 더는 전쟁을 견뎌낼 자신이 없다는 사실을 알아차렸다. 두 나라 시민들 모두 전쟁이 지긋지긋했던 것이다. 니키아스는 이 기회를 놓치지 않고 두 도시를 화해시키려 했다. 그리고 다른 나라들도 설득해 더는 이런 시련을 겪지 않도록 하려고 애썼다. 그는 이렇게 하는 것이야말로 정치가로서 명성을 오랫동안 유지하는 길이라 여겨 모든 힘을 쏟았다. 그는 아테나이에서도 부자들, 노인들, 농부들은 하나같이 평화를 간절히 바라고 있음을 잘 알고 있었다. 그 밖에 전쟁을 찬성하던 사람들도 거듭되는 논의 속에서 점차 싸우려는 의욕이 사라져 가고 있었다.

니키아스는 스파르타에 휴전을 제의했다. 스파르타에서도 니키아스는 공정하며 너그러운 사람으로 이름나 있었다. 또 클레온이 필로스에서 잡은 스파르타 포로들에게 니키아스가 친절히 대했던 일을 알고 있었으므로, 스파르타는 그를 믿기로 했다.

이보다 앞서 스파르타와 아테나이는 1년 동안 휴전조약을 맺은 적이 있었다. 그 기간 동안 두 나라 사람들은 서슴없이 서로 이야기를 나누었고, 전쟁으로 인한 온갖 규제와 소란에서 벗어나 자유롭고 한가로운 삶을 즐겼다. 그래서 그들은 평화가 깨지지 않기를 바라며 이런 노래를 불렀다.

나의 창이 내던져져 거미집이 되게 하리.

또한 '평화로운 나날에 잠을 깨우는 것은 나팔 소리가 아닌 수탉의 울음소리'라는 속담을 떠올리며 즐거워했다.

그리하여 그들은 9년이 세 번은 지나야 전쟁이 멈출 것이라 말했던 사람을 비난하면서, 모든 문제들을 의논한 끝에 평화조약을 맺었다. 사람들은 이제야 모든 재앙에서 벗어나게 되었다. 그들은 니키아스가 신의 은총을 받은 사람이며, 그의 순수한 신앙심 때문에 헬라스 전체에 큰 복이 내렸다고 그를 높이 칭찬했다. 사람들은 전쟁을 페리클레스 장난이라 생각했듯이, 평화는 니키아스 덕택이라고 여겼다. 페리클레스는 공연히 헬라스를 재난 속에 몰아넣었지만, 니키아스는 헬라스 여러 나라 사람들 시름을 씻어주고 다시 친구가 되도록 만들어 주었기 때문이다. 그래서 사람들은 이것을 '니키아스의 평화'라 불렀는데, 이 말은 오늘날까지도 남아 있다.

스파르타와 아테나이의 휴전 조건은 저마다 빼앗은 도시와 영토, 포로들을 되돌려 주는 것이었다. 그들은 제비를 뽑아 어느 편이 먼저 조약을 이행할지를 정하자고 했다. 테오프라스투스에 따르면, 니키아스는 스파르타 사람들에게 많은 뇌물을 주어 먼저 조약을 실행하는 제비를 뽑도록 했다고 한다.

그러나 그 결과에 불만을 품은 코린토스와 보이오티아가 불평과 비난을 일삼으며, 다시 전쟁이 일으킬 기세를 보였다. 이에 니키아스는 아테나이와 스파르타 시민들을 설득해 평화를 다시 되새기고, 두 도시가 동맹을 맺게 함으로써 더욱 강하게 서로를 믿고 평화를 유지하도록 했다.

이렇게 일이 착착 진행되는 동안 알키비아데스는 본디 성품이 음흉해 평화를 싫어할 뿐 아니라, 스파르타가 니키아스만을 존중하고 자기를 무시하자 이를 몹시 불쾌히 여겼다. 그런 까닭에 알키비아데스는 휴전을 반대했지만 처음에는 그의 의견은 그다지 영향을 미치지 못했다.

그런데 스파르타 사람들은 때때로 아테나이 기분을 상하게 만들더니, 아테나이와 사이가 좋지 않은 보이오티아와 동맹까지 맺었다. 아테나이 사람들은 이를 배신과 다름없는 행위라 여겨 스파르타 사람들에게 반감을 갖게 되었다. 더구나 점령한 요새들을 파괴하지 않고 그대로 아테나이에 돌려주기로 한 조약을 어기고, 파낙투스와 암피폴리스를 돌려주지 않자, 아테나이 시민들은 분개하기 시작했다. 알키비아데스는 이 기회를 이용해 빠르게 시민들을 부추기는 한편, 아르고스를 움직여 아테나이에 사절을 보내 두 나라가 동맹을 맺도록 했다.

그런데 그때 아테나이와 갈등을 빚은 모든 문제에 대한 권리를 위임받은 스파르타 사절단이 왔다. 그들은 먼저 원로원에 나가 예비회담을 했는데, 여기서 그들은 아주 공정하고 마땅한 절충안을 내놓았다. 알키비아데스는 이들이 민회에 나가 이야기하면 이 제안들이 통과되리라 생각해, 몰래 사절단을 찾아갔다. 그는 사절단에게 모든 방법을 다 동원해서 그들을 도와주겠노라 엄숙히 선언하고 마음에도 없는 맹세를 하고는, 민회에서 그들이 전권을 가지고 왔다는 사실을 밝히지 않겠다는 약속을 받아냈다. 그것이 그들 목적을 이룰 수 있는 유일한 방법이라 설득했던 것이다. 사절단은 알키비아데스의 꾀에 속아 니키아스를 저버리고 전적으로 알키비아데스에게 의지하게 되었다.

사절단을 민회로 안내해 온 알키비아데스는 먼저 그들에게 모든 일을 해결할 권한을 가지고 왔느냐고 물었다. 그들이 그렇지 않다고 대답하자 그는 갑자기 낯빛을 바꾸고는 그 자리에 있던 원로원 의원들을 불러서, 사절단이 의회에서 했던 말에 대해 증언하라고 했다. 그런 뒤에 주장하기를, 같은 일을 두고 원로원에서는 그렇게 말을 하고, 여기에서는 반대되는 말을 하는 새빨간 거짓말쟁이들 이야기를 어떻게 믿을 수 있겠느냐고 했다. 사절단은 알키비아데스의 예상대로 소스라치게 놀랐고, 니키아스 또한 그들을 대신해 한 마디도 해줄 수가 없었다. 시민들은 곧 아르고스에서 온 사절단을 불러 동맹을 맺으려고 했다. 그런데 바로 그때 느닷없이 지진이 일어나 민회가 중단되고 말았다. 니키아스에게는 다행스러운 일이었다.

이튿날 이 문제에 대한 회의가 다시 열렸을 때, 니키아스는 온갖 방법을 써서 아르고스와의 동맹을 겨우 막았다. 대신 스파르타와의 일을 잘 해결하겠다는 약속을 하고는 사절단 자격으로 라케다이몬으로 떠났다.

스파르타에 도착한 그는 큰 환영을 받았다. 스파르타인들은 그를 아테나이 명사이자 스파르타 친구로서 대우해 주었다. 그러나 보이오티아를 지지하는 사람들 방해로 니키아스는 끝내 아무런 성과도 거두지 못하고 아테나이로 돌아가게 되었다.

그는 귀국길에 오르면서 자기가 스파르타에서 받았던 모욕과, 곧 아테나이에 도착해서 받게 될 시민들 분노를 생각하며 절망에 빠져들었다. 아테나이 시민들이 자기가 했던 말을 믿고, 필로스에서 잡았던 스파르타 포로들을 그냥 돌려보낸 일까지 있었기 때문이다. 사실 그때 포로들은 모두 스파르타 높은 집안 출신으로 그들 친구나 친척들도 나라의 권세가들이었다. 그렇게 중요한 포로들을 아무런 대가 없이 돌려보냈으니, 아테나이 시민들의 분노에 찬 원망을 어떻게 감당해야 할지 염려스러웠던 것이다.

아테나이 시민들은 분노했지만 니키아스의 죄를 따져 묻지는 않았다. 대신 그들은 알키비아데스를 장군으로 뽑고 아르고스와 동맹을 체결했다. 그리고 스파르타와 동맹을 포기한 엘리스와 만티네아와도 동맹을 맺은 다음, 필로스 섬으로 해적들을 보내 라코니아 해안을 노략질하게 했다. 이렇게 되자 다시 전쟁의 불길이 타오르기 시작했다.

니키아스와 알키비아데스 불화도 점점 심해져 절정에 이르렀다. 마침내 시민들은 둘 가운데 한 사람을 도편추방해야 할 상황이 되었다. 아테나이에서는 예전부터 나라에 해를 끼치는 사람 이름을 도자기 파편이나 찰흙판 등에 써서, 투표로 추방하는 관례가 있었다. 체재에 위험이 될 만한 사람이나 권력이 너무 높아 시민들 질투와 시기를 받는 사람은, 이 재판으로 10년 동안 추방되어야만 했다.

마침내 둘에 대한 재판이 결정되었다. 투표 날짜가 점점 가까워지자 그들은 둘 가운데 한 사람은 추방을 피할 수 없다는 생각으로 몹시 두려워했다. 알키비아데스 전기에서 이미 자세히 다루었던 것처럼, 시민들은 알키비아데스의 부도덕한 생활 태도를 혐오하고 분별없는 대담함을 두려워했다.

한편 니키아스는 많은 재산 때문에 시민들에게 질투를 받았고, 비사교적이며 폐쇄적인 생활 방식 때문에 적이 많았다. 뿐만 아니라 그는 때때로 시민들과 맞서기도 했는데, 어떤 일이 시민들에게 이롭다고 판단되면 그들의 반대를 무릅쓰고 강제로 일을 추진했기 때문에 많은 시민들이 그를 싫어했다.

다시 말하면 이것은 전쟁을 원하는 젊은이들과 평화를 원하는 노인들의 싸움이 되었다. 젊은이들은 니키아스를, 노인들은 알키비아데스를 도편추방하려고 애썼다.

그러나 '나라가 어지러워지면 악인이 이름을 떨친다'는 말이 있듯이, 두 파가 서로 싸우는 동안 아테나이는 어느새 천하고 야비한 자들의 무대가 되었다. 페이리토이스 출신 히페르볼루스도 그런 사람들 가운데 하나였다. 그는 감히 권세를 넘볼 수 없는 자였지만, 수단 방법을 가리지 않고 세력을 키움으로써 아테나이 명예를 더럽히고 있었다. 그는 자신이 형틀에 묶이게 될망정 도편투표로 추방되리라고는 꿈에도 생각지 못했다. 그래서 그는 니키아스와 알키비아데스 가운데 한 사람이 쫓겨나면 자기가 대신 권력을 잡을 욕심에, 드러내 놓고 둘의 불화에 기뻐하고 둘을 엄히 처벌해야 한다며 시민들을 부추기고 있었다.

그런데 그의 악의를 눈치챈 알키비아데스와 니키아스는 몰래 손을 잡고, 자기들 대신 히페르볼루스를 도편추방하는 데 성공했다.

사건이 이처럼 엉뚱하게 끝나버리자 사람들은 처음에는 이 일을 농담 삼아 이야기했다. 그러나 점차 도편추방이 그처럼 보잘것없는 사람에게 적용되어, 아테나이 명예가 더럽혀졌다고 생각하게 되었다. 아무리 형벌이라 해도 그 나름대로 위엄이 있었고, 특히 도편추방은 투키디데스나 아리스티데스처럼 걸출한 인물들에게나 내려지는 벌이었다. 그러므로 히페르볼루스로서는 이 벌이 오히려 명예가 되었고, 그를 마치 그 시대의 큰 인물처럼 보이게 했다. 희극 시인 플라톤도 이 사건에 대해 다음 같은 글을 남겼다.

그놈은 그만한 벌을 받고도 남을 자였지만
그런 자를 처벌하라고 아테나이가 도편을 마련한 것은 아니었다네.

이 사건이 있은 뒤 아테나이는 더 이상 이 형벌을 사용하지 않았다. 이렇게 해서 참주 친척이었던 콜라르구스 사람 히파르쿠스가 처음 받았던 이 벌은, 히페르볼루스를 마지막으로 사라지게 되었다.

이처럼 사람 운명은 그 누구도 예측할 수 없다. 만일 니키아스가 알키비아데스와 끝까지 맞섰다면 그가 이겨서 알키비아데스를 추방하고 평화롭게 아테나이를 다스렸거나, 아니면 그가 져서 추방되었다고 해도 노년의 불행을 피하고 뛰어난 장군이라는 명성은 끝까지 지켰을 것이다.

테오프라스투스는 히페르볼루스가 도편추방 당한 것은 알키비아데스와 니키아스 때문이 아니라 파이악스와의 불화 때문이었다 주장하지만, 많은 역사가들은 이 의견에 찬성하지 않는다.

에게스타와 레온티니는 아테나이에 사절단을 보내 시킬리아 섬 원정을 요청했다. 니키아스는 이에 반대했지만 알키비아데스를 비롯한 찬성론자들에게 지고 말았다. 민회를 열어 그 문제를 논의하기도 전에, 그들 머릿속은 이미 정복 야망으로 가득 차 있었다. 시민들은 벌써 시킬리아를 정복이라도 한 듯 젊은이들은 체육관에서, 노인들은 일터나 공원에 모여 시킬리아와 그 주변 바다와 땅을 그리기에 여념이 없었다. 그들은 모두 시킬리아를 전쟁 최종 목표로 여긴 게 아니라, 그곳을 다리 삼아 카르타고를 정복하고, 아프리카를 지나 헤라클레스 기둥까지 이르러 지중해를 손아귀에 넣을 야심을 품은 것이다.

니키아스는 시킬리아 정복을 반대했지만, 시민들에게 그의 주장이 받아들여질 리 없었다. 그래서 니키아스를 지지하는 사람은 얼마 되지 않았을 뿐더러, 그 가운데 세력 있는 사람은 한 명도 없었다. 부자들도 군함을 마련하거나 그 밖의 비용을 부담하는 게 싫어서 전쟁을 반대한다는 비난을 들을까봐 아무 소리도 하지 못하고 그저 가만히 있었다.

아테나이 사람들이 투표를 통해 전쟁을 벌이기로 결정하고 그를 알키비아데스와 라마코스와 함께 전쟁에 나갈 장군으로 뽑았음에도, 니키아스는 자기주장을 굽히지 않았다. 그는 그다음에 열린 민회에서 전쟁을 막기 위해 어느 때보다 엄숙하게 호소했으며, 마지막에는 알키비아데스가 자신의 야망과 탐욕을 채우기 위해 먼 곳까지 달려가 전쟁을 벌어서 나라를 위험에 빠뜨리려 한다며 비난했다.

하지만 니키아스의 이런 호소는 아무 효과가 없었다. 시민들은 전쟁 경험이 많고 침착한 니키아스가 이 전쟁에는 더할 나위 없이 알맞은 노련한 장군이라고 여겼다. 또 그의 세심함과 알키비아데스의 용기, 라마코스의 낙천적인 성품이 조화를 잘 이루면 반드시 승리할 수 있으리라고 확신했다. 그러므로 니키아스의 반전론은 오히려 이런 확신을 더욱 굳혀주는 역할을 했다. 그때 가장 적극적으로 전쟁을 부르짖던 데모스트라투스는 자리에서 일어나, 이제 니키아스가 더는 아무 핑계도 대지 못하게 하자고 제안했다. 이 세 장군에게 절대적인 권력을 주어, 아테나이에서나 다른 나라에서나 스스로 모든 것을 결정지을 수 있도록 해주자는 것이었다.

그러나 제관들은 이 전쟁을 심하게 반대했다고 한다. 하지만 알키비아데스에게는 이 제관들과 맞설 만한 점술가들이 있었다. 그 점술가들은 아테나이 사람들이 시킬리아에서 큰 영광을 얻으리라는, 오래된 신탁을 시민들에게 들려주었다.

또 알키비아데스가 보낸 사자들도 암몬 신전으로부터 아테나이군은 시라쿠사 시민들을 모두 사로잡으리라는 신탁을 얻어왔다.

이와 달리 불길한 징조를 나타내는 예언이나 사건들도 있었지만, 그 사실을 아는 사람들은 입을 꾹 다물고 아무런 말도 하지 않았다. 어떤 확실한 징조가 나타나도 아테나이 시민들 마음을 돌려놓을 수는 없기 때문이었다. 불길한 징조들은 다음 같았다.

아테나이 시내에 있는 헤르메스 조각상들이 한밤중에 모두 부서지고, '안도키데스의 헤르메스'라 부르는 조각상만 남았다. 이는 아이게우스 종족이 안도키데스 집 앞에 세운 조각상이었다. 또 어떤 사람이 갑자기 열두 신 제단 위에 뛰어올라가더니 자기 두 다리를 벌리고 앉아 느닷없이 돌로 잘라낸 일도 있었다. 그리고 델포이에서는 황금으로 만들어진 종려나무 열매가 떨어지기도 했다. 이 종려나무는 메디아와 전쟁 때 얻은 전리품으로 만든 것이었는데, 이 나무 위에는 황금으로 만든 아테나 여신상이 놓여 있었다. 그런데 이 신상에 까마귀 떼가 며칠 동안 달려들더니 황금으로 만든 열매들을 모두 쪼아 땅에 떨어뜨렸다. 그러나 아테나이 시민들은 이를 시라쿠사인들의 뇌물을 받은 델포이 사람들이 꾸며낸 이야기라며 믿지 않았다.

한편 어떤 신탁이 내려왔는데, 클라조메나이에서 아테나 여신을 섬기는 여인을 아테나이에 데려오라는 내용이었다. 그래서 사람들이 그녀를 찾아내 데려왔는데, 그 여인 이름은 고요를 뜻하는 헤시키아였다. 이를 본 시민들은 아테나이가 조용히 지내야 한다는 신의 뜻이라고 여기기도 했다. 점성가인 메톤은 군대에서 중요한 직책을 맡고 있었는데, 전쟁의 승리를 의심했는지 아니면 이런 불길한 징조들이 무서웠는지 문득 미친 사람처럼 행동하며 자기 집에 불을 질렀다. 다른 이야기에 따르면 그는 미친 게 아니라, 원정에 나가게 된 아들을 군에서 면제시키기 위해 일부러 그런 짓을 했다고 한다. 그래서인지 그는 자기 집에 불을 지르고 나서, 다음 날 아침 광장에 나가 사람들을 붙들고 지난밤 자기 집이 모두 불에 타버렸으니 이렇게 불쌍한 처지를 봐서라도 자기 아들을 군무에서 면제해 달라고 애원했다. 그의 아들은 함장으로 시킬리아 원정에 출정하기로 되어 있었다.

철학자 소크라테스도 하늘로부터 자주 계시를 받았는데, 그 가운데는 '이 전쟁은 아테나이에 파멸을 불러오리라'는 것도 있었다. 소크라테스는 이 계시를 몇몇 사람들에게 이야기했다. 그래서 이 계시는 일부 시민들에게 널리 퍼져나가기도 했다.

그러나 이런 모든 징조들을 무시하고 마침내 군대는 정벌에 나서게 되었다. 그런데 군대가 싸움터로 나가는 날이 결정되자 많은 사람들이 놀라움을 감추지 못했다. 그날은 마침 아도니스 기일이어서 시내에는 아도니스 조각상을 든 장례 행렬이 줄을 이루고, 여자들은 가슴을 치며 돌아다녔다. 그래서 미신을 믿는 사람들은 전쟁 초반은 영광스럽겠지만 끝내는 실패할 것이라며 걱정을 감추지 못했다.

니키아스는 시킬리아 원정을 처음부터 반대했다. 그는 끝까지 자신의 신념을 굽히지 않았고, 정벌의 꿈에 사로잡히거나 높은 지위에 현혹되지도 않았다. 이런 점에서 그가 덕이 높고 절개 있는 인물임을 알 수 있다. 하지만 다음 같은 점에서는 분명 잘못이었다.

그는 갖은 노력을 기울였지만 전쟁을 막아내지는 못했다. 그리고 그가 원치 않았던 장군직을 떠맡은 뒤, 지나치게 조심하면서 머뭇거린 일은 결코 훌륭한 행동이라고 볼 수 없다. 또 쓸데없이 자기주장만 밀어붙이고, 그것이 받아들여지지 않았다며 불평을 늘어놓거나 후회한 일 또한 어리석었다. 그 때문에 그는 동료 장군들에게 용기를 잃게 했고, 승리할 수 있는 기회마저 놓쳤다. 그가 아테나이 하늘만 그리워하면서 마냥 시간을 흘려보낸 것은 잘못된 행동이었다. 오히려 그는 빠르고 과감하게 적과 맞서 싸워 이 전쟁터에서 운명을 결정지어야만 했다.

그때 라마코스는 곧바로 시라쿠사로 달려가 적 성벽 아래서 결전을 벌이자고 주장했고, 알키비아데스는 시킬리아와 동맹 관계인 다른 도시들부터 떼어놓은 뒤 공격하자며 그를 설득했다. 그러나 니키아스는 두 사람 의견을 모두 무시한 채, 그저 시킬리아 섬 주변을 왔다 갔다 하면서 아테나이 함대 위세만 보이며 자랑하고 있었다. 그러다가 그는 에게스타 시민들을 위해 몇 명 안 되는 작은 부대를 한 번 내보내더니, 아테나이로 돌아가자고 고집을 부렸다. 그는 이렇게 전쟁에 나갔으면서도 싸울 생각은 하지 않고, 도리어 부하들 사기를 떨어뜨리며 용기를 꺾는 어리석은 행동만 일삼았다.

그러는 사이에 아테나이에서 알키비아데스를 본국으로 불러들였다. 반역죄로 고소를 당했기 때문에 재판을 받으라는 것이었다. 이렇게 되자 라마코스가 장군 자리에 있었지만 실권은 모두 니키아스가 차지하게 되었다. 알키비아데스까지 자리를 비우자 라마코스는 마치 니키아스 부하 장군처럼 되어버렸다. 그런데 니키아스는 여전히 빈둥거리면서 시간만 낭비했다. 아테나이군은 그런 니키아스를 보면서 점차 사기가 떨어져, 시킬리아에 처음 도착했을 때 보여주었던 왕성한 용기와 희망은 이미 찾아볼 수 없었다. 적들도 처음에는 아테나이 군대를 보고 겁을 냈으나 시간이 갈수록 용기를 되찾더니 나중에는 아테나이군을 얕잡아 보게 되었다.

얼마 전 알키비아데스가 아직 함대를 거느렸을 때, 아테나이군은 군함 60척을 끌고 시라쿠사로 갔다. 그리고 10척은 그곳 움직임을 살피기 위해 항구 안까지 들어가고, 나머지는 앞바다에서 전열을 가다듬었다. 항구 안으로 들어간 배들은 전령관을 시켜, 아테나이군은 레온티니 사람들에게 빼앗긴 도시를 되찾아 주러 왔다고 선포했다.

그들은 곧 시라쿠사 군함 하나를 붙잡았는데, 그곳에서 시라쿠사 모든 주민들 명단을 발견했다.

이 명단에는 시라쿠사 시민들 이름이 종족 순으로 적혀 있었다. 명단은 본디 시내에서 멀리 떨어진 제우스 올림피우스 신전에 보관되었던 것인데, 전쟁이 일어나자 군인을 선발하기 위해 가져오도록 했다. 그런데 공교롭게도 이것이 아테나이 장군 손에 넘어간 것이다. 그래서 시라쿠사 점술가들은 이를 매우 불길한 징조로 여기고 다시금, 아테나이군은 시라쿠사 시민을 모두 사로잡으리라는 신탁을 떠올렸다.

그러나 이 신탁은 뒷날 아테나이의 칼리푸스가 디온을 죽이고 시라쿠사를 정복했을 때 일을 가리키는 예언이었다는 이야기도 있다.

이 일이 있은 뒤 알키비아데스는 시킬리아 섬을 떠났고, 지휘권은 니키아스가 모두 갖게 되었다. 라마코스는 장군 자리에 있기는 했지만 전혀 권한을 쓰지 못했다. 그는 전쟁에서는 죽음을 두려워하지 않는 용감하고 정직한 사람이었지만, 너무나 가난해서 공금으로 자기 옷과 신발을 사야 할 만큼 비참한 형편이라 부하들 앞에서 큰소리를 칠 수 없었다.

하지만 니키아스는 재산도 많고, 군사적 명성도 높았으므로 부하들을 마음대로 호령했고 남에게서도 많은 존경을 받았다.

한번은 이런 일이 있었다. 언젠가 그는 장군들을 모두 모아놓고 어떤 공적인 일을 의논하게 되었다. 니키아스는 가장 나이가 많은 소포클레스에게 의견을 말해보라고 했다. 그러자 소포클레스가 니키아스에게 말했다.

"나이는 내가 제일 많지만 지위는 장군이 가장 높습니다."

이런 상황에 있는 니키아스였으므로 장군으로서 능력이 훨씬 뛰어난 라마코스를 아랫사람처럼 부릴 수 있었다.

니키아스는 처음에는 적으로부터 멀리 떨어진 해안을 돌아다니는 소극적인 행동으로 적에게 자신감을 주었다. 그리고 조그만 적 요새인 히블라를 공격했다가 보기 좋게 패한 뒤로는 아예 드러내 놓고 무시를 당하게 되었다.

마침내 그는 별다른 성과도 내지 못하고 카타나로 물러났다. 그때까지 아테나이 군대가 한 일이라곤 보잘것없는 지역인 히카라라는 작은 원주민 도시를 파괴한 것과, 그곳에서 잡은 라이스라는 기생을 펠로폰네소스 반도에 보낸 것뿐이었다.

니키아스 군대는 한여름이 다 지나도록 카타나에서 꼼짝도 하지 않았다. 그런 아테나이군을 비웃던 시라쿠사군이 먼저 움직이기 시작했다. 사기가 높아진 시라쿠사 병사들은 자기들이 먼저 아테나이군을 공격하겠다고 나섰으며, 심지어 진지 밖에까지 나와 니키아스군을 조롱했다. 레온티니 시민들에게 도시를 되찾아 주려는 게 아니라 카타나에 눌러살려고 온 거냐고 물은 것이었다. 마침내 니키아스는 더는 참고 있을 수가 없었다. 그는 시라쿠사를 치기로 결심하고, 시가지 가까이 진지를 세울 전략을 썼다. 그는 먼저 카타나에서 시라쿠사 시로 사람을 보내, 아테나이군 진지와 무기를 빼앗고 싶으면 아무 때나 날을 정해 카타나로 들어가기만 하면 된다는 정보를 흘렸다. 그들 대부분은 지금 카타나 시내에 들어가 무방비 상태나 다름없이 살고 있으므로 시라쿠사군이 카타나 성문을 닫고 아테나이군 무기 창고에 불을 지르기만 하면 된다는 것이다. 또한 카타나인들도 아테나이군에게 진력이 나서 이런 계획을 실행할 생각으로 시라쿠사 군대가 오기만을 기다리고 있다는 이야기도 덧붙였다.

이 정보는 곧 시라쿠사군을 움직이게 만들었다. 그들은 수비 병력을 얼마 남기지도 않은 채 모두 카타나로 달려갔다.

그사이에 카타나를 떠난 니키아스는 적의 눈을 피해 시라쿠사에 도착했다. 그는 번개처럼 항구를 점령하고, 적 기병대의 습격을 막을 만한 곳에 자리를 잡았다. 이것은 니키아스가 원정 중에 지휘한 작전 가운데 가장 뛰어난 것이었다. 카타나로 달려갔던 시라쿠사군들이 허탕을 치고 돌아올 때, 니키아스는 성문 앞에서 그들을 기다렸다가 공격했다. 비록 시라쿠사군의 우수한 기병대 때문에 큰 피해를 입히지는 못했지만, 니키아스 군대는 승리를 거두었다. 이 전투에서 승리한 아테나이군은 아나푸스 강에 놓여 있던 모든 다리를 끊어버렸다. 이를 본 시라쿠사 장군 헤르모크라테스가 자기 부하들을 격려하며, 니키아스는 전쟁을 하러 온 게 아니라는 듯이 전쟁을 피하기 위해 온갖 우스꽝스러운 짓을 저지르고 있다 말했다. 그럼에도 시라쿠사 시민들 마음은 몹시 어두웠다. 아테나이군에게 패배한 일도 그렇지만 다리가 끊겨 갇혀버린 것 때문에 더욱 불안했다. 그래서 그들은 전쟁 임무를 수행하던 장군 15명 말고도 따로 셋을 더 뽑아서 그들에게 절대적인 권한을 주었다.

전쟁은 잠시 멈췄다. 그동안 아테나이군들은 진지에서 멀지 않은 곳에 있는 제우스 신전을 탐냈다. 그곳에는 엄청나게 많은 금은과 온갖 보석들이 가득 차 있었기 때문이다. 그러나 니키아스는 이를 허락지 않고, 오히려 시라쿠사군이 신전을 지킬 수비대를 보낼 시간을 주었다. 그것은 병사들이 마음대로 신전 보물을 약탈할 경우, 아테나이에는 아무런 이익이 없을 뿐 아니라, 장군인 자신이 신을 모독했다는 누명만 쓰게 되리라는 생각에서였다.

아테나이군이 시라쿠사에서 거둔 승리는 어느 곳에서나 화젯거리가 되었는데도, 니키아스는 곧 군대를 이끌고 낙소스로 물러났다. 그러고는 이곳에서 겨울을 보내며 아무 일도 하지 않고 많은 돈만 썼다. 낙소스에서 그들이 한 일이라고는 반기를 든 시킬리아 원주민 몇몇을 꺾은 일뿐이었다.

시라쿠사군은 다시 용기를 내어 아테나이군과 맞붙을 준비를 서둘렀다. 그들은 카타나 영토를 몇 번이나 약탈하고, 아테나이 진지에 불을 질렀다. 그러자 아테나이군 진영에서는 병사들이 니키아스를 헐뜯기 시작했다. 가만히 앉아 있다가 기회만 자꾸 놓쳐버린다는 원성이 자자했다. 니키아스는 실제로 전투가 시작되면 용기를 발휘해 맹활약을 펼쳤지만, 계획을 세우고 그것을 행동으로 옮기기까지 많은 시간이 걸렸다.

하지만 다시 시라쿠사로 갔을 때에는 니키아스가 작전을 얼마나 빠르고 능숙하게 처리했는지, 적군은 그가 함대를 거느리고 타프수스 해안에 병사들을 상륙시킨 일조차 눈치채지 못했다. 그러고는 적이 달려올 틈도 주지 않고 곧바로 에피폴라이를 점령했다. 그제야 시라쿠사군은 에피폴라이를 되찾으려고 허둥지둥 군대를 보냈다. 그러나 니키아스는 탁월한 지휘력으로 적의 정예부대를 모두 물리치고 포로 300명을 잡았으며, 전쟁에서 한 번도 져본 일이 없던 시라쿠사 기병대를 무찔러 달아나게 만들었다.

하지만 시라쿠사인들을 가장 놀라게 하고 헬라스인들까지도 칭찬을 아끼지 않은 것은, 시라쿠사를 에워싸는 긴 성벽을 번개같이 쌓아올린 일이었다. 이곳은 아테나이 못지않게 넓고 바다와 가까우며 늪지대로 둘러싸여 있고 땅도 고르지 못해, 성벽을 쌓는 일이 몹시 어려웠다. 그러나 니키아스는 바로 이곳에, 그것도 아주 짧은 기간 동안에 공격용 성벽을 쌓아올린 것이다. 이때 그는 신장병 때문에 직접 일을 감독하기 어려운 형편이었는데도 이토록 놀라운 공사를 끝마쳤다. 만일 이 공사가 완성되지 못한 채 남아 있는 곳이 있다면, 그 책임은 그의 병 때문으로 돌려야 한다. 그러므로 여기서 보여준 니키아스의 부지런함과 병사들의 뛰어난 용기는 높이 칭송받을 만하다. 이런 아테나이군이 끝내 파멸했을 때, 시인 에우리피데스는 이렇게 노래했다.

아테나이군은 여덟 번이나 시라쿠사를 꺾었으나
신의 무심함으로 마침내 지고 말았네.

실제로 아테나이군은 여덟 번이 넘도록 시라쿠사군을 물리쳤으나 승리의 절정을 눈앞에 두고 그만 패배하고 말았다. 비록 몸은 병으로 쇠약해졌지만, 니키아스는 자신을 돌보지 않고 전투에 나가 모든 작전을 직접 지휘했다. 그러나 병이 점점 심해지자 하인 몇 사람 간호를 받으며 진영 안에 누워 있을 수밖에 없었다. 그래서 라마코스가 니키아스 대신 군대 지휘권을 맡았다.

그때 시라쿠사군도 아테나이군 성벽을 가로지르는 다른 성벽을 쌓기 시작했다. 그러자 양쪽 군대 사이에 전투가 벌어졌다. 그런데 아테나이 승리가 거의 확실해지는 순간, 승리감에 들뜬 병사들이 너무 서두른 나머지 대열을 잃고 질서가 흐트러지고 말았다. 이 때문에 라마코스는 부하들과 떨어져 홀로 싸우다가 적 기병대와 맞닥뜨리게 되었다. 맨 앞에서 달려드는 적의 용사는 칼리크라테스 장군이었다. 라마코스가 그를 맞아 용감하게 싸웠고, 격렬한 전투 끝에 그들은 서로 상대의 급소를 찔렀다. 마침내 두 사람 모두 치명적인 상처를 입고 전사했다.

라마코스 시체와 무기는 시라쿠사군 손에 들어갔다. 그러자 그들은 더욱 기세를 드높여 니키아스가 속수무책으로 누워 있는, 아테나이 진영 성벽을 향해 물밀듯이 쳐들어왔다. 니키아스는 사태가 위급함을 알고 급히 일어나 공성기와 모든 목재에 불을 지르라고 명령했다. 병사들은 이미 만들어진 공성기와 기계를 더 만들려고 준비해 두었던 나뭇더미를 모두 끌어내 불을 질렀다. 불길은 바람이 불면서 하늘 높이 치솟았다. 불길이 앞을 가로막자 시라쿠사군은 말 머리를 돌려 자기들 진영으로 돌아갔다.

이렇게 해서 니키아스는 시라쿠사군을 퇴각하게 만들고, 자신과 군대와 재산을 보호할 수 있었다. 마침내 니키아스는 남아 있는 유일한 장군이 되었으며 큰 희망을 갖게 되었다. 이때부터 시킬리아 여러 도시들이 동맹을 맺기 위해 사절단을 보내고, 해안에는 군량을 가득 실은 배가 잇따라 도착했다. 일이 순조롭게 진행되는 것을 보고 모두들 니키아스 편을 들면서, 전쟁의 영광을 함께 나누고 싶어했다. 이렇게 되자 시라쿠사 시민들도 더는 버티지 못하고 몇 가지 조건을 제시하면서 휴전을 요청해 왔다.

한편 스파르타는 길리푸스를 장군으로 시라쿠사에 구원군을 출발시켰다. 길리푸스는 바다를 건너오는 길에 시라쿠사가 완전히 아테나이군에게 포위되어 항복할 상황이 되었다는 소식을 들었다. 그러나 시킬리아 전체가 아테나이 손에 들어갔다고 해도, 시라쿠사에 있는 자기네 식민 도시들은 구해야겠다는 생각으로 계속해서 나아갔다. 왜냐하면 아테나이군이 가는 곳마다 정복을 거듭하고, 그들의 장군인 니키아스의 행운과 지략을 당해낼 수가 없다는 소문이 널리 퍼져 있었기 때문이었다.

니키아스는 거듭되는 커다란 행운에 신이 나서 여느 때와는 달리 침착함을 잃은 상태였다. 특히 그는 적군이 휴전 조건에 굴복하리라 믿었으므로, 길리푸스가 오고 있다는 사실도 무시한 채 바다 경계를 소홀히 했다.

그 틈을 타서 길리푸스는 아테나이군의 허술한 방어를 쉽게 피해 시킬리아에 군대를 무사히 상륙시켰다. 그러나 그가 내린 곳은 시라쿠사와는 멀리 떨어져 있었기 때문에, 시라쿠사인들조차 길리푸스의 상륙을 눈치채지 못했다. 그래서 시라쿠사 시민들은 니키아스에게 항복할 날짜까지 결정하고, 그 조건을 의논하기 위해 집회를 열었다. 그들은 아테나이군 장벽이 시가지를 완전히 포위하기 전에 항복하는 게 유리할 것이라 판단해 투항을 서둘렀다. 조금만 더 있으면 성이 완성될 터였고, 필요한 자재도 현장에 충분히 준비되어 있었던 것이다.

이런 상황에서 곤길루스라는 코린토스 장군이 군함을 타고 시라쿠사 항구에 도착했다. 시민들은 앞다투어 그를 둘러싸고 바깥소식을 물었다. 곤길루스는 조금만 있으면 길리푸스 장군도 이곳에 도착할 것이고, 자신이 타고 온 배 말고도 여러 군함들이 이곳으로 달려오고 있으니 아무 걱정 말라고 알려주었다. 그런데 시민들은 좀처럼 곤길루스 말을 믿으려 하지 않았다. 그런데 이번에는 길리푸스가 보낸 사람이 달려와, 길리푸스 장군이 곧 도착할 것이니 시라쿠사는 서둘러 전투 준비를 하라고 전했다. 그제야 시라쿠사 시민들은 그 말을 믿고 용기를 내어 전투 준비를 시작했다.

마침내 길리푸스 군대가 도시로 밀려오자, 성안에 있던 시라쿠사 군대도 아테나이군을 공격하기 위해 나섰다. 니키아스도 물러서지 않고 그들에 맞서 전투대형을 이루었다. 그러자 길리푸스는 자기 병사들에게 잠시 대기하도록 하고 니키아스에게 전령을 보내, 닷새 동안 휴전을 허락할 테니 그동안 시킬리아에서 완전히 물러나라고 말했다.

니키아스는 이처럼 모욕적인 길리푸스 제안에 어떤 대답도 하지 않았다. 그러자 아테나이 병사 하나가 비웃으면서, 고작 한 사람이 스파르타 옷을 입고 지팡이를 들었다고 해서 시라쿠사 군대 힘이 아테나이군을 얕잡아 봐도 될 만큼 갑자기 커진 줄 아느냐, 또 아테나이군이 길리푸스보다 더 힘이 세고 머리카락도 긴 사람 300명을 잡아 감옥에 가두어 두었다가 라케다이몬으로 되돌려 보낸 일을 아느냐고 물었다.

역사가 티마이오스 기록을 보면, 실제로는 아테나이군뿐만 아니라 시라쿠사 시민들까지도 합세해 갈리포스를 경멸했다고 한다. 그들은 처음에 길리푸스의 긴 머리와 스파르타식 망토를 보고 비웃었는데, 나중에는 그의 지나친 욕심과 천박한 성품 때문에 더욱 미워하게 되었다. 그러나 나중에 티마이오스는 길리푸스 모습이 보이자 마치 공중에서 올빼미가 날아다닐 때 온갖 새들이 떼지어 모여들 듯이 많은 사람들이 곳곳에서 그 주위에 몰려들었다고 덧붙였다.

티마이오스 이야기 가운데는 뒤에 한 말이 더 믿을 만하다. 왜냐하면 시라쿠사 시민들은 망토와 지팡이를 스파르타가 가진 힘의 상징과 권위로 여겼기 때문이다. 투키디데스뿐만 아니라 시라쿠사인으로서 이 전쟁을 직접 본 필리스투스도, 만일 길리푸스가 아니었다면 시라쿠사는 항복하는 수밖에 별 도리가 없었으리라고 그의 책에 썼다.

길리푸스와의 첫 싸움은 아테나이군 승리로 돌아갔으며, 몇몇 시라쿠사군과 코린토스에서 온 곤길루스가 전사했다. 그러나 다음 날 전투에서 길리푸스는 진정한 장군의 힘을 발휘했다. 무기도 말도 장소도 전날과 다름없었지만, 그는 아주 다른 전술을 펼쳐 아테나이군을 쳐부쉈다. 그의 군대는 아테나이군을 진지까지 추격해 장벽을 쌓기 위해 두었던 돌과 자재들을 모두 가져가 그것으로 자신들이 쌓던 성을 더욱 길게 쌓아올렸다. 이렇게 되자 아테나이군은 성을 쌓아 시가지를 막으려던 계획을 포기할 수밖에 없었다. 마침내 아테나이군은 더는 아무것도 할 수 없게 되었다.

그러나 이 승리로 사기를 회복한 시라쿠사군은 다시 함대를 바다에 띄우고 그곳에서도 대항하기 시작했다. 그들은 땅으로 기병을 보내 적을 쳐부수고, 바다에서는 함대로 맞서 싸웠다. 기가 꺾인 아테나이군은 전투가 벌어질 때마다 졌으며, 많은 병사들이 포로로 잡혀갔다. 뿐만 아니라 길리푸스는 시킬리아 여러 도시들을 직접 돌아다니며 아테나이 동맹보다 강력한 세력을 만들어나갔다.

그러자 다시 전처럼 조심스러워지고 자신감도 없어진 니키아스는 아테나이에 편지를 보내, 군대를 더 보내주든지 시킬리아에서 군대를 철수하도록 허락해 달라고 요청했다. 그리고 자신은 병 때문에 더는 버틸 수 없으니 장군직에서 물러나겠다고 했다.

아테나이에서는 이 편지를 받기 전부터 니키아스에게 증원부대를 보낼 생각이었다. 하지만 그때는 승리를 거듭하고 있었고, 또 니키아스 명성을 시기하는 사람들 반대로 결정을 내리지 못한 채 시간만 끌어왔다. 그러나 니키아스 편지를 받은 뒤에는 증원군을 보내는 데 반대하는 사람이 아무도 없었다. 아테나이는 데모스테네스 장군이 이끄는 대군을 시킬리아에 보내기로 결정했다. 때는 겨울이었으므로 먼저 에우리메돈에게 군자금을 주어 선발대로 보내고, 증원군은 봄을 기다려 출정하기로 했다. 그리고 이미 전쟁터에 나가 니키아스 지휘 아래 있던 에우티데무스와 메난드로스를 공동 사령관으로 임명해, 니키아스를 돕도록 했다.

그러는 동안 니키아스는 바다와 육지에서 한꺼번에 적의 공격을 받게 되었다. 처음에는 아테나이 해군이 적군에게 밀렸지만, 점차 질서를 되찾아 나중에는 많은 적 군함을 침몰시키고 나머지는 육지로 쫓아냈다. 하지만 지상군을 이끌던 길리푸스는 아테나이군을 무찌르고 플렘미리움 항까지 함락시켰다. 그리고 그곳에 저장되어 있던 해군용 군수품과 엄청난 군자금을 손에 넣고, 많은 아테나이군을 죽이거나 사로잡았다.

이 패전으로 아테나이군은 군량 수송이 막혀버려 매우 큰 타격을 입게 되었다. 이제까지는 항구를 보유하고 있었기에 자유롭게 드나들면서 빠르고 쉽게 군수품을 옮겨 올 수 있었지만, 이제 치열한 전투 없이는 그것이 불가능해졌다. 더구나 시라쿠사 해군은 아테나이 해군보다 훨씬 숫자가 많았고, 지금까지 아테나이 해군에 패배한 것은 힘이 모자라서가 아니라 퇴각하면서 무너졌던 질서를 되찾지 못했기 때문이었다. 이를 잘 아는 시라쿠사군도 이번에는 단단히 마음먹고 승리를 거두기 위한 기회를 노렸다.

니키아스는 병사들 숫자도 줄고 사기도 꺾인 군대를 이끌고 싸운다는 것은 어리석은 일이라 판단하고, 데모스테네스 군대가 올 때까지 기다리기로 마음먹었다. 그러나 새로 임명된 메난드로스와 에우티데무스는 경쟁심과 공명심에 들떠 그를 기다리지 못했다. 둘은 데모스테네스가 오기 전에 공을 세워, 니키아스보다 뛰어난 장군이라는 칭송을 듣고 싶었다. 그래서 니키아스에게 아테나이의 명예를 강조하며 빨리 싸워야 한다고 재촉했다. 시라쿠사의 도전에 응하지 않고 이렇게 틀어박혀 있는 것은 아테나이의 커다란 수치라고 거듭 주장한 것이다.

그들 강요에 못 이겨 마침내 니키아스는 시라쿠사군의 도전을 받아들이기로 했다. 그러나 싸움이 벌어지자, 아테나이군 왼쪽 날개는 코린토스 사람인 아리스톤의 눈부신 활약으로 완전히 허물어져버렸다. 니키아스는 엄청난 수의 병사들을 잃고 깊은 실의에 빠졌다. 군대를 혼자 지휘할 때도 몇 번이나 실패했던 그가, 이번에는 동료 장군들 때문에 일을 그르치게 된 것이다.

마침 그때 데모스테네스가 지휘하는 아테나이군이 먼바다에 모습을 드러냈다. 이 아테나이 함대는 그 모습을 드러내기만 해도 장대하고 위압적이어서 시라쿠사군이 두려움을 느낄 정도였다. 군함 73척, 중무장병 5000명, 투창수·투석수·궁수 3000명으로 이루어진 증원군은 번쩍이는 갑옷을 입고 군기를 휘날리며 달려왔다. 피리 소리에 맞추어 노를 저어오는 아테나이군 사기는 하늘을 찌를 듯 드높았으며, 이를 지켜보는 시라쿠사군 사기는 단번에 꺾여버렸다. 시라쿠사 병사들은 지난번 승리는 단지 행운이었을 뿐이라며, 이제는 결코 당해낼 수 없는 적과 싸워야 하는 자기들 신세를 한탄했다.

니키아스는 이런 광경을 보며 큰 기쁨을 느꼈지만, 그것도 잠시뿐이었다. 데모스테네스가 상륙하자마자 빨리 적을 공격하자며 고집을 부렸기 때문이었다. 그는 곧바로 시라쿠사군을 공격해 도시를 함락하든지, 아니면 패해서 아테나이로 돌아가든지 어서 결판을 내야 한다고 주장했다.

니키아스는 데모스테네스의 성급함과 대담함에 놀라, 그런 모험은 피해야 한다고 간청하듯 말했다. 시간을 끌수록 포위된 시라쿠사군 군수품도 떨어질 테고, 그들의 동맹자들도 결코 오랫동안 뭉쳐 있지는 않을 것이므로, 그들은 머지않아 항복 조건을 내걸고 협정을 맺으러 달려올 게 틀림없다는 의견이었다.

사실 니키아스는 시라쿠사 시에 심어둔 첩자들 몇 명과 내통하고 있었다. 그들은 니키아스에게, 시라쿠사인들은 이미 전쟁의 짐이 너무나 무겁다고 느끼며 고통스러워하고 있을 뿐만 아니라 길리푸스 평판도 매우 좋지 않아서, 머지않아 저항을 그치고 휴전을 요청할 것이라는 사실을 알려 왔다.

그런데 니키아스는 이런 정보를 오로지 자기가 그저 추측하는 것처럼 언뜻 비추기만 했으므로 다른 장군들로부터 비겁하다는 오해를 받았다. 그들은 니키아스가 처음에 저지른 실수를 또다시 되풀이하고 있으며, 적이 엄청난 아테나이군을 보고 겁먹고 있을 때는 가만히 있다가 나중에 적들 눈에 익어 아테나이군을 만만하게 여기게 되면 그때에야 공격하겠다는 것이라며 큰 소리로 외쳤다. 에우티데무스와 메난드로스 두 장군은 데모스테네스 주장을 적극적으로 지지했다. 그러자 니키아스도 그들 의견을 따를 수밖에 없었다.

데모스테네스는 밤이 깊자 보병대를 이끌고 조용히 움직였다. 그는 먼저 시에서 조금 떨어진 에피폴라이를 습격해 적을 무찔렀다. 잠들어 있던 적군들은 갑작스러운 공격을 받아 일부는 죽음을 맞았고 나머지는 모두 달아났다.

데모스테네스는 승리의 기세를 몰아 계속 앞으로 나아가다가 보이오티아군과 맞붙었다. 보이오티아군은 아테나이군에 가장 처음으로 완강하게 맞서 온 부대였다. 그들은 철통같은 대오를 이루며 창을 겨누고, 우렁찬 함성을 지르며 달려들었다. 아테나이군은 그들의 공격을 미처 맞받아치지 못하고 여기저기서 무너지기 시작했다. 곳곳에서 공포와 혼란이 일어났다. 앞에서 도망쳐 온 병사들이 뒤에서 달려나가는 병사들과 부딪치면서 뒤엉켰고, 도망쳐 오는 동료들을 본 병사들은 잘 싸우다가도 덩달아 겁에 질려 달아났다. 게다가 배에서 내려 전진하던 아테나이 병사들과 마주치자, 서로를 적군으로 여겨 자기들끼리 찔러 죽이는 사태까지 벌어졌다.

어둠 속에서 서로 밀고 밀리던 아테나이군은 두려움에 휩싸였다. 달빛 아래 창끝과 갑옷만 번쩍일 뿐 누가 누구인지도 도무지 알 수가 없었다. 더구나 아테나이군은 달을 등졌기 때문에 자기 그림자에 전우 그림자가 겹치고, 무기와 방패의 번쩍임 때문에 자기가 상대하는 적군 수와 무기가 훨씬 많아 보이기까지 했다.

아테나이군이 이토록 큰 혼란에 빠진 것을 보고 시라쿠사군은 이쪽저쪽에서 압박을 가해왔다. 결과는 아테나이의 무참한 패배였다. 달아나다가 적의 손에 죽은 병사, 자기편에게 죽임당한 병사, 바위에서 굴러떨어진 병사, 벌판을 헤매다가 기병대 습격으로 죽은 병사 등, 어둠 속에는 모두 2000명의 아테나이 병사들이 쓰러져 있었다. 살아서 진영으로 돌아온 병사들도 없지는 않았지만, 그들 대부분은 무기도 가지고 있지 않았다. 또한 모두 지칠 대로 지쳐 있었다.

끔찍한 참패를 당한 데모스테네스는 차마 얼굴을 들지 못했다. 예상 못한 일은 아니었으나 니키아스는 데모스테네스의 경솔함을 탓하지 않을 수 없었다. 데모스테네스는 자기 잘못을 솔직하게 인정한 뒤에 되도록 빨리 시킬리아에서 철수해야 한다고 말했다. 이제 증원부대를 더 바랄 수도 없는 형편인 데다가 남은 병사로는 도저히 이길 수 없기 때문이었다. 또 만일 이길 수 있다 해도 이곳은 군대를 주둔하기에 매우 위험한 곳이며, 더구나 지금은 날씨가 무더워 질병이 생기기 쉬우니 하루라도 빨리 이곳을 떠나야 한다는 주장이었다.

그때는 초가을이어서 이미 많은 병사들이 부상당한 채 병들어 있었고, 그나마 성한 병사들은 무참한 패전으로 기력을 잃었다.

그러나 니키아스는 철수를 반대했다. 시라쿠사군이 두려워서가 아니라 전쟁에서 패배한 장군으로 조국에 돌아간다는 사실이 두려웠기 때문이다. 니키아스는 여기에 이대로 남아 있다 해도 위험에 처할 까닭이 없으며, 동료 시민의 손에 죽느니 차라리 적의 손에 죽고 싶다고 말했다.

이는 비잔티움의 레온이 뒷날 자기 동포들에게 한 다음 말과 반대되는 것이었다.

"나는 여러분과 함께 적에게 죽느니 차라리 여러분 손에 죽겠소."

니키아스는 진영을 옮기는 문제에 대해서는 앞으로 천천히 상의하자는 말을 하고 회의를 마쳤다. 데모스테네스는 자기 고집대로 군대를 움직였다가 무서운 재난을 당한 것을 생각해 니키아스 뜻에 따르기로 했다. 다른 장군들도 니키아스에게 무슨 다른 계책이 있으리라 생각했다. 시라쿠사 시민들과 무언가 협약이 있으리라 여겼던 것이다. 그래서 그들은 군대를 철수하자는 말을 더는 꺼내지 않았다.

그러나 얼마 뒤 시라쿠사군에게 새로운 군대가 도착하고 아테나이 진영에 전염병이 돌자, 니키아스도 더는 버틸 수가 없었다. 그는 군대를 철수하기로 마음 먹고 아테나이 병사들을 배에 태울 준비를 하라고 명령했다. 시라쿠사군은 아테나이군이 후퇴를 하리라고는 예상치 못했으므로, 어떤 감시도 하고 있지 않았다.

그런데 모든 준비를 마치고 아테나이군이 배에 오르는 그날, 뜻밖에도 월식이 일어났다. 아테나이군은 처음 보는 이 이상한 자연현상에 놀라 모두들 두려워했다. 니키아스는 미신을 철석같이 믿는 사람이라 더 놀라고 당황했다.

그 무렵 사람들은 월말쯤에 달이 어두워지는 현상이 가끔 일어나는 것을 알고 있었다. 하지만 도대체 무엇이 달빛을 가려 갑자기 어두워지는 것인지는 알지 못했다. 그래서 그들은 이 현상을 불길한 징조이며, 어떤 재난을 예고하는 신의 계시라고 믿었다.

헬라스 철학자인 아낙사고라스가 달이 차고 기움과 월식이 생기는 원인을 분명하게 설명했지만, 그즈음 세상에는 널리 알려져 있지 않아 아직 권위가 생기기 전이었으므로 그의 학설은 두루 쓰이지 않았다. 또한 그때 사람들은 과학자들을 일컬어 하늘을 쳐다보는 미치광이라며 비웃거나, 신의 힘을 부정하는 자라고 비난했다. 프로타고라스가 그런 이유로 쫓겨나고, 아낙사고라스 또한 감옥에 갇혔다가 페리클레스 힘으로 겨우 구출되었다. 또 소크라테스는 이런 학문과 관계가 없었는데도 철학자라는 이유만으로 사형을 당했다.

이런 학문이 제대로 인정받기 시작한 것은 플라톤 때부터였다. 그의 명성과 저술이 세상에 빛을 던지면서 비로소 자연법칙이 신성시되고, 그 우월한 원리가 자연스레 밝혀졌다. 그러자 천체 연구에 가해졌던 비난과 욕설도 점차 수 그러들기 시작했다. 플라톤 친구였던 디온이 시라쿠사의 참주 디오니시우스를 징벌하기 위해 자킨투스에 출항했을 때 월식이 일어났다. 그러나 디온은 이를 조금도 꺼리지 않고 시라쿠사로 가서 폭군인 그 참주를 내쫓았다.

하지만 불행하게도 니키아스에게는 용한 점술가가 없었다. 늘 그의 미신을 깨우쳐주던 가까운 친구 스틸비데스도 얼마 전에 죽고 없었다. 그러므로 필로코로스가 지적했듯이, 월식은 후퇴하려는 자에게 불길한 일이 아니라 도리어 이로운 것임을 그는 몰랐다. 모습을 감추는 것처럼 두려움에 싸여 행하는 일은 숨겨져야 하기 때문에 어둠이 친구요 빛은 도리어 적이 되는데, 니키아스는 그 사실을 알지 못했던 것이다.

아우토클레이데스가 그의 책 《점술서》에 쓴 기록을 보면, 그 시대 사람들은 월식이나 일식이 있은 뒤 사흘 동안은 아무 일도 하지 않았다고 한다. 그러나 니키아스는 달이 다시 한 번 둥그레질 때까지 기다리기로 했다. 그만큼 시간이 지나야만 어두웠던 땅에 내렸던 혼란이 사라진다고 여긴 것이다.

니키아스는 모든 일을 제쳐놓고 신에게 제사지내는 일에만 몰두했다. 그러는 동안에 바다와 육지 양쪽에서 시라쿠사군의 공격이 시작되었다. 적 보병대는 아테나이군 진영과 쌓아둔 장벽을 공격해 왔으며, 바다에서는 고깃배를 탄 소년들까지 아테나이군에 싸움을 걸며 조롱을 해댔다.

그런데 그 소년들 가운데 하나가 아테나이 군함에 지나치게 가까이 왔다가 그만 사로잡히고 말았다. 그 소년은 시라쿠사 명문 집안 아들 헤라클레이데스였다. 소년의 삼촌인 폴리쿠스는 헤라클레이데스를 구하기 위해 군함 10척을 이끌고 아테나이 함대를 공격했다. 그러자 시라쿠사의 나머지 함대들도 모두 합세하기 시작했다.

아테나이 함대가 여기에 맞서면서 싸움은 격렬해졌다. 치열한 해전 끝에 아테나이는 많은 함대와 함께 사령관 에우리메돈을 잃고 말았다. 겁에 질린 아테나이 병사들은 여기서는 더 이상 견딜 수 없다고 아우성치며 육지 쪽으로 철수하자고 니키아스에게 대들었다. 승리를 거둔 시라쿠사 함대가 항구를 봉쇄해 아테나이군이 빠져나갈 길을 모두 막아버리자 병사들 두려움은 더욱 커졌다. 하지만 니키아스를 비롯한 여러 장군들은 병사들 요구를 들어줄 수 없었다. 바다에는 아직 많은 수송선과 200척 가까운 군함이 떠 있었기 때문이다.

니키아스는 이 배들을 버리고 갈 수는 없다고 생각해, 정예부대와 가장 뛰어난 투창수와 투석수들을 뽑아 군함 110척에 나누어 태웠다. 나머지 배에는 노가 없어서 버렸다. 그리고 진지와 헤라클레스 신전까지 쌓은 긴 장벽을 포기하고, 남은 병력을 바닷가에 배치했다. 이렇게 해서 시라쿠사 시민들은 아테나이군 포위가 시작된 이래 처음으로 헤라클레스 신에게 제사를 지낼 수 있게 되었다. 시라쿠사 시민들은 제관과 장군을 따라 신전으로 달려가 제사를 올렸다.

제관들은 제사가 끝난 뒤 아테나이군과 싸우려고 배에 오르는 시라쿠사 병사들에게 갔다. 그리고 희생물에 나타난 징조를 풀이해, 만일 시라쿠사가 먼저 공격하지 않는다면 분명히 승리할 수 있을 것이라고 예언했다.

예전에 헤라클레스는 결코 먼저 공격하지 않고 오직 적이 공격하기만을 기다렸기 때문에 적들을 크게 무찌를 수 있었다. 이 예언을 들은 시라쿠사군은 승리를 확신하며 출항했다.

이때 벌어진 해전은 이 전쟁 중에 있었던 어떤 싸움보다도 가장 치열했다. 출전하지 않고 남아서 바라보는 시라쿠사인들은, 배의 움직임에 따라 번번이 뒤바뀌는 전세를 손에 땀을 쥐고 지켜보았다. 아테나이 배들은 여기저기에서 달려드는 적의 공격을 받아 매우 불리한 처지에 놓였다. 더구나 시라쿠사 병사들은 정확하게 돌을 퍼부어대 아테나이군에게 심한 타격을 입혔지만, 무겁고 커다란 아테나이 배는 가벼워서 재빨리 방향을 바꾸는 적의 배를 따라잡지 못해 화살과 창을 던져도 거의 빗나갔다.

시라쿠사군의 이런 전투 방법은 코린토스 함장인 아리스톤에게서 미리 배운 것이었다. 아리스톤은 이 전투에서 전력을 다해 싸웠지만 승리가 시라쿠사 손에 넘어오기 직전에 전사하고 말았다.

아테나이군은 패전했다. 그리고 무엇보다도 바다로 도망갈 길을 완전히 잃어 땅으로 달아날 길을 찾아야만 했다. 그러나 땅에서도 어떻게 길을 트고 어디로 가야 할지 막막했다. 아테나이군은 시라쿠사인들이 자기들 군함을 끌고 가도 멀거니 보고만 있을 뿐, 휴전을 요청해 시신을 찾아야 한다는 생각조차도 못했다. 죽은 전우를 묻어주지 못하는 것은 분명 가슴 아픈 일이지만, 자신들 옆에서 신음하는 부상자들을 뒤에 버리고 갈 것을 생각하니 오히려 죽은 사람 처지가 부러울 정도였다.

아테나이군은 밤을 틈타 그곳에서 빠져나갈 계획을 세웠다. 이 낌새를 눈치챈 길리푸스와 동료 장군들은, 아테나이군이 달아날 길을 끊어버리고 그들을 모두 죽이기로 결심했다. 그날 밤 시라쿠사 시민들은 승리를 축하하려고 큰 잔치를 열었다. 마침 그날은 헤라클레스 기념일이기도 했기에 그들은 제물을 바치고 잔치를 벌이느라 정신이 없었다. 길리푸스는 아테나이군 철수를 막기 위해 시라쿠사군을 동원한다는 것은 불가능하다고 판단해, 마침내 이 계획을 포기했다.

그러나 헤르모크라테스는 홀로 계획을 세워, 니키아스에게 속임수를 쓰기로 했다. 그는 부하 몇 명을 그동안 니키아스와 은밀히 정보를 주고받던 첩자인 것처럼 꾸며 그에게 보냈다. 그러고는 시라쿠사군이 아테나이군의 철수를 눈치채고 길목마다 군대를 매복해 철저히 감시하고 있으니 오늘 밤에는 절대로 길을 떠나지 말라고 충고하게 했다.

니키아스는 이 말에 깜쪽같이 속아 철수하지 않고 그날 밤을 그냥 보냈다. 그러나 다음 날 아침 그가 밤새 걱정하던 사태가 현실로 나타나는 것을 보았다. 새벽이 되자 시라쿠사군이 먼저 쏟아져 나와 그들의 앞길을 모두 막아버린 것이다. 산길에는 모두 군대가 배치되었고, 강을 건널 만한 곳에는 진지가 만들어졌으며, 다리는 모두 끊겼고, 벌판에는 적 기병대가 기다리고 있었다. 아테나이군은 싸우지 않고는 단 한 발자국도 옮길 수 없게 된 것이다. 그들은 할 수 없이 그날 하루를 진영 속에 갇혀서 보내고 이튿날 출발했다.

아테나이 병사들은 진지를 떠나면서 모두 통곡을 했다. 어찌나 슬퍼하는지 마치 고향을 떠나는 사람들처럼 보일 정도였다. 다치거나 병들어 살아날 가망이 없는 친구와 동료들을 버리고 가야만 하는 처참함, 앞으로 자신들에게 닥쳐올 운명에 대한 두려움을 숨길 수 없었다.

이토록 처절한 광경 속에서도 니키아스의 모습은 더욱 참담했다. 그는 악화된 병으로 수척해진 데다가 거듭되는 싸움과 패배에 오랫동안 시달려왔다. 게다가 약도 구할 수 없는 적 땅에서 끼니조차 제대로 해결하지 못했으며, 병세 때문에 간절하게 필요했던 휴식도 전혀 취하지 못했다.

그럼에도 그는 건강한 사람들보다 더 많이 애를 썼다. 그가 절망적인 운명 속에서도 그처럼 노력한 까닭은 자신을 위해서가 아니라, 오직 부하들이 희망을 잃지 않도록 하기 위해서였다. 다른 사람들은 공포와 슬픔 때문에 울었지만, 니키아스는 그토록 눈부셨던 원정이 너무나 비참하게 끝났기 때문에 울었다. 그런 장군의 모습을 지켜보는 병사들은, 그가 이 원정을 막기 위해 얼마나 열심히 충고하고 반대했던가를 떠올렸다. 그래서 그들은 남의 잘못 때문에 고통받아야 하는 니키아스의 처지를 동정하지 않을 수 없었다. 늘 성실하게 신을 섬기고 받들어온 장군의 신세가, 가장 처참하고 약한 병사보다 조금도 나을 게 없음에 하늘의 무심함을 탓하는 이도 있었다.

그러나 니키아스는 온화한 얼굴과 다정한 목소리를 잃지 않으면서 병사들을 격려했다. 그러면서 그는 철수하는 여드레 동안 적의 빗발치는 공격에도 굴복하지 않고, 자신의 군대를 철통같이 지키며 나아갔다.

그런데 데모스테네스가 지휘하던 부대가 참주 겔론의 동생인 폴리젤루스 별장 근처에서 적에게 포위되어 투항하고 말았다. 그때 데모스테네스는 칼을 뽑아들고 자살하려 했지만, 달려드는 적병에게 잡혀 뜻을 이루지 못했다. 시라쿠사군은 데모스테네스가 포로로 잡힌 사실을 니키아스에게 알렸다. 기병을 보내 그 사실을 확인한 니키아스는 헤어날 수 없는 절망에 빠져버렸다.

마침내 그는 길리푸스에게 고개 숙이고 휴전을 요청했다. 아테나이군이 시킬리아에서 조용히 떠날 수 있게만 해주면 전쟁에 대한 손해를 배상하겠노라 제안하면서, 그 보증으로 충분한 수의 인질을 남겨두겠다고 했다.

하지만 시라쿠사는 니키아스의 제안을 단번에 거절했다. 뿐만 아니라 아테나이군을 온갖 조롱과 위협으로 모욕하며, 무기도 없는 아테나이군에게 화살을 쏘고 돌을 마구 던져댔다. 식량과 식수마저 끊어진 아테나이군 고생은 이루 말할 수 없었다. 그러나 니키아스는 부하들을 격려하며 그날 밤을 지내고, 다음 날 후퇴를 계속해 마침내 아시나루스 강에 이르렀다.

아테나이 병사들은 타는 듯한 갈증에 시달린 나머지 강물을 보고 달려들다가, 그곳까지 쫓아온 시라쿠사군 칼에 맞아 무참히 쓰러졌다. 그리고 더러는 적에게 쫓겨 강에 빠져 죽고, 더러는 물을 마시다가 죽임을 당했다. 이 참혹한 광경을 보다 못해 니키아스는 길리푸스에게 무릎을 꿇고 말았다.

"길리푸스 장군! 부디 승리자로서의 자비를 베푸시오. 나에게가 아니라 우리 아테나이 병사들에게 말입니다. 나도 일찍이 승리의 영광을 맛보았던 사람이오. 그러나 운명은 나의 마지막을 이토록 비참하게 끝맺으려는 모양이오. 누구든 전쟁의 운이란 예측할 수 없음을 안다면, 또 아테나이군이 스파르타를 이겼을 때 어떻게 대우했던가를 기억한다면 부디 나의 애원을 거절하지 마시오."

길리푸스는 니키아스의 말과 참혹한 모습에 마음이 흔들렸다. 예전에 자신이 아테나이와 휴전을 맺을 때 니키아스가 자기에게 베풀어준 도움을 떠올린 한편, 그를 포로로 잡아 스파르타로 데려간다면 자신이 얼마나 큰 영광을 얻게 될 것인가도 생각했다.

그렇게 결정을 내린 길리푸스는 니키아스를 부축해 일으켜 세우면서 마음을 굳게 먹으라고 위로했다. 그리고 부하들에게는 아테나이군을 죽이지 말고 모두 사로잡으라는 명령을 내렸다. 그러나 이 명령이 모든 병사들에게 전달되기까지는 꽤 오랜 시간이 걸렸고, 그러는 동안에도 많은 아테나이 병사들이 죽임을 당했다. 또 아테나이 병사를 노예로 팔려고 몰래 끌고 간 시라쿠사 병사들도 적지 않았다.

시라쿠사군은 포로들을 모두 한곳에 모아 갑옷과 무기를 빼앗고는 승리를 축하하며 기뻐했다. 그들은 머리에 월계관을 쓰고 자신들 말을 아름답게 꾸몄다. 그리고 아테나이군에게 빼앗은 말의 갈기와 꼬리를 잘라 품에 넣고 시내로 행진했다. 헬라스의 한 나라가 헬라스의 다른 한 나라를 이처럼 완전하게 정복한 것은 역사상 처음 있는 일이었다.

시라쿠사 시는 동맹국들을 모두 불러모아 회의를 열었다. 니키아스와 포로들 처리 문제를 의논하려는 것이었다. 이때 민중 지도자인 에우리클레스가 가장 먼저 일어나 니키아스를 사로잡은 날을 영원토록 기념하기 위해 이날을 공휴일로 지정하고, 모든 신들에게 제사를 지낸 다음 잔치를 열도록 하자고 제안했다. 아시나루스 강 이름을 따서 아시나리아 축제라고 부르자고도 했다. 마침 그날은 아테나이 메타게이트니온인 카르네이우스 달 제26일이었다. 에우리클레스는 덧붙여 아테나이군과 그 동맹군 포로들은 모두 노예로 팔고, 여기에 가담했던 시킬리아인들은 시라쿠사 채석장에 보내 일을 시키는 게 어떻겠느냐고 말했다.

시라쿠사 시민들은 모두 에우리클레스의 제안에 찬성했다. 그러나 헤르모크라테스만은 그의 의견에 반대했다. 승리를 거둔 자가 자비를 베푸는 것은 승리 그 자체보다도 영광스러운 일이므로 승리자인 자신들이 아테나이군에게 자비를 베풀자고 주장한 것이다. 하지만 시민들은 헤르모크라테스 말이 끝나기가 무섭게 고함치고 욕설을 하며 반대했다.

다음으로 길리푸스가 일어나, 장군들을 자기 조국인 스파르타로 데리고 가서 개선식을 하고 싶으니 그들을 사형시키지 말고 자신한테 넘겨달라고 말하자 시라쿠사 시민들은 길리푸스에게 욕설을 퍼부으며 비난했다. 시라쿠사 시민들은 전쟁 초기부터 그의 거친 말씨와 스파르타식 거만한 태도를 못마땅하게 여기고 있었기 때문이다.

역사가 투키디데스 말처럼, 시라쿠사인들은 길리푸스 마음속에 가득 찬 천박함과 탐욕을 이미 알고 있었다. 길리푸스의 그런 성격은 뇌물을 받았다는 죄목으로 스파르타에서 추방된 그의 아버지 클레안드리데스로부터 물려받은 것인지도 모른다. 이것은 뒷날 길리푸스가 똑같은 죄목으로 스파르타를 떠나야만 했던 사실로도 알 수 있다. 길리푸스는 리산드로스가 스파르타로 보낸 공금을 빼돌려 자기 집 기왓장 밑에 숨겨놓았다가 발각되었는데, 이 사건은 '리산드로스 전기'에 자세히 나와 있다.

역사가 투키디데스나 필리스투스 기록에 따르면, 데모스테네스와 니키아스는 시라쿠사 사람들 명령으로 살해당했다고 했지만, 티마이오스는 이런 사실을 부정한다. 그의 말에 의하면 그들은 동맹국 회의가 열리고 있을 때, 헤르모크라테스가 보낸 사형선고장을 읽고 나서 스스로 목숨을 끊었다는 것이다. 그 뒤 그들 시체는 성문 밖으로 내던져져 일반 시민들에게 공개되었다고 한다.

내가 들은 바로는, 시라쿠사 한 신전에 오늘날까지 니키아스 유물이 남아 있다. 그 유물은 니키아스가 사용했던 방패로, 자줏빛 바탕에 금장식이 되어 있어 매우 아름답다고 한다.

포로가 된 아테나이 병사들 대부분은 시라쿠사 채석장에 끌려가 고된 일을 했다. 그들은 하루에 보리 2코튈레와 물 1코튈레밖에 먹지 못했기 때문에 거의 병들거나 굶어 죽었다. 그리고 그들 가운데는 노예로 팔려가는 사람도 있었는데, 이런 노예들 이마에는 말의 낙인이 찍혀 있었다.

그리고 비록 노예로 팔려갔지만 신중하고 단정하게 행동해, 더러는 노예에서 풀려나거나 주인들에게서 좋은 대접을 받는 이들도 있었다. 또 그들 가운데에는 에우리피데스 덕분에 구원받은 사람들도 있었다. 에우리피데스의 시(詩)는 이민 온 헬라스 어떤 식민지들보다 시킬리아 사람들에게 가장 사랑받았는데, 그들은 에우리피데스 시를 읊거나 써줄 수 있는 여행자가 오면 기뻐하며 그 여행자에게서 에우리피데스 시를 얻어 듣기도 하고, 그 시를 적은 종이를 얻어 다른 사람들에게 들려주기도 했다. 그렇기 때문에 아테나이로 돌아온 포로들 가운데는 에우리피데스 시를 읊어서 먹을 것을 얻거나, 노예에서 풀려난 사람들도 꽤 있었다.

시킬리아인들이 에우리피데스 시를 얼마나 좋아했는지에 대해 알 수 있는 이야기가 있다. 언젠가 카우누스 배가 해적에 쫓겨, 시킬리아 어느 항구로 들어가 보호를 요청한 일이 있었다. 그때 주민들은 그들의 요청을 거절했는데, 갑자기 주민들 가운데 누군가가 에우리피데스의 시를 아느냐고 물었다. 선원들이 알고 있다고 대답하자, 주민들은 태도를 바꾸어 그들이 항구에 들어오도록 허락해 주었다.

전하는 기록을 보면, 아테나이 시민들은 처음에는 자신들의 패배를 믿지 못했다고 한다. 그런 소식을 전한 사람이 확실히 전달하지 못했기 때문이다. 그 패전 소식을 가장 먼저 전한 사람은 어느 외국인이었는데, 그는 페이라이우스 항구 근처 이발소에서 머리를 깎다가 그 이야기를 꺼냈다. 그 사람은 아테나이 시민들이 틀림없이 그 사실을 알고 있으리라 생각한 것이다.

이 말을 들은 이발사는 깜짝 놀라며 단숨에 집정관들에게 달려가 이 소식을 알렸다. 또 광장에 나가 시민들에게도 알렸다. 패전 소식을 들은 집정관과 시민들은 모두 아우성치며 두려움에 떨었다.

집정관들은 서둘러 회의를 열고 그 외국인을 불렀다. 그리고 어디에서 그런 이야기를 들었는지 물었다.

그러나 이 외국인은 제대로 대답하지 못했다. 그러자 시민들은 그가 거짓 소문을 퍼뜨려 아테나이를 어지럽혔다며 몹시 분노했다. 그래서 그 외국인은 수레바퀴에 묶인 채 며칠 동안 고문을 당했다. 하지만 며칠 뒤 패전 소식이 정식으로 전해짐으로써 그의 말이 진실이었음이 밝혀졌다.

이처럼 아테나이 시민들은 니키아스가 몇 번이나 예언한 재난이 정말 그에게 닥쳤다는 사실을 믿을 수가 없었던 것이다.

크라수스(CRASSUS)

마르쿠스 크라수스는 감찰관 아들로, 그의 아버지는 전쟁에서 승리해 당당하게 개선했던 인물이었으나 그는 작은 집에서 두 형과 함께 살았다. 형들은 모두 부모님이 살아 있을 때 결혼했고 늘 온가족이 한자리에 모여 식사를 했다. 크라수스 생활이 간소하고 생각이 깊었던 까닭은 이런 가정의 영향을 받았기 때문일 것이다.

크라수스는 형 하나가 죽자, 과부가 된 형수와 결혼해 아이들까지 낳았다. 이렇게 하는 것은 그 무렵 로마인들에게 곧잘 있는 일이었다. 하지만 나이 들어가면서 크라수스는 베스타 처녀인 리키니아와 부정한 관계를 맺고 있다는 혐의를 받았다. 플로티누스라는 사람이 고발하여 재판까지 받았지만, 무죄로 밝혀졌다. 리키니아는 로마 근교에 아름다운 별장을 하나 갖고 있었는데, 크라수스는 이 땅을 싼값에 사려고 그녀를 끊임없이 따라다녔으므로 사람들이 그들을 오해한 것이다. 그러나 그 뒤에도 그는 별장을 손에 넣을 때까지 리키니아를 놓아주지 않았다.

로마 사람들은 크라수스의 여러 장점이 그의 오직 하나 단점인 욕심에 가려졌다고 말했다. 그의 탐욕이 너무나 지나쳤기에 다른 약점들은 사람들 눈에 들어오지도 않았다. 그가 재물을 모으는 방법과 가진 재산의 규모를 살펴보면, 크라수스가 얼마나 재물에 욕심이 많았는지 알 수 있다.

크라수스는 본디 300탈란톤밖에 없었다. 처음 집정관이 되었을 때 그는 가진 재산의 10분의 1을 헤라클레스 신전에 바치고 시민들에게 큰 잔치를 베풀었다. 석 달 동안 자기가 가진 곡식을 시민들에게 나누어 주기도 했다. 하지만 파르티아 원정에 나가기 전 그의 재산은 무려 7100탈란톤에 이르렀다고 한다. 이 재산 대부분은 화재나 전쟁으로 불행한 일을 당한 사람들 것으로, 결국은 나라의 불행을 이용해 사사로운 욕심을 채운 것이었다.

술라는 로마 시를 점령할 때 많은 권력자들을 역적으로 몰고자 자신이 죽인 사람들 재산을 전리품이라 하여 공매에 붙였는데, 이때 크라수스는 지칠 줄 모르고 그 재물들을 그냥 받거나 사들였다. 또한 로마 집들은 높고 빽빽하게 지어졌기에 무너져 내리거나 불이 나는 일이 잦았다. 그래서 크라수스는 건축 기술이 있는 노예 500명을 사들인 다음, 불이 난 집과 그 이웃집들을 모두 샀다. 집주인들이 자기 집까지 불이 번질까봐 헐값에 집을 팔아버렸기 때문이다. 이런 식으로 로마 시 거의가 크라수스 소유가 되었다. 하지만 그렇게 많은 노예들을 데리고 있으면서도 그는 자기가 사는 집 한 채 말고는 집을 새로 짓지 않았다. 그는 집 짓기를 좋아하는 사람은 끝내 집 때문에 망하게 되는 법이라고 곧잘 말하곤 했다.

크라수스에게는 많은 은광과 기름진 땅이 있었지만 이는 노예들이 제공하는 가치에 비하면 아무것도 아니었다. 그의 노예들은 글을 읽고 회계 일을 보고, 은 세공을 할 줄 알았다. 또 집안 살림을 하고, 식탁에서 시중을 들었다. 크라수스는 직접 노예들을 감독하며 가르쳤다. 한 집안 살림을 꾸려나가기 위한 살아 있는 도구인 노예를 효율적으로 관리하는 게 주인 역할이라고 여겼던 것이다. 무생물인 재산을 다루는 것은 경제에 관련된 일이지만, 생물인 인간을 다루는 일은 정치에 속하기 때문이다.

그러나 개인 재산으로 군대를 거느릴 수 없는 사람은 결코 부자가 아니라고 한 그의 말은 옳지 않았다. 아르키다모스가 말했듯이, 전쟁에 필요한 비용은 한정된 게 아니기 때문이다. 크라수스의 이런 생각은 마리우스와는 큰 차이가 있었다.

마리우스는 병사들에게 저마다 14유게룸씩 땅을 나누어 주었다. 그런데도 병사들이 땅을 더 달라고 요구하자 그는 이렇게 말했다.

"충분히 먹고살 수 있는 땅을 작다고 생각하는 로마인이 없어야 한다."

그러나 크라수스는 남에게 너그러운 편이어서 집을 늘 활짝 열어놓았다. 그는 친구들에게 이자를 받지 않고 돈을 꾸어주었으나, 날짜가 되면 반드시 갚게 했다. 이에 대해 사람들은 비싼 이자를 무는 것보다 더 부담이 된다고 생각했다. 그의 초대를 받는 사람들은 거의 평민들이었다. 상차림은 소박했지만 그는 찾아오는 이들을 반갑게 맞이하고 친절하게 잘 대접했기에 손님들은 진수성찬을 맛볼 때보다 더욱더 즐거워져서 돌아가곤 했다.

크라수스는 웅변술처럼 실제적인 학문들을 중요하게 여겼다. 그는 로마에서 뛰어난 웅변가로 이름 날리며 시민들로부터 큰 사랑을 받았다. 또한 아무리 작은 사건이라도 법정에 나가기 전에 준비를 철저히 했다. 그리고 폼페이우스나 카이사르, 키케로가 맡으려 들지 않는 사건까지 도맡아 변호의 책임을 다했다. 그래서 사람들은 크라수스야말로 시민들을 도와주는 신중하고 친절한 사람이라고 여겼다. 그는 사람을 만나면 손을 잡고 따뜻하게 말을 건넸기 때문에 많은 이들의 인기를 한몸에 받았다. 또한 그는 아무리 신분이 낮고 초라한 사람이라도 정겹게 이름 부르며 인사를 나누었다.

크라수스는 역사에 밝았으며 철학에 관심이 많았고 아리스토텔레스 철학에 심취했다. 그에게 철학을 가르친 학자는 알렉산드로스였다. 알렉산드로스는 성품이 온화하고 선한 사람이었는데 그가 크라수스에게 오기 전에 더 가난했는지, 온 뒤에 더 가난해졌는지는 알 수 없다. 그는 크라수스 여행길에 동행이 되어준 유일한 친구이기도 했다. 그때마다 크라수스는 알렉산드로스에게 외투를 빌려주곤 했으나 돌아오면 곧장 돌려달라고 요구했다.

마리우스와 킨나가 전쟁에서 이긴 뒤 로마에 돌아와 권력을 잡았던 적이 있었다. 그들은 나라를 이롭게 하기 위해서가 아니라 귀족 세력을 몰아내기 위해서 귀족들을 눈에 띄는 대로 잡아죽였다.

죽은 사람들 가운데에는 크라수스의 아버지와 형도 있었다. 겨우 살아남은 어린 크라수스는 친구 셋과 함께 하인 10명을 데리고 이베리아로 피했다. 이곳은 그의 아버지가 총독으로 머물렀으므로 도와줄 친구들이 많았다. 하지만 모두가 마리우스의 잔인함에 치를 떨며 마치 그가 가까이 쳐들어오기라도 한 것처럼 몹시 두려워했다. 이를 본 크라수스는 누구에게도 도움을 청하지 못했다. 그래서 그는 비비우스 파키아누스라는 친구 소유의 바닷가 동굴에 몸을 숨겼다.

식량이 떨어져 가자 그는 비비우스에게 노예 하나를 보냈다. 비비우스는 크라수스가 무사하다는 말을 듣고 크게 기뻐하며 크라수스 일행이 몇 명인지와 숨어 있는 장소를 물었다. 그러고는 그 근처 땅을 돌보고 있던 관리인을 불러서, 그에게 날마다 그곳으로 먹을 것을 가져다 놓도록 명령했다. 대신 바위 가까이에 두고 얼른 되돌아오라고 했다. 또한 까닭을 알려고 하거나 쓸데없는 짓을 하면 죽이겠다며 경고했다. 하지만 성실하게 잘 따른다면 자유를 주겠노라 약속했다.

동굴은 바다에서 그리 멀지 않은 곳에 있었다. 높은 절벽들로 가로막혀 입구는 잘 보이지 않았지만, 안으로 들어가면 천장이 높고 우묵한 굴도 여럿 있었다. 절벽 아래로는 샘물이 흐르고, 굴벽 틈새로 햇빛이 들어와 그 안을 환히 비추었다. 또 두툼한 바위가 동굴 안으로 물이 스며들지 않도록 해주어서 공기가 맑았다.

바로 이곳에서 크라수스 일행은 한동안 숨어 지냈다. 관리인은 날마다 먹을 것을 날라 왔다. 관리인 자신은 동굴 안 사람들이 보이지도 않았고 누구인지 알지도 못했으나, 동굴 안에 있는 이들은 그를 볼 수 있었다. 그가 오는 시간을 알고 기다렸기 때문이다. 음식은 넉넉했을 뿐만 아니라 맛도 훌륭했다.

비비우스는 최선을 다해 크라수스를 보살펴 주어야겠다 마음먹고는, 한창 나이인 크라수스에 어울리는 즐거움도 느끼게 해주기로 했다. 필요한 것만 주는 것은 열의를 가지고 돕는 사람의 태도가 아니라 마지못해 돕는 사람의 태도라고 여겼기 때문이다. 그는 아름다운 여자 노예 둘을 데리고 바닷가로 가서 그 동굴이 있는 데까지 오자, 노예들에게 동굴로 올라가는 길을 가르쳐 준 뒤에 겁내지 말고 안으로 들어가라고 했다.

한편 크라수스는 여자들이 다가오는 것을 보고는 사람들에게 들킨 줄 알고 두려워하면서, 그녀들에게 누구이며 어떻게 왔는지 소리쳐 물었다. 그러자 두 노예는 비비우스가 알려준 대로, 동굴 안에 숨어 있는 주인님을 받들기 위해 온 것이라 말했다.

그때서야 크라수스는 비비우스의 익살과 따뜻한 배려를 헤아려 여자들을 맞아들였다. 두 노예는 크라수스가 동굴에 머무는 동안 그를 보살폈다. 크라수스는 이 노예들을 통해 비비우스에게 인사를 전하거나 필요한 것을 부탁하고는 했다.

동굴 안에 숨어 지낸 여덟 달 동안 킨나가 죽었다는 소식이 들려왔다. 크라수스가 동굴에서 나오자 수많은 사람들이 그를 따르기 위해 구름떼처럼 몰려들었다. 크라수스는 그들 가운데 2500명을 골라 군대를 만들고 여러 도시들을 돌아다녔다. 기록에 따르면, 그때 그는 말라카 시를 약탈했다고 한다. 하지만 크라수스는 그 사실을 부인하며 그렇게 말하는 사람들과 논쟁했다고 한다.

그 뒤로 크라수스는 배 몇 척을 이끌고 리비아로 건너가 메텔루스 피우스를 만났다. 그즈음 메텔루스 또한 꽤 이름이 알려진 인물로서 아주 많은 군대를 거느렸다. 하지만 둘 사이가 나빠져서 얼마 뒤 크라수스는 다시 바다를 건너 술라를 찾아갔다.

술라는 크라수스를 반갑게 맞아들이고 그를 가까이에 두었다. 얼마 뒤 술라는 지중해를 건너 이탈리아로 진군했다. 술라는 경험이 짧은 젊은이들을 모두 실전에 참가시키려고 계획하고 있었다. 그는 젊은이들을 여러 곳으로 보냈는데, 크라수스도 마르시족이 사는 곳으로 가서 군대를 모아오라는 임무를 맡았다. 크라수스는 가는 길에 적의 점령지를 지나야 하기에 호위병을 지원해 달라고 요청했다. 그러자 술라는 벌컥 화를 내며 소리쳤다.

"네 아버지와 형과 친구와 친척들을 호위병으로 데리고 가라. 그들은 모두 억울하게 죽임을 당했다. 나는 지금 그들 원수를 갚기 위해 싸우는 것이다."

술라의 말에 크게 뉘우친 크라수스는 곧 길을 떠났다. 가는 길에 적을 만났지만 모두 물리치고 마침내 목적지에 이르렀다. 크라수스는 그곳에서 많은 병사를 모으고, 술라의 명령에 따라 로마로 진격했다. 그가 폼페이우스와 명성을 겨루게 된 것은 이 전쟁 때부터였다. 폼페이우스는 크라수스보다 나이가 어렸고, 그의 아버지는 평판이 나빠 로마 시민들에게 몹시 미움을 받았다. 하지만 폼페이우스는 이런 어려운 환경에서도 전쟁에서 공을 세우며 이름을 떨쳤다.

술라는 같은 지위에 있는 다른 연장자들보다 폼페이우스를 더 특별히 대우했다. 술라는 폼페이우스가 다가오면 자리에서 일어나 모자를 벗고 인사했다. 그는 폼페이우스를 '위대한 장군'이라 불렀다. 크라수스는 이런 일을 몹시 불쾌히 여겼다. 그는 경험도 부족했고, 타고난 탐욕과 인색함으로 공로를 세워도 제대로 인정받지 못했기 때문이다.

한번은 크라수스가 움브리아의 투데르티아를 점령하고 전리품을 모두 챙긴 일이 있었다. 병사들은 술라를 찾아가 크라수스가 혼자 전리품을 차지한 것에 항의했다. 얼마 뒤 로마 성문 앞에서 벌어진 마지막 결전에서 술라의 군대는 무참히 짓밟혔다. 하지만 오른쪽 날개를 맡았던 크라수스는 큰 승리를 거두었다. 그는 어두워질 때까지 달아나는 적군을 뒤쫓고는, 술라에게 사람을 보내 승리를 알리고 식량을 보내달라고 했다. 이 일로 크라수스는 크게 명성을 떨쳤으나 얼마 가지는 못했다.

크라수스는 로마에 돌아가 자신의 반대파들을 적으로 몰아 모두 죽이고 재산을 빼앗았다. 그때 그는 귀한 물건들을 헐값으로 사들이거나 그냥 가져가기도 했다. 또 브루티움 지방의 어떤 사람을 역적으로 몰아 재산을 빼앗기도 했다. 그리고 이미 많은 땅을 가졌음에도 만족하지 못하고, 자기 욕심을 채우기 위해 술라의 명령을 어기기까지 했다. 이때부터 크라수스 명성은 땅에 떨어지고 사람들은 그를 헐뜯기 시작했다. 이런 사실을 알게 된 술라는 크라수스에게 공적인 일을 절대로 맡기지 않았다.

크라수스는 아첨으로 사람들 마음을 곧잘 얻었지만, 다른 사람들 아첨에 잘 속아 넘어가기도 했다. 그 자신은 끝도 없이 탐욕을 부리면서도 다른 사람들의 탐욕을 보면 미워하고 비난했다.

한편 폼페이우스는 자신에게 주어진 모든 일을 성공적으로 해냈다. 그는 집정관이 되기 전 젊은 나이에 개선식을 올렸으며, 시민들은 그를 존경해 '위대한 폼페이우스'라고 불렀다. 언젠가 어떤 사람이 폼페이우스를 보고 '저기 위대한 폼페이우스님이 오신다' 외치자 크라수스는 도대체 그가 얼마나 위대하냐고 물었다고 한다.

크라수스는 전쟁으로는 폼페이우스를 이길 수 없다 생각하고 정치에 발을 들여놓았다. 그는 민중의 마음을 얻기 위해 열의를 쏟았으며, 법정에서 변호도 맡아주고 돈을 빌려주기도 했다. 또한 사람들이 관직을 얻을 수 있도록 힘써주거나 선거운동을 도와주는 등 할 수 있는 모든 호의를 베풀었다. 그러는 동안 크라수스는 여러 차례 큰 군사적 성공을 거둔 폼페이우스에 못지않은 영향력과 명성을 얻게 되었다.

사실 두 사람 관계에는 조금 독특한 점이 있다. 폼페이우스 명성과 권력은 로마를 떠나 있을 때 가장 높았고, 그가 전쟁에서 승리하고 로마로 돌아오면 언제나 크라수스가 더 큰 권력을 누렸다. 거기에는 다음 같은 이유가 있다.

폼페이우스는 교만하며 자존심이 무척 강했다. 그는 시민들과 만나기를 꺼려해 공회당에 나타나는 일이 그다지 없었다. 그는 부탁하는 사람들만 도와주었으며, 그마저도 성의 없었다. 이는 자기 권력을 지키고 자신의 이익을 위해 영향력을 행사하는 데 어려움이 없도록 하려는 것이었다.

하지만 크라수스는 누구와도 잘 어울렸으며, 언제나 사람들을 도와주었다. 늘 해결해야 할 일들에 적극적으로 뛰어들어 친절하게 처리해 주었으므로 자만심 가득한 폼페이우스보다 더 큰 믿음을 얻었다. 그 둘 모두 위엄과 설득력 있는 말솜씨, 매력적인 표정을 지녔다. 크라수스는 폼페이우스나 카이사르가 자기보다 더 큰 명성을 얻어도 시기는 할지언정 그들에게 적대감을 품지는 않았다.

언젠가 카이사르가 해적들에게 잡혔을 때 이렇게 외쳤다.

"크라수스! 내가 붙잡혔다는 소식을 들으면 그대가 얼마나 기뻐하겠소!"

하지만 뒷날 카이사르와 크라수스는 가까워졌다.

카이사르가 집정관으로 임명되어 이베리아로 떠나려 할 때 빚쟁이들이 몰려와 그의 물건들을 압류하려 한 적이 있었다. 그러자 크라수스가 나서서 830탈란톤이나 되는 빚 보증을 서서 그를 구해냈다.

그즈음 로마는 폼페이우스, 카이사르, 크라수스를 저마다 우두머리로 내세워 세 파로 나뉘었다(카토는 권력보다는 명성을 누리며 사람들 존경을 받는데, 폼페이우스를 지지했다). 온건하고 보수적인 시민들은 폼페이우스를 지지하고, 폭력적이며 변덕스러운 시민들은 카이사르를 지지했다. 크라수스는 중간 노선을 지키며 두 사람을 알맞게 이용했다.

크라수스는 정책을 자주 바꾸었기에 폼페이우스와 카이사르는 그를 믿지도, 멀리하지도 못하는 처지였다. 크라수스는 오직 자신의 이익만을 따랐다. 그는 아무리 강력하게 주장했던 정책이라도 단 며칠 사이에 손쉽게 뒤집었다.

그는 온정과 공포를 무기로 커다란 영향력을 행사했는데, 공포로 그렇게 하는 때가 훨씬 많았다. 고위 관리들과 정치가들을 괴롭히기로 악명 높았던 시니키우스도 크라수스만은 건드리지 않았다. 누군가 시니키우스에게 그 이유를 물은 적이 있었다.

"어째서 크라수스만은 그대로 두는 겁니까?"

그러자 시니키우스가 말했다.

"그는 짚으로 뿔을 두르고 있기 때문이오."

로마 사람들은 사람에게 덤벼드는 황소의 뿔을 짚으로 둘러, 소에게 가까이

가지 않도록 표시를 해두었기에 나온 말이었다.

흔히 스파르타쿠스 전쟁이라고 부르는, 검투사들이 반란을 일으켜 이탈리아를 쑥대밭으로 만든 사건에는 다음 같은 까닭이 있었다. 카푸아에서 렌툴루스 바티아테스라는 사람이 검투사들을 양성했는데, 거의 갈리아 사람들과 트라키아 사람들이었다. 렌툴루스는 그들을 짐승처럼 다루고 몹시 잔혹하게 대했다. 죄를 짓지도 않았는데 나쁜 주인에게 팔려온 탓에 그들은 철저히 감금된 채 검투 시합에 나갈 날만을 기다려야 했다.

검투사 200여 명은 달아나기로 계획을 세웠지만 배신자 때문에 정보가 새어 나갔다. 이를 미리 눈치챈 78명만이 탈출에 성공했다. 그들은 부엌에서 식칼과 꼬챙이 등을 집어 들고 밖으로 뛰쳐나와 달아나던 길에 검투사들의 무기를 실은 짐수레를 만나 이를 빼앗아 무장했다. 그리고 유리한 곳을 점령한 뒤 지휘관 셋을 뽑았다. 이 가운데 가장 높은 사람이 바로 스파르타쿠스였다.

그는 트라키아 사람으로 유목민 출신이었다. 힘이 세고 용감했으며 판단력이 뛰어났다. 또 부드러운 성품을 지녀 트라키아 사람이라기보다는 오히려 헬라스 사람 같았다. 전하는 이야기로는, 그가 로마에 막 노예로 팔려왔을 때 잠자는 그의 얼굴에 뱀 한 마리가 똬리를 틀었다고 한다. 그때 같은 나라에서 온 점치는 여인이 디오니소스 신에게 계시를 받아, 이는 행복한 결말을 가져다줄 위대하고 놀라운 힘을 상징한다고 예언했다. 이 여인은 스파르타쿠스 아내가 되어, 반란 때 남편과 함께 도망쳤다.

카푸아에 머물던 로마 군대는 반란 소식을 듣고 이들을 무찌르기 위해 한달음에 달려왔다. 하지만 검투사들은 로마군을 바로 물리치고 그들의 무기를 모두 빼앗았다. 검투사들은, 자신들이 가지고 있던 결투용 무기들이 야만적이고 치욕스러운 것이라며 모두 내던지고 로마군 정식 무기들로 다시 무장했다.

로마에서 파견된 집정관 클로디우스는 군사 3000명을 이끌고 와서 적들을 산 위로 몰아넣고 포위했다. 이 산에는 좁고 험한 길이 하나밖에 없었는데 이곳을 클로디우스가 지켰다. 그 밖에는 온통 뾰족한 바위와 가파른 낭떠러지뿐이었다.

그런데 마침 검투사들이 고립된 산꼭대기에는 포도나무가 울창하게 자라고 있었다. 스파르타쿠스는 포도 넝쿨을 자르고 이어서 긴 사다리를 만들고는 한쪽 끝을 절벽 꼭대기에, 다른 끝은 평지에 닿게 해 그것을 타고 무사히 산을 내려왔다. 맨 뒤에 남은 사람은 내려온 아군들이 있는 절벽 아래로 무기들을 먼저 던져주고 나서 그 자신도 무사히 내려왔다.

이 사실을 전혀 눈치채지 못한 로마군은 뒤를 돌아 들어온 스파르타쿠스 일당의 공격을 받고 진지를 빼앗겼다. 가까이 살던 발 빠르고 싸움을 좋아하는 목동들도 스파르타쿠스 무리로 모여들었다. 스파르타쿠스는 그들을 무장시켜 척후병이나 경기병으로 이용했다.

이번에는 푸블리우스 바리누스가 파견되었으나 병사 2000명을 이끌고 나간 그의 부관 푸리우스가 싸움에서 크게 지고 말았다. 그러자 원로원은 코시니우스에게 대군을 주어 바리누스를 돕게 했다. 기회를 엿보던 스파르타쿠스는 코시니우스가 살리나이에서 목욕할 때를 노려 습격했다. 당황한 코시니우스는 군수품들을 그대로 놓아둔 채 줄행랑을 쳤고, 그것들은 고스란히 검투사들 차지가 되었다. 스파르타쿠스는 계속 추격해 로마 병사들을 학살하고 진지를 점령했다. 코시니우스도 마침내 죽임을 당했다.

스파르타쿠스는 집정관 바리누스와의 싸움에서 여러 번 승리했고, 그의 말과 호위병들을 사로잡았다. 이로써 스파르타쿠스는 널리 이름을 떨치며 로마 시민들을 두려움에 떨게 했다.

하지만 스파르타쿠스는 로마군과 계속 싸우는 일은 그리 현명하지 못하다고 판단했다. 그는 부대를 이끌고 알프스 산맥을 넘기로 했다. 산을 넘어 저마다의 고향으로, 트라키아 사람은 트라키아로 갈리아 사람은 갈리아로 돌아가야 한다고 생각한 것이다. 그러나 수가 많아지고 강해진 부하들은 자신감에 차서 그의 뜻을 따르지 않았다. 그들은 여기저기 돌아다니며 이탈리아 땅을 짓밟고 약탈을 일삼았다.

이제 원로원은 노예들이 반란을 일으켰다는 사실에 더는 수치심이나 모욕감을 느끼며 괴로워하지 않았다. 오히려 공포에 휩싸인 채 나라를 위태롭게 만드는 사건으로 판단하고, 집정관 겔리우스와 렌툴루스를 함께 출정시켰다. 두 집정관이 더불어 전쟁에 나가는 일은 가장 중요한 전쟁에만 취하는 조치였다.

겔리우스는 스파르타쿠스로부터 이탈한 게르마니아 사람들을 습격해 전멸시켰고, 렌툴루스는 스파르타쿠스 주력군을 포위했다.

스파르타쿠스는 부하들에게 로마군과의 결전을 명령했다. 그는 로마 여러 장군들을 죽이고 군수품들을 빼앗았다. 스파르타쿠스는 알프스 쪽으로 다시 길을 트려 했지만, 갈리아 지방을 지키던 카시우스 장군이 병사 1만 명을 이끌고 앞을 가로막았다. 하지만 카시우스도 스파르타쿠스군에 크게 져 여러 장군과 병사들을 잃고, 가까스로 목숨만 건졌다.

잇따른 패배 소식에 원로원은 몹시 화가 나, 두 집정관에게 전쟁에서 손을 떼도록 했다. 그리고 크라수스를 새로운 지휘관으로 임명했다.

그의 명성과 인기에 힘입어 많은 귀족 집안 자제들이 크라수스 지휘 아래로 모여들었다. 대군을 거느린 크라수스는 피케눔 근처로 가서 진을 쳤다. 스파르타쿠스가 진군해 온다는 정보를 듣고 그들을 기다리자는 생각이었다. 크라수스는 뭄미우스 장군에게 2개 부대를 주어 적에게 너무 가까이 가거나 섣불리 전투를 벌여서는 안 된다고 명령했다. 그러나 뭄미우스는 적군이 나타나자, 승리를 거둘 수 있는 좋은 기회라 판단해 크라수스 명령을 어겼다. 전투를 벌인 뭄미우스 부대는 크게 패해 많은 병사들이 죽었고, 무기를 버린 채 달아난 병사들만 겨우 목숨을 건질 수 있었다.

크라수스는 뭄미우스를 호되게 나무랐으며, 병사들에게는 다시 무기를 주면서 절대로 버리지 않겠다는 서약을 받고 보증인까지 세우도록 했다. 그리고 맨 먼저 도망 온 500명을 추려 50개 조로 나눈 뒤, 각 조마다 한 사람씩 모두 50명을 제비뽑기해서 처형했다.

이는 오랫동안 쓰여지지 않았던 군법으로, 모든 병사들이 보는 앞에서 온갖 모욕을 준 다음 참혹하게 죽이는 형벌이었다. 크라수스는 이런 식으로 군대 규율을 정비한 다음 스파르타쿠스군을 향해 나아갔다.

하지만 스파르타쿠스는 로마군과의 전투를 피해 루카니아 지방을 지나 바다 쪽으로 이동했다. 그리고 해협에서 킬리키아인 해적들을 만나자 그들을 이용해 시킬리아 섬을 손에 넣을 계획을 세웠다.

시킬리아는 노예 전쟁이 끝난 지 얼마 되지 않았었기에 불씨만 있으면 금방이라도 전쟁의 불길이 활활 타오를 수 있는 상태였다. 스파르타쿠스는 병사 2000명을 투입해 새로운 전쟁을 일으키려고 마음먹었다. 그런데 스파르타쿠스와 협정을 맺고 그에게 선물까지 받은 킬리키아 해적들은 그를 속이고 몰래 떠나버렸다. 어쩔 수 없이 스파르타쿠스는 다시 군대를 움직여 레기움 반도로 갔다.

스파르타쿠스 군대를 바짝 쫓아 레기움 반도로 다가온 크라수스는 지형을 살펴본 다음 적을 무찌를 계획을 세웠다. 그는 이탈리아 땅과 반도를 잇는 지협을 가로질러 성을 쌓기 시작했다. 병사들에게 일거리를 주어 군대를 유지하는 동시에, 스파르타쿠스군의 보급로를 차단해 버리려는 뜻이었다.

이 작업은 규모가 큰 어려운 일이었지만 뜻밖에도 짧은 시일에 끝이 났다. 이쪽 바다에서 저쪽 바다까지 길이 300스타디온, 넓이와 깊이가 각각 15푸스인 도랑을 파고, 그 위에 엄청난 높이로 둑을 쌓는 공사였다.

스파르타쿠스는 크라수스가 벌이는 일을 보고 처음에는 비웃으며 무시해 버렸다. 그러나 양식이 떨어져 약탈을 하러 나갔다가 그 튼튼한 장벽이 가로막힌 것을 보고 비로소 그 작업의 목적이 무엇인지를 깨달았다. 반도 안에 갇혀서는 더 이상 식량을 얻을 수가 없었던 것이다. 스파르타쿠스는 눈보라가 거세게 치는 어느 날 밤, 로마군이 파놓은 도랑 하나를 흙과 나무와 나뭇가지로 메운 뒤 병력의 3분의 1을 건너게 했다.

이를 알게 된 크라수스는 스파르타쿠스 군대가 로마를 습격하지 않을까 걱정되었으나, 얼마 뒤 스파르타쿠스군에 어떤 다툼이 일어나 많은 무리가 이탈해 루카니아 호수에 따로 진을 친 것을 보고 안심했다. 전하는 말에 따르면 이 호수는 때때로 물맛이 바뀌어 달콤했다가 다시 짠맛으로 변해 마실 수 없게 된다고 한다. 크라수스는 이 무리를 습격해 호수에서 내쫓았는데, 탈영병들을 구하기 위해 달려온 스파르타쿠스 군대가 나타나 앞을 가로막았으므로, 크라수스는 별 성과 없이 싸움을 멈춰야 했다.

크라수스는 얼마 전 원로원에 편지를 보내, 트라키아의 루쿨루스와 이베리아에 있는 폼페이우스 도움을 요청한 일이 있었다. 하지만 이제 그는 마음이 바뀌어 두 장군이 오기 전에 전쟁을 끝내려고 서둘렀다. 승리의 영예를 그들에게 빼앗길까봐 두려웠기 때문이다.

크라수스는 먼저 카이우스 칸니키우스와 카스투스가 지휘하는 검투사 부대를 공격하려고 마음먹었다. 그들은 그때 주력부대를 떠나 있었다. 크라수스는 병사 6000명을 보내 주둔지 근처 가까운 산 하나를 점령하고 숨어 있으라는 명령을 내렸다. 병사들은 적의 눈을 피해 투구까지 뒤집어쓰고 살금살금 산 위로 올라갔지만, 때마침 검투사들을 위해 제를 올리던 두 여인에게 들켰다. 만약 크라수스가 재빨리 달려와서 돕지 않았더라면 병사들은 큰 위험에 빠졌을 것이다. 전투는 어느 때보다 처절하고 격렬하게 펼쳐졌다. 스파르타쿠스 부대 전사자는 모두 1만 2300명이었는데, 이 가운데 등에 상처를 입은 두 사람을 제외한 모든 병사들이 물러서지 않고 용감하게 로마군에 맞서 싸우다 죽었다.

스파르타쿠스 군대는 많은 병사를 잃고 페텔리아 산속으로 물러갔다. 크라수스는 두 장군 퀸티우스와 스크로파스를 보내 그들을 뒤쫓았다. 하지만 도망치던 스파르타쿠스군이 갑자기 방향을 바꿔 반격하자, 로마군은 완전히 무너져 뿔뿔이 흩어지고 말았다. 스크로파스도 부상을 당한 채 가까스로 목숨만 건졌다.

그런데 스파르타쿠스의 이 승리는 오히려 파멸을 불러왔다. 이 승리 때문에 병사들은 의기양양해져서, 싸움을 피하는 것은 비겁한 행동이라고 떠들어대며 지휘관들 명령을 듣지 않았다. 게다가 장군들에게 칼을 겨누고 위협하면서, 군대를 다시 루카니아로 돌려 로마군과 싸우자고 했다.

이는 바로 크라수스가 바라던 일이기도 했다. 왜냐하면 이때 폼페이우스가 가까이 오고 있다는 소식과 함께, 폼페이우스가 오기만 하면 이 전쟁은 끝날 것이며 크라수스는 그가 올 때까지 일부러 기다리며 전쟁을 질질 끌고 있다는 소문이 돌았기 때문이다.

그래서 크라수스는 결전을 서둘렀다. 그는 군대를 적진 가까이 보내 진을 친 다음 참호를 파기 시작했다. 그러자 노예들이 작업을 하던 로마 병사들에게 노예들이 달려들어 싸움이 벌어졌고, 양쪽 군대에서 계속 지원군을 보내자 전투는 차츰 커져갔다.

스파르타쿠스는 이제 더는 싸움을 피할 수 없다는 생각에 전군을 전투대형으로 세웠다. 그다음 자신의 말을 끌어오게 해서 칼을 뽑아 들고는, 병사들에게 싸움에서 이기면 적의 훌륭한 말을 얻을 수 있지만 만약 진다면 말 따위는 아무런 필요도 없게 될 것이라 하면서 그 자리에서 말을 죽였다.

스파르타쿠스는 싸울 각오를 단단히 하고 크라수스 쪽으로 달려갔다. 적의 칼과 창 한가운데를 뚫고 나가면서 그는 수많은 로마 병사를 무찔렀다. 그리고 자신에게 덤벼드는 백인대장 둘을 쓰러뜨렸다. 그는 부하들이 돌아서서 도망을 가도 아랑곳하지 않고 자신만은 계속해서 앞으로 나아갔다. 그리고 로마 병들에게 둘러싸이면서도 한 발자국도 뒤로 물러서지 않았다. 마침내 그는 전쟁터 한가운데에서 장렬한 최후를 맞았다.

크라수스는 이 전투에서 훌륭한 전술로 위대한 장군으로서의 자질을 보여주었다. 그는 자기 목숨을 돌보지 않고 싸웠지만 승리의 영광은 거의 폼페이우스에게로 돌아갔다. 폼페이우스는 우연히 적군 패잔병들을 만나 그들을 전멸한 것이다. 그래서 그는 원로원에 보낸 편지에다 쓰기를, 결전을 벌여 스파르타쿠스 부대를 격파한 사람은 크라수스이지만 이 전쟁의 뿌리를 완전히 뽑은 것은 바로 자기 자신이라고 했다.

로마로 돌아온 폼페이우스는 세르토리우스를 정벌하고 이베리아에서 세운 전공으로 화려한 개선식을 올렸다. 그러나 크라수스는 개선식을 원한다는 희망조차 드러낼 수 없었다. 노예 반란을 진압한 일 따위에는 조촐한 개선식조차도 지나치다 해, 그는 어떤 영광도 누릴 수 없었다.

그 뒤 폼페이우스는 집정관으로 추대되었다. 크라수스는 그의 동료 집정관이 되기 위해 이제까지의 적대감을 씻어버린 듯, 폼페이우스에게 다가가 자신을 지지해 달라고 부탁했다. 폼페이우스는 정치적 능력을 가진 크라수스에게 은혜를 베풀고 싶었다. 그는 크라수스의 지지도를 높이기 위해 민회에 나가, 크라수스를 동료 집정관으로 뽑아준다면 자기가 당선된 일보다 더 감사히 여기겠다고까지 말했다.

이런 방법으로 크라수스는 폼페이우스와 나란히 집정관에 올랐다. 하지만 집정관이 된 뒤 그 둘의 관계는 그리 좋지 못했다. 그들은 거의 모든 일에서 의견이 달라 걸핏하면 다투었다. 그들이 집정관으로 있는 동안 제대로 이루어진 정책은 하나도 없었고 오히려 비효율적으로 일을 그르칠 때도 적지 않았다. 두 사람이 의견을 함께했던 것은 크라수스가 헤라클레스에게 큰 제사를 드린 일과, 식탁 1만 개를 준비해 시민들을 대접하고 3개월 치 식량을 나누어 준 일뿐이었다.

임기가 거의 끝날 무렵, 그들은 우연히 민회에 함께 나타나 연설을 하게 되었다. 그때 본디 기사 계급에 속했으나 은퇴해 시골에서 살고 있던 오나티우스 아우렐리우스라는 평범한 시민이 연단에 올라가 자신의 꿈 이야기를 했다.

"시민 여러분! 유피테르 신께서 제게 나타나시어, 두 집정관이 화해할 때까지 그들을 물러나게 해서는 절대 안 된다고 말씀하셨습니다."

그의 말을 들은 시민들이 두 사람에게 화해하라고 외쳐댔다. 폼페이우스는 아무 말 없이 잠자코 서 있었다. 마침내 크라수스가 먼저 오른손을 내밀며 말했다.

"시민 여러분! 나는 폼페이우스에게 먼저 화해를 청하는 게 부끄러운 일이라고 생각하지 않습니다. 왜냐하면 여러분은 그가 어른이 되기도 전에 위대한 폼페이우스라 불렀고, 원로원 자리에 앉기도 전에 개선식을 올리도록 허락했기 때문입니다."

크라수스가 집정관으로 있는 동안 했던 일 가운데 기억할 만한 것은 이 정도뿐이었다. 그는 집정관 자리에서 물러난 뒤 감찰관이 되었다. 이 관직에 있을 때 그가 나라를 위해 한 일은 거의 없다. 원로원 투표 상황을 검사하거나 기병대를 검열하지도 않았고 인구 조사를 실시하지도 않았다.

그의 동료는 루타티우스 카툴루스였는데 성품이 온화했다. 그는 크라수스가 하는 일을 반대하거나 가로막는 일이 거의 없었다. 하지만 크라수스가 아이귑토스를 로마 식민지로 만들기 위해 좋지 못한 방법을 계획하자 적극적으로 말렸다. 이 일로 두 사람은 크게 다투고 둘 다 스스로 감찰관 자리에서 물러났다.

크라수스는 로마 정권이 뒤집힐 뻔한 '카틸리나 음모 사건'과 관계가 있다고 의심받은 적이 있다. 크라수스가 이 음모에 가담했다고 어떤 사람이 주장했지만 누구도 그 말을 믿으려 들지 않았다. 키케로도 연설문 원고에서 카이사르와 크라수스가 이 사건의 공모자라 밝혔지만, 이 원고는 두 사람이 세상을 떠난 뒤에야 발표되었다. 그러나 키케로의 다른 연설에는, 크라수스가 이 사건을 자세하게 적은 편지를 들고 밤에 몰래 자신을 찾아왔다고 밝혔다.

이 일로 크라수스는 키케로를 몹시 미워했다. 하지만 아들 푸블리우스의 만류로 그를 해치지는 못했다. 푸블리우스는 웅변과 학문을 매우 좋아하는 젊은 이로, 키케로를 누구보다도 존경했다. 예전에 키케로가 법정에서 탄핵을 받았을 때에는 상복을 입고 슬퍼하면서, 다른 청년들에게도 상복을 입도록 권할 만큼 키케로에 대한 존경이 남달랐다. 그는 온갖 노력 끝에 아버지와 키케로를 화해시켰다.

그즈음 로마로 돌아온 카이사르는 집정관에 선출되기를 바랐다. 크라수스와 폼페이우스가 다투는 것을 본 그는, 두 사람을 화해시키려고 무던히 애를 썼다. 두 사람 모두의 지지가 있어야만 자신의 목적을 이룰 수 있었기 때문이다. 그래서 그는 두 사람이 서로 다투다가 쓰러지면 키케로, 카툴루스, 카토 쪽 세력만 커질 뿐이지만, 두 사람이 동료들과 지지자들을 모아 힘을 하나로 합쳐 같은 목적을 위해 나랏일을 해나간다면 어느 누구도 맞서지 못할 거라고 주장했다.

카이사르의 설득은 곧 효력을 나타냈다. 둘은 서로 화해했고, 카이사르는 그들과 함께 절대권을 이루었다. 이 셋의 권력은 시민들과 원로원도 힘을 쓰지 못할 만큼 강력했다. 카이사르는 둘을 이용해 마침내 가장 큰 권력을 손에 넣었다. 그는 두 사람 모두의 지지를 얻어 집정관 자리에 오른 것이다.

그 뒤 폼페이우스와 크라수스는 투표로 카이사르에게 군사령관 임무를 맡겼다. 그것은 카이사르를 갈리아 지방으로 보내기 위한 음모였다. 카이사르가 갈리아 군사령관이 되면 변두리 성안에 갇히는 신세가 될 것이고 로마의 나머지 지역을 자기들끼리 나누어 가질 수 있으리라 여겼다.

폼페이우스는 권력에 대한 끝없는 집착으로, 크라수스는 타고난 탐욕에 전승 기념비와 개선식에 대한 집념이 더해져서 함께 이 계획을 꾸미게 되었다. 크라수스는 여러 면에서 카이사르보다 뛰어났으나, 무공만은 그에게 뒤떨어진 데 대해 초조해했다. 그는 마침내 자신의 탐욕으로 명예롭지 못한 이름을 얻고, 나라에는 커다란 재난을 가져오게 되었다.

갈리아 지방에 가 있던 카이사르가 루카에 왔을 때 많은 로마 시민들이 그를 맞이하러 나왔다. 폼페이우스와 크라수스도 그곳에 가서 비밀 회의를 했다. 그들은 나라의 모든 권력을 세 사람이 나눠 갖기 위해 강력한 조치를 취하기로 결정했다. 카이사르는 계속 갈리아에서 군대를 통솔하고, 폼페이우스와 크라수스는 새로운 영토와 군대를 가지기로 의견을 모았다. 이 목적을 이루기 위해서는 오직 한 가지, 둘이 다시 집정관에 취임하는 방법밖에 없었다. 두 사람은 집정관 후보로 나서고 카이사르가 그들을 적극 지지하기로 했다. 카이사르는 로마 여러 친구에게 편지를 쓰고 자기 병사들을 로마로 보내 둘에게 투표하도록 했다.

그런데 세 사람이 비밀 회의를 마치고 폼페이우스와 크라수스가 로마에 돌아오자, 그들이 어떤 음모를 꾸몄다는 소문이 나돌았다. 그러자 원로원에서 마르켈리누스와 도미티우스가 폼페이우스에게 집정관으로 출마할 것인지 의향을 물었다. 폼페이우스는 그럴 수도 있고 그러지 않을 수도 있다는 모호한 말을 했다. 이에 그들이 다시 묻자 폼페이우스는 올바른 시민들의 지지는 원하지만 그렇지 못한 시민들 지지는 바라지 않는다고 말했다.

폼페이우스의 대답이 매우 교만하고 무례하게 들렸으므로 크라수스는 겸손한 태도로 나라에 이익이 된다면 기꺼이 출마하겠지만, 그렇지 않다면 출마하지 않겠다고 말했다.

이 말을 듣고 힘을 얻은 몇 사람이 집정관 후보로 나섰다. 그 가운데에는 도미티우스도 있었다. 그러나 막상 폼페이우스와 크라수스가 집정관 후보로 나서자, 모두 겁을 내며 후보를 사퇴하겠다고 밝혔다. 카토는 자기 친척이자 동지인 도미티우스에게, 모든 이의 자유를 지키기 위해 집정관 선거에서 물러서지 말라고 격려했다.

"폼페이우스와 크라수스가 욕심내는 것은 집정관 자리가 아니라 독재정부이다. 그들의 목적은 관직이 아니라 영토와 군대를 나누어 갖는 게 분명하다."

카토는 도미티우스에게 자기 주장과 의견을 내세워 억지로 그를 공회장으로 끌어냈다. 시민들 가운데에는 도미티우스와 카토를 지지하면서 폼페이우스와 크라수스에게 비난을 퍼붓는 이들도 많았다. 그런 시민들은 카토의 말에 귀를 기울이며 저마다 목소리를 높였다.

"폼페이우스와 크라수스가 왜 다시 집정관이 되려는 걸까요? 왜 둘이 또 짝을 지어 후보로 나서려는 걸까요? 크라수스나 폼페이우스 동료 집정관으로 짝을 이룰 만한 훌륭한 사람은 얼마든지 있을 텐데요."

사실을 알게 된 폼페이우스의 열렬한 지지자들은 온갖 불법적이고 폭력적인 방법을 서슴지 않았다. 그들은 날이 새기 전에 동료들과 함께 공회당에 나가는 도미티우스를 습격해, 횃불을 들고 있던 사람을 죽이고 여러 사람들에게 상처를 입혔다. 카토 또한 다쳤다. 그러고 나서 도미티우스 지지자들을 집 안에 가두어 밖으로 나가지 못하게 하고, 폼페이우스와 크라수스는 자신들이 집정관임을 선포했다.

그 뒤 두 집정관은 군대를 이끌고 도미티우스 집을 포위하는 한편, 카토를 공회당에서 내쫓았다. 저항하는 사람들은 닥치는 대로 죽이고, 카이사르와 약속한 내용을 법률로 확정했다. 이 법률에 따라 갈리아 총독 임기가 5년 더 늘어났다. 둘은 제비뽑기로 크라수스는 시리아를, 폼페이우스는 이베리아를 차지하게 되었다. 이 결과는 거의 만족할 만했다. 시민들은 폼페이우스가 로마를 떠나기를 바라지 않았다. 폼페이우스 자신도 사랑하는 아내와 함께 로마에 머물고 싶었다.

크라수스도 이 결과를 엄청난 행운으로 여기고 매우 기뻐했다. 사람들 앞에서 감정을 잘 드러내지 않는 그도 이번에는 기쁜 마음을 감추지 못했다. 그는 여느 때와 달리 자기 자랑을 하고 허풍을 늘어놓았다. 그는 시리아나 파르티아를 정복하는 것은 문제도 되지 않으며, 루쿨루스가 티그라네스를 무찌르고 폼페이우스가 미트리다테스를 정복했던 전쟁은 어린아이들 장난에 지나지 않는다고 큰소리쳤다. 그리고 자신은 박트리아를 거쳐 인디아를 지나 멀리 바다 건너까지 원정 갈 계획을 세웠다.

크라수스에게 시리아를 통치하게 한 원로원 법령 속에 파르티아와 전쟁을 하라는 내용은 없었다. 그러나 크라수스가 이 계획에 무엇보다 열정을 쏟는다는 사실은 누구나 알고 있었다. 카이사르도 갈리아에서 편지를 보내 크라수스 계획에 찬성한다며, 그의 전쟁 욕구를 부추겼다.

그가 로마를 떠나는 날이 가까워지자 호민관 아테이우스가 크라수스의 계획을 막으려 했다. 많은 사람들이 아테이우스의 편에서, 로마에 아무런 해도 끼치지 않는 동맹국을 그저 한 사람의 야심 때문에 침략하는 행동은 잘못이라고 그를 공격했다. 이런 분위기에 불안을 느낀 크라수스는, 자기가 로마를 떠날 때 호위해 달라고 폼페이우스에게 요청했다. 폼페이우스가 시민들 사이에서 명성을 떨치고 있었기 때문이다.

크라수스가 떠나는 날, 많은 시민들이 그의 출정을 막으려고 거리로 나왔다. 그때 폼페이우스가 밝은 얼굴로 나타나 크라수스와 동행했다. 그러자 군중은 마음을 가라앉히고 그들이 지나가도록 길을 비켜주었다.

하지만 아테이우스는 크라수스를 만나자 처음에는 그의 말을 붙잡고 원정에 나가지 말라고, 간곡하게 말렸다. 하지만 소용이 없자, 부하들에게 크라수스를 잡아 가두라고 명령했다. 아테이우스의 부하들이 크라수스에게 달려드는 것을 보고 호민관들이 깜짝 놀라 그들을 가로막았다. 이렇게 해서 크라수스는 그들 앞을 무사히 빠져나올 수 있었다.

그러자 아테이우스는 성문으로 달려갔다. 그는 향로에 불을 담고 기다리다가 크라수스가 가까이 오는 것을 보고는 향을 던지고 크라수스에게 저주를 퍼부으며 온갖 무시무시한 신들의 이름을 불렀다.

로마 사람들 말에 따르면 이 저주는 무서운 효과가 있으며, 그 저주를 받은 사람과 저주를 내린 사람 모두 불행한 죽음을 피할 수 없다고 한다. 그래서 사람들은 이 저주를 섣불리 시행하지 않았다. 로마 시민들은 그런 저주를 내린 데 대해 아테이우스를 비난했다. 물론 그는 크라수스에게 적대감을 품고 그런 행동했지만, 이 때문에 가장 큰 저주를 당한 게 바로 로마였기 때문이다.

크라수스가 로마를 떠나 브룬디시움 항구에 닿았을 때는 추운 겨울이었다. 바다에는 파도가 심하게 일었다. 그는 바다가 잔잔해질 때까지 기다리려 하지 않고 서둘러 출항했고, 그 결과 풍랑으로 많은 배를 잃고 말았다. 겨우 바다를 건넌 크라수스는 살아남은 군사들을 이끌고 서둘러 나아갔다. 갈라티아를 지나갈 때 나이가 많은 데이오타루스 왕이 새 도시를 세우고 있는 것을 본 크라수스는 비웃으며 왕에게 말했다.

"날은 이미 저물었는데 왕께서는 또 도시를 건설하시는군요."

이 말을 듣고 왕은 미소 지으며 말했다.

"내가 보기에 사령관도 그렇게 이른 시간에 파르티아를 정벌하러 온 것 같지는 않소."

크라수스는 예순을 갓 지났지만 실제보다 훨씬 더 나이 들어 보였다.

처음에는 계획대로 일들이 잘 풀렸다. 에우프라테스 강에 쉽게 다리를 놓아 무사히 건널 수 있었다. 강을 건너가자 메소포타미아 많은 도시들이 스스로 크라수스에게 항복해 왔다. 오직 아폴로니우스라는 독재자가 다스리는 한 도시에서는 100명이나 되는 군사를 잃었다. 이 보고를 받고 크라수스는 주력부대를 이끌고 나아가 완강히 버티던 도시를 무너뜨렸다. 그는 도시를 약탈하고 시민들을 노예로 팔았다. 이 도시는 헬라스 사람들이 제노도티아라 부르던 곳이었다. 로마군은 크라수스를 대장군이라 부르며 축하해 주었다. 크라수스는 병사들에게 이 칭호를 부르도록 허락했는데, 어떤 이들은 작은 승리에 우쭐거린다며 그를 헐뜯기도 했다.

크라수스는 새로 정복한 도시에 보병 7000명과 기병 1000기를 수비대로 머물게 하고 겨울 동안 지내기 위해 시리아로 물러나왔다. 카이사르를 따라 갈리아로 출정했던 아들 푸블리우스도 잇따른 승리로 용맹을 떨친 뒤, 정예병 1000명을 이끌고 크라수스군에 합류하기 위해 오는 길이었다.

그런데 이것은 크라수스가 저지른 첫 번째 실수로 여겨진다. 파르티아 원정 자체가 가장 큰 잘못이었다면 이는 적어도 그에 버금가는 잘못이었다. 지혜로운 장군이라면 계속 진격해 파르티아와 늘 적대적이었던 바빌론과 셀레우케이아를 확보해야만 했다. 그러나 크라수스는 아무 이유도 없이 시리아로 물러남으로써 적들에게 시간적 여유를 주고 말았다.

두 번째 실수는 그가 시리아에 머무는 동안 자신이 사령관임을 잊고 마치 고리대금업자처럼 세월을 보냈다는 사실이다. 동방의 새로운 문물과 황금을 보자 그의 마음속에 다시금 탐욕이 고개를 쳐들었다. 그는 무기를 검열하고 병사들을 훈련하는 대신, 도시들로부터 거두어들인 세금을 계산하거나 히에라폴리스 신전에서 가져온 보물들을 저울질하기 바빴다. 또 도시마다 군사 동원령을 내린 뒤에 돈을 내는 사람들은 병역을 면제해 주어 시민들의 존경을 잃고 멸시를 받기도 했다.

첫 번째 불길한 징조가 나타난 것은 히에라폴리스 신전에서였다. 이 신전에 모셔진 여신을 어떤 이들은 베누스라고도 하고, 또 다른 이들은 유노라고도 했다. 사람들은 이 여신이 자연 속에서 세상 만물을 생장시키고, 인간에게 이로운 지식을 가르쳐 준다고 믿었다. 그런데 하루는 이 신전에서 나오다가 그의 아들 푸블리우스가 문턱에 걸려 넘어졌고, 뒤따라오던 크라수스도 아들 발에 걸려 잇따라 넘어지는 일이 있었다.

시리아에서 겨울을 보낸 뒤 크라수스는 여기저기 흩어져 있던 병사들을 끌어모으고 있었다. 그때 파르티아의 아르사케스 왕이 보낸 사절단이 짧은 전갈을 가지고 찾아왔다. 만약 군대가 로마에서 정식으로 파견되어 왔다면 파르티아는 끝까지 저항할 것이지만 소문대로 로마의 뜻을 저버리고 사적인 이익을 위해 파르티아를 침공하는 것이라면, 아르사케스 왕은 자비를 베풀어 포로나 다름없는 크라수스 군대가 무사히 돌아가도록 허락하겠다는 내용이었다.

크라수스는 답은 셀레우케이아에 가서 하겠다며 거들먹거렸다. 그러자 사절단 가운데 가장 나이가 많은 바기세스가 비웃으며 손바닥을 내밀어 보였다.

"이 손바닥에 털이 난 다음에야 셀레우케이아를 보게 될 것이오."

사절단은 히로데스 왕(아르사케스)에게 돌아가 전쟁 준비를 서둘러야 한다는 보고를 올렸다.

한편 메소포타미아 여러 도시에 남아 있던 수비대들은 파르티아군에 참패당하고, 얼마 안 되는 병사들만 겨우 도망쳐 왔다. 패잔병들로부터 소식을 전해 들은 로마군은 불안에 떨었다. 패잔병들은 적의 숫자와 공격 방식을 자세히 보고했다.

"적이 쫓아오기 시작하면 피할 도리가 없고, 적을 쫓아가도 붙잡을 방법이 없다. 그들이 쏘는 화살은 백발백중이다. 또 그들이 가진 무기로는 세상 어느 장애물이라도 헤쳐나갈 수 있고, 그들 갑옷은 아무리 강한 무기도 뚫고 들어갈 수 없다."

이 소식을 듣고 로마군은 사기를 잃어버렸다. 이런 말을 듣기 전까지만 해도 그들은 파르티아군을 아르메니아나 카파도키아군과 다름없으리라고 여겼었다. 아르메니아와 카파도키아를 공격했던 루쿨루스는 적이 너무 약해서 전리품을 약탈하다가 지쳐버렸다는데, 로마군은 파르티아군도 이와 마찬가지일 거라 믿었다. 그래서 로마군은 이 전쟁에서 가장 큰 고생이라고 해봐야 먼 거리를 행군하는 일과, 적을 진지 가까이 오지 못하게 쫓아내는 것쯤이라 여겼다. 하지만 패잔병들 이야기는 이런 생각을 뒤엎었다.

여러 장군은 크라수스가 진격을 멈추고 사태를 다시 점검해야 한다고 생각했다. 그 가운데는 재무관인 카시우스도 있었다. 점술가들도 불길한 징조가 늘 있어 왔으니 신전에 제를 올리라고 권했다. 하지만 크라수스는 이런 모든 말들을 무시하고, 진군을 주장하는 자들에게만 귀를 기울였다.

크라수스는 아르메니아의 왕 아르타바스데스가 기병을 6000기나 이끌고 왔다는 소식을 듣고 용기를 얻었다. 왕은 자신이 데리고 온 군대는 그저 호위병에 지나지 않으며, 나중에 철기병 1만 기와 보병 3만 명을 더 보내겠다고 약속했다. 그는 또 크라수스에게 아르메니아를 거쳐 파르티아로 진군하라고 권유했다. 왕 자신이 군수품을 댈 것이니 식량 걱정은 할 필요가 없으며, 수많은 산맥과 구릉 때문에 파르티아군이 자랑하는 기병의 공격을 받지 않고 안전하게 나아갈 수 있으리라고 했다. 하지만 크라수스는 왕의 열정과 도움의 손길을 고마워했지만 메소포타미아에는 수비대로 남겨둔 용감한 로마 병사들이 많이 있으니 그곳을 지나 진군하겠다고 했다. 호의를 거절당한 아르메니아 왕은 그냥 돌아가 버렸다.

크라수스가 제우그마에 닿아 에우프라테스 강을 건너고 있을 때였다. 엄청난 천둥소리와 함께 번개가 내리치고, 폭풍우가 몰아치며 뗏목으로 만든 다리가 무너져 버렸다. 야영지로 눈여겨 둔 곳에는 벼락이 두 번이나 떨어졌다. 우아한 자태를 뽐내던 사령관의 말 한 마리도 세찬 강물에 빠져 사라져 버렸다.

또 맨 앞에 펄럭이고 있던 로마군 군기가 방향이 바뀌어 기에 새겨진 독수리 머리가 뒤를 향하게 되었다.

그뿐만 아니라 강을 건넌 뒤 군사들에게는 렌틸콩과 소금이 가장 먼저 배급되었다. 그것들은 죽은 사람 제사 때 쓰이는 음식이었다. 또한 크라수스가 연설 도중에 했던 말도 몹시 불길하게 여겨졌다. 아무도 로마에 돌아갈 수 없도록 강에 놓았던 뗏목을 모두 끊어버리겠다고 한 것이다.

그 말을 들은 병사들은 여기저기서 웅성거렸다. 크라수스는 후퇴하지 말라는 뜻으로 한 말을 병사들이 오해했다는 사실을 알았지만, 오만한 그는 굳이 이에 대해 어떤 설명도 해주지 않았다. 제사를 드린 다음에는 제관이 관례에 따라 제물로 쓴 짐승을 크라수스에게 넘겨주었는데, 그만 손에서 미끄러져 땅에 떨어지고 말았다. 사람들은 모두 깜짝 놀라 크라수스를 바라보았다. 크라수스는 미소를 지으며 이렇게 말했다.

"나이를 먹어서 그래. 하지만 무기를 떨어뜨리지는 않아."

그들은 강을 따라 진군했다. 7개 군단과 기병 4000기와 경무장병이 모두였다. 정찰병들이 돌아와 보고하기를, 적은 그림자도 보이지 않지만 말발굽 자국이 남아 있는 모양으로 보아 서둘러 후퇴한 것 같다고 했다. 이 보고를 듣고 크라수스는 이길 수 있으리라는 희망을 품었다. 병사들도 파르티아군을 우습게 보았다. 그들은 적이 싸울 용기를 잃고 모두 달아난 것이라 여겼다.

하지만 재무관인 카시우스만은 생각이 달랐다. 그는 크라수스를 찾아가 수비대를 둔 도시로 들어가 쉬면서 적에 대해 확실한 정보를 얻어내야 한다고 말했다. 그럴 수 없다면 강을 따라 셀레우케이아로 진군하자고 했다. 그러면 군량선이 지나며 식량을 보급해 주기 쉽고, 강 때문에 적에게 포위될 위험도 없어 적과 같은 조건에서 싸울 수 있다는 말이었다.

크라수스가 이 의견을 고려하고 있을 때 아라비아 족장인 아리암네스라는 남자가 찾아왔다. 그는 교활하고 믿을 수 없는 사람이었으며 로마군을 파멸로 이끈 가장 치명적인 원인을 제공했다. 폼페이우스를 따라 동방 원정을 떠났던 로마 병사들 가운데 그를 아는 사람이 있었다. 아리암네스는 폼페이우스로부터 많은 은혜를 받았기에 폼페이우스군에 복무했던 병사들은, 그가 로마군을 돕기 위해 온 것이라 여겼다.

하지만 그는 파르티아 왕의 장군들에게 매수되었다. 그는 크라수스의 군대를 강과 산기슭으로부터 멀리 떨어뜨리고 끝도 없이 넓은 평야로 꾀어내려는 목적으로 왔던 것이다. 파르티아군은 정면충돌을 피해 로마군을 포위하려 들었다.

아리암네스는 크라수스를 찾아와 능청스럽게 폼페이우스를 자기 은인이라 치켜세운 뒤 크라수스 군대를 한껏 칭찬했다. 그러고는 언제까지 준비만 하면서 늑장 부리며 시간을 낭비할 것이냐고 비난했다. 파르티아 사람들은 오래전부터 값진 재물과 노예들을 챙겨 스키티아와 히르카니아로 피란갈 준비를 하고 있는데, 그들을 잡기 위해서라면 무기도 필요 없고 그저 빨리 달려가기만 하면 된다고 했다.

족장은 다시 말했다.

"장군께서 전투를 하시겠다면, 적들이 용기를 되찾아 군대를 모으기 전에 쳐야 합니다. 지금 왕은 자취를 감추었고, 수레나와 실라케스가 당신을 막으려 하고 있기 때문입니다."

그러나 이는 모두 거짓이었다. 히로데스 왕은 군대를 둘로 나누어 부대 하나만 이끌고 아르타바스데스 왕을 정복하기 위해 아르메니아로 들어갔다. 그리고 나머지 한 부대는 수레나에게 맡겨 로마군을 치게 했다.

어떤 역사가는 히로데스가 군대의 반만 로마군과 대적하게 한 일은 로마군을 우습게 보았기 때문이라고 한다. 하지만 파르티아 왕이 로마 일인자 크라수스를 경멸해, 그를 무시하고 아르메니아를 침입했다는 것은 이치에 맞지 않는다. 아마 그는 로마군과 직접 전투를 벌이기가 두려워서 수레나를 앞세운 것으로 보인다. 자신의 몸을 위험에 빠뜨리지 않고 상황을 살펴보려는 것이다.

수레나는 결코 평범한 인물이 아니었다. 재산, 문벌, 명성 모두 왕 다음으로 뛰어난 인물이었다. 그의 용기와 전술은 파르티아에서 최고였으며, 체격과 용모도 매우 뛰어났다. 그는 개인적인 일로 여행할 때에도 낙타 1천 마리에 짐을 싣고, 마차 200대에 부인들과 시녀들을 태워 다녔다. 호위병으로는 철기병 1000기와 그보다 더 많은 기병들을 데리고 다녔다. 기병과 노예들을 모두 합치면 1만이 넘었다.

그리고 수레나 집안은 선조 때부터 새로운 왕에게 왕관을 씌워주는 특권을 가지고 있었다. 지금의 왕인 히로데스가 귀양살이를 하다가 다시 왕의 자리에 앉게 된 데에도 그의 도움이 가장 컸다. 또 셀레우케이아 시를 점령했을 때, 맨 먼저 성벽에 올라가 수비병을 해치운 사람도 바로 수레나였다. 그즈음 그는 서른 살도 안 된 젊은이였지만, 매우 신중하고 판단력이 뛰어나 나라 안에서 이름을 드높이고 있었다.

크라수스는 수레나의 교묘한 작전에 속아 마침내 파멸에 이른다. 그는 처음에는 무모함과 자만심으로, 나중에는 두려움과 불운 때문에 너무도 쉽게 속아 넘어갔다.

아리암네스는 크라수스를 꾀어 강에서 멀리 떨어진 평원으로 끌고 나왔다. 처음 얼마 동안은 행군하기 쉬웠지만, 곧 다리가 푹푹 빠지는 모래사막이 나타났다. 그곳은 나무 한 그루, 물 한 방울 찾아볼 수 없는 땅이었다. 로마군은 타는 듯한 목마름과 힘든 행군으로 모두 지쳐버렸다. 나무나 시냇물이나 산은 그림자도 보이지 않았고, 풀 한 포기 자라지 않는 모래언덕만이 그들을 둘러쌌다.

그제야 로마군은 의심을 품기 시작했다. 그때 아르메니아 왕 아르타바스데스가 보낸 사신이 찾아왔다. 그들 보고에 따르면 히로데스 왕으로부터 맹렬한 공격을 받고 있어서 크라수스 장군에게 지원군을 보낼 수가 없다고 했다. 오히려 크라수스가 방향을 돌려 아르메니아군과 합류해 물리쳐야 한다고 조언하고 있었다. 다만 그럴 수 없을 때에는 히로데스를 적의 기병대에게 유리한 넓은 평야로는 절대로 가지 말고 반드시 산악지대를 끼고 가라고 충고했다.

크라수스는 아르메니아가 지원군을 보내지 않는 것에 너무나 화가 나서 답장도 쓰지 않았다. 지금은 아르메니아인들을 상대할 시간이 없으니 나중에 아르타바스데스의 배신 행위를 벌하겠다고 가서 전하라며 사신에게 호통쳤다.

카시우스를 비롯한 몇몇 장군들은 크라수스 판단이 잘못되었다고 생각했다. 그래서 위험한 진군을 그만두도록 건의했지만, 크라수스를 더욱 불쾌하게 만들 뿐 아무런 소용이 없었다. 카시우스는 아리암네스에게 욕설을 퍼부었다.

"이 악마 같은 놈, 무슨 못된 것들이 너를 여기 오게 했지? 어떤 요술을 부렸기에 아라비아 도둑 패거리들에게나 어울리는 이 막막한 사막으로 로마 장군을 끌고 다니게 만들었느냔 말이다."

하지만 교활한 아리암네스는 이런 호통에도 연신 허리만 굽실거리며 카시우스에게 조금만 더 참으라고 말했다. 그러면서 병사들에게는 이런 농담을 던지며 웃었다.

"아니, 그럼 자네들은 캄파니아라도 여행하는 줄 아시는가? 쉴 때마다 샘물과 시원한 나무 그늘과 목욕탕과 술집이 나타나기를 기대하는가? 여기는 아라비아와 아시리아의 경계라는 것을 잊지 말게. 알겠나?"

그는 이렇게 로마군을 놀리다가, 자신의 속임수가 드러나기 전에 말을 타고 재빨리 달아나 버렸다. 그는 크라수스가 눈치채지 못하도록, 적군을 혼란에 빠뜨리고 로마군을 돕기 위해 간다는 말을 빠뜨리지 않았다.

그런데 그날 크라수스는 로마 장군이 입는 자줏빛 옷 대신 검은 옷을 입고 나섰다가, 문득 놀라서 갈아입었다고 한다. 그리고 기수들이 깃발을 들고 일어서려 하자 깃대가 땅에 뿌리박힌 것처럼 좀처럼 빠지지 않았다는 이야기도 있다. 이것을 본 병사들은 모두 불길한 징조라고 수군거렸다. 하지만 크라수스는 이런 일들을 무시하고, 군대를 재촉해 보병으로 하여금 기병처럼 빨리 행군하도록 했다. 그때 정찰병 몇몇이 숨을 헐떡이며 달려와 다른 정찰대는 모두 적에게 포위되고 자기들만 겨우 빠져나왔으며, 파르티아가 대군을 이끌고 물밀듯이 몰려오고 있다고 전했다.

병사들은 혼란에 빠졌다. 크라수스도 너무 놀라 허둥거리며 군대를 재배치했다. 처음에는 카시우스 말대로 보병을 길게 세우고 양끝에 기병대를 배치했다. 적의 포위를 피하기 위해서였다. 하지만 다시 생각을 바꿔 전군을 모아 사각형 모양 방형진을 만들어, 곳곳에서 싸울 수 있게 했다. 이 방형진은 한쪽을 12개 연대 단위로 편성하고, 각 연대마다 기병대를 조금씩 배치해 어느 대열이든 기병대 보호를 받도록 했다. 이 대형에서 카시우스와 크라수스의 아들 푸블리우스가 좌익과 우익을, 크라수스 자신은 중앙을 맡아 지휘하기로 했다.

군대 배치가 끝나자 크라수스는 전군을 서둘러 발리수스라는 작은 강까지 이끌었다. 목마름과 더위에 지친 병사들에게는 아주 반가운 일이었다. 부대장들은 이곳에서 야영을 하며 적군 수와 움직임을 살펴보고, 날이 밝으면 공격하자고 제안했다. 하지만 크라수스는 아들과 기병대의 끈질긴 설득에 못 이겨 바로 진격하기로 했다.

크라수스는 군사들이 목마름과 배고픔을 채 해결하기도 전에 다시 진군 명령을 내렸다. 전투를 시작하기 전에는 행군 속도를 늦추고 충분한 휴식을 자주 취하며 나아가야 했지만, 크라수스는 강행군을 서둘렀다.

마침내 눈앞에 적군이 나타났다. 그런데 로마군 예상과 달리 적군 숫자는 그리 많지 않았다. 적의 무장 또한 놀랄 만큼 눈부시지도 않았다. 그러나 그것은

크라수스(CRASSUS) 1017

수레나가 주력부대를 뒤에 숨겨두고, 햇빛에 반짝이는 무기들도 모두 갑옷 속에 감추거나 천으로 가리게 했기 때문이다.

양쪽 군대가 서로 맞닥뜨리자, 적은 갑자기 두려움을 자아내는 북소리와 함께 함성을 외쳐대며 벌판을 가득 채웠다. 파르티아군은 병사들 사기를 북돋울 때 나팔이나 뿔피리를 불지 않고 동물 가죽으로 만든 북에다 청동방울을 매달아 그것을 여기저기에서 동시에 흔들어댔다. 그러면 낮고 무시무시한 소리가 나는데 마치 맹수의 울부짖음과 천둥소리가 뒤섞인 듯했다. 사람 감각기관 가운데 가장 민감한 청각을 자극하면 정신을 못 차리게 된다는 것을 파르티아인들은 잘 알았다.

로마군이 이 소리를 듣고 혼란에 빠진 동안, 파르티아군은 몸에 덮고 있던 옷을 동시에 벗어던졌다. 순식간에 마르기아나의 강철로 만든 갑옷과 투구, 눈부시게 반짝이는 날카로운 창들이 햇빛 아래 번쩍거렸다. 그 가운데 가장 눈에 띄는 것은 수레나 장군이었다. 그는 다른 사람들에 비해 키가 훨씬 크고 잘생겼다. 여자처럼 고운 얼굴에 화려한 옷을 입고, 얼굴에 분을 발랐으며, 머리는 메디아식으로 가르마를 타서 넘겼기 때문에 용맹스러운 장군의 모습은 찾아볼 수 없었다. 한편 파르티아 병사들은 스키티아 풍속대로 긴 머리카락을 앞이마에 흩뜨려 놓아 위협적으로 보였다.

파르티아군은 처음에는 긴 창으로 로마군 전방을 무너뜨리려고 했다. 하지만 로마군은 전열을 더욱 굳게 뭉쳐 한 걸음도 물러서지 않았다. 파르티아군은 일단 후퇴하는 듯하더니 어느새 로마군을 포위해 버렸다.

크라수스는 돌격 명령을 내렸다. 그러나 적이 쏘아대는 화살 때문에 로마군은 곧 쫓겨 들어왔다. 적은 마치 비를 퍼붓듯 화살을 쏘아댔다. 그 화살이 얼마나 힘차게 날아왔는지 로마군 방패와 갑옷을 모두 꿰뚫어 버렸다. 이를 본 로마 병사들은 혼란과 공포로 어찌할 줄 몰랐다. 파르티아군은 로마군을 멀리서 포위한 채 이곳저곳에서 계속 화살을 퍼부었다. 그들은 화살을 똑바로 겨누지 않고 빗발처럼 쉼 없이 쏘아댔다. 로마군이 빈틈없이 모여 있었기에, 특별히 겨냥하지 않더라도 끝내 어딘가에는 꽂히게 되어 있었다. 마구 쏘아대는 그들의 힘찬 화살이 로마군 속으로 수없이 떨어져 내렸다.

로마군은 그야말로 안타깝기 그지없었다. 그대로 있다가는 모두 부상을 당하거나 죽게 될 게 뻔했다. 앞으로 나아간다고 해도, 적에게는 아무런 피해도 주지 못한 채 아군 피해만 커질 것이다. 파르티아인은 도망치면서도 활을 쏘는 재주가 있었기 때문이다. 그런 재주는 스키티아인에 버금갈 만큼 뛰어났다. 이 교묘한 전법은 달아나면서도 화살을 쏘았기 때문에, 보통의 후퇴처럼 불명예스러운 게 아니었다. 크라수스는 적의 화살이 바닥나기만을 기다릴 수밖에 없었다. 그리고 그때 퇴각할지 돌격할지를 정하기로 했다. 그러나 적군은 화살을 가득 실은 낙타들을 옆에 두고 있었으므로, 화살이 언제 다 떨어질지 도저히 알 수 없었다.

크라수스는 매우 당황했다. 이대로 있다가는 모두 앉은 자리에서 그대로 화살에 맞아 죽을 형편이었다. 그는 푸블리우스에게 전령을 보내 군대가 포위당하기 전에 백병전을 벌이라고 지시했다. 파르티아군이 푸블리우스가 지휘하는 쪽 끝을 기병대로 에워싸며 포위할 기세를 보였기 때문이다.

명령을 받은 푸블리우스는 카이사르가 보낸 1000기를 포함한 기병 1300기와 궁수 500명, 그리고 옆에 있는 보병 8개 연대를 이끌고 파르티아군에게로 돌진했다. 그러자 적은 그곳이 늪지대라 싸우기가 힘들어서였는지, 아니면 푸블리우스를 크라수스에게서 멀리 떨어뜨리기 위함이었는지 모르지만 후퇴하기 시작했다. 푸블리우스는 적들이 달아나자 소리 지르며 적을 뒤쫓았다. 두 장군 켄소리누스와 메가바쿠스도 그를 따라 계속 추격했다. 메가바쿠스는 용맹스러움과 힘으로 널리 이름을 떨쳤으며, 원로원 의원인 켄소리누스는 뛰어난 웅변술로 명성이 드높은 사람이었다. 그들은 푸블리우스 동료로 나이도 비슷했다.

로마 기병대가 적을 맹렬하게 추격했고, 보병들도 그 뒤를 따라 달려갔다. 그들은 깊숙이 쳐들어간 뒤에야 함정에 빠졌다는 사실을 깨달았다. 달아나는 줄로만 알았던 적군이 갑자기 그들에게 몸을 돌렸고, 동시에 더 많은 병력이 합류했기 때문이다. 로마군은 자신들 숫자가 매우 적었으므로 적들이 곧 가까이 다가오리라 여기고서 제자리에 멈추었다.

그러나 파르티아군은 갑자기 철기병을 앞세워 로마군을 막아서더니, 땅을 울리며 말을 달려 먼지바람을 일으켰다. 모래와 먼지가 안개처럼 일어나고, 말발굽 소리가 온 주위에 울려퍼졌다. 앞을 제대로 볼 수도, 똑바로 이야기를 할 수도 없는 상황에서 로마군은 모두 한곳으로 몰려들어 갈팡질팡했다. 순간 파르티아군 창과 화살이 빗발처럼 쏟아져 왔다. 로마군 몸에 박힌 화살들은 끝이 갈라져 있어 뽑으려 들면 부러져서 상처만 더욱 깊어졌다. 수월하지도 빠르지도 않은 죽음이었다. 이렇게 수많은 병사들이 죽어갔고 살아남은 병사들도 사기를 잃어버렸다.

푸블리우스가 적의 철기병을 공격하라고 명령했지만 부하들은 화살에 꿰뚫려 방패에 붙어버린 손과 땅에 박혀버린 발을 그에게 보이면서 도망갈 수도 공격할 수도 없음을 온몸으로 알렸다. 그러자 푸블리우스는 기병대를 격려하며 힘차게 나아갔다. 하지만 적군 가까이 다가가자 공격도 방어도 할 수 없었다. 로마군이 던진 창은 짧고 약해서 가죽과 무쇠로 된 적의 방패에 닿자마자 바로 튕겨져 나왔다. 그러나 갈리아 기병대가 입은 갑옷은 너무 얇아 적의 길고 큰 창은 그들 몸속으로 사정없이 뚫고 들어와 박혔다.

갈리아 기병대는 푸블리우스가 가장 큰 기대를 걸었던 부대였다. 사실 그들은 놀랄 만큼 눈부시게 활약했다. 적이 던지는 긴 창을 움켜잡고 파르티아 병사들과 맞붙어 싸우며, 적 기병들을 힘껏 밀쳐 땅에 떨어뜨렸다. 말에서 떨어진 적의 기병들은 갑옷이 너무 무거워 땅에서 나뒹굴다가 갈리아군 창에 찔려 죽었다. 어떤 갈리아 기병은 말에서 뛰어내려, 적군 말 아래로 기어 들어가 말의 배를 찔렀다. 상처를 입은 말은 이리저리 날뛰다가 주인도 적도 알아보지 못하고서 사람들을 짓밟으며 죽어갔다. 하지만 갈리아 병사들은 더위와 목마름으로 몹시 고통스러웠다. 게다가 이런 기후에 익숙지 못한 말들은 더욱 목마름을 견디다 못해 적의 긴 창으로 돌진하는 바람에 말 대부분을 잃고 말았다.

끝내 푸블리우스도 싸우다가 부상을 입었다. 병사들은 푸블리우스를 부축해 후퇴하기 시작했다. 얼마쯤 가자 모래언덕이 나타났다. 그들은 살아남은 말들을 가운데에 매어두고 푸블리우스를 둘러싸고는 저마다 방패를 들고 나란히 섰다. 이렇게 하면 자신들을 도울 군대가 도착할 때까지는 적을 막아낼 수 있으리라 여겼다. 하지만 그들의 판단은 틀렸다.

들판에서 진을 치고 있을 때에는 앞줄에서 싸우는 병사들 때문에 뒷줄은 얼마간 호위를 받을 수 있었다. 그러나 이곳은 언덕이어서 높은 곳에 있던 뒷줄이 쉽게 눈에 띄어 적의 화살을 정면으로 맞을 수밖에 없었다. 그들은 아무런 저항도 하지 못한 채 수치스럽게 죽어갔다.

푸블리우스 곁에는 두 헬라스 병사가 호위하고 있었다. 그들은 카르하이라에 사는 히에로니무스와 니코마쿠스였는데, 푸블리우스에게 여기서 멀지 않은 곳의 이크나이로 몸을 피할 것을 권했다. 이크나이는 로마를 지지하는 도시였다. 그러나 푸블리우스는 죽음이 아무리 두려울지라도, 자신을 위해 목숨 바친 부하들을 버리고 홀로 달아날 수는 없다고 말했다. 그러고는 두 병사에게서 몸을 피하라고 명령했다. 그때 갑자기 화살이 날아와 푸블리우스 손에 꽂혔다. 푸블리우스는 움직일 수가 없게 되자, 자기 방패를 들고 있던 호위병에게 자신을 칼로 찌르라고 명령했다.

푸블리우스가 끝내 이렇게 죽자 켄소리누스도 같은 방법으로 목숨을 끊었다. 이어서 메가바쿠스와 절망에 빠진 많은 병사들도 스스로 그 뒤를 따랐다. 남은 병사들은 끝까지 싸웠으나 파르티아군은 언덕을 올라와서 이들을 긴 창으로 찔러 쓰러뜨렸다. 살아서 포로가 된 사람은 500명도 채 안 됐다. 파르티아군은 푸블리우스 머리를 들고 곧바로 크라수스를 향해 진격했다.

그때 크라수스는 푸블리우스가 돌격 명령을 받고 적을 뒤쫓고 있다는 보고를 받았다. 그리고 자기 앞에 있는 적의 수가 줄어든 것을 보고는, 그들이 자신의 아들을 전멸시키려 간 사실을 까맣게 모른 채 갈수록 용기를 얻었다. 그는 비탈진 언덕 위로 군대를 불러 모으고는, 아들이 적을 무찌르고 돌아오기만을 기다렸다.

한편 푸블리우스는 위기에 빠지자 크라수스에게 전령을 보냈는데, 첫 번째 전령은 적과 마주치는 바람에 죽었고 두 번째 전령이 적의 포위망을 겨우 뚫고 달려왔다. 그는 빨리 지원군을 보내주지 않으면 푸블리우스가 패배할 것이라고 가쁜 숨을 몰아쉬며 보고했다. 크라수스는 많은 생각들로 머릿속이 뒤엉켜 차분하게 판단할 수가 없었다. 로마군에 대한 걱정과 아들에 대한 염려로, 군대를 움직여야 할지 말아야 할지 쉽게 결정을 내릴 수가 없었다. 크라수스는 그렇게 한참 망설이다가 마침내 결심을 굳히고 전군에 출동 명령을 내리려 했다.

그런데 그 순간 그 어느 때보다 더 큰 함성을 지르고 노래를 부르며 파르티아 대군이 몰려왔다. 적의 북소리가 두 번째 전투 시작을 기다리고 있는 로마군을 에워쌌다. 그들 가운데 하나는 푸블리우스 머리를 창끝에 꽂아 들고는, 로마군 눈앞에 다가와 큰 소리로 푸블리우스의 부모와 가족이 누구냐고 비꼬듯 외쳐댔다. 이 고귀하고 용맹한 젊은이가 설마 비겁한 크라수스의 아들은 아닐 거라고 말했다.

이 광경은 어떤 위험보다도 더 로마군의 사기를 꺾어놓았다. 푸블리우스의 처참한 죽음은 로마 병사들에게 분노를 일으킨 게 아니라 오히려 그들을 두려움에 떨게 만들었다. 하지만 크라수스의 용기는 그 어느 때보다 빛났다. 그는 대열 사이를 헤집고 다니며 소리 높여 외쳤다.

"병사들이여! 이것은 오로지 나 하나의 불행일 뿐이다. 여러분이 안전하게 살아남아 있는 한 로마의 운명과 영광 또한 죽지 않고 살아남을 것이다. 만약 훌륭한 아들을 잃은 나를 가엾게 여기는 사람이 이 가운데 있다면, 그 마음을 적에 대한 분노로 바꾸어라. 적들의 기쁨을 빼앗고, 그들의 잔혹한 행동에 복수해 주어라. 지나간 일 때문에 용기를 잃어서는 안 된다. 제군들! 큰일을 하는 사람은 큰 고통을 겪어야 하는 법이다. 루쿨루스가 티그라네스 왕을, 스키피오가 안티오코스를 정복한 것도 피를 흘리지 않고는 얻을 수 없는 영광이었다. 옛날 우리 조상도 시킬리아 바다에서 1000척이나 되는 배를 잃었고, 이탈리아에서는 훌륭한 장군들을 잃은 적이 있다. 하지만 그럴 때마다 우리 로마는 고통을 이겨내고 정복자를 무너뜨렸다. 로마가 오늘날 영광을 누리게 된 것도, 운이 좋아서가 아니라 위기를 극복해 낸 용기 있는 사람들의 끈기 때문이었다."

크라수스는 이러한 말로써 부하들을 격려했지만, 그의 말을 귀담아듣는 병사들은 그다지 없었다. 다 함께 용기를 내어 외쳐보라고 명령했을 때에도 몇몇 병사만이 기어들어가는 소리를 냈다. 로마군 사기가 얼마나 떨어졌는지 충분히 짐작할 수 있었다. 이와 달리 파르티아군은 우렁차고 무섭게 외쳐대며 차츰 가까이 다가왔다.

다시 전투가 시작되었다. 파르티아 기병대는 로마군을 둘러싸고는 화살을 쏘아댔다. 보병들은 긴 창을 내밀고 달려들어 로마군을 좁은 곳으로 몰아넣었다. 화살에 맞지 않으려고 로마 병사들은 온 힘을 다해 적진으로 말을 달렸지만, 그들은 적에게 채 닿기도 전에 더 큰 부상을 입고 죽어갔다. 파르티아군의 두껍고 날카로운 창은 때로 한꺼번에 두 사람을 꿰뚫어 버리기도 했다.

이렇게 싸우는 동안 어느덧 밤이 되었다. 파르티아군은 싸움을 멈추고 로마군에게 전갈을 남겨놓고는 진영으로 물러났다. 하룻밤 더 살려줄 테니 죽은 아들을 생각하며 실컷 울고, 사로잡혀 죽고 싶지 않거든 파르티아 왕에게 어서 항복하러 오라는 내용이었다.

파르티아군은 로마군 진영 가까이에 진을 치고 의기양양해 했다. 로마군은 참담한 하룻밤을 보냈다. 그들은 죽은 전우들을 묻어야겠다는 생각조차 할 수 없었고, 부상을 입은 동료들의 고통스러운 신음도 귀에 들리지 않았다. 그들은 다가올 자신들의 운명을 생각하며 슬픔에 빠져 있었다. 날이 밝을 때까지 기다리거나 드넓은 사막으로 달아난다 해도 살아남을 가능성은 거의 없었다. 부상자들 문제도 컸다. 수없이 많은 부상자들을 데리고 갈 수도, 그렇다고 버리고 갈 수도 없었다. 그들을 이끌고 떠나면 달아나는 데 방해가 될 테고, 내버려두고 가면 부상병들이 자신들을 버린 데 대한 배신감으로 크게 울부짖을 테니 얼마 가지도 못하고 적군에게 들킬 것이었다.

병사들은 이런 고통이 모두 크라수스 장군 탓이라 여겼지만 여전히 그를 보고 싶어하고 그의 목소리를 듣고 싶어했다. 하지만 크라수스는 망토를 뒤집어쓰고 어둠 속에 죽은 듯이 누워 있었다. 그것은 뒤바뀐 운명에 처한 사람들의 본보기였다. 현명한 이의 눈에는 그것이 경솔한 판단과 무모한 야심 때문이라는 것이 보였다. 그는 수많은 민중의 존경을 한 몸에 받으며 모든 것을 누렸지만 폼페이우스와 카이사르, 오직 두 사람에게 뒤진다는 이유로 무리한 고집을 부려 이렇게 비참한 결과를 맞이하고 말았다.

옥타비우스와 카시우스는 크라수스를 찾아가 위로했다. 하지만 그는 실의에 빠져 아무 말도 들리지 않는 듯했다. 어쩔 수 없이 두 부대장은 장교들과 백인대장들을 불러서 대책을 의논했다. 그 결과, 어둠을 틈타 달아나는 수밖에는 다른 방법이 없다는 데 의견이 모아졌다.

밤이 깊어지자 그들은 나팔도 불지 않고 쥐 죽은 듯이 떠나기 시작했다. 그러나 곧 부상병들은 아군이 자신들을 버리고 간다는 사실을 눈치챘고, 끔찍한 혼란과 무질서가 울음소리와 비명과 함께 진영을 가득 채웠다. 퇴각하던 로마군은 그 소리를 적이 습격해 오는 것으로 착각했다. 그들이 두려움에 떨며 갈팡질팡하는 바람에 후퇴는 순조롭게 이루어지지 못했다. 이리저리 길을 찾거나, 따라오는 부상자들을 실었다 내렸다 하며 많은 시간을 빼앗겼다.

그럼에도 이그나티우스가 거느린 기병 300기는 자정 무렵 카르하이에 닿았다. 이그나티우스는 성벽을 지키던 병사들에게 로마어로 말을 걸었고 그들이 대답하자, 지휘관 코포니우스에게 가서 크라수스 장군과 파르티아군 사이에 큰 전투가 벌어졌다고 전하라 일렀다. 그러고는 다른 말 없이, 자신이 누군지도 밝히지 않은 채 허둥지둥 제우그마 쪽으로 달려갔다. 이렇게 이그나티우스는 자신과 부하들 목숨을 구했지만, 장군을 버리고 도망갔다는 오명을 남겼다.

그렇지만 그가 전한 소식은 크라수스에게 도움을 주었다. 코포니우스는 누구인지도 모르는 사람이 그런 말을 하고는 성급히 달아났다는 이야기를 듣자 사태가 몹시 위급함을 짐작했다. 그는 부하들에게 무장을 한 뒤 대기하라는 명령을 내렸다. 그리고 크라수스가 온다는 소식을 듣자마자 군대를 거느리고 마중 나가 그와 군대를 호위해 성안으로 들어왔다.

파르티아군은 로마군이 어둠을 틈타 도망간다는 사실을 알았지만 뒤쫓지 않았다. 하지만 날이 밝자 진지에 남아 있던 부상병 4000명과 많은 낙오병들을 죽였다. 그러다가 길을 잃어 벌판을 헤매던 로마군 부대장 바르군티누스를 만났다. 4개 대대나 되는 이 부대는 로마군 주력부대에서 멀리 떨어져 후퇴하다가 언덕에서 포위되었다. 그들은 끝까지 싸우다가 모두 죽고 고작 20명만 살아남았다. 이 로마군 20명은 칼을 뽑아들고 겁 없이 파르티아군 사이를 뚫고 지나가려 했다. 이를 본 파르티아군은 그 용기에 감탄하고는 대열을 양쪽으로 열어 그들이 카르하이로 갈 수 있도록 그냥 내버려 두었다.

한편 수레나에게는 사실과 다른 소식이 전해졌다. 크라수스와 다른 장군들은 모두 달아나고 보잘것없는 패잔병들만 카르하이로 도망쳤다는 것이었다. 수레나는 승리의 열매를 놓친 게 매우 안타까웠다. 하지만 그 정보가 확실한지 아닌지 확인해 본 뒤에 카르하이를 포위할지 크라수스를 추격할지를 결정하기로 했다. 그래서 그는 두 나라 말을 할 줄 아는 사신을 카르하이로 보냈다. 사신은 성벽에 다가가 로마어로 외치기를, 수레나 장군이 크라수스 장군이나 카시우스 장군과 회담하기를 바란다고 했다. 이 말을 전해 들은 크라수스는 그러겠노라 답변했다. 얼마 뒤 파르티아군은 크라수스와 카시우스 얼굴을 잘 알고 있는 아라비아 사람들을 보내왔다. 그들은 카시우스가 성벽에 서 있는 것을 보고, 수레나 장군이 휴전을 원하고 있으며, 로마가 왕과 동맹을 맺고 메소포타미아에서 떠난다면 로마군을 안전하게 보내주겠다고 했다. 그렇게 하는 편이 로마군을 모두 없애는 일보다 두 나라에 더 이롭기 때문이라는 말이었다. 카시우스는 그 제안을 받아들이겠다고 하고는, 회담할 장소와 시간을 정해서 알려 달라고 했다. 아라비아 사람들은 그렇게 하겠다고 이야기한 뒤에 말을 타고 떠났다.

수레나는 적의 두 장군이 포위망 속에 있다는 사실에 기뻐했다. 그리고 날이 밝자 대군을 이끌고 나와 카르하이로 떠났다. 그는 로마군에게 모욕적인 말을 쏟아붓고는, 휴전을 원하거든 크라수스와 카시우스를 사슬에 묶어 내보내라고 했다. 로마군은 그제야 속았음을 깨달았지만 이미 돌이킬 수 없는 상황이었다. 장군들은 크라수스에게 아르메니아군이 구하러 오리라는 헛된 희망을 버리라 말하고 나서, 카르하이 사람들 몰래 달아날 준비를 했다.

그런데 크라수스는 그만 가장 믿을 수 없는 사람인 안드로마쿠스에게 이 계획을 모두 털어놓고, 길 안내까지 부탁하고 말았다. 파르티아군은 안드로마쿠스를 통해 로마군의 크고 작은 움직임들을 빠짐없이 보고받을 수 있었다.

그러나 파르티아에서는 야간 전투를 금지하고 있었고, 또 위험을 감수해야 하기에 추격하지 않았다. 크라수스는 한밤에 몰래 시내를 빠져나왔다. 안드로마쿠스는 수레나가 뒤쫓아 올 수 있도록 로마군을 이리저리 끌고 다녔다. 나중에는 넓은 늪지대와 도랑이 많은 곳으로 그들을 데리고 갔다. 이는 여전히 그의 뒤를 따르고 있던 로마군의 행군을 길고도 어렵게 만들었다. 로마군 가운데는 안드로마쿠스가 구불구불한 곳을 빙빙 돌기만 하자 뭔가 심상치 않다는 걸 깨닫고 그를 따라가지 않은 부대도 있었다. 그 가운데 하나가 카시우스 부대였는데, 그는 카르하이로 되돌아갔다. 카시우스의 길 안내를 맡았던 아라비아 사람은 카시우스에게 달이 전갈자리를 지날 때까지 기다렸다가 떠나자고 권했다. 그러자 카시우스가 대답했다.

"나는 전갈자리보다 사수자리가 더 무섭네."

그리고 카시우스는 기병 500기를 이끌고 시리아로 떠났다.

정직한 길 안내자를 만난 다른 부대들은 신나카라는 산악지대로 올라갔다. 그리고 날이 밝기 전에 안전한 곳에 이르러 진을 쳤다. 그들 가운데에는 용감한 옥타비우스가 이끄는 로마군 5000명도 끼어 있었다.

가장 고생을 한 사람은 크라수스였다. 안드로마쿠스에게 속아 그는 날이 밝을 때까지도 늪지대를 이리저리 헤매고 다녔다. 그를 따르는 병사는 보병 4개 대대, 소수의 기병대, 호위병 다섯뿐이었다. 밤새도록 고생한 그들은 날이 밝아서야 겨우 제대로 된 길로 들어설 수 있었다. 그러나 뒤쫓아 온 적들은 이미 그들을 바짝 따라붙었다. 크라수스는 12스타디온쯤 앞선 옥타비우스 부대와 합칠 엄두도 내지 못하고 다른 쪽 산으로 올라갔다. 그 산은 기병이 다니기에 불리한 곳도 유리한 곳도 아니었으나 벌판 너머 신나카 산과 가느다란 산줄기를 따라 이어져 있었다.

산 위에 오른 옥타비우스는 크라수스가 위험에 처한 것을 발견했다. 그는 부하 몇을 데리고 크라수스를 구하기 위해 말을 달렸다. 다른 병사들도 자신의 지휘관이 달려가는 것을 보자 스스로의 비겁함을 나무라며 다함께 산을 내려와 달려갔다.

쫓기던 로마 병사들은 자신들을 도우러 지원군이 달려오는 것을 보자 다시 용기를 얻었다. 로마군이 모두 힘을 합쳐 맹렬히 공격을 퍼붓자, 그토록 강하던 파르티아군도 잠시 머뭇거리다가 언덕을 내려가 버렸다. 이렇게 해서 크라수스는 겨우 목숨을 구할 수 있었다. 로마군은 크라수스를 방패로 에워싸더니 우리가 다 죽기 전까지는 파르티아의 화살이 대장군을 해치지 못하게 막겠다고 외쳤다.

수레나는 파르티아 병사들 기가 한풀 꺾였음을 알았다. 그리고 만약 날이 저물어 로마군이 산속으로 들어가 버리면, 그들을 아주 놓치게 될 것이라 생각했다. 그는 이번에도 속임수를 쓰기로 했다. 먼저 그는 병사들에게 파르티아 왕은 더는 전쟁을 바라지 않으며, 크라수스에게 너그러운 은혜를 베풀어 두 나라가 다시 우호 관계를 맺기를 바란다는 이야기를 일부러 떠들어대게 했다. 이런 소문을 군대 안에 퍼뜨려 포로가 된 로마 병사들 귀에 들어가게 한 것이다. 그런 뒤에 수레나는 포로 몇 명을 일부러 놓아주고는 전투를 멈추었다. 그는 부하 몇 명과 함께 언덕으로 올라가 싸울 뜻이 없다는 표시로 들고 있던 활줄을 풀었다. 그리고 큰 소리로 크라수스를 불러서 오른손을 내밀며 정중하게 말했다.

"크라수스 장군! 로마군이 우리의 용기와 군사력을 시험했기에 대왕께서 노하셨던 것이오. 너그러우신 대왕께서는 이제 로마군이 휴전협정을 맺고, 로마로 무사히 돌아가기만을 바라십니다."

로마 병사들은 수레나의 제안을 듣고 몹시 기뻐했다. 하지만 적의 배신을 몇 번이나 겪었던 크라수스는, 그들이 갑작스레 이해할 수 없는 제안을 해오자 도무지 믿을 수가 없어서 머뭇거렸다. 하지만 전쟁에 지친 로마 병사들은 어서 휴전에 응하라고 외쳐댔다. 크라수스에게 다가와 적이 무기까지 내려놓고 오는데 회담을 피해야 하는 이유가 무엇이냐 따지며, 자신들더러 싸우다가 죽으라는 말이냐며 비난하는 병사도 있었다.

크라수스는 어떻게든 병사들을 설득해 보려 했다. 어두워질 때까지 버티다가 밤에 산속으로 들어가면 우리 모두 살 수 있다고 설명하기도 했다. 그러나 병사들은 몹시 화를 내고는 방패를 두드리며 크라수스를 위협했다. 이렇게 되자 크라수스는 병사들 요구에 따라 적의 진영으로 갈 수밖에 없었다. 그는 떠나기 전에 장군들에게 이런 말을 남겼다.

"옥타비우스, 페트로니우스, 그리고 로마의 젊은 장군 여러분! 여러분은 내가 이런 선택을 할 수밖에 없다는 걸 알았소. 그리고 내가 심한 모욕을 당하는 것도 보았소. 그러나 여러분! 무사히 고국 땅을 밟거든 반드시 이렇게 전해주시오. 크라수스는 자기 병사들 위협에 꺾인 게 아니라 적의 속임수에 넘어간 거라고 말이오."

하지만 옥타비우스와 그 주변 사람들은 그를 따라 산을 내려갔다. 호위병들도 뒤를 따랐는데 크라수스는 그들을 모두 돌려보냈다. 크라수스를 가장 먼저 맞이한 사람은 헬라스 혼혈인 둘이었다. 그들은 말에서 내려와 크라수스에게 정중하게 인사했다. 그러고는 크라수스에게 헬라스 말로, 먼저 사람을 보내서 수레나 장군 일행이 무기를 가지고 있는지 확인해 보라고 했다. 크라수스는 죽음이 두려웠다면 나 스스로 이런 곳에 뛰어들진 않았을 거라고 말했다. 그러면서도 크라수스는 로스키우스 형제를 수레나에게 먼저 보내, 회담 조건과 수행원 숫자를 물어보게 했다. 수레나는 곧바로 그들을 잡아 가두고는 주요 장성들과 함께 말을 타고 크라수스에게 왔다. 그는 크라수스를 보더니 말했다.

"아니, 이게 어찌된 일입니까? 로마의 대장군께서 걸어서 오시다니요."

그리고 부하에게 크라수스가 탈 말을 가져오라고 명령했다. 이에 크라수스는 저마다 자기 나라 관례를 따르고 있으니 문제될 게 없다고 말했다. 그러자 수레나는 지금 이 순간부터 히로데스 왕과 로마군 사이에는 평화와 함께 휴전이 이루어졌지만 에우프라테스 강까지 가서 조약문에 서명을 해야 한다고 말했다.

"로마 사람들은 조약 조건을 잘 잊어버리니 말입니다."

말을 마친 수레나는 오른손을 내밀어 악수를 청했다. 크라수스는 담담하게 악수를 한 뒤 자기 말을 끌어오라고 로마군에게 말했다. 그러자 수레나가 그럴 필요 없다고 했다.

"말은 우리 대왕께서 주셨습니다."

수레나는 황금으로 꾸민 말을 크라수스 앞으로 보냈다. 마부들이 크라수스를 들어올려 말 위에 앉히고는 갑자기 말에게 채찍질을 했다. 말이 막 뛰어오르려 하자 옥타비우스가 잽싸게 말고삐를 잡았다. 이어 페트로니우스와 로마 군들이 달려와 마부들을 밀어냈다. 마침내 난투극이 벌어졌다. 옥타비우스는 마부 하나를 죽이고 자신도 등에 칼을 맞아 그 자리에서 숨을 거두었다. 페트로니우스도 무기를 갖고 있지 않았기에 그대로 칼을 맞고 말에서 떨어졌으나, 가슴을 가린 갑옷 덕분에 살아났다.

그때 크라수스도 포막사트레스라는 파르티아 병사에게 살해되었다. 그러나 또 다른 말에 따르면, 크라수스를 죽인 사람은 포막사트레스가 아니며, 그는 죽은 크라수스 머리와 오른손을 잘라낸 것뿐이라고 한다. 이는 오직 추측일 뿐이다. 그곳에 있던 로마 병사들은 위급한 상황에 처해 있었으므로 제대로 지켜본 사람이 없었고, 또 그들 거의가 그곳에서 죽임을 당했거나 산으로 달아났기 때문이다.

그 뒤 파르티아군은 산 위 로마군을 공격했다. 그들은 수레나 장군의 말을 전한다면서, 크라수스는 마땅히 받아야 할 벌을 받은 것뿐이니 로마 병사들은 두려워할 게 없으며, 수레나 장군은 로마 병사들이 언덕에서 내려오기만을 바라고 있다고 외쳤다.

로마 병사들은 이 말을 듣고 더러는 산에서 내려와 항복했고, 더러는 밤을 틈타 곳곳으로 흩어졌다. 하지만 달아난 병사들도 거의가 그 근처를 뒤지던 아라비아인들에게 잡혀 죽었기 때문에, 무사히 로마로 돌아간 병사는 그다지 없었다. 기록에 따르면, 그때 로마군 전사자는 2만 명이고 포로는 1만 명쯤이었다고 한다.

수레나는 크라수스의 머리와 손을 아르메니아에 출정 중이던 히로데스 왕에게 보냈다. 그리고 셀레우케이아로 전령을 보내 자기가 크라수스를 사로잡았다는 소식을 전하고, 이상한 행렬을 지어 도시로 들어갔다. 그들은 로마군 포로 가운데 크라수스와 비슷하게 생긴 카이우스 파키아누스에게 여자처럼 옷을 입혀놓고, 누가 크라수스 장군을 부르면 대신 대답하게 했다. 그러고는 그를 말에 태운 뒤 나팔수와 호위병들을 앞세웠다. 호위병들이 가지고 있는 도끼에는 죽은 로마 병사들 머리를 매달았다. 그 뒤에는 셀레우케이아의 창녀들이 나와 외설적인 노래를 부르며 크라수스를 비웃었다. 이 행렬은 시민들에게 크라수스가 여자보다 못한 겁쟁이임을 보여주기 위해 꾸민 장난이었다.

행렬이 끝나자 수레나는 셀레우케이아 시의 의회를 소집했다. 거기서 그는 아리스티데스가 쓴 《밀레시아카》라는 음란한 책을 보여주었다. 이 책은 루스티우스라는 로마 병사 배낭 속에서 발견된 책이었다. 그것을 보면서 수레나는 로마 사람들이야말로 전쟁에 나가서까지도 그런 것만 생각하는 음탕한 놈들이라고 비웃었다.

그러나 셀레우케이아의 시민들은 그 이야기를 들으며 아이소푸스 우화를 떠올렸다. 사람은 앞뒤로 주머니 두 개를 가지고 있는데 앞주머니에는 남의 잘못을, 뒷주머니에는 자기 잘못을 담는다는 이야기이다. 이는 자기 단점은 보지 못하고 남의 단점만 잘 본다는 뜻이다. 수레나 부대는 앞에서 보면 그럴듯했지만, 그들 뒤에는 수많은 매춘부와 첩을 태운 마차가 줄을 이어 늘어섰기 때문이었다. 앞에는 긴 창과 활과 말들로 무장한 병사들이 근엄해 보였지만, 뒤에서 악기 소리가 울려퍼지며 한밤중까지 술잔치를 벌이곤 했다.

물론 싸움터에 그런 책을 들고 다닌 루스티우스는 비난받아 마땅하지만, 《밀레시아카》 이야기를 비웃는 파르티아인들 또한 떳떳한 처지는 아니다. 그들이 떠받드는 아르사케스 왕족 혈통은 모두가 밀레시아나 이오니아 첩들의 자손이었기 때문이다.

그즈음 히로데스 왕은 아르메니아 왕 아르타바스데스와 휴전 조약을 맺고, 아르메니아 왕의 여동생과 자신의 아들 파코루스를 결혼시켰다. 두 왕은 잔치를 열며 크게 기뻐했는데, 잔치에는 헬라스 연극들이 상연되고 시도 읊어졌다. 히로데스 왕은 헬라스 문화와 예술에 조예가 깊고 헬라스어도 잘했으며, 아르타바스데스도 헬라스어로 연설집과 역사책 등을 쓸 만큼 헬라스 사정에 밝은 사람이기 때문이다. 그의 헬라스어 책 가운데 오늘날까지 전해지는 것도 있다.

크라수스의 머리를 문 앞까지 가지고 왔을 때는, 트랄레스 출신 비극 배우 야손이 에우리피데스 연극 〈바쿠스의 여사제들〉에서 아가베 대목을 연기하고 있었다. 그가 박수갈채를 받는 동안 실라케스가 들어오더니 파르티아 왕에게 절을 하고 그 앞에 크라수스 머리를 던졌다. 파르티아인들은 너무나 기뻐서 벌떡 일어나 소리 지르며 박수를 보냈다. 왕은 기뻐하며 실라케스에게 앉으라고 했다. 배우 야손은 합창단 한 사람을 펜테우스로 분장시키고 크라수스 머리를 집어들고는, 신들린 사람처럼 서정시 한 구절을 열정적으로 읊었다.

우리는 오늘 운 좋게도
산에서 이렇게 훌륭한 놈을 잡아
집으로 돌아왔어요.

이 시를 듣자 모두들 다시 기쁨의 함성을 질렀다. 곧이어 합창단이 대화로
이루어진 노래를 불렀다.

그래, 누가 이것을 쓰러뜨렸나요?
영예는 바로 나의 것이라오.

그때 우연히 자리에 참석했던 포막사트레스가 갑자기 뛰어나왔다. 그는 그
런 노랫말은 자신이 부르는 게 더 어울린다는 듯이 노래하던 야손에게서 크라
수스의 머리를 빼앗아 들었다. 그는 크라수스를 죽였다고 알려진 사람이었다.
왕은 기뻐하며 관례에 따라 그에게 많은 상을 내리고, 야손에게는 1탈란톤을
주었다.

크라수스의 원정은 이 비극처럼 불행하게 큰 슬픔으로 막을 내렸다. 하지만
수레나 또한 그의 잔인함에 대한 벌이라도 받듯, 반역죄로 몰려 얼마 지나지
않아 히로데스 왕에게 사형당했다. 왕이 그의 명성을 질투했기 때문이다. 그
뒤 히로데스 왕은 로마군과의 전투에서 맏아들 파코루스를 잃었다. 이윽고 그
가 수종에 걸려 자리에 눕게 되자, 왕좌를 탐낸 둘째 아들 프라아테스가 아버
지를 죽이려고 독약을 먹였다. 그런데 이 독약이 오히려 약으로 작용해 왕의
병은 씻은 듯이 나았다. 그러자 프라아테스는 가장 빠르고 확실한 방법을 선택
했다. 그는 자신의 아버지를 목 졸라 죽였다.

니키아스와 크라수스의 비교

니키아스는 크라수스보다는 훨씬 정직하고 떳떳한 방법으로 재산을 모았다. 사실 광산으로 돈을 모으는 일은 결코 떳떳하다고 말할 수는 없다. 죄수나 노예들이 사슬에 묶인 채 땅속에 들어가 건강을 해치고 목숨을 잃어가며 벌어들였기 때문이다. 그러나 크라수스가 약탈한 땅과 불에 탄 집을 헐값에 사들여 재산을 모은 것에 비하면, 니키아스의 이런 방법은 훨씬 영예롭다.

크라수스는 자기 지위를 이용해 이런 일들을 드러내 놓고 했다. 원로원에서 뇌물을 받고 지지 연설을 했으며, 동맹국을 속이고, 권력 뒤에 있는 여자들 힘을 이용하거나 법을 어긴 사람을 보호해 주기도 했다. 니키아스는 이런 비난을 받은 일이 없었다. 그는 오히려 사람들 눈길을 두려워해, 중상모략을 일삼는 자들에게 돈을 주어 비난을 받기도 했다. 그런 행동은 페리클레스나 아리스티테스 같은 인물에게는 말도 안 되는 일이었겠지만, 소심한 성격을 타고난 니키아스에게는 어쩔 수 없는 일이었다. 이러한 행동에 대해 웅변가 리쿠르쿠스는, 자기가 증인에게 뇌물을 주었다는 혐의를 받고 고소를 당하자 이렇게 말했다.

"나처럼 오래 정치 활동을 한 사람이 돈을 받아서가 아니라 돈을 주었기 때문에 이런 재판을 받는다니 오히려 다행입니다."

니키아스는 그렇게 돈을 모아 공공 이익을 위해 썼다. 신께 제물을 바치고, 운동경기나 연극 경연을 열고, 시민들을 위한 축제 행렬을 꾸미는 데 썼다. 하지만 수많은 시민들에게 잔치를 베풀고 많은 곡식을 나누어 준 크라수스에 비하면, 니키아스가 베푼 금액과 재산은 아무것도 아니었다. 이렇듯 크라수스가 명예롭지 않은 방법으로 재물을 모아 물 쓰듯 써댄 것을 보면, 인간의 죄악은 마음이 중용을 지키지 못할 때 생겨나는 것임을 알 수 있다.

두 사람의 정치 활동 또한 그랬다. 니키아스는 나랏일을 처리하면서 부정한 일을 저지르지 않았다. 그는 오히려 알키비아데스의 권모술수와 민중의 목소리를 두려워해 늘 전전긍긍했다. 그러나 크라수스는 친구와 적을 예사롭게 뒤집으며 비열한 방법으로 나쁜 책략을 일삼아 손가락질을 받았다. 그가 사람을 사서 카토와 도미티우스를 암살하고 집정관 자리를 차지했던 일은 스스로도 부인하지 못했다. 또 영지를 나누어 갖기 위해 집회를 열었을 때, 많은 부상자를 내고 사람을 넷이나 죽인 적도 있었다. 또 그의 전기에서는 생략되었지만, 크라수스는 원로원 의원이었던 루키우스 안날리우스가 자기 의견에 반대하는 연설을 했을 때 그의 얼굴을 피투성이로 만들기까지 했다. 크라수스는 정치가로서 이처럼 오만과 횡포를 일삼았지만, 니키아스는 소심함과 비겁함으로 크라수스 못지않은 비난을 받았다.

크라수스는 클레온이나 히페르볼루스가 아니라, 빛나는 전공을 세운 카이사르나 개선식을 세 번이나 올린 폼페이우스를 자신의 상대로 여겼다. 크라수스는 그들이 힘을 합쳐 자신을 공격했을 때에도 똑같이 맞섰으며, 폼페이우스보다 더 높은 감찰관까지 지내기도 했다.

나랏일을 하는 정치가는 세상의 비난을 피하려고 해서는 안 된다. 그리고 자신의 위대함으로 그런 비난들을 극복하고 권력과 명성을 얻어내야 한다. 그러나 니키아스는 조용하고 안전한 삶만을 원했기에 선거에서는 알키비아데스를, 필루스에서는 스파르타 사람들을, 트라키아에서는 페르디카스를 두려워했다. 어느 철학자가 말했듯이 그에게는 '평화의 꽃다발을 엮으며' 아테나이에서 평화롭게 지낼 수 있는 조건이 갖추어져 있었다.

니키아스는 평화를 사랑했다. 펠로폰네소스 전쟁을 끝내려 했던 그의 모습은 헬라스 사람다운 자질을 보여준다. 이 점에서 크라수스는 비록 로마 세력을 카스피 해와 인도양까지 넓혔다고 해도, 니키아스와는 비교할 수가 없다.

그러나 자신의 장점을 잘 아는 정치가는 권력이 절정에 이르렀을 때, 무능하고 마음이 비뚤어진 사람에게 권력의 자리를 내주어서는 안 된다. 그런데 니키아스는 어떤 자격도 없고 목소리만 큰 클레온이 군사령관 자리에 오르는 것을 지켜보고만 있었다.

크라수스가 스파르타쿠스를 정벌할 때 너무 경솔하게 서둘렀던 것 또한 칭찬할 일이 못 된다. 그는 일찍이 뭄미우스가 코린토스 정복의 영광을 마르켈루스에게 빼앗긴 것처럼, 폼페이우스가 도착하면 전쟁의 월계관을 그에게 빼앗길까봐 두려워서 전쟁을 서둘렀다. 그가 명예를 얻기 위해 한 행동을 이해할 수는 있지만, 그렇다고 해서 칭찬할 수는 없다.

하지만 니키아스의 행동에는 그런 뚜렷한 이유가 있는 것도 아니다. 그는 이익과 명성을 위해 자기 자리를 경쟁자에게 양보한 것은 아니었다. 그리고 자신이 위험에 빠지자 나라를 위기에 내버려 둔 채 자기 안전만을 지켰다. 비슷한 상황에 몰렸을 때 테미스토클레스는 페르시아와의 전쟁에서 무능한 지휘관이 권력을 잡고 나라를 위태롭게 하자, 뇌물까지 주어가며 그 사람의 생각을 바꾸도록 했다. 또 카토는 위기에 빠진 나라를 구하기 위해 호민관으로 나섰다.

그런데 니키아스는 미노아 섬과 키테라 섬과 약한 멜로스 사람들을 정벌하는 작은 전투에는 스스로 나서면서, 강력한 상대인 라케다이몬 사람들과 전쟁을 하게 되자 재빨리 장군의 망토를 벗어던졌다. 유능한 장군이 가장 절실하게 요구되던 그때에 그는 경험 없고 무모하기만 한 클레온에게 아테나이의 육군과 해군을 모두 맡겨버렸다. 이런 행동은 나라의 흥망뿐 아니라 자신의 명예까지 땅에 떨어뜨린 일이었다. 때문에 아테나이 시민들은 시킬리아 원정을 반대하는 그의 의견을 들은 척도 하지 않았다. 이렇게 해서 강제로 시킬리아에 파견된 것도 니키아스의 평소 성격 때문이라고 하겠다.

하지만 늘 전쟁을 반대하고 사령관직도 거부하던 그에게 총사령관 직책이 내려진 것은, 아테나이 시민들이 그의 정의감을 깊이 존경했기 때문이다. 그와 달리 크라수스는 늘 군대를 지휘하려는 욕망을 가지고 있었지만 그 뜻을 이루지 못하고, 노예 전쟁이 일어났을 때에야 겨우 사령관 자리에 오를 수 있었다. 그러나 폼페이우스, 메텔루스, 그리고 루쿨루스 형제가 원정에 나가고 없었기에 그에게 돌아온 직책이었다. 권력의 절정에 있었던 그가 군대의 지휘를 맡아 보지 못했다는 게 오히려 이상한 일이다. 그래서 그를 지지하는 친구들까지도 크라수스를 어떤 희극 시인 노래에 나오는 사람처럼 여겼다.

싸움터만 아니면

언제 어디서나 훌륭한 사람.

로마는 군대를 지휘해 명성을 얻으려는 크라수스의 야망 때문에 얻은 게 없었다. 아테나이는 니키아스를 강제로 시킬리아로 원정 보냈고, 크라수스는 로마의 뜻을 어기고 파르티아 원정을 감행했다. 이로써 아테나이는 니키아스에게 재앙을 끼쳤으며, 로마는 크라수스로부터 재앙을 받는 결과가 되었다.

하지만 이는 크라수스의 허물을 찾아내고 니키아스를 칭찬할 근거가 된다. 니키아스는 유능하고 경험 많은 장군으로서 아테나이 시민들의 망상에 흔들리지 않고, 시킬리아와의 전쟁을 적극적으로 반대했다. 그러나 크라수스는 로마 시민들에게 파르티아는 아무것도 아니라며, 쓸데없는 망상을 불어넣더니 끝내 참패를 당했다. 사실 그의 야심은 엄청났다. 동쪽으로 인도양까지 진출해 아시아를 정복하는, 폼페이우스나 루쿨루스도 이루지 못한 꿈을 실현하려 들었다. 그 두 장군은 신중하고 지혜로웠지만, 크라수스와 똑같이 아시아 정벌을 꿈꾼 사람들이었다.

예전에 폼페이우스가 아시아 원정을 위한 사령관으로 임명되자 원로원은 적극적으로 반대했다. 또 카이사르가 게르마니아인 30만을 물리쳤을 때, 카토는 그를 게르마니아인에게 넘겨주자고 호소했다. 동맹 관계를 저버린 벌을 로마가 아닌 카이사르 홀로 받아야 한다고 주장한 것이다. 하지만 로마 시민들은 카토의 제안을 무시해 버리고, 전쟁의 승리를 축하하며 보름 동안 잔치를 열었다.

만일 크라수스가 바빌론을 점령하고 메디아, 페르시아, 히르카니아, 수사, 박트리아 등을 로마 식민지로 만들었다면 며칠 동안이나 잔치가 이어졌을지 알 수 없다. 에우리피데스 말처럼 인간은 늘 잘못을 저지르며, 평화롭게 살지 못하고 언제나 전쟁을 일으킨다. 그렇다면 멘데나 스칸데이아 같은 초라한 곳을 빼앗거나, 고향을 버리고 새처럼 남의 땅에 몸을 숨긴 아이기나인들을 괴롭힐 게 아니라 더 큰일을 해야 했다. 또 하찮은 일 때문에 정의를 함부로 내팽개쳐서도 안 되며, 알렉산드로스 대왕이나 크라수스를 본받았어야 할 것이다. 전쟁에서 승리한 알렉산드로스는 찬양하고 전쟁에서 실패한 크라수스를 비난하는 것은, 한 사람은 성공하고 한 사람은 실패했다는 단순한 결과만 따지는 사람들이나 하는 어리석은 행동일 뿐이다.

장군으로서 니키아스는 많은 업적을 이루었다. 그는 여러 차례 승리해 시라쿠사를 함락 위기에까지 몰아넣었다. 또 시킬리아 원정의 참패도 그가 책임져야 할 일은 아니었다. 그가 건강을 잃었다는 것과 동포들 질투심도 실패의 중요한 원인이 되었기 때문이다. 그러나 크라수스는 너무나 많은 실수와 패배를 거듭해 행운의 신조차 그를 도울 수 없게 만들었다. 그런데 정말 이상한 일은 그런 어리석음 때문에 파르티아군의 희생물이 되었다는 게 아니라, 그 한 사람의 어리석음이 로마의 왕성한 국운을 쇠퇴시켰다는 사실이다.

니키아스는 예언이나 점술을 곧잘 믿었지만 크라수스는 그렇지 않았다. 하지만 두 사람 모두 비극적인 운명을 맞았다. 이로써 누가 더 현명했다고 말하기는 쉽지 않다. 하지만 우리는 모든 일을 법대로 행한 사람이 법을 무시하고 행동한 사람보다는 낫다고 판단할 수 있다.

죽음을 맞이할 때에는 크라수스가 더 훌륭한 모습을 보여주었다. 그는 적에게 항복하기를 거부하고 스스로 목숨을 끊음으로써 치욕스럽게 노예가 되지 않았으며, 적의 속임수에 넘어가지도 않았다. 그는 동포들의 요구와 적의 배신으로 희생물이 되었을 뿐이다. 그러나 니키아스는 목숨을 구하기 위해 달아나다가 적에게 항복했다. 그는 크라수스에 비해 부끄럽고 비겁한 죽음을 맞았다.

세르토리우스(SERTORIUS)

　기나긴 세월을 지나 운명의 여신이 자기 길을 가다 보면, 가끔 똑같은 사건이 일어나기도 한다. 원인이 몇 가지 안 되기에, 그 많은 재료로 비슷한 일을 만든다는 것은 오히려 쉬울지도 모른다. 이와 달리 많은 사건들이 몇 안 되는 소재로만 이루어져 있다면, 같은 수단에 따라 같은 사건이 일어나는 경우는 틀림없이 나타날 것이다. 그런데 사람들 사이에 전해 내려오거나 책에서 발견되는 우연한 사건들을 그러모으는 사람들이 있다. 그들이 모아 관찰한 것을 예로 들어보자.

　아테이스라는 이름을 가진 사람이 둘 있었다. 한 사람은 시리아인이고, 다른 한 사람은 아르카디아인이었다. 그런데 둘 다 멧돼지에게 물려 죽었다. 또 악타이온이라는 사람도 둘이었는데 한 사람은 집에서 키우던 개에게 물려 죽고, 다른 한 사람은 그의 애인에게 죽임을 당했다. 유명한 장군이었던 스키피오도 두 사람이 있었는데 한 사람은 카르타고군을 크게 무찔렀고, 다른 스키피오도 그들을 완전히 무찔러 파멸시켰다.

　트로이 시는 세 번이나 점령당했다. 처음에는 라오메돈이 준마를 주겠다는 약속을 어겼기 때문에 헤라클레스 지배 아래 놓였고, 두 번째는 트로이 목마 때문에 아가멤논에게 점령되었다. 세 번째는 말이 성문 앞에서 죽는 바람에 성문을 재빨리 닫지 못했기에 카리데무스에게 함락되었다.

　향기로운 식물에서 이름을 따온 두 도시가 있었다. 오랑캐꽃에서 이름을 따온 이오스와 몰약을 뜻하는 스미르나이다. 시인 호메로스는 이오스에서 태어나, 스미르나에서 생을 마쳤다.

이러한 예를 좀 더 들어보자. 아주 호전적이고 전술이 뛰어난 장군 가운데는 애꾸눈이 여럿 있다. 필리포스 왕, 안티고노스, 한니발, 그리고 이번에 생애를 살펴볼 세르토리우스가 그러하다. 세르토리우스는 필리포스보다 여자를 더 멀리했고, 안티고노스보다 친구들에게 더 신의가 강했으며, 한니발보다 적에게 더 너그러웠다. 또 판단력과 전술에서 누구에게도 뒤지지 않았다. 하지만 그의 운명은 누구보다도 좋지 않았다. 그를 가장 괴롭힌 적이 있었다면 바로 그의 타고난 운이었다 말할 수 있다.

세르토리우스는 메텔루스의 경험, 폼페이우스의 용기, 술라의 행운과 로마 세력 때문에 쫓겨나, 이방인으로서 모든 운명과 힘겹게 싸워나가야 했다.

헬라스의 뛰어난 장군들 가운데 그와 견줄 만한 장군으로 카르디아의 에우메네스가 있다. 두 사람은 어쩌면 군대를 지휘하기 위해서, 전투를 위해서, 전략을 위해서 태어났는지도 모른다. 둘 다 자기 나라에서 쫓겨나 다른 곳에서 이름을 떨쳤고, 마지막에는 자기 정적들과 맞서 싸우던 부하들에게 배신당해 암살되는, 억울하고도 모진 운명을 타고났기 때문이다.

퀸투스 세르토리우스는 사비니 지방 누사 귀족 집안에서 태어났다. 그는 어릴 때 아버지를 여의고 어머니 레아의 따뜻한 보살핌을 받으며 바르게 자랐다. 그리고 어려서부터 웅변술이 뛰어나, 법정에서 많은 사람들을 변호하며 이름을 떨쳤다. 하지만 전쟁에서의 공로와 명성은 그의 모든 열망을 바꾸어 놓았다.

킴브리족과 테오토네스족이 갈리아 지방을 침략해 왔을 때 그는 처음으로 카이피오군에 들어갔다. 로마군이 전쟁에 패해 도망갈 때 그도 말을 잃어버리고 부상을 입었다. 하지만 그는 갑옷을 입고 방패로 무장한 채 로다누스(론) 강의 험한 물결을 헤엄쳐 건넜다. 그는 강한 체력을 가졌고, 이미 그런 위험에는 익숙했다.

킴브리족과 테오토네스족이 수십만 대군을 이끌고 다시 쳐들어와서 무시무시한 위험을 가했을 때, 로마 병사들은 질서를 지키며 지휘관 지시에 따르는 것조차 힘겨워했다. 이때 마리우스 지휘 아래 있던 세르토리우스는, 적진에 들어가 적의 사정을 알아내는 임무를 맡았다. 세르토리우스는 적국의 말을 배우고 켈토이족 군복을 입은 뒤에 홀로 숨어 들어갔다. 그리고 모든 것을 주의 깊게 살펴보고 나서 중요한 정보를 알아내어 돌아왔다. 이 일로 상을 받은 뒤에도 세르토리우스는 전투가 끝날 때까지 판단력과 용맹을 보여줌으로써 마리우스로부터 신임과 존경을 받게 되었다.

전쟁이 끝나고 세르토리우스는 이베리아로 파견되었다. 그는 로마 디디우스 장군 아래에서 군사 호민관으로 임명되어, 켈티베리아 도시인 카스틀로에서 겨울을 보냈다. 군대는 물자가 지나치게 풍부해서인지 군기가 몹시 어지러웠다. 병사들이 날마다 술로 시간을 보내자 그곳 시민들은 로마군을 멸시했다. 그들은 주변에 있는 기리소이니 사람들과 합세해 로마군을 습격해 많은 병사들을 죽였다.

세르토리우스는 얼마 안 되는 병사들과 함께 겨우 탈출해 나왔다. 그러고는 병사들을 모아 성벽 주위를 에워쌌다. 마침 기리소이니 사람들이 시내로 들어갈 때 열어놓은 성문을 발견하고, 그 문을 막아놓은 뒤 곳곳에서 공격해 들어갔다. 그들은 무기를 들 수 있는 시민들이면 닥치는 대로 죽였다. 세르토리우스는 병사들에게 적의 옷을 입히고는 반란군을 지원한 적의 본거지를 공격했다. 기리소이니 사람들은 자기들과 똑같은 옷을 입은 로마군을 보고 원정에서 승리하고 돌아오는 개선군으로 여겨 성문을 열어주었다. 무사히 들어온 로마군은 수많은 사람들을 죽이고 나머지는 모두 잡아 노예로 팔았다.

이 승리로 그의 이름이 이베리아에 널리 알려졌다. 로마로 돌아온 세르토리우스는 곧 갈리아 지방에 재무관으로 파견되었다. 그 무렵 파두스 강 지역은 위험에 처해 있었으며, 동맹국 전쟁이 막 터지려는 순간이었다. 세르토리우스는 병사들을 새로 모으고 무기를 공급하라는 명령을 받았다. 그는 풍요롭게 생활하며 게으르고 나태해진 다른 젊은 장군들과 달리 자기가 맡은 임무를 열정적으로 수행했다. 따라서 많은 사람들이 그에게 큰 기대를 걸었다. 그는 장군이 된 뒤에도 일반 병사와 용기를 겨루며 거침없이 싸웠고, 그러다가 전투 가운데 한쪽 눈을 잃었다. 세르토리우스는 이를 큰 명예로 여겼다. 그가 곧잘 말하기를, 다른 사람들은 목걸이나 창이나 왕관 같은 것으로 자신의 무공을 나타내지만 그것들을 늘 지니고 다닐 수는 없는 반면 자신의 용맹과 명예를 나타내는 표시는 언제나 몸에 붙어 있으므로 사람들은 자기 눈을 보고 용맹함을 알 수 있으리라고 했다.

그의 말은 사실이었다. 많은 사람들이 그에게 존경의 마음을 나타냈다. 세르토리우스가 극장에 가면 사람들은 박수와 환호로 그를 맞이했는데, 이는 그보다 더 나이도 많고 지휘가 높은 사람들도 좀처럼 받기 어려운 명예로운 일이었다. 그럼에도 그는 호민관 후보로 나섰다가 술라의 방해로 떨어졌다. 이 사건은 그의 가슴속에 술라에 대해 적대감을 품게 한 중요한 원인이 되었다.

얼마 뒤 마리우스는 술라와의 정권 다툼에서 지고는 아프리카로 달아났다. 그리고 정권을 장악한 술라는 미트리다테스 왕을 정벌하기 위해 곧 이탈리아를 떠났다. 집정관 옥타비우스는 술라를 지지했고, 집정관 킨나는 이미 기울어진 마리우스 지지자들을 모아 반란을 일으키려고 음모를 꾸몄다. 그러자 세르토리우스는 킨나 편에 붙었다. 그는 옥타비우스가 로마를 책임질 만한 인물이 못 된다고 여겼으며, 마리우스를 지지하던 사람들을 전혀 믿지 않는다고 느꼈기 때문이다. 이윽고 공회당에서 두 집정관 사이에 큰 싸움이 일어났다. 치열한 전투 끝에 승리는 옥타비우스에게 돌아갔고, 킨나와 세르토리우스는 1만 명에 가까운 병사들을 잃고 달아났다. 로마에 돌아갈 수 없는 처지가 되자, 둘은 이탈리아 방방곡곡을 돌아다니며 병사들을 다시 모아들였다. 그들은 옥타비우스와 겨룰 수 있도록 군대를 훈련시켰다.

그즈음 마리우스가 리비아에서 로마로 돌아왔다. 그는 킨나에게 자신은 그가 로마의 진정한 집정관이자 뛰어난 장군임을 인정하고 있으며, 오직 평범한 한 사람으로서 그와 함께 싸우고 싶다고 제안했다.

사람들은 마리우스를 받아들이는 데 찬성했지만 세르토리우스만은 끝까지 반대했다. 자기보다 뛰어난 장군이 나타나면 킨나가 자신을 소홀히 대하리라 생각했거나, 또는 술라에 대한 원한으로 불타고 있는 마리우스를 받아들인다면 그의 잔인한 성격 때문에 승리하더라도 뒷날 모든 일을 그르치게 될까봐 걱정되었으리라.

세르토리우스는 이미 승리는 우리의 것이고 해야 할 일도 그리 많지 않은데다 만일 지금 마리우스를 받아들인다면 모든 영광과 군대를 홀로 독차지하려 들 것이라 했다. 또한 그는 믿을 수 없는 사람이라고 비난했다.

그러자 킨나는 세르토리우스 말이 옳다고 생각하지만 이미 마리우스에게 도움을 청했고 그를 받아들이기로 했으니 이제 와서 거절할 수는 없는 노릇이라고 말했다.

그러자 세르토리우스는 곧바로 답했다.

"나는 마리우스가 자기 혼자 결심하고 이탈리아로 온 줄 알았습니다. 그래서 이로움과 해로움을 따진 것입니다. 그러나 킨나 장군이 그를 청해 받아들였다면 이제 와서 옳고 그름을 따지는 것은 경우가 아닙니다. 마땅히 환영하고 일을 맡겨야 합니다. 약속을 했다면 논의의 여지가 없습니다."

이리하여 킨나는 마리우스를 불러왔고, 셋은 병력을 나누어 로마로 진군했다.

전쟁에서 승리하자 킨나와 마리우스는 온갖 나쁜 짓을 저지르기 시작했다. 이들이 얼마나 난폭하고 잔인했던지, 사람들은 지난날 외적에게서 받았던 재난이 오히려 견딜 만했다고 말할 정도였다. 그러나 세르토리우스는 달랐다. 그는 개인적인 원한을 풀기 위해 함부로 사람을 죽이거나 정복당한 사람들을 짓밟지 않았다. 그는 마리우스의 행동을 매우 못마땅해했으며, 킨나에게도 자제하도록 충고했다.

마리우스가 전쟁을 하는 동안 호위해 주던 노예 출신 병사들이 있었다. 전쟁이 끝난 뒤에도 마리우스는 그들에게 자신을 호위하도록 하고, 그들이 재산을 마음대로 약탈하고 원주민들을 죽여도 그냥 내버려 두었다. 호위병들은 자기들 주인을 죽이고, 그 아내들을 강간했으며, 그 자녀들을 괴롭히는 등 온갖 나쁜 짓을 저질렀다. 세르토리우스는 참다못해 자기 병사들에게 이들을 공격하라는 명령을 내렸다. 이 노예 부대 4000명은 세르토리우스 병사들 창에 찔려 모두 죽었다.

마리우스가 죽고 얼마 지나지 않아 킨나도 암살당했다. 그런데 세르토리우스 기대와는 달리, 마리우스의 아들이 부정한 방법으로 집정관에 당선되었다.

그즈음 술라가 로마로 진군해 오자 카르보와 노르바누스, 스키피오 등은 그를 막기 위해 군대를 이끌고 나갔다. 하지만 그들은 계속 지기만 했다. 그들은 비겁하고 태만했다. 게다가 내분까지 일어나, 그들이 전투에서 이긴다는 것은 상상할 수조차 없었다. 로마 지도자들이 분별력을 잃고 사태가 갈수록 악화되자, 세르토리우스도 어떻게 해야 할지 몰랐다.

이때 술라는 로마에 좀 더 쉽게 들어가기 위해 계략을 꾸몄다. 그는 스키피오 진영과 가까운 곳에 진을 치고 휴전을 제의하면서, 다른 한편에서는 스키피오 병사들을 매수했다. 세르토리우스가 스키피오에게 술라를 경계하라고 충고했지만, 그는 듣지 않고 술라의 계략에 넘어가고야 말았다. 세르토리우스는 더는 로마에 머물 필요가 없다고 생각하고 이베리아로 떠났다. 로마에서 망명해 오는 이들을 모아 힘을 기를 생각이었다.

비바람을 맞으며 어느 산악 지대를 지날 때, 그곳 사람들이 몰려와 세르토리우스가 가는 길을 막고 통행세를 내라고 요구했다. 세르토리우스가 부하에게 돈을 내어주라고 하자, 부하는 로마 장군이 야만족에게 통행세를 내는 것은 수치스러운 일이라며 반대했다. 하지만 세르토리우스는 자신은 지금 시간을 사려는 것이고, 큰 뜻을 이루려는 사람에게 가장 귀한 것은 시간이라며 부하들을 달랬다. 세르토리우스는 토착민들에게 돈을 주었다. 그리고 서둘러 길을 재촉해 예상보다 빨리 이베리아에 도착할 수 있었다.

이베리아는 인구가 많아 전쟁에 나갈 수 있는 젊은이들이 많았다. 하지만 로마에서 파견된 총독들의 잇따른 폭정으로, 사람들은 로마 장군들에게 심한 반감을 품고 있었다. 세르토리우스는 이들의 호감을 얻지 못하면 병사들을 모을 수 없음을 깨달았다. 그는 먼저 귀족들과 가까이 지내며 세금을 감면하거나 면제해 주며 믿음을 쌓아갔다. 그러나 무엇보다도 그가 이베리아 사람들에게 신뢰를 얻게 된 것은 로마 군대를 야영시켰기 때문이었다. 이전에 주둔하던 장군들은 병사들을 민가에 머물게 하여 사람들에게 피해를 주었다. 그 사실을 안 세르토리우스는 병사들로 하여금 외곽에서 야영하며 겨울을 나도록 했으며, 자신의 막사도 성 밖에 설치했다.

그는 이베리아 사람들이 복종해 오기만을 기다리지 않고 로마에서 이민해온 사람들 가운데 병사를 모아 훈련시켰으며, 각종 무기와 군선을 들여 만반의 준비를 했다. 온건한 행정으로 명성을 얻으면서도 적에 대한 대비는 단단히 한 것이다.

세르토리우스가 이렇게 역량을 키우는 동안, 술라는 어렵지 않게 로마를 손에 넣었다. 세르토리우스는 술라가 틀림없이 자신을 공격하리라 생각했다. 그는 율리우스 살리나토르에게 군사 6000명을 주고 피레네 산맥을 지키게 했다. 예상대로 술라는 카이우스 안니우스 장군을 보내 그를 공격하게 했다. 하지만 안니우스는 율리우스의 강한 군대를 이길 수 없음을 깨닫고는 산기슭에 진을 치고 머물렀다. 그런데 이때 율리우스 부대에서 반란이 일어났다. 칼푸르니우스, 라나리우스라는 자들이 율리우스를 암살한 것이다. 이로써 나머지 병사들은 제 살길을 찾아 여기저기로 흩어졌다. 안니우스는 이 기회를 틈

타 그들을 공격했다. 세르토리우스 군대는 이들을 막으려 했지만 끝내 지고
말았다.

세르토리우스는 로마군의 공격을 막아내지 못하고 병사 3000명을 이끌고
신(新)카르타고(카르타고 노바)로 후퇴한 뒤, 거기서 배를 타고 리비아의 마우
레타니아에 이르렀다. 그는 병사들을 이곳에서 쉬게 하며 앞으로의 계획을 준
비하려 했다. 그러나 물을 찾아 헤매던 병사들이 토착민들 습격을 받는 바람
에 많은 목숨을 잃고 말았다. 세르토리우스는 다시 이베리아로 돌아오려고
했다. 그러나 해안을 지키던 이베리아 수비대의 공격으로 뭍에 오르지 못하고
바다에서 떠돌다가, 킬리키아 해적선을 만났다. 그는 해적들과 손을 잡고 피티
우사 제도에 상륙해, 안니우스 수비대를 쫓아냈다. 세르토리우스가 피티우사
제도를 점령하자 안니우스는 병사 5000명을 이끌고 세르토리우스를 치러 왔
다. 세르토리우스 함선들은 속도를 높이기 위해 가볍게 만들어져서 빠르기는
했지만, 전투에는 맞지 않았다. 이런 사실을 알면서도 세르토리우스는 안니우
스와 싸우기로 결심했다.

싸움이 시작되자 갑자기 서풍이 거세게 휘몰아쳐서 세르토리우스에게 매우
불리해졌다. 그들의 배는 너무 가벼워서 바람에 뒤집히거나 서로 부딪치며 부
서지기 시작했다. 더는 싸울 수도 도망갈 곳도 없었다. 로마군이 섬을 점령했기
때문에 그의 부대는 폭풍 속에서 처참하게 시달려야만 했다. 폭풍은 열흘이나
계속되었다.

바람이 잦아들자 세르토리우스는 무인도 몇 군데를 발견하고는 그곳에 상
륙해 하룻밤을 보냈다. 하지만 먹을 물이 없었기 때문에, 그와 군대는 다음날
다시 항해를 시작해야만 했다. 그는 가데스 해협을 지나 이베리아 해협을 오른
쪽으로 바라보며 항해를 이어가다가, 해협을 지나 바이티스 강어귀에서 조금
올라간 곳에 닻을 내렸다. 이곳에서 그는 대서양 어느 섬에서 왔다는 뱃사람
몇 명을 만났다. 그들은 두 개의 섬 사이에는 매우 좁은 해협이 있는데, 리비아
에서 1만 스타디온 떨어진 이 두 섬을 사람들이 지상낙원이라 부른다고 했다.
또 그곳에는 늘 알맞게 비가 내리고 언제나 미풍이 불어오며, 땅이 기름지고
들과 산에 맛난 과일들이 넘쳐나 주민들은 일을 하지 않아도 먹고사는 데 큰
어려움이 없다는 것이었다.

뿐만 아니라 유럽과 아프리카에서 불어오는 거센 북풍과 동풍은 넓은 바다

를 건너오면서 모두 가라앉고, 남풍이 소나기를 몰고 오는데, 이 비가 땅을 더욱 기름지게 만들기 때문에 일 년 내내 따뜻하고 공기도 맑다고 했다. 날씨가 좋아 식물도 아주 잘 자라서 야만인들도 이 섬을 지상낙원이라 부르며, 호메로스가 이야기한 엘리시온이라 여겼다.

이 이야기를 듣자 세르토리우스는 그 섬에 가보고 싶어졌다. 그곳에 가서 평화롭게 살며, 정치와 전쟁에서 벗어나 남은 삶을 보내고 싶었다. 하지만 이런 마음을 눈치챈 병사들은 그를 매우 못마땅하게 여겼다. 특히 약탈과 전쟁을 좋아하는 킬리키아 해적들은 그의 이런 생각을 알고, 마우레타니아 왕위에 이프타의 아들인 아스칼리스를 앉히려 아프리카로 떠나버렸다.

이를 알게 된 세르토리우스는 몹시 실망했지만 마음을 굳게 먹고, 아스칼리스와 싸우기 위해 다시 길을 떠났다. 병사들에게 새로운 희망을 주어 더 이상 이탈하지 못하도록 하기 위해서였다. 세르토리우스는 아스칼리스군을 무찌른 다음 그들을 에워쌌다. 술라가 보낸 파키아누스가 아스칼리스를 도우러 달려왔지만, 세르토리우스는 파키아누스군까지 무찌르고 아스칼리스 형제를 쫓아 티겐니스로 가서 그곳을 점령했다.

티겐니스는 안타이우스 무덤이 있다고 알려진 곳이었다. 전설에 따르면 안타이우스는 엄청난 거인이었다고 했으므로, 이 전설이 사실인지 궁금해진 세르토리우스는 그의 무덤을 파보았다. 안타이우스의 유골은 실제로 그 크기가 무려 60큐빗이나 되었다. 이를 본 세르토리우스는 깜짝 놀라 무덤을 덮고는 성대한 제사를 지냈다. 이런 일이 있고 나서 그 무덤은 더욱 널리 알려졌다.

티겐니스 전설에 따르면, 안타이우스가 죽은 뒤 그의 아내 팅게는 헤라클레스와 결혼해 소팍스라는 아들을 낳았다고 한다. 소팍스는 뒷날 아프리카 여러 나라의 왕이 되었으며, 어머니 이름을 따서 지명을 지었다고 한다. 그리고 소팍스의 아들인 위대한 정복자 디오도루스는, 헤라클레스가 올비아와 미케나이로부터 이곳으로 이주시킨 헬라스군으로 하여금 리비아 여러 종족을 정복하게 했다. 이 이야기는 많은 왕들 가운데서도 가장 역사에 조예가 깊었던 유바 왕을 높이려는 뜻에서 나온 것으로 보인다. 유바 왕 조상들은 소팍스와 디오도루스의 후손들이라는 이야기가 있기 때문이다.

티겐니스 전체를 손에 넣은 세르토리우스는 자기를 따르는 이들에게 너그럽게 대하며, 모든 사람을 어느 민족이든 차별 없이 대우했다. 그는 그들의 재산을 빼앗지 않았으며, 스스로 바치는 선물만 받았다.

세르토리우스가 이렇게 선한 정치를 베풀며 다음 행로를 계획하고 있을 때, 루시타니아 사람들이 사절단을 보내와 자신들의 장군이 되어달라고 부탁했다. 로마 세력이 두려워 떨고 있던 그들은 전쟁에서 이름을 떨치고 경험도 많은 세르토리우스가 지휘관이 되어주기를 바랐다. 그들은 세르토리우스에 대해 이미 알고 있었기에 그를 매우 신뢰했다. 실제로 세르토리우스는 어떠한 유혹에도 쉽게 흔들리지 않았으며, 불운이나 위험에 빠져도 두려워하지 않고 승리해도 교만해지지 않는 사람이었다.

세르토리우스보다 용감한 장군도, 진지를 지키거나 다른 지역을 급하게 점령해야 할 때 전술과 지혜와 묘책에서 그를 따라오지는 못했다. 그는 전쟁이 끝난 뒤에는 병사들에게 많은 상을 내렸고, 벌을 내릴 때에는 너그러웠다. 하지만 그도 말년에는 이베리아 포로들에게 혹독하고 잔인하게 굴었다. 이런 것을 보면 그는 본디 사악한 인물인데, 때에 따라 자신의 장점을 보이려 너그러운 사람의 가면을 썼다고 생각할 수도 있다. 내 생각을 말하자면, 이성과 판단에 따라 길러진 참된 덕은 불운을 겪는다 해도 그 본질을 잃거나 변하지 않는다. 그러나 타고난 성품이 선하다 해도 부당한 일에 계속 시달리다 보면, 운명이 바뀔 때마다 그 천성이 조금씩 나빠질 수 있다. 세르토리우스가 자신의 운이 기울어지면서 자기에게 해를 입힌 사람들에게 가혹하게 대한 것은, 아마 그런 이유 때문이었으리라.

세르토리우스는 루시타니아 사람들 초청으로 그 나라에 가서 장군이 되었다. 그는 흐트러진 루시타니아군의 군기를 바로잡아 이베리아 지방들을 굴복시켰다. 사람들은 거의 그 너그러운 성품과 용맹함을 듣고 스스로 그의 편이 되었다. 그러나 세르토리우스가 꾀를 내어 민심을 자신에게 끌어들인 때도 있었다. 그 가운데 가장 교묘한 꾀를 낸 것은 사슴을 이용한 일이다.

스파노스라는 야만족이 사냥꾼을 피해 달아나는 어미 사슴과 새끼 사슴을 발견했다. 그는 어미 사슴은 놓치고 새끼 사슴만 잡았는데 그 새끼 사슴의 털빛이 하얀색이었다. 그즈음 세르토리우스는 각 마을들에서 진귀한 생산물이나 신기한 물건을 가져오면 상을 내렸으므로, 스파노스는 그 사슴을 세르토리우스에게 바쳤다.

세르토리우스는 처음에는 이 사슴에 그다지 관심이 없었다. 하지만 그 뒤 길들여진 사슴은 그가 부르면 바로 달려오고, 그가 가는 곳이면 전쟁터까지 따라다녔다. 문득 세르토리우스는 한 가지 꾀가 떠올랐다. 그는 사슴을 달의 여신 디아나가 주었는데, 이 사슴이 자신에게 몇 가지 비밀을 알려주었다는 소문을 퍼뜨렸다. 미신을 잘 믿는 야만족들 습성을 이용한 것이다.

야만족들은 달의 여신이 세르토리우스에게 비밀을 알려주는 사슴을 주었다는 소문을 듣고, 그를 더욱 따랐다. 세르토리우스 또한 적의 침공이나 어느 도시의 반란에 대한 비밀 정보를 받을 때마다, 모두 사슴이 알려주었다 하면서 전투 준비를 철저하게 했다. 또 부하들의 승전 소식을 받으면 이 소식을 가져온 전령을 숨기고는, 사슴이 가르쳐 주어서 알았다고 꾸며냈다. 그는 사슴 머리에 화관을 씌운 뒤 기쁜 소식이 오길 빌었으며, 군중 앞에 나아가 신들에게 제사를 지내면 좋은 소식을 듣게 될 것이라며 병사들을 격려했다.

그는 이렇게 병사들을 다스려 자신에게 잘 따르도록 만들었다. 이는 병사들 스스로가 신의 지휘를 받고 있다고 믿었기 때문이다. 실제로 세르토리우스의 세력이 엄청나게 커진 것을 보아도 이 사실을 알 수 있다.

본디 세르토리우스 군대는 얼마 되지 않았다. 로마군 2600명, 루시타니아 방패 부대 4000명과 기병 700기, 리비아군 700명이 모두였고, 겨우 20여 개 도시를 지배했을 뿐이다. 그러나 세르토리우스는, 보병 12만 명과 기병 6000기, 궁수와 투석수 2000명을 가졌고 수많은 도시를 점령했던 로마 장군들과 싸워 이겼다. 그렇게 해서 그는 아주 작은 것에서 시작해 수많은 도시를 다스리는 지위에까지 올랐던 것이다.

세르토리우스는 그를 정벌하려던 코타 장군을 멜라리아 부근 해전에서 물리치고, 바이티카의 장군 푸피디우스를 바이티스 강가에서 싸워 이겨 로마군 2000명을 죽였다. 이베리아 북부에 군대를 보내 루키우스 도미티우스를 무찔렀고, 메텔루스가 보낸 다른 장군인 토라니우스도 정벌했다. 뿐만 아니라 그때 로마 최고 지휘관이었던 메텔루스에게도 많은 피해를 주어, 그를 돕고자 멀리 갈리아 나르보에서 루키우스 만리우스가 달려왔고, 로마의 폼페이우스도 서둘러 파병되어 달려왔을 정도였다.

세르토리우스는 넓은 벌판에서의 전투는 피하고, 무장한 이베리아 군대를 이끌고 주위 지형을 이용해 작전을 폈다. 이 대담한 전술에는 메텔루스도 당해낼 방법이 없었다. 로마군은 벌판에서 싸우는 전투에만 익숙했기에, 날쌘 적을 쫓으며 험한 산을 넘는 전투에는 매우 서툴렀다. 게다가 불도 천막도 없이 겨울을 버티는 것도 커다란 고통이었다.

메텔루스는 나이도 많고, 오랫동안 위험한 전쟁에 시달려서 이제는 좀 쉬고 싶었다. 그러나 세르토리우스는 힘과 용기가 절정에 이른 젊은 장군이었다. 그는 전투가 없을 때에도 술에 취하는 일이 없었고, 심한 고통과 기나긴 행군도 잘 견뎌내며, 전쟁 중의 거친 음식도 맛있게 먹었다. 한가할 때에는 사냥을 다니며 지형을 완전히 익혔으므로 적에게 쫓기면 안전하게 후퇴하고, 적을 쫓을 때에는 마음대로 포위할 수 있었다.

메텔루스는 세르토리우스와 싸울수록 피해만 커져갔다. 아무리 유리한 조건과 왕성한 전의를 갖고 있어도 패전과 다름없는 피해를 보았고, 세르토리우스는 후퇴하면서도 승리자와 다름없는 성과를 얻었다. 그는 적의 물과 음식 보급로를 막고 있다가, 적이 쫓아오면 피하고 멈추면 공격해서 그들을 편히 쉬지 못하게 했기 때문이다. 메텔루스가 어느 도시를 점령하면, 세르토리우스는 어느새 그곳을 에워싸서 로마군 보급로를 막아 그들을 지치게 만들었다.

이때 세르토리우스가 메텔루스에게 전령을 보내 결투를 청했다. 이 제의를 들은 로마군은 로마 사람 대 로마 사람으로, 사령관 대 사령관으로 결투하자는 제안은 정당한 일이라며 환영했다. 하지만 메텔루스가 거절하자 로마군은 그를 비난했다. 그러나 메텔루스는 이 모든 일을 웃어넘겼고 그의 이런 판단은 올바른 것이었다. 테오프라스투스가 말했듯이, 장군은 장군답게 죽어야 하며 결코 일반 병사처럼 죽어서는 안 되기 때문이다.

그 뒤 메텔루스는 세르토리우스를 지원하던 랑고브리타이 시를 공격했다. 랑고브리타이에는 우물이 하나밖에 없어서 성 밖에 있는 샘에서 물을 길어다 먹어야만 했다. 그래서 메텔루스는 오직 이틀이면 이 시를 점령할 수 있으리라 생각했다. 물을 구할 수 없게 되면 목이 말라 항복할 터였다. 그는 부하들에게 닷새 먹을 식량만 가지고 진군하게 했다.

이 사실을 안 세르토리우스는 곧장 도움을 주러 달려와, 가죽으로 된 물주머니 2000개에 물을 채워 오게 했다. 대신 주머니 하나당 적잖은 돈을 쳐주기로 했다. 많은 이베리아 사람과 마우레타니아 사람들이 이 일을 하겠다고 나섰으므로, 세르토리우스는 기운 세고 걸음이 빠른 이들만을 골라 산길을 통해 성으로 보냈다. 성안에 전달한 다음에는 싸움에 참여하지 않는 주민들을 몰래 밖으로 데리고 나오도록 했는데, 이는 실제로 성을 방어하고 있는 병사들이 오래 물을 쓸 수 있게 하기 위함이었다.

메텔루스가 사실을 알았을 때는 로마군 식량이 이미 모두 떨어진 뒤였다. 당황한 메텔루스는 아퀴니우스에게 군사 6000명을 주어 군량을 가져오라 명령했다. 그러나 이 소식을 들은 세르토리우스는 군사 3000명을 밀림 속에 숨겨두어, 식량을 가지고 돌아오는 아퀴니우스군 6000명을 공격하게 하고, 자신도 적의 선봉 부대를 공격해 아퀴니우스 병사들을 죽이고 나머지를 포로로 잡았다. 가까스로 목숨을 구한 아퀴니우스는 이 사실을 메텔루스에게 알렸다. 메텔루스는 치욕스러웠지만 포위를 풀고 후퇴할 수밖에 없었다. 이 일로 메텔루스는 이베리아 사람들에게 비웃음과 경멸을 당하고, 세르토리우스는 더욱 존경받게 되었다.

세르토리우스는 또 야만적인 이베리아군을 로마군 방식으로 훈련해 이름을 떨쳤다. 그는 로마식 대형을 갖추고 암호나 신호를 지키게 하고, 거대한 도적 떼나 다름없던 그들을 질서정연한 군대로 만들었다. 그리고 많은 재물을 들여 그들의 투구를 도금하거나 멋진 조각을 하게 하고, 방패에도 여러 무늬와 상징을 그리도록 했으며, 외투와 군복에도 수를 놓게 했다. 이렇게 모든 것을 개선해 나가도록 그들을 도와줌으로써 그는 병사들로부터 절대적인 지지와 신뢰를 얻었다.

무엇보다 그들을 가장 감동시킨 것은 그 자녀들을 위해 세르토리우스가 이루어 놓은 일들이었다. 세르토리우스는 여러 종족 명문 집안 아이들을 오스카라는 큰 도시로 불러들여 헬라스와 로마 학문을 배우게 했다. 아이들은 자줏빛 단을 두른 긴 옷을 단정하게 입고 학교에 다녔고, 그 부모들은 매우 기뻐하며 세르토리우스에게 깊은 존경의 마음을 표시했다. 세르토리우스는 학비를 대주고, 가끔 시험을 보게 한 뒤 로마 사람들이 '불라이'라 부르는 금목걸이를 상으로 주었다.

이베리아에는 한 장군이 전쟁에서 죽으면, 부하들이 적과 끝까지 맞서 싸우다가 장군을 따라 죽는 풍습이 있었다. 사람들은 이런 풍습을 제물 또는 봉헌이라 하여 매우 성스러운 의무로 여겼다. 이런 부하를 거느린 장군은 그리 많지 않았다. 그러나 세르토리우스에게는 목숨을 바쳐 함께 죽기로 맹세한 병사가 수천 명이나 되었다. 이런 이야기도 전해진다. 세르토리우스 부대가 한 도시에서 패하고 적의 추격을 받을 때였다. 이베리아 병사들은 자기 몸은 돌보지도 않고 세르토리우스를 구해냈으며, 번갈아 가며 그를 어깨에 메고 안전하게 성벽으로 데리고 갔다. 그런 뒤에야 제 목숨을 건지려고 달아났다는 것이다.

이베리아 병사들뿐만 아니라 이탈리아에서 온 병사들도 세르토리우스 아래서 싸우고 싶어했다. 로마에서 세르토리우스와 한 당파에 속했던 페르펜나 벤토가 이베리아로 건너왔다. 명문 출신인 그는 많은 군자금과 병사들을 거느리고 있었기에 세르토리우스와 합칠 생각이 도무지 없었다. 그는 자신의 힘만으로도 메텔루스와 싸워 이길 수 있다고 믿었다. 하지만 병사들은 세르토리우스에게 가기를 원했고, 페르펜나의 귀에는 온통 세르토리우스를 칭찬하는 소리만 들려왔다. 그래서 페르펜나는 몹시 기분이 언짢았다.

그 뒤 폼페이우스 군대가 피레네 산맥을 넘어온다는 소식이 들려왔다. 페르펜나 병사들은 무장을 하고 군기를 들고 페르펜나에게 다가와, 지금 당장 세르토리우스 장군에게 데리고 가지 않으면 그를 버리고, 모든 사람의 목숨을 지켜줄 대장을 따르기 위해 자기들끼리 떠나겠다고 위협했다. 페르펜나는 어쩔 수 없이 53개나 되는 부대를 이끌고 세르토리우스에게 가서 합류했다.

이베르 강 주변에 있는 부족들도 한꺼번에 세르토리우스 편에 섰다. 이렇게 여러 군대가 모여들면서 그의 세력은 갈수록 커졌다. 그러나 이렇게 모인 군대는 거의 야만족들이었기에 날이 갈수록 군기가 문란해졌다. 그들은 실력도 없이 우쭐대면서 어서 적을 무찌르러 가자고 재촉했다. 세르토리우스는 이런 모습을 보고 매우 걱정이 되었다. 처음에는 그들을 설득해 섣부른 행동을 막아보려고 했지만 그들의 요구는 갈수록 더해갈 뿐이었다.

마침내 세르토리우스는 그들의 요구를 들어주기로 하고, 적과 싸우기 원하는 부대에 출정을 허락했다. 그들이 전멸되지 않는 한에서 적당히 피해를 입게 하여, 앞으로는 자기 명령을 잘 따르게 하려는 생각에서였다. 아닌 게 아니라 세르토리우스의 예측대로 의기양양하게 출정한 군대는 전투가 시작되고 얼마 지나지 않아 적에게 쫓겨왔다. 세르토리우스는 곧 군대를 이끌고 나가 그들을 구해 무사히 진영으로 데리고 왔다.

며칠이 지나자 세르토리우스는 병사들을 모두 모아놓고 말 두 마리를 끌고 나오게 했다. 한 마리는 튼튼하고 힘이 센 젊은 말이었고, 다른 한 마리는 늙고 말라빠진 말이었다. 그는 두 사람을 불러 말 옆에 서게 했다. 늙은 말 옆에는 건강한 사람을, 젊은 말 옆에는 허약한 사람을 서게 한 뒤 말의 꼬리털을 뽑으라고 명령했다. 건강한 사람은 허약한 말의 꼬리를 한꺼번에 뽑으려고 있는 힘을 다해 잡아당겼고, 허약한 사람은 건강한 말의 꼬리에서 하나씩 털을 뽑았다. 건강한 사람이 아무리 힘을 써봐도 말의 꼬리는 빠지지 않았고, 그는 구경하는 병사들에게 웃음만 안겨주고는 마침내 포기해 버렸다. 그러나 허약한 사람은 그리 힘을 들이지 않고도 꼬리털을 모두 뽑았다.

그러자 세르토리우스가 자리에서 일어나 병사들에게 외쳤다.

"병사들이여! 그대들도 보았겠지. 인내는 폭력보다 강하다. 힘을 모으면 절대 패하지 않으며, 조금씩 꾸준히 노력하면 해낼 수 있다. 인내는 모든 것을 이루게 한다. 그러니 아무리 큰 힘을 가진 적일지라도 인내를 가지고 꾸준히 나아가면 정복할 수 있다. 시간은 바른 판단을 하고 기회를 기다리는 자에게는 훌륭한 벗이며 믿음직한 친구가 되지만, 잘못 쓰는 자에게는 목숨을 앗아가는 적이 된다."

세르토리우스는 가끔 이런 일을 만들어서 야만족의 성급함과 폭력성을 잠재우고, 기회를 잡는 법을 일깨워 주려 했다.

세르토리우스의 공적 가운데 가장 널리 알려진 것은, 뛰어난 전술로 카리카타니아 사람들과의 전투에서 승리를 거둔 일이다. 그들은 타고니우스 강 건너 사람들로 도시나 마을을 이루지 않고 높은 산기슭에 있는, 입구가 북쪽으로 난 깊은 바위굴들 안에서 살고 있었다. 산기슭은 마른 진흙 비슷한 흙으로 되어 있어서, 사람이 밟으면 마치 재나 석회 가루처럼 넓게 퍼지며 날아올랐다. 그들은 이런 땅의 성질을 잘 이용했다. 전투에서 불리해지면 모두 동굴 속으로 도망쳐 버린 것이다. 그러면 어떠한 공격도 피할 수 있었다. 동굴 속에는 많은 식량과 물건이 저장되어 있어 오랫동안 안전하게 지낼 수 있었다.

언젠가 세르토리우스가 메텔루스와 싸우다가 이 산기슭에 진을 친 적이 있었다. 야만족들은 세르토리우스가 로마군에 패한 줄 알고 비웃었다. 그때 세르토리우스는 화가 나서였는지, 로마군에 패한 듯이 보인 게 불쾌해서였는지 어느 날 새벽 그곳을 찾아 나섰다. 하지만 아무리 찾아도 굴이 보이지 않아, 그들을 겁주려고 말을 달리며 이리저리 돌아다녔다. 그때 갑자기 바람이 모래 먼지를 일으켰는데, 그 모래 먼지가 북쪽으로 나 있는 굴 입구로 빨려 들어갔다. 본디 이 지방은 북쪽 습지대와 눈 덮인 산에서 북풍이 많이 불어왔는데, 마침 무더운 여름이라 북쪽 산에서 눈이 녹으며 바람이 더욱더 심하게 불었다. 야만족들은 상쾌한 바람을 즐기며 시원하게 지내고 있었다.

진영으로 돌아온 세르토리우스는 정보를 수집하고, 자신의 경험에 비추어 이것저것 생각해 보았다. 그는 병사들에게 가벼운 흙을 모아 야만족들이 사는 언덕 앞에 쌓게 했다. 야만족들은 군대가 언덕을 오르기 위해 흙을 쌓는다 생각하고 비웃었다. 세르토리우스는 이 비웃음을 들은 척도 하지 않고 서둘러 흙을 쌓게 했다. 그들은 늦은 밤이 되어서야 이 일을 마치고 돌아갔다.

다음 날 아침 산들바람이 불어 아주 가벼운 먼지만 조금씩 날렸다. 하지만 해가 높이 솟아오르고 북풍이 차츰 세차게 불면서 야만족들이 있던 동굴은 온통 먼지투성이가 되고 말았다. 세르토리우스 병사들이 흙더미를 파헤치고, 뭉친 흙덩이를 부수고, 말을 타고 이리저리 달려 흙먼지를 일으켰던 것이다. 먼지는 바람을 타고 토착민들 동굴로 빨려 들어갔다. 동굴은 입구가 하나밖에 없었다. 토착민들은 더는 견디지 못하고 사흘 만에 항복하여 동굴 밖으로 기어 나왔다. 이 전투로 세르토리우스는 난공불락의 자연적인 요새를 뛰어난 전술로 정복해 보여, 자신의 이름을 더욱더 널리 알리게 되었다.

세르토리우스가 메텔루스를 상대로 싸울 때에는 그의 승리가 메텔루스 덕분이라고 여겨졌다. 늙고 기력이 떨어진 메텔루스가, 정규군이 아닌 도적떼 같은 병력을 이끄는 과감한 세르토리우스에 맞설 수 없는 게 마땅하게 생각된 것이다. 하지만 폼페이우스가 피레네 산맥을 넘어 가까이 오자, 세르토리우스는 그와 전술을 겨루게 되었다. 그 결과 세르토리우스가 전략을 세우고 경계를 늦추지 않는 데 있어 훨씬 뛰어난 것으로 나타났다.

곧이어 세르토리우스가 그 무렵 가장 뛰어난 장군이라는 말이 로마까지 퍼져나갔다. 폼페이우스 명성이 결코 작지 않았던 까닭이었다. 폼페이우스는 앞서 술라가 이끈 몇몇 전쟁에서 큰 공을 세워 '마그누스(위대한)'라는 칭호를 받았으며, 수염이 나기도 전인 어린 나이에 개선 행진의 영광을 누렸다. 세르토리우스 아래 있던 여러 도시가 그를 버리고 폼페이우스 지배를 받으려고 할 정도였다. 그러나 세르토리우스는 라우론 시 부근에서 사람들의 예상을 뒤엎고 놀라운 승리를 거두어, 그들의 배반을 막을 수 있었다.

세르토리우스가 라우론 시를 에워싸자 폼페이우스는 군대를 이끌고 이 도시를 구하러 왔다. 이 시 변두리에는 작은 산이 하나 있었는데, 전략상 매우 유리한 곳이었다. 그래서 양쪽 군대 모두 이 산을 차지하기 위해 서둘렀다. 세르토리우 군은 산을 오르는 데 능숙했기에 폼페이우스보다 먼저 산을 점령할 수 있었다. 폼페이우스가 산기슭에 진을 쳤을 때, 세르토리우스 군대는 도시와 자신의 군대 사이에 포위된 것이나 다름없어 보였다. 그는 라우론으로 전령을 보내, 걱정하지 말고 성벽에 올라가 세르토리우스군이 포위된 모습을 구경하라고 전했다.

그 소식을 듣자 세르토리우스는 미소를 지으며, 술라의 제자인 폼페이우스에게 장군 자리에 있는 사람은 앞만 볼 게 아니라 등 뒤를 보는 일도 아주 중요하다는 사실을 가르쳐 주어야겠다고 말했다. 그러고는 그의 부하들에게 방금 떠나온 진지를 가리켰다. 세르토리우스는 중무장한 병사 6000명을 그곳에 남겨두고, 폼페이우스가 자신을 공격할 때 그 뒤를 덮치라는 명령을 내려놓았던 것이다. 뒤늦게 사태를 파악한 폼페이우스는 어쩔 줄 몰라 했다. 앞뒤로 에워싼 적군을 공격할 수도 없었고, 위기에 빠진 자기 군대와 동맹군을 버리고 달아난다는 것도 장군으로서 수치스러운 일이었다. 폼페이우스는 자기 병사들이 눈앞에서 쓰러져 가는 것을 그저 지켜볼 수밖에 없었다. 성안을 지키던 병사들은 모든 희망을 버리고 세르토리우스에게 항복했다. 세르토리우스는 그들을 살려주고 자유를 주었지만 성만은 완전히 불태워 버렸다.

세르토리우스가 이렇게 한 까닭은 복수를 하기 위해서도, 성격이 잔인해서도 아니었다. 그는 동맹국의 성이 불타는 것을 보면서도 아무런 행동도 하지 않았다는 비난을, 폼페이우스로 하여금 야만족들로부터 받게 하려는 것이었다.

하지만 이런 세르토리우스도 몇 번 패배를 당했다. 그가 직접 지휘하는 군대는 백전백승의 명예를 자랑했지만, 그 휘하 장군들이 지휘한 전투에서는 몇 번의 패배를 맛보았다. 그렇지만 나중에 이러한 패배를 다시 승리로 뒤바꾸는 세르토리우스의 전략에 감탄하게 함으로써, 이 패배한 전투들도 상대편 로마 장군들이 얻은 승리보다 더 큰 명예를 그에게 가져다주었다. 이런 예로는 수크로에서 벌였던 폼페이우스와의 전투, 투티아 시 부근에서 폼페이우스와 메텔루스 두 사람과 동시에 벌인 전투가 있다.

수크로 전투는 조급함이 빚어낸 처참한 전쟁이었다. 폼페이우스는 메텔루스가 수크로에 오기 전에 세르토리우스를 무찔러서 자기 홀로 세르토리우스 토벌의 공을 차지하려고 했다. 이와 달리 세르토리우스는 메텔루스가 와서 적의 세력이 더 강해지기 전에 폼페이우스와 전투를 벌일 계획을 세웠다.

세르토리우스는 어둠이 내릴 때를 이용해 군대를 이동시켰다. 싸우는 데도 도망치는 데도 적이 이곳 지형을 잘 모르기 때문에 어두운 밤이 유리하다고 여겼다. 세르토리우스는 우측을 지휘했기에 폼페이우스와 직접 맞붙어 싸우지는 않았다. 그는 로마군 좌익을 지휘하는 아프라니우스와 대치했다. 그렇지만 좌측 부대가 폼페이우스에게 밀리자 서둘러 달려갔다. 그는 달아나는 자신의 좌측 부대를 멈추게 하고, 대형을 지키며 싸우고 있는 병사들을 격려하며 다시 전투를 벌였다. 그리고 추격해 오는 적에게 맹렬히 돌격해 로마군 전열을 무너뜨리고, 폼페이우스의 목숨까지 위태롭게 만들었다.

폼페이우스는 부상을 입었지만 겨우 목숨만은 구했다. 바로 자신의 말 때문이었다. 그의 말은 황금으로 장식한 마구를 덮고 있었는데, 세르토리우스를 따르던 리비아 사람들이 이 말을 차지하려 서로 싸우는 바람에 몰래 달아날 수 있었다.

그러나 아프라니우스는 세르토리우스가 다른 부대를 돕기 위해 그의 우측 부대를 떠나자마자 달려가 적을 무찌르기 시작했다. 세르토리우스가 오기 전에 아프라니우스군은 그의 진지까지 진격해 어두워질 때까지 닥치는 대로 약탈을 했다. 아프라니우스는 폼페이우스가 달아났다는 사실을 아직 모르고 있었으며, 부하들의 약탈도 막을 수가 없었다.

이때 승리를 거둔 세르토리우스가 도착해, 약탈질에 정신을 쏟던 아프라니우스와 그 병사들을 습격해서 한꺼번에 많은 적을 죽였다. 이튿날 아침 세르토리우스는 군대를 무장시켜 다시 로마군을 치려 했다. 하지만 메텔루스가 가까이 와 있다는 보고를 듣자 군대를 돌려 진지로 돌아왔다. 그러면서 이렇게 중얼거렸다.

"저 할머니가 조금만 늦게 왔어도 저 어린 녀석을 단단히 혼내줘서 로마로 쫓아버렸을 텐데."

전투가 끝난 뒤 세르토리우스는 아끼던 흰 사슴을 잃은 데 대해 너무나 슬퍼하고 있었다. 이 사슴은 야만족 병사들의 사기를 높이는 데 꼭 필요했는데 어디론가 사라져 버린 것이다. 그런데 어떤 사람이 산책을 나갔다가 우연히 사슴을 찾았다고 알려왔다. 그 사람은 하얀 털빛 사슴을 발견하고 데려왔던 것이다. 세르토리우스는 그에게 많은 돈을 주어 누구에게도 이 사실을 말하지 않겠다는 약속을 받고는 그 사슴을 감춰두었다. 그러고는 며칠이 지나자 밝은 미소를 지으며 야만족 족장들에게, 어젯밤 꿈에 신께서 나타나 아주 기쁜 일이 일어나리라는 신탁을 내리셨다고 말했다.

그런 뒤 그는 여느 때처럼 사람들의 청원에 응답하고 있었다. 이때 가까이 있던 사슴지기가 사슴을 풀어놓았다. 사슴은 세르토리우스를 보자 신나서 그에게 달려왔다. 그리고 언제나처럼 그의 무릎에 머리를 비비고 오른손을 핥았다. 세르토리우스는 눈에 눈물까지 글썽이며 사슴을 쓰다듬어 주었다. 그러자 지켜보던 족장들은 경탄해 마지않았고 곧 함성을 지르며 기뻐했다. 족장들은 그를 집까지 바래다주면서, 세르토리우스는 보통 사람이 아니라 분명히 신들로부터 특별한 은총을 받는 인물이라 여기며 자신감과 희망으로 가득 차올랐다.

세르토리우스는 다시 군대를 이끌고 로마군을 무찌르러 나갔다. 로마군은 세군툼 주변 평야에 진을 치고 있었다. 세르토리우스 군대는 갑자기 나타나 이들을 에워쌌다. 그러나 곧바로 전투에 들어가지 않고 계속 기다리면서 적군의 군량이 떨어지기만을 기다렸다. 마침내 로마군은 먹을 게 다 떨어져 포위를 뚫고 식량을 구하러 나가야만 했다. 그러다가 포위를 뚫고 식량을 구하려는 로마군과 이를 막으려는 세르토리우스군 사이에 전투가 벌어졌다. 전투는 치열하다 못해 처참했다. 세르토리우스군과 로마군 모두 용감하게 싸웠다. 이때 폼페이우스의 가장 뛰어난 장군 멤미우스가 전사했다.

세르토리우스는 승리의 기운을 몰아 메텔루스에게로 달려갔다. 메텔루스는 나이도 잊은 채 싸움을 하다가 창에 찔렸다. 장군을 버리고 달아나는 게 수치임을 잘 알고 있던 로마군은, 방패로 에워싸서 메텔루스를 호위했다. 그리고 과감하게 진격해 세르토리우스군을 무찔러 나아갔다.

전세가 불리해지자 세르토리우스는 어쩔 수 없이 후퇴했다. 그는 병사들을 쉬게 하고 병력을 증강하기 위해 산악 지대에 있는 큰 도시로 들어갔다. 그리고 그곳에서 성벽을 보수하고 성문도 더 튼튼하게 고쳤다. 이는 성을 지키기 위한 게 아니라 적을 속이려는 함정이었다. 그가 예상한 대로, 로마군은 성을 에워싸고는 언제라도 성을 함락할 수 있으리라 여기며 성 주위를 둘러싸 지켰다.

세르토리우스는 여러 도시로 장군들을 보내 병사들을 모으라 하고, 충분히 모이면 전령을 보내라고 했다. 이윽고 연락이 오자 세르토리우스는 큰 어려움 없이 포위망을 뚫고 새로운 병력과 합류했다. 그리고 다시 한 번 대군을 이루어 적을 공격했다. 매복해 기습공격, 측면공격, 우회작전 등 온갖 방법으로 로마군 지상 보급로를 막아버렸다. 그리고 해안을 해적선으로 에워싸고는 바다에서 공급되는 물자까지도 막았다.

마침내 로마 장군들은 뿔뿔이 흩어질 수밖에 없었다. 메텔루스는 갈리아 지방으로, 폼페이우스는 바카이족 땅으로 물러나 추운 겨울을 지내야만 했다. 폼페이우스는 군량이 떨어지고 군자금도 바닥나자 로마 원로원에 편지를 보냈다. 하루빨리 돈을 보내오지 않는다면 어쩔 수 없이 군대를 이끌고 로마로 돌아갈 수밖에 없으며, 이탈리아를 지키기 위해 개인 재산마저 몽땅 다 써버렸다는 내용이었다.

이런 방법으로 세르토리우스는 그 시대 으뜸가는 두 로마 장군을 궁지로 몰아넣었다. 로마 사람들은 폼페이우스가 철수하기 전에 세르토리우스가 먼저 로마로 쳐들어오리라고 생각했다.

메텔루스 또한 세르토리우스를 두려워하며 높이 평가한다는 사실이 드러났다. 세르토리우스를 죽이는 로마 사람에게는 은 100탈란톤과 땅 2만 유게룸을 줄 것이며, 만약 세르토리우스를 죽인 사람이 로마에서 추방된 사람이라면 귀국까지 허락해 주겠다고 선언한 것이다. 전투로는 세르토리우스를 이길 수 없음을 깨닫고 배신을 유도함으로써 비겁하게 그를 없애려는 계책이 틀림없었다.

메텔루스는 세르토리우스를 한 번 이긴 적이 있었는데, 스스로를 대장군이라고 부르게 했다. 그만큼 그는 자신의 승리에 도취되었다. 그리고 자기가 가는 도시 사람들에게 자신이 도착하면 제물과 제단을 마련해 신께 제를 올리라고 명령했다. 그는 승리의 월계관을 쓰고 호화로운 연회를 열었다. 개선을 축하하는 황금 왕관과 기념물들이 기계장치에 의해 차례차례 내려왔고, 젊은 남녀들이 그 앞에서 승리와 환희의 노래를 불렀다. 이 때문에 세상 사람들은 그를 비웃었다. 왜냐하면 그는 세르토리우스를 '술라에게 쫓겨 도망친 노예'라느니 카르보당 따위이니 조롱해 왔으면서, 그와의 전투에서 어쩌다 한 번 승리한 것으로 그토록 거만하게 굴었기 때문이다.

이와 달리 세르토리우스는 자신의 역량을 기르기에 여념이 없었다. 그는 로마에서 쫓겨난 원로원 의원들을 모아 다시 원로원을 구성했다. 그리고 그 사람들 가운데 법무관이나 재무관을 뽑아 임명했다. 또 정부를 로마 법률과 제도에 따라 만들었다. 이베리아 군대와 재물과 도시를 이용하면서도 이베리아 사람을 중요한 자리에 앉히지 않고, 언제나 로마 사람들을 이베리아 사람보다 높은 자리에 두었다. 그것은 로마 사람들 자유를 회복하고, 이베리아 세력이 로마에 맞서는 것을 막기 위해서였다.

세르토리우스는 비록 로마와 맞서 싸우고 있었지만 그는 진정한 로마의 애국자였으며, 언제나 조국 로마로 돌아가기를 원했다. 그가 미워한 것은 로마가 아닌, 로마의 권력자들이었기 때문이다. 세르토리우스는 어려움에 처했을 때에도 결코 용기를 잃지 않았고, 적에게 비굴한 모습을 보이지도 않았다. 그러나 그는 승리를 거두어 번영의 절정에 올랐을 때 메텔루스와 폼페이우스에게 사람을 보내, 조국 로마에 돌아갈 길을 열어준다면 무기를 버리고 평범한 시민으로 살아가겠다는 뜻을 전했다. 로마의 버림을 받고 다른 나라에서 최고 권력자가 되기보다는, 로마에서 비천한 시민으로 살고 싶다고 말한 것이다.

세르토리우스의 이런 마음은 그가 늘 품고 있던, 어머니에 대한 그리움에서 비롯되었다. 아버지를 일찍 여의고 어머니 손에 자랐으므로 그의 모든 사랑은 어머니를 향했다. 이베리아에 있는 그의 친구들이 지휘관이 되어달라고 그를 초청했을 때 그는 어머니 부고를 들었고, 슬픔을 견디지 못해 스스로 목숨을 끊을 뻔했다. 그는 깊은 상심에 빠져 7일 동안이나 막사에서 나오지 않았으며, 친한 친구나 막료들도 만나지 않았다.

고위 장군과 많은 친구들이 그를 찾아가 설득하려고 온갖 애를 썼다. 그제야 세르토리우스는 사람들 앞에 나와 말을 하기 시작하고 직무를 수행했다.

이런 모습으로 그는 너그럽고 온화하며, 타고난 성품대로 평화롭고 조용한 생활을 할 사람으로 보였다. 그러나 뜻하지 않게 군대 지휘권을 맡으며 자기가 죽지 않으려 무기를 들게 되었고, 정적들과 전쟁을 벌여야만 했다.

세르토리우스는 미트리다테스 왕과의 교섭에서도 위대한 정신을 보여주었다. 미트리다테스가 술라로부터 받은 타격을 회복하고 다시 아시아를 침공하려 할 즈음, 이미 세르토리우스의 명성은 온 세상을 뒤덮었다. 서유럽 여러 항구에서 온 상인들이 물건들과 함께 그의 이름을 아시아 이런저런 나라마다 퍼뜨린 것이었다. 그리하여 세르토리우스 명성과 공적은 폰투스 왕국의 모든 항

세르토리우스(SERTORIUS) 1055

구와 도시까지 널리 퍼져나갔다.

이 소문을 들은 미트리다테스 왕은 자신의 야망을 더욱 굳혔다. 아첨을 일삼는 신하들의 말에 용기까지 얻은 그는 세르토리우스에게 사절단을 보내 우호 관계를 맺으려 했다. 신하들은 미트리다테스를 위대한 필리포스 왕에, 세르토리우스를 한니발에 비유했다. 가장 위대한 왕의 권력과 가장 뛰어난 사령관의 능력이 힘을 합쳐 로마를 공격한다면, 로마는 저항 한 번 제대로 못하고 무너질 것이라 부추겼다.

이 말을 듣고 미트리다테스 왕은 편지와 훈령을 주어 사절단을 세르토리우스에게 보냈다. 세르토리우스가 아시아에서의 자기 권리와 술라와의 협정으로 로마에게 빼앗긴 권리를 인정해 준다면 전쟁에 쓸 자금과 함대를 선물로 보내겠다는 내용이었다. 세르토리우스는 자신이 원로원이라 이름붙인 총회를 소집해 이 제안을 전했다. 원로원에서는 이 제의를 받아들이자고 했다. 그들은 미트리다테스가 자신들에게 원하는 것은 명칭뿐이고, 그 대가는 세르토리우스가 가장 필요로 하는 군자금과 군선이니 거절할 이유가 하나도 없다고 주장했다.

그러나 세르토리우스는 이들 의견에 반대했다. 그 또한 미트리다테스 왕이 비티니아와 카파도키아와 다른 지역에서 왕으로서 세력과 권위를 얻으려는 것에는 이의가 없었다. 그곳 주민들은 본디 군주정치에 익숙했고, 또 로마 영토도 아니기 때문이었다. 하지만 미트리다테스가 정당한 권리와 자격으로 로마에게 넘긴 땅은 미트리다테스가 일찍이 로마로부터 빼앗았다가 얼마 뒤 핌브리아에게 빼앗겼고, 술라와 다시 휴전협정을 맺고 포기했던 땅이므로 그런 땅을 미트리다테스 소유라 인정할 수는 없다고 했다. 그가 할 일은 군대를 이끌고 로마 영토를 확장하는 것이지, 굳이 로마 영토를 축소하면서까지 세력을 넓히고 싶지는 않다는 말이었다. 뜻이 있는 사람은 승리를 했다 하더라도 정당한 것만을 받아들이고, 명예롭지 못한 때에는 목숨조차 아끼지 않는 법이라면서, 자신은 정당한 승리를 바랄 뿐이라며 뜻을 분명히 밝혔다.

사절단이 돌아와 이런 이야기를 전하자 미트리다테스는 깜짝 놀랐다. 그리고 동료들에게 말하기를, 로마에서 쫓겨나 대서양 변방으로 와서 동쪽 끝에 있는 자신의 왕국과 국경이 맞닿아 있으면서도 만일 우리가 아시아를 도로 찾으려 들면 전쟁을 하겠다고 위협하는데, 만약 세르토리우스가 로마 팔라티움에 자리잡게 된다면 우리에게 무엇을 명령할지 모르겠다고 했다.

그럼에도 마침내 미트리다테스와 세르토리우스는 동맹 협정을 맺고 이렇게 선언했다. 미트리다테스는 카파도키아와 비티니아를 점령하고, 세르토리우스는 왕에게 장군 한 사람과 병력을 보내며, 왕은 세르토리우스에게 군자금 3000탈란톤과 군함 40척을 파견한다는 내용이다.

협정대로 세르토리우스는 로마 원로원 의원을 지내다가 자신을 따라왔던 마르쿠스 마리우스를 장군으로 임명해 아시아로 보냈다. 마르쿠스 마리우스는 미트리다테스와 힘을 합쳐 아시아 여러 도시들로 쳐들어갔다. 세르토리우스 군대가 왔다는 소문을 듣자 이들은 싸워보지도 않고 항복했다. 마리우스가 당당하게 파스케스를 앞세우며 들어갈 때마다, 미트리다테스도 거부감 없이 두 번째로 높은 자리에 앉았다. 그는 그것으로 만족하며 마리우스를 받들었다. 마리우스는 항복한 도시를 세르토리우스 명령이라며 매우 너그럽게 다스렸다. 그가 시민들에게 자유를 주고 세금도 면제해 주자, 푸블리카니의 압정에 시달리던 시민들은 아주 기뻐하며, 새로 정권이 바뀌기를 간절히 바라게 되었다.

하지만 이베리아에서는 세르토리우스를 없애려는 음모가 꾸며지고 있었다. 로마에서 쫓겨 온 원로원 의원과 귀족들은 세르토리우스 도움으로 권력을 키우며, 로마와의 전투에서 승리할 수 있으리라는 자신감을 얻게 되었다. 그러나 두려움이 사라지자 그들은 세르토리우스의 은혜를 잊고 그를 시기하기 시작했다. 특히 명문 집안 출신인 페르펜나의 시기는 더욱 심했다. 그는 이베리아의 권력을 쥐고 군대를 혼자 지휘하려는 야심을 가지고 있었다. 그는 자신의 야망을 이루기 위해 귀족들을 부추기면서 반란을 일으킬 계획을 세워나갔다. 페르펜나는 악의에 가득 찬 말로 추방된 귀족들을 부추겼다.

"어떤 악마에 사로잡혔기에 우리가 이토록 처량해지는 것이오? 바다와 육지의 지배자인 술라의 독재에 복종했다면 고향에서라도 지낼 수 있었을 텐데 말이오. 자유를 찾아 떠나왔건만, 여기서도 우리는 또다시 노예가 되고 말았소. 무엇 때문에 로마에서 쫓겨난 세르토리우스의 노예를 자처해 그를 호위하는 것이오? 세르토리우스는 우리를 꼼짝 못하게 하려고, 원로원 의원이라 부르며 사람들에게 비웃음이나 당하게 만들고 있소. 그러고는 이베리아나 루시타니아의 야만족처럼 우리를 모욕하며, 거만한 태도로 자기 명령에 따르라고 강요하는 것이오."

이 말을 들은 귀족들은 세르토리우스 세력이 두려워 페르펜나의 선동에도 가만히 있었지만, 속으로는 세르토리우스에게 저항해 그의 세력을 무너뜨리겠다고 생각했다. 그래서 그들은 이베리아 사람과 루시타니아 사람들을 학대하며, 가혹한 형벌을 내리고, 부당한 세금을 매겼다. 그리고 이를 모두 세르토리우스 명령이라고 소문 냈다. 그 결과 이곳저곳에서 소동과 반란이 일어났다.

이 소동과 반란을 잠재우고 해결하기 위해 세르토리우스는 부하 장군들을 보냈다. 그러나 파견된 장군들이 그들 비위를 건드리는 바람에 사태는 더욱 나빠졌고, 세르토리우스를 반대하는 도시는 날이 갈수록 늘어났다. 그곳 사람들은 그가 처음 이곳에 왔을 때보다 더 거칠게 저항했다. 마침내 세르토리우스의 노여움이 폭발하고야 말았다. 그는 바로 전까지의 인자함과 선량함을 버리고 돌변해 오스카 시에서 교육받던 이베리아 귀족 자녀들을 잔인하게 죽이거나 노예로 팔아버렸다.

그러는 동안 페르펜나의 음모에 동참하는 사람들 수는 갈수록 늘어갔다. 마침내 그들은 세르토리우스 다음으로 군대에서 가장 높은 장군이었던 만리우스를 끌어들였다. 그즈음 만리우스는 한 미소년과 가까이 지냈는데, 그 소년에게 호감을 얻으려 반란 음모를 털어놓았다. 며칠 뒤에 자신이 여기서 가장 높은 사람이 될 테니 다른 애인들은 잊고 자기만 사랑해 달라는 부탁이었다.

하지만 소년은 만리우스보다 아우피디우스를 더 따르고 있었다. 그는 이 이야기를 아우피디우스에게 그대로 전했다. 그 말을 듣자 아우피디우스는 깜짝 놀랐다. 자신도 그 음모에 가담하고 있었지만 만리우스까지 끼어든 것은 모르고 있었기 때문이다. 소년은 페르펜나와 그라이키누스, 그리고 자신도 잘 아는 이름들을 말했다. 그는 당황했지만 내심 아무렇지 않은 듯이 행동했다. 그러고는 소년에게 그것은 허풍쟁이 만리우스가 지어낸 거짓말이니 믿지 말라고 일렀다. 이렇게 소년을 달랜 뒤에 그는 곧바로 페르펜나에게 달려갔다. 그리고 그에게 사실이 탄로나기 전에 어서 행동을 취하자고 했다. 페르펜나도 더는 시간을 끌고 싶지 않아서 음모자들을 모아 계획을 세웠다. 그들은 전투에서 어느 장군이 크게 승리했다는 거짓 편지를 세르토리우스에게 보냈다. 이 소식에 세르토리우스는 매우 기뻐하며 승리의 신에게 감사의 제사를 드렸다.

　페르펜나는 승리 축하 연회를 열어 세르토리우스와 친구들(즉 음모에 가담한 자들)을 초대했다. 사실 세르토리우스는 내키지 않았지만 간곡한 설득으로 참석했다. 처음에는 분위기가 화기애애했다. 세르토리우스가 참석하는 만찬이나 연회는 언제나 질서와 예의를 지키게 되어 있었기 때문이다. 세르토리우스는 천한 말이나 행동을 하지 못하게 했고, 조용하고 유쾌하게 즐기도록 했다. 그러나 분위기가 한창 무르익자 연회는 무질서하게 변해갔다.

　이는 음모자들이 미리 계획한 것이었다. 그들은 점점 야비하고 더러운 말들을 주고받더니, 술에 취한 척하며 무례한 행동을 했다. 이런 모습을 보고 세르토리우스는 몹시 기분이 언짢았다. 그래서 못 들은 체하며 앉아 있던 자리에 누웠다. 순간 페르펜나가 포도주 잔을 떨어뜨렸다. 이것은 음모자들의 신호였다. 신호가 떨어지자마자 세르토리우스 옆에 앉아 있던 안토니우스가 번개같이 칼을 뽑아 그를 찔렀다. 세르토리우스는 칼을 맞자 일어나려 안간힘을 썼지만, 안토니우스가 그의 두 팔을 꼭 잡고 일어나지 못하게 했다. 세르토리우스는 저항 한 번 제대로 못 해보고 여러 사람 칼에 맞아 죽었다. 그의 마지막이었다.

　세르토리우스가 죽었다는 소식을 들은 이베리아 여러 도시는 음모자들을 버리고, 폼페이우스와 메텔루스에게 사람을 보내 항복의 뜻을 전했다. 페르펜나는 뭔가 반란의 성과를 얻어보려 세르토리우스가 남긴 군대와 무기를 가지고 싸웠지만, 사람들에게서 조롱받으며 패전만 거듭했을 뿐이었다. 이로써 페르펜나는 복종할 줄도 지휘할 줄도 모르는 인물임이 세상에 드러났다. 그는 폼페이우스를 향해 진군했을 때 순식간에 참패하고 사로잡혔다.

　페르펜나는 세르토리우스가 가지고 있던 문서들을 폼페이우스에게 보여주겠다고 제의했다. 그리고 로마 집정관이나 고위 관직 사람들이 세르토리우스에게 이탈리아로 돌아오라고 쓴 자필 편지를 보여주며, 현 정부를 뒤엎고 새로운 정부를 세우려 한 이들이 얼마나 많은지 증명하겠다고 했다. 그러나 폼페이우스는 이번에는 경솔한 젊은이처럼 행동하지 않았다. 그는 노련하고 확고한 판단력을 지닌 대장부답게 행동해 로마를 유혈 참변의 공포와 위험으로부터 구해냈다.

　그는 세르토리우스의 서류와 편지들을 거들떠보지도 않고, 아무도 읽지 못하게 곧바로 불태워 버렸다. 그리고 반란자들 이름이 알려짐으로써 더 이상의 소란과 분쟁이 일어나지 않도록 페르펜나를 사형했다.

이렇게 해서 페르펜나와 공모했던 사람들은 폼페이우스 손에 모두 죽었다. 몇몇은 리비아로 달아났지만, 마우레타니아 사람들의 창을 맞고 죽었다. 음모자들 가운데 살아난 사람은, 미소년을 두고 만리우스와 다투던 아우피디우스뿐이었다. 그는 이베리아의 이름 없는 어느 작은 마을로 숨어들었으나, 멸시와 가난 속에 쓸쓸하게 살다가 그곳에서 늙어 죽었다.

에우메네스(EUMENES)

역사가 두리스에 따르면 카르디아 사람 에우메네스는 트라키아의 케르소네소스 지방에 사는 가난한 마부 아들로 태어났다. 아버지는 그에게 교양 교육과 신체 단련을 함께 시켰다. 그가 아직 어렸을 때, 마케도니아 필리포스 왕이 카르디아를 지나다가 젊은이들의 씨름과 운동경기를 구경하게 되었다. 이때 왕은 운동 실력도 뛰어난 데다 씩씩하고 지혜로운 에우메네스를 발견하고는 자기 신하로 삼았다.

다음 같은 이야기도 전하는데, 이 이야기가 진실에 더 가까운 듯하다. 필리포스 왕은 에우메네스 아버지의 손님으로 훌륭한 대접을 받은 적이 있는데, 그에 대한 보답으로 에우메네스에게 관직을 주어 부하로 삼았다는 것이다.

에우메네스는 필리포스 왕이 죽은 뒤에도 그의 아들 알렉산드로스 대왕을 섬기며 시종장 자리에 있었다. 비록 지위는 낮았지만 알렉산드로스 대왕의 가장 측근으로 신임 받으며, 인디아 원정 때에는 장군으로서 군을 지휘하기도 했다. 그 뒤 헤파이스티온이 죽자 그 자리를 페르디카스가 이었고, 페르디카스의 자리는 에우메네스가 잇게 되었다.

그래서 알렉산드로스 대왕이 죽은 뒤 왕의 친위대장이었던 네오프톨레모스는, 자신은 창과 방패로 대왕을 섬겼으나 에우메네스는 펜과 종이로 대왕을 섬겼다고 말했다. 이 말을 들은 마케도니아 사람들은 친위대장을 비웃었다. 그들은 에우메네스가 알렉산드로스 대왕의 신임을 얻어 많은 은혜를 입었을 뿐 아니라, 결혼으로 인척 관계를 맺은 사실을 이미 알고 있었기 때문이다.

알렉산드로스 대왕 첫째 부인은 아르타바주스의 딸 바르시네였다. 대왕은 그녀에게서 헤라클레스 왕자를 얻었다. 또 대왕은 페르시아 여인들을 부하들에게 나누어 주기로 하고 바르시네와 자매인 아파메는 프톨레마이오스와, 같은 이름의 자매 바르시네를 에우메네스와 결혼시켰다.

하지만 이런 알렉산드로스 대왕의 호의에도 불구하고 에우메네스는 때때로 왕을 불쾌하게 만들어 위험에 빠지기도 했다. 그것은 주로 왕이 매우 믿던 헤파이스티온 때문이었다. 언젠가 왕은 헤파이스티온을 섬기는 피리꾼 에비온에게 에우메네스가 살려고 했던 집을 주었다. 그 소식을 들은 에우메네스는 몹시 화가 나서 왕에게 달려가, 이런 대우를 받을 바에는 차라리 무기를 내던지고 피리꾼이나 배우가 되는 게 낫겠다고 외쳤다. 왕은 그의 말이 옳다고 여겨 헤파이스티온에게 잘못을 따졌다. 그러나 다시 생각해 보니, 에우메네스 말은 헤파이스티온을 공격한 게 아니라 대왕 자신을 우습게 보고 모욕한 것이었다. 그래서 그는 에우메네스에게 크게 화를 냈다.

또 언젠가 왕이 네아르쿠스에게 함대를 주어 대서양으로 출항시키려 할 때였다. 군자금이 모자라 왕은 신하들에게서 자금을 빌렸다. 에우메네스는 300탈란톤을 바치라는 명령을 받았는데, 고작 100탈란톤만을 왕에게 내어놓으며 그것도 여기저기 다니며 겨우 빌린 것이라고 말했다. 왕은 에우메네스에게 아무 말도 하지 않고 돈도 받지 않았다. 그리고 에우메네스가 돌아가자 주변에 있던 친위병들에게 비밀리에 명령을 내려 에우메네스 막사에 불을 지르라고 지시했다. 이렇게 하면 에우메네스가 급히 돈을 나르는 것을 확인하고, 그의 말이 거짓임을 밝혀내 벌할 수 있으리라 여겼던 것이다.

그런데 막사가 너무 빨리 타버리는 바람에 재물은 물론 중요한 문서들까지 몽땅 타버렸다. 왕은 곧 자신의 행동을 뉘우쳤다. 녹아서 덩어리가 된 금과 은이 1000탈란톤도 넘게 나왔지만 왕은 단 한 푼도 뺏지 않았다. 그리고 각 지방 총독과 장군들에게 명령을 내려, 불타버린 문서들을 새로 작성해 에우메네스에게 보내라고 했다.

그 뒤에도 에우메네스와 헤파이스티온은 왕이 준 어떤 선물 때문에 싸운 적이 있었는데, 에우메네스가 이겼다. 그런데 얼마 지나지 않아 헤파이스티온이 죽고 말았다. 대왕은 몹시 슬퍼하며, 그를 미워하던 사람들에게 화를 냈다. 특히 에우메네스를 미워해서, 헤파이스티온과 싸운 이야기를 되풀이하며 그를 꾸짖고는 했다. 그러나 에우메네스는 영리한 사람으로 왕의 미움을 거꾸로 이용했다. 헤파이스티온에게 여러 가지 영광을 돌리고, 아낌없이 돈을 써서 그의 장례식을 성대하게 치름으로써 왕을 기쁘게 했다.

알렉산드로스 대왕이 죽은 뒤 마케도니아 군대와 그 장군들 사이에 싸움이 일어났다. 에우메네스는 마음속으로 장군들을 지지했으나, 자기는 외국인이므로 마케도니아 사람이 싸우는 일에 끼어들지 않겠다고 말했다.

왕이 정복했던 영토를 분배할 때 그는 카파도키아, 파플라고니아, 트라페주스에 이르는 에욱시네(흑해) 연안을 받았다. 그러나 그가 받은 지방들은 아직 아리아라테스가 다스리고 있었다. 페르디카스는 레온나투스와 안티고노스를 시켜 이곳을 정복한 다음 에우메네스에게 줄 생각이었다. 하지만 안티고노스는 그다지 관심이 없었다. 새롭게 세력을 확장한 안티고노스는 자신이 홀로 대정복자가 될 야심을 품고, 다른 장군들을 무시했다. 오직 레온나투스만이 에우메네스를 돕기 위해 군대를 출동시켰다. 그런데 그의 군대가 프리기아로 나아가는 길에, 카르디아 왕 헤카타이우스의 연락을 받았다. 안티파트로스가 거느린 마케도니아군이 라미아 시에 포위되어 있으니 구해달라는 내용이었다.

레온나투스는 먼저 안티파트로스를 구하기 위해 해협을 건너 그의 군대를 유럽에 보내기로 마음을 바꾸었다. 그래서 그는 에우메네스를 헤카타이우스 왕과 화해시키려고 했다. 이 둘은 정치적 의견 차이로 늘 사이가 좋지 않았다. 에우메네스는 카르디아 시민에게 자유를 회복해 주려고 늘 헤카타이우스의 독재와 불의를 비난했다. 알렉산드로스 대왕이 살아 있을 때에 자기 영향력을 행사해 그를 탄핵한 일도 한두 번이 아니었다. 그런 까닭에 에우메네스는 이 원정에 참가하는 것을 거절했다. 헤카타이우스가 자신과 화해한다 해도 본심이 아닐 것이며, 또 안티파트로스와 자기는 본디 사이가 좋지 않으니 이 기회를 노려 자기를 암살할지도 모른다고 말했다. 에우메네스의 말을 듣고 레온나투스는 그제야 속셈을 털어놓았다. 안티파트로스를 구하러 간다는 말은 핑계일 뿐이며 마케도니아를 차지해 왕이 되려는 계획이라는 것이었다. 이어서 그는 결혼을 약속할 테니 펠라로 오라는 클레오파트라가 보낸 편지도 보여주었다.

에우메네스는 정말로 안티파트로스가 두려워서였는지 아니면 레온나투스를 위험한 인물로 보았기 때문인지, 그날 밤 기병 300기와 무장한 노예 200명을 이끌고 레온나투스로부터 탈출했다. 그리고 황금 5000탈란톤을 가지고 밤새 달려 페르디카스에게 갔다. 거기서 그는 레온나투스의 계획을 알리고, 페르디카스의 두터운 신임을 얻어 그의 고문이 되었다.

페르디카스는 대군을 이끌고 에우메네스와 함께 떠났다. 그리고 아리아라테스 왕을 사로잡고 카파도키아를 정복, 에우메네스를 그곳 총독으로 임명했다. 카파도키아 총독이 되자 에우메네스는 자기 친구들에게 주요 도시를 나누어 주고, 수비대장이나 재판관 등 중요한 자리에 앉혔다. 그러나 페르디카스는 그의 일에 간섭하지 않았다. 에우메네스는 그런 페르디카스를 계속 따라다니며 섬겼다. 그는 마케도니아 왕가와 사이가 멀어지는 것을 바라지 않았기 때문이다.

하지만 페르디카스는 킬리키아에 닿자, 혼자서도 계획을 잘 수행할 수 있으리라 믿었다. 그리고 자신이 없는 동안 나라를 유능한 총독에게 맡겨야겠다고 생각했다. 그는 에우메네스가 적임자라 여기고 그를 돌아가게 했다. 겉으로는 나라를 다스리게 한다는 것이었지만, 사실 아르메니아를 지키려는 이유였다. 아르메니아는 에우메네스 영지와 맞닿은 나라인데, 네오프톨레모스가 반란을 꾀해 어수선해져 있었다.

네오프톨레모스는 자부심이 강하고 허영심 많은 인물이었다. 에우메네스는 그의 마음을 얻어 그와 가까이 지내려고 노력했다. 그런데 그곳에서는 마케도니아 보병대가 큰 세력을 가지고 오만불손하게 굴었다. 이들을 다스리기 어렵다고 생각한 에우메네스는, 자신에게 충성을 다할 수 있는 새로운 기병대를 만들기로 했다.

그는 주민들에게 기병대에 지원하면 세금을 면제해 주고, 공물도 바치지 않게 해주겠다고 약속했다. 또한 믿을 만한 병사들에게 말을 사주고, 하루도 빠짐없이 군사 훈련을 했다. 훈련을 열심히 받은 이에게는 상을 내리고 명예도 주었다. 그러자 지원자가 순식간에 늘어나 그는 6300기가 넘는 기병을 가지게 되었다. 마케도니아 사람들은 이런 모습에 놀라면서도 매우 기뻐했다.

마침 그때 크라테루스와 안티파트로스가 헬라스를 정복한 뒤 페르디카스 세력을 누르기 위해 아시아로 가고 있으며, 카파도키아를 먼저 침략할 것이라는 정보가 들어왔다. 그즈음 페르디카스는 프톨레마이오스에 맞서 원정을 이끌고 있었는데, 에우메네스를 카파도키아와 아르메니아 군대 총사령관에 임명했다. 그리고 네오프톨레모스와 알케타스 두 장군에게는 편지를 보내 에우메네스에게 복종하도록 명령했다.

그러나 알케타스는 마케도니아군은 안티파트로스와 싸우는 일을 부끄럽게 여기며, 자신은 크라테루스 장군을 따르겠다면서 이 명령을 거부했다.

네오프톨레모스 장군도 오래전부터 반란을 계획하고 있었기에, 군대를 보내라는 에우메네스 명령을 받자 곧바로 전쟁을 선포해 버렸다.

여기서 에우메네스는 처음으로 신중함과 통찰력의 성과를 거둔다. 그의 보병들은 참패했으나, 기병대는 압도적인 승리로 적의 군수품을 모두 빼앗았다. 그리고 적 보병들이 승리에 취해 있을 때 도시를 공격해 항복을 받아내고, 자신에게 충성하겠다는 선서를 하도록 했다.

네오프톨레모스는 몇몇 부하들을 이끌고 크라테루스와 안티파트로스에게 달려갔다. 그러나 그가 도착하기 전 크라테루스와 안티파트로스는 에우메네스에게 이미 편지를 보내, 자신들 편으로 넘어오도록 권유했다. 그러면 계속 관할지를 다스리도록 권리를 보장해 주고 더 많은 병력과 영토도 주겠다고 했다. 그리고 안티파트로스와 화해하고 크라테루스를 더는 적대시하지 말아달라고도 했다.

이 제의를 받은 에우메네스는 자신과 안티파트로스는 오랜 숙적으로 지내왔으며, 그가 자신의 친구에게 싸움을 걸어왔으므로 갑자기 화해할 수는 없다고 말했다. 그러나 크라테루스가 페르디카스와 공정한 조건 아래 휴전하고, 약속을 잘 이행하겠다는 맹세를 한다면 그 중재 역할을 맡겠다고 했다. 하지만만약 어느 한쪽이라도 상대를 속이려 든다면 살아 있는 날까지 불의와 싸울 것이며, 페르디카스의 믿음을 배반하느니 차라리 목숨을 내놓겠다고 했다.

이 말을 듣고 안티파트로스는 어떻게 대응해야 할지 고심했다. 그때 네오프톨레모스가 도착해 전투에서 진 이야기를 꺼내며, 지금 바로 도와달라고 간청했다. 그는 두 장군 가운데 크라테루스가 나가기를 바랐다. 마케도니아 사람들은 크라테루스에게 절대적인 지지를 보내고 있었기에, 마케도니아식 투구와 그의 목소리만 들려주어도 마케도니아 출신 병사들이 모두 복종할 거라고 말했다.

크라테루스라는 이름은 실제로 커다란 영향력을 발휘했다. 알렉산드로스 대왕이 죽고 나서 군대 전체 신뢰를 얻은 사람은 오직 크라테루스뿐이었다. 병사들은 그가 대왕의 미움을 받으면서도 자신들을 위해 노력했다는 사실을 기억했다.

또 그는 마케도니아의 올바른 풍속들을 지키려 애쓴 사람이었다. 알렉산드로스 대왕은 페르시아를 정복한 뒤에 호화롭고 방탕한 생활에 빠져, 마케도니아 고유 풍속을 잊어 갔다. 그때 마케도니아의 미풍양속을 지키려고 노력한 사람이 바로 크라테루스였다. 이런 이유들 때문에 그는 마케도니아 군대의 절대적 지지와 사랑을 받았다.

크라테루스는 곧 안티파트로스를 킬리키아로 보내고, 자신은 네오프톨레모스와 함께 에우메네스를 무찌르러 가기로 했다. 에우메네스군이 지금쯤 승리를 축하하고 있으리라 생각한 그는 기회를 잡아 습격할 계획을 세웠다.

그러나 에우메네스는 크라테루스가 공격해 오리라 예상하고는, 곧바로 반격할 태세를 갖추었다. 이런 점만 본다면 그가 나태하지 않은 장군임을 알 수 있지만, 뛰어난 지혜를 가진 장군이라고는 볼 수 없을 것이다. 하지만 그는 자기 약점, 곧 자신이 마케도니아 사람이 아니라는 사실 또한 잘 알았다. 그는 약점을 적에게 드러내지 않기 위해 병사들에게 적 사령관이 크라테루스라는 사실을 알리지 않았다. 이런 점에서 그는 사령관으로서 우수한 자질과 전략을 갖추고 있었던 듯하다.

에우메네스는 네오프톨레모스와 피그레스가, 카파도키아와 파플라고니아 기병을 모아 공격해 온다는 사실을 병사들에게 알렸다. 그런데 전쟁 준비를 마치고 잠자리에 들었을 때 이상한 꿈을 꾸었다. 알렉산드로스 대왕 두 사람이 나타나 저마다 마케도니아 장창 부대를 거느리고는 서로 싸우려고 했다. 그런데 한쪽은 아테나 여신이 돕고 다른 한쪽은 데메테르 여신이 돕고 있었다. 곧 치열한 전투가 벌어지고 아테나 여신이 돕는 왕이 패했다. 그러자 승리한 군사들이 데메테르가 준 밀 이삭을 모아 승리자의 관을 엮었다.

꿈에서 깨어나자 에우메네스는 이 꿈이 자신의 승리를 암시하는 좋은 징조라고 해석했다. 자기 영토에서 한창 밀이 익어가고 있었기 때문이다. 그가 전쟁을 벌이려는 것도 이 기름진 국토를 지키기 위해서였다. 그의 땅에서는 곡식이 여물어 평화로운 시대를 노래하고 있었기에, 농업의 여신인 데메테르가 자신을 돕는 것이라 믿었다.

그는 또 크라테루스군이 '아테나'라는 암호에 '알렉산드로스'라고 대답한다는 정보를 들었기에, 더욱 자신만만해져서 자기 군대 암호를 '데메테르'와 '알렉산드로스'로 정했다. 그리고 밀 이삭으로 관을 만들어 쓴 뒤 어깨에도 두르게 했다.

그는 마케도니아군을 믿지 않았기에 전투가 시작되자 아르타바주스의 아들 파르나바주스와 테네도스 사람 포이닉스가 거느리는 외국 기병대를 보내 싸우게 했다. 그리고 두 장군에게 적을 발견하면 지원병을 요청할 여유를 주지 말고 재빨리 무찔러 버리라고 했다. 병사들이 크라테루스와 싸운다는 사실을 알게 되면 그에게서 돌아설지도 몰랐기 때문이다. 에우메네스는 정예 기병 300기를 이끌고 우익 선두에 나서서 네오프톨레모스를 무찌르기 위해 나아갔다. 그는 작은 언덕을 넘어 적에게 먼지바람을 일으키며 달려나갔다.

이 광경을 보고 크라테루스는 깜짝 놀랐다. 그는 적군 가운데 마케도니아 출신들이 반란을 일으키리라는 네오프톨레모스의 말이 거짓임을 깨닫고 화가 치밀어 올랐다. 그는 부하들에게 용감히 싸우라고 격려했다. 전투는 격렬했다. 들고 있던 창이 모두 부러지자 병사들은 칼을 빼어 들고 맞붙어 싸우기 시작했다. 크라테루스는 알렉산드로스 대왕 후계자답게 군을 지휘해 가며 자신도 많은 적군을 무찔렀다.

그러다가 그는 트라키아 기병의 창에 겨드랑이가 찔려 그만 말에서 굴러떨어지고 말았다. 크라테루스를 알아보는 이는 거의 없었으나, 에우메네스의 부하 장군 고르기아스가 그를 알아보고 그의 마지막을 지켜보았다.

에우메네스는 네오프톨레모스와 맞붙어 싸우고 있었다. 둘은 오래전부터 원수였다. 전투가 두 번 치러지는 동안 서로 알아보지 못하다가 세 번째에야 상대를 알아보았다. 그들은 부둥켜안고 말에서 떨어져 서로 투구와 갑옷을 벗기려고 싸웠다. 네오프톨레모스가 일어나려 할 때 에우메네스가 그의 허벅다리를 칼로 찌르며 먼저 일어섰다. 네오프톨레모스는 다치지 않은 다리의 무릎을 딛고 버티며 계속 싸우다가 얼마 뒤 목에 칼을 맞고는 쓰러졌다.

오래된 증오와 분노에 사로잡혀 있던 에우메네스는 그가 죽지 않은 것도 모르고 달려들어 갑옷을 벗기려다가 샅굴부위를 찔리고 말았다. 하지만 이미 힘이 모두 빠져버린 네오프톨레모스의 공격은 에우메네스를 놀라게만 했을 뿐 큰 상처를 입히지는 못했다. 그가 죽자 에우메네스는 네오프톨레모스 갑옷을

에우메네스(EUMENES) 1067

벗긴 뒤, 팔다리에 입은 상처들로 지쳤음에도 다시 말을 타고 아직 전투가 벌어지고 있는 다른 곳으로 달려갔다.

거기에서 에우메네스는 크라테루스가 죽었다는 소식을 듣고 그에게로 달려갔다. 크라테루스는 아직 숨이 남아 있었다. 에우메네스는 죽어가는 크라테루스를 부둥켜안고 눈물 흘리며 오열했다. 그리고 옛 친구를 죽게 만든 네오프톨레모스를 증오했다.

이 승리는 지난번 전투로부터 10일쯤 지나 얻은 것이었다. 한 번은 용기로, 다음은 전략으로 승리를 거둔 그는 크게 이름을 떨쳤다. 하지만 이 승리 뒤로 그는 자신의 군대와 적으로부터 모두 미움을 받게 되었다. 외국인으로서 마케도니아의 으뜸가는 장군과 당당하게 싸워 이겼기 때문이다.

만일 이 소식이 페르디카스 귀에 들어갔다면 그는 마케도니아 최고 권력자가 되었을 것이다. 그러나 에우메네스가 승리를 거두기 바로 전 아이귑토스 원정 중에 페르디카스는 폭동으로 살해되었다. 그 때문에 마케도니아 군대는 에우메네스에게 복수하기로 다짐했다. 이윽고 안티고노스와 안티파트로스가 힘을 합쳐 그를 공격해 왔다.

에우메네스는 이다 산 곁을 지나가다가, 마케도니아 왕가 목장에서 말을 징발해 마케도니아군과 싸우러 나갔다. 그는 목장지기를 통해 왕실로 편지를 보내 말을 징발하게 된 이유를 밝혔다. 이 소식을 전해 들은 안티파트로스는 웃으면서, 에우메네스는 일 처리를 아주 잘하지만 그 대가를 받으려면 그때까지 살아 있어야 하지 않겠느냐고 말했다.

에우메네스는 사르디스에서 가까운 리디아의 한 들판에서 전투를 벌일 계획이었다. 기병 부대였으므로 들에서의 싸움이 유리했고, 한편으로는 클레오파트라에게 으스대고 싶었기 때문이다. 그러나 안티파트로스가 불쾌하게 여기리라는 클레오파트라의 청을 받아들여, 상(上)프리기아로 군대를 움직여 켈라이나이 시에서 겨울을 보냈다.

이때 알케타스, 폴레몬, 도키무스 세 장군이 에우메네스를 제치고 총사령관에 오르려 했다. 그러자 에우메네스는 장군들에게 이렇게 충고했다.

"장군들은 '남을 다스리려는 사람은 제 명에 죽지 못한다'는 말을 모르시오?"

세 장군을 설득한 뒤 그는 병사들에게 밀린 월급을 사흘 안에 주겠노라 약속했다. 그는 이 지역의 성, 농장, 가축, 주민들을 팔아 넘기고 약탈한 전리품과 함께 급여를 주었다. 이 일이 있은 뒤 에우메네스는 다시 이름을 떨치게 되었다.

그러자 적은 '에우메네스를 죽이는 사람에게는 상으로 100탈란톤과 높은 지위를 주겠다'고 널리 알렸다. 그러나 마케도니아 사람들은 이에 분노해, 그의 목숨을 지켜주려고 명문가 젊은이 1000명이 모여 특별 호위대를 꾸렸다. 그들은 에우메네스를 지키며 한시도 긴장을 늦추지 않고, 경계를 엄하게 했다. 마케도니아 사람들은 에우메네스에게서 받은 상을 마치 왕에게서 받은 것처럼 영광스럽게 여겼다.

행운은 보잘것없는 사람의 마음까지 너그럽게 해준다. 그리고 높은 위치에서 세상을 내려다볼 때처럼 위엄을 갖추게 한다. 하지만 정말로 고귀하고 확신에 찬 정신은 재난과 불운에 처했을 때에 그 가치를 드러낸다. 에우메네스가 바로 그런 사람이다.

에우메네스는 안티고노스와 싸우기 위해 카파도키아의 오르키니이로 갔다. 그러나 부하의 배신으로 지고 말았다. 그는 후퇴하는 동안에 재빨리 배신자를 찾아 교수형에 처하고, 적군의 추격을 피해 다른 길을 돌아 다시 같은 곳으로 돌아왔다. 그는 전사자 시체를 모아 근처 마을에서 문짝과 창문을 태워 화장했다. 장군과 일반 병사 무덤은 구별해서 만들어 주었다. 얼마 뒤 그곳을 지나던 안티고노스는 에우메네스 행동을 보고, 그의 담력에 매우 감탄했다.

나중에 에우메네스 군대는 안티고노스 군대와 맞닥뜨렸다. 많은 노예와 전리품을 빼앗을 수 있는 좋은 기회였지만, 뒷일을 생각해 습격하지는 않았다. 만일 부하들이 많은 전리품을 얻게 되면 후퇴가 힘들어지고, 병사들이 힘든 군대 생활을 버리고 떠날까봐 걱정되었기 때문이다. 하지만 그 좋은 기회를 막는 것은 매우 어려웠다. 그래서 에우메네스는 병사들 마음을 돌리려고 다른 곳을 공격했다.

그러고는 적장 메난드로스에게 사람을 보내, 오랜 친구로서 충고하는 것이니 평야에서 빨리 후퇴해 가까운 산으로 이동하라고 했다. 위험을 느낀 메난드로스는 그 충고를 받아들여 평야에서 물러났다.

이어서 에우메네스는 정찰대를 보내 적의 동정을 살피고, 전투 준비를 했다. 하지만 정찰병은 메난드로스가 이미 습격하기 어려운 곳으로 피신했다고 전해왔다. 에우메네스는 실망한 듯 거짓으로 꾸미고는 군대를 다른 쪽으로 이동했다. 메난드로스는 이 일을 안티고노스에게 보고했고, 마케도니아 사람들은 에우메네스를 칭찬했다. 충분히 아이들을 노예 삼고 부인들을 욕보일 수 있었는데도 그러지 않았기 때문이다.

그러자 안티고노스는, 에우메네스는 마케도니아를 생각해서가 아니라 달아날 때 짐이 될까봐 자신을 위해 그렇게 한 것일 뿐이라고 말했다.

그 뒤로 에우메네스는 계속 이리저리 적군에 쫓겨 다니다가 군대 대부분을 해산해 많은 병사들을 집으로 돌려보냈다. 적과 맞서 싸우기에는 너무 작고, 재빠르게 움직이기에는 지나치게 큰 병력이었기에 병사들 안전을 생각해 내린 결정이었다. 그는 떠나는 병사와 동료들에게 따뜻한 인사와 포옹을 잊지 않았다. 그리고 자신은 기병 500기와 보병 200명을 이끌고 카파도키아와 리카오니아 국경 가까이 노라라는 성으로 몸을 숨겼다.

안티고노스는 에우메네스를 뒤쫓아와 성을 에워싸더니 회담을 제의해 왔다. 에우메네스는 이 제안에 대해 말하기를, 안티고노스는 그의 뒤를 이어 병력을 지휘할 부하들이 있으나 자신은 혼자이니, 회담을 하려거든 먼저 인질을 보내 자신의 안전을 보장해 달라고 했다.

이어서 안티고노스가 자신을 상관으로 대우해 줄 것을 요구하자 에우메네스가 단호하게 말했다.

"내가 칼자루를 쥐고 있는 한, 그 누구도 상관으로 인정하지 않겠다."

마침내 안티고노스는 조카 프롤레마이오스를 인질로 보냈다. 에우메네스는 성 밖으로 나와 안티고노스를 맞이했으며, 한때 가까운 친구이자 동료로서 다정하게 포옹을 나누었다.

오래 이야기를 나누었지만, 에우메네스는 자기 목숨이나 평화를 구하는 말을 하지 않았다. 대신 자기 영토와 페르테카스에게서 그가 받은 혜택들을 돌려달라고 했다. 지켜보던 사람들은 그의 용기와 배짱에 모두 깜짝 놀랐다. 그러는 동안 많은 마케도니아 병사들이 에우메네스가 어떤 인물인지 직접 보고 싶어서 달려왔다. 크라테루스가 죽은 뒤 에우메네스만큼 병사들 입에 오르내린 사람이 없었기 때문이다. 그러자 안티고노스는 에우메네스가 병사들한테 폭행을 당할까봐 걱정되어 먼저 병사들에게 큰 소리로 비키라고 외쳤으며, 돌을 던지기도 했다. 그는 마침내 에우메네스를 두 팔로 감싼 뒤 자기 호위병을 시켜 몰려드는 병사들을 막아냈으며, 어수선한 가운데 겨우 에우메네스를 안전한 곳으로 데려갔다.

그 뒤 안티고노스는 노라 주변에 성벽을 쌓고 성을 포위할 병사들만 남기고 떠났다. 그리하여 에우메네스는 성안에 갇혀버렸다. 성안에는 곡식과 물과 소금은 넉넉했지만 그 밖의 먹을 것은 없었다. 그럼에도 그는 병사들을 차례로 식사에 초대해 음식을 나누어 먹으며 즐겁게 해주려고 애썼다. 에우메네스는 전쟁으로 시달린 노장의 얼굴 같지 않았다. 놀랍게 균형잡힌 섬세한 팔다리를 비롯해 온몸이 마치 예술작품처럼 조화로워 보였다. 그는 뛰어난 연설가는 아니었지만, 그가 쓴 편지들로 미루어 볼 때 사람 마음을 끌어당기는 매력과 충분한 설득력을 갖추고 있었다.

성 안에 갇힌 에우메네스 병사들에게 가장 심각한 고민은 좁은 생활공간이었다. 사람도 말도 똑같이 운동을 하지 못하고 먹고 마시고만 있었다. 에우메네스는 병사들 건강을 위해 길이가 14큐빗쯤 되는 가장 넓은 방을 운동실로 만들고, 그 안에서 처음에는 걷게 하다가 차츰 빨리 달리게 하여 운동과 오락을 겸하도록 했다. 그리고 말들도 위기에 처했을 때를 대비해 마구간 천장에 도르래를 달고 앞발이 땅에 닿지 않을 만큼 말을 끌어올려 운동시켰다. 사료로는 소화가 잘되는 보릿가루를 먹었다.

이때 안티고노스는 마케도니아에서 안티파트로스가 죽은 뒤 카산드로스와 폴리스페르콘이 서로 싸우고 있다는 소식을 들었다. 안티고노스는 홀로 정권을 차지해야겠다고 생각했다. 그는 도움이 필요해지자 에우메네스에게 히에로니무스를 보내 협정서를 교환하자고 했다.

히에로니무스는 에우메네스에게 협정서를 보였다. 에우메네스는 협정문을 고치고 나서 성을 포위하고 있던 병사들에게 어느 것이 더 이치에 맞는지 골라달라고 했다.

마케도니아 병사들은 에우메네스의 수정본이 옳다고 했다. 안티고노스가 쓴 것은 처음에 왕실 이름을 잠깐 말하고는 자신에게 충성을 바치도록 요구했다. 그러나 에우메네스의 수정본은 안티고노스뿐 아니라, 왕비 올림피아스와 마케도니아 왕가에도 충성을 다하겠다는 내용이었다. 그들은 에우메네스가 자신이 만든 협정서에 따라 충성을 맹세할 수 있도록 포위를 풀었다. 그리고 안티고노스에게도 그 협정서에 맹세할 것을 요구했다.

에우메네스는 인질로 잡았던 카파도키아 사람들을 모두 풀어주었다. 그들은 그 대가로 많은 군마와 마차 끄는 짐승들과 천막 등을 선물했다. 그러자 에우메네스는 아직 떠돌아 다니던 병사들을 모아 1000기 가까운 기병을 조직한 뒤 성을 탈출해 안티고노스 세력에서 완전히 벗어났다.

그는 안티고노스를 믿지 못했다. 마케도니아 장군들이 에우메네스가 서명한 협정서에 안티고노스의 서명을 받으려 하자 안티고노스가 수정한 글을 보고 화를 내며 에우메네스가 달아나지 못하게 에워싸라고 명령했기 때문이다.

에우메네스가 노라 성을 탈출해 쫓겨 다니는 동안 마케도니아에서 편지가 왔다. 그 편지는 강해진 안티고노스 권력에 맞서는 사람들이 보낸 것이었다. 그 가운데는 알렉산드로스 대왕의 어머니 올림피아스가 쓴 편지도 있었는데, 대왕의 어린 왕자가 목숨이 위태로우니 빨리 와서 구해달라는 애원이었다.

또 폴리스페르콘과 필리포스 왕에게서도 편지를 받았다. 지금 마케도니아가 안티고노스 횡포 때문에 위협받고 있으며, 에우메네스에게 카파도키아 군사령관직을 맡길 테니 안티고노스군을 정벌해 달라는 내용이었다. 그 대가로 퀸다에 있는 왕실 금고에서 500탈란톤을 주겠다고 했으며, 또 병력을 모으는 데 필요한 세금을 매길 수 있는 권리를 부여하겠다고 썼다.

이 편지는 은방패 부대 지휘관인 안티게네스와 테우타무스에게도 전해졌다. 두 지휘관은 편지 내용을 못마땅하게 여겼다. 그들은 에우메네스를 만나자 겉으로는 호의를 보내면서도 속으로는 분노를 감춘 채 그에게 복종하려 들지 않았다. 에우메네스는 그들의 시기심을 가라앉히기 위해 돈을 받지 않았다. 안티게네스와 테우타무스는 그에게 복종할 생각이 없고, 자신은 그들을 통제할 수 없음을 깨닫자 이들의 경쟁심과 권력욕을 다스리기 위해 미신을 이용하기로 했다.

에우메네스는 지난밤 꿈에 알렉산드로스 대왕이 나타났다고 꾸며댔다. 꿈속에서 알렉산드로스는 에우메네스를 왕자가 놓여 있는 화려하게 치장된 막사로 데려가, 그곳에서 회의를 하고 중요한 일을 처리한다면 자신이 늘 함께하며 자기 이름 아래 행하는 모든 일을 도와주겠다 했노라고 말했다.

두 장군은 그의 말을 믿었다. 에우메네스는 그들이 자기 막사로 와서 회의하고 싶어하지 않음을 알았고, 자신 또한 다른 이의 막사에 가고 싶지 않았다. 그래서 대왕의 막사를 세워 옥좌를 들여놓고 '알렉산드로스의 막사'라 부르며 이곳에서 중요한 회의를 열었다.

에우메네스는 이렇게 두 장군을 자기편으로 만들고는, 안티고노스가 있는 아시아 대륙 멀리 나아갔다. 에우메네스와 가깝게 지내던 페우케스타스를 비롯한 페르시아 총독들이 합세했다. 이로써 마케도니아 군대는 더 강해지고 사기도 드높아졌다.

그런데 이들 총독들은 알렉산드로스 대왕이 죽은 뒤 권력을 마음대로 휘두르며 마치 왕이라도 된 듯이 행동했다. 그들은 호화롭게 생활하며, 야만족들의 아첨으로 더 오만해졌다. 야만족들은 서로 헐뜯어가며 마케도니아군 환심을 사려고 연회와 제사에 드는 비용을 아끼지 않고 대주었다. 마케도니아 군대는 순식간에 환락가처럼 변해버렸다. 또 병사들을 매수해 총사령관과 지휘관을 투표로 뽑자고 했다.

에우메네스는 두 장군이 자신을 두려워해 암살하려는 사실을 눈치챘다. 그는 자신을 미워하는 이들에게서 일부러 많은 돈을 꾸었다. 돈 쓸 곳이 있어서가 아니라, 암살당하는 것을 막기 위해서였다. 그가 돈을 갚기 전까지는 그를 죽이지 않으리라 여겼기 때문이다. 이렇듯 그는 적의 돈으로 자기 안전을 구했다. 사람들은 대부분 돈을 써서 목숨을 구하지만, 에우메네스는 그 반대였다.

잠시 평화가 지속되는 동안 마케도니아 병사들은 페르시아 장군들의 아첨에 넘어가, 선물을 주고 총사령관인 체하는 사람들 말에 귀를 기울였다. 그러나 안티고노스가 대군을 이끌고 쳐들어오자 진정한 장군이 필요하게 되었으므로, 그제야 일반 병사는 물론 의기양양하던 장군들도 에우메네스에게 복종했다. 그리고 그가 나누어 주는 직책을 아무런 불평 없이 맡았다.

그도 그럴 것이 안티고노스가 파시티헬라스 강을 건너가려는 것을 눈치챈 장군은 에우메네스 한 사람뿐이었다. 그는 강가에서 적과 맞서서 큰 승리를 거둠으로써 강을 적군의 시체로 메우고 4000명을 포로로 잡았다.

다른 장군들이 연회를 베풀어 마케도니아 병사들에게 더 나은 것들을 주겠다고 약속하는 동안, 에우메네스는 혼자서 전투들을 승리로 이끌기 위해 고심했다. 따라서 마케도니아 병사들은 그를 가장 믿고 따랐는데, 이것은 그가 병으로 앓아 누우면서 증명되었다.

페우케스타스는 페르시아에서 연회를 베풀고, 병사들에게 양 한 마리씩을 나누어 주고는 제물로 바치게 했다. 따라서 그는 자신이 사령관이 되리라 확신했다. 며칠 뒤 적이 눈앞에 와 있을 때 에우메네스는 중병에 걸려 안정을 취하기 위해, 주력군과 떨어져 가마에 실려 가고 있었다. 그런데 행군을 시작한 지 얼마 되지 않아 적군이 언덕을 넘어 내려오는 모습이 눈에 띄었다. 적의 황금빛 갑옷은 햇빛을 받아 번쩍거렸고 코끼리들 등 위에는 높다란 안장과 자줏빛 장식이 보였다. 적은 전투 복장을 하고 있었다. 앞장서던 병사들은 행군을 멈추고는 큰 소리로 에우메네스 장군을 불렀다. 그가 지휘하지 않으면 한 걸음도 나아가지 않겠다는 뜻이었다. 병사들은 무기를 내려놓으며 입에서 입으로 전진하지 말자고 전달했으며, 지휘관들에게도 에우메네스 없이 싸움을 벌여 위험에 빠져서는 안 된다고 분명히 말했다.

이 소식을 듣자마자 에우메네스는 병사들을 재촉해 대열에 합류했고, 가마의 포장을 걷어 올리고 오른손을 흔들어 보였다. 그제야 병사들은 마케도니아식으로 인사를 한 뒤 방패를 집어들고 긴 창을 두드리며 환호성을 질렀다. 우리 장군이 왔으니 싸워도 좋다고, 적에게 알리는 소리였다.

안티고노스는 포로들에게서 에우메네스가 가마에 실려다닐 만큼 병들었다는 소식을 듣고, 나머지 장군들을 무찌르는 일은 어렵지 않으리라는 생각에 서둘러 진군해 왔다. 하지만 가까이 다가가 적이 전투대형을 갖추는 모습을 살펴보고는 깜짝 놀라 머뭇거렸다. 그러다가 부대 한쪽 날개에서 다른 쪽 날개로 가로지르는 가마를 보자 곧 버릇대로 큰 소리로 웃고는 동료들에게 외쳤다.

"저 가마가 우리에게 싸우자고 하는군!"

안티고노스는 군대를 물러나게 하고 얼마 떨어지지 않은 곳에 진을 쳤다. 적군이 물러가자 에우메네스 군대는 다시 해이해졌다. 병사들은 전투에 지친 몸을 회복시킨다는 이유로, 가비에네 땅에 흩어졌다. 그들은 거의 1000스타디온이 넘는 간격을 둔 채, 서로 뿔뿔이 흩어져 겨울을 보내게 되었다.

이 소식을 전해 들은 안티고노스는 에우메네스를 무찌를 가장 좋은 기회라 여기고는 군대를 이끌고 갑자기 돌진했다. 에우메네스 군대가 병사들을 모을 틈을 주지 않기 위해, 그는 험한 지역을 가로지르는 강행군을 시도했다. 그러나 사람이 살지 않는 황량한 벌판은 세찬 바람이 불고 몹시 추웠고, 추위를 피하기 위해서는 불을 피워야만 했다. 하지만 이 때문에 안티고노스 군대는 적에게 들키고 말았다. 높은 지대 사람들이 모닥불을 보고 놀라, 페우케스타스에게 전령을 보내 알렸기 때문이다.

이 소식을 듣고 페우케스타스는 공포에 사로잡혀 도무지 정신을 차릴 수가 없었다. 다른 장군들도 같은 상태인 것을 보고서 그는 일단 달아나기로 결심했다. 그는 후퇴하면서 군대를 모으자고 말했으나, 에우메네스는 장군들을 가로막았다.

그는 먼저 혼란과 근거 없는 공포를 가라앉혀야 했다. 그래서 적의 공격을 사흘쯤 늦추어 보자고 했다. 에우메네스는 전령을 보내 군대를 재빨리 모았다. 자신도 부하들을 이끌고 말을 타고 나갔다. 그는 적이 내려다보이는 높은 곳에 올라가 많지 않은 병력을 곳곳에 배치하고는 모닥불을 피우게 했다. 그것은 마치 수많은 군대가 적을 기다리고 있는 듯이 보였다.

안티고노스는 여기저기 타오르는 모닥불을 발견했다. 그는 적이 자기가 쳐들어오는 것을 눈치채고 맞이하러 나왔다 생각하고서 의욕을 잃고 괴로워했다. 그는 행군으로 지친 아군이 충분한 휴식을 취한 적군과 싸우게 될까봐 염려해 군대의 방향을 바꾸었다. 그러고는 마을들을 지나 천천히 나아가며 병사들을 쉬게 했다.

그러나 적이 서로를 마주보고 있으면 으레 한쪽이 다른 한쪽을 가로막아야 하는 법인데 아무도 그들을 막지 않았다. 뿐만 아니라 지역 주민들은 모닥불만 보았을 뿐 병사들은 보지 못했다고 말했다. 그제야 안티고노스는 에우메네스의 계략에 속아 넘어갔음을 깨달았다. 분노에 찬 그는 전투에서 승패를 가리고자 진군 명령을 내렸다.

그동안 에우메네스는 거의 모든 병력을 집결해 안티고노스의 공격을 기다렸다. 병사들은 그의 전략에 감탄해 그를 총사령관으로 받들었다. 병사들의 이런 움직임에 화가 난 은방패 부대 지휘관 안티게네스와 테우타무스는 시기심으로 가득 차서 에우메네스를 암살하려는 음모를 꾸몄다. 페르시아 총독들과 지휘관들 거의가 음모에 가담했고 그 시기와 방법을 의논했다. 그들은 먼저 에우메네스의 뛰어난 전술을 이용해 눈앞에 다가온 전투를 이기고 난 뒤 그를 죽이기로 했다.

그런데 돈을 빌려준 코끼리 부대 지휘관 에우다무스와 파이디무스가 돈을 돌려받지 못할까봐 염려되어 이 사실을 에우메네스에게 알려주었다. 에우메네스는 그들에게 감사의 말을 전한 뒤 막사로 돌아와 몇몇 동료들에게 말하기를, 자신이 마치 짐승 무리 속에서 살고 있는 것 같다고 했다. 그러고는 유서를 쓰고 모든 개인 문서를 불태워 버렸다. 자신이 죽은 뒤 편지를 보낸 사람이 피해를 입지 않게 하기 위해서였다. 주변을 정리하고 나서 에우메네스는 적에게 승리를 안겨줄까, 아니면 아르메니아나 메디아를 거쳐 달아나 카파도키아를 점령할까 곰곰이 생각했다. 하지만 친구들과 함께 있는 동안은 섣불리 결론 내리지 않기로 했다.

그는 자신의 다재다능한 능력을 발휘할 기회들을 꿈꾸어 보았다. 그러고 나서 군대를 전투 대열로 배치하고, 헬라스와 야만족 병사에게 용감하게 싸우라고 격려했다. 적이 공격을 버텨내지 못할 게 확실했기 때문이다. 마케도니아 장창 부대와 은방패 부대는 그가 사열하자 힘차게 함성을 질렀다.

사실 그들은 필리포스 왕과 알렉산드로스 대왕을 섬겨온 노병들로서 나이는 거의 70을 넘었고, 60세 아래로는 한 명도 없었다. 그들은 이제까지 한 번도 패배한 적이 없는 백전노장들이었다. 그러므로 안티고노스 군대로 돌진하며 크게 외쳤다.

"이놈들! 아버지 같은 이들과 싸우겠다고 덤비는 이 괘씸한 놈들아!"

그들의 기세는 적을 무너뜨렸다. 그들이 가는 곳마다 적은 순식간에 무너져 내렸다. 안티고노스 보병들은 완전히 패배해 달아났지만, 기병대는 싸워 이겼다. 기병대는 페우케스타스가 겁이 많다는 사실을 이용해 에우메네스의 보급 부대를 모조리 사로잡았다. 이것은 안티고노스가 위급한 상황에서도 냉정한 판단력을 잃지 않았기 때문이기도 했지만, 독특한 지형 덕이기도 했다. 전투가 벌어진 들판은 넓었고, 땅은 질지도 딱딱하지도 않았으며 보드랍고 가벼운, 소금기 있는 모래가 바닷가처럼 깔려 있었다. 이런 땅에 많은 사람과 말이 달리자 모래들이 작고 흰 먼지로 변해 아주 가까운 곳도 앞이 전혀 보이지 않았다. 이 덕분에 안티고노스의 기병은 적이 알아채지 못하는 사이에 에우메네스군의 군수물자를 비롯해 부녀자와 아이들을 빼앗아 올 수 있었다.

전투가 끝나자, 은방패 부대 지휘관 테우타무스는 안티고노스에게 사절을 보내 군량을 돌려달라고 했다. 그러자 안티고노스는 에우메네스를 넘겨준다면 군수물자는 물론, 부인들과 아이들도 돌려주겠다고 제안했다. 테우타무스는 안티고노스의 제안을 병사들에게 알렸다. 이 말을 듣자 마케도니아 병사들은 에우메네스를 적에게 넘겨주는 배신 행위를 하기로 결정했다.

그들은 에우메네스의 천막으로 몰려갔다. 병사들은 에우메네스가 의심을 하지 않도록 그들이 잃은 것들에 대해 슬퍼하는 척하며 그가 적에게 거둔 승리를 치켜세우더니, 갑자기 그에게 달려들어 칼을 빼앗고 손을 등 뒤로 묶었다.

얼마 지나지 않아 안티고노스가 에우메네스를 넘겨받기 위해 니카노르를 보냈다. 에우메네스는 마케도니아 병사들 사이를 지나가다가, 그들에게 한마디만 할 수 있도록 허락해 달라고 했다. 그들에게 살려달라고 간청하려는 게 아니며, 오직 그들에게 도움이 될 말을 하려는 것뿐이라고 했다.

에우메네스가 언덕 위로 올라서자 갑자기 조용해졌다. 그는 묶인 손을 뻗어 앞으로 내밀며 말했다.

"오! 가장 비겁한 마케도니아 사람들이여! 장군을 사로잡아 적의 손에 넘겨주려 하다니, 이제까지 안티고노스가 세운 기념비 가운데 이보다 더 수치스러운 게 어디 있겠소? 여러분은 승리했지만 재물 때문에 스스로 패자가 되었소. 그리고 마치 승리가 창칼이 아니라 재물에 있는 듯이, 사령관과 재물을 아무렇지 않게 맞바꾸려 하고 있소. 나는 이제 사로잡힌 몸이 되었지만 패배자는 아니오. 나는 친구들에게 배신당해 내가 정복했던 적에게 넘겨지기 때문이오. 여러분에게 간청하겠소. 군대의 수호신 유피테르와 함께 맹세를 깨뜨리는 자를 벌하는 모든 신의 이름으로 부탁하겠소. 여기서 여러분 손으로 나를 죽여주오. 내가 적 진영에서 죽으면 세상 사람들이 여러분을 그냥 두지 않을 것이오. 그러나 여러분이 나를 죽여서 데려가도 안티고노스는 약속을 어기지 않을 것이오. 그가 바라는 것은 죽은 에우메네스이지, 살아 있는 에우메네스가 아닐 테니 말이오. 그것도 싫다면 내 손 하나만 풀어주오. 스스로 죽겠소. 나에게 칼을 주기가 두려우면 나를 꽁꽁 묶어 사나운 짐승들 발아래 던져주오. 그러면 나는 그대들의 장군을 영예로운 사람이 되게 해준 데 감사히 생각하며 나를 죽인 여러분의 죄를 용서하겠소."

에우메네스의 말을 듣고 병사들은 그의 운명을 슬퍼하며 눈물을 흘렸다. 그러나 은방패 부대 노병들만은 그가 무슨 말을 하든 신경 쓰지 말고 어서 끌고 가라며 소리쳤다. 그들의 말에 따르면 케르소네소스 출신 역적은 죽든지 말든지 상관없었다. 그는 수많은 전투에서 마케도니아 사람을 괴롭히고 죽음으로 몰아넣었기 때문이다. 필리포스 왕과 알렉산드로스 대왕의 병사들 가운데 으뜸가는 은방패 부대는 오랫동안 전쟁터에서 빛나는 전공을 세우고도 지금 전리품을 빼앗기고 다 늙어 거지 꼴이나 다름없었다. 그들은 자신들의 처지를 억울해하고 분통을 터뜨렸으며, 처자식이 적의 손에 들어간 지 사흘이나 되었다고 아우성쳤다.

마침내 에우메네스는 안티고노스에게 끌려갔다. 안티고노스는 군중이 소란을 일으킬까봐 코끼리 10마리, 메디아와 파르티아의 혼성 기병대로 하여금 그를 지키도록 했다. 안티고노스는 한때 친구이자 동료였던 에우메네스를 똑바로 쳐다볼 자신이 없었다. 에우메네스를 넘겨받은 관리들이 그를 어떻게 해야 할지 물었다. 그는 이렇게 대답했다.

"코끼리나 사자처럼 대하라!"

그러나 얼마 뒤 안티고노스는 에우메네스를 가엾게 여겨 무거운 쇠사슬을 풀어주고, 그의 몸에 향유를 바르도록 허락했다. 또 그가 원하면 친구들을 자유롭게 만날 수 있게 해주었다.

안티고노스는 에우메네스 처리 문제를 여러 날 고심했다. 처음에는 열렬히 에우메네스를 변호하던 크레테 사람 네아르쿠스와 자기 아들 데메트리오스 의견을 따르기로 했다. 하지만 장군들은 거의 그를 처형해야 한다고 주장했다.

이에 대해 다음 같은 이야기가 전해진다. 에우메네스는 자신을 감시하던 오노마르쿠스에게, 안티고노스는 왜 적을 잡았으면서도 바로 죽이거나, 아니면 영예롭게 자유를 선사해 주지 않는 것이냐고 물었다. 그러자 오노마르쿠스는 거만한 태도로, 죽음을 두려워하지 않는다고 자랑해 보이고 싶다면 이곳보다는 차라리 전쟁터가 나았을 거라고 말했다. 이에 에우메네스가 다시 말했다.

"나는 그것을 이미 보여주었네. 나와 맞서 싸웠던 사람들에게 물어보게. 나는 이제까지 나 자신보다 더 강한 사람을 만난 적이 없으니."

그러자 오노마르쿠스도 지지 않고 대답했다.

"그럼 이제야 당신보다 더 강한 사람을 만났군요. 그러니 그분의 처분을 좀 더 참고 기다리시지요."

마침내 안티고노스는 에우메네스를 죽이기로 결정하고, 그에게 음식을 주지 말라고 했다. 하지만 며칠이 지나 그가 거의 굶어 죽게 되었을 때 갑자기 군을 이동시켜야 했으므로, 사형집행인을 보내 그를 죽였다.

안티고노스는 에우메네스 시체를 그의 친구들에게 보내고 화장을 허락했다. 그리고 그의 유골을 모아 은항아리에 담은 뒤 가족에게 보내주었다.

에우메네스는 이렇게 죽음을 맞았다. 신은 에우메네스를 배반한 이들에 대해 마땅한 벌을 내렸다. 안티고노스는 은방패 부대 노병들을 극악무도한 놈들이라며 증오했다. 그래서 그들을 아라코시아 총독 시비스티우스에게 보내고는, 수단과 방법을 가리지 말고 잔인하게 죽이라고 명령했다. 이로써 은방패 부대 병사들은 오직 한 사람도 마케도니아 고향에 돌아가지 못했으며, 죽어서는 헬라스 바다조차 바라볼 수 없는 운명을 맞았다.

세르토리우스와 에우메네스의 비교

이제껏 우리는 세르토리우스와 에우메네스의 삶을 살펴보았다. 그들에 대해 기억할 만한 사건들은 이미 앞서 말했으므로, 이제 그들의 생애를 비교해 공통점과 차이점을 알아보자.

둘은 모두 태어난 조국에서 쫓겨나 다른 나라 군대의 장군이 되었다. 그리고 그들은 똑같이 여러 종족으로 이루어진 용맹스러운 대군을 통솔했다.

세르토리우스의 독특한 점은, 전공과 명성에서 이름을 날리던 보수파의 전폭적인 지지를 얻어 총사령관 자리에 올랐다는 점이다. 반대로 에우메네스는 그 자리를 다투는 경쟁자가 많았음에도 빛나는 공적으로 높은 자리를 차지했다.

또한 세르토리우스는 그를 존경하며 따르고 열망하는 이들의 절대적인 지지를 받았다. 그러나 에우메네스는 스스로는 지휘할 능력이 없어, 자신의 안전을 꾀하려 몰려든 사람들을 거느려야 했다.

세르토리우스는 로마 출신으로, 루시타니아와 이베리아의 총사령관이 되었다. 그들은 오랫동안 로마 통치를 받던 사람들이었다. 에우메네스는 케르소네소스 사람으로서 마케도니아 총사령관이 되었다. 세르토리우스는 많은 전쟁에서 무수한 업적을 쌓아 원로원 신임을 얻고 존경을 받으며 영광스런 자리에 올랐다. 하지만 에우메네스는 누구나 하찮게 여기던, 문관이나 비서관 지위에서 수많은 어려움들을 헤치고 나아가 영광스러운 자리에 올랐다.

에우메네스는 살아가며 늘 끊임없는 장애물들을 만났다. 그 가운데에는 그에게 보란듯이 맞서는 사람도 있었지만, 자기편 사람이 꾸민 비밀스런 음모에 휘말려 들곤 했다. 그러나 세르토리우스는 보수파의 반대를 전혀 받지 않았다. 오직 그의 몇몇 친구들이 몰래 음모를 꾸민 적이 있을 뿐이다.

세르토리우스는 전쟁터에서만 승리하면 자신의 안전에도 문제가 없었다. 그러나 에우메네스는 승리하고 난 뒤에도 늘 그를 시기하는 사람들에 맞서 자신을 지켜야만 했다.

전쟁에서의 공적은 둘 다 비슷했지만 심리적 성향에서는 많은 차이가 있었다. 에우메네스는 천성적으로 전쟁과 투쟁을 좋아했지만, 세르토리우스는 조용하고 평화로운 삶을 꿈꾸었다.

만일 에우메네스가 경쟁하지 않고 조용하고 안락하게 지내려 했다면 명예롭게 생애를 마쳤을지도 모른다. 그러나 그는 마케도니아 장군 가운데서 가장 위대한 사람과 끝까지 승부를 겨루려 들었다.

세르토리우스는 정치의 소용돌이 속에서 괴로움을 당하려 하지 않았다. 하지만 그는 목숨을 지키기 위해, 평화로운 삶을 허락지 않으려는 이들과 싸울 수밖에 없었다.

만일 에우메네스가 이인자 자리를 받아들였다면, 자리를 다툴 필요가 없게 된 안티고노스는 그를 장군으로 맞아들였으리라. 그러나 폼페이우스 친구들은 세르토리우스가 세상일에서 벗어나 조용한 생활을 하려는 것조차 내버려 두지 않았다.

에우메네스는 전쟁을 지휘하고 싶어 스스로 전쟁을 찾아다녔고, 세르토리우스는 자신이 맞닥뜨린 위험을 막고자 하는 수 없이 군대를 지휘해야만 했다.

에우메네스는 전쟁을 좋아했다. 그는 자기 안전보다는 전쟁에서 이름 떨치기를 바랐다. 그러나 세르토리우스는 참다운 용사로서, 전쟁을 승리로 이끌며 자신의 안전을 구했다.

죽음을 맞이했던 태도를 살펴보면, 세르토리우스는 꿈에도 죽음을 생각하거나 의심하지 않았다. 하지만 에우메네스는 오래전부터 죽음을 예측하고 있었다. 그래서 세르토리우스는 사람을 의심하지 않고, 고귀하고 너그러운 마음을 보여주었다. 그러나 에우메네스는 늘 도망가려고 하다가 마침내 사로잡히고 말았다.

세르토리우스 죽음은 결코 그의 생애를 불명예스럽게 하지 않았다. 그의 정적조차 그를 죽일 수 없었는데, 오히려 동지로 여겼던 이들에게 죽임당했기 때문이다. 그러나 에우메네스는 달아나지 못하고 사로잡힌 뒤에는 살려고 발버둥치다가 치욕스런 마지막을 맞았다. 그는 어떻게든 살아남으려 애쓰다가 적들에게 육체뿐 아니라 정신까지도 정복당하고 말았다.

아게실라우스(AGESILAUS)

제욱시다무스 아들 아르키다모스 왕은 라케다이몬을 훌륭히 다스렸다. 그는 람피토라는 귀족 출신 부인을 왕비로 맞아 아기스를 낳았고, 멜레시피데스의 딸 에우폴리아와 다시 결혼해 둘째 왕자 아게실라우스를 얻었다. 두 아들은 나이 차이가 많이 났다.

스파르타 법에 따라 왕위 계승권은 첫째 아들인 아기스에게 있었다. 때문에 아게실라우스는 어릴 적부터 평민과 다름없이 살아가며 다른 소년들처럼 공교육을 받아야만 했다. 헬라스 시인 시모니데스가 이를 보고 '인간 조련사'라 불렀을 만큼, 스파르타 공교육은 윗사람에게 무조건 복종해야 하는 매우 엄격한 교육이었다. 말을 잘 길들이기 위해 망아지 때부터 훈련을 시작하듯이, 어릴 때부터 이렇게 교육받은 시민들은 법률을 잘 지키고, 높은 사람에게 절대적으로 복종했다.

법적으로는 오직 왕세자만이 이 의무를 피할 수 있었으므로, 왕위계승권이 없었던 아게실라우스는 모든 교육을 받아야 했다. 하지만 그는 이 덕분에 오히려 뒷날 왕위에 오르게 되었을 때 가장 적임자로 평가받았다. 왕자다운 고귀한 기상에 너그러울 뿐 아니라, 시민 정신까지 갖추었기 때문에, 그는 스파르타 역대 왕들 가운데 민중을 가장 잘 이해한 왕이 될 수 있었다.

아게실라우스는 어려서부터 리산드로스와 친하게 지냈다. 그는 단(團), 또는 동아리라 부르는 집단에 들어가 훈련 받았는데, 이때 리산드로스를 만났다. 리산드로스는 아게실라우스의 절제력과 자제심에 감탄해, 그를 보고 배우며 따르게 되었다. 아게실라우스는 매우 열정적이고 의욕적인 소년이었다. 그는 누구에게도 지고 싶어하지 않았으며, 늘 야망에 넘쳤고, 어떤 어려움을 겪더라도 스스로 이겨내려는 강한 의지를 보였다. 하지만 본디 성격이 부드럽고 온화했으므로, 모든 명령에는 기꺼이 따랐다. 그는 어려움이나 위험에 처하는 것보다, 다른 이들의 비난을 받는 일을 더 두려워했다.

아게실라우스는 한쪽 다리가 조금 짧아서 다리를 조금 절었지만, 건장함에서 풍겨나오는 패기와 자기 결점을 그대로 인정하는 밝은 성격에 가려져 그 단점은 거의 눈에 띄지 않았다. 또 그는 절름발이라는 이유로 어떤 어려움이나 어떤 모험도 피한 적이 없었다.

그의 조상이나 초상화가 어디에도 남아 있지 않아서 얼굴이 어떻게 생겼는지는 알 수 없다. 그는 살아 있을 때는 물론, 죽은 뒤에도 자기 초상화를 그리지 못하도록 금지시켰다. 그는 작고 보잘것없는 체격을 지녔으나, 솔직하고 싹싹한 성격으로 사람들을 매우 즐겁게 해주었으며, 절대로 거만한 태도를 보이지 않았다. 그래서 늙어서까지 씩씩하고 아름다운 여느 젊은이들 못지않게 사람들에게 사랑받았다.

철학자 테오프라스투스 기록에 따르면, 아르키다모스 왕이 아게실라우스의 어머니를 둘째 왕비로 맞으려 했을 때, 에포로스(스파르타 5명의 최고 행정관)들이 끝까지 반대했다고 한다. 그들은 이 일로 왕에게 벌금까지 물리면서 이렇게 말했다.

"그 여자는 대왕이 아니라 소왕을 낳게 될 것입니다."

아게실라우스의 형 아기스가 왕위에 올라 스파르타를 다스릴 때, 아테나이에서 쫓겨난 알키비아데스가 시킬리아에서 스파르타로 망명해 왔다. 그런데 그가 잠시 머무는 동안, 왕비 티마이아와 지나치게 가까이 지낸다는 소문이 온 스파르타에 파다하게 퍼졌다. 아기스 왕은 이를 몹시 불쾌하게 여겨, 그녀가 아들을 낳자 알키비아데스의 자식이라며 자기 아들로 받아들이지 않았다.

역사가 두리스에 따르면, 티마이아 자신도 이 비난을 부인하지 않았다고 한다. 그녀는 시녀에게 아이 아버지가 알키비아데스라고 속삭이며, 왕이 없을 때에는 아이를 이름은 레오티키데스 대신 알키비아데스라 불렀다. 사람들은 알키비아데스가 티마이아를 유혹한 것은 그녀를 사랑해서가 아니라 자기 자손에게 스파르타 왕위를 잇게 하려는 야심 때문이었다고 말한다.

이런 소문이 퍼져나가자 알키비아데스는 아기스 왕의 보복이 두려워 마침내 스파르타를 떠났다. 왕은 레오티키데스를 늘 의심 가득한 눈초리로 바라보았으며, 그를 아들로 인정하지 않았다. 왕은 죽기 직전에야, 눈물을 흘리며 호소하는 레오티키데스를 여러 증인들이 지켜보는 가운데 아들로서 인정했다. 하지만 레오티키데스는 왕위를 이어받을 수 없었다. 아기스 왕이 죽은 뒤, 아테나이를 정복하고 스파르타 권력을 손에 넣은 리산드로스가, 레오티키데스를 사생아라 주장하며 아게실라우스를 왕위 계승자로 내세웠기 때문이다. 아게실라우스와 함께 교육받았던 많은 사람들도 리산드로스의 주장을 지지했다.

그 무렵 스파르타에 디오페이테스라는 사람이 있었다. 그는 고대 신탁에 조예가 깊었고, 특히 종교적 문제에 대해서는 누구보다도 현명하다고 여겨졌다. 그런데 그는 절름발이가 스파르타 왕이 되는 일은 옳지 못하다 주장하며 아래와 같은 신탁을 전했다.

> 자랑스러운 스파르타여 조심하라.
> 그대 두 다리로 힘차게 서서,
> 절름발이가 왕이 되지 않도록 하라.
> 예상치 못한 기나긴 재앙과
> 비참한 전쟁 폭풍이 그칠 날이 없으리라.

이 말을 들은 리산드로스는, 신탁이 뜻하는 사람이 레오티키데스라고 반박했다. 그는 신탁 내용이 가리키는 것이 실제로 다리를 저는 사람이 아니라, 헤라클레스의 순수 혈통을 이어받지 못한 사생아를 왕위에 오르지 못하게 하라는 경고라고 주장했다. 스파르타 왕에게 다른 피가 섞여 있다면 그것이야말로 '불구의 왕'으로서 나라를 합법적이지 못한 절름발이로 만들게 된다는 것이었다.

이 말에 아게실라우스도 '레오티키데스가 사생아라는 사실은 바다의 신 포세이돈도 증명하신 일'이라고 덧붙였다. 이는 아기스 왕이 심한 지진으로 침대에서 떨어지고 나서 왕비를 가까이하지 않았는데도, 열 달 뒤에 레오티키데스가 태어난 사실을 두고 한 말이었다. 이렇게 해서 아게실라우스는 왕위에 올랐고 아기스 왕의 엄청난 재산을 물려받는 한편, 레오티키데스는 사생아라는 낙인이 찍혀 추방되었다.

아게실라우스의 외가는 존경받는 집안이었지만 매우 가난했다. 그는 상속받은 재산 가운데 절반을 외가 친척들에게 나누어주었다. 이렇게 호의를 베풀며 아게실라우스는 사람들 마음을 얻고, 왕위 계승에 대한 시기와 질투를 가라앉혔다. 역사가 크세노폰에 따르면, 아게실라우스는 언제나 국민들 뜻을 따름으로써 오히려 자신의 영향력을 크게 발휘했으며, 이런 식으로 자신이 원하는 일들을 추진해 나아갔다고 한다. 실제로도 그랬다. 그 무렵, 스파르타 정권은 에포로스와 원로원이 장악하고 있었다. 에포로스 임기는 1년이었고, 원로원 의원들 임기는 종신이었다. 두 관직은 리쿠르고스 편에서도 말했듯이, 왕의 권력이 지나치게 강해지는 것을 억누르는 역할을 했다. 그래서 두 관직과 왕 사이에는 여러 세대에 걸쳐 불화가 그치지 않았다.

그러나 아게실라우스는 이제까지 스파르타 왕들과는 매우 다른 태도를 보였다. 그는 에포로스나 원로원과 부딪치고 다투기보다는 호의를 얻고자 애썼고, 어떤 일을 시작하고자 할 때 가장 먼저 그들의 지지를 구했다. 그들이 부를 때는 다른 일은 모두 제쳐놓고 달려갔으며, 그들이 찾아오면 왕좌에서 일어나 정중하고 반갑게 맞이했다. 그리고 새로 원로원 의원에 뽑힌 사람에게는 관복과 황소를 선물로 보내 존경을 나타냈다. 이처럼 아게실라우스는 에포로스와 원로원을 존중하며 그들의 마음을 얻으려는 것처럼 보였다. 하지만 그는 이처럼 모든 사람들이 자신에게 호감을 갖게 하면서, 결과적으로는 자기 영향력을 키워나갔다.

그가 했던 행동들을 살펴보면, 적을 대할 때보다 오히려 친구에게 보인 행동들에서 더 많은 흠을 찾을 수 있다. 아게실라우스는 아무리 적이라고 해도 정당한 이유 없이는 절대로 해치지 않았다. 그러나 부당한 일을 저지른 친구에게는 그 일을 눈감아주고, 심지어 도와주기까지 했다. 그는 적이 한 것이라도 훌륭한 일에 대해서는 경의를 표했고, 그렇게 하지 않는 것을 부끄럽게 여겼다. 하지만 친구가 잘못을 저질렀을 때는 그들을 도우려 노력하며 한편이 되어주었고, 그 사실을 자랑스럽게 여기기도 했다. 우정에서 우러나온 행동은 무조건 떳떳한 일이라 여겼기 때문이다. 또 그는 자기를 반대하던 사람이 죄를 짓고 체포되었을 때에도 그를 용서하고 풀어주기 위해 앞장섰다. 이렇게 그는 적과 친구를 구별하지 않고 도와줌으로써, 사람들 마음을 얻을 수 있었다.

아게실라우스 인기는 날이 갈수록 높아졌다. 그러자 이를 못마땅하게 여긴 에포로스는, 왕이 나라를 위해서가 아니라 민심을 얻기 위해 나라 공동 재산이어야 할 시민들을 왕의 사병으로 만들고 있다며 그에게 벌금을 매겼다.

과학자들은 우주에서 대립과 투쟁의 원리가 사라진다면 모든 천체는 운행을 멈추고, 자연계 모든 생물이 사라질 것이라고 주장했다. 스파르타 입법자들도 이처럼 국법을 만들 때 일부러 대립적 요소들을 덧붙여 시민들의 덕을 이끌어 내고자 했다. 투쟁 없이 이루어진 성공은 헛되며, 그것들은 아무런 가치가 없기 때문이었다.

어떤 사람들은 이런 사상이 호메로스로부터 이어져 왔다고 말한다. 아킬레우스와 오디세우스가 말다툼하는 모습을 보고 아가멤논이 기뻐했듯이, 영향력을 지닌 사람들의 경쟁과 대립은 나라에 커다란 이익이 된다고 여겼기 때문이다. 하지만 이 의견에 찬성할 수만은 없다. 때로 이런 적대감이 지나치게 되면, 너무도 위험하고 파괴적인 영향을 사회에 끼칠 수 있기 때문이다.

아게실라우스가 왕위에 오른지 얼마 지나지 않아, 페르시아 왕이 라케다이몬을 바다에서 몰아내기 위해 엄청난 병력을 모으고 있다는 소식이 아시아로부터 들려왔다. 이 소식을 들은 리산드로스는, 어떻게 해서든지 아시아로 가서 자신의 친구들을 구하려 했다. 그는 예전에 많은 친구들을 총독으로 임명해 아시아 여러 도시들로 보냈는데, 그들 대부분은 시민들에게 너무 강압적으로 굴다가 쫓겨나거나 죽임을 당하고 말았다. 리산드로스는 자기 정치 세력을 지키기 위해, 그들을 구하기로 마음먹었다.

리산드로스는 아게실라우스 왕을 찾아가 이번 원정 총사령관을 맡아달라고 청했다. 또 헬라스에서 멀리 떨어진 페르시아로 가서, 적이 상륙하기 전에 안전하게 근거지를 확보해야 한다고 일러주었다. 그리고 아시아에 있는 여러 친구들에게 편지를 띄워, 아게실라우스를 이번 원정 총사령관으로 받들겠다는 편지를 써서 스파르타에 보내도록 했다. 마침내 아게실라우스는 국민들 앞에 나아가 페르시아 원정군 총사령관을 맡겠다고 말했다. 그리고 그 조건으로 스파르타 장군 30명으로 이루어진 군사위원회와, 새로 해방된 농노 출신 병력 1만 명, 그리고 여러 동맹국들 지원 병력 6000명을 요구했다. 이 요구는 리산드로스의 적극적인 지지로 받아들여졌다.

사령관이 된 아게실라우스는 스파르타 장군 30명과 함께 원정을 떠났다. 리산드로스는 위원회 우두머리가 되었다. 이는 그의 크나큰 명성과 영향력 때문이기도 했지만, 아게실리우스와 쌓은 친분의 힘이 컸다. 리산드로스는 이 원정에서 왕보다 더 큰 세력을 갖게 되었다.

이윽고 게라이스투스에 동맹군들이 잇따라 도착했다. 그들은 이곳에서 모인 뒤, 아울리스 항구를 지나 싸움터로 나아갈 계획이었다. 하지만 아게실라우스는 군대가 모이는 동안 측근 몇 사람만을 거느리고 먼저 아울리스로 떠났는데, 이는 그가 꾼 꿈 때문이었다. 그는 꿈속에서 이런 말을 들었다.

"라케다이몬 왕이여! 헬라스 연합군 총사령관이 된 사람은 이제까지 오직 아가멤논밖에 없었소. 그런데 이제 그대 또한 같은 군대를 지휘하면서 같은 곳에서 떠나게 되었으니, 아가멤논이 이곳을 떠날 때 바친 것과 똑같은 제물을 바치고 떠나시오."

꿈에서 깨어난 아게실라우스는 아가멤논이 전쟁에 나가기 전에 신탁을 듣고서 자신의 딸을 제물로 바쳤던 일을 떠올렸다. 그는 막료들에게 꿈 이야기를 하고는, 반드시 여신께서 기뻐하실 제물을 바치겠지만 아가멤논처럼 야만적인 짓은 하지 않겠다고 말했다.

아게실라우스는 곧 제사를 준비했다. 이곳 관례에 따르면 제사는 반드시 보이오티아 사람이 제관을 맡아야 했으나, 그는 이 관례를 무시한 채 자신의 제관에게 제사를 집행하도록 했다. 그는 꽃으로 꾸민 암사슴 한 마리를 제물로 바쳤다. 이 소식을 들은 보이오티아 장관들은 모두 달려나와 자기 나라를 모욕했다며 몹시 화를 냈다. 그들은 선조 대대로 내려오던 관례를 어겼다는 이유로 병사들을 풀어 제사를 멈추게 하고, 제물로 놓인 암사슴을 땅바닥에 내던져버렸다. 아게실라우스는 무척 화가 났지만, 제사를 그만두고 떠나기로 했다. 보이오티아 사람들의 분노와 그들이 퍼부어댄 저주 때문에 마음이 불안했기 때문이다. 그는 이 일로 무엇보다도 페르시아 원정을 실패할까봐 두려웠다.

군대는 지중해를 지나 에페수스에 이르렀다. 아게실라우스는 이곳에서 리산드로스의 권력이 너무 큰 것을 보고는 기분이 좋지 않았다. 사람들은 모두 리산드로스를 존경했고, 그의 집 앞에는 언제나 사람들이 모여들었다. 마치 아게실라우스는 총사령관이라는 이름만 지녔을 뿐, 모든 실권은 리산드로스가 쥐고 있다고 여기는 듯 보였다.

사실 리산드로스는 아시아 전체에서 가장 큰 권력을 갖고 있었다. 그는 예전에 이 지방에서 전쟁을 벌였을 때, 지지 세력은 철저히 보호하면서 반대파들을 남김없이 몰아냈다. 그때 일은 아시아 사람들 가슴속에 영원히 잊히지 않을 정도로 생생하게 남아 있었다. 더구나 아게실라우스가 매우 단순하고 위엄도 갖추지 못한 데 비해, 리산드로스는 중후하고 위압적인 태도를 지녔다. 그래서 사람들은 모두 리산드로스를 실질적인 총사령관으로 여기며 우러러봤다.

그들은 한결같이 리산드로스를 왕처럼 대우하고, 아게실라우스에게는 인사조차 제대로 하지 않았다. 이런 상황에 가장 먼저 불쾌한 감정을 드러낸 것은 스파르타 장군들이었다. 그들은 자기들과 똑같은 권한을 가진 리산드로스가 왕보다 더 존경받고, 자기들은 리산드로스 명령이나 따르는 꼭두각시가 되어버렸다며 분통을 터뜨렸다.

아게실라우스 또한 시간이 지날수록 마음이 흔들리기 시작했다. 그는 본디 마음이 너그러워서, 다른 이들이 누리는 영광을 좀처럼 시기하는 사람은 아니었다. 하지만 명예와 야망을 무척 중요하게 여겼다. 그는 자기가 아무리 공을 세워보았자 리산드로스에게 모두 빼앗기고 말 것이라는 데 생각이 미쳤다. 리산드로스의 명성에 두려움을 느끼게 되자 아게실라우스는 그때부터 리산드로스가 내놓는 의견마다 무조건 반대하기 시작했다. 그리고 리산드로스가 하고 싶어하는 일마다 미루거나 무시하고, 그와 관계 있는 사람들 제안은 모두 거절해 버렸다. 재판을 할 때조차 리산드로스가 처벌하려는 사람은 늘 풀어주었고, 그가 변호하는 사람에게는 엄한 벌을 내렸다. 이런 일이 되풀이되자 리산드로스는 이것이 결코 우연이 아니라, 어떤 목적 때문에 계획된 일임을 눈치챘다. 그래서 그는 자기에게 도움을 청하러 오는 이들에게, 자신이 도와주려고 하면 오히려 괴로움을 겪게 될 뿐이니 몸소 왕을 찾아가 호소하든지, 아니면 다른 사람에게 부탁하라고 말했다.

리산드로스의 이런 행동은 왕을 더 불쾌하게 만들었다. 그는 리산드로스가 일부러 사람들에게 자신에 대한 나쁜 감정을 부추긴다고 여겼다. 그러던 어느 날 아게실라우스는 리산드로스에게 식탁에서 고기를 썰게 했다. 그러고는 여러 사람들 앞에서 그를 비웃었다.

"자, 부탁이 있는 사람은 식탁에서 고기를 써는 저 친구에게나 가보시게."

이런 모욕을 참다못한 리산드로스가 말했다.

"폐하! 친구에게 너무 심한 모욕을 주시는군요."

"물론이지. 왕보다 더 큰 권력을 가지려는 친구에게는 말이야."

그러자 리산드로스가 대답했다.

"아마 폐하의 말씀이 옳고 제가 잘못된 행동을 한 것 같습니다. 그러면 폐하의 마음을 어지럽히지 않는 알맞은 일을 제게 맡겨주십시오."

아게실라우스는 리산드로스에게 새로운 임무를 주어 헬레스폰투스로 가게 했다. 리산드로스는 그곳에서 파르나바주스 지방의 페르시아 사람 스피트리다테스를 잘 구슬려서, 기병 200기와 많은 재산으로 아게실라우스 왕을 돕도록 했다. 그러나 리산드로스는 아게실라우스가 한 말들을 결코 잊지 못했다. 리산드로스는 남은 생애 동안 스파르타 왕위를 두 가문에게만 잇게 하는 제도를 없애고, 모든 스파르타 국민에게 왕이 될 자격을 똑같이 주기 위해 비밀리에 계획을 세워 나갔다. 만약 그가 보이오티아 전쟁에서 목숨을 잃지 않았더라면, 이 계획 때문에 스파르타에는 큰 내란이 일어났으리라.

이렇듯 지나친 야망을 품은 사람은 자제심이 특별히 강하지 않은 한, 나라에 이로움보다는 해로움을 줄 수 있다. 하지만 리산드로스가 무례하고 오만하게 행동했다 하더라도, 아게실라우스 또한 그런 인물의 잘못을 좀 더 바르게 고쳐주었어야 했다. 둘은 모두 공명심에 눈이 어두웠다. 그래서 한 사람은 왕의 권위를 받아들이지 않았고, 다른 한 사람은 친구의 단점을 눈감아 주지 못했다.

처음에 티사페르네스 장군은 아게실라우스를 두려워해, 헬라스 도시에 자유를 주겠다며 휴전을 맺자고 협상을 요구했다. 하지만 얼마 뒤 자기 군대 정도면 해볼 만하다고 판단되자 협상을 깨고 전쟁을 선포했다. 아게실라우스도 이러한 조처를 오히려 기뻐했다. 실제로 헬라스 여러 도시들은 아게실라우스의 원정에 큰 기대를 품고 있었기 때문이다. 그때 크세노폰은 1만 병력을 이끌고 페르시아군을 무찌르면서 이미 아시아 심장부를 지나 바다 건너편까지 나아갔는데, 만약 자신이 스파르타 총사령관으로서 육지와 바다 모두에서 페르시아군대를 휘어잡고도 헬라스를 위해 뭔가 커다란 업적을 이루지 못한다면 수치스러운 일일 거라 생각했기 때문이었다.

아게실라우스는 티사페르네스가 휴전협정을 깨뜨린 데에 대한 보복으로 똑같은 속임수를 쓰기로 했다. 그는 카리아를 공격한다는 헛소문을 퍼뜨려 페르시아군대가 그곳으로 가게 만들었다. 그리고 군대를 이끌고 프리기아로 들어가 수많은 도시들을 정복하고 포로와 전리품을 얻어냈다. 이렇게 해서 그는 헬라스 동맹국들에게 약속을 깨뜨리는 것은 신에 대한 모욕이며, 배신한 자를 배신으로 처벌하는 것은 정당할 뿐만 아니라 유익하고 명예로운 일임을 보여주었다.

그러나 아게실라우스는 기병이 취약해지고 제사에 흉조가 보이자 군대를 철수했다. 그는 에페수스에 도착해 기병을 모집하는 동원령을 내렸다. 복무를 면제받고 싶어하는 부자들에게는 기병 한 사람과 무기와 말 한 필씩을 바치도록 했다. 이에 찬성하는 사람이 많았으므로 아게실라우스는 힘없는 보병 대신 용감한 기병대를 얻게 되었다. 전쟁에 나가기 싫은 이들은 전쟁을 잘하는 사람을 고용했고, 말을 탈 줄 모르는 이들은 말을 잘 타는 사람을 대신 내보냈기 때문이다. 옛날에 아가멤논도 돈 있는 사람들에게 병역을 면제해 주며 말을 바치게 한 적이 있었다.

그런 다음 아게실라우스는 포로들을 경매에 붙여 노예로 팔았다. 그는 옷을 모두 벗겨 사람과 옷을 따로 팔게 했다. 포로들 옷을 사려는 사람들은 아주 많았다. 그러나 포로들은 햇빛과 바람을 쐬지 못하고 갇혀 지냈기에 피부가 희고 약했다. 헬라스 병사들은 이런 포로는 노예로서 아무런 쓸모도 없을 거라며 비웃었다. 이때 아게실라우스가 헬라스 병사들에게 말했다.

"여러분이 싸우게 될 적은 바로 이처럼 보잘것없는 자들이오. 그리고 여러분이 갖게 될 전리품도 바로 저런 물건들이오."

전투에 알맞은 계절이 다가오자, 그는 리디아를 침략하겠노라 선포했다. 그런데 티사페르네스는 얼마 전 아게실라우스에게 속은 적이 있기에 이 말 또한 속임수라 여기고 믿지 않았다. 그는 아게실라우스가 카리아를 공격할 것이라고 생각했다. 카리아는 길이 험해 기병대가 움직이기 어렵기 때문에, 기병이 약한 아게실라우스가 틀림없이 그곳으로 오리라 믿었던 것이다. 이렇게 생각한 티사페르네스는 군대를 카리아로 이동시켰다. 그러나 아게실라우스는 자기가 말한 대로 리디아 수도 사르디스를 공격했다. 티사페르네스는 이 소식을 듣고 서둘러 군대를 돌려 먼저 기병대만 이끌고 달려오다가 헬라스군 낙오병들을 만나 그들을 무찔렀다.

적 기병대가 뒤쫓아온다는 보고를 받고 아게실라우스는 전투 준비를 했다.

적 보병대가 아직 도착하지 않았고, 자신의 군대는 전투태세를 완벽하게 갖추고 있으므로 반드시 이길 거라고 확신했다. 그는 방패를 가진 기병대와 경무장 병들에게 돌격 명령을 내리고 그 자신은 중무장 부대를 지휘하며 그들을 뒤따랐다. 페르시아군은 아게실라우스 군대에 무참하게 패배를 당해 뿔뿔이 흩어졌다. 헬라스군은 추격을 늦추지 않고 그들을 계속 뒤쫓아, 마침내 적 진영까지 빼앗고 수많은 적들을 죽였다.

이 승리로 아게실라우스군은 페르시아 땅에서 마음대로 양식을 얻을 수 있게 되었으며, 헬라스의 오랜 적이었던 잔인한 티사페르네스에게 뼈아픈 보복을 안겨주었다. 페르시아 왕은 곧바로 티트라우스테스를 보내 패전 책임을 물어 티사페르네스 목을 베었다.

이어서 페르시아 왕은 티트라우스테스를 사절로 보내, 아게실라우스에게 군대를 철수하고 평화협정을 맺는 조건으로 많은 돈을 주겠다고 제안했다. 아게실라우스는 사절에게 전쟁을 끝내거나 시작할 권한은 자신이 아닌 국민들에게 있으며, 또 자신보다는 자기 병사들이 부자가 되는 게 더 기쁘다고 말했다. 그러면서 헬라스 병사들은 뇌물 받는 일은 수치스럽게 생각하며 전리품을 얻게 되는 것을 가장 명예롭게 여긴다고 덧붙였다.

그럼에도 아게실라우스는 티트라우스테스가 헬라스의 적인 티사페르네스를 죽인 것을 고맙게 생각해 군대를 철수하고 그 비용으로 30탈란톤을 받았다.

아게실라우스는 행군하는 길에 스파르타 정부로부터 전보를 받았다. 자신이 육군뿐 아니라 해군 총사령관으로도 임명되었다는 소식이었다. 이렇게 아게실라우스는 모든 영광을 한 몸에 받으면서 그 시대 최고의 인물이 되었다.

그러나 테오폼푸스가 말했듯이, 그는 이런 권세보다는 자신의 덕행으로 자부심을 가질 만한 훌륭한 인물이었다. 하지만 그가 페이산드로스를 해군 사령관으로 임명한 일은 실수였다. 전쟁 경험이 많은 여러 선임자들을 제쳐놓고 왕비의 동생인 그를 해군 사령관으로 임명한 것은 국가의 이익을 먼저 생각하지 않은 경솔한 행동이었기 때문이다.

아게실라우스는 파르나바주스가 다스리는 지역으로 군대를 이끌고 들어갔다. 그곳은 많은 식량과 돈을 거둬들일 수 있었다. 그래서 그는 파플라고니아 국경까지 진군을 계속해서 코티스 왕을 동맹자로 얻었다.

스피트리다테스는 파르나바주스에게 반기를 든 뒤로 언제나 아게실라우스와 행동을 함께했다. 스피트리다테스에게는 아들딸이 하나씩 있었는데, 아들 메가바테스는 아주 잘생긴 소년이었다. 아게실라우스는 이 소년을 매우 사랑했다. 또 결혼할 나이가 된 그의 딸을 코티스 왕과 결혼시키고 기병 1000기와 경무장 보병 2000명을 얻었다. 이렇게 군대를 더욱 강화한 아게실라우스는, 다시 프리기아로 돌아가 파르나바주스 영토를 짓밟고 다녔다. 하지만 파르나바주스는 그와 싸울 용기조차 없었다. 수비병을 도무지 믿지 못한 그는 재물을 몰래 가지고 나와 아게실라우스를 피해 이리저리 떠돌아다녔다. 그러던 가운데 스피트리다테스와 스파르타의 헤리피다스 장군으로부터 습격을 받아 많은 재물을 빼앗겼다.

그런데 헤리피다스는 스피트리다테스 부하들이 빼앗은 물건들을 모두 내놓게 하고는 하나하나 빠짐없이 조사했다. 심지어 스피트리다테스까지 철저히 조사했다. 이 일로 몹시 마음이 상한 스피트리다테스는 그에게 등을 돌리고는 파플라고니아 군대를 이끌고 사르디스로 떠나버렸다. 이 일로 아게실라우스는 무척 괴로워했다. 뛰어난 지휘관이자 우정을 나눈 친구인 스피트리다테스를 잃고, 그가 가지고 있던 많은 병력까지 잃었기 때문이다. 뿐만 아니라 이 사건으로 스파르타군은 야비하고 탐욕스럽다는 수치스러운 평판까지 나돌기 시작했다. 아게실라우스 왕은 정치뿐 아니라 개인적으로도 깨끗하고 청렴하다는 평을 듣고 싶어했기에, 이 일이 매우 불명예스럽게 느껴졌다.

또 그에게는 이것 말고도 개인적으로 상심할 만한 일이 있었다. 너무나 사랑했던 스피트리다테스의 아들도 아버지를 따라 떠나기로 한 것이다. 아게실라우스는 소년이 떠나기 전까지는 감정을 억누르려고 애썼다. 특히 소년 앞에서는 더욱 조심했다. 소년이 아게실라우스에 대한 인사로 키스를 받기 위해 다가오자 그는 거절했다. 소년은 얼굴을 붉힌 채 아게실라우스 앞을 물러나온 뒤로는 그와 더욱 거리를 두었다. 아게실라우스는 인사를 거절했던 일을 후회했다. 그는 모른 체하며 가까운 친구들에게, 왜 메가바테스가 전처럼 다정하게 인사하지 않는지 모르겠다고 물었다. 그러자 친구들이 대답했다.

"폐하의 잘못입니다. 얼마 전 소년의 키스를 거절하시고 놀란 듯 피하셨습니다. 그렇지만 폐하께서 허락하신다면 다시 전처럼 상냥해질 것입니다."

아게실라우스는 잠자코 듣더니 이렇게 말했다.

"이 이야기는 그 아이에게는 말하지 마시오. 눈앞에서 모든 물건이 황금으로 변하는 것보다, 그때 내 마음을 억누르고서 그 아이 키스를 받았더라면 더 좋았을 텐데."

그렇게 소년은 떠나버렸고, 아게실라우스의 그리움도 날로 커져갔다.

그 뒤 파르나바주스가 아게실라우스와 회담을 요청해 왔다. 두 사람과 가깝게 지내던 키지쿠스의 아폴로파네스에 의해 회담이 이루어졌다. 약속 장소에 도착하자 아게실라우스는 나무 그늘이 드리워진 풀밭 위에 앉아 파르나바주스를 기다렸다. 잠시 뒤 파르나바주스가 땅에 깔고 앉을 부드러운 털가죽과 아름다운 무늬로 수놓은 방석을 갖고 나왔다. 그러나 아게실라우스가 맨땅 위에 앉아 있는 모습을 보고는 자신의 사치가 부끄러워져서 그는 화려한 옷도 아랑곳하지 않고 아게실라우스와 나란히 땅에 앉았다.

서로 인사를 주고받은 뒤에 파르나바주스가 먼저 입을 열었다. 그는 스파르타가 아테나이와 전쟁하는 동안 자기가 얼마나 큰 도움을 주었는지 장황하게 늘어놓았다. 그러고는 그런 은혜를 받은 나라가 이제 와 자신들 땅을 무참히 짓밟고 있다며 항의했다. 이 말을 들은 스파르타 장군들은 모두 부끄러워 고개를 떨구었다. 동맹국으로서 도움을 받은 나라를 짓밟는다는 것은 분명 잘못된 일이었다. 그러나 아게실라우스는 이렇게 말했다.

"파르나바주스 장군! 그대는 페르시아 왕과 동맹 관계였기에 우리는 그대들을 친구로서 대하고 그대의 영토를 존중했소. 하지만 지금은 왕과 싸우고 있으니 그대 또한 적으로 대할 수밖에 없소. 그러니 이런 침략 행위는 그대를 해치려는 게 아니라 페르시아 왕에게 해를 주기 위해서요. 그러나 만약 장군이 페르시아 노예가 아니라 헬라스의 친구로 지내길 바란다면, 이 군대와 함대 그리고 우리 모두는 그대의 재산과 자유와 모든 귀중한 것들을 지키고 존중하겠소."

파르나바주스는 이 말을 듣고 마음을 내보였다.

"만약 우리나라 왕이 나 대신 다른 사람을 이곳으로 보낸다면, 그때는 당신 뜻에 따르겠습니다. 그러나 우리 왕이 나에게 직책을 맡기셨으므로 나는 그에게 충성을 다해 당신을 상대로 싸우겠습니다."

아게실라우스는 이 말에 크게 감동을 받았다. 그는 손을 내밀어 악수한 다음 그 자리를 떠나며 이렇게 말했다.

"당신처럼 훌륭한 장군이 적이 아니라 친구였다면 얼마나 좋겠습니까."

파르나바주스 일행이 돌아갈 때 조금 뒤처져 있던 그의 아들이 아게실라우스에게 다가와 미소 지으며 말했다.

"왕이시여! 저는 왕을 귀한 손님으로 모시고 싶습니다."

이렇게 말하며 젊은이는 손에 들고 있던 창을 선물로 내밀었다. 아게실라우스는 기쁜 마음으로 그 창을 받으며, 젊은이의 예절바른 행동과 상냥한 모습에 감탄했다. 그는 답례로 무엇을 선물할까 이리저리 살펴보다가, 자기 수행원인 이다이우스의 멋진 말안장을 젊은이에게 주었다.

아게실라우스와 이 젊은이의 인연은 그 뒤로도 이어졌다. 젊은이가 형에게 쫓겨났을 때에도, 아게실라우스는 펠로폰네소스로 그를 오게 하여 집과 피난처를 마련해 주었다. 그것 말고도 아게실라우스가 이 페르시아 젊은이에게 베풀어 준 은혜는 또 있었다. 페르시아 젊은이는 아테나이 출신의 어떤 소년을 몹시 좋아했는데, 이 소년은 올림피아 경기에 출전하고 싶어했다. 그런데 소년은 이미 나이가 지나서 경기에 나갈 수 없었다. 그래서 페르시아 젊은이는 이 소년을 경기에 출전시켜 달라고 아게실라우스에게 간청을 올렸다. 아게실라우스는 매우 난처했으나 그의 부탁을 들어주었다.

아게실라우스는 자기가 아끼는 사람을 위해서라면 어떤 일이든지 서슴지 않고 하려 했다. 다른 일에서는 늘 공정했지만, 친구를 위해서라면 그 어떠한 일도 망설이지 않았다. 그는 카리아의 왕자 이드릴루스에게 이런 편지를 보내기도 했다.

"만약 니키아스가 무죄라면 지금 바로 풀어주시오. 그리고 죄가 있다면 나를 보아서라도 풀어주시오. 반드시 풀어주어야 하오."

아게실라우스는 친구들을 이처럼 특별하게 대했지만, 때로는 친구보다 나랏일을 더 살피기도 했다. 언젠가 그는 매우 다급하게 군대를 이동해야 할 일이 있었다. 그때 병이 깊은 친구 하나가 자신을 데려가 달라고 매달렸다. 그러나 왕은 뒤를 돌아보며, 동정심과 분별력을 함께 갖기란 어려운 일이라 말하고 그를 데려가지 않았다. 이것은 철학자 히에로니무스가 전하는 이야기이다.

아게실라우스가 아시아 원정을 떠난 지 2년째 접어드는 동안 아게실라우스는 그 시대 최고의 인물이 되었지만, 여전히 검소한 생활과 덕행으로 그의 이름은 더욱 빛났다. 그는 군사령부를 떠나 있는 동안 언제나 신전에서 잠을 잠으로써, 사생활까지도 모두 신을 증인으로 내세웠다. 그는 병사들 수천 명을 포함해 헬라스 진영에서 가장 초라한 침구를 썼다. 그리고 아무리 덥거나 추워도 참고 견디며, 신이 어떠한 날씨를 내려주시든 그것을 모두 받아들였다.

아시아에 사는 헬라스 시민들은 그 모습을 매우 즐겁고 흥미로운 눈길로 바라보았다. 호화로운 옷을 입고 잔인한 정치를 일삼는 페르시아 통치자들이 보잘 것없는 망토를 두른 아게실라우스 왕 앞에서는 벌벌 떠는 것을 보면서 그들은 몹시 신이 났다. 그뿐 아니라 아게실라우스 말 한 마디 한 마디마다 머리를 조아리며 굽실거리는 그들의 모습은 두고두고 볼 만한 구경거리였다. 이처럼 통쾌한 광경들을 바라보며 헬라스 시민들은 티모테우스 시 한 구절을 떠올렸다.

군신 아레스만이 헬라스 왕이니
헬라스는 결코 황금을 두려워하지 않는다오.

아게실라우스 명성이 소아시아 모든 지역으로 퍼져나가자 소식을 들은 나라들은 모두 페르시아에 반기를 들고 일어섰다. 그는 이오니아 해안 도시들 질서를 바로잡아 어진 정치를 베풀며, 시민들에게 어떠한 해도 끼치지 않았다. 또 그 누구도 내쫓거나 죽이지 않았으며, 온건한 정책으로 다시 합법 정부를 세웠다.

그런 다음 그는 계속 나아가 해안에서 멀리 떨어진 페르시아 땅으로 갈 계획을 세웠다. 목적지는 아름다운 페르시아 궁전이 있는 수사나 엑바타나로 정했다. 그는 페르시아 왕이 호화로운 궁전에서 편히 지내면서 헬라스 여러 나라들의 전쟁을 부추기고, 뇌물을 써서 민중 지도자들을 부패시키는 일을 막을 수 있기를 바랐다.

그러나 이 위대한 계획은 스파르타로부터 날아온 불행한 소식 때문에 끝내 이루지 못했다. 스파르타에서 달려온 에피키디다스가 전쟁의 소용돌이에 휩싸인 나라를 구하기 위해 귀국하라는 훈령을 전달한 것이다.

헬라스는 같은 민족끼리 싸우고 있구나.
이것은 야만족 침입보다 더 큰 재난이며 스스로를 멸망시키는 짓이로다.

헬라스 여러 나라들이 스스로 불러들인 질투와 악덕, 음모는 이런 말들로 표현되었다. 이것은 야만족을 무찌를 수 있는 결정적인 순간에 무기를 돌려 내 민족 가슴을 겨냥하여, 나라 밖으로 밀어냈던 전쟁을 다시 나라 안으로 끌어들이는 짓이다.

뒷날 코린토스 사람 데마라투스는, 알렉산드로스가 다리우스의 왕좌에 앉은 것을 보지 못하고 죽은 헬라스인들은 인생의 가장 큰 만족을 얻지 못한 자라고 말한 바 있으나, 나는 결코 여기에 동의할 수 없다. 헬라스 장군의 목숨이 레우크트라와 코로네이아, 코린토스와 만티네아 여러 전쟁터에서 헛되이 사라진 것을 알았다면, 그리하여 알렉산드로스와 마케도니아 사람들에게 승리의 기회가 넘어간 것을 알았다면, 그 헬라스 사람들은 오히려 눈물을 흘렸을 터이기 때문이다. 그러나 아게실라우스는 고국으로 돌아갔고, 이는 그가 세운 가장 고귀하고 위대한 업적이었다. 이보다 더 아름답게, 명령에 대한 충성이 무엇인지를 보여주는 본보기는 없었다. 한니발은 이탈리아로 원정 와서 큰 어려움을 겪고 있었음에도, 조국을 지키러 돌아오라는 명령을 받자 마지못해 따랐다. 알렉산드로스도 아기스 왕과 안티파트로스의 전쟁 소식을 듣고는 이런 말로 무시해 버렸다.

"우리가 여기서 페르시아 다리우스 왕을 정복하는 동안 고향 아르카디아에서는 생쥐들이 싸우고 있었군."

그들에 비하면 아게실라우스가 보여준 나라를 사랑하는 마음과 법을 존중하는 마음은 스파르타의 큰 자랑이었다. 그는 귀국 명령을 받자마자 승리의 영광과 정복의 야망을 모두 버리고 곧바로 귀국길에 올랐다. 이를 보고 안타까워하는 동맹국들도 적지 않았다.

그러므로 '국민으로는 스파르타 사람이 가장 훌륭하고, 인간으로는 아테나이 사람이 가장 훌륭하다'는 에라시스트라투스의 아들 파이악스 말은 여기서는 해당되지 않는다. 아게실라우스가 뛰어난 왕이며 장군인 동시에, 친구와 인간으로서도 가장 훌륭한 사람임이 증명되었기 때문이다.

페르시아 금화에는 활 쏘는 사람 모습이 새겨져 있었다. 아게실라우스는 페르시아 궁수 1000명에게 쫓겨 아시아에서 물러났다고 말했는데, 이는 페르시아의 황금이 테바이와 아테나이 정치가들을 매수해 스파르타와 전쟁을 일으켰기 때문에 나온 말이었다.

아게실라우스는 군대를 이끌고 헬레스폰투스를 거쳐 트라키아를 지나갔다.

그는 이르는 도시마다 사람을 보내 자신들을 친구로 알고 길을 지나도록 허락하겠는지, 아니면 적으로 알고 싸우겠는지 물었다. 대부분은 그들을 친구로 받아들이며 길을 지나가도록 도왔다.

그런데 트랄리아 사람들은 옛날 크세르크세스가 지나갈 때 돈과 패물을 받은 적이 있었다. 그들은 아게실라우스에게 통행료로 100탈란톤과 여자 100명을 요구했다. 아게실라우스는 비웃으며 말했다.

"그럼 어디 한번 와서 가져가 보라지!"

아게실라우스가 이들의 요구를 무시하고 행군을 계속하자 트랄리아 사람들은 무기를 들고 나와 맞섰다. 그러나 그들은 아게실라우스에게 패해 많은 부상자와 전사자를 냈다.

군대는 곧 마케도니아에 들어섰다. 이번에도 아게실라우스는 왕에게 사신을 보내 똑같은 질문을 했다. 마케도니아 왕은 생각할 시간을 달라고 했다. 그러자 아게실라우스는 이렇게 한마디 던졌다.

"그럼 천천히 생각하시오. 그동안 우리는 이 땅을 지나갈 테니."

마케도니아 왕은 깜짝 놀라 그들을 친구로서 지나가도록 허락하겠다고 말했다. 아게실라우스는 그다음 테살리아로 들어갔다. 이 나라는 적국과 동맹을 맺고 있었기에, 그는 마음대로 약탈하며 지나가는 한편, 휴전을 의논하려고 크세노클레스와 스키테스를 이 나라 수도인 라리사로 보냈다. 그러나 라리사 시민들은 그들을 잡아 감옥에 가두어 버렸다. 이 소식을 들은 병사들은 매우 흥분해 곧바로 라리사를 포위해 버리자며 떠들어댔다. 그러자 아게실라우스는 그들을 진정시키며, 테살리아 사람 전체보다도 두 장군의 목숨이 더 귀하다고 말했다. 그는 라리사 시민들과 협상해 두 사람을 구해냈다.

아게실라우스의 이런 마음은 다음 같은 사실로도 알 수 있다. 그즈음 코린토스 시 가까이에서 스파르타군이 큰 승리를 거두었다는 소식이 들려왔다. 스파르타에는 그리 손해가 없었지만 적군은 수많은 병력을 잃었다고 했다. 하지만 아게실라우스는 승리했다는 소식을 듣고도 기뻐하기는커녕 이렇게 한탄했다.

"아! 헬라스의 불행이로다. 그 용사들이 살아서 싸워준다면 야만족 페르시아를 쉽게 정복할 수 있을 텐데."

얼마 지나지 않아 테살리아 파르살리아 군대가 아게실라우스를 공격해 왔다. 그들이 진군을 가로막자, 아게실라우스는 기병 500기를 몸소 지휘해 모두 무찔렀다. 그리고 나르타키우스 산기슭에 승리의 기념비를 세웠다. 그 무렵 천하무적으로 이름을 날리던 테살리아 기병들을 자신이 직접 훈련한 적은 숫자의 기병들로 무찔렀기 때문에, 아게실라우스는 이 승리를 매우 자랑스러워했다.

여기서 그는 에포로스인 디프리다스를 만나 곧바로 보이오티아로 진격하라는 명령을 전달받았다. 아게실라우스는 준비를 좀 더 갖춘 뒤 진격할 생각이었다. 먼 길을 오느라 병사들이 모두 지친 데다, 숫자도 많지 않았기 때문이다. 그러나 명령을 어길 수는 없었기에 그는 곧 부하 장군들을 불러 모았다.

그는 멀리 아시아에서 시작된 행군을 완수할 때가 왔으니 용감하게 맞서 싸우라고 병사들에게 말했다. 또 그는 코린토스 가까이 와 있던 군대에 연락을 넣어 증원군 2개 사단을 보내달라고 요청했다. 그러자 스파르타 정부는 아게실라우스에게 영광을 돌리는 뜻으로 왕을 섬기기 위해 싸울 젊은이들을 모집했다. 모든 젊은이들이 앞다투어 지원해 관리들은 그 가운데 가장 강한 50명을 뽑아 아게실라우스 왕의 호위병으로 보냈다.

아게실라우스는 테르모필라이를 지나 동맹인 포키스 지방을 가로질러 보이오티아로 들어섰다. 그리고 카이로네이아 시 부근에 진을 쳤다. 그런데 그때 일식이 일어남과 함께 나쁜 소식이 들려왔다. 스파르타 함대가 크니두스 해전에서 페르시아의 파르나바주스와 아테나이 장군 코논에게 참패하고 사령관 페이산드로스마저 죽었다는 소식이었다. 이것은 나라의 슬픔이자 처남을 잃은 아게실라우스 개인의 슬픔이기도 했다. 그러나 내일이면 전투를 벌여야 하는 병사들에게 이런 마음을 내색할 수는 없었다. 그는 군대의 사기를 높이기 위해 스파르타 해군이 승리했다는 거짓 소식을 퍼뜨렸다. 그러고는 자신은 머리에 화관을 두르고 감사의 제를 올렸다. 또 제사에 쓴 고기를 축하 선물로 병사들에게 나누어 주었다.

이윽고 코로네이아 가까이 이르자 드디어 적이 눈앞에 나타났다. 적군은 테바이군을 오른쪽 날개에, 아르고스를 왼쪽 날개에 두었다. 아게실라우스는 군대를 둘로 나누어 배치했다. 오르코메누스 부대를 왼쪽 날개에 두고 자신은 오른쪽 날개를 맡았다. 크세노폰은 아시아 원정에 나갔다가 함께 돌아와 아게실라우스군을 따르고 있었는데, 그는 이 전투를 자신이 그때까지 보아왔던 가운데 가장 치열한 싸움이었다고 전한다. 전투가 시작되자 테바이군은 오르코메누스군을 쉽게 무찔렀다. 그러나 아게실라우스는 아르고스군을 단숨에 무너뜨렸다.

양쪽 군대는 저마다 왼쪽 날개가 무너져 쫓기고 있다는 보고를 받고는 곧바로 지원군을 보냈다. 만약 이때 아게실라우스가 정면이 아니라 옆이나 뒤에서 공격했다면 쉽게 승리를 거두었으리라. 하지만 그는 노여움을 가라앉히지 못하고 곧바로 돌격 명령을 내려버렸다.

테바이군도 용맹함에 있어서는 스파르타에 뒤지지 않았으므로, 곧 양쪽 군대 사이에 치열한 전투가 벌어졌다. 그 가운데 가장 격전이 벌어졌던 곳은 아게실라우스와 호위병 50명이 있던 곳이다. 호위병들이 목숨 걸고 싸웠기에 이날 아게실라우스는 무사할 수 있었다. 그들은 왕을 구하기 위해 자신의 몸을 방패 삼아 적의 창과 칼을 막아냈다. 그리고 아게실라우스가 상처를 입고 쓰러지자 그를 에워싸고 있는 힘을 다해 싸웠다. 헤아릴 수 없을 만큼 수많은 적들을 죽였지만 그들 또한 적지 않은 피해를 입었다. 아게실라우스는 가까스로 목숨을 구해 적의 포위망을 뚫고 빠져나왔다.

아게실라우스는 이런 식으로 전투를 이어간다면 절대로 적을 무찌를 수 없음을 깨달았다. 그는 전투 대열을 늘어뜨리고, 중심부를 테바이군이 뚫을 수 있게 만든 뒤 양쪽에서 그들을 공격하기로 했다. 그러나 이 전술은 그들 자신이 부끄러워하던 속임수였다. 적은 예상대로 스파르타군 대열을 뚫고 들어와 그리 힘들이지 않고 앞으로 나아갔다. 스파르타군은 기회를 엿보다가 그들을 공격했다. 놀란 테바이군은 잠시 머뭇거렸지만, 곧 질서 있게 헬리콘 산으로 피했다. 그들은 산 위에 남겨진 처절한 싸움의 흔적을 보며 자기들만이 마지막까지 살아 남았음을 자랑스러워했다.

아게실라우스는 많은 상처를 입었지만 병사들에게 업혀 군대를 순찰하고, 전사자들의 시신을 진영 안으로 옮기게 했다. 그는 테바이군이 가까운 신전에 숨어 있다는 보고를 받고도 그냥 내버려 두었다. 그 신전은 이토니아의 아테나 신전이었다. 그곳에는 옛날 스파르타 장군이 지휘한 보이오티아군이 톨미데스 장군이 이끄는 아테나이 군을 무찌르고 세운 전승 기념비가 있었다.

다음 날 아침 일찍 아게실라우스는 테바이군이 다시 싸우러 올 것인지 알아보기 위해, 병사들에게 화관을 쓰고 피리를 불며 전승 기념비를 세우도록 했다. 그러자 적은 휴전을 요청하며 전사자들 시신을 돌려달라고 했다. 아게실라우스는 그 요청을 받아들임으로써 승리를 확인하고는 델포이로 갔다.

마침 델포이에서는 피티아 경기가 열리고 있었다. 그는 관습에 따라 신을 기리는 행진을 하고, 축제 비용으로 아시아 원정에서 거둔 전리품 가운데 10분의 1을 바쳤는데, 그 액수가 100탈란톤에 이르렀다.

고향에 돌아온 아게실라우스는 검소한 생활로 국민들의 사랑과 존경을 한 몸에 받았다. 다른 장군들은 원정을 다녀오면 곧잘 그사이 외국 생활이 몸에 배어, 자기 나라 풍습을 잊어버리거나 좋아하지 않게 되었다. 하지만 그는 에우로타스 강을 한 번도 건너본 일이 없는 사람처럼 행동했다. 음식이나 옷차림도 예전과 다름없었고, 집에 있던 가구나 그릇, 갑옷이나 무기 하나도 바꾸지 않았다. 궁전 대문은 어찌나 낡았는지 아리스토데무스가 세웠던 그대로라 여겨질 정도였다.

크세노폰에 따르면, 아게실라우스의 딸이 타고 다니던 카나트룸도 여느 여자아이들 것과 다름없었다고 한다. 카나트룸이란 그리핀(머리·앞발·날개는 독수리이고 뒷발은 사자인 상상의 동물)이나 숫염소 모양을 본떠 만든 나무 수레나 마차를 가리키는 것으로, 행렬이 있을 때 아이들이나 어린 소녀들이 타고 다녔다. 크세노폰은 아게실라우스 딸 이름은 밝히지 않았다.

디카이아르쿠스는 아게실라우스 딸 이름과 에파메이논다스의 어머니 이름이 전해지지 않은 것은 매우 안타까운 일이라고 했다. 그러나 라케다이몬에 남아 있는 기록에는 아게실라우스의 아내는 클레오라, 두 딸 이름은 에우폴리아와 프롤리타라고 전한다. 그리고 아게실라우스가 썼던 창이 오늘날까지 스파르타에 보존되어 있는데, 여느 스파르타인들이 쓰던 창과 똑같다.

스파르타 시민들은 경기용 말들을 따로 기를 만큼 매우 사치스러웠다. 그래서 아게실라우스는 누이동생 키니스케를 구슬려서, 올림피아 경기에 말 네 마리가 이끄는 전차를 참가시켰다. 그럼으로써 경기에서 우승하는 일은 그 사람의 용기를 보여주는 게 아니라, 누가 더 많은 부를 가지고 사치스럽게 생활하는가를 증명할 뿐이라는 사실을 국민들에게 가르쳐 주려 했다.

철학자 크세노폰이 아게실라우스의 손님으로 머무르고 있을 때였다. 아게실라우스는 어린 아들을 크세노폰에게 맡기고 스파르타식 교육을 부탁했다. 스파르타식 교육이 모든 가르침 가운데 가장 중요한 지배와 복종 관계를 가르칠 수 있다고 여겼기 때문이다.

아게실라우스는 리산드로스가 죽고 나서 그가 엄청난 음모를 꾸미고 있었음을 알게 되었다. 그 음모는 리산드로스가 아게실라우스 왕을 끌어내리기 위해 아시아에서 돌아오자마자 시작되었다. 아게실라우스는 리산드로스가 어떤 인물이었는지를 시민들에게 알리기 위해, 그가 살아 있는 동안 썼던 문서들을 모두 조사했다. 그 가운데 할리카르나소스의 클레온이 써놓은 연설 원고가 있었는데, 그 연설은 혁명을 일으키도록 시민들을 부추기는 내용이었다. 아게실라우스는 리산드로스가 음모를 꾸몄다는 사실을 증명하기 위해 이를 세상에 알리기로 했다. 그런데 원로원 의원 하나가 이 연설 원고를 읽어보고는, 이 글이 너무나 이치에 맞고 정당해 보이므로 이것을 발표하면 오히려 죽은 리산드로스를 세상에 되살리는 결과가 될지도 모른다고 충고했다. 그러면서 이 연설 원고는 리산드로스와 함께 땅속에 묻어버리라고 말했다. 아게실라우스는 그 충고를 받아들였다.

그 뒤로 아게실라우스는 자신을 반대하는 무리에게 드러내 놓고 모욕을 주는 일을 삼갔다. 대신 그들을 총독이나 장군으로 임명해 외국으로 내보내는 방법을 썼다. 그렇게 하면 그들 대부분은 권력을 이용해 욕심을 채우고 스스로 부정을 저지르기 마련이었으므로 자연스럽게 그 비열한 본모습이 드러났다. 하지만 그들이 재판에 회부되면, 아게실라우스는 오히려 그들을 변호해 풀어주었다. 그러자 그들은 적이 아닌 지지자로 돌아섰고, 곧 아게실라우스를 반대하는 사람은 하나도 남지 않게 되었다.

그와 함께 왕위에 있던 아게시폴리스는 아버지가 추방을 당했으므로 불리한 조건에 있었다. 그는 나이는 젊었지만 소극적인 인물로 나랏일에 그다지 관심이 없었으므로 아게실라우스는 모든 일을 자기 뜻대로 처리할 수 있었다.

스파르타 풍습에 따르면 스파르타에 두 왕이 머물고 있을 때에는 함께 식사를 하도록 되어 있었다. 이것은 아게실라우스가 아게시폴리스를 가까이할 수 있는 좋은 기회였다. 그는 아게시폴리스 왕도 자기처럼 미소년을 좋아하는 사실을 알고는 언제나 말머리를 그쪽으로 돌렸다. 스파르타에서는 이런 일을 수치로 여기지 않고 오히려 미덕을 베풀고 공명심을 키우는 행동으로 받아들였다. 이는 내가 리쿠르고스 편에서 이미 말했다.

이제 아게실라우스는 스파르타에서 가장 큰 세력을 가진 사람이 되었다. 그는 배다른 형제인 텔레우티아스를 해군 사령관으로 임명하고 코린토스 원정길에 올랐다. 아게실라우스는 동생이 이끄는 함대의 지원을 받아 육지로 들어가 긴 요새로 둘러싸인 성을 점령했다. 그리고 코린토스에 주둔하던 아르고스군을 습격했다. 그 무렵 이스트미아 경기에 정신이 빠져 있던 아르고스군대는 그때 막 제물을 올리고 축제 준비가 한창이었다. 그러다가 갑자기 공격을 당하자 그들은 준비한 것들을 모두 버리고 달아나버렸다.

스파르타군에 있던 코린토스 망명자들은 이 경기를 대신 맡아 진행해 달라고 아게실라우스에게 간청했다. 그는 이 부탁은 거절했지만 그들에게 축제를 계속 진행해도 좋다는 허락을 내렸다. 그리고 그들이 어려움 없이 행사를 마칠 수 있도록 보호해 주었다.

아게실라우스와 그의 군대가 떠난 뒤에 아르고스군은 다시 경기를 열었는데, 먼젓번에 우승했던 사람이 또 우승하기도 하고 더러는 승리의 자리를 놓치는 경우도 있었다. 아게실라우스는 아르고스 사람들이 행사를 다시 연다는 소식을 듣고는 비겁하다며 그들을 비난했다. 그렇게 가치 있는 일인데도 싸워 이길 용기를 내지 못했기 때문이다.

아게실라우스는 운동이나 경기는 정도에 지나치지 않게 적당히 해야 한다고 생각했다. 그는 스파르타에서 열리는 연극이나 운동경기에 늘 관심을 가졌고, 소년 소녀들 운동회에까지 즐겨 참석했다. 그러나 사람들 마음을 사로잡는 오락 같은 것에는 도무지 관심이 없었다. 그 예로 칼리피데스라는 유명한 비극 배우와 얽힌 일화가 있다. 칼리피데스는 헬라스 전체에 이름을 떨치면서 누구에게서나 환영을 받았다. 하루는 그가 으스대며 지나가다가 아게실라우스를 보고는 인사를 했다. 그런데 아게실라우스는 그를 못 본 체했다. 그러자 그가 아게실라우스 왕에게 물었다.

"폐하, 저를 모르시겠습니까?"

"광대 칼리피데스가 아닌가?"

아게실라우스는 이렇게 말하고 가던 길을 계속 갔다.

또 언젠가 나이팅게일 소리를 기가 막히게 흉내내는 사람이 있으니 들어보라는 권유를 받자 아게실라우스는 이렇게 말하며 거절했다.

"나는 진짜 나이팅게일의 노랫소리를 들어봤다네."

다 죽게 된 사람까지 살려낸다는 메네크라테스라는 널리 알려진 의사가 있었다. 사람들은 그를 '제우스'라 불렀고, 스스로도 그 별명을 무척 자랑스러워했다. 언젠가 그는 아게실라우스에게 편지를 보낼 때 첫머리에 이렇게 썼다.

"제우스 메네크라테스는 아게실라우스 왕의 건강을 기원합니다."

그러자 왕은 이렇게 답장을 썼다.

"아게실라우스 왕은 메네크라테스가 제정신으로 돌아오기를 바라오."

한편, 아게실라우스는 다시 군대를 이끌고 코린토스로 들어가 헤라 신전을 차지했다. 그가 병사들이 포로와 전리품을 옮기는 것을 지켜보고 있을 때 테바이에서 평화협정을 맺기 위해 보낸 사절이 도착했다.

그는 늘 테바이에 원한을 품고 있었으므로 이때야말로 원한을 풀 좋은 기회라 여겨, 속으로는 협정을 받아들이면서도 사절단을 쳐다보지도 않고, 그들의 말을 들으려고도 하지 않았다. 아게실라우스의 태도를 본 테바이 사절단이 그냥 돌아가려 할 때 아게실라우스의 거만한 태도에 대해 마치 벌이라도 내리는 것처럼, 이피크라테스에 의해 스파르타 1개 사단이 테바이군에게 전멸당했다는 보고가 들어왔다.

이런 참패는 스파르타로서는 몇 년 만에 처음 있는 일이었다. 더구나 전멸당한 부대는 중무장을 갖춘 스파르타 정예부대였고, 그들이 상대한 적은 무장도 제대로 갖추지 못한 용병들이었다. 이 소식을 듣고 아게실라우스는 펄쩍 뛰어일어나 그들에게 달려갔다. 그러나 이미 때는 늦었다.

헤라 신전으로 돌아온 아게실라우스는 테바이 사절단을 불렀다. 사절단은 그에게서 받은 모욕을 앙갚음이라도 하듯 평화협정에 대한 말은 꺼내지도 않고 오직 코린토스로 돌아가겠다는 말만 했다. 아게실라우스는 화가 치밀어 올랐다.

"여러분 동족이 이겼다고 기뻐하는 모습을 구경하고 싶다면 내일 모셔다 드리겠소."

다음 날 아게실라우스는 사절단을 데리고 군대를 출동시켰다. 그의 군대는 코린토스 땅을 이리저리 짓밟고 약탈하면서 성문 앞까지 갔다. 그러나 코린토스군은 감히 나타나 싸울 생각도 못했다. 아게실라우스는 사절단에게 이를 똑똑히 지켜보게 한 다음에야 그들을 시내로 들여보냈다.

그런 다음 아게실라우스는 뿔뿔이 흩어졌던 스파르타 패잔병들을 모아 다시 귀국 길에 올랐다. 날마다 날이 밝기 무섭게 행군을 시작해 해가 지면 야영을 했다. 스파르타군을 무찌를 기회만 노리는 아르카디아군에게 틈을 주지 않기 위해, 아게실라우스는 아주 조심스럽게 행동했다.

그 뒤 아카이아의 요청으로, 스파르타군은 아카이아군과 함께 아카르나니아로 진군하게 되었다. 그들은 엄청난 양의 전리품들을 빼앗으며 진군을 거듭해 아카르나니아를 무찔렀다. 아카이아는 아카르나니아군이 들에 씨앗을 뿌리지 못하게 하려고, 군대를 겨울 동안 주둔하도록 아게실라우스를 설득했다. 그러나 아게실라우스는 이 의견에 반대했다. 지금 씨를 뿌리게 해, 다음 해에 좋은 수확을 거두어 들판이 황금빛으로 물들게 되면, 적들은 오히려 전쟁을 피하고 평화를 구하게 되리라 생각했기 때문이다. 정말 그의 예상은 맞아떨어졌다. 이듬해 여름 아카이아군이 정벌군을 보내 위협하자, 아카르나니아 쪽에서 평화조약을 맺자고 먼저 제의해 온 것이다.

크니두스에서 승리해 바다를 장악한 코논과 파르나바주스는 라코니아 연안을 약탈하고 다녔다. 그동안 아테나이는 파르나바주스가 보내준 돈으로 허물어진 성벽을 다시 쌓았다. 스파르타는 페르시아 왕과 협상하는 것 말고는 달리 방법이 없었다. 스파르타 시민들은 안탈키다스를 페르시아 왕 티리바주스에게 보냈다. 하지만 이것은 아게실라우스의 원정으로 보호를 받았던, 아시아의 헬라스 사람들을 비열하게 팔아넘기는 꼴이 되고 말았다. 사실 안탈키다스는 아게실라우스의 정적이었는데, 전쟁을 계속하면 아게실라우스 이름이 더욱 빛나게 될까봐 염려해 서둘러 그런 조건으로 평화협정을 맺어버린 것이었다. 언젠가 누가 아게실라우스를 보고 스파르타 사람들이 모두 페르시아 사람처럼 되어간다고 비웃자, 그는 이렇게 말했다.

"아니오, 페르시아 사람들이 스파르타 사람들처럼 되어가는 것이오."

그는 이 평화협정을 받아들이려 하지 않는 헬라스 국가와는 전쟁을 벌이겠다고 동맹국들을 위협, 페르시아 왕이 정한 조건을 지킬 것을 강요했다. 이는 무엇보다 테바이 때문이었는데, 아게실라우스의 가장 큰 목적은 테바이를 약하게 만드는 것이었다. 협정 조약에는 테바이가 보이오티아에서 손을 떼고 그들에게 독립을 허락한다는 조건이 있었다. 그 결과 테바이는 힘이 아주 약해졌다.

테바이에 대한 아게실라우스의 나쁜 감정은 이어지는 사건들로 더욱 뚜렷이 드러났다. 한 가지 예로, 그는 스파르타 포이비다스 장군을 시켜 테바이의 카드메이아 성을 불법적인 방법으로 차지했다. 이렇게 평화조약을 깨뜨린 데 대해 헬라스 여러 도시들은 격분했고, 스파르타 시민들도 매우 난감해했다. 아게실라우스 반대파들은 사건의 진실을 밝히고 책임자를 가려내라고 강력히 요구했다. 그들은 아게실라우스 왕이 명령을 내렸으리라 짐작하고, 포이비다스 장군을 불러 추궁했다. 이 말을 전해 들은 아게실라우스는 포이비다스를 지지한다고 말했다. 그리고 그 행동이 잘못되었다고 비난하기 전에 먼저 스파르타에 이로웠는지 아닌지를 따져보아야 한다고 주장했다. 만약 나라에 이익을 주는 일이었다면, 그럴 권한이 없더라도 독립적으로 행동할 수 있다는 논리였다.

아게실라우스가 이런 말을 했다는 것은 깜짝 놀랄만한 일이었다. 그는 언제나 정의를 중요한 가치로 여겨왔고, 정의의 수호자로서 존경받아 왔기 때문이다. 그는 정의야말로 가장 소중한 미덕으로, 정의롭지 않은 용기는 아무런 쓸모가 없으며, 모든 사람들이 정의를 지킨다면 더 이상 용기도 필요치 않다고 늘 말해왔었다.

언젠가 어떤 사람이 이런 말을 한 적이 있다.

"위대한 페르시아 왕께서는 바로 그렇게 되기를 바라고 계십니다."

그러자 아게실라우스가 말했다.

"나보다 더 정의롭지 않다면 어떻게 나보다 위대한 왕일 수 있겠는가?"

이 말은 왕의 위대함을 말해주는 진정한 기준은, 그의 권력이 아니라 정의로움이라는 뜻이다.

휴전이 이루어진 뒤에 페르시아 왕은 아게실라우스에게 편지를 보내, 개인적으로 가깝게 지내고 싶다는 뜻을 전했다. 그러나 아게실라우스는 이를 거절했다. 두 나라가 친하게 지내면 됐지, 사적으로 가깝게 지낼 필요까지는 없다고 말한 것이다.

하지만 자신의 말과는 달리, 그는 야심 때문에 정의롭지 못한 행동을 할 때가 있었다. 특히 테바이에 대해서는 더 그랬다. 앞에서도 말했듯이 그는 포이비다스를 보호하고, 다시 한 번 그 죄를 스파르타 국민 모두에게 돌리려는 듯이 행동했다. 그래서 그는 카드메이아 성을 돌려주지 않고 그곳에 수비병을 두었을 뿐 아니라, 테바이 정권을 팔아넘긴 아르키아스와 레온티다스를 수비대장으로 임명했다.

따라서 포이비다스는 누군가의 명령을 따른 것뿐이고, 모든 일은 아게실라우스가 조종했으리라는 의혹이 일어났다. 그 뒤에 일어난 사건들은 이러한 의심을 더욱 짙게 만들었다. 테바이 사람들이 수비대를 쫓아내고 자유를 외쳐대자 아게실라우스가 곧바로 전쟁을 선포한 것이다. 그는 아르키아스와 레온티다스를 살해한 책임을 물어 시민들에게 보복을 하려 했다. 이 두 사람은 그저 이름만 테바이의 군 지휘관이었고, 사실은 독재자들이었기에 그런 일을 당한 것이었다.

이때 아게실라우스는 아게시폴리스 왕이 죽고 나서 그 뒤를 이은 클레옴브로투스를 정벌군 사령관으로 임명해 보이오티아를 공격하도록 했다. 아게실라우스는 맨 처음 무기를 잡은 뒤로 세월이 벌써 40년이나 지났으므로, 스파르타 법률에 따라 군 복무가 면제되었다. 그래서 그는 나이를 핑계로 싸움터에 나가지 않았지만 진짜 이유는 다른 데 있었다. 그는 얼마 전에 두 독재자로부터 추방당한 플리우스 사람들로 이루어진 평민들을 도와준 일이 있었는데, 다시 그 독재자들을 위해 테바이와 싸운다는 게 떳떳하지 못했기 때문이다.

그러던 터에 또 다른 사건이 일어났다. 아게실라우스 반대파 가운데는 스포드리아스라는 사람이 있었다. 테스피아이의 총독으로 가 있던 그는 과감하며 야심 가득 찬 인물로, 지나치게 조급한 성격이 단점이었다. 스포드리아스는 포이비다스가 카드메이아를 빼앗아 헬라스 곳곳에 이름 떨치는 것을 보고, 자신도 공명심에 불타오르게 되었다. 그래서 그는 아테나이 페이라이우스 항구를 빼앗아 아테나이를 바다에서 고립시키면 자신이 포이비다스보다 더 큰 영예를 얻게 되리라 생각했다.

그러나 다른 주장에 따르면 보이오티아의 명장 펠로피다스와 멜론이 이 계획을 세웠으며, 부하들을 보내 스포드리아스를 부추겼다고 한다. 그들은 그런 큰일을 할 수 있는 사람은 오직 스포드리아스밖에 없다며 그에게 온갖 칭찬과 아첨을 늘어놓았다.

이에 자극 받은 스포드리아스는 불명예스러운 배신일 뿐 아니라 큰 행운이 따르지 않는 한 절대로 성공할 수 없는 이 일을 마침내 강행하기로 결심했다. 하지만 결과는 좋지 않았다. 그가 트리아시아 평야를 채 건너기도 전에 날이 밝아버리는 바람에, 밤을 틈타 몰래 페이라이우스를 치려던 그의 계획은 물거품이 되어버렸다. 게다가 때마침 엘레우시스 신전에서 이상한 빛이 번쩍이는 것을 보고 겁에 질려, 병사들 사기는 땅에 떨어졌다. 밤에 행군하는 일이 얼마나 불리한 일인가를 그제야 깨닫게 된 스포드리아스는 마침내 계획을 포기해 버리고 말았다. 그는 가까운 마을들을 약탈하며 테스피아이로 돌아왔다.

아테나이는 스포드리아스가 평화조약을 어긴 일에 대해 항의하기 위해 스파르타에 사절단을 보냈다. 하지만 스파르타 에포로스는 이미 스포드리아스를 잡아들여 사형을 내리려 하고 있었으므로, 사절단이 굳이 항의할 필요도 없었다. 스포드리아스는 자신의 행동에 대해 스파르타 사람들이 몹시 화를 내는 모습을 보고, 자기에게 내려질 판결을 예측할 수 있었다. 그는 죽임당할 게 두려워 마침내 다른 나라로 도망쳐 버렸다. 스파르타 시민들은 이 일 때문에 그를 더욱 부끄러워하게 되었다. 그래서 아테나이 사람들이 자신들을 그들과 똑같은 피해자로 여겨주기를 바랐다.

스포드리아스에게는 클레오니무스라는 아주 잘생긴 아들이 하나 있었는데, 아게실라우스의 아들 아르키다모스는 이 젊은이와 무척 가까운 사이였다. 그는 어려운 상황에 처하게 된 클레오니무스를 도와주고 싶었다. 하지만 스포드리아스가 아게실라우스 반대파라는 것은 세상이 다 아는 사실이었기 때문에 드러내 놓고 도울 수가 없었다. 클레오니무스는 아게실라우스의 노여움을 풀어달라며 그에게 매달려 눈물로 호소했다. 아르키다모스는 며칠 동안이나 아버지 뒤를 따라다니며 말을 꺼낼 기회를 엿봤지만, 도저히 용기가 나지 않았다.

마침내 재판날이 다가오자, 아르키다모스는 마음을 굳게 먹고 클레오니무스가 간청한 사실을 아버지에게 말했다. 아게실라우스는 이미 두 젊은이의 우정을 알고 있었다. 그는 클레오니무스가 앞으로 스파르타의 큰 인물이 되리라 여겨 그들이 만나는 것을 보고도 가만히 있었던 것이다. 그러나 아게실라우스는 아주 냉담한 말투로 어찌 하는 게 가장 적절하고 명예로운 길인지 잘 생각해 보겠다고만 말하고는 아들을 그냥 돌려보냈다. 낙심한 아르키다모스는 하루에도 몇 번씩 만나던 클레오니무스를 볼 면목이 없었다.

스포드리아스를 구하려 노력하던 사람들도 모두 깊은 실의에 빠졌다. 그런데 아게실라우스의 친구인 에티모클레스가 찾아와 왕의 깊은 속뜻을 전하자, 그들은 비로소 걱정에서 벗어날 수 있었다. 에티모클레스는, 왕이 스포드리아스가 벌인 짓을 크게 탓하고는 있지만, 스파르타로서는 그처럼 용감하고 패기 넘치는 장군이 필요하다는 뜻을 밝혔다고 말했다.

사실 아게실라우스는 아들의 간절한 소원을 들어주려고 재판에 대해 그런 식으로 말했던 것이었다. 이 소식을 전해 들은 클레오니무스는, 아르키다모스가 자신을 위해 얼마나 많은 노력을 했는지 알게 되었고 그에게 몹시 고마워했다. 스포드리아스의 친구들도 용기를 내어 더 적극적으로 그를 변호했다.

아게실라우스는 자식들을 끔찍이 사랑했다. 아이들이 아주 어렸을 때 일이다. 그는 죽마를 만들어 아이들과 함께 놀고 있었는데, 마침 찾아온 친구가 그 모습을 보게 되었다. 그러자 아게실라우스는 친구에게, 그가 아버지가 될 때까지는 이 일을 비밀로 해달라고 부탁했다.

마침내 재판은 스포드리아스의 무죄로 판결이 났다. 이 소식을 들은 아테나이는 분노해 곧바로 전쟁 준비에 들어갔다. 스파르타 사람들도 아게실리우스를 강력하게 비난했다. 왕이 어린 아들의 어리광을 들어주기 위해 정의를 왜곡하고, 헬라스의 평화를 깨뜨렸다는 것이었다.

자신과 함께 왕좌에 있던 클레옴브로투스가 테바이를 상대로 전쟁을 할 생각이 없음을 알게 되자, 아게실라우스는 복무를 면제받기로 한 결정을 취소했다. 그리고 군대를 지휘해 보이오티아로 진격했다.

보이오티아군과의 전투는 좀처럼 승부가 나지 않았다. 나아가고 물러서기를 되풀이하며 시간을 끌다가, 아게실라우스는 그만 부상을 당하고 말았다. 그러자 안탈키다스가 그를 이렇게 비난했다.

"싸우지 않겠다는 테바이 사람들에게 싸움을 가르쳐 주신 대가를 이제 톡톡히 치르시는 군요."

사실 테바이군은 처음에는 별 볼일 없었다. 하지만 스파르타군과의 싸움으로 점차 단련되면서 그들의 전략과 전술을 배우기 시작해, 어느덧 매우 용맹한 군대가 되어 있었다. 옛날 리쿠르고스가 그의 유명한 법령인 레트라를 만들 때, 같은 나라와 자주 싸우지 못하도록 한 조항을 넣은 것도 바로 이런 까닭에서였다. 이렇게 되자 스파르타 동맹국들은 아게실라우스에게 불만을 드러내기 시작했다. 뚜렷한 대의명분도 없이 오직 테바이를 미워해 멸망시키려는 왕의 사사로운 복수심으로 일으킨 전쟁이었기 때문이다. 또 자기들 병력이 훨씬 많은데도, 얼마 되지 않는 스파르타 사람들 명령에 이리저리 끌려다닌다며 분통을 터뜨리기도 했다.

아게실라우스는 그들을 달래기 위해 한 가지 꾀를 썼다. 그는 동맹국 병사들을 모두 한편에 앉히고, 스파르타군사들을 그 맞은편에 앉혔다. 그러고는 병사들 가운데 옹기장이들은 모두 자리에서 일어나라고 말했다. 아게실라우스는 계속해서 대장장이, 석수장이, 목수 등 온갖 상공업에 종사하는 사람들을 모두 불러 자리에서 일어나게 했다. 그러자 동맹군 병사들은 대부분 자리에서 일어섰지만, 스파르타 병사들은 모두 자리에 앉아 있었다. 스파르타에서는 그런 기술들을 배우는 일이 법으로 금지되어 있었으므로 아무도 일어나지 않은 것이었다. 그러자 아게실라우스가 미소 지으며 이렇게 말했다.

"자, 여러분! 우리나라 병사가 훨씬 더 많다는 사실을 이제 아시겠소?"

아게실라우스는 전쟁을 끝낸 뒤, 군대를 이끌고 보이오티아를 떠나 메가라의 아크로폴리스로 나아가고 있었다. 그런데 여태껏 아무렇지도 않던 아게실라우스의 다리가 갑자기 아파오더니, 차츰 부어오르다가 나중에는 곪아버렸다. 시라쿠사 출신 의사가 급히 달려와 그의 복사뼈 아래에서 피고름을 짜냈다. 통증은 조금 가라앉았지만 피가 멈추지 않는 바람에, 아게실라우스는 과다출혈로 그만 정신을 잃고 말았다. 겨우 피가 멎어 스파르타까지 실려왔지만, 몸이 너무 쇠약해져서 오래도록 병석에 누워 있어야만 했다.

그동안 스파르타는 바다와 육지에서 모두 패전만 되풀이했다. 그 가운데에서도 테기라 전투에서 입은 피해가 가장 컸다. 스파르타군이 테바이군에게 처음으로 완패를 당한 것이다. 상황이 이렇게 되자 스파르타는 헬라스 여러 나라들과 평화를 유지하고 싶어했다. 헬라스 나라들도 휴전을 의논하기 위해 저마다 사절들을 스파르타로 보내왔다. 이들 가운데는 테바이의 에파메이논다스도 있었다. 그는 학문과 교양으로 이름나 있었지만, 정치와 군사 면에서는 아직 이렇다 할 능력을 발휘하지 못한 사람이었다.

에파메이논다스는 각 나라에서 파견된 사절들이 저마다 아게실라우스의 비위를 맞추려고 굽실대는 것을 보고는, 자신은 한 나라의 대표로서 위신을 지키려 애썼다. 그는 자기 나라뿐 아니라 헬라스 여러 나라들을 위해 연설했다. 에파메이논다스는 전쟁이 끊이지 않는 까닭은 스파르타가 그릇된 주장을 하기 때문이며, 나라마다 고통 받으며 피폐해지고 있는데 오로지 스파르타만이 갈수록 강대해져 가고 있다고 꼬집었다. 그는 또 만일 스파르타가 이런 위선적인 태도를 버리고 다른 나라들과 똑같은 지위에 서지 않는다면, 결코 평화란 있을 수 없다고 말했다. 평화는 정의와 평등을 조건으로 할 때에만 이루어지는 것이기 때문이라는 말이었다.

아게실라우스는 에파메이논다스의 말에 모든 사절들이 고개를 끄덕이는 것을 보고는, 그에게 보이오티아 작은 도시들이 독립을 누리는 것도 정의와 평등이라고 생각하는지 물었다. 에파메이논다스는 곧바로, 라코니아의 작은 도시들이 독립을 누리는 것을 정의와 평등이라 생각하느냐고 되물었다.

아게실라우스는 이 말을 듣고는 자리에서 벌떡 일어나 분노 어린 목소리로 알기 쉽게 대답하라고 했다. 그리고 다시 보이오티아가 독립을 해야 한다는 말인지, 그래서는 안 된다는 이야기인지 물었다. 에파메이논다스도 라코니아의 작은 도시들에게 독립을 허락하겠다는 의미인지, 허락하지 않겠다는 뜻인지 아게실라우스에게 다시 물었다.

에파메이논다스의 거침없는 말에 아게실라우스의 노여움은 하늘을 찌를 듯했다. 마침내 아게실라우스는 동맹국 명단에서 테바이를 지워버리라고 명령한 뒤, 전쟁을 선포했다. 그리고 다른 나라들과는 평화조약을 체결한 다음 사절들이 돌아갈 때 이런 말을 했다.

"모든 일을 평화협정만으로 처리할 수는 없소. 평화로 해결할 수 있는 일은 평화로 풀겠지만, 그렇지 못한 일은 전쟁으로 다스리겠소. 여러 나라의 복잡한 분쟁과 불화를 조정하는 일도 이제는 지쳤소."

스파르타 정부는 포키스에 머물던 클레옴브로투스 왕에게 테바이 시를 공격하라는 명령을 내렸다. 동맹국들에게는 군대를 보내도록 도움을 청했다. 동맹국들은 이리저리 핑계를 대며 출정을 늦추었지만, 감히 스파르타에 맞서지는 못했다.

내가 에파메이논다스의 전기에서도 말했듯이, 불길한 징조들이 잇따라 나타났다. 프로토우스가 이 전쟁을 막으려 애써보았지만 아게실라우스는 고집을 꺾지 않았고 기어이 전쟁을 시작했다. 이미 헬라스 여러 나라와 동맹을 맺고 있는 데다가 테바이만이 고립되어 있었으므로, 이때야말로 그들을 정복할 가장 좋은 기회라고 여겼다. 그러나 이 전쟁은 신중한 판단과 계획에 따른 게 아니라, 아게실라우스 개인적 감정 때문에 시작된 것임에는 틀림없다.

평화조약이 체결된 때는 스키로포리온 달 열나흘째, 곧 6월 14일이었다. 그리고 스파르타군이 레우크트라 전쟁에서 패배를 맛본 것은 다음 달인 헤카톰바이온 달 닷새째 날, 즉 7월 5일이었다. 그러므로 고작 20일 만에 일어난 전투라는 것으로만 보아도, 이는 단순한 화풀이를 위해 벌어진 전쟁임을 알 수 있다.

레우크트라 전투는 1000명의 전사자를 내고 스파르타에 쓰라린 패배만을 안겨주었다. 전사한 사람들 가운데는 클레옴브로투스 왕과, 왕을 호위하다가 죽은 스파르타 훌륭한 장수들이 끼여 있었다. 특히 스포드리아스의 아들 클레오니무스는 왕을 지키기 위해 놀라운 용맹성을 발휘했다. 그는 세 번이나 칼에 맞고 쓰러졌지만, 그때마다 다시 일어나 싸우다가 테바이 병사에게 죽임을 당했다.

이 전투 결과는 스파르타에 뜻밖의 타격이었고, 테바이에는 위대한 승리의 영광이었다. 역사상 헬라스 여러 나라가 거두었던 어떤 승리보다도 이것은 더 큰 영예를 안겨주었다. 그러나 패배를 당한 스파르타 병사들의 정신 또한 테바이 못지않게 빛났다. 크세노폰은 위대한 사람의 말은 농담이나 술에 취해 나온 것이라도 모두 마음에 새겨둘 가치가 있다고 말했다. 그렇다면 용감한 사람들이 불행에 빠졌을 때 하는 말이나 행동 또한 틀림없이 후세에 전할 만한 가치가 있으리라.

레우크트라 전투 소식이 전해졌을 때, 스파르타에서는 김노파이디아이 축제가 열리고 있었다. 구경 온 다른 나라 사람과 시민들로 시내는 온통 들끓었다. 마침 축제가 한창이던 대회장에서는 소년들이 나와 춤을 추고 있었다. 에포로스는 급히 달려온 전령에게서 패전 소식을 들었다. 그것은 스파르타 권위를 완전히 무너뜨리고, 여러 나라에 대한 지배력을 송두리째 잃을 만큼 커다란 타격이었다. 그러나 그들은 축제의 흥을 깨뜨려 시민들을 실망시킬 수 없었다. 전사자 가족들에게만 비밀스럽게 소식을 전하고, 축제는 계속 진행할 수 있도록 했다.

다음 날 아침 시민들은 모두 패배 소식을 알게 되었다. 누가 죽고 누가 살았는지, 누가 전사자 가족인지 아닌지는 굳이 묻지 않아도 다 알 수 있는 일이었다. 그런데 전사한 사람들 가족이나 친척들은 모두 밝은 얼굴로 인사말을 주고받았고, 살아 돌아온 병사 가족들은 모두 집에 틀어박혀 어두운 표정을 짓고 있었다. 집 밖으로 나갈 때에도 그들은 죄인처럼 고개도 제대로 들지 못했다. 스파르타 여인들 태도는 더욱 훌륭했다. 살아 돌아온 아들을 맞은 어머니들은 침묵했으며, 아들을 잃은 어머니들은 기쁨을 주고받으며 신전에 가서 감사 기도를 올렸다.

이제 동맹국들은 모두 스파르타를 버리고 떠나기 시작했다. 그리고 승리를 거둔 에파메이논다스가 군대를 이끌고 펠로폰네소스로 오고 있다는 소식을 듣자, 시민들은 아게실라우스를 절름발이라고 했던 그 옛날 신탁을 새삼 떠올렸다. 그들은 신탁을 따르지 않고 절름발이를 국왕으로 떠받들었기에 이런 불행이 닥쳤다고 여겼다. 그러나 아게실라우스의 공적과 그에 대한 존경심은 민중의 여론을 가라앉혔다. 나라를 구하고 자신들 목숨을 지켜줄 수 있는 사람은 오직 아게실라우스뿐임을 그들은 알고 있었다.

먼저 그들은 전쟁에서 도망쳐 온 자들의 문제를 해결해야만 했다. 그들은 숫자가 많았고, 그 가운데에는 세력을 가진 자들도 많았기 때문에 법률대로 처벌을 내리면 반란을 일으킬지도 모를 일이었다. 법률대로라면 그들은 어떤 공직에서도 물러나야 했고, 결혼도 허락되지 않으며, 맞거나 모욕을 받아도 저항할 수 없었다. 또 몸을 씻지도 못한 채 천 조각으로 더덕더덕 기운 누추한 옷을 입고, 턱수염도 반은 깎고 반은 기르고서 다녀야 했다.

그러나 많은 군대가 절실히 필요한 시기인 데다 그토록 큰 권력을 쥔 사람들을 법대로 처벌한다는 것은 위험한 일이었다. 그들은 아게실라우스에게 법률에 대한 절대적 권한을 주어 해결하도록 했다. 아게실라우스는 법을 고치거나 새로운 법을 만들려 하지 않고 오직 집회에 나가서, 이 법을 오늘 하루만은 쉬게 할 것이며 내일부터는 더 엄격히 따르게 할 것이라고 선언했다. 이렇게 해서 아게실라우스는 법은 그대로 지켜 나가면서 수많은 시민들을 치욕에서 구할 수 있었다.

그러고 나서 아게실라우스는 자포자기 상태에 빠져 있던 젊은이들을 이끌고 아르카디아를 쳐들어갔다. 그는 큰 전투를 되도록 피해가면서 만티네아의 작은 도시 하나를 점령한 다음, 그 지방을 약탈하게 했다. 아게실라우스 생각대로 병사들은 다시 용기를 되찾았다.

얼마 뒤 에파메이논다스는 테바이와 동맹국들의 군대를 끌어모아 라코니아로 침공해 들어왔다. 병력은 중무장병 4만 명과 경무장 부대, 그리고 약탈만을 위해 종군하는 인원을 모두 합쳐 7만 명이 훨씬 넘었다. 도리아 사람들이 스파르타를 세운 뒤로 600년 동안 적군이 쳐들어온 것은 이번이 처음이었다. 테바이군이 아무도 손대지 못했던 신성한 땅에 창검과 불을 들이댄 것이었다. 테바이군은 저항도 받지 않고 온 나라를 짓밟고 다니더니, 에우로타스 강까지 쳐들어와 진을 쳤다.

테오폼푸스가 '몹시도 거센 전쟁의 급류'라고 불렀던 이 침공에 대해 아게실라우스는 맞서 싸워서는 안 된다고 생각했다. 그는 스파르타 시에 방어벽을 쌓아올리고, 중요 장소에 수비병들을 배치했다. 테바이군은 아게실라우스를 밖으로 끌어내 싸우게 하려고 그의 이름을 부르며 지독한 욕설을 퍼붓고, 전쟁을 일으켜 나라를 망하게 한 놈이니 용기가 있으면 나와 덤벼보라고 소리쳤지만 그는 꾹 참고 못 들은 체했다.

시내에서는 소요가 일어나 아게실라우스를 괴롭혔다. 노인들은 스파르타 사람으로서의 자존심이 땅에 떨어지자 분노하며 탄식했다. 부녀자들은 적군의 외침 소리와 횃불을 보고는 정신을 잃었다. 아게실라우스 자신도 지난날의 영광을 떠올리며 한없는 시름에 빠져들기도 했다. 그가 왕위에 오를 때만 하더라도 헬라스에서 으뜸가는 힘을 자랑하던 스파르타가, 이제 그 옛날의 모든 영광은 잃어버리고 비웃음만 당하고 있었다.

그는 이미 늙어 힘이 다 떨어진 상태에서, 말로 표현할 수 없는 불행의 한가운데에 놓여 있었다. 스파르타 여자들은 적군의 화톳불에서 피어오르는 연기를 본 적이 없다는 말도 이제 더는 사실이 아니었다.

언젠가 스파르타의 안탈키다스가 어느 아테나이 사람과 서로 자기 나라의 용맹함에 대해 다툰 적이 있었다. 그때 아테나이 시민은 이렇게 말했다.

"우리가 당신들 군대를 케피소스 강에서 몇 번씩이나 내쫓았다는 건 당신도 인정하겠지요."

그러자 안탈키다스는 이렇게 말했다.

"물론이죠. 하지만 우리는 아테나이 군대를 에우로타스 강 근처에는 얼씬도 못하게 했지요."

또 어떤 스파르타 시민이 아르고스 사람과 이야기를 나누고 있었는데, 그 아르고스 사람이 갑자기 이렇게 자랑했다.

"우리나라 땅에는 수많은 스파르타 사람의 뼈가 묻혀 있습니다."

이에 스파르타 시민이 말했다.

"그래요? 아르고스 사람은 오직 한 사람도 우리 땅에 뼈를 묻지 못했지요."

그러나 이제는 상황이 바뀌었다. 에포로스, 곧 다섯 최고 행정관 가운데 하나인 안탈키다스조차 가족들을 잃게 될까봐 두려워 키테라 섬으로 피란을 보냈다.

적군이 에우로타스 강을 건너 시내로 쳐들어오려 하자, 아게실라우스는 다른 곳은 모두 버리고 한가운데 높이 솟은 산 위에 군대를 집결시켰다. 마침 에우로타스 강은 그동안 내린 눈으로 물이 불어 있었고, 강물이 너무 차갑고 물살도 거세어 강을 건너기가 쉽지 않았다. 테바이군 대열 맨 앞에는 에파메이논다스가 서 있었다. 아게실라우스는 한참 그를 내려다보더니 오직 한 마디만 했다.

"대담한 사나이로구나!"

에파메이논다스는 스파르타 시내에 전승 기념비를 세우겠다는 포부로 가득차 있었다. 그래서 여러 방법으로 싸움을 걸어보았지만, 아게실라우스는 산 위에서 꼼짝도 하지 않았다. 에파메이논다스는 전투가 벌어지기를 기다리며 여기저기 약탈하고 다녔다.

테바이군이 스파르타 시에서 물러나자, 아게실라우스에게 불만을 품은 시민 일부가 반란을 계획했다. 그들은 200명쯤 무리를 이루어 아르테미스 신전이 있는 이소리온을 점령했다. 이곳은 시내의 요새였으므로 정부군은 이들을 공격해 몰아내려 했다. 그러나 아게실라우스는 그 뒤에 어떤 큰 음모가 있지나 않을까 걱정되어 그들을 내버려 두라고 명령했다. 그는 무장하지 않은 차림으로 시종 하나를 데리고 그들을 찾아갔다. 그러고는 이렇게 외쳤다.

"그대들은 명령을 잘못 들었다. 이곳에 집합하라고 명령하지 않았다. 일부는 저쪽, 나머지는 저쪽에 모여라."

그는 어느 곳으로 가야 하는지 방향을 말해주었다. 반란자들은 자신들 음모가 아직 드러나지 않은 것으로 여기고는 아게실라우스가 알려준 방향으로 갔다. 그는 믿을 만한 부하들을 시켜 이소리온을 점령토록 하고, 반란자들을 모두 붙잡은 뒤 주동자 15명을 그날 밤 사형시켰다.

또 다른 음모 소식이 들려왔다. 음모에 가담한 자들은 모두 큰 세력을 가진 인물들이었다. 그들은 한 집에 모여 반란을 준비했다. 아게실라우스는 그처럼 나라가 어지러운 때에 형식을 갖추어 재판할 수도, 그렇다고 음모를 모른 척 내버려 둘 수도 없었다. 그는 에포로스와 의논하여, 재판 없이 그들 모두를 몰래 처형했다. 스파르타 시민권을 가진 사람으로서 재판도 받지 못하고 그런 처벌을 받기는 이때가 처음이었다.

그 무렵에는 시민이 아닌 지방 농민이나 농노들도 군에 들어갈 수 있었는데 이들 가운데 탈영해 적군에 항복하는 자가 많아서 군대 사기는 날로 떨어졌다. 아게실라우스는 새벽마다 측근을 보내어 병사들의 천막을 점검하고는 달아난 병사의 무기를 감추어, 탈영병 숫자를 알 수 없게 했다.

테바이군이 스파르타에서 철수한 이유에 대해 역사가들은 의견을 달리한다. 겨울이 되었기 때문이라고도 하고, 아르카디아군이 해산을 하자 다른 동맹국들조차 모두 떠났다고도 했다. 또는 석 달 동안 이어진 약탈로 점령지가 피폐해지자 더는 가져갈 게 없어 떠나간 거라고 말하기도 한다. 역사가 테오폼푸스의 말에 따르면 보이오티아 장군들이 이미 후퇴를 결정했을 때, 아게실라우스는 프릭소스라는 스파르타 사람을 시켜 철수를 권유하면서 그들에게 10탈란톤의 돈을 나누어 주라고 했다. 따라서 그들은 스스로 물러나기로 해놓고서도 마치 돈을 받고 돌아간 것처럼 되어버렸다. 테오폼푸스가 어떻게 이 사실을 알게 되었는지 나도 알 길이 없으나 다른 역사가들은 누구도 이를 언급하지 않았다.

그러나 스파르타가 멸망 직전에서 벗어날 수 있었던 까닭은 바로 아게실라우스 덕분이었다는 점만은 모든 역사가들의 의견이 일치한다. 그는 공명심과 야심을 모두 버리고, 갖은 모욕 속에서도 오직 나라를 구하기 위해 지혜를 모았던 것이다. 하지만 이런 아게실라우스라고 해도 그 옛날 스파르타가 누린 영광을 되찾을 수는 없었다. 아무리 신체가 단련된 건강한 사람이라도 한 번 심하게 앓고 난 뒤에는 전과 똑같아질 수는 없듯이, 스파르타 또한 지난날 권세와 명성을 되살려 놓을 수는 없었다. 오래 이어져 온 한 나라의 번영이 단 한 번의 실수로 한꺼번에 무너져 내린 것이다.

이는 결코 놀랄 일은 아니다. 리쿠르고스는 시민의 평화롭고 조화로운 삶을 위해 정치조직을 만들고, 스파르타 법을 세웠다. 그러나 전쟁이나 독재가 끼어들게 되자 리쿠르고스가 만든 정치나 법질서가 더는 제구실을 못하게 되어 스파르타는 스스로 파멸에 이르게 된다.

그 뒤 아게실라우스는 너무 늙어서인지 전쟁에 앞장서려 들지 않았다. 하지만 아들 아르키다모스는 시킬리아 디오니시우스에게서 군대를 얻어 아르카디아군을 무찔렀다. 이 전투는 흔히 '눈물 없는 전투'로 알려졌는데, 스파르타 병사를 한 사람도 잃지 않고 수많은 적을 쓰러뜨렸기 때문이다.

그런데도 이 전쟁은 스파르타의 힘이 얼마나 약해졌는지를 뚜렷이 보여주었다. 그전까지 스파르타는 전쟁에서 물론 자기들이 이기리라 생각했다. 따라서 큰 승리를 거두었을 때에도 제물로 수탉 한 마리씩 바쳤을 뿐이었다. 병사들은 승전을 크게 자랑스러워하지도 않았으며, 시민들 또한 마땅함으로 받아들였다. 투키디데스 기록에 따르면, 만티네아에서처럼 큰 승리를 거두었을 때에도 승전 소식을 가져온 전령에게 여러 사람이 빙 둘러앉아 식사를 하던 식탁에서 고작 고기 한 점을 집어주었다고 한다.

그러나 아르카디아에서의 승전 소식을 듣고 스파르타 사람들은 기쁨을 감추지 못했다. 아게실라우스는 개선장군이 되어 돌아오는 아들을 마중하기 위해, 모든 관리들을 데리고 나갔다. 그는 아들을 보자마자 끌어안고 감격의 눈물을 흘렸다. 또 노인이나 부녀자들은 에우로타스 강으로 나아가, 스파르타의 치욕을 씻고 다시 태양을 바라볼 수 있게 허락해 준 신께 두 손을 높이 쳐들어 감사 기도를 드렸다. 그때까지 스파르타 남자들은 전날의 패전에 대한 부끄러움으로 아내나 딸들 앞에서 제대로 고개도 들지 못했다.

한편 에파메이논다스는 메세니아를 독립시켜 주고, 헬라스 여기저기에 흩어졌던 시민들을 본디 그들이 살던 곳으로 다시 불러들였다. 하지만 스파르타는 감히 그 계획을 막을 수도 없었다. 메세니아 영토는 스파르타만큼이나 넓고 기름진 땅으로 오랫동안 스파르타가 차지하고 있었으나, 아게실라우스가 왕으로 있을 때 그 땅을 빼앗겼다. 이 때문에 스파르타 시민들은 그를 매우 원망했다.

따라서 테바이가 평화조약을 맺자고 제안했을 때에도 아게실라우스는 거절할 수밖에 없었다. 메세니아 땅을 잃었다고는 해도 이름뿐인 소유권이나마 포기하고 싶지는 않았던 것이다.

한번은 속임수에 걸려들어 메세니아 땅을 되찾기는커녕 스파르타 땅마저 잃을 뻔했다. 사건은 이러했다. 만티네아 사람들이 테바이군에 맞서 반란을 일으키고 스파르타에 도움을 청했다. 아게실라우스가 그들 요청을 받아들여 군대를 이끌고 만티네아로 간다는 소식을 듣고 에파메이논다스는, 만티네아 사람들 몰래 밤에 테게아를 떠나 무방비 상태의 스파르타로 갔다. 그런데 머지않아 이 정보가 아게실라우스 귀에 들어갔다. 칼리스테네스는 그 정보를 제공한 사람이 테스피아이 사람인 에우티누스였다 하고, 크세노폰은 어떤 크레테 사람이었다고 한다. 아게실라우스는 깜짝 놀라 서둘러 스파르타로 전령을 보내어 이 사실을 알리고, 자신도 곧 뒤쫓아 왔다.

아게실라우스가 스파르타에 도착하자마자 테바이군이 에우로타스 강을 건너와 시가지를 공격하기 시작했다. 아게실라우스는 비록 늙었지만 젊은이 못지않게 용감히 맞서 싸웠다. 그는 전처럼 방어만 하지 않고 목숨을 걸고 전투를 벌였다. 이 작전은 큰 성공을 거두어, 거의 남의 손에 넘어갈 뻔한 나라를 구하고 에파메이논다스를 몰아냈다. 그는 전승 기념비를 세우고, 스파르타 남자들이 자신을 길러준 나라를 위해 의무를 다하고 있음을 아내와 자식들에게 자랑스럽게 보여주었다.

아르키다모스의 활약은 모든 이의 눈길을 끌었다. 그는 적의 공격으로 밀려나는 곳마다 번개처럼 나타나 용감하고 민첩하게 적을 막아냈다. 이렇게 스파르타는 무사히 위기를 넘겼다.

하지만 이 전투에서 아군뿐 아니라 적까지도 감동시킨 사람은 포이비다스의 아들 이시다스였다. 그는 매우 키가 크고 잘생겼으며, 이제 막 소년 티를 벗고 멋진 젊은이가 되어가고 있었다. 그는 집에서 목욕을 마치고 향유를 바르다가 전쟁이 벌어졌다는 소식을 들었다. 머뭇거릴 사이도 없이 그는 맨몸으로 뛰어나와 한 손에는 칼을, 다른 한 손에는 창을 잡았다. 그리고 전우들을 밀치며 맨 앞으로 나아가 적군 속에 뛰어들어 닥치는 대로 적들을 쓰러뜨렸다. 싸움이 끝난 뒤에 그의 몸은 상처 하나 남아 있지 않았다. 그의 용기를 보고 감탄해 신들이 그를 돌보아 주었거나, 아니면 적들이 보통 사람보다 크고 강해 보이는 그를 인간이 아닌 신으로 여겨 피해 달아났기 때문이리라. 전쟁이 끝난 뒤 장관들은 그의 용기를 칭찬하며 화관을 씌워주었다. 하지만 전쟁터에 갑옷을 입지 않고 나간 벌로 그는 1000드라크메의 벌금을 물어야 했다.

며칠이 지나 스파르타군은 만티네아 근처에서 테바이군과 다시 맞붙어 싸웠다. 이 전투에서 에파메이논다스는 스파르타군을 무찌르고, 승리의 여세를 몰아 적을 뒤쫓았다. 그런데 이때 스파르타의 안티크라테스가 에파메이논다스를 급습해 그를 찔렀다. 디오스코리데스는 창에 찔린 것이라고 했지만, 스파르타인들은 그 무기가 칼이었다고 했다. 그래서 안티크라테스의 후손들을 오늘날까지 마카이로네스, 즉 '칼 쓰는 용사들의 후손'이라 부른다.

스파르타 시민들은 에파메이논다스의 이름만 들어도 벌벌 떨었기에, 그를 찔러 죽인 안티크라테스에게 사랑과 감사의 마음을 보냈다. 그가 승리를 거둠으로써 자신들 목숨뿐 아니라 나라를 위기에서 구할 수 있었기 때문이다. 이때 그는 특별한 상과 영예를 받았으며 그의 후손들도 모든 세금을 면제받았다. 오늘날에도 안티크라테스 후손인 칼리크라테스는 그 특권을 누린다.

이 전투에서 에파메이논다스를 잃은 헬라스 여러 나라들은 모두 평화조약을 맺었다. 그런데 아게실라우스는, 메세니아 사람들에 대해서는 자기 도시를 가지고 있지 않다는 이유로 이 조약에 선서하지 못하게 했다. 그러나 다른 모든 나라는 그의 주장을 받아들이지 않았다. 그러자 스파르타는 전쟁을 계속해 메세니아를 다시 손에 넣으려 했다.

사람들은 아게실라우스의 집념을 보고, 전쟁에 굶주린 고집쟁이 노인이라며 손가락질했다. 그는 자금이 부족해지자 시민과 친구들에게서 돈을 빌려가면서까지 전쟁을 하려 했기 때문이다. 스파르타가 잠시 숨을 돌리며 다른 기회를 기다려야 할 때에, 그는 전쟁을 계속해 나아가며 헬라스의 평화를 해칠 생각만 하고 있었다. 한때 군림하던 바다와 육지를 모두 잃고 나자, 스파르타는 이제 메세니아라는 작은 땅덩이만이라도 얻고 싶어했다.

그는 아이귑토스 왕 타코스를 섬기며 싸움을 벌임으로써 자신의 이름을 더욱 더럽혔다. 헬라스 최고의 장군으로서 세상에 이름을 떨치던 위대한 그가, 아이귑토스의 한 야만족 우두머리에게 고용되어 용병 부대 지휘관이 되었다는 사실을 사람들은 못마땅해했다. 게다가 그는 이미 팔십이 넘었을 뿐만 아니라, 전쟁에서 입은 부상 때문에 제대로 몸을 가누기도 힘들었다. 만일 그가 헬라스 전체 자유를 위해 페르시아를 상대로 싸웠다면, 사람들이 그의 정신을 우러러보았을지도 모른다. 그러나 이런 행동 또한 모두 칭찬할 만한 일은 못 되었다. 왜냐하면 명예로운 일이 되기 위해서는 시기와 조건이 적절해야 하고, 그래야만 그 일의 옳고 그름을 판단할 수 있기 때문이다.

그러나 아게실라우스는 어떤 일이든 자기 나라의 이익을 위한 거라면 부끄러워할 이유는 없다고 생각했다. 오히려 집에 앉아 죽는 날만 기다리며 가치 없는 나날을 보내는 것이야말로 정말 부끄러워해야 할 일이라고 믿었다. 그래서 그는 타코스가 보낸 돈을 받아 용병을 모집했다. 그리고 그 병력으로 함대를 구성한 뒤, 페르시아 원정 때처럼 스파르타 장군 30명을 고문으로 임명해 아이큅토스로 출항했다.

아이큅토스에 도착하자 타코스 왕의 장군과 관리들이 모두 마중 나와 그의 상륙을 환영했다. 또 아게실라우스의 명성이 아주 높았으므로 많은 아이큅토스 사람들이 그의 얼굴을 보려고 몰려들었다. 그러나 그들 눈에 비친 것은 늠름한 장군이 아니라, 절름발이에다가 낡은 옷을 걸친 늙은이가 풀밭에 앉아 있는 모습이었다. 이런 모습을 본 사람들은 태산이 진통하다가 생쥐를 낳았다는 속담에 빗대어 그를 비웃었다.

아이큅토스 관리들은 그에게 여러 선물들을 바쳤다. 그런데 그는 밀가루와 송아지와 거위는 받으며, 과일 말린 것과 과자와 향료 등은 한사코 거절했다. 이를 보고 사람들은 그를 이상히 여겼다. 귀한 것들이니 받으라는 권유가 이어지자, 아게실라우스는 마지못해 그 물건들을 받아서 자기 병사들에게 모두 나눠주었다. 역사가 테오프라스투스에 따르면, 그가 파피루스로 짠 소박한 모자만은 매우 마음에 들어하며 받았다고 한다. 그래서 그는 아이큅토스를 떠날 때 왕에게 청해서 파피루스라는 식물을 가지고 왔다고 전해진다.

아게실라우스는 군대를 이끌고 가서 타코스의 군대와 합쳤다. 하지만 총사령관이 되리라는 기대와는 달리 타코스가 총사령관을 맡고, 아테나이의 카브리아스는 해군사령관으로 임명되었다. 아게실라우스는 이끌고 온 용병 부대를 지휘하는 권한만 주어졌다. 이런 불쾌한 일은 이어졌다. 아게실라우스는 타코스 왕의 무례한 태도에 너무나 화가 났다. 더구나 타코스 왕이 포이니키아 해전에 나섰을 때 그를 따라 종군해야만 했다. 얼마간 그는 이 무례한 태도를 꾹 참았다. 그러다가 마침내 그 울분을 터뜨릴 기회가 왔다.

타코스의 사촌인 넥타네비스는 타코스 아래서 큰 부대를 지휘했는데, 어느 날 반란을 일으켜 자신을 아이큅토스의 왕이라 선언했다. 그는 아게실라우스에게 사람을 보내와 도움을 청했다. 그리고 카브리아스에게도 똑같은 요청을 하며 두 사람에게 큰 보답을 약속했다.

그러자 타코스는 이제까지의 태도를 완전히 바꾸고, 그동안의 우정을 지켜달라며 두 사람에게 매달렸다. 카브리아스는 그의 간청을 받아들이고, 아게실라우스에게도 타코스를 함께 도와주자고 했다. 그러나 아게실라우스는 단호하게 뿌리쳤다.

"카브리아스! 당신 스스로 이곳에 온 것이니 당신 뜻대로 하시오. 하지만 나는 아이큅토스 군을 지휘하라고 스파르타에서 보낸 사람이오. 나는 본국의 명령이 없는 한 우리 친구인 아이큅토스를 상대로 싸울 수가 없소.”

그러고 나서 그는, 타코스를 비난하고 넥타네비스를 칭찬하는 자료들을 스파르타로 보냈다.

한편 아이큅토스의 두 왕도 저마다 스파르타로 사절을 보냈다. 한쪽은 이미 맺은 조약을 계속 유지하고자 했고, 다른 한쪽은 그 조약을 깨뜨리고 새로운 조약을 맺고자 힘썼다. 스파르타 정부는 두 사절단을 만나 이야기를 들었다. 그런 다음 모든 결정을 아게실라우스에게 맡긴다고 했다. 그러고는 아게실라우스에게는 밀사를 보내, 스파르타의 이익이 되는 길을 선택하라고 지시했다.

아게실라우스는 자기 용병 부대를 이끌고 넥타네비스에게 갔다. 이는 스파르타에 이익이 된다는 핑계로 배신이나 다름없는 행위를 한 것이다. 그러나 스파르타 사람들은 자기 나라에 이로운 것이라면 무조건 명예로운 것으로 여겼으며, 스파르타를 강한 나라로 만들기 위해서는 옳고 그름을 따지지 않았다.

아게실라우스군의 버림을 받은 타코스는 끝내 달아나 버렸다. 그런데 멘데스 지방에서 왕위 계승자라고 스스로 주장하는 어떤 사람이 10만 명이나 되는 대군을 이끌고 쳐들어왔다. 넥타네비스는 아게실라우스에게 적의 숫자는 많아도 상인이나 농사꾼들을 되는대로 그러모은 오합지졸들이니 속아 넘어가서는 안 된다고 말했다. 그러나 아게실라우스는 이렇게 대꾸했다.

“내가 두려워하는 것은 숫자가 아니라 그들이 전략이라는 것을 전혀 모른다는 사실이오. 전략이란 이쪽으로 공격해 올 것이라 예상되는 적들을 다른 쪽에서 갑자기 공격하는 것인데, 아무 생각 없는 저들에게 어떻게 전략을 쓸 수 있겠습니까? 씨름을 할 때 그저 가만히 서 있는 상대에게는 기술을 걸 수가 없는 것과 마찬가지지요.”

그런데 멘데스 사람들도 아게실라우스를 자기편으로 끌어들이려고 했다. 이를 눈치챈 넥타네비스는 아게실라우스가 그들에게 넘어갈까봐 매우 불안해했다. 아게실라우스는 하루라도 빨리 전투를 시작해야 한다고 했다. 전쟁 경험이 없는 적을 상대로 괜히 싸움을 길게 끌어서는 안 되며, 시간을 주면 엄청난 숫자를 가진 적들에게 포위당하게 되고, 그렇게 되면 매우 위험해진다고 주장했다. 아게실라우스가 결전을 서두를수록 넥타네비스의 의심은 더 커져만 갔다.

넥타네비스는 아게실라우스를 두려워했기에 오히려 그 반대로 결정을 내려 버렸다. 그는 자기 군대를 튼튼한 요새를 가진 넓은 도시로 이동시키고, 아게실라우스 움직임을 하나하나 살폈다. 아게실라우스는 의심받는 게 불쾌하기도 하지만, 그를 또 배신할 수는 없었고 아무런 성과 없이 귀국할 수도 없었기에 넥타네비스를 따라갔다.

적군이 밀물처럼 모여들어 도시 근처에 참호를 파기 시작했다. 넥타네비스는 포위당할까 두려워 싸울 결심을 굳혔다. 군량이 부족한 헬라스군도 그의 의견을 따랐다. 그러나 아게실라우스는 그들 의견에 반대했다. 그러자 아이귑토스 사람들은 아게실라우스를 의심하며, 거리낌 없이 그를 반역자, 왕을 배신한 자라 떠들어댔다. 하지만 아게실라우스는 자신의 계획에 대한 확신이 있었기에, 이런 모욕을 귀담아듣지 않고 기회가 오기만 기다렸다.

적군은 성을 에워싸고 깊은 참호와 높은 둑을 만들어 도시를 완전히 포위한 뒤 그들이 굶어 죽기만 기다릴 작정이었다. 어느덧 참호가 완성되어 양쪽 끝이 맞닿았다. 아게실라우스는 병사들을 무장해 넥타네비스에게 갔다.

"자, 젊으신 폐하, 기회가 왔소. 이제까지 나는 작전 계획이 새어나갈까봐 말하지 않았소. 적이 힘들여 파놓은 저 참호는 바로 우리에게 승리를 안겨줄 것이오. 대군을 거느린 적은 저 참호를 파느라 지쳐서 이제는 우리를 공격하기도 힘들어졌소. 그러니 아직 덜 파져 있는 쪽으로 나가면서 싸우면 왕과 왕의 부대를 살릴 수 있소. 우리 앞에 있는 적은 곧 무너지게 되고, 나머지 적군들은 참호 때문에 공격도 제대로 못 할 것이오."

넥타네비스는 그의 지혜에 감탄해, 헬라스군과 함께 용감히 싸웠다. 첫 번째 공격만으로도 적군은 혼란에 빠져 갈팡질팡했다. 이렇게 넥타네비스의 신뢰를 얻게 된 아게실라우스는, 씨름 선수가 경기에서 똑같은 기술을 되풀이해 쓰듯이 여러 번 이 작전을 되풀이했다.

그는 쫓고 쫓기면서 적을 두 참호 사이로 몰아냈다. 이 참호는 둘 다 물이 깊게 가득 차 있었다. 아게실라우스는 이를 교묘히 이용, 두 참호 사이에 그 물처럼 대열을 펼치고 공격을 계속했다. 적군은 양쪽에 있는 참호 때문에 아게실라우스군을 포위할 수가 없었다. 따라서 그들은 저항도 별로 해보지 못하고 엄청난 전사자들을 냈다. 겨우 목숨만 건진 병사들은 모두 뿔뿔이 흩어져 달아났다. 아이컵토스의 왕권을 확보할 수 있게 된 넥타네비스는 아게실라우스에게 깊은 존경을 나타내며, 겨울을 지내고 돌아가라고 간청했다. 그러나 아게실라우스는 자기 나라에서 벌어지고 있는 전투에 힘을 보태기 위해 서둘러 돌아가야만 했다. 스파르타는 군자금이 모자란 데다가 외국에서 전쟁을 하고 있었으므로 용병을 사야 했기 때문이다. 그래서 아이컵토스 왕은 예절을 두루 갖추어 그를 배웅하고, 많은 선물과 함께 군자금으로 230탈란톤을 주었다.

겨울이라 날씨가 좋지 않아 바다에는 계속 풍랑이 일었다. 아게실라우스가 탄 배는 바다를 바로 건너지 못하고, 리비아 해안선을 따라 조심스럽게 항해해 나아갔다. '메넬라우스의 항구'라고 알려진 무인도에 막 닿았을 때, 아게실라우스는 숨을 거두었다. 이때 그의 나이 84세, 스파르타의 왕이 된지 41년이 되는 해였다. 이 41년 가운데 30년 동안 그는 헬라스에서 가장 위대하고 누구보다 큰 권력을 지닌 인물이었다. 레우크트라 전투에서 패하기 전까지 그는 헬라스 전체의 왕이자 존경받는 총사령관이었다.

스파르타 풍습에 따르면 외국에서 사람이 죽었을 때 그가 보통 시민이면 그곳에서 장례를 치르고, 왕이면 본국으로 유해를 가져오게 되어 있었다. 수행원들은 꿀을 구할 수가 없어서 대신 밀랍으로 그의 유해를 싸서 고국으로 실어와 장례를 지냈다.

아들 아르키다모스가 아게실라우스 뒤를 이어 왕이 되었다. 그로부터 5대째인 아기스 왕에 이르기까지 아게실라우스의 자손이 왕위를 이어갔다. 아기스 왕은 스파르타의 엄격한 전통을 되살리려고 하다가 레오니다스에게 암살되었다.

폼페이우스(POMPEIUS)

폼페이우스는 어릴 때부터 로마 사람들로부터 많은 사랑을 받았다. 그에 대한 애정은 아이스킬로스가 쓴 비극에서, 프로메테우스가 자신을 구해준 헤라클라스에게 말하는 장면을 떠올리게 한다.

당신의 아버지(제우스)는 증오하지만
당신(헤라클레스)은 내게 가장 소중하다오.

로마 사람들도 폼페이우스에게 처음부터 이런 마음을 가지고 있었던 듯싶다. 폼페이우스 아버지 스트라본은 로마 시민들 증오의 대상이었다. 그러나 로마 시민들은 폼페이우스에게는 그런 원한이나 미움을 드러낸 적이 없었다. 스트라본은 뛰어난 전략가였고, 무기를 가장 잘 다루는 군인이었다. 사람들은 그가 살아 있는 동안에는 그를 몹시 두려워하며 제대로 기를 펴지 못했지만, 스트라본이 벼락에 맞아서 죽자, 온갖 방법으로 그를 모욕했다. 심지어는 그의 시신이 들어 있는 관 뚜껑을 열고 시체를 밖으로 끌어내기까지 했다.

하지만 폼페이우스는 젊어서부터 사람들의 지지와 사랑을 한몸에 받았다. 그는 여러 번 운명이 뒤바뀌는 경험을 했지만, 폼페이우스에 대한 사람들의 사랑과 믿음은 언제나 변함이 없었다. 그 사랑은 아주 일찍이 시작되어 그의 행운과 함께 자랐으며, 그의 운이 기울 때까지 계속해서 이어졌다.

스트라본이 사람들로부터 그토록 미움받게 된 것은, 그의 그칠 줄 모르는 탐욕 때문이었다. 그러나 폼페이우스가 그리도 많은 사랑을 받은 까닭은 절제 있는 생활과 탁월한 전쟁 수행 능력, 뛰어난 연설과 진실함, 친절하고 따뜻한 태도 때문이었다. 그는 다른 사람이 부탁을 하면 늘 기쁜 마음으로 최선을 다해 도와주었다. 또 은혜를 베풀 때에도 남을 돕는다는 내색을 하지 않았으며, 남에게 도움받을 때도 결코 위엄을 잃지 않았다.

그의 훌륭한 외모는 사람들에게 좋은 인상을 주어 그가 말을 꺼내기도 전에 사람들은 그를 선한 사람으로 생각하게 했다. 그의 아름다운 표정, 위엄과 친절은 자라나면서 더욱 왕자다운 모습을 뚜렷이 드러냈다. 조금 곱슬거리는 머리카락은 물결처럼 찰랑거렸고, 두 눈은 부드럽게 빛났다. 사람들은 그런 모습을 보면서 알렉산드로스 대왕과 많이 닮았다고 느꼈다. 그래서 젊었을 때에는 알렉산드로스 대왕이라는 별명으로 불리기도 했다. 실제로 그렇게 많이 닮았는지는 알 수 없으나, 많은 이들이 그리 부르는 것을 폼페이우스 자신도 싫어하지는 않았다. 그 때문에 몇몇 사람들로부터 비웃음당하기도 했다. 집정관을 지낸 루키우스 필리포스는 폼페이우스를 좋아하는 이유에 대해, 필리포스 왕이 알렉산드로스를 사랑한 것은 이상한 일이 아니라고 말했다.

또 플로라라는 기녀는 나이 든 뒤에도, 젊은 시절 폼페이우스와 가까이 지냈던 일을 떠올린다고 했다. 그녀는 폼페이우스의 열렬한 사랑의 흔적을 몸에 남기지 않고서는 그의 품에서 벗어날 수 없었다고 했다. 그녀에게는 다음 같은 일이 있었다. 언젠가 폼페이우스와 함께 다니던 친구 게미니우스가 그녀에게 사랑을 고백하며 귀찮게 따라다녔다. 그래서 플로라는 게미니우스에게 폼페이우스 때문에 그의 마음을 받아들일 수 없다고 말했다. 그러자 게미니우스가 폼페이우스를 만나 그 말을 전하고 그의 허락을 받아냈다. 폼페이우스는 그녀를 변함없이 사랑했지만, 게미니우스에게 그녀를 양보한 뒤로는 단 한 번도 그녀를 찾지 않았다. 플로라는 오랫동안 그를 잊지 못하고 상심 속에서 괴로운 나날을 보내야 했다.

플로라는 꽃처럼 아름다운 여인으로 널리 알려져 있었다. 그래서 카이킬리우스 메텔루스가 카스토르와 폴리데우케스 신전을 장식할 때, 플로라의 조각상을 새겨 함께 바쳤다고 전한다.

폼페이우스의 해방 노예인 데메트리우스는 그의 두터운 신임을 받아 뒷날 유산 4000탈란톤을 받았는데, 그의 아내는 매우 아름다웠다고 한다. 폼페이우스는 그녀에 대해서 본디 성격과는 달리, 너그럽고 공정한 태도를 보이기는커녕 오히려 엄하게 대했다. 그녀의 아름다움에 빠져 꼼짝 못한다는 비난을 받을까봐 그랬던 것이다. 그는 언제나 조심스럽게 행동했다. 하지만 뛰어난 용모 때문에 주위에는 늘 아름다운 여인들이 있었으며, 연애 사건들 때문에 반대파의 비방을 끊임없이 받아야만 했다. 정적들은 그가 유부녀들 환심을 사기 위해 부정을 눈감아 주고 공무를 제대로 처리하지 않았다는 비난을 퍼부었다.

폼페이우스가 얼마나 소박한 생활을 했는지는 다음 이야기에서 엿볼 수 있다. 언젠가 그는 병들어 음식을 제대로 먹을 수 없었던 적이 있었다. 의사는 지빠귀를 먹으라고 처방을 내렸다. 하인들이 그 새를 구하기 위해 돌아다녔지만 철 지난 지빠귀를 구할 길이 없었다. 그런데 루쿨루스 저택에서 1년 내내 지빠귀를 기르고 있다고 누군가가 귀띔해 주었다. 그러자 폼페이우스가 야단을 쳤다.

"그토록 사치스럽게 살아가는 루쿨루스의 도움이 없으면, 이 폼페이우스가 죽기라도 한단 말이냐?"

그는 의사 처방을 무시하고, 쉽게 구할 수 있는 다른 음식을 먹으며 식욕을 되찾았다. 어쨌든 이것은 나중의 일이다.

폼페이우스가 젊었을 때, 그의 아버지 스트라본은 킨나를 무찌르기 위해 사령관으로 출정했다. 그런데 폼페이우스와 한 막사에 있던 루키우스 테렌티우스가 킨나의 이간책에 빠져버렸다. 그는 다른 사람들이 스트라본 장군 막사에 불을 지를 때 동시에 폼페이우스를 죽이기로 했다. 폼페이우스는 저녁을 먹다가 이 음모를 알게 되었으나 놀라는 기색을 조금도 보이지 않았다. 그는 여느 때처럼 즐겁게 먹고 마시며 테렌티우스와 농담도 나누었다. 하지만 취침 시간이 되자, 폼페이우스는 가만히 막사를 빠져나와 아버지의 막사로 달려갔다. 그리고 호위병을 세워 아버지 막사를 지키게 한 뒤, 사건이 일어나기만을 말없이 기다렸다.

밤이 깊어지자 테렌티우스는 슬며시 자리에서 일어났다. 그러고는 폼페이우스가 있는지 없는지 확인해 보지도 않고 그의 잠자리를 칼로 여러 번 내리찔렀다. 이때 갑자기 군대에 큰 소란이 일어났다. 평소 스트라본 장군을 싫어하던 병사들이 반란을 일으켜 무기를 들고 달려나왔던 것이다. 스트라본 장군은 두려움에 떨며 자신의 막사 안에서 꼼짝달싹 못하고 있었지만, 폼페이우스는 아우성치며 날뛰는 병사들 사이를 돌아다니면서 애원했다. 마침내는 진영 입구에 드러누워서, 나가려거든 자신을 밟고 가라고 흐느껴 울면서 말했다. 병사들은 폼페이우스의 눈물어린 호소에 마음을 바꾸었다. 이렇게 해서 800명만이 진영을 빠져나갔을 뿐 병사들 대부분은 모두 장군과 화해를 했다.

스트라본이 죽은 뒤 시민들은 그를 공금횡령죄로 고발했다. 폼페이우스는 스트라본 상속자로서 법정에 서게 되었다. 그는 전에 따로 횡령 사건을 조사하다가 중요한 사실을 발견했다. 횡령을 저지른 사람은 아버지가 데리고 있던 노예 알렉산드로스였다. 법정에 나간 폼페이우스는 증거를 들어 이 사실을 자세히 밝혔다. 그런데 얼마 뒤 다른 사람이 폼페이우스를 고발했다. 스트라본이 아스쿨룸을 점령했을 때, 약탈물 가운데 사냥 도구와 책 몇 권을 폼페이우스가 개인적으로 가져갔다는 것이었다. 폼페이우스는 다시 법정에 나아가 사실대로 말했다. 아스쿨룸을 차지했을 때 아버지가 그 물건들을 자신에게 주었지만, 로마에 쳐들어온 킨나 장군이 호위병들을 시켜 자신의 집을 마구 약탈해 가면서 그 물건들도 모두 가져가 버렸다는 것이었다.

그는 재판이 시작되기 전에, 자신을 고발한 사람과 여러 번 만나 논쟁을 했다. 그때 폼페이우스는 예리한 판단과 단호한 태도로 사람들로부터 크게 인기를 얻었다. 재판을 맡은 법무관 안티스티우스도 그의 인품을 마음에 들어하며, 그를 사위로 삼고 싶어했다. 폼페이우스는 이 청혼을 받아들여 안티스티우스의 딸인 안티스티아와 몰래 약혼식을 올렸다. 그러나 이 비밀은 사람들의 눈을 피해가지 못했다. 안티스티우스가 피고인 폼페이우스에게 무죄를 선고하자, 그들은 마치 약속이라도 한 듯이 "탈라시우스!"를 외쳐댔다. 이는 약혼식 관례에 따라 외치는 소리인데, 다음 같은 유래가 전해진다.

그 옛날 사비니족 처녀들이 연극과 운동경기를 구경하러 로마 시에 왔다. 그런데 로마의 용감한 시민들이 그녀들을 납치하여 아내로 삼았다. 이때 소와 염소를 치던 어떤 초라한 사람이, 키도 크고 얼굴도 아름다운 여자를 둘러메고 급히 도망쳤다고 했다. 그러면서 시민들에게 여자를 빼앗길까봐 겁이 나서 "탈라시우스!" 이렇게 외쳤다. 탈라시우스라는 유명한 사람에게 데려간다는 뜻이었다. 그러자 사람들이 축복해 주기 위해 다함께 "탈라시우스!"를 외쳤다. 탈라시우스와 그의 아내는 아주 행복했기에, 결혼할 때마다 그런 행복을 누리라는 뜻으로 "탈라시우스"를 외치게 되었다고 한다.

폼페이우스는 재판이 끝나고 얼마 지나지 않아 안티스티아와 결혼했다. 그러고는 킨나의 군대에 들어갔다. 그런데 그곳에서 근거 없는 혐의를 받고는 두려움을 느낀 나머지 서둘러 그곳을 빠져나왔다. 폼페이우스가 사라지자 사람들은 킨나가 그를 죽인 것이라 생각했다.

이 소문이 널리 퍼져나가자, 오래전부터 킨나에게 억압당해 온 사람들이나 나쁜 감정을 품었던 병사들이 반란을 일으켜 킨나를 습격했다. 킨나는 재빨리 달아났으나, 칼을 빼들고 쫓아오던 백인대장에게 붙들렸다. 킨나는 땅바닥에 무릎 꿇고, 도장으로 쓰던 귀한 반지를 내놓으며 살려달라고 매달렸다. 하지만 백인대장은 멸시에 가득 찬 눈으로 그를 내려다보며 말했다.

"나는 휴전조약서에 도장을 찍으러 온 게 아니라 잔인한 폭군을 죽이러 왔다."

말을 마치고는 킨나를 단칼에 베어버렸다. 킨나가 죽고 그 뒤를 이은 사람은 카르보라는 정치가였다. 그는 킨나보다 더 심한 폭군으로, 온갖 잔인한 짓들을 일삼았다.

이때, 아시아로 원정 나갔던 술라의 군대가 돌아왔다. 사람들은 누구라도 좋으니 '카르보를 자리에서 끌어내리기만 했으면' 하는 마음으로 술라가 돌아오기만 손꼽아 기다렸다. 로마 시민들은 끊임없이 되풀이되는 불행에 지쳐서 자유 같은 것은 바라지도 않았다. 그들은 노예로 살아도 좋으니 그저 숨 돌릴 여유라도 생기기를 바랄 뿐이었다.

그즈음 폼페이우스는 이탈리아 피케눔 지방에서 잠시 시간을 보내고 있었다. 이곳에는 아버지의 땅도 있었고, 아버지에게서 은혜를 입은 사람들이 매우 친절히 대해 주었다. 그런데 이곳 가장 지위 높은 귀족들이 땅과 재산을 모두 버리고 술라를 찾아 떠나는 것을 보고, 폼페이우스도 가만히 있을 수가 없었다. 그러나 빈손으로 도움을 구하는 사람처럼 가고 싶지는 않았기에 그는 먼저 술라를 위해 어떤 공적을 세워야겠다고 생각했다. 그는 부끄럽지 않을 만큼의 군대를 거느리기 위해 피케눔 사람들에게 도움을 청했다. 시민들은 폼페이우스의 뜻을 기꺼이 받아들이고, 카르보가 파견했던 사절들은 돌려보냈다. 그러자 빈디우스라는 사람이, 폼페이우스는 이제 갓 학교를 나온 풋내기일 따름인데 우리 지도자가 되다니 말이나 되느냐고 비난했다. 이 말을 듣고 격분한 시민들이 빈디우스에게 갑자기 달려들어 그를 죽여버렸다.

폼페이우스는 겨우 스물세 살로 누군가에게 장군으로 임명된 것도 아니지만, 스스로 군대를 다스리고 출정하여 아욱시뭄이라는 큰 도시를 점령했다. 그리고 카르보 편에 서서 자기를 반대하던 벤티디우스 형제를 추방하고, 호민관 한 사람을 뽑았다. 그런 다음 시민들 가운데에서 병사들을 뽑고 장교와 대장들을 임명했다. 그러고는 다른 도시들을 돌며 이를 되풀이했다. 카르보를 지지하던 사람들은 떠나버리고 나머지 사람들이 모여들었다. 이렇게 해서 폼페이우스군은 3개 군단에다 군량과 군수품도 풍부하게 갖추게 되었다. 폼페이우스는 이 병력을 이끌고 술라의 진영으로 나아갔다. 그는 서두르지 않고 지나는 곳마다 카르보 세력들을 모두 몰아냈다. 이때 카린나, 클로일리우스, 브루투스 세 장군이 한꺼번에 폼페이우스를 공격해 왔다. 그들은 병력을 한곳에 모으지 않고, 저마다 세 방향에서 폼페이우스를 중심으로 에워쌌다. 그들은 여기서 폼페이우스를 완전히 무너뜨릴 생각이었다. 그러나 폼페이우스는 조금도 두려워하지 않고 군대를 집결시키고는 앞장서 나아가며 브루투스를 공격했다. 브루투스 쪽에서는 켈토이족 기병대가 달려나와 맞섰다. 폼페이우스는 창을 쥐고 맨 앞으로 달려나가, 적들 가운데 가장 용감한 무사와 맞붙어 싸워 그를 죽였다.

이를 본 적의 기병들이 말 머리를 돌려 자기 진영으로 도망가면서 큰 혼란에 빠졌다. 세 장군도 어쩔 줄 모르고 허둥대다가 저마다 살길을 찾아 달아났다. 그들이 달아나는 것을 보고 가까운 도시들은 스스로 폼페이우스에게 항복해 왔다.

세 장군이 패하자 다음에는 집정관 스키피오가 그를 정벌하러 나왔다. 그러나 양쪽 군대가 서로 창을 던질 만큼 거리가 가까워지자, 스키피오군 병사들은 폼페이우스군 편으로 들어왔다. 스키피오는 겨우 살아남아 멀리 달아났다. 마지막으로 카르보가 직접 기병대를 이끌고 와 아르시스 강에서 폼페이우스를 맞았다. 하지만 폼페이우스의 용맹함에 역습당하자, 그들 또한 패주하고 말았다. 더구나 이번에는 도망가는 적을 추격하여 더 이상 움직일 수 없는 곳까지 기병대를 몰아갔기 때문에, 적들은 말과 무기를 내려놓고 모두 항복했다.

술라는 폼페이우스가 잇따라 승전하고 있다는 사실을 전혀 모르고 있었다. 그는 오로지 폼페이우스의 첫 출동 소식만 듣고, 전투 경험이 풍부한 적장들 사이에서 어려움을 당하지나 않을까 걱정스러웠다. 그래서 그는 지원군을 데리고 서둘러 폼페이우스에게 달려가고 있었다. 폼페이우스는 술라가 온다는 소식을 듣고, 부하 장군들에게 명령하여 깃발과 전투장비들을 정돈하고 대열을 정비했다. 그리고 모든 병사들에게 위엄과 존경을 갖추어 총사령관을 맞도록 지시를 내렸다.

마침내 술라가 도착했다. 폼페이우스 군대의 질서 정연한 모습과 함께 힘차게 끓어오르는 젊음, 그리고 거듭된 승리로 드높아진 병사들의 기상이 술라의 눈에 쏙 들어왔다. 폼페이우스는 개선식 때처럼 그를 '임페라토르', 즉 대장군이라 부르며 예의를 갖추어 인사했다. 술라 또한 폼페이우스를 임페라토르라고 부르며 답례했다.

원로원 의원도 해본 적 없는, 이제 스무 살을 갓 넘긴 젊은이를 술라가 이렇게 부른 것은 매우 놀랄 만한 일이었다. 이 칭호야말로 스키피오와 마리우스 집안이 그토록 얻기 위해 경쟁하였던 것이었는데, 누구도 예상하지 못한 뜻밖의 행운을 바로 폼페이우스가 손에 넣은 것이었다.

그 뒤에도 술라는 처음 만났을 때와 똑같은 태도로 폼페이우스를 대했다. 그는 폼페이우스가 자기를 찾아올 때면 늘 자리에서 일어나 모자를 벗고 인사했다. 술라 주위에는 여러 장군들이 있었지만, 그는 어느 장군에게도 폼페이우스에게 한 것처럼 정중한 태도를 보인 적은 없었다. 그럼에도 폼페이우스는 이처럼 특별한 대우에 결코 우쭐대거나 거드름 피우는 일이 없었다.

술라는 갈리아 지방을 정벌하기 위해 폼페이우스를 보내려 했다. 그곳에는 메텔루스가 충분한 병력을 보유하고 사령관으로 가 있었지만, 아직까지 이렇다 할 성과를 올리지 못하고 있었다. 폼페이우스는 자기보다 나이도 많고 명성도 높은 메텔루스 장군으로부터 사령관 지휘권을 빼앗는 일은 옳지 못하다고 여겼다. 그러나 메텔루스 장군이 스스로 원하여 부른다면 언제든지 받아들이겠다고 했다. 메텔루스는 갈리아에서 이 소식을 듣고, 곧바로 와달라는 편지를 폼페이우스에게 보냈다. 편지를 받은 폼페이우스는 갈리아로 떠났다. 그리고 자신도 놀랄 만큼 큰 공을 세우고, 이미 늙어 힘을 잃어가는 메텔루스 장군에게 새로운 전의와 용기를 불붙여 주었다. 그것은 빨갛게 달아오른 구리를 굳어 버린 다른 구리 위에 놓으면 물보다 더 빨리 녹는 것과 같은 이치였다.

최고 자리에 우뚝 선 운동선수에게, 그 사람이 소년 시절 거둔 우승 기록들은 그리 대단해 보이지 않는 법이다. 폼페이우스 경우도 마찬가지로 젊은 시절에 많은 공을 세웠지만, 뒷날 세운 뛰어난 업적들에 비하면 사실 그것은 아무 것도 아니었다. 그의 젊은 시절을 너무 길게 늘어놓다 보면 정작 그의 인품이 더 잘 드러나는 뒷날의 공적들을 모두 써나갈 수 없기에 젊은 시절 이야기는 이만 줄이기로 한다.

술라는 이탈리아 전체를 손에 넣고 딕타토르, 즉 독재관에 임명되었다. 그는 부하들에게 재물과 관직을 나누어 주었다. 특히 폼페이우스만은 더 특별한 대우를 했다. 술라는 이 젊은이의 뛰어난 용기와 힘에 감탄하며 그가 반드시 뒷날 큰 인물이 되리라 확신했다. 그래서 폼페이우스를 가까이 두고 싶어했다. 아내 메텔라도 그와 같은 생각이었다. 술라 부부는 온갖 설득으로 폼페이우스 마음을 흔들었다. 그로 하여금 안티스티아와 이혼하게 하고, 자신들의 딸 아이밀리아와 결혼시키기 위해서였다. 아이밀리아는 메텔라와 그녀의 전 남편 스카우루스 사이에서 태어난 딸인데, 이미 다른 남자와 결혼해 아이까지 가진 몸이었다.

이 결혼은 사실 몰인정한 이해타산의 결과였다. 술라에게는 이로운 일이었지만 폼페이우스에게는 고통스러운 일이었다. 이미 아이를 가진 아이밀리아는 남편의 품을 떠나야 했고, 안티스티아는 술라 때문에 아내 자리에서 쫓겨나는 처량한 신세가 되고 말았다. 엎친 데 덮친 격으로 안티스티아는 폼페이우스 때문에 부모를 모두 잃어버렸다. 그녀의 아버지 안티스티우스는 폼페이우스 장인이라는 이유로 술라의 당파로 몰려 원로원에서 살해되고, 어머니 또한 슬픔을 견디지 못해 스스로 목숨을 끊었던 것이다. 그러나 불행은 여기서 그치지 않았다. 이 비극적인 결혼은 또 다른 비극을 낳았다. 아이밀리아는 폼페이우스에게 시집온 지 얼마 안 되어 아이를 낳다가 죽었다.

그 뒤 페르펜나가 시킬리아 섬을 점령하고는 이 섬을 반(反)술라파 근거지로 제공해 주고 있다는 소식이 들려왔다. 또 카르보는 시킬리아 근처의 바다를 손에 넣고 세력을 키우고 있으며, 도미티우스는 리비아까지 침범하여 이름난 망명자들을 불러 모으고 있다는 것이다. 폼페이우스는 이들 군대를 무찌르기 위해 시킬리아로 파견되었다. 그런데 이 소식을 듣고 페르펜나가 재빨리 몸을 피함으로써, 시킬리아 섬은 폼페이우스 손에 들어왔다. 폼페이우스는 그동안 폭정에 시달리던 도시들을 해방시켜 주고, 사람들에게 너그러운 정치를 폈다. 그러나 메세나에 있던 마메르티니 사람들만은 예외였다. 그들은 오래전에 로마가 선포한 법령을 들고 나와, 폼페이우스가 사법권을 행사하는 것을 거부했기 때문이다. 그러자 폼페이우스가 이렇게 야단을 쳤다.

"허리에 칼을 찬 우리에게 그런 법률을 따지다니, 될 법이나 한 소리인가?"

카르보를 처형한 방법도 이에 못지않게 잔인했다. 그는 카르보의 죄에 벌을 내린다기보다는 오히려 그의 불행한 운명을 비웃는 듯했다. 사실 카르보를 처형해야 한다면 포로로 잡았을 때 바로 해야 했다. 그러나 폼페이우스는 로마 집정관을 세 번이나 지냈던 그를 사슬에 묶은 채 법정에 세우고, 스스로 재판을 맡아 그를 심문했다. 그리고 재판에 참석했던 사람들이 의분을 터뜨리는 것을 보고서야 그를 끌어내어 사형시켰다.

카이사르 친구인 카이우스 오피우스 말에 따르면, 폼페이우스는 퀸투스 발레리우스에게도 잔인한 처벌을 가했다고 한다. 발레리우스는 매우 박식한 데다가 과학에도 조예가 깊었다. 폼페이우스는 끌려온 그에게 이것저것 질문을 던져 그의 학문을 시험해 보더니 별것 아니라는 듯 바로 사형시켜 버렸다. 그러나 오피우스의 이 말, 특히 카이사르와 관계된 사람이 전하는 이야기는 그다지 믿을 만한 게 못 된다.

술라의 숙적으로 세상에 알려진 인물에 대해서는, 폼페이우스도 잔인한 처벌을 내릴 수밖에 없었다. 하지만 그 밖의 인물은 될 수 있는 한 너그럽게 대해, 죄를 보아도 못 본 척하고 도망을 가더라도 내버려 두었다. 히메라 시민들 경우가 바로 그러했다. 그는 이 도시를 점령하고 나서 시민들을 모두 엄격하게 처벌하기로 했다. 페르펜나와 카르보를 도와 적대적인 행위를 했기 때문이다. 그런데 히메라 시민들 지도자인 스테니스가 그를 찾아와서, 죄인은 내버려 두고 죄 없는 사람들을 벌한다는 것은 옳지 못한 행동이라고 항의했다. 이 말을 듣고 폼페이우스가 그렇다면 죄인은 도대체 누구냐고 묻자, 스테니스는 바로 자기 자신이라고 말했다. 자신이 친구들을 설득하고 시민들을 억지로 끌어들여서 이런 일을 저질렀다는 것이었다.

폼페이우스는 그의 솔직함과 대담함에 감탄했다. 그래서 스테니스의 죄를 용서하는 것은 물론 히메라 시민들도 모두 용서해 주었다.

폼페이우스가 시킬리아에서 이토록 바쁘게 일처리를 하는 동안, 원로원과 술라로부터 지시가 내려왔다. 리비아로 달려가 도미티우스를 정벌하라는 것이었다. 몇 해 전에 마리우스가 리비아에서 군대를 모아 이탈리아로 건너와서는 혁명정부를 세우고 독재자가 되어 로마를 혼란에 빠뜨린 적이 있었는데, 지금 도미티우스는 그때 마리우스의 군대보다도 더 많은 병력을 가지고 있었다.

폼페이우스는 군선 120척과 수송선 800척을 갖추고, 거기에 군량과 무기, 돈과 투석기를 싣고 닻을 올렸다. 그리고 시킬리아에는 그의 처남인 멤미우스를 총독으로 남겨두었다. 함대는 며칠 동안 지중해를 항해하여 아프리카 해안에 도착했다. 그는 부대를 둘로 나누어 저마다 우티카 항구와 카르타고에 상륙했다. 폼페이우스는 6개 군단 병력을 이끌었는데, 상륙하자마자 적의 병사들 가운데 7000명이 스스로 항복해 왔다.

그런데 얼마 뒤 병사 몇이 땅속에서 우연히 보물을 발견했다. 그들은 이곳에 옛날 카르타고가 멸망할 때 숨겨둔 보물들이 얼마든지 숨겨져 있으리라고 생각해 몇만이나 되는 병사들이 보물을 찾느라 며칠 동안 이곳저곳 땅만 파헤치고 다녔다. 폼페이우스는 매우 화가 났지만 그냥 내버려 둘 수밖에 없었다. 마침내 지친 병사들은 겨우 정신을 차리고 폼페이우스를 찾아와 잘못을 빌며 군대를 이동시켜 달라고 애원했다. 그제야 병사들은 어리석음에 대한 충분한 벌을 받고 잘못을 뉘우쳤던 것이다.

한편 도미티우스는 폼페이우스의 상륙 소식을 듣고는 전투 태세를 갖추고 달려와 강 건너에 진을 쳤다. 두 진영 사이에는 여기저기 바위가 뾰족뾰족 솟은 협곡이 있었다. 아침에 시작된 폭풍우가 온종일 계속되어 물살이 거세어졌다. 도미티우스는 전투를 벌이지 못하리라 판단하고 군대를 거두어 진영으로 돌아갔다.

폼페이우스는 이 기회를 놓치지 않고 곧바로 진군 명령을 내려 거센 강물을 건너기 시작했다. 그리고 모두 강을 건너자 적진을 공격했다. 도미티우스 군대는 곧 무질서하게 뿔뿔이 흩어지더니 심한 혼란에 빠졌다. 병사들이 모두 흩어져 버려서 저항할 수도 없었다. 엎친 데 덮쳐 바람이 정면으로 불어닥치면서 비까지 세차게 내리자 상황은 더욱 불리해졌다.

이 폭풍우는 로마군에게도 이롭지만은 않았다. 어찌나 바람이 거세고 억센지 사람조차 제대로 알아볼 수가 없어서, 폼페이우스도 하마터면 목숨을 잃을 뻔했다. 한 번은 그의 부하가 누군지 몰라보고 그에게 암호를 물었는데 폼페이우스가 미처 대답을 못하고 머뭇거리자, 부하는 창을 들고 덤벼들다가 겨우 장군 얼굴을 알아보고 나서야 멈추었다.

적군은 수많은 전사자를 뒤로한 채 모두 달아났다. 적은 2만 명이 넘었는데, 도망친 자라고 해봐야 겨우 3000명이었다. 병사들은 "임페라토르"를 외치며 폼페이우스에게 존경을 나타냈다. 하지만 폼페이우스는 적 진지가 아직 남아 있는 한 그토록 영광스런 칭호를 받을 수 없다고 말했다. 그리고 진정으로 자신에게 영광을 안겨주고 싶다면 무엇보다 먼저 적진을 무너뜨리라고 요청했다. 그러자 병사들이 도미티우스 본거지를 공략하기 시작했다. 그들 진지 앞에는 수많은 방해물과 참호가 가로놓여 있었지만, 사기가 드높은 로마군을 당해낼 수는 없었다. 폼페이우스는 전날 일어난 아찔한 사건을 생각하며, 투구를 벗어 자기 얼굴을 드러내고 싸웠다. 로마군은 적진으로 돌격하여 곧 진지를 함락시켰다. 도미티우스도 여러 병사들과 함께 전사했다.

도미티우스의 진지가 함락되고 근처 도시들도 서로 앞다투어 항복해 왔다. 항복하지 않은 도시들은 직접 공격하여 무릎꿇게 했다. 다시 진격을 시작하여 도미티우스의 친구이며 부대장인 이아르바스 왕을 사로잡았다. 이아르바스 왕국은 히엠프살에게 넘겨주었다. 이 승리로 사기가 더욱 높아진 군대는 누미디아로 진격하여 야만족들에게 다시금 공포를 안겨주었다. 또 그는 리비아 짐승들에게도 로마군의 용기와 힘을 알게 해야 한다면서, 며칠 동안 사자와 코끼리 사냥에 병사들을 동원하기도 했다.

폼페이우스가 적군을 모두 무찔러 리비아를 완전히 손에 넣고, 모든 국왕과 나라를 새로 세우는 데 겨우 40일밖에 걸리지 않았다는 말도 있다. 이때 폼페이우스의 나이 스물넷이었다. 폼페이우스가 우티카로 돌아오자 술라의 편지가 도착해 있었다. 병력 1개 군단을 제외한 모든 군대를 해산하고, 후임 사령관이 갈 때까지 기다리라는 내용이었다.

폼페이우스는 너무나 불쾌했지만 겉으로 드러내지는 않았다. 그러나 강제로 해산하게 된 병사들은 흥분했다. 술라의 명령이니 하루빨리 이곳을 떠나 로마로 돌아가라는 폼페이우스의 말을 들은 병사들은 더욱 술라를 욕하며 완강히 저항했다. 그들은 어떠한 일이 있더라도 폼페이우스 장군을 버려두고는 가지 않을 것이라 주장했을 뿐만 아니라, 오히려 폼페이우스에게 무시무시한 폭군인 술라를 믿어서는 안 된다고 충고했다. 폼페이우스가 아무리 그들을 진정시키려 애써보아도 병사들은 들으려 하지 않았다. 하는 수 없이 그는 연단에서 내려와 눈물을 흘리면서 막사로 물러났다. 그러자 병사들이 쫓아와 그를 다시 연단으로 끌어올렸다. 그날은 이런 말다툼으로 하루 해가 저물었다.

병사들은 어떻게 해서든지 장군의 마음을 돌려보려 했다. 하지만 폼페이우스는 오히려 병사들에게 더는 반항하지 말고 명령에 따를 것을 호소했다. 화가 난 병사들은 아우성을 치며 반란을 일으키려 했다. 폼페이우스는 그들을 달래다가 지쳐서, 그런 일을 억지로 강요한다면 스스로 목숨을 끊겠다고 말했다. 그제야 병사들은 잠잠해졌다.

이때 술라는 폼페이우스가 반란을 일으켰다는 잘못된 소식을 듣게 되었다. 그는 곁에 있던 친구들을 돌아보며 늘그막에 애송이들과 싸우게 되었다고 한탄했다. 이것은 어린 나이의 마리우스가 자기를 괴롭혔던 일을 빗대어 하는 말이기도 했다. 그러나 술라는 곧 진실을 알게 되었고 로마 시민들은 이 소식을 듣고 마음속으로 충성을 다짐하며 폼페이우스가 돌아오기만을 기다렸다. 술라는 시민들 움직임을 지켜보면서 폼페이우스를 성대하게 환영해 주리라 생각했다.

드디어 폼페이우스가 돌아오자, 술라는 그를 반갑게 끌어안으면서 '마그누스'라고 외쳤다. 이 말은 위대한 사람이라는 뜻으로, 폼페이우스에 대한 존경과 환영의 뜻을 나타내는 것이었다. 그런데 다른 이야기에 따르면 이 존칭은 리비아에서 폼페이우스의 군대가 그를 부를 때 사용했던 것인데, 이때 술라가 폼페이우스를 이렇게 부르면서부터 정식 명칭으로 인정받았다고도 한다.

정작 폼페이우스 자신은 거의 마지막까지 스스로에게 이 명칭을 쓰지 않다가, 훨씬 뒤에 세르토리우스를 정벌하기 위해 이베리아에 가 있을 때 비로소 '폼페이우스 마그누스'라는 이름으로 편지나 포고령에 서명하게 되었다. 이미 모두에게 익숙해진 이름이어서 시기심을 낳을 걱정이 없었기 때문이다.

로마인들은 전쟁에서 큰 공을 세우거나 전공을 많이 쌓았다는 것만으로 이런 존칭을 주지는 않았다. 그것은 백성을 잘 다스린 사람들의 노력을 칭찬하고 격려하기 위해 주기 시작했다. 로마 옛 풍습들 가운데에는 이렇듯 존경하고 감탄할 만한 것이 많다. '막시무스', 즉 가장 위대한 사람이라는 칭호를 받은 사람은 이제까지 오직 두 사람뿐이었다. 그 가운데 하나는 발레리우스인데, 원로원과 시민을 화해시킨 공로로 이 칭호를 받았다. 그리고 또 한 사람은 파비우스 룰루스로, 해방 노예의 자식들이 돈의 힘으로 원로원 의원이 되었을 때 그들을 모두 내쫓은 공로로 이 존칭을 얻게 되었다.

폼페이우스는 개선식을 올리기 원했지만 술라는 이에 반대했다. 로마 법률에 따르면 개선식은 집정관이나 법무관이었던 사람만 올릴 수 있기 때문이었다. 대스키피오도 폼페이우스보다 더 큰 전쟁에서 승리를 거두었지만, 한 번도 그런 직책을 지낸 적이 없었기에 개선식을 요구하지 않았다. 그런데 아직 원로원 의원이 될 나이도 안 된 폼페이우스가 개선식을 열면서까지 로마로 들어온다면, 자신의 정권과 폼페이우스의 명예에 대해 시민들이 엄청나게 비난을 퍼부어댈 게 분명하다고 생각했다.

술라는 폼페이우스에게 이런 상황을 설명했고, 그의 요구를 절대로 받아들일 수 없다고 잘라 말했다. 만일 폼페이우스가 끝까지 고집을 부린다면 자기 권한으로 막을 것이라고도 덧붙였다.

그러나 폼페이우스는 물러서지 않았다. 오히려 '세상은 지는 해보다 떠오르는 해를 더 숭배하는 법'이라고 말했다. 자기 권세는 치솟고 있지만, 술라의 권력은 기울어지고 있음을 뜻했다. 술라는 처음에 이 말을 잘 이해하지 못했지만, 이 말을 알아들은 다른 사람들은 매우 놀랐다. 술라는 폼페이우스가 무슨 말을 했느냐고 사람들에게 물었다. 그는 폼페이우스의 말뜻을 알아채고는, 그의 대담함에 놀라 두 번이나 되풀이하여 외쳤다.

"개선식을 올리게 하라!"

많은 사람들이 여전히 개선식을 못마땅하게 여기며 술라의 말을 받아들이지 않으려 했다. 하지만 폼페이우스는 개선식에 쓸 전차를, 리비아에서 데려온 네 마리 코끼리로 끌게 하는 등 개선식 준비를 서둘렀다. 그러나 로마 성문이 좁아서 어쩔 수 없이 말 네 마리로 만족해야 했다. 이때 병사들은 기대한 만큼의 재산을 얻지 못하고 돌아온 데 대해 불만을 품고는 개선식을 방해하려 들었다. 폼페이우스는 아랑곳하지 않고 병사들 명령대로 움직이는 꼭두각시 장군이 되느니 차라리 개선식을 포기하겠다고 말했다.

개선식을 가장 반대하던 부하들 가운데 세르빌리우스라는 사람이 있었다. 그는 전쟁에서 큰 공을 세웠는데, 폼페이우스의 말을 듣고 나서 자신은 폼페이우스가 참으로 위대한 영웅임을, 그리고 폼페이우스야말로 개선식을 올릴 만한 자격이 있음을 이제야 알게 되었다고 말했다.

사실 폼페이우스가 원하기만 했다면 원로원 의원이 되는 일은 그리 어렵지 않았을 것이다. 하지만 그는 원로원 의원직을 바라지 않았으며, 뭔가 특별한 방법으로 명예를 얻고 싶어했다. 젊은 나이에 원로원 의원이 되는 것은 그리 대단한 일이 아니었지만, 원로원 의원이 되기도 전에 개선식을 올린다는 것은 사실 좀 특별한 일이었기 때문이다. 그가 이렇게 한 것은 민중의 마음을 얻기 위함은 아니었다. 폼페이우스는 개선식이 끝난 뒤에도 원로원 의원이 되지 않았으며, 여전히 로마 기사로 남아 있었기 때문이다. 이 모습을 보며 사람들은 모두 그를 칭찬했고 그의 행동을 기쁘게 받아들였다.

술라는 폼페이우스가 이름을 드날리며 힘을 얻는 것을 보자 매우 불안했다. 그것을 방해한다는 것도 수치스럽게 느껴져서 아무렇지 않은 듯 그냥 내버려 두었다. 그러나 폼페이우스는 자신의 반대를 뿌리치고 레피두스를 집정관으로 지지하고 나서더니, 보란듯이 선거운동을 하여 그를 당선시켰다. 술라는 더는 참을 수가 없었다. 그는 폼페이우스가 선거장에서 나와, 군중에게 둘러싸여 공회당으로 가는 것을 보고는 큰 소리로 외쳐댔다.

"이것 보게, 젊은이! 승리에 만족하고 있겠지만, 그대는 오늘 이 도시에서 가장 뛰어난 카툴루스를 마다하고 저 야비한 레피두스를 집정관으로 앉힌 걸세. 이 일을 장한 일이라고 생각하는가? 그대는 지금 시민의 눈을 가려버린 것일세. 그건 그렇다고 치더라도 이제부터는 정신을 바짝 차려야 할 거야. 그대는 원수를 도와 그 세력을 키워 주었으니 말일세."

술라가 폼페이우스를 얼마나 싫어했는지는 그의 유언에도 그대로 드러난다. 그는 폼페이우스에게 유언을 한 마디도 남기지 않았다. 다른 친구들에게는 유산을 주고 아들을 부탁하기도 했지만, 폼페이우스라는 존재는 완전히 무시해 버린 것이다. 그러나 폼페이우스는 가슴속 불길을 꾹 눌러 참았다. 그를 마르스(군신) 들판에 묻고 국장을 치르자는 레피두스 의견에는 반대했지만, 장례식만은 명예롭고 안전하게 치러지도록 힘껏 도왔다.

술라가 죽고 얼마 지나지 않아 그의 예언은 현실이 되었다. 레피두스는 마치 자기가 술라의 후계자인 듯, 온갖 권세와 위엄을 부리며 사람들 앞에서 대놓고 야심을 드러냈다. 그는 술라에게 눌려 지내던 사람들과 자신의 군대에 무기를 나누어 주고, 마리우스의 잔당도 끌어모았다.

레피두스의 동료 집정관이던 카툴루스는 원로원과 민중의 지지를 받았으며, 훌륭한 인품으로 많은 존경을 받던 인물이었다. 그러나 그의 재능은 군사보다는 정치에 있었다. 군사적인 일은 폼페이우스가 처리해야 했다. 폼페이우스는 망설이지 않고 귀족들 편에 서서 레피두스 토벌군의 사령관으로 임명되었다. 레피두스는 이미 이탈리아 여러 곳을 끌어들였으며, 브루투스에게 군대를 주어 알프스 남부 갈리아 지방을 장악하도록 했다.

폼페이우스는 가는 곳마다 쉽게 적을 무찔렀으나, 갈리아의 무티나에서는 브루투스군과 오랫동안 다투었다. 이 틈을 타서 레피두스는 대군을 이끌고 로마로 진격해 왔다. 그는 로마 성문 앞에 자리잡고는, 자신을 다시 집정관에 선출하라 요구하며 원로원 의원들을 협박했다. 그런데 그때 폼페이우스의 편지가 날아와 시민들은 두려움과 공포에서 벗어날 수 있었다.

그 편지에는 싸움도 시작하기 전에 전쟁이 끝났다는 내용이 들어 있었다. 브루투스가 스스로 자기 군대를 포기했는지, 아니면 병사들의 반란으로 배반당했는지는 알 수 없지만 자진해서 폼페이우스에게 항복한 것이다. 폼페이우스는 기병대 몇몇을 호위병으로 거느리고, 브루투스를 파두스 강가의 작은 도시로 데리고 갔다. 여기서 하루를 지낸 뒤 그는 게미니우스를 시켜 브루투스를 죽이게 했다.

이 사건으로 폼페이우스는 거센 비난을 받았다. 왜냐하면 부루투스가 군대를 버리고 항복해 있을 때 폼페이우스가 원로원에 보고한 첫 번째 편지에서는 브루투스가 자진해서 항복했다고 썼는데, 이어서 보낸 편지에는 브루투스를 처형했다는 말과 함께 그의 죄상을 적어 보냈기 때문이다. 뒷날 카시우스와 함께 카이사르를 암살한 브루투스는 바로 이 사람의 아들이었다. 브루투스는 싸움터에서 죽음을 맞이했을 때에도 아버지와는 전혀 다른 모습을 보여주었는데, 이 내용은 그의 전기 부분에서 자세히 다루었다.

레피두스는 로마에서는 물론, 이탈리아 어디에도 발붙일 곳이 없어지자 사르디니아 섬으로 달아났다. 거기서 그는 울분을 가라앉히지 못하고 병들어 죽었다. 그러나 기록에 따르면, 그는 정치적 패배 때문이 아니라 아내의 간통 사실을 알리는 어느 편지에 충격받아 죽었다고도 한다.

그런데 세르토리우스는 레피두스와는 성격이 매우 다른 장군으로, 이베리아를 차지하고 로마의 강적이 되어 있었다. 로마의 내란이라는 질병은 마지막 위기의 순간에 이 한 사람에게 집중되었다. 그는 로마 여러 장군들을 무찌른 뒤, 이제는 메텔루스와 맞서 싸우고 있었다. 메텔루스는 전략에 뛰어났지만, 나이가 많은 탓에 움직임도 느리고 전쟁의 흐름을 따라가지 못했다. 세르토리우스는 마치 산적처럼 게릴라 전법으로 이리저리 메텔루스를 습격하기도 하고, 매복해 있다가 로마군을 괴롭히기도 했다. 그러나 메텔루스는 정상적인 방법으로 정정당당한 전투를 벌이고 있었으며, 그의 병력들은 무장이 무거워 빠르게 움직일 수가 없었다.

그래서 군대를 가지고 있던 폼페이우스가 메텔루스를 돕기 위해 출정하겠다고 원로원에 요청했다. 집정관 카툴루스가 군대를 해산하라고 명령했지만, 폼페이우스는 이런저런 핑계를 대면서 로마 변두리에 군대를 주둔시켰다. 마침내 원로원도 루키우스 필리포스 제안에 따라, 폼페이우스를 이베리아에 출정시키는 편이 좋겠다 생각하고 그의 요청을 받아들였다. 전하는 이야기에 따르면, 원로원 의원 가운데 한 사람이 이 제안에 반대하며 필리포스에게, 폼페이우스를 이베리아에 파견하는 것은 그를 총독으로 보낸다는 뜻인지 물었다고 한다. 그러자 필리포스가 말했다

"총독이 아니라 두 집정관 대신 보내는 것이오."

필리포스는 두 집정관이 무능해서 있으나마나 한 인물이라는 뜻으로 그런 말을 했던 것이다.

폼페이우스가 이베리아에 도착하자 로마군은 새 사령관에게 큰 희망을 품었다. 세르토리우스와 마지못해 동맹을 맺고 있던 도시들도, 폼페이우스가 온다는 소식을 듣고는 모두 반란을 일으켜 폼페이우스에게 갔다. 이를 본 세르토리우스는 폼페이우스에게 온갖 무례한 욕설을 퍼부었다. 메텔루스라는 늙은 이만 없다면, 저 철없는 녀석의 종아리를 때려 쫓아냈을 거라고 비웃기도 했다. 그러나 그는 말로만 큰소리쳤을 뿐, 폼페이우스를 두려워했기 때문에 매우 신중하게 작전을 펴나갔다. 이렇게 폼페이우스를 상대하면서부터 그는 이전과 달리 전투다운 전투를 벌이기 시작했다.

폼페이우스가 도착하자 갑자기 메텔루스는 자만에 빠져 사치스런 생활에 젖어들었다. 그래서 본디 검소하고 소박하게 살던 폼페이우스는 더욱 호평을 받고, 다른 사람들의 본보기가 되었다.

전쟁의 상황은 여러 번 뒤바뀌었다. 그러나 세르토리우스에게 라우론이라는 자그마한 도시를 빼앗겼을 때처럼 폼페이우스 가슴이 아팠던 적은 없었다. 폼페이우스는 세르토리우스군을 보기 좋게 포위했다고 여겨 자랑스러워하고 있었다. 그런데 도리어 자신이 포위되었음을 깨달았다. 그의 군대는 옴짝달싹 못

하고 웅크리고 앉아 이 도시가 정복당해 불타는 것을 지켜보고 있어야만 했다. 그 뒤 발렌티아 가까운 곳에서 벌어진 전투에서 폼페이우스는 헤렌니우스와 페르펜나가 거느린 군대를 무찔렀다. 이 두 장군은 세르토리우스에게 망명한 이들로, 참모 장군으로 활약하고 있었다. 그들은 이 싸움에서 1만 명이 넘는 병사를 잃었다.

이 승리로 용기를 얻게 되자 폼페이우스는 곧바로 세르토리우스와의 일전을 서둘렀다. 메텔루스에게 승리의 영광을 빼앗기고 싶지 않았던 것이다. 세르토리우스군과 폼페이우스군은 수크로 강가에서 마주쳤다. 전투는 해가 기울 무렵 시작되었다. 둘 다 메텔루스가 올까봐 두려웠기 때문에 전투를 서둘렀다. 폼페이우스는 홀로 승리의 영광을 차지하기 위해, 세르토리우스는 두 군대가 힘을 합치기 전에, 양쪽 모두 서둘러 전투를 벌여야 한다는 생각 때문이었다. 전투 결과는 애매했다. 두 부대는 양쪽에서 저마다 한쪽 날개씩 승리를 거두었기 때문이다. 그러나 두 장군 가운데 더 많은 영광을 가져간 쪽은 세르토리우스였다. 그는 자기 진영 대열을 잘 유지하면서, 공격해 오는 적을 쫓아버렸다. 한편 말을 타고 있던 폼페이우스는 키 큰 어느 보병의 공격을 받았다. 두 사람은 가까운 거리에서 치고받다가 각자의 칼로 상대를 내리쳤는데 결과는 같지 않았다. 폼페이우스는 상처만 입었으나 상대는 손이 잘렸다.

마침내 양군은 백병전을 벌이게 되었다. 적병들은 폼페이우스에게 한꺼번에 달려들었다. 부하들이 모두 도망가고 있었으므로 폼페이우스도 몸을 피할 수밖에 없었다. 여기서 그는 자기 말을 버리고 달아났다. 그의 말에는 황금 마구와 값비싼 장식품들이 있었는데, 그것을 버리자 적병들이 서로 가지려고 다투었다. 덕분에 폼페이우스는 겨우 목숨을 구할 수 있었다.

다음 날 해가 뜨자 양쪽 장군은 저마다 승리를 다짐하면서 들판으로 나왔다. 그때 마침 메텔루스 군대가 도착했다. 세르토리우스는 할 수 없이 군대를 거두고 물러났다. 하지만 이것은 세르토리우스군의 작전 가운데 하나였다. 그들은 안개처럼 흩어졌다가는 갑자기 15만 대군이 되어 구름 떼처럼 나타나곤 했다. 그것도 한 길로만 진군해 오는 게 아니라, 마치 녹아내리는 빙하처럼 삽시간에 여기저기서 모여들었다.

폼페이우스는 전투가 끝난 뒤 메텔루스를 만나러 갔다. 메텔루스의 지위가 더 높았으므로 폼페이우스는 그에게 경의를 표하기 위해 병사들에게 휘장을 숙이라고 지시했다. 메텔루스는 재빨리 그의 행동을 막고는 정중하게 폼페이우스를 맞았다. 그는 집정관 지위에 있었고 연장자였지만, 조금도 상관처럼 행세하지 않았다. 오직 두 군대가 행동을 같이할 때에만 메텔루스가 군대 모두를 총괄 지휘했다.

그러나 대부분 두 장군은 진영을 따로따로 쳤다. 적이 늘 신출귀몰하게 아군을 끌고 다니며 두 부대가 만나지 못하도록 그들을 떼어 놓았기 때문이다. 적군은 여러 작전으로 로마군을 어지럽혔고, 교묘한 전술로 여러 곳에서 한꺼번에 나타나 갑자기 공격해 오기도 했다. 그들은 부근 지역을 약탈하여 로마군의 식량을 없애고, 바다까지 장악하기에 이르렀다. 그래서 폼페이우스와 메텔루스는 세르토리우스 지배 아래에 있는 지방에서 물러나 다른 곳으로 옮겨갈 수밖에 없었다.

폼페이우스는 이 전쟁으로 개인 재산까지 모조리 써버렸기 때문에, 로마 원로원에 사람을 보내어 전쟁 자금을 요청하면서 만일 돈을 보내지 않으면 군대를 이끌고 로마로 돌아갈 수밖에 없다고 말했다. 그즈음 집정관 루쿨루스는 폼페이우스와 사이가 그리 좋지 않았다. 하지만 그는 미트리다테스와의 전쟁을 지휘하고 싶었으므로 폼페이우스를 로마로 돌아오게 해서는 안 되었다. 그는 서둘러 전쟁 자금을 만들어 폼페이우스에게 보냈다. 폼페이우스도 미트리다테스와 전쟁을 치를 생각이 있었다. 왜냐하면 이 전쟁보다는 아시아 원정이 여러 면에서 훨씬 명예로웠고, 위험성도 그다지 없었기 때문이다. 따라서 그는 하루빨리 세르토리우스와의 전쟁을 마치고 아시아로 출정하기를 바랐다.

그러는 사이 세르토리우스가 암살을 당했다. 세르토리우스를 죽인 사람은 페르펜나 장군이었다. 그는 세르토리우스를 살해한 뒤 그의 지휘권을 빼앗아 자기 계획을 실행하려고 했다. 그러나 세르토리우스와 똑같은 군비와 군대를 가지고 있었음에도, 페르펜나의 지휘 능력은 결코 그를 따를 수 없었다.

폼페이우스는 페르펜나를 치기 위해 들판으로 내려갔다. 지휘 능력이 없는 페르펜나는 아무렇게나 작전 명령을 내리곤 했다. 이 사실을 눈치채고 폼페이우스는 10개 대대를 미끼로 삼아, 적군이 오면 도망가는 척하라고 명령을 내렸다. 예상대로 페르펜나는 미끼에 달려들었다. 이렇게 로마군이 산산이 흩어져 달아나는 시늉을 하고 있을 때, 폼페이우스가 전군을 이끌고 와서 적을 완전히 무찔렀다. 적의 장군들 거의가 그대로 싸움터에 쓰러졌으며, 페르펜나는 폼페이우스에게 사로잡혀 사형당했다.

그런데 이 일로 폼페이우스는 일찍이 시킬리아 섬에서의 일을 완전히 잊은 채 은혜를 원수로 갚았다는 비난을 받게 된다. 하지만 이는 나라의 이익을 위해 신중하고 현명하게 처리한 것이었기에 그의 위치에서는 절대로 비난받을 일은 아니었다. 왜냐하면 페르펜나가 세르토리우스 서류를 모두 보관하고 있었는데, 그 속에는 로마 주요 인사들이 반란을 일으키기 위해 세르토리우스를 이탈리아로 불러들이려고 보낸 편지도 들어 있었기 때문이다. 페르펜나는 폼페이우스에게 그 가운데 편지 몇 통을 공개하겠다고 했다. 그러나 폼페이우스는 그 편지들이 이제 겨우 끝맺음하려는 전쟁보다 더 큰 전쟁의 불씨를 일으킬 것이라 생각했다. 그럴 바에야 차라리 페르펜나를 죽이고, 그 편지들도 모두 없애는 편이 낫다고 판단했다. 그래서 페르펜나를 사형에 처하고, 서류들은 읽지도 않고 모두 불태워 버렸다.

그 뒤에도 폼페이우스는 이베리아에 계속 남아, 전쟁의 불씨가 완전히 가라앉을 수 있도록 질서를 바로잡았다. 그런 다음 군대를 이끌고 이탈리아로 돌아왔다. 그가 돌아왔을 때는 마침 노예전쟁이 한창이었다. 폼페이우스가 귀국할 즈음, 이 전쟁의 사령관이었던 크라수스는 위험을 무릅쓰고 적을 공격해 1만 2300명을 죽이는 큰 승리를 거두었다. 그런데 뜻밖에도 운명은 폼페이우스에게도 승리의 영광을 나누어 주었다. 진군해 나아가던 폼페이우스가, 크라수스에게 패하여 달아나던 노예군 5000명을 전멸시킨 것이다. 그는 크라수스보다 먼저 원로원에 편지를 보내서, 이 싸움에서 노예군을 격파한 사람은 크라수스이지만 이 전쟁을 완전히 뿌리뽑아 버린 것은 바로 자신이라고 했다.

로마 시민들은 이 소식을 듣고 모두들 기뻐했다. 폼페이우스에게 매우 호감을 갖고 있었기 때문에, 시민들은 그가 하는 말을 아주 기쁜 마음으로 받아들였다. 또 이베리아 전쟁과 세르토리우스에 대한 승리도 모두 폼페이우스가 이룬 공로라고 여겼다.

이처럼 시민들은 그를 절대적으로 존경하며 그가 돌아오기만을 기다렸다. 그러나 그들 마음속에도 여전히 불안감이 도사리고 있었다. 그들은 폼페이우스가 군대를 해산하지 않고 무력으로 정권을 장악하여, 술라처럼 폭군이 되지 않을까 걱정했다. 이처럼 그를 아끼고 사랑하는 마음속에는 그에 대한 두려움도 함께 자리하고 있었다. 이를 눈치챈 폼페이우스는 개선식이 끝나면 곧바로 군대를 해산하겠다고 약속함으로써 시민들의 의혹을 말끔히 털어버렸다.

하지만 그를 시기하던 사람들은 또다시 소리 높여 폼페이우스를 비난하기 시작했다. 폼페이우스가 민중의 인기를 끌려고 아첨하는 것이며, 술라가 폐지한 호민관 제도를 되살려 민중의 호의를 얻고자 한다는 주장이었다. 그 주장은 곧 현실로 나타났다. 로마 시민들은 호민관 제도 부활을 열렬히 바라고 있었다. 폼페이우스도 민중의 뜨거운 지지에 보답할 길을 찾게 되어 몹시 기뻤다.

원로원은 폼페이우스에게 두 번째로 개선식을 올리도록 선언하고, 그를 집정관으로 뽑았다. 그러나 폼페이우스가 더욱 이름을 떨치고 위대한 인물로 보이게 해준 데는 크라수스의 영향이 컸다. 그 무렵 정치가들 가운데 재산이나 권력에서 가장 으뜸가는 인물은 크라수스였다. 그는 폼페이우스는 물론, 다른 모든 인사들도 얕보았다. 크라수스는 집정관이 되고도 남을 인물이었지만, 아직 한 번도 집정관 후보로 나선 적은 없었다. 그런 크라수스가 폼페이우스에게 와서 자기를 지지해 달라고 부탁했던 것이다. 폼페이우스는 크라수스의 요구를 기쁘게 받아들였다. 그렇지 않아도 그처럼 위대한 인물과 인연을 맺고 싶었기에 그를 기쁘게 해줄 일을 찾던 참이었다. 그는 크라수스를 위해 발벗고 나섰다. 그리고 정말 마음속에서 우러나오는 말로 그를 지지했다. 자신이 집정관으로 뽑히는 것보다, 크라수스가 동료 집정관으로 선출되는 게 훨씬 더 기쁜 일이라고 말하기도 했다.

하지만 막상 두 사람이 나란히 집정관이 되자 계속 충돌하기만 했다. 크라수스는 주로 원로원, 즉 귀족들 사이에서 세력을 모았고, 그와 달리 폼페이우스의 권력은 평민들 사이에 있었다. 폼페이우스가 호민관 제도를 부활하고 재판권을 기사들에게 되돌려 주었기 때문이다. 그러나 평민들에게 무엇보다도 큰 호감을 준 것은 그들이 군무를 면제해 달라고 감찰관 앞에 나아갔을 때의 태도였다. 로마에서는 기사가 법이 정한 기간 동안 군무를 마치면 말을 끌고 감찰관 앞에 나아가 자기 지휘관 이름, 복무 장소, 전투에 대해 보고하게 되어 있었다. 그러면 감찰관은 그가 군에서 세운 공로에 따라 상벌을 내렸다.

그즈음 감찰관은 겔리우스와 렌툴루스였다. 그들은 위엄 있는 모습으로 앉아, 기사들이 차례로 그들 앞을 지나가는 것을 바라보고 있었다. 폼페이우스의 차례가 되었다. 그는 공회당 저편에서 내려오고 있었다. 그의 곁에는 관직을 상징하는 깃대를 든 호위관이 따랐다. 폼페이우스는 말고삐를 잡고 천천히 걸어왔다. 그리고 사열대가 가까워지자, 호위관들을 물러나게 하고 혼자 감찰관 앞으로 나아갔다. 시민들은 이 겸손한 행동에 감탄한 얼굴로 모두들 숨 죽이며 그 광경을 지켜보았다. 이를 바라보는 두 감찰관의 얼굴도 존경과 기쁨으로 빛났다. 마침내 연장자인 감찰관이 그에게 물었다.

"폼페이우스 마그누스, 그대는 군인으로서 법에 따라 모든 복무 기간을 완수하였는가?"

폼페이우스는 커다란 목소리로 대답했다.

"예, 법정 기간 동안 장군으로서 지휘에 따른 제 모든 임무를 완수하였습니다."

이 말을 듣자 시민들은 모두 환호성을 질렀다. 그 기쁨의 소리는 멈출 줄을 몰랐다. 기쁨으로 들뜬 군중을 도저히 진정시킬 수가 없었다. 감찰관들이 자리에서 일어나 폼페이우스를 집까지 호위했다. 그 세 사람 뒤로 구름 떼같이 모여든 시민들이 환호하며 따랐다.

이제 폼페이우스의 집정관 임기도 얼마 남지 않았다. 하지만 크라수스와의 사이는 날이 갈수록 더 나빠졌다. 그럴 즈음 기사를 지냈던 카이우스 아우렐리우스라는 사람이 어느 날 민회에 나타났다. 그는 연단까지 올라가 민중에게 말했다. 유피테르 신이 자신의 꿈에 나타나, 두 집정관에게 그 자리에서 물러나기 전에 반드시 화해하라고 일러주라 했다는 것이었다. 이 말을 들은 폼페이우스는 아무 말도 하지 않고 서 있었다. 그러자 크라수스가 그의 손을 잡으며 말했다.

"시민 여러분! 폼페이우스에게 먼저 화해의 손을 내밀었다 해서, 나는 부끄럽게 생각하지는 않습니다. 왜냐하면 여러분은 이 폼페이우스 얼굴에 수염도 나기 전에 그에게 마그누스라는 존칭을 바쳤고, 원로원 자리에 앉기도 전에 개선식의 영광을 두 번씩이나 주었으니까요."

둘은 이렇게 화해하고는 집정관 자리에서 물러났다. 그 뒤에도 크라수스는 이제까지 지내던 것처럼 생활했다. 그러나 폼페이우스는 많은 소송 사건에 변호인으로 나가던 일을 그만두고, 공식적인 장소에도 거의 나타나지 않았다. 그래서 어쩌다 한 번 그가 공회당에 나타나면 군중은 모두 그의 뒤를 따랐고, 어느 곳에서나 그는 늘 많은 사람들에게 둘러싸였다. 사람들에게 둘러싸여 있지 않은 그의 모습을 보기란 이제는 어려웠다. 사실 그는 자신의 이런 모습을 가장 즐겼다. 군중 속에서 그는 자신을 위엄 있게 보이려고 자주 나타나지 않았는지도 모른다. 또 그는 연설이나 대화로도 자기 명성과 위엄을 지키려 어지간히 애를 썼다.

전쟁 가운데 얻게 된 명성은 평화를 만나면 잃어버리는 수가 많다. 그런 사람은 모든 인간이 평등하다고 외쳐대는 평화시에도 전쟁 때처럼 최고의 인물로 대접받고 싶어하기 마련이다. 또 이때에는 전쟁에서 명성을 얻지 못한 이들도 자신이 최고의 영웅이라도 되는 듯이 설치고 다니는 일도 많다. 이런 사람들은 만약 어떤 전쟁 영웅이 정치에 나서면 그 사람을 억누르기 위해 갖은 애를 쓰지만, 그 사람이 정치적 야심을 버리고 은퇴하면 그의 군인으로서의 명예와 권세를 깎아내리지 않고 존중해 준다. 이는 얼마 뒤에 일어난 여러 사건들로서 입증되었다.

해적 세력은 킬리키아에서 가장 먼저 시작되었다. 그들은 처음에 아주 작은 세력으로 조심스럽게 행동했지만 미트리다테스에게 용병으로 고용되어 복무하게 되면서 점차 대담해졌다. 그리고 로마가 내란에 휩쓸려 바다를 지키는 사람이 없어지자 바다는 서서히 해적들을 불러들이게 되었다. 해적들은 상인이나 선박을 노략질할 뿐만 아니라 여러 섬과 항구들까지 마구 짓밟고 다녔다. 나아가 좋은 집안에서 태어난 돈 많은 인물들까지 해적선을 타고 다니면서, 마치 해적 행위가 명예로운 일인 듯 행동하고 다녔다. 그들은 해안선마다 무기고를 세우고 감시탑과 요새를 곳곳에 만들었다. 또 우수한 선원들을 뽑아 해적단을 구성하고 숙련된 수로 안내인들을 고용했으며, 배도 특수한 목적에 걸맞게 쾌속선들만 편성했다.

로마 시민들이 이런 해적들을 보면서 분노한 것은 그들의 강력한 힘 때문만은 아니었다. 사람들은 해적선의 화려한 장식을 보고 더 혐오감을 느끼고 증오했다. 해적선은 모두 금빛 돛대를 달고, 노 끝에는 은을 박았으며, 돛대를 자줏빛으로 색칠했다. 그들이 도착하는 곳에서는 언제나 피리와 현악기 소리가 울려퍼지고 술판이 벌어졌으며 장군들을 붙잡아 가기도 했다. 여러 도시들도 그들이 매긴 세금에 시달리면서 로마의 위상은 점점 땅에 떨어졌다. 이 해적선들의 숫자는 1000척이 넘었고 그들이 점령한 도시 또한 400군데나 되었다.

그들은 이 도시들을 짓밟으며 신전을 모독하고, 전리품을 빼앗고 다녔다. 그런 신전들 가운데에는 클라로스·디디마·사모트라키아 섬의 신전, 헤르미오네의 크토니아 신전, 에피다우루스의 아이스쿨라피우스 신전, 이스트무스·타이나로스·칼라우리아의 넵투누스 신전, 악티움·레우카스의 아폴로 신전, 사모스·아르고스·라키니움의 유노 신전 등이 있었다. 그런가 하면 해적들은 올림푸스 산에서 독특한 제사를 드렸는데, 그 가운데 미트라스 제사는 오늘날까지 남아 있다.

이처럼 해적들은 바다는 물론 육지에까지 올라와 사람들을 짓밟았다. 그들은 마을을 습격하여 농가를 불태우고 약탈했다. 심지어 로마의 두 법무관, 섹스틸리우스와 벨리누스를 습격하여 수행원들과 호위병들을 잡아갔다. 또 개선식까지 올린 안토니우스의 딸들이 아버지 영지로 가는 길에 해적들에게 납치되어 많은 몸값을 지불하고 겨우 돌아올 수 있었다.

그러나 해적들 행동 가운데 가장 무례했던 것은 다음과 같았다. 해적들에게 잡힌 사람이 자신이 로마 시민이라고 말하면 그들은 일부러 두려워하는 척하면서, 무릎 꿇고 벌벌 떨며 용서해 달라고 매달렸다. 이것을 보고 로마 사람들은 그들이 정말 겁이 나서 비는 줄로 생각했는데, 이때 해적들은 로마식 신발과 옷을 입히고는 그들을 실컷 놀려대다가 바다 한가운데에 이르면 배에 사다리를 걸치고, 어서 배에서 내려 즐거운 여행을 하라고 명령한다. 만일 배에서 내리지 않으면 등을 떠밀어서 바다에 빠뜨려 죽게 했다.

해적 세력이 지중해 전체를 휩쓸자, 이제는 바다를 항해하거나 무역을 할 수도 없었다. 로마 시민들은 시장에서 식량을 수입하지 못하게 되자 이런 일이 오래된다면 모두 굶어 죽게 될 거라며 걱정했다. 그들은 폼페이우스를 바다에 보내기로 했다. 폼페이우스 친구 가비니우스는, 폼페이우스에게 해상권뿐 아니라 지상에서의 권한까지 강화시키는 법률을 제안했다. 그 법에 따라 폼페이우스는 헤라클레스 기둥(지브롤터 해협 동쪽 끝) 이내에 있는 바다와, 해안으로부터 400스타디온 안의 모든 땅에서 절대 권한을 갖게 되었다. 로마 영토 대부분과 주요 왕국도 포함되어 있었다. 그리고 원로원 의원 가운데 15명을 장군으로 임명하여 일정한 지역을 관리토록 하며, 전쟁 자금도 마음대로 국고에서 가져다 쓸 수 있게 했다. 또 군선 200척을 받게 되었으며, 병사와 선원도 필요한 만큼 얼마든지 모을 수 있는 재량권이 주어졌다.

이 법안이 낭독되자 시민들은 모두 찬성했다. 그러나 원로원 주요 인물들은 이 무제한적 권력에 두려움을 느꼈다. 그래서 그들은 이 제안에 만장일치로 반대했다. 오직 카이사르만은 이 법안을 지지하는 연설을 했는데, 이는 폼페이우스를 위해서가 아니라 시민들의 마음을 얻기 위함이었다. 나머지 집정관들은 모두 폼페이우스를 세차게 비난했으며, 한 집정관은 폼페이우스가 로물루스 흉내를 낸다면 그도 로물루스처럼 죽음을 벗어나지 못할 거라고 말하기도 했다. 말을 마치자마자 이 집정관은 군중에게 맞아 죽을 뻔했다.

카툴루스가 연단에 올라가 반대 연설을 할 때, 시민들은 그를 존중하며 잠시 조용히 들었다. 그는 한참 폼페이우스를 치켜세운 뒤 이렇게 고귀한 인물을 전쟁에 계속 내보내 위험에 빠뜨리는 일은 옳지 않다고 말했다.

그는 다음과 같은 말로 연설을 끝냈다.

"만약 폼페이우스를 잃게 되면 어디서 또 그런 사람을 구할 수 있겠습니까?"

이에 시민들은 약속이라도 한 듯이 외쳤다.

"바로 당신이요!"

이제 카툴루스의 웅변도 아무 소용이 없었다. 다음으로 로스키우스가 연설을 시작했다. 그러나 시민들은 처음부터 그의 말을 귀 기울여 듣지 않고 떠들어대기만 했다. 그러자 로스키우스는 폼페이우스 한 사람에게만 일을 맡기지 말고, 한 사람을 더 뽑자는 뜻으로 손가락 두 개를 들어 보였다. 이때 시민들은 격분하여 엄청나게 큰 소리를 질러댔으며 하늘을 날던 까마귀 한 마리가 놀라 기절하여 사람들 위로 떨어졌다는 이야기가 전해온다. 까마귀가 떨어진 것은 고함 소리로 공기가 찢기고 갈라져서 생긴 진공 속에 빠져서가 아니라, 사람 목소리가 일으킨 크고 강력한 외침이 공중에 파동을 일으켜 마침 그곳을 지나던 까마귀가 충격을 받았기 때문이다.

회의는 이렇게 끝이 났다. 투표날이 되자, 폼페이우스는 시골로 몸을 피했다가 법안이 통과되었다는 소식을 듣고 밤중에 시내로 돌아왔다. 법안이 통과되어 사람들에게 둘러싸이게 되면 많은 정치인들의 시기를 받을까봐 두려웠기 때문이다.

이튿날 아침 폼페이우스는 시민들 앞에 나와 신에게 제사를 올렸다. 그리고 공개 집회장에서 연설을 했다. 이때 그는 시민들 마음을 움직여서 자기 군사력을 거의 곱절로 늘렸다. 군함 500척, 보병 12만 명과 기병 5000기가 주어졌다. 또 전에 장군을 지냈던 원로원 의원 24명이 그의 부하 장군으로 들어오고, 여기에 재무관 2명이 추가되었다. 전쟁 준비 기간 동안 치솟았던 물가도 조금씩 내려가기 시작했다. 해적을 소탕한다는 소식으로 해상 무역이 차츰 안정되었기 때문이다. 사람들은 폼페이우스 이름만 듣고도 벌써 전쟁이 끝났다며 기뻐했다.

폼페이우스는 지중해와 그 연안을 13개 구역으로 나누고, 알맞은 수의 함대와 장군을 배치했다. 이처럼 병력을 여러 곳으로 분산시키자, 해적선들이 그의 손안에 걸려들어 오기 시작했다. 폼페이우스는 사로잡은 해적들을 항구에 가두었는데 달아난 해적선들은 킬리키아로 들어가, 자신들의 근거지로 삼았다. 폼페이우스는 가장 좋은 군선 60척을 거느리고 킬리키아로 출항할 생각이었다. 그는 티르헤니아 해, 리비아 연안, 사르디니아, 코르시카 섬, 시킬리아 섬 연안의 바다에서 해적들을 몰아냈다. 고작 40일 만에 이 일을 해냈다. 폼페이우스의 지칠 줄 모르는 분투와 부하 장군들의 적극적인 도움 덕택이었다.

하지만 폼페이우스는 로마 집정관 피소의 질투심으로 적지 않은 방해를 받았다. 피소는 군수품 보급로를 차지하고 선원들을 해산시키는 등 온갖 방법으로 폼페이우스를 괴롭혔다. 그러자 폼페이우스는 함대를 브룬디시움으로 보내고, 자기는 육로 지름길을 통해 로마로 갔다. 로마 시민들은 이 소식을 듣고 폼페이우스가 이제 막 도시를 다스리게 된 것처럼 거리로 밀물처럼 쏟아져 나와 열렬히 그를 환영했다. 시민들은 무엇보다 그전까지 텅 비어 있던 가게마다 물건들이 가득 쌓여 있는 모습을 보고 기뻐했는데, 이는 모두 폼페이우스 덕분이었다.

이렇게 되자 피소는 집정관 자리에서 물러나야 할 형편이 되고 말았다. 더구나 가비니우스는 벌써부터 그를 고발하기 위해 공작을 꾸미고 있었다. 그러나 폼페이우스는 가비니우스를 설득해 피소가 집정관 자리를 유지할 수 있도록 도와주었다. 모든 일을 원만하게 해결하고 필요한 것들을 얻은 다음 폼페이우스는 브룬디시움 항구로 떠났다. 그리고 남은 해적들을 소탕하기 위해 출항 명령을 내렸다.

상황이 긴급하여 그는 항해를 서둘렀다. 몇몇 도시들은 그대로 통과했지만, 아테나이만은 그냥 지나칠 수가 없었다. 아테나이에서 그는 신에게 제사를 드리고 시민들에게 연설했다. 아테나이 성문을 나오면서 그는 시구 두 개를 보았다. 하나는 성문 안에 새겨져 있었다.

그대가 스스로 필멸의 존재임을 아는 한

그대는 진실로 신에게 가까운 존재이로다.

다른 하나는 성문 밖에 새겨져 있었다.

우리는 그대를 기다리고, 맞아들였으며 보았으니
이제 그대를 보내노라.

폼페이우스는 그때까지 바다에 남아 있던 해적단들과 싸워 승리를 거두었지만, 항복하는 자들에게는 너그럽게 배만 압수하고 처벌하지는 않았다. 수많은 해적들이 아내와 자식을 데리고 폼페이우스에게 항복해 왔다. 폼페이우스는 그들을 모두 받아들이고 용서해 주었다. 그들은 또 다른 해적들의 행방도 알려주었는데, 폼페이우스는 이들의 도움으로 숨어 있던 해적들을 모두 잡아들여 벌을 주었다. 이들은 자신들이 용서받을 수 없는 죄를 저질렀음을 알고서는 끝까지 몸을 숨겼다.

하지만 가장 크고 강력했던 해적 무리는 가족들과 재물을 비롯해 싸울 수 없는 사람들을 타우루스 산에서 가까운 튼튼한 요새와 성에 남겨두고, 나머지 사람들은 배 위에서 폼페이우스의 공격을 기다렸다. 킬리키아에 있는 코라케시움 근처였다. 이곳에서 해적은 전투에 지고 포위 공격을 받게 되었으며, 마침내 살려달라 애원하며 항복해 왔다. 해적들은 자신들이 점령했던 여러 다른 도시와 섬도 폼페이우스에게 넘겼다. 요새로 만들어 놓아서 접근하기도 어렵고 공격하기도 힘든 곳이었다. 이렇게 해서 겨우 석 달 만에 해적들은 완전히 사라졌다.

폼페이우스는 많은 전리품을 얻었다. 청동으로 뱃머리를 싼 배가 90척이나 되었으며, 포로로 잡힌 해적은 2만 명이 넘었다. 폼페이우스는 이들을 모두 죽이고 싶지는 않았지만 이토록 많은 포로들을 그대로 놓아주면 곧 다시 뭉쳐 나쁜 짓을 할 게 틀림없었다. 그는 포로 문제로 고심한 끝에 다음처럼 결론을 내렸다. 인간이란 본디 악하고 비사회적인 동물이 아니다. 나쁜 습관에 물든 인간도 사는 곳과 방식이 달라지면 성격도 부드러워질 것이다. 사나운 짐승도 온순하게 길들이면 사나운 습성을 버리게 되는 것과 같다.

그리하여 폼페이우스는 포로들을 육지로 데려가, 도시나 시골에 살게 해서 올바른 성품으로 바꾸어 보기로 했다. 그는 인구가 줄어든 킬리키아 여러 도시로 그들을 이주시켰다. 또 아르메니아 왕 티그라네스의 침입으로 황폐해진 킬리키아 솔리 시에도 일부를 이주시켰는데, 이 도시는 폼페이우스가 다시 일으켜 세운 곳이었다. 또 다른 포로들은 헬라스 아카이아에 있는 디메로 옮겨살게 했다. 이곳은 땅이 매우 기름지지만 주민은 거의 없는 곳이었다.

그러나 폼페이우스를 시기하는 자들은 이러한 조치들을 비난하고 나섰다. 특히 그가 메텔루스에게 한 행동은 그의 친구들마저 못마땅해했다. 이 메텔루스는 이베리아에서 폼페이우스와 함께 세르토리우스를 정벌했던 메텔루스의 친척으로, 총독이 되어 크레테 섬에 파견되어 있었다. 크레테 섬은 킬리키아 다음가는 해적의 근거지로서, 메텔루스는 많은 해적들을 잡아 사형시켰다.

그는 남은 해적들이 성에 들어가 버리자 그곳을 에워싸고 공격했다. 그런데 이렇게 포위당한 해적들은 폼페이우스에게 사람을 보내 이곳으로 와서 자신들을 도와달라고 간청했다. 그들은 크레테 섬이 폼페이우스 장군의 관할 범위이고, 섬 전체가 해안으로부터 지정된 거리 안에 있다고 주장했다.

폼페이우스는 이 요청을 받아들이고 메텔루스에게 편지를 보내어 공격을 멈추게 했다. 동시에 같은 내용의 편지를 크레테 여러 도시에 보내어 메텔루스 명령에 따르지 말라고 지시했으며, 루키우스 옥타비우스를 새 사령관으로 뽑아 크레테 섬에 보냈다. 그런데 루키우스는 포위된 해적들의 목숨을 구하기 위해 그들과 함께 메텔루스와 싸움을 벌였다. 이 때문에 폼페이우스는 세상 사람들의 웃음거리가 되고 말았다. 폼페이우스가 해적들을 살려내기 위해 자기 이름을 내걸어 그들의 피난처까지 제공한 일은, 메텔루스에 대한 시기와 경쟁심 때문이었던 것이다. 그 옛날 아킬레우스가 적장 헥토르를 죽이지 말라고 한 일 또한 대장부다운 행동이 아니라 유치한 공명심에서 나온 것이었다.

다른 누군가가 그를 죽여 이름을 떨치면
자신의 가장 큰 명예를 잃을까 두려워했기 때문이다.

폼페이우스 또한 로마를 위해 많은 일들을 했지만, 한낱 개선식의 영광을 다른 이에게 빼앗기지 않기 위해 잔인하고 사나운 해적들과 한패가 되어 싸우기까지 했다. 그러나 메텔루스는 굴복하지 않았다. 그는 해적들을 붙잡아 사형시켰다. 또 옥타비우스를 찾아가 모욕을 준 뒤 쫓아냈다.

해적 소탕전이 모두 끝나자 폼페이우스는 오랜만에 한가로이 시간을 보내게 되었다. 이 소식이 로마에 전해지자 호민관 만리우스가 법안을 내놓았다. 루쿨루스가 다스리던 지역과 군대, 그리고 글라브리오가 차지했던 비티니아를 폼페이우스에게 모두 맡겨서 미트리다테스와 티그라네스에 대항해 전쟁을 수행케 하여, 이미 그가 가지고 있던 해군과 육군의 통솔권을 그대로 유지하자는 것이었다.

이것은 로마를 한 사람에게 맡기는 일이나 다름없었다. 왜냐하면 지난번 제정된 법안에 따라 폼페이우스 지배를 받지 않은 나라는 프리기아·리카오니아·갈라티아·카파도키아·킬리키아·상(上)콜키스·아르메니아 등이었는데, 지금 만리우스가 내놓은 법안에 따르면 이 나라들과 루쿨루스 군대까지 그의 손안에 들어오게 되기 때문이다.

이렇게 되면 루쿨루스는 자기가 쌓은 공적을 빼앗기게 되고, 폼페이우스는 그 뒤를 이어 전쟁의 위험도 겪지 않고 개선식의 영광을 차지하게 되는 것이었다. 그러나 귀족들은 루쿨루스가 억울하게 밀려나는 일보다 폼페이우스가 모든 이의 제왕이 되지 않을까 두려움이 앞섰다. 그들은 힘을 합쳐 만리우스의 법안을 반대하기로 결정했다. 하지만 투표일이 다가오자, 이들은 시민들이 두려워 감히 반대하지 못했다. 대범하게도 오직 카툴루스만 이 법안에 대해 비판을 퍼부었지만 시민들은 아무런 반응도 나타내지 않았다. 카툴루스는 원로원 의원들에게 그 옛날 우리 조상들처럼 이제 산속에 들어가 자유를 찾아야겠다며 소리쳤다.

만리우스의 법안은 만장일치로 통과되었다. 일찍이 술라가 무력으로 겨우 쟁취한 권력을, 폼페이우스는 로마에 있지 않으면서도 쉽게 손에 넣을 수 있었다. 외국에서 이 소식을 받은 폼페이우스는 축하해 주는 사람들 앞에서 이맛살을 찌푸리면서 권력에 싫증난 사람처럼 이렇게 외쳐댔다.

"아! 전쟁은 끝이 없구나! 평생 전쟁을 하며 사느니, 차라리 사람들의 시기를 피해 시골로 내려가 아내와 함께 조용히 살고 싶구나."

그러나 그의 가까운 친구들은 이 말을 진실이라고 생각하지 않았다. 왜냐하면 폼페이우스의 타고난 야심과 권력욕은 루쿨루스에 대한 그의 적개심에 의해 더욱 타올라, 이 소식을 듣고 폼페이우스 자신도 무척 기뻐하리라는 사실을 누구나 잘 알고 있었기 때문이다.

얼마 지나지 않아 그의 본심은 곧 행동으로 드러났다. 그는 자신의 모든 관할 구역에 포고령을 내려 병사들을 소집하고 속국의 여러 왕과 통치자들을 불러모았다. 그러고는 새로 넘겨받은 지방에서 루쿨루스가 세웠던 정책을 모두 뒤엎었다. 그는 루쿨루스가 내린 벌은 사면하고, 그가 준 상이나 권한은 빼앗음으로써 루쿨루스의 권한이 모두 사라지고 없음을 깨우쳐 주려 했다. 이 모두가 루쿨루스 지지자들을 겨냥한 행동이었다. 그러자 루쿨루스는 자신의 친구들을 통해 항의했고 둘 사이에 회담이 추진되었다. 만남은 갈라티아 지방에서 이루어졌다.

두 사람 모두 공적으로 이름 높은 장군들로서 월계수로 장식한 파스케스를 들고 나타났다. 루쿨루스는 나무가 울창한 산림 지대를 지나왔지만, 폼페이우스군은 나무 하나 없는 메마른 지방을 지나오면서 월계수 잎들이 모두 바싹 말라 있었다. 이것을 본 루쿨루스는 관리들을 보내 싱싱한 월계수 잎들을 나누어 주었다. 이는 폼페이우스가 루쿨루스로부터 승리와 명예를 빼앗게 되리라는 징조로 여겨지기도 했다.

루쿨루스는 집정관을 지낸 세월로 보나 나이로 보나 마땅히 폼페이우스보다 위였다. 그러나 폼페이우스는 두 번이나 개선식을 올렸기 때문에 그보다 윗자리에 앉게 되었다. 두 장군은 예의와 존경의 표시로 서로의 공적을 칭찬하며 이야기를 시작했다. 하지만 이어진 만남에서 적절한 합의점에 이르기는커녕 서로를 헐뜯기까지 했다. 폼페이우스는 루쿨루스를 탐욕스럽다 비난하고, 루쿨루스는 그에게 권력에 눈이 멀었다고 되받아쳤다. 친구들이 말려서 겨우 두 사람의 흥분을 가라앉힐 수 있었다.

그 뒤로 루쿨루스는 갈라티아에 머물며, 자기가 정복한 땅들을 부하 장군들에게 상으로 나누어 주었다. 그러자 가까운 곳에 주둔하던 폼페이우스는 루쿨루스 명령은 모두 무효라고 선포하고, 루쿨루스에게 1600명의 병력만 남기고 나머지 군대를 모두 자기에게 보내라고 명령했다. 또 그의 공적과 영광을 비웃으며 루쿨루스는 연극에나 나올 법한 불쌍하고 힘없는 왕들과 전쟁하는 시늉만 냈지만, 자신은 이제껏 전쟁에 노련한 상대들과 맞서 싸워왔다고 말했다. 또한 자신이 싸우러 왔다는 소식을 들고서 지금 미트리다테스 왕은 다시 방패와 칼과 기병으로 무장한 채 거듭된 패배로 단련된 군대를 이끌고 꿋꿋이 일어났다고 주장하며, 본격적인 전쟁은 이제부터라고 자신 있게 말했다.

그러자 루쿨루스는 폼페이우스야말로 전쟁의 유령과 그림자를 상대로 싸우려 든다면서, 게으른 까마귀처럼 남의 시체를 물어뜯어 제 배를 채우려는 것이라고 비난했다. 세르토리우스, 레피두스, 그리고 스파르타쿠스에 대한 승리가 그러했고, 게다가 얼마 전에는 크라수스가 이루고, 카툴루스에게 돌아갈, 메텔루스가 맨 처음 획득했던 승리도 몽땅 도둑질해 갔던 그가, 이제 고작 패잔병들이나 물리친 보잘것없는 전공을 앞세워 남의 개선식을 빼앗던 수법으로, 또다시 폰투스와 아르메니아를 정벌한 명예를 빼앗으려 한다고 맞받아쳤다.

말을 마치자 루쿨루스는 그곳을 떠나버렸다. 폼페이우스는 모든 함대를 포이니키아와 보스포루스 해협 사이에 배치해 바다를 지키게 했다. 그리고 자신은 미트리다테스를 정벌하기 위해 육군을 모두 이끌고 진군해 나아갔다.

미트리다테스는 보병 3만 명과 기병 2000기를 거느리면서도 감히 로마군과 싸울 생각조차 못한 채, 적군이 공격하기 어려운 험한 산속에 진을 쳤다. 그러나 얼마 지나지 않아 마실 물이 모두 떨어지자 산을 버리고 이동했다. 미트리다테스가 산을 떠나자 폼페이우스가 그곳을 점령했다. 폼페이우스는 자라난 식물의 특성과 여기저기 비탈과 움푹 파인 곳을 보고 반드시 물줄기가 있으리라 생각했다. 그는 부하들을 시켜 땅을 파게 했다. 그의 예상대로, 병사들이 충분히 마실 물이 솟아나왔다. 미트리다테스가 왜 땅을 파볼 생각을 못했는지 이해가 되지 않았다.

그는 곧 미트리다테스를 쫓아가 그 주위를 에워싸고 적을 포위했다. 미트리다테스는 이 포위망 속에서 45일 동안 버티다가 병약한 자들을 모두 죽이고는, 정예병만을 이끌고 빠져나갔다. 폼페이우스는 에우프라테스 강 기슭까지 바로 뒤쫓아 적진 가까운 곳에 진을 쳤다. 그리고 적이 강을 건너 다시 도망가기 전에 군대를 정렬해 한밤에 습격하기로 했다.

바로 이때 미트리다테스는 잠을 자면서, 앞날을 말해주는 듯한 악몽에 시달렸다. 그는 돛을 활짝 펴고 순풍을 받으며 폰투스 해(흑해)를 건너고 있었다. 보스포루스 해협이 보이자, 모든 위험에서 벗어났다는 안도감으로 부하들과 함께 기뻐서 들떠 있었다. 그런데 느닷없이 부하들로부터 버림받고, 파선된 배 한 조각에 매달린 채 시퍼런 바다 위를 떠다니는 처량한 신세가 되고 말았다.

미트리다테스가 악몽 속에서 버둥거릴 때, 부하들이 달려와 그를 깨우며 폼페이우스가 공격해 온다는 소식을 전했다. 폼페이우스가 너무 가까운 곳까지 이미 와 있었으므로 진지 안에서 싸울 수밖에 없었다. 그는 부하 장군들에게 전투 준비를 갖추게 하고, 대열을 정비했다.

적이 준비를 완전히 마친 것을 보자 폼페이우스는, 어두운 밤에 공격하는 게 정말로 옳은 일인지 고민하기 시작했다. 그는 적 숫자가 더 많았기 때문에 도망가지 못하도록 그냥 포위만 하고 있다가 날이 밝으면 싸우는 편이 좋으리라고 판단했다. 그러나 부하 장군 가운데 가장 나이가 많은 사람들은 지금 바로 공격하자고 폼페이우스를 설득했다. 밤이 아직 깊지 않아서 기울어진 달빛만으로도 사물을 알아볼 수 있었기 때문이다. 사실 미트리다테스에게는 이 달빛이 매우 불리했다. 달을 등진 로마군은 달이 산 너머에 낮게 걸려 있어서 그림자를 길게 내뻗으며 적에게 달려들 수 있었던 것이다.

미트리다테스군은 로마군의 늘어진 그림자 때문에 그들이 바로 앞에까지 온 것으로 착각하고 창을 던졌지만 아무도 맞히지 못했다. 그러자 로마군은 함성을 지르며 밀어닥쳤다. 적은 저항도 못한 채 달아났다. 이렇게 해서 로마군은 1만 명이 넘는 적을 죽이고, 그들 진지까지 빼앗았다.

미트리다테스는 처음에 기병 800기를 거느리고 로마군을 무찔렀다. 그러다가 진지가 무너지는 것을 보자 기병들은 뒤도 돌아보지 않고 모두 달아나 버렸다. 뒷날 미트리다테스 곁에는 고작 세 사람만이 남아 있었다. 그 하나가 히프시크라티아라는 애첩이었는데, 사나이처럼 기개가 높아서 왕이 히프시크라테스라고 남성 어미를 붙여 부를 정도였다. 그녀는 페르시아 기병 남장 차림으로 말을 타고 달렸다. 그리고 기나긴 도주 기간 중에 전혀 피로한 기색도, 싫증내는 일도 없이 미트리다테스를 시중들고 그의 말을 보살폈다. 미트리다테스 일행은 마침내 이노라에 닿았다. 그곳에는 미트리다테스 재산과 보물로 가득한 성이 있었다.

성에 도착하자 미트리다테스는 따라온 부하들에게 값비싼 옷들을 나누어 주었다. 또 그들에게 독약을 주어, 로마군에게 잡히면 자살할 수 있도록 했다. 그는 아르메니아의 티그라네스 왕을 찾아가면 그가 자신을 보호해 주리라 믿었다. 하지만 티그라네스는 미트리다테스가 찾아오지 못하도록 막았으며, 오히려 그를 잡아오는 자에게는 상금 100탈란톤을 주겠다는 포고령을 내렸다.

미트리다테스는 어쩔 수 없이 에우프라테스 강 건너 콜키스로 달아나기로 했다.

그사이 폼페이우스는 티그라네스 부왕에 대하여 일찍이 반란을 일으켰던 티그라네스 왕자의 요청에 따라 아르메니아로 진격했다. 이 젊은 왕자는 아락세스 강가에서 폼페이우스와 만났다. 아락세스 강은 에우프라테스 강 가까이에서 시작하여 카스피 해까지 흘러들어가는 강이었다. 폼페이우스는 티그라네스 왕자와 함께 여러 도시들을 점령하며 나아갔다.

루쿨루스에게 호되게 패한 적이 있던 티그라네스 왕은 폼페이우스가 너그러운 성품을 지녔음을 알고, 로마군이 성안에 들어올 수 있도록 허락했다. 그리고는 폼페이우스에게 항복하기 위해 신하들과 함께 말을 타고 나갔다. 그런데 티그라네스가 말을 타고 오는 것을 보자 폼페이우스 호위병이, 로마 군대 앞에 말을 타고 지나간 자는 이제껏 한 사람도 없었으니 말에서 내리라고 명령했다. 티그라네스는 말에서 내리고 허리에 찬 칼까지 끌러 그들에게 건네주었다. 그는 폼페이우스 앞으로 걸어가서, 머리에 썼던 왕관을 그의 발밑에 내려놓았다. 티그라네스가 무릎을 꿇으려고 하자, 폼페이우스는 그의 손을 끌어 자기 옆자리에 앉혔다. 그리고 그 옆에 티그라네스 왕자를 앉게 했다.

폼페이우스는 시리아, 포이니키아, 킬리키아, 갈라티아, 소페네 등은 루쿨루스에게 빼앗긴 지역이니 포기하라고 했다. 그러나 로마군에 끼친 손해에 배상금 6000탈란톤을 낸다면 그 밖의 점령지는 그대로 다스리도록 해주겠다고 말했다. 또 왕자를 소페네 왕으로 앉혀주겠다고 약속했다.

티그라네스는 이 조건에 너무나 만족스러워하며 제안을 받아들였다. 그리고 아직 왕이라 불러주는 게 기뻐서 로마 병사들에게 반 므나씩, 백인대장들에게는 10므나씩, 그리고 장군들에게는 1탈란톤씩을 주겠다고 약속했다. 그러나 왕자는 이 조건에 불만을 품고, 폼페이우스가 초대한 저녁 식사를 거절하며 자신은 폼페이우스에게 그런 명예를 받고 싶지 않고, 식사를 함께할 로마인은 얼마든지 있다고 말했다. 이 때문에 왕자는 체포되어 폼페이우스 개선식을 장식하는 신세가 되었다. 이 일은 곧 파르티아의 왕 프라아테스에게 전해졌다. 그는 폼페이우스에게 사절을 보내어 티그라네스 왕자는 자기 사위이니 넘겨달라 요구하면서, 에우프라테스 강을 두 나라 경계선으로 삼자고 했다. 폼페이우스는 티그라네스 왕자에 대한 문제는 장인보다 그의 아버지에게 맡기는 게 마땅하고, 국경 문제는 정의의 원칙에 따라 결정짓겠다고 말했다.

폼페이우스는 아르메니아의 일을 아프라니우스 장군에게 맡기고, 미트리다테스를 쫓기 위해 카우카수스 산맥으로 나아갔다. 그를 치려면 반드시 카우카수스 산맥을 지나야 했는데, 이곳에는 알바니아와 이베리아의 강한 부족이 살았다. 이베리아족은 모스키아 산맥에서부터 폰투스 해 연안까지, 알바니아족은 그 동쪽에서 카스피 해 연안까지 세력을 뻗치고 있었다.

처음에 알바니아족은 폼페이우스 요구를 받아들여 자기 영토를 통과하도록 허락했다. 하지만 로마군이 이 나라를 지나가는 사이에 겨울이 찾아왔고, 그래서 로마군은 이곳에서 사투르누스 지신제를 즐기며 잔치를 벌였다. 바로 그때 알바니아군 4만 명이 키르누스 강을 건너와 그들을 습격했다. 키르누스 강은 이베리아 산맥에서 시작되어 아락세스 강과 합쳐진 뒤, 카스피 해로 흘러드는 강이었다. 또 다른 이야기에 따르면, 아락세스 강은 이 강과 합쳐지지 않고 그 가까운 곳을 나란히 흐르다가 카스피 해로 흘러들어간다고 한다.

폼페이우스는 알바니아족이 강을 건너오는 것을 충분히 막을 수 있었으나 일부러 그들이 건너오게 내버려 두었다. 그런 다음 군대를 이끌고 나아가 적을 무찔러 버렸다. 그러자 알바니아 왕은 사절단을 통해 항복 문서를 보냈다. 폼페이우스는 왕의 간청을 받아들여 평화협정을 맺고, 이베리아족을 정복하기 위해 서둘러 나아갔다.

이베리아족은 알바니아족만큼 숫자도 많고 용맹성에 있어서 오히려 그들을 앞섰는데, 미트리다테스 요청을 받아들여 폼페이우스를 치려 했다. 그들은 메디아나 페르시아에게도 정복된 적이 없었으며, 알렉산드로스 대왕이 히르카니아에서 철수하고 돌아가는 바람에 마케도니아의 지배도 벗어날 수 있었다. 그러나 폼페이우스는 이 나라와의 전투에서 적군 9000명을 쓰러뜨리고 1만 명이 넘는 포로를 잡았다. 그리고 나서 콜키스 땅으로 들어가, 함대를 거느리고 폰투스 해를 지키던 세르빌리우스와 만났다.

미트리다테스는 보스포루스 해협과 마이오티스 해 연안에 사는 야만족들 사이에 몸을 숨기고 있었기에 그를 추격하기는 쉽지 않았다. 이에 더하여 알바니아족이 다시 반란을 일으켰다는 정보까지 들려왔다. 폼페이우스는 화가 나서 알바니아로 군대를 돌렸다.

알바니아족은 그사이 키르누스 강을 따라 말뚝을 박고 방어벽을 쳐놓고 있었기에, 키르누스 강을 건너는 데는 많은 위험이 뒤따랐다. 어렵게 강을 건넌 다음에는 물도 없이 긴 행군이 이어졌다. 폼페이우스는 가죽 부대 1만 개에 물을 가득 채우고 적군을 향해 나아갔다.

알바니아군은 아바스 강에서 로마군을 기다리고 있었다. 보병 6만 명에 기병 1만 2000기를 갖춘 대군이었다. 그러나 무기는 변변치 않았고, 차림새 또한 거의가 산짐승 가죽만을 몸에 둘렀을 뿐이었다. 적의 장군은 알바니아 왕의 동생 코시스였다. 그는 전투가 시작되자마자 폼페이우스에게 달려들어 갑옷 가슴받이를 내리쳤다. 창은 가슴받이의 이음매 부분에 맞았다. 그러나 폼페이우스의 창은 바로 코시스 몸을 꿰뚫어 그를 죽였다.

이 전투에는 테르모돈 강가의 산에서 내려온 아마조네스 여군들이 가담했다고 전해진다. 전투가 끝나고 나서 로마군이 전리품을 거두면서 아마조네스족의 방패와 장화를 발견했지만, 여자 시신은 발견되지 않았다. 아마조네스 여인국은 카우카수스 산맥이 카스피 해로 내려와 뻗어 있는 비탈진 곳에 있었는데, 알바니아족과 접경을 이루지는 않고 두 종족 사이에는 겔라이족과 레게스족이 있었다. 그녀들은 해마다 두 달 동안 테르모돈 강 가까운 곳에서 이 종족들과 살다가, 때가 되면 자기들이 본디 살던 곳으로 되돌아갔다.

이 전투가 끝난 뒤 폼페이우스는 히르카니아와 카스피 해 쪽으로 나아가려고 했다. 그러나 독사가 너무 많아, 행군을 시작한 지 사흘 만에 군대를 되돌려 소(小)아르메니아 쪽으로 갔다. 로마군이 소아르메니아에 머물고 있을 때, 엘리마이아와 메디아에서 왕이 보낸 사절단이 도착했다. 폼페이우스는 평화협정을 맺겠다는 답변을 보냈다. 그리고 파르티아 왕이 고르디에네를 침략하고 티그라네스 사람들을 약탈했다는 소식을 듣고, 아프라니우스 장군을 보내 파르티아를 무찔렀다. 아프라니우스의 군대는 그들을 물리치고 아르벨라까지 쫓아갔다.

폼페이우스 앞으로 미트리다테스 첩들이 잡혀오자 그는 곧바로 그들을 부모와 친척에게 모두 돌려보냈다. 그들 대부분은 미트리다테스의 장군이나 왕후의 딸이거나 아내들이었다. 그 가운데 스트라토니케는 왕의 사랑을 독차지하여 큰 권력을 누리며, 가장 부귀한 성을 차지하고 있었다. 그녀는 하프를 켜던 가난한 노인의 딸이었는데, 어느 날 왕 앞에 불려가 노래를 불렀고, 그녀에게 마음을 빼앗긴 왕은 노인에게는 아무 말도 없이 그녀를 침실로 데리고 가버렸다. 노인은 너무나 낙담하여 홀로 집으로 돌아갔다. 그런데 이튿날 아침 눈을 떠보니 그의 집이 완전히 달라져 있었다. 집 안에는 금은 식기들이 식탁 위에 가득 쌓여 있었다. 하인과 시종들은 그에게 값진 옷을 입혀주었다. 또 문 앞에는 훌륭한 안장을 얹은 말이 매여 있었다. 이를 보자 노인은 누군가의 장난이라 생각하여 도망가려 했다. 그러자 하인들이 그의 옷소매를 붙들며, 이 모든 것은 얼마 전에 죽은 어느 부자의 재산인데 왕이 노인에게 가져다주라 했다고 말했다. 또한 오늘 눈앞에 있는 것들은 앞으로 받게 될 재산과 보물에 비하면 아무것도 아니라고 덧붙였다. 그제야 이 꿈같은 일을 믿게 된 노인은, 자줏빛 옷을 입고 말을 타고서 시내로 나가 이렇게 외쳤다.

"이 모든 게 다 내 것이다!"

사람들이 그를 보고 비웃자, 그는 다들 놀랄 것 없다면서 자신이 너무 기쁜 나머지 만나는 사람들에게 돌을 던지지 않는 게 오히려 이상한 일이라고 말했다.

이렇게 많은 부를 누리던 스트라토니케는, 자기가 받은 성과 많은 재물을 폼페이우스에게 모두 바쳤다. 그러나 그는 신전을 장식하거나 개선식에 들고 나갈 물건들만 받고, 나머지는 모두 돌려주었다. 이베리아 왕 또한 금으로 만든 침대와 식탁과 의자들을 바쳤지만, 폼페이우스는 그것들을 모두 국고에 넣었다.

폼페이우스는 카이눔이라는 성에서 미트리다테스 왕의 개인 문서를 발견했다. 그는 그의 글들을 읽으면서 왕의 성격을 엿볼 수 있어 매우 즐거워했다. 그 가운데에는 왕의 일기도 있었는데, 왕이 많은 사람을 독살시키고 아들인 아리아라테스마저 죽였다는 사실이 쓰여 있었다. 사르디아 사람인 알카이우스가 경마 대회에서 왕을 이겼기 때문에 죽임당한 사실도 적혀 있었다. 또 꿈 해몽도 있었는데, 주로 자기 자신이나 애첩들의 꿈에 대한 것이었다. 그 밖에도 애첩 모니메에게 보낸 연애 편지와 그녀의 답장들도 있었다.

역사가 테오파네스에 따르면 그곳에는 왕을 화나게 만들어 아시아에 있던 로마 사람들을 학살하게 하려는 내용이 담긴 루틸리우스의 편지도 있었다고 한다. 그러나 학자들은 거의 테오파네스가 지어낸 이야기라며, 루틸리우스가 그와 성격이 맞지 않아 미워한 것이라고 설명했다. 또 루틸리우스의 역사책에서 폼페이우스 아버지를 극악무도한 사람으로 기록했기 때문에, 테오파네스가 폼페이우스에게 아첨하기 위해 지어낸 이야기라고도 한다.

아미수스로 간 폼페이우스는 이곳에 머무는 동안 지나친 야망으로 비난받을 만한 행동을 했다. 그는 이전에 루쿨루스가 적군을 완전히 멸망시킨 것도 아니면서 전쟁이 끝난 다음에야 승자가 할 수 있는 일을 했다고, 즉 새 법령을 공포하고 포상과 명예를 수여했다고 몇 번이나 비난했던 적이 있다.

그랬던 폼페이우스가 그와 똑같은 행동을 한 것이다. 그는 미트리다테스가 아직도 보스포루스 왕국에서 군대를 거느리고 있으며 다시 땅을 찾으러 올 만한 군사력을 지니고 있다는 사실을 알면서도, 지방마다 법령을 내리고 영토를 자기 마음대로 나누어 주었다. 그러자 수많은 장군과 지휘관들이 폼페이우스에게로 몰려들었다. 그 가운데에는 야만족 왕들도 12명이나 있었다. 폼페이우스는 이들의 환심을 사기 위해, 파르티아 왕에게 답장을 보낼 때 다른 사람들처럼 그를 '왕 중의 왕'이라고 쓰지 않았다.

그는 또 시리아를 정복하려는 야심에 불타 아라비아를 지나 에리트라이아해(홍해)까지 나아가려는 계획을 세웠다. 그것은 바다로 둘러싸인 모든 지역을 손에 넣겠다는 의도였다. 그는 처음 리비아로 가서 너른 대양에까지 승전 기세를 뻗친 최초의 인물이었다. 또 이베리아에 가서는 대서양을 로마 영토 서쪽 경계선으로 삼았으며, 알바니아족을 쫓아 카스피 해 근처에까지 세 번이나 진군해 나아갔다. 그는 여기서 다시 군대를 거두어 에리트라이아 해를 손에 넣으려 했다. 또한 무력으로 미트리다테스를 잡는 게 어려운 일이며, 그와 싸울 때보다 그가 도망칠 때 다루기가 더 힘들다고 생각했다.

그렇기 때문에 폼페이우스는 미트리다테스를 잡기 위해서는 자신보다 더 강력한 적, 다시 말해 굶주림을 남겨 놓겠다고 선언했다. 보스포루스로 배가 지나다니지 못하도록 함대를 두고, 배를 이용해 양식을 운반하는 자들을 모두 잡아 사형시키도록 지시한 것이다. 그리고 자신은 군대를 이끌고 다시 진군해 나아갔다.

때마침 그는 시체 몇 구를 발견했다. 이들은 미트리다테스와 싸우다가 트리아리우스 장군과 함께 죽은 병사들이었다. 그는 명예로운 장례식을 치른 뒤 이들을 고이 묻어주었다. 루쿨루스가 미움받은 이유는 이처럼 시체를 버려두고 갔기 때문이라고 여겨진다.

그 뒤 폼페이우스는 부하인 아프라니우스를 보내, 아마누스 산 근처 아라비아를 정복하게 했다. 그러고는 자신은 시리아로 가서, 합법적인 왕이 없다는 이유로 그곳을 로마 영토로 만들었다. 또 유다이아를 정복한 뒤 아리스토불루스 왕을 포로로 잡았다. 폼페이우스는 이곳에 여러 도시를 세우고는 전에 지배하던 독재자를 내쫓고 사람들을 해방시켰다. 또 재판을 받아 여러 도시와 나라의 정치 분쟁을 해결해 주었다. 자기가 직접 참석할 수 없을 때에는 부하들을 대신 보냈으며, 아르메니아와 파르티아 사이에 영토 분쟁이 일어났을 때에는 심판관 세 사람을 보내 해결했다.

폼페이우스는 권력에서도 이름을 떨쳤지만, 그의 미덕과 너그러운 마음 또한 칭송을 받았다. 그는 측근들의 잘못을 벌하기를 꺼렸으나 그로 인한 부당함을 호소하는 사람이 있으면 외면하지 않았다. 따라서 다른 장군이나 왕들에게 억압당한 사람들은 폼페이우스가 해결해 주기를 기다리며 기꺼이 견디어 냈다.

폼페이우스와 가장 가까운 친구는 데메트리우스였다. 그는 해방 노예로서 학식도 높았지만 자기가 뜻밖에 얻은 행운으로 교만이 넘쳤다고 하는데, 다음 같은 이야기가 전한다. 철학자 카토는 아직 젊은 나이임에도 널리 이름이 알려져 있었다. 어느 날 그는 안티오키아 시를 구경하러 갔다. 그때 폼페이우스는 그곳에 없었다. 카토는 여느 때처럼 혼자 걸어갔고, 친구들은 말을 타고 따랐다. 그런데 성문에 이르자, 흰옷 입은 사람들이 나와 양옆에 늘어서 있었다. 카토는 그들이 자기를 환영하러 나온 이들이라고 생각하여, 성가셔 하며 친구들에게 말에서 내려 걸어가자고 했다. 그런데 사람들이 그들에게 다가와서 데메트리우스와는 어디서 헤어졌는지, 그는 언제쯤 이곳에 도착하는지 물었다. 이 말을 듣고 카토의 친구들은 웃음을 터뜨렸다. 그러나 카토는 그들 질문에 대답도 하지 않고 이렇게 한 마디 내뱉었다.

"아, 불쌍한 도시로구나!"

폼페이우스는 데메트리우스의 주제넘은 행동도 너그럽게 넘겨, 그가 미움받지 않도록 감싸주었다. 폼페이우스가 친구들을 초대했을 때에도, 데메트리우스는 식탁 앞에서 옷을 귀밑까지 가리고 단정치 못한 자세로 있었다. 그러나 폼페이우스는 손님들이 모두 자리에 앉을 때까지 기다려 그들을 예의바르게 맞았다.

로마로 돌아오기 전 데메트리우스는 로마 가까운 곳에 아름다운 별장을 사들였다. 그 별장에는 아름다운 산책길과 호화로운 정원들이 있었는데, 그 정원에는 '데메트리우스의 정원'이라는 이름이 붙어 있었다. 하지만 그의 주인이었던 폼페이우스는 세 번째 개선식을 올릴 때까지도 검소한 집에서 소박한 생활에 만족하며 살았다.

뒷날 로마 시민을 위해 대극장을 지었을 때, 그는 거기에 딸린 부속물로서 집을 하나 마련했다. 이 집은 전에 그가 살던 집들에 비하면 훨씬 훌륭했지만, 다른 이들의 부러움을 살 정도는 아니었다. 나중에 이 집 주인이 된 사람이 집에 들어가 보고는 너무나 소박한 데 놀라서, 대장군이신 폼페이우스가 이곳에서 식사를 했느냐고 물었을 정도였다.

한편 페트라 근처에 살던 아라비아 왕은 이제까지 로마를 경계하지 않았는데, 나중에야 그 세력에 놀라 무조건 명령대로 따르겠다는 뜻을 전해왔다. 그러나 폼페이우스는 왕의 마음이 바뀔까봐 걱정되어 페트라로 진군해 나아갔다. 이 원정은 부하들에게 큰 비난을 받았다. 왜냐하면 로마군의 본디 목적인 미트리다테스 정벌을 소홀히 한다고 여겨졌기 때문이다. 게다가 미트리다테스가 군대를 새로 정비하여, 스키티아와 파이오니아를 지나 이탈리아로 가고 있다는 소문까지 퍼져나갔다.

하지만 폼페이우스는 달아나는 적을 쫓아가는 것보다 싸움터에서 무찌르는 편이 훨씬 수월하다고 생각했다. 그래서 적을 추격하며 시간을 낭비하기보다는, 다른 나라를 정벌하면서 성과를 거두는 편이 낫다고 생각했다.

그런데 미트리다테스에 대한 문제는 운 좋게도 해결되었다. 폼페이우스가 페트라 근처에서 야영 준비를 하고 있을 때, 폰투스로부터 전령들이 달려왔다. 그들이 창끝에 매달고 온 월계수를 보면 좋은 소식임을 알 수 있었다. 병사들은 그들을 보자마자 폼페이우스에게 몰려들었다. 폼페이우스는 승마 연습을 끝까지 할 생각이었으나, 병사들이 무슨 소식인지 알고 싶어 재촉하는 바람에 멈춰야 했다.

폼페이우스는 편지를 들고 진영 안으로 들어갔다. 거기에는 아직 연단도 갖추어져 있지 않았다. 전투부대에서는 본디 풀을 쌓아올려 연단을 만들어야 했지만, 그때는 너무도 서두른 나머지 말안장들을 쌓아 연단을 만들었다. 폼페이우스는 마침내 그 위로 올라가서 미트리다테스가 죽었다는 소식을 전했다. 그 편지에는 미트리다테스는 자기 아들 파르나케스의 반란으로 스스로 목숨을 끊었으며, 파르나케스가 모든 권력을 갖게 되었고 '자신은 폼페이우스와 로마를 위해 전력을 다하고 있다'는 내용이 담겨 있는 것이었다. 이 소식을 듣고

서 병사들은 뛸 듯이 기뻐하며 환호성을 질렀다. 폼페이우스 또한 미트리다테스 한 사람의 죽음은 적병 1만 명을 죽인 것과 마찬가지라고 기뻐하며 신들에게 제물을 바쳤다.

폼페이우스는 이 원정이 예상보다 쉽게 끝나자, 아라비아에서 군대를 철수하여 서둘러 여러 지방을 지나 아미수스로 갔다. 파르나케스가 보낸 많은 예물과 왕족들의 시신이 있었다. 미트리다테스의 시신은 방부 처리를 한 의사가 뇌수를 제거하지 않아 얼굴을 알아보기 힘들었다. 오직 그의 얼굴에 나 있는 상처를 보고 그가 미트리다테스임을 확인했다. 폼페이우스는 차마 미트리다테스의 얼굴을 똑바로 처다볼 수 없었다. 그는 신의 보복을 피하기 위해 그를 역대 왕릉이 있는 시노페로 보냈다.

폼페이우스는 미트리다테스의 화려한 옷이나 장신구들을 보고 놀라워했다. 칼을 찰 때 쓰는 검대는 400탈란톤이나 되는 것으로 푸블리우스가 훔쳐다가 아리아라테스에게 팔았다. 또 왕관은 미트리다테스의 의형제인 가이우스가 술라의 아들 파우스투스의 간청으로 그에게 주고 없었다. 폼페이우스는 뒤에 파르나케스로부터 이런 사실을 듣고 훔친 자들을 모두 처벌했다.

일처리를 끝낸 폼페이우스는 위풍당당하게 행군을 이어나갔다. 그리고 도중에 미틸레네에 도착하자, 테오파네스에게 감사하는 뜻으로 이 도시에 자유를 주었다. 그는 이곳에서 전통적으로 열리는 시 경연대회에도 참가했다. 시구의 제목은 폼페이우스 공적에 대한 것으로 한정되었다. 이 대회가 열리는 극장이 매우 마음에 들었던 그는 로마에도 이 같은 극장을 더 멋지게 세우리라 마음먹고, 그 설계도를 작성하게 했다.

로도스 섬에 도착한 폼페이우스는 그곳 철학자들의 강의를 모두 듣고, 1탈란톤씩 주었다. 포세이도니우스는 수사학자 헤르마고라스의 이론을 반박하는 논문을 폼페이우스 앞에서 발표했다. 폼페이우스는 아테나이 철학자들에게도 똑같이 후한 대접을 했다. 그리고 도시를 재건하라고 50탈란톤을 기증했다.

이런 일들로 그는 유례없는 찬사와 명예를 안고 가족들을 만나기 위해 이탈리아로 달려갔다. 그러나 위대한 영광 뒤에는 이를 시기라도 하듯이 어두운 그림자가 그를 기다리고 있었다. 폼페이우스가 오랫동안 집을 비운 사이에, 아내 무키아가 다른 남자와 부정을 저질렀다. 폼페이우스는 그런 소문을 들었어도 결코 믿지 않았다. 하지만 이탈리아로 돌아오면서 깊이 생각한 뒤에 그는 이혼장을 써서 보냈다. 이혼장에 그 이유는 밝히지 않았는데, 키케로에게 보낸 편지 속에 그것이 쓰여 있었다.

폼페이우스에 대한 소문들은 그보다 먼저 로마에 흘러들어 왔다. 군대를 이끌고 돌아온 폼페이우스가 독재자로 올라설 것이라는 소문에 시민들은 불안해했다. 크라수스는 실제로 재산을 정리하고 아들을 데리고 로마 변두리로 떠나버렸다. 그러나 이것은 두려움이라기보다는 폼페이우스에 대한 민중의 비난과 시기심을 일으키게 하려는 의도로 보인다.

하지만 폼페이우스는 이탈리아에 도착하자마자 병사들에게 그들 노력에 대한 감사의 연설을 한 뒤, 개선식 때 다시 한 번 모여달라는 부탁과 함께 군대를 해산했다. 이 소식이 퍼져나가자, 시민들은 대장군 폼페이우스가 마치 여행에서 돌아오듯이 무장하지 않았다면서 앞다투어 달려가 그를 맞이했다. 이들의 숫자는 해산한 군대 숫자보다도 훨씬 많았다. 그들은 로마까지 폼페이우스를 따랐다. 만약 폼페이우스가 혁명이나 반란을 꾀하려 시도했다면 군대 없이도 가능하리라 여겨질 정도였다. 그러나 개선식을 올리게 되어 있는 사람은 개선식 전에는 로마 시내에 들어오지 못하게 법으로 금지되어 있었다.

폼페이우스는 원로원에 사람을 보내어, 집정관 선거를 연기해 달라고 요청했다. 입후보자였던 피소를 돕고 싶었기 때문이다. 이 요구는 카토의 반대로 거절당했다. 그럼에도 폼페이우스는 홀로 정의를 주장하며 자기 뜻을 굽히지 않는 카토에게 감탄하여 어떻게 해서든지 그를 자기편으로 끌어들이고 싶어졌다. 마침 카토에게 조카딸이 둘 있다는 사실을 알게 되었다. 폼페이우스는 카토에게 사람을 보내어 한 사람은 자기 아내로, 또 한 사람은 자기 며느리로 삼게 해달라고 청했다. 그러나 카토는 구혼을 거절했다. 사돈 관계로 자기 청렴함을 더럽히고 싶지 않다는 이유에서였다. 하지만 그의 여동생과 아내는 위대한 폼페이우스와의 결혼을 거절했다며 불만스러워했다.

폼페이우스는 아프라니우스를 집정관이 되게 하려고 부족들마다 돈을 나누어 주었다. 유권자들이 돈을 받으려고 그의 집 뜰에 몰려들었기 때문에 이 소문이 널리 퍼지자 여기저기 비난의 소리가 들려왔다. 나라의 최고 관직을 자신이 세운 공로로 얻을 수 있었던 그가 자격도 없는 사람을 당선시키기 위해 사람들을 매수한다는 것이었다. 그것을 본 카토가 아내와 여동생에게 말했다.

"폼페이우스와 혼인을 했다면 우리도 비난받았을 것이다."

두 여인은 이 말을 듣고 카토의 판단이 자신들 판단보다 옳았음을 깨달았다.

폼페이우스 개선식은 이틀 동안 행렬이 계속되었는데도 못 보여준 것들이 많아, 그것만으로도 다시 한 번 개선식을 올릴 수 있을 정도였다. 개선 행진 선두에는 폼페이우스가 정복한 나라 이름이 적힌 명패들이 보였다. 폰투스, 아르메니아, 카파도키아, 파플라고니아, 메디아, 콜키스, 이베리아족, 알바니아족, 시리아, 킬리키아, 메소포타미아, 포이니키아, 팔레스티나, 유다이아, 아라비아, 그리고 바다에서 모조리 없애버린 해적 등이 적혀 있었다.

이들 나라에서 점령한 요새만 해도 1000개, 도시도 900개나 되었다. 또 해적선 800척을 얻었고, 새로 건설한 도시도 39개나 되었다. 이들 명패에는 공물에 대한 세금도 기록되어 있었다. 폼페이우스가 원정을 떠나기 전에는 국가 수입이 5000만 탈란톤이었으나, 이 나라들을 정복한 뒤에는 8500만 탈란톤으로 늘었다고 한다. 게다가 그는 2만 탈란톤 가치의 현금과 금은 귀중품들을 국고에 보탰다. 그리고 병사들에게 자신처럼 최소한 1500드라크메를 상여금으로 지불했다.

이 개선식에 끌려나온 포로들은 해적 우두머리들 말고도 아르메니아 티그라네스 왕자와 그의 아내 조시메, 유다이아 왕 아리스토불루스, 미트리다테스 왕의 누이동생과 그녀의 다섯 아들, 스키티아 여인 몇 명이 끼어 있었다. 또한 알바니아족과 이베리아족 인질, 콤마게네 왕의 인질들도 있었다. 그 밖에도 폼페이우스와 부하 장군들이 전투에서 이길 때마다 하나씩 세운 전승 기념비가 있었는데, 이 기념비의 숫자만도 엄청나게 많았다.

3개 대륙에 걸쳐 세 번씩이나 개선식을 올린다는 것은 그 어떤 로마 사람들도 세우지 못한 가장 큰 영광이었다. 물론 세 번이나 개선식을 올린 사람은 지난날에도 있었다. 그러나 폼페이우스는 첫 번째 개선식에서 아프리카 정복을, 두 번째 개선식에서 유럽 정복을, 그리고 세 번째 개선식에서 아시아 정복을 기념하고 있었다. 그는 온 세계를 손안에 쥔 것이나 다름없었다.

이때 폼페이우스의 나이는 34세도 채 되지 않았다. 알렉산드로스가 세상을 떠났을 때 나이가 34세라며 폼페이우스와 비교하는 이들도 있지만, 실제로 그의 나이는 40세 가까이 되었다. 만일 폼페이우스가 알렉산드로스 대왕과 같은 행운을 누리던, 이 무렵에 삶을 마쳤더라면 아주 행복했으리라. 왜냐하면 그 뒤 폼페이우스에게 계속 이어진 행운은 마침내 다른 사람들의 미움을 불러일으켜, 그의 불행 또한 걷잡을 수 없이 이어졌기 때문이다. 그는 자신의 공적으로 얻은 권력을 남을 보호하는 데 나쁘게 이용했다. 그리고 그런 무리들 세력이 커져갈수록 폼페이우스 자신의 명예는 더욱 떨어졌다. 마침내 그는 스스로의 위대함 때문에 자기도 깨닫지 못하는 사이에 자신의 권력을 쇠약하게 만들었다. 그것은 마치 어떤 도시의 튼튼한 요새가 적에게 넘어가면 그때부터는 적에게 큰 힘이 되는 것과 같았다. 카이사르는 폼페이우스 세력을 이용해 국가를 상대로 싸울 수 있는 힘을 기른 뒤, 그의 세력을 무너뜨린 것이다. 그 이야기는 다음과 같다.

루쿨루스가 아시아에서 폼페이우스에게 모욕당하고 로마로 돌아왔을 때 원로원은 폼페이우스 명성을 떨어뜨리기 위해 루쿨루스를 정치에 더 많이 참여시켰다. 이때 루쿨루스는 이미 쇠잔하여 나랏일을 점점 멀리하고 편안하고 사치스런 생활에만 빠져 있었다. 그러나 폼페이우스가 세력을 펼치려 하자 그에 반대하여 분연히 일어나 폼페이우스가 폐지했던 법률들을 부활시키고, 카토의 지지를 얻어 원로원에서 주도권을 잡았다. 이같이 배척을 받아 모든 희망이 사라진 폼페이우스는 호민관들에게 달려가 보호를 요청하고, 젊은이들의 힘을 빌리기 시작했다. 이 젊은이들 가운데 간악하고 무례한 클로디우스라는 자가 있었는데, 그가 폼페이우스 아래에서 그에게 도움을 주고 싶다고 했다. 그런 뒤 그는 폼페이우스를 광장으로 끌고 다니면서 민중에게 아첨하는 연설을 하게 하고, 여러 법안들을 약속하게 만들었다.

게다가 클로디우스는 그렇게 폼페이우스 위신을 떨어뜨리고는 마치 굉장한 은혜라도 베푼 것처럼, 그 대가로 키케로와 인연을 끊으라고 요구했다. 폼페이우스는 그의 요구를 받아들였지만, 사실 키케로는 폼페이우스 친구로서 정치적으로도 가장 많은 도움을 준 사람이었다. 키케로는 위기에 빠지자 폼페이우스에게 도움을 구했다. 하지만 그는 만나주지도 않았고, 화해를 시키려 누가 찾아오면 대문을 걸어 잠그고는 슬며시 뒷문으로 빠져나가곤 했다. 키케로는 두려움을 느끼고 남몰래 로마를 떠났다.

그 무렵 카이사르는 전쟁터에서 돌아와 이제 막 정계에 발을 들여놓은 상태였다. 그의 정책은 매우 큰 인기를 모았으며, 장래가 촉망되는 세력으로서 폼페이우스와 국가에는 가장 큰 타격을 주었다. 그는 이때 집정관 후보자로 나섰는데 폼페이우스와 크라수스 세력 다툼 속에서 어느 한편에 치우치면 다른 한편은 적이 될 수밖에 없음을 깨달았다. 카이사르는 어떻게 해서든지 둘을 화해시키려고 노력했다. 카이사르의 노력 자체는 정당하고 나라를 위해서도 훌륭한 일이었지만 사실 카이사르의 이 동기에는 교활한 음모가 숨겨져 있었다.

한 나라 안에서 서로 맞서는 두 세력은 한 배를 탄 사람들과 같다. 다시 말해서 사람들이 한쪽으로만 몰리면 배가 균형을 잃고 뒤집혀 끝내 모두 물에 빠지고 만다. 카이사르는 누구보다 이런 사실을 잘 알았다. 뒷날 사람들은 로마가 망하게 된 까닭이 카이사르와 폼페이우스의 싸움에 있었다고 말했지만, 카토는 모든 일을 원인만 가지고 따진다는 것은 옳지 않다고 했다. 이 나라에 첫 번째로, 그리고 가장 큰 타격을 준 것은 두 사람의 불화와 적대 관계가 아니라 둘 사이의 결탁과 타협에 있었기 때문이다.

카이사르는 집정관이 되자, 가난한 사람들의 이익을 위해 식민지 설치와 토지 분배에 대한 법안을 제출하고 통과시키기 위해 힘썼다. 그런데 이 과정에서 집정관 위엄을 손상해 호민관과 같은 지위로 떨어뜨리는 결과가 되었다. 그러자 카이사르 동료 집정관 비불루스가 이 법안에 반대하고 나섰고, 카토가 비불루스를 적극 지지했다. 카이사르는 이 문제를 폼페이우스에게 제출한 뒤, 민중이 지켜보는 가운데 이 법안에 대한 의견을 물었다. 폼페이우스는 이 법안에 찬성한다는 뜻을 밝혔다. 그러자 카이사르는 계속해서 물었다.

"이 법안에 대해 폭력으로 막는 자가 있다면 그때는 어떻게 하겠습니까? 그래도 이 법안들을 지키기 위해 민중 앞에 서렵니까?"

폼페이우스는 다음처럼 말했다.

"그렇소. 만약 칼을 들고 위협하는 자들이 있다면, 칼과 방패로 대항하겠소."

폼페이우스는 지금까지 이처럼 거만하고 무례한 말을 원로원 앞에서 한 적이 없었다. 그의 친구들은 카이사르의 대담한 질문에 갑자기 그런 대답을 하게 된 것뿐이라며, 폼페이우스를 변호했다. 그러나 뒤이은 폼페이우스의 행동은 그가 완전히 카이사르에게 기울어져서 카이사르의 뜻을 따르고 있다는 사실을 뚜렷이 보여주었다. 폼페이우스가 갑자기 카이사르의 딸 율리아와 결혼했던 것이다. 사실 율리아는 그전에 카이피오와 약혼한 상태로 며칠 뒤에는 그와 결혼하기로 되어 있었다.

폼페이우스는 율리아와 결혼한 뒤 카이피오의 노여움을 풀어주기 위해 자기 딸을 주었는데, 그의 딸도 술라의 아들 파우스투스와 이미 약혼한 상태였다. 카이사르는 피소의 딸 칼푸르니아와 결혼했다.

그 뒤 폼페이우스는 로마를 군대로 가득 채우며, 모든 일을 폭력으로 해결하려 들었다. 집정관 비불루스는 루쿨루스, 카토와 함께 공회당으로 가다가 병사들의 습격을 받았다. 비불루스는 깃대가 꺾이고 머리에 오물을 뒤집어쓰는 등 봉변을 당했고, 그와 동행했던 두 호민관은 중상을 입었다. 그들은 이런 방법으로 반대파를 공회당에서 몰아낸 뒤, 토지 분배에 대한 법안을 통과시켜 법률로 공포했다. 이미 이런 유혹에 길들여진 민중은 폼페이우스가 하는 일이라면 무엇이든 지지하고 나섰다. 카이사르에게는 알프스 산맥 남북에 걸친 갈리아 지방에서 일리리쿰에 이르는 영토를, 4개 군단 병력으로 5년 동안 다스릴 권한을 주었다. 또 다음 해 집정관으로는, 카이사르의 장인 피소와 폼페이우스 추종자 가운데 우두머리 가비니우스를 선출했다.

이런 일이 벌어지는 동안, 비불루스는 집정관 자리에 있었음에도 여덟 달 동안 집에만 틀어박혀 있어야 했다. 그는 한 번도 사람들 앞에 모습을 나타내지 못했다. 다만 폼페이우스와 카이사르를 규탄하는 성명서들을 발표했다. 카토 또한 신의 계시라도 받은 듯, 로마와 폼페이우스에게 내릴 앞날의 재앙을 예언할 뿐 아무것도 할 수 없었다. 루쿨루스는 나이를 이유로 정치에서 완전히 손을 떼었다. 그러자 폼페이우스는 그를 비웃으며 노인에게는 나랏일도 해롭지만, 향락적인 생활도 그에 못지않게 나쁘다고 말했다.

사실 이 말은 폼페이우스 자신에게도 해당되었다. 그 또한 젊은 아내에게 완전히 빠져, 함께 시골 별장이나 정원에서 시간을 보내느라 정치가 어떻게 돌아가는지 도무지 관심도 없었기 때문이다. 그래서 그즈음 호민관이던 클로디우스는 폼페이우스를 우습게 보고 너무나 대담하게 일을 저지르기 시작했다. 그는 키케로를 로마에서 내쫓았고, 군사적 업무를 핑계로 카토를 키프로스 섬으로 쫓아버렸다. 또 카이사르가 갈리아 원정을 떠나 자리를 비운 사이 민중이 모든 면에서 그를 지지하고 따르게 되자, 폼페이우스 법령까지 폐지해 버렸다. 그리고 티그라네스를 감옥에서 풀어주고, 폼페이우스의 친구들을 고발해 자기 세력이 어느 정도인가를 시험해 보기도 했다.

마침내 폼페이우스가 친구들의 재판을 보러 나타났을 때였다. 클로디우스는 깡패들을 이끌고 법정에 들어와 높은 곳에 자리잡았다. 그리고 사람들에게 물었다.

"방탕한 대장군은 누구입니까? 한 손가락으로 자기 머리를 긁고 있는 저 사람은 과연 누구란 말입니까?"

클로디우스와 함께 들어왔던 패거리들은 그가 이렇게 물으면서 긴 옷자락을 펄럭일 때마다, 마치 잘 훈련된 합창단처럼 입을 모아 큰 소리로 외쳤다.

"폼페이우스!"

이제 폼페이우스는 이런 일들로 고민하게 되었다. 그는 이제껏 이토록 심한 비난을 듣거나 이런 공격을 당해본 적이 없었다. 게다가 원로원이 그가 이처럼 모욕을 겪는 것을 보고 즐거워하면서, 키케로를 배신한 데 대한 마땅한 벌로 여기는 것을 보고는 더욱더 화가 났다.

이 일은 마침내 공회당에서 활극으로 이어졌다. 클로디우스의 노예 하나가 칼을 들고 폼페이우스에게 달려들다가 체포당했다. 이 사건 뒤로 클로디우스의 불손함과 횡포가 두려워 폼페이우스는 클로디우스가 호민관으로 있는 동안 한 번도 공회당에 나타나지 않았다. 그는 집 안에 틀어박혀, 어떻게 하면 원로원과 귀족들이 자신에게 품고 있는 분노를 가라앉힐 수 있을지 친구들과 상의했다. 쿨레오는 원로원 호감을 사기 위해 율리아와 이혼하고 카이사르와의 관계를 끊어야 한다고 충고했다. 또 키케로를 망명지에서 불러들여야 한다고 주장하는 이도 있었다. 이는 키케로가 클로디우스와 사이가 좋지 않은 데다가 원로원에서도 많은 인기를 얻고 있었기 때문이다.

마침내 폼페이우스는 친구들에게, 공회당에 가서 키케로의 귀국을 허락하는 탄원서를 올리게 했다. 그리고 치열한 토론 끝에 겨우 클로디우스를 물리칠 수 있었다. 로마에 돌아온 키케로는 원로원과 폼페이우스를 화해시키는 데 온 힘을 기울이면서, 곡물 수입에 대한 법안에 찬성하는 연설을 했다. 그 결과, 폼페이우스는 다시금 바다와 육지에 있는 로마 전체 영토를 다스릴 수 있게 되었다. 이 법에 따르면 그는 모든 항만, 시장, 농산물의 분배, 다시 말해서 상인과 농민들에 대한 모든 지배권을 갖게 되기 때문이다.

그러나 클로디우스는 이의를 제기했다. 곡물이 부족해서 법령이 만들어진 것이 아니라 법령을 만들기 위해 곡물이 부족하다고 꾸며냈다며 비난했다. 이것은 곧 무기력해진 폼페이우스의 권력에 숨구멍을 열어주어 그의 세력을 되살리기 위한 음모였다는 것이다.

다른 사람들은 이것이 집정관 스핀테르의 정치적 모략이었다면서, 폼페이우스의 권력을 높이는 대신 스핀테르 자신은 프톨레마이오스 왕을 따르는 사령관으로 가려는 데 목적이 있었다고 폭로했다. 그래서 호민관 카니디우스는 폼페이우스에게 군대 대신 호위병 두 사람을 주어, 프톨레마이오스 왕과 그의 국민들을 화해시키는 중재자로 보내자고 제안했다.

폼페이우스는 이 제안을 그리 나쁘지만은 않다고 생각했다. 그러나 원로원은 그의 신변이 걱정된다는 핑계로 부결시켰다. 그런데 공회당과 원로원 근처에, '프톨레마이오스는 스핀테르보다 폼페이우스가 군사령관으로 오기를 원한다'고 적힌 종이가 뿌려져 있었다.

티마게네스에 따르면, 프톨레마이오스가 특별한 이유나 당위성도 없이 아이귑토스를 떠난 것은 테오파네스가 폼페이우스로 하여금 새로운 원정을 통해 이익을 취할 수 있도록 프톨레마이오스 왕을 설득하여 그에게 새로운 군 지휘권을 주려는 것이라고 했다. 그러나 테오파네스가 성품이 그리 좋지 않은 사람이었다 해도 이 말은 아무래도 미덥지 못하다. 폼페이우스는 큰 야망을 지니고 있기는 했지만, 이렇게까지 비열하고 천한 사람은 아니었다.

곡물 수출입 관리와 운영을 맡게 된 폼페이우스는 부하와 대리인들을 여러 곳으로 파견했다. 그리고 자신은 시킬리아, 사르디니아 섬, 아프리카를 돌아다니며 많은 곡식을 모았다. 그가 이 곡식을 가지고 로마로 돌아가기 위해 배를 띄우려 하자 갑자기 거센 폭풍우가 일어났다. 배를 출항시켜야 할지 미루어야 할지 모를 위험한 상황이었다. 폼페이우스는 앞장서서 배에 올라가 닻을 올리라고 명령하고는 큰 소리로 외쳤다.

"배는 출항해야 하지만 목숨을 아낄 필요는 없다!"

이런 열정과 용기에다 행운까지 더해져 폼페이우스는 시장은 곡식으로, 바다는 배로 가득 채울 수 있었다. 이처럼 식량이 샘물이 넘쳐나듯 차고 넘쳐서, 나라 밖까지 모두 공급할 수 있었다.

그사이에 카이사르는 갈리아 전쟁으로 이름을 떨치고 있었다. 그는 로마에서 멀리 떨어진 벨가이, 수에비아, 브리탄니아를 정복하는 데만 온통 마음을 쏟고 있는 것처럼 보였다. 하지만 그는 민중 한가운데 자신의 기반을 만들어 놓고, 중요한 정치 문제가 있을 때마다 폼페이우스의 계획을 모두 좌절시켜 버렸다. 그리고 군대를 자기 손발처럼 생각하고 있던 카이사르는 적을 공격하기 위해서가 아니라 병사들을 훈련시키기 위해서 마치 사냥하듯 야만족과 싸움을 하게 하여 강철같이 단련시켜 가장 뛰어난 군대로 만들었다. 또 전쟁에서 얻은 보물과 전리품들을 로마에 보내 민중을 매수했고, 조영관·법무관·집정관 및 그들의 아내들에게도 선물을 보내어 자기편으로 끌어모았다.

따라서 그가 알프스 산맥을 넘어 루카에서 겨울을 보낼 때에는, 많은 사람들이 앞다투어 카이사르를 만나겠다고 모여들었다. 그 가운데에는 원로원 의원이 200명이나 있었는데, 폼페이우스와 크라수스까지 끼여 있었다. 그즈음 카이사르의 막사 앞에는 총독과 법무관들이 세워둔 의장만 해도 120개나 되었다. 카이사르는 그들의 희망을 들어주며 돈을 충분히 주고서 로마로 돌려보냈다. 그리고 크라수스와 폼페이우스, 카이사르, 이 세 사람은 아주 특별한 협정을 맺었다. 그것은 크라수스와 폼페이우스가 이듬해에 집정관으로 나갈 것, 카이사르는 많은 군대를 보내어 투표를 도와줄 것, 당선되면 크라수스와 폼페이우스 두 사람은 땅과 군대를 나눠 가질 것, 카이사르는 갈리아 총독 임기를 5년 더 연장할 것 등이었다.

그러나 이런 비밀 협정의 내용들은 곧 시민들에게 널리 알려지게 되었다. 원로원도 맹렬한 비난을 퍼부었다. 마르켈리누스는 민회에 나가 크라수스와 폼페이우스에게 집정관에 입후보할 것인지를 대놓고 물었다. 민중이 다그치자 폼페이우스가 먼저 대답했다. 입후보할 수도 있고, 안 할 수도 있다는 것이다. 이에 크라수스는 좀 더 정치적으로, 나라의 이익을 위한 선택을 하겠다고 말했다.

마르켈리누스가 폼페이우스를 끈질기게 공격하면서 심한 말들을 퍼부었다. 그러자 폼페이우스도 가만히 있지 않았다. 마르켈리누스는 가장 의롭지 못한 자라 비난하고, 그를 벙어리에서 웅변가로 만들어 주고 굶주리는 대신 토할 정도로 먹여준 자신에게 고마워할 줄도 모르다고 말했다.

이리하여 입후보자들은 대부분 입후보를 사퇴하고 물러났다. 그러나 카토는 루키우스 도미티우스에게 물러나지 말라고 격려하면서, 권력을 손에 넣기 위해서가 아니라 자유를 위해서 독재자를 꺾어달라고 설득했다.

폼페이우스와 그의 지지자들은 원로원 전체를 좌우하고 있는 카토에게 두려움을 느꼈다. 자기들을 지지하던 사람들이 카토 때문에 마음이 흔들리게 될까봐 매우 걱정되었다. 그래서 부하들을 잠복시켰다가, 도미티우스가 공회당에 들어올 때 습격하게 했다. 그들은 도미티우스를 안내하며 횃불을 들고 있던 사람을 죽이고, 나머지는 모두 내쫓아 버렸다. 카토는 도미티우스를 보호하기 위해 싸우다가 오른손에 상처를 입고, 맨 뒤에 그 자리를 떠났다.

이렇게 해서 폼페이우스와 크라수스는 집정관 자리에 오르게 되었지만 이들은 더 볼썽사나운 행동들을 했다. 폼페이우스는 시민들이 카토를 법무관으로 뽑으려 하자, 불길한 징조가 있었다는 핑계로 선거를 중단시켰다. 그런 뒤 돈으로 사람들을 매수하여 카토 대신 바티니우스를 법무관으로 임명했다.

두 집정관은 카이사르와 맺은 협정을 지키기 위해, 호민관 트레보니우스로 하여금 법안을 제안하게 했다. 이런 방식으로 카이사르의 임기를 5년 더 늘려 갈리아를 다스리게 하고, 크라수스가 시리아와 파르티아 전쟁을 지휘하게 했다. 또 폼페이우스는 아프리카와 이베리아를 맡고 4개 군단을 가졌는데, 그 가운데 2개 군단은 카이사르의 요청에 따라 갈리아 전쟁에 투입되었다.

크라수스는 집정관 임기가 끝나자 자기 영토인 아시아로 떠났지만, 폼페이우스는 자신이 세운 대극장을 사람들에게 공개하고 축하행사로 체육대회와 음악회를 열었다. 또 맹수들 간의 격투도 볼거리로 주어졌다. 그때 죽은 사자만 해도 500마리였으며, 코끼리와의 싸움은 처참하기까지 했다.

이렇게 함으로써 폼페이우스는 굉장한 인기를 얻었으나, 한편으로는 비난도 많이 받았다. 그는 군대와 영토를 부하 장군들에게 맡기고 아내와 함께 이탈리아를 여행했는데, 이것만으로도 많은 비난을 면치 못했다. 그가 아내를 그토록 사랑했는지, 아니면 아내를 혼자 두고 먼 곳으로 떠날 수가 없었는지는 알 수 없지만, 그의 젊은 아내는 나이 차이가 많음에도 남편을 매우 사랑했다고 전해진다. 아내가 그를 그렇게 사랑할 수 있었던 것은 폼페이우스가 다른 여자들을 가까이하지 않았기 때문이다. 또 그는 평소의 위엄 있는 태도와 달리 집에서는 따뜻하고 부드러운 남편이었다. 그가 여성들에게 얼마나 매력적인 남성이었는지는 기녀 플로라의 이야기에서도 엿볼 수 있다.

언젠가 이런 일이 있었다. 조영관 선거 때, 소란이 일어나 폼페이우스 곁에 있던 몇 사람이 죽었다. 폼페이우스는 옷에 피가 튀자 하인에게 새 옷을 가져오게 했다. 그런데 집으로 달려간 하인이 피 묻은 겉옷을 들고 서두르는 모습을 마침 임신 중이던 폼페이우스의 젊은 아내가 보게 되었다. 아내는 피범벅이 된 남편의 옷을 보고 놀라 정신을 잃었고 어렵사리 의식을 회복했으나, 그 충격으로 유산을 하고 말았다. 폼페이우스와 카이사르가 친척이 된 것을 비웃던 사람들도 그와 아내의 사랑에 대해서만은 나무라지 못했다. 그 뒤 아내는 다시 임신하여 딸을 낳았지만 산욕열로 죽고, 뒤이어 아이도 죽고 말았다.

폼페이우스는 알바의 별장에 매장할 준비를 했으나, 사람들이 강요하다시피 권유해 마르스 들판에 묻고 성대한 장례식을 올렸다. 이것은 폼페이우스와 카이사르에 대한 호의에서가 아니라 폼페이우스의 아내에 대한 연민과 동정심에서 우러난 행동이었다. 실제로 사람들은 장례식에 참석한 폼페이우스보다 그 자리에 없는 카이사르에게 더 큰 경의를 나타냈다.

얼마 뒤 로마는 내란에 휘말려 모든 것이 흔들렸다. 사람들은 두 영웅의 야망을 억제하고 있던 폼페이우스의 아내가 죽음으로써 인척 관계가 끊어졌으니, 이제 두 사람의 관계도 끝날 거라고 수군거렸다. 게다가 얼마 지나지 않아 크라수스가 전사함으로써, 로마의 내란을 막고 있던 또 하나의 벽마저 무너져 버리고 말았다. 그동안 카이사르와 폼페이우스는 크라수스를 두려워하여 서로 조심해 왔다. 그러나 운명은 두 영웅의 대결을 감시하고 있던 사람을 제거해 버렸다. 그렇게 되자 아래 시에서 말하는 사태가 일어났다.

> 손에는 흙을 바르고 몸에는 기름칠을 하며
> 곧 결전이 시작되기만을 기다리고 있다.

인간의 욕망에 비하면 운명이란 덧없기 짝이 없으니, 욕망이란 도저히 충족될 수 없는 것이다. 그렇게 광대한 영토와 수많은 군대를 가지고서도 두 사람은 만족할 수 없었으니 말이다.

> 신들은 이 우주를
> 하늘, 지옥, 바다로 나누었다.
> 그들은 자신의 자리에 만족하며
> 남이 누리는 것을 침범하지 않았다.

두 사람은 이 시를 잘 알고 있었으나, 로마의 드넓은 땅도 둘이 함께 서 있기에는 충분하지 못했다. 폼페이우스가 언젠가 민중에게 한 연설 가운데 이런 말이 있다.

"나는 지위를 생각보다 쉽게 얻었소. 그리고 언제나 물러나라고 하기 전에 흔쾌하게 물러났소."

실제로 그가 군대를 해산시켰던 일로도 이 말을 증명할 수 있다. 그러나 카이사르는 군대를 해산시키려 하지 않았다. 폼페이우스는 로마 집정관과 사령관의 권력을 내세워 자기 자리를 굳히고자 했으나 어떤 변혁도 시도하지 않았다. 그는 카이사르를 불신한다고 여겨지는 것도 싫어서 그를 아예 무시하고 경멸하는 태도까지 보였다.

마침내 카이사르는 시민들을 매수하여, 자기 뜻대로 되지 않는 로마를 무정부 상태로 만들어 버렸다. 호민관 루킬리우스는 가장 먼저 용기를 내 독재관을 임명해야 한다고 제안하면서, 폼페이우스를 그 자리에 앉히는 게 옳다고 시민들을 설득했다. 그러나 루킬리우스는 카토의 반대로 하마터면 호민관 자리에서 쫓겨날 뻔했다. 폼페이우스의 친구들은 연단에 올라가 폼페이우스를 변호하며 그는 독재관직을 희망한 적도 없었고 이 직책을 받아들이려고도 하지 않을 거라고 주장했다.

카토는 겉으로 폼페이우스를 칭찬하면서, 나라의 법과 질서를 지키는 데 힘써 달라고 호소했다. 폼페이우스는 마지못해 그 충고를 받아들였으며, 도미티우스와 메살라가 집정관으로 대신 선출되었다.

그러나 얼마 뒤 로마가 다시 무정부 상태에 빠지자, 독재관에 대한 여론은 지난번보다 더 높아졌다. 카토 지지자들은 폼페이우스가 전제적 권력을 폭력적으로 만들기 전에 합법적인 지위를 주는 게 더 나으리라 생각했다. 그렇게 하여 폼페이우스 한 사람만 집정관에 임명하자는 제안이 나오게 되었다. 그때 원로원에서 가장 먼저 이 결의안에 찬성한 사람은 폼페이우스의 정적이었던 비불루스였다. 그는 지금과 같은 국가적 혼란을 바로잡기 위해서는 가장 훌륭한 사람의 노예가 되는 방법밖에는 없다고 주장했다. 그런데 다른 사람도 아닌 비불루스가 이런 말을 했다는 것은 참으로 의심스러운 구석이 있었다. 이어서 카토가 일어났다. 사람들은 그가 틀림없이 반대 주장을 하리라 생각했다. 그는 모두가 조용해지기를 기다렸다가 말을 꺼냈다. 자신은 본디 그런 제안을 하고 싶지 않았지만 이미 다른 사람에 의해 제안이 나왔으니 반드시 채택되기 바란다면서, 무정부 상태보다는 어떤 형태로든 정부가 있는 편이 낫다는 것을 그 이유로 들었다. 또한 그는 이처럼 혼란스러운 때에 폼페이우스보다 더 뛰어난 통치자는 없다고 주장했다.

마침내 이 제안은 만장일치로 통과되었다. 이렇게 해서 폼페이우스는 단독 집정관이 되었다. 집정관 대리였던 술피키우스가 이를 선언했다. 두 달 뒤에는 폼페이우스의 뜻에 따라 동료 집정관을 임명할 수 있게 되었다. 폼페이우스는 카토에게 감사 인사를 하고, 정치를 하는 데 많은 충고를 부탁한다고 말했다. 이에 대해 카토는 자신한테 감사할 필요는 전혀 없다고 대답했으며, 자신이 하는 말이나 행동은 나라를 위한 것이지 폼페이우스를 위한 것은 아니라고 했다. 그리고 굳이 부탁하지 않아도 공개 석상에서 자신이 할 말은 반드시 하겠노라 말했다. 카토는 모든 일을 늘 이런 식으로 처리했다.

로마에 돌아온 폼페이우스는 메텔루스 스키피오의 딸 코르넬리아와 결혼했다. 그녀의 첫 남편은 크라수스의 아들 푸블리우스였는데, 그는 파르티아에서 죽었기 때문에 이때는 홀몸이었다. 그녀는 젊고 아름다웠을 뿐 아니라 많은 장점들을 가지고 있었다. 학문이 깊고, 비파 연주 실력도 뛰어났으며, 기하학과 철학 강의를 즐겨 들었다. 그리고 많은 공부를 했으면서도 교만하지 않고 언제나 겸손한 태도를 보였다. 아버지의 가문이나 명성도 나무랄 데가 없었다. 그럼에도 둘의 결혼을 달가워하지 않는 사람들이 있었다. 결혼하기에는 나이 차이가 너무 많았던 것이다. 코르넬리아는 폼페이우스의 아들하고나 어울릴 나이였던 것이다.

사람들은 기울어 가는 나라를 일으켜 세우라고 집정관에 앉혀 놓았더니, 국정은 돌보지 않고 새신랑 노릇이나 한다며 폼페이우스를 비난했다. 이에 더하여 폼페이우스의 행동은 국가에 대한 모욕이라고 말하는 사람들도 있었다. 나라가 번창하는 때였다면 법을 거스르면서까지 그를 단독 집정관으로 뽑지는 않았을 텐데, 그가 정권을 쥐고 있다는 것 자체가 나라의 재앙임을 왜 조금도 생각지 못하느냐는 물음이 튀어나왔다.

하지만 결혼식이 끝나자 그는 법안을 제정하여 선물이나 뇌물로 관직을 산 사람들을 처벌하고, 모든 사건을 엄격하고 공정하게 처리했다. 그는 군대를 이끌고 나아가 법정을 안전하게 보호하고 질서와 안정을 되찾게 했다. 그러나 장인인 스키피오가 고발당하자, 그는 배심원 360명을 모두 집에 초대하여 스키피오에게 선처를 베풀 것을 청했다. 결국 스키피오를 고발했던 사람들은, 그가 배심원들의 호의를 받으며 당당하게 걸어나오는 것을 보고 고발을 취하해야만 했다.

이 일 때문에 비난을 받은 폼페이우스는 플란쿠스 사건으로 더 큰 비난을 받게 되었다. 폼페이우스 자신이 기소된 사람을 칭찬하는 연설을 못하도록 법을 제정했는데, 정작 자기 스스로 법정에 나와 플란쿠스를 옹호하는 연설을 했던 것이다. 배심원으로 나왔던 카토는 법에 어긋나는 말을 듣는 것은 옳지 않다고 말하면서 두 손으로 귀를 막았다. 이 때문에 그는 미움을 사서 표결도 하기 전에 배심원 지위를 박탈당했다. 그러나 나머지 배심원들이 모두 플란쿠스에게 유죄판결을 내려, 폼페이우스의 체면이 깎이게 만들었다.

며칠 뒤에 집정관 대우를 받던 히프사이우스가 고소당했을 때였다. 그는 폼페이우스를 기다리다가, 목욕을 마치고 저녁 식사를 하러 가는 그의 다리를 붙잡고 매달리며 도와달라고 간청했다. 하지만 폼페이우스는 그냥 지나치며 경멸하듯이 저녁 밥맛이 떨어지니 이제 그만하라고 말했다.

그는 이렇게 사람을 차별함으로써, 많은 시민들로부터 비난을 들었다. 그러나 폼페이우스는 그 밖의 나랏일은 모든 면에서 훌륭하게 잘 처리했다. 로마의 질서를 다시 바로잡고, 남은 5개월의 임기 동안 장인을 동료 집정관으로 임명하여 함께 일했다. 또 자기 영토를 4년 동안 더 다스리고, 원로원으로부터 군대 유지비라는 명목으로 1년에 1000탈란톤씩 지급받을 수 있는 권한을 얻었다.

카이사르의 친구들은 카이사르에게도 어떤 명예를 베풀어 주어야 마땅하다고 주장했다. 카이사르는 무수한 전투를 거듭하여 로마의 위세를 떨쳐왔으므로 그를 다시 집정관으로 뽑아주거나, 아니면 자기 영토를 계속 다스릴 수 있게 해주어야 한다고 요구하면서, 그가 애써 쌓은 공적을 다른 사람에게 빼앗기게 내버려 두어서는 안 된다고 말했다.

이 문제로 토론이 벌어졌을 때 폼페이우스는 카이사르에 대한 비난을 반박하면서 그를 변호하는 척했다. 카이사르가 후임자에게 지휘권을 넘겨주고자 하는 뜻을 담아 편지를 보내왔으니, 지금 로마에 있지는 않지만 그를 집정관으로 선출해 줄 수는 있을 거라고 말했다. 그러나 카토의 지지자들이 폼페이우스의 말에 반대했다. 만일 카이사르가 집정관이 되고 싶다면, 군대를 해산하고 시민의 자격으로 이 자리에 나와야 한다고 주장한 것이다.

폼페이우스는 이 문제에 대해 더는 논쟁하지 않고, 이 문제가 어떻게 되든 따르겠다는 태도로 앉아 있었다. 그러자 카이사르에 대한 그의 본심은 더 의심받게 되었다. 폼페이우스는 또 파르티아와의 전쟁을 핑계로, 카이사르에게 빌려

준 2개 군단을 되돌려 달라고 요구했다. 군대를 돌려보내라는 진의가 무엇인지 알고 있었지만 카이사르는 거절하지 않았다. 오히려 병사들에게 후한 상까지 주어서 폼페이우스에게 돌려보냈다.

그 뒤 폼페이우스는 네아폴리스에서 위험한 질병에 걸렸으나 곧 완전히 회복했다. 네아폴리스 시민들은 프락사고라스의 제안에 따라, 신에게 그의 완쾌를 감사하는 제사를 올렸다. 그러자 이웃에 있던 주민들까지 덩달아 제사를 지냈고, 어느새 이탈리아의 크고 작은 모든 도시에서 여러 날 동안 축제가 이어졌다. 또 전국에서 폼페이우스를 보기 위해 몰려든 사람들이 거리와 마을과 항구마다 넘쳐났다. 그들은 항구와 도시에 모여들어 신에게 제물을 바쳤다. 수많은 군중이 화관을 머리에 쓰고 손에 횃불을 든 채 폼페이우스를 맞이했으며, 그에게 꽃을 뿌려주며 행렬을 따르기도 했다. 이 광경은 말로 다 표현할 수 없을 만큼 아름답고 화려했다.

그런데 바로 이 일이 내란의 원인이 되리라고는 아무도 예측하지 못했다. 사람들이 기뻐하는 것을 보고 폼페이우스는 자만심에 빠져, 지금이 어느 때인지를 잠시 잊고 말았다. 그는 이제까지 자기에게 행운을 가져다주었던 신중함을 버리고, 카이사르의 힘을 얕보고 경멸하게 되었다. 또 카이사르를 물리치는 데는 군대나 그 어떤 성가신 준비도 필요 없으며, 폼페이우스 자신이 그의 세력을 키워준 것보다 더 쉽게 그를 꺾을 수 있으리라고 생각했다. 더구나 카이사르에게서 되돌려 받은 폼페이우스 군대의 지휘관인 아피우스는, 갈리아에서 카이사르가 세운 전공을 과소평가하며 그에 대해 나쁜 소문을 퍼뜨렸다. 그리고 폼페이우스가 자신의 힘과 명성을 아직 잘 모르고 있다고 했다. 그의 주장에 따르면 폼페이우스는 카이사르에 대항하기 위해 군대를 강화할 필요가 없었다. 카이사르의 병사들은 그를 증오하고, 폼페이우스 장군을 우러러보고 있으므로 폼페이우스가 병사들 앞에 나타나기만 하면 모두 발아래 머리를 조아릴 것이라 큰소리쳤다.

아피우스의 아첨을 듣고 나서 폼페이우스는 자신의 힘을 너무 믿고 지나치게 대담해졌다. 내란을 겁내는 사람들을 비웃을 정도였다. 만일 카이사르가 로마로 쳐들어온다면 그들을 막을 군대가 없지 않느냐고 걱정하는 사람에게 그는 웃는 얼굴과 침착한 태도로 말했다.

"걱정마시오. 이탈리아의 어느 곳이든지, 내가 밟기만 하면 군대와 말이 샘처럼 솟아날 것이오."

그즈음 카이사르는 더 적극적으로 정치 공세를 펼쳐나갔다. 그는 이탈리아 국경 지방을 손에 넣고, 병사들을 로마로 보내 투표에 참여시켰다. 또 수많은 고위 관리들을 매수하여 세력을 키워나갔다. 그 가운데 파울루스 집정관은 1500탈란톤을 받고 매수되었고, 호민관 쿠리오는 카이사르 덕택에 빚을 갚을 수 있었다. 쿠리오와의 친분 때문에 함께 빚을 지고 있던 마르쿠스 안토니우스도 카이사르 편으로 넘어갔다.

실제로 다음과 같은 일도 있었다고 한다. 원로원은 카이사르가 통치권을 연장해 달라고 하자 거부했다. 그때 카이사르가 보낸 백인대장 하나가 이 소식을 듣고, 원로원 앞에서 손으로 칼을 탁 치며 이렇게 말했다.

"그렇다면 이것이 해결해 줄 것이다."

카이사르의 대담함과 치밀함은 이 백인대장의 말 한마디로 모두 표현된다. 하지만 쿠리오가 카이사르를 위해 원로원에서 제안한 결의안은 더 합법적인 것이었다. 그는 폼페이우스를 장군직에서 해임하지 않는 한 카이사르를 해임할 수 없다고 말하면서 이렇게 덧붙였다.

"공정하게 두 사람 모두 장군직에서 물러나거나 자신들이 현재 가지고 있는 세력을 그대로 유지하면서 서로 경쟁을 계속하게 한다면 둘 다 조용히 있을 겁니다. 그러나 어느 한쪽만 약하게 만들면, 다른 쪽은 두 배나 더 큰 무시무시한 위력을 가지게 될 겁니다."

그러나 집정관 마르켈루스는 카이사르를 도적이라 부르며, 만약 그가 무기를 내려놓지 않는다면 공공의 적으로 선포하자고 제안했다. 그럼에도 쿠리오는 안토니우스와 피소의 도움을 얻어 이 문제를 표결로 결정하자고 했다. 원로원 의장은, 카이사르로 하여금 군대를 해산하게 하고 폼페이우스에게 지휘권을 넘겨주자는 데 찬성하는 사람은 한쪽으로 나와달라고 했다. 그러자 반수 넘는 의원들이 한쪽으로 갔다. 그리고 나서 두 사람 모두 장군직에서 해임시키자는 안건이 나오자, 끝까지 폼페이우스를 지지하는 쪽에는 22명만이 남고, 나머지는 모두 세력 균형을 유지해야 한다는 쿠리오를 지지했다.

쿠리오는 자기 주장이 통과되자 기뻐하며 사람들 쪽으로 달려갔다. 사람들은 그를 환영하면서 꽃을 던지고 그에게 화환을 씌워 주었다. 폼페이우스는 원로원에 출석하지 않았다. 군대 지휘권을 가진 사람은 시내에 들어올 수 없게 법으로 정해졌기 때문이다. 집정관 마르켈루스가 일어나 이렇게 앉아서 연설이나 듣고 있을 때가 아니라고 하면서, 지금 카이사르가 10개 군단을 이끌고 로마로 진격해 오고 있으므로 한시라도 빨리 지휘관을 뽑아 그들을 막아야 한다고 말했다.

이 소식을 들은 로마 시민들은 평상복을 벗고 나라에 재난이 닥쳤을 때 입는 옷으로 갈아입었다. 마르켈루스는 원로원 의원들을 거느리고 폼페이우스에게 갔다.

"폼페이우스 장군, 지금 가지고 있는 군대와 새로 모집한 군대를 이끌고 나아가 이 나라를 지켜주시오."

그러나 폼페이우스가 군대를 모집할 때 지원한 사람이 예상 밖으로 너무 적었고, 그나마도 마지못해 나온 사람들이었다. 시민들은 어떻게 해서든지 카이사르와 폼페이우스가 화해해야 한다고 외쳤다. 또 안토니우스는 원로원 의원들의 말을 무시하고, 카이사르의 편지를 발표했다. 그 편지에는 민중의 비위를 맞추는 듯한 내용이 쓰여 있었다. 폼페이우스와 카이사르 모두 그들의 영지와 군대를 해산하고 시민들 앞에 나아가 자신들이 맡은 지역에서 무슨 일을 해왔는지 보고하자는 교활한 제안이 담겨 있었다.

새로 집정관이 된 렌툴루스와 동료 집정관은 원로원을 소집하려 하지 않았다. 얼마 전 킬리키아에서 돌아온 키케로가 이때 새로운 제안을 했다. 카이사르에게 2개 군단과 일리리쿰에 대한 통치권만 남겨놓고, 갈리아 지방과 그곳에 주둔한 군대를 내놓게 한 다음 집정관 후보로 나오게 해주자고 한 것이다.

폼페이우스가 이 제안을 거부하자, 카이사르의 친구들은 군대를 1개 군단으로 줄이겠다고 양보했다. 그러나 이에 렌툴루스가 반대했으며, 카토 또한 이것을 받아들이면 또다시 폼페이우스가 속는 것이라고 외쳤다. 이렇게 해서 화해를 시키려 한 키케로의 시도는 헛수고로 돌아갔다.

그사이 카이사르가 이탈리아의 큰 도시 아리미눔을 정복한 뒤 전군을 거느리고 로마로 쳐들어오고 있다는 소식이 들려왔다. 하지만 이 보고는 정확한 것은 아니었다. 그는 기병 300기와 보병 5000명만 이끌고 있었다. 알프스 너머에도 군대가 있었지만 적이 혼란에 빠져 있을 때 기습 공격을 하기 위해 잠복시켜 두었던 것이다.

카이사르는 폼페이우스의 영토와 경계선에 있는 루비콘 강에 도착하자 잠시 말을 멈추고, 앞으로 펼쳐질 모험의 중대성을 생각했다. 그런 다음 마치 벼랑 끝에서 엄청난 심연으로 몸을 던지는 사람처럼 이성의 눈을 감고 위험을 장막으로 감싼 뒤 지켜보는 사람들에게 헬라스 말로 중얼거렸다.

"주사위는 이미 던져졌다."

그는 다시 군대를 이끌고 강을 건넜다. 이 소식이 전해지자 로마는 이전에는 겪어본 적 없었던 혼란과 공포에 휩싸였다.

원로원 의원과 장관들은 모두 폼페이우스에게 달려갔다. 원로원 의원 툴루스가 군대는 어떻게 준비되었느냐고 물었다. 폼페이우스는 잠시 머뭇거리다가 자신 없는 목소리로 카이사르가 되돌려 준 2개 군단이 있으며, 얼마 전에 징발한 군대 3만 명도 곧 모을 수 있을 거라고 말했다.

이 말을 듣자 툴루스가 큰 소리로 외쳤다.

"아아, 폼페이우스 장군, 당신이 우리를 속였군요!"

이어서 툴루스는 카이사르에게 사절단을 보내자고 했다. 카토만큼 고집 세고 오만한 파보니우스도 나서서 폼페이우스에게, 전에 약속했던 것처럼 군대가 솟아나게 땅을 밟아보라고 말했다. 폼페이우스가 조롱 섞인 말들을 묵묵히 듣고 있는 동안 카토는 예전에 자신이 카이사르에 대해 경고했던 일을 떠올려 보라고 했다. 그러자 폼페이우스는 카토의 말은 예언에 가까웠지만 자신은 우정에서 우러나온 대로 행동했을 뿐이라고 말했다. 카토는 폼페이우스를 대장군으로 삼아 절대적인 권한을 주어야 한다고 제안하면서, 오늘의 불행을 있게한 사람이 그 불행을 끝내야 한다고 덧붙였다. 그 뒤 카토는 자기 영지인 시킬리아로 가버렸다. 다른 장군들도 모두 자기 영지로 흩어져 버렸다. 이탈리아는 온통 혼란과 무질서에 빠져들었다. 로마 시민들은 서둘러 다른 지방으로 떠나고, 또 지방에서는 난을 피하여 로마로 올라왔다. 혼란을 틈타 깡패와 도적들이 날뛰었고 치안을 맡은 관리들도 어찌할 바를 몰라 했다. 사람들의 두려움과 고통은 이루 말할 수 없었다. 폼페이우스도 이제는 자기 판단대로 행동할 수 없게 되었으며, 시민들과 똑같이 절망감에 사로잡혔다.

원로원은 하루에도 몇 번씩 계획을 뒤집어야 했고, 시민들의 보고로는 적의 움직임을 파악하기 어려웠다. 모두들 자기 말이 사실이라고 주장했으며, 자기 말을 믿지 않으면 비난을 퍼부었다. 폼페이우스는 이 소란을 끝맺기 위해서는 로마를 버리는 수밖에 없다고 결론 내렸다. 그는 비상 상태를 선포하고, 원로원 의원들에게 자신을 따르라고 명령하면서 만약 뒤에 남는 자가 있다면 카이사르와 한패로 생각하겠다고 말했다. 그런 뒤 해가 질 무렵 로마를 떠났다. 두 집정관은 전쟁 전에 드리게 되어 있는 제사도 지내지 못했다.

그러나 이런 위기에 처했어도 폼페이우스에 대한 민중의 호의는 변함이 없었다. 폼페이우스의 전략을 비난하는 사람은 많았지만, 그를 미워하는 사람은 없었다. 로마를 떠난 사람들 가운데에는 자유를 찾기 위해 도망간 사람보다, 폼페이우스를 버리지 않기 위해 떠난 사람이 더 많았다.

며칠 뒤에 카이사르가 로마로 들어와 점령했다. 그는 모든 시민을 너그럽게 대해 사람들의 두려움을 서서히 가라앉혔다. 하지만 국고금 사용을 허락하지 않는 호민관 메텔루스에게는 죽이겠다고 위협했는데, 죽이겠다고 말하는 것보다 실제로 죽이는 게 더 쉬운 일이라는 무시무시한 말까지 덧붙였다.

카이사르는 메텔루스를 물리치고 마음대로 돈을 꺼내어 썼다. 그러고는 폼페이우스를 잡아오라는 출동 명령을 내렸다. 이베리아에 있는 폼페이우스의 지원군이 와서 폼페이우스와 힘을 합치기 전에, 폼페이우스를 이탈리아 본토에서 쫓아내려는 것이었다.

이즈음 브룬디시움에 도착한 폼페이우스는 많은 배들을 손에 넣게 되자, 두 집정관과 군대 30개 대대를 디라키움으로 보냈다. 그리고 장인 스키피오와 처남 크네이우스를 시킬리아 섬으로 파견하여 함대를 준비하게 했다. 그러고는 성문을 닫아걸고 시민들의 통행을 금지했다. 시가지 여기저기에는 큰 도랑을 파고, 바다로 이어진 두 길만 빼고 모든 길에 말뚝을 박았다. 사흘째 되는 날 나머지 군대를 카이사르가 눈치채지 못하게 서서히 조금씩 배에 태우고, 마지막 날에는 성에 있던 군대를 재빨리 배에 오르게 한 뒤 곧 출항 명령을 내렸다.

카이사르는 성안에 머무르던 군인들이 사라지자 그들이 도망쳤다고 생각했다. 그는 너무 급하게 뒤쫓아 가느라 하마터면 말뚝과 도랑으로 뛰어들 뻔했다. 그때 마침 브룬디시움 시민들이 길을 안내해 주어, 시내를 한 바퀴 돌아 겨우 항구로 갈 수 있었다. 항구에 도착하자 폼페이우스의 함대가 이미 떠난 뒤였다. 몇 안 되는 병사를 태운 작은 배 두 척만이 항구에 남아 있었다.

폼페이우스의 이 철수 작전에 대해 사람들은 그의 가장 뛰어난 전략이었다고 격찬했다. 한편 카이사르는, 브룬디시움이 튼튼한 방어력을 가진 도시인 데다 이베리아에서 군대가 달려오고 있었고, 해상권까지 완전히 장악한 폼페이우스가 이탈리아를 버리고 도망갔다는 게 아무래도 이상했다. 키케로도 폼페이우스가 테미스토클레스보다는 페리클레스와 같은 처지에 있으면서 테미스토클레스와 같은 전술을 썼다며 비난했다.

카이사르는 시간이 지나면서 점점 두려워졌다. 그는 폼페이우스의 친구인 누메리우스를 사로잡아, 폼페이우스에게 보내어 평등한 조건으로 화해하자는 제안을 하려 했다. 그러나 누메리우스는 이미 폼페이우스와 함께 배를 타고 떠난 뒤였다. 카이사르는 60일도 안 되는 기간 동안에 피 한 방울 흘리지 않고 이탈리아 전체를 손에 넣었다. 그는 폼페이우스를 추격하려 했으나 배가 없어서 군대를 이베리아로 돌려야 했다.

그동안 폼페이우스는 수많은 군대를 끌어모았다. 해군은 군선 500척과 리부르니아 지방에서 온 쾌속선을 가지고 있었다. 기병 7000기는 로마와 이탈리아의 유명인사들로 구성된 정예부대였다. 그러나 보병은 여기저기에서 그러모은 경험 없는 사람들이어서 훈련이 필요했다.

폼페이우스는 베로이아에서 군사 훈련을 시켰다. 그는 젊은 사람들처럼 열정적으로 열심히 훈련에 임했다. 병사들도 이에 자신감을 얻어 게으름을 피우지 않았다. 예순 살을 2년 앞둔 폼페이우스가 보병들 사이에 섞여 완전무장을 한 채 도보로 행군하거나 기병들 사이에서 말을 달리며 칼을 휘두르는 모습을 보면서 병사들은 날마다 새로운 힘을 얻었다. 특히 그가 젊은이들도 던지기 힘든 먼 거리에서 창을 던져 명중시키는 모습은 보는 이들을 감탄케 했다.

각 나라의 왕과 영주들과 로마 관직에 있던 사람들까지 모두 모여들자 그 숫자는 원로원을 구성하고도 남을 정도였다. 그 밖에도 카이사르의 친구 라비에누스가 카이사르를 버리고 갈리아에서 돌아와 폼페이우스 군대에 가담했다. 또 갈리아에서 살해된 브루투스의 아들은 폼페이우스를 자기 아버지를 죽인 사람으로 생각하고 그에게 인사도 하지 않았지만, 이제는 폼페이우스야말로 로마의 자유를 지켜줄 사람이라 믿고 그를 찾아왔다. 글이나 연설로 폼페이우스와 늘 엇갈린 주장을 해오던 키케로 또한 나라를 위해 싸우는 사람 편이 되겠다며 찾아왔다. 티디우스 섹스티우스도 이 가운데 있었다. 나이도 많은 데다 다리까지 저는 그가 마케도니아까지 찾아오자 처음에 사람들은 그를 비웃고 놀려댔다. 그러나 폼페이우스는 섹스티우스를 보자마자 달려가 두 손을 꼭 잡고 그를 맞이했다. 늙고 쇠약한 사람이 안락한 생활을 버리고서 자신과 함께 위험을 무릅쓰고자 찾아왔다는 사실이 위대한 증명처럼 여겨졌기 때문이었다.

그 뒤 원로원이 개회되자 카토의 제안에 따라 전쟁터 말고는 절대로 로마 사람을 죽이지 않겠다는 것과, 로마에 속하는 모든 도시를 빼앗지 않겠다는 결의안이 통과되었다. 이렇게 되자 폼페이우스의 인기는 훨씬 높아졌다. 멀리 떨어져 있다는 이유로 싸움에 관여하지 않던 자들이나, 힘이 없다는 평계로 무관심했던 자들도 이들의 승리를 기원하며 도와주겠다고 약속했다. 그들은 폼페이우스의 승리를 원하지 않는 사람은 신들과 인간의 적이라고 생각했다.

폼페이우스의 너그러움이 이와 같았다면, 카이사르 또한 여기에 뒤지지 않는 자비로움을 보여주었다. 그는 이베리아에 있는 폼페이우스의 군대를 물리친 뒤 장군들을 모두 해임했으나 병사들은 그대로 자기 군에 들어오게 했다. 카이사르가 알프스를 건너고 이탈리아를 지나서 브룬디시움에 도착한 것은 동지가 거의 다 되었을 무렵이었다. 그는 거기서 다시 바다를 건너 오리쿰에 도착했다. 이때 카이사르는 포로 가운데 폼페이우스의 친구 유비우스를 폼페이우스에게 보내, 두 사람이 만나 회담을 하고 사흘 안에 군대를 모두 해산하고 나서 화해를 선언한 뒤에 함께 이탈리아로 돌아가자는 제안을 했다.

폼페이우스는 이 제안을 카이사르의 속임수라고 여겼다. 그래서 카이사르의 제안을 거부하는 한편, 갑자기 해안 지방으로 진출하여 모든 항구와 요새들을 점령했다. 그는 바다에서 들어오는 배가 정박하기 쉽고 물건 나르기가 편리한 항구를 모두 손에 넣고, 어떤 바람이 불더라도 어려움을 겪지 않게 대비했다.

한편 카이사르는 바다와 육지에 모두 가로막혀 싸워서 뚫고 나갈 수밖에 없었다. 그는 날마다 소규모 전투를 벌였다. 때로는 적의 성까지 습격하기도 했다. 이렇게 소규모 전투에서는 주로 카이사르가 승리를 거두었다. 그러나 완전히 궁지에 몰려 모든 군사를 잃을 뻔한 적도 있었다. 그때 폼페이우스 군대는 적병 2000여 명을 죽이고 압도적인 승리를 거두었다. 하지만 폼페이우스는 힘이 모자랐는지, 아니면 두려움 때문인지 달아나는 적을 추격하지 않았다. 카이사르는 이렇게 말했다.

"오늘의 승리는 적의 것이었으리라. 만일 이기는 방법을 아는 자가 적의 우두머리였다면 말이다."

폼페이우스군은 이 승리로 크게 자신감을 얻었다. 그래서 이제는 적과 결전을 벌이기 위해 전쟁을 서둘렀다. 폼페이우스도 먼 곳에 있는 왕이나 장군들에게 승리했다는 소식을 적어 보냈다. 그러나 그는 적과 결전을 벌이는 일만은 피하고, 카이사르의 군대에 지연작전을 써서 새로운 곤란에 맞닥뜨리게 했다. 이미 지친 적군은 행군이나 진지 이동, 참호 파기나 성벽 쌓기 등의 일에 대해서 무기력했으며, 오직 백병전으로 붙어서 빨리 결판을 내고 싶어하리라고 생각했다. 그러므로 폼페이우스는 시간을 질질 끌면서, 적의 식량이 떨어지기만을 기다리는 것이 가장 좋은 작전이라고 판단했다.

폼페이우스는 부하들의 열기를 그럭저럭 가라앉힐 수 있었으나, 카이사르가 식량이 부족하여 아타마니아를 거쳐 테살리아로 군대를 돌리자 더는 부하들을 진정시킬 수 없게 되었다. 부하들은 카이사르가 이미 도망갔다고 생각하여, 어서 적을 뒤쫓아가 격퇴시킨 뒤 하루빨리 이탈리아로 돌아가자고 했다. 심지어 어떤 부하는 하인들을 로마로 보내, 공회당 근처에 집을 사고 관직에 출마할 준비를 하기도 했다. 또 폼페이우스의 아내 코르넬리아에게 전쟁이 끝났다는 소식을 전하러, 남편의 뜻에 따라 그녀가 피신해 있는 레스보스 섬으로 떠나는 사람들도 있었다.

원로원이 소집되었을 때 이 문제에 대해 심각한 토론이 벌어졌고, 아프라니우스는 이번 전쟁에서는 이탈리아를 손에 넣는 것이 가장 중요한 일이라고 주장했다. 이 일에 성공하면 시킬리아, 사르디니아, 코르시카, 그리고 이베리아와 갈리아 지방까지 모두 지배할 수 있기 때문이다. 고국이 내미는 구원의 손길을 저버리고 폭군의 노예나 아첨배들에게 나라를 내맡기고 있는 것은 옳지 않다고 했다.

그러나 폼페이우스는 쫓겨다니기만 하던 자신에게 운명의 신이 적을 추격할 기회를 주었으니 이제 다시 도망간다는 것은 있을 수 없는 일이라고 생각했다. 게다가 헬라스와 테살리아 지방에는 스키피오와 그 밖의 집정관급 인물들이 군대를 거느린 채 뿔뿔이 흩어져 있는데, 이런 상황에서 그들을 저버리고 카이사르 손에 넘어가도록 내버려 두어서는 안 될 일이었다. 무엇보다 먼저 카이사르는 전쟁터를 로마에서 되도록 멀리 떨어진 곳으로 이동시켜 로마 시민들이 전쟁에 대한 두려움을 느끼지 않고 개선의 영광을 맞이할 수 있게 해주고 싶었다.

이렇게 마음먹고 폼페이우스는 카이사르를 추격해 나아갔다. 그는 되도록 싸움을 피하고, 포위를 해 적군의 보급로를 끊어 그들을 꼼짝 못하게 만드는 작전을 폈다. 그가 이런 작전을 세우게 된 것은, 카이사르를 먼저 물리치고 나서 폼페이우스를 무너뜨려야 한다고 기병들이 수군거리는 소리를 들었기 때문이다. 카토에게 중요한 임무를 맡기지 않고, 카이사르를 추격할 때 해안에 남겨서 군수품을 지키게 한 것도, 카토가 곧 자기를 밀어낼지도 모른다는 두려움 때문이었다.

그러나 폼페이우스가 천천히 적을 뒤쫓자 여기저기서 그를 비난하고 공격하기 시작했다. 그의 목적은 카이사르를 정벌하는 데 있는 것이 아니라 조국과 원로원을 망하게 하는 것이며, 그렇게 해서 권력을 장악하고 세계의 지배자들을 호위병으로 부리고 싶어한다는 것이다.

도미티우스 아헤노바르부스는 폼페이우스를 아가멤논, 또는 왕 중의 왕이라 부름으로써 그를 혐오 대상이 되게 했다. 지각 없는 말들로 남을 쉽게 비난하는 파보니우스는 다음과 같은 말로 폼페이우스에게 비아냥거렸다.

"여러분! 올해에도 투스쿨룸에서 무화과를 따먹기는 글렀군요."

이베리아 전쟁에서 패배하여 군대를 잃고 반역죄로 몰린 루키우스 아프라니우스는, 폼페이우스가 전투를 피하는 것에 대해 자신을 공격하던 사람들이 왜 나라를 팔아먹은 인간과는 싸우지 않는지 알 수가 없다며 비웃었다.

폼페이우스는 되풀이되는 비난과 친구들의 기대를 계속 모른 척 외면할 수가 없었다. 그는 마침내 자신이 짜놓은 신중한 계획들을 깨고, 명성과 여론의 노예가 되어 다른 이들의 성급한 기대와 희망을 따르기 시작했다. 그러나 한 나라를 이끌어 가는 최고 지휘관으로서 이러한 실수는, 배 한 척을 움직이는 선장의 실수와는 비교되지 않을 만큼 엄청난 것이었다.

폼페이우스는 환자의 병든 욕망을 절대 모두 충족시켜 주지 않는 의사를 좋은 의사로 인정했다. 그러나 폼페이우스 자신은 군대 고문들의 병적인 열망을, 그들을 치유하고 구제하려고 하다가 오히려 화를 살까 두려워 무조건 들어주는 큰 실수를 저지르고 말았다. 그들 가운데 어떤 이들은 집정관이나 법무관 선거에 입후보할 생각으로 진영 안을 돌아다니며 선거운동을 하기도 했고, 스핀테르·도미티우스·스키피오는 저마다 세력을 키워 나가며 카이사르 뒤를 이어 대제관이 되기 위해 다투었다.

그들은 자신들이 상대하는 적이 마치 아르메니아의 왕 티그라네스나, 나바타이아의 왕 정도일 거라 여기는 듯했다. 그러나 카이사르와 그의 군대는 이미 1000개의 도시를 점령했고, 게르마니아 사람들과 갈리아 사람들, 그 밖에도 수많은 종족을 물리치며 승리를 되풀이했다. 또 그들이 잡은 포로만 해도 무려 1만 명의 100배였으며, 전투에서 죽인 적의 숫자도 이와 같았다.

폼페이우스군이 파르살루스 평원에 도착하자, 병사들은 폼페이우스에게 군사 회의를 열게 해달라고 졸랐다. 그 자리에서 기병대장 라비에누스가 가장 먼저 일어나 적을 모두 물리칠 때까지 절대로 돌아오지 않겠다고 맹세했다. 그러자 다른 병사들도 따라서 같은 맹세를 했다.

그날 밤 폼페이우스는 꿈을 꾸었다. 극장으로 들어서자 민중이 열광적으로 환호하며, 승리의 여신 비너스 신전을 수많은 전리품으로 장식하는 꿈이었다. 그는 이 꿈으로 힘을 얻었음에도 한편으로는 매우 불안했다. 카이사르의 조상이 비너스 후손이었기 때문이다. 폼페이우스는 자기가 거두었던 명예와 영광을 그에게 모두 빼앗기는 게 아닐까 몹시 두려웠다.

그런데 진지 안에서 모두의 잠을 깨우는 깜짝 놀랄 만한 일이 일어났다. 잠을 제대로 이루지 못하던 폼페이우스는 자리에서 벌떡 일어났다. 새벽에 보초병이 교대할 즈음해서, 카이사르 진영 쪽에서 이상한 불빛이 날아오더니 큰 불덩어리가 되어 폼페이우스 진영으로 떨어진 것이다. 보초병들을 둘러보던 카이사르는 이 이상한 광경을 직접 보게 되었다.

동이 틀 무렵 카이사르는 스코투사로 군대를 이동하기 위해 부하들에게 막사를 거두고 짐을 실으라고 했다. 그때 척후병들이 달려와, 적의 진영 앞에서 무기들이 이리저리 움직이고 있으며 병사들의 움직임이 활발하고 소란스러운 걸로 보아 전투 준비를 하는 것 같다고 보고했다. 이어서 또 다른 척후병들이 달려와 적이 제1진을 전투대형으로 배치하고 있다고 알렸다.

보고를 듣고 나서 카이사르는 기다리던 때가 왔으며, 이제는 굶주림이 아니라 인간을 상대로 싸울 수 있게 되었다고 말했다. 그러고는 막사 밖에 로마군의 전투 신호인 자줏빛 깃발을 내걸게 했다. 깃발이 오르자 병사들이 모두 무기를 들고 막사에서 뛰어나오며 함성을 질렀다. 장군과 병사들은 마치 잘 훈련된 합창단처럼 질서정연하게 전투 준비를 했다.

한편 폼페이우스는 오른쪽 날개를 맡아 안토니우스와 대치하기로 하고, 장인 스키피오를 가운데에 배치하여 칼비누스 루키우스에 맞서게 했다. 그리고 왼쪽 날개는 루키우스 도미티우스가 맡고, 기병대의 주력군이 그를 지원하게 했다. 기병대를 왼쪽 날개에 집중시켜, 카이사르와 그의 제10군단을 무찌르려는 계획이었다. 제10군단은 카이사르가 가장 자랑하는 정예부대로, 그는 전투 때마다 그들을 선두에 두고서 군대를 지휘해 왔다.

카이사르는 적의 왼쪽 날개가 거대한 기병대의 호위를 받고 있는 데다가, 그들이 들고 있는 장비도 매우 훌륭하여 깜짝 놀랐다. 그래서 그는 예비군에서 6개 연대를 서둘러 지원군으로 불러 제10군단 뒤에 배치하고, 잠복해 있다가 적의 기병대가 공격하면 최전선으로 재빨리 달려나가도록 지시했다. 그는 용감한 군대라면 백병전을 하기 위해 창을 내던지고 적에게 달려들어야 하겠지만, 지금은 창을 들고 적의 얼굴과 눈을 향해 똑바로 겨누라고 했다. 그렇게 하면 저 잘생긴 명문가의 젊은이들이 얼굴에 흉터가 생길까 두려워 도망치리라고 생각했기 때문이다.

카이사르가 이렇게 지시를 내리는 사이에, 폼페이우스는 말 위에 올라 양쪽 군대의 움직임을 지켜보고 있었다. 적군은 훌륭한 대열을 갖추고 조용히 전투가 시작되기만을 기다리고 있었다. 그러나 아군은 전투 경험이 없어 다들 불안한 듯 우왕좌왕하고 있었다. 그는 전투가 시작되자마자 참패를 당할까 두려워, 최전선에 배치된 병사들에게 모두 창을 잡고 제 위치를 지키라고 했다. 그 상태에서 절대로 흩어지지 말고 적의 공격을 기다리라고 한 것이다.

하지만 카이사르는 폼페이우스의 이 전술에 대해 비난했다. 전투력이라는 것은 적과 맞닥뜨리면서 생기는 것인데 폼페이우스는 그런 명령을 내림으로써 자신도 힘을 잃고 병사들의 사기마저 꺾어버렸다. 용기는 공격해 오는 적을 향해 군대가 성난 파도처럼 나아갈 때 솟아난다. 그러나 폼페이우스는 병사들을 자기 위치에 못박아 놓음으로써 그 기운을 사라지게 했다. 그때 카이사르의 군대는 2만 2000명, 폼페이우스의 군대는 그 두 배가 넘었다.

양쪽 군대에 나팔 소리와 함께 전투가 시작되었다는 신호가 떨어졌다. 로마 귀족 몇 명이 전투가 벌어진 곳 밖에서 이를 지켜보고 있었다. 그들은 개인의 야망이나 경쟁심이 로마 제국을 어떻게 만들고 있는지 지켜보며 한탄했다. 같은 무기를 잡고 같은 대열을 형성하며 같은 깃발 아래 모인 그들은, 같은 도시의 정예부대로서 한때 로마의 꽃이었지만 이제는 서로를 향해 창칼을 겨누고 있는 것이다. 한 나라의 같은 민족으로서 제 혈육을 죽여야만 하는 이 상황은, 정념에 사로잡힌 인간이 얼마나 맹목적이고 광적으로 변할 수 있는지를 보여주고 있었다.

만일 두 사람이 자기가 가진 것에 만족했다면, 세계에서 가장 크고 좋은 바다와 육지들이 모두 그들 앞에 놓여 있었으리라. 또 그들이 전승 기념비와 개선의 명예를 갈망했다면, 파르티아나 게르마니아 전쟁에서 충분한 만족을 얻었을 것이다. 또 스키티아는 아직 정복되지 않은 상태였고, 인디아도 남아 있었다. 이런 곳들은 야만족을 계몽시키기 위해서라는 그럴듯한 핑계로 자신들의 야심을 감출 수도 있었을 것이다. 스키티아의 기병, 파르티아의 궁수, 인디아의 보물도 폼페이우스와 카이사르가 함께 지휘하는 로마군 7만 명을 막아내지는 못했을 것이다.

이곳에서 두 장군의 이름은 로마라는 국가보다도 먼저 알려져 있었다. 또 두 사람의 명성과 권위는 이처럼 사납고 야만적인 여러 민족들을 정복하면서, 이미 멀리까지 퍼져 있었다.

그러나 지금 두 장군은 서로 싸우느라고, 일찍이 정복된 적이 없었던 자신들의 영광과 나라의 운명을 미처 생각하지 못하고 있었다. 이로써 그들 사이의 인척 관계나 율리아와의 사랑도, 참다운 우정의 결과가 아니라 그저 서로의 이해관계를 위한 기만적인 담보물에 지나지 않았다는 사실이 드러났다.

파르살루스 평원은 이제 사람과 말과 온갖 무기로 뒤덮여 버렸다. 양쪽에서 한꺼번에 전투 명령이 떨어졌을 때, 맨 먼저 튀어나온 사람은 120명의 병사를 거느린 백인대장 카이우스 크라시아누스였다. 그는 카이사르와의 약속을 지키기 위해 적군을 향해 달려나갔다. 카이사르는 이날 아침, 카이우스 크라시아누스가 가장 먼저 막사에서 나오는 것을 보았다. 카이사르는 그의 인사를 받고 오늘 전투가 어떻게 될 것 같은지 물었다. 그러자 크라시아누스는 오른손을 내밀며 힘차게 대답했다.

"눈부신 승리를 얻게 될 거요, 카이사르 장군! 나는 살든 죽든 용감하게 싸워 꼭 장군의 칭찬을 듣겠소."

크라시아누스가 달려나가자 많은 병사들이 그 뒤를 따랐다. 그는 적의 한가운데로 들어가 칼을 휘두르면서 수많은 적병들을 쓰러뜨렸다. 그러고는 앞으로 밀고 들어가 적군의 최전선에 있던 부대를 무찔렀다. 이때 끝까지 버텨 싸우던 적군 하나가 그의 입속에 칼을 찔러넣었는데 칼날이 목 뒤에까지 뚫고 나왔다. 그가 이렇게 적병의 칼에 쓰러지면서 전세는 막상막하로 팽팽해졌다.

폼페이우스는 오른쪽 날개로 달려가지 않고, 왼쪽 날개에 배치한 기병대가 어떻게 공격을 시작하는지 기다리며 적군을 지켜보고 있었다. 그러다 마침내 기병대는 카이사르군을 포위하기 위해 흩어지더니, 앞에 서 있는 적의 기병을 공격했다. 그러자 카이사르는 신호를 보내 기병대를 후퇴시키고, 적의 포위 작전을 막기 위해 숨겨두었던 보병 3000명을 앞세웠다. 그들은 기병대와 나란히 붙어 서더니, 카이사르의 지시대로 창을 추어올려 적의 얼굴을 겨누고 한꺼번에 달려들었다.

폼페이우스는 예상치 못한 적의 공격에 깜짝 놀랐다. 더구나 전투 경험이 없었던 폼페이우스의 기병들은 적의 보병과 맞서 싸우지 못하고 말 머리를 돌려버렸다. 그들이 얼굴을 가리고 달아나는 모습은 보기에도 딱할 정도였다.

카이사르의 군대는 달아나는 기병을 쫓아가지 않고 적의 보병대를 공격하기 시작했다. 폼페이우스의 보병대는 기병대가 달아나 버리는 바람에 호위도 받지 못하고 꼼짝달싹 못한 채 포위될 형편이었다. 마침내 카이사르는 적을 측면에서 공격하고 정면으로는 제10군단을 투입시켜, 포위 공격을 예상하고 있던 적의 허점을 찔렀다. 이렇게 되자 보병대도 더는 버틸 힘을 잃고 흩어져 달아나 버렸다.

보병대가 그렇게 패주한 뒤에 폼페이우스는 피어오르는 흙먼지를 보고 자신의 기병대에게 무슨 일이 일어났는지 짐작했다. 그는 말없이 진영으로 걸어갔다. 다음 시 구절은 그때의 폼페이우스 모습을 말해줄 수 있을 것이다.

저 하늘의 유피테르 신께서
아약스의 마음에 두려움을 불어넣으시니,
그는 넋을 잃고 서서
황소가죽 일곱 겹 방패마저 뒤로 던져 버리고
떼지어 싸우는 무리들을 벌벌 떨며 바라보았네.

이런 상태로 막사에 돌아온 폼페이우스는 말없이 주저앉았다. 적군들이 진영 안까지 뛰어들어오자 이렇게 중얼거렸을 뿐이다.

"아니, 내 막사까지!"

그러고는 한 마디도 덧붙이지 않고 자리에서 일어나 패잔병처럼 변장을 하고서 몰래 빠져나왔다. 남은 병사들도 모두 달아나고, 진영 안에는 병사들의 시체가 여기저기 나뒹굴었다. 아시니우스 폴리오에 따르면, 카이사르군 전사자는 6000명에 지나지 않았다고 한다.

적진을 빼앗은 카이사르군은 폼페이우스군이 얼마나 어리석고 사치스러웠는지를 알 수 있었다. 막사마다 은매화나무들이 장식되어 있었고, 꽃으로 꾸며진 침상들과 술잔이 가득한 탁자들, 포도주가 담긴 그릇들까지 즐비했다. 차려놓은 모습이나 꾸며놓은 모양들은 싸움터가 아니라, 제사를 지낸 뒤 한바탕 잔치를 열고 있는 곳처럼 보였다. 이처럼 폼페이우스의 병사들은 터무니없는 희망과 어리석은 자신감을 품고서 전장에 나선 것이다.

폼페이우스는 얼마쯤 가다가 말을 버리고 몇몇 부하들과 함께 걸어갔다. 그는 아무도 뒤쫓지 않는 것을 알고 천천히 나아가며 깊은 생각에 잠겼다. 지나간 34년 동안 오직 승리와 정복만을 거듭해 온 폼페이우스는, 나이가 든 다음에야 처음으로 패배를 맛보고 도망가는 운명이 되었다. 많은 전투로 얻었던 명성과 권세를 한순간에 잃고, 조금 전까지도 수많은 부하와 무기로 둘러싸여 있던 폼페이우스가 이제는 초라한 꼴로 쫓기는 신세가 된 것이었다.

그는 라리사를 지나 템페 계곡에 이르렀다. 목이 말라 바닥에 엎드려 강물을 마시고는, 계곡을 내려와 바닷가까지 나왔다. 그날은 바닷가에 있는 어느 어부의 오두막에서 밤을 보낸 뒤에 다음 날 새벽 강을 오가는 작은 배에 몸을 실었다. 폼페이우스는 자유민만 태우고 노예들을 돌려보내며 카이사르에게 가서 항복하라고 명령했다. 폼페이우스 일행을 실은 배는 해안을 따라가다가 마침 닻을 올리고 있던 큰 상선을 만나게 되었다. 그 배의 선장은 페티키우스라는 로마 사람이었다. 그는 폼페이우스와 가까운 사이는 아니었지만 얼굴은 알고 있었다. 마침 그는 전날 밤 아주 초라한 몰골로 폼페이우스가 나타나 자신에게 말을 거는 꿈을 꾸었다.

할 일 없는 사람들이란 이런 중요한 꿈 이야기를 좋아하는 법이어서 페티키우스가 선원들에게 꿈 이야기를 하고 있는데, 갑자기 선원 하나가 소리쳤다. 강배 한 척이 바다로 나오고 있으며, 배에 탄 사람들은 옷가지를 흔들며 손짓을 하고 있다는 것이었다. 페티키우스는 선원이 말하는 쪽을 돌아보았다. 그는 꿈속에서 본 모습과 똑같은 모습을 하고 있는 폼페이우스를 바로 알아보았다. 페티키우스는 이마를 한 번 탁 치고는 선원들에게 지시해서 재빨리 배를 나란히 대도록 했다. 그리고 오른손을 뻗어 폼페이우스를 환영했다. 그의 행색만 보아도 이미 어떤 불행을 겪었는지 짐작할 수 있었기에 페티키우스는 폼페이우스에게 부탁을 받거나 설명을 듣기도 전에 폼페이우스와 그가 원하는 사람들(렌툴루스 형제, 파보니우스)을 배에 태워 주었다. 그리고 얼마 뒤 데이오타루스 왕이 육지에서 급히 도망쳐 오는 것을 발견하고 그도 배에 태웠다.

저녁 식사 때가 되자 선장은 정성을 다해 이들을 대접했다. 파보니우스는 폼페이우스가 하인도 없이 스스로 신발을 벗으려 하자 그의 신을 벗겨주고 발에 향유를 발라주었다. 파보니우스는 그 뒤로도 하인이 주인을 섬기듯 폼페이우스의 발을 씻겨주거나 식사 시중을 들었다. 어떤 목적이나 의도도 없이 이렇게 정성을 다해 폼페이우스를 섬기는 파비우스의 순수한 모습을 본 사람들은 모두 감탄했다.

아, 온 마음을 다하여 하는 일은
모두가 아름답구나!

폼페이우스를 태운 배는 해안을 따라 계속 항해하여 암피폴리스에 이르렀다. 그는 아내 코르넬리아와 아들을 만나기 위해 레스보스 섬의 미틸레네로 다시 건너갔다. 폼페이우스는 사람을 보내 도착했다는 소식을 전했다. 코르넬리아는 기대했던 것과는 너무도 다른 소식을 받고 깜짝 놀랐다. 그녀는 디라키움 전쟁은 이미 끝났으며, 이제 카이사르를 뒤쫓는 일만 남았다고 들었기 때문이다.

코르넬리아에게 닥친 엄청난 불행을 전해야 했던 심부름꾼은 차마 인사말을 꺼내지도 못한 채 눈물을 흘렸다. 그러고는 겨우 폼페이우스 장군을 만나려면 서두르라고 하면서 폼페이우스에게 배는 한 척뿐이며 그것도 남의 배라고 덧붙였다.

이 말을 들은 코르넬리아는 그 자리에 쓰러져서 한참 동안 넋을 잃은 채 아무 말도 하지 못했다. 가까스로 정신을 차린 그녀는 눈물을 흘리면서 한탄이나 하고 있을 때가 아님을 깨닫고, 바닷가로 달려나갔다. 폼페이우스는 자기 앞에서 휘청거리며 쓰러지려는 아내를 붙잡아 안았다. 코르넬리아는 남편의 두 팔에 안긴 채 말했다.

"이건 당신의 운명이 아니라 내 운명 탓이에요. 나와 결혼하기 전에는 함대 500척을 거느리고 바다를 누비고 다니시던 당신이, 이제는 작은 배 한 척에 운명을 의지하는 신세가 되셨군요. 이런 나를 왜 만나러 오셨어요? 당신은 이런 불행을 가져온 내가 천벌을 받도록 왜 그냥 내버려 두지 않으세요? 첫 남편 푸블리우스가 파르티아에서 죽었다는 소식을 듣기 전에 내가 죽었더라면 얼마나 행복했을까요? 또 그 소식을 듣고 자살하려고 했을 때, 차라리 그냥 죽어버렸더라면 얼마나 현명한 여자라는 말을 들었겠어요? 내가 죽지 못하고 살아났기 때문에 폼페이우스 마그누스에게 불행이 닥친 거예요."

코르넬리아의 말이 끝나자 폼페이우스가 대답했다.

"코르넬리아, 당신은 지금까지 불운이 무엇인지 모르고 살아왔소. 게다가 내가 오랫동안 행운만 누리고 살아왔기에 당신도 깨닫지 못했던 거요. 어차피 우리 인간은 누구나 죽을 운명을 타고 났소. 그러니 우리는 이 뒤바뀐 운명을 참아내야만 하오. 그리고 다시 한 번 도전해 봅시다. 저 행복에서 이 불행 속으로 뛰어들고 말았으니, 다시 한 번 이 불행에서 저 행복으로 가는 꿈도 꾸어볼 수 있지 않겠소?"

코르넬리아는 시내로 사람을 보내어 재물을 실어왔다. 시민들은 폼페이우스를 맞으러 나와 그에게 시내에 들어오라고 간청했지만 폼페이우스는 받아들이지 않았다. 대신 시민들에게 카이사르는 너그럽고 인정이 많은 사람이니 그를 따르라고 간곡히 권했다.

하지만 폼페이우스는 그를 만나러 시내에서 나온 철학자 크라티푸스와 신의 뜻에 대해 말하면서, 자신의 신세를 한탄했다. 크라티푸스는 폼페이우스의 말을 반박하지 않으면서도 그가 희망을 갖도록 격려의 말을 했다. 그러나 폼페이우스가 신의 뜻에 대해 회의적인 말을 하자, 크라티푸스는 로마가 정치적 혼란기를 맞고 있기 때문에 독재정치가 필요하다고 말했다. 그리고 폼페이우스에게 이렇게 물었다.

"폼페이우스! 만약 당신이 승리했다면, 당신이 그 행운을 카이사르보다 더 훌륭하게 사용했을 거라고 무엇으로 우리를 믿게 할 수 있겠습니까? 우리는 오직 신의 뜻을 그대로 따를 수밖에 없는 것입니다."

폼페이우스는 아내와 친구들을 데리고 출항했다. 그리고 식량과 물을 구할 때 말고는 어느 항구에도 내리지 않았다. 그들이 처음 도착한 곳은 팜필리아의 아탈레이아 시였다. 여기에 며칠 머무는 동안 킬리키아에서 몇 척의 군함이 모였고, 병사들과 60명 정도의 의원이 모여들었다. 그는 이곳에서 자신의 함대가 아직 남아 있으며, 카토가 군대를 모아 리비아로 건너가고 있다는 소식을 들었다. 그는 그제야 자신이 큰 실수를 했음을 깨닫고, 훨씬 강한 해군을 이용하지 않고 어리석게도 육군만 내세웠던 자신을 원망했다. 그가 자신의 함대와 연락하여 그 근처에 머물게 했었다면, 육지에서 패배했다 하더라도 바다에서 다시 충분한 병력을 거느리고 전투를 벌일 수 있었으리라.

실제로 해군이 도울 수 없는 먼 곳에서 전투를 벌인 게 폼페이우스의 가장 큰 실책이었으며, 카이사르에게는 매우 탁월한 전술이었다. 그러나 이제는 그런 실수를 탓하고만 있을 때가 아니었다. 현재 상황을 재빨리 판단하여 계획을 세워야 했다. 그는 도시마다 사람을 보내 군자금과 병력을 모으게 하고, 자신도 도움 청할 곳을 찾아다녔다. 전쟁 준비를 갖추기 전에 적군에게 공격받게 된다면 큰일이기에 당분간 안전한 피난처를 구하기로 했다.

로마는 어디에도 안전한 곳이 없었다. 폼페이우스는 파르티아가 자신을 받아주고 지원군을 보태줄 가장 적당한 곳이라고 생각했다. 그러나 리비아와 유바 왕에게 가는 것이 좋다고 말하는 사람도 있었다. 레스보스 섬 태생인 테오파네스는 아이귑토스는 여기서 배로 사흘이면 갈 수 있고, 프톨레마이오스 왕은 아직 젊지만 폼페이우스 장군이 자기 아버지에게 베푼 은혜를 고마워하고 있는데, 이런 아이귑토스를 놔두고 배반을 쉽게 하는 파르티아 사람들에게 운명을 맡긴다면 차라리 폼페이우스의 친척이라는 이유로 카이사르에게 관용을 구하는 편이 더 나을 거라고 주장했다. 한때 사돈이었던 로마 사람 아래로 들어가는 것은 거부하면서, 크라수스조차 아르사케스에게는 머리를 숙이지 않았는데 도대체 왜 그에게 고개 숙이며 운명을 맡기려는 것인지도 물었다. 그는 또한 스키피오 가문 출신인 젊은 아내를 야만족들 가운데 둔다는 것은 다시 생각해 보아야 한다고 말하면서, 그들은 탐욕스럽고 자기들이 대단한 종족이라도 되는 듯 오만하게 굴고 있으며 그들에게 가는 것이 코르넬리아에게 매우 위험할 수 있다고 경고했다.

이 이야기는 에우프라테스 강으로 가려던 폼페이우스의 생각을 돌릴 수 있을 만큼 충분한 설득력이 있었다고 역사가들은 말한다.

아이귑토스로 가기로 결정되자, 폼페이우스는 아내와 함께 셀레우케이아의 배를 타고 키프로스 섬에서 떠났다. 다른 부대는 군선과 상선에 나누어 탄 채 폼페이우스와 나란히 바다를 건넜다. 바로 그때 프톨레마이오스 왕은 펠루시움 시에 군대를 끌고 가, 누이 클레오파트라와 싸우던 중이었다. 폼페이우스는 이 소식을 듣고 뱃머리를 펠루시움으로 돌렸다. 그는 사절을 보내서 미리 보호를 요청했다.

프톨레마이오스는 아직 어렸기 때문에, 정부 관리들을 불러모은 것은 행정권을 쥐고 있던 포티누스였다. 그는 폼페이우스를 받아들여야 하는지 의견을 듣기 위해 회의를 소집했다. 그러나 참석한 사람들은 내시인 포티누스, 수사학 선생인 키오스 사람 테오도투스, 아이귑토스 사람 아킬라스 정도였다. 폼페이우스 마그누스의 운명이 이런 사람들에게 맡겨졌다는 사실은 매우 서글픈 일이었다. 카이사르의 보호 아래 들어가는 것을 수치로 여긴 폼페이우스는 해안에서 멀찌감치 떨어져 닻을 내린 채, 파도에 흔들리며 회의가 끝날 때까지 기다려야 했다. 그들은 여러 갈래로 의견이 나뉘었다. 폼페이우스를 쫓아버려야 한다는 의견도, 그를 받아들여야 한다는 의견도 있었다. 테오도투스는 한껏 말재주를 부리며 두 방법 모두 안전하지 않다고 주장했다. 만약 폼페이우스를 받아들인다면 카이사르와 적이 되고, 폼페이우스를 섬겨야 한다. 하지만 그를 쫓아낸다면 폼페이우스에게는 비난받고, 카이사르에게는 그를 놓쳐 버렸다는 분노를 사게 될 것이다. 그러므로 가장 좋은 방법은 그를 받아들인 다음 죽여 버리는 것이다. 이 방법은 한쪽을 만족시키면서 다른 한쪽에 대한 두려움을 없앨 수 있기 때문이다. 이것이 테오도투스의 논리였다. 그는 웃음 띤 얼굴로, 죽은 사람은 묻지 않는다고 덧붙였다.

이 일은 아킬라스가 맡기로 했다. 아킬라스는 전에 폼페이우스 밑에서 지휘관으로 있던 셉티미우스, 백인대장인 살비우스, 그리고 수행원 서너 명을 거느리고 폼페이우스가 탄 배로 갔다. 폼페이우스와 그 일행은 결정을 듣기 위해 폼페이우스의 배로 모여들었다. 테오파네스가 기대했던 것과 달리, 성대한 환영은커녕 겨우 몇 명이 고깃배를 타고 오는 것을 보자 폼페이우스 일행은 뭔가 흉계가 있을 거라 생각하고 폼페이우스에게 저들이 여기까지 오기 전에 어서 이곳을 떠나는 게 좋겠다고 말했다.

그러나 그들은 이미 가까이 오고 있었다. 셉티미우스가 먼저 일어나더니 라틴어로 '대장군'이라고 부르며 인사를 했다. 다음에는 아킬라스가 일어나서 헬라스 말로 인사하고는 폼페이우스에게 이 배에 타라고 권하며, 여기는 바닷물이 얕아서 무거운 군선으로는 뭍에 오를 수 없다고 설명했다.

군대를 실은 아이귑토스 왕의 군선들이 해안에 늘어서 있었다. 폼페이우스는 이제 와 도망쳤다가는 도리어 자신을 죽일 핑계를 저들에게 마련해 줄 뿐이라 생각하고 코르넬리아에게 작별 인사를 했다. 그녀는 폼페이우스의 죽음을 예감하고 서럽게 울었다. 폼페이우스는 백인대장 두 사람, 해방 노예 필리푸스, 노예 시키테스를 아이귑토스 사람의 배에 먼저 태웠다.

폼페이우스는 아들과 아내 쪽을 돌아보고 손을 흔들며 소포클레스의 시를 되풀이해서 읊었다.

독재자에게 가는 이들은
자유인이라 하여도 노예가 되어버리지.

이 말을 마지막으로 그는 배에 올랐다. 육지까지는 꽤 먼 거리였지만 가는 동안 폼페이우스에게 따뜻한 말을 건네는 사람은 아무도 없었다. 폼페이우스가 셉티미우스에게 물었다.

"내 기억이 맞다면 그대는 나의 옛 동료가 아니었던가?"

셉티미우스는 고개만 끄덕이고 아무 말도 하지 않았다. 다시 무거운 침묵이 흘렀다. 폼페이우스는 프톨레마이오스에게 하려고 헬라스 말로 준비한 글을 꺼내 읽기 시작했다. 코르넬리아는 육지 가까이에서, 불안한 듯 일행과 함께 폼페이우스가 탄 배를 지켜보고 있었다. 왕의 측근들이 그를 맞으려는 듯 육지에서 모여들자 그녀는 어느 정도 희망을 갖게 되었다.

그런데 폼페이우스가 필리푸스의 손을 잡고 일어서려는 순간 셉티미우스의 칼이 그의 등을 찔렀다. 이어서 살비우스와 아킬라스가 칼을 뽑았다. 폼페이우스는 두 손으로 자기 옷자락을 들어 얼굴을 묻고는 꼼짝도 하지 않았다. 그는 위엄을 잃을 만한 어떠한 말도 행동도 하지 않았다. 그는 낮은 신음 소리만 냈을 뿐이었다. 60세 생일을 보낸 다음 날, 폼페이우스는 이렇게 숨을 거두었다.

멀리서 이 광경을 지켜보던 코르넬리아는 해안에까지 들릴 만큼 큰 소리로 비명을 질렀다. 배에 탔던 사람들은 곧 닻을 올리고 바다 쪽으로 달아났다. 때마침 불어온 강한 바람이 그들을 도와주었다. 아이귑토스 사람들이 그들을 추격하려다 포기하고 되돌아섰던 것이다.

셉티미우스 일행은 폼페이우스의 머리를 자른 뒤 몸은 내던졌다. 그의 몸은 머리도 없이 벌거벗겨진 채 해안에서 사람들의 구경거리가 되었다. 필리푸스는 사람들이 갈 때까지 기다렸다가 주인의 시신을 바닷물에 씻은 뒤 자기 외투로 고이 쌌다. 그리고는 시체를 화장하기 위해 부서진 고깃배 조각들을 모아 쌓고 있는데 한 노인이 다가왔다. 그는 젊었을 때 폼페이우스 군대에 있었던 사람이었다. 노인이 필리푸스에게 물었다.

"폼페이우스 마그누스의 장례를 준비하는 당신은 누구요?"

필리푸스는 울먹이며 자기는 해방 노예라고 대답했다.

"이 훌륭한 일을 혼자서만 하지 말고, 나도 도울 수 있게 해주오. 낯선 이국 땅을 떠돌다가 마침내 이런 영광을 만나게 된 것이라 생각하겠소. 로마가 낳은 가장 뛰어난 장군을 내 손으로 만져보고 마지막까지 섬기고 싶소."

폼페이우스의 장례는 이렇게 치러졌다.

다음 날 키프로스를 떠나온 루키우스 렌툴루스는 이런 사실을 몰랐다. 그는 배를 타고 이 해안을 지나가다, 잿더미 곁에 서 있는 필리푸스를 보고 다가갔다.

"여기서 최후를 마친 분은 누구요?"

잠시 뒤 렌툴루스는 깊은 한숨과 함께 이렇게 외쳤다.

"아마도 당신은…… 아! 폼페이우스 마그누스!"

그러나 그도 이곳에서 발각되어 곧 죽임을 당했다.

얼마 뒤 카이사르는 이 무참한 죄로 더럽혀진 아이귑토스 땅에 닿았다. 그는 한 아이귑토스 사람이 폼페이우스의 머리를 가져오자, 마치 그가 살인자라도 되는 것처럼 고개를 돌려버렸다. 그리고 사자 한 마리가 칼을 잡고 있는 모습을 새긴 폼페이우스의 도장을 받고서는 하염없이 눈물을 흘렸다.

카이사르는 아킬라스와 포티누스를 잡아 사형시켰다. 그리고 프톨레마이오스 왕은 전쟁에서 패배한 뒤 닐루스 강가로 모습을 감추었다. 수사학자 테오도투스는 용케 아이귑토스에서 도망쳤으나, 사람들의 미움을 받으며 초라한 신세로 이곳저곳을 헤매고 다녔다. 그리고 뒷날 카이사르를 죽인 마르쿠스 브루투스는 아시아에서 테오도투스를 발견하고는 온갖 모욕을 준 뒤에 그를 죽였다.

폼페이우스의 시신을 태운 재는 코르넬리아의 손에 의해 알바의 별장에 묻혔다.

아게실라우스와 폼페이우스의 비교

앞에서 두 사람의 생애에 대해 알아보았으므로, 이제는 그들을 비교하여 서로 다른 점들을 살펴보기로 한다.

첫째, 폼페이우스는 모든 영광과 권세를 가장 공정하고 합법적인 방법으로 얻었다. 그의 출세는 모두 자신이 노력한 결과로서, 이탈리아를 독재자로부터 해방시키기 위해 술라를 도운 일에서부터 시작되었다. 그러나 아게실라우스는 인간과 신의 뜻을 모독하면서까지 스파르타 왕좌를 차지했다. 그는 자신의 형인 아기스 왕이 레오티키데스를 정식 아들이라고 인정했음에도 조카가 사생아라는 사실을 세상에 밝혔으며, 절름발이에 대한 신탁도 자기에게 이롭게 거짓으로 해석했다.

둘째, 폼페이우스는 경쟁자였던 술라가 살아 있는 동안 늘 그에게 존경을 나타냈으며, 죽은 뒤에는 레피두스의 반대를 무릅쓰고 술라의 장례를 그의 명예에 걸맞게 치러주었다. 또 그의 딸을 자기 아들 파우스투스와 결혼시켰다. 이와 달리 아게실라우스는 작은 이유로 리산드로스에게 모욕을 주고 추방시켜 버렸다. 술라는 폼페이우스에게 해준 만큼 돌려받았으나, 리산드로스는 아게실라우스를 스파르타의 왕으로, 또 헬라스 전체 총사령관에까지 오르도록 도와주고도 그런 혹독한 대가를 받은 것이다.

셋째, 폼페이우스가 정치 생활에서 과오를 범한 것은 주로 다른 사람을 도우려다가 일어난 것이었다. 그 대부분은 자기 자신뿐만 아니라 그의 장인인 스키피오와 카이사르와도 관계가 있었다. 그러나 아게실라우스는 스포드리아스가 사형을 당할 만한 나쁜 짓을 아테나이 시민에게 했는데도, 아들의 부탁으로 목숨을 구해주었다. 또 포이비다스가 테바이와의 평화조약을 깨뜨렸을 때, 옳지 않은 행위임을 알면서도 적극적으로 도왔다. 폼페이우스는 친구들의 요청 때문에, 또는 상황을 제대로 판단하지 못하여 로마를 궁지로 몰아넣었지만, 아게실라우스는 자신의 아집과 호전적인 근성 때문에 스파르타를 전쟁의 불길로 몰아넣었다.

실제로 이 두 사람이 만들어 낸 재앙들은 그들에게 닥쳐온 불운 탓으로 돌릴 수 있을 것이다. 로마 시민들은 그것을 예측할 능력이 없었으나, 스파르타 시민들은 적어도 '절름발이 왕'을 조심하라는 신탁을 알고 있었기에 아게실라우스가 가져올 재앙을 미리 피할 수도 있었다. 비록 레오티키데스가 사생아라는 사실이 1000번 증명되었다 해도, 에우리폰 왕가의 피는 그 안에 흐르고 있었다. 또 만일 리산드로스가 신탁을 거짓으로 해석해 주지만 않았다면, 스파르타는 합법적이고 굳건한 왕을 세울 수 있었으리라.

시민들이 레우크트라 전투에서 참패하고 살아 돌아온 비겁한 자들의 처리 문제로 고심하고 있을 때, 하루만 법률을 잠재우자고 제안한 아게실라우스의 슬기와 정치적 수완은 폼페이우스한테서는 찾아볼 수 없는 것이었다. 폼페이우스는 자기가 제정한 법을 친구들이 어겼을 때에도 죄로 생각하지 않았다. 이런 사실로 보아, 그의 우정과 권세가 얼마나 대단한 것이었는지 짐작할 수 있다. 아게실라우스는 법률을 깨뜨리지 않으면 시민들을 구할 수 없는 상황에 내몰리자, 시민들도 구하고 법률도 지키는 지혜로운 방법을 찾아냈다.

또 아게실라우스는 스파르타로 돌아오라는 명령을 받았을 때, 조금도 망설임 없이 아시아 원정을 포기하고 조국으로 돌아왔다. 이는 그의 준법정신을 보여주는 것으로, 높이 평가할 만한 행동이었다. 왜냐하면 그도 폼페이우스처럼 나라의 이익과 자신의 명성을 동시에 지킬 수 있었지만, 오직 나라의 이익만을 선택했기 때문이다. 이것은 알렉산드로스 말고는 어디서도 찾아볼 수 없는, 명성과 권력 앞에서도 굴하지 않는 훌륭한 행동이었다. 그러나 다른 관점에서 보면, 폼페이우스가 거둔 군사적 업적과 전리품과 수많은 승리의 영광들은 아게실라우스와는 비교도 할 수 없는 것들이었다. 그렇기에 크세노폰도 이 사실을 인정할 수밖에 없었을 것이다.

적을 대하는 태도에서도 둘은 큰 차이가 있었다. 아게실라우스는 테바이가 자기 왕가의 고향이었지만 그곳 시민들을 노예로 팔았으며, 메세니아가 동맹국이었음에도 그곳 사람들을 제 나라에서 쫓아버리려 했다. 이 때문에 그는 스파르타를 멸망으로 몰아갔고, 스파르타의 대외적 지배권까지 완전히 잃어버렸다.

그러나 폼페이우스는 해적 생활을 더 이상 하지 않겠다는 해적들에게 도시를 내어주며 바르게 살 수 있도록 기반을 마련해 주었다. 아르메니아의 왕 티그라네스를 잡았을 때에도 개선식에 끌고 나가지 않고, 오히려 그를 동맹자로 삼았다. 그리고 티그라네스 왕에게 하루의 영광보다 앞으로 오래도록 누릴 영광을 선택했노라 말했다.

"하루의 영광을 버리고 대신 나라에 보탬이 될 일을 선택하겠소."

만일 장군으로서 영광이 주로 미덕과 능력에 있다면, 전쟁에서 보여준 주요한 행동과 전략들을 잘 살펴볼 필요가 있다. 이런 점에서는, 스파르타의 아게실라우스가 로마의 폼페이우스보다 훨씬 뛰어났다. 아게실라우스는 7만 명이나 되는 적의 공격을 받았을 때에도 결코 도시를 포기하지 않았다. 또 레우크트라 전투에서 크게 패해 사기가 꺾인 병사들을 이끌고 끝까지 그 성을 지켜냈다. 그러나 폼페이우스는, 겨우 5300명에 지나지 않는 군대를 끌고 온 카이사르가 이탈리아 작은 도시 한 군데를 점령했다는 소식을 듣고 허둥지둥 로마를 떠나버렸다. 적의 숫자가 적은 사실을 알고도 그렇게 했다면 굴복한 것이고, 더 많다고 생각했다면 잘못 판단한 것이리라.

폼페이우스는 아내와 자식들은 멀리 피난시켰지만, 자기를 믿고 따르던 시민들에게는 아무 조치도 취해주지 않고 도망쳤다. 그는 나라를 지키기 위해 카이사르와 끝까지 싸우거나, 아니면 동포이자 친척인 그와 평화협정을 맺었어야 했다. 그러나 카이사르가 통치 기간을 연장하고 다시 한 번 집정관이 되겠다는 제안조차 받아들이지 않았다. 이 때문에 카이사르는 로마를 점령하여, 메텔루스를 비롯한 모든 시민을 포로로 만들었던 것이다.

장군의 임무는 아군이 우세할 때에는 적을 싸움에 끌어들이고, 아군이 약할 때에는 전투를 피하는 것이다. 그런 면에서 아게실라우스는 뛰어난 능력을 보여주었다. 그의 남다른 역량 덕택에 그의 군대는 단 한 번도 패하지 않았다.

그러나 폼페이우스는 카이사르보다 훨씬 우수한 군대를 가지고 있었으면서도 위험을 피하려고만 했고, 적이 바라던 대로 모든 힘을 육군에게만 쏟아부었다. 이 때문에 재산과 군수품과 진지를 모두 적에게 빼앗기고, 마침내 해상권까지 잃어버리고 말았다.

폼페이우스가 자신에 대해 변명하려 든다면, 그 같은 지위와 능력을 가진 장군에게는 가장 큰 모욕이 될 것이다. 젊은 장군이 주위의 비난 때문에 자신의 계획을 포기한다면, 그것은 자연스러운 일이고 용서받을 수 있는 일이다. 그러나 로마 사람들이 그의 진영을 조국이라 부르고, 로마 집정관이나 법무관을 반역자라고 부르며, 자기 막사를 원로원이라고 부르게 한 대폼페이우스는, 한 번도 남의 지휘를 받지 않고 늘 총사령관 자리에 있었음에도 한낱 파보니우스와 도미티우스 같은 인물들의 비웃음과 아가멤논이라는 조롱을 듣지 않기 위해 로마 제국 전체와 자기 목숨까지 내놓는 길을 선택했다. 이것은 참으로 상상하기 어려운 일이다.

그런 비웃음이 그토록 듣기에 괴롭고 자신의 명예가 그리도 소중했다면, 그는 처음부터 무기를 들고 로마를 위해 싸워야 했다. 또 그가 테미스토클레스의 교묘한 전술을 쓰려고 했던 것이라면, 테살리아에서 수치스러운 나날을 보낸 것에 대해서 부끄러워했어야 했다.

파르살리아 평원은 그가 카이사르와 로마 제국의 패권을 다투는 전쟁터로 쓰라고 하늘이 정해준 곳이 아니었다. 또 어떤 전령이 와서 결투를 벌이라고 명령하거나, 그들의 패배를 예언한 것도 아니었다. 해상권을 장악하고 있었기에 그가 갈 수 있는 평원은 이곳 말고도 수천 개나 있었고, 그가 함대를 이끌고 나아갈 수 있는 도시도 수없이 많았다. 그가 파비우스 막시무스, 마리우스, 루쿨루스, 아게실라우스 등의 전례를 따르기만 했어도 그토록 많은 평원과 수많은 도시와 세계 어느 곳이든지 나아갈 수 있었으리라.

스파르타에 쳐들어온 테바이군이 계속해서 싸움을 걸어오고 스파르타 시민들도 로마 시민들 못지않게 비난했지만, 아게실라우스는 이것들을 모두 참고 견뎠다. 아이귑토스에 있을 때에도 참을 수 없는 비난과 욕설을 듣고 의심까지 받았지만, 그는 모두 참아냈다. 그러고 나서 아게실라우스는 자기 판단을 끝까지 지켜냄으로써 마침내 아이귑토스를 구했다.

또 그는 절망적 위기에 빠진 스파르타를 혼자만의 노력으로 파멸로부터 건져냈을 뿐 아니라, 테바이를 정복하여 그곳에 전승 기념비까지 세웠다. 이렇게 그가 스파르타 시민들에게 승리의 영광을 안겨줄 수 있었던 까닭은, 시민들이 테바이와 싸우라고 강요했을 때에도 흔들림 없이 자기 생각을 지켜나갔기 때문이다. 만약 그들을 이끌고 성에서 나와 싸웠다면 온 국민을 파멸에 빠뜨렸을 것이다. 그렇기 때문에 시민들은 아게실라우스가 자신들을 구해냈다는 사실을 깨닫게 된 순간부터, 자기들이 억압했던 사람에게 아낌없는 찬사와 존경의 마음을 드러냈다. 그러나 폼페이우스는 친구를 위해 잘못을 저질렀고, 나중에 그 친구들로부터 비난받았다.

어떤 이야기로는, 그가 장인인 스키피오에게 속았다고도 한다. 스키피오는 폼페이우스가 아시아에서 가져온 재물들을 독차지하려고, 군자금이 바닥났으니 전쟁을 권했다는 것이다. 하지만 그가 속았다고 하더라도 비난을 피할 수는 없다. 왜냐하면 그는 높은 지위에 있는 인물로서, 그런 사소한 속임수에 넘어가 전쟁을 시작해서는 안 되었기 때문이다.

이렇게 우리는 두 사람의 전쟁 업적과 지휘력과 성격을 비교하면서 그들의 장단점을 살펴보았다.

마지막으로 그들이 아이큅토스로 간 이유를 적어보자. 둘은 모두 아이큅토스를 항해했는데, 폼페이우스는 목숨을 건지기 위해 할 수 없이 그곳으로 갔다. 그러나 아게실라우스는 보수를 받는 야만족 장군으로 고용되어 갔는데, 이렇게 번 돈으로 뒷날 동족인 헬라스 사람들과 함께 싸우기 위해서였다. 우리는 폼페이우스를 처참하게 죽인 아이큅토스 사람들의 행동을 비난한다. 하지만 아이큅토스 사람들은 자신들에 대한 아게실라우스의 배신 행위에 대해서 똑같이 비난할 여지를 갖는다. 폼페이우스는 자기가 믿은 아이큅토스 사람의 배신으로 살해당했지만, 아게실라우스는 자기에게 도움을 청한 아이큅토스 사람들을 배반하고서 적과 손잡고 아이큅토스 사람들을 공격했기 때문이다.

알렉산드로스(ALEXANDROS)

알렉산드로스 대왕의 업적과 폼페이우스를 무너뜨린 카이사르의 삶을 기록하기에 앞서 먼저 독자들의 이해를 구하고자 한다. 이 책에서는 그들이 이룩한 위대한 업적과 세상에 남겨놓은 발자취를 빠짐없이 담아내기보다는 가장 많이 세상에 알려진 이야기들을 써 나가려 한다. 이 글은 인류의 역사를 기록하는 것이 아닌, 한 시대를 주름잡았던 개인의 전기로서, 위대한 업적이나 큰 전쟁으로만 영웅의 됨됨이를 알 수 있는 것이 아님을 말하려 한다. 오히려 어떤 보잘것없는 사건이나 무심코 내뱉은 말 한 마디나 농담이, 그가 벌였던 피로 얼룩진 전투나 막대한 병력이나 가장 중요한 포위 작전보다 더 뚜렷하게 그의 성격을 잘 드러낼 수 있기 때문이다.

화가들이 초상화를 그릴 때 성격의 특징을 나타내는 얼굴과 눈을 자세하게 그리고 팔다리 같은 다른 신체 부분은 거의 고려하지 않듯이, 나 또한 영웅의 행동을 상세하게 다룸으로써 그들의 생애에 대한 초상화를 그려내고자 한다. 그 밖에 위대한 업적이나 큰 승리는 역사가들의 몫으로 남겨두겠다.

역사가들의 공통된 의견에 따르면 알렉산드로스 아버지의 혈통은 헤라클레스 후예 카라누스로부터, 어머니계는 아이아쿠스 후예 네오프톨레모스로부터 내려온다. 알렉산드로스의 아버지 필리포스는 젊었을 때 사모트라키아 섬에서 열린 종교의식에 참석했다가 부모를 일찍 여읜 올림피아스를 만나 사랑에 빠졌다. 필리포스는 그녀의 오빠 아림바스를 설득하여 그녀와의 결혼을 허락받

왔다.

그런데 결혼식 전날 밤 신부는 이상한 꿈을 꾸었다. 벼락이 배에 떨어져 불이 붙더니 큰 불꽃들이 여러 방향으로 퍼지다가 사라지는 꿈이었다. 결혼한 뒤에는 필리포스가 꿈을 꾸었다. 그가 아내의 몸에 사자 형상을 봉인하는 꿈이었다. 점술가들은 꿈 이야기를 듣고는 그에게 아내를 조심하라고 충고했다. 그러나 텔메수스의 아리스탄드로스는, 사람이란 안이 비어 있는 것에 봉인을 하지 않는 법이라며, 그의 아내가 사자처럼 용맹한 왕자를 잉태하는 꿈이라고 말했다.

얼마 뒤 필리포스 왕은 잠이 든 왕비 옆에 큰 구렁이 한 마리가 누워 있는 광경을 보았는데, 이때 아내에 대한 애정이 사라져서 그 뒤로는 그녀를 가까이 하지 않았다. 아내가 마법이라도 걸까봐 두려워했는지, 아니면 아내가 어떤 신적인 대상과 통했다고 믿은 것인지는 알려지지 않는다.

또 다른 이야기에 따르면, 마케도니아 여자들은 오르페우스 또는 디오니소스 같은 신을 광적으로 섬기며 제를 지냈다고 한다. 그들은 하이무스 산기슭에 사는 에도니아와 트라키아 여자들이 치르는, '클로도네스'나 '미말로네스' 같은 종교의식을 똑같이 행하곤 했다. 그래서 광신적인 숭배 의식을 뜻하는 '트레스케우에인'이 트라키아라는 말에서 비롯되었다고도 한다. 그런데 올림피아스 또한 이 황홀한 의식에 빠져 있었고, 동방 사람들처럼 행사에 큰 구렁이를 이용했다. 이 구렁이들이 여자들 머리에 두른 담쟁이덩굴이나 바구니 속에서 꿈틀거리며 기어나오는 것을 보고 남자들은 깜짝 놀랐다.

그 뒤로, 필리포스는 메갈로폴리스 태생인 카이론을 델포이 아폴론 신전에 보내 신탁을 물어보았다. 그러자 이런 신탁이 내려왔다.

"필리포스는 암몬 신께 제물을 바치고 그 신을 정성껏 섬기어야 한다. 그리고 암몬 신이 구렁이로 변하여 왕비와 함께 누워 있는 것을 문틈으로 보았으니, 필리포스는 뒷날 한쪽 눈을 잃게 될 것이다."

역사가 에라토스테네스에 따르면, 알렉산드로스가 첫 원정 길에 오를 때 올림피아스가 그의 탄생 비밀을 밝히면서, 신의 아들다운 업적을 떨치라고 당부했다고 한다. 또 다른 이야기에 따르면, 올림피아스는 그런 일들을 모두 부정하면서 늘 이렇게 말했다고 한다.

"알렉산드로스 때문에 생긴 헤라의 질투심에서 언제쯤 벗어나 자유로울 수 있을까?"

알렉산드로스는 마케도니아 사람들이 로우스라고 부르는 헤카톰바이온 달 6일에 태어났다. 그런데 바로 그날 에페수스의 아르테미스 여신이 불에 타 없어졌다. 이때 마그네시아의 헤게시아스가 어처구니없는 농담을 했다. 이 신전 주인인 아르테미스가 알렉산드로스를 받으러 간 사이에 신전이 불타버렸다고 말한 것이다. 에페수스에 와 있던 페르시아 예언자들은 이 화재가 무서운 재난의 전조라 여기고, 머리를 헝클어뜨린 채 길거리를 뛰어다니면서 아시아를 멸망시킬 사람이 태어났다고 크게 외쳤다.

바로 그때 포티다이아 시를 공략한 부왕 필리포스는 기쁜 소식을 한꺼번에 셋이나 받았다. 하나는 파르메니온이 일리리아군을 크게 물리쳤다는 것, 또 하나는 왕의 경주마가 올림피아 경기에서 우승했다는 것, 그리고 나머지 하나는 아들 알렉산드로스가 태어났다는 소식이었다. 뿐만 아니라 두 가지 좋은 일과 함께 태어난 왕자는 그 누구도 쓰러뜨리지 못할 강한 인물이 되리라는 예언자들의 말은 그를 더욱 기쁘게 했다.

알렉산드로스의 모습은 리시푸스가 만든 조각상을 보면 잘 알 수 있다. 알렉산드로스는 오직 이 사람에게만 자신의 조각상을 만들게 했다. 이 조각상에는 뒷날 그의 후계자와 친구들이 흉내낸 알렉산드로스의 특징적인 모습, 이를테면 머리를 왼쪽으로 조금 기울인 모습이라든지 날카로운 눈매가 아주 정확하게 표현되어 있다. 그러나 알렉산드로스가 벼락을 들고 있는 초상화를 그린 아펠레스는, 그의 얼굴을 실제보다 좀 어둡고 거무스름하게 그려놓았다.

사실 알렉산드로스는 살결이 유난히 흰 데다 얼굴과 가슴은 붉은빛을 띠고 있었다고 한다. 또한 아리스토크세누스의 기록에는, 알렉산드로스의 몸에서는 좋은 냄새가 났으며 옷과 숨결에도 달콤한 향기가 배어 있었다고 적혀 있다. 아마도 그것은 알렉산드로스의 체질이 따뜻하여 불과 같았기 때문이리라. 테오프라스투스에 따르면, 모든 향기는 열이 습기에 작용하여 증발하면서 생기는 것이다. 따라서 좋은 향료는 가장 메마르고 더운 지역에서 나온다. 물질을 썩게 하는 습기를 태양열이 증발시키기 때문이다.

알렉산드로스가 술을 좋아하고 성질이 불같았던 것도 모두 뜨거운 체질 탓이었던 듯하다. 하지만 어릴 때부터 그는 엄청난 자제력을 보여주었는데, 급하고 열정적인 성격임에도 육체의 감각적 쾌락을 가까이하지는 않았다. 또한 공명심이 강하여 나이에 비해 신중하고 기품 있었다.

부왕인 필리포스는 웅변이 뛰어나고 올림피아 전차 경주에서 승리를 얻어 그 사실을 기념하여 화폐에 새기기도 했지만, 알렉산드로스에게 그쯤은 대단한 것이 아니었다. 언젠가 친구들이 달리기를 잘하는 그에게 올림피아 경기에 나가보라고 했을 때에도 그는 이렇게 말했다.

"만일 다른 나라 왕들을 상대로 하는 경주라면 나가보지."

그는 운동경기에는 그다지 관심을 두지 않았던 것 같다. 이따금 연극배우나 피리나 하프 연주자 또는 음유시인에게 상을 주며 재주를 겨루게 하고, 사냥이나 무술 시합도 즐겼다. 그러나 권투나 레슬링에는 통 관심이 없었다.

부왕이 나라에 없을 때 알렉산드로스가 페르시아 사신들을 접견한 일이 있었다. 어린아이였음에도 그는 소년다운 질문은 전혀 하지 않았다. 그는 바다에서 페르시아 내륙까지는 거리가 얼마나 되며 그 여정은 어떠한가, 페르시아 왕은 어떤 사람이고 전쟁을 할 때 어떤 태도를 보이는가, 페르시아 제국의 자원과 군사력은 어느 정도인가 하는 질문들을 했다. 사신들은 그의 신중하고도 왕자다운 태도에 감탄했으며, 필리포스 왕이 지혜롭기로 유명하다지만 왕자의 열의와 포부에 비하면 아무것도 아니라고 생각했다.

또한 알렉산드로스는 부왕이 어느 중요한 도시를 점령했다거나 큰 승리를 거두었다는 소식을 들을 때에도 기뻐하기는커녕, 오히려 이렇게 투덜대었다.

"이렇게 아버지 혼자 다 하시니, 우리는 어떻게 전공을 세우지?"

쾌락과 돈보다 영광과 명예를 갈망했던 그는, 부왕이 정복하는 땅이 많아질수록 자기 땅이 적어진다며 안타까워했다. 그는 편안하고 호화로운 삶이 보장되는 평화롭고 번영된 나라를 물려받고 싶지 않았다. 오히려 수많은 외적을 가진 나라의 왕위를 물려받아 전쟁과 모험을 하면서 그 땅을 다스리고 싶었으리라.

알렉산드로스는 시종과 스승들에게 교육을 받았다. 그 스승들 가운데 가장 우두머리는 올림피아스의 친척 레오니다스였다. 그는 매우 엄격한 사람으로 알려졌는데, 고결한 성격과 알렉산드로스와의 친척 관계 때문에 사람들은 모두 그를 '왕의 스승'이라 불렀다.

실제로 왕의 스승이었던 사람은 아카르나니아 태생인 리시마쿠스였다. 그는 그리 뛰어난 집안의 사람은 아니었지만 자신을 포이닉스, 알렉산드로스를 아킬레우스, 필리포스를 펠레우스라고 부른 기발한 착상이 알렉산드로스의 마음에 들어 레오니다스 다음가는 위치를 차지하게 되었다.

테살리아 사람 필로네이쿠스가 자신의 명마 부케팔루스를 필리포스 왕에게 끌고 와서 13탈란톤에 팔겠다고 말했다. 필리포스는 말을 시험해 보려고 신하들과 함께 들로 나갔다. 말은 매우 사나워서 사람이 타려고만 하면 이리저리 날뛰었다. 필리포스는 쓸모도 없는 말이라면서 어서 끌고 나가라고 호통쳤다. 그러자 이를 지켜보던 알렉산드로스가 중얼거렸다.

"겁도 많고 말을 다룰 줄도 모르기 때문에 명마를 알아보지 못하는구나."

필리포스는 처음에는 알렉산드로스의 말을 못 들은 체했다. 그러나 알렉산드로스가 몇 번이나 이렇게 말하며 안타까워하자 그에게 물었다.

"마치 너는 네가 저 사람들보다 말을 더 잘 다룰 수 있거나 말에 대해 더 잘 아는 것처럼 나이 많은 저들을 비난하는구나."

알렉산드로스가 대답했다.

"이 말쯤은 더 잘 다룰 수 있습니다."

"만일 네가 저 말을 못 다룬다면 무엇으로 그 벌을 받겠느냐?"

부왕이 다시 묻자 알렉산드로스가 말했다.

"저 말 값을 치르겠습니다."

이 대답을 듣고 사람들은 모두 웃음을 터뜨렸다. 이렇게 해서 알렉산드로스와 필리포스 왕은 내기를 하게 되었다. 알렉산드로스는 곧 말에게 달려가 고삐를 잡더니 해를 향해 돌려세웠다. 말이 앞에 드리워진 시커먼 자기 그림자의 움직임을 보고 놀라 날뛰는 것이라 여겼기 때문이다. 말의 방향을 돌린 알렉산드로스는 손으로 등을 쓰다듬어 말을 달래었다. 그러자 말은 히힝거리던 소리를 그치고 잠잠해졌다. 알렉산드로스의 생각이 옳았다. 말은 제 그림자에 놀랐던 것이다.

알렉산드로스는 조용히 망토를 벗고 말 등에 가볍게 올라탔다. 채찍을 쓰지 않고 입이 아프지 않도록 고삐를 살살 잡아당기자 말은 그의 명령을 더는 거부하지 않았다. 알렉산드로스는 큰 소리로 호령하면서 두 발로 말의 옆구리를 힘차게 찼다. 알렉산드로스를 태우고 쏜살같이 달려가는 말을 보며 필리포스 왕과 신하들은 알렉산드로스가 다치거나 죽게 될까봐 두려움으로 숨소리도 내지 못한 채 바라보기만 했다. 그러나 잠시 뒤 알렉산드로스가 당당하고 늠름한 모습으로 말을 몰아 돌아오자 사람들은 모두 환호성을 질렀다. 필리포스 왕은 너무 기뻐서 눈물을 흘리며 알렉산드로스를 맞았다.

"아들아, 너에게 알맞은 왕국을 찾도록 해라. 마케도니아는 네게 너무나 좁구나."

그 뒤 필리포스 왕은 알렉산드로스가 이치에 맞는 일이라면 잘 따르지만, 강제로 시키는 일은 잘 따르려 하지 않는다는 사실을 깨달았다. 그래서 아들에게는 명령을 내리기보다 설득하려고 애썼다. 또 지금 가르치고 있는 선생들에게만 아들의 교육을 모두 맡길 수는 없다고 생각했다.

고삐를 단단히 조이고
힘차게 노를 저어 이끌어 가리.

소포클레스의 이런 시처럼, 아들에게는 체계적이고 실질적인 교육이 필요하다는 것을 필리포스 왕은 깨달았다. 그래서 그 시대 가장 이름 높은 철학자 아리스토텔레스를 알렉산드로스 스승으로 모셔와 깍듯이 성대하게 대접했다. 필리포스는 일찍이 아리스토텔레스의 고향인 스타게이라 시를 공략했는데, 그때 추방되거나 노예로 팔려간 사람들을 다시 도시로 불러들여 그들에게 자유를 주었다.

아들과 스승의 학문과 연구 장소로는 미에자 시 근처에 있는 님프들의 신전과 아름다운 숲을 정해주었는데, 그곳에는 아리스토텔레스가 즐겨 거닐었던 그늘진 산책로와, 그가 앉아서 쉬던 자리가 오늘날에도 그대로 남아 있다.

알렉산드로스는 아리스토텔레스로부터 도덕이나 교리뿐만 아니라, 구전(口傳) 또는 비전(秘典)이라 하여 일반인들에게는 공개하지 않은 더 심오한 교리들도 배웠던 듯하다. 알렉산드로스는 뒷날 아시아에 머물렀을 때 아리스토텔레스가 그런 교리들을 책으로 펴냈다는 소식을 듣고는, 그런 심오한 교리들을 일반인에게 공개한 것을 나무라는 듯한 편지를 보냈다.

아리스토텔레스 선생님께.
언제나 건강하시기를 빕니다. 선생님께서 친히 말씀으로만 가르치셔야 할 이론들을 책으로 발표하시다니, 우리가 배운 지식들을 모든 사람에게 공개해 버리시면 우리가 무엇으로 그들보다 위에 설 수 있겠습니까? 저는 다른 사람들보다 권력이 아니라 지식으로 더 뛰어나기를 바라기 때문에 이런 말씀을 드립니다. 안녕히 계십시오.

그리하여 아리스토텔레스는 알렉산드로스의 자부심을 다치게 하지 않으려고 자신을 변호했다. 그 지식들은 출간되었지만 아직 출간되지 않은 것과 같다고 했다. 형이상학이라는 책만 해도 자신에게 직접 가르침을 받지 않은 사람들은 아무리 읽어보아도 그 뜻을 이해할 수 없기 때문이라는 것이다.

알렉산드로스가 의술에도 깊은 관심을 갖게 된 까닭은 누구보다 아리스토텔레스의 영향이 컸다고 짐작된다. 알렉산드로스는 의술에 관련된 이론을 좋아했을 뿐만 아니라 친구들이 아플 때는 실제로 치료도 해주고 알맞은 음식을 적어 편지를 보내주기도 했다.

그는 천성적으로 학문과 책 읽기를 좋아했다. 오네시크리투스에 따르면, 알렉산드로스는 아리스토텔레스가 쓴 호메로스의 《일리아드》 교정판을 늘 끼고 다니면서 군사학의 보물 창고라 말하고, 잠을 잘 때에도 칼과 함께 베개 밑에 감춰두었다고 한다.

알렉산드로스는 아시아에 있을 때에도 《일리아드》 말고는 다른 책이 없다며, 하르팔루스에게 책을 보내달라 했다. 그래서 하르팔루스는 필리스투스의 역사책, 에우리피데스와 소포클레스와 아이스킬로스가 쓴 비극, 텔레스테스와 필로크세누스가 함께 작곡한 열정적인 찬가 등을 보냈다.

알렉산드로스는 처음에는 아버지보다 아리스토텔레스를 더욱 사랑하고 존경했다. 아버지는 생명을 주었지만 아리스토텔레스는 가치 있게 살아가는 방법을 가르쳐 주었기 때문이다. 그래서 뒷날 아리스토텔레스를 얼마간 의심하게 되었을 때에도 그에게 해를 입히지는 않았다. 다만 그전처럼 가까이 지내지는 못했고, 스승에 대한 존경심도 사라졌다. 그러나 알렉산드로스가 젊었을 때 그의 스승이 심어준 학문에 대한 깊은 열정은 그 뒤로도 결코 시들지 않았다. 이는 그가 아낙사르쿠스에게 보낸 존경, 크세노크라테스에게 선물로 준 50탈란톤, 단다미스와 칼라누스에게 기울인 특별한 관심들로도 충분히 알 수 있다.

필리포스 왕은 비잔티움으로 가서 포위전을 계속하는 동안, 마케도니아 왕국과 국새를 고작 열여섯 살이었던 알렉산드로스에게 맡겼다. 알렉산드로스는 반란을 일으킨 마이디아를 정벌하고, 그들의 도시를 빼앗은 뒤 야만족들을 내쫓았다. 그리고 식민지를 새롭게 세운 다음, 자신의 이름을 붙여 알렉산드로폴리스라 불렀다.

또 부왕이 헬라스군과 카이로네이아에서 전투를 벌일 때 함께 싸움터에 나아가, 테바이의 신성 부대를 가장 먼저 공격했다. 그곳 케피소스 강가에는 오늘날에도 떡갈나무 한 그루가 서 있는데, 옛날 알렉산드로스가 이 나무 아래 천막을 쳤다고 하여 '알렉산드로스의 떡갈나무'라 불린다. 거기서 멀지 않은 곳에는 마케도니아군 전사자들의 무덤이 있다.

그 뒤로 필리포스 왕은 아들을 더욱 아끼고 사랑하게 되었다. 그는 마케도니아 사람들이 알렉산드로스를 왕이라 부르고, 자기를 장군이라 부르는 것에 기쁨을 감추지 못했다. 그러나 필리포스의 연애 사건과 몇 번에 걸친 결혼 문제로 이들 부자 사이는 멀어져 갔다. 게다가 질투심 많고 고집 센 왕비 올림피아스가 아버지에 대한 알렉산드로스의 미움을 더 부추겼다. 특히 알렉산드로스 마음이 아버지에게서 더욱 멀어진 데는 다음과 같은 이유가 있다.

이즈음 필리포스는 늦은 나이에 클레오파트라와 사랑에 빠져 그녀를 후궁으로 맞아들였다. 그런데 그만 결혼 잔치에서 거나하게 취한 그녀의 큰아버지 아탈루스가 필리포스와 클레오파트라 사이에서 대를 이을 왕손이 태어나도록 빌어달라고 마케도니아 사람들에게 말했다.

이 말을 듣고 알렉산드로스는 화가 치밀어서 술잔을 그의 얼굴에 던지면서 외쳤다.

"이 악당 놈아, 그럼 내가 서자라는 말이냐?"

이 광경을 보고 필리포스는 홧김에 칼을 뽑아 아들을 찌르려고 했다. 그러나 두 사람 모두에게 다행스럽게도 필리포스는 술에 취하고 분노로 흥분한 상태였기 때문에 발이 미끄러져 바닥에 곤두박질치고 말았다. 그러자 알렉산드로스는 아버지를 보고 비웃으며 소리쳤다.

"모두들 보시오. 유럽에서 아시아로 건너갈 준비를 하는 분이 이쪽 자리에서 저쪽 자리로 건너가지도 못하고 저렇게 엎어지는 모습을 말이오."

이런 소동이 있은 뒤 알렉산드로스는 어머니 올림피아스를 에피루스에 모셔다 드리고, 자기는 일리리아로 갔다.

이즈음 코린토스 사람 데마라투스가 필리포스 왕을 찾아왔다. 그는 왕의 오랜 친구로 무슨 말이든 스스럼없이 주고받는 사이였다. 필리포스는 그에게 헬라스 사람들은 평화롭게 잘사느냐고 물었다. 그러자 데마라투스가 말했다.

"전하, 전하의 집안 문제도 해결 못하시면서 남의 나라인 헬라스 일에 마음을 쓰시다니요?"

친구의 비난을 듣고 필리포스는 잘못을 뉘우쳤다. 그리고 데마라투스를 통해 알렉산드로스를 설득하게 하는 한편, 사람을 보내 아들을 불러들였다.

페르시아에 있던 카리아의 총독 픽소다루스는 자기 맏딸을 필리포스의 서자인 아리히다이우스와 결혼시켜 필리포스와 동맹 관계를 맺고자 계획했다. 그리하여 아리스토크리테스를 마케도니아로 보내 협상을 진행하도록 했다. 그러자 올림피아스와 그녀의 친구들은 필리포스 왕이 결혼 동맹을 맺고 아리히다이우스에게 왕국을 물려주려 한다면서 온갖 말로 헐뜯었다. 이런 소식을 듣고 몹시 화가 난 알렉산드로스는 비극배우 테살루스를 카리아로 보내 픽소다루스와 담판 짓게 했다. 서자이고 머리도 모자란 아리히다이우스 대신 알렉산드로스에게 딸을 주도록 설득한 것이다.

물론 픽소다루스는 알렉산드로스의 청혼이 마음에 들었다. 그러나 필리포스는 이 소식을 듣자마자 파르메니온의 아들이며 알렉산드로스의 친구인 필로타스를 시켜, 알렉산드로스를 찾아가 꾸짖게 했다. 존귀한 지위에 있는 태자로서, 야만족 왕의 하인에 지나지 않는 카리아인에게 청혼한 일은 비열한 짓이며, 왕권을 모독하는 부끄러운 짓이라고 한 것이다.

필리포스는 이것으로도 분이 덜 풀렸는지, 코린토스 사람들에게 편지를 보내 테살루스를 붙잡아 오도록 명령했다. 그리고 아들의 친구이자 자신의 신하인 하르팔루스, 네아르쿠스, 에리기이우스, 프톨레마이오스 등을 모두 추방시켜 버렸다. 뒷날 알렉산드로스는 이들을 모두 불러들여 큰 명예와 높은 직책을 주었다.

얼마 뒤 아탈루스와 클레오파트라로부터 모함을 당한, 파우사니아스라는 젊은이가 필리포스 왕을 살해했다. 파우사니아스는 필리포스 왕이 정당한 심판을 내려주지 않아 앙심을 품고 기회를 노리다가 그를 죽였던 것이다. 이 암살 사건은 올림피아스가 젊은이의 복수심을 부추겨 시킨 일이라는 소문이 퍼졌다. 알렉산드로스도 똑같은 혐의를 받았다. 파우사니아스가 자신이 당한 모욕을 알렉산드로스에게 하소연했을 때, 그가 에우리피데스가 쓴 〈메데이아〉의한 구절을 읊었다는 소문이 떠돌았기 때문이다. 그것은 메데이아가 원수를 갚겠다고 말하는 대목이었다.

남편에게
아버지에게
그리고 신부에게도.

알렉산드로스는 이들을 아탈루스, 필리포스, 클레오파트라로 여겼던 것이다. 그것이 사실이었는지 아니었는지는 모르나, 알렉산드로스는 그 음모에 가담한 자들을 모두 찾아내어 엄벌에 처했다. 그리고 자기가 원정을 나가 있는 동안 올림피아스가 클레오파트라에게 잔인하게 대했다는 소식(알렉산드로스가 없는 동안 올림피아스가 클레오파트라와 필리포스 사이에 태어난 아들을 죽이고, 클레오파트라를 자살하게 한 사건)을 듣고는 몹시 분개했다.

알렉산드로스는 스무 살에 왕위를 물려받았다. 그는 복수를 노리는 적들과 온갖 위험에 둘러싸여 있었다. 그때 마케도니아 근처의 야만족들은 정복당한 지 얼마 되지 않아, 다시 자기들의 왕을 세우려는 음모를 꾸몄다. 그렇기 때문에 알렉산드로스의 왕권은 매우 불안했다. 또 필리포스 왕은 헬라스를 무력으로 정복하기는 했지만, 새로운 정치 질서를 충분히 확립하기도 전에 혼란 속에서 세상을 떠났다.

마케도니아 사람들은 나라가 위험한 상황에 처한 사실을 알고 있었다. 그들은 새로운 왕 알렉산드로스가 헬라스 정세에 되도록 간섭하지 말고, 유화정책을 써서 반란을 꾀하는 도시들의 이탈을 막아야 한다고 말했다. 그러나 알렉산드로스는 이처럼 소극적인 정책에 반대했다. 적의 비위를 맞추려다가 오히려 짓밟히는 일이 없도록 과감한 정책을 펼칠 필요가 있다고 생각했던 것이다.

알렉산드로스는 이런 정책들을 실천하기 위해 군대를 이끌고 나아가 야만족들을 침략했다. 그는 멀리 다누비우스 강에 이르러, 트리발리아의 시르무스 왕을 무찌르고 야만족을 정복했다. 그런데 테바이가 반란을 일으켜 아테나이와 손을 잡았다는 소식이 들어왔다.

알렉산드로스는 곧장 군대를 이끌고 테르모필라이의 험한 골짜기를 넘어가면서, 일찍이 일리리아와 트리발리아 사람과 싸울 때에는 자기를 '소년'이라 부르고 테살리아에서 싸울 때에는 '청년'이라 부른 데모스테네스에게, 이제 곧 아테나이 성문 앞에서 대장군의 모습을 보여주겠다고 외쳤다.

테바이에 도착하자 알렉산드로스는 시민들이 그들의 행동을 뉘우칠 수 있도록 기회를 주었다. 알렉산드로스는 반란의 주동자인 포이닉스와 프로티테스를 넘겨주면서 자기편으로 들어오면 모두 용서해 주겠다 말했다. 그러나 테바이인들은 도리어 알렉산드로스의 장군인 필로타스와 안티파트로스를 넘기라고 말하면서 헬라스의 자유를 위해 모두 모이라는 포고령을 내렸다.

그리하여 알렉산드로스는 전쟁의 고통이 어떤 것인지 보여주겠다 외치며 전투 준비를 명령했다. 테바이군은 적을 맞아 용감하게 싸웠으나 상대도 되지 않을 만큼 많은 마케도니아군의 공격을 받고는 거의 전사했다. 또 도시가 함락되고, 재산은 모두 빼앗기거나 파괴되었다.

알렉산드로스가 테바이 시를 이처럼 공포로 몰아넣은 데는 두 가지 이유가 있었다. 하나는 이것을 본 헬라스 다른 도시들이 겁을 먹고 순종하게 되리라 생각했기 때문이고, 다른 하나는 동맹국인 포키스와 플라타이아군이 테바이에 품고 있는 증오심을 달래주기 위해서였다. 그는 이곳 사제들, 마케도니아와 가까운 사람들, 시인 핀다로스의 가족, 전쟁을 반대했던 자들 말고는 모두 노예로 팔아버렸다. 그 숫자는 3만 명에 이르렀고, 6000명 넘는 사람들이 목숨을 잃었다.

한번은 한 무리의 트라키아 병사들이 점령지에서 티모클레아라는 귀부인 집을 부수고 들어간 일이 있었다. 이들의 우두머리가 그녀에게 덤벼들어 겁탈한 뒤, 감추어 둔 금이나 은을 내놓으라고 으르렁거렸다. 그녀는 정원으로 나가 우물을 가리키면서 도시가 함락될 때 값진 보물들을 모두 여기다 던져넣었다고 말했다. 그러자 트라키아 병사 우두머리는 우물 속을 들여다보려고 허리를 굽혔다. 바로 그때 등 뒤로 다가선 부인이 그를 우물 속에 밀어넣고 큰 돌을 던져 죽였다.

병사들이 그녀를 잡아서 알렉산드로스에게 데려왔다. 부인은 사나운 적군들 속에서도 조금도 두려워하거나 놀라지 않았으며, 무척 기품이 있어 보였다. 알렉산드로스는 그녀의 신분을 물어보았다. 그러자 부인은 헬라스의 자유를 위해 필리포스와 싸우다가 카이로네이아에서 전사한 테아게네스의 누이동생이라고 대답했다. 알렉산드로스는 그녀의 말과 태도에 매우 놀라고 감탄했다. 그는 그녀와 그녀의 아이들에게 자유를 주라고 명령했다.

알렉산드로스는 아테나이 시민들에게도 너그러운 태도를 보였다. 아테나이는 테바이의 재난을 매우 슬퍼하여, 축제나 제사를 모두 금지했다. 그리고 아테나이로 도망쳐 온 테바이 사람들을 온 마음으로 따뜻하게 맞아주었다. 그러나 알렉산드로스는 그런 아테나이를 공격하지 않았다. 배부른 사자처럼 긴장이 풀렸던 탓인지, 자비를 보여 자신을 드러내고 싶었던 것인지는 알 수 없지만, 아테나이 시민들에게는 매우 다행스러운 일이었다. 알렉산드로스는 아테나이 시민들이 저지른 죄를 용서해 주었을 뿐 아니라, 만일 자신에게 무슨 일이 생긴다면 헬라스의 주인이 될 자는 아마도 당신들일 거라고 말하기까지 했다.

알렉산드로스는 테바이 시민들에게 했던 잔인한 행동들을 뉘우치고, 누구에게나 부드럽고 너그럽게 대했다. 그는 술에 취해서 클레이투스를 죽인 일과, 인디아 원정 때 마케도니아군이 명령을 듣지 않아 대원정을 완수하지 못한 일을 자신의 삶에서 가장 큰 불행이었다고 말했다.

알렉산드로스는 테바이가 패망한 뒤에도 살아남은 사람들의 요청을 모두 들어주었다. 뒷날 알렉산드로스가 병들어 죽을 때까지 살아남은 테바이 사람들 가운데 알렉산드로스의 보살핌을 받지 않은 사람은 한 명도 없었다고 한다. 여기까지가 테바이에 대한 알렉산드로스의 이야기이다.

그 뒤 헬라스 사람들은 알렉산드로스와 함께 페르시아를 무찌르기 위해 코린토스에 모였다. 그들은 알렉산드로스를 헬라스 연합군 총사령관으로 내세웠다. 많은 철학자와 정치인들이 그를 찾아와 축하 인사를 했다. 알렉산드로스는 시노페 태생으로서 코린토스에 살던 디오게네스도 자신을 찾아오리라고 기대했다. 하지만 디오게네스는 알렉산드로스에게 전혀 관심이 없었고, 크라네이움이라는 교외에 틀어박혀 나오지 않았다.

그러자 알렉산드로스가 몸소 그를 찾아갔다. 디오게네스는 누워서 햇볕을 쬐고 있다가 많은 사람들이 다가오자 몸을 일으키고 앉아서 알렉산드로스를 바라보았다. 알렉산드로스는 다정하게 인사하며 바라는 게 있으면 무엇이든 들어주겠다고 했다. 그러자 디오게네스가 말했다.

"예, 그러지요. 햇볕을 가리지 않게 조금만 저쪽으로 비켜주십시오."

알렉산드로스는 권력이나 명예에 도무지 아랑곳하지 않는 듯한 그의 태도에 너무나 놀라고 감탄했다. 그곳을 떠나올 때 모두들 디오게네스를 비웃었지만 알렉산드로스만은 이렇게 말했다.

"내가 만일 알렉산드로스가 아니라면 디오게네스가 되고 싶구나."

그 뒤 알렉산드로스는 전쟁 운을 알아보려고 델포이로 갔다. 그런데 하필 그가 도착한 때는 액운이 끼는 하루라 해서 신탁을 내리지 않았다. 그래도 알렉산드로스는 전혀 신경 쓰지 않고 성녀에게 사람을 보냈다. 그녀는 왕의 명령이라도 율법으로 금지된 일은 할 수 없다며 거절했다. 그러자 알렉산드로스는 억지로 그녀를 신전 안으로 데리고 갔다. 성녀는 마지못해 그의 뜻에 따랐다.

"대왕께서는 자기 뜻을 굽히지 않는 분이시군요."

그 말에 알렉산드로스는 듣고 싶던 신탁을 들었으니 다른 신탁은 필요 없다고 말했다.

알렉산드로스가 출정 준비를 하는 동안 여러 전조가 나타났다. 그 하나는 레이베트라에 있는, 사이프러스 나무로 만든 오르페우스의 목상이 땀을 흘리는 것이었다. 이를 보고 사람들은 용기를 잃었다. 하지만 예언자 아리스탄드로스만은 알렉산드로스에게 그것은 불길한 징조가 아니라고 말했다. 알렉산드로스가 수없이 빛나는 전공을 세우게 되어, 후세 시인과 음악가들이 그 일을 찬양하느라 저렇게 땀을 흘리게 된다는 뜻이라 했다.

알렉산드로스 군대는 보병 3만 명과 기병 4000기였다고도 말하고, 보병 4만 3000명과 기병 5000기였다고 말하기도 한다. 아리스토불루스에 따르면 알렉산드로스는 고작 군자금 70탈란톤을 가지고 있었다 하며, 두리스는 군량미 30일분밖에 없었다고도 한다. 또 오네시크리투스는 알렉산드로스에게 200탈란톤의 빚이 있었다고 전하기도 한다. 이로 미루어 대규모 원정을 준비하는 병력이라고 하기에는 크게 부족한 숫자였다.

그러나 알렉산드로스는 부하들을 걱정해 어떤 이에게는 땅을, 어떤 이에게는 한 마을을, 어떤 이에게는 항구에서 얻는 수입을 나주어 주었다. 이렇게 하느라 그는 왕실 재산을 거의 다 써버렸다. 그러자 페르디카스가 물었다.

"전하를 위해서는 무엇을 남겨놓으셨습니까?"

알렉산드로스가 말했다.

"희망이오."

그러자 페르디카스가 말했다.

"그럼 전하를 모시고 떠나는 저희들에게도 그 희망을 나누어 주십시오."

그러고는 알렉산드로스가 자기에게 준 재산을 받지 않았다. 그러자 다른 몇

몇 부하들도 그에게 받은 선물들을 되돌려 주었다. 그러나 알렉산드로스가 주는 선물을 받기를 원하는 사람이나, 도움을 요청한 사람들은 누구나 많은 선물을 받았다. 이렇게 해서 마케도니아의 국고금은 거의 바닥이 났다.

알렉산드로스는 다시 한 번 결심을 굳힌 뒤 헬레스폰투스를 건넜다. 그는 트로이로 가서 아테나 여신에게 제물을 바치고, 그곳에 잠든 용사들의 영혼을 위해 제사를 올렸다. 무엇보다 그는 아킬레우스 무덤에 향유를 뿌린 뒤, 고대 풍습에 따라 친구들과 함께 알몸으로 뛰어서 무덤을 한 바퀴 돌았다. 그리고 살아 있을 때 참된 친구를 가졌고, 죽은 뒤에는 그의 명성을 노래해 준 위대한 시인(호메로스)을 가졌으니 아킬레우스는 참으로 행복한 사람이라고 말했다.

이어서 알렉산드로스가 도시를 돌아보며 눈에 띄는 것들을 구경하고 있는데, 누군가가 파리스의 하프를 한 번 보겠느냐고 물었다. 그러자 알렉산드로스는 그것에는 하나도 관심 없지만 영웅들의 공적을 노래할 때 연주했다던 아킬레우스의 하프를 찾을 수 있으면 좋겠다고 말했다.

그사이 페르시아의 다리우스 왕이 대군을 이끌고 와 그라니쿠스 강 건너 기슭에 진을 쳤다. 알렉산드로스는 아시아로 들어가기 위해서는 그들과 싸워야만 했다. 그런데 이 강은 수심이 깊고 강바닥이 고르지 않아 건너기에 쉽지 않을 것 같았다. 게다가 물살까지 거세어 병사들은 하나같이 두려워했다. 마케도니아의 어느 왕도 다이시우스 달에는 전쟁을 하지 않았다며, 관례에 어긋나는 싸움을 해서는 안 된다고 주장하는 사람도 있었다.

알렉산드로스는 그것은 문제될 게 없다며 오늘부터 이달을 아르테미시움이라 부르라고 명령했다. 그러나 파르메니온이 날이 저물어서 위험하다며 내일로 미루자고 설득하자, 그라니쿠스 강을 두려워한다면 헬레스폰투스가 부끄러워할 것이라 말했다. 그러고는 기병 13기를 이끌고 강으로 뛰어들었다.

적의 화살이 빗발치는 강물에 뛰어들어 험한 적진으로 나아간다는 것은, 신중하게 결정된 작전이라기보다는 가볍고 조심성 없는 짓으로 보였다. 그러나 알렉산드로스는 끝내 강을 건너 공격하려 했다. 그들은 온몸이 진흙투성이가 되어 힘겹게 강기슭을 기어올라 갔다. 이때 갑자기 적군이 몰려와서 허둥지둥 일대일로 싸움을 벌여야 했다. 뒤따라온 병사들이 대열을 갖출 때까지 기다릴 수 없는 상황이었다. 적이 고함을 지르며 달려들었고, 말들이 서로 부딪치며 창을 휘둘렀다. 창이 부러지면 칼로 싸웠다.

알렉산드로스는 둥근 방패와 투구 양쪽에 꽂은 깃털 때문에 곧 적의 눈에 띄었다. 그를 알아보고 적병들이 그의 주위로 밀어닥쳤다. 알렉산드로스는 가슴받이 갑옷 이음매에 창을 맞았지만, 깊은 상처는 아니었다. 그때 페르시아 장군 로이사케스와 스피트리다테스가 한꺼번에 달려들었다. 알렉산드로스는 스피트리다테스를 날쌔게 피하면서, 로이사케스의 앞가슴을 창으로 찔렀다. 그런데 창이 부러지자 이번에는 칼을 뽑아들었다.

둘이 맞서서 싸우는 사이에 스피트리다테스가 말 머리를 돌려 알렉산드로스 뒤쪽으로 가서 도끼로 그의 머리를 내리쳤다. 알렉산드로스의 투구 옆쪽에 꽂혀 있는 깃털 장식이 잘려나갔다. 그러나 투구가 단단해서 도끼날이 머리털에 살짝 닿기만 했을 뿐 상처를 입지는 않았다. 스피트리다테스는 다시 도끼를 들었다. 그때 일명 '검은 클레이투스'가 달려와 스피트리다테스를 창으로 찔러 죽였다. 알렉산드로스도 로이사케스를 칼로 베었다.

기병대가 이렇게 치열하게 싸우는 동안, 마케도니아군 보병대가 강을 건너와 적의 보병 부대를 공격했다. 적의 보병은 머뭇거리다가 모두 도망치고, 헬라스 사람으로 이루어진 용병들도 완강히 저항했지만 마침내 쫓겨 달아났다. 이들은 마케도니아군 추격을 받아 어느 산 한쪽으로 내몰렸다. 그들이 살려달라고 애원했지만, 감정이 격앙된 알렉산드로스는 병사들에게 돌격 명령을 내렸다. 이때 앞장서서 달리던 알렉산드로스의 말이 적의 창에 맞아 쓰러지고 말았다.

살려달라고 애원하는 적병을 전멸시키려 했던 알렉산드로스의 고집 때문에 그의 군대 또한 많은 희생을 치러야만 했다. 이 전투에서 마케도니아군은 이제까지 치렀던 모든 전투에서보다 더 많은 전사자와 부상자를 냈다. 궁지에 몰린 적군이 죽음을 각오하고 맞서 싸웠기 때문이다.

아리스토불루스의 기록에 따르면 페르시아군은 이 싸움에서 보병 2만 명과 기병 2500기를 잃었으며, 알렉산드로스군은 34명의 전사자를 냈는데 그들 가운데 9명은 보병이었다고 한다. 알렉산드로스는 이 전사자들을 기리기 위해 리시푸스에게, 그들의 동상을 세우도록 했다. 또 고향에 있는 헬라스 사람들과 승리의 기쁨을 함께 하기 위해, 적에게서 빼앗은 방패 300개를 아테나이로 보냈다. 그리고 다른 전리품에는 다음 같은 글을 새겼다.

필리포스의 아들 알렉산드로스, 그리고 스파르타 사람을 제외한 모든 헬라스 사람들은 아시아의 야만족을 무찌르고 이 전리품들을 얻었다.

알렉산드로스는 금잔, 자줏빛 옷, 값진 보물들을 자기가 쓸 것만 조금 남기고 모두 어머니에게 보냈다. 이 승리로 상황은 알렉산드로스에게 매우 유리해졌다. 리디아 수도이며 페르시아군의 본부가 있던 사르디스와 그 밖의 도시들이 싸워보지도 않고 항복을 해왔다. 할리카르나소스와 밀레투스 두 지방이 끝까지 저항했지만, 알렉산드로스는 그 주변 지역들과 힘을 합쳐 그들을 정복했다.

이렇게 되자 알렉산드로스는 그 뒤 어느 쪽으로 나아가야 할지 결정할 수 없어서 얼마 동안 망설였다. 다리우스 왕을 공격하여 모든 것을 그 싸움에 집중해야 할지, 아니면 소아시아 연안을 완전히 손에 넣은 뒤 결전을 벌여야 할지 쉽게 판단을 내릴 수 없었다. 그가 이런 생각으로 주저하고 있을 때 이상한 일이 일어났다. 리키아의 크산투스 시에 있던 샘물이 갑자기 넘치더니 동판 한 장이 튀어나왔다. 이 동판에는 페르시아 왕국이 헬라스군에 멸망하리라는 내용이 고대 문자로 새겨져 있었다.

이 일로 용기를 얻은 알렉산드로스는 곧 해안을 따라 진격하여 킬리키아와 포이니키아를 정복했다. 그리고 팜필리아 해안을 따라 나아갔다. 팜필리아 해안은 언제나 거센 파도가 밀려오고 험한 낭떠러지 아래로는 삼켜버릴 듯 시커먼 파도가 부딪치는 곳이었다. 그런데 이상하게도 알렉산드로스가 이곳에 왔을 때에는 하늘이 맑게 개고 바다도 고요해져, 마치 그의 앞길을 열어주는 것만 같았다.

메난드로스는 그의 희곡 속에서 이렇게 암시했다.

알렉산드로스처럼,
내가 누군가를 만나려 하면
바로 거리에 그가 나타나고,
바다를 꼭 건너야만 하면
거센 파도도 조용히 고개 숙인다네.

알렉산드로스(ALEXANDROS) 1217

하지만 알렉산드로스 편지에는 별다른 기적이 있었다는 말은 쓰여 있지 않다. 다만 파셀리스를 떠나 '사닥다리'라고도 일컫는, 클리막스라는 험한 절벽을 지났다고만 적혀 있다. 그는 한동안 파셀리스에 머물렀는데, 이 도시 광장에 얼마 전 죽은 철학자 테오덱테스의 동상이 있다는 이야기를 들었다. 알렉산드로스는 어느 날 저녁 이 동상을 찾아갔다. 그가 아리스토텔레스 가르침을 받고 있을 때 그에 대해 몇 번 들은 적이 있었으므로, 그 앞에 꽃다발을 바쳤다.

이어서 알렉산드로스는 피시디아 사람들의 반란을 진압하고, 프리기아를 정복했다. 프리기아의 수도는 고대 미다스 왕의 거성 고르디움이었다. 여기서 알렉산드로스는 산수유나무 껍질을 꼬아 동여맨 유명한 전차를 보았다. 그런데 고르디움에서는 이 매듭을 푸는 사람이 온 세계를 지배하게 된다는 전설이 전해 내려오고 있었다. 이 끈의 끝부분은 아무도 찾을 수 없도록 복잡한 매듭 속에 감추어져 있었다. 역사가들은, 알렉산드로스가 그것을 찾다가 포기하고는 마침내 칼로 매듭을 잘라버렸다고 한다. 그러나 아리스토불루스의 기록에 따르면, 전차의 멍에를 붙들어 맨 이음쇠에서 못 하나를 뽑았더니 모든 것이 풀려서 멍에까지 뽑혔다고 한다.

알렉산드로스는 파플라고니아와 카파도키아로 가서 항복을 받아냈다. 그러던 중 해안 지방에 배치한 다리우스 군대 가운데 가장 용맹한 장수 멤논이 죽었다는 소식을 들었다. 알렉산드로스의 행군에 많은 방해가 될 뻔한 멤논이 죽자 그는 아시아 원정에 더욱 힘을 기울였다.

다리우스 왕은 이미 수사를 떠나 60만 대군을 끌고 진군해 오고 있었다. 그는 페르시아 사제들이 그에게 아첨하기 위해 거짓으로 풀이해 준 꿈을 믿고 진군을 결심한 것이다. 꿈속에서 마케도니아 부대는 큰 불꽃 속에 갇혀 있고 알렉산드로스는 다리우스의 시중을 들고 있었는데, 벨루스 신전 쪽으로 가더니 갑자기 사라져 보이지 않았다. 사실 이 꿈은 마케도니아가 찬란한 업적을 이루며, 알렉산드로스가 아시아를 정복하게 되리라는 것, 그 영광을 얻고 얼마 안 되어 삶을 마친다는 것을 암시했다.

다리우스는 알렉산드로스가 킬리키아에서 오랫동안 머무는 것을 보고, 자기를 두려워한다고 판단하여 더 자신만만하게 진군을 서둘렀다. 실제로 알렉산드로스가 제자리걸음했던 까닭은 병이 나서였다. 그 병은 피로 때문이기도 하며, 얼음처럼 차가운 키드누스 강물에서 목욕을 했기 때문이기도 하다. 의사들은 누구 하나 알렉산드로스를 낫게 하려 애쓰지 않았다. 치료를 시작했다가 병이 낫지 않으면, 마케도니아 사람들에게 비난받게 될까봐 두려웠기 때문이다. 그런데 아카르나니아의 필리포스라는 의사가 알렉산드로스 병이 위독한 것을 보고 고쳐보기로 마음먹었다. 진심으로 알렉산드로스를 아끼는 친구로서, 위험까지도 함께하는 것이 자신의 의무라 여겼기 때문이다. 그는 정성을 다해 약을 지어 알렉산드로스에게 주며 출정하기를 원한다면 이 약을 마시라고 했다.

그때 파르메니온 장군이 보낸 밀서가 알렉산드로스에게 도착했다. 필리포스가 다리우스에게서 많은 뇌물을 받고, 공주와 결혼하여 다리우스의 사위가 된다는 조건으로 알렉산드로스를 독살하려하니 경계하라는 내용이었다. 편지를 읽은 알렉산드로스는 그것을 베개 밑에 넣고 누구에게도 보여주지 않았다.

알렉산드로스는 필리포스가 약그릇을 들고 들어오자 침착하게 약을 받아 마시면서, 편지를 꺼내어 필리포스에게 주었다. 정말 볼 만한 광경이었다. 한 사람은 편지를 읽고, 다른 한 사람은 약을 마시고 있었다. 잠시 뒤 둘은 서로를 마주보았다. 알렉산드로스의 얼굴에는 우정어린 믿음이 가득했다. 필리포스는 놀라움과 두려움으로 떨면서 두 손을 들어 결백을 맹세한 뒤 알렉산드로스 앞에 엎드려 부디 걱정하지 말고 자기 처방에 따라달라며 부르짖었다.

몸속에 약 기운이 퍼지자 알렉산드로스는 말할 기운을 잃고 기절해 버렸다. 그러나 필리포스의 정성스런 간호로 얼마 뒤 알렉산드로스는 건강을 회복해 자리에서 일어났다. 그는 눈으로 직접 확인하기 전에는 안심하지 못하겠다며 불안해하던 마케도니아 국민들 앞에 당당하게 모습을 드러냈다.

알렉산드로스의 성품을 아주 잘 알고 있는 마케도니아 병사 아민타스가 탈주해서 다리우스에게로 갔다. 그 병사는 다리우스가 좁은 골짜기로 들어가 알렉산드로스를 공격하려는 것을 알고 굳세게 반대했다. 많은 병력으로 소수의 적을 섬멸하려면 넓은 들판이 유리하므로 군대를 옮기지 말고 이곳에 그대로 있어야 한다고 간청했다. 그러자 다리우스는 들판에서는 적이 쉽게 도망갈 수 있어서 알렉산드로스를 놓치게 될 거라고 했다. 이에 아민타스가 말했다.

"그런 건 걱정하실 필요가 없습니다. 알렉산드로스는 왕을 피할 사람이 아닙니다. 그는 반드시 싸우러 옵니다. 아마 지금쯤 서둘러 이곳으로 진군해 오고 있을 겁니다."

그러나 다리우스는 아민타스의 충고를 받아들이지 않고, 진영을 철수해 킬리키아로 진격해 갔다. 바로 그때 알렉산드로스는 다리우스를 찾아 시리아로 진격하고 있었다. 하지만 그들은 깊은 밤이어서 서로 만나지 못하고, 저마다 자기 진영으로 발길을 돌렸다. 다리우스 진영에 대해 보고를 받은 알렉산드로스는 매우 기뻐하며 킬리키아로 들어가는 험한 길목에서 다리우스군을 치기로 하고 행군을 서둘렀다. 한편 다리우스는 골짜기를 벗어나 넓은 평원으로 되돌아가기 위해 빠르게 움직이고 있었다. 왜냐하면 그곳이 바다와 산을 가로질러 흐르는 피라무스 강으로 인해 자신의 대군을 움직이기에 매우 불리하지만, 소수의 병력인 적에게는 이로운 지형이라는 사실을 그제야 깨달았기 때문이다.

이처럼 유리한 지형은 행운의 여신이 준 선물이었으나, 알렉산드로스는 뛰어난 통솔력으로 더욱 큰 승리를 거두었다. 그는 적과는 도저히 비교도 안 될 만큼 수적으로 적은 병사들을 이끌고 있었기에, 만약 포위 당한다면 끝장이었다. 따라서 아군의 오른쪽 날개를 이끌고 적 왼쪽 날개를 둘러싸 야만족 군대를 완전히 무너뜨렸던 것이다.

역사가 카레스에 따르면, 알렉산드로스는 이 전투에서 다리우스와 맞붙어 싸우다가 허벅지에 큰 상처를 입었다고 한다. 그러나 알렉산드로스가 안티파트로스 장군에게 보냈던 편지에는 가벼운 상처가 생겼다고 쓰여 있다.

알렉산드로는 결정적인 승리를 거두었고 적군을 11만 명이나 죽였지만, 다리우스를 붙잡지는 못했다. 다리우스가 겁을 먹고 일찌감치 달아났기 때문이다. 하지만 알렉산드로스는 다리우스의 전차와 활만 빼앗고 그를 추격하지 않았다. 알렉산드로스가 진영으로 돌아오니 병사들은 값진 전리품들을 마음대로 거두고 있었다. 적들은 가벼운 무장을 위해 물자들을 거의 다마스쿠스에 두고 왔지만, 그래도 귀한 물건이 꽤 있었다.

다리우스가 쓰던 막사에는 아름다운 노예들과 값비싼 가구들이 가득했다. 병사들은 이 막사를 알렉산드로스의 몫으로 생각해서 손대지 않았다. 알렉산드로스는 곧장 갑옷을 벗고 욕실로 가면서 말했다.

"먼저 다리우스의 욕조에 들어가 전쟁터에서 흘린 땀을 씻어내야겠다."

그러자 곁에 있던 시종 하나가 말했다.

"아닙니다. 알렉산드로스의 욕조라고 하셔야지요. 패배자의 물건은 곧 정복자의 것이니까요."

욕실로 들어가자 정교하게 금을 박아 만든 물 항아리와 욕조, 연고 상자 등이 있었다. 또한 욕실은 향유 냄새로 가득했다.

욕실에서 나와 천막 안으로 들어간 알렉산드로스는 그 화려함과 크기, 준비된 훌륭한 만찬에 감탄하여 친구들에게 말했다.

"이게 바로 왕의 생활이로구나."

그가 저녁을 먹고 있을 때였다. 포로 가운데 다리우스의 어머니와 아내 그리고 두 딸이 있는데, 그녀들이 다리우스의 전차와 활을 보고는 그가 죽은 줄로만 알고 가슴 치며 통곡하고 있다는 보고가 들어왔다. 알렉산드로스는 한참 동안 아무 말도 없었다. 자신이 거둔 승리보다 여인들의 슬픔이 더 마음에 와 닿았기 때문이었다. 알렉산드로스는 레온나투스를 그들에게 보내, 다리우스는 죽지 않았으며 알렉산드로스를 두려워할 필요가 없다는 말을 전했다. 자신은 오직 아시아를 정복하려는 것뿐이며 다리우스에게 개인적인 원한은 없다는 뜻을 밝혔다. 게다가 명예와 존경을 받으며 살 수 있게 해줄 터이니 아무 걱정 말라고 알렸다. 이런 말들은 여인들에게 너그럽게 들렸고, 곧 더욱 친절한 일들이 실제로 이루어졌다.

알렉산드로스는 페르시아 전사자들 가운데 그녀들이 원하는 사람들은 누구든지 매장할 수 있게 해주었다. 또 병사들 전리품 가운데 그녀들에게 필요한 것은 도로 가져가게 했다. 그녀들 왕족의 칭호와 지위도 그대로 유지하게 했으며, 돈도 다리우스 왕 때보다 더 많이 지급했다. 무엇보다도 가장 고귀하면서도 훌륭한 대우는, 포로가 된 그녀들에게 거칠고 무례한 말을 하지 못하게 하여 그녀들의 명예를 더럽히지 않은 배려였다. 따라서 그녀들은 적군의 진영이라기보다 오히려 신전에 살고 있는 것처럼 조용하고 편안히 지낼 수 있었다.

다리우스 왕이 아시아에서 가장 잘생긴 남자였듯이, 왕비 또한 그 시대에 누구보다 빼어난 여자라는 평판을 듣고 있었다. 부모를 닮아 두 딸도 그들 못지 않게 아름다운 용모를 지니고 있었다. 그러나 알렉산드로스는 적을 정복하는 일보다 자기 자신을 이겨내는 것이 더 군주다운 행동이라고 여겨, 그녀들에게 손가락 하나 대지 않았다.

알렉산드로스는 결혼 전에는 다마스쿠스에서 사로잡은, 멤논의 미망인 바르시네 말고는 어떤 여자도 가까이하지 않았다. 바르시네는 아버지인 아르타바주스 왕족의 혈통을 이어받았다. 그녀는 헬라스식 교육을 받았으며, 얼굴도 매우 아름다웠다. 아리스토불루스에 따르면, 알렉산드로스는 파르메니온의 권유에 못 이겨 바르시네를 아내로 삼았다고 한다.

알렉산드로스는 포로로 잡혀온 페르시아 여자들이 어찌나 아름다운지 눈이 아플 지경이라고 농담을 하기도 했다. 하지만 알렉산드로서는 여자들이 아름다움으로 찬양받는 만큼, 자신도 절제하여 칭송받는 왕이 되어야겠다고 마음먹었다. 알렉산드로스는 그녀들을 마치 돌로 다듬은 조각상을 바라보듯 대했다.

한번은 알렉산드로스 함대 사령관이었던 필로크세누스가 편지를 보내, 타렌툼 사람 테오도루스가 미소년 2명을 노예로 팔겠다는데 사겠느냐고 그에게 물었다. 그러자 알렉산드로스는 자기를 어떻게 보고서 그렇게 모욕적인 편지를 보냈느냐며 몹시 화를 냈다. 그리고 필로크세누스를 비난하면서, 테오도루스가 데리고 온 미소년들을 바로 돌려보냈다. 하그논이라는 젊은 부하도 이와 비슷한 질책을 받은 적이 있었다. 하그논이 크로빌루스라는 코린토스 태생의 소년을 데리고 와서, 알렉산드로스에게 선물로 바치고 싶다는 글을 써 보냈기 때문이다.

또 파르메니온군에 있던 다몬과 티모테우스라는 두 병사가, 파르메니온이 고용한 용병들의 아내들을 욕보였다는 보고를 받은 일이 있었다. 알렉산드로스는 곧 파르메니온에게 편지를 보내, 만일 그게 사실이라면 범인들을 사람 잡아먹는 짐승으로 여겨 무참하게 죽이라고 명령했다. 그리고 이런 말도 덧붙였다.

"나는 다리우스의 왕비를 본 적도 없고, 보고 싶어한 적도 없소. 또 내 앞에서 그녀의 아름다움에 대해 말도 꺼내지 못하게 했소."

그는 잠과 욕정 두 가지 때문에 사람은 죽게 되어 있다고 말하면서, 피로와 쾌락은 사람의 타고난 신체적 약점이라고 말하곤 했다.

알렉산드로스는 먹는 데 있어서도 굉장한 절제력을 보였다. 그 사실은 다음 같은 이야기로도 알 수 있다. 그는 아다 공주를 어머니라고 부르며 나중에는 카리아의 여왕으로 봉했는데, 그녀는 날마다 맛있는 음식과 향기로운 과자들을 그에게 보냈다. 그러다 마침내 자기가 데리고 있는, 솜씨 좋은 요리사와 과자 만드는 사람까지 보내려 했다. 그러자 알렉산드로스는 레오니다스 선생님에게서 가장 좋은 식사법을 배웠기 때문에 그런 요리사들은 필요 없다고 말했다. 아침을 맛있게 먹으려면 야간 행군을 하고, 저녁을 맛있게 먹으려면 아침을 적게 먹으면 된다는 가르침이었다.

그리고 덧붙였다.

"선생님은 우리 어머니가 아들을 위해 맛있는 음식을 따로 숨겨두었을까봐 내 옷장과 가구들을 가끔 뒤져보셨습니다."

알렉산드로스는 술도 많이 즐기지 않았다. 술을 마시기보다 술자리에서 사람들과 이야기하기를 더 좋아했기 때문에, 한 잔을 비우는 데도 오랜 시간이 걸렸다. 그래서 사람들은 그가 술을 많이 마셨다고 잘못 생각했다. 또 무슨 일이 일어나면 다른 장군들과는 달리 술도, 잠도, 여자도, 구경거리도 모두 잊고 오로지 그 일에만 매달렸다. 그렇기 때문에 그는 짧은 삶을 살았으면서도 그토록 위대한 업적들을 이룩할 수 있었으리라.

그는 한가할 때에는 잠자리에서 일어나자마자 신들에게 먼저 제사를 올리고 아침 식사를 했다. 그다음에는 사냥을 하거나 신하들 사이에 일어나는 문제들을 해결하고, 전술을 연구하거나 책을 읽으며 하루를 보냈다. 또 서두르지 않아도 되는 행군일 때에는 중간에 말에서 내려 활 쏘는 연습을 하거나, 전속력으로 달리는 전차에 뛰어오르거나 뛰어내리는 연습을 했다. 그의 일기를 보면 여우나 새 사냥을 즐겼다고도 한다. 행군이 끝나면 목욕을 하고 향유를 바른 뒤, 요리사를 불러 식사 준비가 어떻게 되어가는지 물었다. 저녁 식사는 비교적 늦게 했고, 식탁에 앉은 친구들이 골고루 음식 대접을 받는지 세심하게 살폈다. 그리고 이미 말했듯 술 한 잔을 오래도록 홀짝이면서 사람들과 이야기를 나누었다. 그는 다른 어떤 왕들보다 너그럽고 유쾌한, 재미있는 이야기 상대였다.

그러나 그는 술을 마시면 자신의 군사적 업적을 지나치게 자랑했다. 타고난 성품이기도 했지만, 부분적으로는 아첨꾼들의 말을 들어온 탓이기도 했다. 마음이 곧은 친구들은 알렉산드로스가 그럴 때마다 몹시 난처했다. 왕 앞에서 아첨꾼들과 경쟁하듯 칭찬을 늘어놓고 싶지도 않았고, 칭찬을 하지 않음으로써 왕의 노여움을 사고 싶지도 않았다. 지나친 칭찬은 낯부끄러운 일이지만, 칭찬을 전혀 하지 않는 것도 위험한 행동이었으리라.

이렇게 술자리가 끝나면 알렉산드로스는 꼭 목욕을 했다. 그러고는 다음 날 늦게까지 잠을 잤는데, 때로는 온종일 잘 때도 있었다.

그는 맛있는 음식을 그리 즐기지 않았다. 진기한 생선이나 과일이 올라오면 모조리 신하들에게 나누어 주고, 자기 것은 거의 남기지 않았다. 그러나 그의 식탁은 늘 산해진미로 가득했고, 정복한 땅이 점점 넓어지면서 식비도 엄청 늘어나 끝내는 하루 식사비가 1만 드라크메에까지 이르렀다. 그는 마침내 이 액수를 한도로 정하여, 신하가 왕을 초대하는 잔치에서도 이보다 더 쓰지 못하도록 했는데, 그 뒤로도 이 액수는 관례가 되어왔다.

이수스 전투가 끝난 뒤 알렉산드로스는 다마스쿠스에 군대를 보내, 페르시아의 돈과 군수물자와 부녀자들을 손에 넣었다. 가장 큰 몫을 차지한 이들은 테살리아의 기병대였다. 알렉산드로스는 그들이 전투에서 보여주었던 용기를 갸륵하게 생각하여, 일부러 그들에게 특혜를 내려주었다. 전리품들은 이들의 주머니를 가득 채우고도 남았다. 그다음으로 마케도니아군이 비로소 금은과 페르시아 여자와 페르시아의 화려한 식사를 경험할 수 있었다. 그 뒤부터 군대는 마치 냄새를 맡은 사냥개처럼 페르시아 부자들을 쫓아다니기에 바빠졌다.

알렉산드로스는 더 멀리 나아가기 전에 해안 지방을 완전히 정복하려고 했다. 그러자 키프로스 섬을 다스리던 여러 왕들과, 티레(티로스) 시를 제외한 모든 페니키아 사람들이 항복해 왔다. 알렉산드로스는 티레 시의 성을 공성기로 공격하는 한편, 바다에서는 군선 200척으로 항구를 완전히 막은 뒤 7개월 동안이나 공격을 계속했다.

어느 날 밤 알렉산드로스는 헤라클레스가 성벽 위에 서서 자신을 부르는 꿈을 꾸었다. 그는 또 이런 꿈도 꾸었다. 멀리 서서 자신을 놀리는 사티로스를 쫓아갔지만 계속 달아나서, 갖은 고생을 한 끝에 겨우 잡는 꿈이었다. 점술가들은 '사티로스'라는 이름을 '사(당신의 것) 티로스', 즉 '티레스는 당신의 것'이라는 뜻으로 꿈을 해석했다. 알렉산드로스가 사티로스 꿈을 꾼 곳은 샘 근처로서, 오늘날에도 그곳에 가면 그 샘을 볼 수 있다.

티레 성을 에워싸고 있는 동안 알렉산드로스는 안틸리바누스 산속에 사는 아라비아 사람들을 토벌하러 나섰다. 그런데 이 산속에서 그의 스승 리시마쿠스를 구하려다가 자칫 목숨을 잃을 뻔한 큰 모험을 하게 되었다. 알렉산드로스의 스승은 트로이에 출정한 포이닉스보다 자기가 더 젊고 용맹하다며 억지로 따라왔던 것이다. 산에 도착하자 병사들은 말에서 내려 걸어갔다. 그런데 병사들을 따라가던 알렉산드로스 무리는, 다리에 힘이 빠진 노인 때문에 시간을 많이 허비하고 뒤처지게 되었다.

병사들에게서 멀리 떨어진 알렉산드로스 일행은 어둠 속에서 추위에 벌벌 떨었다. 산이 깊고 길은 험했으므로 하는 수 없이 산속에 자리를 잡고 밤을 지내는 수밖에 없었다. 그들이 있는 곳에서 멀지 않은 곳에 적의 모닥불이 타오르고 있었다. 병사들이 위험에 처할 때면 언제나 앞장서서 적진에 뛰어드는 알렉산드로스가 이번에도 자신의 순발력만 믿고 모닥불 쪽으로 달려나갔다. 그는 보초병 2명을 순식간에 칼로 죽이고, 불이 붙은 장작을 빼앗아 왔다. 그들은 그 장작으로 아주 큰 모닥불을 만들었다. 그것을 본 적들은 일부 도망치기도 했으나 공격해 오는 적병들도 있었다. 알렉산드로스 무리는 이들을 물리치고 그날 밤을 무사히 보낼 수 있었다.

　　한편 티레를 공격하고 있던 병사들은 오랜 전투로 너무도 지쳐 있었다. 알렉산드로스는 먼저 군대를 좀 쉬도록 내버려 두고, 적이 휴식을 취하지 못하도록 많지 않은 병력만 이끌고 성을 공격했다. 공격 전에 제물을 바쳤을 때 아리스탄드로스가 자신만만하게 성은 이번 달 안에 반드시 함락된다고 말했다. 그런데 성을 공격하던 날은 바로 그달의 그믐날이었다. 병사들은 아리스탄드로스 말을 비웃었다. 그러나 알렉산드로스는 언제나 그렇듯이 그의 예언을 존중하고 따랐다. 당황해하는 아리스탄드로스를 본 그는 병사들에게 오늘이 30일이 아니라 23일로 생각하라고 명령했다.

　　공격이 시작되자, 알렉산드로스는 처음 계획했던 것보다 더 사납게 성을 공격했다. 쉬고 있던 병사들도 이 광경을 보고, 뒤따라와서 적들을 공격했다. 이렇게 해서 티레 성은 그날 밤에 함락되었다.

　　그다음으로 알렉산드로스가 포위한 곳은 시리아에서 가장 큰 도시 가자였다. 어느 날 커다란 새 한 마리가 알렉산드로스 머리 위를 맴돌더니 흙 한 덩어리를 그의 어깨에 떨어뜨렸다. 그러고는 성을 공격하는 공성기 위에 가서 앉다가, 공성기를 덮어둔 그물에 걸려 잡히고 말았다. 이를 본 아리스탄드로스는 알렉산드로스가 어깨에 부상을 입고 가자 시는 그의 손에 무너질 것이라 예언했는데, 이 예언은 얼마 뒤 그대로 이루어졌다.

　　알렉산드로스는 이곳에서 얻은 많은 전리품을 올림피아스와 클레오파트라(알렉산드로스의 누이)와 여러 측근들에게 보냈다. 스승 레오니다스에게는 500탈란톤짜리 유향과 100탈란톤짜리 몰약을 보냈는데, 이것은 어릴 때 선생님이 가르쳐 준 대로 했음을 뜻했다.

알렉산드로스(ALEXANDROS) 1225

알렉산드로스가 어렸을 때 두 손에 향을 한 줌씩 집어들고 불 속에 던져넣고 있었다. 이것을 보자 스승 레오니다스가 그를 꾸짖었다.

"향이 나는 나라를 정복하시게 되면 그때는 마음껏 쓰십시오. 그러나 그 전까지는 아껴서 쓰십시오."

그래서 알렉산드로스는 레오니다스에게 다음 같은 편지와 함께 선물을 보냈던 것이다.

"선생님께 향과 몰약을 넉넉하게 보내드리오니 이제는 신들 앞에서 너무 인색하지 않도록 아낌없이 사용하십시오."

다리우스에게서 빼앗은 보물과 전리품들 가운데 아주 값진 장식함이 있었다. 알렉산드로스는 이 진귀한 물건 속에 무엇을 넣어두면 좋을지 가까운 사람들에게 물었다.

사람들이 저마다 다른 의견들을 내놓자 알렉산드로스는 상자 안에 《일리아드》를 넣어두겠노라 말했다.

이 사실은 여러 역사책에도 쓰여 있다. 그리고 알렉산드리아 사람들 사이에서 헤라클레이데스의 권위를 빌려 전해오는 전설에 따르면, 호메로스의 시들은 군사작전을 펼칠 때에도 그의 동반자로서 전혀 쓸모없거나 소용없지 않았다고 한다.

아이귑토스를 정복한 알렉산드로스는 헬라스 사람들을 위한 크고 번화한 도시를 세워 자기 이름을 붙이려 했다. 그는 건축가들 의견에 따라 위치를 정한 다음, 토지를 측량하고 구획 정리까지 끝마쳤다. 그런데 어느 날 꿈에서 머리가 하얀 신령한 노인이 나타나 시를 읊었다.

거친 바다에
섬 하나
아이귑토스 가까운
그곳은 파로스라네.

잠에서 깨어난 알렉산드로스는 곧장 파로스로 갔다. 그 섬은 닐루스 강 한 줄기가 카노푸스 시를 지나 바다로 들어가는 하구 쪽에 있었다. 그 뒤로 많은 흙모래가 쌓여 지금은 본토와 둑길로 이어져 있다. 알렉산드로스가 보니 이곳 지형은 참으로 훌륭했다. 기다란 땅이 드넓은 내륙호(內陸湖)와 커다란 항구 사이에 펼쳐져 있었던 것이다. 알렉산드로스는 호메로스가 여러 면에서 뛰어나지만 건축가로서도 매우 훌륭하다는 사실을 깨달았다고 말하며, 지형에 맞추어 도시를 설계해 보라고 명령했다. 그러나 마땅한 도구가 없어서 보릿가루를 뿌려 검은 흙 위에 반원형을 그렸다. 그리고 같은 거리를 두고 중심으로부터 부챗살처럼 선을 긋자, 그 모양이 마치 망토 같았다. 알렉산드로스가 설계도를 만족스럽게 바라보고 있을 때 갑자기 온갖 새들이 커다란 구름처럼 몰려와 보릿가루를 몽땅 먹어치웠다. 그는 불길한 징조라 여기고 몹시 불안해했으나, 점술가들은 알렉산드로스가 세울 도시가 매우 번성하고 물자가 풍부하여, 수많은 백성과 동물들을 먹여 살리게 되리라는 뜻이니 걱정하지 말라고 말했다.

이에 알렉산드로스는 공사를 시작하게 한 다음, 암몬 신전에 신탁을 물으러 갔다. 암몬까지 가는 길은 멀고도 험난하며 위험했다. 사막이어서 마실 물도 없었고, 남쪽에서 불어오는 바람을 타고 거친 모래바람이 온몸을 휘감았다. 옛날에 캄비세스가 대군 5만 명을 이끌고 이 길을 가고 있었을 때 성난 파도처럼 남풍이 불어닥쳐 그들 모두가 모래 속에 파묻혀버린 일을 떠올리며 사람들은 두려움에 휩싸였다. 그러나 알렉산드로스는 한번 마음먹은 일은 반드시 하고야 말았다. 그에게는 자신에 대한 신념과 굽힐 줄 모르는 의지가 있었다. 뿐만 아니라 타고난 자부심은 상대가 누구든지, 예컨대 그것이 자연의 거대한 힘이라 하더라도 결코 꺾이지 않았다.

이 여정 동안 위험한 일이 여러 번 일어났다. 하지만 그때마다 기적적인 일들이 생겨나 그는 신의 보호를 받는 사람이라 여겨졌고, 그에게 내렸던 신탁도 더 존중되었다.

그 기이한 일들 가운데 첫 번째는 아주 큰비가 내려서 사람들이 목말라 죽을 것이라던 불안감을 말끔히 씻어버린 것이었다. 이 비로 메말랐던 땅이 촉촉해지고 뜨거운 모래 열기도 식어, 땅은 걷기에 아주 편하게 굳어졌다. 게다가 사막에 시원한 바람이 불어왔다. 또 안내인들을 이끌어 주던 표지들이 흐트러져 길을 잃고 헤매고 있을 때, 어디선가 수많은 새 떼가 나타나 사람들이 걸어가면 앞서서 날아가고, 뒤처지면 가만히 멈추어 기다렸다. 칼리스테네스에 따르면, 더 신기한 점은 일행 가운데 누군가가 밤에 길을 잃으면 이 새들이 계속

울어대며 바른 길로 이끌었다는 것이다.

알렉산드로스가 사막을 지나 마침내 신전에 도착하자 암몬 신전의 제사장이 나와 맞이했다. 제사장은 알렉산드로스를 신의 아들로서 환영한다고 말했다. 그러자 알렉산드로스가 자기 아버지를 살해했던 놈들 가운데 도망간 자가 있는지 물었다. 제사장은 이 말을 듣고 알렉산드로스를 꾸짖었다. 알렉산드로스의 아버지는 인간을 초월한 분이므로, 그런 식으로 질문해서는 안 된다는 말이었다. 이에 알렉산드로스는 다시 필리포스 왕을 살해한 사람들에 대한 처벌은 끝났느냐고 물었다. 그리고 덧붙여서 세계를 정복할 운이 자신에게 있는지도 물었다. 이 물음에 암몬 신은 제사장을 통해 알렉산드로스는 세계를 손에 넣을 것이며 필리포스의 죽음에 대한 보복은 이미 끝났다고 대답했다. 알렉산드로스는 기뻐하며 암몬 신에게 제물을 바치고, 사제들에게도 충분한 대접을 해주었다.

그가 받은 신탁에 대해서는 역사가들이 거의 이처럼 전한다. 하지만 알렉산드로스는 어머니에게 보낸 편지에서, 두세 가지 비밀 신탁을 따로 받았으며 귀국하면 말씀드리겠다고 썼다. 어떤 역사가들은 제사장이 알렉산드로스에게 인사를 할 때 '오, 파이디온', 즉 '나의 아들'이라고 말한다는 게 그만 외국어 발음이 서툴러서 '오, 파이디오스', 곧 '신의 아들'이라고 말했던 것이라 말하기도 한다. 아무튼 알렉산드로스는 이 말을 듣고, 암몬 신이 자기를 아들이라고 불렀다며 너무나 기뻐했다.

알렉산드로스는 아이귑토스에 있을 때 프삼몬이라는 철학자 강의를 들었는데, 그 가운데 그의 마음을 끄는 부분이 있었다. 세상 만물을 정복하여 다스리는 존재가 왕이기 때문에 신은 모든 인간의 왕이라는 것이다. 그런데 이 주제에 대한 알렉산드로스의 생각은 더욱 철학적인 의미를 담고 있었다. 알렉산드로스는 신은 모든 인간의 공통된 아버지이며, 인간 가운데 가장 선한 이들을 더욱 사랑하신다고 말했다.

아시아의 야만족들을 대할 때, 알렉산드로스는 자신이 정말 신의 아들인 것처럼 언제나 거만하게 행동했다. 하지만 헬라스 사람들을 대할 때에는 늘 겸손한 태도를 보였다. 사모스 섬에 대한 일로 아테나이 시민들에게 보낸 편지에서 알렉산드로스는 다음처럼 이야기했다.

"나라면 이 자유와 영광의 도시를 당신들에게 주지 않았을 것이오. 그러나 이름 높은 나의 아버지 필리포스 왕께서 당신들에게 주신 것이니 받아들이 겠소."

그 뒤 적의 화살을 맞고 쓰러져 신음할 때에는 신하들에게 이렇게 말했다.

"아, 지금 내 상처에 흐르는 이 피는 신의 몸에서 흐르는 '이코르'가 아니라 인간의 피로구나."

언젠가 사람들이 모두 두려워할 만큼 큰 천둥 소리와 함께 폭우가 쏟아졌을 때, 궤변학자 아낙사르쿠스가 알렉산드로스에게 물었다.

"제우스 신의 아들이시니, 전하께서도 이 정도 일은 하실 수 있으시겠죠?"

그러자 알렉산드로스가 웃으면서 말했다.

"당신이 내 식탁을 비웃는다 해도, 식탁에 페르시아 총독들의 목이 올라오 는 것보다는 생선이 올라오는 게 낫지 않겠소? 나는 친구들에게 공포를 안겨 주고 싶지는 않소."

이 말은 다음 같은 이야기에서 나왔다.

알렉산드로스가 헤파이스티온에게 생선 몇 마리를 보냈는데, 이를 보고 아 낙사르쿠스가 생선만 있는 식탁이라고 비웃었다. 큰 뜻을 품고 갖은 고생과 위 험을 겪은 사람도 결국 남보다 더 행복하게 살지는 못한다는 의미로, 세상의 영웅호걸들을 빗대어 한 말이었다.

이런 이야기들로 미루어 보아, 알렉산드로스는 자신을 신의 아들로 생각할 만큼 어리석거나 자만하지는 않았음을 알 수 있다. 그리고 그가 신에 대해 말 했던 것은, 오직 남들에게 자기 위신을 높이기 위해 사용했던 하나의 처세 수 단이었을 뿐이다.

아이귑토스를 떠나 포이니키아로 돌아온 알렉산드로스는 신들에게 제물을 바쳤다. 그리고 거리에서는 성대한 축하 행렬을 짓고 무용과 연극 대회 등을 열었다. 그 가운데서도 연극 경연 대회는 매우 화려했으며, 후원자를 뽑는 경 쟁만으로도 사람들을 충분히 들뜨게 했다. 이런 대회는 후원자가 합창단과 배 우 등 출연자들을 제공하고, 공연에 필요한 모든 비용을 부담해 왔다. 아테나 이에서는 본디 부족마다 제비를 뽑아 후원자를 결정했는데, 이때에도 키프로 스 섬 왕들 가운데 제비뽑기로 후원자를 정하기로 했다. 이들은 이기기 위해 있는 힘껏 겨루었고, 마침내 살라미스의 니코크레온 왕과 솔리의 파시크라테 스 왕이 뽑혔다. 둘은 저마다 아테노도루스와 테살루스라는 유명한 배우들을 내보냈다. 그래서 아테노도루스는 파시크라테스 왕을 위해, 테살루스는 니코크레온 왕을 위해 연기를 했다.

알렉산드로스는 마음속으로 테살루스가 이기기를 바랐지만, 투표가 끝날 때까지는 그런 뜻을 전혀 내비치지 않았다. 그런데 우승자가 아테노도루스로 정해지자 대회장을 나가면서 테살루스가 이겼다면 왕국의 한 지방쯤은 기꺼이 포기했을 거라고 중얼거렸다.

그 뒤 아테노도루스는 아테나이에서 열린 디오니소스 제전에 출연하지 않고 이 대회에 참가했다는 이유로 벌금형을 받게 되었다. 그래서 아테노도루스가 알렉산드로스에게 가서 해명서 한 통만 써달라고 부탁했으나, 그는 부탁을 거절하고 벌금으로 낼 돈만 주었다.

언젠가 스카르피아의 리콘이라는 연극배우가 희극에 출연하고 있을 때 대사 안에 10탈란톤만 후원해 달라는 말을 끼워넣었다. 그러자 알렉산드로스가 웃으면서 돈을 내주었다.

다리우스는 알렉산드로스에게 편지 한 통과 함께 사신을 보내어 휴전을 요청해 왔다. 그는 사로잡힌 가족들 몸값으로 1만 탈란톤을 지불하고, 에우프라테스 강 서쪽 모든 땅과 공주 한 명을 주겠다고 제안했다. 알렉산드로스는 신하들을 불러모은 뒤 이 제안의 내용을 이야기했다. 그러자 파르메니온이 말했다.

"내가 왕이라면 곧 허락하겠습니다."

이에 알렉산드로스가 말했다.

"내가 파르메니온이라면 그렇게 하겠소."

그리고 나서 알렉산드로스는 다리우스에게 답장을 보내 만일 다리우스가 자신을 찾아와 항복한다면 예의를 갖추어 대할 것이나 그러지 않는다면 자신이 그를 찾아내겠다고 했다.

곧 알렉산드로스는 이런 처사를 후회했다. 얼마 뒤 다리우스의 아내가 아이를 낳다가 죽었는데, 자기의 너그러움을 세상에 보일 수 있는 좋은 기회를 놓쳐버린 것이다. 그리하여 그는 죽은 사람을 위해 성대한 장례식을 치러주었다.

왕비와 함께 포로가 되었던 사람 가운데 테이레우스라는 환관이 있었다. 그는 왕비가 죽은 뒤 슬그머니 진영을 빠져나가 다리우스에게 도망갔다. 다리우스 왕은 그에게 왕비의 죽음을 전해 듣고는 통곡했다.

"아, 페르시아의 운명이 왜 이다지도 비참하게 되었단 말인가! 왕비이며 왕의 누이로 귀하게 살다가 적의 포로가 되고, 죽어서는 초라하고 쓸쓸히 묻혀야 하다니!"

그러자 테이레우스가 말했다.

"왕이시여! 왕비님의 장례나, 살아 계셨을 때의 대우에 대해서는 이 나라 운명을 탓하실 필요가 없습니다. 제가 알기로는 돌아가신 스타티라 왕비님과 공주님들과 대왕의 어머니께서는 대왕의 얼굴을 뵙지 못하는 것 말고는, 무엇 하나 아쉬울 것 없이 지내오셨습니다. 그리고 왕비님 장례는 아주 성대하게 치러졌으며, 적들도 눈물을 흘리며 왕비님의 마지막을 지켜보았습니다. 알렉산드로스는 싸움터에서는 매우 사납지만, 승리를 하고 나면 아주 너그러워지는 사람인 것 같습니다. 또한 이 나라에 오로마스데스 신의 영광이 내리면, 머지않아 모든 분의 얼굴을 뵈올 수 있을 것입니다."

이 말을 듣자 다리우스의 마음속에는 슬픔과 함께 어떤 의심이 생겨났다. 그는 테이레우스를 조용한 곳으로 데리고 가 물었다.

"네가 만일 페르시아의 운명에 따라 나를 아직 버린 게 아니라면, 그리고 마케도니아에 넘어간 게 아니라면, 또 내가 그대의 변함없는 왕 다리우스라 생각한다면 사실대로 말하라. 거룩하신 미트라스 신과 나, 다리우스 왕 오른손에 걸고. 자, 있는 그대로만 말하라. 지금 내가 탄식하는 스타티라의 죽음보다 더 큰 비운을 그녀가 살아 있을 때 겪은 것은 아니었느냐? 살아서 포로로 잡힌 적의 아내를 젊은 정복자가 가만히 두었을 리가 없지 않으냐? 그렇지 않고서도 알렉산드로스가 그렇게 특별한 대우를 했다면 무슨 이유가 있을 것이다. 틀림없이 나를 욕보이려는 수작이다."

테이레우스는 말이 끝나기도 전에 다리우스의 발밑에 엎드렸다. 그리고 그런 의심으로 알렉산드로스뿐만 아니라 이미 돌아가신 왕비님을 욕되게 하지 말라고 간청했다. 지금 다리우스가 겪는 모든 불행 가운데서도 아직 남아 있는 큰 위안은, 흔히 있는 다른 장수들과는 다른, 인간 이상의 덕을 갖춘 알렉산드로스에게 패배했다는 사실이며, 알렉산드로스는 페르시아 남성들에게 보여준 용기 못지않은 훌륭함을 페르시아 여성들에게도 보여주었다고 했다.

테이레우스는 자신의 말이 진실임을 되풀이 말하며, 다른 일들에서 보여준 알렉산드로스의 너그러움과 절제력을 이야기했다. 그러자 다리우스는 친구와 신하들이 모인 방으로 달려가더니 하늘을 향해 두 손을 높이 쳐들고 기도했다.

"페르시아 왕국과 왕들을 지켜주시는 신들이시여! 페르시아를 다시 일으켜, 이 나라를 이어받았을 때와 똑같은 상태로 후손에게 물려줄 수 있게 도와주십시오. 그리고 제가 가장 사랑하는 사람들에게 은혜를 베푼 알렉산드로스에게 은혜를 갚을 수 있도록 저에게 기회를 주십시오. 그러나 만약 운이 다하여 페르시아 왕국이 무너질 수밖에 없다면, 그리고 저의 멸망이 신들의 노여움이나 운명에 따른 것이라면, 부디 키루스 대왕의 왕좌에 알렉산드로스 말고는 누구도 앉지 못하게 해주십시오."

이 이야기는 역사가들이 모두 한목소리로 전하는 이야기이다.

알렉산드로스는 에우프라테스 강 모든 지역을 차지한 뒤 다리우스를 공격하러 떠났다. 다리우스 또한 100만 대군을 이끌고 알렉산드로스를 향해 진군했다. 그런데 행군 도중에 알렉산드로스 군대 안에서 재미난 일이 벌어졌다. 종군하던 노무자들이 두 패로 갈려, 장난삼아 한쪽 대장을 알렉산드로스로 다른 쪽 대장을 다리우스로 부르고 흙덩어리를 던지며 싸운 것이었다. 장난으로 시작한 싸움이 점점 격렬해지면서 주먹싸움으로, 나중에는 몽둥이와 돌멩이까지 오가는 진짜 싸움으로 변하고야 말았다. 병사들이 이 사건을 알렉산드로스에게 보고했다. 그러자 알렉산드로스는 두 대장에게 결투를 벌여 승부를 정하게 했다.

그는 알렉산드로스라고 불리는 대장에게 직접 무기를 주고, 다리우스 역할을 맡은 대장에게는 필로타스가 무기를 주게 했다. 병사들은 이 싸움의 결과가 앞으로 일어날 전쟁의 결과를 말해주는 전조가 될 거라 여기고 모두 나와 구경했다. 거센 싸움 끝에 마침내 알렉산드로스 쪽이 승리를 거두었다. 알렉산드로스는 그에게 마을 12곳을 상으로 주고, 페르시아 옷을 입어도 좋다는 허락을 내렸다. 이것은 역사가 에라토스테네스가 전하는 이야기이다.

역사가들은 대부분 알렉산드로스와 다리우스가 가장 치열한 전투를 벌인 곳이 아르벨라라고 하지만, 사실은 가우가멜라였다. 가우가멜라는 페르시아 말로 '낙타의 집'이라는 뜻이다. 전설에 따르면, 옛날 적에게 쫓기던 페르시아 어느 왕이 발빠른 낙타를 타고 달린 덕분에 생명을 구했다고 한다. 그래서 왕은 이 낙타에게 집을 지어주고, 그 땅에서 나오는 세금으로 낙타에게 먹이를 대주었다. 그 뒤로 그 땅은 낙타의 집, 즉 가우가멜라라는 이름으로 불렸다.

보에드로미온 달에 엘레우시스 제사가 있을 무렵, 아테나이에서는 월식이 일어났다. 그리고 이날로부터 11일째 되는 날 밤, 양쪽 군대는 서로 마주보는 곳에 진을 쳤다. 다리우스는 전군에 무장을 풀지 말라고 명령한 뒤 횃불을 앞세우고 군대를 정렬했다.

그러나 알렉산드로스는 병사들을 모두 쉬게 했다. 그리고 자신은 점술가 아리스탄드로스와 함께 공포의 신에게 제사를 드리며 밤을 지샐 계획이었다. 바로 그때 파르메니온을 비롯한 알렉산드로스의 부하 장군들은, 니파테스 산과 고르디에네 산맥 사이에 펼쳐진 들판 위에 횃불과 화톳불이 가득한 것을 발견했다. 들판에는 불빛이 바다를 이루며, 군대 움직이는 소리가 먼 파도 소리처럼 들려오고 있었다. 장군들은 저런 대군을 상대로 싸운다는 것은 상상도 못한 일이라며 두려움에 떨기 시작했다. 그들은 알렉산드로스가 제사를 끝내고 돌아오자마자 그에게 몰려가 지금 바로 다리우스를 기습 공격해야 한다고 간청했다. 어두워서 적이 얼마나 많은지 모를 때라야 병사들은 싸워보기라도 할수 있을 거라고 설득한 것이다.

그러자 알렉산드로스가 그 유명한 말을 했다.

"나는 승리를 훔치지 않겠다."

알렉산드로스의 이 말에 대해 몇몇 이들은 그가 허세를 부린다고 여겼으며, 몇몇 사람들은 그가 저토록 무서운 위험을 앞두고 농담을 한다고 생각했다. 그러나 어떤 사람들은 그가 미래에 대해 정확히 판단을 내린 뒤에 했던 말이며, 패배한 다리우스가 밤을 틈탄 기습 공격 때문에 졌다는 변명을 늘어놓지 못하게 하려는 의도였다고 말했다. 그전에도 다리우스는 이수스 전투에서 패한 까닭은 지형이 불리해 산과 바다에 갇혔기 때문에 제대로 공격할 수 없었던 탓이라고 변명을 늘어놓았다.

다리우스가 엄청난 병력과 드넓은 영토를 여전히 손에 쥐고 있었으므로 군대나 무기를 조금씩 빼앗는 정도로는 그의 야망을 꺾을 수가 없었다. 대낮에 넓은 평원 위에서 정정당당하게 전투를 벌여야만 스스로 패배를 인정하리라는 게 알렉산드로스의 생각이었다.

부하 장군들은 알렉산드로스의 뜻을 깨닫고 곧 물러났다. 그런데 다음 날 아침 장군들이 알렉산드로스 막사에 들어가 보니 그는 깊은 잠에 빠져 있었다. 깜짝 놀란 그들은 먼저 밖으로 나와 병사들에게 아침밥을 먹으라고 명령하고, 알렉산드로스가 깨어나기만을 기다렸다. 그러나 시간이 흘러도 그는 잠에서 깨어나지 않았다. 마침내 파르메니온이 알렉산드로스 침대로 가서 두세 번 그의 이름을 불러 깨웠다.

알렉산드로스가 겨우 눈을 뜨자, 파르메니온은 어떻게 생애에서 가장 큰 전투를 앞둔 사람이 아니라 이미 승리한 사람처럼 잠을 잘 수 있느냐고 따져 물었다. 알렉산드로스는 온 얼굴에 미소를 띠며 말했다.

"이미 다 이겼잖소? 이 광막한 나라에서 싸우기를 피하는 다리우스를 쫓아 다니지 않게 된 게 벌써 이긴 것 아니오?"

알렉산드로스는 전투를 시작하기 전에도, 그리고 싸움에서 위험한 고비에 이르러서도 이처럼 대범한 기질을 드러냈다. 전쟁은 순간의 판단으로 승부가 갈리는 것이어서, 상황에 따라 바르고 정확한 조치를 취해야 한다고 생각한 것이다.

파르메니온이 지휘하던 왼쪽 날개가 적군인 박트리아 기병대의 무차별 공격을 받고 무너지고 있을 때, 적군 마자이우스가 갑자기 다른 기병대를 뒤로 돌려서 군수품을 지키는 부대를 습격했다. 파르메니온은 당황하여 알렉산드로스에게 급히 전령을 보내, 빨리 상당한 증원부대를 내보내지 않으면 진지도 군수품도 모두 잃게 될 거라고 전했다. 때마침 병사들에게 공격 명령을 내리려던 알렉산드로스는 이 말을 전해 듣자, 파르메니온이 너무 당황해서 깜박 잊었나 본데 전쟁에서는 이긴 자가 모든 것을 가져가는 법이므로 패한 자는 재물도 포로도 생각해서는 안 된다고 말했다. 대신 어떻게 해야 명예롭게 싸우다 죽을 수 있는지를 고민해야 한다고 했다.

알렉산드로스는 이와 같은 자신의 생각을 파르메니온에게 전하게 한 뒤 투구를 썼다. 막사를 나올 때 입고 있었던 갑옷 위에 이수스 전투에서 전리품으로 얻은, 리넨 두 겹을 덧댄 가슴받이가 그의 상체를 잘 감싸고 있었다. 강철로 된 투구는 테오필루스가 만든 것으로 은처럼 반짝였다. 그리고 목에는 값진 보석을 강철에 박아 만든 보호대를 두르고 있었다. 키프로스 섬 키티움 왕이 선물한 것으로, 매우 가볍고 튼튼했다. 또 양쪽 어깨 위에서부터 늘어뜨린 망토는 고대에 헬리콘이 만든 것으로, 그의 전투 의상 가운데 가장 화려했다. 이것은 로도스 섬 시민들이 존경의 뜻으로 바쳤는데, 그는 전투가 있을 때마다 이 망토를 두르고 다녔다.

알렉산드로스는 보병의 대형을 갖추거나, 장군들에게 지시를 내리고 열병할 때에는 다른 말을 탔지만, 전투에 나갈 때에는 언제나 부케팔루스를 탔다. 이 때에도 그는 부케팔루스를 타고 군대를 진격해 나아갔다.

알렉산드로스는 이날 긴 연설을 하여, 테살리아와 헬라스 병사들을 격려했다. 그들은 어서 적을 공격하게 해달라고 우렁찬 목소리로 외쳤다. 칼리스테네스가 전하는 바에 따르면, 그때 알렉산드로스는 창을 왼손에 쥐고 오른손을 높이 쳐들면서 하늘을 향해 신들에게 만일 자신이 정말 제우스 신의 아들이라면 헬라스를 도와주고 헬라스에게 힘을 달라며 기도했다고 한다.

점술가 아리스탄드로스가 흰 망토를 입고 머리에 금관을 쓴 채 달려오더니, 손을 들어 하늘을 가리켰다. 거기에는 독수리 한 마리가 높이 떠서, 알렉산드로스를 따라 적군으로 날아가고 있었다. 이것을 본 병사들은 샘물처럼 용기가 솟아, 장군을 따라 전속력으로 말을 달렸다. 그 뒤에는 보병의 밀집부대가 함성을 지르며 달리고 있었다.

페르시아군의 첫 번째 대열은 창도 제대로 겨누기 전에 미리 겁을 내며 무너지기 시작했다. 알렉산드로스는 숨 돌릴 틈도 없이 그들을 추격했다. 그러다가 중앙 부대를 지휘하던 다리우스 왕을 발견하고, 그곳을 목표로 길을 터 나갔다. 적의 선두 대열 속에서, 키가 크고 풍채가 좋은 다리우스가 높은 전차 위에 올라선 모습이 눈에 띄었다. 그 전차 주위에는 눈부시게 치장한 기병대가 철통처럼 둘러싸고 적을 맞을 준비가 되어 있었다.

그러나 알렉산드로스의 무서운 돌격은 누구도 막을 수가 없었다. 아우성을 치며 쫓기던 적들은, 아직 대열을 지키고 있던 병사들과 부딪히며 대부분 뿔뿔이 흩어졌다. 하지만 가장 용감하고 명예로운 병사들은 땅에 쓰러지는 순간에도 다리우스 왕을 보호하기 위해, 마케도니아군의 다리나 말 다리에 달라붙으며 그들의 추격을 막았다.

다리우스는 이처럼 처참한 광경들을 지켜보고 있었다. 그는 맨 처음 내보냈던 부대가 쫓겨 들어오는 것을 보고 전차를 돌려 달아나고 싶은 생각이 들었다. 그러나 온 벌판을 가득 메운 시체들 속에 파묻혀, 전차의 바퀴는 앞으로든 뒤로든 한 치도 움직일 수 없는 형편이었다. 다리우스는 전차와 무기들을 내팽개치고, 새끼를 낳은 지 얼마 안 되는 암말에 올라타고 도망쳤다. 하지만 다리우스는, 이때 마침 궁지에 몰린 파르메니온이 알렉산드로스에게 급히 전령을 보내어, 아직도 많은 적군이 굳세게 버티고 있으니 증원군을 보내라는 요청을 하지 않았다면, 도망조차 가지 못했을 것이다.

이 전투에서 파르메니온은 부주의하고 자기 고집만 내세웠다는 비난을 들었다. 실제로 그가 이제는 나이가 들어 기세가 꺾였기 때문인지, 아니면 칼리스테네스의 말처럼 알렉산드로스의 위대한 공적을 시기했기 때문이었는지도 모른다. 알렉산드로스는 이 요청을 받고 매우 화가 났지만 그의 병사들에게는 그 이유를 밝히지 않고 살육에 지친 데다 곧 밤이 오기 때문인 것처럼 퇴각 나팔을 불게 했다. 알렉산드로스는 위험에 빠진 파르메니온군을 구하러 나아가는 길에, 적군들이 완전히 패배하여 줄행랑을 쳤다는 소식을 들었다.

이 전투 결과로, 페르시아 제국은 완전히 무너져 버렸다. 알렉산드로스는 이제 아시아의 왕이 되어 훌륭한 제물을 신들에게 올리고, 그 나라 보물과 영토들을 친구와 측근들에게 나누어 주었다. 그리고 자부심으로 가득 차서 헬라스에 이 소식을 전했다. 그는 모든 독재자를 몰아내고 여러 도시들은 저마다 자신들 법률에 따라 독립된 정부를 갖게 하겠다 선포하고, 플라타이아 시를 재건해 주겠다는 약속을 했다. 왜냐하면 플라타이아의 조상들이 그 옛날 헬라스가 자유를 위해 야만족을 상대로 싸우고 있을 때, 자기들의 영토를 내주었기 때문이다. 그는 전리품 일부를 이탈리아 크로톤 시민들에게 보내어 감사의 마음을 나타냈다. 전에 페르시아가 헬라스를 침략했을 때, 이탈리아에 있는 헬라스 식민지들 모두 헬라스를 저버렸지만 운동선수였던 파일루스는 자기 돈을 들여 군선을 마련한 뒤 살라미스 해전에 나아가 위기에 빠진 헬라스를 도왔다. 따라서 알렉산드로스는 그의 고귀한 행동에 대해 상을 내리고 그를 기념하기 위해 개인적인 역량을 발휘한 것이다.

알렉산드로스는 다시 바빌론으로 진군하여 나아가던 중 그들의 항복을 받아냈다. 그가 다시 에크바타나로 갔을 때 땅에 우물처럼 파인 구덩이에서 불길이 크게 솟아오르는 게 보였다. 가까운 곳에는 나프타가 분출되면서 큰 호수처럼 보였다. 나프타는 아스팔트 재료가 되는 역청과 비슷한 물질로, 화기만 닿으면 쉽게 불이 붙는다. 바빌론 사람들이 알렉산드로스에게 나프타 성질에 대해 보여주려고, 알렉산드로스가 머무르는 숙소에 이르는 길을 따라 이 물질을 뿌린 다음 다른 쪽 끝에 불을 붙였다. 그러자 불꽃은 순식간에 큰불로 번져 나아가며 길 전체를 불바다로 만들었다.

이때 마침 알렉산드로스는 목욕을 하고 나서 향유를 바르고 있었다. 그의 곁에는 인상은 험하지만 목소리가 아름다운 스테파누스라는 소년이 있었다. 알렉산드로스가 목욕을 하고 향유 바르는 것을 시중들던 아테나이 출신 시종 아테노파네스는 알렉산드로스에게 그 소년의 몸에다 나프타의 위력을 시험해 보자고 권했다. 아테노파네스는 소년의 몸에 불이 붙어 꺼지지 않는다면, 그건 참으로 놀라운 위력이라고 했다.

스테파누스 자신도 그 실험을 한번 해보고 싶다고 말했다. 아테노파네스는 소년의 몸에 기름을 바르고 불을 붙였다. 그러자 소년은 순식간에 불길에 휩싸여 버렸다. 알렉산드로스는 너무나 놀라 어쩔 줄 몰라하며 소년이 죽게 될까 봐 걱정했다. 그 순간 시종 여럿이 그의 목욕물을 들고 오지 않았더라면 소년을 목숨을 잃었을 것이다. 그들이 물을 끼얹어 가까스로 목숨은 건졌지만, 소년은 온몸에 심한 화상을 입고 오랫동안 고통 받았다.

어떤 작가들은, 전설 속에 나오는 크레온 공주가 입은 드레스와 왕관에서 갑자기 불이 난 것도 메데이아가 몰래 나프타를 발라놓았기 때문이라고 말한다. 그 불은 자연적으로 일어난 게 아니라 누군가가 불씨를 가지고 일부러 가까이 다가가 불을 붙게 했다는 것이다. 불에서 나오는 광선이 부분적으로는 빛과 열만을 주지만, 기름기가 있거나 건조한 것에 닿으면 바로 불이 붙기 때문이다.

사람들은 나프타가 어떻게 만들어졌는지에 대해서 의문을 가졌다. 이 물질이 기름지고 불이 잘 붙는 성질임을 가리키면서, 땅이 기름지고 뜨거운 곳에서 생겨났으리라 추측한다. 실제로 바빌로니아 지방은 너무나 뜨거웠기 때문에, 땅에 뿌린 보리 씨앗이 이따금 밖으로 튀어나오기도 하고, 한여름에는 열기로 땅이 끓어올라 찬물을 가득 채운 가죽 포대 위에서가 아니면 잠을 잘 수가 없었다.

이곳에 총독으로 부임해 온 하르팔루스는 헬라스에서 가져온 꽃과 딸기나무들로 집과 벽을 꾸미는 것을 매우 좋아했다. 헬라스 식물들은 이 지방에서 대부분 잘 자랐지만 담쟁이만은 제대로 자라지 못했다. 왜냐하면 서늘한 땅을 좋아하는 담쟁이가 살아가기에는 너무 더운 곳이었기 때문이다.

알렉산드로스가 수사를 점령했을 때, 궁궐에서 화폐 4000탈란톤과 엄청나게 많은 보물들을 발견했다. 그 가운데에는 5000탈란톤 무게의 헤르미오네산 자줏빛 옷감도 있었다. 이 옷감은 190년 동안이나 보관되어 있었지만, 자기 빛깔을 그대로 유지하고 있었다. 자줏빛 물감을 들일 때에는 독특하게도 벌꿀을 사용하고, 흰빛 물감을 들일 때에는 올리브 기름을 사용했기 때문에 시간이 흘러도 바래지 않고 본디 빛깔을 그대로 보존해 왔다고 한다.

역사가 데몬이 말하기를, 페르시아 왕들은 자신들 왕국이 얼마나 넓은 지역에 걸쳐 있는지를 과시하기 위해, 닐루스 강과 다누비우스 강 물을 길어오게 하여 이 보물 창고에 저장해 두고 마셨다고 한다.

페르시아로 들어가는 데에는 많은 어려움이 따랐다. 왜냐하면 매우 험준한 산악 지대가 가로막고 있었을 뿐 아니라 다른 곳에서 피신해 온 다리우스 왕이 이곳에 벌써 자리를 잡은 터라 페르시아의 최고 귀족들이 방어하고 있었기 때문이다. 어쩔 수 없이 알렉산드로스는 길을 돌아가야만 했는데, 아버지가 리키아 사람이고 어머니가 페르시아 사람이어서 헬라스 말과 페르시아 말을 모두 할 줄 하는 길잡이의 안내를 받아 어려움 없이 나아갈 수 있었다. 알렉산드로스가 아직 어린아이였을 때 델포이의 아폴로 신전에 있는 성녀가, 언젠가 알렉산드로스가 페르시아 원정을 가게 될 때 늑대(리쿠스는 헬라스어로 늑대라는 뜻, 리쿠스는 리키아 사람을 이르는 말)의 안내를 받게 되리라 예언했다고 한다.

페르시아가 함락되자 수많은 포로들이 처참하게 죽임을 당했다. 이때 알렉산드로스가 쓴 편지가 오늘날까지 남아 전해지는데, 이렇게 하는 게 가장 안전하리라고 판단했기 때문이라고 쓰고 있다. 이곳에서도 수사에서 얻은 것만큼의 많은 보물을 발견했는데, 너무 재물이 많아서 노새 1만 마리와 낙타 5천 마리가 끄는 수레에 실어 옮겼다고 한다. 언젠가 군대가 왕궁으로 들이닥칠 때, 병사들의 부주의로 거대한 크세르크세스 왕 조각상이 넘어지자, 알렉산드로스는 병사들에게 말을 세워 멈추게 하고는 살아 있는 사람을 대하듯 조각상에게 이렇게 말했다.

"한때 헬라스를 짓밟은 그대를 그대로 둘 것인가, 아니면 그대의 위대한 정신을 존중해 다시 일으켜 세울 것인가?"

한참 곰곰이 생각하다가 알렉산드로스는 마침내 그냥 지나쳐 갔다.

겨울이 오자 알렉산드로스는 넉 달 동안 이곳에 머물며 병사들을 쉬게 했다. 알렉산드로스가 황금 캐노피 아래 놓인 페르시아 왕의 옥좌에 올라앉자, 그의 아버지 때부터 오랜 친구로 지내온 데마라투스가 눈물을 터뜨렸다. 그러고는 오늘 알렉산드로스 대왕께서 다리우스의 왕좌에 앉는 모습을 보지 못하고 죽은 헬라스 사람들은 세상에서 가장 큰 기쁨을 놓쳐버렸다고 말했다.

또다시 다리우스를 쫓기 위해 준비를 서두르던 어느 날, 알렉산드로스는 그의 장군들이 베푸는 연회에 초대되었다. 여기에는 그의 동료들이 데리고 온 여인들도 있었다. 그 가운데 가장 이름난 사람은 타이스였다. 그녀는 아테나이 혈통으로 뒤에 아이귑토스 프톨레마이오스 왕의 애첩이 되었다. 타이스는 처음에 대화를 이끌어 가며 알렉산드로스를 즐겁게 해주더니, 취기가 오르면서 평소와는 달리 갑자기 애국심이 넘치는 한껏 들뜬 목소리로 말했다.

"저는 군대를 따라 아시아 여러 곳을 돌아다니느라 숱한 고생을 했는데 이제야 그 보상을 받게 되었습니다. 거만한 페르시아 왕 궁전에서 이렇게 즐거운 시간을 보낼 수 있게 되었으니까요. 하지만 내 나라 아테나이를 불지른 크세르크세스의 궁궐에 불을 지를 수만 있다면 이보다 더 기쁜 일이 어디 있을까요? 그것도 대왕께서 보시는 앞에서 저의 이 손에 횃불을 들고 말입니다. 그렇게만 된다면 알렉산드로스 왕의 진지를 따라다니던 여인이, 그 전에 장군들이 했을 때보다 더 고귀한 복수를 했다며 사람들 입에 두고두고 오르내리며 전해질 텐데요."

타이스의 말에 알렉산드로스의 친구들은 열광적인 박수를 보내며 그렇게 허락하도록 그를 몰아갔다. 알렉산드로스는 친구들에게 떠밀려 자리에서 벌떡 일어났다. 머리에 화관을 두르고 손에는 횃불을 든 채 그는 앞장서 나아갔다. 술자리에 있던 다른 사람들도 모두 일어나 그를 따르며 왕궁을 에워쌌다. 마케도니아 병사들도 소식을 듣고 모두 횃불을 들고 달려왔다. 왕궁을 없애버린다는 것은 더는 페르시아에 머물지 않고 자기 나라로 돌아가게 됨을 의미하는 것으로 생각했기 때문이다.

어떤 역사가들은 왕궁을 불태운 것이 이처럼 돌발적인 사건이었다고 말하고, 또 다른 역사가들은 심사숙고하여 나온 판단이었다고 말하기도 한다. 그러나 모든 역사가들이 공통적으로 말하는 것은, 알렉산드로스는 불을 지르자마자 곧 후회하고는 불을 끄도록 명령했다고 한다.

알렉산드로스는 본디 인심이 후했는데 그가 정복한 세계가 넓어짐에 따라 선물도 점점 더 많아졌다. 그는 언제나 사람들이 이루어 놓은 일의 가치보다 두 배 이상을 베풀었다. 예를 들면 파이오니아군 지휘관 아리스톤이 어느 날 적의 머리를 베어 바치면서 이렇게 말했다.

"전하! 우리나라에서는 이런 일을 하면 언제나 황금잔을 하사해 주십니다."

그러자 알렉산드로스는 미소를 지으면서 말했다.

"그래, 하지만 그건 빈 잔이 아닌가? 나는 이 금잔에 포도주를 넘치도록 가득 따라서 그대에게 건네도록 하지."

한 평범한 마케도니아 병사가 알렉산드로스의 금을 가득 실은 노새를 끌고 가고 있었다. 그는 짐이 너무 무거워서 노새가 제대로 나아가지 못하자 그 짐을 나누어서 자기 등에 대신 지고 갔다. 그가 짐에 눌려 휘청거리는 모습을 보고 그 사정을 알게 된 알렉산드로스는 그에게 가서 말했다.

"조금만 참게나. 막사까지만 가져가면 그것을 모두 자네에게 주겠네."

알렉산드로스는 선물을 달라고 하는 사람들보다, 선물 받기를 거절하는 사람들을 더 싫어했다. 그는 포키온에게 보낸 편지에서, 자기가 보내는 선물들을 계속 거절하면 더는 친구로 생각하지 않겠다고 썼다.

알렉산드로스와 함께 테니스를 치던 세라피온이라는 친구는, 알렉산드로스에게 아무것도 달라고 요청한 적이 없었기에, 실제로 그에게는 어떠한 선물도 주지 않았다. 어느 날 세라피온은 공을 던질 차례가 되어도 웬일인지 알렉산드로스에게 공을 던지지 않았다. 알렉산드로스가 이유를 묻자 세라피온이 대답했다.

"달라고 하지 않으시니까요."

알렉산드로스는 이 말을 듣고 소리내어 웃더니 그에게 많은 선물을 주었다.

언젠가 알렉산드로스는 농담 잘하는 프로테우스라는 친구에게 심하게 화를 냈다. 그러자 친구들이 가운데서 그만하라고 말렸다. 프로테우스도 눈물을 흘리면서 용서를 빌자 그제야 알렉산드로스는 프로테우스를 용서하고 그를 친구로서 다시 받아들였다고 한다. 그런데 프로테우스가 이렇게 말했다.

"그러시다면 전하께서 지금 하신 말씀에 대한 어떤 증표를 저에게 주십시오."

이 말을 듣자마자 알렉산드로스는 그에게 5탈란톤을 내어주게 했다. 알렉산드로스가 그의 친구나 측근들에게 돈을 얼마나 나누어 주었는지는, 어머니 올림피아스가 보낸 편지를 보면 알 수 있다.

"친구들에게 많은 재물을 내려주어 그 마음을 표현하는 것은 옳은 일입니다. 하지만 그들을 모두 왕처럼 큰 힘을 가지게 만들어 버리시니, 그들을 따르는 자들은 점점 더 많아지고 전하는 외톨이가 되어가고 있습니다."

올림피아스는 이런 내용의 편지들을 몇 번씩이나 아들에게 보냈지만, 알렉산드로스는 이것을 누구에게도 보여주지 않고 헤파이스티온에게만 딱 한 번 봉투를 뜯어 읽어보게 했다. 이때 알렉산드로스는 누구에게도 말하지 말라는 표시로 자신의 반지를 손가락에서 빼내어 그의 입에 갖다 대었다.

다리우스 왕의 신하인 마자이우스의 아들은 어느 지방 총독이었는데, 알렉산드로스는 그에게 전보다 더 넓은 지방을 하나 더 맡겼다. 젊은 귀족은 이를 거절하며 말했다.

"전하, 예전에는 단 하나의 다리우스 왕만 있었으나, 오늘날에는 곳곳에 많은 알렉산드로스 왕이 있습니다."

알렉산드로스는 파르메니온에게 바고아스 저택을 주었는데 그 집에는 1000탈란톤 정도의, 수사 사람들이 소유했던 물건들이 있었다고 한다. 또한 그는 언젠가 안티파트로스에게 비밀리에 편지를 보내, 그대를 죽이려는 음모가 벌어지고 있으니 주위에 언제나 호위를 철저히 하라고 일러주기도 했다.

알렉산드로스는 어머니에게도 많은 선물을 보냈지만, 정치에 대해서는 간섭하지 말아달라고 요청했다. 어머니가 그의 결정에 불같이 화를 내었을 때, 그는 자식으로서 끝까지 참고 견뎠다. 언젠가 안티파트로스가 올림피아스를 비난하는 긴 편지를 그에게 보내자, 알렉산드로스는 어머니의 눈물 한 방울이 그러한 편지 1만 통보다 더 강한 힘을 가지고 있음을 안티파트로스는 모른다고 말했다.

알렉산드로스는 친구들이 너무나 사치스럽고 호화로운 생활을 한다는 사실을 깨달았다. 예컨대 테오스의 하그논은 은으로 징을 박은 구두를 신고 다녔으며, 레온나투스는 아이귑토스에서 낙타 여러 마리에 흙가루를 실어왔는데, 이는 그가 씨름을 할 때 미끄러지지 않도록 손에 바르기 위해서였다. 필로타스는 사냥할 때 길이가 100펄롱도 더 되는 그물을 사용했다. 이들 모두는 목욕한 뒤에 보통 기름 대신 귀한 향유를 몸에 발랐으며, 욕실이나 침실에서도 많은 하인들이 시중들게 했다. 이를 본 알렉산드로스는 부드럽게 그들을 타이르며, 그렇게 수많은 전쟁을 치르고서도 승리한 자가 패배한 자보다 훨씬 더 달콤한 잠에 빠질 수 있다는 사실을 이제는 잊어버렸느냐고 말했다. 또 게으름은 노예의 습성이고 왕자는 스스로 몸을 움직여야 하는 거라며 패망한 페르시아를 본받지 말라고 했다.

그는 이렇게 물었다.

"귀한 자기 몸도 스스로 닦기를 싫어하는 이들이, 어떻게 자기 말을 돌보고 창과 갑옷을 깨끗이 손질할 수 있겠소? 정복자인 우리가 우리에게 패망한 자들을 따라 한다면 우리도 언젠가 그런 최후를 맞게 될 것이오."

알렉산드로스 자신은 스스로 본보기가 되기 위해 행군과 사냥에 참여해 자신을 더 고되게 단련해 나갔다. 어느 날 그가 커다란 사자를 쓰러뜨리자, 나이든 스파르타 사신 한 사람이 감탄하여 말했다.

"전하, 인간의 왕이신 전하께서 짐승의 왕 사자를 쓰러뜨리시어 그들의 왕국을 정복하셨습니다."

뒤에 크라테루스는 알렉산드로스가 사자를 쓰러뜨리는 모습을 조각으로 새기게 하여 델포이 신전에 바쳤다. 이것은 사냥개들이 사자에 달려들어 싸우는 모습, 사자와 맞서 싸우는 알렉산드로스, 또 알렉산드로스를 도와주는 크라테루스의 모습이 새겨진 청동 조각상이었다. 이 조각상들 일부는 조각가 리시푸스가, 일부는 레오카레스가 만들었다.

알렉산드로스는 온갖 위험과 맞서 싸워가며 친구들에게도 소박하고 담대하게 살아가도록 몸소 보여주려 했다. 하지만 그의 친구들은 부유한 저명인사가되어 향락과 사치를 즐기며 더는 긴 행군과 고된 원정에 나아가고 싶어하지 않았다. 그들은 마침내 알렉산드로스에게 불평을 늘어놓고 그를 비난하기 시작했다. 알렉산드로스는 처음에는 그 불평들을 너그럽게 참아가며, 훌륭한 왕은신하들에게 나쁜 소리를 들을 줄도 알아야 한다고 했다. 그는 아주 작은 일에도 가까운 친구들에 대한 자신의 호의를 보여주려고 애썼다.

페우케스타스는 언젠가 사냥을 나갔다가 곰에게 물렸다. 그는 다른 친구들에게는 이 사실을 알렸지만 알렉산드로스에게는 숨겼다. 알렉산드로스는 이소식을 듣고 나서 그에게 편지를 보내어 그를 탓했다.

"지금 몸 상태는 어떠한지 알려주게. 그리고 그대가 위험에 빠져 있는데도 도와주지 않은 자가 있다면 누구인지 말해주게나. 내가 벌을 내려줄 테니."

헤파이스티온이 일이 바빠 함께하지 못한 사냥에서, 족제비를 잡으려고 페르디카스가 던진 창에 운 나쁘게도 크라테루스가 허벅지에 상처를 입었다. 이때 알렉산드로스는 헤파이스티온에게 편지로 이 사실을 알려주었다.

페우케스타스가 어떤 병을 앓다가 나았는데, 알렉산드로스는 그를 치료해

준 의사 알렉시푸스에게 병을 고친 데 대해 축하와 감사의 편지를 써 보냈다. 크라테루스가 병이 들었을 때에는 꿈에서 자신이 한 대로 그에게도 제를 올리고 제물을 바치게 했다. 또 의사 파우사니아스가 헬레보레라는 독초를 써보자고 권했을 때에는, 크라테루스에게 그 약의 사용법에 대해 조언하면서도 결과를 몹시 걱정하는 말을 함께 써 보냈다.

그는 하르팔루스가 도망쳤다는 소식을 가장 먼저 알린 에피알테스와 키수스에 대해서는 허위 고발이라고 여겨 그들을 감옥에 가두었다.

알렉산드로스가 늙고 병든 병사들을 전쟁터에서 돌아오게 하기 위해 목록을 만들게 하자, 아이가이 출신의 에우릴로쿠스는 아주 건강했음에도 자기 이름을 그 목록에 넣었다. 그러나 심문을 받게 되자 에우릴로쿠스는, 자신이 텔레시파라는 여자와 사랑에 빠졌는데 그녀가 해안 지방으로 돌아가게 되었고 말해서 그녀를 따라가기 위해 거짓말을 했다고 고백했다. 이 말을 듣고 알렉산드로스는 그녀의 신분이 무엇이지 물었다. 그녀는 헬라스 태생으로 기녀였지만 자유인 신분이었다. 그러자 알렉산드로스가 말했다.

"에우릴로쿠스, 나 또한 그대의 사랑에 동정을 보내네. 하지만 그녀가 자유인 신분이라고 하니, 그녀를 설득하든 선물을 주든 그녀를 자네 곁에 머물도록 함께 노력해 보겠네."

알렉산드로스가 친구들의 작은 일들에까지 그토록 관심을 가지고 많은 편지를 쓸 여유가 있었다니 매우 놀라운 일이다. 예컨대 셀레우쿠스 장군의 노예 소년이 킬리키아로 도망가자 알렉산드로스는 킬리키아에 편지를 보내서 그를 찾아내라고 했다. 또 크라테루스의 도망친 노예 니콘을 잡아오자 페우케스타스에게 칭찬과 격려의 편지를 보냈다. 신성불가침 구역이었던 신전으로 도망친 노예에 대해서는, 신전에서 나올 때까지 기다렸다가 잡으라고 메가바주스에게 편지를 보냈다.

알렉산드로스는 재판장에서 원고 측 진술을 들을 때에는 한쪽 귀를 가렸는데, 이것은 피고 측 진술을 듣기 위해 자신의 한쪽 귀를 선입견 없고 공정한 상태로 남겨두고자 했기 때문이다. 그러나 잇달아 범죄 사실이 밝혀지자, 그는 죄인에 대해 너무 역겨워져서 나중에는 허위 고발한 사실까지 믿어버리곤 했다. 그는 자신의 명예를 더럽히는 말을 하는 사람들은 매우 혹독하게 처벌했다. 이는 알렉산드로스가 자신의 목숨이나 왕좌보다도 명예를 더 가치 있게 여겼기 때문이다.

이제 알렉산드로스는 다리우스와의 또 다른 결전을 위해 그를 추격해 나아가기 시작했다. 마침 다리우스가 자신의 부하 장군인 베수스에게 잡혀 감금되어 있다는 소식이 들어왔다. 알렉산드로스는 테살리아 기병대를 모두 해산하고, 본디 주기로 했던 금액보다 2000탈란톤씩을 더 주어 자기 나라로 돌려보냈다. 그러고는 다리우스를 뒤쫓기 위해 길고 힘든 여정을 시작했다. 11일 동안 500마일 이상을 행군한 데다 마실 물까지 부족해지자 병사들은 몹시 고통스러워했다.

어느 날, 알렉산드로스는 가죽 포대에 물을 가득 채워 노새 등에 싣고 가는 마케도니아 사람들을 만났다. 그들은 알렉산드로스가 목이 말라 힘을 잃어가고 있는 것을 보자 투구에 물을 담아 마시게 했다. 알렉산드로스는 누구에게 그 물을 가져가느냐고 물어보았다. 그들은 대답했다.

"제 아들들에게 가져가는 길입니다. 하지만 전하께서 살 수만 있다면 자식들이 죽는다 해도 괜찮습니다. 자식은 또 낳으면 되니까요."

알렉산드로스는 물이 담긴 투구를 손에 받아 들었다. 주위에 있던 병사들이 모두 간절한 눈빛으로 그를 바라보자 그는 물 한 모금도 마시지 않고 투구를 되돌려 주며 말했다.

"나 혼자 물을 마시면 병사들은 더 지치게 될 것이다."

알렉산드로스의 기품 있는 용기와 자제심을 보고 병사들은 그 자리에서 일어나 어서 힘을 내어 행군해 나아가라고 외쳤다. 또 자신들은 알렉산드로스를 왕으로 섬기는 한 배고픔이나 목마름도 문제없으며, 죽음도 두렵지 않다고 했다.

모든 병사들이 이처럼 똑같이 열정적으로 행군해 나아갔다. 하지만 피로가 극에 달하여, 알렉산드로스의 뒤를 따라 적진에 다가갔을 때는 따르는 병사가 60명도 되지 않았다. 행군하면서 그들은 금과 은을 잔뜩 싣고 여인들을 가득 태운 긴 마차 행렬들을 그냥 지나쳐 갔다. 맨 앞줄 어딘가에 다리우스가 있으리라고 생각하여 추격해 나아갔던 것이다. 마침내 다리우스를 찾아냈다. 그는 창에 수도 없이 찔린 채로 어느 전차 안에 쓰러져 힘겹게 마지막이 될지도 모르는 숨을 몰아쉬고 있었다. 그는 물을 달라고 했다. 폴리스트라투스에게 차가운 물을 조금 얻어 마신 뒤 다리우스가 말했다.

"너무도 불운한 처지라서 그대가 베풀어 준 친절에 보답도 해줄 수 없구려. 하지만 알렉산드로스가 갚아줄 거요. 그리고 알렉산드로스가 나의 어머니와 아내와 아이들에게 베풀어 준 친절에 대해서는 신들께서 나 대신 그에게 보상해 주실 것이오. 그러니 내가 그대에게 한 것처럼 알렉산드로스를 꼭 끌어안고 내가 한 말들을 전해주오."

이런 말들을 남긴 다리우스는 그의 손을 잡은 채로 숨을 거두었다. 때마침 달려온 알렉산드로스는 매우 슬퍼하며 자신의 망토를 벗어 다리우스에게 덮어주었다. 그는 뒤에 베수스를 붙잡아 그의 몸을 찢어 죽이도록 했다. 나무 두 그루의 끝부분을 구부려 팔다리를 묶고 나서 나무들을 다시 놓아 제 위치로 튀어오르게 하면 팔다리가 찢어져 죽게 되는 형벌이었다.

알렉산드로스는 다리우스의 몸을 그의 지위에 맞게 장엄하게 장식하여 그의 어머니에게 보내주었다. 또 다리우스의 동생 엑사트레스를 가까이 받아들여 친구로 지냈다.

알렉산드로스는 선발된 몇몇 부대를 이끌고 히르카니아로 갔다. 그곳에는 에욱시네, 곧 흑해만큼 넓지만 물은 그리 짜지 않은 바다가 있었다. 확실한 것은 알 수 없으나, 그는 마이오티스 호수의 지류일 거라고 추측했다. 지리학자들은 알렉산드로스가 원정으로 이곳에 도착하기 이미 몇 해 전, 이 바다가 대양에서 갈리어 대륙으로 들어가는 네 군데 만 가운데 가장 북쪽에 있으며, 카스피 해 또는 히르카니아 해라고 부른다고 기록했다.

이곳에서 갑자기 야만족들이 나타나 알렉산드로스의 말 부케팔루스를 끌고 가던 마부를 습격하여 그의 말을 빼앗아 갔다. 알렉산드로스는 이 소식을 듣고 몹시 화를 내며 사람을 보내어, 자신의 말을 돌려주지 않으면 부녀자들과 아이들까지 모두 죽여버리겠다고 했다. 하지만 야만족들이 자신들을 살려주면 그의 말을 돌려주고 자신들의 주요 도시들까지 알렉산드로스에게 넘겨주겠다고 하자 그들을 친절하게 대했으며, 말을 빼앗아 갔던 자들에게 말 값을 치러주기까지 했다.

다음으로 그는 파르티아로 들어갔다. 이곳에서 그는 한가로이 시간을 보내며 처음으로 페르시아풍 옷을 입어보았다. 이것은 그들의 풍속을 따르면 본토 주민들이 쉽게 마음을 열 수 있으리라 생각했거나, 또는 페르시아의 왕들이 신하들에게서 받은 것과 똑같은 존경과 복종을 마케도니아 병사들에게서 받을 수 있는지 알아보려 했던 것인지도 모른다. 하지만 그는 완전히 페르시아적인 옷차림은 받아들이지 않았다. 그는 페르시아 사람들이 입는 바지나 긴 소매가 달린 윗옷은 입지 않았고, 티아라라는 머리 장식도 하지 않았다. 대신 페르시아풍만큼 화려하지는 않으나 마케도니아풍보다는 덜 소박한 혼합된 차림을 받아들였다.

알렉산드로스는 처음에는 이곳 원주민들을 만날 때나 실내에서 가까운 친구들을 만날 때에만 페르시아풍 옷을 입다가 나중에는 말을 타고 외출할 때에나 공식적인 자리에서도 자주 입었다. 이러한 광경은 마케도니아 사람들에게 심한 반감을 주기도 했으나 그의 용기에 매우 감탄하며 존경하는 마음을 가지고 있었으므로 그런 정도의 일은 있을 수 있다고 생각했다.

알렉산드로스의 몸에는 여기저기 영광의 상처들이 남겨지곤 했다. 그는 다리에 화살을 맞아 뼈가 부러져 튀어나오거나, 돌로 목덜미 윗부분을 맞아서 잠시 눈이 안 보인 때도 있었다. 그러나 그는 자신을 위험 속에 빠뜨리는 행동을 서슴지 않았다. 예컨대 그가 티나이스 강(돈 강)이라 생각하고는 오렉사르테스 강을 건너 행군해 나아갈 때였다. 그는 심한 설사로 고생하고 있었음에도 스키티아군을 수 마일이나 뒤쫓아 가 마침내 그들을 무찌르고 말았다.

대부분의 역사가들, 곧 클레이타르쿠스, 폴리클레이투스, 오네시크리투스, 안티게네스, 이스트로스 등은 알렉산드로스가 아마조네스 여인국의 왕을 만났다고 주장한다. 그러나 아리스토불루스와 왕실 의전관 카레스, 프톨레마이오스, 안티클레이데스, 테바이 사람 필론, 축제 저령사 필리푸스, 에레트리아 사람 헤카타이우스, 칼키스 사람 필리포스, 사모스 사람 두리스 등은 이 말이 터무니없다고 주장한다. 기록을 보면 알렉산드로스도 이들의 주장을 따른다. 그는 온갖 사건을 안티파트로스에게 알렸는데, 스키티아 왕이 그에게 자기 딸과의 결혼을 제안했다는 이야기는 있지만 아마조네스에 대해서는 어떤 기록도 없다.

그리고 몇 년이 지나 리시마쿠스 장군이 마케도니아 왕이 되었을 때 오네시크리투스가 리시마쿠스 앞에서 자신이 쓴 역사책 4권에 있는 아마조네스 이야기를 큰 소리로 읽었다. 그러자 리시마쿠스가 미소지으면서 물었다.

"그때 나는 대체 어디 가 있었기에 그걸 몰랐을까?"

알렉산드로스가 아마조네스 여인들을 만났든지 만나지 않았든지 간에 그의 명성에는 별다른 영향을 끼치지 않으리라.

알렉산드로스는 마케도니아군이 긴 행군에 지쳐 전투를 원하지 않자 병사들 대부분을 그곳에서 쉬게 한 다음 자신은 보병 2만 명, 기병 3000기를 선발하여 히르카니아로 진격해 갔다. 그는 선발 부대에게 이제까지 야만족들은 우리 군대를 꿈에서도 만나지 않기를 바랄 정도로 두려워했는데 우리가 아시아를 공포 속에 몰아놓고는 이대로 마케도니아로 돌아가 버린다면, 그들은 우리를 비겁한 여자들 무리로 여기고 공격해 올 것이라고 연설했다. 그럼에도 그는 떠나고 싶은 사람들은 보내주겠다고 했으며, 다만 자신은 스스로 싸우기로 뜻을 세운 이들과 함께 위대한 업적을 이룩하여 마케도니아를 세계의 주인으로 만들겠다고 밝혔다. 이 말은 그가 안티파트로스에게 보낸 편지에 거의 그대로 적혀 있는데, 그가 연설을 마치자 병사들은 한목소리로 외치며 어디든지 그를 따라가겠다고 말했다. 선발 부대의 마음을 이끌어 낸 뒤로는 나머지 병사들로 하여금 알렉산드로스를 따르게 하는 일은 어렵지 않았다. 아니, 그들은 스스로 따라나섰다.

이제 그는 자신도 아시아 사람들의 풍습을 더 가까이 따르면서, 마케도니아와 아시아의 풍습과 생활 방식을 서로 조화시켜 보려 했다. 이렇게 하여 힘보다는 호의를 바탕으로 나라가 세워져야 그가 없을 때에도 거대한 제국이 유지되리라 생각했다. 이 목적에 한 걸음 더 나아가기 위해 그는 원주민 소년 3만 명에게 헬라스 말을 가르치고, 마케도니아 사람들과 똑같은 무기를 주고 수많은 교관들을 임명해 이들을 훈련시켰다.

그가 록사나와 결혼하게 된 것은 순수하게 그의 열정 때문이었다. 그는 어느 연회에서 록사나가 춤추는 것을 보고, 그녀의 아름다움에 매혹되었다. 그럼에도 뒤에 이 결혼은 정략적인 것처럼 되어버렸다. 이곳 주민들은 알렉산드로스가 자기들 사이에서 아내를 취하고, 그가 그녀에게 예의를 갖추며 귀하게 대접하는 것을 보며 매우 즐거워했다. 게다가 록사나는 그가 사랑에 빠지게 된 오직 한 사람이었음에도 절제력을 발휘하여 법적으로 정식 결혼을 하기 전까지 그녀를 가까이하지 않았기 때문에, 원주민들은 그를 더욱 존경하고 아끼게 되었다.

알렉산드로스와 가장 가까운 친구들 가운데 헤파이스티온은 알렉산드로스가 하는 모든 일에 용기를 북돋워 주며 추진해 나아가게 했다. 이와는 달리 크라테루스는 마케도니아 풍습만을 고집했다. 그래서 알렉산드로스는 페르시아 사람들과 만날 때에는 헤파이스티온을 데리고 나갔으며, 헬라스나 마케도니아 사람을 만날 때에는 크라테루스와 함께 나갔다. 알렉산드로스는 헤파이스티온에게는 아낌없는 우정을 보여주었고, 크라테루스에게는 그 누구보다도 존경하는 마음을 표현했다. 때로 그는 크라테루스에게, 헤파이스티온은 알렉산드로스의 친구이며 크라테루스는 왕의 친구라고 말하곤 했다.

이런 까닭에 둘은 속으로 서로에 대한 원한을 품게 되었고, 이따금 실제로 부딪치는 일도 있었다. 한번은 인디아에서 두 사람이 칼을 뽑아들고 싸웠는데, 친구들까지 끼어드는 바람에 큰 싸움으로 번질 뻔했다. 이때 알렉산드로스가 말을 타고 급히 달려와 사람들 앞에서 헤파이스티온을 몹시 꾸짖었다. 자신의 총애가 없으면 아무것도 내세울 것 없는 사람이 그걸 모르고 싸우다니 바보이며 미치광이가 아니냐고 했다. 그런 다음 크라테루스를 따로 불러 심하게 나무라고는, 둘을 함께 불러 화해시켰다. 뿐만 아니라 그는 암몬 신을 비롯한 모든 신 앞에서, 자신은 그들을 누구보다 아끼고 사랑하지만 앞으로 두 사람이 다툰다는 소리를 듣게 된다면 둘 다 죽음으로 다스리거나, 적어도 싸움을 건 사람은 반드시 죽이겠노라고 맹세했다. 그 뒤로 두 사람은 장난으로라도 절대로 다투는 법이 없었다

그즈음 파르메니온의 아들 필로타스가 마케도니아에서 가장 큰 명성을 누렸다. 그는 용기 있고 강한 사람으로 자유분방하며 친구들에게도 매우 호의적이어서 알렉산드로스 다음으로 사람들에게 베풀기를 잘했다. 어느 날 그의 친구 하나가 찾아와서 그에게 돈을 빌려달라고 했다. 필로타스가 돈을 내주라고 하인에게 말했는데, 그의 재정을 맡던 하인은 돈이 없다고 대답했다. 그러자 필로타스가 말했다.

"뭐라고! 그래, 내 친구를 위해 내다 팔 접시나 가구 하나도 없단 말이냐?"

하지만 그의 오만한 태도, 엄청난 재산, 그리고 그가 누리는 사치는 도를 넘어 너무 지나쳐 보였다. 그래서 사람들은 그의 저속해 보이는 과시욕에 거의 반감을 나타냈다. 그의 아버지 파르메니온은 아들에게 이렇게 말하고는 했다.

"얘야, 사람은 늘 겸손해야 한다."

알렉산드로스는 필로타스에 대한 비난들을 끊임없이 들어오면서 오랫동안 그를 미심쩍은 눈으로 지켜보았다. 한번은 이수스 전투 뒤에 마마스쿠스에서

다리우스의 물건들을 거두고 있을 때였다. 포로들 가운데 안티고네라는 아름다운 헬라스 처녀가 있었다. 이 여자는 필로타스의 몫으로 돌아가 그의 애첩이 되었다. 어느 날 술자리에서 필로타스는 안티고네에게 온통 마음이 빼앗긴 채, 술에 취해 거드름을 피우며 그녀에게 자랑하기 시작했다. 그는 마케도니아 군이 이룬 모든 업적들은 따지고 보면 자기와 자기 아버지가 한 일이며, 알렉산드로스는 자신들의 업적에 덕을 입어 왕관을 쓰고 제국을 얻게 된 애송이일 따름이라고 늘어놓았다.

안티고네는 이 말을 자기 친구들에게 떠들고 다녔고, 그녀의 친구들도 그것을 비밀로 하지 못하고 여기저기 퍼뜨리고 다니더니, 마침내 크라테루스의 귀에까지 들어갔다. 그는 그녀를 아무도 모르게 알렉산드로스에게로 데리고 갔다. 알렉산드로스는 이야기를 모두 들은 뒤에 그녀에게, 필로타스가 하는 말들을 주의 깊게 들어두었다가 가끔 자기에게 그대로 보고하게 했다.

필로타스는 이런 사실도 모르고 안티고네를 만나 자기 군주에 대해 자주 무례하고 경박한 말들을 했다. 알렉산드로스는 필로타스의 반역에 대한 많은 증거들이 모아졌음에도 처음 얼마간은 모르는 척 침묵했다. 이는 알렉산드로스가 그의 아버지 파르메니온의 충성심을 잘 알고 있었거나, 아니면 한 사람의 권위와 명예를 더럽히고 싶지 않았기 때문이리라.

이즈음 칼라스트라 태생의 마케도니아 사람 림누스는 알렉산드로스를 죽이려는 음모를 꾸미고 있었다. 림누스는 가까운 친구 니코마쿠스도 끌어들이려고 했다. 하지만 니코마쿠스는 거절하고 모든 사실을 자기 형 케발리누스에게 말했다. 이 말을 듣고 케발리누스는 곧바로 필로타스를 찾아가 아주 중대한 말씀을 드릴 게 있으니 알렉산드로스에게 자기 형제를 데려가 달라고 요청했다. 하지만 필로타스는 무슨 이유인지, 왕은 지금 더 바쁜 일이 있어 그들을 만나줄 수 없다고 말했다. 그들이 다시 한 번 그에게 요청해 보았지만 여전히 똑같은 말뿐이었다. 필로타스의 이런 행동은 형제들로 하여금 그의 충성심을 의심하게 만들었다. 그래서 그들은 다른 관리와 연락하여 알렉산드로스를 만날 수 있었다. 그들은 알렉산드로스에게 먼저 림누스의 암살 음모에 대해 밝히고는, 필로타스를 찾아가 두 번이나 간청했으나 모두 거절당했다고 말했다.

이 말은 알렉산드로스를 몹시 화나게 했다. 림누스는 체포되자 자기를 방어하려고 실랑이를 벌이다가 죽임을 당하고 말았다. 알렉산드로스는 암살 음모에 대한 단서를 잃어버렸다는 생각이 들자 더 불안해졌다. 그는 이제 필로타스에 대한 감정을 사람들 앞에서 드러냈다. 그러자 평소 필로타스를 싫어하던 사람들은 림누스 같은 이름도 잘 알려지지 않은 자가 알렉산드로스를 죽이려고 음모를 꾸밀 리가 없다며 그는 더 큰 세력을 가진 사람의 수단으로 이용된 게 틀림없다고 대담하게 말했다. 그들은 음모를 꾸민 사람을 찾아내려면 음모가 성공했을 때 가장 큰 이익을 볼 사람이 누구인지 찾아보아야 한다고 주장했다. 이러한 제안들에 귀가 솔깃해진 알렉산드로스에게 그들은 곧 필로타스의 반역죄에 대한 수많은 증거들을 만들어 냈다. 필로타스는 체포되어 마케도니아군의 주요 장성들 앞에서 고문 당했다. 이때 알렉산드로스는 커튼 뒤에 앉아서, 필로타스가 무슨 말을 하는지 듣고 있었다. 필로타스가 헤파이스티온에게 살려달라고 애원하는 소리를 듣자 알렉산드로스가 큰 소리로 물었다.

"너처럼 비겁한 놈이 어찌 감히 그처럼 대범한 음모를 꾸미게 되었느냐?"

알렉산드로스는 필로타스를 사형에 처한 뒤, 곧바로 메디아로 사람을 보내 파르메니온까지 죽여버렸다. 파르메니온은 필리포스 왕을 도와 가장 큰 공을 세운 장군이었으며, 알렉산드로스로 하여금 아시아 원정을 하도록 격려하며 아들 셋 가운데 둘이나 이 원정에서 죽었는데, 이제 남은 한 아들마저 잃고 자신도 죽임당한 것이다.

이 잔인한 살생이 일어난 뒤로 그의 장군들, 특히 안티파트로스는 알렉산드로스를 매우 두려워하게 되었다. 그래서 그는 아이톨리아 사람들과 비밀 동맹을 맺으려고 사람을 보냈다. 오이니아다이 마을을 파괴했던 아이톨리아 사람들은 알렉산드로스가 오이니아다이 후손들이 하기 전에 자기가 먼저 그 원수를 갚아주겠다고 말했다는 소문을 듣고, 알렉산드로스를 몹시 두려워하고 있었다.

이 일이 있은지 얼마 지나지 않아 클레이투스가 살해되었다. 들리는 소문에 따르면 그는 필로타스보다 더 잔인한 방법으로 죽임당했다고 한다. 그러나 사건이 일어난 상황들을 살펴보면, 알렉산드로스가 일부러 한 행동이 아니라 그가 술에 취해 우발적으로 일으킨 불행이었음을 알 수 있다. 이 사건이 일어나게 된 과정은 다음과 같다.

어떤 사람들이 헬라스에서 재배된 포도를 알렉산드로스에게 바치러 왔다. 알렉산드로스는 포도가 먹음직스럽게 잘 익은 것을 보고 감탄하며 조금 나누어

줄 생각으로 클레이투스를 오게 했다. 때마침 클레이투스는 신에게 제물을 올리고 있었는데 왕의 부름을 받자 제사를 지내다 말고 부랴부랴 달려왔다. 그런데 이때 막 제물로 올리려 하던 양 세 마리가 클레이투스를 따라온 것이다.

알렉산드로스는 이 소식을 듣고는 점술가 아리스탄드로스와 스파르타의 클레오만테스에게 무슨 전조인지 물었다. 이에 점술가들은 모두 불길한 징조라 말하고는 클레이투스 대신 희생 제물을 올리라고 충고했다. 알렉산드로스 자신은 사흘 전에 이상한 꿈을 꾸었는데, 클레이투스가 파르메니온의 죽은 세 아들 사이에서 검은 옷을 입고 있었다. 하지만 알렉산드로스가 클레이투스를 위해 디오스쿠리 신에게 제물을 바친 뒤 아직 의식을 다 마치기도 전에 그가 나타났다.

연회가 무르익어 갈 무렵, 프라니쿠스가 지었다고도 하고 피에리온이 지었다고도 하는, 얼마 전 야만족과 싸워 패배한 장군들을 비웃는 노래가 시작되었다. 나이 지긋한 마케도니아 장군들은 이 노래를 듣고 크게 화를 내며, 노래를 지은 사람과 부르는 사람을 모두 비난했다. 그러나 알렉산드로스와 그의 측근들은 아주 재미있어하며 노래를 계속하게 했다.

이때 본디 성격이 급하고 고집이 센 데다 술까지 잔뜩 취해 횡설수설하던 클레이투스가 몹시 화를 내며 큰 소리로, 적과 야만족들까지 있는 데서 마케도니아 사람들을 모욕 주는 것은 옳지 않으며 불운을 당해 지기는 했지만 그들을 비웃고 있는 자들보다 훨씬 용기 있는 사람들이라고 말했다. 그러자 알렉산드로스가 겁쟁이들을 그저 운이 나쁜 것으로 돌리는 클레이투스야말로 자기 변명을 하고 있는 게 아니냐고 말했다. 이러한 비난을 듣자 클레이투스는 벌떡 일어나 이렇게 말했다.

"지금 이렇게 겁쟁이라고 불리는 이 사람이, 신의 아들이라는 분을 스피트리다테스의 칼을 맞을 뻔한 위기에서 구해냈습니다. 그렇게 마케도니아 사람들이 흘린 피의 대가로 위대한 자리에 오르시더니, 이제는 아버지 필리포스 왕을 저버리고는 암몬 신을 아버지라 부르시는군요."

알렉산드로스는 이 말을 듣자마자 노발대발했다.

"이 악당 놈아! 나를 헐뜯고 중상모략하여 마케도니아군과 나 사이를 갈라놓으려 하다니, 그러고도 무사할 줄 알았느냐?"

클레이투스가 말했다.

"저희들은 이미 그 벌을 혹독하게 받고 있습니다. 숱한 고생을 한 대가로 바로 이런 모욕을 당하고 있으니 말입니다. 하지만 이미 죽은 사람들이야말로 우리보다 행복한 이들이지요. 마케도니아 사람들이 메디아 사람들 몽둥이에 맞고, 자기들 왕을 만나기 위해 페르시아 사람들에게 굽실거리는 꼴을 보기 전에 일찌감치 세상을 떠나버렸으니까요."

클레이투스가 이처럼 대담하게 자기 생각들을 말해버리자 알렉산드로스의 측근들이 클레이투스를 거세게 비난했으나 나이가 지긋한 이들은 그만하라며 분위기를 가라앉히려 애썼다. 알렉산드로스는 카르디아의 크세노도쿠스와 콜로폰의 아르테미우스를 돌아보면서 이렇게 물었다.

"그대들이 보기에는 헬라스 사람들이 마케도니아 사람들을 짐승 바라보듯 대하며 자기들이 마치 무슨 신이라도 되는 듯이 생각하는 것 같소?"

하지만 클레이투스는 마음을 가라앉히지 못하고 계속해서 알렉산드로스에게, 사람들이 하는 올바른 소리가 듣기 싫으면 식탁에 자유인은 불러들이지 말고 야만족과 노예들만 끌어들여서 그의 페르시아풍 허리띠와 줄무늬 튜닉에 절을 하게 하라고 말했다.

이 말을 듣고 알렉산드로스는 더는 참지 못하여 식탁 위에 있던 사과를 그에게 집어 던지고는 칼을 찾기 시작했다. 호위병 아리스토파네스가 재빨리 칼을 감추었고, 다른 사람들은 모두 알렉산드로스를 에워싸며 제발 마음을 가라앉히라고 간청했다. 하지만 알렉산드로스는 벌떡 일어나 마케도니아 말로 호위병을 부르고는 비상 사태에 부는 나팔을 불게 했다. 나팔수가 머뭇거리자 알렉산드로스는 그를 주먹으로 쳐서 쓰러뜨렸다. 뒤에 나팔수는 나팔을 불지 않음으로써 전군을 혼란에 빠뜨리지 않았다는 이유로 크게 신임을 받았다. 이런 상황에서도 클레이투스는 쉼 없이 떠들어댔다. 그러자 친구들이 그를 붙잡아 밖으로 쫓아내 버렸다. 그러나 그는 다른 문을 통해 다시 들어오면서 공격적이고 무례한 말투로 에우리피데스의 〈안드로마케〉에 있는 구절을 읊기 시작했다.

아, 헬라스에서는 악습이 지배를 하는구나!

이 모습을 보자 알렉산드로스는 호위병이 들고 있던 창을 휙 잡아채어, 문 앞에 쳐놓은 커튼을 젖히고 다가선 클레이투스를 찔렀다. 클레이투스는 크게 비명을 지르며 그 자리에서 숨을 거두었다. 알렉산드로스가 이성을 되찾았을 때는 그의 친구들이 그를 에워싸고는 마치 비난하는 듯한 눈길로 말없이 그를 지켜보고 있었다. 그는 시신에서 창을 뽑더니 갑자기 자기 목을 찌르려고 했다. 이때 호위병들이 달려들어 그를 붙들고 침실로 데리고 갔다.

알렉산드로스는 밤새 눈물을 흘리며 괴로워하다가, 다음 날에는 지쳐서 아무 말도 하지 못하고 한숨만 내쉬었다. 그의 침묵에 놀란 친구들이 마침내 잠겨진 문을 부수고 뛰어들어 왔다. 알렉산드로스는 그 어떤 위로도 듣지 않았으나 아리스탄드로스가 그의 꿈에 대해 점술가들이 예고한 대로 이루어진 것이니 피할 수 없는 일이었다고 말하자 그제야 받아들였다. 그의 친구들은 이번에는 아리스토텔레스의 조카인 철학자 칼리스테네스와 아브데라의 아낙사르쿠스를 오게 했다. 칼리스테네스는 상냥하고 부드러운 말로 위로하며 알렉산드로스의 괴로움을 가라앉히려 했다. 그러나 자기만의 철학적 사고방식을 지켜나가며 교만하고 사납다고 알려진 아낙사르쿠스는, 알렉산드로스의 방에 들어오자마자 이렇게 말했다.

"이분이 바로 모든 사람의 시선을 한 몸에 받는 알렉산드로스 대왕 맞습니까? 이 세계를 다스리는 분으로서 사람들의 어리석은 의견에 흔들리지 않고 옳고 그름의 판단을 제시해 주어야 할 분께서, 사람들이 자신에 대해 무슨 말을 할까 두려워하며 이렇게 노예처럼 떨고 계시다니요? 제우스 신 곁에는 법과 정의가 지키고 있습니다. 이는 곧 권력을 쥔 사람에 의해 이루어지는 모든 것은 합법적이고 정의롭다는 것을 뜻하는데, 이 사실을 모르신단 말씀입니까?"

그는 이렇게 하여 알렉산드로스의 슬픔을 달래려 했다. 그러나 이 말은 결과적으로 알렉산드로스의 잔인성을 부추기고, 법조차 두려워하지 않게 만들었다. 이때부터 알렉산드로스는 아낙사르쿠스만을 좋아했고, 늘 옳은 것만 고집하고 타협하지 않는 칼리스테네스와는 점점 멀어져 갔다.

어느 날 두 철학자는 연회에서 서로 맞닥뜨렸다. 그들은 아시아의 계절과 기후에 대해 이야기를 나누게 되었는데, 칼리스테네스는 아시아가 헬라스보다 더 춥다 말했고, 아낙사르쿠스는 그렇지 않다고 말했다. 그러자 칼리스테네스가 매우 강하게 자기 의견을 주장했다.

"이곳이 더 춥다는 것은 당신도 받아들일 수밖에 없을 텐데요. 왜냐하면 헬라스에 있을 때에는 겨우내 얇은 윗옷 하나만 걸치고 다니시던 당신이, 이곳에 오시니 식탁 앞에서 페르시아 융단을 셋이나 휘감고 앉아 계시지 않습니까."

이 말은 아낙사르쿠스와 그 친구들이 칼리스테네스를 더욱 적대시하게 만들었다.

칼리스테네스는 궤변학자들과, 알렉산드로스에게 아첨하는 사람들에게서 온갖 시기를 받았다. 왜냐하면 그는 학식이 뛰어나 많은 젊은이들로부터 존경받고 있었으며, 이성적이고 위엄 있으며 검소하여 나이 많은 사람들도 그를 좋아했기 때문이다. 그래서 알렉산드로스에게 아첨하는 사람들은 한목소리로, 칼리스테네스가 흩어진 시민들을 다시 모으고 알렉산드로스를 설득하여 고국을 다시 세우려고 일부러 그에게 다가가는 것이라고 말했다.

그는 너무나 도덕적인 성품 때문에 많은 적을 만들기도 했고 사람들에게 비난 받을 빌미를 스스로 마련해 주기도 했다. 예컨대 그는 공식적인 초대를 번번이 거절하거나, 사람들과 어울려야 할 때에도 그저 무게만 잡고 말을 하지 않아서 그와 자리를 함께한 사람들을 좋아하지 않는 것처럼 보이게 했다. 그의 태도를 보고 알렉산드로스도 한마디 했다.

"자신에게 보탬이 되지 않는 지혜로움을 나는 좋아하지 않는다."

언젠가 큰 연회가 벌어졌을 때 술잔이 칼리스테네스에게로 돌아오자, 사람들은 그에게 마케도니아를 칭찬하고 격려하는 말들을 해달라고 했다. 그가 온갖 찬사를 늘어놓자 사람들은 모두 일어나 박수를 보내며 그에게 꽃다발을 던졌다. 이를 보고 알렉산드로스는 에우리피데스의 시구를 읊으면서 말했다.

"주제가 고상하고 그럴듯하다면 누구라도 말을 잘할 수 있노라. 자, 그렇다면 이번에는 그대의 능력을 발휘하여 마케도니아 사람들의 나쁜 점들을 말해주시오. 그대의 말을 듣고 나쁜 점들을 고쳐나가 더 훌륭한 시민들이 될 수 있도록 말이오."

그러자 칼리스테네스는 매우 깔보는 듯한 말투로 마케도니아 사람들에게 듣기 거북한 이야기들을 늘어놓기 시작했다. 그는 필리포스 왕의 힘이 강해진 것은 헬라스가 서로 분열되어 싸우느라 힘이 약해졌기 때문이라면서 이런 말을 했다.

"세상이 어지러우면 악한 자들이 명성을 떨친다."

이 연설은 마케도니아 사람들을 몹시 불쾌하게 만들었다. 이를 보고 알렉산드로스는, 칼리스테네스는 자신의 능력을 보여준 게 아니라 마케도니아에 대한 자신의 혐오감을 보여주었을 따름이라고 말했다.

역사가 헤르미푸스에 따르면 이 이야기는, 칼리스테네스에게 글을 읽어주던 하인 스트로이부스가 알렉산드로스와 칼리스테네스 사이에 일어난 이 논쟁을 아리스토텔레스에게 말해준 것이라 한다. 칼리스테네스는 알렉산드로스가 자기를 싫어하게 된 것을 눈치채고는, 그에게 작별 인사로서 《일리아드》의 시를 몇 번 읊었다고 한다.

죽음 앞에서는, 그대보다 위대한
저 파트로클루스도 어쩔 수 없었지.

이 말을 듣고 아리스토텔레스는, 칼리스테네스는 뛰어난 웅변가였으나 판단력이 부족하다고 정확하게 평가했다. 그는 진정한 철학자답게, 왕 앞에 무릎 꿇고 머리를 조아리며 존경을 나타내는 행동은 하지 않았다. 또 마케도니아의 가장 나이 많고 지위 높은 신하들도 마음속으로만 생각하는 것들을 그만은 서슴지 않고 사람들 앞에서 말하곤 했다. 그가 이러한 예법을 없애게 함으로써 헬라스 사람들과 알렉산드로스를 불명예로부터 구해낸 것은 사실이다. 하지만 그 자신은 이로써 파멸하게 되었다. 그가 자신의 목적을 이루기 위해 설득이 아닌 강요라는 방법을 사용했기 때문이다. 미틸레네의 카론에 따르면, 언젠가 식사 때 알렉산드로스는 술을 한 모금 마시고 나서 그 잔을 옆사람에게 건네주었다고 한다. 그러자 잔을 받은 신하는 일어나 제단 쪽으로 몸을 돌려 잔을 비운 다음 알렉산드로스 앞에 나아가 무릎을 꿇고 그에게 키스하고는 자기 자리로 돌아갔다. 다른 사람들도 모두 이처럼 잔을 돌아가며 받다가 마침내 칼리스테네스의 차례가 되었다. 그는 알렉산드로스가 헤파이스티온과 말하는 때를 이용해서 그냥 술을 마셔버렸다. 그런 다음 알렉산드로스에게 키스를 하기 위해 나아가자, 페이돈이라는 별명을 가진 데메트리우스가 외쳤다.

"전하! 그의 키스를 받아들이지 마십시오. 그는 전하께 드리는 예를 올리지 않았습니다."

이 말을 듣고 알렉산드로스가 칼리스테네스의 키스를 받지 않자 칼리스테네스는 큰 소리로 말했다.

"그러시다면 저는 키스를 받지 않고 이만 물러나겠습니다."

알렉산드로스와 칼리스테네스 사이의 불화는 헤파이스티온이 칼리스테네스는 왕에게 경배드리겠다고 약속하고는 그 약속을 깨버렸다고 비난하면서 더 깊어졌다.

이어서 리시마쿠스나 하그논도 칼리스테네스에게 거센 비난을 퍼부으면서, 칼리스테네스가 자기 자신을 마치 폭군에 저항하는 사람인 것처럼 우쭐대면서 떠들고 다니는데, 젊은이들 사이에서는 그가 수많은 사람들 가운데 유일하게 자신의 자유를 지킬 줄 아는 사람이라며 존경하고 따르는 이들이 늘어가고 있다고 말했다.

때마침 헤르몰라우스의 음모가 탄로났으므로 알렉산드로스는 칼리스테네스의 적들이 밝힌 이런 비난들을 더 쉽게 믿어버렸다. 음모를 꾸민 헤르몰라우스가 칼리스테네스에게, 세상에서 가장 유명한 사람이 되려면 어떻게 해야 하느냐고 묻자 칼리스테네스가 이렇게 대답했다고도 주장했다.

"세상에서 가장 유명한 사람을 죽이면 된다네."

심지어는 그가 헤르몰라우스에게 음모를 실행하도록 격려하며, 알렉산드로스가 황금으로 만든 자리에 앉아 있다고 해서 겁낼 필요는 없으며 그도 다른 사람들과 똑같이 약하고 상처받기 쉬운 인간일 따름이라고 말했다는 것이다.

하지만 헤르몰라우스의 음모 사건에 관련된 공모자들은 심한 고문을 당하면서도 칼리스테네스라는 이름은 끝내 말하지 않았다. 알렉산드로스 자신도 이 음모가 발각되자마자 크라테루스, 아탈루스, 알케타스에게 보낸 편지에서, 가담한 젊은이들은 고문을 당하면서도 자기들끼리 음모를 꾸몄으며, 공모자가 없다고 말했다고 한다. 그러나 그 뒤 안티파트로스에게 보낸 편지에서 알렉산드로스는 칼리스테네스에 대해 이렇게 썼다.

"그 젊은이들은 마케도니아 병사들의 돌에 맞아 죽었소. 그러나 궤변학자와 그를 내게 보낸 자들, 음모자들을 숨겨주는 자들은 모두 내 손으로 처벌하겠소."

이 말은 아리스토텔레스를 넌지시 암시하고 있었다. 칼리스테네스는 아리스토텔레스의 조카인 헤로의 아들로서, 아리스토텔레스 집에서 성장했다. 어떤 이들은 칼리스테네스가 알렉산드로스의 명령에 따라 교수형에 처해졌다고도 하고, 또 쇠사슬에 묶인 채 감옥에서 병들어 죽었다고 말하기도 한다. 하지만 카레스의 기록에 따르면, 그는 아리스토텔레스가 보는 앞에서 재판을 받기로 되어 있었으며, 그사이 7개월 동안 쇠사슬에 묶여 감옥에 갇혀 있었다고 한다. 이즈음 알렉산드로스가 인디아 원정에서 부상을 당했을 때, 칼리스테네스는 감옥에서 몸이 부풀어 오르고 이가 들끓다가 죽었다고 한다.

그러나 이것은 이제 쓰려고 하는 이야기보다 뒤에 일어난 일이다. 이 무렵 코린토스의 데마라투스라는 사람이 연로한 나이임에도 먼 곳에서 알렉산드로스를 찾아왔다. 그는 알렉산드로스가 다리우스의 왕좌에 앉은 모습을 보지 못하고 죽은 사람들은 세상에서 가장 큰 기쁨을 놓친 거라 말했다.

데마라투스는 이 말을 하고 나서 알렉산드로스로부터 많은 은총을 입었다. 하지만 그가 내려준 것들을 제대로 누려보지도 못하고 얼마 지나지 않아 죽었다. 그를 위하여 호화로운 장례식이 치러졌다. 마케도니아군은 그를 기념하기 위해 높이가 80큐빗이나 되는 흙무덤을 쌓아 올렸는데, 그의 유해는 말 네 마리가 이끄는 화려한 마차로 해안에 옮겨졌다.

알렉산드로스는 이제 인디아로 원정을 떠날 계획을 세웠다. 하지만 전리품들이 너무 많아 행군해 나아가는 데 어려움이 따랐다. 날이 밝아오자 알렉산드로스는 짐마차들을 모두 한곳에 모은 뒤 자기와 다른 장군들 짐을 실은 마차부터 먼저 불태웠다. 그다음에는 마케도니아 병사들 마차에 불을 붙이도록 했다. 그의 명령에 반발하는 몇몇 병사들에게는 자신들이 가장 갖고 싶어하는 것들을 갖게 하고 나머지는 모두 불태우게 했다. 이렇게 필요한 것들만 남기게 하자 알렉산드로스의 마음도 한결 가벼워진 상태로 원정에 더욱 박차를 가했다. 그러나 그는 자기 의무를 제대로 수행해 내지 못하는 병사들에게는 지나치게 잔인하고 가혹한 벌을 주었다. 그의 친구 메난드로스가 요새에 끝까지 남아 싸우지 않고 도망쳐 오자, 그에게 사형을 내렸다. 또 반란을 일으킨 오르소다테스라는 야만족 족장은 직접 활을 쏘아 죽여버렸다.

이즈음 암양이 새끼를 낳았는데, 새끼 양의 머리 모양과 색깔이 페르시아 왕관처럼 생겼으며 머리 양쪽에는 혹이 달려 있었다. 이를 보고 마음이 불안해진 알렉산드로스는 바빌론의 사제들을 통해 제사를 지내면서 친구들에게는, 자기 한 몸을 지키기 위해서가 아니라 그들을 위해서, 또 자신이 죽고 나서 자격도 없는 어리석은 자에게 왕관이 넘어갈까봐 걱정되기 때문이라고 말했다.

하지만 곧 좋은 징조가 나타나 그의 두려움도 말끔히 사라졌다. 왕실 살림을 맡아 관리하던 마케도니아 사람 프로크세누스는, 옥수스 강가에서 왕실 막사를 지으려고 땅을 파다가 기름기가 많은 샘물을 발견했다. 윗물을 걷어내자 깨끗한 기름이 솟아나왔는데, 올리브 기름과 똑같은 향기와 맛이 났지만 아무리 둘러보아도 가까운 곳에 올리브나무는 없었다. 전하는 말에 따르면, 옥수스 강의 물은 매우 부드럽고 청량하여 이 물에 몸을 담그면 살결이 부드러워지고 윤기가 흘렀다고 한다. 알렉산드로스는 이 샘물을 발견하고 무척 기뻐했다. 그는 안티파트로스에게 보낸 편지에서, 이 일은 신이 자신에게 은총을 내려주신다는 가장 중요하고 확실한 전조라 쓰고 있다. 점술가들은 이 징조가 알렉산드로스의 원정이 가져올 영광을 나타내기는 하지만, 매우 고되고 힘든 과정임을 알려준다고 했다. 기름이란 인간이 고된 노동을 마치고 몸을 씻은 뒤에 바르는 것이기 때문이라는 말이었다.

실제로 알렉산드로스는 식량 부족과 심한 기후 변화로 큰 타격을 입고, 이 원정에서 여러 번 죽을 고비를 넘기며, 깊은 상처를 입었다. 그럼에도 알렉산드로스는 용기를 내어 이 모든 어려움을 헤쳐 나아갔다. 용감한 사람에게는 불가능이란 존재하지 않으니 그 어떤 방해물도 뛰어넘을 수 있으나, 비겁한 자는 그 어디에 숨어도 안전하지 않다고 알렉산드로스는 생각했다.

시시미트레스의 요새를 포위했을 때, 눈앞에는 너무나 가파른 바위가 놓여 있었다. 도저히 오를 수 없다고 여긴 병사들은 실망하여 진군을 포기하려고 했다. 알렉산드로스는 옥시아르테스에게 시시미트레스가 어느 정도로 용기가 있는 사람이냐고 물었다. 그가 세상에서 가장 비겁한 자라고 답하자 알렉산드로스는 말했다.

"그렇다면 두고 보게, 저 요새는 곧 내 것이 될 테니. 그가 겁쟁이라고 하니 말이야."

그는 시시미트레스를 위협하여 그 요새를 쉽게 손에 넣었다. 언젠가 그가 높은 곳에 있는 또 다른 요새를 공격할 때였다. 그는 자기와 이름이 같은 알렉산드로스라는 젊은 병사를 불러내 용기를 주면서 말했다.

"오늘 자네는 그 이름처럼 용맹하게 싸워야 하네."

이 젊은이는 참으로 용감하게 싸웠지만 안타깝게도 끝내 죽고 말았는데, 알렉산드로스는 이 소식을 듣고 너무나 슬퍼했다.

니사라는 작은 도시에 이르렀을 때는 성벽을 따라 매우 깊은 강물이 흐르고 있었기 때문에 병사들은 감히 공격할 엄두도 내지 못했다. 이때 알렉산드로스가 외쳤다.

"아니, 이럴 수가! 나는 왜 이제껏 헤엄치는 법을 배울 생각을 하지 않았지?"

그는 방패를 왼팔에 걸치고는 강을 건너려고 했다. 성을 함락하지는 못했으나, 포위된 적들은 사절들을 보냈다. 이들은 갑옷을 입고 먼지와 피로 뒤범벅이 된 알렉산드로스를 보자 깜짝 놀랐다. 누군가가 방석을 가져오자, 알렉산드로스는 가장 나이가 많아 보이는 사람에게 방석을 건네주며 앉으라고 했다. 이 사람은 아쿠피스라는 자로서, 알렉산드로스의 정중한 태도에 감탄하여 그와 우호 관계를 유지하려면 자기들이 무슨 일을 하면 되느냐고 물었다. 그러자 알렉산드로스는 아쿠피스 나라의 사람들이 그를 왕위에 앉히고 자신에게는 가장 훌륭한 장정 100명을 보내달라고 말했다.

이 말에 아쿠피스는 크게 웃으며 말했다.

"전하, 가장 훌륭한 장정보다 가장 악한 장정 100명을 보내면 제가 이 나라를 더 잘 다스릴 수 있게 될 텐데요."

인디아에서 탁실레스 왕이 다스리는 땅은 아이귑토스만큼이나 넓고 기름졌다. 그도 매우 지혜로운 왕으로 알려져 있었다. 탁실레스는 알렉산드로스를 보자마자 그를 끌어안으며 이렇게 말했다.

"알렉산드로스, 왜 우리 둘이 싸워야 하죠? 왕이 물과 식량을 우리에게서 가져가기 위한 게 아니라면 말입니다. 분별 있는 사람들이 싸우는 이유는 이 두 가지밖에 없기 때문이지요. 그 밖에 다른 것들은 내가 더 많이 가지고 있으면 기꺼이 전하에게 드리지요. 그리고 전하가 더 많이 가진 게 있다면 나에게 좀 나누어 주셔도 좋겠군요."

이 말을 듣고 알렉산드로스는 매우 기뻐하며 오른손을 내밀어 악수를 청하고는 말했다.

"당신은 아마도 이렇게 하면 우리가 싸우지 않고 친구가 될 수 있다고 생각하나 보군요. 하지만 오해하지 마시오. 나는 당신과 정정당당하게 겨루겠소. 당신은 나를 절대로 이기지 못할 것이오."

이렇게 말하고 둘은 서로 선물들을 주고받았다. 알렉산드로스는 탁실레스 왕에게 화폐 1000탈란톤을 주었다. 알렉산드로스의 이러한 행동은 그의 측근들을 화나게 했으나, 이 나라 사람들은 그를 한결 너그러운 눈으로 바라보게 되었다.

그 뒤 인디아 원정길에서 알렉산드로스에게 무엇보다 큰 손실을 입힌 것은 직업군인들이었다. 이들은 알렉산드로스가 공격하는 도시를 방어하기 위해 몰려들었다. 그리하여 알렉산드로스는 어느 도시에서 이들과 협정을 맺고는, 그들이 되돌아가는 것을 덮쳐 전멸시킨 적도 있었다. 이것은 늘 정정당당하게 싸워 왕의 자리에 오른 그에게 가장 큰 오점으로 남았다. 철학자들 또한 그에게는 골칫거리였다. 그들은 알렉산드로스의 세력 아래 들어가는 왕들을 비난하며, 독립을 하도록 반란을 부추기고 다녔다. 이 때문에 알렉산드로스는 수많은 철학자들을 잡아 교수형에 처했다.

포루스 왕과의 전쟁에 대해서는 알렉산드로스가 쓴 편지 속에 자세하게 기록되어 있다. 두 나라 군대가 히다스페스 강을 사이에 두고 대치했는데, 포루스 왕이 저 멀리 맞은편 강둑에 수많은 코끼리들을 이끌고 나와 알렉산드로스가 강을 건너지 못하도록 감시하며 지켜보고 있었다고 한다. 알렉산드로스 자신은 날마다 부대 안에서 소란을 일으키고 시끄럽게 하여 적군의 경계심을 흩뜨려 놓으려 했다. 그러다 폭풍우가 몰아치는 어두운 밤, 그는 기병 선발대와 보병들을 거느리고 꽤 멀리 떨어져 있는 적진으로 나아가, 강을 건너 작은 섬에 이르렀다. 이때 요란한 천둥 번개와 함께 사납게 쏟아지는 빗줄기에서 병사 몇 명이 벼락에 맞아 죽기도 했지만, 알렉산드로스는 행군을 강행하여 섬을 지나 맞은편 강둑으로 올라갔다.

히다스페스 강물은 비로 물이 불어나 있었는데, 개천을 타고 내려오는 거센 물살이 이 두 번째 지류로 흘러들고 있었다. 마케도니아 병사들은 빗물로 미끄럽고 울퉁불퉁한 땅바닥을 딛고 행군해 나아가느라 애를 먹었다. 바로 이곳에서 알렉산드로스가 외쳤다.

"아! 아테나이 사람들이여, 그대들의 칭송을 얻기 위해 나는 숱한 고난을 겪어야 한다오!"

하지만 이 말은 역사가 오네시크라투스의 기록에만 나온다. 알렉산드로스의 편지에서는, 그의 군대는 뗏목을 버리고 무장한 상태로 가슴까지 차오르는 거센 물살들을 헤쳐 나아갔다고 한다. 강둑에 오르자 그는 보병대를 20펄롱 거리에서 뒤따라오게 하고는, 자신은 기병대를 이끌고 앞장서서 나아갔다. 적의 기병대가 공격해 와도 자신의 기병대가 충분히 대항할 수 있으며, 보병이 공격해 오면 보병 부대가 바로 뒤쫓아와 맞붙어 싸울 수 있으리라 여겼기 때문이다. 실제로 그는 얼마 지나지 않아 적의 기병 1000기와 전차 60대를 맞닥뜨려 적을 어렵지 않게 무너뜨렸는데, 전차를 모두 빼앗고 기병 400기를 죽였다.

그때 포루스는 알렉산드로스가 이미 강을 건넜으리라 예상하고, 마케도니아 병사들이 강을 건너오지 못하게 막을 일부 군대만 남겨놓고는 알렉산드로스를 공격하기 위해 전군을 이끌고 나아갔다. 알렉산드로스는 엄청난 수의 적군들과 코끼리 부대에 놀라 적군 중심부로 들어가는 것을 피했다. 대신 코이누스에게 오른쪽 날개를 맡기고 자신은 왼쪽 날개를 공격하기 시작했다. 곧 양쪽 날개 진영에 있던 적군들은 패하여 코끼리 부대가 서 있는 가운데 주력군 쪽으로 후퇴했다. 여기서 난공불락의 혈전이 벌어졌다. 알렉산드로스는 그들을 공격하여 치열한 싸움을 벌였다. 전투가 시작된지 여덟 시간이 지나서야 적군을 완전히 물리쳤다. 이런 자세한 사항들은 그날의 주인공이 된 알렉산드로스의 편지 속에 낱낱이 기록되어 있다.

역사가들이 대부분, 포루스의 키가 4큐빗 1스팬(한 뼘 길이로
약 23센티)이나 되었다고 전한다. 그가 탄 코끼리도 몸집이 아주 컸는데, 그가 코끼리에 올라탄 모습은 보통 사람이 말을 탄 것처럼 보였다고 한다. 이 코끼리는 매우 영리하여 주인을 잘 모셨다. 코끼리는 포루스가 왕성한 기력으로 싸우는 동안에는 적병들을 코로 휘감아 던져버리고, 포루스가 상처를 입고 정신을 잃었을 때에는 그가 떨어지지 않게 가만히 무릎을 꿇고 앉아, 그의 몸에 꽂힌 창들을 자신의 코로 뽑아버렸다고 한다.

포로가 된 포루스에게 알렉산드로스는 어떻게 대우해 주기를 바라느냐고 물었다. 그러자 포루스가 말했다.

"왕으로 대접받기 원하오."

알렉산드로스가 그 밖에 또 바라는 것은 없느냐고 묻자 그가 답했다.

"왕으로 대접받기 원한다는 말 속에 모든 게 들어있소."

알렉산드로스는 포루스를 자신이 다스리던 영토의 총독으로 임명하여 계속 다스릴 수 있도록 해주었다. 뿐만 아니라 15개 부족과 5000곳에 이르는 도시들과 헤아릴 수 없이 많은 마을로 이루어진, 그가 다스리던 영토보다 넓은 자치구역을 그에게 맡겼다. 이어서 알렉산드로스는 이보다 세 배나 더 넓은 지역을 정복하고 친구 필리푸스를 총독으로 임명했다.

포루스와의 전쟁이 끝난 뒤 얼마 지나지 않아 알렉산드로스가 가장 아끼던 말 부케팔루스가 죽었다. 역사가들은 대부분, 이 말이 포루스와의 전쟁 때 얻은 상처로 치료를 받다가 죽었다고 한다. 그러나 오네시크리투스에 따르면, 서른 살이나 된 데다 전쟁터에 나아가 몸을 너무 혹사하는 바람에 죽었다고 한다.

알렉산드로스는 가장 친한 친구가 죽은 것처럼 매우 상심하고 슬퍼했다. 그는 부케팔루스를 기념하기 위해 히다스페스 강가에 새로운 도시를 세우고, 말의 이름을 따서 부케팔리아라고 불렀다. 그는 또 새끼 때부터 자식처럼 사랑을 쏟으며 기른 페리타스라는 개가 죽었을 때에도 마찬가지로 도시 하나를 세워 이 개의 이름을 따서 불렀다고 한다. 이 이야기는 역사가 소티온이 레스보스섬의 포타몬이 한 말을 기록한 것이라 전한다. 포루스 왕과의 전쟁으로 지친 마케도니아군은 인디아로 더 깊숙이 진군하기를 꺼렸다. 그들은 겨우 보병 2만 명과 기병 2000기를 상대로 너무나 힘겨운 승리를 거두었기 때문에, 강게스(갠지스) 강을 건너려고 하자 격렬하게 반대했다. 강은 너비가 32펄롱이나 되고 수심도 100큐빗이나 되었으며, 강둑에는 이미 수많은 적들이 말과 코끼리들을 이끌고 나와 진을 치고 있었다.

소문에 따르면 이들은 간다리타이족과 프라이시아이족의 두 왕으로서, 건너편 강둑에서 기병 8만 기, 보병 20만 명, 전차 8000대, 코끼리 6000마리를 거느리고 마케도니아군이 공격해 오기만을 기다리고 있다는 것이다. 정말 소문대로였다. 실제로 얼마 지나지 않아 이곳의 왕이 된 안드로코투스가 셀레우쿠스에게 코끼리 500마리를 선물로 주었다. 곧이어 그는 60만 대군을 이끌고 나아가 인디아 전체를 정복해 버렸다.

알렉산드로스는 반대에 부딪혀 행군이 어렵게 되자 너무나 화가 나서 막사 안에 틀어박혀 버렸다. 그는 강게스 강을 건너는 데 반대하는 병사들에게는 이제까지의 공로에 대해 어떠한 고마움도 표시하지 않겠다고 말하며, 여기서 물러난다는 것은 패배를 인정하는 것과 마찬가지라고 했다. 그러나 동료 장군들이 이치를 따져가며 그를 설득하고, 병사들이 막사로 달려와 호소하자 알렉산드로스도 마음이 누그러져서 마침내 후퇴하도록 지시했다. 알렉산드로스는 원주민들에게 그에 대한 좋은 인상을 심어주고 가기 위해 여러 기발한 술책들을 썼다. 예컨대 그는 무기와 말굴레와 말구유 등을 자기가 본디 사용했던 것보다 훨씬 크게 만들어 여기저기 던져놓고 지나갔다. 그는 신에게 제물을 바치던 제단들도 남겼는데, 오늘날까지도 프라이시아이족 왕들은 강을 건너와서 헬라스식으로 제물을 바치고 돌아간다.

이때 젊은이였던 안드로코투스는 뒷날 사람들에게, 그 지역의 왕이 매우 비열하고 잔인하여 신하들이 원한을 품고 있었기 때문에 알렉산드로스가 원정을 계속했더라면 쉽게 그곳을 정복하여 인디아 전체 왕이 되었을지도 모른다고 말했다.

알렉산드로스는 이제 대양으로 나아가고 싶어져서, 수많은 뗏목과 배들을 만들어 인두스(인더스) 강 줄기를 따라 천천히 내려갔다. 하지만 이 여정 또한 그렇게 한가로운 것만은 아니어서, 강을 내려가는 동안에도 그는 몇 번씩이나 위험에 맞닥뜨리며 뭍에 올라 강가에 사는 여러 부족들을 공격하여 점령하고 자기 영토로 만들었다.

알렉산드로스는 인디아에서 가장 사납고 호전적인 말리족과 싸울 때는 목숨을 잃을 뻔하기도 했다. 그는 그들의 주요 도시를 포위하고 있었는데, 수없이 화살을 쏘아대며 적의 수비병들을 몰아낸 뒤에, 알렉산드로스는 가장 먼저 성벽에 사다리를 걸치고 기어올라 갔다. 그런데 사다리가 부러져, 부하들은 올라오지 못하고 적들은 그의 발아래 하나둘씩 모여들었고 그에게 활을 쏘기 시작했다. 알렉산드로스는 홀로 적의 무리 속으로 뛰어내렸다. 운 좋게도 그는 다치지 않았다. 알렉산드로스가 뛰어내릴 때 그의 갑옷에서 크게 부딪치는 소리와 함께 눈부신 광채가 났다. 원주민들은 밝은 광채가 몸에서 나오는 것이라 여기고는 모두들 놀라서 뒤로 흩어졌다. 하지만 잠시 뒤 따라온 병사가 호위병 단둘뿐인 것을 알아채고는 그들 가운데 몇 명이 다시 칼과 창을 들고 공격해 왔다.

이때 적병 하나가 조금 떨어진 거리에서 그에게 화살을 힘껏 당겼다. 화살은 알렉산드로스의 갑옷을 뚫고 가슴 아래쪽 갈빗대에 꽂혔다. 화살을 맞고 그가 비틀거리자 화살을 쏜 적군 병사가 칼을 빼들고 달려나왔다. 바로 이때 호위병 페우케스타스와 림나이우스가 잽싸게 알렉산드로스 앞을 가로막았다. 적군과 맞서 싸우다 부상당하여 림나이우스가 죽고, 페우케스타스도 혼자서 알렉산드로스를 가로막고 버티다가 죽었다. 그사이 알렉산드로스도 인디아 병사들과 맞서 맨손으로 싸웠다. 알렉산드로스는 여러 곳에 상처를 입었다. 마침내

알렉산드로스(ALEXANDROS) 1263

그는 곤봉으로 목덜미를 얻어맞아 성벽에 기대어 선 채로 온 힘을 다해 적과 대치하고 있었다. 이때 마케도니아 병사들이 달려와 알렉산드로스를 에워쌌고, 그가 정신을 잃자 병사들은 그를 업고 막사로 옮겼다. 막사 안에는 알렉산드로스가 전사했다는 소문이 퍼졌다.

군의관들은 알렉산드로스의 가슴에 박힌 화살을 톱으로 자르고 나서 갑옷을 벗겼다. 화살촉은 길이가 손가락 굵기의 네 배, 너비는 손가락 굵기의 세 배 정도 되었다. 깊이 박힌 화살촉을 빼내자, 알렉산드로스는 그제야 정신을 차렸다. 위험한 상태는 벗어났지만 그는 오랫동안 자리에 누워 있어야 했는데, 밖에서 병사들이 그를 보기 위해 웅성거리는 소리가 들려오자 알렉산드로스는 망토를 걸치고 나아가 그들을 맞았다. 그러고 나서 그는 몸이 회복된 것에 대해 신들에게 감사의 제물을 올렸다. 그리고 다시 항해를 이어 나아갔다. 그는 광활한 대륙을 따라 배를 타고 가면서 연안에 있는 수많은 지역과 도시들을 정복했다.

그는 김노소피스타이라고 불리는, 인디아 철학자 10명을 포로로 잡아들였다. 그들은 삽바스를 부추겨 반란을 일으키는 데 결정적인 영향을 주고는 해서, 마케도니아군에게는 큰 골칫거리였다. 그들은 '나체 고행자'라 불렸는데, 어떤 어려운 질문에도 간결하고 적절하게 대답을 잘하기로 알려져 있었다. 알렉산드로스는 그들을 시험해 보기로 했다. 그는 대답을 제대로 하지 못한 사람부터 차례차례로 죽이리라 말하고는, 나이가 가장 지긋해 보이는 사람에게 심판을 보게 했다. 알렉산드로스는 첫 번째 사람에게, 산 자와 죽은 자 가운데 어느 쪽이 더 숫자가 많은지 물었다.

"살아 있는 사람이 더 많습니다. 죽은 자는 존재하지 않으니까요."

두 번째 사람에게는 세상에서 가장 큰 짐승은 육지와 바다 가운데 어느 쪽에 있는지 물었다.

"육지입니다. 바다는 육지의 한 부분이니까요."

세 번째 사람에게는 가장 영리한 짐승이 무엇이냐고 물었다.

"그것은 아직 인간이 찾아내지 못한 짐승입니다."

네 번째 사람에게는 왜 삽바스를 부추겨 반란을 일으켰느냐고 물었다.

"나는 그가 살든 죽든 자신의 명예를 지키기를 바랐기 때문입니다."

다섯 번째 사람에게는 낮과 밤 가운데 어느 것이 먼저 생겼느냐고 물었다.

"하루만 놓고 본다면, 낮이 먼저입니다."

알렉산드로스가 이 말을 듣고 놀라는 것을 보고 그가 말했다.

"난문에는 난답을 할 수밖에 없지요."

여섯 번째 사람에게는 어떻게 해야 가장 사랑받을 수 있는지 물었다.

"절대권력을 가지면서도 사람들을 두렵게 하지 않으시면 됩니다."

남은 세 사람 가운데 첫 번째 사람은 어떻게 하면 신이 될 수 있는지에 대해 질문을 받자 이렇게 대답했다.

"인간이 할 수 없는 일을 하면 됩니다."

다음 사람에게는 삶과 죽음 가운데 어느 것이 더 강한지를 물었다.

"삶이 죽음보다 강합니다. 삶은 수많은 고통을 견뎌내야 하니까요."

마지막 사람은 인간이 몇 살까지 사는 게 가장 명예로운 일인지 질문을 받자 이렇게 말했다.

"죽는 게 사는 것보다 낫다고 생각할 때까지입니다."

알렉산드로스가 심판을 맡은 사람에게 결정을 내리라고 지시하자, 그는 누구든 다른 사람보다 서투른 답변을 했다고 말했다. 그러자 알렉산드로스가 말했다.

"그런 판결을 내린 당신부터 죽이겠다."

"그러시면 안 됩니다. 대답을 제대로 하지 못한 사람부터 죽이겠다고 말씀하신 게 거짓이 아니라면요."

이 말을 듣고 알렉산드로스는 그들 모두에게 선물을 내린 뒤, 상처 하나 입히지 않고 돌려보냈다.

알렉산드로스는 또 오네시크리투스를 보내어, 고요하게 은둔 생활을 하는 명상가들 가운데 알려진 사람들을 초대했다. 오네시크리투스는 견유학파인 디오게네스 학파를 이어받은 철학자였다. 그런데 칼라누스라는 인디아의 고행자는 무례하게도 오네시크리투스에게, 옷을 벗지 않으면 그가 제우스 신이 보낸 사람이라도 함께 이야기하지 않겠노라 말했다. 그러나 김노소피스타이에 속한 단다미스라는 사람은 그에게 좀 더 온화하게 대했다. 오네시크리투스가 소크라테스, 피타고라스, 디오게네스 등에 대해 이야기하는 것을 듣고 나서 그는, 그들은 모두 지혜로운 분들이지만 지나치게 법에 얽매여 있었던 것 같다고 말했다.

다른 기록들에 따르면 단다미스는 이런 질문만 했다고 한다.

"알렉산드로스는 왜 이렇게까지 먼 길을 왔지요?"

하지만 탁실레스 왕은 칼라누스를 설득하여 알렉산드로스를 만나보게 했다. 그의 진짜 이름은 스피네스였다. 그렇지만 그가 사람들을 만날 때마다 '칼레'라는 인디아식 인사말을 했기 때문에, 헬라스 사람들은 그를 칼라누스라고 부르게 되었다. 칼라누스는 아래와 같은 방법으로 제국을 다스리는 통치자의 본보기를 알렉산드로스에게 제시해 주었다고 한다.

그는 말라서 쭈글쭈글해진 짐승 가죽 한 장을 땅바닥에 던지더니, 그 가장 자리를 따라가며 밟기 시작했다. 한 곳에 발을 내딛을 때마다 다른 부분들은 위로 튀어올라왔다. 그가 모두 밟고 나서 마지막에 한가운데를 밟자 쇠가죽은 전체가 고르게 펴졌다. 칼라누스는 알렉산드로스에게, 왕은 자기 왕국 한가운데에서 힘의 균형을 유지해야 하며 먼 곳에서 떠돌아다니면 안 된다는 것을 알려주기 위해 이런 비유를 준비한 것이었다.

알렉산드로스가 인더스 강과 그 지류들을 따라 내려와 해안까지 도착하는데에는 꼬박 일곱 달이 걸렸다. 바다로 나오자 그는 어느 섬으로 건너갔다. 그는 이 섬을 스킬루스티스라고 불렀는데, 다른 사람들은 거의 이 섬을 프실투키스라고 불렀다. 그는 섬에 오르자마자 신들에게 제물을 올린 뒤 바다와 해안을 가능한 한 멀리까지 둘러보았다. 그러고는 다시 돌아와, 어떤 정복자도 자신이 정벌해 나간 한계를 뛰어넘어 더 넓은 영토를 정복하지 못하게 해달라고 기도했다.

그는 네아르쿠스를 제독으로, 오네시크리투스를 항해장으로 임명하고는 인디아를 오른쪽으로 끼고서 해안을 따라가게 했다. 그 자신은 육로로 오레이타 이족의 나라를 거쳐 행군해 나아갔는데, 이 과정에서 군수물자가 떨어져서 큰 고통을 겪으며 많은 병사들을 잃었다. 보병 12만 명과 기병 1만 5000기 가운데 그가 고국으로 이끌고 온 병력은 4분의 1도 채 되지 않았다. 병사들 대부분이 질병, 영양실조, 일사병, 굶주림 등으로 죽었다. 이들이 닿는 곳마다 경작되지 않은 황량한 들판만 펼쳐졌다. 몇몇 야만족들을 만날 수 있었지만, 이들이 기르는 얼마 안 되는 가축들도 척박한 곳에서 생선을 먹고 자란 탓인지 이상한 냄새가 나고 맛도 없었다.

60일의 고된 행군 끝에 마침내 병사들은 사막에서 벗어나 게드로시아 시에 이르렀다. 부근의 총독들과 군주들은 많은 식량과 필요한 물품들을 미리 갖추어 놓고 그들을 맞이했다.

알렉산드로스는 이곳에서 잠시 군대를 쉬게 한 뒤 카르마니아 지방을 지나갔다. 이곳을 지나가는 7일 동안 그들은 마음껏 먹고 즐겼다. 알렉산드로스는 말 여덟 마리가 이끄는 전차 위에 앉아 친구들과 함께 밤낮으로 잔치를 베풀었다. 그 뒤에는 수많은 수레 행렬이 따랐다. 수를 놓은 진한 자줏빛 포장을 두른 수레, 계속해서 싱싱한 나뭇가지로 그늘을 드리워 주는 수레들로서, 안에서는 꽃으로 만든 관을 쓴 알렉산드로스의 친구나 지휘관들이 술을 마시고 있었다.

병사들은 방패, 투구, 창 같은 것은 치워놓고, 저마다 컵이나 뿔모양 술잔 또는 도자기로 된 술병들을 쥐고 큰 항아리에 담긴 술을 떠서 마음껏 마시며, 어떤 이들은 걸어가기도 하고 또 어떤 이들은 길가에 앉아 서로의 건강을 위해 축배를 올리기도 했다. 행렬이 지나는 곳마다 피리 소리, 나팔 소리, 하프 소리, 노래하며 춤추는 소리가 울려퍼졌다. 이는 마치 디오니소스 신이 지휘하는 화려한 행렬 같았다.

이렇게 하여 게드로시아에 이르자, 알렉산드로스는 군대를 멈추고 다시 잔치를 베풀었다. 알렉산드로스 자신은 술에 취한 상태에서 무용 대회를 지켜보고 있었는데, 그가 매우 총애하던 바고아스가 우승을 했다고 한다. 바고아스는 무용복을 입고 꽃으로 만든 관을 머리에 쓴 채로 극장을 가로질러서 알렉산드로스 곁으로 다가와 앉았다. 이를 본 마케도니아 병사들이 열광적으로 손뼉을 치며 그에게 키스해 주라고 소리치자, 알렉산드로스는 두 팔을 벌려 그를 안고는 키스를 해주었다고 한다.

이때 바닷길을 통해 온 네아르쿠스와 그의 장군들이 도착하자, 알렉산드로스는 크게 기뻐하며 그들을 맞았다. 알렉산드로스는 그들의 항해담에 매우 관심을 가지며 다음에는 자기가 함대를 이끌고, 에우프라테스 강 하구를 통해 바다로 나아가겠다고 말했다. 그리하여 아라비아와 리비아를 끼고 있는 바다를 돌아, '헤라클레스의 기둥'이라고 부르는 지브롤터 해협을 거쳐서 지중해로 들어갈 계획을 세웠다. 그는 타프사쿠스에서 여러 종류의 배를 만들게 하고, 각지에서 선원과 항해사들을 모아들이게 했다.

그러나 이제 막 끝난 인디아 원정에서 알렉산드로스가 힘겨운 싸움을 했으며 말리족과의 전투에서 부상을 당하고 위기에 처해 죽을 뻔했던 일, 사막을 횡단할 때에 입은 손실들에 대한 소식을 듣고 식민지 원주민들은 그가 살아 돌아오게 될지 의심을 품으며 반란을 일으킬 기회만 엿보았다. 게다가 알렉산드로스가 원정을 나가고 없는 동안, 각 지방 총독과 사령관들이 자기 욕심을 채우려고 사람들을 괴롭히자 나라 전체가 술렁거리며 음모와 반란의 기미를 보였다.

본국에서는 올림피아스와 클레오파트라가 손을 잡고 안티파트로스를 몰아내고는, 올림피아스는 에피루스를, 클레오파트라는 마케도니아를 나누어 가졌다. 이 소식을 듣자 알렉산드로스는, 자기 어머니가 클레오파트라보다 더 현명한 분이라는 것을 입증했다며, 마케도니아 사람들은 여자가 통치하는 것을 참지 않을 거라고 말했다.

알렉산드로스는 다시 네아르쿠스에게 바닷길을 따라 해안 여러 부족들을 정벌하도록 지시했다. 알렉산드로스 자신은 죄를 지은 장군들을 처벌하기로 했다. 그는 수시아나 지방 총독 아불레테스의 아들 옥시아르테스를 그의 창으로 찔러 죽이고 귀국 길에 올랐다. 그는 아불레테스가 자신의 명을 어기고 필요한 식량 대신 은 3000탈란톤을 싣고 오자, 그 돈을 말 앞에 내던지고는 말이 거들떠보지도 않는다는 사실을 지적하며 말했다.

"그래, 말도 안 먹는 것을 가져와서 나 보고 먹으라는 소리냐?"

이렇게 말하고는 아불레테스를 감옥에 가두게 했다.

알렉산드로스는 페르시스에 머무르는 동안 여인들에게 금화를 나누어 주었다. 이곳에서는 왕이 행차하면 모든 여자들에게 금화를 하나씩 나누어 주던 관습이 오래전부터 있었다. 따라서 많은 페르시아 왕들은 이곳에 거의 오지 않았다. 특히 오쿠스 왕은 왕위에 있는 동안 고향에 한 번도 가지 않았을 만큼 인색한 왕이었다고 한다.

얼마 뒤 알렉산드로스는 키루스 왕의 무덤이 파헤쳐진 것을 발견하고 범인을 잡아들이게 했다. 범인은 폴레마르쿠스라는 사람으로, 펠라(마케도니아 수도. 알렉산드로스의 고향이기도 하다) 출신이며 신분도 높았다. 그러나 알렉산드로스는 그에게 사형을 내리고, 묘비에는 헬라스어로 다음처럼 새기게 했다.

길 가는 나그네여,

그대가 누구이든 어디에서 왔든
나는 그대가 오리라고, 미리 알고 있었지.
나는 페르시아를 세운 키루스이니,
내 뼈가 묻힌 이 한 뼘 땅을
아까워하지 말게.

이 비문은 알렉산드로스를 크게 감동시켰다. 그는 인간사의 불확실성과 덧없음을 생각했다.

이즈음 가끔 속병으로 고생깨나 하던 칼라누스가 자기 몸을 화장할 수 있게 장작더미를 쌓아달라고 요청했다. 그는 말을 타고 달려와 기도를 올렸다. 잠시 뒤 그는 제사 때 쓰는 신주를 몸에 뿌리고, 머리카락을 한 움큼 잘라 장작더미 위에 던졌다. 그러고는 사람들 손을 잡고 그날을 축하하여 왕과 함께 실컷 축배를 들라고 했다. 자신도 곧 바빌론에서 왕을 뵙게 될 거라고 덧붙였다. 그는 스스로 제물이 되기 위해 장작더미 위에 몸을 눕히고는 천으로 자신의 몸을 덮었다. 그는 불길에 휩싸이면서도 조금도 움직이지 않고 그대로 재가 되었다. 그는 인디아의 철학자들이 하듯이, 자기를 신의 제물로 바쳤다.

몇 년이 지나자 이 같은 일이 또다시 일어났다. 카이사르의 인디아인 친구로서 그와 함께 아테나이에 온 어떤 사람이 자신을 화장했는데, 아테나이 사람들은 아직도 그곳을 '인디아 사람의 무덤'이라 부른다.

화장을 마치고 돌아온 알렉산드로스는 많은 친구와 장군들을 초대했다. 그는 포도주 마시기 대회를 열어 가장 많이 마신 사람에게 상을 주기로 했다. 프로마쿠스가 포도주를 12쿼트(1쿼트는 1.14리터)나 마셔서 1탈란톤을 받았지만 그는 사흘 뒤에 죽고 말았다. 카레스에 따르면, 그 대회에 참가한 사람들 가운데 술을 너무 많이 마시고 심한 오한으로 떨다가 죽은 사람이 41명이나 되었다고 한다.

수사에서는 많은 결혼식과 결혼 축하 연회가 열렸다. 알렉산드로스는 다리우스의 딸 스타티라와 결혼했다. 또 그의 장군들 가운데 공적이 뛰어난 사람들에게도 페르시아 여인들과 결혼할 수 있도록 허락했다. 그들은 함께 결혼식을 올리고, 이미 페르시아 여인들과 결혼한 모든 마케도니아인들을 초대했다. 이날 축제 행렬에는 9000명이 모였다. 알렉산드로스는 그 자리에 모인 사람들 모두에게 신주를 마시게 하기 위해 금잔을 하나씩 나누어 주었다. 그는 손님들에게 성대한 대접을 하고 9870탈란톤에 달하는 병사들의 빚도 모두 갚아주어 자신의 너그러움과 호방함을 보여주었다.

그런데 그때 싸움터에서 한쪽 눈을 잃은 안티게네스가, 빚이 없으면서도 채무자 명단에 자기 이름을 써넣은 사실이 발각되었다. 그는 자기 이름을 올린 다음 거짓 채권자를 데려와서 알렉산드로스로부터 돈을 받아냈다.

알렉산드로스는 몹시 화가 나서 안티게네스를 법정에서 내쫓고 그의 지휘권도 빼앗아 버렸다. 안티게네스는 매우 뛰어난 군인이었다. 그는 젊었을 때 필리포스 왕을 따라 페린투스라는 작은 도시를 포위하여 공격했는데, 그때 적이 던진 화살이 그의 눈에 박혔다. 하지만 그는 화살을 뽑으려고도 하지 않고 적과 맞서 싸우다가 마침내 그들을 성안으로 몰아넣었다. 그런 자신을 가혹하게 대하는 알렉산드로스에게 안티게네스는 크게 불만을 품었다. 그는 심한 모욕감과 수치심을 느끼고는 스스로 목숨을 끊겠다고 했다. 알렉산드로스는 안티게네스가 자신이 한 말을 그대로 실행하여 정말로 자살하게 될까봐 그를 용서해주고, 속임수로 받아낸 돈도 그냥 갖도록 허락했다.

알렉산드로스가 헬라스식으로 교육하기 위해 남겨두고 떠났던 (페르시아) 소년 3만 명은 알렉산드로스를 매우 기쁘게 했다. 그들은 이제 몰라볼 정도로 뛰어난 용모와 체력을 갖추고 군사적 수행 능력에서도 놀라울 만한 기량과 민첩성을 발휘했다. 하지만 마케도니아 병사들은 알렉산드로스가 자기들보다 소년들을 더 높이 평가하게 될까봐 두려워하고 이 소년들을 대하는 그의 태도에 불만을 품었다. 게다가 알렉산드로스가 병약하거나 다친 병사들을 본국으로 돌려보내려 하자 그들은 드러내 놓고 불평을 하기 시작했다. 이들은 건강했던 자신들이 나라를 위해 충성을 다하다가 전쟁터에서 병들고 불구가 되자 이제 와서 그들의 가족에게 돌려보내는 일은 부당하다고 주장했다.

마케도니아 병사들은 알렉산드로스에게, 그럴 바엔 차라리 마케도니아 병사들을 모두 고향으로 돌려보내고, 참신한 페르시아 병사들과 마음껏 세계를 정복하고 다니라고까지 말했다.

이 말을 듣자 알렉산드로스는 너무나 화가 났다. 그는 병사들을 매섭게 꾸짖고 모두 물러가게 했다. 그러고는 모든 경호를 페르시아 사람들로 바꾸고 그 가운데 호위병과 시종들을 뽑았다. 마케도니아 병사들은 알렉산드로스가 페르시아 사람들을 앞세우고 자기들을 무시해 버리자 의기소침해졌다. 그들은 분노와 질투로 이성을 잃고 함부로 행동했던 것을 후회했다. 마침내 그들은 가지고 있던 무기들을 모두 내려놓고 군복도 벗은 채 알렉산드로스의 막사 앞에 와서 눈물을 흘리고 후회하며, 자신들의 잘못된 행동에 벌을 내려달라고 했다.

알렉산드로스는 어느 정도 마음이 누그러졌음에도 여전히 그들을 만나주지 않았다. 그러나 병사들은 이틀 밤과 이틀 낮 동안 그의 막사 앞에서 알렉산드로스 왕의 이름을 부르고 울면서 애원했다. 사흘째 되는 날, 알렉산드로스는 병사들 앞에 나타나 그들의 초라한 모습을 보고는 눈물을 흘렸다. 그러고는 그들의 행동을 잠시 부드러운 말로 꾸짖고 나서 다시 친절하게 위로해 주었다. 그런 다음 병들고 불구가 된 병사들에게 많은 상을 내려주고, 안티파트로스에게 전하는 편지를 써서 본국으로 돌려보냈다. 그 편지에는 모든 사람들이 모인 곳에서 그들 머리에 월계관을 씌워주고, 극장이나 서커스장에서 공연을 볼 때 가장 좋은 자리에 앉게 해주라고 쓰여 있었다. 그리고 전사자들의 자식들에게 아버지가 받던 봉급을 계속해서 지급하라고 지시했다.

알렉산드로스는 메디아의 에크바타나에 가서 중대한 일을 처리하고 나서 잔치를 베풀고, 헬라스로부터 예술인을 비롯하여 축하 행사를 이끌어 갈 인원 3000명을 불러들였다. 그러나 알렉산드로스의 총애를 받던 헤파이스티온이 열병으로 자리에 눕게 되자 행사는 중단되었다. 젊은 데다 군대 생활에 익숙했던 헤파이스티온은 자신의 몸을 돌보지 않고 아무 음식이나 가리지 않고 먹었다. 그의 담당 의사인 글라우쿠스가 연극을 보러 간 사이에 그는 아침 식사로 삶은 닭 한 마리를 먹어 치우고는, 큰 항아리에 들어 있던 차가운 포도주를 몽땅 마셔버렸다. 이 때문에 그는 곧 병세가 악화되어 며칠 뒤에 그만 죽고 말았다.

알렉산드로스는 슬픔으로 이성을 잃었다. 그는 애도하는 뜻으로 자기 말과 노새들의 꼬리를 모두 자르게 하고, 이웃한 모든 도시들의 흥벽을 허물게 했다. 또 불쌍한 의사 글라우쿠스를 못 박아 죽이고, 진영 안에서 피리나 그 밖의 어떠한 악기도 연주하지 못하도록 했다. 그때 암몬 신전에서 신탁이 와서, 헤파이스티온을 명예롭게 하고 그를 영웅으로 받들어 제를 올리게 했다.

그는 또 슬픔을 가라앉히기 위해 전쟁에 몰두했는데, 인간 사냥을 하며 자신을 위로했다. 그래서 코사이족을 습격하여 남자들을 모두 잡아 죽였는데, 이것을 헤파이스티온의 영혼에 바치는 제물로 생각했다. 또 헤파이스티온의 장례식과 기념비를 세우는 데 1만 탈란톤을 쓰기로 했는데, 독창성과 개성이 돋

보이게 함으로써 그만한 가치가 있도록 스타시크라테스라는 조각가에게 이 일을 맡겼다. 그는 구상이 매우 웅장하고 기술도 뛰어나다는 평을 들었다.

이에 앞서 언젠가 두 사람 사이에 대화가 오고 갈 때, 스타시크라테스는 사람의 모습을 새기기에 가장 알맞은 트라키아의 아토스 산 전체를 알렉산드로스의 조각상으로 만들어 이제까지 한 번도 본 적 없는, 영원히 후세에 남을 가장 웅대한 기념물이 되게 해줄 수 있다고 말했다. 알렉산드로스의 조각상은 왼손으로는 인구 1만의 미리안드루스 시를 잡고, 오른손으로는 강줄기를 붙잡아 마치 신주를 붓듯이 바다로 흘려보내는 모습이 되리라 말했다. 그때 알렉산드로스는 그의 제안을 받아들이지 않았다. 하지만 이제는 이보다 더 훌륭하고 비용도 많이 드는 설계를 위해 건축가들과 의논을 했다.

알렉산드로스가 바빌론으로 막 출발하려 할 때, 에우프라테스 강을 따라 함대를 이끌고 이미 도착해 있던 네아르쿠스가 달려왔다. 그는 칼다이아의 점술가들이 알렉산드로스가 바빌론으로 가지 못하게 말리더라고 전했다. 하지만 알렉산드로스는 이 말에 귀를 기울이지 않고 자기 계획대로 바빌론으로 출발했다. 바빌론 성벽 가까이 이르자 까마귀 떼가 공중에서 날개를 퍼덕이며 서로 물어뜯고 싸우고 있었다. 그 가운데 몇 마리가 알렉산드로스 옆에 떨어졌다.

이 일이 있고 얼마 지나지 않아 바빌론 총독 아폴로도루스가 알렉산드로스의 미래를 점쳐보기 위해 신들에게 제물을 바쳤다는 소식이 들려왔다. 알렉산드로스는 점술가 피타고라스를 불러 사실을 확인하고 점괘가 어떻게 나왔는지 물었다. 피타고라스는 두 개가 있어야 할 제물의 간엽(肝葉)이 하나밖에 없었다고 말했다. 이 말을 듣자 알렉산드로스가 외쳤다.

"매우 불길한 징조로구나!"

그는 네아르쿠스의 말을 무시해 버린 일을 후회했다. 하지만 피타고라스는 조금도 해치지 않고 돌려보냈다. 이제 알렉산드로스는 바빌론 성 밖에 진을 쳤다. 그는 에우프라테스 강에 배를 띄우고 주위를 둘러보면서 많은 시간을 보냈다. 이것 말고도 여러 좋지 않은 징조들이 그의 마음을 어지럽혔다. 순한 당나귀 한 마리가 알렉산드로스가 길들인 가장 크고 잘생긴 사자에게 갑자기 덤벼들어 발길질을 해서 죽이기도 했다.

하루는 그가 향유를 바르기 위해 옷을 벗은 채로 공놀이를 할 때였다. 함께 놀이를 하던 젊은이 하나가 알렉산드로스의 옷을 가지러 갔는데, 처음 보는 남자가 알렉산드로스의 옷을 입고 왕관을 쓴 채 옥좌에 앉아 있었다. 사람들이 그에게 누구냐고 물었지만 그는 한참 동안 아무 말도 하지 않다가 마침내 그는, 자신은 메세네에서 온 디오니시우스라고 말했다. 그는 죄를 지어 바빌론으로 끌려와 감옥에 있었는데 마침 그날 세라피스 신이 나타나 사슬을 풀어주고 왕궁으로 데려와 왕의 옷을 입히고 왕관을 씌우고 왕좌에 앉히더니, 어떤 일이 있어도 말하지 말라고 명령했다고 한다.

이 말을 듣자 알렉산드로스는 점술가들이 시키는 대로 그를 죽였다. 하지만 그는 매우 의기소침해졌다. 신들이 자기를 버렸다고 생각하며 두려움에 휩싸였다. 그는 또 친구들까지 의심하게 되었다. 그가 누구보다 두려워한 것은 안티파트로스와 그의 아들들이었다. 안티파트로스에게는 아들이 둘 있었는데, 그 가운데 이올라스는 그의 잔에 술을 따라주는 시종관이었다. 그리고 카산드로스는 이곳에 온 지 얼마 지나지 않은 데다, 헬라스식 교육을 받으며 자랐기 때문에 동양 풍습을 잘 몰랐으므로, 원주민들이 알렉산드로스에게 엎드려 절하는 것을 보자 참지 못하고 무례하게도 큰 소리로 웃고 말았다. 이때 알렉산드로스는 너무 화가 나서 카산드로스의 머리를 벽에 세게 밀어 부딪히게 했다.

또 한 번은 그의 아버지가 고발을 당해 카산드로스가 변호하려고 하자, 알렉산드로스가 그의 말을 가로막고 말했다.

"그대는 무슨 말을 하려는 건가? 그러면 이 사람들이 부당하게 학대받은 일도 없으면서 오직 그대의 아버지를 모함하려고 이렇게 먼 길을 달려왔다는 건가?"

그러자 카산드로스는 증거가 있는 곳을 떠나 그렇게까지 멀리 왔다는 사실 자체가 거짓을 숨기기 위한 것으로 보인다고 대답했다. 이 말을 듣고 알렉산드로스가 웃으면서 말했다.

"그런 것은 아리스토텔레스가 쓰는 수법으로, 두 사람 사이에 똑같이 적용되어야 한다. 너와 네 아버지 가운데 누구라도 이 고소인들에게 해를 끼친 사실이 조금이라도 드러나면 둘 다 따끔한 맛을 보여주겠다."

이 사건 뒤로 카산드로스의 기억 속에는 언제나 알렉산드로스가 매우 두려운 존재로 남았다. 따라서 뒷날 마케도니아 왕이 되고 헬라스 전체 군주가 되고 나서도 카산드로스는, 어느 날 델포이 신전 조각상들을 구경하다가 알렉산드로스의 조각상을 발견하고는 소스라치게 놀라며 심하게 몸을 떨었다.

이렇듯 자신감을 잃게 되자 알렉산드로스는 아무 일에나 쉽게 놀라며 사람을 의심했다. 아주 보잘것없는 일이라도 나쁜 징조라 여겨 제물들과 정화 의식들, 점술가와 예언가들로 궁중이 가득했다. 신을 믿지 않고 경멸하는 일도 매우 좋지 않지만, 지나치게 미신에 매달리는 것 또한 좋지 않다. 죄의식으로 가득 찬 그의 가슴속에는 마치 소용돌이처럼 두려움이 밀려와 그는 어느새 작은 일에도 소스라치게 놀라는 겁쟁이가 되어 있었다. 하지만 헤파이스티온에 대해서는 이미 신탁이 내려졌기에 이로써 어느 정도 슬픔을 달래며, 그는 다시 제사와 술에 빠져들어 헤어나지 못했다.

그즈음 도착한 네아르쿠스와 그 친구들에게 알렉산드로스는 크게 환영 잔치를 베풀었다. 잔치가 끝나고 알렉산드로스가 여느 때처럼 목욕을 하고 잠자리에 들려고 할 때 메디우스로부터 초대를 받았다. 그는 메디우스와 함께 다음 날까지 술을 마셨다. 그러고 나서 그는 갑자기 열병에 걸렸다. 기록에 따르면, 그가 헤라클레스의 커다란 술잔에 가득 담긴 술을 한꺼번에 마시고 난 뒤 열병이 들었다고도 하고, 갑자기 창으로 몸을 찌르는 듯한 심한 통증을 느끼고 나서 그렇게 되었다고도 한다. 하지만 그 어느 것도 사실이라는 근거는 없다. 역사가들은 때로 위대한 영웅의 마지막을 극적이고 위엄 있게 보이도록 이야기를 꾸며내기도 한다.

아리스토불루스에 따르면 그는 고열에 시달리다가 목이 너무 마르자 단숨에 포도주를 마셨고, 그때부터 혼수상태에 빠져들더니 마침내 다이시우스 달 30일에 세상을 떠났다고 한다.

그러나 알렉산드로스 왕의 공식 기록에는 다음처럼 쓰여 있다.

다이시우스 달 18일. 왕은 심한 열로 목욕탕에서 잠을 청했다. 다음 날 목욕을 마치고 침실로 돌아와, 메디우스와 함께 주사위 놀이를 하며 하루를 보냈다. 그날 밤늦게 목욕을 하고 신에게 제사를 올린 뒤 저녁 식사를 했다. 그날 밤에도 고열로 매우 고통을 받았다. 20일에도 여느 때처럼 목욕을 하고 신에게 제물을 바쳤다. 목욕탕에 누워 네아르쿠스와 그의 친구들에게서 항해담과 바다 이야기를 들으며 무척 흥미로워했다. 21일에도 전날과 같은 일정으로 하루를 보냈다. 그런데 열이 더 심해져서 밤새도록 앓다가 다음 날은 상태가 몹시 악화되었다. 왕은 침대에서 일어나 큰 욕조 옆으로 자리를 옮겨 누웠다. 그리고 장군들에게 군대에 결원이 생길 때마다 다른 인원으로 보충하도록 명령했다. 24일에는 병세가 여전히 나빴지만 왕은 일어나 제물을 올렸다. 그리고 장군들은 자기 가까이 머무르게 하고, 하급 장교들은 문 앞에서 밤새 지키도록 명령했다. 25일에는 강 건너 왕궁으로 거처를 옮기고 나서 잠을 조금 잤으나 열은 내리지 않았다. 장군들이 침실에 들어갔을 때에는 의식이 나빠져 아무 말도 하지 못했다. 마케도니아 병사들은 왕이 돌아가신 줄 알고, 모두 몰려와 무력으로라도 궁궐 안으로 들어가야겠다고 고집을 부렸다. 그리고 문이 열리자 무기를 내려놓고 튜닉만 입은 채로, 줄을 지어 차례로 왕의 침상 곁을 지나며 빨리 회복되기만을 빌었다. 이날 피톤과 셀레우쿠스를 세라피스의 신전으로 보내, 왕이 계속 머물러 있어야 하는지 물었다. 왕을 그대로 있게 하라는 신탁이 내려왔다. 28일 저녁 무렵, 알렉산드로스 왕이 죽었다.

이 기록은 왕실 일기를 거의 그대로 옮겨놓은 것이다. 알렉산드로스가 숨을 거둔 그즈음에는 독살당한 의혹은 전혀 없었다. 그러나 역사가들 기록에 따르면, 그로부터 6년이 지나 올림피아스가 독살의 증거를 찾아냈다고 한다. 그녀는 많은 사람들을 사형시키고, 이미 세상을 떠난 이올라스를 독살죄로 몰아그의 유해를 꺼내 바람에 날려버렸다.

어떤 역사가들은, 아리스토텔레스가 안티파트로스를 부추겨 독살을 하게 했으며 자신이 직접 그 독약을 가져갔다고 주장한다. 그들은 하그노테미스라는 사람이 알렉산드로스의 부하 안티고노스에게서 이 말을 직접 들었다고 한다. 이 독약은 노나크리스의 절벽에서 이슬처럼 한 방울씩 떨어지는 물을 모은 것으로, 얼음처럼 차가웠고 침투력이 강해서 그릇에는 담을 수 없었으며 말편자 속에만 저장할 수 있었다고 한다.

하지만 역사가들은 대부분 알렉산드로스가 독살되었다는 주장들을 꾸며낸 이야기로 생각한다. 알렉산드로스가 죽고 나자 장군들은 세력 다툼을 하느라 시신을 여러 날 동안 덥고 밀폐된 곳에 방치해 버렸지만 시신에는 독이 퍼진 흔적 없이, 피부 상태를 깨끗하게 그대로 유지했기 때문이다.

이때 록사나는 알렉산드로스의 아이를 가진 상태였기 때문에 마케도니아 사람들로부터 많은 존경을 받고 있었지만 스타티라를 매우 질투했다. 록사나는 알렉산드로스 글씨체를 흉내내어 편지를 써서 그녀를 불러들였다. 록사나는 스타티라와 그녀의 여동생을 죽이고, 시체를 우물 속에 던진 다음 흙으로 덮게 했다.

록사나를 도와 이 일을 꾸민 사람은 페르디카스였다. 그는 알렉산드로스가 죽은 뒤 한때 큰 권력을 손에 넣었다. 그는 아르히다이우스를 마케도니아의 왕위에 앉히고, 마치 페르디카스가 마케도니아의 실질적인 왕이었듯이, 자신도 왕의 권위 아래서 마음대로 권력을 쥐고 흔들었다. 아르히다이우스는 '필린나'라는 천하고 평판이 그리 좋지 않은 여자에게서 태어난 필리포스 왕의 아들이었다. 그는 매우 지능이 낮았으나, 본디 태어날 때부터 그랬던 것은 아니다. 그도 어렸을 때에는 영리하고 능력이 뛰어나 밝은 미래를 축복받는 훌륭한 소년이었다. 하지만 올림피아스가 그에게 독약을 먹이는 바람에 아르히다이우스는 건강뿐 아니라 지능까지 나빠졌다.

카이사르(CAESAR)

　술라는 막강한 최고 권력을 손에 넣게 되자, 카이사르와 코르넬리아의 결혼을 무효화하려 했다. 카이사르의 아내 코르넬리아는 한때 로마의 1인 통치자였던 킨나의 딸로서, 술라가 온갖 달콤한 말로 약속을 하고 그 어떤 협박을 해도 이혼하려 하지 않았다. 그러자 술라는 화가 나서 코르넬리아의 결혼 지참금을 몽땅 빼앗아 버렸다. 술라가 이토록 카이사르를 싫어하게 된 까닭은, 카이사르가 술라와 사이가 매우 나빴던 마리우스의 인척이었기 때문이다. 마리우스와 카이사르의 고모 율리아는 결혼하여 마리우스 2세를 낳았다. 따라서 카이사르와 마리우스 2세는 사촌 사이였다. 술라는 맨 처음 권력을 손에 넣었을 때에는 맞서 싸워야 할 정적 세력이 많은 데다, 카이사르가 아직 어렸기 때문에 그에게 큰 관심을 두지 않았다.

　어느 날 카이사르는 성인 나이에 이르기도 전에 신을 받드는 사제직 후보로 나섰다. 그의 정적으로서 술라는 처음에 카이사르가 당선되지 못하도록 방해하려 했으나, 마침내는 그를 죽이려고까지 했다. 몇몇 사람들이 그런 풋내기를 죽일 필요는 없지 않느냐고 말하자, 그는 카이사르 안에는 여러 명의 마리우스가 있다는 사실을 모르느냐고 되물었다.

　카이사르는 이 말을 전해 듣고 재빨리 사비니라는 곳으로 몸을 숨기고 떠돌아다녔다. 그러나 얼마 뒤 병이 나서 어쩔 수 없이 한밤에 거처를 옮기다가 그 지역을 샅샅이 뒤지고 다니던 술라 병사들에게 들켜 붙잡히고 말았다. 카이사르는 대장인 코르넬리우스에게 뇌물로 2탈란톤을 주고 겨우 빠져나와, 배를 타고 비티니아로 갔다.

카이사르는 니코메데스 왕이 다스리던 비티니아에서 잠시 머물렀다. 그는 비티니아에서 배를 타고 로마로 돌아오는 길에, 파르마쿠사 섬 근처에서 그즈음 수많은 배를 가지고 지중해를 휩쓸고 다니던 해적들에게 붙잡혔다. 해적들은 몸값으로 20탈란톤을 주면 풀어주겠다고 말했다. 이 말을 듣자 카이사르는 자신의 가치를 알지 못하는 어리석은 놈들이라고 비웃으며, 50탈란톤을 주겠다고 약속했다. 그리고 부하들을 보내 돈을 구해오게 했다. 그사이 그는 잔인하기로 악명 높은 킬리키아 해적들 틈에서, 친구 하나와 부하 둘만 데리고 인질로 남아 있었다.

붙잡혀 있는 동안에도 카이사르는 해적들을 두려워하기는커녕 무시하는 태도를 보였다. 그는 잠자리에 누울 때마다 사람을 보내어 조용히 하라고 명령을 내렸고, 38일 동안 해적들 사이에서 포로라기보다는 오히려 호위병들에 에워싸인 왕자처럼 지냈다. 그는 아무렇지 않은 듯 해적들 사이에 끼어 함께 놀이를 즐기거나 몸을 단련하기도 했다. 또 그들 앞에서 시를 낭독하거나 연설을 하기도 했는데, 그에게 호응을 하지 않는 이들에게는 글도 모르는 무식한 야만족이라고 부르며, 모두 목 졸라 죽여버리겠다고 웃으면서 말한 적도 한두 번이 아니었다. 그러나 해적들은 오히려 카이사르의 태도를 재미있어하며, 그가 내뱉는 말들을 그저 즐거운 농담 정도로 여겼다.

마침내 밀레투스로부터 몸값이 도착하자마자 카이사르는 돈을 내고 자유의 몸이 되었다. 그는 곧바로 밀레투스로 가서 배와 군사들을 모아 해적들을 추격해 나아가기 시작했다. 그는 그 섬에 남아 있는 해적들을 거의 사로잡았다. 해적들 재산은 모두 그들의 전리품으로 갖고, 해적들은 페르가뭄 감옥에 가둔 다음 아시아 총독이며 법무관 유니우스에게 넘기고 처벌해 달라고 했다. 그러나 해적들의 재물에 눈독을 들이고 있던 유니우스는 포로들을 처벌하는 데는 시간이 걸린다면서 하루하루 미루기만 했다. 그러자 카이사르는 화가 나서 그와 시끄럽게 따지는 일을 그만두기로 하고, 해적들을 모두 감옥에서 끌어내어 자신이 전에 그들에게 말한 대로 십자가에 매달아 죽게 했다.

이때 로마에서는 술라의 세력이 점점 약해지고 있을 때여서 카이사르의 친구들은 그에게 로마로 돌아오라고 했다. 그즈음 카이사르는 첫 도착지였던 로도스 섬에서 몰론의 아들 아폴로니우스에게서 가르침을 받기도 했다. 아폴로니우스는 뛰어난 웅변술 교사이며 훌륭한 인품으로도 널리 존경을 받는 사람으로, 키케로 또한 그에게서 가르침을 받았다.

카이사르는 정치 연설에 타고난 소질이 있는 데다 스스로도 무척 열심히 노력했기 때문에, 마침내 키케로 다음가는 웅변가가 될 수 있었다. 하지만 카이사르의 가장 큰 열망은, 웅변보다는 권력과 군대에 있었다. 그는 웅변가가 되기를 포기하고, 정치나 군인으로서 최고 자리에 오르고 싶었다. 그는 키케로의 〈카토론〉을 읽고 나서, 이를 반박하기 위해 〈반(反)카토론〉을 발표했다. 카이사르는 이 논문에서 군인의 단조로운 연설과, 많은 시간을 공들여 공부한 기량이 뛰어난 연설가의 웅변을 비교하는 일은 옳지 않다고 말했다.

로마로 돌아온 카이사르는 마케도니아 총독 돌라벨라를 고발했다. 헬라스의 많은 도시들도 그의 비리를 증언하는 사람들을 보내왔다. 돌라벨라는 무죄로 풀려나지만, 이때 헬라스 사람들에게서 받은 호의에 보답하고자 카이사르는 푸블리우스 안토니우스가 뇌물을 받았다는 혐의로 마케도니아 총독 마르쿠스 루쿨루스에게 고발당하자, 헬라스 사람들 편에서 변호해 주었다. 카이사르의 변호로 불리해진 안토니우스는, 헬라스에서는 재판을 공정하게 받을 수 없다며 법정을 로마로 옮겼다. 하지만 로마 법정에서도 카이사르는 훌륭한 변호 연설로 사람들로부터 눈부신 인기를 얻었다.

카이사르는 만나는 사람마다 반갑게 인사를 건넸으며, 명랑한 태도와 나이답지 않은 배려심을 보여주어서 아낌없는 찬사를 한 몸에 받았다. 또한 이런저런 놀이나 큰 잔치에 자주 많은 사람들을 초대하여, 자신의 정치 세력을 조금씩 넓혀나갔다.

카이사르를 싫어하던 사람들은, 그가 돈이 떨어지면 세력도 없어지리라 생각하고 이 같은 상황에 그다지 관심을 두지 않았다. 그러나 카이사르의 지지 세력은 점차 커지더니, 마침내 엄청난 힘을 갖고 곧 개혁이라도 일으킬 듯이 보였다. 카이사르를 싫어하던 사람들은, 처음에는 너무 보잘것없어 그대로 내버려 두던 세력이라도 쉼 없이 인내하고 나아가면 큰 세력이 되어 그 누구도 함부로 건드리지 못할 강한 세력으로 자랄 수 있음을 깨달았다.

가장 먼저 카이사르의 미소 짓는 얼굴을 미심쩍게 바라보며 그의 정치적 책략을 두려워한 사람은 키케로였다. 그는 잔잔한 바다 같은 부드러운 미소와 친근하고 밝은 표정 뒤에 감춰진 카이사르의 대범하고 단호한 성품을 꿰뚫어 보았다. 키케로는 카이사르의 모든 계획과 정책 안에 독재자가 되고자 하는 목적이 있음을 알아차렸다. 그러고는 이렇게 말했다.

"이와 달리 그가 무척 정성 들여 머리카락을 정리하고 손가락 하나로 머리를 긁적이는 모습을 보았을 때에는, 이런 사람의 마음속에 로마 정권을 뒤엎으려는 사악한 목적이 담겨 있으리라고는 생각할 수조차 없다."

그렇지만 이는 훨씬 뒤에 한 말이다.

카이사르가 민중의 지지를 받고 있다는 첫 번째 증거를 보여준 일은, 군사 호민관으로 출마하면서부터였다. 그는 경쟁자인 카이우스 포필리우스를 훨씬 많은 표로 앞서서 당선되었다. 그 두 번째 증거는, 마리우스의 아내이며 카이사르의 고모 율리아가 죽었을 때 드러났다. 카이사르는 조카로서 율리아에 대한 칭찬 연설을 하고 장례식에 마리우스의 초상을 가지고 나왔다. 그런데 이는 술라가 정권을 잡은 뒤로 처음 있는 일이었다. 마리우스와 그의 지지자들은 국가의 적으로 선언되었기 때문이다. 따라서 카이사르의 이런 대담한 시위에 비난의 소리도 있었다. 그러나 사람들은 대부분 박수를 치고 환호성을 지르며, 그가 오랫동안 잊힌 마리우스의 영광을 로마에 되찾아 주었다고 열렬히 환영했다.

로마의 오랜 풍습에서는 본디 나이 많은 여인이 죽었을 때에만 추모 연설을 할 수 있었다. 그러나 카이사르는 자신의 젊은 아내가 죽자 추모 연설을 하여 새로운 관례를 만들었는데, 사람들로부터 인정이 많은 사람이라는 평가를 받으며 더 많은 인기를 얻게 되었다.

그는 아내의 장례를 치른 뒤 법무관 베투스의 재무관으로서 이베리아로 갔다. 카이사르는 그를 매우 존경하여, 베투스 뒤를 이어 자신이 법무관이 되었을 때 베투스의 아들을 자신의 재무관으로 임명했다.

카이사르는 재무관 임기를 마치고 나서 폼페이아를 세 번째 아내로 맞았다. 그의 첫 번째 아내 코르넬리아와의 사이에는 딸 율리아가 있었는데, 뒷날 대(大)폼페이우스의 아내가 된다.

카이사르는 씀씀이가 헤퍼서 관직을 얻기 전에 이미 1300탈란톤이나 되는 빚을 졌다. 카이사르를 싫어하는 사람들은 그가 곧 사라져 버리게 될 인기와 명성을 돈으로 사 모으려 든다고 비난했다지만, 카이사르에게 이런 행동은 싼

값으로 가장 가치 있는 것들을 손에 넣는 결과가 되었다. 그는 아피아 국도 연장 사업의 감독관이 되자, 자신의 막대한 사비까지 들여 공사에 보탰었다. 또 아이딜리스, 곧 조영관으로 있는 동안에는 검투사들을 모아 320번이나 시합을 열었고, 연극이나 행렬, 축제 등에 아낌없이 돈을 썼다. 이제까지 누려보지 못한 큰 즐거움을 얻게 되자 민중은 카이사르를 더 존경하며 그에게 보답하기 위해 더 높은 관직과 새로운 명예를 주려 했다.

이즈음 로마 정권은 두 파로 나뉘어 있었다. 하나는 매우 강력한 세력을 가진 지도자 술라파였고, 또 하나는 이미 힘이 기울어 뿔뿔이 흩어진 마리우스 파였다. 카이사르는 마리우스파 힘을 키워 자신의 정치 세력으로 만들기 위해 남몰래 계획을 세웠다. 그는 조영관 자리에 있을 때 성대한 문화 행사들을 베풀고, 마리우스와 승리의 여신 동상을 만들어 밤중에 카피톨리움에 세워 놓았다.

다음 날 아침 사람들은 금빛으로 빛나는 빼어난 동상들—거기에는 마리우스가 킴브리족을 무찌른 업적을 칭송하는 글도 새겨져 있었다—과 동상을 세운 사람의 대담한 정신에 감동했다. 그들은 누가 동상을 세웠는지 굳이 묻지 않아도 알 수 있었다. 이 소문은 곧 퍼져나가, 모든 사람들이 이 동상을 보려고 모여들었다.

어떤 사람들은 카이사르가 원로원의 법과 명령에 따라 땅속에 묻혀버린 이들의 영광을 이처럼 되살리려 하는 것은, 그 자신이 독재자가 되기 위해서이며, 자신이 혁명을 일으키게 되면 그동안 온갖 방법으로 길들여 놓은 민중이 자기 뜻에 따르게 될지를 알아보기 위한 시도라고 말했다.

그래도 마리우스파를 지지하는 수많은 사람들은 용기를 얻어 카피톨리움에 몰려들었다. 그들은 마리우스 동상을 보고 서로 눈물을 흘리며 기뻐했다. 이들은 카이사르야말로 마리우스의 유일한 후계자라고 말했다.

이 일로 곧 원로원이 소집되었다. 그즈음 로마에서 가장 이름을 떨치던 카툴루스 루타티우스는 자리에서 일어나 카이사르를 비난하며 이런 유명한 말을 했다.

"카이사르, 여태껏 지하에서 일을 꾸미더니, 이제는 공성기로 아예 나라를 뒤집어엎으려 하시는군요."

카이사르는 이에 대해 자기변호를 하며 원로원 의원들을 설득했다. 이 일로 그를 지지하는 사람들은 더 의기양양해져서, 민중의 지지를 받고 있으니 곧 로마에서 최고 권력을 가진 사람이 될 거라며 어느 누구에게도 뜻을 굽히지 말라고 카이사르에게 말했다.

이즈음 대사제 메텔루스가 세상을 떠났다. 대사제라는 직위는 가장 영광스러운 자리였기에, 원로원 의원들 가운데 누구보다 큰 힘을 행사하던 이사우리쿠스와 카툴루스가 후보로 나섰다. 카이사르도 이에 양보하지 않고 경쟁자로서 당당히 출마했다. 셋의 인기는 거의 비슷했다. 선거 결과에 가장 자신이 없었던 카툴루스는 카이사르에게 사람을 보내, 많은 돈을 줄 테니 후보를 사퇴해 달라고 부탁해 왔다. 그러나 카이사르는 더 많은 선거 자금을 빌리더라도 결코 물러나지 않겠다며 그의 요청을 거절했다.

마침내 선거날이 다가왔다. 카이사르의 어머니는 눈물을 흘리며 문 앞까지 따라나왔다. 카이사르는 어머니를 끌어안으며 이렇게 말했다.

"어머니! 오늘은 어머니의 아들이 대사제가 되거나, 아니면 이 나라에서 쫓겨나서 망명자 신세가 되는 운명의 날입니다."

투표는 서로 비슷한 차이로 앞서거니 뒤서거니 하다가 마침내 카이사르가 당선되었다. 원로원 의원과 귀족들은 그가 민중을 앞세워 무모한 조치를 내릴까봐 두려워했다. 그래서 피소와 카툴루스는, 카틸리나 반란 사건 때 카이사르를 살려두었던 것에 대해 그때 책임을 맡았던 키케로를 비난했다. 그것은 정치개혁을 목표로 정부 고위 관리를 모두 암살해 혼란을 일으키려 한 사건이었다. 그러나 발각되기 전에 어떤 가벼운 사건 하나로 문책을 당하면서 계획이 실패로 돌아가자 카틸리나는 몸을 피해 로마를 떠나버렸다.

그러나 카틸리나는 자신의 계획을 실행하기 위해 렌툴루스와 케테구스만은 로마에 남아 있게 했다. 카이사르가 남모르게 이들을 지지하고 도움을 주었는지는 확실치는 않다. 그런데 둘에게 유죄선고를 내리고 난 뒤 집정관 키케로가 원로원 의원 한 사람 한 사람에게 처벌에 대한 의견을 묻자, 그들은 모두 사형을 주장했다. 마침내 자기 차례가 되자 카이사르는 일어나서 준비한 연설을 했다. 카이사르는 학식이 있고 훌륭한 집안 출신 사람들을 긴급한 상황이 아닌데도 재판도 없이 사형에 처한다는 것은 옳지 않으며, 법에도 어긋나는 일이라고 주장했다. 그는 카틸리나와의 전쟁이 끝날 때까지 집정관 키케로가 정해주는 이탈리아 한 도시에 렌툴루스와 케테구스 둘을 감금해 두었다가, 전쟁이 끝나면 그들의 죄를 자세히 따져서 처벌을 내리자고 했다.

카이사르의 제안은 너무나 인간적이라고 여겨졌다. 또한 매우 설득력이 있었으므로, 그다음에 일어나 말하는 의원들 대부분은 그의 의견에 찬성했다. 이미 의견을 말한 많은 의원들도 다시 의견을 바꾸고 카이사르를 지지하게 되었다. 이윽고 카토와 카툴루스 차례가 되었다. 둘은 카이사르 의견에 반대했다. 게다가 카토는 카이사르가 반란 사건에 개입했다는 의혹까지 제시하며 카이사르를 세차게 비난했다. 이렇게 해서 두 음모자는 마침내 사형집행인의 손으로 넘겨졌다.

카이사르가 원로원에서 나오려고 할 때, 키케로의 젊은 호위병들이 떼를 지어 칼을 뽑아들고 그에게 달려들었다. 마침 쿠리오가 자신의 토가를 벗어서 카이사르를 가리고 빠져나오게 도와주었다. 이때 키케로는 젊은 호위병들이 자신을 바라보자 카이사르를 죽이지 말라는 몸짓을 했다고 한다. 그가 카이사르를 지지하는 민중을 두려워했기 때문이었거나, 아니면 카이사르를 죽이는 일이 정의롭지 못하며 법에 어긋난다고 생각했기 때문이리라.

이것이 사실이라면, 키케로가 집정관 시절의 일들을 기록한 저서에 왜 이 사건에 대해 쓰지 않았는지 이해가 되지 않는다. 나중에 키케로는 민중을 지나치게 의식하고 두려워하여 카이사르를 없앨 수 있는 좋은 기회를 놓쳐버렸다는 비난을 받게 되었다. 실제로 이 사건이 일어나고 며칠이 지나, 카이사르는 원로원에 나가서 자신에게 던져진 비난들에 대해 해명 연설을 했다. 그러나 그의 연설은 오히려 원로원의 반감만 일으키며 회의는 여느 때보다 더 길어졌다. 그러자 사람들이 몰려와 원로원을 에워싸고 큰 소리로 카이사르를 집으로 돌려보내라고 외쳐댔다.

상황이 이러했으므로 카토는 카이사르에게 모든 희망을 걸고 있는 빈민들이 혁명의 불씨로 작용하지나 않을까 두려워했다. 그는 원로원 의원들을 설득함으로써 750만 드라크메를 더 지출하여 빈민들에게 한 달치 구호 식량을 나누어주게 했다. 이러한 정책으로 원로원은 눈앞에 닥친 위기에서 벗어날 수 있었다. 마침 카이사르는 법무관으로 출마할 계획이었는데, 이 조치로 그의 세력은 매우 약해졌다.

카이사르가 법무관으로 있을 때 정치적으로는 큰 문제가 없었으나, 그의 집안에 좋지 않은 사건이 생겼다. 푸블리우스 클로디우스라는 귀족은 돈도 많고 말솜씨도 뛰어난 사람으로서 오만하고 뻔뻔스러우며, 로마 시내에서 여인들과의 연애 사건들이 끊임없이 나돌았다. 그는 카이사르의 아내 폼페이아를 사랑했는데, 그녀 또한 그가 싫지 않은 눈치였다. 그러나 카이사르의 어머니 아우렐리아는 매우 신중한 여인으로서 며느리의 행동을 언제나 지켜보고 있었기 때문에, 두 사람이 만나는 것은 아주 어렵고 위험한 일이기도 했다.

이 무렵 로마 사람들은 '보나'라는—헬라스 사람들이 '기나이케이아'라고 부르는—여신을 섬겼다. 프리기아 사람들은 이 여신이 본디 자기들의 신으로, 미다스 왕의 어머니라고 했다. 하지만 로마 사람들은 이 여신이 숲의 요정이며, 파우누스의 아내라고 했다. 또 헬라스 사람들은 이 여인이 디오니소스의 어머니들 가운데 하나이며, 그녀의 이름을 함부로 불러서는 안 된다고 했다. 신화에 따르면 이 여신에게 제사를 지낼 때 여인들은 포도나무 넝쿨로 제단을 보이지 않게 가리고, 신성한 구렁이 한 마리를 여신 곁에 놓아두었다고 한다. 이렇게 제를 올리고 축제를 하는 동안 그 어떤 남자도 절대로 가까이 오지 못하게 했으며, 여자들끼리만 이러한 밀교와 같은 예식들을 지냈다고 한다. 따라서 축제 기간이 다가오면 남자들은 집정관이나 법무관이라 하더라도 예식이 행해지는 장소를 떠나야만 했다. 이때 아내들은 모든 예식을 준비하며 주요 행사들을 밤에 치렀는데, 노래를 부르고 춤을 추며 즐거운 시간들을 보냈다.

폼페이아가 집에서 제사를 올리며 축하 행사를 하고 있을 때, 클로디우스는 아직 수염이 나지 않았으므로 젊은 여인으로 변장하고 류트 연주자처럼 악기를 들고는 폼페이아의 집으로 갔다. 문이 열려 있었고, 비밀을 아는 여종의 안내로 무사히 안으로 들어갈 수 있었다. 여종이 폼페이아에게 알리기 위해 그녀의 방으로 달려간 사이, 클로디우스는 도저히 기다릴 수가 없어서 빛을 피해 몸을 가리며 넓은 집 안을 둘러보고 있었다. 이때 아우렐리아의 여종이 클로디우스를 보더니 그를 여자로 생각하고 함께 놀이에 가자고 했는데 거절당하자, 그의 옷을 끌어당겨 살펴보면서 누구이며 어디에서 왔느냐고 물었다. 클로디우스는 폼페이아의 시녀 아브라를 기다린다고 말했다. 폼페이아의 시녀 이름은 아브라가 맞았지만, 목소리 때문에 남자라는 사실을 그만 들키고 말았다. 아우렐리아의 시녀는 큰 소리로 비명을 지르면서 사람들이 있는 밝은 곳으로 달려가 남자가 있다고 말했다. 여자들은 모두들 깜짝 놀라 어쩔 줄 몰라 했고 아우렐리아는 제사를 멈추고 신성한 물건들을 감추었다. 그러고는 모든 문을 잠그게 한 다음 등불을 들고 클로디우스를 찾으러 다녔다. 그는 자신을 들여보내 준 여종의 방에 숨어 있다가 마침내 들켜서 문 밖으로 쫓겨났다.

여자들은 한밤임에도 곧장 집으로 달려가 남편들에게 무슨 일이 일어났는지 알렸다. 날이 밝자마자 클로디우스가 신을 모독했다는 소문이 로마 시 전체로 퍼져나갔다. 사람들은 여인들뿐만 아니라 로마 시와 신들까지 모욕한 그를 어떻게 처벌해야 할지 이야기했다.

호민관 한 사람이 클로디우스를 신성모독죄로 고발하자, 가장 큰 영향력을 가진 원로원 의원들도 이에 동조하여, 그가 자기 친누이와도 간음을 한 사실까지 밝히며 그를 거세게 비난했다. 그러나 민중은 귀족들의 행동에 반감을 드러내며 오히려 클로디우스를 편드는 바람에 판결은 클로디우스에게 유리해졌는데, 이는 재판관들이 민중에게 공격을 받게 될까봐 두려워했기 때문이다.

카이사르는 곧 폼페이아와 이혼했다. 그러나 법정에 증인으로 섰을 때에는 클로디우스가 무슨 일로 고발당했는지 자신은 그 이유를 전혀 모른다고 말했다. 이상한 답변에 의문을 품은 고소인들이 그에게 이렇게 질문했다.

"그렇다면 당신은 왜 부인과 이혼했지요?"

"내 아내는 그런 의심조차 받아서는 안 된다고 생각하기 때문이오."

어떤 사람들은 이 말이 카이사르의 진심을 나타낸다고 생각한다. 하지만 다른 사람들은 카이사르가 클로디우스를 편드는 사람들 비위를 맞추어 기쁘게 해주기 위한 것이리라 주장한다. 그 이유야 어떠하든, 클로디우스는 마침내 풀려났다. 재판관들은 대부분 알아보기 힘든 글씨로 적어 투표했는데, 그를 유죄 판결하여 시민들의 공격을 받게 되거나, 또 무죄판결하여 귀족들의 비난을 받게 되는 위험을 피하기 위한 것이었다고 한다.

법무관 임기를 마친 카이사르는 이베리아 총독으로 임명되어 떠나야만 했다. 그런데 그가 로마를 떠나려 하자 채권자들이 달려와 길을 막으며 시끄럽게 굴었다. 카이사르는 로마에서 가장 큰 부자인 크라수스에게 도움을 청했다. 크라수스는 정치적으로 폼페이우스에게 맞서기 위해 카이사르의 힘과 열정이 필요했다. 끈질기게 매달리는 채권자들에게 크라수스가 830탈란톤에 대한 빚보증을 서주고 나서야 카이사르는 이베리아로 떠날 수 있었다.

카이사르가 알프스 산맥을 넘으면서 거주민이 얼마 되지 않는 가난한 야만족 마을을 지날 때, 그의 부하들이 재미삼아 자기들끼리 이런 말을 하는 것을 들게 되었다.

"여기서는 명예를 위해 경쟁하고 일인자가 되기 위해 다투고 서로 시기하는 일은 없겠지."

카이사르는 진지하게 말했다.

"나는 로마에서 이인자로 남아 있기보다는 차라리 이런 곳에서 일인자가 되겠다."

이베리아에서는 이런 일도 있었다. 카이사르가 한가로운 시간을 이용하여 알렉산드로스의 전기를 읽고 한참 생각에 잠기더니 갑자기 울음을 터뜨렸다. 그의 부하들이 놀라 그 이유를 묻자, 그는 이렇게 말했다.

"알렉산드로스는 그토록 젊은 나이에 많은 나라의 왕이 되었는데, 나는 이제까지 아무것도 이룬 게 없으니 어찌 슬프지 않겠는가?"

카이사르는 이베리아에 도착하자마자 활발하게 자기 임무를 수행해 나갔다. 며칠 지나지 않아 그는 이미 가지고 있던 20개 보병대에다 10개 보병대를 추가 편성하여 합쳤다. 그는 이 군대를 이끌고 서북쪽의 칼라이키아와 루시타니아 사람들을 무찌르고, 해안 쪽으로 나아가 이제까지 로마에 복종한 적이 없는 많은 나라들을 정복했다. 그는 이렇듯 군사적으로도 성공을 거두었을 뿐만 아니라 행정적으로도 시민들을 잘 다스리고 이끌어 나갔다. 그는 서로 다른 나라들 사이에 우호 관계를 맺게 하고, 특히 채권자와 채무자 사이의 의견 분쟁들을 해결해 주었다. 그는 해마다 채무자가 얻는 수입의 3분의 2를 채권자가 가져가게 하고, 나머지 3분의 1을 채무자가 갖게 했는데, 이러한 원칙은 채무자가 빚을 다 갚을 때까지 지속되었다.

이러한 정책들을 수행해 나가면서 카이사르는 좋은 평판을 얻게 되었다. 그가 이 자리에서 물러날 때에는 꽤 많은 재산을 모았으며, 그의 병사들도 정복 과정에서 얻은 노획물들로 부자가 되었다. 또한 그는 개선식으로 '대장군'이라 불리는 명예를 누렸다.

로마법에 따르면 누구라도 개선식의 영광을 누리기 위해서는 먼저 로마 밖에 머무르면서 허락이 내릴 때까지 기다려야 했다. 또 집정관 후보로 나오려면 반드시 로마에 살고 있어야 했다. 카이사르는 마침 집정관 선출이 있는 바로 그즈음에 로마에 도착했으므로, 이 두 법률에 따라 매우 난처한 처지에 놓이게 되었다. 그는 친구들에게 부탁하여, 자신이 없는 상태에서도 집정관 후보로 출마할 수 있도록 원로원에 요청해 달라고 했다.

카토는 처음부터 법에 어긋난다며 그의 요청을 반대했다. 그러나 많은 원로원 의원들이 이미 카이사르에게 동의하도록 설득되어 있음을 눈치채자, 그는 이 문제를 피하기 위해 하루 종일 쉼 없는 연설로 시간을 끌었다. 원로원 의원들이 안건을 통과시키지 못하자 마침내 카이사르는 개선식은 포기하고, 집정관에 출마하기로 결심했다.

카이사르가 로마 시내로 들어왔을 때 카토만은 카이사르의 계획을 알아차렸다. 즉 카이사르는 서로 대립하던 폼페이우스와 크라수스를 화해시켜 우호관계를 유지하게 하여, 그 무렵 로마에서 가장 커다란 세력을 가진 두 사람을 한꺼번에 자기편으로 끌어들인 다음 아무도 눈치채지 못하게 정치 개혁을 일으키려 했던 것이다. 사람들은 대부분 카이사르와 폼페이우스가 서로 적대 관계에 있었기 때문에 내란이 일어났다고 생각했다. 하지만 실제로는 이들이 처음에 귀족정치를 뒤엎기 위해 동맹 관계를 맺고 나서부터 내란은 시작되었다. 왜냐하면 이들이 힘을 합친 뒤에는 저마다 자기 이익을 위해 맞서 싸웠기 때문이다. 카토는 무슨 일이 일어나게 될지 처음부터 예견했다. 그는 사람들로부터 쓸데없이 트집만 잡는 까다로운 사람이라고 비난을 들었지만, 뒷날 앞일을 내다볼 만큼 지혜로웠으나 운이 좋지 않았던 사람으로 평가를 받았다.

카이사르는 크라수스와 폼페이우스 두 세력의 지지를 받아 집정관이 되었다. 그리고 칼푸르니우스 비불루스도 그와 함께 동료 집정관으로 선출되었다. 집정관 자리에 오르자마자 카이사르는 집정관보다는 평민 출신 호민관들이나 낼 수 있을 법한 과감한 법안을 원로원에 제출했다. 그는 민중의 지지를 얻기 위해 식민지 건설과 토지 분배에 대한 개혁안을 내놓은 것이다.

그러나 내로라하는 명성과 권위를 지닌 원로원 의원들은 이 법안을 결사적으로 반대하고 나섰다. 그러자 카이사르는 오랫동안 가슴에 담아두기만 한 것을 이제야 털어놓는 사람처럼 매우 침통하게, 자신은 이제까지 완고하게 자기들 이익만을 추구해 온 원로원 의원들 주장에 반대한다고 말했다. 그런 다음 민중 앞으로 달려가 한편에는 크라수스와 다른 한편에는 폼페이우스를 세우고 법안에 찬성하는지 민중에게 물었다.

민중이 찬성의 뜻을 나타내자 카이사르는 칼로써 자신을 위협하는 사람들에게 대항할 수 있도록 도와달라고 간청했다. 폼페이우스와 크라수스 또한 그를 돕겠다고 약속했다. 폼페이우스는 저들이 칼을 들이대면 자신도 칼과 방패로 맞서겠다고 덧붙였다. 귀족들은 이 말을 듣고 매우 화가 났다. 이들은 폼페이우스의 말들이 그 자신의 명예나 지위에도 어울리지 않을뿐더러, 원로원을 존중하지 않는 분별없고 정신 나간 소리라고 비난했다. 그러나 민중은 폼페이우스의 말을 듣고 매우 기뻐했다.

카이사르는 폼페이우스의 세력을 더 안전하게 끌어들이기 위해 자신의 딸 율리아와 약혼시켰다. 이때 율리아는 세르빌리우스 카이피오와 이미 약혼한 상태였기 때문에, 그는 카이피오에게는 대신 폼페이우스의 딸을 주겠다고 약속했다. 그런데 폼페이우스의 딸도 술라의 아들 파우스투스와 이미 결혼을 하기로 약속한 상태였다.

얼마 뒤 카이사르는 피소의 딸 칼푸르니아와 결혼하고, 장인인 피소를 다음 해 집정관으로 내정했다. 카토는 이 문제에 대해서도 사납게 비난했다. 그는 결혼이라는 거래로 권력을 사고팔며, 여자를 수단으로 영토와 군대와 정권을 서로 주고받는 것은 도저히 참을 수 없는 일이라고 소리쳤다. 카이사르의 동료 집정관 비불루스는 카이사르의 법안에 반대해 봐야 아무 소용이 없음을 알았다. 그와 카토는 여러 번 의사당에서 죽을 뻔한 위기에 처한 적도 있었으므로 그는 남은 기간 동안 집에만 틀어박혀 있었다.

폼페이우스는 율리아와 결혼하자마자 의사당을 군대로 가득 채우고는, 민중을 지지하는 카이사르의 법령을 통과시켰다. 그는 카이사르에게는 일리리쿰에 대한 통치권과 함께 알프스 양쪽에 걸친 갈리아 지방을 주어, 4개 군단을 두고 5년 동안 다스리게 했다.

카토가 이 법안에 반대하자 카이사르는 그가 호민관에게 도움을 요청하리라 생각하고 그를 감옥으로 끌고 가게 했다. 그래도 카토는 어떤 저항도 하지 않고 그대로 끌려갔다. 귀족들이 이 사건에 대해 매우 불만스러워하고 있는 데다, 일반 시민들까지 카토의 태도에 존경심을 품고 고개를 숙인 채 그의 뒤를 말없이 따르는 모습을 보자, 카이사르는 아무도 모르게 호민관 한 사람에게 카토를 풀어주라고 지시했다.

원로원 의원들 가운데 아주 소수만이 의사당에 나갔다. 이들 대부분은 카이사르에 대한 불만을 표시하는 하나의 방법으로서 의회에 출석하지 않았다. 나이가 아주 많은 콘시디우스는, 원로원 의원들이 병사들을 두려워해 의회에 나오지 않는다는 사실을 알아차리고는 카이사르에게 말해주었다. 그러자 카이사르가 그에게 물었다.

"그렇다면 어째서 당신은 집에 머물러 있지 않는 것입니까?"

콘시디우스가 카이사르에게 말했다.

"이 나이에 두려울 게 뭐가 있겠습니까? 살날도 얼마 남지 않았으니 깊이 생각할 것도 없지요."

카이사르가 집정관으로 있는 동안 가장 불명예스러운 비난을 듣게 된 것은, 자신의 아내를 욕되게 하고 신의 제사를 모독한 클로디우스를 도와 호민관이 되도록 한 일이었다. 카이사르는 아마도 키케로를 제거하기 위해 이 일을 꾸민 것으로 보인다. 그는 클로디우스 도움으로 그의 세력을 이탈리아에서 완전히 몰아내고 나서 자신의 영지로 떠났다.

지금까지는 갈리아 전쟁 원정에서 보여준 카이사르의 행적을 훑어보았다. 이제부터는 전에 볼 수 없었던 더 새로워진 그의 모습을 만날 수 있으리라. 카이사르는 군인이며 장군으로서 오늘날까지 칭송을 받아온 그 어느 지휘관보다도 훌륭하고 위대한 사람이었음을 보여주고 있다. 그 옛날 파비우스, 스키피오, 메텔루스 같은 사람들 또는 그와 같은 시대 사람인 술라, 마리우스, 루쿨루스 형제 등 그 누구와 비교해도 그의 업적은 결코 부족함이 없었다. 뿐만 아니라 그 이름이 하늘에 닿을 만큼 군사적 업적이 위대하다는 폼페이우스와 비교해도, 카이사르가 모든 부분에서 그보다 뛰어난 사실을 알 수 있다.

카이사르는 지형이 몹시 험하고 광활한 적진에서 엄청난 수의 적군을 만나서도 그 막강한 힘을 무너뜨렸다. 또 잔인하고 반역을 일삼는 야만족에게도 너그러웠으며, 포로들에게도 부드럽고 따뜻하게 대했고, 부하들에게도 그 누구보다 은혜를 베풀고 세심하게 배려한 장군이었다. 그는 갈리아 지방에서 10년도 채 안 되는 기간 동안 800개 도시를 점령하고, 300개 나라를 정복했다. 또 서로 다른 시기에 모두 300만 명이 넘는 적군과 맞서 싸워 그 가운데 100만 명을 죽이고 100만 명을 포로로 잡았다.

카이사르는 부하들의 신뢰와 충성을 얻었다. 다른 장군의 부하로 있을 때에는 그리 뛰어나지 않던 평범한 병사들도 카이사르 아래 들어오면 장군 명령에 따라 그 어느 위험한 순간에서도 목숨을 바쳐 싸우는 무적의 용사가 되었다. 예컨대 아킬리우스가 바로 그런 병사였다. 그는 마살리아(마르세유) 해전에서 적군 배에 올라가 싸우다 칼을 맞고 오른손을 잃었지만, 왼손으로 방패를 쥐고 적군들의 얼굴을 쳐서 쓰러뜨리고는 배를 빼앗았다. 또 카시우스 스카이바는 디라키움 전투에서 화살을 맞고 한쪽 눈을 다치고 어깨와 허벅지를 창에 찔렸으면서도, 방패로 130개나 되는 화살을 받아냈다. 이때 그가 항복하려는 것처럼 적군을 부르자 적군 병사 둘이 가까이 다가왔다. 그는 재빨리 칼로 한 병사의 어깨와 다른 병사의 얼굴에 상처를 입힌 다음 도망치다가, 마침내 동료 병사들의 도움으로 위기에서 벗어날 수 있었다.

브리타니아 전투에서는 원주민들이 백인대장들을 공격하여 물이 가득 찬 늪에 빠뜨렸다. 이때 카이사르가 지켜보는 가운데 어느 병사 하나가 적진 가운데로 뛰어들어 용감하게 싸우다가 마침내 대장들을 구하자 야만족 병사는 놀라 달아났다. 이 병사는 다른 병사들을 뒤로하고 힘겹게 늪을 건너는 과정에서 늪에 빠지기도 하고, 방패도 잃어버렸다. 그는 온갖 어려움을 겪으며 헤엄을 치고 걷기도 하면서 무사히 건너왔다. 이를 지켜본 사람들 모두 그의 행동에 감탄하며 축하와 환호를 보냈지만, 그는 실망한 듯 눈물을 흘리면서 카이사르 앞에 무릎을 꿇고는, 방패를 잃어버린 죄를 용서해 달라고 했다.

또 리비아에서는 스키피오가 이끄는 군대가 카이사르의 배 한 척을 빼앗았는데, 이 배에는 얼마 전에 재무관에 임명된 그라니우스 페트로가 타고 있었다. 스키피오는 다른 병사들은 모두 포로로 잡아가겠지만 그 사람만은 살려서 보내주겠다고 말했다. 그러자 페트로는, 카이사르의 병사들은 적을 용서하기는 해도 적의 용서는 받지 않는다며 칼을 뽑아 자살했다.

병사들에게 이러한 용기와 호전성을 심어준 것은 바로 카이사르였다. 그는 무엇보다도, 자기 병사들에게 재산과 명예를 아낌없이 골고루 나누어 주었다. 카이사르는 전리품을 자신만의 이익을 위해 쓰지 않고, 공을 세운 병사들에게 상으로 주기 위해 쌓아두었다. 그는 자기 병사들이 공을 세워 부자가 될수록 자신도 그만큼 부자가 되는 거라고 생각했다.

또한 카이사르는 어떠한 위험이나 고난에 맞닥뜨려도 용기를 잃지 않고 맞서 싸울 준비가 되어 있었다. 병사들은 그가 명예를 소중하게 여기는 사람임을 알기 때문에, 그의 용감한 행동에 대해서는 그리 놀라거나 감탄하지 않았다. 그래도 자기 체력의 한계를 뛰어넘어 노력하는 모습에는 모두 놀라지 않을 수 없었다. 왜냐하면 카이사르는 몸이 마르고 살결이 희고 고운 데다 두통이 잦았으며 뇌전증까지 앓았기 때문이다. 그는 코르두바에서 처음 발작을 일으켰다고 한다. 그럼에도 그는 체력이 약하다는 핑계로 힘든 일을 피하기는커녕, 오히려 고된 군대 생활을 자기 병을 고쳐주는 수단으로 생각했다. 그는 계속되는 행군과 검소한 식사, 야영 생활 등으로 이어지는 피로를 참고 견디며 병마와 맞서 싸워 이겨냈다.

카이사르는 거의 전차나 가마 안에서 잠을 잤는데, 이는 휴식하는 동안에도 민첩하게 일들을 처리하기 위해서였다. 낮에는 요새와 도시와 야영지를 돌아보았으며, 그의 옆에는 자신의 행적을 받아 적는 전문 서기 한 명이, 뒤로는 칼을 찬 병사 한 명이 따라다녔다. 그의 첫 행군은 얼마나 빨랐던지 로마에서부터 로다누스 강까지 고작 8일밖에 걸리지 않았다.

카이사르는 어릴 때부터 말을 잘 탔는데, 뒷짐을 지고서도 전속력으로 달리는 데에 익숙해져 있었다. 그는 전쟁터에서 말을 타고 달리면서도 편지 내용을 서기 2명이 받아쓸 수 있도록 연습했다. 오피우스의 말에 따르면 서기가 더 많았다고도 한다. 또 상황이 너무 긴급하여 말로 다 전할 시간이 없거나 한꺼번에 많은 일들을 처리하고 넓은 지역에서 먼 곳으로 재빨리 연락을 취해야 할 때를 대비해 암호로 통신하는 방법을 처음 생각해 낸 사람도 카이사르였다.

또한 그가 먹는 것을 그다지 중요하게 여기지 않았다는 사실은 다음 같은 이야기로 알 수 있다. 언젠가 메디올라눔(밀라노)에서 발레리우스 레오의 초대를 받아 저녁 식사에 참석했을 때였다. 식탁 위에 놓여진 아스파라거스에 먹는 기름이 아닌 몸에 바르는 기름이 뿌려져 있었다. 카이사르는 아무런 불평 없이 그것을 먹었다. 맛을 보며 인상을 쓰는 그의 측근들에게 카이사르는 꾸짖으며 말했다.

"먹기 싫으면 먹지 않으면 된다. 음식을 잘못 만든 것보다 맛을 불평하는 게 더 예의 없는 행동이다."

언젠가 그는 길을 가다가 폭풍우를 만나 동료들과 함께 가난한 농부의 오두막에 들어갔는데, 그곳에는 한 사람이 겨우 누울 수 있을 만큼 아주 작은 방 하나밖에 없었다. 이것을 본 카이사르는 병사들에게, 명예로운 자리는 가장 위대한 인물에게 주고, 안전한 자리는 누구보다 약한 자에게 주어야 한다고 말하며 오피우스를 눕게 하고, 자신은 다른 병사들과 함께 문 앞에서 쪼그리고 잤다.

카이사르가 갈리아에서 맨 처음 벌인 전투는 헬베티아(스위스)와 티구리니 사람들을 상대로 한 것이었다. 이들은 자신들이 살던 12개 도시와 400개 마을을 모두 불태워 버리고는, 로마 지배를 받던 갈리아 지방을 지나가고 있었다. 이는 전에 킴브리와 테우토네스 사람들이 하던 것과 똑같은 방식이었다. 그들은 과거 그 부족들 못지않게 용감하고 병사들 숫자도 많았는데, 인구 30만 명 가운데 전투 대원이 19만 명이나 되었다. 티구리니 사람들과 싸울 때, 카이사르는 자기가 직접 맞서지 않고 라비에누스를 아라르 강가로 보내 적을 물리치게 했다.

그런데 카이사르가 우호 관계를 맺은 어느 도시로 나아가고 있을 때 갑자기 헬베티아 사람들이 공격해 왔다. 카이사르는 전투가 유리한 곳으로 재빨리 후퇴하여 군대를 정비하고 전투 준비를 했다. 이때 부하가 말을 끌고 그에게 다가오자 카이사르는 이렇게 명령을 내렸다.

"이 말은 적을 무찌르고 나서 그들을 뒤쫓을 때나 타겠다. 지금은 어서 적진으로 나아가자."

그는 걸어가서 적을 기습 공격했다. 오랫동안 힘든 싸움을 한 뒤에, 헬베티아 병사들을 어렵게 물리쳤다. 그런데 이들은 전차와 군대를 다시 정비하고, 부녀자와 아이들까지 이끌고 죽을힘을 다해서 싸웠다. 전투는 자정이 넘어서야 겨우 끝이 났다. 이 전투에서 카이사르는 큰 승리를 얻었을 뿐 아니라, 싸움터에서 도망쳐 온 10만 명 넘는 적군을 자신들이 스스로 버리고 온 땅으로 되돌아가 살게 함으로써 승리의 영광을 더욱 빛냈다. 이는 사람이 없는 그 땅에 게르마니아족이 레누스(라인) 강을 건너서 밀고 들어올 것을 미리 막기 위한 조치였다.

카이사르가 갈리아에서 치른 두 번째 전투 상대는 게르마니아 민족이었다. 그는 이에 앞서 로마에서 게르마니아족의 왕 아리오비스투스와 평화조약을 맺었다. 게르마니아족은 갈리아 사람들에게는 받아들이기 어려운 위험한 존재로서, 기회만 있다면 언제든지 그들은 갈리아를 점령할 가능성이 있었다.

카이사르는 부하 장군들이 게르마니아족과 가까이 맞서 싸우기를 꺼려 하고, 특히 귀족 출신 젊은이들은 이번 전쟁을 무슨 오락거리나 돈벌이 정도로 생각하고 있음을 알게 되었다. 어느 날 카이사르는 그들을 모두 모이게 한 다음, 싸움이 두려워서 비겁하게 여자처럼 물러서 있을 바에는 차라리 본국으로 돌아가라고 꾸짖었다. 그는 게르마니아족이 킴브리 사람들보다 더 강하다고 생각하지는 않으며, 카이사르 자신은 그 옛날 마리우스보다 못한 장군도 아니니, 제10군단만 이끌고 나아가 그들과 싸우리라고 말했다.

그러자 제10군단은 자신들을 높이 평가해 준 카이사르에게 사람을 보내어 감사의 마음을 나타냈다. 나머지 군단들은 자신들의 장교들을 세차게 비난하며, 전군이 모두 열성적으로 카이사르를 따라서 여러 날 행군한 끝에 마침내 게르마니아군과의 거리가 200스타디온 되는 곳에 진을 치게 되었다. 게르마니아군 쪽에서 먼저 공격하면 로마군이 틀림없이 무너지리라 예상하고 있던 아리오비스투스는 로마군이 선제공격을 해오자 어느 정도 기가 꺾였다. 그는 카이사르의 대담함에 놀라 자신의 군대가 동요하는 것을 보았다. 더욱이 강물의 소용돌이 모양과 그 소리로 점을 친 점술가들이 초승달이 나타날 때까지는 결코 전투를 해서는 안 된다고 예언했었기 때문에 이들의 불안은 더욱 커졌다.

카이사르는 이 소식을 듣고 그들이 불안에 떨고 있을 때 공격하는 게 유리하리라 생각했다. 그는 적군 요새와 그 둘레 산등성이를 계속 공격하여, 마침내 그들을 전투에 끌어들였다. 게르마니아군은 패하여 400스타디온이나 떨어진 레누스 강까지 적들을 뒤쫓아갔다. 게르마니아 병사들은 공격을 받고 여기저기에 쓰러져 죽어갔다. 아리오비스투스는 몇몇 부하만 이끌고 가까스로 강을 건너 도망쳤다. 이때 적군 시체는 무려 8만 구나 되었다고 한다.

전투에서 공적을 세운 뒤 카이사르는 겨울 동안 병사들을 세쿠아니 사람들이 사는 곳에서 지내게 했다. 카이사르 자신은 로마 정치를 살펴보기 위해 자기 영지인 갈리아 지방—루비콘 강이 알프스 안쪽에 있는 갈리아와 이탈리아의 나머지 지역을 가르는 경계를 이루고 있었다—으로 가서 파두스 강 근처에 머물렀다. 이곳에 머무르는 동안 많은 사람들이 그를 찾아왔는데, 카이사르는 그들 각자가 바라는 것들을 들어주어 희망을 품게 함으로써 정치 기반을 세워 나갔다. 갈리아에서 그는 로마 무기를 사용하여 적군을 진압하거나 전쟁에서 얻은 재물로 시민들을 자기편으로 끌어들이거나 하는 모든 정치 활동을 폼페이우스가 눈치채지 못하게 해나갔다.

언젠가 카이사르는 갈리아에서 가장 세력이 크며 갈리아 지방의 3분의 1을 차지하고 있는 벨가이 사람들이 반란을 일으켰다는 소식을 듣고 곧바로 이들을 저지하러 달려갔다. 그는 로마와 우호 관계에 있던 갈리아 사람들을 약탈하고 있던 적을 만나, 적의 가장 큰 부대를 몰아냈다. 반란군은 숫자는 많았으나 주요 부대가 패하여 달아나자 곧 카이사르에게 항복해 왔다. 호수와 강을 지날 때 시체를 딛고 건널 만큼 반란군의 시체가 가득 쌓여 있었다고 한다. 반란군 가운데 바닷가에 살던 사람들은 아무런 저항도 하지 않고 항복해 왔다. 이제 카이사르는 마지막까지 버티고 있던 네르비 사람들 쪽으로 군대를 이끌고 갔다.

울창한 삼림 지대에서 살던 네르비 사람들은 자신들의 가족과 재산을 가장 깊은 숲 속에 숨기고, 군대 6만을 이끌고 전투 준비를 하고 있던 카이사르 군대를 갑자기 공격했다. 그들은 순식간에 로마 기병대를 내쫓고, 제12군단과 제7군단을 둘러싼 다음 장교들을 모두 죽였다. 만일 이때 카이사르가 떨어뜨린 방패를 다시 주워 들고 적군 깊숙이 들어가 야만족들을 물리치지 않았거나, 위험에 몰린 카이사르를 보고 제10군단이 산꼭대기에서 달려 내려와 돕지 않았다면 로마군은 단 한 사람도 살아남지 못했으리라.

카이사르가 용맹하게 싸우는 것을 본 로마군은 죽을힘을 다하여 다시 싸웠다. 네르비 사람들도 물러나지 않고 끝까지 싸웠으나 패배하여 6만 명 가운데 500명만 살아 달아났다. 그리고 반란군 지휘자들은 400명 가운데 겨우 3명만이 살아남았다.

이 소식을 전해 들은 로마 원로원은 15일 동안 모든 일을 멈추고 오로지 신들에게 제물을 올리면서 축하 행사를 하도록 선포했는데, 전에는 이렇게까지 오랫동안 이러한 행사를 한 적이 없었다. 왜냐하면 그즈음 로마에 대해 위기의식을 가진 많은 민족들이 한꺼번에 들고일어난 거대한 반란을 진압한 데다, 민중으로부터 엄청난 지지를 받고 있던 카이사르가 이루어 낸 승리였기 때문이다.

카이사르는 갈리아 문제를 해결한 뒤, 파두스 강가 평원에서 겨울을 지내면서 로마의 정치에 대한 계획들을 세웠다. 선거 후보자들은 카이사르를 찾아와 돈을 요구하며, 자신들이 당선되면 카이사르의 세력을 더 강하게 하는 정책들을 세우겠다고 약속했다. 더 놀라운 일은 폼페이우스, 크라수스, 사르디니아의 총독 아피우스, 이베리아의 총독 네포스 같은 로마에서 최고 권력을 휘두르는 사람들이 그를 만나기 위해 루카까지 찾아온 사실이다. 그래서 루카에는 하급 관리 120명과, 200명이 넘는 원로원 의원들이 모여들기도 했다.

오랜 의논 끝에 폼페이우스와 크라수스가 이듬해에 집정관이 되고, 카이사르는 군자금을 받으며 앞으로 5년 동안 갈리아 지방을 다시 다스리기로 결정했다. 그런데 카이사르에게서 많은 선거 자금을 받은 사람들이 원로원에게 압력을 넣어 마치 카이사르가 돈을 하나도 가지고 있지 않은 것처럼 그에게 더 많은 군자금을 보내게 하자, 생각이 깊은 사람들은 나랏돈을 지나치게 낭비하는 조치라는 느낌을 갖게 되었다.

카토가 이 회의에 참석하지 못했던 것은 실제로 누군가가 일부러 그를 키프로스에 보내버렸기 때문이다. 카토의 지지자였던 파보니우스가 원로원을 급히 빠져나와 사람들에게 이 사실을 알린 다음 모이도록 요청했지만, 아무도 그의 말에 귀 기울이지 않았다. 몇몇 사람들은 크라수스와 폼페이우스의 비위를 건드리게 될까봐 두려워했고, 대부분의 사람들은 카이사르에게 희망을 걸고 그를 기쁘게 해주기 위해 침묵을 지켰기 때문이다.

카이사르가 갈리아로 돌아온 다음 다시 큰 전쟁이 일어났다. 게르마니아족 가운데 가장 강한 부족인 우시페스족과 텐테리타이족이 영토를 차지하기 위해, 레누스 강을 넘어 공격해 왔던 것이다. 카이사르는 이 전쟁에 대해 그의 전기에서, 야만족들이 평화협정을 맺은 기간 동안 갑자기 공격하여 적군 기병대 800기가 자신의 기병대 5000기를 쓰러뜨렸다고 했다. 적군은 뒤에 다시 사절단을 보내 같은 속임수를 쓰려 했지만, 이번에는 카이사르가 적의 사절들을 가두고 야만족들을 공격했다. 약속을 어기는 사람들을 계속 믿는 것은 바보짓이라 생각했기 때문이다.

그러나 타누시우스에 따르면 원로원이 카이사르의 승리에 축하와 감사의 인사를 했을 때, 카토는 카이사르가 야만족과의 약속을 지키지 않아 로마 명예를 더럽혔으니 그를 적에게 넘겨주어서 죗값을 치르게 해야 한다고 말했다. 레누스 강을 건너온 적들은 40만 명이 전사하고 겨우 몇 명만 살아남아 도망쳤다. 이들은 강을 다시 건너 게르마니아족인 시캄브리아 사람들이 있는 곳으로 갔다. 그러자 카이사르는 이 기회에 게르마니아족을 무너뜨리고 가장 먼저 레누스 강을 건넌 장군이라는 소리를 듣고 싶은 열망에 사로잡혔다. 이리하여 그는 강 위에 다리를 놓기 시작했는데, 강폭이 넓은 데다 물살이 너무나 세었다. 또한 적이 베어 던진 통나무들이 떠내려와 다리 기둥에 부딪혀서 다리가 흔들렸다. 그러자 카이사르는 강 위쪽에 큰 나무들을 박아 통나무들이 떠내려오지 못하게 했다. 마침내 열흘 만에 다리가 완성되었다.

카이사르가 다리를 건너가자 적은 아무런 저항도 하지 못했다. 게르마니아족 가운데 가장 용감하다고 하는 수에비아 사람들은 재산을 챙겨서 깊은 산골짜기로 달아났다. 카이사르는 숲에 불을 지르고, 자신들에게 도움을 주었던 종족들을 위로했다. 그리고 게르마니아에서 18일을 보낸 뒤 갈리아로 돌아왔다.

이번에는 카이사르가 브리탄니아로 원정을 떠나자 사람들은 그의 용기에 박수를 보냈다. 군대를 서쪽 바다에 보내어 대서양을 건너간 첫 번째 장군이었기 때문이다. 예로부터 서쪽 바다 끝에 커다란 섬이 있다는 이야기가 전해 내려오고는 있었지만, 역사가들 가운데에 상당수는 이것이 순전히 지어낸 거라며 믿지 않았다. 그들에게는 존재한 적도 없으며, 존재하지 않는 섬이었기에, 그의 원정은 지금까지 살아온 삶의 영역을 넘어 로마의 패권주의를 크게 넓힌 아주 놀라운 사건이었다. 갈리아 맞은편 해안으로 두 번씩이나 건너가 많은 전투를 했지만, 적에게 큰 피해를 입혔을 뿐 카이사르 자신에게는 그다지 이득 되는 게 없었다. 그곳 섬 사람들은 너무나 가난해서, 그는 기껏해야 왕을 인질로 잡아 조공을 보내게 하고 섬을 떠났다.

카이사르가 갈리아에 돌아오자마자 폼페이우스에게 시집간 딸이 아기를 낳은 뒤에 죽었다는 편지를 받게 되었다. 폼페이우스와 카이사르 둘은 그녀의 죽음을 두고 매우 슬퍼했다. 그런데 며칠 뒤에 갓난아이마저 죽고 말았다. 사람들은 이 일로 두 사람의 관계가 깨지고, 나라에 내란이 일어나지 않을까 매우 두려워했다. 그래서 사람들은 호민관들의 반대에도 불구하고 율리아의 관을 마르스 들판에 묻고 호화로운 장례식을 치러주었다. 오늘날에도 그녀는 그곳에 묻혀 있다.

카이사르의 군대는 점차 더 세력이 커져서 그는 병력을 여러 지역에 분산시켜 겨울을 나게 한 다음, 이탈리아로 갔다. 그때 갈리아 곳곳마다 내란이 일어나더니, 로마군 요새까지 공격해 왔다. 반란군 가운데 가장 숫자가 많고 힘이 강한 것은 아브리오릭스의 군대였다. 이들은 로마 장군 코타와 티투리우스의 부대를 쓰러뜨렸다. 키케로 군단 또한 눈 깜짝할 사이에 적군 6만 명에게 완전히 둘러싸였다. 이때 로마군은 많은 수가 부상당하여 거의 전멸할 위기에 놓였다.

이 소식이 도착했을 때 카이사르는 갈리아에서 멀리 떨어진 곳에 있었다. 그는 재빨리 방향을 돌려 병사 7000명을 이끌고 키케로를 구하러 달려갔다. 적은 카이사르의 병력이 얼마 되지 않는다는 사실을 알고 마중 나왔다. 이에 카이사르는 도망치는 척 유인하여 자신의 군대를 얕잡아 보게 했다. 그다음에는 적은 수로 많은 적을 상대해 싸우기에 알맞은 곳을 찾아내어 요새를 높이 쌓았다. 그러자 적은 카이사르의 꾀에 속아 그들을 우습게 여기고는 작은 무리로 흩어져서 공격해 왔다. 카이사르는 곧바로 병력을 이끌고 나아가 수많은 적을 죽이고 패주시켰다.

갈리아 반란을 모두 진정시킨 뒤에도 카이사르는 겨우내 여러 곳을 살펴보며 갈리아 사람들 움직임을 경계했다. 그리고 지난번 키케로가 잃은 병력을 대체하기 위해 얼마 뒤 로마로부터 3개 군단을 오게 했다. 폼페이우스가 자신의 2개 군단과 파두스 강가에서 징병한 군대를 보내온 것이다.

그러나 이때 갈리아에서는 가장 호전적인 부족들 가운데 무척 세력이 강한 사람들에 의해 오래전부터 비밀리에 뿌려지던 아주 크고 위험한 전쟁의 씨앗이 갑자기 움터서 퍼져나가고 있었다. 이곳저곳에서 무장한 젊은이들이 모여들고 자금이 모이고, 도시마다 요새를 강화하여 서로 접근하기가 어려웠다. 때마침 겨울이라 눈이 내려 강물은 얼어붙고 숲은 온통 눈에 파묻힌 데다 눈보라까지 들판을 뒤덮었다. 어느 지역은 눈의 깊이를 파악하기도 어려웠고 또 다른 지역은 늪과 하천이 넘쳐서 갈 길을 막고 있었다. 카이사르군의 이 같은 상황을 눈치채고 점점 더 많은 사람들이 반란군 편으로 모여들었다.

반란의 중심 세력은 아르베르니족과 카르누테스족 사람들이었다. 베르킨게토릭스라는 사람이 내란 지휘자로 뽑혔는데, 그의 아버지는 독재를 꾀한 혐의로 갈리아 사람들에게 죽임을 당했다.

베르킨게토릭스는 군대를 여러 부대로 나누고 장군들을 임명하여 군을 통솔하게 함으로써, 아라르 강가에 걸친 모든 지역을 차지하게 되었다. 그는 또 로마에서 카이사르의 반대 세력들이 그에게 대항하기 위해 힘을 모으고 있다는 사실을 알고, 이 기회에 갈리아 전체를 반란의 소용돌이로 몰아가려 했다. 만일 그가 조금만 더 늦게 반란을 일으켰더라면, 다시 말해 카이사르가 정치의 소용돌이에 휘말려 있을 때 이 반란을 일으켰더라면 아마도 로마는 킴브리족이 쳐들어왔을 때처럼 큰 어려움에 맞닥뜨렸으리라.

카이사르(CAESAR) 1297

그러나 카이사르는 전쟁의 모든 기회를 이용하는 데 타고난 능력을 가지고 있었다. 야만족들이 반란을 일으켰다는 소식을 듣자마자 그는 곧바로 전쟁터로 달려갔다. 그의 군대가 혹독한 계절이 주는 온갖 장애물을 헤쳐 나가 적진에 이르자, 적은 결코 꺾을 수 없는 무적의 군대를 보고 깜짝 놀라 두려움에 떨었다. 왜냐하면 전령이나 편지가 도착했다고 해도 아무도 못 믿을 그 시간에 카이사르는 이미 군대를 이끌고서 영토를 탈환했으며 잃어버린 성을 되찾아 도시를 점령하고, 반란군 편에서 다시 자기편으로 들어오는 이들을 받아들이면서, 점차 반란군 쪽으로 다가오고 있었기 때문이다. 하지만 그들 스스로 로마의 형제라고 내세우던 에두이(아이두이)족이 반란군 쪽으로 이미 넘어가 버렸기 때문에 카이사르 군대는 사기가 떨어졌다.

그러자 카이사르는 이탈리아 문 앞에 방벽처럼 버티고 서서 갈리아족 침입을 막아내는 방패 역할을 하던 세쿠아니족 영토로 이동하기로 했다. 그런데 카이사르 군대가 린고네스족 땅을 지나갈 때 적군 수만 병력이 곳곳에서 둘러싸며 포위해 들어왔다. 카이사르군은 죽을힘을 다해 연합군에 대항해 피비린내 나는 격전을 벌이다가 마침내 많은 사상자를 내고 적군을 물리쳤다.

처음에는 카이사르 군대가 얼마쯤 불리한 상황에 처했던 것으로 보인다. 아르베르족은 자신들이 그때 카이사르에게서 빼앗았다고 주장하는 단검을 신전에 걸어놓고 사람들에게 자랑했다. 카이사르 자신도 뒤에 그것을 보고는 미소를 지었다. 그의 측근들이 그것을 치우라고 말해도 그는 받아들이지 않았다. 그는 이미 그 단검이 아르베르족에게 성스러운 물건으로 모셔지고 있다고 생각했기 때문이다.

패배한 적군의 주력부대는 왕을 모시고 알레시아로 달아났다. 카이사르는 그들을 뒤쫓아가 포위했다. 그러나 성벽이 너무 높은 데다 성안 적군 수가 17만 명이나 되었으므로 이들을 물리치기는 불가능해 보였다. 게다가 성 밖에도 상상 못할 큰 위험이 도사리고 있었다. 알레시아 성을 구하기 위해 갈리아 연합군 30만 병력이 모여들었던 것이다.

카이사르는 두 군대 사이에서 완전히 포위되었다. 이 두 군대가 하나로 힘을 합치면 그의 군대는 무너질 수밖에 없었다. 카이사르는 어쩔 수 없이 방어벽을 두 개 쌓아 하나는 성안의 적을 막고, 다른 하나는 성 밖의 적을 막는 데 이용하기로 했다. 카이사르가 알레시아 성벽 앞에서 이루어 낸, 그 어느 전투보다도 과감하고 절묘한 전공은 그의 이름을 널리 드날리며 좋은 본보기가 되었다.

그 가운데 무엇보다 감탄할 만한 업적은, 그가 성 밖에서 적군 수천 명과 맞서 이들을 물리치는 동안 성안에서 적군들이 이 사실을 알아차리지 못하게 했다는 것이다. 더욱 놀라운 일은 성과 마주보는 방어벽을 지키던 로마군조차도 이 사실을 몰랐다는 것이다. 로마군은 알레시아 남자들이 소리를 죽여가며 훌쩍이고 여인들이 통곡하는 것을 듣고, 아군이 금은으로 장식된 방패와 피 묻은 갑옷과 술잔과 갈리아군 천막을 자신들 진영으로 옮기는 것을 보고 나서야 승리했음을 알게 되었다. 눈 깜짝할 사이에 그토록 많은 군대가 마치 환영이나 꿈처럼 나타났다가는 사라져 버리고, 그보다 더 많은 사람들이 전투에서 쓰러져 갔다.

알레시아를 점령했던 적군들은 자신들과 카이사르군 양쪽에 엄청난 피해를 주고는 마침내 항복해 왔다. 반란군을 총지휘하던 베르킨게토릭스는 멋진 갑옷을 입고 말을 타고서 성문 밖으로 나왔다. 그는 앉아서 지켜보고 있는 카이사르 주위를 한 바퀴 빙 돌아 그의 앞으로 다가오더니 말에서 내려 투구를 벗어 던지고 나서 무릎을 꿇었다. 카이사르는 그를 개선 행진 때 사람들이 구경할 수 있도록 사로잡아 묶었다.

카이사르는 오래전부터 폼페이우스의 세력을 무너뜨리려고 마음먹었는데, 폼페이우스 또한 마찬가지였다. 이 둘 가운데 이긴 사람과 세력을 다투려고 계획하던 크라수스가 파르티아 전투에서 죽었기 때문에 이제는 둘 가운데 어느 하나가 권력을 잡아 일인자 자리에 올라야 하므로 자기가 쓰러지지 않기 위해서는 경쟁자를 먼저 무너뜨려야만 했다.

폼페이우스는 이제까지 자기가 카이사르를 지지해서 세력을 키워주었으므로 그의 세력을 쉽게 무너뜨릴 수 있으리라 생각했다. 하지만 카이사르는 처음부터 폼페이우스를 경쟁자로 생각하여 제거할 계획을 세우고 있었다. 그는 마치 운동선수처럼 자기 상대로부터 멀리 떨어져서 갈리아 전쟁에서 경험을 쌓으며 군대를 단련시키고, 자신의 이름을 드높였다. 이제 그는 폼페이우스와 당당히 맞설 수 있게 되었다.

게다가 그는 폼페이우스와 시대적 상황과 로마의 정치적 혼란 등을 자신에게 유리하게 이용했다. 그 무렵 로마는 부정부패가 심해 관직에 나가려는 후보자는 드러내 놓고 돈으로 사람들을 매수했다. 뿐만 아니라 돈을 받고 고용된 시민들은 당당하게 투표로 겨루지를 않고, 자신들을 매수한 선거 후보자 편에 서서 활과 칼과 돌팔매질로 싸웠다.

후보자들은 연단을 피와 시체로 더럽히고 로마를 무정부 상태로 남겨둔 채 흩어지고는 했다. 로마는 사공 없는 배와 같았다. 분별 있는 사람들은 이런 무질서와 혼돈 끝에 공화제가 무너지고, 군주제가 들어서리라고 예상했다. 사람들은 군주제만이 이러한 부패라는 병을 고칠 수 있으며, 그 의사는 폼페이우스 뿐이라고 말하기도 했다.

폼페이우스는 겉으로는 이러한 명예를 거절하는 듯이 말했지만, 실제로는 집정관이 되고자 애쓰고 있었다. 카토는 이를 눈치채고, 원로원 의원들을 설득하여 폼페이우스를 단독 집정관으로 당선되게 했다. 합법적 군주제를 실현함으로써 폼페이우스가 독재를 하지 못하게 하기 위함이었다. 원로원은 또한 그의 영지 지배권을 연장하도록 결의했다. 이베리아와 리비아 전체 총독을 겸하고 있던 폼페이우스는 부관을 보내어 이 두 영지를 대신 다스리게 하고, 자신은 로마로 돌아와 해마다 1000탈란톤을 받았다.

폼페이우스의 총독 임기가 연장된 것을 보고, 카이사르도 로마에 사람을 보내어 자신의 집정관직과 총독 임기를 연장해 달라고 요청했다. 폼페이우스는 처음에는 침묵했다. 그런데 마르켈루스와 렌툴루스가 카이사르의 총독 임기 연장에 반대하고 나섰다. 그들은 다른 이유들로 카이사르를 싫어했는데, 그의 명예를 떨어뜨리고 모욕을 주기 위해 사사건건 그에게 반대했다. 예컨대 그들은 카이사르가 최근에 개척한 식민지 노붐 코뭄의 주민들에게서 로마 시민권을 빼앗아 버렸다. 마르켈루스는 로마에 머물던 노붐 코뭄 출신 원로원 의원을 때리고 나서, 그가 로마 시민이 아님을 증명하기 위해 자국을 남긴 것이었다고 말하며 모욕을 주었다. 그러고는 돌아가면 카이사르에게 그 상처를 보여주라고 덧붙였다.

그러나 마르켈루스가 집정관 임기를 마치고 자리에서 물러나자, 카이사르는 갈리아에서 모은 돈을 물 쓰듯 뿌려가며 로마 정치인들을 매수하기 시작했다. 그는 호민관 쿠리오가 진 엄청난 빚을 갚아주고, 집정관 파울루스에게는 1500 탈란톤을 주었다. 그에게서 받은 돈으로 파울루스는, 의사당 가까이에 풀비아라는 오래된 바실리카 자리에 새로운 바실리카를 세워 아름답게 꾸몄다. 이런 상황들을 지켜본 폼페이우스는 카이사르의 정권 쟁탈 음모를 두려워하여 보란듯이 자신과 친구들의 세력을 모아, 카이사르가 지배하던 영지 후임자를 새로 임명하도록 일을 꾸미고, 자신이 전에 빌려준 병사들을 돌려달라고 카이사르에게 요구했다. 카이사르는 병사들에게 250드라크메씩 주고는 폼페이우스에게 돌려보냈다.

병사들을 데리고 온 장교들은 카이사르에 대해 터무니없고 거짓된 이야기들을 퍼뜨려서, 폼페이우스가 헛된 희망을 품게 했다. 예컨대 갈리아에 주둔해 있는 카이사르 군대는 언제든지 이탈리아로 돌아와 폼페이우스 지휘 아래 들어오기만을 간절히 바라고 있다고 했다. 또 폼페이우스가 로마에서 하는 일은 누군가의 비밀스런 음모로 일어난 증오심 때문에 어려움을 겪고 있지만, 카이사르 군대는 그를 만나기만을 꿈꾸며, 카이사르가 알프스를 넘어 이탈리아로 들어오기만 하면 바로 폼페이우스 편이 될 거라고 말했다. 그들 모두가 너무 많은 원정을 강요하는 카이사르에게 지쳐 있으며, 군주제에 대한 두려움으로 카이사르를 의심한다고 말했다.

이런 이야기들을 듣자 폼페이우스는 아주 의기양양해져서 전투 준비도 하지 않고, 카이사르를 주의 깊게 관찰하지 않았다. 이즈음 카이사르는 원로원이 자기에게 갈리아 총독 임기를 연장해 주지 않으리라는 소문을 듣고, 칼을 만지며 말했다.

"그렇다면 이 칼이 대신 해줄 것이다."

그러나 카이사르의 요구는 최소한 겉보기에는 아주 공정했다. 그는 자신과 폼페이우스가 무기를 버리고 개인 자격으로서 민중에게 자신들의 공로에 대한 평가를 맡기자고 했다. 만일 자기 무력만 빼앗고 폼페이우스의 권력은 그대로 둔다면, 한 사람은 독재자라는 오명을 쓰게 되고 다른 한 사람은 실제적인 독재자가 되어버리기 때문이었다. 쿠리오가 카이사르를 대신해서 이런 연설을 하자 민중은 박수갈채를 보냈다. 그러나 폼페이우스의 장인인 스키피오는, 카이사르가 정해진 날까지 장군직을 내어놓지 않으면 그를 국가의 적으로 선언하자고 제의했다.

두 집정관은 폼페이우스 군대를 해산시킬 것인지 물었다. 이어서 카이사르 군대를 해산시킬 것인지도 물었다. 첫 번째 질문에는 찬성하는 사람이 없었지만 두 번째 질문에는 거의 모두가 동의했다. 이때 안토니우스가 폼페이우스와 카이사르 그 둘 모두 해임시켜야 한다고 제의하자, 모두 동조했다. 그러자 스키피오가 몹시 화를 냈으며, 렌툴루스는 강도에게 맞서기 위해서는 무기가 필요하지 투표는 아니라고 소리쳤다. 이 때문에 원로원 회의가 중단되었고, 원로원 의원들은 의견의 불일치를 애통해하는 표현으로서 상복을 입었다.

하지만 얼마 지나지 않아서 카이사르로부터 편지가 도착했다. 그는 전보다 많이 부드러워진 태도로, 다음 집정관 선거에 입후보할 때까지 자신이 다른 것들을 모두 포기하는 대신에 2개 군단을 거느리고 알프스 지역 안에 있는 갈리아와 일리리쿰을 다스릴 수 있도록 해달라며 허락을 구했다. 킬리키아에서 이제 막 돌아온 연설가 키케로도 두 사람을 화해시키려 애쓰며, 카이사르의 제안에 동의하도록 폼페이우스를 설득했다. 폼페이우스는 다른 건 모두 양보해도 카이사르에게 군대를 줄 수는 없다고 버텼다. 키케로는 카이사르의 친구들을 설득하기도 했다. 카이사르가 말한 지역은 계속 다스리되, 병력은 6000명만 가지는 조건으로 타협하자고 요구한 것이다. 폼페이우스도 그 정도까지는 받아들일 의향이 있었다. 그러나 집정관 렌툴루스는 그가 타협하지 못하도록 막았고, 안토니우스와 쿠리오에게 온갖 모욕을 주며 원로원에서 내쫓았다. 이렇게 하여 카이사르에게 모든 핑계 가운데 가장 그럴듯한 꼬투리를 제공한 셈이 되었다. 카이사르는 지위가 높고 명성을 지닌 사람들이 노예 차림으로 빌린 수레를 타고 몰래 로마를 빠져나올 만큼 세상이 어지러워졌다고 말하면서 병사들을 부추긴 것이다. 실제로도 그들은 두려움에 휩싸여 그런 모습으로 로마를 탈출했다.

카이사르에게는 기병 300기와 보병 5000명뿐이었다. 나머지 병사들은 모두 알프스 너머에 머무르고 있었는데 나중에 장군들을 보내 데려올 생각이었다. 그래도 첫 전투를 시작하는 단계에서는 많은 병력이 필요하지 않았다. 왜냐하면 불시에 습격하여 재빨리 기회를 잡아 적을 눈 깜짝할 사이에 무찌르는 편이 전군을 한꺼번에 이끌고 들어가서 싸우는 것보다 더 쉬우리라 판단했기 때문이었다. 카이사르는 장군들과 백인대장들에게 칼만 들고 갈리아의 대도시 아리미눔으로 들어가서, 가능하면 사상자 없이 혼란이 일어나지 않도록 적을 정복하라고 명령했다. 그는 이 임무의 모든 책임을 호르텐시우스에게 맡기고 자신은 낮 동안 민중과 함께 검투사들의 시합을 구경하며 시간을 보냈다. 해질 무렵에는 몸단장을 마치고 만찬에 참석하여 초대한 손님들과 대화를 나누었다. 날이 완전히 어두워지기 시작하자 카이사르는 자리를 뜨면서, 손님들에게 곧 돌아오겠노라 말했다. 그러면서 몇몇 동료들에게는 저마다 다른 길과 다른 방향으로 자기를 따라오도록 지시했다.

카이사르는 빌린 마차를 타고 처음에는 다른 길로 가다가 곧 아리미눔 쪽으로 방향을 바꾸었다. 카이사르는 알프스 안쪽 갈리아와 이탈리아 경계선인 루비콘 강에 이르자 깊이 고뇌하기 시작했다. 위험한 상황이 점점 가까워지자 카이사르는 앞으로 닥치게 될 위태로움의 규모를 떠올리고는 불안해졌다. 그래서 말의 속도를 늦추었다. 그러다 멈추어 서서는 아무런 말없이 복잡한 생각에 잠겼다. 그의 마음은 이리저리 흔들렸고, 많은 변화를 겪었다. 그리고 또한 폴리오 아시니우스를 비롯해 곁에 있던 동료들과 긴 이야기를 나누었다. 이 강을 건너면 모든 인류에게 어떤 어려움과 불행들이 일어날까, 또 후세에는 어떤 이야기를 남기게 될까 모두들 의논했다. 마침내 카이사르는 어떤 열정에 휩싸여 심사숙고 따위는 하지 않고 미래로 뛰어들겠다는 듯이, 사람들이 흔히 위험하고 대담한 일을 하기 전에 될 대로 되라는 식으로 말하는 상투적인 표현을 중얼거렸다.

"주사위는 던져졌다!"

그러고는 전속력으로 달려서 날이 새기 전에 아리미눔을 공격하여 차지했다. 그런데 강을 건너기 전날 밤 카이사르는 어머니와 관계하는 어처구니없는 꿈을 꾸었다고 한다.

아리미눔이 점령되자 전쟁이 모든 땅과 바다의 문을 넓게 열어젖히며, 국가의 법도 영지들 간의 경계도 허물어 버렸다. 이제까지처럼 사람들이 공포에 질려 서둘러 이탈리아 땅에서 벗어나려 하는 게 아니라, 도시 전체가 일어나 달아나면서 서로 부딪치고 갈팡질팡하는 듯이 보였다. 로마는 가까운 도시에서 밀려들어 오는 사람들로 홍수를 이루었다. 관리들이 지시를 내려 혼란을 가라앉힐 수 있는 상황이 아니었다. 로마는 마치 소용돌이치는 바다 한가운데에서 태풍을 만나 이리저리 흔들리며 가까스로 버티는 배처럼 위태로워 보였다. 여기저기에서 감정 대립이 격해지고 폭력의 움직임이 일어났다. 기뻐하는 사람들은 조용히 있지 않았으며 미래에 대한 자신감으로 가득 차서는, 두려움과 불안에 떠는 사람들과 마주칠 때마다 아무 데서나 싸움을 걸었다. 이는 큰 도시에서 벌어질 수밖에 없는 자연스러운 현상이었다.

이러한 사태에 놀란 사람들은 폼페이우스를 거세게 비난했다. 어떤 사람들은 그가 카이사르에게 군대를 주었기 때문에 이런 일이 일어났다고 책임을 물었다. 또 다른 이들은 카이사르가 한 발 양보하여 화해하자고 제의했는데도 폼페이우스가 이를 받아들이지 않고 렌툴루스를 시켜 그에게 모욕을 주었기 때문이라고 비난했다. 파보니우스는 그에게 발로 땅을 굴러보라고 말했다. 자신이 발을 구르기만 하면 온 이탈리아를 병사들로 가득 채울 수 있으니 전쟁 준비는 자신에게 맡기라고, 언젠가 폼페이우스가 원로원 의원들 앞에서 호언장담한 적이 있었기 때문이다.

실제로 병력에 있어서는 폼페이우스가 카이사르보다 더 많았다. 하지만 사람들은 그가 혼자서 판단을 내리도록 내버려 두지 않았다. 폼페이우스 자신도 전쟁이 곧 일어날 것이며 적이 모든 것을 점령했다는 온갖 거짓 소문에 놀라 두려움에 사로잡혀 버렸다. 그래서 국가에 내란이 일어났음을 선언하고는, 원로원에게 독재가 아닌 국가와 자유를 원한다면 로마에 머물러서는 안 되며, 자기와 함께 떠나자는 말을 남기고 서둘러 로마를 떠났다.

집정관들은 로마를 떠나기 전에 관례적으로 하는 제사도 지내지 않고 달아났다. 원로원 의원들도 마치 남의 물건을 훔치듯이 급하게 아무 재산이나 마구 챙겨서는 로마를 떠났다. 또한 카이사르를 열렬히 지지하던 사람들 가운데서도 두려움으로 갈피를 못잡고 저 거대한 피란 물결을 따라서 로마를 떠나는 사람들이 있었다. 무엇보다 안타깝고 슬픈 일은 혼란에 빠진 로마의 모습이었다. 엄청난 폭풍이 몰아닥친 이 도시는 마치 선장도 없이 버려져 파도에 휩쓸려 다니는 배와 같았다. 피란 행렬은 이토록 비참했지만 사람들은 폼페이우스가 가는 곳이 자기 조국이며, 자신들의 고향 로마가 카이사르 영토라 생각하고 떠나갔다.

카이사르의 부관으로서 가장 큰 신임을 받았던 라비에누스도 그를 버리고 폼페이우스를 따라갔다. 그럼에도 카이사르는 라비에누스의 재산과 짐을 모두 그에게 보내주었다.

카이사르는 코르피니움에서 30개 보병대를 이끌던 도미티우스를 공격했다. 그는 카이사르의 군대를 막아내지 못하자 절망에 빠져 자살하려고, 노예 출신 의사가 건네준 독약을 마셨다. 그러나 카이사르가 포로들에게 매우 관대한 처분을 내린다는 말을 전해 듣고는 자기 운명을 애통해하며 자신의 성급한 결심을 후회했다. 그때 그의 의사가 걱정하지 말라고 하면서, 자신이 그에게 준 것은 독약이 아니라 수면제라고 말하자, 그는 너무 기뻐서 벌떡 일어나 카이사르에게 달려갔다. 카이사르는 그가 내미는 오른손을 받아들여 같은 편이 되는 것을 허락했다. 하지만 도미티우스는 뒷날 다시 폼페이우스에게 가버렸다. 이 소식이 전해지자 사람들은 얼마쯤 안도감을 느끼며, 달아났던 사람들도 로마로 다시 돌아왔다.

카이사르는 도미티우스 군대를 받아들인 다음 여러 도시들을 기습 공격하여 폼페이우스 병사들을 사로잡았다. 어느새 크고 강력해진 병력을 이끌고 그는 폼페이우스를 쫓아갔다. 폼페이우스는 카이사르를 기다리지 않고 브룬디시움으로 달아났다. 그리고 집정관들에게 군대를 주어 먼저 디라키움으로 보냈고, 카이사르가 가까이 다가오자 자신도 배를 타고 떠났다. 이 이야기에 대해서는 폼페이우스 편에 자세히 적을 것이다. 카이사르는 곧장 폼페이우스를 뒤쫓고 싶었지만 배가 없었기 때문에 로마로 발길을 돌렸다. 이로써 카이사르는 60일 만에 피 한 방울 흘리지 않고 이탈리아 전체를 손에 넣었다.

로마는 생각보다 빨리 평화를 되찾았다. 그는 로마로 돌아와 많은 원로원 의원들 앞에서 정중하게 연설하고, 폼페이우스에게 사람을 보내 서둘러 평화협정을 맺도록 요청했다. 그러나 아무도 카이사르 의견에 귀를 기울이지 않았는데, 그들이 폼페이우스를 배신했으므로 그가 두려웠기 때문인지, 아니면 카이사르의 말을 믿지 않았기 때문인지는 알 수 없다.

그때 카이사르가 국고에서 돈을 꺼내려 하자, 호민관 메텔루스가 법을 내세우며 가로막았다. 이때 카이사르는 무기와 법률은 서로 쓰임이 다르다며 다음처럼 주장했다.

"이 세상은 법이 지배하지 않으면 무기가 지배하는 법이오. 여기서 하는 일이 마음에 들지 않으면 지금 이곳을 떠나시오. 전쟁 때에는 아무 말이나 자기 하고 싶은 대로 해서는 아니 되니, 평화가 찾아왔을 때에나 하고 싶은 말을 하시오. 지금 내가 이렇게 말하고 있는 것 자체가 실은 나의 권리를 조금은 포기하고 양보하는 것이오. 오늘 당신은 내 권력 아래에 있으니, 당신 운명 또한 내 손안에 있음을 새겨들으시오."

말을 마치고 카이사르는 금고 쪽으로 다가갔으나 열쇠가 어디에도 보이지 않았다. 그는 대장장이를 불러 자물쇠를 부수게 했다. 메텔루스가 다시 막아서자 몇몇 사람들이 그의 용기를 칭찬했다. 그러나 카이사르는 더 반항하면 죽여

버리겠다고 큰 소리로 협박했다.

"잘 들으시오. 나에게는 말보다 행동이 더 쉽소."

그제야 메텔루스는 겁을 먹고 물러났다. 그 뒤로는 전쟁 수행에 필요한 모든 것이 카이사르 명령대로 잘 받아들여졌다.

카이사르는 이베리아로 진격해 나아갔다. 그는 먼저 폼페이우스 부하인 아프라니우스와 바로를 쫓아내고 그 군대와 영토를 손에 넣음으로써, 폼페이우스의 힘을 약화시키려고 했다. 등 뒤에 적을 남겨두지 않기 위해서였다. 하지만 오히려 카이사르가 매복해 있던 병사들에게 여러 차례 기습을 당하고 식량도 모자라 큰 어려움을 겪었다. 그럼에도 그는 지칠 줄 모르고 적을 뒤쫓아가 전투에 끌어넣은 다음, 마침내 진영과 병력을 손에 넣었다. 다만 장군들만은 폼페이우스에게 달아났다.

카이사르가 로마에 돌아오자, 그의 장인 피소는 폼페이우스에게 사람을 보내 평화협정을 맺게 하자고 말했다. 그러나 이사우리쿠스는 카이사르의 비위를 맞추려고 이 제안을 반대했다. 원로원에 의해 독재관으로 선출된 카이사르는 망명했던 사람들을 불러들이고, 술라 시대에 탄압을 받은 사람들의 권리를 회복해 주었다. 또한 이자율을 낮추는 법을 제정하는 것과 같은 여러 정책들을 만들어 가난한 사람들을 도와주었다. 그리고 11일 만에 독재관에서 물러나, 세르빌리우스 이사우리쿠스와 함께 집정관직에 임명되어 다시 전쟁터로 떠나야 했다.

카이사르가 너무나 빨리 행군해 나아갔기 때문에 병사들 대부분은 뒤에 처지고 기병 600기와 5개 군단만이 그와 나란히 진격해 갔다. 그가 바다에 이르렀을 때에는 이미 한겨울에 접어든 1월이었다(포세이데온 달과 거의 일치한다). 그들은 바다를 건너 오리쿰과 아폴로니아를 정복했고, 뒤따라 오는 부대를 위해 배를 브룬디시움으로 보냈다. 그런데 계속되는 전쟁으로 몸도 마음도 몹시 지쳐버린 병사들은 카이사르에 대해 불평을 늘어놓았다.

"장군님은 도대체 어디까지 간 다음에 우리를 쉬게 해줄까? 우리를 여기저기 끌고 다니면서 물건처럼 함부로 대하고 있어. 칼도 많이 쓰면 무뎌지고, 방패와 가슴받이도 오래 쓰면 낡게 마련인데, 우리 보고 어떻게 견뎌내라는 거지? 우리가 부상당한 것을 보면 불사조처럼 참고 버티기만 할 수는 없다는 사실을 알 텐데, 겨울의 매서운 바닷바람은 신들도 어찌 할 수 없다고. 그런데 장군님은 적을 쫓는 게 아니라 쫓기는 사람처럼 달려가고만 있잖아!"

이렇게 말하면서 그들은 느릿느릿 브룬디시움으로 나아갔다. 그러나 카이사르가 이미 그곳에서 배를 타고 떠났다는 사실을 알고 병사들은 다시 마음을 다잡았다. 그들은 대장군을 제대로 모시지 못한 자신들을 나무랐고, 행군을 재촉하지 않은 지휘관들을 탓하기도 했다. 그러고는 높은 곳에 올라가 바다와 에피루스 쪽을 바라보며 자신들을 그들의 사령관에게 실어다 줄 배가 나타나기만을 기다렸다.

그동안 카이사르는 이미 아폴로니아에 도착해 있었다. 적과 싸우기에는 병력이 크게 부족했으므로 그는 브룬디시움으로부터 군대가 빨리 도착하기만을 애타게 기다렸다. 그러나 기다리다 지친 그는 마침내 아찔한 모험을 계획했다. 그는 아무도 알아보지 못하도록 노예로 변장하고 작은 배에 의지한 채 적군의 배들을 지나 브룬디시움으로 가려 했던 것이다. 날이 어두워지자 카이사르는 노예 옷을 입고 강가로 나아갔다. 그는 작은 배에 오르자 신분이 낮은 사람처럼 바닥에 그대로 누웠다. 아니우스 강물을 따라 배는 바다 쪽으로 흘러내려갔다. 이즈음에는 보통, 뭍에서 불어오는 아침 산들바람이 물살을 부드럽고 잔잔하게 해준다. 그런데 이날은 갑자기 바다 쪽에서 거센 바람이 휘몰아쳐 와 소용돌이가 일었다. 배가 더 나아갈 수 없었으므로 선장은 뱃머리를 돌리라고 선원들에게 지시했다. 이를 알아차린 카이사르는 자신이 누구인지를 밝힌 다음, 놀란 선장의 손을 잡고 엄숙하게 말했다.

"자, 훌륭하신 선장! 두려워 말고 용기를 내시오. 이 배에는 카이사르뿐 아니라 그를 지켜주는 행운의 여신도 함께 타고 있소."

이 말을 듣자 선원들은 폭풍우가 몰아치는 것도 잠시 잊고 힘껏 노를 저어 험한 물살을 헤쳐 나아가려 했다. 그러나 더는 앞으로 나아갈 수 없었다. 배 안으로 물이 들어와 목숨까지 위태로웠다. 카이사르는 마지못해 배를 돌리도록 허락했다.

카이사르는 뭍으로 올라오자마자 병사들에게 둘러싸여 비난과 불평을 들어야 했다. 이들은 카이사르가 자기들과 함께 적을 공격하여 싸워 이길 수 없다고 생각하여, 그렇게 먼 곳까지 죽음을 무릅쓰고 다른 군대를 찾아가야만 했느냐고 화를 내며 말했다.

얼마 지나지 않아 안토니우스가 브룬디시움에서 부대를 이끌고 오자, 카이사르는 자신감을 얻어 다시 폼페이우스와 전투를 벌였다. 폼페이우스는 매우 유리한 지역에 자리를 잡고서 육지와 바다로부터 충분한 식량을 공급받았지만, 카이사르 병사들은 처음부터 물자가 풍부하지 못해 얼마 가지 않아 식량이 바닥나 버렸다. 병사들은 풀뿌리를 캐어 우유와 섞어 마셨다. 이따금 풀뿌리로 빵을 만들어서 적진에 던져넣거나 그 주위에서 서로 던지고 받으면서, 땅에서 이 뿌리가 나는 한 폼페이우스군을 포위하는 일을 절대로 그만두지 않겠다고 외치곤 했다. 폼페이우스는 이들의 빵도, 위협하는 말도 자신의 주력부대로는 들어가지 못하도록 막았다. 그의 병사들이 이미 풀이 죽어 있었기 때문인데, 그들은 사납고 강한 카이사르군을 마치 짐승처럼 여기고 두려워했다.

폼페이우스의 진영 가까이에서는 작은 전투들이 끊이지 않고 벌어졌는데, 승리는 언제나 카이사르 군대 쪽으로 돌아갔다. 그래도 딱 한 번 카이사르군은 크게 패하여 진지마저 빼앗길 뻔했다. 폼페이우스가 습격해 오자 그 누구도 감히 맞서 싸우지 못했다. 성벽 주위는 카이사르군의 시체와 부상병들로 가득했다. 카이사르가 도망쳐 오는 병사들을 막고 싸움터로 돌려보내려 했으나 소용없었다. 게다가 기수들이 깃발을 버리고 도망쳤기 때문에 적에게 빼앗긴 군기가 32개나 되었다.

카이사르도 하마터면 목숨을 잃을 뻔했다. 키 큰 병사 하나가 도망치려 하자, 카이사르는 그를 붙잡아 적과 맞서 싸우라고 명령했다. 그러자 이 병사는 위험 앞에서 이성을 잃고, 오히려 카이사르에게 칼을 뽑아들고 달려들었다. 때마침 카이사르의 방패지기가 먼저 그의 어깨를 쳐서 카이사르의 목숨을 구했다.

카이사르는 자신이 완전히 졌다 생각하고 절망적인 상태가 되어버렸다. 하지만 폼페이우스는 조심스러운 성격 탓인지, 아니면 무슨 사고가 있었는지 전투를 끝까지 밀어붙이지 않고 그대로 물러갔다. 이를 본 카이사르가 그의 친구들에게, 적군 가운데 승리의 묘수를 던질 줄 아는 장군이 하나만 있었어도 오늘 전투는 틀림없이 저들이 이겼을 것이라고 말했다.

그런 뒤 카이사르는 막사로 돌아와 누웠지만 이런저런 생각에 잠을 이루지 못했다. 그는 자신의 전술이 뭔가 잘못되었다고 생각했다. 마케도니아와 테살리아라는 부유한 도시들을 바로 눈앞에 두고서, 오히려 적에게 유리한 해안 쪽에서 전투를 벌인 것을 후회했다. 무기로 적을 포위한 게 아니라 오히려 자신들이 굶주림에 포위된 처지였다. 하룻밤을 뜬눈으로 새우고 난 뒤 카이사르는 군대를 철수하여 들판으로 폼페이우스를 끌어낸 다음 포위하여 그의 군수물자 공급을 막을 것인지, 아니면 고립된 스키피오군을 먼저 공격할 것인지에 대해 결정을 내리지 못하다가 마침내 마케도니아의 스키피오를 공격하기로 했다.

카이사르군이 갑자기 이동하는 것을 본 폼페이우스의 장군들은, 카이사르가 겁을 먹고 도망치는 걸로 여기고는 너무 기뻐서 어쩔 줄 몰라 하며 그를 추격하고 싶어했다. 그러나 폼페이우스는 매우 신중하여 그렇게 위험을 무릅쓰고 전투를 벌이는 것을 꺼렸다. 그는 군수물자와 식량이 풍부한 장점을 이용하여 전쟁을 오래 끌게 되면 자기편에 유리하리라고 생각했다. 카이사르의 주력부대가 아무리 경험 많고 용맹하다 해도 그들 나이에는 체력이 떨어지면서 열정도 시들기 마련이고, 노동을 하기에도 적합하지 않은 몸은 계속되는 행군과 야영 생활, 포위 공격과 야간 보초로 인해 지친 기색을 보였으므로 오래 버티지 못할 거라 믿었기 때문이다.

뿐만 아니라 일정치 않은 식사 탓에 카이사르군 진영에 전염병이 돌고 있다는 소문까지 들려왔다. 무엇보다도 카이사르에게는 자금도 식량도 부족했으므로 폼페이우스는 머지않아 곧 적의 군대가 스스로 무너지게 되리라 기대했다.

이런 이유들로 폼페이우스는 카이사르와 직접 맞서 싸우려 하지 않았는데, 이 계획에 기뻐하며 박수를 보낸 사람은 카토 하나뿐이었다. 카토는 동족끼리 싸워가며 피 흘리는 일을 피하고 싶어했다. 실제로 그는 카이사르군 전사자가 1000명이나 된다는 소식을 듣고는 눈물까지 흘렸다고 한다.

그렇지만 카토 말고 다른 사람들은 모두 폼페이우스가 전쟁을 피하려 하는 것에 대해 비난했다. 이들은 폼페이우스를 '아가멤논'이니 '왕 중 왕'이니 부르며 그가 전쟁터에 나아가도록 분위기를 몰아갔다. 이런 말은 실제로 폼페이우스가 오래도록 혼자 대장군 자리를 차지하고 앉아, 그의 장군들에게 자기 마음대로 명령을 내리며 막사를 오가게 한다는 뜻을 넌지시 암시하기도 했다. 카토가 거침없이 자기 의견을 말하는 데 힘을 얻은 파보니우스는 폼페이우스가 전투는 하지 않고 이래라 저래라 명령만 내리는 바람에, 올해에는 고향 투스쿨룸의 무화과를 따먹기는 다 틀렸다며 투덜거렸다. 이베리아에서 전투에 패하고 이제 막 돌아온 아프라니우스는, 돈에 매수되어 군대를 팔아먹었다는 비난을 하는 사람들에게, 그렇다면 그 땅을 사들인 카이사르와는 왜 싸우지 않느냐고 말했다.

폼페이우스는 여론에 밀려 어쩔 수 없이 카이사르를 뒤쫓아갔다.

카이사르가 전투에서 패배했다는 소식을 들은 나라들은 그에게 군수물자를 원조해 주려 하지 않았다. 그래도 힘겨운 행군 끝에 카이사르는 테살리아의 곰피 시에 이르러 충분한 식량과 물자를 얻어낼 수 있었다. 병사들이 오랜만에 실컷 포도주를 마시며 그동안 쌓였던 불만들을 모두 날려버리고 즐겁게 행군해 나가는 동안, 군대 안에 돌던 전염병도 어느새 사라져 버렸다.

이로써 두 군대는 파르살루스 들판에서 서로 맞닥뜨리게 되었다. 폼페이우스는 좋지 않은 전조들과 자신이 꾼 꿈 때문에 전투를 계속 미루고 있었다. 그러나 모두들 틀림없이 폼페이우스가 승리하리라 믿고서 도미티우스, 스핀테르, 스키피오 등은 카이사르의 대사제 자리를 서로 차지하려 경쟁하고 있었다. 전쟁이 곧 끝나면 자기가 대사제에 오를 수 있으리라고 믿고 미리 로마로 사람을 보내, 집정관이나 법무관이 살기에 알맞은 집을 산 사람들도 있었다.

폼페이우스의 군대 가운데 기병대는 전투가 벌어지기만을 기다렸다. 이들은 가장 비싸고 멋진 갑옷과 살진 말로 무장한 자신들을 훌륭한 병사로 여기며 자랑스러워하고 있었다. 게다가 카이사르군의 기병은 모두 합쳐 1000기뿐이었으나, 자신들은 5000기나 되었으므로 승리를 확신했다. 보병 숫자도 카이사르군이 2만 2000명이었던 것에 비해 자신들은 4만 5000명이나 되었으니 마땅히 자신들이 이길 거라고 생각했다.

카이사르는 부하들을 모두 불러모아 의논하기로 했다. 그는 코르피니우스 장군이 지휘하는 2개 군단이 가까이 오고 있으며, 메가라와 아테나이 근처에도 칼레누스 장군이 지휘하는 15개 보병대가 주둔하고 있다는 사실을 먼저 말해 주었다. 그러고 나서 지원군이 올 때까지 기다리는 게 좋을지, 아니면 지금 가진 병력만으로 먼저 공격할 것인지를 물었다. 부하들은 그때까지 기다릴 수 없다며 무슨 계략과 전술이든 모조리 써서 지금 바로 적을 공격하자고 큰 소리로 외쳤다.

카이사르는 전투에 나가기 전에 먼저 신들에게 제물을 올렸다. 점술가는 첫 번째 제물이 쓰러지는 것을 보자, 사흘 안에 운명을 판가름할 큰 전투가 있을 거라고 말했다. 카이사르가 점술가에게 좋은 징조가 있는지 묻자, 그는 이렇게 대답했다.

"이에 대해서는 장군께서 더 잘 아실 수 있습니다. 신들께서는 오늘의 상황과는 다른 커다란 변화가 올 거라 말씀하셨습니다. 그러므로 장군께서 잘되어 가고 있다고 생각하셨다면 나쁜 일이 일어날 것이고, 그렇지 않으면 반대로 좋은 일이 일어날 것입니다."

전투를 벌이기로 한 전날 밤, 카이사르가 진영을 돌아보고 있을 때였다. 갑자기 하늘에서 커다란 불덩어리가 그의 진영 쪽으로 날아오더니, 도중에 갑자기 방향을 바꾸어 폼페이우스의 진영으로 가서 떨어졌다.

다음 날 새벽 보초가 교대하러 왔을 때, 그들은 적진에서 큰 소란이 있었음을 알아차릴 수 있었다. 그러나 카이사르는 전투가 벌어지지 않으리라 생각하고는 스코투사로 가고자 진영을 철수하기 시작했다. 그런데 막사를 거의 다 거두었을 때 정찰병 하나가 급히 말을 타고 달려와 적의 공격이 곧 시작될 거라고 알렸다.

이 말을 듣자 카이사르는 뛰어오를 듯이 기뻐하면서 신에게 기도를 드린 뒤, 군대를 셋으로 나누었다. 가운데에는 도미티우스 칼비누스를, 왼쪽 날개에는 안토니우스를 배치했다. 카이사르 자신은 오른쪽 날개를 맡으며 제10군단 선두에 섰다. 그러나 상대할 적의 기병이 대열을 맞추고 있는 것을 보자, 그 화려한 모습과 엄청난 수에 두려움을 느낀 카이사르는 6개 대대를 몰래 불러 모아 자기 뒤에 배치시킨 다음, 기병이 쳐들어올 때의 대처 방법을 지시했다.

폼페이우스군에서는 폼페이우스가 오른쪽 날개를, 도미티우스가 왼쪽 날개를 맡았으며, 가운데는 폼페이우스의 장인인 스키피오가 지휘했다. 이들은 기병대를 모두 왼쪽에 배치시켜 적의 오른쪽을 완전히 둘러싸 카이사르가 이끄는 부대를 전멸하려는 작전을 짰다. 부대 배치가 모두 끝나자 이들은, 그토록 많은 기병대가 한꺼번에 공격하면 아무리 밀집부대라 해도 자신들을 당해내지 못할 거라는 자신감으로 가득 찼다.

양측에 공격 신호가 떨어지자 폼페이우스는 선두 보병 부대에게 무슨 일이 있어도 자리를 떠나지 말고, 적군이 투창의 사정거리 안으로 들어올 때까지 기다리라고 명령했다. 이를 본 카이사르는 폼페이우스가 바로 여기서 실수를 했다고 말한다. 그는 전투에서 승리와 패배는 맨 처음 접전에 달려 있으며, 공격하는 쪽으로 힘이 실려서 병사들에게 용기를 주고 모든 싸움을 주도하게 한다고 생각했다.

그래서 카이사르는 밀집부대를 움직여 돌격해 나아갔다. 이때 백인대장들 가운데 그에게 가장 충성하며 전쟁 경험도 많은 카이우스 크라시니우스가 자기 부하들을 격려하며 용감히 싸우는 것을 보고 그에게 물었다.

"카이우스 크라시니우스, 우리 군의 사기가 어떠하다고 보는가?"

그러자 크라시니우스가 오른손을 높이 들어 보이며 큰 소리로 말했다.

"틀림없이 우리가 큰 승리를 거둘 것입니다! 그리고 제가 살아남든지 죽든지 간에 장군님은 저를 크게 칭찬하시게 될 것입니다."

이렇게 말하고 크라시니우스는 부하 120명을 이끌고 적진으로 쏜살같이 달려갔다. 그는 용감하게 적의 전방을 무너뜨리고 적군을 쓰러뜨리며 나아가다가 마침내 적의 칼에 맞아 죽고 말았다. 그의 입 안으로 들어온 칼끝은 목덜미까지 뚫고 나왔다.

이처럼 보병들이 한가운데에서 치열하게 맞붙어 싸우고 있을 때쯤 자부심에 넘치는 폼페이우스의 기병대가 달려왔다. 이들은 카이사르의 부대를 에워싸고자 대열을 펼쳤는데, 그들이 미처 공격해 들어오기도 전에 카이사르가 잠복시켜 둔 6개 대대가 뛰어나왔다. 카이사르군은 여느 때처럼 창을 던지지도 않았고, 적에게 다가가서도 허벅지나 종아리를 찌르려고 하지 않았다. 대신 창을 치켜들고서 적의 눈과 얼굴을 찌르려고 했다. 이런 공격은, 부상당해 본 경험은 커녕 전투 경험조차 없는 적군들이 젊고 아름다운 얼굴을 자랑스러워하고 있다는 사실을 계산한 카이사르의 지시였다. 카이사르는 이들이 당장 다칠 위험뿐만 아니라 앞으로 남게 될 상처의 걱정 때문에 무서워 달아날 거라고 예상했다.

그의 예측은 들어맞았다. 폼페이우스의 기병들은 얼굴로 날아오는 창을 참아내지 못했으며, 창을 똑바로 바라볼 용기도 없어서 얼굴을 가리고 머리를 손으로 감싸고는 옆으로 돌리곤 했다. 이렇듯 적의 기병대는 혼란에 빠져 불명예스럽게 달아나기 시작하면서 전군을 파멸로 이끌고 갔다. 기병대가 흩어져 버리자 카이사르가 보병대를 포위 공격하여 완전히 무너뜨렸기 때문이다.

폼페이우스는 다른 쪽에서 기병대가 흩어지는 모습을 지켜보았다. 그는 예기치 않은 상황에 놀라 자신이 '대장군 폼페이우스'라는 사실도 잊은 채 멍하니 서 있다가, 모든 것을 포기하고는 진지로 도망쳐 버렸다. 그사이에 카이사르 군대는 적의 진지 바로 앞까지 나아가 치열한 전투를 벌였다. 일이 이렇게까지

되자 폼페이우스는 겨우 정신을 가다듬고 한 마디 했다.

"아니, 적이 우리 진지에까지?"

그러고는 초라한 옷으로 갈아입고 몰래 빠져나갔다. 그 뒤 그가 어떤 운명을 맞게 되었는지, 그리고 아이귑토스 사람들에게 어떤 대우를 받고 살해당했는지에 대해서는 폼페이우스 편에 모두 기록해 두었다.

카이사르는 적의 진지에 들어갔다가, 쓰러진 적의 시체와, 살아 있는 사람들 사이에서 아직도 살육이 진행되고 있는 것을 보고는 신음하듯이 말했다.

"그들이 바란 게 이런 것이었을까? 나를 이렇게 만든 건 바로 그들이었지. 나 또한 군대를 버리고 떠났다면 이전에 이룬 전쟁의 영광들도 모두 사라지고, 세상 사람들의 비난을 받았을 거야."

아시니우스 폴리오의 말에 따르면, 이때 카이사르는 라틴어로 말을 했는데, 나중에 자신이 헬라스 말로 바꿔서 기록했다고 한다. 또 진영이 함락되었을 때 죽은 사람들 대부분은 노예들로서, 죽은 병사들 숫자는 6000을 넘지 않았다고 한다. 카이사르는 포로들을 거의 자기 군대에 편입시켰다. 그리고 신분 높은 많은 장교들을 풀어주었는데, 그 가운데에는 뒷날 카이사르를 죽인 브루투스도 있었다. 이때 카이사르는 브루투스가 보이지 않자 걱정하다가, 그가 살아 있음을 알고는 매우 기뻐했다고 전한다.

이 전투에 앞서, 카이사르의 승리를 암시하는 이상한 전조들이 많이 있었다. 그 가운데 가장 놀라운 것은 트랄레스라는 마을에서 일어난 일이다. 이 마을에 있는 승리의 여신 빅토리아 신전에는 카이사르의 조각상이 서 있었다. 본디 이 조각상 주위 땅은 아주 단단하게 굳어 있었고, 그 위에도 돌들이 가득 깔려 있었다고 한다. 그런데 이것을 뚫고 조각상 옆에서 종려나무 한 그루가 솟아오른 것이다.

또 북이탈리아 동쪽 파타비움(파도바)에는 카이우스 코르넬리우스라는, 새를 보고 점치는 것으로 널리 알려진 점술가가 있었다. 그는 역사가 리비우스와 친분이 있는 사람으로, 전투가 일어난 날에도 새들을 지켜보며 앉아 있었다. 그는 가장 먼저 전투가 벌어지는 시각을 알아내고는, 함께 있는 사람들에게 결정적인 운명의 순간이 다가오고 있으며 이제 곧 전투가 벌어지려 한다고 말했다. 그러고는 다시 찬찬히 그 징조들을 살펴보더니, 미친 사람처럼 벌떡 일어나 큰 소리로 이렇게 외쳤다고 한다.

"카이사르, 당신이 이겼군요!"

지켜보던 사람들이 모두 깜짝 놀라자, 그는 머리에서 화관을 벗으며 자기 말이 사실로 증명될 때까지 화관을 쓰지 않겠다고 맹세했다고 한다. 이는 역사가 리비우스의 말이다.

카이사르는 승리를 축하하는 뜻으로서 테살리아 사람들에게 자유를 주고 나서 다시 폼페이우스를 쫓았다. 그는 아시아에 이르렀을 때에는 신화 수집가인 테오폼푸스를 받들기 위해, 그의 고국 크니두스 사람들에게도 시민권을 주었다. 또 아시아 모든 주민들에게는 세금의 3분의 1을 감면해 주었다.

카이사르가 알렉산드리아에 이르렀을 때에는 폼페이우스는 이미 살해된 뒤였다. 테오도투스가 폼페이우스의 머리를 가져왔을 때 카이사르는 그것을 똑바로 보지 못한 채, 폼페이우스의 반지를 받아들고 눈물만 떨구었다. 그리고 폼페이우스의 친구와 그의 장군들이 아이귑토스 왕에게 잡혀 그에게 넘겨지자 이들을 모두 풀어주었다. 로마에 있는 친구들에게 쓴 편지에서 카이사르는 이번 전투에서 승리를 거둔 뒤 가장 기뻤던 일은, 자기에게 맞서 싸운 시민들을 용서해 준 일이라고 썼다.

카이사르가 아이귑토스에서 전쟁을 벌이게 된 이유는, 그가 클레오파트라를 사랑했기 때문이라고 말하는 역사가들도 있다. 그러나 아이귑토스 왕의 신하들, 특히 그 가운데 최고 권력을 휘두르던 내시 포티누스가 꾸민 일이라고 주장하는 역사가들도 있다. 바로 얼마 전 폼페이우스를 죽인 포티누스는 클레오파트라를 내쫓고 카이사르마저 죽이려고 음모를 꾸미고 있었다. 또한 그는 카이사르에게 참기 어려운 모욕적인 말과 행동을 하기도 했다. 예컨대 그는 카이사르의 부하들에게 먹을 수 없는 곡식을 나누어 주면서, 그것으로 만족하고 감사하게 받으라고 말했다. 그리고 왕의 식탁에 나무그릇을 올려놓게 하고는, 카이사르가 빚을 핑계로 왕의 금그릇과 은그릇을 모두 빼앗아 갔다고 말했다. 이는 그즈음 아이귑토스 왕의 아버지가 카이사르에게 1750만 드라크메의 빚을 지고 있던 것을 말하는데, 카이사르는 그 가운데 750만 드라크메를 이미 왕자들을 위해 면제해 주었다. 그는 나머지 1000드라크메는 군대 유지를 위해 마땅히 청구해야 한다고 생각했다. 그러나 포티누스는 카이사르에게 돈은 나중에 보내줄 테니, 먼저 아이귑토스를 떠나 좀 더 큰일을 하라고 말했다. 그러자 화가 난 카이사르는 자기는 아이귑토스 사람의 충고는 필요치 않다고 말하고는,

몰래 사람을 보내 국외로 쫓겨난 클레오파트라를 불러들였다.

클레오파트라는 심복 아폴로도루스만을 데리고, 어둠을 틈타서 작은 배를 타고 왕궁으로 다가갔다. 클레오파트라는 사람들 눈을 피하기 위해 침낭 속으로 들어가 몸을 길게 뻗었다. 아폴로도루스는 침낭을 끈으로 묶어서 어깨에 짊어지고는, 여러 문을 지나 카이사르가 머무르는 곳으로 갔다.

카이사르는 클레오파트라의 대담한 기질과 지혜로움에 감탄했으며, 그의 매력에 완전히 빠져들었다. 카이사르는 현재의 왕인 클레오파트라의 오빠와 클레오파트라 사이를 화해시켜서 둘이 함께 나라를 다스릴 수 있도록 했다. 둘 사이의 화해를 축하하는 연회가 열렸을 때, 카이사르는 자신의 이발사로 일하는 노예로부터 놀라운 정보를 얻게 되었다. 이 노예는 여러 사건들에 대한 소문들을 상세히 알고 있었는데, 친위대 장교 아킬라스와 내시 포티누스가 축하 연회가 벌어지는 동안 카이사르를 죽이려는 음모를 꾸몄다는 사실을 우연히 듣게 되었다.

이 이야기를 전해 들은 카이사르는 부하들을 연회가 열리는 장소에 미리 잠복시켰다가 포티누스를 죽였다. 그러나 도망친 아킬라스는 군대를 부추겨서 카이사르에게 맞섰다. 카이사르는 많지 않은 병력으로 큰 도시에서 대군을 맞닥뜨려 싸워야 했으므로 매우 힘겨운 전투를 이어갔다. 그가 이 싸움에서 가장 처음 맞닥뜨린 어려움은, 적이 수로를 끊어버려 물을 마실 수 없게 된 것이었다. 그다음으로 적은 카이사르와 그의 함대의 교통로를 막아버리려 했다. 카이사르는 어쩔 수 없이 불을 질러서 위험에서 벗어났다. 이 불이 무기고에까지 번지는 바람에, 유명한 알렉산드리아의 도서관도 타버렸다. 셋째로, 알렉산드리아 항구에 있는 파로스 섬 전투에서 카이사르는 자신의 군대를 돕기 위해 작은 배 한 척에 올라갔는데, 아이귑토스 병사들이 무리지어 쫓아오는 바람에 바다로 뛰어들어 겨우 목숨을 구할 수 있었다. 이때 카이사르는 많은 종이들을 손에 쥐고 있었는데, 적의 화살이 날아오고 몸이 물속에 잠기면서도 다른 한 손으로 헤엄을 치면서 그 종이들을 결코 놓지 않았다고 한다.

그가 타고 있던 배는 곧 가라앉아 버렸다. 나중에는 아이귑토스 왕까지 아킬라스를 도와 음모에 가담했다. 카이사르는 마침내 이들을 공격하여 물리쳤다. 이 전투에서 수많은 아이귑토스군이 죽었으며, 왕 자신도 행방불명되었다. 카이사르는 클레오파트라를 아이귑토스 여왕으로 앉히고 시리아로 진군해 나아갔다. 얼마 뒤에 클레오파트라는 카이사르의 아들을 낳았다. 알렉산드리아 사람들은 아버지인 카이사르의 이름을 따서 이 아이를 카이사리온이라 불렀다.

카이사르는 시리아에서 행군을 계속하여 아시아로 갔다. 여기서 그는 도미티우스가 미트리다테스의 아들 파르나케스에게 패하여 소수의 병력을 이끌고 폰투스로부터 도망을 쳤으며, 파르나케스가 이 승리를 이용하여 곧바로 카파도키아와 비티니아를 정복한 뒤 다시 소(小)아르메니아로 들어가, 반란을 일으키도록 그 지방 왕과 제후들을 부추기고 있다는 소식을 들었다.

카이사르는 즉시 3개 군단을 이끌고 나아가 젤라 가까운 곳에서 치열한 전투를 벌여 적을 완전히 물리쳤으며, 파르나케스는 폰투스로부터 겨우 도망쳤다. 카이사르는 로마에 있는 친구 아만티우스에게, 이 전투가 얼마나 격렬하고 빠르게 진행되었는지 보여주는 짧은 글을 보냈다.

"왔노라, 보았노라, 이겼노라!"

라틴어 동사로 된 이 짧은 세 마디는 간결성으로 인해 더 큰 여운을 남기며 오늘까지 사람들 입에 오르내리고 있다.

카이사르는 두 번째 독재관 임기가 끝나는 해에 이탈리아로 돌아오고 얼마 뒤에 다시 로마로 왔다. 이제까지 이 자리를 만 1년 동안 채운 사람은 누구도 없었다. 그는 다음 해에도 집정관에 당선되었다. 이때 일부 병사들이 반란을 일으켰다. 카이사르는 집정관을 지낸 적 있는 코스코니우스와 갈바를 죽이고 나서, 반란자들에게는 '제군' 대신 '시민'이라 부르면서 어떠한 처벌도 하지 않았다. 그는 오히려 그들에게 저마다 돈 1000드라크메와 많은 이탈리아 땅을 나누어 주어, 사람들로부터 엄청난 비난을 받았다.

이것 말고도 카이사르는 부하 돌라벨라의 광기, 아만티우스의 탐욕, 안토니우스의 음주벽, 코르피니우스의 개인적 욕심을 채우기 위한 간교한 속임수들로 많은 비난을 받았다. 특히 코르피니우스는 폼페이우스 집에서 살게 되면서 자기 신분에 어울리지 않게 그 집을 너무나 화려하게 고쳤다. 카이사르는 이 모든 사실들을 알고 있었지만, 그즈음 이들의 도움이 절실히 필요했으므로 어쩔 수 없이 모른 척 그냥 넘어갔다.

파르살루스 전투가 끝나고 리비아로 도망친 카토와 스키피오는 유바 왕의 도움으로 군대를 모으고 있었다. 카이사르는 이들을 진격해 나아가기로 결심했다. 그는 동지 무렵 시킬리아 섬을 지나게 되었다. 그는 이곳에서 병사들이 오래 머무르고 싶어하지 않도록 일부러 바닷가에 머무르게 했다. 그러고는 따뜻한 바람이 불어오는 때를 이용하여 보병 3000명과 기병 몇 명을 선발대로 하여, 이들과 함께 출항했다. 카이사르는 병사들을 무사히 상륙시킨 다음, 뒤따르고 있는 주력부대가 걱정되어 다시 바다로 나아가 이들을 이끌고 리비아로 돌아왔다.

그런데 예로부터 전해오는 신탁에 따라, 적들은 리비아에서는 스키피오 성을 가진 사람이 반드시 이긴다고 굳게 믿고 있었다. 이 이야기를 들은 카이사르는, 그리 눈에 띄는 특별한 능력을 가진 사람은 아니었지만 스키피오 살루티오라는 자를 늘 선두에 내세웠다. 이것은 카이사르가 적군 대장 스키피오를 조롱하기 위해 장난스레 또 다른 스키피오를 내세운 것일 수도 있고, 아니면 그런 신탁을 자기 쪽에서도 유리하게 이용하여 병사들 사기를 돋우기 위한 것일 수도 있다.

카이사르는 적에게 자주 싸움을 걸어 전투를 해야 했는데, 병사들이 먹을 식량과 말들에게 줄 먹이가 충분치 않았기 때문이다. 그는 해초를 씻어 소금기를 없앤 뒤, 다른 풀들을 조금 섞어 맛을 낸 다음 말에게 먹여야만 했다. 엎친데 덮친 격으로 누미디아 사람들이 끊임없이 엄청난 대군을 이끌고 기습해 와서 카이사르 군대를 괴롭혔다. 언젠가 카이사르 기병대는 한 리비아 사람이 피리 부는 소리에 맞추어 춤추는 모습을 즐겁게 바라보며, 성인 병사들은 길 위에서 소년 병사들은 말 위에서 쉬었다. 이때 적군이 갑자기 나타나 이들을 에워싸더니 닥치는 대로 마구 죽이면서 급히 도망치는 나머지 병사들을 뒤쫓아 진지 안에까지 들어왔다. 만일 카이사르와 아시니우스 폴리오가 진영에서 나와 적군의 추격을 막아내지 못했더라면 아마도 이들의 전쟁은 이것으로 끝이 났으리라.

또 다른 전투에서는, 적군 세력이 우세해지자 도망치는 기수를 보고는 카이사르가 그의 목덜미를 붙잡고 이렇게 말했다고 한다.

"이봐! 적은 저쪽에 있네!"

스키피오는 여러 가지로 유리한 상황에 있음을 알고서, 마지막 결전을 감행하기로 결심했다. 그는 아프라니우스와 유바를 가까운 곳에 두고, 자신은 타프수스 근처 호수 위쪽에, 전군의 작전 보루이면서 동시에 적을 막을 수 있는 요새를 쌓았다. 스키피오가 이렇게 전투 준비에 한창 열을 올리고 있는 사이에, 카이사르는 무서운 속력으로 사람 발길이 거의 닿지 않는 험한 산악 지대를 지나면서 적군 일부를 포위하고, 다른 적군을 정면으로 공격했다. 그는 여세를 몰아 군대를 돌려 아프라니우스 진지를 습격했다. 이어서 그가 누미디아 사람들 진지로 들어갔을 때에는 유바 왕은 이미 도망치고 없었다.

이로써 카이사르는 오직 하루 동안 잠깐 사이에 적진을 셋이나 빼앗아 5만 명이나 되는 적을 쓰러뜨리면서 이 땅의 새로운 정복자가 되었다. 그가 잃은 병사는 50명도 채 되지 않았다. 몇몇 역사가들은 카이사르가 이 전투에 직접 참가하지 않았다고 말한다. 그는 전투 대열을 갖추게 하는 동안 갑자기 뇌전증 발작을 일으켜, 곧바로 가까운 보루로 옮겨져 안정을 취했다고 한다. 이 전투에서 사로잡힌 집정관과 법무관들 가운데 몇몇은 잡히자마자 자살하고, 많은 수의 사람들은 카이사르가 직접 죽였다.

카토를 사로잡으려는 열망으로 카이사르는 서둘러 우티카로 갔다. 이때 카토는 전투에 참가하지 않고 우티카를 지키고 있었다. 카토가 스스로 목숨을 끊었다는 소식을 듣고 애통해하며 카이사르는 이렇게 말했다.

"카토! 그대가 남은 목숨을 내게 맡기기를 바라지 않았듯이, 나 또한 그대의 죽음을 바라지 않았다오."

그러나 카토가 죽은 뒤 카이사르가 그에 대해 적대적으로 쓴 글들을 보면, 카이사르는 그에게 관대한 처분을 내리거나 그와 쉽게 화해할 생각이 있었던 것으로 보이지는 않는다. 이미 세상을 떠난 이에게도 그토록 심한 비난을 퍼부었던 그가, 어떻게 살아 있는 카토를 용서할 수 있었겠는가? 그가 키케로와 브루투스를 비롯한 1만 명이나 되는 적들에게 너그러운 조처를 내린 사실로 추측하건대, 이 글은 카토에 대한 적개심보다는 오히려 카이사르 자신의 정치적 소신을 나타내는 글로 보아도 좋을 듯하다.

키케로는 카토에 대한 예찬론을 써서 그 제목을 〈카토〉라 붙였다. 이 책은 가장 위대한 웅변가의 손으로 쓰여져, 많은 사람들에게 열정적으로 읽혔다. 이 사실은 카이사르의 마음을 매우 불편하게 했는데, 그는 카토를 칭찬하는 것은 곧 자신을 비난하는 일이라 여겼기 때문이다. 따라서 카이사르는 카토를 비난하는 많은 글들을 모아 〈반(反)카토〉라는 제목으로 세상에 내놓았다. 이 두 권의 책은 카토와 카이사르처럼, 저마다 다른 의견을 가진 많은 사람들에게 읽히며 찬사를 받고 있다.

리비아에서 로마로 돌아온 뒤 카이사르는, 가장 먼저 민중에게 자신의 승리를 위풍당당 드러내며 다녔다. 그는 해마다 20만 메딤노스에 상당하는 곡물과 기름 300만 리터를 공물로 바칠 만큼 거대한 나라를 정복했다고 말했다. 또 자신은 아이귑토스·폰투스·리비아에서 승리를 축하하는 개선식을 올렸는데, 리비아에서의 승리는 스키피오에 대한 승리가 아니라 바로 유바 왕에 대한 승리라고 주장했다. 이때 개선식에 끌려나온 유바 왕의 어린 아들은 포로로서는 그 누구보다 행복한 사람이 되었다. 그는 야만족인 누미디아 사람이었지만 뒷날 헬라스어 세계에서 가장 박식한 역사가들 가운데 하나로 손꼽히도록 자랐기 때문이다.

개선식이 모두 끝난 뒤 카이사르는 병사들에게 후한 선물을 주고, 시민들에게 큰 잔치와 구경거리들을 베풀었다. 이 잔치에 2만 2000명이나 되는 시민들을 초대해, 얼마 전에 죽은 딸 율리아를 기리기 위해 격투 시합과 모의 해전을 벌였다. 이 행사가 끝난 뒤 실시한 인구 조사에서, 32만 명이던 인구가 15만 명으로 크게 줄어 있었다. 내란으로 인한 피해는 이탈리아의 나머지 지역과 속주들의 재앙은 그만두고라도, 로마에까지 이토록 엄청난 영향을 끼쳤다.

네 번째로 집정관에 당선되고 나서, 카이사르는 폼페이우스의 아들들을 정벌하려고 이베리아로 떠났다. 그들은 아직 나이가 어렸음에도 수많은 군대를 모아 지휘하고 있었기 때문에 카이사르에게는 큰 위협이 되었다. 가장 큰 전투는 문다 근처에서 벌어졌다. 이때 카이사르 군대는 제대로 저항 한 번 못 해본 채 후퇴하고 말았다. 이를 지켜보던 카이사르는 병사들 속으로 달려가 큰 소리로 외쳤다.

"부끄러운 줄도 모르고, 나를 저런 애송이들한테 넘겨줄 작정인가?"

힘든 전투를 거듭한 끝에 카이사르는 3만 명이나 되는 적을 죽였지만, 가장 용감한 정예부대 1000명을 잃고 말았다. 전투가 끝나고 돌아오면서 카이사르는 그의 장군들에게, 이제까지는 승리를 위해 싸워왔지만 자기 목숨을 지키기 위해 싸운 것은 오늘이 처음이었다고 말했다.

이날은 주신(酒神) 바쿠스를 기념하는 축제일이었으며, 4년 전 폼페이우스가 전쟁터에 나간 날이기도 했다. 이 전투에서 폼페이우스의 두 아들 가운데 작은아들은 도망쳤지만, 며칠이 지나자 디디우스가 큰아들의 머리를 가지고 왔다. 이것은 카이사르가 치른 마지막 전쟁이었다. 그런데 이 전쟁의 승리를 기념하는 개선식만큼 로마 사람들로부터 심한 비난을 받은 것도 없었다. 이 전쟁은 다른 나라나 야만족과 벌인 싸움이 아니라, 불운을 만난 대폼페이우스 장군의 아들들과 그의 가족을 완전히 파멸시켜 얻은 승리였기 때문에 로마 시민들에게는 국가의 대재앙을 축하하는 행사처럼 여겨졌던 것이다. 따라서 이러한 사건들을 축하하여 개선식을 한다는 것은, 꼭 필요한 절차라 해도 신들 앞에서나 시민들 앞에서도 떳떳할 수만은 없는 일이었다. 사실 카이사르는 이제까지 동족과의 싸움에서는 이겼더라도 전령이나 편지를 보내지 않고, 오히려 그런 이유들로 모든 명예로운 행사들을 거부했었다.

그러나 로마 사람들은 모든 것을 그의 운명에 내맡기고, 침묵하며, 내란에 따른 불행들을 끝내고자 하는 바람으로 카이사르를 종신 집정관 자리에 앉혔다. 이 자리는 절대 권력을 뜻했다. 즉 영구 집권의 성격에 책임 면제까지 더해져서, 이제 그는 군주와 다름없는 신분이 되었다.

카이사르에게 이렇게 큰 영광을 주도록 가장 먼저 원로원에 제안한 사람은 바로 키케로였는데, 그것은 아무리 큰 권한이라 해도 인간으로서 한도를 넘지 않는 것이었다. 그런데 잇달아 너무나 과한 영광이 아첨자들로부터 카이사르에게 주어지면서, 가장 온건한 사람들조차도 그에게 점차 반감을 갖게 되었다. 그리고 카이사르에게 아첨하는 사람들뿐 아니라 그를 싫어하는 사람들까지도 이러한 조치들을 지지하는 것처럼 보였다. 하지만 이것은 언젠가 기회가 오면 그를 공격하기 위한 더 많은 핑계를 만들려는 것이었다.

그러나 내란이 끝나자 카이사르는 비난받을 만한 여지를 전혀 남기지 않았다. 로마 시민들이 카이사르의 너그러운 정책들을 기념하기 위해 '지혜의 여신' 신전을 세우자고 주장한 것도 이상할 게 없었다. 카이사르는 자신의 적이었던 사람들을 용서해 주고 어떤 사람들에게는 관직과 명예까지 주었는데, 브루투스와 카시우스에게는 법무관 자리까지 오르게 해주었다.

카이사르는 폼페이우스의 조각상이 쓰러진 것을 보고는 그것을 다시 일으켜 세웠다. 이에 대해 키케로는, 카이사르는 폼페이우스의 조각상을 다시 세우는 행동으로 자신의 조각상을 더욱더 굳건히 세우게 되었다고 말했다.

카이사르의 친구들은 그에게 호위병을 두라고 권유했으며, 많은 이들이 그의 호위를 맡겠다고 청하기도 했다. 그러나 카이사르는 이들의 충고를 거절하면서, 늘 죽음을 생각하고 사느니 바로 이 자리에서 죽는 게 낫다고 말했다. 그는 로마 사람들의 존경과 사랑을 받으며 살아가는 것이야말로 가장 고귀하고 안전한 호위 방법이라고 생각했다. 따라서 그는 사람들에게 잔치를 베풀고 곡식을 나누어 주었다. 그리고 병사들에게는 정벌을 통해 식민지로 개척한 땅을 나누어 주었는데, 그 가운데는 카르타고와 코린토스 등도 있다. 이 두 도시는 파괴와 동시에 재건 사업이 이루어졌다.

카이사르는 어떤 귀족들에게는 집정관이나 법무관 자리를 약속하기도 하고, 또 다른 귀족들에게는 다른 지위와 명예를 주겠다고 했다. 이것은 모든 이에게 미래에 대한 희망을 안겨주어, 자신을 잘 따르게 하려는 생각에서였다. 예컨대 집정관 막시무스가 임기를 하루 남기고 죽었을 때, 그가 카니니우스 레빌리우스를 단 하루 동안 집정관으로 임명한 일도 바로 그런 이유 때문이다. 이때 많은 사람들이 새 집정관에게 인사를 하기 위해 가고 있을 때, 키케로는 이렇게 말했다.

"어서 서두릅시다. 그렇지 않으면 우리가 도착하기도 전에 그의 집정관 임기는 끝나고 말 거요."

카이사르는 위대한 업적을 이룬 사람이었지만 타고난 명예욕과 성취에 대한 열망은 그칠 줄 몰랐다. 따라서 그는 이제까지 힘들게 이룬 업적들을 즐기며 누리기보다는, 미래에 더 큰 업적과 새로운 영광을 얻기 위한 자극으로서 받아들였다. 그는 마치 자신이 과거에 이룬 업적을 다 써버린 사람과도 같았다. 그의 열망은 다른 사람인 듯 내부에서 일어나는 자기 자신과의 끝없는 싸움이었으며, 자신이 이미 이룬 것과 이루려고 하는 것 사이의 치열한 경쟁이기도 했다.

이런 열망을 만족시키기 위해 그는 파르티아를 정복하기로 결심했다. 그다음에는 히르카니아를 지나 카스피 해를 따라 카우카수스 산맥을 넘고, 에욱시네를 돌아 스키티아를 정벌할 것이다. 또 이어서 게르마니아와 그 주변 지역을 모두 점령하고 갈리아를 거쳐 다시 이탈리아로 돌아옴으로써 드넓은 바다를 경계선으로 대제국을 완성하는 꿈을 꾸었다.

카이사르는 이 원정을 준비하는 동안 먼저 코린토스 지협에 운하를 파기 위해 아니에누스를 보냈다. 그는 또 티베리스 강 물길을 돌려, 키르카이움을 지나 타라키나 근처 바다로 들어가게 만들었다. 이것은 로마를 오가는 상인들에게 편리하고 안전한 길을 마련해 주기 위한 것이었다.

　이것 말고도 그는 포멘티움과 세티아 부근 습지를 메워 논밭을 만든 다음, 농민 수만 명이 농사를 짓게 할 계획도 세웠다. 로마에 가까운 바닷가에는 바닷물이 넘치지 않도록 높은 둑을 쌓고, 오스티아 앞바다에 있는 암초와 여울목을 제거하여, 배들이 자유롭게 드나들고 정박할 수 있는 항구를 만들고자 했다. 그는 이 계획들을 실현하는 데는 성공하지 못했다.

　그런데 절기를 알려주는 데 있어서 정확하지 못한 점을 고쳐 새로 만들어 낸 달력은, 매우 과학적이고 실생활에도 아주 유용하게 쓰일 수 있었다. 로마 사람들은 달의 움직임을 따라서 1년 날짜를 정하다 보니, 축제일이나 제삿날이 해마다 조금씩 달라졌고, 어떤 때에는 아주 다른 계절에 같은 명절이 찾아오기도 했다. 카이사르가 살던 때에도 이런 일은 계속되었는데, 그것은 사람들이 태양의 움직임을 중심으로 하는 계산법을 모르고 있었기 때문이다.

　다만 사제들만이 정확한 때를 알고 있었는데, 이들은 예고도 없이 윤달을 끼워넣고는 그달을 '메르케도니우스'라 불렀다. 이 윤달은 전설적인 일곱 왕 가운데 제2대 누마 왕이 처음 생각한 방법이었다. 그러나 이 또한 일시적 방편일 뿐, 해가 바뀔 때마다 나타나는 착오들을 고치기에는 불충분했다.

　카이사르는 가장 우수한 철학자와 수학자들과 이 문제를 의논한 뒤 해결책으로 나온 여러 방법들을 추려서 정리한 뒤에 좀 더 정확한 달력을 만들었다. 이것은 오늘까지도 로마에서 사용되는 달력으로 다른 어느 나라 것보다 정확하다고 인정받고 있다. 그러나 카이사르를 시기하는 사람들은 이것마저도 그를 비난하는 핑계로 이용했다. 웅변가 키케로는 어떤 사람이 다음 날 거문고자리가 나타날 거라고 말하자 이렇게 응수했다.

　"예, 그렇고말고요. 새 법령을 따라야지요."

　이 말은 곧 새 달력조차 강권에 못 이겨 따르는 것임을 뜻했다.

　그런데 카이사르가 죽음을 불러올 만큼 민중으로부터 아주 큰 증오를 받게 된 까닭은, 그가 왕처럼 사람들 위에서 군림하고자 했기 때문이다. 오래전부터 그를 미워했던 사람들뿐 아니라 시민들에게도 이것은 가장 큰 이유가 되었다. 그를 왕으로 앉히기 위해 계략을 꾸미던 사람들은 시민들 사이에 소문을 퍼뜨리고 다니기까지 했다. 이들은 시빌라의 예언집에 따르면, 로마는 왕을 내세워야만 파르티아를 정복할 수 있다고 말했다. 그들은 카이사르가 알바에서 로마로 돌아왔을 때 왕에게 하듯이 그에게 예를 갖추었다. 하지만 사람들이 불쾌하게 여기는 것을 알아차린 카이사르는 난처한 듯 그들에게 자신의 이름은 왕이 아니라 카이사르라고 말했다. 그러자 모두들 조용해졌다. 카이사르는 무표정하게 사람들 앞을 지나가 버렸다.

언젠가 원로원이 카이사르에게 분에 넘치는 명예들을 주기로 결정했을 때, 그는 마침 연단에 앉아 있었다. 이때 두 집정관과 법무관들이 원로원 의원들과 함께 그의 뒤로 다가왔다. 그는 자리에서 일어나지 않고 보통 사람들을 대하듯 그들을 바라보더니, 자신이 받고 있는 명예가 너무 지나치므로 줄이는 게 좋겠다고 말했다. 이 일은 곧 원로원뿐만 아니라 시민들까지도 화나게 했는데, 사람들은 원로원 의원들에 대한 모욕은 로마라는 국가에 대한 모욕이라 여겼기 때문이었다. 따라서 그 자리에 있지 않아도 되는 사람들은 매우 우울한 표정으로 나가버렸다.

카이사르도 상황을 눈치채고는 곧바로 집으로 돌아갔다. 그는 자기 어깨에서 망토를 벗어 던지고는 그의 친구들에게, 자기를 죽이고 싶은 사람은 죽여도 좋다고 큰 소리로 말하며 목을 내밀어 보이기까지 했다. 그러고 나서 카이사르는 뇌전증 때문에 자리에 그대로 앉아 있었다고 변명하면서, 사람들과 말을 하다가 현기증이 일어나면 정신을 잃을 것 같았다고 말했다. 그런데 사실은 그렇지 않았다. 카이사르가 의원들을 보고 일어나려 할 때, 그에게 아첨을 부리던 코르넬리우스 발부스가 옆에서 그를 부추기며 이렇게 말했다.

"자신이 카이사르임을 잊지 마십시오. 당신께서는 그러한 명예를 얻을 자격이 있다고 생각하지 않으십니까?"

그는 또 호민관들을 모욕했다는 이유로 다시 한 번 거센 비난을 받게 되었다. 그즈음 루페르칼리아 축제가 한창이었다. 어느 역사가에 따르면, 이 축제는 본디 목동들이 즐기는 것으로 아르카디아 지방의 리카이아 축제와 관련이 있다고 한다. 이때 젊은 귀족들과 관리들은 모두 윗옷인 토가를 벗어버리고 길거리로 나와, 만나는 사람들을 재미삼아 가죽끈으로 후려치는 놀이를 했다. 신분이 높은 여인들도 일부러 길에 나와 학교에서 야단맞는 아이처럼 손바닥을 내밀었다. 이렇게 함으로써 임신한 여자에게 아이를 순산할 수 있게 해주고, 불임인 여인에게는 아이를 낳게 해준다고 사람들은 믿었다.

카이사르는 개선식 때 옷차림으로 연단에 놓인 황금 의자에 앉아서 이 놀이를 구경하고 있었다. 그즈음 집정관이던 안토니우스는 행렬 속에 끼어 따라가고 있었는데, 그 행렬이 포룸에 이르자 시민들은 안토니우스가 지나갈 수 있도록 길을 비켜주었다. 그러자 안토니우스는 월계수로 만든 왕관을 가지고 나와 카이사르에게 바쳤다. 이때 미리 배치해 둔 선동꾼들이 박수를 보냈지만 실제로 그 소리는 그리 크지 않았다. 그러나 카이사르가 월계수 관을 사양하는 몸짓을 해 보이자, 시민들은 우레 같은 박수를 보냈다. 안토니우스가 다시 왕관을 바치자 박수를 보내는 사람이 몇 명 되지 않았다. 카이사르가 또다시 거절하자 모두들 다시 큰 박수를 보냈다. 사람들을 이렇게 시험해 본 뒤 카이사르는 자리에서 일어나 그 왕관을 카피톨리움으로 가져가라고 명령했다.

그런데 얼마 지나지 않아 카이사르의 조각상에 누군가가 왕관을 씌워놓았다. 이 소식을 듣고 두 호민관 플라비우스와 마룰루스가 달려가 왕관을 벗겨내고, 카이사르를 처음으로 왕이라 부른 자를 찾아내어 감옥에 가두었다. 그러자 민중은 이들을 뒤따르며 환호성을 지르면서 두 사람을 브루투스라 불렀다. 과거에 왕위 계승권을 폐지시키고 권력을 원로원과 민중에게 돌려준 사람이 바로 브루투스였기 때문이다. 이 사실을 듣고 화가 난 카이사르는 둘의 집정관직을 빼앗아 버렸다. 그러고는 그 둘을 브루투스와 쿠마이 사람이라 부름으로써 민중까지 모욕했다.

상황이 이렇게 되자 사람들은 마르쿠스 브루투스에게 눈을 돌렸다. 브루투스는 카토의 조카이며 사위로서 대대로 유명한 브루투스의 후손이자, 외가 또한 명문 세르빌리우스 집안이었다. 그러나 카이사르에게서 많은 명예와 혜택을 받은 브루투스는, 그의 독재 권력을 무너뜨리려는 시도를 감히 하지 못했다. 왜냐하면 파르살루스 전투에서 포로가 된 그를 카이사르가 살려주었을 뿐 아니라, 그의 요청을 받아들여 그의 친구들까지도 살려주었기 때문이다. 게다가 브루투스는 카이사르에게서 커다란 신임을 받고 있었다.

브루투스는 또한 가장 명예로운 법무관 자리에 있었으며, 4년 뒤에는 경쟁자 카시우스를 물리치고 집정관 자리에 오르도록 예정되어 있었다. 카이사르는 카시우스가 그 자리에 더 어울린다고 생각했지만, 브루투스를 그냥 지나쳐버릴 수 없어 이런 결정을 내렸다고 한다. 그 뒤 카이사르를 해치려는 음모가 진행되고 있을 때, 몇몇 사람들이 그 일에 브루투스가 가담했다고 비난했지만 카이사르는 이 말을 못 들은 체했다. 그는 자신의 몸을 만지며 이렇게 말했다.

"브루투스는 내가 늙을 때까지 기다려 줄 거요."

카이사르는 브루투스가 자신이 세운 공로로 정권을 잡은 사람이므로, 결코 은혜를 저버리고 비열한 행동을 하지 않으리라 생각했다. 브루투스를 음모에 끌어들이고 싶어하던 사람들도 감히 말을 꺼내지 못하고, 밤에 그의 법무관 연단이나 의자에 이런 쪽지를 두고 가고는 했다.

"브루투스, 그대는 아직 잠들어 있군요."

"그대가 정말 브루투스란 말이오?"

이런 일들로 브루투스의 야망이 꿈틀거리는 것을 본 카시우스는 그를 더욱 부추겼다. 카시우스는 개인적으로 카이사르를 매우 싫어했는데, 이에 대해서는 브루투스 편에 기록해 두었다. 카이사르도 카시우스를 끊임없이 의심하고 있었다. 언젠가 카이사르는 부하 장군들에게 이런 말을 했다.

"여러분은 카시우스가 무엇을 노리고 있다고 생각하오? 나는 그가 싫소. 얼굴에는 핏기도 없지 않소?"

또 안토니우스와 돌라벨라가 음모를 꾸미고 있다는 소문을 듣고 그는 이렇게 말했다.

"살찌고 머리카락이 긴 자들은 두렵지 않아. 나는 오히려 창백하고 야윈 자들이 더 무섭다니까."

이는 카시우스와 브루투스를 두고 하는 말이었다.

그러나 운명은 예기치 못했다기보다 피할 수 없는 것이었다고 말하는 게 더 나으리라. 카이사르가 살해되기 얼마 전 이상한 일들이 일어났다. 하늘에 빛이 번쩍이고, 밤중에 무엇을 두드리는 소리가 들리고, 사람들과 높이 떨어져 나는 새들이 갑자기 포룸으로 내려온 것 정도는 이때 일어난 일들에 비하면 아무것도 아니었다.

철학자 스트라본에 따르면, 사람 모양으로 생긴 수많은 불덩어리들이 서로 싸우다가 그 가운데 노예 병사 모습을 한 불덩어리가 손에서 갑자기 큰불을 내뿜었는데, 지켜보던 사람들은 그가 타고 있다고 생각했다. 그런데 잠시 뒤 불이 모두 꺼졌을 때 이 남자는 아무 상처도 입지 않았더라는 것이다.

또 카이사르가 제물을 바치려고 짐승을 잡았는데 놀랍게도 심장이 없었다고 한다. 이는 매우 나쁜 징조로 여겨졌다. 왜냐하면 살아 있는 짐승에게 심장이 없을 수 없기 때문이다. 어떤 점술가는 3월 15일에 무서운 일이 일어나리라고 카이사르에게 경고했다. 그런데 바로 그날 카이사르는 원로원으로 가는 길에 그 점술가를 다시 우연히 만나게 되었다. 카이사르는 그의 예언을 비웃으며 말했다.

"오늘이 바로 3월 15일이군요."

이때 점술가는 침착한 태도로 이렇게 대답했다.

"예, 맞습니다. 그런데 아직 이 하루는 다 지나가지 않았습니다."

카이사르는 전날 밤 마르쿠스 레피두스의 초대를 받아 그와 함께 저녁 식사를 했다. 그날도 여느 때처럼 식탁에 기대 앉아 서류들을 들춰보며 서명을 하고 있었다. 그런데 그날따라 대화는, 어떻게 죽는 게 가장 좋을까 하는 것으로 넘어갔다. 그러자 카이사르는 이렇게 말했다.

"뜻하지 않은 죽음!"

이렇게 말하고 카이사르는 집으로 돌아와, 늘 그렇듯이 아내 옆에서 잠을 잤다. 이때 갑자기 모든 창과 문이 활짝 열렸다. 카이사르가 이 소리에 놀라 깨어 보니 방 안 가득 달빛이 들어와 밝게 비추고 있었다. 그 달빛 아래서 아내 칼푸르니아가 깊이 잠들어 있었다. 그런데 칼푸르니아는 악몽을 꾸고 있는 듯 알아들을 수 없는 말들을 중얼거리며 신음하고 있었다. 칼푸르니아는 살해당한 남편의 몸을 팔에 끌어안고 흐느끼는 꿈을 꾸고 있었다. 그러나 칼푸르니아가 다른 꿈을 꾸었다고 하는 사람들도 있다. 리비우스에 따르면 카이사르 집에는 원로원의 결의에 따라 아크로테리온(박공의 꼭대기나 구석을 장식하는 조각상)이 달려 있었는데, 칼푸르니아는 이것이 무너지는 꿈을 꾸었다고 한다.

날이 밝아오자 칼푸르니아는 원로원 회의도 미루고 집 안에만 있으라며 카이사르에게 매달렸다. 칼푸르니아는 자신의 꿈이 믿어지지 않으면 점술가에게 물어보거나 제물을 바쳐서 앞일에 대해 물어보라고도 했다. 카이사르도 이 말을 듣고 의심과 두려움에 휩싸였다. 왜냐하면 본디 칼푸르니아는 다른 여자들처럼 미신을 따르지 않았는데, 그날은 너무나 불안해 보였기 때문이다. 카이사르는 제물을 바쳐서 징조를 알아보도록 했다. 얼마 뒤 사제들이 불길한 징조가 나왔다는 보고를 하자, 카이사르는 회의를 미루기 위해 원로원에 사람을 보내기로 했다.

이때 알비누스라는 별명을 가진 데키무스 브루투스가 카이사르를 찾아왔다. 그는 카이사르가 제2의 상속자로 유서에 기록해 둘 정도로 그의 총애를 받고 있었지만, 또 다른 브루투스와 카시우스가 꾸민 음모에 가담하고 있었다. 데키무스 브루투스는 카이사르가 이날을 무사히 지나게 되면 자신의 비밀이 드러날까 두려웠다. 그는 점술가의 말을 비웃으며 카이사르에게 이렇게 말했다.

"원로원 의원들이 당신의 요청으로 모두 모여 기다리고 있습니다. 이들은 지금 이탈리아가 아닌 모든 땅에서 당신을 왕으로 선포하여 당신이 밟는 모든 땅과 바다에서 왕관을 씌워드리기 위해 법령을 통과시키려 합니다. 그런데 자리를 잡고 앉아 기다리는 사람들에게 오늘은 그만두고 다음에 칼푸르니아가 더 좋은 꿈을 꾸게 될 때 다시 오라고 한다면, 당신을 시기하는 자들이 뭐라고 비난을 하겠습니까? 당신의 친구들이 아무리 '이것은 압제가 아니다, 독재가 아니다' 주장한들 누가 그 말을 믿으려 하겠습니까?"

브루투스가 계속해서 말했다.

"만일 오늘이 정말 불길한 날이어서 원로원 회의를 꼭 연기해야만 한다면 직접 나가서 휴회를 요구하시는 편이 더 낫습니다."

브루투스는 이렇게 말하면서 카이사르의 손을 잡고 나갔다.

문을 나서서 조금 걸어가고 있을 때 다른 집 노예 하나가 달려왔다. 그 노예는 카이사르에게 다가가려 했으나, 너무나 많은 사람들이 카이사르를 둘러싸고 있었기 때문에 그에게 가까이 가지 못했다. 하는 수 없이 노예는 카이사르를 만나는 것을 포기하고 대신 그의 집으로 미친 듯이 달려가 칼푸르니아를 만났다. 그는 카이사르에게 중요한 이야기를 전해야 한다며, 그가 돌아올 때까지 기다리게 해달라고 요청했다.

크니두스 태생으로 헬라스 철학자인 아르테미도루스는 브루투스 무리와 가까이 지내고 있었으므로, 카이사르를 암살하려는 음모를 알아차렸다. 그는 무슨 일이 일어나고 있는지에 대해 적은 작은 두루마리를 카이사르에게 전하려 했다. 그런데 카이사르가 서류들을 받아 앞에 있는 시종들에게 맡기는 것을 보고는, 그에게 가까이 다가가 종이를 건네주며 이렇게 말했다.

"카이사르! 장군에 대한 중대한 이야기이니, 지금 바로 혼자서만 읽으십시오."

카이사르는 이 말을 듣고 몇 번이고 종이를 펴서 읽어보려 했다. 그러나 수많은 사람들이 그의 앞으로 밀려 들어와 그는 읽는 것을 포기하고 그 종이를 손에 꼭 쥔 채로 원로원으로 들어갔다.

어떤 사람들은 이 종이를 건네준 사람이 아르테미도루스가 아니라 다른 사람이며, 아르테미도루스는 수많은 사람들에게 밀려 카이사르 가까이에 가지도 못했다고 한다.

이제 말하려는 일들은 우연의 일치라고 할 수도 있다. 그러나 이날 암살과 격투가 일어난 장소는 원로원에서 의회가 소집되며, 폼페이우스가 극장을 기증하면서 건물 장식을 위해 증축된 부분으로 폼페이우스 동상이 서 있는 곳이었다. 이런 사실들로 미루어, 어떤 영적 존재가 그곳으로 사건을 이끌었다고도 생각해 볼 수 있다.

카시우스는 신을 믿지 않는 에피쿠로스 철학을 따르는 사람이었지만, 자신의 음모를 행동으로 옮기기에 앞서 폼페이우스 동상을 바라보며 조용히 기도를 올렸다고 한다. 대담한 일을 꾀하는 너무나 중요한 순간을 맞아, 어떤 열정과 긴장감이 이제까지 지켜오던 신념마저 한순간 잊게 했는지도 모른다.

건장한 체격을 가진 안토니우스는 늘 카이사르에게 충성을 다해왔지만, 이날은 브루투스 알비누스에게 이끌려 원로원 밖에서 긴 이야기들로 시간을 보내고 있었다.

카이사르가 원로원 안으로 들어오자 의원들은 모두 일어나 그에게 존경을 표했다. 그러고 나서 브루투스 무리 가운데 일부는 카이사르의 의자 뒤편에 자리잡았고, 일부는 틸리우스 킴베르가 추방된 자기 형제들을 위해 카이사르에게 탄원서를 내려고 하자 함께 지지하는 척하면서 카이사르 의자까지 따라갔다. 카이사르가 자리에 앉아 청원을 거절하자, 그들은 계속 더 강하게 주장하더니, 마침내 불쾌한 감정을 드러내기 시작했다. 이때 틸리우스가 갑자기 카이사르의 토가를 목 주위에서 잡아당겨 벗겼다. 이것은 공격하라는 신호였다.

카스카가 가장 먼저 칼을 뽑아들고 카이사르의 목덜미를 내리쳤다. 그러나 처음 시도여서 당황했는지 카이사르에게 그다지 큰 상처를 입히지 못했다. 카이사르는 재빨리 몸을 돌려 그의 단검을 움켜잡았다.

"비겁한 놈! 카스카, 이게 무슨 짓인가?"

카이사르가 말하는 순간 카스카는 헬라스 말로 자기 형을 불렀다.

"형, 도와줘."

사건이 이렇게 시작되었으므로 음모에 대해 아무것도 모르고 있던 사람들은 너무 놀라서 공포에 휩싸였다. 그들은 두려움 때문에 도망을 치지도, 카이사르를 도와줄 생각도 하지 못한 채 말 한마디조차 할 수 없었다.

음모자들은 모두 칼을 뽑아들고 카이사르를 에워쌌다. 이들은 사나운 짐승을 잡을 때처럼 곳곳에서 죄어오며 카이사르의 눈과 얼굴을 향해 겨누었다. 그는 적의 손안에 완전히 포위되었다. 모두들 이 살육 행위에 참가하여 피의 맛을 보기로 되어 있었다.

브루투스도 카이사르의 사타구니를 찔렀다. 카이사르는 이리저리 몸을 움직여 자신을 방어하면서 도움을 청하듯이 큰 소리로 외쳤으나, 브루투스가 칼을 뽑아든 것을 보고는 자신의 토가를 끌어올려서 얼굴을 가렸다고 한다. 그는 저항도 해보지 못하고 쫓겨다니다가 우연인지, 아니면 음모자들의 의도였는지 폼페이우스 조각상 앞에 쓰러지고 말았다. 이 조각상은 곧 피로 물들었는데, 마치 폼페이우스가 자신의 발아래 많은 상처를 입고 쓰러져 몸을 뒤틀고 있는 정적에 대해 복수를 명령하고 있는 것처럼 보였다.

카이사르는 스물세 군데나 상처를 입었다고 한다. 그리고 음모자들도 카이사르 한 사람을 무차별적으로 공격하다가 자신들도 모르게 서로 많은 상처를 입혔다. 브루투스도 이때 손을 다쳤다.

카이사르를 죽인 뒤에 브루투스는 자신들의 행동에 대해 무언가 말하려는 듯이 앞으로 걸어나왔다. 그런데 의원들은 그의 말을 들으려 하지도 않고 모두 밖으로 도망쳐 나왔다.

이에 놀란 시민들은 혼란에 빠지고, 두려움으로 몸을 떨었다. 어떤 사람들은 집으로 달려가 문을 잠그고 숨어 있는가 하면, 어떤 사람들은 생업을 팽개치고 사건 현장으로 달려가거나, 사건 현장을 보고 달아나는 사람도 있었다. 카이사르의 충실한 심복이었던 안토니우스와 레피두스는 몰래 빠져나와 다른 사람 집에 몸을 숨겼다.

이때 브루투스와 그의 무리들은 아직도 살상의 흥분을 가라앉히지 못하고, 칼을 뽑아든 채로 원로원을 나와 카피톨리움으로 올라갔다. 그들은 사람들의 눈을 피하지 않고, 오히려 기쁨에 넘쳐서 자신만만하게 사람들 앞으로 걸어나갔다. 이들은 민중에게 자유를 부르짖었으며, 귀족들을 만나면 자신들의 행렬에 끼게 해주었다. 그 가운데에는 카피톨리움까지 행렬을 따라 올라가며, 자신도 이 사건에 가담하여 무슨 공이라도 세운 듯이 우쭐거리는 이들도 있었다.

카이우스 옥타비우스와 렌툴루스 스핀테르가 바로 그랬다. 이들은 뒷날 안토니우스와 작은 카이사르(아우구스투스)에게 죽임을 당함으로써, 사람들 앞에서 떠벌리고 다닌 데 대한 벌을 톡톡히 치렀다. 두 사람은 음모에 관련되지는 않았지만, 음모에 가담하려 했다는 이유로 벌을 받게 되었다.

다음 날 브루투스는 카피톨리움에서 내려와 시민들에게 연설을 했다. 사람들은 이 일에 대해 비난이나 찬사를 보내지 않고 깊은 침묵으로써 카이사르에게는 동정을, 브루투스에게는 존경을 표했다. 이에 대해 원로원은 지난 일은 사면해 주고, 의견이 다른 당파들을 화해시키기로 했다. 이들은 카이사르를 신으로 받들게 했으며, 그가 집권할 때 만들어 놓은 모든 법령을 어떠한 것도 바꾸지 않기로 했다. 또한 브루투스와 그 일당을 각 영지의 총독으로 임명하고, 이에 알맞은 명예도 내려주었다. 이로써 사람들은 사건이 마무리되고 모든 일이 해결되었다고 생각했다.

그러나 카이사르의 유언장이 공개되면서, 그가 모든 로마 시민들에게 많은 재산과 유언을 남겼다는 사실이 드러났다. 시민들은 수많은 상처로 뭉개진 카이사르의 시체가 자신들 곁에 오래 머무르지 못하고 광장을 지나 실려 나가는 것을 그대로 지켜보고 있을 수만은 없었다. 시민들은 더는 질서를 지키거나 규율에 따르지 않고 의자나 창살 또는 탁자들을 들고 나와 시체 주위에 쌓은 다음 불을 붙여서 그를 화장했다. 불이 붙은 나뭇조각을 들고서 음모자들의 집을 태워버리겠다며 그들의 집으로 달려가는 사람도 있었고, 음모자들을 찾아 찢어 죽이겠다고 로마 시내를 온통 뒤지고 다니는 사람들도 있었다. 그러나 음모자들은 이미 보호를 받아 몸을 숨긴 채 사람들 앞에 나타나지 않았다.

카이사르의 측근들 가운데 킨나라는 사람은 전날 밤 이상한 꿈에서 깨어났다. 꿈속에서 카이사르가 그를 저녁 식사에 초대했다. 킨나가 갈 수 없다고 하자 카이사르가 억지로 끌고 가려 했는데, 그는 끌려가지 않으려고 버둥거리다가 잠에서 깨어났다. 킨나는 카이사르의 시체를 화장하고 있다는 소식을 들었다. 그는 불길한 꿈에 놀라 몸에 열이 났지만, 죽은 사람을 추모하기 위해 몸을 추스려 밖으로 나갔다.

그런데 군중 속에서 한 사람이 킨나를 보더니, 그가 누구인지 물어보는 사람에게 킨나라고 말했다. 그가 킨나라는 말을 들은 이 사람은 또 다른 사람에게 이자가 바로 킨나라고 했다. 이런 식으로 카이사르를 죽인 놈들 가운데 하나가 나타났다는 소문이 순식간에 군중 사이로 퍼져나갔다. 우연히도 음모자들 가운데 킨나라는 이름이 있었던 것이다. 군중은 곧바로 달려들어 그를 찢어 죽이고 말았다.

이 일로 겁을 잔뜩 집어먹은 브루투스와 카시우스 무리는 며칠 뒤 로마를 빠져나갔다. 이들이 죽기 전에 어떤 어려움들을 겪었는지에 대해서는 브루투스의 편에서 다루기로 한다.

카이사르는 꽉 찬 56세의 나이로 이렇게 삶을 마쳤다. 폼페이우스가 죽고 4년이 조금 지난 뒤였다.

카이사르는 수많은 위험을 겪어나가며 마침내 어렵게 권력을 손에 넣었지만 그것은 이름뿐인 영광으로서, 그 영광 뒤에는 늘 비난이 따라다녔다. 그러나 살아 있는 동안 언제나 그와 함께하던 수호신은, 그가 죽은 뒤에도 온 땅과 온 바다를 뒤지며 암살자들을 찾아냈다. 그는 어떠한 방법으로라도 음모에 연루된 자들은 하나도 남김없이 모두 처벌했다.

세상에서 일어난 온갖 놀라운 일들 가운데 가장 이상한 일이 카시우스에게 일어났다. 그는 이 암살 사건이 있은 뒤 필리피 전투에서 안토니우스에게 패하여 자살했다. 그런데 카시우스가 자신의 목숨을 끊는 데 사용한 칼이 바로 그가 카이사르를 찔렀던 칼이었다.

카이사르가 죽은 뒤 하늘에는 여러 징조가 나타났다. 7일 동안 커다란 별 하나가 나타났다가 사라졌다. 그리고 태양이 찬란한 빛을 잃었다. 일 년 내내 태양은 창백하게 떠올라, 햇빛도 없이 약한 빛만을 비춰주었다. 따라서 햇볕도 따뜻하지 않았으므로 하늘은 어둡고 흐렸으며, 차가운 대기 때문에 열매들은 채 익기도 전에 시들어 떨어졌다.

그러나 무엇보다도 놀라운 일은 신들도 카이사르의 죽음을 노여워했다는 증거로서, 브루투스에게 유령이 나타난 것이었다. 그 이야기는 다음과 같다.

브루투스가 군대를 이끌고 아시아의 아비두스에서 다른 대륙으로 건너갈 즈음에 일어난 일이었다. 어느 날 밤 그는 여느 때처럼 막사 안에 누워, 잠을 자지 않고 앞으로 할 일들을 계획하고 있었다. 그는 본디 잠이 없는 사람으로 가장 늦게 잠이 들었다고 한다. 이때 갑자기 문 가까이에서 누군가가 걸어오는 소리가 들려왔다. 브루투스는 이미 사라져 가는 희미한 빛 쪽을 바라보았는데, 굉장히 크고 무서운 사람의 모습이 보였다. 그는 처음에는 깜짝 놀랐으나, 그 모습이 움직임도 없이 아무 말도 하지 않고 자기 침대 옆에 서 있기만 했으므로 누구인지 물었다. 그러자 유령이 대답했다.

"브루투스, 나는 너의 악령이다. 너는 곧 필리피에서 나를 다시 만날 것이다."

브루투스는 대담하게 말했다.

"그럼 그때 봅시다."

유령은 갑자기 사라졌다.

그 뒤 브루투스는 필리피에서 안토니우스와 작은 카이사르를 상대로 전투를 벌였다. 첫 번째 전투에서는 그가 승리를 거두어 작은 카이사르의 진지까지 빼앗았다. 그런데 두 번째 전투가 있기 전날 밤, 그 유령이 다시 나타나서 아무 말도 하지 않고 그냥 사라져 버렸다.

브루투스는 자신의 운명을 깨닫고 위험에 몸을 내맡긴 채 죽을힘을 다해 싸웠다. 그는 전투하다가 죽은 것은 아니었다. 그런데 자신의 군대가 적군에게 쫓겨 달아나자 가파른 바위 위로 올라갔다. 그리고 칼을 뽑아들고 스스로 자신의 가슴을 찔러 목숨을 끊었다. 이때 심복 하나가 마지막 칼날을 찔러넣어 그의 최후를 도왔다고 전한다. 브루투스는 이렇게 삶을 마쳤다.

박현태(朴鉉兌)

서울대학교 법대 졸, 동 대학원 문학석사, 한양대학교 대학원 법학박사. 서울경제신문 편집
국장, 제11대 국회의원, KBS 사장, 수원대 법정대학장, 동명대학교 총장 역임. 저서《하이에나
저널리즘》《21세기를 바로 보지 못하면 우리의 미래는 없다》《천박한 국민 천박한 정치 천박
한 언론》《문제는 정치야 바보들아!》, 옮긴책에 헤로도토스《헤로도토스 역사》등이 있다.

World Book 244

Plutarchos
BIOI PARALLELOI
플루타르코스 영웅전 II
플루타르코스/박현태 옮김
초판 1쇄 발행/2015년 12월 1일

발행인 고정일
발행처 동서문화사

창업 1956. 12. 12. 등록 16-3799
서울 중구 다산로 12길 6(신당동 4층)
☎ 546-0331~6 (FAX) 545-0331
www.dongsuhbook.com

*

*
사업자등록번호 211-87-75330
ISBN 978-89-497-1391-5 04080
ISBN 978-89-497-0382-4 (세트)

월드북(세계문학/세계사상) 목록

분류	NO.	도서명	저자/역자	쪽수	가격
사상	월드북1	소크라테스의 변명/국가/향연	플라톤/왕학수 옮김	840	15,000
사상	월드북2	니코마코스윤리학/시학/정치학	아리스토텔레스/손명현 옮김	621	12,000
사상	월드북3	형이상학	아리스토텔레스/김천운 옮김	578	9,800
사상	월드북4	세네카 인생론	세네카/김천운 옮김	963	15,000
사상	월드북5	고백록	아우구스티누스/김희보·강경애 옮김	566	9,800
사상	월드북6	솔로몬 탈무드	이희영	812	14,000
사상	월드북6-1	바빌론 탈무드	〃	810	14,000
사상	월드북6-2	카발라 탈무드	〃	810	14,000
사상	월드북7	삼국사기	김부식/신호열 역해	914	15,000
사상	월드북8	삼국유사	일연/권상로 역해	528	9,800
사상	월드북9	군주론/정략론	마키아벨리/황문수 옮김	666	12,000
사상	월드북10	인간불평등기원론/사회 계약론	루소/최석기 옮김	560	9,800
사상	월드북11	마키아벨리 로마사이야기	마키아벨리/고산 옮김	674	12,000
사상	월드북12	몽테뉴 수상록	몽테뉴/손우성 옮김	1,330	18,000
사상	월드북13	법의 정신	몽테스키외/하지홍 옮김	720	12,000
사상	월드북14	학문의 진보/베이컨 에세이	베이컨/이종구 옮김	574	9,800
사상	월드북15	방법서설/성찰/철학의원리/정념론	데카르트/소두영 옮김	692	12,000
사상	월드북16	팡세	파스칼/안응렬 옮김	546	9,800
사상	월드북17	반야심경/금강경/법화경/유마경	홍정식 역해	536	9,800
사상	월드북18	바보예찬/잠언과 성찰/인간성격론	에라스무스·라로슈푸코·라브뤼예르/정병희 옮김	520	9,800
사상	월드북19	에밀	루소/정병희 옮김	740	12,000
사상	월드북20	참회록	루소/홍승오 옮김	718	12,000
사상	월드북21	국부론	애덤 스미스/유인호 옮김	1,138	16,000
사상	월드북22	순수이성비판	칸트/정명오 옮김	770	25,000
사상	월드북23	로마제국쇠망사	에드워드 기번/강석승 옮김	528	9,800
사상	월드북24	나의 인생 「시와 진실」	괴테/최은희 옮김	833	15,000
사상	월드북25	헤로도토스 역사	헤로도토스/박현태 옮김	810	15,000
사상	월드북26	역사철학강의	헤겔/권기철 옮김	562	9,800
사상	월드북27	세상을 보는 지혜	쇼펜하우어/권기철 옮김	1,024	15,000
사상	월드북27-1	의지와 표상으로서의 세계	〃	564	9,800
사상	월드북28	괴테와의 대화	에커먼/곽복록 옮김	868	15,000
사상	월드북29	자성록/언행록/성학십도/논사단칠정서	이황/고산 역해	602	12,000
사상	월드북30	성학집요/격몽요결	이이/고산 역해	620	12,000

사상	월드북31	인생이란 무엇인가	똘스또이/채수동 옮김	1,164	16,000
사상	월드북32	자조론 인격론	사무엘 스마일즈/장만기 옮김	796	14,000
사상	월드북33	불안의 개념/죽음에 이르는 병	키에르케고르/강성위 옮김	534	9,800
사상	월드북34	잠 못 이루는 밤을 위하여/행복론	카를 힐티/곽복록 옮김	937	15,000
사상	월드북35	아미엘 일기	앙리 프레데릭 아미엘/이희영 옮김	1,042	15,000
사상	월드북36	나의 참회/인생의 길	똘스또이/김근식 고산 옮김	1,008	15,000
사상	월드북37	인간적인 너무나 인간적인	니체/강두식 옮김	1,044	15,000
사상	월드북38	차라투스트라는 이렇게 말했다	니체/곽복록 옮김	1,030	15,000
사상	월드북39	황금가지	제임스 조지 프레이저/신상웅 옮김	1,092	16,000
사상	월드북40	정신분석입문/꿈의 해석	프로이트/김양순 옮김	1,140	16,000
사상	월드북41	인생 연금술	제임스 알렌/박지은 옮김	824	12,000
사상	월드북42	유토피아/자유론/통치론	모어·밀·로크/김현욱 옮김	506	9,800
사상	월드북43	서양의 지혜/철학이란 무엇인가	러셀/정광섭 옮김	994	15,000
사상	월드북44	철학이야기	윌 듀랜트/임헌영 옮김	520	9,800
사상	월드북45	소유냐 삶이냐/사랑한다는 것	프롬/고영복 이철범 옮김	644	12,000
사상	월드북46	역사의 연구	토인비/홍사중 옮김	1,222	16,000
사상	월드북47	행복론/인간론/말의 예지	알랭/방곤 옮김	528	9,800
사상	월드북48	인간의 역사	미하일 일린/동완 옮김	720	12,000
사상	월드북49	카네기 인생철학	D. 카네기/오정환 옮김	546	9,800
사상	월드북50	무사도	니토베 이나조·미야모토 무사시/추영현 옮김	528	9,800
문학	월드북51	일리아스/오디세이아	호메로스/이상훈 옮김	925	15,000
문학	월드북52	그리스비극	아이스킬로스·소포클레스·에우리피데스/곽복록 조우현 옮김	672	12,000
문학	월드북55	이솝우화전집	이솝/고산 옮김	736	12,000
문학	월드북56	데카메론	보카치오/한형곤 옮김	799	14,000
문학	월드북57	돈끼호테	세르반떼스/김현창 옮김	1,288	16,000
문학	월드북58	신곡	단테/허인 옮김	866	15,000
사상	월드북59	상대성이론/나의 인생관	아인슈타인/최규남 옮김	516	9,800
문학	월드북60	파우스트/젊은 베르테르의 슬픔	괴테/곽복록 옮김	900	14,000
문학	월드북61	그리스 로마 신화	토머스 불핀치/손명현 옮김	530	9,800
문학	월드북62	햄릿/오델로/리어왕/맥베드/로미오와 줄리엣	셰익스피어/신상웅 옮김	655	12,000
문학	월드북63	한여름밤의 꿈/베니스의 상인/말괄량이 길들이기	〃	655	12,000
문학	월드북64	그림동화전집	그림형제/김유경 옮김	1,008	15,000
문학	월드북65	카라마조프 형제들	도스토예프스키/채수동 옮김	1,212	16,000
문학	월드북66	죄와 벌	〃	654	9,800
사상	월드북67	대중의 반란/철학이란 무엇인가?	오르테가/김현창 옮김	508	9,800

사상	월드북68	동방견문록	마르코 폴로/채희순 옮김	478	9,800
문학	월드북69	전쟁과 평화 I	똘스또이/맹은빈 옮김	834	15,000
문학	월드북70	전쟁과 평화 II	〃	864	15,000
사상	월드북71	철학학교/비극론/철학입문/위대한 철학자들	야스퍼스/전양범 옮김	592	9,800
사상	월드북72	리바이어던	홉스/최공웅 최진원 옮김	704	12,000
문학	월드북73	사람은 무엇으로 사는가	똘스또이/김근식 고산 옮김	544	9,800
사상	월드북74	웃음/창조적 진화/도덕과 종교의 두 원천	베르그송/이희영 옮김	760	12,000
문학	월드북75	안데르센동화전집	안데르센/김유경 옮김	1,270	16,000
문학	월드북76	모비딕	멜빌/이가형 옮김	738	12,000
사상	월드북77	갈리아전기/내전기	카이사르/박석일 옮김	520	9,800
사상	월드북78	에티카/정치론	스피노자/추영현 옮김	542	9,800
사상	월드북79	그리스철학자열전	라에르티오스/전양범 옮김	752	12,000
문학	월드북80	보바리 부인/여자의 일생/나나	플로베르·모파상·졸라/민희식 이춘복 김인환 옮김	1,154	16,000
사상	월드북81	프로테스탄티즘의 윤리와 자본주의 정신/직업으로서의 학문/직업으로서의 정치	막스베버/김현욱 옮김	577	9,800
사상	월드북82	민주주의와 교육/철학의 개조	존 듀이/김성숙 이귀학 옮김	624	12,000
문학	월드북83	레 미제라블 I	빅토르 위고/송면 옮김	1,104	16,000
문학	월드북84	레 미제라블 II	〃	1,032	16,000
사상	월드북85	인간이란 무엇인가 오성/정념/도덕	데이비드 흄/김성숙 옮김	808	15,000
문학	월드북86	대지	펄벅/홍사중 옮김	1,051	15,000
사상	월드북87	종의 기원	다윈/송철용 옮김	656	12,000
사상	월드북88	존재와 무	사르트르/정소성 옮김	1,130	16,000
문학	월드북89	롤리타/위대한 개츠비	나보코프 피츠제럴드/박순녀 옮김	524	9,800
문학	월드북90	마지막 잎새/원유회	O. 헨리 맨스필드/오정환 옮김	572	9,800
문학	월드북91	아Q정전/아침 꽃을 저녁에 줍다	루쉰/이가원 옮김	538	9,800
사상	월드북92	논리철학논고/철학탐구/반철학적 단장	비트겐슈타인/김양순 옮김	730	12,000
문학	월드북93	마의 산	토마스 만/곽복록 옮김	940	15,000
문학	월드북94	채털리부인의 연인	D. H. 로렌스/유영 옮김	550	9,800
문학	월드북95	백년의 고독/호밀밭의 파수꾼	마르케스·샐린저/이가형 옮김	624	12,000
문학	월드북96	고요한 돈강 I	숄로호프/맹은빈 옮김	916	15,000
문학	월드북97	고요한 돈강 II	〃	1,056	15,000
사상	월드북98	경제학·철학초고/자본론/공산당선언/철학의 빈곤	마르크스/김문운 옮김	760	12,000
사상	월드북99	간디자서전	간디/박석일 옮김	606	12,000
사상	월드북100	존재와 시간	하이데거/전양범 옮김	686	12,000
사상	월드북101	영웅숭배론/의상철학	토마스 칼라일/박지은 옮김	500	9,800

사상	월드북102	월든/침묵의 봄/센스 오브 원더	소로·카슨/오정환 옮김	681	12,000
문학	월드북103	성/심판/변신	카프카/김정진·박종서 옮김	624	12,000
사상	월드북104	전쟁론	클라우제비츠/허문순 옮김	980	15,000
문학	월드북105	폭풍의 언덕	E. 브론테/박순녀 옮김	550	9,800
문학	월드북106	제인 에어	C. 브론테/박순녀 옮김	646	12,000
문학	월드북107	악령	도스또옙프스끼/채수동 옮김	869	15,000
문학	월드북108	제2의 성	시몬느 드 보부아르/이희영 옮김	1,056	15,000
문학	월드북109	처녀시절/여자 한창때	보부아르/이혜윤 옮김	1,055	16,000
문학	월드북110	백치	도스또옙스끼/채수동 옮김	788	14,000
사상	월드북111	프랑스혁명 성찰/독일 국민에게 고함	버크·피히테/박희철 옮김	586	9,800
문학	월드북112	적과 흑	스탕달/서정철 옮김	672	12,000
문학	월드북113	양철북	귄터 그라스/최은희 옮김	644	12,000
사상	월드북114	비극의 탄생/즐거운 지식	니체/곽복록 옮김	576	9,800
사상	월드북115	아우렐리우스 명상록/키케로 인생론	아우렐리우스·키케로/김성숙 옮김	543	9,800
사상	월드북116	선의 연구/퇴계 경철학	니시다 기타로·다카하시 스스무/최박광 옮김	644	12,000
사상	월드북117	제자백가	김영수 역해	604	12,000
문학	월드북118	1984년/동물농장/복수는 괴로워라	조지 오웰/박지은 옮김	436	9,800
문학	월드북119	티보네 사람들 I	로제 마르탱 뒤 가르/민희식 옮김	928	16,000
문학	월드북120	티보네 사람들 II	〃	1,152	18,000
문학	월드북121	안나까레니나	똘스또이/맹은빈 옮김	1,056	16,000
사상	월드북122	그리스도인의 자유/루터 생명의 말	마틴 루터/추인해 옮김	864	15,000
사상	월드북123	국화와 칼/사쿠라 마음	베네딕트·라프카디오 헌/추영현 옮김	410	9,800
문학	월드북124	예언자/눈물과 미소	칼릴 지브란/김유경 옮김	440	9,800
문학	월드북125	댈러웨이 부인/등대로	버지니아 울프/박지은 옮김	504	9,800
사상	월드북126	열하일기	박지원/고산 옮김	1,038	18,000
사상	월드북127	위인이란 무엇인가/자기신념의 철학	에머슨/정광섭 옮김	406	9,800
문학	월드북128	바람과 함께 사라지다 I	미첼/장왕록 옮김	644	12,000
문학	월드북129	바람과 함께 사라지다 II	〃	688	12,000
사상	월드북130	고독한 군중	데이비드 리스먼/류근일 옮김	422	9,800
문학	월드북131	파르마 수도원	스탕달/이혜윤 옮김	558	9,800
문학	월드북132	오만과 편견	제인 오스틴/김유경 옮김	422	9,800
문학	월드북133	아라비안나이트 I	리처드 버턴/고산고정일	1,120	16,000
문학	월드북134	아라비안나이트 II	〃	1,056	16,000
문학	월드북135	아라비안나이트 III	〃	1,024	16,000
문학	월드북136	아라비안나이트 IV	〃	1,112	16,000

문학	월드북137	아라비안나이트V	〃	1,024	16,000
문학	월드북138	데이비드 코퍼필드	찰스 디킨스/신상웅 옮김	1,120	16,000
문학	월드북139	음향과 분노/8월의 빛	윌리엄 포크너/오정환 옮김	816	15,000
문학	월드북140	잃어버린 시간을 찾아서Ⅰ	마르셀 프루스트/민희식 옮김	1,048	18,000
문학	월드북141	잃어버린 시간을 찾아서Ⅱ	〃	1,152	18,000
문학	월드북142	잃어버린 시간을 찾아서Ⅲ	〃	1,168	18,000
사상	월드북143	법화경	홍정식 역해	728	14,000
사상	월드북144	중세의 가을	요한 하위징아/이희승맑시아 옮김	582	12,000
사상	월드북145	율리시스Ⅰ	제임스 조이스/김성숙 옮김	704	12,000
사상	월드북146	율리시스Ⅱ	〃	632	12,000
문학	월드북147	데미안/지와 사랑/싯다르타	헤르만 헤세/송영택 옮김	546	12,000
문학	월드북148	장 크리스토프Ⅰ	로맹 롤랑/손석린 옮김	890	15,000
문학	월드북149	장 크리스토프Ⅱ	〃	864	15,000
문학	월드북150	인간의 굴레	서머싯 몸/조용만 옮김	822	15,000
사상	월드북151	그리스인 조르바	니코스 카잔차키스/박석일 옮김	425	9,800
사상	월드북152	여론/환상의 대중	월터 리프먼/오정환 옮김	408	9,800
문학	월드북153	허클베리 핀의 모험/인간이란 무엇인가	마크 트웨인/양병탁 조성출 옮김	704	12,000
문학	월드북154	이방인/페스트/시지프 신화	알베르 카뮈/이혜윤 옮김	522	12,000
문학	월드북155	좁은 문/전원교향악/지상의 양식	앙드레 지드/이휘영 이춘복 옮김	459	9,800
문학	월드북156	몬테크리스토 백작Ⅰ	알렉상드르 뒤마/이희승맑시아 옮김	785	16,000
문학	월드북157	몬테크리스토 백작Ⅱ	〃	832	16,000
문학	월드북158	죽음의 집의 기록/가난한 사람들/백야	도스토옙스키/채수동 옮김	602	12,000
문학	월드북159	북회귀선/남회귀선	헨리 밀러/오정환 옮김	690	12,000
사상	월드북160	인간지성론	존 로크/추영현 옮김	1,016	18,000
사상	월드북161	중력과 은총/철학강의/신을 기다리며	시몬 베유/이희영 옮김	666	18,000
사상	월드북162	정신현상학	G. W. F. 헤겔/김양순 옮김	572	15,000
사상	월드북163	인구론	맬서스/이서행 옮김	570	18,000
문학	월드북164	허영의 시장	W.M.새커리/최홍규 옮김	925	18,000
사상	월드북165	목민심서	정약용 지음/최박광 역해	986	18,000
문학	월드북166	분노의 포도/생쥐와 인간	스타인벡/노희엽 옮김	712	18,000
문학	월드북167	젊은 예술가의 초상/더블린 사람들	제임스 조이스/김성숙 옮김	656	18,000
문학	월드북168	테스	하디/박순녀 옮김	478	12,000
문학	월드북169	부활	톨스토이/이동현 옮김	562	14,000
문학	월드북170	악덕의 번영	마르키 드 사드/김문운 옮김	602	18,000
문학	월드북171	죽은 혼/외투/코/광인일기	고골/김학수 옮김	509	14,000

사상	월드북172	이탈리아 르네상스 이야기	부르크하르트/지봉도 옮김	565	18,000
문학	월드북173	노인과 바다/무기여 잘 있거라/ 해는 또다시 떠오른다/킬리만자로의 눈	헤밍웨이/양병탁 옮김	685	14,000
문학	월드북174	구토/말	사르트르/이희영 옮김	500	15,000
사상	월드북175	미학이란 무엇인가	하르트만/ 옮김	590	18,000
사상	월드북176	과학과 방법/생명이란 무엇인가?/사람몸의 지혜	푸앵카레·슈뢰딩거·캐넌/조진남 옮김	538	16,000
사상	월드북177	춘추전국열전	김영수 역해	592	18,000
문학	월드북178	톰 존스의 모험	헨리 필딩/최홍규 옮김	912	18,000
문학	월드북179	난중일기	이순신/고산고정일 역해	540	12,000
문학	월드북180	프랭클린 자서전	벤저민 프랭클린/주영일 옮김	502	12,000
문학	월드북181	즉흥시인	한스 크리스티안 안데르센/박지은 옮김	476	12,000
문학	월드북182	고리오 영감/절대의 탐구	발자크/조홍식 옮김	562	12,000
문학	월드북183	도리언 그레이 초상/살로메/즐거운 인생	오스카 와일드/한명남 옮김	466	12,000
문학	월드북184	달과 6펜스/과자와 맥주	서머싯 몸/이철범 옮김	450	12,000
문학	월드북185	마음은 외로운 사냥꾼/슬픈카페의 노래	카슨 맥컬러스/강혜숙 옮김	442	12,000
문학	월드북186	걸리버 여행기/통 이야기	조나단 스위프트/유영 옮김	492	12,000
사상	월드북187	조선상고사/한국통사	신채호/박은식/윤재영 역해	576	15,000
문학	월드북188	인간의 조건/왕의 길	앙드레 말로/윤옥일 옮김	494	12,000
사상	월드북189	예술의 역사	반 룬/이철범 옮김	674	18,000
문학	월드북190	퀴리부인	에브 퀴리/안응렬 옮김	442	12,000
문학	월드북191	귀여운 여인/약혼녀/골짜기	체호프/동완 옮김	450	12,000
문학	월드북192	갈매기/세 자매/바냐 아저씨/벚꽃 동산	체호프/동완 옮김	412	12,000
문학	월드북193	로빈슨 크루소	다니엘 디포/유영 옮김	600	15,000
문학	월드북194	위대한 유산	찰스 디킨스/한명남 옮김	560	15,000
사상	월드북195	우파니샤드	김세현 역해	570	15,000
사상	월드북196	천로역정/예수의 생애	버니언/르낭/강경애 옮김	560	14,000
문학	월드북197	악의꽃/파리의 우울	보들레르/박철화 옮김	480	12,000
문학	월드북198	노트르담 드 파리	빅토르 위고/송면 옮김	614	15,000
문학	월드북199	위험한 관계	피에르 쇼데를로 드 라클로/윤옥일 옮김	428	12,000
문학	월드북200	주홍글자/큰바위 얼굴	N.호손/김병철 옮김	524	12,000
사상	월드북201	소돔의 120일	마르키 드 사드/김문운 옮김	426	16,000
문학	월드북202	사냥꾼의 수기/첫사랑/산문시	이반 투르게네프/김학수	590	15,000
문학	월드북203	인형의 집/유령/민중의 적/들오리	헨리크 입센/소두영 옮김	480	12,000
사상	월드북204	인간과 상징	카를 융 외/김양순 옮김	634	18,000
문학	월드북205	철가면	부아고베/김문운 옮김	755	18,000

문학	월드북206	실낙원	밀턴/이창배 옮김	538	15,000
문학	월드북207	데이지 밀러/나사의 회전	헨리 제임스/강서진 옮김	556	14,000
문학	월드북208	말테의 수기/두이노의 비가	릴케/백정승 옮김	480	14,000
문학	월드북209	캉디드/철학 콩트	볼테르/고원 옮김	470	12,000
사상	월드북210	신국론	아우구스티누스/추인해 옮김	1264	28,000
문학	월드북211	카르멘/콜롱바	메리메/박철화 옮김	475	12,000
문학	월드북212	오네긴/대위의 딸/스페이드 여왕	알렉산드르 푸시킨/이동현 옮김	412	12,000
문학	월드북213	춘희/마농 레스코	뒤마 피스/아베 프레보/민희식 옮김	448	12,000
문학	월드북214	야성의 부르짖음/하얀 엄니	런던/박상은 옮김	434	12,000
문학	월드북215	지킬박사와 하이드/데이비드 모험	로버트 루이스 스티븐슨/강혜숙 옮김	526	14,000
문학	월드북216	홍당무/박물지/르나르 일기	쥘 르나르/이가림 윤옥일 옮김	432	12,000
문학	월드북217	멋진 신세계/연애대위법	올더스 헉슬리/이경직 옮김	560	14,000
문학	월드북218	인간의 대지/야간비행/어린왕자/남방우편기	생텍쥐페리/안응렬 옮김	448	12,000
문학	월드북219	학대받은 사람들	도스토옙스키/채수동 옮김	436	12,000
문학	월드북220	켄터베리 이야기	초서/김진만 옮김	640	18,000
문학	월드북221	육체의 악마/도루젤 백작 무도회/클레브 공작 부인	레몽 라디게/라파예트/윤옥일 옮김	402	12,000
문학	월드북222	고도를 기다리며/몰로이/첫사랑	사무엘 베게트/김문해 옮김	500	14,000
문학	월드북223	어린시절/세상속으로/나의 대학	막심 고리키/최홍근 옮김	800	18,000
문학	월드북224	어머니/밑바닥/첼카쉬	막심 고리키/최홍근 옮김	824	18,000
문학	월드북225	사랑의 요정/양치기 처녀/마의 늪	조르주 상드/김문해 옮김	602	15,000
문학	월드북226	친화력/헤르만과 도로테아	괴테/곽복록 옮김	433	14,000
문학	월드북227	황폐한 집	찰스 디킨스/정태륭 옮김	1,012	18,000
문학	월드북228	하워즈 엔드	에드워드 포스터/우진주 옮김	422	12,000
문학	월드북229	빌헬름 마이스터 수업시대/편력시대	괴테/곽복록 옮김	1,128	20,000
문학	월드북230	두 도시 이야기	찰스 디킨스/정태륭 옮김	444	14,000
문학	월드북231	서푼짜리 오페라/살아남은 자의 슬픔	베르톨트 브레히트/백정승 옮김	468	14,000
문학	월드북232	작은 아씨들	루이자 메이 올컷/우진주 옮김	1,140	20,000
문학	월드북233	오블로모프	곤차로프/노현우 옮김	754	18,000
문학	월드북234	거장과 마르가리타/개의 심장	미하일 불가코프/노현우 옮김	626	14,000
문학	월드북235	성 프란치스코	니코스 카잔차키스/박석일 옮김	476	12,000
사상	월드북236	나의 투쟁	아돌프 히틀러/황성모 옮김	1,152	20,000
문학	월드북237	겐지이야기I	무라사키 시키부/유정 옮김	744	18,000
문학	월드북238	겐지이야기II	무라사키 시키부/유정 옮김	720	18,000
문학	월드북239	플라테로와 나	후안 라몬 히메네스/김현창 옮김	402	12,000
문학	월드북240	마리 앙투아네트/모르는 여인의 편지	슈테판 츠바이크/양원석 옮김	540	14,000
사상	월드북241	성호사설	이익/고산고정일 옮김	1,070	20,000
사상	월드북242	오륜행실도	단원 김홍도 그림/고산고정일 옮김	568	18,000

월드북시리즈 목록은 계속 추가됩니다.